DIREITO CONSTITUCIONAL BRASILEIRO

Nelson Nery Costa

DIRETO CONSTITUCIONAL BRASILEIRO

GZ EDITORA
Rio de Janeiro
2021

1ª edição – 2021

CIP – Brasil. Catalogação-na-fonte.
Sindicato Nacional dos Editores de Livros, RJ.

C874d

Costa, Nelson Nery, 1959-
Direito constitucional brasileiro / Nelson Nery Costa. - 1. ed. - Rio de Janeiro: GZ, 2021.
1168 p.; 24 cm.

Inclui bibliografia e índice
ISBN 978-65-5813-035-2

1. Direito constitucional - Brasil. I. Título.

21-72252 CDU: 342.4(81)

Leandra Felix da Cruz Candido - Bibliotecária - CRB-7/6135

e-mail: contato@editoragz.com.br
www.editoragz.com.br
Av. Erasmo Braga, 299 – sala 202 – 2º andar – Centro – Rio de Janeiro – RJ – CEP 20010-170
Tels.: (0XX21) 2240-1406 / 2240-1416 – Fax: (0XX21) 2240-1511

Impresso no Brasil
Printed in Brazil

"Creia nos que buscam a verdade, duvide dos que a encontram" (André Gide)[1].

1 **"Croyes ceux qui cherchent la vérité, doutez de creux qui trovent"** (GIDE, André. **Jeux Sont Faits**. Paris: Gallinard, 1952, p. 174).

A Lavínia, luz em meus olhos, sabor em minha boca, tocata em meus ouvidos, arrepio em meus dedos; todos os sentidos ainda são poucos para ti.

Agradeço ao trabalho para a realização do presente livro, com fidelidade, diligência e afetividade, da advogada Luciana Mendes do Nascimento.

Agradeço ao Dr. André Brandão Nery Costa[2*]*, um estudioso do direito, pela cessão de pesquisa sobre a jurisprudência do Supremo Tribunal Federal.*

Agradeço ao chamado que José Carlos Ferreira fez-me trinta e três anos atrás para publicar pela centenária Editora Forense, lar do jurista Bilac Pinto, aquele também um dos fundadores da GZ Editora.

---

2 ABNC.

ÍNDICE SISTEMÁTICO

PREFÁCIO

Durante o período em que eu fui Presidente da Academia Piauiense de Letras, fundada esta em 30 de dezembro de 1917, por seis anos, voltei-me para o projeto editorial da instituição, como a Coleção Centenário, com cento e cinquenta obras, a Coleção Século XXI, com sessenta livros, e a Coleção 100Anos, com seis volumes, além de sete **Revistas da Academia Piauiense de Letras**, lançado o primeiro número desta em 1918. Por conta do ambiente em que eu vivia, acabei publicando dois livros de literatura, **Contos de Viagem** e **Dez em Contos**, 2ª edição, além de uma obra histórica, **História Piauiense: aventura, sonho e cultura**, com quase mil páginas e mais de quatrocentas fontes bibliográficas.

Envolvido com a história, com a geografia, com a literatura e com a cultura do Piauí, deixei de produzir obras jurídicas inéditas, lançando apenas novas edições de **Direito Municipal Brasileiro**, a 5ª, a 6ª e a 7ª edições, **Previdência do Servidor Público**, 3ª, 4ª, 5ª e 6ª edições, **Ciência Política**, 4ª edição, e **Teoria e Realidade da Desobediência Civil**, 3ª edição. No entanto, como Presidente do Conselho Editorial da GZ Editora e membro do Conselho Editorial da **Revista Forense**, também centenária, e da Edufpi da Universidade Federal do Piauí, não me afastei do mundo jurídico, nem abandonei meus projetos vinculados ao direito.

Bem, deixei a presidência da Academia Piauiense de Letras, em 2020, e, assumindo o cargo de Presidente do Conselho Estadual de Cultura do Piauí, neste mesmo ano, continuei envolvido com os movimentos culturais. Todavia, pude ter tempo para me dedicar a um antigo projeto, que já tinha iniciado, em 2019, o presente livro. **Direito Constitucional Brasileiro**, lançado agora, em 2021. Consegui concretizar meus planos de retorno ao direito e a suas publicações. É uma obra de fôlego, pois não só trouxe a história do direito constitucional, mas também muita legislação e, em especial, a jurisprudência do Supremo Tribunal Federal.

É um novo filho, o vigésimo na área jurídica, do qual me orgulho pelo tempo que me tomou e pela emoção que me evocou sua realização. Depois de lançado, como toda cria, vai procurar seu lugar no mundo e não mais depender de seu autor, mas dos leitores que dele se agradarem ou criticarem-no. Espero que a leitura da obra dê prazer aos que a lerem, como me deu ao escrevê-la.

Nelson Nery Costa.

INTRODUÇÃO

O direito constitucional é a disciplina jurídica que trata da Constituição, das matérias nele inserido, do histórico das Constituições, do Poder Constituinte originário, da sua interpretação pelo Judiciário, das discussões doutrinárias que suscita, da comparação com outras Constituições e das Emendas Constitucionais. Discute, então, o próprio texto constitucional e a efetividade de suas normas, inclusive os condicionamentos formais, temporais e materiais aos quais se encontram estas submetidas. Os vários problemas constitucionais, na atualidade, ultrapassam amplamente o próprio direito constitucional tradicional, pois este avançou sobre o direito público, como sobre o direito administrativo, sobre o tributário, sobre o financeiro, sobre o penal, sobre o processual em seus diversos ramos, sobre o ambiental e sobre o municipal, dentre outros. Ingressou, inclusive, no direito privado, pois versou sobre o direito real, sobre o de família e sobre outras áreas do direito civil, assim como sobre o bancário e sobre o consumidor, se a dicotomia direito público/direito privado valer para estes dois últimos.

O direito constitucional também abrange a história das Constituições e o seu desenvolvimento ao longo do tempo, bem como o Poder Constituinte e as condições do texto constitucional contemporâneo. A jurisprudência é a forma como o Poder Judiciário interpreta a Constituição vigente, especialmente pelas decisões do Supremo Tribunal Federal com base no controle concentrado e no difuso, nos recursos e nos **writs**, que ainda lhes são de competências. A doutrina, com seus autores clássicos e modernos, assegura uma base sólida para o direito constitucional e para as principais questões abordadas pelo positivismo jurídico, pelo neoconstitucionalismo e por outras interpretações. O direito comparado faz parte do direito constitucional, pois o cotejamento com as outras Constituições ajuda no entendimento do texto nacional. Por fim, as Emendas Constitucionais são objeto de discussão pelas modificações que vão ocorrendo nas normas e pela repercussão destas na realidade.

O direito constitucional, no Brasil, começou muito timidamente, tanto que não estava previsto na grade curricular dos cursos jurídicos criados pela Lei Segunda, de 11.08.1827, quando já existia a Constituição do Império de 1824. Trinta anos depois desta foi que apareceu a primeira obra jurídica sobre o direito constitucional – **Direito Público Brasileiro e Análise da Constituição Brasileira** de José Antônio Pimenta Bueno, Marques de São Vicente. O Governo Imperial era autocrático, ainda que nem sempre se comportasse assim, às vezes bem tolerante, mas tinha a previsão do Poder Moderador, que colocava o Imperador acima de qualquer outra instituição pública. Por outro lado, os textos constitucionais seguintes, embora tivessem aparência democrática, como a Constituição de 1891 e a de 1934, apesar da influência posterior desta, na prática não mudaram muito o Brasil. Por outro lado, a Constituição de 1937, que criou o Estado Novo, e a Constituição de 1967 e sua Emenda Constitucional nº 1, de 31.10.1969, que dispôs sobre os interesses do Regime Militar, não tiveram índole democrática na sua formação e no conteúdo de suas normas. De natureza democrática-liberal, apenas, a Constituição de 1946 e a de 1988, conhecida como a Constituição Cidadã, ainda que muito modificada pelas Emendas Constitucionais posteriores.

O direito constitucional brasileiro sempre teve por principal base teórica o positivismo jurídico, de modo que a interpretação estava muito mais ligada ao texto escrito e expresso do que ao sentimento do mesmo, como expressou a obra do autor espanhol Pablo Verdú. No entanto, a Constituição de 1988 suscitou muita discussão e compreensões diversas, até por seu caráter conciliador quando de sua elaboração, sem favorecer as classes dominantes, mas também limitando os interesses dos trabalhadores e dos consumidores. No século XXI, a doutrina do neoconstitucionalismo, originária de juristas da Europa Ocidental, e a influência do constitucionalismo norte-americano e do sistema de **common law**, começaram a inspirar o Supremo Tribunal Federal, passando este a ter decisões inovadoras e diferentes. Por exemplo, sem previsão expressa no texto constitucional, esta Corte Constitucional decidiu em favor do aborto como uma decisão da mulher em caso de feto com anencefalia e do casamento homoafetivo, no que pode ser considerado como ativismo jurídico. Algumas decisões, em 2020, contra os excessos do Presidente da República, ajudaram a limitar os sentimentos autocráticos deste. Por conseguinte, a efetividade da Constituição de 1988 foi se ampliando, de acordo com as decisões que interpretavam seu texto corrente, em toda instância do Poder Judiciário, sendo a maioria de aplicação imediata, salvo se expressamente condicionada a norma.

A obra **Direito Constitucional Brasileiro** foi influenciada pelos autores brasileiros clássicos, como Pontes de Miranda, Themístocles Brandão Cavalcante, Pinto Ferreira e Cláudio Pacheco, e pelos constitucionalistas pós-Constituição de 1988, como Celso Ribeiro Bastos, Yves Gandra Martins, José Afonso da Silva, Paulo Bonavides, Luís Roberto Barroso e Alexandre de Moraes, dentre outros. Os autores de direito administrativo também merecem sua citação, a exemplo de Oswaldo Bandeira de Mello, Miguel Seabra Fagundes, Celso Antônio Bandeira de Mello e Hely Lopes Meirelles, este também pelo direito municipal. A teoria política clássica encontra-se presente no livro, com Políbio, com John Locke, com Montesquieu, com Rousseau, com Thoreau e com a obra **O Federalista**. Dos autores estrangeiros, a maior influência veio do italiano Biscaretti de Ruffia e do alemão Robert Alexy. Este, alguns anos atrás, esteve no Brasil, particularmente em Teresina, inclusive com quem o autor almoçou na ocasião. Outros constitucionalistas e juristas, inúmeros, também foram citados, bem como cientistas políticos e historiadores.

A organização da obra **Direito Constitucional Brasileiro** segue o modelo tradicional do direito constitucional e, no formato e no conteúdo, não apresenta grandes inovações. Talvez tenha muitos comentários sobre teoria política e sobre teoria do estado, de modo a que não houve um limite claro entre estas disciplinas e o próprio direito constitucional. O autor do livro não tem filiação ao positivismo jurídico, na verdade, critica-o pelo seu excesso de legalismo. Por outro lado, considera o neoconstitucionalismo uma renovação do kantianismo e, por conseguinte, um tanto quanto metafísico, apesar de ser considerada a corrente da moda jurídica atual. Apesar de filiação intelectual à esquerda libertária, e, por conseguinte não dogmática, não é possível afirmar que houve influência marxista expressa no livro acima, nem na metodologia, salvo em poucas reflexões quanto ao julgamento de valor sobre algum conteúdo do estudo.

A base da nova obra foi o livro **Constituição Federal Anotada e Explicada**, editada pela centenária Editora Forense, no Rio de Janeiro, como a maioria dos livros lançados pelo autor, hoje apenas um selo da editora GEN. Na edição inicial, houve a participação do excelente jurista, ainda que pouco conhecido, Geraldo Magela Alves, que ficou encarregado da jurisprudência, enquanto a doutrina e os comentários couberam ao presente subscritor. Tudo foi instigado por José Carlos Ferreira e por César Caneca, servidores da editora da família do jurista Bilac Pinto, especialmente seu neto e meu amigo e sócio Guilherme Pinto Zincone. Depois, os comentários das decisões do Supremo Tribunal Federal ficaram ao encargo do autor da discussão teórica, que passou a assinar sozinho a referida obra. A primeira edição saiu, em 2002, e a quinta e última, em 2012, quando o objetivo do texto passou a perder sentido frente ao avanço da internet e às novas ferramentas de busca eletrônica. O prefácio do livro acima foi de Evaristo de Moraes Filho, talvez seu último escrito, redigido pouco antes de adoecer e de falecer, após ter assumido o último de seus inúmeros lauréis – membro do Conselho da República, quando de sua instalação, em Brasília. Não se trata o presente livro, do mesmo texto, pois muito foi escrito e pesquisado desde então, assim como a abordagem por meio de capítulos para as matérias e de forma diversa da outra obra, que foi feita por meio de comentários aos artigos da Constituição de 1988.

Foram aproveitadas, ainda, diversas matérias que inicialmente saíram em outras obras do autor, como **Direito Municipal Brasileiro**, já em 7ª edição, com prefácio de Celso Antônio Bandeira de Mello; **Ciência Política**, em 4ª edição, com prefácio de Paulo Bonavides; **Processo Administrativo e suas Espécies**, em 4ª edição, com prefácio de Sérgio Ferraz; e **Teoria e Realidade da Desobediência Civil**, em 3ª edição, com prefácio de Evaristo de Moraes Filho. Podem ser mencionados, talvez com um pouco menos de influência, outros livros do autor, como **Política de Consumo: movimento de defesa**

do consumidor, **Manual do Defensor Público**, **Direito Civil Constitucional Brasileiro**, **Previdência do Servidor Público**, **Monografia Jurídica Brasileira** e **A Banca e o Juro no Direito Brasileiro: a efetividade das normas que limitam a cobrança de juro**, este lançado em Portugal. Diversos artigos, em importantes revistas jurídicas, como **Revista Forense**, **Revista dos Tribunais** e **Pólis**, em Lisboa. Houve, também, a influência de textos na participação em obras coletivas também fizeram parte do material básico, como **Comentários à Lei de Imprensa**, organizado por José Cretella Neto, como **Processo Administrativo: temas polêmicos da Lei nº 9.784/99**, colecionado por Irene Patrícia Hohara e Marco Antônio Praxedes de Moraes Filho, como **Curso de Direito Constitucional**, coordenado por Eduardo Carreira Alvim, George Salomão Leite e Lênio Streck, e como **Comentários à Constituição Federal de 1988**, composto por Paulo Bonavides, Jorge Miranda e Walber de Moura Agra.

Os dilemas da Constituição do Brasil, em 2021, e nos anos seguintes, são e serão vários, inclusive porque volta e meia os políticos, os empresários e os constitucionalistas conservadores pretendem a elaboração de nova Assembleia Nacional Constituinte e de um novo texto constitucional. Por outro lado, o pacto social que de certa forma houve em 1987 e no ano seguinte, fizeram com que a Constituição de 1988 tivesse ao mesmo tempo disposições em favor do liberalismo econômico e também em prol dos trabalhadores e dos consumidores. Houve aparente envelhecimento pelos mais de trinta anos de vigência e pela desconexão entre as inúmeras Emendas Constitucionais sancionadas, mais de três por ano de vigência. Apesar de tudo, ainda possui algumas disposições com o frescor da juventude. Ao mesmo tempo, o ativismo jurídico muito influencia o Supremo Tribunal Federal e sua jurisprudência recente, ainda que neste caso cada Ministro seja sua própria Corte Constitucional.

O que fazer? Bem, enquanto a sociedade brasileira estiver fraturada e antagônica, como nos dias de hoje, melhor dar tempo ao tempo, que sempre é o senhor da razão. Não se pode deixar de celebrar as conquistas da Constituição de 1988, principalmente contidas nas suas cláusulas pétreas, mas ao mesmo tempo não se pode omitir a discussão sobre a nova realidade interna e internacional. Os sonhos devem ser buscados no horizonte, mas a teoria e suas implicações precisam ser encontradas em volta de si, no meio social. Desafiar o presente e procurar o amanhã talvez não seja apenas um fecho, mas o efetivo desejo por dias melhores para as gerações vindouras.

Capítulo I

DIREITO CONSTITUCIONAL E PODER CONSTITUINTE

Sumário: 1.1. Noção de Direito e de Justiça; **1.2.** Dicotomia Pública e Privada; **1.3.** Noção de Direito Público; **1.4.** Noção de Direito Constitucional; **1.5.** Vontade Geral em Rousseau; **1.6.** Poder Constituinte em Sieyès; **1.7.** Poder Constituinte e suas Espécies.

1.1. Noção de Direito e de Justiça

As normas sociais são determinações para que os integrantes de certo grupo social possam continuar coexistindo, fazendo com que determinadas regras de convivência sejam respeitadas e criando mecanismos de sanções para aqueles que violarem tais leis. Estas determinações descrevem o modo pela qual os meios necessários devem ser dispostos para que se chegue a este fim. Na sociedade, as normas sociais são os meios pelo qual se dispõe para que os resultados de cooperação social possam funcionar. Estas normas fazem com que a liberdade individual seja restrita, em favor do interesse coletivo, por meio do convencimento do qual tal situação é melhor para toda a sociedade[1].

No primeiro momento, nas sociedades mais primitivas, em que existia uma estrutura organizacional simples, havia uma enorme solidariedade entre seus membros, com a repetição o modo de se reproduzir a cultura existente, bastando apenas a norma social. Depois, a religião foi utilizada como instrumento do convencimento das pessoas, não só atribuindo superioridade a um ser metafísico como também ao corpo de seus clérigos. As normas de conduta derivavam do que a religião oficial determinava. No momento seguinte, foi necessário construir uma organização política laica, sem a influência religiosa, sendo o direito a melhor forma de controlar a sociedade e seus membros.

As normas jurídicas são normas sociais que prevêem uma determinada sanção institucional para aqueles que as descumprem. Existe um soberano que controla o poder, podendo este ser organizado de inúmeras formas de governo, desde as monarquias absolutas até as democracias diretas. O

---

1 Ver: ALVES, Alaôr Caffé. **A Função Ideológica do Direito na Sociedade Moderna.** *In*: **Revista Brasileira de Filosofia.** São Paulo: Revista dos Tribunais, jan.-jun./2009, nº 232/169, e *In*: **Doutrinas Essenciais: Direito Constitucional (Edições Especiais Revista dos Tribunais: 100 Anos).** 2ª tir. São Paulo: Revista dos Tribunais, 2013, vol. II, p. 25.

direito surgiu depois do aparecimento das normas jurídicas, de modo que aquele é um conjunto de normas sociais que foram assumidas pelo governo, exigindo de todos seu cumprimento[2]. Os Governos Democráticos levam em conta a vontade da sociedade através dos inúmeros mecanismos de participação, desde a representação política até as formas de democracia semidiretas. No momento seguinte, para o fim de estudar, compreender e melhor aplicar as leis e o direito, surgiu a ciência jurídica com o fim de pesquisar estes de forma técnica e científica.

A natureza da regra jurídica resulta em duas posições antagônicas, de um lado aqueles que entendem a essencialidade da natureza imperativa da norma jurídica, ao passo que outros entendem que esta oferece uma faculdade. Para uns, a imperatividade é determinante para qualificar uma norma como de natureza jurídica. Não obstante, para outros juristas, o direito consiste em normas, pois estas geram deveres. Com a formação do dever para com alguém, que tenha interesse em executar este, surge como ato único, o direito, de modo que este não é mais do que o reflexo do dever. Na verdade, trata-se de uma tautologia, pois o direito nasce do dever e este provém do outro[3], sendo impossível o estabelecimento de uma primazia.

Por outro lado, o conceito de direito liga-se ao conceito de Estado, de modo que para se saber qual é aquele necessita-se saber o que deve ser este. Todavia, também existe muita imprecisão nesta noção, de modo que se pode apenas estabelecer que é um tipo de organização social em que existem regras que, caso sejam estas violadas, ensejam punição, através de sanções previamente estabelecidas. No entender de Francesco Carnelutti, "uma força é o direito, mas não a força original. Ao contrário, uma força secundária [...]"[4]. Desse modo, para ele, o direito é a armação estrutural do Estado, o modo pelo qual estabiliza e tenta pacificar a sociedade.

---

2 "Com o aparecimento das normas jurídicas surge o Direito que é a ciência pela qual se organiza a sociedade e com ele, surge também o governo que é a entidade responsável por dizer quais são essas normas, bem como pela fiscalização de seu cumprimento pelos componentes do grupo" (CHECCHIA, Carlos Alfredo Ramos. **O Direito e as Normas Sociais.** *In*: MARCELLINO, Nelson C. (org.). **Introdução às Ciências Sociais.** 2ª ed. Campinas: Papirus, 1988, p. 77).

3 "Não há falsidade na afirmação de que o direito nasce do dever, como, rigorosamente, não existe na de que o dever provém do direito: são pontos de mira a reta [...]" (PONTES DE MIRANDA. **Sistema de Ciência Positiva do Direito: introdução à ciência do direito**. Campinas: Bookseller, 2000, tomo II, p. 186).

4 CARNELUTTI, Francesco. **Arte do Direito**. Campinas: Bookseller, 2001, p. 20.

1.2. Dicotomia Pública e Privada

A distinção entre direito público e direito privado foi iniciada com a célebre passagem do jurisconsulto Ulpiano[5], no **Digesto, I, 1, 1.2**, ao dizer que "**publicum ius est quod ad atatum rei Romanae spectat privatum quod ad singulorum utilitatem**", ou, "o direito público diz respeito ao modo de ser do Estado romano, enquanto o direito privado aos interesses privados". Esta passagem foi repetida nas **Institutas, I, 1.4**, do Imperador Justiniano[6]. O **Publicus**, na frase, veio de **populicus** e teve por significado aquilo que era relativo ao **populus**. O **populus**, entre os romanos, não era o mesmo que "povo", tal como se usa atualmente, mas sim organização política. Hoje, é entendida como Estado, de modo que existia um sinônimo entre **civitas** e **res publica**. Por outro lado, o **privus** opunha-se ao **populus** e, via de consequência, ao **publicus**.

A dualidade teve como ponto de partida a questão do interesse, estando na órbita do direito privado as relações jurídicas de interesse dos particulares, enquanto o direito público voltava-se ao interesse público, ainda que esta noção não seja necessariamente a que se compreenda nos dias de hoje. Na verdade, não era pretensão dos juristas romanos elaborarem uma distinção científica e apurada, dividindo de forma definitiva o direito. O **jus publicum**, por exemplo, significava as regras que tinham por base o consentimento geral do povo e que não podiam ficar num plano semelhante àquelas que estavam voltadas às vontades individuais.

Ao longo do tempo, pode-se perceber que existem quatro momentos em relação à dicotomia citada. No primeiro, ainda no período romano, havia uma harmonia efetiva entre o direito público e o direito privado. Observe-se, no entanto, que as relações privadas, principalmente no final do Império romano, estavam baseadas em duas instituições assimétricas, o **commendatio** e o **beneficium**, que faziam com que as relações jurídicas não estivessem em um plano efetivo de igualdade.

Na Idade Média, as instituições germânicas modificaram em parte o panorama, pois havia o **gefolgschaft**, o séquito, um vínculo pessoal de lealdade e de afeição mútua entre um líder guerreiro e sua comitiva, selecionada entre os mais fiéis colaboradores. Por outro lado, tendo maior

---

5 "**ULPIANO** (Domicio), jurisconsulto romano (Tiro?- Roma, 228 d.C.), cujas opiniões eram lei entre os romanos" (KOOGAN/HOUAISS. **Enciclopédia e Dicionário Ilustrado**. Rio de Janeiro: Delta, 1998, p. 1617).

6 "**JUSTINIANO I** (Taurésio, perto da antual Skopje, 428 – Constantinopla, 565), imperador bizantino (527-565) [...] Fez copilar o *Digesto, as Instituições ou Institutas, as Novelas e os Códigos*. [...]" (KOOGAN/HOUAISS. **Enciclopédia e Dicionário Ilustrado**, *op. cit.*, p. 923).

importância do que esse instituto, havia a **genossenschaft**, que vinha a ser a noção de "corporação" ou "confraria", que estabelecia a regra de que devia haver sempre a discussão, por mais violenta e irracional que pudesse ser, sobre direito e justiça, por se estar entre iguais.

A formação do Estado Moderno, nos séculos XV e XVI, fez com que voltasse a haver uma cisão teórica mais nítida entre o direito público e o privado, em especial com a escola do direito natural. Esta apregoava que havia uma significação clássica do direito tendo por objeto a atividade do indivíduo, localizado dentro da área do direito público, para sua utilidade particular. Na base de tal situação estava a valorização do indivíduo, entendido que este precedia ao Estado e, na verdade, o constituía através de um pacto social, conforme o pensamento de John Locke[7] e de outros jusnaturalistas, que foram responsáveis pelo resgate da referida dicotomia.

Em épocas mais recentes, em especial no século XX, com a ampliação do Estado e dos seus organismos, bem como tendo por base o positivismo jurídico, voltou-se a descartar a dicotomia como uma verdade imutável e uma separação estanque. Apregoa-se, com frequência, que o direito privado está destinado a desaparecer frente ao novo impulso do direito público. Os privatistas afirmavam com fervor a máxima de Ulpiano e procuravam manter a noção de que o direito que cuida dos interesses privados é um bastião da liberdade e da defesa do indivíduo frente à sanha publicista.

Observou Limongi França que muitas características do Estado moderno tinham sido moldadas a resultarem numa publicização do direito privado. Não obstante haver a hipertrofia estatal demonstrada, a ausência de instituições no direito administrativo que disciplinasse este próprio direito,

7 "Locke, John – Biogr. (1632-1704). Foi educado em Oxford. Em 1660 ensinou grego e filosofia na Christ Churc dessa cidade. Mais tarde estudou medicina, mas não a exerceu. Sua 1ª obra foi: *Essay Concerning Toleration, sendo, porém mais conhecido por seu famoso Essay Concerning Human Understanding*, iniciado em 1670 e terminado em 1690. Exerceu parte ativa na política do país e esteve envolvido em várias controvérsias sobre seus escritos que lograram grande difusão na Inglaterra e na Europa toda – É o principal representante do empirismo e materialismo inglês. Combateu o racionalismo, especialmente a doutrina da idéia nata, pois via na experiência a fonte de todo desconhecimento. Ocupou-se também da educação, cujo princípio fundamental para ele é o da formação de hábitos. As finalidades que vê no ensino são: o enrijamento do corpo (educação física); a utilidade prática (educação intelectual); e a virtude (educação moral). É considerado um dos inspiradores de Rousseau, e é grande sua influência na nova pedagogia. Como filósofo político advogou a monarquia constitucional. Além das obras citadas, publicou ainda: *Two treatises of governement; Some troughts concerning education; The reasonableness; ... of christianity as delivered in thr scriptures*, etc." (**Dicionário Enciclopédico Ilustrado Brasileiro**. Porto Alegre: Edição 1267, 1958, vol. 2, p. 1861).

tendo o mesmo que importar conceitos do direito privado. Concluiu esse jurista que "paradoxalmente, o direito público se vai privatizando, por isso que para atender a tal imperiosidade, teve de recorrer (porque nunca as possui) às técnicas do direito privado, milenarmente amadurecidas, como a das sociedades, das fundações, do contrato de serviço"[8].

Percebe-se que, desde o início da distinção, havia uma imprecisão terminológica que até o momento persegue a dicotomia entre o direito público e o direito privado. O primeiro é relativo às normas que regulam o Estado, no aspecto externo, sua relação de igualdade com os demais Estados, assegurando-lhe independência, e, no plano interno, supremacia sobre qualquer outra instituição ou pessoa dentro de seu território. Em oposição, o direito privado tem como características as normas que regulam as atividades particulares, observado que estas se encontram no mesmo plano de igualdade em suas relações jurídicas.

Na verdade, não se pode imaginar que haja realmente um direito público e outro privado como categorias separadas e impermeáveis, com total distinção entre seus objetos. A distinção tem natureza pedagógica e, não mais assim entendido, de conteúdo, pois é a lei estatal que disciplina ambos os campos de atuação. Por outro lado, para reforçar o questionamento de validade de tal separação, há uma séria dificuldade teórica para colocar em tal esquema matérias novas como o direito de trabalho ou o direito bancário, expondo a imprecisão da dicotomia entendida em sentido absoluto.

1.3. Noção de Direito Público

O direito público tem por primeiro aspecto, ainda que seja hoje bastante questionado, que o mesmo vise à defesa e ao cumprimento dos interesses gerais. Por outro lado, o direito público se refere aos sujeitos que tenham império, **jus imperi**, ou seja, o poder de supremacia sobre os demais sujeitos jurídicos. Compreende a entidade em que a ordenação estatal toma corpo, no Estado, bem como em entidades menores compreendidas neste, mas com autonomia limitada. Por fim, o direito público regula a organização interna do Estado e dos seus órgãos auxiliares, assim como as relações entre os particulares e o poder público, de modo a se observar se as normas de direito público estão voltadas a situações e relações nas quais esteja implicada a participação do estado e de seus auxiliares.

O direito público pode ser interno ou externo, quando este se trata de direito internacional público. O direito público interno compreende o

8 FRANÇA, Rubens Limongi. **Direito Privado.** *In*: **Revista de Direito Civil: imobiliário, agrário e empresarial.** São Paulo: Revista dos Tribunais, 1980, nº 11, p. 34.

direito constitucional, o administrativo, o financeiro, o tributário, o penal, o processual civil, penal e trabalhista, o municipal e o ambiental. A dinâmica histórica do direito público nacional tem sua formação autônoma a partir dos parâmetros institucionais consolidados com a independência política de cada país[9].

1.4. Noção de Direito Constitucional

O direito constitucional vem a ser um dos ramos de direito público interno, qualquer que seja a teoria usada para basear a distinção entre este e o direito privado. Em que pese não haver um critério seguro para tal divisão, a caracterização do direito constitucional como direito público vem de uma função didática e também de ordem prática. Em primeiro lugar, o direito público caracteriza-se pelo uso de forma de ação unilateralmente ditada, como a lei, o decreto, o ato administrativo ou a sentença, ao passo que no direito privado predomina a autonomia da vontade. Em segundo, o Poder Público apenas pode agir se tiver competência constitucional fixada, enquanto os sujeitos privados têm liberdade para contraírem suas relações jurídicas. Em terceiro, o Poder Público encontra-se submetido aos princípios constitucionais, como da legalidade, da moralidade ou da publicidade, dentre outros, que não gozam de validade absoluta para as relações privadas.

Para o grande constitucionalista português J. J. Gomes Canotilho:

> "O enquadramento do direito constitucional no direito público é aquele aceite, tendo em conta, porém, três considerações fundamentais: (1) a distinção entre direito público/direito privado deve desvincular-se da pré-compreensão ideológica que, por vezes, lhe está subjacente; (2) a dicotomia direito público/direito privado não se reconduz hoje a um dualismo absoluto das relações jurídicas públicas/relações jurídicas privadas, aludindo-se antes à ordem jurídica como uma ordem pluralista de relações jurídicas; (3) a distinção direito público/direito privado não é uma divisão susceptível de captação apriorística, devendo antes basear-se na ordem jurídica positiva"[10].

O direito constitucional encontra-se caracterizado pela posição dominante que tem em relação aos demais ramos do direito. Tal posição decorreu de que as normas constitucionais são uma **lex superior**. Esta tem por fundamento de validade a si próprio, de que tais normas afirmam-se como fonte de produção de outras normas jurídicas e, ainda, de que a superioridade implica em que todos os atos dos Poderes Políticos têm que

9 WOLKMER, Antônio Carlos. **História do Direito no Brasil.** 3ª ed. Rio de Janeiro: Forense, 2003, p. 105.

10 CANOTILHO, J.J. Gomes. **Direito Constitucional.** Coimbra: Almedina, 1991, p. 137.

estar conforme à Constituição. A superioridade afirmada decorre de que as normas constitucionais são portadoras de um valor normativo formal e material superior e que tal é reconhecido por todo o ordenamento jurídico.

Para George Salomão Leite, na obra coletiva **Curso de Direito Constitucional**, assim definiu o direito constitucional:

> "Idêntico a boa parte das expressões da língua portuguesa, o termo *Direito Constitucional* comporta vários significados. Há quem afirme tratar-se de um *conjunto de normas que estabelece a organização jurídica fundamental de um determinado Estado*, ao passo que encontramos também, a idéia de que corresponde a uma *ciência que tem por objeto de estudo a Constituição*. Percebe-se, de imediato, que os autores estão designando realidades distintas utilizando-se da mesma expressão, qual seja: *Direito Constitucional*. Para evitar equívocos, à organização jurídica fundamental de um determinado Estado, iremos denominá-la por *Constituição*. Em sentido diverso, ao *conjunto de conhecimentos construídos de maneira sistemática e metodologicamente adequados acerca da Constituição* denominaremos de *Direito Constitucional*. Deste modo, o Direito Constitucional é uma *ciência do direito*, ao passo que a Constituição é um *conjunto de normas jurídicas que dispõem sobre o modo e a forma de organização de um determinado Estado*. Um não se confunde com o outro, embora sejam inter-relacionados"[11].

A formação do direito constitucional decorreu das mudanças políticas resultantes de três grandes revoluções burguesas ocorridas na Grã-Bretanha, nos Estados Unidos e na França. No primeiro país, em razão dos conflitos da dinastia Stuarts com o Parlamento, durante quase todo o século XVII, resultou em três documentos fundamentais: a) **Petition of Rights**, em 1628; b) **Instrument of Government**, em 1653, tecnicamente a primeira Constituição moderna; c) **Bill of Rights** e os demais direitos civis obtidos, em 1688 e em 1689. Nos Estados Unidos, no final do século XVIII, começou o conflito de colonos que sempre viveram livremente sob a Grã-Bretanha (Inglaterra), que queria lhes restringir os direitos já concedidos. Ocorreu, então, a Guerra de Independência, de 1776 a 1786, sendo a primeira a data também da **Declaration of Independence**, bem como na outra data foi criada a Constituição mais célebre e importante dentre todas. Por fim, na França, em 1789, explodiu a Revolução contra a dinastia Bourbon, sendo então afirmada a **Declaration des Droits de L'Homme et du Citoyen**, documento fundamental para a afirmação dos direitos individuais e dos limites do estado moderno. Seguiu-se, depois, das Constituições Francesas de 1791

---

11 LEITE, George Salomão. **Direito Constitucional.** *In*: ALVIM, Eduardo Arruda, LEITE, George Salomão, e STRECK, Lênio (coords.). **Curso de Direito Constitucional.** Florianópolis: Tirant le Blanch, 2018, p. 20.

e 1793, marcos dos primeiros textos constitucionais, consagrando novos e inúmeros direitos, inclusive o de resistência à ordem pública.

Do ponto de vista histórico, os três movimentos resultaram dos ideais políticos jusnaturalistas, criando o que passou a ser chamado de Estado Constitucional, que tinha como características a limitação da autoridade governamental. Consagrou-se a separação dos Poderes Políticos, em que as funções legislativas, executivas e judiciais eram distribuídas para diferentes órgãos, bem como houve a declaração de direitos de cidadania civil. As revoluções acima resultaram não apenas nas Constituições da classe burguesa, mas, com o tempo, nas Constituições de todas as classes, que viram nelas o artefato capaz de impor limites ao arbítrio governamental. Por conseguinte, até o início do século XX, os textos constitucionais liberais perduraram, sendo apenas suplantados pelo Estado do Bem-Estar Social, materializada também em dispositivos constitucionais, como a Constituição Mexicana de 1917, a Declaração de Direitos do Povo Oprimido e Trabalhador da Rússia de 1918 e a Constituição de Weimar (Alemanha) de 1919.

Durante a expansão francesa na Itália, realizada no período napoleônicio, no final do século XVII, houve a difusão dos ideais revolucionários liberais, baseados na noção do contrato social e no respeito aos direitos individuais, sendo cunhada a expressão **diritto constituzionale**. Esta nova disciplina foi lecionada nas universidades do norte italiano, como em Bolonha e em Ferrara, que acabaram por influenciar seu estudo na França, através do Ministério da Instrução Pública. Este, em 1834, por meio da Faculdade de Direito de Paris (Sorbonne), determinou a implantação da cadeira de **droit constitutionnel**. Depois, a matéria foi difundida por toda Europa e, numa fase seguinte, para todo o mundo. No Brasil, que proclamara sua primeira Constituição, em 1824, a primeira obra sobre a matéria foi elaborada por José Antônio Pimenta Bueno, Marquês de São Vicente[12], com o livro

12 **José Antônio Pimenta Bueno, Marquês de São Vicente** (Santos, 1803-1878) foi magistrado, diplomata e político brasileiro. Bacharelou-se na Faculdade de Direito de São Paulo e logo assumiu a magistratura em São Paulo, passando, em 1844, a Desembargador da Relação do Maranhão e depois a Ministro do Supremo Tribunal de Justiça. Foi, ainda, Presidente da Província do Mato Grosso e depois Encarregado de Negócios do Brasil no Paraguai. Em 1848, foi eleito Deputado Geral e ainda Ministro dos Negócios Estrangeiros, acumulando também o Ministério da Justiça. Foi Presidente da Província do Rio Grande do Sul, em 1850, Senador, em 1853, Conselheiro de Estado, em 1859, Visconde de São Vicente, em 1867, liderou o Gabinete Ministerial de 1870 a 1872, e Marquês de São Vicente, em 1872. Escreveu **Apontamentos sobre o Processo Criminal Brasileiro**, em 1857, **Direito Público Brasileiro e Análise da Constituição do Império**, em 1857, e **Direito Internacional Privado e Aplicação de seus Princípios com Referência às Leis Particulares do Brasil**, em 1863, e **Considerações Relativas ao Beneplácito e Recurso à Coroa em Matéria de Culto**, em 1873, dentre outros.

didático **Direito Público Brasileiro e Análise da Constituição do Império**, em 1854, trinta anos depois do texto constitucional.

O direito constitucional pode ser dividido em três áreas principais, quase conhecimentos autônomos: a) o direito constitucional especial, interno ou particular; b) o direito constitucional geral; c) o direito constitucional comparado. Os dois últimos são caracterizados, respectivamente, como uma projeção doutrinária do direito público interno, ao passo que o outro como confronto no tempo e no espaço de diversas constituições. Ao passo que o direito constitucional especial interno abarca a estrutura jurídica do Estado, bem como suas normas básicas, a definição e a dinâmica de seus órgãos, os direitos públicos individuais, a organização territorial estatal e, ao mesmo tempo, assuntos não previstos nos textos constitucionais. São estudadas nesta disciplina as características da Federação e do Município, sendo, por conseguinte, uma de suas pedras fundamentais[13].

Nos dias atuais, como oposição ao positivismo constitucional, no final do século XX e início do século XXI, surgiu o neoconstitucionalismo, assim caracterizado por Lênio Streck:

> "Quais seriam os elementos caracterizadores do movimento neoconstitucionalista? Seria uma espécie de positivismo sofisticado? O neoconstitucionalismo teria características de continuidade e não de ruptura em relação ao constitucionalismo do segundo pós-guerra? Não há suficiente clareza nas diversas teses acerca do significado do neoconstitucionalismo. Mas isso não constitui um problema. Ao contrário, possibilita a abertura para a reflexão. Alguns importantes juristas procuram seguindo uma antiga classificação de Norberto Bobbio para o positivismo classificá-lo em neoconstitucionalismo ideológico, teórico ou metodológico. Penso, entretanto, que essa classificação não assume relevância, pelo menos para os limites destas reflexões. Como efeito – mesmo que se admita essa tricotomia –, a um só tempo, o neoconstitucionalismo é *ideológico*, porque alça a Constituição a "elo conteudístico" que liga a política e o direito (aqui se poderia falar no aspecto compromissório e dirigente da Constituição, que é, assim, mais do que norma com forçacogente: representa uma evidência político-ideológico); é *teórico*, porque estabelece as condições de possibilidade da leitura (descrição) do modelo de constitucionalismo e dos mecanismos para superação do positivismo (papel dos princípios como resgate do mundo prático expungido do direito pelo positivismo, problemática que deve ser resolvida a partir dessa teoria do direito e do Estado); e é também *metodológico*, porque ultrapassa a distinção positivista entre o descrever e o prescrever o direito, sendo que, para tal, reconecta direito e moral, a partir do papel corretivo que a moral assumiria neste novo modelo de direito. Ou seja, se o positivismo excluiu a moral do direito, o neoconstitucionalismo a traria de volta. O *neoconstitucionalismo* efetivamente vem gerando controvérsias. Tem sido teorizado sob

13 COSTA, Nelson Nery. **Monografia Jurídica Brasileira**. 1ª ed./2ª tir. Rio de Janeiro: Forense, 2006, p. 69.

> os mais diferentes enfoques. Écio Oto, de forma percuciente, faz uma descrição das principais propriedades/características desse fenômeno. Essa "planta" do neoconstitucionalismo possui a assinatura de autores do porte do próprio Écio Oto, Susanna Pozzolo, Prieto Sanchís, Sastre Ariza, Paolo Comanducci, Ricardo Guastini, com variações próprias de correntes das matrizes teóricas que cada um segue"[14].

O termo neoconstitucionalismo foi se consolidando na teoria do direito, com o destaque para o direito constitucional, como oposição ao positivismo jurídico, fazendo a revisão desta teoria com base nas características assumidas pelo Estado Constitucional no final do século XX e início do século XXI. Foi a atividade intelectual de juristas da Itália e da Espanha que passaram a apresentar conceitos diversos do positivismo jurídico e da limitação de entender o direito como submetido à vontade legislativa. Por força da chamada pós-modernidade e da revisão cultural da sociedade liberal democrática com base no consumo, enaltecendo a força da Constituição para criar prerrogativas jurídicas nem sempre previstas no texto escrito, pode-se dizer que deu margens ao pós-positivismo e à relativização da norma jurídica[15].

1.5. Vontade Geral em Rousseau

Para Jean-Jacques Rousseau[16], a vontade geral indicava as características gerais da soberania: a) inalienável; b) indivisível; c) infalível; d) absoluta.

---

14 STRECK, Lênio. **(Neo) Constitucionalismo.** *In*: ALVIM, Eduardo Arruda, LEITE, George Salomão, e STRECK, Lênio (coords.). **Curso de Direito Constitucional**. Florianópolis: Tirant le Blanch, 2018, pp. 33-4.

15 "O termo neoconstitucionalismo ou constitucionalismo contemporâneo designa o conjunto de transformações, que surgiram na pós-modernidade, operadas na dinâmica, estudo, interpretação e aplicação normativa, com reflexos na compreensão do sistema jurídico, tendo como resultado um novo paradigma do fenômeno jurídico. Daí a aproximação do direito constitucional com a filosofia e a própria teoria do Direito" (SIQUEIRA JR., Paulo Henrique. **Neoconstitucionalismo.** *In*: CLÈVE, Clemerson Merlin (org.). **Doutrinas Essenciais: Direito Constitucional (Edições Especiais Revista dos Tribunais: 100 Anos)**. 2ª tir. São Paulo: Revista dos Tribunais, 2013, vol. VII, p. 226.

16 "**ROUSSEAU** (Jean-Jacques), escritor suíço de língua francesa (Genebra, 1712 – Ermenonville, 1778). Entregue a si mesmo durante a infância sem mãe, abandonado pelo pai, educou-se ao sabor das circunstâncias. Inventou um sistema de notação musical e fez-se conhecer como compositor da ópera *As musas galantes*. Tornou-se famoso de repente, quando a Academia de Dijon premiou seu *Discurso sobre as ciências e as artes* (1750). Espírito sistemático e caráter apaixonado, Rousseau elaborou uma doutrina da qual tirou todas as consequências: o homem é naturalmente bom, mas sua bondade foi corrompida pela sociedade; é preciso, sempre que possível, voltar à virtude primitiva. Resultou daí, no escritor, um vivo sentimento da natureza e um amor à solidão que acentuou quando Rousseau, envelhecido, se julgava perseguido por to-

A característica da inalienabilidade levava o autor a se afastar do regime representativo, de modo que os constituintes revolucionários, que assimilaram a teoria rousseauniana da lei esqueceram-se de que essa só tinha sentido com essa condição enunciada em termos pouco equívocos, pois a soberania, não sendo senão o exercício da vontade geral, jamais podia alienar-se, que o Soberano só podia ser representado por si mesmo.

O poder podia ser transmitido, não, porém, a vontade. A soberania era indivisível porque a vontade ou era geral ou não era, ou compreendia a vontade do corpo do povo ou era somente a de uma parte. No primeiro caso, essa vontade declarada constituía-se em um ato de soberania e fazia lei. No segundo, não passava de uma vontade particular ou de um ato de magistratura, sendo, no máximo, um decreto. Era infalível porque a vontade geral era sempre justa e tendia sempre à utilidade pública. Por fim, a mesma era absoluta porque, assim como a natureza dava a todo homem um poder absoluto sobre todos os seus membros, o pacto social dava ao corpo político um poder absoluto sobre todos os seus. No entanto, estas duas últimas características confundiam a vontade geral com a vontade majoritária.

A vontade geral tinha sementes totalitárias por isso era uma tautologia. O autor afirmava, ainda, que a vontade geral devia poder exprimir-se a si mesma, que não houvesse nenhuma sociedade parcial no Estado e que cada cidadão pensasse apenas os seus próprios pensamentos[17]. Significava que não podia haver intermediário entre o cidadão e a força do Estado, excluindo os grupos livremente associados, como partidos políticos e seitas religiosas. Defendia que nada deveria interferir com a unidade do Estado, uma vez que a vontade geral devia implicar em unanimidade.

A lei era a fonte da vontade geral, sendo ela a sua única expressão[18]. Estatuir sobre um objeto pessoal era contrário à própria natureza da von-

---

dos. No meio de disputas e acusações, ele escreveu suas obras-primas: *Júlia ou a nova Heloísa* (1761), *Do contrato social, Emílio* (1762). Nas *Confissões* e em *Devaneios de um passeador solitário*, publicadas somente depois de sua morte, tentou justificar-se. Rousseau renovou ideias na política e na educação, propôs novos temas em literatura, preparou as grandes mudanças políticas na Revolução Francesa e o advento do romantismo" (KOOGAN/HOUAISS. ***Enciclopédia e Dicionário Ilustrado**, op. cit.*, p. 1417).

---

17 "A posição de Rousseau na história das ideias sobre a legitimidade radica exatamente nesta forma especial de delimitação de fundamentos. A estrutura lógica de seu raciocínio resume-se no seguinte: a sociedade justa devia constituir-se de modo que seus membros não necessitassem recorrer aos 'direitos naturais' contra a iniquidade da lei positiva. Em outras palavras, a própria lei real deveria coadunar-se aos ditames da justiça" (MERQUIOR, José Guilherme. **Rousseau e Weber**. Rio de Janeiro: Guanabara, 1980, p. 21).

18 "No novo estado natural, Rousseau afirma que o homem está sujeito à vontade dos outros, especialmente à de dirigentes que governam a lei, e à sua própria paixão. Ele

tade geral. Ela não agia, não ditava os atos, mas estipulava as regras[19]. As regras mais gerais eram expressadas unicamente através de leis, na acepção muito forte que Rousseau dava a esta palavra. Para ele, a lei tratava-se da manifestação por excelência do vínculo social, a reguladora augusta da ordem social, ou seja, o vínculo sagrado e a ordem sagrada. O autor refletia aqui embaixo uma sabedoria transcendente. A vontade geral derivava da moralidade, antes de derivar do poder. Encontrava sua beleza e seu caráter próprio em sua generalidade e impessoalidade, as quais excluíam o arbitrário e o instável que caracterizavam as vontades particulares. Graças à lei, os homens serviam e não tinham senhores, obedeciam e, no entanto, eram livres. A vontade geral garantia, assim, simultaneamente, a liberdade pública e a autoridade do Governo.

A lei, para o autor, como o ato da vontade geral e a expressão da soberania, era de vital importância, pois determinava todos os destinos do Estado[20]. Os legisladores tinham relevante papel no contrato social, sendo investidos de qualidades quase divinas. Quem elaborava as leis devia assemelhar-se aos deuses, se perseguisse sempre o objetivo de servir às necessidades da natureza humana. Com efeito, ele não era soberano nem governante ou magistrado. Não governava os homens, só governava as leis.

---

está sujeito à vontade de outrem e não à sua própria razão. Assim, se esta é uma forma de contraposição feita por Rousseau, então ele claramente está querendo dizer que o homem é *mais* livre sob a soberania da vontade geral e não *tão* livre. Ou poder-se-ia arguir, agora que as condições contrastantes estão claras, que sobre a lei da vontade geral, o homem é (num sentido) *tão e mais* livre do que no estado original natural" (MACADAM, James. **Rousseau e Hobbes.** *In*: FITZGERALD, Ross (org.). **Pensadores Políticos Comparados.** Brasília: Universidade de Brasília, 1980, pp. 147-8).

---

19 "Encarnada no Estado e pelo Estado, a vontade geral é tudo. É o primado da política sobre a moral, ou melhor, é a fundamentação da moral na política. A defesa do bem comum chega a tal ponto que leva ao esvaziamento do indivíduo e da sua individualidade, bem como a sua absorção pelo corpo social, sem deixar restos" (REALE, Giovanni, e ANTISERI, Dario. **História da Filosofia**. São Paulo: Paulus, 1990, vol. II, p. 772).

20 "Aqueles que pensam Rousseau meramente como um mestre da sensibilidade e como um criador de imagens poderosas, deveriam reler o primeiro capítulo do Livro III do *Contrato social*. Não se pode deixar de admirar o rigor do argumento ou de notar a precisão com a qual o autor se desenvolve, por passos lógicos em direção à sua conclusão: uma conclusão que Rousseau considerava como lei o que poderíamos chamar hoje de 'uma lei positiva da ciência política'" (JOUVENEL, Bertrand. **A Teoria de Rousseau sobre as Formas de Governo.** *In*: QUIRINO, Célia Galvão, e SOUZA, Maria Tereza Sadek R. de (org.). **O Pensamento Político Clássico**. São Paulo: T. A. Queiroz, 1980, pp. 427-8).

Instituía o Estado, mas não fazia parte da Constituição, como Calvino[21] fez o mesmo em Genebra. Redigia as leis, mas não podia ter a força executiva.

Rousseau também concebia a sociedade política como a eliminação total do estado de natureza, que se limitava a garantir, por meio da coação atribuída a um poder central, os direitos naturais. Só que para o autor, a vontade geral era a expressão global dos interesses e dos sentimentos da sociedade dos cidadãos. E, portanto, como tal, não podia errar, ela era infalível. A ideia que movia Rousseau era que o Estado mais perfeito seria quanto mais a sua vontade coincidisse com a vontade geral. Ele voltava à posição radical de Thomas Hobbes[22], no sentido de que, entre estado natural e estado civil, optava pelo segundo. Não obstante, desenvolveu a teoria deste autor no sentido democrático. Também ele pensava que entre estado natural e estado civil não existia meio termo, mas negava que o estado civil fosse incompatível com a liberdade. O problema tornava-se, portanto, conciliar o Estado com a liberdade.

O autor também se aproximava do absolutismo de Thomas Hobbes, pois o contrato social tal como apresentava, tratava-se também de um ato

21 "**Calvino** (João), reformador francês (Noyon, Picardia, 1509 – Genebra, 1564), partidário da Reforma na França e na Suíça, onde refixou em 1541 e onde organizou na república teocrática. O calvinismo, doutrina essencialmente teocêntrica, distingue-se das outras doutrinas protestantes nos seguintes pontos: dogma da predestinação e da graça irresistível; retorno à simplicidade cristã primitiva; sacramentos reduzidos ao batismo e à eucaristia, que guardam apenas seu valor de símbolos. Calvino é o autor da *Instituição da Religião Cristã* (1536), numa teologia do protestantismo francês, cujas edições (1541-1560) constituem momentos da língua francesa. O calvinismo expandiu-se pela França, Suíça, Holanda, Inglaterra, Escócia. Foi do calvinismo presbiteriano que saíram as seitas dos puritanos e a maior parte das Igrejas não conformistas, que levaram à América do Norte" (KOOGAN/HOUAISS. **Enciclopédia e Dicionário Ilustrado**, *op. cit.*, p. 300).

22 "Hobbes (Thomas), filósofo inglês (Westport, Wiltshire, 1588 – Hardwick Hall, 1679). Durante uma viagem pela França e Itália, entrou em contato com filósofos e cientistas, principalmente os do círculo de Mersenne e Galileu. Interessou-se pela física e matemática. Publicou *De cive* (1642) e o *Leviathan* (1651), sua principal obra, na qual expôs sua teoria do poder político. Hobbes professava um materialismo mecanista rigoroso. Ligando toda a realidade à ação e reação dos corpos em movimento. Para ele, o homem não escapa a essa lei universal e é movido pelo desejo e o temor, o que cria uma situação de conflito permanentemente (a 'guerra de todos contra todos'), em que, 'o homem é o lobo do homem'. A razão, ou a capacidade de calcular os efeitos favoráveis ou desfavoráveis das ações, impõe que cada indivíduo, por um contrato firmado com todos ou outros indivíduos, renuncie totalmente aos direitos que possui naturalmente sobre todas as coisas, em benefício de um soberano cujos direitos ilimitados lhe permitem fazer reinar a ordem e a paz" (**Grande Enciclopédia Larousse Cultural**. São Paulo: Nova Cultural, 1998, vol. XII, p. 3000).

coletivo de renúncia aos direitos naturais. Aqui estava a diferença fundamental, que deixava Rousseau como o teórico mais consequente do Estado Democrático. A renúncia não era feita em favor de um terceiro, mas por cada um em favor de todos, ou seja, por cada indivíduo para si mesmo como membro da totalidade. Para o autor, a alienação acontecia em favor da comunidade inteira, ou do corpo político, do qual a manifestação suprema era a vontade geral, razão pela qual devia se falar de um **pactum societis**, em lugar de **subjectionis**, que era exatamente a vontade dos indivíduos contraentes. Diferente da renúncia de Hobbes, que levava a abandonar a liberdade natural para obter a servidão civil, a renúncia de Rousseau deveria levar a abandonar, sim, a liberdade natural, mas para reencontrar uma liberdade mais plena e superior, que era a liberdade civil, ou a liberdade do Estado.

Rousseau, entretanto, reconhecia tal situação como uma utopia, já que admitia que a democracia da qual estava falando não existia, nem nunca existiria. A condição natural a que se devia aspirar, a do homem que cedia a sua soberania e a sua liberdade, talvez nunca existisse e nunca fosse existir. Era um objetivo ideal para o qual se devia buscar. Desse modo, Rousseau diferencia-se de John Locke, onde o contrato que dava origem ao Estado não era o ato de renúncia total aos direitos naturais, mas um ato pelo qual os indivíduos para sair do estado de natureza, renunciavam ao único direito de fazer justiça por si mesmo e conservavam os direitos naturais fundamentais à vida, à liberdade e à propriedade.

A diferença, entre o Estado Liberal do tipo de John Locke e o Estado Democrático de Rousseau podia ser reduzida em última análise a uma diferença entre duas concepções de liberdade. A visão liberal entendia a liberdade como um não-impedimento, ou seja, como uma faculdade de agir sem ter dificuldade pelos outros, e cada um teria liberdade quanto maior fosse o âmbito no qual podia mover-se sem encontrar obstáculos. A concepção democrática, contudo, entendia a liberdade como autonomia e cada um tinha a liberdade tão maior quanto maior a vontade de quem fazia as leis se identificar com a vontade de quem deveria obedecer a tais leis.

Segundo a visão liberal, o Estado correspondia tanto mais ao ideal quanto mais suas ordens fossem limitadas à liberdade do Estado. Para a democrática, o Estado era tanto mais perfeito, quanto mais suas ordens exprimissem a vontade geral, liberdade no Estado. No primeiro, o problema fundamental da liberdade coincidia com a salvaguarda da liberdade natural. No segundo, com a eliminação da liberdade natural, que era anárquica, havia a transformação em liberdade civil, que vinha a ser a obediência à vontade geral. Assim, Rousseau pensava poder conciliar a instituição do Estado com a liberdade, visando a uma liberdade que não era a desordem dos instintos, mas a participação consciente e de acordo com a lei do Estado[23].

1.6. Poder Constituinte em Sieyès

O Poder Constituinte é o poder que o Estado tem para se organizar quanto à forma de estado, à forma de governo, com deveres dos cidadãos, aos direitos destes e às outras questões pragmáticas, nos dias de hoje. Adriana Sant'ana Pedra, assim descreveu a noção de Poder Constituinte na concepção de Emmanuel Joseph Sieyès[24], do seguinte modo:

> "Segundo o pensamento de Emmanuel Joseph Sieyès, o Poder Constituinte elabora a Constituição, mas não desaparece após. O surgimento de uma Constituição não faz desaparecer o Poder Constituinte da nação, que pode criar nova Constituição quando suas novas necessidades assim exigirem. A *nação* não fica submetida à Constituição que ela estabeleceu, pelo seu Poder Constituinte. Só os poderes constituídos por ela é que ficam submetidos à Constituição. Decorre disso que a nação pode mudar a Constituição sempre que bem lhe parecer. O estabelecimento de uma Constituição não esgota o Poder Constituinte da nação. Carré de Malberg, analisando a doutrina de Sieyès, anota a este respeito que, pela Constituição, o povo delega efetivamente algumas partes de seu poder para as diversas autoridades constituídas, mas conserva sempre para si mesmo o Poder Constituinte. O povo soberano, ao conservar em suas mãos o Poder Constituinte, não fica obrigado pela Constituição. Esta poderá obrigar as autoridades constituídas, mas não pode acorrentar o próprio soberano, ou seja, o povo, que pode sempre valer-se do *Poder Constituinte Originário* para criar uma nova Constituição. O Poder Constituinte subsiste após a edição da Constituição como expressão humana. Subsiste, portanto, fora da Constituição, e não dentro dela. Vale observar, assim, que somente os poderes constituídos ficam vinculados à Constituição. Em direito positivo, todo poder, mais exatamente toda competência constitucional, é necessariamente derivado. Assim, caso haja a necessidade de reforma de uma Constituição, sem que haja a substituição desta por outra, haverá a produção de novas normas constitucionais através do *Poder Constituinte Derivado*, que se trata na verdade de um Poder Constituinte"[25].

23 "Rousseau não quer ser considerado como um declamador e um sofista: conformará seus atos à suas palavras, viverá sua verdade sem se deixar influenciar pelo julgamento dos outros" (STAROBINSKI, Jean. **Jean-Jacques Rousseau: a transparência e o obstáculo**. São Paulo: Companhia das Letras, 1991, p. 49).

24 "SIEYÈS (Emmanuel Joseph), político francês (Fréjus, 1748-Paris, 1836). Vigário-geral de Chartres, publicou em 1789 um livro célebre, *Que é o Terceiro Estado*? Foi membro da Constituinte, da Convenção, do Conselho dos Quinhentos e do Diretório. Organizou com Bonaparte o golpe de Estado de 18 de Brumário. Cônsul provisório, não demorou a ser afastado do poder. (Acad. Fr.)" (KOOGAN/HOUAISS. **Enciclopédia e Dicionário Ilustrado**, *op. cit.*, p. 1987).

25 PEDRA, Adriana Sant'ana. **Poder Constituinte.** *In*: ALVIM, Eduardo Arruda, LEITE, George Salomão, e STRECK, Lênio (coords.). **Curso de Direito Constitucional**. Florianópolis: Tirant le Blanch, 2018, p. 45.

Por outro lado, Dimas Macedo assim observou a teoria do Poder Constituinte de Sieyès com o seguinte ponto de vista:

> "A conclusão lógica a que chega Sieyès é a de que, se realmente a nobreza e o clero não contribuem para o engrandecimento da nação, mas apenas desfrutam dos seus odiosos privilégios, o que na realidade elas representam é um corpo estranho e indesejável à vida da nação. Ao Terceiro Estado é que deve ser reconhecido o direito de representar a Nação. Afinal de contas, pondera, as ordens privilegiadas, juntas, representam apenas uns duzentos mil eleitores, enquanto o Terceiro Estado é detentor da vontade de vinte e cinco milhões. O que o resta ao Terceiro Estado, assim, é se constituir em Assembleia Nacional e reestruturar, em novas bases, o edifício sócio-político da nação, valendo-se para tantos dos postulados do direito natural, pois 'a nação é tudo o que ela pode ser somente pelo que ela é'. A nação, em síntese, não pode alienar, nem se proibir o direito de mudar; e, qualquer que seja sua vontade, ela não pode cercear o direito de mudança assim que o interesse geral o exigir. Entretanto, para que possamos compreender, em toda a sua totalidade, a concepção político-jurídica de Sieyès, se faz igualmente necessário que entendamos em que termos ele apreende o sentido de nação, como expressão de toda uma concepção sócio-política fundadora ou restauradora das bases soberanas e democráticas do poder"[26].

Emmanuel Joseph Siéyès, apesar de usar a noção de vontade comum, oriunda de Rousseau, dele se distinguiu porque admitia a representação política. Não obstante, a nação era tudo e expressava a ideia de soberania por se tratar de um poder absoluto. Disse que "uma nação é independente de qualquer formalização positiva; basta que sua vontade apareça para que todo direito político cesse, como se estivesse diante da fonte e do mestre supremo de todo o direito positivo"[27]. Percebe-se, então, que o termo soberania[28] se torna referência necessária para as teorias políticas e jurídicas

---

26 MACEDO, Dimas. **O Discurso Constituinte: uma abordagem crítica.** 3ª ed. Belo Horizonte: Fórum, 2009, p. 44.

27 "Acrescenta, ainda, o autor que "a nação existe antes de tudo, ela é a origem de tudo. Sua vontade é sempre legal, é a própria lei" (SIÉYÈS, Emmanuel Joseph. **A Constituição Burquesa: qu'est-ce que le tiers état?** 2ª ed. Rio de Janeiro: Liber Juris, 1988, pp. 117 e 120).

28 Ver: a) CABRAL, Bernardo. **Poder Constituinte – Fonte Legítima – Soberania – Liberdade.** *In*: **Revista de Direito Público**. São Paulo: Revista dos Tribunais, abr.-jun./1988, nº 86/14, e **Doutrinas Essenciais: Direito Constitucional (Edições Especiais Revista dos Tribunais: 100 Anos)**. 2ª tir. São Paulo: Revista dos Tribunais, 2013, vol. I, p. 383; b) A. B. COTRIM NETO. **Constituição, Poder Constituinte e os Participantes de sua Realização.** A. B. COTRIM NETO. **Doutrinas Essenciais: Direito Constitucional (Edições Especiais Revista dos Tribunais: 100 Anos)**. 2ª tir. São Paulo: Revista dos Tribunais, 2013. MIRANDA, Jorge. **Poder Constituinte. Doutrinas Essenciais: Direito Constitucional (Edições Especiais Revista dos Tribunais: 100 Anos)**. 2ª tir. São Paulo: Revista dos Tribunais, 2013, vol. I, p. 435; c) RUSCHEL, Ruy Rubem. **O Poder Constituinte e**

diversas, variando conforme as circunstâncias históricas, mas nelas existe sempre a tentativa de conciliar o poder de fato com o poder de direito.

1.7. Poder Constituinte e suas Espécies

O Poder Constituinte é a faculdade que cada sociedade política tem para estabelecer as linhas gerais de suas instituições públicas e de suas relações com os cidadãos enquanto princípios fundamentais. Por conseguinte, este poder representa que a qualquer tempo, dentro de condições pré-estabelecidas, pode-se fixar os poderes constituídos e suas características. O poder constituinte resulta na competência para elaborar um novo texto constitucional, ou a própria ordem política, como o documento que vai constituir o Estado e os poderes que dele brotarem.

De modo geral, o Poder Constituinte nasce com um movimento revolucionário ou, pelo menos, de um consenso que resulte de uma ruptura com as estruturas políticas, econômicas ou sociais anteriores ao mesmo. A revolução implica em um rompimento com a ordem estabelecida e a tentativa de mudá-la por outra, com o deslocamento de sua fonte de legitimidade. Trata-se da vontade política cujo poder ou autoridade tem força para aplicar uma decisão sobre o modo e a forma pela qual se organiza politicamente como uma unidade institucional.

No Brasil, as Constituições Brasileiras foram quase todas outorgadas pelas elites que dominavam a política quando de seus estabelecimentos, como observou Dimas Macedo:

> "Em todo o percurso do processo constituinte brasileiro, nos parece oportuno antecipar, se torna extremamente difícil e, às vezes, até certo ponto impossível, detectar um discurso que não esteja comprometido com a retórica de alienação constitucional. Por outro lado, desvinculadas da realidade nacional, todas as nossas constituições nada mais têm expressado do que uma comunicação autoritária e elitista, correspondente, aliás, à postura do poder constituinte que as elaborou"[29].

O Poder Constituinte tem como característica ser, de modo geral: a) inicial, porque nenhum outro poder existe acima dele, nem de direito nem de fato; b) autônomo, porque somente este pode decidir qual o direito que vai ser estabelecido em dada sociedade e as características que vão assumir suas instituições públicas; c) incondicional, porque não está subordinado a

revolução. Doutrinas Essenciais: Direito Constitucional (Edições Especiais Revista dos Tribunais: 100 Anos). 2ª tir. São Paulo: Revista dos Tribunais, 2013, vol. II, p. 509.

29 MACEDO, Dimas. **O Discurso Constituinte: uma abordagem crítica**, *op. cit.*, p. 75.

ninguém ou a qualquer restrição prévia[30]. O Poder Constituinte vai produzir uma Constituição, que nasce por meio de um ato constituinte que manifesta a vontade de estabelecer uma forma e o modo de organização política do Estado. O exercício do Poder Constituinte pode ser por meio da democracia direta, como pelo referendo ou pelo plebiscito; por meio da democracia representativa, como a eleição de uma Assembleia Constituinte ou a atribuição de tal poder para uma Assembleia já constituída; ou por um meio autoritário, como por um golpe de Estado.

O Poder Constituinte pode ser originário, genuíno, derivado, instituído ou constituído. O Poder Constituinte Originário tem a característica de ser o primeiro, porque de início fixa o ordenamento constitucional e jurídico com ambição de perenidade, ou pelo menos até ser substituído por outro poder constituinte. O Poder Constituinte Derivado resulta de regras e de condicionamento previstos na própria Constituição, para o fim de realizar reformas pontuais ou gerais no seu texto escrito[31]. Este tem limitações e condicionamentos previstos, como cláusulas pétreas ou restrições de se realizar durante o estado de sítio ou outros problemas políticos graves, em limitações temporárias, circunstanciais e materiais.

30 "O poder constituinte não é um poder jurídico e, em consequência, não existe um problema de sua titularidade dentro da ciência do direito" (BASTOS, Celso Ribeiro. **Dicionário de Direito Constitucional**. São Paulo: Saraiva, 1994, p. 144).

31 "Assim, o órgão constituído habilitado a modificar a Constituição está como os demais órgãos constituídos limitados em sua competência pela Lei Magna" (FERREIRA FILHO, Manoel Gonçalves. **Curso de Direito Constitucional**. 32ª ed. São Paulo: Saraiva, 2005, p. 29).

Capítulo II

CONSTITUIÇÃO NA TEORIA E NA HISTÓRIA

Sumário: 2.1. Contrato Social em Hobbes; **2.2.** Contrato Social em Locke; **2.3.** Contrato Social em Rousseau; **2.4.** Pensamento Político em O Federalista; **2.5.** Bill of Rights de 1689; **2.6.** Declaração de Independência de 1776; **2.7.** Constituição Norte-Americana de 1786; **2.8.** Constituições Francesas de 1791 e 1793; **2.9.** Noção Geral de Constituição; **2.10.** Classificação das Cons*tituições*.

2.1. Contrato Social em Hobbes

Por que os indivíduos deixavam o estado de natureza e davam vida ao estado civil, com suas vontades concordes? A razão apresentada por Thomas Hobbes era que sendo o estado de natureza uma situação de guerra de todos contra todos, nele ninguém tinha garantia da própria vida. Para salvar a vida, os indivíduos julgavam assim se submeter a um poder comum suficiente para impedir o emprego de força particular[1]. O Estado surgia civil de um pacto em que os indivíduos assumiam entre si, com propósito de alcançar a segurança de sua vida pela sujeição comum a um único poder.

O contrato era uma transferência mútua de direitos. O pacto, ou seja, a promessa de cumprir o contrato, valia enquanto a conservação da vida não estivesse sendo ameaçada. Para que fosse durável a paz obtida com o contrato social, era necessário que a multidão dos associados fosse tão grande que os adversários de sua segurança não teriam a esperança de que a adesão de um pequeno número bastasse para lhe assegurar a vitória. Para que a vida fosse viável, empunhava-se, pois, um estado civil[2]. A paz imprescindível, a conservação da vida que a razão solicitava, criava o pacto social e, através deste, o homem era introduzido em uma ordem moral.

Tratava-se de um tipo de contrato ou pacto de sociedade plenamente criador e que não dizia respeito a nenhuma realidade orgânica preexisten-

---

1 "O homem deve sair desse estado, sob pena de destruição da espécie" (CHEVALIER, Jean-Jacques. **História do Pensamento Político**. Rio de Janeiro: Guanabara, 1982, tomo 1, p. 360).

2 "O cidadão realiza, por sua vez, de dupla maneira, o mais alto grande de individualidade compatível com a condição ordinária do homem: de um lado, indivíduo natural incompleto e precário, ele abandona sua liberdade natural e encontra no Estado racional a liberdade sob forma de segurança, a permanência e a distinção sob forma da propriedade, a autonomia sob forma de responsabilidade" (POLIN, Raymond. **Indivíduo e Estado**. *In*: QUIRINO, Célia Galvão, e SOUZA, Maria Tereza Sadek R. de (org.). **O Pensamento Político Clássico**. São Paulo: T. A. Queiroz, 1980, p. 110).

te. Tratava-se de contrato ou pacto firmados pelos homens naturais entre si, em benefício de um terceiro que, por sua vez, não contraia para com eles nenhuma obrigação propriamente dita e que, indivíduo ou Assembleia, eram juridicamente a pessoa única em que se congregava uma multidão. Tudo se processava como se cada um tivesse dito a cada um, autorizava-se essa pessoa e lhe confirmava seu direito de governar a si mesmo, com a condição de que lhe conferisse o direito de lhe autorizar todas as suas ações de igual maneira[3]. Havia, exatamente, transferência por parte de cada indivíduo do seu direito total e absoluto sobre qualquer coisa à pessoa única, a fim de que, doravante, só ela possuísse um querer absoluto. A transferência era total, absoluta, irrevogável e cada um passava a reconhecer o ato do soberano como seu.

A dominação natural, através da aquisição, não passava de acessório. O poder era adquirido pela força, mas apenas se os futuros súditos reconhecessem e autorizassem, de uma vez por todas, por medo da morte, todos os atos daquele que tinha sobre seu poder suas vidas e sua liberdade. Era pela arte que esse grande Leviatã, o mesmo nome de sua principal obra, que se chamava sociedade civil, no sentido de Estado, encontrava-se aliado e instituído o terceiro tipo de dominação, a única que merecia o título de política. O contrato interrompia o mecanismo natural simplesmente casual e o substituía por um mecanismo social artificial onde as forças naturais se recompunham em forças novas. Convergiam na direção de novos corpos e se distribuíam segundo um plano teológico, como por uma espécie de sobre determinação, que se superpunha às determinações simplesmente causais da natureza.

As características do contrato eram: a) os contratantes em nenhum momento se fundamentam em um povo, as suas vontades individuais em

3 "O que equivale a dizer: designar um homem ou uma assembleia de homens como representante de suas pessoas, considerando-se e reconhecendo-se cada um como autor de todos os atos que aquele que representa sua pessoa praticar ou levar a praticar, em tudo o que disser respeito à paz e segurança comuns; todas submetendo assim suas vontades à vontade do representante, e suas discussões a uma decisão. Isto é mais do que consentimento ou concórdia, é uma verdadeira unidade de todos eles, numa só e mesma pessoa, realizada por um pacto de cada homem com todos os homens, de um modo que é como se cada homem dissesse a cada homem: *cedo e transfiro meu direito de governar-se a mim mesmo a este homem, ou a esta assembléia de homens, com a condição de transferirem a ele teu direito, autorizando de maneira semelhante as suas ações.* Feito isto, à multidão assim unida, numa só pessoa chamada *Estado*, em latim *civitas*. É esta geração daquele quando *Leviathã*, ou antes (para falar em termos mais reverentes) daquele *Deus Mortal* no qual devemos, abaixo de *Deus Imortal*, nossa paz e segurança" (HOBBES, Thomas. **Leviathã**. *In*: HOBBES, Thomas. **Os Pensadores: Hobbes**. São Paulo: Nova Cultural, 1999, p. 144).

nenhum momento se fundamentavam em uma vontade comum ou geral; b) não existia pacto ou contrato dito de submissão ou de Governo, os homens naturais firmavam um contrato apenas entre si, em proveito de um terceiro beneficiário, o seu futuro senhor; c) a transferência operada pelos homens naturais era total e absoluta, como total e absoluto era o próprio direito transferido[4].

O pacto social, sendo artificial e precário, não era suficiente para assegurar a paz, pois sempre existiriam pessoas que acreditando saber mais do que as outras, poderiam desencadear guerras civis a fim de conquistar o poder só para elas. Tal consequência somente poderia ser evitada se cada homem submetesse sua própria vontade à vontade de um único homem ou a uma Assembleia determinada. O escolhido para exercer o poder deveria ser totalmente seguido pelos componentes do corpo social no que se refere aos problemas da paz geral. Um tal poder só seria capaz de corresponder a sua finalidade se exercido despoticamente. O contrato era estabelecido unicamente entre membros do grupo que, entre si, concordavam em renunciar a seu direito em tudo para o entregar a um soberano encarregado de promover a paz.

O Soberano não precisava dar satisfação de sua gestão, sendo responsável apenas perante Deus, sob pena de morte eterna. Não submetido a qualquer lei, o Soberano absoluto era a própria fonte legislativa. A obediência a ele devia ser total, a não ser que ele se tornasse impotente para assegurar a paz durável e a prosperidade. A fim de cumprir sua tarefa, o Soberano devia concentrar todos os poderes em suas mãos, pois os pactos sem a espada não passavam de palavras, sem força para dar qualquer segurança a ninguém. A segurança interna e externa estavam em suas mãos, as mesmas que detinham a legislação suprema e o direito de guerra e paz[5].

Qualquer que fosse o regime estabelecido na sociedade civil, a soberania de um poder comum era formada pela soma das forças e dos poderes dos quais cada um se despojou pelo contrato social para todos viverem em paz e com segurança. Por definição, o poder soberano era desprovido de limites. Os cidadãos estabeleciam um contrato entre eles, numa renúncia recíproca aos direitos que detinham por sua força natural. Quer a sobera-

4 "Para manter o poder absoluto, Hobbes concebe um contrato diferente, *sui generis*. Observamos que o soberano *não* assina contrato – este é firmado apenas pelos que vão se tornar súditos, não pelo beneficiário. Por uma razão simples: no momento do contrato não existe ainda soberano, que não surge *devido ao contrato*. Disso resulta que ele se conserva fora dos compromissos, e isento de qualquer obrigação" (RIBEIRO, Renato Janine. **Hobbes: o medo e a esperança.** *In*: WEFFORT, Francisco C. (org.). **Os Clássicos da Política**. São Paulo: Ática, 1989, vol. I, p. 63).

5 HOBBES, Thomas. **Leviathã.** *In*: **Os Pensadores: Hobbes**, *op. cit.*, p. 141.

nia fosse de origem institucional, patrimonial ou despótica, os direitos do Soberano eram os mesmos, absoluto. O Soberano estava acima das leis, já que era o mesmo que as estabelecia. Ele não era por tais limitado, pois podia livrar-se delas graças a outras leis. O Soberano estava acima da justiça, vez que era ele quem definia o justo e o injusto[6].

Os direitos do Soberano eram o poder absoluto e ilimitado e que, assim, devia ser para que a sociedade civil fosse exequível[7]. No livro **Leviatã**, só tinha direito desde quando instituído, não pudesse ser contestado pelos que o instituíram: a) ele era o árbitro do que fosse necessário para a paz e a defesa dos súditos e das doutrinas que conviesse lhes ensinar; b) detinha o direito de editar regras de tal natureza que cada súdito sabia o que lhe pertencia, de modo que nenhum outro súdito pudesse lhe tirar o que era seu sem cometer injustiça, nada pudesse ser reputado por injusto se não estivesse determinado na lei; c) o ministrar a justiça, em todas as suas formas; d) decidir sobre a guerra e a paz; e) de escolher todos os conselheiros e Ministros; f) retribuir e castigar a seu arbítrio; g) atribuir honras e hierarquias.

A análise política de Thomas Hobbes estava baseada na certeza de que fazia ciência[8], como se pode ver abaixo:

> "Mesmo que um homem possa ler, de modo perfeito, seu semelhante por suas ações, só o pode fazer com aqueles com quem tem algum relacionamento, e esses são em número reduzido. Quem governa uma nação inteira deve ler em

---

6 "O Soberano está acima das leis, já que ele estabelece e ele não é por elas limitadas, pois ele pode livrar-se delas graças a outras leis. O Soberano está acima da justiça, já que é ele que define o que é justo e o que é injusto; tudo o que ele pronuncia ou exatamente é justo a partir do momento em que seus atos são soberanos" (POLIN, Raymond. **O Mecanismo Social no Estado Civil.** *In*: QUIRINO, Célia Galvão, e SOUZA, Maria Tereza Sadek R. de (org.). **O Pensamento Político Clássico.** São Paulo: T. A. Queiroz, 1980, pp. 99-100).

7 "Se Hobbes originalmente reconhecia as condições legais de soberania e não simplesmente factuais, podemos admitir que ele também originalmente admitiu limites no poder soberano. Posteriormente Hobbes rejeitou, como absurdo, qualquer limitação ou divisão na soberania" (STRAUSS, Leo. **O Estado e a Religião.** *In*: QUIRINO, Célia Galvão, e SOUZA, Maria Tereza Sadek R. de (org.). **O Pensamento Político Clássico.** São Paulo: T. A. Queiroz, 1980, p. 83).

8 "A retórica hobbesiana tende a apresentar-nos esta política como pura teoria, obtida dedutivamente a partir da teoria da natureza humana exposta nos capítulos inicias da obra, e como inteiramente livre, no seu rigor apoditicidade, de quaisquer determinações que não as da pura explicitação e do discurso que caracterizam a filosofia. Devemos, creio, resistir a esta persuasão abrindo as nossas interpretações à admissão de uma dimensão ideológica da teoria, embora sem que jamais esta possa ser reduzida a essa única dimensão" (MONTEIRO, João Paulo. **A Ideologia do Leviatã Hobbesiano.** *In:* QUIRINO, Célia Galvão, VOUGA, Cláudio, e BRANDÃO, Gildo Marçal. **Clássicos do Pensamento Político.** São Paulo: Universidade de São Paulo (Edusp), 2004, p. 79).

> si mesmo, não neste ou naquele homem em particular, mas em toda a humanidade, o que é mais difícil que aprender um idioma ou uma ciência. Quando eu tiver exposto ordenadamente o resultado de minha leitura, os demais não terão outro incômodo, senão comprovar se, em si mesmos, chegam a conclusões análogas. Este gênero de doutrina não admite outra demonstração"[9].

Por outro lado, eram deveres do Soberano: a) manter intactos os seus poderes e prerrogativas; b) o dever geral de proporcionar ao povo segurança, prosperidade material e justiça igual; c) organizar o Fisco e a caridade pública; d) fazer boas leis, no sentido de serem claras na exposição de seus motivos e necessárias; e) estabelecer a melhor religião; f) definir a propriedade; g) dar a liberdade pelo silêncio da lei, pelo simples fato de não prescrever nenhuma norma[10]. No entanto, o poder do Soberano era absoluto, como já expresso.

2.2. Contrato Social em Locke

Para evitar os distúrbios e submeter os violadores do estado de natureza, disse John Locke que os homens entravam em sociedade política ou civil. Abandonavam o estado de natureza, aliavam-se em comunidades e designavam um governo para agir sobre eles como juiz comum, protegendo os seus direitos à vida, à liberdade e à propriedade. O Governo, no sentido de Estado, era criado livremente pelo povo para proteger direitos já existentes. Derivava o seu poder, desse modo, do consentimento dos governados e assim foi criado o princípio democrático nas relações políticas.

De tantos os direitos que o homem natural possuía, ele apenas tinha uma fruição precária e constantemente exposta à usurpação por outrem, em suma, uma fruição muito perigosa e incerta. Faltavam três condições num tal "estado": a) uma lei estabelecida, fixada e conhecida, admitida na base de um acordo geral sobre o critério do bem e do mal; b) um Juiz competente e imparcial para aplicar essa lei; c) uma força coerciva para impor

---

9 HOBBES, Thomas. **Introdução.** *In*: HOBBES, Thomas. **Leviatã: ou matéria, forma e poder de um estado eclesiástico e civil.** São Paulo: Martin Claret, 2009, p. 19.

10 "A concepção política de Th. Hobbes é muito mais sutil do que pode parecer à enunciação de seus princípios iniciais. Tomando como ponto de partida uma concepção individualista e realista do homem, recusando previamente qualquer pressuposto moral, ela se emprenha em conjurar o que, para ela, é o maior dos males: a guerra civil. Para fazê-lo, analise as condições graças às quais instaura-se uma ordem política estável. E a condição primordial é que a coletividade deseje a instituição de um princípio soberano onipotente e consinta em obedecer às leis civis e às decisões que são impostas pelo poder que encarna a soberania" (CHÂTELET, François, DUHAMEL, Olivier, e PISIER-KOUCHNER, Evelyne. **História das Ideias Políticas**. Rio de Janeiro: Zahar, 1992, p. 53).

a execução da sentença do Juiz. Sem tais condições, a conservação da propriedade dos homens naturais estava muito longe de ser assegurada.

O contrato estabelecido para resolver estes problemas era operado entre homens iguais livres, e não entre governantes e governados. O pacto social não criava nenhum direito novo que viesse a acrescentar novas garantias aos direitos naturais. O pacto teria apenas um direito novo, que viesse a ser acrescentado aos direitos naturais. O pacto teria apenas um acordo entre indivíduos, reunidos para empregar sua força coletiva na execução das leis naturais, renunciando a executá-las pelas mãos de cada um. Seu objetivo seria a preservação da vida, da liberdade e da propriedade, bem como reprimir as violações desses direitos naturais. Em oposição às ideias de Thomas Hobbes, Locke acreditava que, através do pacto social, os homens não renunciariam aos seus próprios direitos naturais, em favor do poder dos governantes.

John Locke usava várias vezes a palavra **trust**, para caracterizar o poder confiado pelo povo aos governantes, o termo inglês no contexto lembrava a ideia de crédito, encargo, confiança ou depósito. Pelo pacto social, os cidadãos concediam aos governantes um poder que era revogável. A finalidade do Governo era o bem dos governados, demonstrado por meio do contrato, mas que não existia aí qualquer pacto, era uma relação de confiança.

O pacto social dividia a sociedade política entre governantes e governados, mas reservava a estes a escolha de seus representantes e a preservação de seus direitos essenciais, direitos à propriedade, à liberdade e à vida. Os cidadãos estavam, portanto, obrigados ao Governo, apenas enquanto não houvesse abusos nas prerrogativas individuais. A teoria de Locke permitia que o indivíduo tivesse apenas duas alternativas, ou as pessoas desempenhavam suas atividades cotidianas sob a proteção de um Governo Liberal e Constitucional, ou elas estavam em revolta contra um Governo que em vez de adotar o liberalismo, tornava-se arbitrário e tirânico, e assim perdia seu direito à obediência. O sistema político delineado procurava assegurar a estabilidade dos Governos que respeitassem as liberdades individuais, dando-lhes o monopólio do poder executivo, mas lhe garantindo o direito de resistência contra os que demonstrassem tendências arbitrárias ou tirânicos.

2.3. Contrato Social em Rousseau

Para Jean-Jacques Rousseau, a sociedade política nascia de uma sequência de acidentes[11]. Os agrupamentos das famílias se expandiram na idade

11 "Imediatamente, esse ato de associação produz, em lugar da pessoa particular de cada contratante, um corpo moral e coletivo, composto de tantos membros quanto são os

de ouro das comunidades patriarcais, com o aparecimento da divisão do trabalho e da propriedade que nada devia à natureza. Esta sociedade política era fundada com base num contrato tão sábio e refletido quanto iníquo, porque levava novos entraves aos fracos e novas forças aos ricos, fixando para sempre a desigualdade entre os homens. A luta contra o despotismo exigia, preliminarmente, essa compreensão do político, porque eles não viam as vantagens relativas e provisórias da segurança que esse contrato proporcionava levando à alienação da própria liberdade.

Na obra **O Contrato Social**, propunha-se aos homens firmarem um pacto legítimo que lhes permitiria reconquistar a liberdade'. Esse contrato social legítimo nada tinha de um contrato de Governo, já que, para ele, antes de examinar o ato pelo qual o povo elegia um Rei, seria bom examinar o ato pelo qual um povo era um povo[12]. Não se tratava de um contrato estabelecido entre os indivíduos, mas do contrato de cada um consigo mesmo e que transformava cada indivíduo em um cidadão. As cláusulas deste contrato reduziam-se todas a uma só, a saber, a alienação total de cada associado, com todos os seus direitos, à comunidade. A alienação total permitia a liberdade total, na medida em que ela evitava transpor para a nova sociedade política os estigmas da desigualdade preexistente[13].

O contrato social, assim, era uma livre associação de seres humanos inteligentes que, deliberadamente, resolviam formar certo tipo de sociedade, à qual passavam a prestar obediência. O contrato social seria a única base legítima para uma comunidade que desejava viver de acordo como os pres-

votos da assembleia, e que, por esse mesmo ato, ganha sua unidade, seu *eu* comum, sua vida e sua vontade. Essa pessoa pública, que se forma, desse modo, pela união de todas as outras, tomava antigamente o nome de *cidade* e, hoje, o de *república* ou de *corpo político*, o qual é chamado por seus membros de *Estado* quando passivo, *soberano* quanto ativo, e *potência* quando comparado a seus semelhantes. Quanto aos associados, recebem eles, coletivamente, o nome de *povo* e se chamam, em particular, *cidadãos,* enquanto partícipes da autoridade soberana, e *súditos* enquanto submetidos às leis do Estado" (Livro Primeiro, Capítulo VI) (ROUSSEAU, Jean-Jacques. **Do Contrato Social**. *In*: ROUSSEAU, Jean Jacques. **Os Pensadores: Rousseau**. São Paulo: Nova Cultural, 1999, p. 71).

12 "Em consequência desse contrato, todas as vontades individuais desaparecem no seio de uma vontade comum, a vontade geral, que é a base da sociedade" (DURKHEIM, Emile. **O Contrato Social e a Constituição do Corpo Político**. *In*: QUIRINO, Célia Galvão, e SOUZA, Maria Tereza Sadek R. de (org.). **O Pensamento Político Clássico**. São Paulo: T. A. Queiroz, 1980, p. 355).

13 "A relação do governo com o povo soberano é uma proporção contínua que varia segundo o duplo regime da quantidade e da qualidade" (PHILONENKO, Aléxis. **Rousseau: O Contrato Social**. *In*: CHÂTELLET, François, DUHAMEL, Olivier, e PISIER, Evelyne. **Dicionário de Obras Políticas**. Rio de Janeiro: Civilização Brasileira, 1993, p. 1037).

supostos da liberdade humana. O ato coletivo de renúncia não era feito em favor de um terceiro, mas por cada um em favor de todos, ou seja, por cada indivíduo para si mesmo. A alienação acontecia em favor da comunidade inteira, ou do corpo político, do qual era manifestação suprema a vontade geral, que era exatamente a vontade dos indivíduos contraentes. O corpo político não resultava da adição das vontades particulares, confundindo-se com a vontade geral tal como essa resultava da alienação total de cada indivíduo e de sua liberdade. Esta não era mais do que a capacidade que possuía de fazer com que sua vontade geral dominasse a vontade particular.

A alienação total à sociedade política envolvia igualdade ainda no sentido de que a vontade geral não era a autoridade externa obedecida pelo indivíduo a despeito de si mesmo, mas a corporificação objetiva de sua própria natureza moral. Aceitando a autoridade da vontade geral, o cidadão não só passava a pertencer a um corpo moral coletivo, como adquiria liberdade obedecendo a uma lei que a prescrevia para si mesmo[14].

2.4. Pensamento Político em O Federalista

Os Governos atuais organizam-se e são dirigidos conforme uma Constituição escrita. Todavia, tal situação só ocorrera nos Estados Unidos, durante o século XVIII. Na verdade, tal prática significava uma ruptura com a tradição britânica. Havia uma referência expressa de que todos os casos de direito de equidade derivavam da Constituição e das leis dos Estados Unidos. Tendo em vista a restrição à autoridade dos legisladores estaduais, os Estados-membros não poderiam emitir papel-moeda, porque a proibição constava da Constituição e, não, de lei ordinária.

A obra **O Federalista** foi editada a partir dos artigos publicados durante o período em que a Constituição dos Estados Unidos era sancionada pelas Assembleias dos Estados-membros, com muita polêmica, em 1786 e em 1787. Três eminentes juristas e políticos norte-americanos, usando o mesmo pseudônimo Publius, redigiram os artigos para os jornais, a saber James Madison[15],

14 "A fim de que o pacto social não represente, pois, um formulário vão, compreende ele tacitamente este compromisso, o único que poderá dar força aos outros: aquele que recusar obedecer à vontade geral a tanto será constrangido por todo um corpo, o que não significa senão que o forçarão a ser livre, pois é essa a condição que, entregando cada cidadão à pátria, o garante contra qualquer dependência pessoal. Essa condição constitui o artifício e o jogo de toda a máquina política, e é a única a legitimar os compromissos civis, os quais, sem isso, se tornariam absurdos, tirânicos e sujeitos aos maiores abusos" (Livro Primeiro, Capítulo VII) (ROUSSEAU, Jean-Jacques. **Do Contrato Social**. *In*: ROUSSEAU, Jean-Jacques. **Os Pensadores: Rousseau**, *op. cit.*, p. 75).

15 "Madison (James), político norte-americano (Montpelier; Port Conway, Virgínia, 1751 – id., 1836). Dirigiu os trabalhos da Constituição durante a Convenção de Fila-

Alexander Hamilton[16] e John Jay[17], todas pessoas importantíssimas para a política desse país. Aliás, com base da obra **Alexander Hamilton**, de Ron Chermon, resultou no musical **Hamilton**, na Broadway, que estreou em 2015, e faz muito sucesso, cantando como um rap, inclusive, obteve nove Tony Awards, principal prêmio norte-americano ao teatro.

Por outro lado, a Constituição tinha dois caracteres – não era nem federal, nem nacional. Para James Madison:

> "Em seus fundamentos, ela era federal, não nacional; segundo as fontes de onde emanam os poderes normais do governo, é em parte federal e em parte nacional; no exercício desses poderes, é nacional, não federal; na abrangência deles, é outra vez federal, não nacional; finalmente, na maneira autoritária de introduzir emendas não é inteiramente federal nem nacional"[18].

Por outro lado, apesar de na Constituição não se encontrar previsto que todas as Cortes deveriam interpretar as leis de acordo com o espírito desta, concedia, a esse respeito, uma latitude maior do que a que podia ser reivindicada pelos Tribunais de cada Estado-membro, assim devia ser feito. Alexander Hamilton entendia que a Constituição devia "ser o padrão para a interpretação das leis e, sempre que houver uma evidente contra-

délfia (1787). Deputado (1789-1797), fundou com Jefferson o Partido Republicano; foi presidente dos EUA (1809-1817) e declarou guerra à Inglaterra (1812-1818)" (**Grande Enciclopédia Larousse Cultural**. São Paulo: Nova Cultural, 1998, vol. XV, p. 3724).

16 "Hamilton (Alexander), político norte-americano (Nevis, 1757 – Nova Iorque, 1804). Ajudante-de-ordens de Washington (1777). Participou da guerra da Independência. Foi um dos redatores da Constituição dos EUA e um dos fundadores do Partido Federalista. Secretário do Tesouro (1789-1795), organizou o Banco nacional, mas opôs-se à política descentralizada de Jefferson. Foi um dos criadores do protecionismo econômico moderno" (**Grande Enciclopédia Larousse Cultural**. São Paulo: Nova Cultural, 1998, vol. XII, p. 2903).

17 "JAY (John), político norte-americano (Nova Iorque, 1745 – Bedford, 1829). Após ter desempenhado papel capital na independência americana e presidido o congresso continental em 1778-1779, participou, ao lado de Franklin, das negociações de Paris (1782-1784). Presidente da Corte Suprema (1789-1795), negociou, em 1794 um tratado de delimitações (*Tratado Jay*) com a Inglaterra, sobre a fronteira com o Canadá" (**Grande Enciclopédia Larousse Cultural**. São Paulo: Nova Cultural, 1998, vol. XIV, p. 3325).

18 MADISON, James. **Freios e Contrapesos.** *In*: HAMILTON, Alexander, MADISON, James, e JAY, John. **O Federalista.** Brasília: Universidade de Brasília, 1984, **artigo 51**, p. 420.

dição, prevalecerá dispositivo constitucional"[19]. Tal doutrina não derivava de qualquer circunstância especial do Projeto da Convenção, mas da teoria de uma Constituição limitada e igualmente aplicável à maioria dos Estados-membros, talvez a todos. Desse modo, não poderia haver qualquer objeção à jurisdição federal que não atingisse as judicaturas, local em geral, e que não servisse para acusar qualquer Constituição local de tentar impor limites à liberdade de ação do Legislativo.

A Constituição poderia ser emendada, desde que dois terços do Senado Federal e da Câmara dos Representantes julgassem necessário, ou por solicitação de dois terços dos Legislativos Estaduais, devendo ser reunida uma Convenção para propor a Emenda. Deste modo, a revisão permitia que se corrigissem as falhas que houvesse. O procedimento, por outro lado, influenciado pelo modelo adotado em Massachusetts, de submeter a Constituição ao eleitorado, para aprovação ou rejeição, antes de colocá-la em vigor, era parcialmente seguido. A Convenção assemelhava-se ao referendo popular, pois as Emendas deveriam ser ratificadas por três quartos dos Legislativos Estaduais.

O ato de governar era entendido como o sinônimo do poder de fixar leis, que representava um dispositivo respaldado pela possibilidade de quem desrespeitá-la fosse submetido a uma sanção ou, em outras palavras, a uma penalidade ou punição pela desobediência. Se não houvesse a penalidade associada às resoluções ou às ordens que pretendiam ter força de lei, seriam, na realidade, nada mais do que conselhos ou recomendações. Para isto, podia-se recorrer, inclusive, à ajuda de uma força militar, que acabaria fazendo com que os homens tivessem o hábito de obedecerem à Constituição. Esta probabilidade acabaria resultando em que a utilização da força levaria a sua pouca utilidade.

As leis da União deveriam ser as supremas do país, tendo o Governo nacional o poder de aprovar todas as leis que fossem necessárias para o exercício da autoridade, como que se pretende investi-lo. Poderia, inclusive, abolir as tributações impostas pelos Estados-membros, sob o pretexto de interferência com as que ele próprio decretara, alegando que a arrecadação nacional tinha maior eficácia. As leis gerais também estabeleciam a maneira pela qual os atos públicos, os arquivos e as medidas judiciais de cada Estado-membro devessem ser oficializados, bem como os efeitos que eles teriam em outros Estados-membros.

19 MADISON, James. **O Tamanho e a Diversidade da União como Obstáculos às Facções.** *In*: **O Federalista.** Brasília: Universidade de Brasília, 1984, **artigo 10**, p. 148.

2.5. Bill of Rights de 1689

Depois da República, Carlos II[20], filho de Carlos I[21], restaurou a Coroa britânica para os Stuarts, mas, pela Declaração de Breda, em 1660, reconheceu a autoridade do Parlamento e prometeu a tolerância religiosa. Foi, entretanto, um monarca de ideias absolutistas, que acabou por fechar o Parlamento, em 1679, e perseguir os protestantes. Jaime II[22], seu sucessor, não conseguiu se consolidar no Governo, devido à forte oposição parlamentar. A ameaça de perpetuação da dinastia católica levou à convocação de Guilherme de Orange[23] e

---

20 "Carlos II – biogr. Rei da Inglaterra (1630-1685). Filho de Carlos I. Os Plebiterianos escoceses coroam-no rei da Escócia em 1651, mas foi derrotado por Cromwell em Worcester e fugiu para a França. Viajou pelo continente e manteve uma corte dissoluta em Maia. O estado de anarquia reinante na Inglaterra, depois da morte de Cromwell, trouxe a restauração dos Stuarts. Carlos foi proclamado rei em 1660; casou-se em 1662 com D. Catarina de Bragança, filha de D. João IV de Portugal. Monarca inescrupuloso e corrupto recebeu subsídio de Luís XIV para favorecer a política francesa e vendeu-lhe a praça de Duquerque. Morreu sem deixar filho legítimo, sucedendo-lhe seu irmão Jaime II" (**Dicionário Enciclopédico Brasileiro Ilustrado**, *op. cit.*, vol. I, p. 398).

21 "Carlos I – Biogr. Rei da Inglaterra (1600-1649), segundo filho de Jaime I. Subiu ao trono em 1625, e no mesmo ano casou-se com Henriqueta Maria, filha de Henrique IV da França. No princípio do seu reinado sofreu a ascendência do favorito Buckingham. Perseguiu as seitas dissidentes e dissolveu vários parlamentos que opunham às suas tendências absolutistas, em que era apoiado pelos ministros Laud e Strafford. Convocou em novembro de 1640 o chamado Longo Parlamento, ao qual teve de sacrificar Strafford; sua duplicidade acabou por provocar a guerra civil em 1642. O exército real foi aniquilado em Naseby (1645); Carlos refugiou-se em Oxford e posteriormente se entregou ao exército escocês, que o vendeu às forças parlamentares (1647). Mesmo depois de preso, prosseguiu na sua política de intrigas e subterfúgios. Julgado por um tribunal composto de inimigos seus, foi condenado à morte e decapitado" (**Dicionário Enciclopédico Brasileiro Ilustrado**, *op. cit.*, vol. I, p. 398).

22 "Jaime II (Londres, 1633. Saint-Germain, Loje, 1701), rei da Inglaterra, e sob o nome de Jaime VII, rei da Escócia (1685-1688). Converteu-se ao catolicismo, aliou-se a Luís XIV. Deposto por Guilherme de Orange, evadiu-se para a França" (KOOGAN/HOUAISS. **Dicionário e Enciclopédia Ilustrado**, *op. cit.*, p. 903).

23 "Guilherme III, de Orange. Biogr. Estatúder da Holanda e rei da Inglaterra, Escócia e Irlanda (1630-1702). Era bisneto de Guilherme o Taciturno, e neto de Carlos I da Inglaterra. Proclamado Estatúder em 1672, repeliu a invasão francesa e organizou uma coligação com Luís XIV. Casou-se (1677) com a princesa Maria, filha do duque de York, depois Jaime II. Pôs-se à frente da revolução contra este, desembarcando na Inglaterra (1688) e entrando em Londres quase sem luta, proclamado soberano juntamente com Maria (1689), aceitou a Declaração de Direitos e fez aprovar o Ato de Tolerância em favor dos dissidentes religiosos. Venceu Jaime na batalha de Boyne, na Irlanda (1690). Continuando a guerra com Luís XIV, foi derrotado por este e assinou o tratado de Ryswick, em que era, todavia, reconhecido como rei da Inglaterra. Preparava-se para lutar novamente contra Luiz, na Guerra da Sucessão da Espanha, quando morreu dum acidente" (**Dicionário Enciclopédico Brasileiro Ilustrado**, *op. cit.*, vol. 1, p. 1936).

de sua esposa Maria II[24], filha de Jaime II, que foram declarados os novos soberanos. A Revolução Gloriosa[25], em 1688, triunfara e o casal acima as-

24 **Maria II** (Londres, 1662-1694) foi a Rainha da Inglaterra, Escócia e Irlanda junto com seu marido e primo Guilherme II de 1689 até sua morte. Guilherme e Maria, ambos protestantes, tornaram-se rei e rainha logo depois da Revolução Gloriosa, que terminou por depor seu pai católico Jaime II e VII. Guilherme continuou como o único monarca após a morte de Maria em 1694. Seus pais, Jaime e Ana Hyde, tinham se convertido ao catolicismo, porém ela e a irmã Ana foram criadas como protestantes seguindo ordens do tio Carlos II. Aos quinze anos de idade ela se casou com seu primo direto Guilherme de Orange, indo morar nos Países Baixos e tornou-se popular entre o povo. Depois da ascensão de Jaime, o descontentamento cresceu na Grã-Bretanha e Guilherme foi chamado para invadir o país e tomar o trono.

25 "Em fins do século XVII a Inglaterra passou por uma segunda sublevação política, a chamada Revolução Gloriosa, de 1688-1689. Algumas de suas causas advieram da política adotada por Carlos II. Esse amável soberano era extravagante e descuidado, mas de vez em quando resolvia fazer o país lembrar quem é que mandava nele. Sua atitude favorável aos católicos despertou nos patriotas ingleses o temor de que a nação pudesse ser levada mais uma vez às condições de subserviência a Roma. Pior ainda, apesar de seus compromissos prévios, mostrou certa disposição para desafiar a autoridade do parlamento. Em 1672 suspendeu as leis contra os católicos e os dissidentes protestantes (isto é, todos exceto os anglicanos), e nove anos depois resolveu dispensar completamente o poder legislativo. A política de Carlos II foi continuada de maneira mais extrema por seu irmão, que lhe sucedeu em 1635. Jaime II era um católico declarado e parecia decidido a fazer dessa fé a religião oficial da Inglaterra. Violou abertamente uma resolução parlamentar que exigia que todos os detentores de cargos oficiais pertencessem à Igreja Anglicana, e passou a preencher importantes postos do exército e do funcionalismo público com correligionários católicos. Continuou a prática, iniciada pelo irmão, de isentar os católicos das incapacidades jurídicas impostas pelo Parlamento, chegando até a exigir que os bispos anglicanos lessem, nas igrejas, seus decretos sobre esse assunto. Enquanto os adversários de Jaime II esperaram que este fosse sucedido por uma de suas duas filhas protestantes, estiveram inclinados a aceitar seu governo arbitrário, temendo que o país fosse novamente lançado na guerra civil. Mas quando o rei teve um filho de sua segunda mulher, que era católica, a revolução tornou-se inevitável. Receava-se que o jovem príncipe fosse inoculado com as doutrinas do pai e que a Inglaterra, em consequência, se visse presa por tempo indefinido aos grilhões de um governo despótico e *papista*. A fim de evitar esse resultado, parecia necessário depor o rei. A 'Revolução Gloriosa' de 1688-1689 foi inteiramente incruenta. Um grupo de políticos pertencentes à classe alta convidou secretamente o príncipe Guilherme de Orange e sua mulher Maria, a filha mais velha de Jaime II, a ocuparem conjuntamente o trono da Inglaterra. Guilherme partiu da Holanda com um exército e ocupou Londres sem disparar um só tiro. Abandonado até por aqueles a quem considerava como leais defensores, o rei Jaime refugiou-se na França. O trono inglês foi então declarado vago pelo Parlamento e a coroa oferecida aos novos soberanos. No entanto, a entronização dos monarcas não completou a revolução. No decorrer do ano de 1689, o Parlamento aprovou inúmeras leis destinadas a salvaguardar os direitos dos ingleses e a proteger seu próprio poder contra as intromissões da coroa. Em primeiro lugar surgiu uma lei que prescrevia que as verbas do tesouro

sinou a **Bill of Rights**, em 1689, que proibia formalmente aos soberanos suspender as leis, criar impostos, instituir jurisdições arbitrárias e manter exército permanente sem o consentimento do Parlamento, além de garantir a liberdade individual dos súditos e seu direito de petição.

John Locke encontrava-se no mesmo navio que levou a Rainha Maria II à Grã-Bretanha. O pensador também participara do processo revolucionário. Ele estudara em Westminter School e em Oxford, de onde se tornaria **fellow**. O estudo na universidade o afastara do aristotelismo escolástico e permitira-lhe entrar em contato com a obra de Francis Bacon[26]. Acabou optando pela medicina, mas escreveu como filósofo e viveu como político. Tornou-se médico do futuro Conde de Shaftesbury[27], que também lhe

fossem fixadas para o espaço de um único ano. A seguir promulgou-se a Lei de Tolerância, concedendo liberdade religiosa a todos os cidadãos, menos os católicos e os unitários. Por fim, no dia 16 de dezembro, foi aprovada a famosa *Bill of Rights* (lei dos direitos dos cidadãos). Estipulava o julgamento por júri e afirmava o direito de recurso ao governo para reparação de injustiças. Condenava a fiança excessiva, as punições cruéis e as multas exorbitantes. Proibia ao rei suspender leis e lançar impostos sem permissão do Parlamento. Essa lei, mais ampla em suas determinações que a petição de Direito de 1628, era sustentada por um Parlamento que tinha, agora, o poder de se fazer obedecido" (BURNS, Edward Mchall, LERNER, Robert E., e MEACHAM, Standish. **História da Civilização Ocidental: do homem das cavernas a naves espaciais**. 30ª ed. Rio de Janeiro: Globo, 1989, vol. II, pp. 433-4).

26 "Bacon (Francis), *barão* Verulum (Londres, 1561, *id.*, 1626), Chanceler da Inglaterra no tempo de Jaime I e filósofo. Foi um dos criadores do método experimental ao escrever *Instauração Magna*. Tornou a pesquisa independente do princípio da autoridade e do método dedutivo. Estabeleceu na classificação metódica da ciência e, no *Novo órgão*, uma teoria da indução" (KOOGAN/HOUAISS. **Enciclopédia e Dicionário Ilustrado**, *op. cit.*, p. 173).

27 **Anthony Ashley Cooper, 3º Conde de Shaftesbury**. (Londres, 1671 - 1713), foi um político, filósofo e escritor da Ingles. Ele nasceu na exerte House em Londres, neto de Anthony Ashley Cooper primeiro Conde de Shaftesbury e filho de Anthony Ashley-Cooper, segundo Conde de Shaftesbury. Sua mãe era Lady Dorothy Manners, filha de John Manners, oitavo Conde de Rutland. De acordo com a história contada pelo terceiro conde, o casamento foi negociado por John Locke, que era um amigo de confiança do primeiro conde. O segundo Lord Shaftesbury tem sido tradicionalmente, e possivelmente injustamente, considerado inadequado física e mentalmente, embora as cartas enviadas por um terceiro conde jovem a ambos os pais revelem um quadro mais complexo, não menos importante que a manipulação emocional tentada por ele. Mãe em recusar a ver seu filho, a menos que ele cortasse todos os laços com seu pai. Aos três anos, o futuro terceiro Conde foi entregue à tutela formal de seu avô. John Locke, que em sua capacidade de assistente médico da casa de Ashley já havia ajudado no nascimento da criança, estava agora encarregado da supervisão de sua educação. Isso foi conduzido de acordo com os princípios enunciados em Pensamento de Locke sobre Educação, e o método de ensinar latim e grego convencional foi perseguido com tal sucesso por sua instrutora, Elizabeth Birch, que aos onze anos, disse que, Ashley podia ler os dois idiomas com facilidade. Birch mudou-se para Clapham e Ashley passou alguns anos lá com ela.

atribuiu a função de assessor direto. O Conde representava os interesses do Parlamento, opondo-se ao absolutismo de Carlos II, que o obrigou a emigrar, em 1675, juntamente com John Locke. Voltaram à Inglaterra, na Grã-Bretanha, em 1679, reaproximando-se de Carlos II, e recebendo novos cargos públicos, mas essas relações não durariam muito tempo, logo tiveram que se exilar nos Países Baixos (Holanda).

A ascensão de Guilherme de Orange e Maria II, em 1689, possibilitou a volta definitiva de John Locke. Ele tomou parte na conspiração contra Jaime II e, depois do sucesso do monarca holandês, ele partiu para a Grã-Bretanha, no mesmo barco que levara a futura Rainha. John Locke passou a ocupar diversos cargos públicos, com os governantes amigos no poder. Ele foi comissário de apelação, em 1690, e, comissário de comércio e plantações, de 1696 a 1700. Nessa época passou a morar em Oates Monos, Essex, com Francis Masham[28] e sua esposa. O escritor ficou neste lugar melancólico escrevendo até sua morte, em 1704. O pensador inglês, que desempenhava diversas funções públicas, editou suas obras principais, como **A Carta sobre a Tolerância**, em 1689, os dois **Tratados sobre o Governo Civil**, em 1690, e o **Ensaio sobre o Entendimento Humano**, em 1690. No **Segundo Tratado Sobre o Governo Civil**, expôs as teses políticas liberais, que representaram um impacto sobre o pensamento político europeu, estabelecendo as premissas de uma nova organização no poder, que foi a democracia representativa.

2.6. Declaração de Independência de 1776

Foi previsto o dever de resistir[29] no regime democrático por Thomas Jefferson[30]. O princípio básico da política, no entender de Jefferson, era a

28 **Francis Masham** (1646-1723), Otes, Grã-Bretanha, publicou a obra **História do Parlamento: a Câmara dos Comuns.**

29 A colonização inglesa na América do Norte fizera-se diferente do habitual, os colonos que vieram, em geral, eram perseguidos pelas religiões e pelas ideias políticas que professavam. Eles procuraram, desde o começo, criar Assembleias de representantes que

30 Thomas Jefferson (1743-1826) teve papel fundamental na consolidação da democracia americana. Advogado virgiano, de família abastada, participou dos principais atos políticos que originaram dos Estados Unidos, inclusive redigindo a célebre Declaração de Independência, seu mais importante escrito político. Exerceu o cargo de embaixador durante quatro anos e foi, depois, Secretário do Governo de Washington. Rompeu com este devido ao centralismo de suas posições, e fundou o Partido Republicano-Democrático (atual Partido Democrático), de tendência mais liberal. Tornou-se Presidente por dois mandatos (1801-1809). Durante os quais construiu a nova capital, Washington, e comprou o território da Luisiana que duplicou a área dos Estados Unidos. É considerado, por muitos, o maior de todos os Presidentes norte-americanos. Os principais escritos políticos, além dos documentos oficiais, foram **Notas Sobre o Estado de Virgínia** (1785), **Manual de Práticas Parlamentares** (1801) e as cartas que escreveu.

liberdade, que dependia da vontade individual, mas não podia invadir os direitos alheios. Representava a exteriorização dos direitos naturais, que deviam nortear as legislações, delineando os limites do poder dos Governos:

> "Nossos legisladores não se acham suficientemente informados dos justos limites de seu poder; que sua verdadeira função é declarar e fazer cumprir apenas nossos direitos naturais e deveres e não arrebatar nenhum deles de nós[31]".

Os direitos à vida, à liberdade e à busca de felicidade permaneciam em poder dos indivíduos, não sendo transmitidos à sociedade política no momento em que esta se constitui, porque eram inalienáveis, essenciais à própria personalidade humana. Os direitos que não os travam são necessários ao desempenho do Governo, a exemplo da liberdade religiosa, e os que serviam de defesa contra arbitrariedade, tais como o julgamento pelo júri, o **habeas corpus** e a liberdade de imprensa, também permaneciam na esfera privada. Thomas Jefferson procurava, desta maneira, garantir instrumentos adequados à preservação da autonomia do cidadão.

Nota de rodapé 29

defendessem seus interesses. Não gozavam de autonomia total, mas ao possuírem o poder legislativo, sabiam usá-lo contra as arbitrariedades. As tentativas da coroa britânica em restringir-lhes as prerrogativas provocavam intensa reação por parte dos colonos. A Lei do Selo e a Questão do Chá determinaram os momentos culminantes dos conflitos preliminares. A Lei do Selo (1765), emanada do governo britânico, estabelecia que todos os ofícios, memoriais, requerimentos e jornais fossem elaborados com papel selado. Os colonos tanto se opuseram que a lei acabou sendo revogada. Os ânimos se acalmaram durante algum tempo, mas o monopólio do chá, concedido à Companhia das Índias Ocidentais (1773), provocou nova reação. Os norte-americanos, disfarçados de índios, assaltaram três navios da companhia e lançaram a carga ao mar, no porto de Boston (Massachusetts). Os americanos reuniram-se em congresso na Filadélfia (1774), para traçarem um plano comum e proclamarem a Declaração dos Direitos do Homem, que exigia tratamento aos colonos igual aos dos metropolitanos. Os ingleses iniciam a guerra no ano seguinte. No dia 4 de julho de 1776, o Segundo Congresso Continental da Filadélfia declarou a separação das treze colônias da Grã-Bretanha, com a Declaração de Independência. Washington (1732-1799) foi nomeado o comandante supremo das tropas americanas, mostrando-se hábil general. A guerra teve duas fases: até 1778 foi desfavorável aos insurgentes; mas depois da Batalha de Saratoga, com a ajuda de outros países, o resultado constitui-se numa sucessão de derrotas das tropas reais, tanto em terra, como no mar. A guerra só terminaria, oficialmente, em 1783, com o Tratado de Paz, em Paris, pelo qual os britânicos reconheceram a independência das antigas colônias.

31 JEFFERSON, Thomas. **Carta a Francis W. Gilmes, Monticello, 7.6.1816.** *In*: JEFFERSON, Thomas. L. G. Carvalho (trad.). **Escritos Políticos**. São Paulo: IBRASA, 1964, pp. 52-3.

A fonte de autoridade da sociedade política derivava do povo[32], de modo a que os indivíduos possuíssem autonomia civil e política: "todo homem e todo grupo de homens na terra possuem o direito de auto-Governo. Recebem-no, justamente com o ser, da mão da natureza"[33]. A soma das vontades individuais, aglutinadas em uma maioria, representava a forma de efetivar e defender os indivíduos das arbitrariedades governamentais. Jefferson procurava deixar claro que o cidadão, apesar de se encontrar vinculado à sociedade política, conservava ainda a liberdade do estado de natureza.

Os membros da sociedade, individualmente, tinham o direito de pleitear suas reivindicações através dos órgãos institucionais. Por outro lado, ao agirem como um todo, podiam modificar a própria legislação vigente. O direito de resistência apareceu assim:

> "Sempre que qualquer forma de governo se torne destrutiva de tais fins (assegurar os direitos inalienáveis), cabe ao povo o direito de alterá-lo ou aboli-lo e instituir novo governo, baseando-se em tais princípios e organizando-lhes os poderes pela forma que lhe pareça mais conveniente para realizar-lhe a segurança e a felicidade; [...] Quando uma longa série de abusos e usurpações, perseguindo invariavelmente o mesmo objeto, indica o desígnio de reduzi-lo ao despotismo absoluto, assiste-lhe o direito, bem como o dever, de abolir tais governos e instituir novos guardas em prol da segurança futura"[34].

Thomas Jefferson, um contratualista, considerava que os homens foram dotados igualmente de direitos naturais e inalienáveis e as sociedades políticas, criadas para garantir essas prerrogativas. Quando o Governo não cumpria a função estabelecida pelo contrato, liberava os indivíduos da obri-

---

32 No Projeto da Constituição de Virgínia, de 1776, o "povo que elege seus representantes" se encontrava definido como: "Todas as pessoas do sexo masculino, maiores e sãs de espírito, possuindo uma propriedade livre e alodial, uma quarta parte de um acre de terra em qualquer cidade ou 25 acres de terra no campo e todas as pessoas que tiverem pago impostos proporcionais ao governo nos últimos dois anos [...]". Posteriormente, em **Notas sobre a Virgínia** (Questio XIII), o autor reconheceu os defeitos do sistema proposto, ao observar que "a maioria dos homens, no estado, que paga e luta por sua sustentação, não está representada no Legislativo, na lista dos senhores de propriedade livre com direito ao voto, geralmente não incluindo metade dos alistados na milícia ou dos coletores de Impostos" (JEFFERSON, Thomas. **Notas sobre a Virgínia**. *In*: JEFFERSON, Thomas. L. G. Carvalho (trad.). **Escritos Políticos**. São Paulo: IBRASA, 1964, p. 98).

33 JEFFERSON, Thomas. **Opinião do Gabinete, 15.7.1970**. *In*: JEFFERSON, Thomas. L. G. Carvalho (trad.). **Escritos Políticos**. São Paulo: IBRASA, 1964, p. 79.

34 JEFFERSON, Thomas. **Declaração de Independência dos Estados Unidos da América**. *In*: JEFFERSON, Thomas. L. G. Carvalho (trad.). **Escritos Políticos**. São Paulo: IBRASA, 1964, p. 4.

gação de obedecer às leis, podendo opor-se às medidas governamentais. A resistência era uma prática positiva para a sociedade, considerando que: "a árvore da liberdade deve ser regada, de vez em quando, com o sangue de patriotas e tiranos. Este é o seu adubo natural"[35]. As rebeliões tornavam-se necessárias para a própria formação do Estado e as advertências aos governantes, de que os indivíduos mantinham a autonomia civil e política.

A influência da obra de John Locke sobre Thomas Jefferson foi profunda, mas o autor norte-americano avançou em diversas posições liberais. Os direitos naturais, no **Segundo Tratado Sobre o Governo Civil**, por ocasião do pacto, passava para a sociedade política, retornando aos indivíduos apenas em casos de arbitrariedades e injustiças; enquanto na Declaração de Independência continuavam a ser um poder individual. John Locke considerava o direito à propriedade um bem natural, todavia, o ex-Presidente dos Estados Unidos tratava-o mais como um produto da sociedade civil do que como um direito natural. A fórmula "busca da felicidade", por outro lado, possibilitava reivindicações de natureza social, enquanto o direito à propriedade foi usado várias vezes como justificativa para reprimir movimentos como este caráter.

Thomas Jefferson não falava apenas no direito de opor resistência a Governos injustos, mas no dever de resistir[36]. A cidadania não devia ter um comportamento passivo, posto que, exigia a participação dos indivíduos na escolha do destino da sociedade política. Os direitos naturais, para sua existência, necessitavam da proteção efetiva e vigilante dos cidadãos, como um dever político. O direito de resistência, nesse momento, começou a aparecer como o instrumento adequado que os indivíduos dispunham para fazer frente a um Governo arbitrário. Os cidadãos, além das formas tradicionais de representação, podiam participar efetivamente da formação dos Governos.

2.7. Constituição Norte-Americana de 1786

A Guerra de Independência de 1776 a 1786, também chamada de Revolução Norte-americana, resultou de um conflito inevitável, pois os colonos tinham consciência de seus direitos e dos limites do Estado[37]. A forma-

---

35 **"The tree of liberty must be refresched from time to time with the blood of patriots and tyrants, It is its natural manure"** (JEFFERSON, Thomas. **Letter to Willian S. Smith, Paris, 13.11.1787**. *In*: COHEN, C. **Communism, Fascims and Democracy: the theoreticals foundation**. New York: Random House, 1972, p. 439).

36 COSTA, Nelson Nery. **Teoria e Realidade da Desobediência Civil**. 2ª ed. Rio de Janeiro: Forense, 2000, p. 25.

37 "Vê-mo-lo fazer a cada instante praça de soberania; nomeiam seus magistrados, fazem a paz e a guerra, estabelecem regulamentos de polícia, criam leis para si mes-

ção calvinista, o sentido da aventura e a ausência de fronteiras geográficas desenvolveram características particulares nos primeiros norte-americanos. Eles formaram uma sociedade sem classes superiores[38]. A hierarquia resultava exclusivamente da posição econômica e, não, da origem do nascimento. Além do próprio sistema de colonização que permitia o **self-government**, os interesses comerciais começaram a afastar os norte-americanos dos britânicos, que também sofriam com a inabilidade da Casa de Hanover.

Diversos problemas começaram a surgir entre os ingleses e os colonos no final do século XVIII, tais como a Lei do Selo, em 1765. Determinou-se que só podiam circular nas Colônias os ofícios, requerimentos e jornais que fossem feitos em papel selado como forma de reforçar as finanças inglesas, medidas que foram prontamente rechaçadas pelos norte-americanos. Os **Act of Townshend**, em que Sir Charles Towshed[39], em 1767, substituíram impostos sobre diversas mercadorias importadas pela América do Norte, como chá, tintas, vidros, e outros, provocando a reação dos colonos. Estes agiram com violência, bem como a repressão dos britânicos que culminou, no Massacre de Boston, três anos depois. Na Questão do Chá, em 1773, foi concedido monopólio deste produto à Companhia das Índias Ocidentais. A reação dos **Sons of Liberty**, grupo de revoltosos, ocorreu no final deste ano quando, disfarçados de índios, assaltaram três navios carregados de chá e lançaram ao mar seu carregamento, no **Boston Tea Party**. Diante disto, os britânicos instituíram as chamadas Leis Intoleráveis, dentre elas o fechamento do porto de Boston e a Lei do Aboletamento, em que se mandavam tropas para as Colônias e obrigavam-nas a lhes fornecer alojamento e alimentação.

A reação norte-americana deu-se no Primeiro Congresso Continental da Filadélfia, em 1774, em que as Colônias procuraram fixar uma ação conjunta, resultando na Declaração dos Direitos do Homem, e na fundação de associação que procurava defender os nativos. Diante disso, os britânicos atacaram Concord, cidade próxima a Boston, dando início à Guerra da Independência. Por fim, em 4 de julho de 1776, o Segundo Congresso Continental da Filadélfia declarou a Independência das Treze Colônias, em

mos como se só devessem fidelidade a Deus" (TOCQUEVILLE, Aléxis. **A Democracia na América.** 4ª ed. Belo Horizonte: Itatiaia, 1998, p. 37).

38 CROSSMAN, R. H. S. **Biografia do Estado Moderno**. São Paulo: Ciências Humanas, 1980, p. 68.

39 **Charles Townshend** (1725-1767) era um político britânico que detinha vários cargos e títulos no Parlamento da Grã-Bretanha. Seu estabelecimento dos controversos Atos de Townshend é considerado uma das principais causas da Revolução e da Independência dos Estados Unidos.

belíssimo texto redigido basicamente por Thomas Jefferson, ao mesmo tempo que nomeava George Washington[40] para o comando supremo das tropas norte-americanas.

A Guerra de Independência teve duas fases, a primeira, da Declaração de Independência, em 1776, em que os norte americanos lutaram sozinhos, estes ficaram em desvantagem. A segunda, de 1779 em diante, em que contaram com a ajuda de franceses, de espanhóis e de outros povos europeus, a guerra pendeu para o lado das ex-Colônias Norte-Americanas. A Batalha de Yorktown, em 1781, marcou praticamente o fim da luta. O Tratado de Paz, em 3 de setembro de 1783, determinou que os ingleses reconhecessem a independência dos Estados Unidos.

No mesmo dia em que foi criada uma comissão para redigir a Declaração de Independência, instituiu-se outra para estabelecer as bases definitivas do novo país e sua forma de governo. Este trabalho resultou nos **Articles of Confederation**, adotados pelo Congresso, em 1777. A União foi estabelecida em bases muito precárias, com os Estados-membros tendo diversos poderes, pois dizia que cada Estado-membro conservaria sua soberania, liberdade e independência. Todo poder, jurisdição e direitos dependia que fossem pela Confederação, expressamente delegada, reunidos em Congresso[41]. A Confederação foi estabelecida com competência bastante restrita, não tendo Poder Executivo, nem Suprema Corte, capaz de

40 "Washington, George – Biogr. Político e militar norte-americano (1732-1799). Foi um dos fundadores e o primeiro presidente da república dos Estados Unidos. Iniciou sua vida pública em 1751, com o cargo de comandante de um dos distritos militares do Estado de Virgínia. Dois anos depois chefiou a expedição que deveria submeter e exterminar alguns contingentes de soldados franceses que ainda estavam no país. Assumiu, em 1755, o posto de comandante e chefe das milícias de seu Estado natal (Virgínia) e combateu os franceses ali sediados. Ingressando na Assembleia de Virgínia, tomou parte na luta das colônias inglesas por sua independência. O Congresso de Filadélfia nomeou-o então general e chefe das tropas americanas que obrigaram os ingleses a retirarem-se de Boston, o que permitiu a proclamação da independência (julho de 1776). Após uma série de lutas, algumas com êxito, obrigou Cornwallis a capitular em 1781, e, graças à paz de Versalhes, a Inglaterra reconheceu a independência dos Estados Unidos, pela qual Washington tanto se batera. Em 1787 foi escolhida uma Constituinte, e Washington foi nomeado seu presidente. Republicano convicto, recusou a coroa que lhe ofereciam e fez votar a Constituição federal, ainda hoje em vigor. Eleito presidente em 1789, foi reeleito em 1793. Em 1797 recusou-se a reassumir as rédeas do governo. Um ano depois organizou a defesa do país contra uma possível guerra com a França. Morreu em 1799, e em sua homenagem, foi dado seu nome à capital federal do país ao qual dera a independência e a paz" (**Dicionário Enciclopédico Brasileiro Ilustrado**, *op. cit.*, pp. 2379-80).

41 SYRETT, Harold C. **Documentos Históricos dos Estados Unidos.** São Paulo: Cultrix, 1980, p. 68.

interpretar as leis, havendo somente uma Câmara de Representantes, sem poder para instituir tributos.

Os problemas surgidos com tal documento, já que os Estados Unidos não conseguiam nem levantar empréstimos internacionais, resultou na tentativa de emendar os **Articles of Confederation**. A primeira reunião, marcada para Anápolis, foi um fracasso. Apenas cinco Estados-membros compareceram. Deste modo, foi convocado outro para a Filadélfia, o Congresso Constitucional, por Alexander Hamilton, representante de Nova Iorque, tendo a companhia, ainda, de ilustres personalidades, tais como James Madison, John Jay e Benjamin Franklin[42].

A Constituição dos Estados Unidos de 1786, concluída em 1787, consistia de um preâmbulo e sete artigos, tendo sido aprovada pela maioria, de trinta e nove dos cinquenta e cinco representantes, de onze Estados-membros, já que dois não mandaram os seus delegados. Para entrar em vigor, entretanto, devia ser aprovado pelas Assembleias de nove Estados-membros. O texto constitucional previa três Poderes: a) Executivo; b) Legislativo; c) Judiciário. O Executivo seria exercido pelo Presidente da República, com mandato de quatro anos, direito à reeleição, cabendo-lhe a nomeação dos Secretários de Estado, cargo equivalente ao de Ministro. O Legislativo constituía-se em duas casas, a Câmara dos Representantes, composta por deputados eleitos proporcionalmente à população de cada Estado-membro, e o Senado Federal, com dois representantes por cada Estado-membro funcionando como segunda instância. O Judiciário pertencia aos Tribunais dos Estados-membros, tendo como esfera mais alta a Suprema Corte.

Em Nova Iorque, contudo, o Projeto da Constituição sofreu forte oposição do Governador George Clinton[43] que, aliás, já tinha impedido que os outros dois delegados deste Estado-membro participassem das discussões e votações, negando, assim, também, o voto de Alexander Hamilton. Não obstante, quando por ocasião da homologação pela Assembleia de Nova

---

42 "FRANKLIN (Benjamin), político, físico, filósofo e jornalista norte-americano (Boston, 1706 – Filadélfia, 1790). Um dos iniciadores da independência das colônias inglesas da América; foi à França para negociar a aliança com Luís XVI com a nova república (1778). É o inventor do para-raios" (KOOGAN/HOUAISS. **Dicionário e Enciclopédia Ilustrada**, *op. cit.*, p. 712).

43 **George Clinton** (26 de julho de 1739 – 20 de abril de 1812) foi um soldado americano e estadista, considerado um dos fundadores dos Estados Unidos. Um proeminente democrata-republicano, Clinton serviu como o quarto Vice-Presidente dos Estados Unidos de 1805 até sua morte em 1812. Ele também serviu como Governador de Nova York de 1777 a 1795 e de 1801 a 1804. Juntamente com John C. Calhoun, ele foi dos dois Vice-Presidentes para ocupar o cargo sob dois Presidentes diferentes.

Iorque, este autor passou a participar ativamente da campanha pela aprovação do projeto. O Governador Clinton, utilizando-se do pseudônimo Catão, passou a escrever artigos nos jornais, atacando o texto constitucional, principalmente no que se referia à criação de um Governo central. Por seus argumentos, iria violar os soberanos direitos e poderes dos Estados-membros, bem como destruir as liberdades e os direitos dos cidadãos.

A resposta dos três autores de **O Federalista** seguia duas linhas. Na primeira, James Madison entendia que as declarações de direitos estaduais não podiam ser refeitas pelo texto constitucional, estando ainda em vigor. Na segunda, Alexander Hamilton considerava que alguns Estados-membros, como Nova Iorque, não tinham tal documento e, como no caso da Carta Magna da União, algumas das garantias encontravam-se inseridas no próprio texto constitucional, ou seja, na Constituição dos Estados Unidos. Por isso, não seria suspenso o privilégio do mandado de **habeas corpus**, a não ser em caso de segurança pública, por conta de rebelião ou invasão, conforme o art. XVIII, I, seção 9, cláusula II. Por outro lado, nenhum decreto de perda de direitos civis ou lei **ex post factum** seriam sancionados, bem como o julgamento de todos os crimes, exceto em caso de impedimento, seria feito pelo júri, no art. II, seção 2, cláusula III. Por fim, os cidadãos de cada Estado-membro teriam direitos a todos os privilégios e as imunidades dos diversos Estados-membros, no art. IV, seção 2, cláusula II.

Por conseguinte, os cidadãos tinham a liberdade para dispor de seus próprios direitos. Aliás, eles se exprimiam afirmando que a liberdade era para as facções o que o ar implicava para o fogo, um elemento sem o qual elas instantaneamente se extinguiam. E suprimir a liberdade constituía-se na condição essencial à vida política, por que ela alimentava as facções, seria um erro não menor do que desejar a eliminação do ar e condição também essencial à vida humana, porque assegurava ao fogo seu poder destruidor.

Alexander Hamilton, apesar de não ter sido Presidente dos Estados Unidos, foi um dos seus políticos mais importantes nos primeiros anos da independência. Participou como delegado do Estado de Nova Iorque, da Convenção de Filadélfia, onde se elaborou o Projeto de Constituição. Foi um de seus principais responsáveis, principalmente com a convocação do Congresso Constitucional, momento em que a Confederação passou a ser Federação. Opondo-se à tendência do Governador do seu Estado, George Clinton, que questionava a centralização nacional pelo texto que fora aprovado pelos constituintes, Alexander Hamilton passou a defender a aprovação do mesmo através de artigos publicados na imprensa. Estes passaram a ser conhecidos como **Federalists Papers**, de autoria de Publius, pseudônimo que escondia o próprio autor, além de John Jay e de James Madison, como já comentado. Eles defendiam os principais temas do Projeto de Constituição, principalmente a instituição de uma nova entidade pública, a União, diversa dos Estados-membros, com amplos poderes e competência bem definida[44].

Após a aprovação do texto constitucional pelos Estados-membros, inclusive Nova Iorque, em 1788, George Washington foi eleito presidente, pelo Congresso, governando por dois mandatos, de 1789 a 1797. Para compor seu ministério, escolheu Alexander Hamilton para ser o Secretário do Tesouro, onde este defendeu, intransigentemente, a industrialização e o protecionismo, através de tarifas alfandegárias, prêmios aos exportadores, subsídios, balança comercial favorável e uma dívida pública, propostas estas mais mercantilistas do que propriamente liberais[45]. Outro integrante do Governo de Washington foi Thomas Jefferson, que se contrapunha à política econômica de Secretário do Tesouro, defendendo um liberalismo agrário que tinha como principal bandeira o livre-comércio e acabou se afastando dos governistas. Em torno destes grandes políticos se formaram as duas forças políticas norte-americanas, Thomas Jefferson, James Madison e James Monroe[46], na oposição, criaram o Partido Republicano-Democrático, hoje o Partido Democrático. Do outro lado, Hamilton e John Adams[47] formaram o Partido Federalista, atualmente o Partido Republicano.

Quando Jefferson foi eleito Presidente, em 1801, Hamilton passou para a oposição, onde continuou a defender suas ideias econômicas e políticas. A compra da região da Lousiana, na gestão daquele, duplicou os Estados Unidos de então e provocou a reação contrária do Vice-Presidente Aaron Burr[48], ambicioso de poder. Contra ele se levantou Hamilton, embora fosse

---

44 BRONOWSKI, J., e MAZLISH, Bruce. **A Tradição Intelectual do Ocidente**. Lisboa: Edições 70, s/d, p. 399.

45 "É provável que nenhum dos principais autores de O Federalista tivesse, durante muitos anos, reclamado publicamente a autoria de artigos, não fosse o duelo de Hamilton com Burr" (WRIGHT, Benjamin Fletcher. **O Primeiro Referendum Nacional**. *In*: HAMILTON, Alexander, MADISON, James, e JAY, John. **O Federalista**. Brasília: Universidade de Brasília, 1984, p. 19).

46 "MONROE (James), político norte-americano (condado de Westmoreland, Virgínia, 1758 – Nova Iorque, 1831), presidente dos EUA (1817-1825). Seu nome está ligado à doutrina que essenciou em 1823, a qual repele toda tentativa de intervenção europeia nos negócios da América, assim como a intervenção da América na Europa" (KOOGAN/HOUAISS. **Dicionário e Enciclopédia Ilustrada**, *op. cit.*, p. 1099).

47 "ADAMS (John), político norte-americano (Braintree, 1735 – 1826), segundo presidente dos Estados Unidos da América (1797-1801) – Seu filho mais velho, John Quincy Adams (Braintree, 1767 – Washington, 1848), foi o sexto presidente dos EUA (1825-1829)" (KOOGAN/HOUAISS. **Dicionário e Enciclopédia Ilustrada**, *op. cit.*, p. 21).

48 **Aaron Burr Jr.** (1756-1836) foi um político americano. Ele foi o terceiro Vice-Presidente dos Estados Unidos (1801-1805), servindo durante o primeiro mandado de Thomas Jefferson. Burr serviu como oficial do Exército Continental na Guerra Revolucionária

contrário aos democratas que se encontravam no Governo, levando Burr a ver frustradas suas pretensões. Este, irado, desafiou o grande líder republicano para um duelo, que se realizou em 11 de julho de 1804, resultando na morte do desafiado[49].

James Madison, assim como Washington e Jefferson, era da Virgínia. Desde logo passou a participar da vida política norte-americana, tendo, durante os anos revolucionários de 1776 a 1779, trabalhado para reorganizar o seu Estado-membro natal, inclusive sendo um dos co-autores do Código Civil que aboliu a primogenitude. Madison participou, ainda, do Congresso Constitucional, onde marcou sua presença com discursos lúcidos e bem articulados, onde expunha a lógica e a organização de seus argumentos teóricos, que lhe valeram a alcunha de Pai da Constituição. Apesar de não ter as mesmas convicções de Hamilton, aceitou seu convite para participar dos **Federalists Papers**, onde escreveu artigos de profunda acuidade política[50]. Assim, deixou marca profunda na teoria norte-americana sobre democracia e federalismo.

Madison, junto com Jefferson e outros líderes, fundaram o embrião do Partido Democrático, opondo-se ao grupo que vinha governando desde a independência. Quando este foi eleito Presidente, aquele se tornou

---

Americana, após o que se tornou um advogado e político de sucesso. Ele foi eleito duas vezes para a Assembleia do Estado de Nova York (1784-1785, 1798-1799), nomeado Procurador-Geral do Estado de Nova York (1789-1791), escolhido como Senador do EUA (1791-1797) do Estado de Nova York, e atingiu o ápice de sua carreira como Vice-Presidente dos Estados Unidos.

49 "Com essas impressões, fiquei grandemente surpreendido ao receber a sua carta, que só posso considerar como evasiva e, na maneira, pouco decorosa. A certo respeito, porém não fiquei de todo desapontado, pois ao fim da carta encontro uma intimação, a saber, que se eu não concordasse com sua recusa de confirmar ou negar a acusação, estaria o senhor pronto a sustentar as consequências. Tomo isso como uma espécie de desafio, e estaria justificada se a tivesse escolhido como base de uma mensagem imediata. Todavia, como o senhor disse também alguma coisa (embora em nenhum fundamento no que escrevi) a respeito do vago da minha solicitação; como julguei que a sua carta era produto mais de um falso orgulho do que da reflexão, e como eu sentia a mais viva repugnância de tomar decisões extremas enquanto subsistia alguma esperança, repeti a minha solicitação em termos mais específicos. A isso recusa o senhor dar-me resposta, esteando-se, como sou forçado a presumir, no oferecimento de uma alternativa insinuada em sua carta" (BURR, Aaron. **Carta a Alexander Hamilton**. *In*: SCHUSTER, M. Lincoln. **As Grandes Cartas da História: desde a antiguidade até os nossos dias**. São Paulo: Nacional, 1942, pp. 246-7).

50 Contudo, não era propriamente um teórico, pois, como disse Dahl: "ele escrevia e falava para sua época, não para o futuro" (DAHL, Robert A. **Um Prefácio à Teoria Democrática**. Rio de Janeiro: Jorge Zahar, 1989, p. 14).

seu Secretário de Estado, durante o mandato de oito anos. Para suceder a Jefferson, foi eleito Madison, que serviu de 1809 a 1817, numa das épocas mais conturbadas da história norte-americana. No seu mandato ocorreu a guerra com a Grã-Bretanha (Inglaterra), chamada de Segunda Guerra de Independência, que durou de 1811 a 1815 e que elevou os Estados Unidos à categoria de potência, forjando a base da Doutrina Monroe[51].

John Jay, ao contrário de Alexander Hamilton e de James Madison, não foi delegado na Convenção Constitucional e teve, inclusive, participação pequena nos **Federalists Papers**, escrevendo apenas cinco artigos. Todavia, exerceu relevantes funções públicas, destacando-se como Secretário de Relações Exteriores da Confederação, atividade que desenvolveu outras duas vezes em momentos culminantes da política externa norte-americana. Ele firmou o tratado com a Grã-Bretanha, de 1794, no qual os britânicos finalmente concordaram em findar suas agressões ao novo país. Foi, ainda, o responsável pelo Tratado de Jay, durante o Governo de Adams, em que apaziguou os franceses que estavam prestes a entrarem em guerra com os Estados Unidos. Posteriormente, tornou-se o primeiro Chefe da Suprema Corte, cargo do qual se exonerou, em 1795, para ser Governador do Estado de Nova Iorque.

Madison procurava elaborar a distinção entre os conceitos de democracia e de República, a partir das noções de Governo direto e indireto, ou representativo ou popular, onde o primeiro seria limitado a Estados com uma pequena população e uma área territorial compacta; e o outro, ao contrário, teria um território mais amplo e um contingente populacional maior. Desse modo, ele definia a democracia como uma sociedade congregando um pequeno número de cidadãos que se reúnem e administram o Governo pessoalmente. Por outro lado, a República tinha o seguinte conceito: "um governo no qual o esquema de representação tem lugar". As diferenças básicas, então, eram que neste último o exercício do Governo era delegado a um pequeno número de cidadãos eleitos pelos demais e, no segundo, o número de cidadãos era bem mais elevado[52].

---

51 A Doutrina Monroe foi um adendo à mensagem presidencial de James Monroe à Câmara, em 02.12.1823, escrita pelo Secretário de Estado Quincy Adams, que tinha como principais ideias as afirmações de que os Estados Unidos declaravam, desde então, que as terras do Continente Americano não poderiam ser mais alvos de tentativas coloniais e que qualquer tentativa neste sentido representava um atentado à sua segurança.

52 MADISON, James. **O Tamanho e as Diversidades da União como Obstáculo às Facções.** *In*: HAMILTON, Alexander, MADISON, James, e JAY, John. **O Federalista**. Brasília: Universidade de Brasília, 1984, **artigo 10**, pp. 151-2.

A transformação que se operava era o que se conhecia por democracia, tendo um sentido diferente do atual, pois estava mais ligado ao igualitarismo radical e, também, representava o que se conceitua hoje de democracia direta. Nesta democracia o povo constituía e exercia pessoalmente o Governo; porém, na República, o povo se reunia e administrava através de seus representantes e agentes. Assim, uma República era um Governo que, em primeiro lugar, derivava todos os seus poderes direta ou indiretamente do grande corpo do povo e, em segundo, era administrado por pessoas que exerciam seus cargos enquanto assim agradasse ao povo, por um período limitado ou enquanto tivessem bom comportamento[53].

James Madison demonstrava que a insegurança e a rebeldia, e em consequência longos períodos de tirania, ocorriam apenas nas democracias, como no caso das **polis** gregas. A solução apontada era que, inicialmente, devia-se observar que, por menor que fosse uma República, seus representantes não deviam ser poucos, a fim de evitar acabá-la. Por maior que ela fosse, também não devia ser por demais numerosos, a fim de prevenir a confusão das multidões. Em segundo, pelo fato de o representante ser escolhido por um número maior de cidadãos nos grandes Estados. Para esse autor,

> "a diferença mais acentuada entre a república americana e as outras está no princípio da representação que constitui o eixo em torno do qual aquele se move e que, segundo se supõe, era conhecido por estas, ou pelo menos, pelas mais antigas"[54].

Em uma República com um vasto território e com diversos interesses, partidos e seitas englobariam uma maioria da sociedade, baseada nos princípios da justiça e do bem comum. A minoria, por outro lado, embora não ficasse sujeita a uma ditadura da maioria, deveria ter assegurados a sua segurança e o direito a ter sua voz ouvida pelas vias institucionais. Para Limongi, "o princípio da decisão por maioria, regra fundamental dos governos populares, passa a representar uma ameaça aos direitos das facções minoritárias. À maioria aplica-se o princípio da tendência natural ao abuso do poder quando este não encontra freios diante de si, é o que naturalmente tende a acontecer nas democracias puras, onde poucas facções se defrontam e facilmente a majoritária controla todo o poder"[55]. Por outro lado,

---

53 DAHL, Robert. A. **Um Prefácio à Teoria Democrática.** Rio de Janeiro: Jorge Zahar, 1989, p. 18.

54 MADISON, James. **A Necessidade de um Senado.** *In*: HAMILTON, Alexander, MADISON, James, e JAY, John. **O Federalista.** Brasília: Universidade de Brasília, 1984, **artigo 63**, p. 488.

55 LIMONGI, Fernando Pasaterra. **O Federalismo: remédios republicanos para males republicanos.** *In*: WEFFORT, Francisco C. **Os Clássicos da Política.** São Paulo: Ática, 1989, vol. 1, p. 253.

nenhuma minoria poderia jamais limitar a liberdade da maioria mediante a ação governamental.

Para os autores de **O Federalista**, mais temerário era o poder majoritário desenfreado, não bastando transferir o poder, impunha-se também delimitá-lo claramente[56]. Pela regra da maioria, o Governo estava obrigado a servir aos interesses de todos e dar-lhes proteção, de modo que em determinadas circunstâncias os direitos e os interesses da minoria seriam sacrificados, mas se devia proteger esta contra a tirania da maioria.

2.8. Constituições Francesas de 1791 e 1793

O direito de resistência positivo apareceu nos textos constitucionais franceses[57]. As declarações de direito da época revolucionária francesa, no final do século XVIII, introduziram a positivação do direito de resistência à opressão. São eles: a) a Declaração de Direitos do Homem e do Cidadão de 1789; b) a Constituição Girondina de 1791; c) as Declarações dos Direitos do Homem e do Cidadão de 1793.

A Declaração dos Direitos do Homem e do Cidadão de 1789 procurou basear o novo regime em princípios de alcance universal, como uma ga-

56 MERQUIOR, José Guilherme. **O Liberalismo Antigo e Moderno.** Rio de Janeiro: Nova Fronteira, 1991, p. 75.

57 O final do século XVIII, na França, foi de intensa mobilização política. As eleições para os Estados Gerais, no início de 1789, representou um avanço das forças populares contra a aristocracia. O Parlamento, dominado numericamente pelo Terceiro Estado, proclamou-se, sucessivamente, Assembleia Nacional e Constituinte. O golpe decisivo contra o Antigo Regime veio coma tomada da Bastilha, em 14 de julho daquele ano. A Declaração dos Direitos do Homem e do Cidadão, decretada em agosto, veio consolidar uma nova ordem social e política, consagrando os direitos da cidadania. A Constituição de 1791 representou um momento de transição e na sua vigência se deu a luta entre os jacobinos e os moderados. O texto constitucional estabelecia a separação dos poderes estatais. O Rei continuava a deter a plenitude do poder executivo, inclusive com o direito de veto sobre os atos do poder legislativo, exercidos por uma Assembleia única eleita pelo período de dois anos. Todas as esferas administrativas ficavam organizadas segundo o princípio da eleição, mas os direitos políticos cabiam apenas aos cidadãos abastados. O novo poder legislativo, a Convenção, eleita por sufrágio universal, em 1792, era dominada pelos revolucionários resolutos, principalmente, pela "montanha" que se contrapunha aos girondinos, ambos os grupos jacobinos. O processo e a execução de Luís XVI representou a vitória dos primeiros, mais radicais, dando início ao período conhecido como o Terror. Os textos constitucionais desse período procuravam garantir o direito de resistência à opressão, através de sua positivação. O declínio do Terror e a ascensão do conservador Diretório deram fim a essa interessante experiência legislativa.

rantia do cidadão contra o arbítrio. Ela estabeleceu a resistência como um direito natural e imprescindível do homem, em seu art. 2º, assim:

> "A finalidade de toda associação é a conservação dos direitos naturais e imprescindíveis do homem; esses direitos são a liberdade, a segurança e a resistência à opressão"[58].

A Constituição de 1791 aceitava a resistência legal e propunha, em seus arts. 31 e 32, a utilização de meios legais para resistir à opressão, reconhecendo dever ser o modo adequado de opor-se aos atos autoritários. Representou um avanço e uma radicalização no processo revolucionário francês, ao possibilitar o reconhecimento de uma prerrogativa política excepcional, nem sempre aplicável, mas quase sempre lídima e altaneira.

A Declaração dos Direitos do Homem adotada pela Convenção Nacional Francesa, em 29 de maio de 1793, afirmava em seu art. 1º, que o direito de resistência à opressão incluía-se entre os direitos do homem em sociedade. O art. 2º reconhecia explicitamente que: "em todo governo livre, os homens devem ter meio legal de resistir à opressão, e quando este meio é impotente a insurreição é o mais sagrado dos deveres"[59]. Desse modo, houve a positivação do direito de resistência.

A Declaração dos Direitos do Homem e do Cidadão votada pela Convenção, em 23 de junho de 1793, e publicada como preâmbulo da Constituição Francesa de 1793, já não trouxe a resistência à opressão enumerada entre os direitos fundamentais. Afirmava, no art. 33, contudo, que a resistência à opressão era a consequência dos outros direitos da cidadania. Assim, conforme o art. 35 deste mesmo texto legal, se o Governo violasse os direitos dos cidadãos, a insurreição era para eles o mais importante dos direitos e o mais indispensável dos deveres.

O direito de resistência à opressão, apesar da positivação constitucional francesa, deixou de constar nos textos magnos seguintes. Ou não se tinha vontade política para consolidar a resistência, ou então não precisava de uma positivação legal, pois existia exatamente contra esta ordem jurídica. Machado Paupério observou com precisão que:

---

58 **"Le but de toute association politique est la conservation des droits natureles et imprescriptibles de l'homme; ces doits sout la liberté, la proprieté, la sùreté, et la resistance à l'opression" (Déclaration des Droits de l'Homme et du Citoyen**, 1789). *In*: DUVERGER, Maurice (org.). **Constitutions et Documents Politiques.** Paris: Press Universitaires de France, 1960, p. 27.

59 PAUPÉRIO, A. M. **O Direito de Resistência**. Rio de Janeiro: Forense, 1980, p. 237.

> "Mesmo que a lei o reconheça, jamais é o chamado direito de resistência garantido pela força coativa do governo. Assim, a faculdade de resistir à opressão não pode apoiar-se na força do governo"[60].

É uma incongruência que a resistência e o recurso à força possam ser garantidos por uma norma positiva. Isso não quer dizer, que a sociedade não tenha a faculdade de resistir ao governo, quando arbitrário. A consagração da resistência à opressão em um texto legislativo perde consistência porque jamais um Governo admite que seja opressivo, não apoiando de modo algum a resistência que se possa oferecer à sua atitude. A teoria da resistência é uma categoria jurídica que faz parte dos direitos da cidadania, que perde força quando positivado.

2.9. Noção Geral de Constituição

A Constituição consiste no conjunto de forças políticas, sociais, econômicas e culturais de um dado Estado, de acordo com a realidade da sociedade vinculada a ele. Ainda que faça parte do ordenamento jurídico estatal, a ele se sobrepõe, numa posição de superioridade, que faz com aquele seja submetido a este e dele derivado. Por se tratar de uma norma, pode-se também definir a Constituição como o conjunto de princípios e de regras legais que definem o Estado, organizam os principais órgãos públicos e definem a relação deste com os cidadãos e com a sociedade como um todo.

A Constituição compreende um conjunto de disposições formais que definem, por si só, o que se considera como constitucional e, por conseguinte, o não constitucional. A promulgação de texto constitucional, quando de caráter democrático representativo, decorre de uma declaração de um corpo legislativo especial, a Assembleia Constituinte, ou sua outorga, se de natureza autoritário, formulado por um Rei ou um Ditador. O jurista italiano Paolo Biscaretti di Ruffia, sobre as formas de Constituição, explicou que:

> "Se se toma a expressão nos dois significados acima indicados (*institucional* e *substancial*), todo *Estado tem sempre uma constituição*. Tem-se, erroneamente, distinguido as *constituições* chamadas *jurídicas* de outras puramente *de fato*; que se dão quando não se põe nenhum limite aos poderes do Estado. Se, com efeito, há um Estado, há uma ordenação jurídica na qual o mesmo se concretiza e o Estado, por conseguinte, em qualquer de suas formas, deve ser sempre considerado como compreendido no direito, compenetrado e identificado totalmente com ele"[61].

---

60 PAUPÉRIO, A. M. **O Direito de Resistência**, *op. cit.*, p. 222.

61 "Um *Estado não constituído* seria algo *sem sentido*, uma contradição nos termos. Nas suas formas mais rudimentares a constituição poderá reduzir-se a uma *única instituição*: a do *soberano absoluto*, e a sua *única norma* (na maioria das vezes puramente

Por sua vez, as regras materiais constitucionais são as diretamente vinculadas à forma de estado, à forma de governo, à forma de eletividade, à organização dos órgãos políticos, aos limites da competência e aos direitos fundamentais. Porém, ao longo do tempo, novas disposições foram constitucionalizadas, não só para a regulamentação de problemas que surgiram, mas para estabelecer inovadoras condições para a pacificação dos conflitos de classes, tentando contemporizar as contradições sociais.

Quanto à aplicação das regras constitucionais, estas podem ser autoexecutáveis ou não autoexecutáveis. As normas autoexecutáveis são aquelas que, ao se apresentarem como completas e definitivas para que se apliquem imediatamente, sem necessidade de uma norma inferior hierarquicamente para que tenha efetividade, são aplicadas de pronto, sem delongas.

Por outro lado, as normas não autoexecutáveis compreendem as que não podem ser aplicadas de imediato, em razão de dependerem de outra norma posterior que a complemente no sentido ou na forma de sua eficácia. São três as formas de regras não autoexecutáveis, a saber: a) as normas incompletas, aquelas não suficientemente definidas, quanto à hipótese ou quanto à disposição, como a previsão de novos institutos processuais constitucionais, como foi o caso do mandado de injunção; b) as normas condicionadas, em que aparecem claro a hipótese e a disposição, para prever uma norma posterior, que lhe discipline os elementos integrativos; c) normas programáticas, que indiquem planos, políticas ou programas públicos.

2.10. Classificação das Constituições

A Constituição compreende, então, o conjunto de normas positivas superiores, que definem as demais normas infraconstitucionais, que dela retiram sua legitimidade e constitucionalidade. Ela se distingue, dentre as diversas classificações existentes, como: a) material ou formal; b) rígida, flexível e semi-rígida; c) escrita ou não escrita; d) dogmática ou histórica; e) Constituição garantia, Constituição balanço e Constituição dirigente[62]. Existem, ainda, outras classificações, não descritas presentemente.

A Constituição material compreende um conjunto de princípios e de regras nem todos previstas no texto constitucional, ao passo que a

consuetudinária) que estatui: *todos os poderes pertencem ao Rei*; mas sempre haverá uma constituição" (RUFFIA, Paolo Biscaretti di. **Direito Constitucional: instituições de Direito Público**. São Paulo: Revista dos Tribunais, 1984, p. 86).

62 "A ideia de *Constituição-dirigente* foi sobretudo encarecida por juristas de inspiração marxista, como o português Canotilho [...]" (FERREIRA FILHO, Manoel Gonçalves. **Curso de Direito Constitucional**, *op. cit.*, p. 14).

Constituição formal consiste em um conjunto expresso das normas constitucionais escritas e tão somente estas. A Constituição rígida consiste na que veda totalmente sua modificação posterior ou, pelo menos, cria dificuldade que impedem sua frequente reforma. Por sua vez, a Constituição flexível compreende aquela que pode ser alterada pelo processo legislativo ordinário, sem previsão de quórum qualificado para qualquer mudança posterior. Por fim, a Constituição semirrígida é a que tem o texto escrito que tem regras que podem ser modificadas pelo processo legislativo ordinário, em algumas disposições e outras apenas por processo legislativo especial e mais rígido.

Existe, ainda, a Constituição escrita, que consiste naquela que tem as regras constitucionais vertidas em um determinado documento aprovado pelo Poder Constituinte, modificadas apenas dentre das condições previamente fixadas no próprio texto, como na maioria dos Estados. Ao passo que as Constituições não escritas compreendem diversos documentos escritos, mas também princípios, tradições e costumes constitucionais, como no caso do Reino Unido da Grã-Bretanha. Quase no mesmo sentido, a Constituição dogmática vem a ser aquela que sempre se aplica levando em conta princípios e dogmas escritos, enquanto a Constituição histórica resultou de lenta síntese da história, novamente tendo a Grã-Bretanha (Inglaterra) como exemplo.

A Constituição garantia passou a designar a Constituição clássica, pois predomina a defesa das liberdades políticas e econômicas, de natureza liberal. A Constituição balanço referia-se mais ao constitucionalismo soviético, em que cada momento político estava representado por uma nova Constituição, como se fizesse o balanço dos novos tempos, como na União das Repúblicas Socialistas Soviéticas (URSS), com as Constituições de 1924, quando do estabelecimento do socialismo, de 1936, com a dominação stalinista, e de 1977, que deu condições para a formação da Perestróika[63]. Por fim, a Constituição dirigente vem a ser aquela que tem a previsão de planos, de programas e de políticas públicas voltadas para a socialdemocracia.

63 **Perestróika**, que vem do russo reconstrução ou reestruturação, foi, juntamente com a Glasnost, a política introduzida por Mikhail Gorbachev, em 1986, na União das Repúblicas Socialista Soviética (URSS). Ele compreendeu que a economia soviética estava falindo e percebeu que o regime soviético precisava de uma reforma, para reduzir a quantidade de recursos investidos na defesa. Assim, na política internacional, desocupou o Afeganistão, negociou com os Estados Unidos a redução de armas nucleares e passou a não intervir na Europa Oriental. Por outro lado, a **Perestróika** permitiu a liberação do comércio exterior, os preços, a moeda, a eliminação dos limites de fabricação de produtos, a redução de subsídios à economia e a autorização de importação de produtos estrangeiros, o que levou a uma variação extrema de diversos fatores econômicos, que se fizeram sentir por todo o país.

Capítulo III

HISTÓRIA CONSTITUCIONAL BRASILEIRA

3.1. Organização Política Colonial

O povoamento português no Brasil, em 1500, não modificou inicialmente a relação de Portugal com a nova Colônia, vista apenas como um entreposto para as esquadras que se dirigiam às Índias, terras muito mais ricas. Todavia, logo no ano seguinte, houve a primeira expedição para o novo território, comandada por Gaspar de Lemos[1], que teve como piloto Américo Vespúcio[2]. Fizeram o reconhecimento da costa brasileira, do cabo de São Roque até Cananeia. Depois, em 1503, houve uma nova expedição, dirigida por Gonçalo Coelho[3], que contou também como piloto, o florentino que deu o nome ao novo Continente.

A única riqueza aparente, na América Portuguesa, era a madeira, o pau-brasil (*caesalpinia crista*), que os portugueses obtinham no litoral. O sistema empregado nas atividades comerciais da Metrópole era o de monopólio real, pelo qual apenas aqueles que tivessem autorização da Coroa podiam explorar determinada atividade econômica. Logo no início, a exploração da madeira foi atribuída ao arrendatário Fernando de Noronha[4].

---

1 "**LEMOS** (Gaspar de), navegador português (séc. XV-XVI). Comandou um dos navios da frota que descobriu o Brasil, sendo incumbido por Cabral de levar a notícia a Dom Manuel" (KOOGAN/HOUAISS. **Dicionário Enciclopédico e Ilustrado**, *op. cit.*, p. 961).

2 "**VESPÚCIO** *(Américo)*, navegador florentino (Florença, 1451 a 1454 – Servilha, 1512), que fez várias viagens ao Novo Mundo" (KOOGAN/HOUAISS. **Dicionário Enciclopédico e Ilustrado**, *op. cit.*, p. 401).

3 **Gonçalo Coelho** (1451 ou 1454 – 1512) foi um navegador português, que comandou as duas primeiras expedições exploratórias das terras descobertas por Álvares Cabral, em 1501 e 1502, e em 1503 e 1504, as duas, acompanhado de Américo Vespúcio. Estudou em Pisa, na Itália.

4 "NORONHA, Fernão de. Cristão-novo e rico armador em Lisboa que recebe o contrato de exploração do pau-brasil. [...] Por conta da doação de 24.01.1504 recebeu a ilha de São João de Quaresma, depois chamada de Fernando de Noronha" (FLORES, Moacyr. **Dicionário de História do Brasil**. 2ª ed. Porto Alegre: Edipucrs, 2001, p. 430).

Este devia enviar seis navios à Colônia, explorando trezentas léguas da costa, pagando um quinto do pau-brasil para o Soberano português. Foi este também quem financiou a expedição, em 1503, de Gonçalo Coelho, acima mencionada.

Em razão da concorrência estrangeira na exploração da madeira, especialmente dos franceses, Dom João III[5] enviou à costa brasileira duas expedições para o policiamento da mesma. Foi encaminhado, depois, Cristóvão Jacques[6] para afundar os navios dos contrabandistas e os prender. Foram feitas duas expedições, a primeira de 1516 a 1517, e, em seguida, a segunda de 1526 a 1528, sem que fosse resolvido em definido o problema dos corsários.

A primeira expedição de índole colonizadora foi atribuída a Martim Afonso de Sousa[7], partindo este de Lisboa, em 1530. Dirigiu-se ao Brasil, acompanhado de quatrocentos homens, mudas de plantas e instrumentos agrícolas, para efetuar a ocupação da Colônia. Além de aprisionar os franceses que encontrou na Bahia, dirigiu-se ao sul, chegando ao Rio de Janeiro e, depois, até o rio da Prata[8]. No retorno, fundou São Vicente em 1532, o primeiro Município do Brasil, bem como Santo Amaro e, no interior, Santo André da Borda do Campo. Por ordem de Martim Afonso de Sousa, separaram-se da armada portuguesa as caravelas Rosa e Princesa, em 1531, com a missão de achar o rio Maranhão, na época, uma das denominações do rio Amazonas. Estas percorreram a costa de leste a oeste, chegando até a baía de Gurupi, devendo ter passado pela costa piauiense, ao longo de sua viagem na ida ou na volta.

Martim Afonso de Sousa enviou carta a Dom João III, alertando-o de que os franceses tinham planos de ocupar o Brasil e não apenas de realizar o contrabando. Não obstante, a Coroa Portuguesa tinha problemas em manter seu império na Ásia e não estava em condições de efetuar a ocupação de sua parte das Américas. A solução encontrada foi a de aplicar às

5 **D. João III** (Lisboa, 1502 – Lisboa, 1557), apelidado de "o Piedoso" e "o Colonizador", foi o Rei de Portugal e Algarves de 1521 até sua morte. Era o filho mais velho do rei Manuel I e sua segunda esposa a infanta Maria de Aragão e Castela, tendo ascendido ao trono apenas contando dezenove anos de idade.

6 "JAQUES, Cristóvão. Navegador português que nasceu em Algarve, em 1480. [...] Em 1516, Jaques comandou dois navios que policiaram a corte do Brasil, expulsando os franceses da feitoria de Pernambuco" [...] (FLORES, Moacyr. **Dicionário de História do Brasil**, *op. cit.*, p. 334).

7 **Martim Afonso de Sousa** (Vila Viçosa, 1490/1500 – Lisboa, 1564) foi um nobre, militar e administrador colonial português. Foi o primeiro donatário da Capitania de São Vicente (1533-1564) e Governador da Índia (1542-1545). Está sepultado em São Francisco.

8 SOUTO MAIOR, A. **História do Brasil**. São Paulo: Companhia Editora Nacional, 1977, p. 57.

Capitanias Hereditárias, sistema utilizado nas ilhas da Madeira, dos Açores e de Cabo Verde. No território brasileiro, estas se reconstituíram em áreas enormes traçadas em paralelo, tendo como limite, leste, a costa atlântica e, oeste, a linha imaginária do Tratado de Tordesilhas. Foram criadas quatorze Capitanias para apenas doze Donatários, entre 1534 e 1536.

Para Ronaldo Vainfas, as Capitanias Hereditárias constituíram a forma de administração inicial dos domínios atlânticos portugueses, primeiro nas ilhas oceânicas e depois no Brasil e em Angola. O sistema tinha como modelo o antigo senhorio português de fins da Idade Média, ajustado ao contexto ultramarino. Este consistia na concessão real de largos domínios, proventos e privilégios a particulares, incluindo atributos de soberania, como o direito de fundar povoações, nomear funcionários, cobrar impostos e administrar a justiça. O sistema oferecia a vantagem de promover a exploração das Colônias sem os ônus para o Estado[9].

Havia duas Capitanias para o Maranhão, uma com cinquenta léguas de costa, doada a Aires da Cunha[10], que se associou ao escritor João de Barros[11], e outra, com setenta e cinco léguas de costa, de Fernando Álvares de Andrade[12], Tesoureiro-Mor do Reino. A Capitania do Ceará, que tinha quarenta léguas, foi entregue a Antônio Cardoso de Barros[13], a contar do rio

9 VAINFAS, Ronaldo. **Capitanias Hereditárias.** *In:* VAINFAS, Ronaldo. **Dicionário do Brasil Colonial (1500-1808)**. Rio de Janeiro: Objetiva, 2000, p. 94.

10 **Aires da Cunha** (Portugal, ? – litoral do Maranhão, 1536) foi um capitão donatário do Brasil. Recebeu de D. João III de Portugal, em 1535, a Capitania do Maranhão, associado a Fernando Álvares de Andrade e João de Barros, que organizaram uma expedição para colonizar a região norte do Brasil. Em novembro de 1535, a expedição aportou na Capitania de Pernambuco, e depois seguiu para o norte, para a costa do Maranhão, quando um violento temporal fez naufragar a embarcação, perecendo a maior parte de seus integrantes e ele próprio.

11 **João de Barros** (Viseu, 1496 – Pombal, Ribeira de Alitém, 1570) é geralmente considerado o primeiro grande historiador português e pioneiro da gramática da língua portuguesa, tendo escrito a segunda obra a normatizar a língua, tal como era falada em seu tempo. Recebeu como Capitão Donatário a Capitania de Itamaracá, os atuais Paraíba e Rio Grande do Norte, com cem léguas, e uma segunda, com cinquenta léguas, junto com Aires da Cunha, a Capitania do Maranhão, segundo lote. Tentou explorar o litoral maranhense, mas acabou abandonando a empreitada.

12 "ANDRADE, [...] Fernão Álvares de – Fidalgo português do século XVI. Tesoureiro-mor do reino. Recebeu de Dom João III a capitania do Maranhão (2) em 1534. Não veio ao Brasil. [...]" (BASTOS, Cláudio. **Dicionário Histórico e Geográfico do Estado do Piauí.** Teresina: Fundação Cultural Monsenhor Chaves, 1994, p. 38).

13 "BARROS, [...] Antônio Cardoso de – Administrador colonial português do século XVI. Fidalgo cavaleiro da Casa Real. Provedor-mor da fazenda real na Bahia (regimento de 17-12-1548), para onde veio com Tomé de Sousa em 1549. Retornou à Portugal em 1556, no mesmo navio que embarcara o bispo Dom Pedro Fernandes Sardinha que

da Cruz, correndo por leste até a angra dos Negros. Esta Capitania compreendia a costa piauiense, estando limitada pela de João de Barros e Aires da Cunha, cujas bordas orientais chegavam próximos ao delta do rio Parnaíba. O Donatário da Capitania do Ceará não tentou de início explorar suas terras, mas, quando o fez, em 1556, foi massacrada a expedição pelos índios Caetés. Antes, Aires da Cunha, em 1553, veio de Portugal para fundar uma feitoria, mas seu navio afundou nas águas da costa do Maranhão, nas quais pereceu.

A doação das Capitanias fora feita a membros da pequena nobreza, tendo como critério a recompensa aos funcionários que tivessem se destacado na expansão colonial. Foram poucas as Capitanias ocupadas, a maioria não foi sequer visitada pelos donatários, o que agravou o funcionamento do sistema adotado. A Capitania da Bahia foi incorporada à Coroa, permitindo que Salvador se tornasse a Capital do Brasil. No início do século XVII, as Capitanias do Maranhão e do Ceará, onde ficava o litoral do Piauí, dentre outras, já tinham passado a Capitanias Reais, reincorporadas ao Estado Português.

Em razão do fracasso do sistema de Capitanias Hereditárias, instituiu-se o Governo-Geral[14], sem que as Capitanias fossem extintas de uma vez. A Carta Régia de 07.01.1549 escolheu a cidade da Bahia como sede, e nomeou Tomé de Sousa[15] como primeiro Governador-Geral. Houve a designação, ainda, do Ouvidor Geral, do Provedor-Mor da Fazenda Antônio Cardoso de Barros, donatário da Capitania do Ceará, e do Capitão-Mor da Costa. No ano seguinte, Dom João III escreveu ao Papa pedindo a criação de um bispado no Brasil, o que ocorreu com a Bula Papal de 25.02.1551[16].

naufragou no rio Coruipe, em Alagoas, quando todos foram devorados pelos índios Caetés. [...] teve doação das terras que incluíam a capitania do Piauí, com 40 léguas de terras na costa do Brasil, a contar do rio da Cruz, [...]" (BASTOS, Cláudio. *In:* **Dicionário Histórico e Geográfico do Estado do Piauí**, *op. cit.*, p. 69).

14 "**GOVERNO-GERAL**. D. João III saiu de Portugal, com intenção de centralizar a administração colonial do Brasil, dividido em Capitanias, criou o governo-geral em 1548, com sede em Salvador, BA, definindo as atribuições do governador em mencionado regimento, de 17.12.1548.[...]. (FLORES, Moacyr. **Dicionário de História do Brasil**, *op. cit.*, p. 287).

15 "SOUSA (Tomé de), primeiro governador geral do Brasil (Portugal, ? - *id.*, c. 1579). Participou das edições militares na África, contra os mouros. Na Índia, em 1545, comandou uma nau na armada do capitão-mor Fernão de Andrade. Chegou à baía de Todos os Santos, em 1549, trazendo uma comitiva de colonos, funcionários da administração e jesuítas chefiados por Manuel da Nóbrega. Iniciou a edificação e fortificação da cidade de Salvador. Mandou trazer gado da ilha de Cabo Verde e concedeu sesmarias para aproveitamento da terra" (KOOGAN/HOUAISS. **Dicionário e Enciclopédia Ilustrado**, *op. cit.*, p. 1513).

16 "Em 25.2.1551 foi criado o bispado do Brasil, sendo d. Pedro Fernandes Sardinha o primeiro bispo" (FLORES, Moacyr. **Dicionário de História do Brasil**, *op. cit.*, p. 590).

Foi esboçado, assim, um novo sistema administrativo, semelhante ao praticado na Metrópole. O Governador-Geral era o representante do Rei, enquanto o Ouvidor Geral fazia às vezes de Judiciário, até que se criasse um Tribunal de Relação. O Provedor-Mor tinha a incumbência dos problemas econômicos e fiscais, bem como o Capitão-Mor da Costa a responsabilidade pela segurança militar. Por outro lado, depois do Bispado de Salvador, a Igreja ia se organizando no Brasil, por meio de Prelazias. O Governador-Geral era um funcionário da Coroa, com salário fixo, pago através das rendas reais na Capitania, com um mandato de três anos, mas podendo ser demitido antes do tempo.

Para Eulália Maria Lahmeyer Lobo:

> "O regimento de Tomé de Sousa de 17 de dezembro de 1548, [...] nos informa sobre as funções do governador geral. O rei recomendava ao seu representante que percorresse as capitanias, acompanhado pelo provedor-mor e ouvidor-mor a fim de prestar os auxílios urgentes que vinham solicitando, de fiscalizar funcionários régios e capitães-mores, apesar destes conservarem, em parte, sua primitiva independência. Competia-lhe, também, designar interinamente, os provedores das capitanias, almoxarifes, juízes da Alfândega e outros subalternos, atendendo, porém, nos cargos da Fazenda, às sugestões do provedor-mor. Dispunha de poderes para recompensar degredados que tivessem prestados serviços à nação, exceto réus de furtos ou falsidades, para conceder títulos de cavaleiro, porém todas as nomeações e mercês que se fizessem estavam sujeitas à aprovação régia. O regimento regulava ainda as condições de doação das sesmarias. O beneficiado tinha de pagar o dízimo à Ordem de Cristo, residir três anos nas suas terras, sem vendê-la ou aliená-la. As dimensões das sesmarias deveriam ser proporcionais à capacidade de aproveitamento do que a recebia. [...] O governador superintendia os assuntos militares"[17].

O novo soberano, Dom Sebastião[18], modificou a política colonial no sentido de subdividir a administração, como fora feito na Ásia e na África. Dividiu o Brasil, desse modo, em dois Governos, em 1572[19]. Ficou o norte

17 LOBO, Eulália Maria Lahmeyer. **Administração Colonial Luso-Espanhola nas Américas.** Rio de Janeiro: Cia. Brasileira de Artegrafia, 1952, p. 45.

18 "**SEBASTIÃO** (*Dom*), **o Desejado**, décimo sexto rei de Portugal, filho do príncipe Dom João e de sua mulher D. Joana, filha de Carlos V, neto, portanto, de Dom João III. Nasceu em 1554, subiu ao trono em 1568, quando alcançou à maioridade, empreendeu expedições a Tânger e Ceuta e desapareceu na batalha de Alcácer Quibir (4 de agosto de 1578)" (KOOGAN/HOUAISS. **Enciclopédia e Dicionário Ilustrado**, *op. cit.*, p. 1465).

19 "Em seu governo o rei D. Sebastião dividiu o estado do Brasil em dois governos: o de Ilhéus para o Norte, com sede em Salvador, e outro de Porto Seguro para o Sul, com a capital no Rio de Janeiro" (FLORES, Moacyr. **Dicionário de História do Brasil**, *op. cit.*, p. 285).

com sede na Bahia, governada por Luís de Brito e Almeida[20], onde se situava o Piauí, e o sul, com sede no Rio de Janeiro, administrado por Antônio de Salema[21]. A política do primeiro era de preação de índios, estando sempre fazendo guerra contra os nativos, o que aumentou a animosidade destes contra os portugueses. O sistema dual perdurou apenas até 1577, quando Lourenço da Veiga[22] foi nomeado para o cargo de Governador-Geral do Brasil reunificado.

Depois da prematura morte de Dom Sebastião, assumiu seu tio-avô Dom Henrique[23], que era Cardeal e não tinha descendência. Felipe II[24], da Espanha, pressionou os portugueses para aceitá-lo como sucessor deste, o que foi recusado mesmo quando o monarca religioso faleceu. Na batalha de Alcântara, porém, Portugal perdeu sua independência e foi unificada a Península Ibérica. Porém, foram preservadas as instituições portuguesas, através da Carta Patente de 12.11.1582.

As cláusulas eram as seguintes: a) os velhos foros, liberdades, privilégios, usos e costumes, seriam respeitados; b) só se convocariam as Cortes em terras lusitanas; c) os empregos civis, militares, cargos eclesiásticos, comendas e pensões das ordens militares, e o priorado do Crato só poderia ser dados a naturais do Reino português. Por outro lado, este conservaria exclusividade da navegação e do comércio que o unia à África e à Ásia, bem como mantinha a língua nativa. No mesmo sentido, as moedas teriam gravadas as armas da nação e as guarnições das praças, fortalezas e presídios seriam

20 **Luís de Brito e Almeida** nasceu em Portugal, no século XVI. Foi Governador do Estado da costa que ia da Bahia ao Pará, com sede em Salvador, na Bahia.

21 **Antônio Salema** (Alcácer do Sal, Alentejo, ? – Lisboa, 1586) foi Desembargador, em Portugal, e Governador de São Tomé e depois do Estado que ia da Bahia ao Rio Grande do Sul, com sede no Rio de Janeiro, de 1572 a 1577.

22 **Diogo Lourenço da Veiga** (Portugal, 1530 – Salvador da Bahia, 1581) foi um administrador colonial português, como Governador-Geral do Brasil, de 1577 a 1581, com a reunificação do território brasileiro. Estimulou as entradas e as obras de conquista, além de combater o contrabando, no litoral do Rio de Janeiro.

23 "**HENRIQUE** (*cardel-rei Dom*), **o Castro**, 17º. Rei de Portugal (Lisboa, 1512 – Almeirim, 1580), filho de Dom Manuel I e D. Maria, e irmão de João III. Foi regente durante a menoridade de dom Sebastião. Depois, com a morte deste em Alcácer-Quibir, sucedeu-lhe no trono. Destinado à carreira eclesiástica, exerceu cargos importantes. Defensor da Inquisição, perseguiu os 'cristãos novos' sem trégua. Foi o último rei da dinastia de Avis. Após seu reinado, Portugal caiu sob o domínio espanhol (1580)" (KOOGAN/HOUAISS. **Enciclopédia e Dicionário Ilustrado**, *op. cit.*, p. 813).

24 **Filipe II** (Valladolid, 1527 - El Escorial, 1598), foi Rei da Espanha, de Portugal, de Nápoles e da Sicília, além de governar dezessete províncias holandesas e Duque de Milão. O seu governo foi o auge da Espanha e também a véspera da sua decadência.

de seus habitantes. Não podia o Rei espanhol retirar causas e processo em julgamento pelos Juízes e pelos Tribunais de Portugal, para entregá-los a outros de fora do Reino, nem conceder direitos régios ou jurisdicionais a estrangeiros. Quando ausente o Rei, o que quase sempre aconteceria, deveria este nomear um Vice-Rei ou Governador, assim como as outras autoridades superiores, que deveriam ser portuguesas.

A União Ibérica, uma União Real, forma de estado coletivo, fez com que os inimigos da Espanha contra Portugal se voltassem, passando a atacar suas colônias. O Maranhão e, também, o Piauí, no final do século XVII, foram invadidos pelos franceses. Em 8 de setembro de 1612, foi fundada a França Equinocial, em São Luís[25]. Logo depois, iniciou-se a resistência das forças portuguesas. Em 1613, houve a batalha de Guaxemduba, na costa do Ceará, na qual os franceses foram derrotados, de forma irremediável, por Jerônimo de Albuquerque[26]. No final de 1615, por fim, os portugueses expulsaram-nos em definitivo do solo maranhense, sendo este último o primeiro a governar as terras maranhenses, como seu Capitão-Mor[27], em 1621.

Em seguida, deu-se a conquista do Pará e do Maranhão, sendo criado um Estado autônomo do resto do Brasil, pela Carta Régia de 04.05.1617, por Felipe III[28], que governava a Espanha e Portugal desde 1598. Por outro lado, a Carta Régia de 13.06.1621 efetivou este direito[29], ainda que a instalação só tivesse ocorrido cinco anos depois, no reinado de Felipe IV[30]. O novo

---

25 "Tais foram às informações que, dos recursos e riquezas naturais da nova terra, levou Carlos Dês Vaux ao rei, que, este determinou de mandar explorá-la à custa da coroa, fazendo-o voltar na mesma ocasião, acompanhado de Daniel de la Touche, senhor de la Ravardiére, que vinha desempenhar as funções de comissário régio" (AMARAL, José Ribeiro. **Fundação do Maranhão: memória.** São Luís: Typogravura Teixeira, 1912, p. 4).

26 "**ALBUQUERQUE** (Jerônimo **Fragoso de**), militar e colonizador (Olinda, PE, séc. XVI – Pará, 1619), pai de Jerônimo de Albuquerque Maranhão. Lutou contra os franceses no Maranhão (1613) e foi governador do Pará (1619)" (KOOGAN/HOUAISS. **Enciclopédia e Dicionário Ilustrado**, *op. cit.*, p. 45).

27 "Querendo achar solução para o problema da efetiva ocupação da região, a Carta Régia de 13 de junho de 1.621 criou o Estado do Maranhão, independentemente do Brasil" (MEIRELLES, Mário. **Melo e Povoas: Governador e Capitão General do Maranhão.** São Luís: SIOGE, 1974, p. 7).

28 **Filipe III** (Madrid, 1578 – 1621), também chamado de **Filipe**, **o Piedoso**, foi o Rei da Espanha e Portugal como **Filipe II** de 1598 até sua morte. Era filho do rei Filipe II de Espanha e sua quarta esposa Ana da Áustria, talvez o soberano mais importante de sua época.

29 LOBO, Eulália Maria Lahmeyer. **Administração Colonial Luso-Espanhola nas Américas**, *op. cit.*, p. 254.

30 **Filipe IV** (Valladolid, 1605 – Madrid, 1655) foi Rei da Espanha, de Portugal e da Holanda. Incentivou as artes e fez a Espanha participar da Guerra dos Trinta Anos.

Estado Colonial Luso-Espanhol, na América do Sul, compreendia o território litorâneo, a partir do cabo São Roque, abrangendo as Capitanias do Ceará e do Maranhão e a foz do rio Amazonas até o Amapá. O Estado Colonial do Maranhão, com sede em São Luís, compunha-se de duas Capitanias-Gerais, a do Grão-Pará e a do Maranhão. Esta, por sua vez, era dividida em outras Capitanias Subsidiárias, inclusive a do Ceará, sem se falar ainda do Piauí. Em 1637, São Luís contava com duzentos e cinquenta habitantes e com uma guarnição de sessenta soldados, ao passo que Belém tinha apenas oitenta habitantes e cinquenta militares.

Depois da União Real entre a Espanha e Portugal, a Holanda iniciou as hostilidades para prejudicar os interesses daqueles na América, na África e na Ásia, como a **Westindische Companie**, para efetuar o comércio com o Brasil e com as Colônias africanas. Em 21 de dezembro de 1623, partiu da Holanda uma esquadra com vinte e seis navios e mil e seiscentos marinheiros. No ano seguinte, esta chegou à Bahia e tomou a cidade, em 9 de maio. Em 1625, veio uma esquadra luso-espanhola com cinquenta e dois navios, com mais de doze mil homens, comandadas pelo espanhol Fradique de Toledo Osório[31]. Os holandeses não resistiram ao cerco e, em 1º de maio de 1626, entraram as tropas coloniais na cidade de Salvador. Foi feita nova invasão, na Bahia, um ano depois, o que permitiu os batavos arrecadar fundos para uma nova investida, ainda maior do que a anterior.

Em 14 de fevereiro de 1630, os holandeses retornaram, aparecendo em frente à Olinda com setenta navios. As forças militares desembarcaram e tomaram a cidade e, também, o Recife. Depois de vários sucessos militares em todo o Nordeste, os flamengos se consolidaram no Brasil. Foi nomeado Maurício de Nassau[32], como Governador da nova Colônia

31 **Fradique de Toledo Osório** (Nápoles, 1580 – Madrid, 1634), foi um militar e político espanhol que em 1625 comandou a armada luso-espanhola enviada para reconquistar Salvador (Bahia) que havia sido tomada por forças holandesas em 1624. Durante a União Ibérica Dom Fradique de Toledo Osório foi Capitão Geral da Armada do Brasil. Reunindo cinquenta e dois navios, transportando quase doze mil homens, foi a maior até então enviada aos mares do sul. A expedição, conhecida como a Jornada dos Vassalos, bloqueou o porto de Salvador, obtendo a rendição holandesa e expulsando os invasores a 1º de maio de 1625.

32 **João Maurício de Nassau-Siegen**, no neerlandês, **Johan Maurits van Nassau-Siegen**; em alemão **Johann Moritz von Nassau-Siegen** (Dillenburg, 1604 – Cleves, 1679), foi cognominado "o Brasileiro". Nomearam-no conde e após 1674 príncipe de Nassau--Siegen, um Estado do Sacro Império Romano-Germânico, localizado nas cercanias das cidades de Wiesbaden e Coblença. Filho do Conde João VII de Nassau, casado em segundas núpcias com Margarida de Holstein, princesa de Holstein-Sonderburg, filha do duque de Schleswig-Holstein e de uma princesa da dinastia de Brunswick, João Maurício foi o décimo-terceiro filho, mas o primeiro do segundo casamento.

dos Países Baixos, administrada pela Companhia das Índias Ocidentais. Ele chegou a Pernambuco em 27 de janeiro de 1637. No mesmo ano, tentou conquistar a Bahia, mas foi derrotado. Fez um Governo profícuo, realizando diversas melhorias em Recife bem como trazendo artistas e estudiosos da Europa. O Estado Colonial Holandês incorporou várias regiões nordestinas, inclusive o litoral do Maranhão e do Piauí, por ordem de Maurício de Nassau.

Depois de sessenta anos de União Real, com a coroação de Dom João IV[33], em 1640, Portugal voltou a obter a independência e o domínio sobre suas Colônias. Houve um longo conflito na Península Ibérica, com a intervenção de várias potências estrangeiras, mas foram as forças portuguesas que asseguraram sua liberdade, com a ajuda inglesa. Finalmente, pelo Tratado de Lisboa, a Espanha reconheceu a nova situação com dois Estados, em 1668. Portugal, agora, podia se dedicar a restaurar seu império, que se encontrava ameaçado pelos holandeses.

Os maranhenses foram os precursores da expulsão dos holandeses, liderados por Antônio Muniz Barreiros[34]. Eles surpreenderam a guarnição estrangeira e a dominaram, em 30 de setembro de 1642. Houve uma tentativa de recuperar o território, mas as forças flamengas acabaram retirando-se para o Ceará e, em seguida, para o Rio Grande do Norte. Maurício de Nassau estava descontente com a Companhia das Índias Ocidentais, que questionava seus gastos e suas melhorias na Colônia. A resistência luso-brasileira iniciou-se de fato, em 1645, com André Vidal de Negreiros[35]. Depois de vários combates em todo o Nordeste, inclusive as duas Batalhas de Guararapes, os holandeses foram expulsos, deixando o Brasil em definitivo em 1654.

---

33 **Dom João IV** (Vila Viçosa, 1604 – Lisboa, 1656), apelidado de **João, o Restaurador**, foi o Rei de Portugal e Algarves de 1640 até a sua morte, e Duque de Bragança entre 1630 e 1645. D. João IV foi o líder da Guerra da Restauração pela conquista e reconhecimento da independência de Portugal do controle da Espanha.

34 **Dom Antônio Muniz Barreiros** (? – Salvador, 1600) foi um prelado português, o terceiro bispo de São Salvador da Bahia de Todos os Santos. Foi nomeado Bispo, em 20 de julho de 1575, instalando-se na Diocese, em 15 de agosto de 1576. Ao contrário do antecessor, era pouco zeloso com os índios. A prelazia de São Sebastião foi desmembrada durante seu episcopado. Exerceu a função de membro do Conselho de Governo após a morte de Manuel Teles Barreto, Governador-Geral do Brasil, junto com Cosme Rangel de Macedo.

35 **André Vidal de Negreiros** (Capitania da Paraíba, 1606 – Goiânia, 1680) foi um militar e governador colonial português nascido na então Colônia do Brasil, conhecido principalmente por ser um dos líderes da Insurreição Pernambucana, contra a colonização holandesa no Brasil (1624-1654).

Para Hélio Vianna,

> "além de ter servido para demonstrar a capacidade de resistência dos portugueses e brasileiros a uma tentativa de absolvição estrangeira, teve a *Guerra do Açúcar* outra consequência da maior importância: mostrou como se torna necessária a solidariedade de todos os habitantes do Brasil, quando ameaçada qualquer uma de suas regiões. Da vitória obtida nasceu certo espírito nativista, que mais tarde produziria resultado"[36].

A Carta Régia de 25.02.1652 extinguiu o Estado do Maranhão e, em seu lugar, instituiu as Capitanias autônomas do Grão-Pará e de São Luís, separadas pelo rio Gurupi. Depois, através da Carta Régia de 25.08.1654, foi restabelecido o Estado do Maranhão e do Grão-Pará[37], mas dele excluiu-se o Piauí, que fora atribuído à Capitania de Pernambuco e ao Governo da Bahia. Para o novo Estado Português foi nomeado André Vidal de Negreiros, que ficou até ser designado para a Capitania de Pernambuco, em 1656. Ele partiu com inúmeros soldados e índios, atravessando o território piauiense para chegar à serra de Ibiapaba e, depois, ao Ceará, o seu destino final.

O novo território descoberto no Nordeste estava separado administrativamente do Estado do Maranhão e do Grão-Pará, que passou a ter como Capital, Belém, desde 1673. Apesar disto, o Piauí recebeu também a influência da Revolta de Bequimão. Este foi um movimento liderado pelos irmãos de origem alemã, Manuel Beckman[38], em razão das difíceis relações entre

---

36 VIANNA, Hélio. **História do Brasil: período colonial.** 10ª ed. São Paulo: Melhoramentos, 1972, p. 174.

37 "Neste mesmo ano de 1654 foi o Estado do Maranhão dividido em capitanias dependentes do governador geral do Brasil; mas no ano seguinte foi restabelecido este Estado Independente, e para ele foi enviado como governador geral André Vidal de Negreiros" (THEERGE, Pedro. **Esboço Histórico sobre a Província do Ceará**. 2ª ed. Fortaleza: Henriqueta Galeno, 1973, p. 66).

38 **Manuel Beckman** foi um senhor de engenho e revolucionário português radicado no Brasil. É considerado por alguns autores como um "protomártir" da Independência, muito antes da figura de Tiradentes. O sobrenome **Beckman**, de origem germânica, é frequentemente grafado em sua forma aportuguesada, **Bequimão.** Filho de pai alemão e mãe portuguesa, que ainda muito jovem viera para a região, veio a tornar-se senhor de engenho na região do rio Mearim, no Estado do Maranhão, com o irmão Thomas, advogado. Manuel foi Vereador da Câmara Municipal de São Luís. Os registros da Inquisição de Lisboa referem um inquérito sobre os irmãos Beckman (Manuel e Thomas), acusados de judaísmo, em 1675. Manuel teria sido deportado, por dois anos, para o Forte de Santo Antônio de Gurupá. Os irmãos envolveram-se nas divergências entre proprietários locais e religiosos da Companhia de Jesus, com relação à escravização do indígena, culminando, na noite de 24 de fevereiro de 1684, durante as festividades de Nosso Senhor dos Passos, numa violenta reação contra o estanco (monopólio) da Companhia Geral de Comércio do Maranhão, envolvendo de sessenta a oitenta chamados "homens-bons" da região.

os colonos, os jesuítas e a Metrópole. As ideias do Padre Antônio Vieira[39] influenciaram Dom Pedro III[40] que, em 1680, estabeleceu que os índios do Maranhão fossem declarados livres, com direito a uma porção de terra para cultivo. A posição foi consolidada com a Junta de Missões, criada no ano seguinte, para o cumprimento da nova lei, juntamente com a instituição da Companhia Geral de Comércio do Estado do Maranhão.

O Governo do Maranhão passou a ter o monopólio dos principais gêneros e preços das mercadorias, inclusive com a responsabilidade pela importação dos escravos vindos da África. Os insurgentes locais não se contentaram com a nova situação e partiram para a revolta aberta, em 24 de janeiro de 1684. Eles depuseram o Governador, extinguiram a Companhia Geral de Comércio do Estado do Maranhão e expulsaram os jesuítas do Convento de Santo Antônio[41].

A reação portuguesa foi implacável, com a vinda do novo Governador, em março de 1685. Este anulou os atos do Governo provisório e enforcou Manuel Beckman em novembro do mesmo ano. Para Clodoaldo Freitas:

> "A revolução estava, agora, de fato, completamente extinta. Tomas e Eugênio andavam em viagem para Lisboa e Deiró vagava miseravelmente pelas matas, com seu escravo José, o único amigo que o protegeu, até o dia em que a munificência real o perdoou, como perdoou Tomaz Bequimão, ambos já velhos e desconhecidos da nova geração. Deus e o rei estavam, afinal, completamente vingados"[42].

Diferente do que houve nas Colônias da América Espanhola, que cedo, em meados do século XVI, houve a fundação da Universidade Lima

39 "VIEIRA, Antônio (Lisboa, 6.2.1608-Salvador, BA, 17.06.1697). Filho de Cristóvão Vieira Ravasco e de Maria de Azevedo, veio com a família para Salvador, BA, em 1614 [...] Em 1681, viajou para Salvador, organizando seus sermões para publicá-los em livros. Logo em 1694, deixou de escrever" (FLORES, Moacyr. **Dicionário de História do Brasil**, *op. cit.*, pp. 629-30).

40 **Pedro III** (Lisboa, 1717 – Queluz, 1786), apelidado de "o Capacidônio", "o Sacristão" e "o Edificador", foi o Rei Consorte de Portugal e Algarves de 1777 até sua morte em direito de sua esposa a Rainha Maria I. Era filho do rei João V e sua esposa a arquiduquesa Maria Ana da Áustria, sendo assim irmão mais novo do Rei José I e tio de Maria. Pedro nunca participou de política e sempre deixou os assuntos de Governo para sua esposa.

41 "O governo da capitania foi entregue a uma Junta com representantes na nobreza (Manoel Beckman e Eugênio Ribeiro Maranhão), clero (vigário geral Inácio da Fonseca, o frade Carmelita e frei Inácio da Assunção) e o povo (Belchior Gonçalves e Francisco Dias Deiró) com a assistência de três adjuntos: Manoel Coutinho de Freitas, Tomaz Beckman e João de Sousa de Castro, que prestaram juramento perante o ouvidor-geral Francisco d'Almeida" (LIMA, Carlos. **História do Maranhão**. São Luís: s/ed., 1981, p. 83).

42 FREITAS, Clodoaldo. **O Bequimão: esquisso de um romance**. São Paulo: Siciliana, 2001, p. 136.

e depois, a de Cuzco e a de São Domingos, Portugal tentou sufocar a liberdade política e econômica local. Não obstante, os sentimentos nativistas começaram a brotar em várias Capitanias, em especial em Minas Gerais e em Pernambuco, mas também no Maranhão. Pouco a pouco, amadureceu a situação para a libertação do Brasil que, no começo do século XIX, era mais rico e populoso do que a Metrópole portuguesa.

3.2. Constituição de 1824 e o Império

Durante o período colonial, não havia agências de banco no solo brasileiro, nem seus representantes. Existia, sim, empréstimo a dinheiro, mas entre pessoas conhecidas, com provável cobrança de juro. Assim, o começo das atividades bancárias, no Brasil, decorreu da vinda da família real portuguesa, para o Rio de Janeiro, no início do século XIX. Pelo Alvará Régio de 12.10.1808, em razão de ideia do Ministro Rodrigo de Souza Coutinho[43], Dom João VI[44] criou o Banco do Brasil, com suas operações iniciando em 1809[45]. Apesar do início promissor, os gastos excessivos da Coroa portuguesa, a luta pela Independência e o ônus do acordo com a Metrópole, fizeram com que a Assembleia Legislativa Brasileira efetuasse sua liquidação em 23 de setembro de 1829.

A Constituição de 1824, que teve sua promulgação com base em projeto do Imperador Dom Pedro I, depois de afastada a Assembleia Geral Constituinte, em 1823. A criação do Poder Moderador, atribuído ao Imperador, fazia com que a separação dos Poderes Executivo, Legislativo e

---

43 **Rodrigo Domingos de Sousa Coutinho Teixeira de Andrade Barbosa**, primeiro conde de Linhares do título moderno, (Chaves, 1755 – Rio de Janeiro, 1812) foi um diplomata e político português.

44 **João VI** (nome completo **João Maria José Francisco Xavier de Paula Luís Antônio Domingos Rafael de Bragança**) (Lisboa, 1767 – Lisboa, 1826), cognominado O Clemente, foi rei do Reino Unido de Portugal, Brasil e Algarves de 1816 a 1822, quando da Independência do Brasil, no que redundou na extinção do Reino Unido até então existente. De 1822 em diante foi Rei de Portugal e Algarves até a sua morte, em 1826. Pelo Tratado do Rio de Janeiro de 1825, que reconhecia a independência do Brasil do Reino Unido de Portugal, Brasil e Algarves, também foi o Imperador titular do Brasil, embora tenha sido o seu filho Dom Pedro o Imperador do Brasil de fato.

45 "Ainda do mesmo ano data a criação do nosso primeiro estabelecimento de crédito, o Banco do Brasil, que apesar de destinado principalmente a servir ao governo, como seu agente, prestou reais serviços ao país. Começando a operar com o capital de 1.200:000$000, com privilégio de 20 anos, tinham os seus bilhetes curso legal. Estabeleceu filiais na Bahia e São Paulo" (VIANNA, Hélio. **História do Brasil: período colonial e monarquia**. São Paulo: Melhoramentos, 1972, vol. II, p. 234).

Judiciário fosse desnivelada. O texto constitucional, ao longo de sua vigência, teve várias reformas em razão de ordem prática, com o Ato Adicional de 1833, e a criação do cargo de Presidente do Conselho de Ministros e do Legislativo das Províncias.

Existia, porém, a ideia de se implantar um banco, no Brasil, com nova tentativa através da Lei do Império nº 59, de 08.10.1833, em que se recriou o banco estatal, sem que tivesse êxito a execução do dispositivo legal. A iniciativa privada teve melhor sorte, em 1842, com a criação do Banco Comercial do Rio de Janeiro. Em seguida, surgiram o Banco Comercial da Bahia, em 1848, o Banco Comercial do Maranhão, em 1849, e a Caixa Comercial do Pará[46]. Em 1849, o Conselho do Estado fixou a Resolução nº 172, de 31.01.1849, submetendo a criação de bancos à autorização governamental[47]. Logo depois, veio o Banco do Brasil, em 1851, criado pelo Barão de Mauá[48], grande empreendedor do século XIX. Ele também promoveu a

46 "Liquidado, em 1829, o primeiro Banco do Brasil, a iniciativa particular tratou de suprir-lhe a falta, abrindo, em 1842, o Comercial do Rio de Janeiro (capital de 5 mil contos), a que se seguiram o da Bahia (2 mil contos) em 1848, o do Maranhão em 1849, a Caixa Comercial da Bahia, enfim, com 30 mil contos, em 2 de julho de 1852, o do Brasil na segunda fase. Mauá instalou o seu banco, o mais importante depois daquele, em 1853. O poder emissor dado a esses estabelecimentos foi abolido em 53, restaurado em 57, extinto em 66. Em 1857 passou o governo a fazer depósitos no Banco do Brasil, cuja carteira hipotecária, de 25 mil contos, data de 1866, acompanhada, em 1888, de outra de crédito agrícola (12 mil), quando o seu capital ia elevar-se a 100 mil contos (9 de outubro de 89)" (CALMON, Pedro. **História do Brasil: o império e a ordem liberal**. Rio de Janeiro: José Olympio, 1959, vol. V, pp. 1689-90).

47 "Com o surgimento dos Bancos, várias leis foram sendo editadas no sentido de o Estado tutela o crédito por meio de normas referentes às condições para o funcionamento das instituições nacionais e estrangeiras, aos limites mínimos de capital e fundos de reserva, às operações a serem realizadas, às taxas de juros, à administração bancária etc. Em 1849, o Conselho de Estado baixou a Resolução nº 172, de 3 de janeiro, sujeitando à autorização governamental o funcionamento dos Bancos" (COVELLO, Sérgio Carlos. **Contratos Bancários**. 3ª ed. São Paulo: LEUD, 1999, p. 28).

48 "**SOUSA, Irineu Evangelista de.** (Arroio Grande, RS, 28.12.1813-Petrópolis, RJ, 21.10.1889). Filho de João Evangelista de Ávila e Sousa e de Mariana de Jesus Batista de Carvalho e Sousa. Órfão de pai, levado pelo tio para o Rio de Janeiro, começando a trabalhar na loja de Antônio José Ferreira e Almeida. Quatro anos depois trabalhava com o inglês Ricardo Carruthers, transformando-se logo após em sócio gerente. Com 26 anos, assumiu os negócios do sócio. Em 1840 viajou à Inglaterra, fundando com o sócio inglês a firma Carruthers, de Castro & Cia. Retornando ao Rio de Janeiro casou com a sobrinha Maria Joaquina de Sousa Machado, a 11.4.1841. Adquiriu, em 1846 a fundição e estaleiro de Ponta da Areia, na Baía da Guanabara, reaparelhando-o completamente e construindo navios de guerra para o império. Em 1847 organizou a Cia. de Rebocadores da Barra de Rio Grande. Em 1850 fundou a Cia. Brasileira de Luz Esteárica, para fabricação de velas de estearina. Em 1850 venceu a concorrência para iluminação a gás do Rio de Janeiro, estabelecida com 600 bicos em 1872 criou

fusão com o Banco Comercial do Rio de Janeiro, em 1852, fazendo uma nova instituição privada, também chamada Banco do Brasil, o terceiro.

O Código Comercial de 1850, Lei Imperial nº 556, de 25.06.1850, dispôs sobre os bancos em apenas dois artigos. Não obstante, ao tratar das operações comerciais relativas aos bancos, fixou o binômio bancário, depósito de um lado, empréstimo do outro. Chama a atenção que seja dedicado apenas um artigo ao mútuo, ao passo que os juros receberam sete artigos. O mútuo é tratado no art. 247, tendo provocado muita polêmica sua natureza tal como fora descrito na codificação[49]. Os juros também eram possíveis no mútuo civil, mas o tratamento legislativo prenunciava que esta questão era primordial para o mútuo comercial e para a decorrente operação bancária de empréstimo.

O direito bancário começou a surgiu do direito comercial, a partir das duas operações principais, o mútuo, como ativa, e o depósito bancário, como passiva. Trata-se de disposições tímidas ainda, mas que, ao longo do

a S. Pedro Brazil-Gaz Company Ltda. em Porto Alegre, construindo o gasômetro em 4.11.1874, com 500 combustores. Em 1868 promoveu a Cia. de Ferro Carril do Jardim Botânico, no Rio de Janeiro. As cinco primeiras estradas de ferro no Brasil são obras suas. Em 30.4.1854 recebeu título de barão de Mauá. Em 1852 recebeu concessão de navegação a vapor no rio Amazonas. Lançou a primeira linha de cabos telégrafos costeiros entre Rio de Janeiro, Paraíba e Pernambuco, em 1.1.1874. A 25.6.1874 recebeu o título de Visconde de Mauá. Com a falência do Banco do Brasil, em 1829, abriu o banco do Rio de Janeiro, com capitais particulares. Em 1853, no Rio de Janeiro, fundou o banco Mauá, com filiais em Londres, Manchester, Montevidéu e Buenos Aires. Faliu em 17.5.1875, mas com capital inglês, saldou suas dívidas e passou a negociar com fundos públicos e outros títulos nos mercados do Prata e de Londres. Mudou-se para Petrópolis, RJ, onde morreu de pneumonia" (FLORES, Moacyr. **Dicionário de História do Brasil**, *op. cit.*, pp. 585-6).

49 "O citado art. 247 não poderia ser entendido, se o estendêssemos, na generalidade das suas palavras, a todas as cousas móveis, pelo simples fato de todas estas poderem ser consideradas gêneros de comércio e destinadas a uso comercial. Por exemplo, o empréstimo, tendo por objeto *dinheiro*, cousa por essência comercial, assumiria sempre o cunho mercantil, o que não acontece, visto como há mútuo em dinheiro de caráter civil (Cod. Civil, arts. 1.258 e 1.262). Por outro lado, aparecem casos em que o mútuo é mercantil, ainda que somente o mutuante seja comerciante, o que parece contrariar o art. 247 do Cod. Comercial, nas suas últimas palavras; exemplo: o mútuo em que figure o banco como mutuante e pessoa não comerciante como mutuário, tendo por objeto ato de comércio. Daí se conclui a inexatidão do conceito consubstanciado neste art. 247, desde que se tome ao pé da letra, indo ao extremo de contrariar o sistema de atos de comércio adotado no regul. nº 737, de 1850" (MENDONÇA, José Xavier Carvalho de. **Tratado de Direito Comercial Brasileiro: das obrigações, dos contratos e da prescrição em matéria comercial.** Rio de Janeiro: Freitas Bastos, 1934, vol. VI, liv. IV, parte II, p. 320).

tempo, foram acrescidas de outras disposições que deram margem às diversas operações bancárias, ativas e passivas. O Regulamento Imperial nº 737, de 25.11.1850, por exemplo, dispôs sobre os atos de comércio dos bancos, câmbio e corretagem. Em razão de crise financeira ocorrida em 1858, no Brasil, foi fixada a primeira legislação bancária específica, a Lei Imperial nº 1.083, de 22.08.1860, pela qual os bancos de emissão estavam submetidos ao regime de tutela pública. Esta lei foi regulamentada pelo Decreto Imperial nº 2.711, de 19.12.1860, que declarava que a criação, a organização e a incorporação de quaisquer bancos dependiam de autorização pública. Por outro lado, o Decreto Imperial nº 2.208, de 17.09.1864, estabeleceu legislação especial para as falências de empresas bancárias, no período de moratória fixado pelo dispositivo. No mesmo sentido o Decreto Imperial nº 3.309, de 20.09.1864, criou normas especiais para regulamentar a falência de bancos por meio de decisão judicial.

O século XIX assistiu a instalação dos negócios bancários, no Brasil, inicialmente com a criação da primeira versão do Banco do Brasil, ainda em 1808. O início foi cheio de dificuldades, tanto que esta instituição foi fechada em 1829. Depois, começaram a surgir os bancos privados, inclusive aparecendo nova versão do Banco do Brasil, em 1853. Ocorreu, ainda, sendo este fato mais marcante, a atual legislativa da matéria. O ano de 1850 representa um marco, pois surgiram as duas legislações que por muito tempo disporiam sobre a matéria, o Código Comercial e o Regulamento Imperial nº 737. O direito bancário foi, assim, implantado no Brasil, de forma mais eficaz e bem antiga.

3.3. Constituição da República de 1891

Foi proclamada a República, em 25 de novembro de 1889, e instaurado uma nova forma de organização política no Brasil. Os pressupostos básicos eram a instituição de um Estado Liberal, com a menor intervenção possível na vida civil, formalizada uma Federação a partir das Províncias do Império, com a aparência de democracia. A Constituição de 1891 tinha um caráter liberal e procurava se assemelhar a Constituição dos Estados Unidos de 1786, com os três Poderes, Executivo (Presidente da República), Legislativo (Senado Federal e Câmara dos Deputados) e Judiciário (Supremo Tribunal Federal). As Províncias do Império foram transformadas em Estados-membros, a quem cabia disciplinar os Municípios. A União Federal tinha a maior parte das competências, mas os Estados-membros podiam legislar sobre direito processual civil e penal.

Na verdade, existia uma tímida base social, mas predominava uma política regional e uma ausência de instituições sólidas, inclusive no controle financeiro. Deve-se mencionar, ainda, como legislação bancária, no final do século XIX, o Decreto Federal nº 916, de 24.10.1890, que instituiu o registro de firmas ou razões comerciais. Por outro lado, o Decreto Federal nº 177-A, de 15.09.1893, regulamentou a emissão de empréstimos em obrigações ao portador das companhias e sociedades anônimas, as conhecidas debêntures, sendo também de natureza financeira.

O século XX foi muito importante para o sistema bancário brasileiro, pois só nesse período tornaram-se usuais as operações financeiras. O desenvolvimento dos títulos de crédito foi decisivo para auxiliar a nova mentalidade. O Decreto Federal nº 1.102, de 21.11.1903, instituiu as regras para os estabelecimentos de armazéns gerais, determinando os direitos e as obrigações destas empresas. Foi criado, então, o conhecimento de depósito e o **warrant**, com esta legislação. No mesmo sentido, o Decreto Federal nº 2.044, de 24.10.1908, definiu a letra de câmbio e a nota promissória e regulou as operações cambiais, estando ambos em vigor.

Depois de longo tempo de discussão, desde o começo do século XX, surgiu o Código Civil de 1916. O direito civil, através da Lei Federal nº 3.071, de 01.01.1916, também influenciou o direito bancário, não obstante este ser mais próximo da especialização daquele, o direito comercial. Foram inúmeras as matérias que influenciaram o direito bancário, como as disposições sobre o penhor, nos arts. 768 a 804, e sobre a hipoteca, nos arts. 809 a 862. No direito das obrigações encontram-se diversos institutos que ajudaram na formação do direito bancário, podendo ser citados, as modalidades das obrigações e os efeitos destas. Deve-se mencionar, em especial o Capítulo XV, Dos Juros Legais, sendo fundamental o disposto no art. 1.062, que fixava que "a taxa dos juros moratórios, quando não convencionada (art. 1.262), será de seis por cento ao ano". A questão foi tratada, ainda, nos arts. 1.063 e 1.064, tudo da codificação civil mencionada.

3.4. Constituições da República de 1934 e de 1937

A Revolução de Trinta veio com a responsabilidade de modificar o Brasil, através da modernização de suas estruturas políticas, econômicas e sociais, com a movimentação de Getúlio Vargas[50]. Era vital, então, o controle

50 **Getúlio Dornelles Vargas** (São Borja, 1882 – Rio de Janeiro, 1954) foi um advogado e político brasileiro, líder civil da Revolução de 1930, que pôs fim à República Velha, depondo seu décimo terceiro e último Presidente, Washington Luís, e impedindo a posse do presidente eleito, em 1 de março de 1930, Júlio Prestes. Foi Presidente do Brasil em dois períodos. O primeiro período foi de quinze anos ininterruptos, de 1930 até 1945, e dividiu-se em três fases: a) de 1930 a 1934, como chefe do Governo Provisório; b) de 1934 até 1937 como Presidente da República do Governo Constitucional, tendo disso eleito Presidente da República pela Assembleia Nacional Constituinte de 1934;

sobre as instituições financeiras. Foi implantada, pouco antes, a Inspetoria Geral dos Bancos, com o país procurando realmente encontrar uma forma de controlar as instituições financeiras. Depois, o Decreto Federal nº 19.479, de 12.12.1930, estabeleceu o regime de liquidação extrajudicial das instituições financeiras, em seguida regulamentada pelo Decreto Federal nº 19.634, de 28.01.1931.

Em 1933, surgiu a chamada Lei de Usura, formulada através do Decreto Federal nº 22.626, de 07.04.1933, que dispunha sobre os juros nos contratos. Foi fixado, no **caput** do seu art. 1º, em que era vedado e punido fixar em quaisquer contratos taxas de juros superiores ao dobro da taxa legal. No seu § 3º, estava que "a taxa de juros deve ser estipulada em escritura pública ou escrito particular, e não o sendo, entender-se-á que as partes acordaram nos juros de seis por cento ao ano, a contar da data da propositura da respectiva ação ou do protesto cambial".

Houve, então, a criação da Superintendência da Moeda e do Crédito (SUMOC), que era o órgão destinado a autorizar e a fiscalizar o funcionamento das instituições de crédito, feito através do Decreto-lei nº 7.293, de 02.02.1945. Esta veio substituir a Inspetoria Geral dos Bancos, criada ainda no início da Década de Vinte do século passado. Foi mais um passo avançado para se disciplinar o mercado financeiro. O Decreto-lei nº 7.661, de 21.06.1945, veio a ser a Lei da Falência, substituída, sessenta anos depois pela Lei Federal nº 11.101, de 09.05.2005.

A Constituição Federal de 1934 teve como base a Constituição da Itália durante o fascismo, com representação no Parlamento de segmentos classistas não eleitos pelo sufrágio universal. Contudo, foi o texto constitucional que introduziu as disposições sobre os direitos sociais e sobre os direitos econômicos[51]. O Brasil, ainda que timidamente, ingressou no **Welfare State**, com matéria sobre a educação, sobre a saúde, sobre a previdência, sobre a

c) de 1937 a 1945, como Presidente-Ditador, durante o Estado Novo implantado após um golpe de estado. No segundo período, em que foi eleito por voto direto, Getúlio governou o Brasil como Presidente da República, por três anos e meio, de 31 de janeiro de 1951 até 24 de agosto de 1945, quando se suicidou. Getúlio era chamado por seus simpatizantes de "Pai dos Pobres", pela legislação trabalhista e políticas sociais adotadas sob seus governos. A sua doutrina e seu estilo político foram denominados de **getulismo** ou **varguismo**.

51 Ver: FRANCO SOBRINHO, Manoel de Oliveira. **História Breve do Constitucionalismo no Brasil.** *In*: **Revista de Direito Público.** São Paulo: Revista dos Tribunais, jan.-mar./1968, nº 3/62, e **Doutrinas Essenciais: Direito Constitucional (Edições Especiais Revista dos Tribunais: 100 Anos)**. 2ª tir. São Paulo: Revista dos Tribunais, 2013, vol. I, p. 253.

economia popular e sobre a intervenção na economia. Não durou três anos de vigência, ainda que tenha influenciado todas as demais Constituições.

A Constituição Federal de 1937, chamada de **Polaca**, não passou de um **decreto** do Presidente da República, que instaurou o Estado Novo. Tratava-se de texto com base na Constituição de 1934, mas com viés autoritário, inclusive eliminando quase em completo a autonomia dos Estados-membros e dos Municípios. Foi um momento infeliz para o Brasil, com sua Constituição nada mais sendo do que uma ordenação do Ditador na época, no caso, Getúlio Vargas durante o Estado Novo.

3.5. Constituição da República de 1946

Surgiu, então, a redemocratização, com Getúlio Vargas aparentemente se aposentando em São Borja, no Rio Grande do Sul. Ele apoiou discretamente seu sucessor, mas quando pode se lançou novamente candidato ao cargo de Presidente da República, vencendo com facilidade, em 1953. No entanto, desde o começou se preparou uma reação, tanto pelo revanchismo como pela falta de competência política desse em administrar a nova realidade brasileira, sem dispor dos meios que tinha na época do Estado Novo.

A Constituição Federal de 1946 foi produzida por uma Assembleia Nacional Constituinte eleita livremente, resultando em um texto constitucional liberal, mas com proteção aos direitos sociais e possibilitando a intervenção do Estado na economia. Os Estados-membros e os Municípios tiveram devolvida a autonomia, especialmente a eletividade da maioria dos cargos, salvo o Governador do Distrito Federal e o Prefeito das Capitais Estaduais, que neste caso, em matéria de competência para ser estabelecidas pelas Constituições dos Estados-membros.

Ao longo do texto constitucional de 1946, sobrevive como regime político o populismo, com base na política de concessão de vantagens aos eleitores, como a distribuição de cargos públicos. Ainda que o populismo tenha uma tendência ao autoritarismo, pois impedia a consciência do eleitor, em troca de favores materiais, foi período de muita liberdade política, apesar da proibição do Partido Comunista Brasileiro (PCB) e de várias revoltas militares, inclusive, os tumultos que levaram ao suicídio de Getúlio Vargas.

Importante inovação foi a constituição de bancos públicos, fora o Banco do Brasil. Assim, o Banco Nacional de Desenvolvimento Econômico (BNDE) foi instituído, em 1952, em razão de um acordo pelos quais os Governos Americano e Brasileiro, além do Banco de Exportação e Importação do Governo dos Estados Unidos e do Banco Mundial, resolveram financiar diversos projetos destinados a eliminar pontos de estrangulamento da economia brasileira[52]. As prioridades eram dadas pelo trabalho da Comissão Mista Brasil Estados Unidos e se concentravam em energia e transporte. Iniciou suas operações financiando a infraestrutura, o setor público, passando depois a atender a indústrias de transformação, no setor privado. Depois, passou a ser o Banco Nacional de Desenvolvimento Econômico e Social (BNDES), em 1964. Em 1971, foi organizado como empresa pública, para lhe dar maior funcionalidade e autonomia, atuando conforme as regras do direito privado.

No mesmo sentido, a Constituição de 1946 concedeu receita aos Estados-membros, Distrito Federal e Municípios, bem como a fundos vinculados ao desenvolvimento do Norte e do Nordeste. O Banco do Nordeste do Brasil S.A. tinha como função o apoio ao desenvolvimento regional. Este atuava no mercado de crédito no prazo médio e longo, embora aceitasse depósitos à vista e fizesse empréstimos de curto prazo. Os recursos eram liberados mediante projeto aprovado pela Superintendência do Desenvolvimento do Nordeste (SUDENE), até sua extinção, no final do século XX.

A Lei de Economia Popular, Lei Federal nº 1.521, de 26.12.1951, alterou as disposições sobre crimes contra a economia popular e definiu limite à cobrança de juros. Estava previsto, no art. 4º, que constitui crime da mesma natureza a "usura pecuniária ou real", assim se considerando: a) cobrar juros, comissões ou descontos percentuais, sobre dívida em dinheiro, superiores à taxa permitida por lei; cobrar ágio superior à taxa oficial de câmbio, sobre quantia permutada por moeda estrangeira; ou, ainda, emprestar sobre penhor que seja privativo de instituição oficial de crédito; b) obter ou estipular, em qualquer contrato, abusando da premente necessidade, inexperiência ou leviandade de outra parte, lucro patrimonial que excedesse o quinto do valor corrente ou justo da prestação feita ou prometida. Foi prevista pena de detenção, de seis meses a dois anos, além de multa. Nas mesmas penas incorreram os procuradores, os mandatários ou os mediadores que intervierem na operação usuária, bem como os cessionários de crédito usuário que, ciente de sua natureza ilícita, fizessem valer sucessiva transmissão ou execução judicial. Por fim, no § 3º, estava previsto que a estipulação de juros ou lucros usuários era nula, devendo o Juiz de Direito ajustá-los à medida legal, ou, caso já tivesse sido cumprida, ordenar a resti-

52 "O BNDES foi criado em 1952 com base num acordo pelo qual os Governos americano e brasileiro e mais o Banco de Exportação e Importação do Governo Americano e o Banco Mundial, concordaram em financiar uma série de projetos destinados a eliminar pontos de estrangulamento da economia brasileira" (MAGALHÃES, João Paulo de Almeida. **Economia**. Rio de Janeiro: Paz e Terra, vol. II, 1974, p. 123).

tuição da quantia paga em excesso, com os juros legais a contar da data do pagamento indevido.

3.6. Constituição da República de 1967 e Emenda nº 1 de 1969

Em 31 de março de 1964, os militares brasileiros deram um golpe de estado em nome da modernização do país e do fim da corrupção. No entanto, o Estado Autoritário-Burocrático foi uma instituição autocrática e, ao longo do tempo, mostrou-se ineficiente, perdulário e corrupto. O Sistema Financeiro Nacional foi reorganizado, através da Lei Federal nº 4.595, de 31.12.1964, que mudou o caráter dos bancos públicos e privados, no Brasil. Foram instituídos novos órgãos, como o Conselho Monetário Nacional e como o Banco Central do Brasil. O Banco do Brasil S.A. e o Banco Nacional de Desenvolvimento Econômico e Social tiveram alteradas suas atribuições e das demais instituições financeiras públicas e privadas. O caráter do Conselho Monetário Nacional foi estabelecido no art. 3º e, no seguinte, dada suas atribuições.

A Constituição de 1967 foi elaborada pelo Congresso Nacional, depurado nos parlamentares de esquerda ou dos líderes oposicionistas ao novo sistema político, democratas, portanto sem a liberdade democrática. Houve o uso da base da Constituição de 1946 com caráter mais autoritário e concentrador de poderes nas mãos do Presidente da República. Em razão da crise política, em 1969, o Congresso Nacional foi fechado, os militares baixaram o Ato Institucional nº 5 (AI 5), que acabou por completo com a democracia liberal. Houve o aprofundamento do Estado Autoritário-Burocrata, nos chamados **Anos de Chumbo** pela censura e pela repressão política. Acabou se fixando a Emenda Constitucional nº 1, de 17.10.1969. Na verdade, esta pode se caracterizar até, como novo texto constitucional, bem mais autocrata e conservador do que a Constituição de 1967.

A antiga Superintendência da Moeda e do Crédito (SUMOC) foi transformada em autarquia federal, sob a denominação de Banco Central do Brasil, com a competência definida no art. 9º, da Lei Federal nº 4.595, de 31.12.1964[53]. Foi fixado, ainda, o novo caráter do Banco do

53 "Antes da reforma bancária de 1964, cabia ao Banco do Brasil o gerenciamento dessa política, fornecendo instalações e pessoal para administrar a Superintendência da Moeda e do Crédito, a Carteira de Redescontos e a Caixa de Mobilização Bancária. Operava com adiantamento de receita e outros financiamentos aos governos federal, estaduais e municipais, arrecadação da receita federal e cobrança direta de tributos, compra e venda de estoques reguladores de produtos agropastoris por conta da Comissão de Financiamento da Produção, cotação do câmbio e operações de compra e venda de moeda estrangeira, fiscalização bancária, redes-

Brasil S.A., que antes tinha diversas atribuições dadas a este novo banco, nos arts. 19 a 21. Houve, ainda, a definição do caráter das instituições financeiras públicas, nos arts. 22 a 24, e das instituições financeiras privadas, dos arts. 26 a 41. Foram fixadas, ainda, penalidades para estes estabelecimentos, matéria que em parte foi derrogada quando a Lei Federal nº 1.808, de 07.01.1953, foi revogada pela Lei Federal nº 6.024, de 13.03.1974, tratando da liquidação extrajudicial de tais instituições.

O mercado de capitais também sofreu uma mudança, com a Lei Federal nº 4.728, de 14.07.1965, que o disciplinou e estabeleceu medidas para o seu desenvolvimento. A legislação sofreu alterações com a Lei Federal nº 6.385, de 07.01.1976, que dispôs também sobre o mercado de capitais e sobre a Comissão de Valores Mobiliários (CVM), alterada pela Lei Federal nº 6.616, de 16.12.1978. Houve, ainda, as modificações efetuadas pela Lei Federal nº 10.303, de 31.10.2001, e outras posteriores. Ocorreram, também, as alterações e os acréscimos da Lei Federal nº 10.411, de 26.02.2002, modificando a Lei Federal nº 6.404, de 01.12.1976, que criou a Comissão de Valores Mobiliários (CVM).

O cheque, documento típico dos bancos, foi objeto do Decreto Federal nº 57.595, de 07.01.1966, que promulgou a Convenção para a Adoção de uma Lei Uniforme em Matéria de Cheque. Depois, veio a Lei Federal nº 7.357, de 02.09.1985, também dispondo sobre o cheque. No mesmo sentido, o Decreto Federal nº 1.240, de 15.09.1994, promulgou a Convenção Interamericana sobre Conflitos de Leis em Matéria de Cheques, adotada em Montevidéu, em 8 de maio de 1979. Por fim, a Resolução do Banco Central do Brasil nº 2.537, de 26.08.1998, estabeleceu procedimentos relativos ao cheque. Por outro lado, o Decreto Federal nº 57.663, de 24.01.1966, promulgou as Convenções para Adoção de uma Lei Uniforme em Matéria de Letra de Câmbio e de Nota Promissória, na afirmação do direito internacional privado no direito bancário, com a chamada Convenção de Genebra.

Destaca-se a legislação para financiamentos específicos, que tem como característica o poder de fiscalização das instituições financeiras.

---

conto de títulos, controle da emissão da moeda e do comércio exterior, aquisição e venda do trigo nacional, entre outras operações de interesse público. Com a reforma instituída pela Lei nº 4.595, de 31 de dezembro de 1964, essas entidades foram agrupadas sob a denominação de Banco Central do Brasil, assumindo o Conselho da Superintendência da Moeda e do Crédito o *nomes juris* Conselho Monetário Nacional. O Conselho Monetário Nacional formula e o Banco Central executa a política monetária e creditícia do país" (LUZ, Aramy Dornelle da. **Negócios Jurídicos Bancários: o banco múltiplo e seus contratos.** 2ª ed. São Paulo: Juarez de Oliveira, 1999, p. 10).

Assim, estão incluídos os seguintes créditos: a) hipotecário; b) rural; c) industrial; d) comercial; e) à exportação; f) bancário. A legislação do crédito hipotecário estava, inicialmente, no Decreto Federal nº 169-A, de 19.01.1890. Depois foi tratada no Decreto-lei nº 70, de 21.11.1966, que autorizou o funcionamento de associação de poupança e empréstimos e instituiu a cédula hipotecária, assim como a Lei Federal nº 7.684, de 02.12.1988, fixou as condições para emissão de letras hipotecárias.

A duplicata é importante título de crédito, exclusivo das operações bancárias, tendo sido disciplinado pela Lei Federal nº 5.474, de 18.07.1968, provocando alterações na matéria[54]. A Lei Federal nº 6.268, de 24.11.1975, dispôs sobre a averbação de títulos protestados e a identificação do devedor em títulos cambiais e duplicata de fatura. Por outro lado, a Lei Federal nº 6.690, de 25.09.1979, disciplinou o cancelamento de protesto de títulos cambiais, ao passo que o Decreto-lei nº 1.700, de 18.10.1979, extinguiu o registro de letras de câmbio e de notas promissórias.

O Código de Processo Civil de 1973 não se tratava de uma legislação financeira, mas os procedimentos judiciais nele previstos tiveram profundamente modificação no direito bancário brasileiro. Foi substituído, então, o Código de Processo Civil de 1939, Decreto-lei nº 1.608, de 18.09.1939, por uma legislação nova e, em certas questões, progressista, realizada através da Lei Federal nº 5.869, de 11.01.1973. Agora, veio o Código de Processo Civil de 2015, em mais uma tentativa de agilizar o processo civil, no Brasil. Foi previsto procedimento ordinário que serve para discutir judicialmente diversas operações bancárias, tendo os bancos no pólo ativo, como na ação de cobrança de débito. Constava também no pólo passivo, como na ação de revisão de cláusula contratual, na ação de anulação de contrato, na ação de recálculo da dívida e nas ações de responsabilidade civil, por dano moral ou material, contra instituição bancária ou banco de dados.

---

54 "A Lei nº 5.474, de 1968, não exige a emissão da duplicata, constituindo, portanto, uma faculdade do credor. Se pretender ele operar bancariamente com o crédito resultante da venda, emitirá a duplicada; não desejando, porém, poderá cobrar simplesmente a fatura do comprador, sem que tenha a necessidade de emitir o título" (REQUIÃO, Rubens. **Curso de Direito Comercial**. 22ª ed. São Paulo: Saraiva, 2000, vol. II, p. 494).

3.7. Poder Constituinte em 1987 e em 1988

A posse de José Sarney[55], eleito como Vice-Presidente de Tancredo Neves[56], instaurou novo projeto político no Brasil, com a eleição de um civil, no Colégio Eleitoral, e as garantias de posse do titular, que só não ocorreu em virtude de doença e morte pouco antes do ato solene. Assumiu deste modo, José Sarney que, apesar de laços com o regime anterior, passou a ser um dos responsáveis pelo novo regime político, em que foi assegurado de vez o Estado Democrático de Direito.

Significativo foi, também, a Lei Federal nº 7.492, de 16.06.1986, que definiu os crimes contra o Sistema Financeiro Nacional, que deu nova definição à instituição financeira, nos seguintes termos: "as empresas que desempenham, no mercado, a função de intermediárias entre as que têm recursos econômicos disponíveis e as que necessitam de financiamento para seus gastos de consumo ou de investimento". Tratava-se de um conceito mais abrangente do que o previsto no art. 17, da Lei Federal nº 4.945, de 31.12.1964. Por outro lado, a Lei Federal nº 8.176, de 08.02.1991, dispôs sobre os crimes contra a ordem econômica, envolvendo o sistema financeiro.

A liquidação extrajudicial é o processo administrativo tratado na Lei Federal nº 6.024, de 13.03.1974, do seu art. 15 em diante, medida saneadora aplicável à instituição financeira, acarretando a paralisação de suas atividades, conduzindo aos mesmos resultados do procedimento de con-

55 **José Sarney de Araújo Costa**, nascido José Ribamar Ferreira de Araújo Costa (Pinheiro, 1930), é um advogado, político e escritor brasileiro, que serviu como o Vice-Presidente do Brasil (1985) e o trigésimo primeiro Presidente, em 1985 e 1990. Anteriormente, fora também Governador do Maranhão (1966-1971) e Senador pelo mesmo Estado (1971-1985). Depois de deixar a presidência, foi novamente Senador, em 1991, dessa vez pelo recém criado Estado do Amapá, por não ter conseguido apoio da cúpula do Partido do Movimento Democrático Brasileiro (PMDB) do Maranhão à sua candidatura, tendo presidido o Senado Brasileiro por três vezes.

56 **Tancredo de Almeida Neves** (São João del-Rei, 1910 – São Paulo, 1985) foi um advogado, empresário e político brasileiro, tendo sido o trigésimo terceiro Primeiro-Ministro do Brasil, o primeiro do período republicano, e Presidente da República eleito mas não empossado. No período em que governou Minas Gerais, houve uma grande agitação em prol do movimento Diretas Já, numa ação popular que mobilizou o país e pregava as eleições diretas para Presidente. Com a derrota da Emenda Dante de Oliveira, que instituía as eleições diretas para Presidente da República em 1984, foi o nome escolhido para representar uma coligação de partidos de oposição reunidos na Aliança Democrática. Em 1984, aceitou a proposta de se candidatar à Presidência da República e, em 15 de janeiro de 1985, foi eleito Presidente do Brasil pelo voto indireto de um colégio eleitoral por uma larga diferença. No entanto, adoeceu gravemente, em 14 de março do mesmo ano, na véspera da posse. Em 21 de abril, morreu de infecção generalizada. Tancredo é considerado um dos mais importantes políticos brasileiros da segunda metade do século XX.

curso judicial de credores, que é a falência. Cabe ao Banco Central do Brasil avaliar a gravidade dos fatos[57] e indicar os procedimentos. A Lei Federal nº 6.024, de 13.03.1974, prescreveu dois procedimentos extrajudiciais para serem aplicados às instituições financeiras privadas e às públicas não federais em condições de funcionamento anômalo, que comprometesse sua solidez e sua credibilidade para com o público – a intervenção e a liquidação extrajudicial. Com a edição do Decreto-lei nº 2.321, de 25.02.1987, a intervenção foi substituída pelo regime de administração especial temporária, também modificado pelo Decreto-lei nº 2.327, de 24.04.1987, dando tal atribuição ao Banco Central do Brasil.

A Constituição Federal tratou do direito bancário, pela primeira vez, no art. 192, com diversos parágrafos e disposições, inclusive limitações às taxas de juro. As normas constitucionais sobre o direito bancário foram razoavelmente recentes. Não existia nada sobre a matéria nas Constituições anteriores. A Constituição de 1988 dispunha sobre a matéria, fixando que o sistema financeiro nacional devia ser estruturado de forma a promover o desenvolvimento equilibrado do Brasil e a servir aos interesses da coletividade, sendo regulado em lei complementar.

A Constituição de 1988[58] foi o texto constitucional aprovado com maior liberdade, no Brasil, além de apresentar a consagração de vários novos direitos, como o do consumidor e da ampla defesa. Não se trata de uma Constituição socialista ou, sequer, de esquerda, sendo o resultado de um "pacto social" entre os empresários, produtores rurais e rentistas com a classe média e os trabalhadores urbanos. Trouxe várias novidades institucionais e resultou da ampla discussão política, daí ser chamada de "Constituição Cidadã".

---

57 "Provavelmente, os controle legislativo mais importante em nossos dias para a estabilização e o saneamento do Sistema Financeiro Nacional consistiram, primeiro, da Lei 6.024, datada de 13 de março de 1974, que regulamentou a intervenção e a liquidação extrajudicial de instituições financeiras, [...] e, depois, o Decreto-lei 2.321, datado de 25 de fevereiro de 1987, que, em defesa das finanças públicas, instituiu o regime de administração temporária nas instituições financeiras privadas e públicas não federais, com o intuito de amenizar as consequências muitas vezes irreversíveis da intervenção e da liquidação extrajudicial, permitindo a continuação regular do curso dos negócios e do funcionamento da instituição financeira em dificuldades, de modo a minimizar abalos a clientes, investidores e credores" (TZIRULNIK, Luiz. **Intervenção e Liquidação Extrajudicial das Instituições Financeiras.** 2ª ed. São Paulo: Revista dos Tribunais, 2000, p. 30).

58 Ver: GÁRCIA, Márcia. **Os 20 Anos da Constituição e Após.** *In*: **Revista de Direito Constitucional e Internacional.** São Paulo: Revista dos Tribunais, abr.-jun./2000, nº 68/204, e **Doutrinas Essenciais: Direito Constitucional (Edições Especiais Revista dos Tribunais: 100 Anos).** 2ª tir. São Paulo: Revista dos Tribunais, 2013, vol. I, p. 305.

A Lei Federal nº 7.913, de 07.12.1989, dispôs sobre a ação civil pública de responsabilidade por dano causado aos investidores no mercado de valores mobiliários. Em importante avanço para o consumidor, a Lei Federal nº 8.009, de 29.03.1990, tratou da impenhorabilidade do bem de família. Por outro lado, o Decreto Federal nº 578, de 24.06.1992, versou sobre a regulamentação ao lançamento de títulos da dívida ativa. O seguro vem sendo disposto, cada vez mais, por ato infralegal, como a Circular Superintendência de Seguros Privados (SUSEP) nº 1, de 14.07.1992, que aprovou novas condições para o seguro de fiança locatícia, e a Circular Superintendência de Seguros Privados nº 88, de 26.03.1999, que fixou a indenização para o seguro de automóvel.

O Código de Defesa do Consumidor, Lei Federal nº 8.078, de 11.09.1990, dispôs sobre a proteção do consumidor[59]. No art. 3º, foi conceituado o fornecedor, entendido como toda pessoa física ou jurídica pública ou privada, nacional ou estrangeira, bem como os entes despersonalizados, que desenvolvem atividades de produção, montagem, criação, construção, transformação, importação, exportação, distribuição de produtos ou prestação de serviços. No § 2º deste artigo, foi disposto que "serviço é qualquer atividade fornecida no mercado de consumo, mediante remuneração, inclusive as de natureza bancária, financeira, de crédito e securitária, salvo as decorrentes das relações de caráter trabalhista". Por outro lado, o Decreto Federal nº 861, de 09.07.1993, dispôs sobre a organização do Sistema Nacional de Defesa do Consumidor (SNDC) e estabeleceu as normas gerais de aplicação das sanções administrativas, bem como o Decreto Federal nº 2.181, de 20.03.1997, fixou normas gerais de aplicação das sanções administrativas previstas no Código de Defesa do Consumidor. A Portaria DPDC nº 14, de 22.06.1998, e suas alterações, dispôs sobre informações de preços, taxas de juros e outros por comerciantes e prestadores de serviços, protegendo ainda mais o consumidor.

A mudança do padrão monetário, no Brasil, tem repercussão no direito bancário e nos contratos financeiros. A Lei Federal nº 8.880, de 27.05.1994, dispôs sobre o Programa de Estabilização Econômica e sobre o Sistema Monetário Nacional, instituindo a URV, que colocou fim à chamada inflação inercial[60]. Seguindo a disposição anterior, a Lei Federal nº 6.069, de

---

59 Ver: FERRAZ, Anna Candida da Cunha. **Necessidade da Regulamentação Constitucional.** *In*: **Revista de Direito Constitucional e Internacional.** São Paulo: Revista dos Tribunais, jan.-mar./1997, nº 18/46, e **Doutrinas Essenciais: Direito Constitucional (Edições Especiais Revista dos Tribunais: 100 Anos).** 2ª tir. São Paulo: Revista dos Tribunais, 2013, vol. I, p. 25.

60 **Inflação inercial** refere-se à ideia de memória inflacionaria, onde o índice atual passa a ser a inflação passada mais a expectativa futura. A inflação se mantém no mesmo

29.07.1995, instituiu o Plano Real, o sistema monetário nacional e as regras sobre as obrigações na nova moeda, o real (R$).

O Brasil, nos últimos tempos, vem sofrendo com os efeitos das crises financeiras internacionais. O modelo econômico adotado, a partir da criação de condições para a implantação do real (R$), em 1994, para enfrentar o problema da inflação inercial. Esta vinha a ser a inflação que resultava da mera expectativa de que ia haver uma inflação real, criando uma espécie de moto contínuo. Para acabar a inflação, foi criada uma paridade com o dólar norte-americano, que foi financiado no mercado internacional, fazendo com que uma dívida externa razoavelmente baixa, fosse multiplicada por seis em menos de uma década. Esta necessidade de investimento, ou seja, de capital volátil que vem para aproveitar o juro elevadíssimo, usado exatamente para atrair tal recurso, deixou o Brasil vulnerável a qualquer ataque especulativo.

A Lei Federal nº 8.884, de 11.06.1994, transformou o Conselho Administrativo de Defesa Econômica (CADE), em autarquia, ampliando o seu poder de fiscalização das empresas brasileiras. A Lei Federal nº 9.021, de 30.03.1995, dispôs sobre a implementação desta autarquia. Ampliando a defesa do consumidor, veio a Lei Federal nº 9.099, de 26.09.1995, que instituiu os Juizados Especiais Cíveis e Criminais, relativos ao procedimento sumaríssimo, que veio ao encontro dos interesses das pessoas mais pobres que tivessem problemas jurídicos de ordem financeira. No mesmo sentido, a Lei Federal nº 10.259, de 12.07.2001, dispôs sobre a instituição de Juizados Especiais Cíveis e Criminais no âmbito da Justiça Federal, o que incluiu as operações da Caixa Econômica Federal. Por outro lado, faz parte desse contexto a Lei Federal nº 9.307, de 23.09.1996, que dispôs sobre a arbitragem, criando alternativa à resolução de problemas financeiros.

O novo Código Civil, Lei Federal nº 10.406, de 10.01.2002, influenciou o direito, em suas diversas disposições. Esta codificação promoveu, finalmente, a unificação do direito civil e do direito comercial, através do seu art. 2.045, sendo revogada a Lei Federal nº 3.071, de 01.01.1916, bem como a Parte Primeira da Lei Imperial nº 556, de 25.06.1850, sobre o direito comercial. Operou, então, profunda mudança no direito privado e direito bancário, tanto na sua Parte Geral como também na Parte Especial. São importantes as disposições referentes às obrigações bem como às modalida-

patamar se aceleração inflacionaria e é decorrente de mecanismos de indexação. Estes mecanismos podem ser formais e informais: a) formais, regras específicas e legais de aumento, a exemplo de aluguéis e mensalidades escolares; b) informais, quando os agentes são seguidores de preço, ou seja, aumentam o preço porque os outros também o fizeram.

des das mesmas, incluído à transmissão das obrigações, do adimplemento e extinção das obrigações e do seu inadimplemento.

3.8. Constituição de 1988 e seu Preâmbulo

Disse o preâmbulo da Constituição Federal de 1988, que:

> "Nós, representantes do povo brasileiro, reunidos em Assembleia Nacional Constituinte para instituir um Estado Democrático, destinado a assegurar o exercício dos direitos sociais e individuais, a liberdade, a segurança, o bem-estar, o desenvolvimento, a igualdade e a justiça como valores supremos de uma sociedade fraterna, pluralista e sem preconceitos, fundada na harmonia social e comprometida, na ordem interna e internacional, com a solução pacífica das controvérsias, promulgamos, sob a proteção de Deus, a seguinte CONSTITUIÇÃO DA REPÚBLICA FEDERATIVA DO BRASIL".

O preâmbulo é elemento da estrutura legal, que indica a fonte, a história, o fundamento e a doutrina do legislador, no caso, do Constituinte. Ele antecede aos artigos da Constituição, para estabelecer as justificativas e os esclarecimentos em relação ao seu conteúdo. O preâmbulo constitucional tem natureza de exórdio que explica sua promulgação. É uma introdução que antecede as disposições legais, escrito com palavras que explicam o texto.

O preâmbulo é uma declaração de intenções, que estabelece as premissas pela qual o texto constitucional foi elaborado, dele fazendo parte. Trata-se de uma fórmula com acentos líricos, mas que incorpora verdadeiros compromissos civis, políticos e sociais. Constou nas Constituições de 1891, de 1934, de 1946 e de 1967, não estando presente nas Constituições de 1824 e de 1937. A Constituição de 1988, que encerrou o período autoritário anterior, afirma as bases democráticas do Estado de Direito, fundamentado nos direitos sociais e individuais da cidadania, no plano interior[61]. Em relação à política exterior, confirma o caráter pacífico de suas relações internacionais e a soberania nacional.

Devem ser postos em relevo os valores que norteiam a Constituição e que devem servir de orientação para a correta interpretação e aplicação das normas constitucionais e apreciação da subsunção, ou não, da Lei Federal nº 8.899, de 29.06.1994, a elas. Vale, assim, uma palavra, ainda que brevíssima, ao Preâmbulo da Constituição, no qual se contém a explicitação dos valores que dominam a obra constitucional de 1988. Não apenas o Estado há de ser convocado para formular as políticas públicas que podem conduzir ao bem-

---

61 Ver: AMARAL, Antônio Carlos Cintra do. **A Constituição no Sistema Jurídico Brasileiro.** *In*: **Revista de Direito Público**. São Paulo: Revista dos Tribunais, jul.-dez./1975, nº 35-36/41, e **Doutrinas Essenciais: Direito Constitucional (Edições Especiais Revista dos Tribunais: 100 Anos)**. 2ª tir. São Paulo: Revista dos Tribunais, 2013, vol. I, p. 57.

-estar, à igualdade e à justiça, mas a sociedade deve se organizar segundo aqueles valores, a fim de que se firme como uma comunidade fraterna, pluralista e sem preconceitos. Na esteira destes valores supremos explicitados no Preâmbulo da Constituição de 1988 é que se afirma, nas normas constitucionais vigentes, o princípio jurídico da solidariedade, de natureza social.

3.9. Emendas de Revisão e Emendas Constitucionais

São as seguintes Emendas Revisionais[62], previstas de acordo com o art. 3º, do Ato das Disposições Constitucionais Transitórias (ADCT):

> Emenda Constitucional de Revisão nº 1, de 01.03.1994 – Acrescenta os arts. 71, 72 e 73 ao Ato das Disposições Constitucionais Transitórias.
>
> Emenda Constitucional de Revisão nº 2, de 07.06.1994 – Altera o **caput** do art. 50 e seu 2º, da Constituição Federal.
>
> Emenda Constitucional de Revisão nº 3, de 07.06.1994 – Altera a alínea "c" do inciso I, a alínea "b" do inciso II, o § 1º e o inciso II do § 4º do art. 12 da Constituição Federal.
>
> Emenda Constitucional de Revisão nº 4, de 07.06.1994 – Altera o § 9º do art. 14 da Constituição Federal.
>
> Emenda Constitucional de Revisão nº 5, de 07.06.1994 – Altera o art. 82 da Constituição Federal.
>
> Emenda Constitucional de Revisão nº 6, de 07.06.1994 – Acrescenta o § 4º ao art. 55 da Constituição Federal.

São as seguintes Emendas Constitucionais[63], conforme as condições do art. 60, do texto constitucional:

> Emenda Constitucional nº 1, de 31.03.1992 – Dispõe sobre a remuneração dos Deputados Estaduais e dos Vereadores.
>
> Emenda Constitucional nº 2, de 25.08.1992 – Dispõe sobre o plebiscito previsto no art. 2º do Ato das Disposições Constitucionais Transitórias
>
> Emenda Constitucional nº 3, de 17.03.1993 – Altera arts. 40, 42,102, 103, 150, 155, 156, 160, 167 e Revogam-se o inciso IV e o § 4º do art. 156 da Constituição Federal.

---

62 Ver: COELHO, Inocêncio Mártires. **Os Limites da Revisão Constitucional.** *In*: **Revista de de Direito Público.** São Paulo: Revista dos Tribunais, out.-dez./1991, nº 100/62, e **Doutrinas Essenciais: Direito Constitucional (Edições Especiais Revista dos Tribunais: 100 Anos).** 2ª tir. São Paulo: Revista dos Tribunais, 2013, vol. I, p. 915.

63 Ver: GASPARINI, Diógenes. **A Dimensão da Revisão Constitucional.** *In*: **Revista de Direito Constitucional e Internacional.** São Paulo: Revista dos Tribunais, abr.-jun./1993, nº 3/19, e **Doutrinas Essenciais: Direito Constitucional (Edições Especiais Revista dos Tribunais: 100 Anos).** 2ª tir. São Paulo: Revista dos Tribunais, 2013, vol. I, p. 825.

Emenda Constitucional nº 4, 14.09.1993 – Dá nova redação ao art. 16 da Constituição Federal.

Emenda Constitucional nº 5, de 15.08.1995 – Altera o § 2º do art. 25 da Constituição Federal.

Emenda Constitucional nº 6, de 15.08.1995 – Altera o inciso IX do art. 170, o art. 171 e o § 1º do art. 176 da Constituição Federal.

Emenda Constitucional nº 7, de 15.08.1995 – Altera o art. 178 da Constituição Federal e dispõe sobre a adoção de Medidas Provisórias.

Emenda Constitucional nº 8, de 15.08.1995 – Altera o inciso XI e a alínea "a" do inciso XII do art. 21 da Constituição Federal.

Emenda Constitucional nº 9, de 09.11.1995 – Dá nova redação ao art. 177 da Constituição Federal, alterando e inserindo parágrafos.

Emenda Constitucional nº 10, de 04.03.1996 – Altera os arts. 71 e 72 do Ato das Disposições Constitucionais Transitórias, introduzidos pela Emenda Constitucional de Revisão n° 1, de 1994.

Emenda Constitucional nº 11, de 30.04.1996 – Permite a admissão de professores, técnicos e cientistas estrangeiros pelas universidades brasileiras e concede autonomia às instituições de pesquisa científica e tecnológica – (acrescentados ao art. 207 da Constituição Federal dois parágrafos).

Emenda Constitucional nº 12, de 16.08.1996 – Outorga competência à União, para instituir contribuição provisória sobre movimentação ou transmissão de valores e de créditos e direitos de natureza financeira – (incluído o art. 74 no Ato das Disposições Constitucionais Transitórias da Constituição Federal).

Emenda Constitucional nº 13, de 21.08.1996 – Dá nova redação ao inciso II do art. 192 da Constituição Federal.

Emenda Constitucional nº 14, de 12.09.1996 – Modifica os arts. 34, 208, 211 e 212 da Constituição Federal e dá nova redação ao art. 60 do Ato das Disposições Constitucionais Transitórias.

Emenda Constitucional nº 15, de 12.09.1996 – Dá nova redação ao § 4° do art. 18 da Constituição Federal

Emenda Constitucional nº 16, de 04.06.1997 – Dá nova redação ao § 5º do art. 14, ao **caput** do art. 28, ao inciso II do art. 29, ao **caput** do art. 77 e ao art. 82 da Constituição Federal.

Emenda Constitucional nº 17, de 22.11.1997 – Altera dispositivos dos arts. 71 e 72 do Ato das Disposições Constitucionais Transitórias, introduzidos pela Emenda Constitucional de Revisão nº 1, de 1994.

Emenda Constitucional nº 18, de 05.02.1998 – Dispõe sobre o regime constitucional dos militares.

Emenda Constitucional nº 19, de 04.06.1998 – Modifica o regime e dispõe sobre princípios e normas da Administração Pública, servidores e agentes políticos, controle de despesas e finanças públicas e custeio de atividades a cargo do Distrito Federal, e dá outras providências.

Emenda Constitucional nº 20, de 15.11.1998 – Modifica o sistema de previdência social, estabelece normas de transição e dá outras providências.

Emenda Constitucional nº 21, de 18.03.1999 – Prorroga, alterando a alíquota, a contribuição provisória sobre movimentação ou transmissão de valores e de créditos e de direitos de natureza financeira, a que se refere o art. 74 do Ato das Disposições Constitucionais Transitórias (incluído o art. 75 no Ato das Disposições Constitucionais Transitórias).

Emenda Constitucional nº 22, de 18.03.1999 – Acrescenta parágrafo único ao art. 98 e altera as alíneas "i" do inciso I do art. 102, e "c" do inciso I do art. 105 da Constituição Federal.

Emenda Constitucional nº 23, de 02.09.1999 – Altera os arts. 12, 52, 84, 91, 102 e 105 da Constituição Federal (criação do Ministério da Defesa).

Emenda Constitucional nº 24, de 09.12.1999 – Altera dispositivos da Constituição Federal pertinentes à representação classista na Justiça do Trabalho.

Emenda Constitucional nº 25, de 14.02.2000 – Altera o inciso VI do art. 29 e acrescenta o art. 29-A à Constituição Federal, que dispõem sobre limites de despesas com o Poder Legislativo Municipal.

Emenda Constitucional nº 26, de 14.02.2000 – Altera a redação do art. 6º da Constituição Federal.

Emenda Constitucional nº 27, de 21.03.2000 – Acrescenta o art. 76 ao Ato das Disposições Constitucionais Transitórias, instituindo a desvinculação de arrecadação de impostos e contribuições sociais da União.

Ementa Constitucional nº 28, de 25.04.2000 – Dá nova redação ao inciso XXIX do art. 7º e revoga o art. 233 da Constituição Federal.

Emenda Constitucional nº 29, de 13.09.2000 – Altera os arts. 34, 35, 156, 160, 167 e 198 da Constituição Federal e acrescenta artigo ao Ato das Disposições Constitucionais Transitórias, para assegurar os recursos mínimos para o financiamento das ações e serviços públicos de saúde.

Emenda Constitucional nº 30 de 13.09.2000 – Altera a redação do art. 100 da Constituição Federal e acrescenta o art. 78 no Ato das Disposições Constitucionais Transitórias, referente ao pagamento de precatórios judiciários.

Emenda Constitucional nº 31, de 14.12.2000 – Altera o Ato das Disposições Constitucionais Transitórias, introduzindo artigos que criam o Fundo de Combate e Erradicação da Pobreza.

Emenda Constitucional nº 32, de 11.09.2001 – Altera dispositivos dos arts. 48, 57, 61, 62, 64, 66, 84, 88 e 246 da Constituição Federal e dá outras providências.

Emenda Constitucional nº 33, de 11.12.2001 – Altera os arts. 149, 155 e 177 da Constituição Federal.

Emenda Constitucional nº 34, de 13.12.2001 – Da nova redação a alínea "c" do inciso XVI do artigo 37 da Constituição Federal.

Emenda Constitucional nº 35, de 20.12.2001 – Dá nova redação ao art. 53 de Constituição Federal.

Emenda Constitucional nº 36, de 28.05.2002 – Dá nova redação ao art. 222 da Constituição Federal, para permitir a participação de pessoas jurídicas no capital social de empresas jornalísticas e de radiodifusão sonora e de sons e imagens, nas condições que especifica.

Emenda Constitucional nº 37, de 12.06.2002 – Altera os arts. 100 e 156 da Constituição Federal e acrescenta os arts. 84, 85, 86, 87 e 88 ao Ato das Disposições Constitucionais Transitórias.

Emenda Constitucional nº 38, de 12.06.2002 – Acrescenta o art. 89 ao Ato das Disposições Constitucionais Transitórias, incorporando os Policiais Militares do extinto Território Federal de Rondônia aos Quadros da União.

Emenda Constitucional nº 39, de 19.12.2002 – Acrescenta o art. 149-A à Constituição Federal (instituindo contribuição para custeio do serviço de iluminação pública nos Municípios e no Distrito Federal.

Emenda Constitucional nº 40, de 29.05.2003 – Altera o inciso V do art. 163 e o art. 192 da Constituição Federal, e o **caput** do art. 52 do Ato das Disposições Constitucionais Transitórias.

Emenda Constitucional nº 41, de 19.12.2003 – Modifica os arts. 37, 40, 42, 48, 96, 149 e 201 da Constituição Federal, revoga o inciso IX do § 3 do art. 142 da Constituição Federal e dispositivos da Emenda Constitucional nº 20, de 15 de dezembro de 1998, e dá outras providências.

Emenda Constitucional nº 42, de 19.12.2003 – Altera o Sistema Tributário Nacional e dá outras providências.

Emenda Constitucional nº 43, de 15.04.2004 – Altera o art. 42 do Ato das Disposições Constitucionais Transitórias, prorrogando, por 10 (dez) anos, a aplicação, por parte da União, de percentuais mínimos do total dos recursos destinados à irrigação nas Regiões Centro-Oeste e Nordeste.

Emenda Constitucional nº 44, de 30.06.2004 – Altera o Sistema Tributário Nacional e dá outras providências.

Emenda Constitucional nº 45, de 08.12.2004 – Altera dispositivos dos arts. 5º, 36, 52, 92, 93, 95, 98, 99, 102, 103, 104, 105, 107, 109, 111, 112, 114, 115, 125, 126, 127, 128, 129, 134 e 168 da Constituição Federal, e acrescenta os arts. 103-A, 103B, 111-A e 130-A, e dá outras providências.

Emenda Constitucional nº 46, de 05.05.2005 – Altera o inciso IV do art. 20 da Constituição Federal.

Emenda Constitucional nº 47, de 05.07.2005 – Altera os arts. 37, 40, 195 e 201 da Constituição Federal, para dispor sobre a previdência social, e dá outras providências.

Emenda Constitucional nº 48, de 10.08.2005 – Acrescenta o § 3º ao art. 215 da Constituição Federal, instituindo o Plano Nacional de Cultura.

Emenda Constitucional nº 49, de 10.08.2005 – Altera a redação da alínea "b" e acrescenta alínea "c" ao inciso XXIII do **caput** do art. 21 e altera a redação do inciso V do **caput** do art. 177 da Constituição Federal para excluir do monopólio da União a produção, a comercialização e a utilização de radioisótopos de meia-vida curta, para usos médicos, agrícolas e industriais.

Emenda Constitucional nº 50, de 14.02.2006 – Modifica o art. 57 da Constituição Federal.

Emenda Constitucional nº 51, de 14.02.2006 – Acrescenta os parágrafos 4º, 5º e 6º ao art. 198 da Constituição Federal.

Emenda Constitucional nº 52, de 08.02.2006 – Dá nova redação ao § 1º do art. 17 da Constituição Federal para disciplinar as coligações eleitorais.

Emenda Constitucional nº 53, de 19.12.2006 – Dá nova redação aos arts. 7º, 23, 30, 206, 208, 211 e 212 da Constituição Federal e ao art. 60 do Ato das Disposições Constitucionais Transitórias.

Emenda Constitucional nº 54, de 20.09.2007 – Dá nova redação à alínea "c" do inciso I do art. 12 da Constituição Federal e acrescenta art. 95 ao Ato das Disposições Constitucionais Transitórias, assegurando o registro nos consulados de brasileiros nascidos no estrangeiro.

Emenda Constitucional nº 55, de 20.09.2007 – Altera o art. 159 da Constituição Federal, aumentando a entrega de recursos pela União ao Fundo de Participação dos Municípios.

Emenda Constitucional nº 56, de 20.12.2007 – Prorroga o prazo previsto no **caput** do art. 76 do Ato das Disposições Constitucionais Transitórias e dá outras providências.

Emenda Constitucional nº 57, de 18.12.2008 – Acrescenta artigo ao Ato das Disposições Constitucionais Transitórias para convalidar os atos de criação, fusão, incorporação e desmembramento de Municípios.

Emenda Constitucional nº 58, de 23.09.2009 – Altera a redação do inciso IV do **caput** do art. 29 e do art. 29-A da Constituição Federal, tratando das disposições relativas à recomposição das Câmaras Municipais.

Emenda Constitucional nº 59, de 11.11.2009 – Acrescenta § 3º ao art. 76 do Ato das Disposições Constitucionais Transitórias para reduzir, anualmente, a partir do exercício de 2009, o percentual da Desvinculação das Receitas da União incidente sobre os recursos destinados à manutenção e desenvolvimento do ensino de que trata o art. 212 da Constituição Federal, dá nova redação aos incisos I e VII do art. 208, de forma a prever a obrigatoriedade do ensino de quatro a dezessete anos e ampliar a abrangência dos programas suplementares para todas as etapas da educação básica, e dá nova redação ao § 4º do art. 211 e ao § 3º do art. 212 e ao **caput** do art. 214, com a inserção neste dispositivo de inciso VI.

Emenda Constitucional nº 60, de 11.11.2009 – Altera o art. 89 do Ato das Disposições Constitucionais Transitórias para dispor sobre o quadro de servidores civis e militares do ex-Território Federal de Rondônia.

Emenda Constitucional nº 61, de 11.11.2009 – Altera o art. 103-B da Constituição Federal, para modificar a composição do Conselho Nacional de Justiça.

Emenda Constitucional nº 62, de 11.11.2009 – Altera o art. 100 da Constituição Federal e acrescenta o art. 97 ao Ato das Disposições Constitucionais Transitórias, instituindo regime especial de pagamento de precatórios pelos Estados-membros, Distrito Federal e Municípios.

Emenda Constitucional nº 63, de 04.02.2010 – Altera o § 5º do art. 198 da Constituição Federal para dispor sobre piso salarial profissional nacional e diretrizes para os Planos de Carreira de agentes comunitários de saúde e de agentes de combate às endemias.

Emenda Constitucional nº 64, de 04.02.2010 – Altera o art. 6º da Constituição Federal, para introduzir a alimentação como direito social.

Emenda Constitucional nº 65, de 13.07.2010 – Altera a denominação do Capítulo VII do Título VIII da Constituição Federal e modifica o seu art. 227, para cuidar dos interesses da juventude.

Emenda Constitucional nº 66, de 13.07.2010 – Dá nova redação ao § 6º do art. 226 da Constituição Federal, que dispõe sobre a dissolubilidade do casamento civil pelo divórcio, suprimindo o requisito de prévia separação judicial por mais de 1 (um) ano ou de comprovada separação de fato por mais de 2 (dois) anos.

Emenda Constitucional nº 67, de 22.12.2010 – Prorroga, por tempo indeterminado, o prazo de vigência do Fundo de Combate e Erradicação da Pobreza.

Emenda Constitucional nº 68, de 21.12.2011 – Altera o art. 76 do Ato das Disposições Constitucionais Transitórias.

Emenda Constitucional nº 69, de 29.03.2012 – Altera os arts. 21, 22 e 48 da Constituição Federal, para transferir da União para o Distrito Federal as atribuições de organizar e manter a Defensoria Pública do Distrito Federal.

Emenda Constitucional nº 70, de 29.03.2012 – Acrescenta art. 6º-A à Emenda Constitucional nº 41, de 2003, para estabelecer critérios para o cálculo e a correção dos proventos da aposentadoria por invalidez dos servidores públicos que ingressaram no serviço público até a data da publicação daquela Emenda Constitucional.

Emenda Constitucional nº 71, de 29.11.2012 – Acrescenta o art. 216-A à Constituição Federal para instituir o Sistema Nacional de Cultura.

Emenda Constitucional nº 72, de 02.04.2013 – Altera a redação do **parágrafo único** do art. 7º da Constituição Federal para estabelecer a igualdade de direitos trabalhistas entre os trabalhadores domésticos e os demais trabalhadores urbanos e rurais.

Emenda Constitucional nº 73, de 06.06.2013 – Cria os Tribunais Regionais Federais da 6ª, 7ª, 8ª e 9ª Regiões.

Emenda Constitucional nº 74, de 06.08.2013 – Altera o art. 134 da Constituição Federal.

Emenda Constitucional nº 75, de 15.10.2013 – Acrescenta a alínea "e" ao inciso VI do art. 150 da Constituição Federal, instituindo imunidade tributária sobre os fonogramas e videofonogramas musicais produzidos no Brasil contendo obras musicais ou literomusicais de autores brasileiros e/ou obras em geral interpretadas por artistas brasileiros bem como os suportes materiais ou arquivos digitais que os contenham.

Emenda Constitucional nº 76, de 28.11.2013 – Altera o § 2º do art. 55 e o § 4º do art. 66 da Constituição Federal, para abolir a votação secreta nos casos de perda de mandato de Deputado ou Senador e de apreciação de veto.

Emenda Constitucional nº 77, de 11.02.2014 – Altera os incisos II, III e VIII do § 3º do art. 142 da Constituição Federal, para estender aos profissionais de saúde das Forças Armadas a possibilidade de cumulação de cargo a que se refere o art. 37, inciso XVI, alínea "c".

Emenda Constitucional nº 78, de 14.05.2014 – Acrescenta art. 54-A ao Ato das Disposições Constitucionais Transitórias, para dispor sobre indenização devida aos seringueiros de que trata o art. 54 desse Ato.

Emenda Constitucional nº 79, de 27.05.2014 – Altera o art. 31 da Emenda Constitucional nº 19, de 04.06.1998, para prever a inclusão, em quadro em extinção da Administração Federal, de servidores e policiais militares admitidos pelos Estados do Amapá e de Roraima, na fase de instalação dessas unidades federadas, e dá outras providências.

Emenda Constitucional nº 80, de 04.06.2014 – Altera o Capítulo IV – Das Funções Essenciais à Justiça, do Título IV – Da Organização dos Poderes, e acrescenta artigo ao Ato das Disposições Constitucionais Transitórias da Constituição Federal.

Emenda Constitucional nº 81, de 05.06.2014 – Dá nova redação ao art. 243 da Constituição Federal.

Emenda Constitucional nº 82, de 16.07.2014 – Inclui o § 10 ao art. 144 da Constituição Federal, para disciplinar a segurança viária no âmbito dos Estados-membros, do Distrito Federal e dos Municípios.

Emenda Constitucional nº 83, de 05.08.2014 – Acrescenta o art. 92-A ao Ato das Disposições Constitucionais Transitórias – ADCT.

Emenda Constitucional nº 84, de 02.12.2014 – Altera o art. 159 da Constituição Federal para aumentar a entrega de recursos pela União para o Fundo de Participação dos Municípios.

Emenda Constitucional nº 85, de 26.02.2015 – Altera e adiciona dispositivos na Constituição Federal para atualizar o tratamento das atividades de ciência, tecnologia e inovação.

Emenda Constitucional nº 86, de 17.03.2015 – Altera os arts. 165, 166 e 198 da Constituição Federal, para tornar obrigatória a execução da programação orçamentária que especifica.

Emenda Constitucional nº 87, de 16.04.2015 – Altera o § 2º do art. 155 da Constituição Federal e inclui o art. 99 no Ato das Disposições Constitucionais Transitórias, para tratar da sistemática de cobrança do imposto sobre operações relativas à circulação de mercadorias e sobre prestações de serviços de transporte interestadual e intermunicipal e de comunicação incidente sobre as operações e prestações que destinem bens e serviços a consumidor final, contribuinte ou não do imposto, localizado em outro Estado-membro.

Emenda Constitucional nº 88, de 07.05.2015 – Altera o art. 40 da Constituição Federal, relativamente ao limite de idade para a aposentadoria compulsória do servidor público em geral, e acrescenta dispositivo ao Ato das Disposições Constitucionais Transitórias.

Emenda Constitucional nº 89, de 15.09.2015 – Dá nova redação ao art. 42 do Ato das Disposições Constitucionais Transitórias, ampliando o prazo em que a União deverá destinar às Regiões Centro-Oeste e Nordeste percentuais mínimos dos recursos destinados à irrigação.

Emenda Constitucional nº 90, de 15.09.2015 – Dá nova redação ao art. 6º da Constituição Federal, para introduzir o transporte como direito social.

Emenda Constitucional nº 91, de 18.02.2016 – Altera a Constituição Federal para estabelecer a possibilidade, excepcional e em período determinado, de desfiliação partidária, sem prejuízo do mandato.

Emenda Constitucional nº 92, de 12.07.2016 – Altera os arts. 92 e 111-A da Constituição Federal, para explicitar o Tribunal Superior do Trabalho como órgão do Poder Judiciário, alterar os requisitos para o provimento dos cargos de Ministros daquele Tribunal e modificar-lhe a competência.

Emenda Constitucional nº 93, de 08.09.2016 – Altera o Ato das Disposições Constitucionais Transitórias para prorrogar a desvinculação de receitas da União e estabelecer a desvinculação de receitas dos Estados-membros, Distrito Federal e Municípios.

Emenda Constitucional nº 94, de 15.12.2016 – Altera o art. 100 da Constituição Federal, para dispor sobre o regime de pagamento de débitos públicos decorrentes de condenações judiciais; e acrescenta dispositivos ao Ato das

Disposições Constitucionais Transitórias, para instituir regime especial de pagamento para os casos em mora.

Emenda Constitucional nº 95, de 15.12.2016 – Altera o Ato das Disposições Constitucionais Transitórias, para instituir o Novo Regime Fiscal, e dá outras providências.

Emenda Constitucional nº 96, de 06.06.2017 – Acrescenta § 7º ao art. 225 da Constituição Federal para determinar que práticas desportivas que utilizem animais não são consideradas cruéis, nas condições que especifica.

Emenda Constitucional nº 97, de 04.10.2017 – Altera a Constituição Federal para vedar as coligações partidárias nas eleições proporcionais, estabelecer normas sobre acesso dos partidos políticos aos recursos do fundo partidário e ao tempo de propaganda gratuito no rádio e na televisão e dispor sobre regras de transição.

Emenda Constitucional nº 98, de 06.12.2017 – Altera o art. 31 da Emenda Constitucional nº 19, de 4 de junho de 1998, para prever a inclusão, em quadro em extinção da administração pública federal, de servidor público, de integrante da carreira de policial, civil ou militar, e de pessoa que haja mantido relação ou vínculo funcional, empregatício, estatutário ou de trabalho com a administração pública dos ex-Territórios ou dos Estados do Amapá ou de Roraima, inclusive suas prefeituras, na fase de instalação dessas unidades federadas, e dá outras providências.

Emenda Constitucional nº 99, de 14.12.2017 – Altera o art. 101 do Ato das Disposições Constitucionais Transitórias, para instituir novo regime especial de pagamento de precatórios, e os arts. 102, 103 e 105 do Ato das Disposições Constitucionais Transitórias.

Emenda Constitucional nº 100, de 26.06.2019 – Altera os arts. 165 e 166 da Constituição Federal para tornar obrigatória a execução da programação orçamentária proveniente de emendas de bancada de parlamentares de Estado-membro ou do Distrito Federal.

Emenda Constitucional nº 101, de 03.07.2019 – Acrescentaram o § 3º ao art. 42 da Constituição Federal para estender aos militares dos Estados, do Distrito Federal e dos Territórios o direito à acumulação de cargos públicos prevista no art. 37, inciso XVI.

Emenda Constitucional nº 102, de 26.09.2019 – Dá nova redação ao art. 20 da Constituição Federal e altera o art. 165 da Constituição Federal e o art. 107 do Ato das Disposições Constitucionais Transitórias.

Emenda Constitucional nº 103, de 12.11.2019 – Altera o sistema de previdência social e estabelece regras de transição e disposições transitórias.

Emenda Constitucional nº 104, de 04.12.2019 – Altera o inciso XIV do **caput** do art. 21, o § 4º do art. 32 e o art. 144 da Constituição Federal, para criar as polícias penais federal, estaduais e distrital.

Emenda Constitucional nº 105, de 12.12.2019 – Acrescenta o art. 166-A à Constituição Federal, para autorizar a transferência de recursos federais a Estados-membros, ao Distrito Federal e a Municípios mediante emendas ao projeto de lei orçamentária anual.

Emenda Constitucional nº 106, de 07.05.2020 – Institui regime extraordinário fiscal, financeiro e de contratações para enfrentamento de calamidade pública nacional decorrente de pandemia.

Emenda Constitucional nº 107, de 02.07.2020 – Adia, em razão da pandemia da Covid-19, as eleições municipais de outubro de 2020 e os prazos eleitorais respectivos.

Emenda Constitucional nº 108, de 26.08.2020 – Altera a Constituição Federal para estabelecer critérios de distribuição da cota municipal do Imposto sobre Operações Relativas à Circulação de Mercadorias e sobre Prestações de Serviços de Transporte Interestadual e Intermunicipal e de Comunicação (ICMS), para disciplinar a disponibilização de dados contábeis pelos Entes Federados, para tratar do planejamento na ordem social e para dispor sobre o Fundo de Manutenção e Desenvolvimento da Educação Básica e de Valorização dos Profissionais da Educação (Fundeb); altera o Ato das Disposições Constitucionais Transitórias; e dá outras providências.

Emenda Constitucional nº 109, de 15.03.2021 – Altera os arts. 29-A, 37, 49, 84, 163, 165, 167, 168 e 169 da Constituição Federal e os arts. 101 e 109 do Ato das Disposições Constitucionais Transitórias; acrescenta à Constituição Federal os arts. 164-A, 167- A, 167-B, 167-C, 167-D, 167-E, 167-F e 167-G; revoga dispositivos do Ato das Disposições Constitucionais Transitórias e institui regras transitórias sobre redução de benefícios tributários; desvincula parcialmente o superávit financeiro de fundos públicos; e suspende condicionalidades para realização de despesas com concessão de auxílio emergencial residual para enfrentar as consequências sociais e econômicas da pandemia da Covid-19.

Emenda Constitucional nº 110, de 12.07.2021 – Acrescenta o art. 18-A ao Ato das Disposições Constitucionais Transitórias, para dispor sobre a convalidação de atos administrativos praticados no Estado do Tocantins entre 1° de janeiro de 1989 e 31 de dezembro de 1994.

Capítulo IV

PRINCÍPIOS CONSTITUCIONAIS E DIREITOS FUNDAMENTAIS

4.1. Noção de Cidadania Civil

A cidadania civil[1] foi a primeira esfera dos direitos concedidos aos cidadãos, através de três documentos básicos: a) o **Bill of Rights** de 1689, na Grã-Bretanha; b) a Declaração de Independência dos Estados Unidos de 1776; c) a Declaração de Direitos do Homem e do Cidadão de 1789, na França. Tratavam-se dos direitos individuais, principalmente da liberdade de ir e vir, de associação e de reunião, bem como da liberdade de pensamento e de credo religioso. Depois, estes direitos foram estendidos para às questões relativas ao processo penal e à integridade física dos presos e apenados. Com o tempo, os direitos passaram a ter conteúdo social, como o direito à propriedade, que se encontra hoje condicionado à sua função social.

Foram adicionados, ainda, os instrumentos para se garantir a executoriedade dos direitos declarados. Criaram-se, então, os instrumentos para permitir o acesso ao Poder Judiciário, a garantia da ampla defesa e do contraditório. Existem, ainda, os procedimentos judiciais clássicos, como o **habeas corpus**, o mandado de segurança e outros, instituídos agora, como o **habeas data**, o mandado de segurança coletivo e o mandado de injunção, além de se garantir a Assistência Judiciária. Foi reafirmada, ainda, a igualdade perante a lei, sem qualquer distinção, garantindo-se aos brasileiros e aos estrangeiros aqui residentes a inviolabilidade do direito à vida, à liberdade, à igualdade, à segurança e à propriedade. Tratava-se de metas ainda

1 TAVARES, André Ramos. **A Categoria dos Preceitos Fundamentais na Constituição Brasileira.** *In*: **Revista de Direito Constitucional e Internacional.** São Paulo: Revista dos Tribunais, jan.-mar./2001, nº 34/105, e **Doutrinas Essenciais: Direito Constitucional (Edições Especiais Revista dos Tribunais: 100 Anos).** 2ª tir. São Paulo: Revista dos Tribunais, 2013, vol. I, p. 607.

do jusnaturalismo, concepção jurídica e política que procurava explicar a formação dos países pela realização de um pacto social, que teve força nos séculos XVII e XVIII, mas que ainda merece o respeito da cidadania atual, como fórmula eficaz contra o arbítrio e a violência.

A igualdade perante a lei veio no **caput** do art. 5º, do texto constitucional brasileiro, como testemunha de que o país constituído tem como premissa a tradicional roupagem liberal. Prevê a Constituição Federal, que:

> "Art. 5º. Todos são iguais perante a lei, sem distinção de qualquer natureza, garantindo-se aos brasileiros e aos estrangeiros residentes no país a inviolabilidade do direito à vida, à liberdade, à igualdade, à segurança e à propriedade".

Dada a relevância do tema, não é o inciso I, do art. 5º, frente ao **caput** do mesmo artigo uma redundância, mas uma reafirmação do princípio da igualdade, como o primeiro dentre todos, para que os cidadãos possam efetivar sua cidadania. Para muitos, pode ser considerada insuficiente a igualdade formal, pois ela asseguraria apenas o tratamento formalístico igual, sem garantir melhores condições sociais. Para o novo liberalismo norte-americano, a igualdade, em um regime de mercado, pode oferecer a igualdade de oportunidade, ou seja, os mais pobres e discriminados teriam escolas e ensino, para que pudessem ascender socialmente. Assim, em parte, haveria igualdade material.

O princípio da isonomia traduz-se no sentido de que a lei é igual para todos ou, pelo menos, há igualdade jurídica para os iguais, não levando em consideração os aspectos sociais da igualdade. Dispôs sobre a matéria a Constituição de 1824, no art. 179, nº 13; bem como a Constituição de 1891, no art. 72, § 2º, a Constituição de 1934, no art. 113, nº 1, a Constituição de 1937, no art. 122, nº 1, a Constituição de 1946, no art. 141, § 1º, e a Constituição de 1967, no art. 150, § 1º. A igualdade prevista no inciso I, do art. 5º, do texto constitucional, é relativa à igualdade formal, mas tem dimensão suficiente para, interpretada com outros princípios do texto constitucional, falar da igualdade de oportunidade, com melhor nivelamento social.

O dispositivo destaca, ainda, que a igualdade é para homens e mulheres, sem se limitar a fazer referência ao gênero, homem, mas destacando a importância da mulher e o pleno reconhecimento de sua equivalência em relação aos homens. Cada dia que passa, apesar de haver ainda muita discriminação sexual, tende-se a reconhecer à mulher, não só no mercado, mas também nos órgãos públicos, a igual capacidade em relação aos homens. Pior, os homens continuam a cometer violência contra as mulheres, inclusive feminicídios, de modo que as proteções e punições na Lei Maria da Penha são essenciais para estas[2]. Ao analisar a situação da mulher, Carlos Roberto Siqueira Castro, afirmou que:

> "De fato, a ordem jurídica preconceituosa e contrária à mulher reflete em grande medida na estrutura do poder individualista e possessivo, que engendra e articula em seu proveito o mito da fragilidade feminina, a ponto de inculcá-lo no psiquismo da humanidade, para fazer do imenso continente de mulheres mais uma de suas vítimas"[3].

O Código Civil de 2002, no seu art. 1º, porém, não seguiu o modelo da Constituição Federal, já que foi utilizada a expressão "toda pessoa", em vez de "homens e mulheres". Não se pode fazer crítica ao dispositivo, do ponto de vista técnico, mas foi perdida a oportunidade de se reparar as discriminações sexuais contidas no Código Civil de 1916. Neste, em vários dispositivos, as mulheres estavam numa posição de inferioridade, em relação aos homens. A solução constitucional deveria ter sido seguida pela principal lei substantiva do Brasil. Não obstante, houve uma maior proteção em relação aos direitos de personalidade, considerados intransmissíveis e irrenunciáveis, além de se poder reclamar perdas e danos, se houver lesão a estes direitos, previstos nos arts. 11 e 12, da legislação civil.

A vedação ao preconceito de sexo, prevista no art. 3º, IV, da Constituição de 1988, diz que:

> "Art. 3º. Constituem objetivos fundamentais da República Federativa do Brasil:
>
> ....
>
> IV – promover o bem de todos, sem preconceitos de origem, raça, sexo, cor, idade e quaisquer outras formas de discriminação".

Os objetivos que devem orientar o Estado Brasileiro são expressos nos aspectos sociais, políticos, culturais e econômicos. Não se encontrava a matéria nas Constituições anteriores, sendo novidade introduzida pelo atual texto constitucional. Constituem-se em metas que visam tornar realidade as ideias e os propósitos constitucionais. Trata-se de uma carta de intenção, onde se expressa o compromisso de assegurar a plena cidadania, o

---

2 STRECK, Lenio Luiz e MELO LIMA, Vinicius de. **Lei Maria da Penha: uma concretização de direitos.** *In*: **Revista Brasileira de Ciências Criminais**. São Paulo: Revista dos Tribunais, nov.-dez./2014, nº 111/333, e **Doutrinas Essenciais: Direito Constitucional (Edições Especiais Revista dos Tribunais: 100 Anos)**. 2ª tir. São Paulo: Revista dos Tribunais, 2015, vol. VIII, p. 747.

3 "É forçoso admitir, por conseguinte, que a inferioridade social da mulher estaria muito diminuída, não fosse a cumplicidade do sistema normativo" (CASTRO, Carlos Roberto Siqueira. **O Princípio da Isonomia e a Igualdade da Mulher no Direito Constitucional**. Rio de Janeiro: Forense, 1983, p. 289).

desenvolvimento econômico, o fim da pobreza e marginalidade e a redução das desigualdades sociais e regionais, assim como a promoção do bem de todos, sem nenhuma forma de preconceito. Foi inspirada na fórmula criada por Thomas Jefferson, na Declaração de Independência dos Estados Unidos de 1776, em que clamava pelo direito à felicidade. Os objetivos fundamentais do Estado expressam a declaração de que os Constituintes de 1988 gostariam de escrever um país melhor, mas nem isto deixaram acontecer, impedindo que este texto constitucional tivesse suas devidas legislações infraconstitucionais, antes de ser modificado, e cumprisse seus objetivos.

Existe proteção do mercado de trabalho da mulher, art. 7º, XX, da Constituição de 1988, que diz que: "são direitos dos trabalhadores urbanos e rurais, além de outros que visem à melhoria de sua condição social: [...], XX – proteção do mercado de trabalho da mulher, mediante incentivos específicos, nos termos da lei". Foram constitucionalizados diversos direitos sociais na Constituição Federal, em especial aqueles decorrentes das relações do trabalho, tanto no âmbito urbano, como no rural. Questiona-se, hoje, se tais direitos deveriam constar do texto constitucional, pois alguns autores consideram que deveriam ter sido tratados apenas a nível legal.

Não ocorre nenhum obstáculo técnico a esta constitucionalização, saudável até, pois deu mais dignidade aos direitos dos trabalhadores. O fosso social é imenso, no Brasil, de modo que deve haver uma garantia especial aos mais necessitados. Se estes direitos são constantemente violados, mesmo dispostos na Carta Magna, imagine-se apenas nas leis ordinárias. Os trabalhadores domésticos, no entanto, só recebiam parte de tais direitos, sendo esta apenas uma opção dos Constituintes, sem qualquer razão para tal restrição. Foi preciso a Emenda Constitucional nº 73, de 02.04.2013, para acabar com tal desigualdade. As garantias dizem respeito tanto à questão salarial, como a outros direitos referentes à proteção dos trabalhadores em questão de natureza processual, como os prazos de prescrição. Os trabalhadores podem ser os empregados, os trabalhadores temporários, os empregados domésticos, os rurícolas e os servidores públicos.

Foi previsto, também, nos termos do inciso XX, do art. 7º, da Constituição de 1988, a proteção do mercado de trabalho da mulher, mediante incentivos específicos, nos termos da lei. Esta vem a ser a Consolidação das Leis do Trabalho (CLT), que dispõe sobre a matéria no art. 487 e seguintes. O princípio da isonomia encontra-se tratado no art. 5º, no **caput** e no seu inciso I, sendo este dispositivo um desdobramento do princípio constitucional mencionado.

A igualdade de salários está no dispositivo que estipula a "proibição de diferença de salários, de exercício de funções e de critério de admissão por motivo de sexo, idade, cor ou estado civil". Encontra-se previsto o inciso XXX, do art. 7º, a proibição de diferença salário, de exercício de funções e de critérios de admissão por motivo de sexo, idade, cor ou estado civil. Trata-se de dispositivo que versa sobre o direito da isonomia. No trabalho a igualdade prevista constitucionalmente deve se desdobrar em diversos aspectos, para que possa se manifestar em sua plenitude. A igualdade aqui tratada é fundamental para assegurar um sistema de emprego sem alvitamento e discriminação[4].

A presidiária lactante encontra-se protegida pelo art. 5º, L, da Constituição Federal, que diz que "às presidiárias serão asseguradas condições para que possam permanecer com seus filhos durante o período de amamentação". Foi também garantindo às presidiárias o direito de permanecer com seus filhos durante o período de amamentação, de acordo com a Constituição Federal. Foi matéria sobre a qual a Constituição de 1988 inovou, não havendo precedentes anteriores.

Dispõe o art. 189, da Constituição de 1988, que os beneficiários da distribuição de imóveis rurais pela reforma agrária devem receber títulos de domínio ou de concessão de uso, inegociáveis pelo prazo de dez anos. Deve-se observar que a concessão de uso é o contrato administrativo, através do qual a Administração faculta ao particular o uso exclusivo de determinado bem público, para que o utilize de acordo com sua destinação específica. Tem caráter contratual e estável, realizado **intuitu personae**, conferindo ao titular da concessão um direito pessoal, intransferível para terceiros, a não ser que haja autorização pública. Pode ser oneroso ou gratuito, por tempo determinado ou indeterminado, inclusive admitindo as cláusulas exorbitantes, pois deve prevalecer o interesse público. No mesmo sentido, o **parágrafo único**, do referido artigo, dispõe que o título de domínio e a concessão de uso devem ser conferidos ao homem ou à mulher, ou a ambos, independentemente do estado civil, nos termos e condições previstos em lei. Os beneficiados pela distribuição de imóveis rurais, em decorrência da reforma agrária, são chamados de parceleiros pelo Estatuto da Terra, Lei Federal nº 4.504, de 30.11.1964, no seu art. 4º, VII.

4.2. Princípios Fundamentais da Constituição

Referem-se aos direitos e às garantias fundamentais os princípios da isonomia, legalidade, ampla defesa e contraditório. O princípio da isonomia começou a ganhar contornos com a famosa **Declaration des Droits de**

4 "Este preceito resulta do princípio da isonomia estabelecido de modo geral pela Constituição [...] O texto constitucional federal vigente [...] tem sua fonte na Lei Magna de 1967 (art. 150, § 1º), [...]" (PINTO FERREIRA. **Comentários à Constituição Brasileira: art. 1º a 21**. São Paulo: Saraiva, 1985, vol. 1, pp. 255-56).

L'Houme et du Citoyen, em 1789[5], em que estava preconizado, basicamente, que deveria haver a abolição dos privilégios pessoais. Por essa regra, todos são iguais perante a lei ou, pelo menos, merecem a mesma proteção da lei. Ao exigir-se a simples igualdade entre as pessoas frente à ordem jurídica, vedando que se crie tratamento legislativo diferente para idênticas ou assemelhadas situações fáticas, impede-se, em última análise, que o legislador trate desigualmente os iguais. O princípio da isonomia aplicado no processo administrativo, em razão do pensamento liberal no Brasil, traduz-se no sentido de que a Administração deve atuar considerando que a lei deve ser igual para todos os administrados ou, pelo menos, a igualdade jurídica para os iguais, não levando em consideração os aspectos sociais da igualdade[6].

Agassiz Almeida Filho expôs a base do pensamento sobre os princípios fundamentais e os princípios jurídicos, do seguinte modo:

> "Uma das pedras de toque das discussões constitucionais dos dias de hoje é a questão dos princípios jurídicos. O que é exatamente um princípio jurídico? Como deve ser interpretado? Qual a função que ele desempenha no momento de gerar integração entre as pessoas? Os princípios jurídicos contribuem para aumentar o poder dos juízes e que de modo o fazem ou deveriam fazê-lo? Essas perguntas não possuem – e provavelmente nunca as possuirão de fato – respostas definitivas desde o ponto de vista teórico e constitucional. Quer dizer, não conseguem obter o consenso necessário com base no sistema de valores e postulados que representam o Estado Constitucional, a ser entendido, para os fins do presente capítulo, como todo modelo de Estado estruturado por uma Constituição. Essas perguntas e suas respostas em permanente construção não impossibilitam, porém, que no Estado Constitucional os princípios jurídicos sejam considerados como absolutamente indispensáveis. Elas também não impedem que alguns dos problemas relacionados com os princípios jurídicos,

---

5 Prescreveu o art. 1º, da **Declaração dos Direitos do Homem e do Cidadão**, de 25.08.1789, que "**Les hommes naissent et demeurent libres et égaux en droits; les distinctions sociales ne peuvent être fondes que sur l'utilité commune**".

6 Ao analisar o problema do princípio da isonomia, Carlos Roberto de Siqueira Castro (**O Princípio da Isonomia e a Igualdade da Mulher no Direito Constitucional**, *op. cit.*, pp. 64-5) observou que o mesmo pode oferecer imensas e inexploráveis possibilidade de aplicação. Para ele, "no Estado liberal desenvolvido política e economicamente, por exemplo, a regra da igualdade perante a lei tem operado à guisa de vigoroso escudo de proteção ao indivíduo contra os excessos de intromissão na liberdade por parte de governos intervencionistas, caso em que o cânone isonômico passa a engrossar as fileiras da série de medidas e princípios garantidores da liberdade econômica formal nos sistemas de democracia capitalista. Pode-se também lançar mão do postulado igualitário para, com ele, obterem-se maiores conquistas no campo da justiça social, para tanto, emprestando-lhe um alcance renovado e consentâneo com a vocação humanista e socializante dos dias que correm, e desse modo desgarrando-o de suas origens e limitações burguesas".

> como o da forma adequada/objetiva de interpretá-los – sigam o caminho das reflexões de Santo Agostinho (*Confissões*) sobre o tempo: 'Que é, pois, o tempo? Se ninguém me pergunta, eu sei; mas se quiser explicar a quem indaga, já não sei'"[7].

A lei é a base dos atos da administração, de modo que não só ampara o particular, como serve também ao interesse público na defesa da norma positiva, visando-lhe garantir um caráter imparcial. Assim, todo processo administrativo deve ser fundamentado numa norma legal específica para garantir-lhe a legalidade objetiva, sob pena de invalidade, de acordo com a ótica do inciso II, do art. 5º, da Constituição de 1988 – "ninguém será obrigado a fazer ou deixar de fazer alguma coisa senão em virtude de lei".

Faça-se a distinção entre o princípio da legalidade, que significa a sujeição e subordinação do comportamento às normas e prescrições editadas através do processo legislativo. O princípio da reserva legal decorre deste outro, de que a atuação das pessoas está subordinada à lei, de modo que determinadas matérias só podem ser normatizadas mediante lei formal[8]. O regulamento que vai dispor sobre o processo administrativo, então deve ter suporte legal, deve observar se a matéria é disciplinada mediante lei formal e se limita a atuação da Administração ao cumprimento e observação das condições pré-determinadas pela legislação.

A garantia de ampla defesa é entendida como a oportunidade de contestar-se a acusação, produzir provas de seu direito, acompanhar os atos de instrução e utilizar os recursos cabíveis. Esse princípio encontra sua origem

---

7 ALMEIDA FILHO, Agassiz. **Princípios Fundamentais.** *In*: ALVIM, Eduardo Arruda, LEITE, George Salomão, e STRECK, Lênio (coords.). **Curso de Direito Constitucional.** Florianópolis: Tirant le Blanch, 2018, p. 115.

8 PONTES DE MIRANDA (**Comentários à Constituição do Brasil.** Rio de Janeiro: Forense, 1987, tomo V, 3ª ed., p. 3), com muita propriedade, afirmou que "quando se diz que só a lei pode impor fazer-se, ou deixar de fazer alguma coisa, quer-se exprimir que não importa qual o conteúdo do ato. Se ao Estado importa que se faça, ou não se faça **alguma coisa**, que o diga em lei. Naturalmente, há as regras jurídicas inferiores à lei que se editam administrativamente, pelo estado de necessidade, que se revela, mas ainda é questão de legalidade e de poderem, ou não ser editadas. Serão em virtudes de lei. O decreto somente pode vincular ao ato ou à omissão se cabe na competência do Presidente da República, ou do Governador, ou de Prefeito a regra jurídica que se decreta. Dá-se o mesmo a propósito dos regulamentos: com eles se regula, não se legisla. Não se falou de instruções, nem de avisos, nem de portarias. Com as instruções só se pode instruir. Com os avisos só se pode avisar. A portaria lembra a ordem ou mando ao porteiro, ou aos porteiros. Pensar-se que a Justiça pode atribuir à portaria o que só a lei é dado editar-se é pensar-se que os juizes possam esquecer textos claríssimos da Constituição de 1967: ninguém pode ser obrigado a fazer ou deixar de fazer alguma coisa senão em virtude da lei (art.153, § 2º)".

no **due processo of law** e foi incorporado pela Constituição Federal, no seu art. 5º, inciso LV[9]. O direito de plena defesa não fica evidenciado pelo que ocorre durante o processo ou no processo, devendo está previamente estabelecido quanto ao rito e às sanções legais, sendo asseguradas as condições para que a defesa possa ser ampla e justa. Por outro lado, o administrado ou o servidor público têm o direito de não se auto-incriminar, com base nesse princípio.

O direito de ampla defesa exige a bilateralidade, determinando a exigência do contraditório. Entende-se, com propriedade, que o contraditório está inserido dentro da ampla defesa, quase que com ela se confundido integralmente, na medida em que uma defesa não pode ser senão contraditória, sendo esta a exteriorização daquela. Frente a todo ato produzido, deve caber igual direito da outra parte de opor-se ou dar-lhe outra versão, que não a posta, ou, mesmo, dando outra interpretação jurídica diferente da feita pela acusação. Celso Ribeiro Bastos afirmou, com precisão, que decorreu "daí o caráter dialético do processo que caminha através de contradições a serem finalmente superadas pela atividade sintetizadora do juiz"[10]. Não basta o simples oferecimento de oportunidade para produção de provas, mas também a quantidade e a qualidade de defesa devem ser satisfatórias.

4.3. Princípios Administrativos Constitucionais

São princípios da administração pública, previstos no **caput**, do art. 37, da Constituição de 1988, os princípios da impessoalidade, moralidade e publicidade. O princípio da impessoalidade consiste na orientação obrigatória que a Administração deve ter quanto ao interesse público, afastadas todas e quaisquer inclinações ou interesses pessoais. Deve haver a demonstração

9 A Constituição Federal, no seu art. 5º, inciso LV, preceitua que "aos litigantes, em processo judicial ou administrativo, e aos acusados em geral são assegurados o contraditório e ampla defesa, com os meios e recurso a ela inerente". Esta fórmula tem resguardo na Declaração Universal dos Direitos do Homem, de 1948, art. XI, nº 1, que diz que: "Todo homem acusado de um ato delituoso tem o direito de ser presumido inocente até que a sua culpabilidade tenha sido provada de acordo com a lei, em julgamento público no qual lhe tenham sido asseguradas todas as garantias necessárias à sua defesa".

10 Celso Ribeiro Bastos (**Comentários à Constituição do Brasil**. São Paulo: Saraiva, 1989, vol. 2º, pp. 267-8), analisando o princípio da ampla defesa e do contraditório para o processo judicial e o administrativo, afirmou, ainda, que "de outra forma, nada obstante o fato de o procedimento administrativo disciplinar não ser guiado nos seus atos da mesma forma que o é o processo penal, algumas fases, contudo, são inafastáveis. Por exemplo, a ciência inicial da imputação ao acusado, a sua audiência e a produção de provas e contraprovas, dentre outras".

entre a finalidade buscada pelo legislador e os princípios do sistema legal sob pena de inconstitucionalidade[11]. Daí decorre que se pode utilizar tanto a expressão princípio da impessoalidade ou princípio da finalidade, pois deve estar presente a ideia de que os poderes da Administração precisam voltarem-se para as finalidades públicas. Na verdade, o que se busca é que a coisa pública ou a atividade pública não sejam apropriadas ou privatizadas, a função pública não pode ser desviada para o atingimento de finalidade pessoal contra o interesse geral da sociedade.

Maurice Hauriou[12] foi o responsável pela noção mais adequada da moralidade administrativa, entendida como o conjunto de regras de conduta tiradas da disciplina interior da Administração[13], reconhecendo como uma instituição finalisticamente orientada. No sentido de que os seus agentes, além de estarem submetidos à forma da lei, devem ter uma conduta profissional dentro dos padrões morais correntes. A moralidade administrativa está relacionada com a finalidade pública e, por conseguinte, não basta observar-se os aspectos da lei formal, mas também se no processo administrativo existe um compromisso com a honestidade e com o interesse público[14].

---

11 Carlos Roberto de Siqueira Castro (**O Devido Processo Legal e a Razoabilidade das Leis na Nova Constituição do Brasil.** 2ª ed. Rio de Janeiro: Forense, 1989, p. 160), em belíssima monografia sobre o **due process of law**, afirmou que: "Pode-se dizer, nesse sentido, que o princípio da igualdade, em sua conjugação, com a cláusula do **devido processo legal**, desempenha, em nível de controle meritório da legislação, papel semelhante àquele desenvolvido pela teoria francesa do desvio de poder (**détournement de pouvoir**), no que concerne à aferição da legalidade e da moralidade dos atos ditos discricionários da Administração Pública. Releva atentar, aqui, para a imperiosa necessidade de controle jurisdicional sobre o merecimento das classificações normativas, em particular quanto ao que respeite à sua **razoabilidade e racionalidade**, eis que não é suficiente, para a validade dos atos materialmente legislativos, a simples observância do processo constitucional ou legal pertinente à sua formação".

12 **Maurice Hauriou** (Ladville, 1856 - Toulouse, 1929) foi um jurista e sociólogo, considerado um dos mais importantes especialistas em direito administrativo, especificamente, em moral administrativa.

13 Maurice Hauriou (**Príncipes de Droit Public.** Paris: Librairie de la Société du Récueil. J.-B. Sirey & du Jornal de Palais, 1910, p. 485) afirmava, quanto à **moralité administrative**, que: **"Ainsi la puissance publique constitue l'armature morale de l'administration publique. Et, d'ailleurs, il est bien remarquable que tout le contrôle organisé au nom de la moralité administraive sur les actes administratifs soit sorti de la notion du pouvoir. Il se résume dans l'idée que l'acte administratif ne doit pas être entaché d'excès de pouvoir. L'acte est la manifestation d'un pouvoir supérieur et, justement parce qu'il est supérieur, ce pouvoir se doit à lui-même de se montrer correct. Supprimer le pouvoir dans l'acte administratif, serait supprimer le garantie du recours pour excès de pouvoir"**.

14 Ao analisar a admissão do princípio da moralidade administrativa na Constituição de 1988, Diogo de Figueiredo Moreira Neto (**Moralidade Administrativa: do Conceito à**

A preocupação com a realidade, no Brasil, é exigência da sociedade, frente aos descréditos com as ações dos administradores, dos parlamentares e dos magistrados.

O processo administrativo tem que seguir o princípio da publicidade[15], de modo a expor ao controle dos administrados a atuação pública[16]. O interessado deve ter acesso ao processo, o que significa ser citado ou intimado de todos os atos processuais, poder examinar e fazer anotações do que entender de seu interesse. Permite, inclusive, requerer certidão das peças que desejar, a não ser que o interesse público determine que haja o sigilo, hipóteses asseguradas pelos incisos XXXIII e LX, do art. 5º, da Constituição de 1988. É certo que este direito de acesso quando afrontar garantias constitucionais pode ser excepcionado, instaurando-se a sua tramitação de forma sigilosa. Isso ocorre quando no processo possam constar dados atinentes à intimidade da pessoa, direito consagrado pelo texto constitucional.

Dentre os principais princípios constitucionais, hoje, estão os princípios relativos ao processo administrativo, pois dizem respeito à relação do

---

Efetivação. *In*: **Revista de Direito Administrativa**. Rio de Janeiro: Renovar/Fundação Getúlio Vargas, 1992, nº 190, p. 8) definiu o conceito de moralidade, com base em Hauriou, nos seguintes termos: "trata-se de um sistema de moral fechada, própria da Administração Pública, que exige de seus agentes absoluta fidelidade à produção de resultados que sejam adequados à satisfação dos interesses públicos, assim por lei caracterizados e a ela cometidos".

---

15 "Publicidade, no sentido de que estamos tratando, não se resume ao problema da divulgação dos atos, que atina à existência e à eficácia deles. Decerto que qualquer ato em Direito, para existir, tem de possuir uma forma, é dizer, deve exteriorizar-se de algum modo. Nesse sentido, qualquer ato, mesmo em direito privado, só existe se lhe for dada alguma **publicidade.** Antes dela pode-se falar de intenção do sujeito de vontade psicológica, não de ato jurídico. Quando a doutrina e a legislação falam de publicidade na Administração Pública, normalmente fazem referência a esse sentido: examinam como ato deve ser notificado a seus destinatários: se através de publicação, se por intimação, etc. No entanto, convém insistir, essa **publicidade** não é algo exclusivo do direito público, mas se esparrama por todo o Direito. O que há de especial em relação ao Estado é a abrangência e a forma dessa divulgação. Nada mais" (SUNDFELD, Carlos Ari. **Princípio da Publicidade Administrativa (Direito de Certidão, Vista e Intimação).** *In*: **Revista de Direito Administrativo**. São Paulo: Renovar/Fundação Getúlio Vargas, 1995, nº 199, p. 98).

16 Os incisos XXXIII e LX, do at. 5º, da Constituição Federal dizem, respectivamente que: "Informação é poder. Quando a informação é do Estado, detentos de poder soberano na sociedade política, a publicidade dos comportamentos públicos e o seu conhecimento pelos cidadãos passam a ser direito fundamental do indivíduo" (ROCHA, Carmem Lúcia Antunes. **Princípios Constitucionais da Administração Pública**. Belo Horizonte: Del Rey, 1994, p. 243).

Estado com o cidadão[17]. O processo administrativo envolve os interesses públicos, bem como os interesses dos administrados e dos servidores públicos. Por conseguinte, dada a importância dos interesses em discussão, deve haver princípios gerais, previstos no texto constitucional, que dão os parâmetros que devem ser seguidos. São limites pelos quais a Administração Pública deve se pautar, seja para salvaguardar o patrimônio público, seja para assegurar a cidadania[18]. Pode-se constatar, portanto, que existem princípios comuns aos processos administrativos, pelos quais se devem nortear as ações do Estado. Os princípios mais relevantes são os da legalidade, impessoalidade, moralidade, publicidade, isonomia, ampla defesa, contraditório, oficialidade, verdade material, pluralidade de instância e informalismo.

Os princípios do processo administrativo podem ser divididos em três grupos. No primeiro, os princípios constitucionais relativos aos direitos e às garantias fundamentais, previstos em incisos do art. 5º, do texto constitucional, princípios da isonomia, da ampla defesa, do contraditório e da legalidade. No segundo, estão os princípios constitucionais da Administração, previstos no **caput** do art. 37, da Constituição de 1988, princípios da impessoalidade, da moralidade e da publicidade. Por último, existem os princípios do processo administrativo propriamente ditos, princípios da oficialidade, da verdade material, da pluralidade de instância e do informalismo.

4.4. Princípio da Isonomia, da Liberdade e da Legalidade

Dispõe a Constituição de 1988 no art. 5º, que todos são iguais perante a lei, sem distinção de qualquer natureza, garantindo-se aos brasileiros e aos estrangeiros residentes no Brasil a inviolabilidade do direito à vida, à liberdade, à igualdade, à segurança e à propriedade. Tratavam-se dos direitos individuais, principalmente da liberdade de ir e vir[19], de associação

17 Ver: COELHO, Inocêncio Mártires. **Konrad Hesse: uma nova crença na Constituição.** *In*: **Revista de Direito Público.** São Paulo: Revista dos Tribunais, out.-dez./1990, nº 96/167, e **Doutrinas Essenciais: Direito Constitucional (Edições Especiais Revista dos Tribunais: 100 Anos)**. 2ª tir. São Paulo: Revista dos Tribunais, 2013, vol. I, p. 89.

18 Ver: SANTOS SAES, Wandimara Pereira. **Colisão de Direitos Fundamentais – Princípio da Dignidade Humana como Critério Material de Ponderação.** *In*: **Revista de Direito Constitucional e Internacional.** São Paulo: Revista dos Tribunais, jul./2011, nº 76/115, e **Doutrinas Essenciais: Direito Constitucional (Edições Especiais Revista dos Tribunais: 100 Anos)**. São Paulo: Revista dos Tribunais, 2015, vol. VII, p. 707.

19 Ver: STEINMETZ, Wilson. **Direito à Liberdade de Locomoção: um escorço de interpretação constitucional.** *In*: **Revista de Direito Constitucional e Internacional.** São Paulo: Revista dos Tribunais, abr.-jun./2013, nº 83, p. 163, e **Doutrinas Essenciais: Direito Constitucional (Edições Especiais Revista dos Tribunais: 100 Anos)**. 2ª tir. São Paulo: Revista dos Tribunais, 2015, vol. VIII, p. 893.

e de reunião, bem como da liberdade de pensamento e de credo religioso. Depois, estes direitos foram estendidos para as questões relativas ao processo penal e à integridade física dos presos e apenados. Com o tempo, os direitos passaram a ter conteúdo social, como o direito à propriedade, que se encontra hoje condicionado à sua função social.

Para muitos, pode ser considerada insuficiente a igualdade formal, pois ela asseguraria apenas o tratamento formal igual, sem garantir melhores condições sociais. Para o novo liberalismo norte-americano, a igualdade, em um regime de mercado, pode oferecer a igualdade de oportunidade, ou seja, os mais pobres e discriminados teriam escolas e saúde pública, para que pudessem ascender socialmente. O Supremo Tribunal Federal, no RE 597.285/RS, tendo por Relator o Ministro Ricardo Lewandowski, entendeu que é constitucional fixar cota para alunos, por ostentarem características peculiares à cor, etnia, classe social ou por serem oriundos de escolas públicas[20]. Assim, em parte, haveria igualdade material. O princípio da isonomia traduz-se no sentido de que a lei é igual para todos ou, pelo menos, há igualdade jurídica para os iguais, não levando em consideração os aspectos sociais da igualdade.

A igualdade prevista nesse inciso é relativa à igualdade formal, mas tem dimensão suficiente para, interpretada com outros princípios do texto constitucional, falar da igualdade de oportunidade, com melhor nivelamen-

20 "**Sistema de Cotas**. Algumas universidades públicas em nosso país adotam sistemas de cotas. Por meio deste **sistema, alguns alunos, por ostentarem características peculiares ligadas à cor, etnia, classe social ou por serem oriundos de escolas públicas têm direito a um percentual de vagas que não é submetido à concorrência ampla**. O Supremo Tribunal Federal afirmou que, em regra, esse sistema de cotas é constitucional. Nesse sentido: O sistema de cotas em universidades, com base em critério étnico-racial, é CONSTITUCIONAL. **É também constitucional fixar cotas para alunos que sejam egressos de escolas públicas**. STF. Plenário. RE 597285/RS, Rel. Min. Ricardo Lewandowski, julgado em 9/5/2012. **Cotas para alunos de escolas públicas de determinado Estado/DF**. O Distrito Federal editou a Lei Distrital nº 3361/2004 afirmando **que 40%** das vagas das universidades públicos deveriam ser reservadas para alunos que estudaram em escolas públicas do próprio Distrito Federal (excluindo, portanto, alunos de escolas públicas de outros Estados da Federação). Veja: Art. 1º As universidades e faculdades públicas do Distrito Federal ficam obrigadas a reservar, em seus processos seletivos, no mínimo, 40% (quarenta por cento) das vagas por curso e por turno, para os alunos que comprovem ter cursado integralmente os ensinos fundamental e médio em escolas públicas do Distrito Federal. A parte final deste art. 1º, ao limitar a cota apenas aos alunos que estudaram no Distrito Federal, viola o art. 3º, IV e o art. 19, III, da CF/88. O art. 3º, IV, da Constituição Federal de 1988 proíbe o preconceito decorrente do critério de origem. Ver: Art. 3º Constituem objetivos fundamentais da República Federativa do Brasil" (ABNC).

to social. O dispositivo destaca, ainda, que a igualdade é para homens e mulheres, sem se limitar a fazer referência ao gênero, homem, mas destacando a importância da mulher e o pleno reconhecimento de sua equivalência em relação aos homens. A cada dia que passa, apesar de haver ainda muita discriminação sexual, tende-se a reconhecer à mulher, não só no mercado, mas também nos órgãos públicos, a igual capacidade em relação aos homens.

O princípio da legalidade é fundamental para o Estado de Direito, porque contempla duas vertentes do problema. De um lado, o Poder Público, que quer o reconhecimento de sua competência e a executoriedade de suas decisões. Do outro lado, estão os cidadãos, que pretendem assegurar diversas garantias constitucionais para fazer frente ao arbítrio estatal. A lei, então, representa a vontade do Estado, que assim traduziria a vontade geral. Na sua formação, antes ou durante o processo legislativo, a lei tem forte conteúdo político e social, sendo em geral discutida e objeto de lutas e embates. Quando ela emerge desse processo, sendo sancionada ou promulgada e, depois, publicada em órgão oficial, assume seu verdadeiro aspecto jurídico, de norma geral e abstrata, não específica de ninguém, mas de todos os cidadãos.

A legalidade tem como aspecto marcante, em primeiro lugar, certa hierarquia entre os dispositivos legais. Existe hierarquia entre a Constituição Federal e as Emendas Constitucionais, que podem ser consideradas inconstitucionais, do mesmo modo que as leis complementares, as leis ordinárias, as medidas provisórias, as leis delegadas, os decretos legislativos e as resoluções. Estas últimas estão no mesmo plano, apenas o texto constitucional indica a competência específica de cada uma. Existe exigência de quórum especial para as leis complementares, como a maioria absoluta, mas isto não lhes faz superiores às leis ordinárias. Por outro lado, os demais dispositivos têm destinação constitucional específica e a ela se deve restringir.

Existem, ainda, as chamadas leis em sentido material, que podem ser os tratados, as convenções, os decretos e as normas complementares. De acordo com nossa tradição, os tratados e as convenções necessitam da aprovação do Congresso Nacional, no art. 49, I, Constituição de 1988, para só aí passarem a ter validade em nosso território. Os decretos, principalmente quando tratam de regulamentos de tributos, mas também quando versam sobre processo administrativo e outras normas que impliquem na restrição de direitos individuais e coletivos, têm maior elasticidade quanto à normatização. Às vezes, então, não se restringem a explicar a lei, sempre geral e abstrata, quase criando direito novo, sem base legal.

Apesar de estar expresso que só a lei em sentido estrito tem competência para criar, modificar ou extinguir direito, ainda assim, através de diversos atos infralegais, tenta-se mudar esta assertiva. É mais complicado, ainda, em relação às normas complementares. No dia a dia, principalmente em matéria financeira e tributária, a Administração tende a expedir portarias, circulares, resoluções, ofícios e outros atos administrativos, para explicar o direito. Ocorre, porém, que constantemente se cria, modifica e extingue direito, sem a garantia constitucional da exigência de lei em sentido formal, em que foi observado o processo legislativo constitucional. O cidadão deve, então, ter muito cuidado para não ser espoliado em seus direitos, em razão da normatização exacerbada do Executivo, que acaba usurpando competência do Legislativo.

É interessante observar como, no direito tributário e bancário, os fatos econômicos precedem aos fatos jurídicos, havendo certa letargia em aqueles serem de imediato traduzido por esses. Determinadas operações bancárias, nem sempre transitáveis em um contrato formal, existem no mundo econômico e social, sem estar vertidas em lei que as discipline. O mesmo se dá quando a Receita Pública vai tentar enquadrar certa transação comercial como um determinado fato gerador, descrito anteriormente ao fato em fiscalização, nem sempre o conseguindo, por se tratar de fato novo e independente do anterior, com premissas específicas. A ineficiência do processo legislativo, como meio de prover o mundo jurídico de boas normas, não pode justificar a procura constante da Administração de ignorar a lei e passar a criar direito, com o seu arsenal de atos administrativos. Quando tal situação chegar, já não haverá mais Estado de Direito. Em razão da importância do princípio da legalidade, clássico em direito constitucional, já dispôs sobre a matéria a Constituição de 1824, no art. 179, nº I. No mesmo sentido, as Constituições de 1946, no art. 141, § 2º, e de 1967, no art. 150, § 2º, além da Emenda Constitucional nº 1, de 17.10.1969, no art. 153, § 2º.

A justificativa para a formação de um pacto social, de edificar um Estado estava em que os homens abririam mão de seus direitos individuais e coletivos, em troca da garantia da segurança, oferecida pelo Poder Público. Esta garantia compreendia o esforço em preservação da vida e da integridade física. Por conseguinte, maior era a responsabilidade da segurança pública em garantir que aqueles que se encontrassem sob sua tutela tivessem assegurados que não podiam ser submetidos à tortura ou a tratamento desumano ou degradante. Por isto, hoje, a tortura é considerada um crime hediondo e, por conseguinte, são cancelados vários privilégios àqueles que a cometem. Trata-se de dispositivo não previsto nos outros textos constitucionais, sendo inovação da Constituição de 1988, em virtude das más recordações dos anos de repressão política e violência física, no Regime Militar instalado, em 1964, que só teve fim em definitivo com este texto constitucional.

4.5. Liberdade de Pensamento, de Expressão e de Associação

Os incisos IV a IX do art. 5º, da Constituição de 1988, tratam, como um todo, dos princípios da tolerância e da liberdade de pensamento e de religião. Foram direitos civis essenciais para a conquista da liberdade política, porque comprometeram os cidadãos, que passaram a lutar por eles e não apenas esperar o seu recebimento. Os primeiros dispositivos legais a tratarem da matéria estavam no **Act of Tolerance** e no **Bill of Rights**, ambos de 1689, em que a Revolução Gloriosa, na Grã-Bretanha, assegurava tais prerrogativas a seus cidadãos, já sem as restrições em função do credo religioso. Tratou-se de passagem fundamental, não só para garantir o respeito às demais religiões, mas também como forma de permitir a formação da opinião pública, conjunto de impressões que predominam em dada sociedade.

Fica assegurada a liberdade de pensamento e sua livre manifestação[21], direito clássico das liberdades públicas. O direito de resposta, bem como a indenização por dano material, moral ou à imagem, foi novidade da Constituição de 1988, que permitiu que o direito brasileiro, nessa matéria, passasse a se igualar aos demais países desenvolvidos[22]. Impediu, ainda, que a imprensa tivesse o poder de destruir as pessoas, sem que isto implicasse em qualquer responsabilidade civil. Existem momentos, porém, que a liberdade de pensamento e de livre manifestação entra em conflito com outros direitos, como no caso de se publicar um livro que possa ter conteúdo ofensivo por crença ou religião, como no caso "Jonas Abib", no Supremo Tribunal Federal"[23].

---

21 "**Marcha da maconha**: livre manifestação de pensamento (ADPF 187)▯ (ABNC).

22 Ver: BASTOS, Celso Ribeiro. **A Liberdade de Expressão e a Comunicação Social.** *In*: **Revista de Direito Constitucional e Internacional.** São Paulo: Revista dos Tribunais, jul.-set./1997, nº 20/48, e **Doutrinas Essenciais: Direito Constitucional (Edições Especiais Revista dos Tribunais: 100 Anos).** São Paulo: Revista dos Tribunais, 2015, vol. VIII, p. 823.

23 "RACISMO Análise do caso 'Jonas Abib' **Determinado padre escreveu um livro,** voltado ao público da Igreja Católica, **no qual ele faz críticas ao espiritismo e a religiões de matriz africana, como a umbanda e o candomblé.** O Ministério Público da Bahia ofereceu denúncia contra ele pela prática do art. 20, § 2º da Lei nº 7.716/89 (Lei do racismo). No caso concreto, o **STF entendeu que não houve o crime.** A Constituição Federal garante o direito à liberdade religiosa. **Um dos aspectos da liberdade religiosa é o direito que o indivíduo possui de não apenas escolher qual religião irá seguir, mas também o de fazer proselitismo religioso. Proselitismo religioso significa empreender esforços para convencer outras pessoas a também se converterem à sua religião.** Desse modo, a **prática do proselitismo, ainda que feita por meio de comparações entre as religiões (dizendo que uma é melhor que a outra) não configura, por si só, crime de racismo. Na situação concreta, o STF entendeu que o réu apenas fez comparações entre as religiões, procurando demonstrar que a sua deveria prevalecer e que não houve tentativa de subjugar os adeptos do espiritismo.** Pregar um discurso de que as religiões são desiguais e de que uma é inferior à outra não configura, por si, o elemento típico do art. 20 da Lei nº 7.716/89. **Para haver o crime, seria indispensável que tivesse ficado demonstrado o especial fim de supressão ou redução da dignidade do diferente, elemento que confere sen-**

Foi assegurada também a liberdade de consciência, de crença e de exercício religioso, bem como garantida a prestação de assistência religiosa em entidades de internação coletiva. Fica garantido que ninguém pode ser privado de direitos, por motivo de crença religiosa ou de convicção filosófica ou política. Por outro lado, criou-se a prestação alternativa ao serviço militar, mas dele ninguém pode se eximir, mesmo alegando motivo religioso ou político. Por fim, foi garantida a liberdade de expressão, livre da censura ou licença que, ainda que não se toque no dispositivo constitucional, vem sofrendo constantes atentados, com a possibilidade concreta de restrição a essa liberdade. Na verdade, existe uma pretensão de se voltar a usar a censura pelo Governo Federal.

A matéria do inciso IV do art. 5º da Constituição de 1988 foi tratada pela Constituição de 1824 (art. 179, nº 4), bem como pelas Constituições de 1891 (art. 72, § 12), de 1934 (art. 113, nº 9), de 1937 (art. 122, nº 15), de 1946 (art. 141, § 5º) e de 1967 (art. 150, § 8º). Já o inciso V do art. 5º foi inovação da Constituição de 1988. Por outro lado, o inciso VI do art. 5º estava previsto na Constituição de 1824 (arts. 5º e 179, nº 5), assim como nas Constituições de 1891 (art. 72, § 3º), de 1934 (art. 113, nº 5), de 1937 (art. 122, nº 4), de 1946 (art. 141, § 7º) e de 1967 (art. 150, § 5º). Não obstante, o inciso VII do art. 5º da Constituição Federal foi tratado apenas nas Constituições de 1934 (art. 113, nºs 4 e 9), de 1937 (art. 113, nºs 4 e 9), de 1946 (art. 141, § 5º) e de 1967 (art. 150, § 6º). O art. 5º, VIII, da Constituição Federal, todavia, estava previsto na Constituição de 1824 (art. 179, nºs 4 e 5), de 1891 (arts. 72, parágrafos 3º, 12, 28 e 29), de 1934 (art. 113, nºs 4 a 6 e 9), de 1937 (art. 122, nºs 4 e 15), de 1946 (art. 141, parágrafos 5º, 7º e 9º) e de 1967 (art. 150, parágrafos 5º e 8º). Por fim, foi estabelecida a matéria do inciso IX do art. 5º, na Constituição de 1824 (art. 179, nºs 4 e 5), bem como nas Constituições de 1891 (art. 72, parágrafos 3º, 12, 28 e 29), de 1934 (art. 113, nºs 4 a 6 e 9), de 1937 (art. 122, nºs 4 e 15), de 1946 (art. 141, parágrafos 5º e 7º a 9º) e de 1967 (art. 150, parágrafos 5º a 8º).

A liberdade de locomoção implica, também, o direito de os cidadãos se reunirem pacificamente, sem armas, independente de autorização. Deste modo, é preciso apenas que não se frustre reunião anteriormente marcada, para que tal direito seja amplamente efetuado. Apesar de haver alguma agressividade dos manifestantes, desde que não firam os demais cidadãos, a reunião não pode ser dissolvida. Dispôs sobre a matéria as Constituições de 1891 (art. 72, § 8º), de 1934 (art. 113, nº 11), de 1937 (art. 122, nº 10), de 1946 (art. 141, § 11), bem como a de 1967 (art. 150, § 27). O desarmamento

---

tido à discriminação que atua como verbo núcleo do tipo. STF. 1ª Turma. RHC 134682/BA, Rel. Min. Edson Fachin, julgado em 29/11/2016 (Info 849)" (ABNC).

foi tratado na Lei Federal nº 10.931, de 02.08.2004, restringindo bastante o porte de arma. No entanto, o Presidente da República empossado, em 2019, insiste em facilitar o acesso às armas, sem explicitar seu propósito.

A liberdade de associação trata-se de um direito civil essencial para a democracia, porque reconhece não só a liberdade de associação, mas também a possibilidade de instituí-la livremente. Não obstante, não consta dos direitos estampados na Declaração do Homem e do Cidadão de 1789, estando omissa quanto a essa matéria. Na verdade, trata-se de uma reação do liberalismo econômico frente à possibilidade de associação dos trabalhadores. Foi preciso que, ao longo do século XIX, os cidadãos procurassem se unir, às vezes perseguidos pela polícia, para que este direito fosse consagrado. Na Constituição de 1824, por exemplo, não constou tal dispositivo, havendo menção dele apenas com a Constituição de 1891, no art. 72, § 8º, registrando a mudança que ocorreu nesse século. Assim também se manifestou nas Constituições de 1934 (art. 113, nº 12), de 1937 (art. 122, nº 9), de 1946 (art. 141, § 12) e de 1967 (art. 150, § 28). Na Emenda Constitucional nº 1, de 17.10.1969, o dispositivo estava no art. 153, § 28.

É assegurada, inicialmente, a plena liberdade de associação para fins lícitos, posto que a associação para fins criminosos é o tipo penal formação de quadrilha, hoje associado ao crime organizado. Ao mesmo, também fica garantido que ninguém possa ser obrigado a se associar ou a assim permanecer. Por outro lado, procura-se desvincular a associação de qualquer tutela estatal, estando submetida apenas ao Poder Judiciário. Assim, preserva-se a garantia de que os cidadãos têm amplo direito de se associar e criar associação que represente seus direitos. Dispôs sobre a matéria a Constituição de 1891 (art. 72, § 8º), de 1934 (art. 113, nº 12), de 1937 (art. 122, nº 9), de 1946 (art. 141, § 12) e de 1967 (art. 150, § 28).

O Código Civil de 2002, em seu art. 44, dispõe que são pessoas jurídicas de direito privado "as associações, as sociedades e as fundações". O começo da existência legal destas inicia-se "com a inscrição do ato constitutivo no respectivo registro, precedida, quando necessário, de autorização ou aprovação do Poder Executivo, averbando-se no registro todas as alterações por que passar o ato constitutivo", no art. 45. Foi estabelecido, ainda, que se a pessoa jurídica tiver administração coletiva, as decisões são tomadas pela maioria de votos dos presentes, salvo se o ato constitutivo dispuser de modo diverso, no art. 48. Importante novidade foi a possibilidade de aplicação às pessoas jurídicas, no que couber, da proteção dos direitos da personalidade, no art. 52. A característica inicial das associações é a reunião de pessoas que se organizam para fins não-econômicos, no art. 53, sendo-lhes atribuído o Capítulo II do Título II, Das Pessoas Jurídicas, do Código Civil de 2002, nos arts. 53 a 61.

A significativa mudança na ordem jurídica foi o permissivo constitucional, do art. 5º, XXI, da Constituição de 1988, para que as entidades associativas, quando expressamente autorizadas, tenham legitimidade para representar seus filiados judicial ou extrajudicialmente. A matéria não constava em outras Constituições Brasileiras sendo agora pela primeira vez observada, ainda que se procure um vínculo com o disposto no art. 160, V, da Constituição de 1967, que reprimia o abuso do poder econômico. Trata-se de uma mudança radical, na forma de apresentar uma solução corajosa e inovadora, de permitir que as associações possam representar categorias, em busca de interesses específicos, principalmente referentes à vantagem contra o Fisco, a Previdência Social e a Administração. Reduziu-se, assim, o uso cansativo e ultrapassado de grupos de litisconsortes ativos ou passivos para a associação, havendo uma autorização expressa, como uma assembleia geral ou uma reunião de conselho pleno de órgão colegiado. Foi medida com base no princípio da economia processual, mas que tem ampla repercussão social, trazendo para o mundo jurídico cidadãos normalmente indiferentes e temerosos de qualquer contenda contra órgão do Poder Público.

4.6. Imprensa e Resposta na Constituição

A liberdade de imprensa é uma locução que resulta de dois substantivos marcantes, pois representam importantes conceitos sociais e econômicos. A liberdade vem a ser entendida, em caráter mais amplo, como a faculdade de cada um decidir ou fazer algo de acordo com sua própria vontade e, em sentido jurídico, como a possibilidade de se fazer tudo que não seja vedado por lei de ou regulamento[24]. Por outro lado, a imprensa pode ter significados diversos, sendo considerada, entre outros conceitos como podendo ser a máquina de imprimir, o conjunto de jornais e revistas periódicas, os jornalistas como um grupo e as atividades de empresas e cooperativas voltadas à divulgação de notícias. O Supremo Tribunal Federal, na ADI 4815/DF, tendo por Relatora a Ministra Cármen Lúcia, entendeu que é desnecessária a autorização prévia do biografado para publicação de livro ou para divulgação na imprensa[25].

---

24 Ver: NEVES, Rodrigo Santos. **O Direito à Imagem como Direito da Personalidade.** *In*: **Revista dos Tribunais.** São Paulo: Revista dos Tribunais, out./2013, nº 936/21-39, e **Doutrinas Essenciais: Direito Constitucional (Edições Especiais Revista dos Tribunais: 100 Anos).** São Paulo: Revista dos Tribunais, 2015, vol. VIII, p. 545.

25 "**Biografias: desnecessidade de autorização prévia do biografado.**
Para que seja publicada uma biografia NÃO é necessária autorização prévia do indivíduo biografado, das demais pessoas retratadas, nem de seus familiares. Essa autorização prévia seria uma forma de censura, não sendo compatível com a li-

A liberdade de imprensa trata do direito concedido a todos os cidadãos e instituições de publicar matérias, notícias ou comentários sem necessidade de autorização ou de censura prévia, limitadas apenas pelos abusos. O conceito de imprensa acaba unindo aspectos quantitativos, com características qualitativas e de valor. No primeiro sentido, representa o conjunto de jornais e de outros meios de comunicação, englobando vários tipos e finalidades; no outro, representa uma estrutura institucional que tem a dimensão de ser instrumento de difusão e de expressão cultural. Neste aspecto, foi tratado por determinado pensamento de esquerda, como um aparelho de superestrutura, sendo uma típica instituição de sociedade civil.

As manifestações intelectuais, artísticas e cientificas são formas de difusão e de manifestação do pensamento, no entender de Sidney Cesar Silva Guerra, sendo a liberdade de imprensa um de suas mais importantes exteriorizações[26]. A imprensa vem a ser o meio de comunicação de massa formada pelos conjuntos de publicações jornais, revistas, periódicos, rádio, televisão e internet que divulgam informações, imagens e sons sobre o que ocorre na cidade, no local, no país e no mundo, inclusive com propagandas e divulgações de interesse pessoa, do cidadão e da comunidade. A liberdade que lhe é relativa permite que através de todos estes veículos se noticiem os fatos e se divulguem comentários, sem que haja uma autorização prévia.

A liberdade de imprensa se insere entre os direitos obtidos através das revoluções burguesas que aconteceram, nos séculos XVII e XVIII, em especial na Grã-Bretanha, nos Estados Unidos e na França. Nesta, em 1789, foi assegurada de forma expressa a proteção à imprensa, sob a forma de liberdade de pensamento ou de manifestação, para que se pudesse noticiar os ocorridos e publicar os comentários sobre os fatos e os pensamentos. Tratou se de significativo avanço para a sociedade, ao permitir que as pessoas pudessem ter conhecimento das notícias recentes e obterem informações com aspectos diversos.

berdade de expressão consagrada pela CF/88. As exatas palavras do STF foram as seguintes: '**É inexigível o consentimento de pessoa biografada relativamente a obras biográficas literárias ou audiovisuais, sendo por igual desnecessária a autorização de pessoas retratadas como coadjuvantes ou de familiares, em caso de pessoas falecidas ou ausentes**'. Caso o biografado ou qualquer outra pessoa retratada na biografia entenda que seus direitos foram violados pela publicação, terá direito à reparação, que poderá ser feita não apenas por meio de indenização pecuniária, como também por outras formas, tais como a publicação de ressalva, de nova edição com correção, de direito de resposta etc. STF. Plenário. ADI 4815/DF, Rel. Min. Cármen Lúcia, julgado em 10/6/2015 (Info 789)" (ABNC).

26 GUERRA, Sidney Cesar Silva. **A Liberdade de Imprensa e o Direito à Imagem.** Rio de Janeiro: Renovar, 1999, p. 10.

A liberdade de imprensa corresponde ao direito de livre manifestação do pensamento através do conjunto de meios de comunicação. Como todo direito, não possui limites expressos, procurando-se um equilíbrio natural entre a sua divulgação e a possibilidade de ofender-se alguém, provocando-lhe dano em sua honra, imagem e patrimônio. O uso dessa liberdade é plenamente livre na sua divulgação, mas deve estar preparada para responder pelos abusos quem os provocar.

Pode-se afirmar que existe uma boa imprensa, sendo esta entendida como integrando os órgãos que divulgam as matérias, acabando em resultar em avanços na cidadania, como foi o caso da imprensa abolicionista, no Brasil, na segunda metade do século XIX. Foi o trabalho de ardorosos jornalistas e personalidades que utilizaram o espaço tolerado pelo regime imperial, para divulgar a causa da abolição da escravatura, no último país das Américas a fazê-lo. Engloba órgãos pequenos, de circulação local, seja em um pequeno Município ou em determinado bairro de uma metrópole. Envolve também os grandes veículos de comunicação, que no país concentram-se no Sudeste, em especial no Rio de Janeiro e em São Paulo, tanto os jornais tradicionais, como as emissoras de televisão, e de rádio, de portais e de blogs, todos estes podem prestar serviços à comunidade, divulgando informações e orientando a cidadania.

A imprensa foi criada para ter a função de divulgar os fatos e de registrar as opiniões. Por conseguinte, pode-se falar que ela possui uma determinada missão, qual seja a de buscar a verdade e de procurar não agredir terceiros, com distorções dos fatos ou inversões de responsabilidade. A verdade não é algo tão fácil de ser encontrada, pois a descrição em conformidade com o real, com exatidão demonstra-se sempre difícil. Deve-se procurar registrar os acontecimentos com isenção de espírito e tranquilidade, sem esconder nada ou mudar o sentido das coisas. Por outro lado, vem a ser necessária a delimitação entre o que é possível dizer e sobre o que se necessita silenciar, sendo tudo envolvido com a honra, a dignidade e a imagem. Precisa existir um meio que impeça os abusos da imprensa, que distorce sua missão, sendo servil aos poderosos ou comportando-se como pasquins chantagistas.

O jornalista e o jornal em que publica devem ter a responsabilidade de procurarem ser os mais isentos possíveis e democráticos, permitindo que diferentes grupos possam se pronunciar sobre os assuntos registrados ou discutidos. Cabe ao profissional e ao meio de comunicação que procurem apurar os fatos, selecionando-os e os difundindo com ética, no âmbito de ideias, ocorrências e informações gerais. A divulgação precisa ter como base a veracidade, a exatidão, a clareza e a oportunidade. De modo que este venha a ser um dos principais meios de controle da imprensa, fazendo com que ela sinta que não pode abusa, denegrindo as pessoas ou alterando os fatos noticiosos. O controle inicial é o direito de resposta, em que a imprensa tem de publicar ou dar notícia com a mesma dimensão e destaque em que saiu o abuso questionado, tratado na não recepcionada Lei de Imprensa, no seu Capítulo IV.

A liberdade de imprensa foi uma conquista, iniciada no final do século XVIII, que ainda hoje encontra dificuldade para se estabelecer em todas as nações do planeta. Não obstante, existe uma necessidade de se criar meios para controlar os excessos, em que o dano pode ter uma natureza administrativa, civil ou penal, com o fim de evitar o abuso dessa liberdade. No direito nacional, existia a exigência de registro, sendo este o meio de controle da atividade de imprensa, previsto na Lei Federal nº 5.250, de 09.02.1967. Encontra-se a matéria tratada no Capítulo II, desta legislação, nos arts. 8º ao 11, que o Supremo Tribunal Federal entendeu como não recepcionada, na ADPF 130, julgada, em 2009.

É preciso que haja uma ética profissional, que possa controlar os meios de comunicação, através de sistemas autorreguladores, em que se criaria um ouvidor nas empresas para evitar os excessos e limitar a possibilidade de dano. Enquanto não se chega a tal situação, em que os próprios órgãos teriam condições de efetuar uma regulação interna, procurando chegar à verdade e expondo com liberdade de contestação aos seus pontos de vista, que pode e deve ter controle externo. Precisa haver a instituição de um código de ética do jornalismo e da imprensa que evite que as pessoas tenham sua vida destruída apenas porque um veículo de comunicação expôs um fato não verdadeiro.

Não pode haver abuso na liberdade de imprensa, mas não deve ocorrer uma regra que impeça de fato a livre manifestação de pensamento. Aliás, no jornal mora a polêmica e o debate, de forma que se assegure um espaço amplo para a liberdade de crítica, para a discordância e para o debate. O pensamento é dialético, sendo resultado do conflito de opiniões e de pensamentos, de modo que a sociedade precisa ter liberdade para receber estas questões, quando adquire o veículo de comunicação. Por outro lado, não se pode trocar a noção de direito com a suscetibilidade, em que se alega a ofensa quando apenas existe a descrição da verdade. A honra é um valor humano importante não só no aspecto da cidadania, mas também quanto a existência pessoal, sendo sadio e importante, ao passo que o amor próprio ferido é apenas um pensamento mesquinho.

A honra pode ser afrontada, quando um dos veículos de comunicação, mentindo ou invertendo os fatos, comete injúria, difamação e calúnia[27]. A

---

27 MENDES, Gilmar Ferreira. **Colisão de Direitos Fundamentais: liberdade de expressão e comunicação e direito à honra e à imagem.** *In*: **Revista Tributária e de Finanças Públicas**. São Paulo: Revista dos Tribunais, out.-dez/1993, nº 5/16-20, e **Doutrinas Es-**

injúria é a ofensa à dignidade ou ao decoro; desde que não haja a ação reprovável do ofendido ou quando ocorra a retorsão imediata, na verdade, outra injúria. Por sua vez, a difamação vem a ser imputar fato ofensivo à reputação do difamado, sendo possível a exceção da verdade no caso de funcionário público e da ofensa relacionar-se ao exercício de suas funções. Por fim, a calúnia se trata do fato de imputar alguém fato definido como crime, inclusive quem propala ou divulga a informação, sabendo-a falsa, possibilitando ainda a exceção da verdade de forma mais ampla.

A ofensa ocorre quando existe a divulgação nos veículos de comunicação, ainda que a notícia possa ver verdadeira, mas existe exagero, ofensa ou distorção dos fatos. O exagero na descrição de um episódio, quando vertido de dolo, altera a verdade, ampliando a explanação detalhada da situação, com ironia e sarcasmo, expondo o fato ao ridículo o ofendido, mudando os detalhes da ocorrência ou expondo ao desprezo público como ensinou Darcy Arruda Miranda[28]. A afronta se trata da divulgação de informação que vise uma pessoa ou uma instituição pública ou privada, com o fim expresso de lhe ofender a honra alheia.

A violação dos limites permitidos à liberdade de imprensa e, ainda, ao direito de opinião resulta em abuso punível. A personalidade tem, em sua esfera de atuação, a integridade moral e a defesa contra o abuso. Na não recepcionada Lei de Imprensa, a liberdade de manifestação do pensamento e o direito à informação, previsto no art. 1º, **caput**, encontravam-se condicionados pelas limitações tratadas no § 1º, quando à propaganda de guerra, ao processo de subversão da ordem política e social ou ao preconceito de raça ou de classe. Existem as exceções do § 2º do art. 1º, da lei acima, excluindo-se da liberdade de manifestação do pensamento e do direito à informação os espetáculos e as diversões públicas sujeitos à censura. Incluiu-se nessa situação, ainda, o período de vigência do estado de sítio, quando haveria sujeição à censura dos jornais, periódicos, empresas de radiodifusão e agências noticiosas. Trata-se de dispositivo que não foi recepcionado pela Constituição de 1988, pois, o inciso IX do art. 5º do texto constitucional, assegura a livre expressão da atividade intelectual, artística, científica e de comunicação, independente de censura ou licença.

A existência ou não de um fato, um comentário ou uma crítica podem indicar a violação à liberdade de imprensa. O abuso pode resultar em ofen-

---

senciais: Direito Constitucional (Edições Especiais Revista dos Tribunais: 100 Anos). São Paulo: Revista dos Tribunais, 2015, vol. VIII, p. 479.

28 MIRANDA, Darcy Arruda. **Comentários à Lei de Imprensa.** 2ª ed. São Paulo: Revista dos Tribunais, 1994, tomo 1, p. 67.

sa, que se manifesta em três níveis, no âmbito penal, no civil ou na resposta. A gravidade da afronta pode levar a caracterizar o fato com um tipo penal, naqueles descritos na não recepcionada Lei de Imprensa, que tratava dos abusos ao exercício da liberdade de manifestação e pensamento e do direito à informação. Podia resultar em dano moral, que violasse a honra e a integridade moral, o que sujeitava ao pagamento do dano material e do imaterial o responsável.

Existem situações em que, frente a injusta agressão, atual ou iminente, usando moderadamente dos meios necessários, a direito seu e de outrem, o ofendido repele a mesma. Trata-se de uma excludente de antijuridicidade, no direito penal, porque não é considerado crime, pois lhe é excluído o aspecto de que fere a lei, por ter a característica de reação ao agressor. A legítima defesa diz-se que se trata de um direito natural, relativo à própria personalidade humana.

A verdade deve ser a meta principal que o veículo de imprensa deve procurar e efetuar, quando divulga sua pauta de redação. Como disse Freitas Nobre, pode resultar em que a resposta seja condutora da verdade, "capaz de restituir ao fato as condições de tempo e espaço" [29]. A verdade atingida pelo abuso cometido pode voltar, com os esclarecimentos de praxe, quando publicada a resposta no mesmo veículo que causou o dano. O instituto da legítima defesa aplica-se ao princípio da liberdade de imprensa. Quando se tem violada a honra pode-se procurar defendê-la de imediato ou, mesmo, em situação eminente. A melhor forma de responder a tal situação é pedir que o fato seja esclarecido ou que uma opinião deva ser contraditada, no mesmo espaço em que houver a manifestação abusiva, em dia equivalente. Trata-se de uma situação puramente de reação a um abuso ao direito à honra e à dignidade.

O direito de resposta consiste no poder de exigir que um órgão da imprensa coloque, em local ou em horário semelhante ao que foi feita a ofensa, direito ao ofendido de expor sua descrição do fato ou de contestar determinada exposição de pensamento. A resposta é a reação imediata e, ainda que se opere dentro do veículo de comunicação, tem aspecto de processo administrativo, ainda que no âmbito privado. O ofendido, durante determinado tempo, fica com o direito de exigir que publique seu esclarecimento ou sua exposição, bem como contradite a matéria publicada e divulgada, nas mesmas condições em que houve a exposição inicial.

Desde a Lei Francesa de 29.07.1881, ficou definida a distinção entre o direito de retificação e o direito de resposta, pois nesta legislação cada um ocupava um dispositivo especifico nos arts. 12 e 13, respectivamente. A reti-

29 NOBRE, Freitas. **Comentários a Lei de Imprensa.** São Paulo: Saraiva, 1989, p.165.

ficação passou a ser atribuição de funcionário público, enquanto na resposta não havia distinção entre este e o particular, a ambos sendo assegurado o direito de expô-las. A retificação consiste em correção ou em emenda a uma afirmação anterior, procurando aclarar o problema, levantando pontos obscuros e dando uma nova interpretação, resultado da inexatidão relatada em jornal ou periódico. A resposta é mais forte, pois consiste em ato do particular, visando responder as acusações. Não apenas dá nova interpretação, mas repele a indicação e tem o direito de colocar aquilo que entender necessário para dar uma versão e reparar o abuso. Pode-se dizer que se trata de uma refutação, replicada ou réplica.

O direito de resposta deve ser proporcional à ofensa, pois não se pode considerar que a suscetibilidade pessoal esteja protegida, apenas a honra e a imagem. Por conseguinte, tem o aspecto definitivo para compensar a injúria ou a difamação lançada, observada a atualidade, não podendo haver um lapso de tempo muito grande. A resposta também não pode ser abusiva, desrespeitando o órgão de imprensa ou seus responsáveis, pois se volta a esclarecer os fatos e a emitir as opiniões. Precisa haver limites legais, de modo a impedir que haja abuso ao exercício do direito de resposta.

Em primeiro lugar, depois de uma luta histórica para garantir essa espécie de cidadania civil, foi obtida a liberdade de imprensa, dentro do âmbito da liberdade de manifestação e de expressão. A Revolução Francesa de 1789 possibilitou que esta liberdade passasse a fazer parte das declarações de direitos de quase todos os países, do século XIX em diante. Foi garantida como elemento da esfera do poder do cidadão, exigindo que o Estado não lhe embarace o exercício de sua liberdade de manifestação e do seu direito de informação.

Havia uma imprensa escrita, na França do século XVII, país onde teve melhor desenvolvimento legislativo a matéria, em que se exercia a liberdade de manifestação e divulgação, ainda que censurada pela monarquia. Foi atribuído a Théophraste Renaudot[30] o monopólio da impressão, em Paris, em 26 de outubro de 1634, consolidando-se a matéria desde aí, três anos antes de ter publicado a célebre **Gazette**. Em razão de sua organização, este senhor acabou iniciando a garantia do exercício ao direito de resposta. Na concessão real, estava atribuído à publicação o compromisso de difundir notícias do interesse do Estado, mas permitia a retificação das notícias pelos leitores. Cabia

30 **Theopharastus Renaudot**, nascido em 1586 em Loudum e falecido em 1653 em Paris, foi jornalista francês e médico filantropo. Ele foi o fundador da publicidade e da imprensa francesa por suas criações do **Office os Address** (1629) e do **Gazette**, semanário (30 de maio de 1631). Médico ordinário do Rei, ele foi nomeado Comissário para os Pobres do Reino.

ao jornal o papel de porta-voz do Rei Luís XIV[31], como meio de resposta às folhas anônimas difamatórias divulgadas contra ele e seu Governo.

Foi assegurado, através da **Gazette** de Renaudot, o direito de dar nova informação sobre um fato apontado, constituindo-se em uma resposta. Em primeiro lugar, foi garantido o direito de retificação, que consiste na possibilidade de vir a público, através do mesmo jornal que publicou a matéria, reiterando o ocorrido, mas dando a devida versão, alterando o conteúdo inicial apontado como errôneo. Depois, a partir desta primeira experiência, veio o direito de resposta propriamente dito, que passou a ser garantido, pouco a pouco, em novas legislações.

A Revolução Francesa, no final do século XVIII, foi o momento culminante para a garantia de novos direitos, ampliando a cidadania civil. Ocorrera a experiência da Revolução dos Estados Unidos de 1776, em que fora aumentada esta cidadania, em um movimento que se caracterizava pela concessão dos direitos e das liberdades públicas, especialmente protegendo uma imprensa livre e independente. Foi assegurada nos textos constitucionais franceses, da época, a liberdade de imprensa e, em consequência, o direito de resposta.

A Lei Francesa de 25.03.1822, em seu art. 11, garantiu o direito de resposta, através de uma emenda a este dispositivo. Foi fixado que todos os proprietários e os editores de jornais ou de periódicos eram obrigados a inserir, dentro de três dias da sua recepção, no mesmo local e espaço, a resposta de qualquer pessoa nomeada, sob pena do pagamento de multa. Não foi afastada, ainda, a possibilidade de responder pelos outros danos provocados pela notícia ou opinião, inclusive de aspecto penal. A inserção seria gratuita e a resposta poderia ocupar até o dobro do espaço destinado à matéria ofensiva.

Destaca-se que, por conta dessa legislação, a história do Brasil se viu envolvida com a experiência de consolidação do direito de resposta. Estava

31 **Luís XIV** (Saint-Germain-en-Laye, 1638 – Versalhes, 1715), apelidado de "o Grande" e "Rei Sol", foi o Rei da França e Navarra de 1643 até à sua morte. Seu reinado de 72 anos é o mais longo de toda história do planeta. Nenhum outro monarca ocupou um trono por tanto tempo. Foi um dos líderes da crescente centralização de poder na era do absolutismo europeu. Seu reinado viu a França chegar à liderança das potências europeias, e lutar em três guerras diferentes: a) a Guerra Franco-Holandesa; b) a Guerra dos Nove Anos; c) a Guerra da Sucessão Espanhola. Ocorreram ainda os conflitos menores da Guerra de Devolução e Guerra das Reuniões. Luís acabou morrendo alguns dias antes de completar setenta e sete anos, sendo sucedido por seu bisneto de cinco anos de idade Luís XV. Todos os outros herdeiros tinham morrido antes dele – seu filho Luís, Grande Delfim de França, o filho mais velho deste Luís, Duque da Borgonha, e o irmão mais novo de Luís XV, Luís, Duque da Bretanha.

José Bonifácio de Andrade e Silva[32] no exílio, fixado em Bordeaus, na França, por volta de 1826, quando um francês chamado Loy passou a detratá-lo no jornal **L'Independen**, em Lyon. Dizia-se que estava a serviços de escravocratas brasileiros, publicando suas matérias com o título geral de **Histoire Contemporaine**. As injúrias eram pesadas, tanto a ele como a seu irmão, chamados de "conselheiros da violência e do mal", com os textos reproduzidos no **Correio do Rio de Janeiro**. Os irmãos Andrade efetuaram um pedido de resposta ao jornal, mas o **L'Independen** se recusou a publicar a retificação. Eles contrataram um advogado e obtiveram do Juiz local o direito de verem o texto redigido devidamente publicado. A evolução legislativa, na França, foi muito bem descrita, em Freitas Nobre[33].

Foi instituída, na França, a Lei Francesa de 29.07.1881, dispondo sobre a punição pela injúria cometida contra particular, desde que não fosse uma reação a uma provocação anterior, no seu art. 33. Na mesma lei, no seu art. 12, foi garantido o direito de retificação, ao passo que no art. 13 assegurou-se o direito de resposta, para as pessoas citadas ou mencionadas, de maneira direta ou indireta, em qualquer época. Nem sempre se faz a distinção entre resposta e retificação, ainda que sejam estas consideradas diferentes, pelo sentido e abrangência de cada um dos termos, mas se pode considerar resposta como tendo um sentido mais abrangente, inclusive englobando o outro sentido.

A Lei Francesa de 29.07.1881 tinha absorvido toda a legislação anterior e a corporificada em um único documento, abrindo sólida base para a perpetuação da liberdade de manifestação e do direito de informação. Depois, a Lei Francesa de 29.09.1919, alterou os arts. 13 e 34 daquela lei anterior, eliminando o direito de resposta em matéria de crítica literária ou artística e limitando a garantia, ao mesmo tempo em que fixava um procedimento para permitir a efetividade da resposta.

---

32 **José Bonifácio de Andrada e Silva** (Santos, 1763 – Niterói, 1838) foi um naturalista, estadista e poeta brasileiro, conhecido pelo epíteto de Patriarca da Independência por seu papel decisivo na Independência do Brasil. Em 11 de janeiro de 2018 foi declarado oficialmente Patrono da Independência do Brasil, por meio de Lei Federal nº 13.615, de 11.01.2018. Durante os debates da Assembleia Constituinte, deu-se o rompimento dele e de seus irmãos Martim Francisco Ribeiro de Andrada e Antônio Carlos Ribeiro de Andrada Machado e Silva com o já Imperador Pedro I. Como consequência, em 16 de julho de 1823 o Imperador demitiu-o do posto de Ministro, e José Bonifácio passou à oposição. Após o fechamento da Constituinte, em 11 de novembro de 1823, José Bonifácio foi banido e se exilou na França por seis anos. De volta ao Brasil e reconciliado com o Imperador, quando de sua abdicação, em 1831, assumiu a tutoria de seu filho. Permaneceu como tutor do futuro Pedro II até 1833, quando foi demitido pelo Governo da Regência devido a disputas por poder dentre as facções que o compunham.

33 NOBRE, Freitas. **Comentários à Lei de Imprensa**, *op. cit.*, pp. 137 a 169.

O sistema inglês para coibir o abuso no uso da liberdade de imprensa foi diverso do francês, pois priorizava a responsabilidade civil, para a reparação dos danos, bem como a penal, em vez do direito de resposta. Na verdade, em geral ocorria o processo cível de ressarcimento de danos morais e materiais, sendo uma exceção a outra opção. A legislação e a jurisprudência britânicas caminharam para responder o ataque à honra alheia com a possibilidade de uma ação de responsabilidade civil e, em algumas circunstâncias, de responsabilidade penal. A Lei Britânica de 1888, que modificava a legislação anterior sobre difamação, não previu o direito de resposta, frente a uma notícia inverídica ou não correta. Todavia, a Lei Britânica de 1952, conhecida por **Difamation Act**, contemplava a possibilidade de recorrer ao Judiciário, caso o pedido amigável de correção de uma matéria ou uma carta esclarecendo uma situação não fosse atendida.

Nos Estados Unidos também ocorreu a influência britânica, de deixar para o Judiciário apreciar os casos em que não houvesse a aceitação, pelo veículo de comunicação, de publicar nota ou carta esclarecendo um fato ou demonstrando uma verdade. É bastante comum o uso de ações de responsabilidade civil, para o ressarcimento dos danos causados pelo abuso. Dois direitos colidiam, no entender norte-americano, a liberdade de informação e o conceito de direito de propriedade, que protegia a honra e a integridade moral. Para tanto, a melhor solução consistia no ressarcimento civil.

Foi realizado, de 23 de março a 21 de abril de 1948, na Organização das Nações Unidas (ONU), no início do pós-guerra, a Conferência sobre a Liberdade de Informação. Houve a recomendação, expressa na Resolução da ONU nº 26, do mesmo ano, que os Estados revissem suas legislações, para assegurarem a liberdade de imprensa e a definição do abuso a esta.

No início do século XXI, começa a surgir um grave problema para a imprensa, devido à concentração que ocorre, inicialmente nas grandes metrópoles, depois pelo restante do país. Nos Estados Unidos, este problema veio acontecendo nas cidades maiores e, no final do século passado, deixou de ser um fenômeno anormal, para ser um episódio cotidiano. Na virada do século, então, o problema passou a ter escala planetária, inclusive empresários de outros países adquirindo o controle de veículos de comunicação na maior potência mundial. Esta situação, sem dúvida, pode dificultar o direito de resposta, criando-se empecilhos sob a determinação de quem tem efetiva responsabilidade para garantir o direito de resposta, bem como possa suportar também os aspectos criminais e civis do abuso.

O direito de resposta passou a ser um direito autônomo, ainda que associado à liberdade de imprensa, com a edição da Lei Francesa de 25.03.1822, em que definia a retificação, prevista no seu art. 12, quando o ofendido era autoridade pública, e a resposta, tratada no artigo seguinte, para os cidadãos em geral. Logo outros países a seguiram: a) a Bélgica, com o Decreto

Belga de 1831; b) a Itália, com a Lei Italiana de 1835, e, depois, a Lei Italiana de 1848; c) a Áustria, com a Lei Austríaca de 1862; d) a Alemanha, com a Lei Alemã de 1874; e) o Egito, com o Decreto Egípcio de 1881; f) a Espanha, com a Lei Espanhola de 1883; g) Portugal, com a Lei Portuguesa de 1898.

No Brasil, durante o Segundo Império, no século XIX, houve certa tolerância para com imprensa, tanto que o Imperador podia ser criticado e, até, satirizado em texto e traço, sendo comum sua caricatura, ainda que houvesse um certo respeito no início do Governo. Por outro lado, deve ser lembrada a campanha abolicionista, em especial de Joaquim Nabuco[34] e José do Patrocínio[35], que se notabilizaram pelo desempenho na imprensa, em que criticavam o regime escravocrata. Forçaram tanto a discussão que, paulatinamente, através de uma série de leis, foi assegurada a liberdade e, por conseguinte, atribuída cidadania aos escravos. Por fim, quando veio a Lei Áurea, pondo fim à possibilidade de se conservar a escravatura, a monarquia caiu e chegou a República, em 1889, em episódio muito conhecido.

A Constituição de 1824, em seu art. 179, nº 4º, dispôs que "todos podem comunicar os seus pensamentos por palavras, escritos, e publicá-los pela imprensa, sem dependência de censura, contanto que hajam de responder pelos abusos que cometerem no exercício deste direito, no caso e pela forma que a lei determinar". Estava garantida a liberdade de manifestação, a vedação à censura e a responsabilidade pelos abusos que se cometessem no exercício desta liberdade. Por conseguinte, trazia a influência indireta da Lei Francesa de 25.03.1822, que foi a primeira disposição a tratar exatamente dessa matéria, colocada no texto constitucional depois de dois anos da publicação da mesma, mas sem garantir o direito de resposta. O

34 "**NABUCO (Joaquim Aurélio Barreto NABUCO DE ARAÚJO**, dito apenas **Joaquim**), político, diplomata e escritor brasileiro (Recife, 1849 – Washington, 1910). Atuou intensamente na vida parlamentar, distinguindo-se pela elegância da oratória e pelo idealismo de suas campanhas políticas, em especial a da abolição da escravatura. Advogado do Brasil na questão de limites com a Guiana Inglesa. Embaixador na Inglaterra e nos EUA, onde se empenhou em favor do pan-americanismo. Obras principais: *Um estadista do império* (3 vol., 1897-1899); *Minha formação* (1900); *Escritos e discursos literários* (1901). Foi membro fundador da ABL" (KOOGAN/HOUAISS. **Enciclopédia e Dicionário Ilustrado**, *op. cit.*, p. 1423).

35 "**PATROCÍNIO (José** Carlos **do**), jornalista, orador e escritor brasileiro (Campos, RJ, 1854 – Rio de Janeiro, 1905), uma das mais destacadas figuras da campanha abolicionista. Orador afamado e considerado jornalista de escol, José do Patrocínio, filho de uma escrava alforriada e do cônego João Monteiro, não lutou pela abolição apenas através da palavra. Foi além, chegando a dar fuga a escravos e criar núcleos abolicionistas. Deixou três romances: *Mota Coqueiro ou a pena de morte* (1877), *Os retirantes* (1879), e *Pedro Espanhol* (1884). Membro fundador da ABL" (KOOGAN/HOUAISS. **Enciclopédia e Dicionário Ilustrado**, *op. cit.*, pp. 1220-1).

Código Penal do Brasil de 1830, tratou do abuso à liberdade de imprensa, no aspecto criminal, nada versando sobre o direito de resposta, o mesmo ocorrendo no Código Penal do Brasil de 1890.

Depois, a Constituição de 1891 consolidou este direito, no art. 72 § 12, dispondo que "em qualquer assunto é livre a manifestação do pensamento pela imprensa, ou pela tribuna, sem dependência de censura, respondendo cada um pelos abusos que cometer, nos casos e pela forma que a lei determinar. Não é permitido o anonimato". Foram mantidos os princípios anteriores, da liberdade de imprensa, da proibição à censura e da responsabilização pelo abuso. Contudo, para o exercício da liberdade de manifestação não poderia haver o anonimato, o que se tratou de evolução da disposição como um todo, dando-lhe mais objetividade. Havia a previsão de que o ofensor poderia responder pelos abusos que cometesse, sendo este a base constitucional para a formação do direito de resposta.

A previsão de lei, contida no art. 72, § 12, da Constituição de 1891 acabou se concretizando mais de trinta anos depois. A primeira legislação a tratar do direito de resposta, no Brasil, foi a Lei Federal nº 4.743 de 31.12.1923, também chamada de Lei Adolfo Gordo. Dispunha esta, em seu art. 16 que os gerentes de jornal ou periódicos tinham a obrigação de inserir, dentro de três dias contados do recebimento, a resposta de toda pessoa natural ou jurídica que fosse atingida em publicação inserida nos mesmo, por ofensas diretas ou referencias de fato inverídico ou errôneo, que lhe pudesse afetar a honra e a boa fama. Essa lei veio depois do Congresso Brasileiro de Jornalista, em 1918, no Rio de Janeiro, em que se concluiu pela necessidade de se assegurar, através da lei, o direito de resposta. Por outro lado, essa legislação cuidou de evitar que o direito fosse amplo e sem controle, pois poderia provocar abuso na utilização do mesmo, já nela trazendo o direito de resposta, quando ocorresse ofensas diretas ou referências a fato inverídico ou errôneo, que possa afetar a sua reputação e boa fama.

A Constituição de 1934 limitou o direito a livre manifestação do pensamento. No art. 113, nº 9, foi fixado que "em qualquer assunto é livre a manifestação do pensamento, sem dependência de censura, salvo quanto a espetáculos e diversões públicas, respondendo cada um pelos abusos que cometer, nos casos e pela forma que a lei determinar. Não é permitido o anonimato. É assegurado o direito de resposta. A publicação de livros e periódicos independe de licença do poder público. Não será, porém, tolerada propaganda de guerra ou de processos violentos para subverter a ordem política e social". Foi garantida: a) a liberdade de pensamento; b) a liberdade de imprensa; c) vedada a censura, exceto para espetáculos; d) proibido o anonimato; e) garantido o direito de resposta; f) vedada a licença; g) restrita a liberdade em casos de propaganda de guerra ou de subversão da ordem. Dois dias antes da promulgação desse texto constitucional, veio ato do

Executivo, através do Decreto Federal nº 24.776, de 14.07.1934, que reproduziu os preceitos da Lei Federal nº 4.743, de 31.10.1923. Ficava garantido o direito de pleitear a resposta, frente a ofensas diretas ou referência a fato não verdadeiro ou equivocado, que pudesse afetar sua honra e reputação, dando materialidade às disposições constitucionais.

A Constituição de 1937 tratou longamente do tema, no art. 122, nº 15. Inicialmente, fixou esta que "todo cidadão tem o direito de manifestar o seu pensamento, oralmente, por escrito, impresso ou por imagens, mediante as condições e nos limites prescritos na lei". Foram acrescidas ainda outras matérias, dispondo sobre a atribuição da lei acima prevista, através de três alíneas: a) censura prévia na imprensa, teatro, cinema, radiodifusão e outras proibições; b) medidas para impedir manifestações; c) proteção do interesse público. Acrescentou-se, ainda, a previsão de lei especial sobre a imprensa, com sete princípios: a) imprensa tem caráter público; b) obrigação de inserir comunicado governamental; c) direito de resposta; d) proibição do anonimato; e) responsabilidade com pena de prisão para diretor e com pena pecuniária para a empresa; f) máquinas, caracteres e outros objetos tipográficos podem ser garantia da responsabilidade; g) vedação à propriedade de empresas jornalísticas, inclusive sociedade por ações e estrangeiros. Apesar do imenso retrocesso, no ponto de vista da cidadania em geral, houve avanço quanto ao direito de resposta, no inciso 15, do art. 122, na parte final, passando este a ser um princípio do jornalismo. Foi descrito da seguinte forma:

> "Art. 122. ....
> ....
> 15. ....
> c) é assegurado a todo cidadão o direito de fazer inserir gratuitamente nos jornais que o infamarem ou injuriarem, resposta, defesa ou retificação".

A Constituição de 1946 passou a dispor sobre a matéria, no art. 141, § 5º, da seguinte forma: "é livre a manifestação do pensamento, sem que dependa de censura, salvo quando a espetáculos e diversões públicas, respondendo cada um, nos casos e na forma que a lei preceituar, pelos abusos que cometer. Não é permitido o anonimato. É assegurado o direito de resposta. A publicação de livros e periódicos não dependerá de licença do poder público. Não será, porém, tolerada propaganda de guerra, de processos violentos para subverter a ordem política e social, ou de preconceitos de raça ou de classe". Foi mantido o dispositivo sobre o direito de resposta, numa consolidação do instituto, entendido aí como gênero, cuja espécie principal era a retificação. O texto constitucional provocou a Lei Federal nº 2.083, de 12.11.1953, nos seus arts. 17 e seguintes, passando a assegurar o direito de resposta a quem fosse acusado em jornal ou periódico, tanto podendo ser pessoa natural como jurídica.

A Constituição de 1967, no art. 150, § 8º, estabeleceu que "é livre a manifestação de pensamento, de convicção política ou filosófica e a prestação de informação sem sujeição a censura, salvo quanto a espetáculos e diversões públicas, respondendo cada um, nos termos da lei, pelos abusos que cometer. É assegurado o direito de resposta. A publicação de livros, jornais e periódicos independe de licença da autoridade. Não será, porém, tolerada a propaganda de guerra, de subversão da ordem ou de preconceitos de raça ou de classe". Por outro lado, a Emenda Constitucional nº I, de 17.10.1969, verdadeiro novo texto constitucional, em seu art. 153, § 8º, dispôs de forma bem semelhante ao dispositivo constitucional de 1967, excetuando-se a prestação de informações.

A Lei Federal nº 5.250, de 09.02.1967, julgada não recepcionada pelo Supremo Tribunal Federal, na ADPF 130, já dito, consolidou diversas matérias e dispôs sobre outros, em que regulava a liberdade de manifestação do pensamento e de informação. Trata-se de diploma que surgiu depois da implantação do regime militar, mas ainda em sua face constitucional, em que se defendia uma modernização do país, estando este dispositivo dentro deste conceito.

O direito de resposta, na não recepcionada Lei de Imprensa, inicialmente encontrava-se disposto no art. 29, ora comentado o seu **caput**, ao passo que no artigo seguinte ficava definido o direito através de publicação da resposta ou retificação do ofendido, de transmissão do texto escrito na mesma emissora e a transmissão pela agência de notícias. O art. 31, da referida lei, estabelecia o prazo em que deve ser assegurado o direito de resposta ou retificação, conforme impressão, radiodifusão ou agência. Ficou fixado, no art. 32, que o ofendido podia reclamar através da justiça, se não tivesse atendido seu direito, com seus parágrafos dispondo sobre o procedimento a ser adotado. No artigo seguinte, tratava da reforma da decisão do Juiz pela instância superior. No art. 34, estabeleceu o limite para a aplicação do direito de resposta, evitando seu abuso através de cinco incisos. A publicação ou transmissão da resposta ou pedido de retificação não prejudicava o andamento das ações do ofendido, no âmbito penal ou civil. Por fim, no art. 35, estabelecia as condições para as publicações em mais de um veículo de comunicação.

O processo de redemocratização levou o Brasil à Assembleia Constituinte livre e soberana, que produziu a chamada Constituição Cidadã, que deu especial relevo à matéria. A Constituição de 1988, no art. 5º, inciso IV, assegura a liberdade de imprensa, nos seguintes termos: "é livre a manifestação do pensamento, sendo vedado o anonimato". Logo depois, no inciso V, dispõe que "é assegurado o direito de resposta, proporcional ao agravo, além de indenização por dano material, moral ou à imagem". No inciso IX do art. 5º, fixou-se no texto constitucional que "é livre a expressão da atividade intelectual, artística, científica e de comunicação, independentemente de censura ou licença". Deve ser mencionado o inciso XIV, que estabeleceu que "é assegurado a todos o acesso à informação e resguardado o sigilo da fonte, quando necessário ao exercício profissional". No estado de sítio, nos termos do art. 139, III, do texto constitucional, pode haver restrição relativa à inviolabilidade à liberdade de imprensa.

A Constituição de 1988 trouxe uma novidade, que foi o Capítulo V, Da Comunicação Social, onde tratou da liberdade de imprensa, do jornalismo e da relação com os cidadãos. Em seu art. 220, **caput**, em que garante que não há restrição à "manifestação do pensamento, a criação, a expressão e a informação, sob qualquer forma, processo ou veículo". No seu § 1º, dispõe que nenhuma lei pode conter dispositivo que possa constituir embaraço à plena liberdade de informação jornalística em qualquer veículo de comunicação social, observando algumas garantias dos incisos do art. 5º, do texto constitucional. De forma mais expresso fixa o § 2º, do art. 220, que "é vedada toda e qualquer censura de natureza política, ideológica ou artística". Nada mais foi dito sobre o direito de resposta, salvo o disposto no referido § 1º do mesmo artigo, pois a lei nele referida deve observar o disposto no art. 5º, V, que trata deste direito.

Em razão da força da radiodifusão, como veículo de comunicação principal, a legislação relativa ao setor também se relaciona com o direito de resposta, ainda que de forma indireta. A legislação básica é o Código Brasileiro de Telecomunicações, Lei Federal nº 4.117, de 27.08.1962, em que parte significativa foi revogada pela Lei Federal nº 9.472, de 16.07.1997. Antes, tinha havido o Decreto-lei n° 236, de 28.02.1967, complementando e modificando o Código acima, inclusive alterando as penas administrativas e penais deste.

Na área da radiodifusão, o que inclui as comunicações, a Lei Federal nº 4.117, de 27.08.1962, instituiu o Código Brasileiro de Telecomunicação, que modernizou o setor. Dispunha este texto legal sobre os serviços de telecomunicações em todo o território do país, inclusive águas territoriais e espaço aéreo, assim como nos lugares em que princípios e convenções internacionais lhe reconhece extraterritorialidade, obedecendo aos preceitos da presente lei e aos regulamentos baixados para sua execução, no seu art. 1º. Mais na frente, nos arts. 32 a 50, foi fixado que os serviços de radiodifusão, nos quais compreendem os de televisão, são executados diretamente pela União ou através de concessão, autorização ou permissão. O Código de Telecomunicação foi, pouco tempo depois deste, complementado e modificado pelo Decreto-lei n° 236, de 28.02.1967, mas nada alterando as disposições sobre televisão.

Ocorreram várias legislações quanto ao setor de telecomunicações, de modo que a televisão passou a ser tratada nesta nova área jurídica, cada vez mais voltada para o setor de informação e da liberdade de imprensa e suas limitações. A Lei Federal nº 5.070, de 07.07.1966, criou o Fundo de Fiscalização das Telecomunicações e deu outras providências, por sua vez alterado pela Lei Federal nº 9.472, de 16.07.1997, e pela Lei Federal nº 9.691, de 22.07.1998. Depois, com a Lei Federal nº 8.977, de 06.01.1995, foi disposto o serviço de TV a cabo, sendo considerado como "serviço de telecomunicações que consiste na distribuição de sinais de vídeos e/ou áudio, a assinantes, mediante transporte por meios físicos". É destinado a promover a cultural universal e nacional, a diversidade de fontes de informação, o lazer e o entretenimento, a pluralidade política e o desenvolvimento social e econômico do Brasil.

A Emenda Constitucional n° 8, de 15.08.1995, modificou o setor de telecomunicações, alterando o inciso XI do art. 21, que tratava dos serviços de telecomunicações, e a alínea "a" do inciso XII do mesmo artigo, que versava sobre a exploração dos serviços de radiodifusão sonora e de sons e imagens. Foi modificada a disposição constitucional quanto ao monopólio da União, para facilitar a privatização do setor. Este foi extinto, com a Lei Federal nº 9.295, de 19.07.1996, que dispôs sobre os serviços de telecomunicações e sua organização, bem como sobre o órgão regulador e a sociedade de economia mista que controla a área, a Telecomunicações Brasileiras S/A (TELEBRÁS).

A matéria hoje está disposta na Lei Federal nº de 9.472, de 16.07.1997, que tratou da organização dos serviços de telecomunicações, a criação e o funcionamento de um órgão regulador, vinculada à Emenda Constitucional nº 8, de 15.08.1995. Foi fixada a competência da União, através deste órgão, para organizar a exploração dos serviços de telecomunicação. A organização incluía, entre outros aspectos, o disciplinamento e a fiscalização da execução, comercialização e uso dos serviços e da implantação e funcionamento de redes de telecomunicações, bem como da utilização dos recursos de órbita e espectro de radiofrequências. Foi criada, no art. 8º da lei acima, a Agência Nacional de Telecomunicações (ANATEL), entidade integrante da Administração Pública Federal indireta, submetida a regime autárquico especial e vinculada ao Ministério das Comunicações, com a função de órgão regulador das telecomunicações.

Deve-se registrar a importância da instituição da Lei Federal nº 9.612, de 19.02.1998, que instituiu o Serviço de Radiodifusão Comunitária. Este serviço é no setor de radiodifusão sonora, em frequência modulada, operada em baixa potência e cobertura restrita, outorgada a fundações e associações comunitárias, sem fins lucrativos, com sede na localidade da prestação do serviço. A baixa potência é entendida como o serviço de radiodifusão prestado a comunidade, com potência limitada a um máximo de vinte e cinco watts e altura do sistema irradiante não superior a trinta metros. A lei representa um salto qualitativo na democratização do setor de radiodifusão, em razão da ampliação de emissoras, o que também torna mais frequente o abuso e, em razão disto, o direito de resposta.

Após um longo período de luta, pela democratização da radiodifusão sonora, as associações ligadas a rádios comunitárias depararam-se com a Lei Federal nº 9.612, de 19.02.1998, que instituiu o serviço de radiodifusão comunitária. A legislação foi excessivamente rígida e o órgão competente para dar a licença não conseguiu dar vazão ao serviço, emperrando a criação de tais veículos de comunicação, que procuravam democratizar o espaço da radiodifusão e, por conseguinte, a liberdade de imprensa. Por outro lado, a multiplicação destas rádios vai acabar por ampliar o número de direitos de resposta, de modo que será necessário se criar novos mecanismos para enfrentar o problema.

Pode ser pessoa natural ou jurídica a exercer direito de resposta. A pessoa tem uma etimologia meio incerta, sendo tradicionalmente entendida como **per + sonare**: ressoar. Na Roma Antiga, o ator de teatro usava durante a apresentação uma máscara, chamada **persona**, com o fim de criar uma fácil identidade com o personagem, de modo que a voz ressoasse cristalina. O vocábulo **personae** passou a denominar o ator e, como cada um tinha características próprias, chegou a indicar o próprio homem. A pessoa, no sentido jurídico, significa aquele que tem direito e deveres, que pode existir de fato ou ter esta existência como uma ficção. A pessoa natural é o ser humano considerado como uma singularidade como sujeito de direitos, sendo sinônimo de pessoa física. Por sua vez, a pessoa moral vem a ser uma instituição jurídica, resultante de um grupo de pessoas físicas, com direitos e obrigações próprias, independe destes, também chamada de pessoa jurídica.

O Código Civil de 2002, Lei Federal nº 10.406, de 10.01.2002, estabelece, no art. 40, que as pessoas jurídicas são de direito público, interno ou externo, e de direito privado. Em seguida, no art. 41, enumera as pessoas jurídicas de direito público interno: a) a União; b) os Estados-membros; c) o Distrito Federal e os Territórios; d) os Municípios; e) as autarquias; f) demais entidades de caráter público criados por lei. As pessoas jurídicas de direito público externo são os Estados estrangeiros e todas as pessoas que forem regidas pelo direito internacional público, no artigo seguinte.

A acusação consiste em imputar um erro ou crime a alguém, incriminando-o de um fato ou apontando-lhe um defeito. Trata-se esta de uma peça técnica jurídica, que vem a ser a atuação funcional de um Promotor de Justiça, ou de advogado contratado pela vítima, que visa obter a condenação do réu no Tribunal do Júri. No âmbito do primeiro sentido, acusado ou ofendido é aquele que teve apontado uma culpa qualquer, de natureza criminal, civil ou administrativa, ou exposto uma qualidade física ou mental, por jornalista, através dos diversos meios de comunicação, com o intuito de injuriar, difamar ou caluniar.

A acusação pode ser através da chamada imprensa escrita, compreendendo os jornais e os periódicos. Os primeiros são publicações por período de tempo determinado, em folhas soltas encasacadas, em que se publica notícias, entrevistas, informações, artigos ou diversão escrita ou visual. O periódico é gênero, do qual o jornal se trata do meio de comunicação mais tradicional, existem outros tipos de periódicos, como revistas jornalísticas, especializadas, de entendimento, técnicas e de quadrinhos, assim como as revistas científicas, por área de conhecimento, podendo ser também encasacada e grampeada ou com o formato de um livro.

A acusação pode ser escrita, mas também ocorre pela radiodifusão. Esta vem a ser a forma de telecomunicação caracterizada pela teledifusão de ondas radioelétricas para serem recebidas direta e livremente pelo público em geral, compreendendo a radiodifusão sonora e televisão. No primeiro caso é efetuada através de aparelhos, existindo a utilização de ondas eletromagnéticas na sua faixa de frequência de rádio. No segundo caso, forma de telecomunicação caracterizada pela transmissão de imagens transientes, animada ou fixas, reproduzíveis em tela optoeletrônica à medida de recepção. Trata-se este do grande meio de comunicação atual, expandido cada vez mais sua atuação. Existe, ainda, a TV a cabo, em que se transmite por cabo, fibra ou transmissão por satélite, sem ser direta e livremente acessada pelo público em geral, e as redes digitais, hoje bem mais abrangentes e inclusivas.

A imprensa nos dias atuais engloba diferentes meios, como a imprensa escrita, incluindo-se os jornais, as revistas e os demais periódicos, bem como a radiodifusão, compreendendo o rádio e a televisão, e os meios digitais. Os jornais são os periódicos de folhas soltas encasacadas, veículos nos quais se publicam notícias, entrevistas, comentários e propagandas. As revistas vêm a ser os periódicos de formatos variados, podendo ter matérias semelhantes aos jornais, em geral com assuntos mais específicos e amplos do que nestes, assim como matéria condensadas de livros ou publicação de artigos sobre temas relativos à especialização da mesma. Os demais periódicos compreendem publicações que se repetem em intervalos regulares, podendo ter caráter científico, cultural ou para entreter. Os meios digitais compreendem portais, blogs e outras formas de difusão de informação e de interação entre os participantes, um fenômeno novo e crescente, por meio de plataformas como Facebook, Youtube, Instagram e Tik Tok.

A imprensa radiofônica engloba o rádio e a televisão, dois poderosos meios de comunicação, o primeiro dominando a primeira metade do século passado e, o segundo, a outra metade e o início do século XXI. O rádio significa não só o aparelho que recebe, como a estação que emite sinais radiofônicos. Possui, ainda, igual sentido dos jornais, representando o conjunto de estações que formam um veículo de comunicação específico e importante. As rádios podem ser comerciais, educativas e, agora, comunitária, conforme a Lei Federal nº 9.612, de 19.02.1998. A televisão utiliza uma tecnologia diferente, que permite a transmissão instantânea de imagem e de som, em tempo real ou em edição, através de ondas eletromagnéticas ou transmissão a cabo. A televisão pode ser educativa ou comercial, sendo esta aberta ou fechada, conforme se pague ou não mensalidade à televisão à cabo ou à satélite.

A internet é o conjunto de redes de computadores ligadas entre si por satélite, pelo sistema de telefonia ou por fibra ótica, transmitindo mensagens, abrindo bancos de dados efetuado o correio eletrônico, além de propaganda e caráter também de noticiário e outros serviços, especialmente em portais e blogs. Não existe uma legislação que já tenha caracterizada este veículo de comunicação como órgão imprensa, mas a tecnologia permite isto e vem desenvolvida em nível mundial, mesmo porque os principais periódicos colocam o resumo do conteúdo publicado através deste meio. Existem ainda, através da informática, o uso de homepage, CD-ROMs, DVDs e arquivos nas nuvens, podendo também ter aspecto de imprensa, ao divulgar fatos e expressar pensamentos e opiniões.

A acusação tem que ser de fato inverídico ou errôneo, pois se for verdadeiro encontra-se no âmbito da matéria jornalística, que consiste em informar os fatos e as personalidades à sociedade. Quando se qualifica com o adjetivo inverídico está se dizendo, que não é verídico ou verdadeiro, mas se trata de uma mentira. Por outro lado, errôneo quer dizer que não está correto, ainda que possa ter acontecido, mas foi narrado de forma distorcida e contraditória ao que fato se passou. É possível que o magistrado condene o autor da ofensa a divulgar a sentença condenatória nos termos da ofensa à honra, como o Superior Tribunal de Justiça decidiu[36].

---

36 "**É possível que o magistrado condene o autor da ofensa a divulgar a sentença condenatória nos mesmos veículos de comunicação em que foi cometida a ofensa à honra** O direito à retratação e ao **esclarecimento da verdade possui previsão na Constituição da República e na Lei Civil, não tendo sido afastado pelo Supremo Tribunal Federal no julgamento da ADPF 130/DF**. O **princípio da reparação integral** (arts. 927 e 944 do Código Civil de 2002) possibilita o pagamento da **indenização em pecúnia e in natura**, a fim de se dar efetividade ao instituto da responsabilidade civil. Dessa forma, é **possível que o magistrado condene o autor da ofensa a divulgar a sentença condenatória nos mesmos veículos de comunicação em que foi cometida a ofensa à honra**, desde que fundamentada **em dispositivos legais diversos da Lei de Imprensa. STJ**. 3ª Turma. REsp 1.771.866-DF, Rel. Min. Marco Aurélio Bellizze, julgado em 12/02/2019 (Info 642)" (ABNC).

A resposta se constitui em gênero do direito de esclarecer e mudar o sentido de informação publicada ou difundida. Foi visto que a Constituição de 1937, ainda que tenha restrito a liberdade de imprensa, concedeu bastante força ao direito de resposta. Foi este, no referido texto constitucional, dividido em três espécies, o direito de resposta propriamente dito, o direito de defesa e o direito de retificação. O direito de resposta é gênero, consistindo no poder que a pessoa física ou jurídica tem de fazer inserir no veículo que ofendeu resposta, podendo ser uma nova versão ou a defesa da interpretação do fato. Ao passo que a retificação é uma nova descrição do que ocorreu, apontado os fatos verídicos, bem como a sequência em que aconteceram os mesmos.

4.7. Direito à Intimidade e à Honra

A casa também é asilo inviolável do indivíduo, onde pode sempre se guardar, a menos que haja um flagrante delito ou um desastre. Garante-se, também, a inviolabilidade do sigilo da correspondência e das comunicações telegráficas, de dados e comunicações telefônicas, sendo instrumento importante frente à quantidade de dados pessoais expostos através dos meios de transmissão de dados de fácil violação[37]. As informações bancárias, então, são importantíssimas e devem ser mantidas protegidas, mas se encontram constantemente sendo violadas. Por ordem judicial, pode o sigilo de comunicação ser quebrado, para fins de matérias processuais penais. A inviolabilidade do domicílio, previsto no inciso XI do art. 5º, da Constituição de 1988, constou, na Constituição de 1824 (art. 179, nº 7). Depois, manteve-se o dispositivo nas Constituições de 1891 (art. 72, § 11), de 1934 (art. 113, nº 16), de 1937 (art. 122, nº 6), de 1946 (art. 141, § 15) e de 1967 (art. 150, § 10). Por outro lado, o inciso XII foi tratado, na Constituição de 1824 (art. 179, nº 27), de 1891 (art. 72, § 18), de 1934 (art. 113, nº 8), de 1937 (art. 122, nº 6), de 1946 (art. 141, § 6º) e de 1967 (art. 150, § 9º).

Fica mantido livre, também, o exercício de qualquer trabalho, observado o que a lei dispuser sobre a exigência de qualificação profissional. A qualificação de nível superior tem como pressupostos a conclusão dos cursos universitários de bacharelado ou licenciatura. Assim é para os médicos, engenheiros, odontólogos e outros profissionais, pois que não há diploma

37 Ver: PENTEADO, Luciano de Camargo. **O Direito à Vida, o Direito ao Corpo e às Partes do Corpo, o Direito ao Nome, à Imagem e Outros Relativos à Identidade e à Figura Social, Inclusive Intimidade.** *In*: **Revista de Direito Privado.** São Paulo: Revista dos Tribunais, jan.-mar./2012, nº 49/73-109, e **Doutrinas Essenciais: Direito Constitucional (Edições Especiais Revista dos Tribunais: 100 Anos).** 2ª tir. São Paulo: Revista dos Tribunais, 2015, vol. VIII, p. 399.

profissional em cursos técnicos ou médios da área, como ocorre com contabilidade, enfermagem e magistério. Para o exercício da advocacia, porém, além do bacharelado, exige-se um teste seletivo, chamado de exame de ordem, em duas etapas, que filtra ainda mais o exercício profissional, o que deve ser seguido por outros conselhos profissionais. Foi previsto nas Constituições de 1824 (art. 179, nº 24), de 1891 (art. 72, § 24), de 1934 (art. 113, nº 13), de 1937 (art. 122, nº 8), de 1946 (art. 14, § 14) e de 1967 (art. 150, § 23).

4.8. Direito à Propriedade e Função Social

O inciso XXII do art. 5º, da Constituição de 1988, dispõe que o direito à propriedade encontra-se assegurado. A propriedade, entendida como direito essencial, decorreu de reivindicação clássica, que se manifestou de maneira mais objetiva nas declarações de direitos, nos séculos XVII e XVIII. Nasceu do fim do conceito de propriedade da Idade Média, em que o servo da gleba pertencia à terra em que lavrava, de modo que isto gerava uma nova situação, em que o servo também tinha direito a cultivar aquela terra. Com a formação dos cercamentos, na Grã-Bretanha (Inglaterra), em que se expulsou o homem do campo para as cidades, com o fim de se criar ovelhas, para fornecer lã aos teares londrinos, mudou-se a propriedade. A afirmativa de propriedade ampla e absoluta sobre determinado bem, a ponto de se dar o direito de usar, de gozar, de fruir e de dispor, foi a suprema maneira de afirmar a ideia de uma propriedade total[38].

A ordem econômica foi tratada em quatro capítulos, com: a) o primeiro, cuidando dos princípios gerais da atividade econômica; b) o segundo, da política urbana; c) o terceiro, da política agrícola e fundiária e da reforma agrária; d) o quarto, do sistema financeiro nacional, no total de vinte e três artigos, atualmente do art. 170 ao art. 192. Trata o inciso II, do art. 170, do texto constitucional, do princípio da ordem econômica e da propriedade privada, assim como, no inciso III, dispõe sobre a função social da propriedade. Repete o art. 5º, da Constituição Federal, que em seu inciso XXII, garante o direito de propriedade, mas, no inciso XXIII, determina que a propriedade atenda a sua função social. Fica assegurado o direito de propriedade, mas sem o direito absoluto de usar, gozar e dispor, pois estes devem se submeter ao interesse da função social, sendo o novo conceito afixado ao longo do século XX[39].

38 COSTA, Nelson Nery. **Constituição Federal Anotada e Explicada.** 5ª ed. Rio de Janeiro: Forense, 2012, pp. 22-3.

39 Ver: RUSSOMANO, Rosah. **Função Social da Propriedade.** *In*: **Revista de Direito Público.** São Paulo: Revista dos Tribunais, jul.-set./1985, nº 75/263, e **Doutrinas Essenciais: Direito Constitucional (Edições Especiais Revista dos Tribunais: 100 Anos).** 2ª tir. São Paulo: Revista dos Tribunais, 2013, vol. VI, p. 1153.

O Código Civil de 2002, em seu art. 1.228, manteve o conceito clássico da propriedade, entendendo que o proprietário "tem a faculdade de usar, gozar e dispor da coisa, e o direito de revê-la do poder de quem quer que injustamente a possua ou detenha". Não obstante, o direito de propriedade deve ser exercido em consonância com as suas finalidades econômicas e sociais e de modo que sejam preservados, de conformidade com o estabelecido em lei especial, a flora, a fauna, as belezas naturais, o equilíbrio ecológico e o patrimônio histórico e artístico, bem como evitada a poluição das águas. Mudanças significativas foram introduzidas pelo § 4º do art. 1.228, em caso de posse por mais de cinco anos, que dispõe que:

> "Art. 1.228. ....
>
> ....
>
> § 4º O proprietário também pode ser privado da coisa se o imóvel reivindicado consistir em extensa área, na posse ininterrupta e de boa-fé, por mais de cinco anos, de considerável número de pessoas e estas nelas houverem realizado, em conjunto ou separadamente, obras e serviços considerados pelo juiz de interesse social e econômico relevante".

Aliás, para Rodrigo Baptista Martins, em defesa do direito à propriedade, afirmou que:

> "A justificação básica do direito à propriedade é, portanto, o direito à liberdade, fundamenta-se na necessidade e na vontade do homem, é parte, racional, permanente e que progressista. Isto não quer dizer, em absoluto, que possa prescindir de garantia da lei, como dela não prescinda também os direitos naturais à vida e à liberdade, bem como todos os demais direitos naturais"[40].

A propriedade, instituto pelo qual se teria um direito total sobre um bem ao longo do tempo, foi sofrendo limitações, como dispõe o art. 5º, XXIII, da Constituição de 1988. Inicialmente, o direito de vizinhança, depois as limitações administrativas. Por fim, a possibilidade de desapropriação, tratada no art. 5º, XXIV, da Constituição Federal. Pode ser por necessidade ou utilidade pública, situação prevista no Decreto-lei n. 3.365, de 21.06.1941, e por interesse público, tratado na Lei Federal nº 4.132, de 10.09.1962, com justa e prévia indenização em dinheiro. Ocorre, ainda, ser para fins de reforma agrária, de acordo com o art. 184, do texto constitucional[41].

---

40 "Propriedade e liberdade são, pois, valores imanentes, que se inter-relacionam e se completam, assertiva essa que nos levará a desenvolver, [...] a tese da origem do capitalismo, quando podemos demonstrar que o direito à propriedade pode coexistir com o princípio de liberdade, [...]" (MARTINS, Rodrigo Baptista. **A Propriedade e a Ética do Capitalismo**. Rio de Janeiro: Forense, 1999, pp. 70-1).

41 Ver: JESUS, Carlos Frederico Ramos de. **Ocupações de Terras Rurais e o Conceito de Propriedade no Direito Brasileiro.** *In*: **Revista de Direito Constitucional e Internacio-**

A função social da propriedade, para Celso Ribeiro Bastos, consistia em:

> "A primeira observação que cabe fazer é a de que o princípio da função social da propriedade se exige numa das regras mestras da norma da ordem econômica e social. [...] Inicialmente, portanto, há o direito da propriedade, assegurando como uma prerrogativa fundamental da pessoa humana; em segundo lugar há a definição desse direito como preordenado ao atingimento de uma função social. [...] O que seria, então, função da propriedade? Afirmam que o termo é um tanto vago, mas que, não obstante, ele encerra em si, inequivocamente, um conteúdo do próprio texto constitucional não quis definir de maneira estática, exatamente por aceitar que a idéia da função social de propriedade é evolutiva. [...] De sorte, se formos prosseguir um pouco mais na tentativa de cingir o conceito de função social da propriedade, sobretudo a rural, para ser socialmente utilizada haverá de estar condicionada a uma produtividade condizente com a sua potencialidade, porque toda a nova ordem econômica deposita nas mãos dos particulares a responsabilidade pelo desenvolvimento"[42].

O século XX condicionou a propriedade, para que esta se enquadrasse no interesse da maioria. Esta situação se manifesta quando determinada área ou bairro de uma cidade tem vedação ao direito de nela implantar indústrias. Aqui, a propriedade de usar encontra-se condicionada a uma urbanização ordenada da cidade, em prol da tranquilidade de seus habitantes. Constou a matéria na Constituição de 1934, no art. 115, na Constituição de 1937, no art. 135, na Constituição de 1946, no art. 145, e na Constituição de 1967, no art. 157, que com a Emenda Constitucional nº 1, de 17.10.1969, passou a art. 160, III.

4.9. Direito do Consumidor e do Usuário

Na Constituição Federal, no art. 22, encontra-se prevista a competência para a União legislar sobre direitos do consumidor. Por outro lado, pelo art. 24: "Compete à União, aos Estados e ao Distrito Federal legislar concorrentemente sobre: VIII – responsabilidade por dano ao meio ambiente, ao consumidor, a bens e direitos de valor artístico, estético, histórico, turístico

nal. São Paulo: Revista dos Tribunais, out.-dez./2005, nº 53/181, e **Doutrinas Essenciais: Direito Constitucional (Edições Especiais Revista dos Tribunais: 100 Anos)**. São Paulo: Revista dos Tribunais, 2015, vol. VIII, p. 1131.

42 "E, se o imóvel rural é um bem de produção, a primeira manifestação de um uso anti-social deste bem irá desnaturá-lo. Tirar-lhe o caráter de bem produtivo é deixá-lo ocioso" (BASTOS, Celso Ribeiro. **Art. 5º, XXVI**. BASTOS, Celso Ribeiro, e MARTINS, Yves Gandra. **Comentários à Constituição do Brasil: art. 5º a 17**, *op. cit.*, vol. 2, pp. 123-4).

e paisagístico". Trata-se de inovação importante para regular o comércio e a prestação de serviço no século XXI[43].

As competências classificam-se em privativa, concorrente e comum. Na presença da competência concorrente, as entidades da Federação Brasileira podem legislar, mas havendo um conflito entre as leis de diferente competência, prevalece a da União sobre a do Estado-membro ou a do Município e, ainda, prevalece a lei dos Estados-membros sobre a do Município. A Constituição de 1988, em seu art. 24, apenas estabelece a competência concorrente entre a União, os Estados-membros e o Distrito Federal, estando excluídos os Municípios de tais competências concorrentes expressas. As Constituições anteriores à atual não tinham, salvo em competência tributária, previsão para competência comum ou concorrente, sendo uma inovação no constitucionalismo brasileiro. A ideia é de que as competências de diferentes Entidades Federadas funcionem como um sistema coordenado e, não, como uma fonte de conflitos[44].

Na verdade, faz mais de uma década de sua promulgação e até agora não se encontrou questão em que houvesse um antagonismo incruento entre a União e os Estados-membros e o Distrito Federal. Cabe-lhes, ainda, legislar de forma concorrente sobre a responsabilidade por dano ao consumidor. Esta matéria encontra-se legislada, basicamente, na Lei Federal nº 7.347, de 24.07.1985, e no Decreto Federal nº 1.306, de 09.11.1994, sobre a ação civil de responsabilidade por danos causados ao meio ambiente, ao consumidor, bem como aos bens e direitos de valor artístico, estético, histórico, turístico e paisagístico[45].

A Lei Federal nº 8.078, de 11.09.1990, no seu art. 3º, dispôs que operações estavam submetidas ao direito do consumidor, de modo a vincular o contrato ao Código de Defesa do Consumidor, em substituição ao princípio do **pacto sunt servanda**. O Código Civil de 1916, no seu art. 115, considerava ilícitas as cláusulas contratuais, quando uma das partes era submetida ao arbítrio da outra, com a observância de vedação a imposições excessivas. Este disse que:

---

43 MIRAGEM, Bruno. **O Direito do Consumidor Como Direito Fundamental.** *In*: MARQUES, Cláudia Lima, e MIRAGEM, Bruno. **Doutrinas Essenciais: Direito do Consumidor**. São Paulo: Revista dos Tribunais, 2011, vol. II, p. 25.

44 PASQUALOTTO, Adalberto. **Defesa do Consumidor.** *In*: MARQUES, Cláudia Lima, e MIRAGEM, Bruno. **Doutrinas Essenciais: Direito do Consumidor.** São Paulo: Revista dos Tribunais, 2011, vol. I, p. 25.

45 NEVES, Tancredo de Almeida. **Defesa do Consumidor.** *In*: MARQUES, Cláudia Lima, e MIRAGEM, Bruno. **Doutrinas Essenciais: Direito do Consumidor**. São Paulo: Revista dos Tribunais, 2011, vol. I, p. 437.

> "São lícitas, em geral, todas as condições, que a lei não vedar expressamente. Entre as condições defesas se incluem as que privarem de todo efeito o ato ou o sujeitarem ao arbítrio de uma das partes"[46].

No mesmo sentido, caminhou o Código Civil de 2002, Lei Federal nº 10.406, de 10.02.2002, no seu art. 122, em que estabeleceu que:

> "São lícitas, em geral, todas as condições não contrárias à lei, à ordem pública ou aos bons costumes; entre as condições defesas se incluem as que privarem de todo efeito o negócio jurídico, ou o sujeitarem ao puro arbítrio de uma das partes"[47].

Para Fábio Ulhoa Coelho, sobre o direito civil, o direito comercial e o direito do consumidor:

> "Com a entrada em vigor do Código Civil de 2002 altera-se uma vez mais a divisão dos regimes contratuais de direito privado. Este Código adotou a tese da uniformização do direito das obrigações, eliminando as diferenças – que eram já sutis e de pouca relevância – entre os regimes civil e comercial. Hoje, o direito privado dos contratos se biparte em dois regimes: o cível e o de tutela dos consumidores. Em termos genéricos e ainda um tanto impreciso, o regime cível disciplina as relações contratuais entre contratantes iguais (dois empresários ou dois não-empresários, por exemplo), e o consumidor cuida das relações entre contratantes desiguais (um empresário e um não-empresário, por exemplo). Tecnicamente falando, porém, a definição do regime jurídico a aplicar se encontra no conceito legal das relações de consumo. Quando caracterizada esta, o contrato se submete ao Código de Defesa do Consumidor: quando não, ao Código Civil de 2002"[48].

---

46 MIRAGEM, Bruno. **Diretrizes Interpretativas da Função Social do Contrato.** *In*: MARQUES, Cláudia Lima, e MIRAGEM, Bruno. **Doutrinas Essenciais: Direito do Consumidor.** São Paulo: Revista dos Tribunais, 2011, vol. I, p. 133.

47 "Subjetivamente, o campo de aplicação do CDC é especial, regulando a relação entre fornecedor e consumidor (arts. 1º, 2º, 3º, 17 e 29 do CDC) ou relação de consumo (arts. 4º e 5º do CDC), já o campo de aplicação do NCC/2002 é geral, regula toda a relação privada por uma lei especial. Um, o CDC, é um micro-sistema especial, um Código para agentes 'diferentes' da sociedade ou consumidores, em relações entre 'diferentes' (um vulnerável, o consumidor e um *expert*, o fornecedor). O outro, o NCC/2002, é um Código geral, um Código para os iguais, para relações entre iguais, civis e empresariais puras. Logo, não haveria colisão possível entre estas duas leis, como expressamente prevê o art. 2º da Lei de Introdução ao Código Civil (LICC/42, que continua em vigor)" (MARQUES, Cláudia Lima. **Diálogo entre o Código de Defesa do Consumidor e o Novo Código Civil: do 'diálogo das fontes' no combate às cláusulas abusivas.** *In:* **Revista de Direito do Consumidor.** São Paulo: Revistas dos Tribunais, jan.-mar. de 2003, nº 45, p. 79).

48 COELHO, Fábio Ulhoa. **Curso de Direito Comercial.** 3ª ed. São Paulo: Saraiva, 2002, vol. 3, p. 165.

A dinâmica do direito e da vida moderna, especialmente com o surgimento dos chamados contratos de adesão, introduziu alterações profundas na denominada teoria clássica dos contratos[49]. Os Tribunais brasileiros, consoante robustos julgamentos, vêm demonstrando a inadequação da teoria clássica, cristalizada no aforismo **pacto sunt servanda**, face à moderna prática contratual. Todavia, nem todos pensam assim, para Humberto Theodoro Júnior, enaltecendo esse instituto,

> "do princípio da autonomia da vontade decorre naturalmente o princípio da força obrigatória daquilo que o consenso dos contratantes estipulou. [...] Fora desse quadro, o contrato é ato jurídico perfeito, cuja força, no direito brasileiro, é protegida por garantia constitucional (Constituição Federal, art. 5º, n. XXXVI), ficando imune de qualquer dos contratantes, seja do juiz até mesmo do legislador. [...] O enfraquecimento do contrato, com a facilidade das revisões judiciais por motivo de eqüidade, salvo raríssimas exceções, contribuiria para debilitar o comércio jurídico e jamais para incentivá-lo ou incrementá-lo"[50].

No mesmo sentido se encontra Arnaldo Wald, pois para ele se deve distinguir ente o consumo próprio e impróprio e o consumo físico e econômico. Diferencia, ainda, os bens de consumo propriamente ditos, que são integralmente consumíveis e que se deterioram pela utilização, e os bens relativamente consumíveis, conhecidos como bens de uso, que se deterioram gradativamente com o correr do tempo. Para o autor, a expressão "relação de consumo" refere-se, apenas, aos bens de consumo adquiridos para uso próprio, dentro do conceito de destinatário final. Arnaldo Wald conclui, ainda, que:

> "Vê-se, assim, que consumo e poupança não apenas se distinguem, como também são diametralmente opostos. Um é antinomia do outro, sendo de todo incabível, consequentemente, a tentativa de enquadramento da relação oriunda de um investimento como a poupança no Código de Defesa do Consumidor"[51].

---

49 MARQUES, Cláudia Lima. **Diálogo entre o Código de Defesa do Consumidor e o Novo Código Civil: do 'diálogo das fontes' no combate às cláusulas abusivas.** *In:* **Revista de Direito do Consumidor**. São Paulo: Revista dos Tribunais, jan.-mar. de 2003, nº 45, p. 643).

50 THEODORO JÚNIOR, Humberto. **O Contrato e seus Princípios**. Rio de Janeiro: Aide, 1993, pp. 25-27.

51 "Não se diga, entretanto, que o poupador, o investidor, estejam desprotegidos de normas legais e regulamentares em suas relações com as instituições financeiras. O que cabalmente já se demonstrou, contudo, é que as normas do Código de Defesa do Consumidor não se aplicam ao poupador (*latu senso*), enquanto nesta condição" (WALD, Arnoldo. **O Novo Direito Monetário: os planos econômicos, os contratos, o FGTS e a justiça**. 2ª ed. São Paulo: Malheiros, 2002, pp. 285-6).

Nem todos tinham a posição extremada acima, passando alguns a considerarem que existiam dois contratos nas relações bancárias, em um haveria a proteção da tutela do Código de Defesa do Consumidor. Neste, principalmente na prestação de serviço típico, nas operações bancárias acessórias, como transpasso bancário ou cobrança simples, ao passo que no mútuo que envolva o empréstimo de dinheiro, nas operações bancárias ativas, não haveria tal vínculo[52]. Para estes autores, estaria submetido às regras do consumo apenas as operações em que exista prestação de serviço propriamente dito, não ocorrendo o mesmo com as operações de concessão de crédito, por envolverem outro bem econômico diverso[53]. O Supremo Tribunal Federal, em meados de 2006, rejeitou esta tese, declarando ser constitucional as disposições do Código de Defesa do Consumidor sobre os contratos bancários nas operações ativas, conforme a Adi nº 2591[54].

Feita a Resolução do Conselho Monetário Nacional nº 2.878, de 26.07.2001, com o título de Código de Defesa do Cliente Bancário[55], esta fixou em seu art. 1º, que são seus princípios: a) transparência nas relações contratuais, preservando os clientes e ao público usuário de praticas não equitativas, mediante prévio e integral conhecimento das cláusulas contratuais; b) resposta tempestiva às consultas, às reclamações e aos pedidos de informações dos clientes; c) clareza e formato que permita fácil leitura dos contratos celebrados com clientes; d) recepção pelos clientes de cópia do contrato; e) efetiva prevenção e reparação de danos patrimoniais e morais, causados aos clientes e usuários. A disposição acima foi complementada e

---

52 "Consoante se verifica, referidas ponderações não resistem à simples constatação de que, afora serem as atividades bancárias previstas, expressamente, pelo Código do Consumidor como atividades econômicas e de relações de consumo, constituem-se bem basicamente duas operações principais: *concessão de crédito, cujo produto é 'dinheiro', e assim é tratado além de apregoado pelos responsáveis pelas instituições financeiras; e prestações de serviços aos consumidores, quer no recolhimento de tributos ou outros pagamentos a crédito de terceiros, quer no próprio exercício de sua atividade precípua*" (FILOMENO, José Geraldo Brito. Disposições Gerais. *In*: GRINOVER, Ada Pellegrini, e outros. Código Brasileiro de Defesa do Consumidor: comentado pelos autores do anteprojeto. 6ª ed. Rio de Janeiro: Forense Universitária, 2000, p. 47).

53 MORAES, Voltaire de Lima. **Da Tutela do Consumidor**. *In*: MARQUES, Cláudia Lima, e MIRAGEM, Bruno. **Doutrinas Essenciais: Direito do Consumidor**. São Paulo: Revista dos Tribunais, 2011, vol. I, p. 443.

54 BENJAMIN, Antonio Herman V. **O Código Brasileiro de Proteção do Consumidor**. *In*: MARQUES, Cláudia Lima, e MIRAGEM, Bruno. **Doutrinas Essenciais: Direito do Consumidor**. São Paulo: Revista dos Tribunais, 2011, vol. I, p. 97.

55 "O que é o Código de Defesa do Consumidor Bancário? Trata-se de um conjunto de procedimentos que os bancos serão obrigados a cumprir na prestação de serviços" (HILDEBRAND, Antonio Roberto. **Código de Defesa do Cliente Bancário: doutrina, legislação e jurisprudência**. Leme: Mundo Jurídico, 2001, p. 13).

modificada pela Resolução do Conselho Monetário Nacional nº 2.892, de 27.09.2001, mas não teve nenhuma efetividade e foi totalmente desprezada, com sua não efetividade em razão do Código de Defesa do Consumidor.

Para Carlos Alberto Hagström, comentando a tentativa do Conselho Monetário Nacional em criar uma legislação alternativa ao Código de Defesa do Consumidor:

> "A Resolução não define 'cliente' e 'público em geral'. Cliente na acepção vulgar, traduz a noção de um relacionamento, geralmente comercial, habitual. Em se tratando do relacionamento com as instituições financeiras, pensamos ser apropriado entender como cliente a pessoa (física ou jurídica) que mantém com a instituição financeira relações contratuais 'permanentes', isto é, continuadas, duradouras, (*v.g.*: contrato de depósito, qualquer que seja a sua modalidade). Sob a denominação de 'público em geral' deve-se entender os usuários das instituições financeiras, ou seja, todos aqueles não enquadrados na categoria de clientes e que, independente da existência de relação contratual com a instituição, dela se utilizam (por exemplo: aqueles que a ela se dirigem para pagar tributos ou tarifas públicas, para receber benefícios previdenciários ou cheques emitidos por clientes, para efetuar depósito em conta de cliente etc.)"[56].

No mesmo sentido, para Reynaldo Andrade de Silveira, o Código de Defesa do Consumidor era que dispunha sobre as relações de consumo bancário, assim:

> "A conclusão inexorável a que se chega a termo é que a atividade bancária é serviço, nos termos do Código de Defesa do Consumidor, sendo o usuário/cliente, consumidor, nos termos da lei, bem como os bancos, as instituições financeiras e de crédito, além das companhias de seguro, fornecedores. Ademais, a relação estabelecida entre tais entes e os consumidores deve ser considerada como uma tradicional relação de consumo, inclusive por decorrência do fenômeno denominado 'bancarização'. A Resolução Bancen 2.878/2001 e ainda sua consequente – Resolução 2.892/2001 – não revogam nenhum princípio, norma ou regra inserida no Código de Defesa do Consumidor, até porque o Banco Central do Brasil não tem competência legislativa para dispor sobre as relações de consumo"[57].

56 HAGSTRÖM, Carlos Alberto. **A Disciplina do Relacionamento entre as Instituições Financeiras e seus Clientes: 'Código de Defesa do Cliente Bancário': Comentários às Resoluções 2.878 e 2.892, do CMN** (2ª parte). WALD, Arnoldo (coord). **Revista de Direito Bancário, do Mercado de Capitais e da Arbitragem**. São Paulo: Revista dos Tribunais, jan.-mar. de 2003, ano 6, nº 19, pp. 74-5.

57 "De toda maneira, quer-me parecer que não será pela existência e vigência dessas resoluções que se farão desaparecer – ou deixar de incidir – os princípios, normas e regras do Código de Defesa do Consumidor nas relações com os bancos, instituições financeiras e de crédito, assim como empresas securitárias" (SILVEIRA, Reynaldo Andrade. **Proteção ao Consumidor e Direito Bancário.** *In:* **Revista de Direito do Consumidor**. São Paulo: Revista dos Tribunais / Instituto Brasileiro de Política e Defesa do Consumidor, abr.-jun. de 2004, nº 50, p. 149).

Contudo, é necessário se levar em consideração as situações em que há onerosidade excessiva para uma parte, havendo evidente desequilíbrio entre os contratantes ou está-se diante de transformações no campo sócio-econômico[58]. É neste campo que atua o Código de Defesa do Consumidor, visando reequilibrar as partes contratantes dentro da relação de consumo estabelecida. A Lei Federal nº 8.078, de 11.09.1990, em seu art. 3º, § 2º, conceitua serviço como:

> "Art. 3º. ....
>
> ....
>
> § 2º Qualquer atividade fornecida no mercado de consumo mediante remuneração, inclusive as de natureza bancária, financeira, de crédito e securitária, salvo as decorrentes das relações de caráter trabalhista".

A legislação, ao fazer referência explicitou às atividades bancárias, financeiras, de créditos e securitárias como serviços, enquadra-o no conceito de serviço dado pelo Código de Defesa do Consumidor. Demonstrou que o legislador quis afastar a possibilidade de uma interpretação que pudesse excluir do conceito geral atividade de grande movimentação de consumo, como as relacionadas aos bancos. A doutrina entendeu como caracterizada a vulnerabilidade pela imposição de um contrato preelaborado e pela possibilidade de, em nome do contratante, preencher-se cláusulas contratuais.

Por outro lado, não há nenhuma dúvida de que a superioridade econômica e técnica que possuem as empresas em relação à maioria dos seus clientes é um fato importante levado em consideração pela lei na defesa da posição inferiorizada. São caracterizados os contratos firmados como contratos de consumo, estes se enquadram na moldura legal traçada pelo Código de Defesa do Consumidor. Por ele devem ser regidos, estando presentes na relação contratual o princípio da transparência e da boa-fé, além de outros constantes nesta codificação, dentre os quais a inversão do ônus da prova que, desde então, pode ser requerida[59].

4.10. Direito de Certidão e de Informação

O direito que o cidadão tem de que não pode sofrer nenhuma coleta de informações sigilosas, pelo Poder Público, consta no inciso XXXIII

---

58 SILVA, Agathe E. Schmidt da. **Cláusula Geral de Boa-fé nos Contratos de Consumo.** *In*: MARQUES, Cláudia Lima, e MIRAGEM, Bruno. **Doutrinas Essenciais: Direito do Consumidor.** São Paulo: Revista dos Tribunais, 2011, vol. I, p. 75.

59 VAL, Olga Maria do. **Política Nacional das Relações de Consumo.** *In*: MARQUES, Cláudia Lima, e MIRAGEM, Bruno. **Doutrinas Essenciais: Direito do Consumidor.** São Paulo: Revista dos Tribunais, 2011, vol. I, p. 1373.

do art. 5º, do texto constitucional. Trata-se de garantia que apareceu, na Constituição de 1824 (art. 179, nº 5), tendo sido mantida nas Constituições de 1891 (art. 72, parágrafos 28 e 29), de 1934 (art. 113, nº 9), de 1937 (art. 122, § 15), de 1946 (art. 141, § 9º) e de 1967 (art. 150, § 8º). Assim, está assegurado o direito de todos receberem dos órgãos públicos informações de seu interesse particular, ou de interesse coletivo ou geral, sob pena de responsabilidade, ressalvadas aquelas cujo sigilo seja imprescindível à segurança da sociedade. Em primeiro lugar, procura evitar o dispositivo em que o Estado possa ter práticas secretas, próprias dos regimes políticos autoritários. Em segundo, resulta da ideia de que deve haver transparência na Administração Pública. Em terceiro, relaciona-se com a noção de que deve haver participação popular na gestão pública. Em quarto, evita a situação prevista na célebre obra de Franz Kafka[60], **O Processo**, em que o personagem "Joseph K." era processado sem saber o porquê do mesmo.

Podem ocorrer, porém, situações de sigilo administrativo, entendido como segredo de interesse público. Deve-se lembrar que, na Administração Tributária, pelo Código Tributário Nacional, em seu art. 198 dispõe que "é vedada a divulgação para qualquer fim, por parte da Fazenda Pública ou de seus funcionários, de qualquer informação, obtida em razão do ofício, sobre a situação econômica ou financeira dos sujeitos passivos ou de terceiros e sobre a natureza e o estado dos seus negócios ou atividades". A vedação restringe o direito de obter informação, para assegurar o direito à privacidade.

Assegurou-se a todos, independentemente do pagamento de taxas, os dois direitos. O primeiro consiste no consagrado direito de petição ao Poder Público em defesa de direito ou contra ilegalidade ou abuso de poder. O outro, o direito de obtenção de certidões em repartições públicas, serve para a defesa de direitos e para o esclarecimento de situações de interesse pessoal. O direito de petição pode ser definido como aquele que tem por objetivo apresentar um pleito de interesse pessoal ou coletivo, visando com tal medida ao interesse público, estando previsto no art. 5º, XXXIV, "a", da Constituição de 1988. Trata-se, então, de um direito que pertence a uma pessoa de invocar a atenção dos Poderes Públicos sobre uma questão ou uma situação determinada, servindo tanto para denunciar uma lesão concreta, como para pedir que seja revisto determinado ato administrativo.

60 **Franz Kafka** (Praga, Império Austro-Húngaro, atual República Tcheca, 1883 –Klosterneuburg, República Austríaca, atual Áustria, 1924) foi um escritor de língua alemã, autor de romances e de contos, considerado pelos críticos como um dos escritores mais influentes do século XX. A maior parte de sua obra, como **A Metamorfose**, **O Processo** e **O Castelo**, está repleta de temas e arquétipos de alienação e brutalidade física e psicológica, conflito entre pais e filhos, personagens com missões aterrorizantes, labirintos burocráticos e transformações místicas.

O direito de petição nasceu na Inglaterra, como o **Right of Petition**, que, embora não estivesse transcrito, estava sugerido na Carta Magna de 1215. Depois, ganhou força com a **Petition of Rights** de 1628, que o Parlamento britânico impôs ao Rei Carlos I. Consolidou-se, entretanto, com o **Bill of Rights** de 1689, consistindo, inicialmente, no direito de o Parlamento pedir ao Rei a sanção das leis. Encontrava-se previsto na **Declaration des Droits de l'Homme et du Citoyen** de 1789, mas só foi constitucionalizado, nas Constituições Francesas de 1791 e de 1793.

No Brasil, o direito de petição sempre esteve reproduzido em nosso direito, desde a Constituição de 1824, que em seu art. 179, XXX, dizia que "todo cidadão poderá apresentar, por escrito, ao Poder Legislativo e ao Executivo, reclamações, queixas ou petições, e até expor qualquer infração da Constituição, requerendo perante a competente autoridade a efetiva responsabilidade aos infratores". A fórmula de assentar, na mesma garantia constitucional, o direito de petição e de representação juntos, foi mantida nas Constituições de 1891 (art. 72, § 9º), de 1934 (art. 113, nº 10), de 1937 (art. 122, nº 7), de 1946 (art. 141, § 37) e de 1967 (art. 150, § 30). Esta tradição só foi quebrada pela Constituinte de 1988, que prefere entender apenas como garantia o direito de petição sendo que, elipticamente, assegura o direito de representação. Este direito, como está descrito no art. 5º, XXXIV, "a", cabe a qualquer pessoa, física ou jurídica, podendo ser dirigida a todos os Poderes Políticos. Não pode a autoridade a quem foi dirigida a petição se escusar de tomar as devidas providências, pois, ainda que o texto constitucional não preveja sanções à falta de resposta, pode ser que ela seja constrangida a agir, através de mandado de segurança ou de ação civil pública.

O direito de petição tem dois sentidos – um de queixa, de reclamação, constituindo processo administrativo formulado perante as autoridades representativas; já o outro, é de manifestação da liberdade de opinião e, como tal, reveste-se de caráter de aspiração dirigida a determinadas autoridades. Tais aspectos antes estavam separados entre o direito de petição e o de representação, mas agora se encontram amoldados um ao outro. O direito de petição serviu a determinado período histórico de formação das instituições democráticas, cumprindo demonstrar o direito que o cidadão tem de reclamar ou de pedir providências às autoridades públicas. Todavia, em nossos dias, o papel que lhe competia foi sendo ocupado por outro mais eficaz, a imprensa. Em vez das petições individuais, há a petição social divulgada pelos meios de comunicação, cada dia mais eficientes e complexos. Se não produz os efeitos jurídicos, desperta a atenção do meio social de tal forma que acaba provocando mudanças ou explicações dos Poderes Políticos envolvidos.

A Constituição de 1988, na alínea "b" do inciso XXXIV do art. 5º, assegurou o direito de obter certidão em repartições públicas. É dirigido para a obtenção de informações e elementos para instruir a defesa de direitos e pedir esclarecimentos pessoais. Trata-se de direito amplo, permitindo pedido de certidões de atos, contratos, decisões e pareceres, sem depender de regulamentação legal, por ter eficácia plena. A certidão é um documento lavrado pela Administração a pedido de interessado, comprovada a existência de um fato e tendo fé pública, até a apresentação de prova em contrário. Essa certidão passa a ter a mesma força probante do documento original. Portanto, é essencial no dia a dia dos cidadãos, que necessitam fazer valer seus direitos nas mais diferentes situações.

Precisa ser feito mediante requerimento, através dos termos adequados, com as informações sobre o que efetivamente o interessado deseja que seja certificado, direcionado à autoridade competente. O requerimento deve ser protocolado junto ao órgão ou repartição pública com atribuição para expedir a certidão requerida, em geral, processada através de processo administrativo de expediente. Contudo, em diversas situações são oferecidas dificuldades para a obtenção das certidões, devendo-se recorrer a outras garantias constitucionais. Pode ocorrer, porém, situações de sigilo administrativo, sendo vedado o direito de obter certidões em tais casos.

A promulgação da Lei Federal nº 9.534, de 10.12.1997, que deu nova redação ao art. 30 da Lei Federal nº 6.015, de 31.12.1973, Lei dos Registros Públicos, assegurou que os emolumentos pelo registro civil de nascimento e pelo assento de óbito, assim como a primeira certidão, não devem ser cobrados. Apesar da clareza do dispositivo constitucional e da lei, existe forte resistência à sua aplicação, gerando decepção na população mais humilde, que tem negado direito que lhe assegure o início da cidadania civil. Por outro lado, a Lei Federal nº 9.051, de 18.05.1995, dispõe sobre a expedição de certidões para a defesa de direitos e os esclarecimentos de situações.

4.11. Direito ao Acesso à Justiça

Desde a Constituição de 1946, no art. 141, § 4º, que está previsto o dispositivo que assegura o acesso ao Judiciário, situação mantida pela Constituição de 1967, no art. 150, § 4º, e pela de 1988, no art. 5º, inciso XXXV, que dispôs que a lei não deve excluir da apreciação do Poder Judiciário lesão ou ameaça a direito. O dispositivo indica que a lei ordinária não pode excluir da apreciação do Poder Judiciário: a) as próprias leis ou outros atos judiciais; b) a defesa dos direitos ou sua ameaça; c) a apreciação judicial dos direitos que se baseiem em leis ordinárias; d) a apreciação judicial de direitos individuais e coletivos.

A função jurisdicional, própria do Poder Judiciário, é aquela em que se executa a lei, nos casos em que haja conflitos de interesse. O **judicial control**, da tradição constitucional norte-americana, implica dizer que todos os atos que remetem na criação, na modificação ou na extinção de direitos podem ser submetidos à tutela judicial. Nesse sentido, as leis emanadas do Poder Legislativo e os atos legais ou administrativos do Poder Executivo encontravam-se submetidos ao controle da constitucionalidade ou da legalidade, efetuado pelos magistrados. Não se trata de usurpar a competência desses Poderes, mas em apreciar os aspectos formais e materiais de seus atos, para saber se estão de acordo com o ordenamento jurídico nacional.

Existem exceções ao princípio do controle judicial nos casos de crime de responsabilidade: a) em que o Poder Legislativo assume o papel de órgão jurisdicional; b) matéria **interna corporis**, em que alguns atos dos outros Poderes Políticos estariam afastados da apreciação judicial quanto ao mérito, mas não quanto à forma; c) a exigência de caução, desde que se ofereça outra opção processual ordinária. Dispõe o texto constitucional, que a lei não deve prejudicar o direito adquirido, o ato jurídico perfeito e a coisa julgada, no art. 5º, XXXVI. Trata-se de garantia prevista na Constituição de 1934, no art. 113, nº 3, na Constituição de 1946, no art. 141, § 3º, e na Constituição de 1967, no art. 150, § 3º. A matéria foi disciplinada pela Lei de Introdução ao Código Civil, Decreto Federal nº 4.657, de 04.09.1942, no art. 6º e parágrafos 1º a 3º, que definiu matérias fundamentais do direito brasileiro, como competência, interpretação e integração do direito, pelos meios clássicos. Agora, a matéria está na Lei Federal nº 13.685, de 25.06.2018, Lei de Introdução às Normas no Direito Brasileiro.

A tradição constitucional brasileira admite a retroatividade das leis, não sendo vedada tal hipótese, de modo que não existe proibição de se editar leis retroativas e até exigir que tenha este aspecto. Não obstante, foram dispostas outras situações jurídicas de uma segurança contra as mutações do futuro. Esta situação se conhece por direito adquirido, por ato jurídico perfeito e por coisa julgada. Assim, a lei não pode ferir nenhum destes aspectos[61].

O direito adquirido implica em dizer que alguém pode exercer um direito contra outrem, sem que o poder legiferante estatal possa criar-lhe obstáculos. O Poder Público pode criar ou revogar as leis, mas se encontra impedido de embaraçar o cidadão no exercício de lei que o beneficie. O direito adquirido consiste naquele em que o direito subjetivo encontra-se concretamente determinado. Aquele que, quando houver a publicação de uma nova lei, já tinha adquirido um direito de acordo com a legislação até então vigente, não pode ser privado dele por força da nova lei, mesmo que

61 "Aquele que for beneficiado de um ato perfeito continuará a sê-lo, mesmo que a lei sob a qual foi ele praticado já tenha sido revogada" (BASTOS, Celso Ribeiro. **Dicionário de Direito Constitucional**, *op. cit.*, p. 13).

ainda não estivesse na posse do mesmo ou do seu objeto. Não existe, porém, o direito adquirido frente à Constituição, que tem o poder de mudar a ordem jurídica. Existe hoje, no entanto, entendimento de que o Poder Constituinte Derivado está condicionado ao Poder Constituinte Original, de modo que as Emendas Constitucionais podem ser consideradas inconstitucionais, em determinados casos.

O ato jurídico perfeito vem a ser aquele que garantiu os elementos necessários à sua consolidação, de acordo com a legislação anterior[62]. Este não pode ser turbado por uma lei nova, de maneira que a lei do tempo do fato ou do ato jurídico se superpõe à nova legislação. Trata-se o ato jurídico perfeito daquele que está apto a produzir seus efeitos. Distingue-se do direito adquirido, pois esta deriva diretamente da lei, ao passo que aquele fundamenta-se em negócio jurídico decorrente da lei.

A coisa julgada é o princípio que assegura que não se pode mais discutir no processo o que já foi decidido em outro, por base no princípio da segurança jurídica. Distingue-se a coisa julgada formal, na qual houve uma decisão específica sobre a matéria em discussão, da coisa julgada material[63], que contém aquela por sua abrangência ser mais ampla. A coisa julgada, então, vem a ser uma decisão judicial, da qual não caiba mais recurso. É uma garantia para o sistema jurídico que determinada lide chegue a um fim, sem poder mais ser apreciada, por ter força de lei dentro dos limites da questão decidida. A decisão transitada em julgado, todavia, durante certo prazo, pode ser objeto de ação rescisória, sem que isto ofenda o princípio constitucional. Contudo, começa a admite-se ação anulatória para discutir decisão transitada em julgado, enfraquecendo a instituição da coisa julgada.

O direito adquirido, o ato jurídico perfeito e a coisa julgada estão disciplinados no Decreto-lei nº 4.657, de 04.09.1942, com a redação dada pela Lei Federal nº 12.376, de 30.10.2010, com o texto abaixo:

> "Art. 1º Salvo disposição contrária, a lei começa a vigorar em todo o país quarenta e cinco dias depois de oficialmente publicada.
>
> § 1º Nos Estados, estrangeiros, a obrigatoriedade da lei brasileira, quando admitida, se inicia três meses depois de oficialmente publicada.

---

62 Súmula Vinculante 1, de 30.05.2007: "Ofende a garantia constitucional do ato jurídico perfeito a decisão que, sem ponderar as circunstâncias do caso concreto, desconsidera a validez e a eficácia de acordo constante de termo de adesão instituído pela Lei Complementar nº 110/2001".

63 Súmula Vinculante 35, de 16.10.2014: "A homologação da transação penal prevista no artigo 76 da Lei 9.099/1995 não faz coisa julgada material e, descumpridas suas cláusulas, retoma-se a situação anterior, possibilitando-se ao Ministério Público a continuidade da persecução penal mediante oferecimento de denúncia ou requisição de inquérito policial".

§ 2º (Revogado pela Lei nº 12.036, de 2009).
§ 3º Se, antes de entrar a lei em vigor, ocorrer nova publicação de seu texto, destinada a correção, o prazo deste artigo e dos parágrafos anteriores começará a correr da nova publicação.
§ 4º As correções a texto de lei já em vigor consideram-se lei nova.
Art. 2º Não se destinando à vigência temporária, a lei terá vigor até que outra a modifique ou revogue.
§ 1º A lei posterior revoga a anterior quando expressamente o declare, quando seja com ela incompatível ou quando regule inteiramente a matéria de que tratava a lei anterior.
§ 2º A lei nova, que estabeleça disposições gerais ou especiais a par das já existentes, não revoga nem modifica a lei anterior.
§ 3º Salvo disposição em contrário, a lei revogada não se restaura por ter a lei revogadora perdido a vigência.
Art. 3º Ninguém se escusa de cumprir a lei, alegando que não a conhece.
Art. 4º Quando a lei for omissa, o juiz decidirá o caso de acordo com a analogia, os costumes e os princípios gerais de direito.
Art. 5º Na aplicação da lei, o juiz atenderá aos fins sociais a que ela se dirige e às exigências do bem comum.
Art. 6º A Lei em vigor terá efeito imediato e geral, respeitados o ato jurídico perfeito, o direito adquirido e a coisa julgada.
§ 1º Reputa-se ato jurídico perfeito o já consumado segundo a lei vigente ao tempo em que se efetuou.
§ 2º Consideram-se adquiridos assim os direitos que o seu titular, ou alguém por ele, possa exercer, como aqueles cujo começo do exercício tenha termo pré-fixo, ou condição pré-estabelecida inalterável, a arbítrio de outrem.
§ 3º Chama-se coisa julgada ou caso julgado a decisão judicial de que já não caiba recurso".

Na Constituição de 1988 consta que ninguém deve ser privado da liberdade ou de seus bens sem o devido processo legal. Trata-se de matéria que a Constituição Federal inovou, buscando influência do direito inglês e norte-americano, bem como na doutrina do **due process of law**[64]. Apareceu, expressamente, na Magna Carta de 15.06.1215, com a expressão **law of land,** bem como no art. 19, da Declaração dos Direitos do Homem e do Cidadão Francesa de 1789, e na Constituição dos Estados Unidos de 1786, introduzida pelas Emendas Constitucionais nº 5 e nº 14. O atual texto constitucional brasileiro prevê o inciso LIV, do art. 5º, que ninguém será privado da liberdade ou de seus bens sem o devido processo legal.

64 Ver: MACHADO, Hugo de Brito. **Direito Adquirido e Coisa Julgada como Garantias Constitucionais.** *In*: **Revista dos Tribunais.** São Paulo: Revista dos Tribunais, abr./1995, nº 714/19, e **Doutrinas Essenciais: Direito Constitucional (Edições Especiais Revista dos Tribunais: 100 Anos)**. 2ª tir. São Paulo: Revista dos Tribunais, 2013, vol. I, p. 681.

O brilhante advogado Sérgio Ferraz ensinou que:

> "Vemos no processo administrativo, com plenas e amplas garantias de intervenção e atuação dos administrados, verdadeira pedra-de-toque na história, mesmo, do Estado Brasileiro. Sem um processo administrativo desse jaez não há Estado de Direito, inexiste Democracia. É fácil explicar o fundamento de tais afirmações: a atuação da administração pública, mais amplamente ou mesmo, se estratifica e se define no bojo de um processo administrativo. Antes de 1988, a Administração se considera dona do processo administrativo, propiciando exclusivamente a seu bel-prazer, seu manuseio, seu conhecimento e a manifestação plena dos interessados. Num processo administrativo desse teor é obvio que o clássico direito de petição, como também o de representação, significam meras proclamações retóricas. A co-participação do administrado, no desempenho administrativo, antiga aspiração de todos quantos lutam pelo Direito, ali não tinha campo ou existência. Agora, não: há base constitucional expressa para a construção de uma verdadeira teoria do processo administrativo entre nós, cabendo aliás anotar que já estamos, no particular, muito atrasados, até mesmo no continente sul-americano"[65].

A garantia constitucional do devido processo legal implica em dois aspectos: a) processual, **procedural due process**; b) substantivo, **substantive due process**. A forma, inclusive, evoluiu para o princípio da isonomia **equal protection of the laws**, constituindo-se em um instrumento para garantir as liberdades públicas, restringindo a discricionariedade administrativa e a exorbitância legislativa. O devido processo legal restringe, assim, o poder regulamentar e o de polícia, assegurando ao Poder Judiciário um instrumento eficaz de controle da legalidade e dos demais Poderes Políticos. O devido processo legal aplica-se na jurisdição penal, estando implícito no princípio da presunção de inocência. Consta também na jurisdição civil, conferindo igualdade às partes, oportunidade para a produção de provas e a garantia do contraditório. Por outro lado, também o devido processo legal se aplica ao processo administrativo, como forma de limitar a discricionariedade estatal[66].

No inciso LV, do art. 5º, da Constituição de 1988, diz que "aos litigantes, em processo judicial ou administrativo, e aos acusados em geral são assegurados o contraditório e ampla defesa, com os meios e recursos a ela inerentes". No inciso LV, do art. 5º, da Constituição Federal, consta a garantia de

---

65 FERRAZ, Sérgio. **Prefácio.** *In:* COSTA, Nelson Nery. **Processo Administrativo e suas Espécies.** 4ª ed./3ª tir. Rio de Janeiro: Forense, 2007, p. XV.

66 Ver: PERLINGEIRO, Ricardo. **O Devido Processo Legal Administrativo e a Tutela Judicial Efetiva – Um novo olhar?** *In*: **Revista de Processo**. São Paulo: Revista dos Tribunais, jan./2015, nº 239/293-331, e **Doutrinas Essenciais: Direito Constitucional (Edições Especiais Revista dos Tribunais: 100 Anos)**. São Paulo: Revista dos Tribunais, 2015, vol. IX, p. 447.

ampla defesa, entendida como a oportunidade de se contestar a acusação, produzir provas de seu direito, acompanhar os atos de instrução e utilizar os recursos cabíveis. Este princípio encontra sua origem no **due process of law**, acima descrito. O direito de plena defesa não fica evidenciado pelo que ocorre durante o processo, ou no processo, devendo estar previamente estabelecido quanto ao rito e às sanções legais, sendo asseguradas as condições para que a defesa possa ser ampla e justa. Por outro lado, o administrado, ou o servidor público, tem o direito de não se auto-incriminar, com base nesse princípio.

O direito de ampla defesa exige a bilateralidade, determinando a existência do contraditório. Entende-se, com propriedade, que o contraditório se encontra inserido dentro da ampla defesa, quase que com ela se confundindo integralmente, na medida em que uma defesa não pode ser contraditória, sendo esta a exteriorização daquela. Frente a todo ato produzido, deve caber igual direito à outra parte de se opor ou dar-lhe outra versão, que não a já posta, ou, mesmo, dando outra interpretação jurídica diferente da feita pela acusação.

O direito foi estendido a todos os litigantes, em processo judicial ou administrativo, e aos acusados em geral assegurou-se o contraditório e a ampla defesa, com os meios e recursos a ela inerentes. O direito já era reconhecido no processo judicial, mas coube também ao processo administrativo, em suas diferentes modalidades, introduzido pela Constituição de 1988. A Lei Federal nº 9.794, de 29.01.1999, que dispôs sobre o processo administrativo federal, inseriu essa garantia no seu procedimento, representando um marco no direito administrativo.

4.12. Princípios e Garantias do Cidadão

Está disposto no inciso XXXVII do art. 5º, da Constituição de 1988, que não deve haver Juiz ou Tribunal de Exceção. É princípio que constou nas Constituições de 1934 (art. 113, nº 25), de 1946 (art. 141, § 26) e de 1967 (art. 150, § 15). A proibição é uma garantia do Estado Democrático de Direito, previsto no **caput** do art. 1º do texto constitucional, de que não pode haver uma Justiça fora dos padrões normais[67]. Não implica, porém, na impossibilidade da existência de justiças especializadas, desde que previstas na Constituição, como é o caso da Justiça Militar, tratada nos seus arts. 122 a 124.

67 Ver: SILVA, Ivan Luís Marques da. **Direito Penal Neo-Constitucionalista: equilíbrio necessário entre os anseios da sociedade e a legitimidade do ordenamento.** *In*: **Revista Brasileira de Ciências Criminais.** São Paulo: Revista dos Tribunais, jul./2008, nº 73/83, e **Doutrinas Essenciais: Direito Constitucional (Edições Especiais Revista dos Tribunais: 100 Anos).** São Paulo: Revista dos Tribunais, 2015, vol. VII, p. 205.

É reconhecida a instituição do júri, de acordo com o inciso XXXVIII do art. 5º, da Constituição Federal, sendo assegurados a plenitude de defesa, o sigilo das votações, a soberania dos vereditos e a competência para o julgamento dos crimes dolosos contra a vida. Trata-se de dispositivo que apareceu, nas Constituições de 1824 (arts. 151 e 152), de 1891 (art. 72, § 31), de 1934 (art. 72), de 1946 (art. 141, § 28) e de 1967 (art. 150, § 18). O Código de Processo Penal, Decreto-lei nº 3.689, de 03.10.1939, dispôs sobre a competência do júri, nos arts. 406 a 497.

O júri é o tribunal no qual os cidadãos, previamente alistados, sorteados e, depois, escolhidos, decidem de fato, de acordo com sua consciência e juramento, sobre a culpabilidade ou não dos acusados, nas ações relativas a crimes dolosos contra a vida[68]. O júri, na verdade, é o Tribunal do Júri, ao passo que os jurados compõem o Conselho de Sentença, estando contido naquele. O Tribunal do Júri compõe-se de um Juiz de Direito, que o preside, e de vinte e um jurados, dos quais são sorteados sete, que integram o Conselho de Sentença, nas sessões de julgamento. A soberania das votações implica dizer que, desde que não decida contrariamente às provas, sua decisão não pode ser mudada e, se o for, é para que haja novo julgamento pelo júri. A votação deve ser também sigilosa, sendo resguardado o voto individual dos jurados. Por fim, deve haver a plenitude da defesa, sendo assegurado o contraditório e a ampla produção de prova.

A origem do júri está no direito inglês, com a Carta Magna de 15.06.1215, em que foram extintos os Juízos de Deus, tendo ampla influência no direito anglo-saxônio, inclusive na apreciação das causas cíveis. Nos países de tradição romanística, limita-se em geral às causas criminais, especialmente aos crimes dolosos contra a vida. A ideia do Tribunal do Júri é de que a sociedade deve ser responsável pelo julgamento de seus pares, estando amparada na noção de que a soberania é do povo, seu legítimo titular, inclusive nas questões jurisdicionais.

Dispõe o inciso XXXIX do art. 5º da Constituição de 1988, que não deve haver "crime sem lei anterior que o defina, nem pena sem prévia cominação legal". Este dispositivo foi previsto, nas Constituições de 1824, no art. 179, nº 11 e nº 17; de 1891, no art. 72, parágrafos 15, 16 e 23; de 1934, no art. 113, nº 24, nº 25, nº 26 e nº 27; de 1946, no art. 141, parágrafos 25 a 27; e de 1967, no art. 150, § 16. Dispõe sobre a questão o Código Penal, Decreto-lei nº 2.848, de 07.12.1940, no seu art. 1º, que tem o mesmo sentido constitucional. Trata-se do direito do acusado de só ser punido pela lei que havia

68 Súmula Vinculante 45, de 08.04.2015: "A competência constitucional do Tribunal do Júri prevalece sobre o foro por prerrogativa de função estabelecido exclusivamente pela constituição estadual".

no tempo do delito, seja no pressuposto do crime, bem como na qualidade e na extensão da pena, sendo princípio de vedação às leis penais materiais **ex post facto**. Por ele, a lei penal, bem como a lei de processo administrativo punitivo, inclusive fiscal, tem de ser aquela que estava em vigor no momento do crime ou do fato delituoso, jamais podendo a lei incidir sobre crimes passados, salvo para beneficiar o réu.

No mesmo sentido acima, o inciso XL do art. 5º, da Constituição de 1988, dispõe que "a lei penal não retroagirá, salvo para beneficiar o réu". Este princípio constou, nas Constituições de 1824 (art. 179, nº 3), de 1891 (art. 72, § 15), de 1934 (art. 113, § 27), de 1946 (art. 141, § 26) e de 1967 (art. 150, § 16). Dispõe o Código Penal, no art. 2º, que ninguém pode ser punido por fato que lei posterior deixa de considerar crime, cessando em virtude dela a execução e os efeitos penais da sentença condenatória. No **parágrafo único** desse dispositivo, está afirmado que a lei posterior, que de qualquer modo favoreça o agente, aplica-se aos fatos anteriores, ainda que decididos por sentença condenatória transitada em julgado.

Todavia, "a retroatividade dos efeitos da lei não pode desrespeitar a realidade dos fatos naturais", isto é, não pode retroagir para impedir que "aconteça o acontecido". Com lastro nesse entendimento, julgou-se "inadmissível a suspensão condicional do processo, com base na aplicação retroativa do art. 89, da Lei Federal nº 9.099 de 26.09.1995". Pois, quando de sua edição já houvera sido prolatada sentença condenatória[69].

Consta no inciso XLI do art. 5º, da Constituição de 1988, que a lei deve punir "qualquer discriminação atentatória aos direitos e liberdades fundamentais". Este princípio constou desde a Constituição de 1891 (art. 72, § 2º) e foi mantido pelas Constituições de 1934 (art. 113, nº 1), de 1937 (art. 122, nº 1), de 1946 (art. 141, § 1º) e de 1967 (art. 150, § 1º). A tradição constitucional foi ampliada, antes limitada ao preconceito de raça, tendo uma abrangência maior, implicando em sanção para qualquer tipo de discriminação que atente contra os direitos e as liberdades fundamentais[70]. Trata-se de uma garantia suplementar ao princípio da isonomia.

No mesmo sentido acima, o inciso XLII do art. 5º, do texto constitucional, dispõe que "a prática do racismo constitui crime inafiançável e impres-

69 HC nº 74.356-1/SP, Supremo Tribunal Federal, 1ª Turma, **Revista dos Tribunais** nº 743, p. 550.

70 Ver: CARPENTIERI, José Rafael. **Direitos Humanos e Direito Penal: pensamento como forma de resistência ao poder.** *In*: **Revista Brasileira de Ciências Criminais.** São Paulo: Revista dos Tribunais, maio-jun./2014, nº 108/191-222, e **Doutrinas Essenciais: Direito Constitucional (Edições Especiais Revista dos Tribunais: 100 Anos)**. São Paulo: Revista dos Tribunais, 2015, vol. VIII, p. 337.

critível, sujeito à pena de reclusão, nos termos da lei". Trata-se de novidade apresentada pela Constituição de 1988, reforçando o princípio da isonomia e da vedação contra a discriminação que atente contra os direitos e as liberdades fundamentais. A Lei Federal nº 12.288, de 20.07.2010, instituiu o Estatuto da Igualdade Racial, alterando a Lei Federal nº 7.347, de 24.07.1985, a Lei Federal nº 7.716, de 05.01.1989, a Lei Federal nº 9.029, de 13.04.1995, e a Lei Federal nº 10.778, de 24.01.2003.

O inciso LXIII do art. 5º, da Constituição Federal, dispõe que a lei deve considerar "crimes inafiançáveis e insuscetíveis de graça ou anistia a prática da tortura, o tráfico ilícito de entorpecentes e drogas afins, o terrorismo e os definidos como crimes hediondos, por eles respondendo os mandantes, os executores e os que, podendo evitá-los, se omitirem". Este dispositivo surgiu com a Constituição de 1967, em seu art. 8º, VII, "b". A matéria está tratada na Lei Federal nº 8.072, de 25.07.1990, com as alterações da Lei Federal nº 8.930, de 06.09.1994 e da Lei Federal nº 9.695, de 20.08.1998, que dispõe sobre crimes hediondos[71]. A Lei Federal nº 9.455, de 07.04.1997, define os crimes de torturas. Por fim, a legislação que trata dos crimes de tóxicos é a Lei Federal nº 11.343, de 23.08.2006, e o Decreto Federal nº 5.912, de 27.09.2006. Esta legislação, ao despenalizar o crime de consumo de entorpecentes, representou um avanço jurídico, mas ao não distinguir o tráfego de pequena quantidade do tráfego de grande quantidade, colocou muita gente no sistema prisional brasileiro, facilitando a cooptação desta pelo crime organizado.

O inciso XLIV do art. 5º, da Constituição de 1988, estabelece que "constitui crime inafiançável e imprescritível a ação de grupos armados, civis ou militares, contra a ordem constitucional e o Estado Democrático". Trata-se de dispositivo que apareceu, pela primeira vez, com a Constituição de 1988. Não se pode afirmar que se trata de uma proteção aos direitos fundamentais, talvez não sendo sequer uma matéria que merecesse sua constitucionalização. Trata-se, na verdade, de um reforço ao princípio do Estado Democrático de Direito, previsto no **caput** do art. 1º do texto constitucional. Encontra-se também tratado na Lei de Segurança Nacional, Lei Federal nº 7.170, de 14.12.1983, nos arts. 16 e 24.

Consta do inciso XLV do art. 5º, da Constituição de 1988, que "nenhuma pena deve passar da pessoa do condenado, podendo a obrigação de

71 Súmula Vinculante 26, de 16.12.2009: "Para efeito de progressão de regime no cumprimento de pena por crime hediondo, ou equiparado, o juízo da execução observará a inconstitucionalidade do art. 2º da Lei nº 8.072, de 25 de julho de 1990, sem prejuízo de avaliar se o condenado preenche, ou não, os requisitos objetivos e subjetivos do benefício, podendo determinar, para tal fim, de modo fundamentado, a realização de exame criminológico".

reparar o dano e a decretação do perdimento de bens ser estendida aos sucessores e contra eles executadas, até o limite do valor do patrimônio transferido". O dispositivo acima foi tratado desde a Constituição de 1824 (art. 179, nº 25), sendo mantido nas Constituições de 1891 (art. 72, parágrafos 19, 20 e 21), de 1934 (art. 113, nºs 28 e 29), de 1937 (art. 122, nº 13), de 1946 (art. 141, parágrafos 29, 30 e 31) e de 1967 (art. 150, parágrafos 11 e 13). O inciso implica que haja a transmissão da pena para os familiares do agente criminoso e, também, que a pena extingue-se com a morte deste. Não obstante, permite que o patrimônio do criminoso **de cujus** responda por seus atos, sendo medida em que se procura inibir a criminalidade e, ao mesmo tempo, proteger as vítimas. O Código Penal, Decreto-lei nº 2.848, de 07.12.1940, tratou da matéria nos arts. 32 e seguintes.

O inciso XLVI do art. 5º, da Constituição de 1988, dispõe que a lei deve regular a individualização da pena, bem como adota as penas de privação ou restrição da liberdade, perda de bens, multa, prestação social alternativa e suspensão ou interdição de direitos. Apareceu na Constituição de 1824 (art. 179, nº 20) e foi mantida nas Constituições de 1891 (art. 72, parágrafos 19, 20 e 21), de 1934 (art. 113, nºs 28 e 29), de 1946 (art. 141, parágrafos 29 e 31) e de 1967 (art. 150, parágrafos 11 e 13). A individualização da pena começa com a atividade do Juiz de Direito, que aplica a pena à realidade do fato[72]. Procura, assim, humanizar a pena, adequando-a ao caso concreto e permitindo que surjam novos tipos de pena, sem se liminar às penas restritivas de liberdade, posto que se sabe hoje que o sistema prisional não recupera os presos, sendo apenas uma forma de inibição e de isolamento para os criminosos considerados perigosos. Está tratada na Lei Federal nº 7.210, de 11.07.1984, a Lei de Execução Penal.

Por outro lado, o inciso XLVII do art. 5º, da Constituição de 1988, dispõe que não deve haver penas de morte, salvo em caso de guerra declarada, nos termos do art. 84, XIX, do texto constitucional, de caráter perpétuo, de trabalhos forçados, de banimento e cruéis. O princípio constou em todas as Constituições brasileiras – de 1824 (art. 179, nº 20); de 1891 (art. 72, parágrafos 20 e 21); de 1934 (art. 113, nº 29); de 1937 (art. 122, nº 13); de 1946 (art. 141, § 31); e de 1967 (art. 150, § 11). O dispositivo vem a ser uma limitação ao poder estatal de punir, evitando o excesso de penalização, que faz parte da tradição do direito penal brasileiro, sendo que a pena de morte cessou com a Constituição de 1891, estando prevista no Código Penal Militar, Decreto-lei nº 1.001, de 21.10.1969.

72 Súmula Vinculante 56, de 29.06.2016: *"A falta de estabelecimento penal adequado não autoriza a manutenção do condenado em regime prisional mais gravoso, devendo-se observar, nessa hipótese, os parâmetros fixados no RE 641.320/RS".*

Consta, também, que a pena deve ser cumprida em estabelecimentos distintos, de acordo com a natureza do delito, a idade e o sexo do apenado, nos termos do inciso XLVIII do art. 5º, da Constituição Federal. Trata-se de matéria em que a Constituição de 1988 inovou. A ideia que surge é a possibilidade de se querer recuperar o criminoso e evitar que os presídios se constituam escolas do crime, o que de fato acontece. Consta do Código Penal, Decreto-lei nº 2.848, de 07.12.1940, nos arts. 32 e seguintes, e na Lei de Execução Penal, Lei Federal nº 7.210, de 11.07.1984.

Dispõe o inciso XLIX do art. 5º, do texto constitucional, que deve ser "assegurado aos presos o respeito à integridade física e moral"[73]. Previa também a Constituição de 1824 (art. 179, nº 20), de 1891 (art. 72, § 19), de 1934 (art. 113, nº 28), de 1946 (art. 141, § 30) e de 1967 (art. 150, § 14). O Código Penal, no seu art. 38, estabelece que o preso deve conservar todos os direitos não atingidos pela perda da liberdade, impondo-se às autoridades o respeito à integridade física e moral. O transporte dos presos está previsto na Lei Federal nº 8.653, de 10.05.1993, devendo ser feito de forma humanizada. Foi também assegurado às presidiárias o direito de permanecer com seus filhos durante o período de amamentação, de acordo com o inciso L do art. 5º da Constituição Federal. Foi matéria sobre a qual a Constituição de 1988 inovou, não havendo precedentes anteriores.

O Supremo Tribunal Federal, no RE 592.581, na ADPF 437 e na Súmula Vinculante nº 56 entendeu que os efeitos da superlotação carcerária violam a integridade física do preso[74]. O uso de algemas só é possível em fundado receio de fuga e de perigo a integridade física própria ou alheia, como

73 Súmula Vinculante 11, de 13.08.2008: "*Só é lícito o uso de algemas em caso de resistência e de fundado receio de fuga ou de perigo à integridade física própria ou alheia, por parte do preso ou de terceiros, justificada a excepcionalidade por escrito, sob pena de responsabilidade disciplinar civil e penal do agente ou da autoridade e de nulidade da prisão ou do ato processual a que se refere, sem prejuízo da responsabilidade civil do Estado*".

74 "**Superlotação Carcerária**: estado de coisas inconstitucional, cuja **modificação depende de medidas abrangentes**, de natureza normativa, administrativa e orçamentária (ADPF 437). Com fundamento no princípio da supremacia da dignidade humana, para assegurar o respeito à integridade física e moral dos presos, é **lícito ao Poder Judiciário impor à administração obrigação de fazer, consiste na promoção de medidas ou na execução de obras emergenciais em estabelecimentos principais, não se admitindo argumentos contrários como a reserva do possível ou a superação de poderes** (RE 592.581)" (ABNC).
"**Súmula Vinculante 56**: A falta de estabelecimento penal adequado não autoriza a manutenção do condenado em regime prisional mais gravoso, devendo-se observar, nessa hipótese, os parâmetros fixados no RE 641.320/RS".

dispõe a Súmula Vinculante nº 11[75]. A omissão em dar condições mínimas de vida, banho quente no Sul e no Sudeste, ventiladores no Norte e no Nordeste, fere a dignidade dos presos sob custódia[76].

Consta do inciso LI do art. 5º, da Constituição de 1988, que nenhum brasileiro pode ser extraditado, exceto o naturalizado, em caso de crime comum praticado antes da naturalização, ou de comprovado envolvimento em tráfico ilícito de entorpecentes e drogas afins. É matéria que surgiu, pela primeira vez, com a Constituição Federal. O requisito para que haja a extradição é que o Supremo Tribunal Federal deve pronunciar-se sobre a legalidade e a procedência do pedido e que o extraditando tenha sido preso e esteja à disposição desta Corte.

No inciso LII, do art. 5º, está dito que não deve ser "concedida extradição de estrangeiro por crime político ou de opinião". A extradição estava prevista, na Constituição de 1934 (art. 113, nº 31), de 1937 (art. 122, nº 12), de 1946 (art. 141, § 33) e de 1967 (art. 150, § 19). Faz parte da tendência de se proteger os agentes acusados de crimes políticos. A extradição está tratada, nos arts. 76 a 94 da Lei nº 6.815, de 19.08.1980, e no art. 100 do Decreto Federal nº 86.715, de 10.02.1981. Está previsto que ninguém deve ser "processado nem sentenciado senão pela autoridade competente", de acordo com o inciso LIII do art. 5º, da Constituição de 1988, que inovou na matéria. No direito brasileiro, a incompetência do juízo permite que haja a anulação da sentença há muito tempo, sendo novidade apenas a sua constitucionalização. Encontra-se contido na regra do Juiz natural, de que

75 "**Súmula Vinculante 11**: Só é lícito o uso de algemas em casos de resistência e de fundado receio de fuga ou de perigo à integridade física própria ou alheia, por parte do preso ou de terceiros, justificada a excepcionalidade por escrito, sob pena de responsabilidade disciplinar, civil e penal do agente ou da autoridade e de nulidade da prisão ou do ato processual a que se refere, sem prejuízo da responsabilidade civil do Estado.

76 "**A omissão injustificada da Administração em providenciar a disponibilização de banho quente nos estabelecimentos prisionais fere a dignidade de presos sob sua custódia** A omissão injustificada da Administração em providenciar a disponibilização de banho quente nos estabelecimentos prisionais fere a dignidade de presos sob sua custódia. A determinação de que o Estado forneça banho quente aos presos está relacionada com a dignidade da pessoa humana, naquilo que concerne à integridade física e mental a todos garantida. O Estado tem a obrigação inafastável e imprescritível de tratar prisioneiros como pessoas, e não como animais. O encarceramento configura pena de restrição do direito de liberdade, e não salvo-conduto para a aplicação de sanções extralegais e extrajudiciais, diretas ou indiretas. Em presídios e lugares similares de confinamento, ampliam-se os deveres estatais de proteção da saúde pública e de exercício de medidas de assepsia pessoal e do ambiente, em razão do risco agravado de enfermidades, consequência da natureza fechada dos estabelecimentos, propícia à disseminação de patologias. STJ. 2ª Turma. REsp 1.537.530-SP, Rel. Min. Herman Benjamin, julgado em 27/04/2017 (Info 666)" (ABNC).

ninguém pode ser julgado senão por um juízo pré-constituído. A expressão processada deve ter o sentido **lato**, inclusive o próprio inquérito policial.

No inciso LIV do art. 5º, da Constituição de 1988, consta que ninguém deve ser privado da liberdade ou de seus bens sem o devido processo legal. Trata-se de matéria que a Constituição Federal inovou, buscando influência dos direitos inglês e norte-americano, bem como na doutrina do **due process of law**. Apareceu, expressamente, na Magna Carta de 15.06.1215, com a expressão **law of land**, bem como no art. 19, da Declaração dos Direitos do Homem e do Cidadão de 1789, e na Constituição dos Estados Unidos de 1786, introduzida com as Emendas Constitucionais nº 5 e nº 14. A garantia constitucional do devido processo legal implica dois aspectos: a) processual (**procedural due process**); b) substantivo (**substantive due process**). Esta forma, inclusive, evoluiu para o princípio da isonomia **equal protection of the laws**, constituindo-se num instrumento para garantir as liberdades públicas, restringindo a discricionariedade administrativa e a exorbitância legislativa.

O devido processo legal restringe, assim, o poder regulamentar e o de polícia, assegurando ao Poder Judiciário um instrumento eficaz de controle da legalidade e dos demais Poderes Políticos. O devido processo legal aplica-se na jurisdição penal, estando implícito no princípio da presunção de inocência. Consta também na jurisdição civil, conferindo igualdade às partes, oportunidade para a produção de provas e a garantia do contraditório. Por outro lado, o devido processo legal também se aplica ao processo administrativo, como forma de limitar a discricionariedade estatal.

No inciso LV do art. 5º, da Constituição de 1988, consta a garantia de ampla defesa, entendida como a oportunidade de se contestar a acusação, produzir provas de seu direito, acompanhar os atos de instrução e utilizar os recursos cabíveis. Esse princípio encontra sua origem no **due process of law**, acima descrito. O direito de plena defesa não fica evidenciado pelo que ocorre durante o processo, ou no processo, devendo estar previamente estabelecido quanto ao rito e às sanções legais, sendo asseguradas as condições para que a defesa possa ser ampla e justa. Por outro lado, o administrado, ou o servidor público, tem o direito de não se auto-incriminar, com base nesse princípio.

O direito de ampla defesa exige a bilateralidade, determinando a existência do contraditório. Entende-se, com propriedade, que o contraditório encontra-se inserido dentro da ampla defesa, quase que com ela se confundindo integralmente, na medida em que uma defesa não pode ser contraditória, sendo esta a exteriorização daquela. Frente a todo ato produzido, deve caber igual direito a outra parte de se opor ou dar-lhe outra versão, que não a já posta, ou, mesmo, dando outra interpretação jurídica diferente da feita pela acusação.

O direito foi estendido a todos os litigantes, em processo judicial ou administrativo, e aos acusados em geral assegurou-se o contraditório e a ampla defesa, com os meios e recursos a ela inerentes. O direito já era reconhecido no processo judicial, mas coube também ao processo administrativo, em suas diferentes modalidades, introduzido pela Constituição de 1988. A Lei Federal nº 9.794, de 29.01.1999, que dispôs sobre o processo administrativo federal, inseriu essa garantia no seu procedimento, representando um marco no direito administrativo.

No inciso LVI do art. 5º, do texto constitucional, consta que devem ser "inadmissíveis, no processo, as provas obtidas por meios ilícitos". Surgiu de modo expresso, pela primeira vez, na Constituição de 1988, ainda que possa ser deduzida da regra constante no art. 153, § 9º, da Emenda Constitucional nº 1, de 17.10.1969. A prova é fundamental para o processo, de modo que deve ser protegida, para se evitar que, através da violência ou da ameaça, se macule uma decisão judicial. Está previsto no Código de Processo Penal, Decreto-lei nº 3.689, de 03.10.1941, nos arts. 155 e seguintes, bem como no Código de Processo Civil de 2015.

Dispõe o inciso LVII do art. 5º, da Constituição de 1988, que ninguém deve ser "considerado culpado até o trânsito em julgado de sentença penal condenatória", dispositivo este introduzido de modo expresso pela Constituição Federal. Trata-se do princípio da presunção de inocência, pelo qual, a menos que haja uma decisão judicial transitada em julgado – ou seja, que não esteja passível de recurso –, o cidadão deve ser considerado isento de culpa. Combina-se este princípio, inclusive, com o princípio do **in dubio pro reo**, de modo que só pode haver uma condenação diante de provas claras e não duvidosas. O Superior Tribunal de Justiça, por conta da presunção de justiça, entende-se que a simples existência de inquérito ou ação penal não transitada em julgado não impede a participação em curso de formação de vigilante, no REsp 1.666.294-DF, com Relatoria do Ministro Herman Benjamin[77].

77 "**Presunção de inocência.** Viola o princípio **da presunção de inocência o impedimento de participação ou registro de curso de formação ou reciclagem de vigilante**, por ter **sido verificada a existência de inquérito ou ação penal não transitada em julgad**o. Assim, não havendo sentença condenatória transitada em julgado, o simples fato de existir um processo penal em andamento não pode ser considerada antecedente criminal para o fim de impedir que o vigilante se matricule no curso de reciclagem. STJ. 2ª Turma. REsp 1597088/PE, Rel. Min. Herman Benjamin, julgado em 15/08/2017. **A existência de condenação criminal transitada em julgado impede o exercício da atividade profissional de vigilante por ausência de idoneidade moral.** STJ. 2ª Turma. REsp 1.666.294-DF, Rel. Min. Herman Benjamin, julgado em 05/09/2019 (Info 658)" (ABNC).

A pessoa que for identificada, no cível, não deve ser submetida à identificação criminal, nos termos do inciso LVIII do art. 5º, sendo esta também uma novidade da Constituição de 1988. De outra forma, o cidadão ficaria em situação vexatória e exposto ao arbítrio. O constrangimento da situação é claro, sendo esta uma prática policial, que o texto constitucional procurou abolir.

Prevê o inciso LIX do art. 5º, da Constituição Federal, que deve ser "admitida ação privada nos crimes de ação pública, se esta não for intentada no prazo legal". Ao Ministério Público cabe a função de acusar, de acordo com o inciso I do art. 129, do texto constitucional. Contudo, caso não cumpra sua determinação, faculta-se que o particular o substitua. Já previa o Código Penal, Decreto-lei nº 2.848, de 07.12.1940, no § 3º do art. 100, que cabe ação de iniciativa privada, nos crimes de ação pública, caso o órgão ministerial não ofereça denúncia no prazo legal.

Consta no inciso LX do art. 5º, da Constituição de 1988, que "a lei só poderá restringir a publicidade dos atos processuais quando a defesa da intimidade ou o interesse social o exigirem". Trata-se de matéria que não aparecia nas outras Constituições Brasileiras, sendo introduzida pela Constituição de 1988. Existem questões em que deve haver segredo de justiça, mas trata-se de exceção e não de regra. O princípio básico dos atos estatais é o da publicidade, que permite que o cidadão tenha conhecimento pleno do que sucede nas questões de seu interesse, seja este particular ou geral. A publicidade, do ponto de vista processual, tem o intuito de que as partes participem dos atos processuais, além do que permite a consulta do processo e suas peças lavradas. Assim previa o anterior Código de Processo Civil, Lei Federal nº 5.869, de 11.01.1973, em seu art. 155, incisos I e II, que tratam do segredo de justiça, do mesmo modo que os arts. 815, 823 e 841, agora nos arts. 189, I e II, 300, 301, do Código de Processo Civil de 2015, Lei Federal nº 13.105, de 16.03.2015.

Dispõe o inciso LXI do art. 5º, da Constituição de 1988, que ninguém pode ser preso, salvo se "em flagrante delito ou por ordem escrita e fundamentada de autoridade judiciária competente". A exceção ocorre "nos casos de transgressão militar ou crime propriamente militar", inclusive sendo vedada a concessão de **habeas corpus**, nos casos de punição disciplinar, de acordo com o § 2º do art. 142 do texto constitucional. Constava este princípio nas Constituições de 1824 (art. 179, nºs 8 e 10), de 1891 (art. 72, parágrafos 13 e 14), de 1934 (art. 113, nºs 21 e 22), de 1937 (art. 122, nº 11), de 1946 (art. 141, parágrafos 20 a 22) e de 1967 (art. 150, § 12). Estabelece esse dispositivo que o cidadão tem direito à segurança, sem que seja turbado em sua liberdade de locomoção ou em seus direitos fundamentais. Está fixado, no Código de Processo Penal, em seu art. 301, a situação da prisão em flagrante, quando é passível de prisão alguém que esteja cometendo um crime ou nas vinte e quatro horas seguintes ao mesmo.

4.13. Disciplina das Regras Constitucionais

As disposições constitucionais do art. 5º, do texto constitucional, são auto-aplicáveis, isto é, não dependem de lei para que tenha vigência e eficácia imediata à promulgação da Constituição, de acordo com o § 1º deste dispositivo. Trata-se de uma forma de, expressamente, assegurar que a cidadania civil seja exercida, sem qualquer empecilho ou obstáculo. Por outro lado, as disposições do art. 5º, da Constituição de 1988 são "cláusulas pétreas"[78], ou seja, não podem ser modificadas por emenda constitucional ou revisional enquanto o texto constitucional viger.

Não obstante a existência de setenta e oito incisos no art. 5º, da Constituição de 1988, que tratam de diversos direitos e garantias fundamentais, de acordo com o § 2º deste artigo, existem outros direitos que decorrem do regime e dos princípios por ela adotados, ou dos tratados internacionais em que a República Federativa do Brasil seja parte. Assim, apesar da exaustiva enumeração de dispositivos constitucionais, foi assegurada a existência de outros direitos, relativos à cidadania civil e social.

O jurista e pensador alemão Roberto Alexy assim reflete sobre à generalização dos direitos fundamentais:

> "Os direitos fundamentais são, por um lado, elementos essenciais do ordenamento jurídico nacional respectivo. Por outro, porém, eles remetem além do sistema nacional. Nesse exceder do nacional deixam distinguir-se dois aspectos: um substancial e um sistema sistemático. Os direitos fundamentais rompem, por razões substanciais, o quadro nacional, porque eles, se querem poder satisfazer as exigências a serem postas a eles, devem abarcar os direitos do homem. Os direitos do homem têm, porém, independentemente de sua positivação, validez universal. Eles põem, por conseguinte, exigências a cada ordenamento jurídico. Uma contribuição importante para a sua imposição mundial prestou e presta a declaração dos direitos do homem universal, de 10 de dezembro de 1948. Os direitos do homem tornaram-se vinculativos jurídico-positivamente no plano internacional pelo pacto internacional sobre direitos civis e políticos, de 19 de dezembro de 1966. Uma peça paralela a ele é o pacto internacional sobre direitos econômicos, sociais e culturais, do mesmo dia, que, certamente, está dotado com força de imposição muito menor. Ao lado deles e de outros pactos postos mundialmente colocam-se convenções regionais. Tudo isso cria comunidades substancias"[79].

---

78 Ver: FERREIRA FILHO, Manoel Gonçalves. **Significação e Alcance das "Cláusulas Pétreas"**. *In*: **Revista de Direito Constitucional e Internacional**. São Paulo: Revista dos Tribunais, out.-dez./1995, nº 13/5, e **Doutrinas Essenciais: Direito Constitucional (Edições Especiais Revista dos Tribunais: 100 Anos)**. 2ª tir. São Paulo: Revista dos Tribunais, 2013, vol. I, p. 703.

79 ALEXY, Robert. **Constitucionalismo Discursivo**. Luís Afonso Carvalho Heck (trad.). 3ª ed. Porto Alegre: Livraria do Advogado Editora, 2011, pp. 55-6.

Foi previsto no § 2º do art. 5º, da Constituição de 1988, que os direitos e garantias expostos no texto constitucional não elidiam outros previstos nos tratados internacionais. Agora, com o § 3º do mesmo dispositivo, acrescido pela Emenda Constitucional nº 45, de 08.12.2004, foi ampliada a disposição anterior, assegurando que os tratados e as convenções internacionais relativos a direitos humanos, desde que tenham a mesma tramitação das emendas constitucionais, prevista no art. 60, § 2º, da Constituição Federal, sejam a elas equivalentes. Por outro lado, no § 4º do art. 5º do texto constitucional foi explicitada a submissão do Brasil à jurisdição de Tribunal Penal Internacional (TPI), desde que manifesta sua adesão expressa, visando disciplinar penalmente as violações de direitos humanos, transcendendo a soberania clássica das nações.

Capítulo V

DIREITOS SOCIAIS DOS TRABALHADORES

5.1. Declarações de Direitos Sociais

Os cidadãos, em relação ao Estado, tanto têm o dever de obedecer à lei, como o direito de ter reconhecido por este sua esfera de cidadania, especialmente as liberdades públicas. Por conseguinte, as declarações de cidadania, desde a **Bill of Rights,** em 1689, na Grã-Bretanha, passando pela Declaração de Independência dos Estados Unidos, em 1776, até a Declaração de Direitos de Direitos do Homem e do Cidadão, na França, em 1789, por cem anos houve o fortalecimento dos direitos da cidadania. Os direitos à vida, à integridade física, à liberdade, à manifestação, à associação civil e à propriedade privada constituíam a cidadania básica dos homens e, em parte, das mulheres, como já abordado.

Por conseguinte, do final do século XVII ao final do século XVIII, por meio de declarações escritas, foi afirmada a chamada cidadania civil, que depois passou a integrar os textos constitucionais, em geral, no seu início, como símbolo de um possível pacto social. No século XIX, foi ampliada a cidadania política, com a extensão do sufrágio a todos os homens, ainda não às mulheres, progressivamente ampliado ao longo do tempo, quanto a renda ou ao patrimônio. Na Grã-Bretanha, sempre adiantada, houve a Reforma Eleitoral de 1832, quando se diminuiu as restrições à eletividade, incorporando a classe média ao eleitorado, mas o voto era censitário, excluindo os mais pobres. Depois, na segunda metade do século, em 1867, nova reforma eleitoral permitiu que os trabalhadores britânicos pudessem votar e ser votado, com a formação do **Labor Party**, com base nos sindicatos, **Trade Unions**. As mulheres só começaram a votar, na distante Nova Zelândia, em 1898, e depois nos demais países já no século seguinte.

Os trabalhadores pouco a pouco foram se organizando por meio de sindicatos ou de associações que tinham como reivindicação básica o direito à jornada de oito horas de trabalho. O terço do dia em que se devia laborar precisava também corresponder a outro terço para o descanso e mais um terço para as refeições, para o transporte e para a higiene. As manifestações começaram nos centros industriais, na Europa e nos Estados Unidos, mas logo se irradiaram para o mundo inteiro, do final do século XIX ao começo do século XX. Houve muita repressão também, contra as manifestações e os protestos, nas grandes cidades norte-americanas, em que ocorreram mortes e prisões arbitrárias, no episódio em que foi consagrar o 1º de maio, como o dia do trabalhador[1].

Os direitos sociais, no início do século XX, foram consagrados por meios de diversas declarações de direitos sociais – a Constituição Mexicana de 1917, a Declaração de Direitos do Povo Trabalhador e Explorado da Rússia, em 1918, e a Constituição de Weimar (Alemanha) de 1919. A Constituição Mexicana de 1917, a pioneira no reconhecimento de direitos sociais, foi assim descrita por Raul Machado Horta:

> "O artigo mais extenso da constituição do México, o art. 27, que contém 2.840 palavras, é também o de maior repercussão social, política e econômica. Nele repousa a transformação operada no regime da propriedade e nas relações decorrentes desse regime. A publicização da propriedade é amplíssima, com sacrifício de sua privatização. A propriedade passa a ser destinatária de regras de limitação, que afirmam a prevalência do interesse público, para justificar seu uso com fins de distribuição da riqueza. As associações religiosas, as igrejas, os seminários, os colégios, os conventos, os bispados, as casas paroquiais, foram privados da capacidade de adquirir, possuir ou administrar bens de raízes, e seus bens foram nacionalizados (art. 17, II). As normas da reforma agrária e sua execução, a fixação da extensão da pequena e grande propriedade dilatam o campo material da Constituição pela inclusão de temas insuspeitados e até

---

1 Nos Estados Unidos, em 1884, os sindicatos de trabalhadores fixaram o prazo de dois anos para conseguir dos empresários a limitação da jornada de trabalho para oito horas. Foi iniciada a campanha em 1º de maio, quando as empresas começavam seu ano contábil e os contratos de trabalho terminavam e os trabalhadores procuravam novos empregos. Estimulada pelos anarquistas de origem italiana, a adesão à greve geral de 1º de maio de 1886 foi ampla, com a participação de quase trezentos e cinquenta mil trabalhadores em todo o país. Em Chicago, a paralisação atingiu várias empresas e, no dia 3 de maio, durante uma manifestação, os grevistas da fábrica McCormick saíram em perseguição aos fura-greves e foram recebidos por detetives privados e por policiais armados de rifles. O conflito resultou em três trabalhadores mortos. No dia seguinte, ocorreu uma marcha de protesto e, à noite, após a multidão se dispersar, ficaram cerca de duzentos manifestantes e o mesmo número de policiais. Foi quando uma bomba explodiu perto destes, matando um deles, e mais sete outros foram mortos no confronto que se seguiu. Por conta disto, os sindicalistas Albert Parsons, Adolph Fischer, George Engel, August Spies e Louis Lingg foram condenados à força, apesar de não existirem provas para tanto. Louis Lingg se enforcou na prisão e os outros foram executados, em 11 de novembro de 1887, no chamado **Black Friday**, com outros três sendo condenados à prisão perpétua. No entanto, o processo foi revisto, em 1893, com o Governador de Illinois reconhecendo a inocência dos trabalhadores e indicando que tudo fora organizado pelo então Chefe de Política, inclusive o próprio atentado que vitimou os policiais, realizado para justificar a repressão em seguida.

proibidos nos textos que condensaram a formulação individualista dos direitos individuais, naturais e imprescindíveis"[2].

A Declaração de Direitos do Povo Trabalhador e Explorado da Rússia, em 1918, foi o resultado jurídico mais imediato à Revolução Bolchevique de 1917, quando pela primeira vez os trabalhadores assumiram a direção política de um Estado. Os direitos sociais começaram a fazer parte da cidadania, com a perspectiva da construção de um Estado Socialista, como se pode ver abaixo:

> **"Capítulo I**
> **1.** A Rússia é declarada 'República dos Sovietes dos Deputados Operários, Soldados e Camponeses'. Todo o poder central e local pertence a estes Sovietes.
> **2.** A República Soviética Russa fundamenta-se no princípio da união livre das nações livres numa Federação de Repúblicas nacionais e soviéticas.
> **Capítulo II**
> Visando principalmente a suprimir toda exploração do homem pelo homem, a abolir completamente a divisão da sociedade em classes, a esmagar implacavelmente todos os exploradores, a instalar a organização socialista da sociedade e a fazer triunfar o socialismo em todos os países, o III Congresso Pan-Russo dos Sovietes dos Deputados Operários, Soldados e Camponeses decide o seguinte:
> 1º A fim de se realizar a socialização do solo, fica extinta a propriedade privada da terra; todas as terras passam a ser patrimônio nacional e são confiadas aos trabalhadores sem nenhuma espécie de reembolso, na base de uma repartição igualitária em usufruto.
> As florestas, o subsolo, e as águas que tenham importância nacional, todo o gado e todas as alfaias, assim como todos os domínios e todas as empresas agrícolas-modelo, passam a ser propriedade nacional.
> 2º Como primeiro passo para a transferência completa das fábricas, das usinas, das minas, dos caminhos de ferro e de outros meios de produção e de transporte para a propriedade da República Operária e Camponesa dos Sovietes, o Congresso ratifica a lei soviética sobre a administração operária e sobre o Conselho Superior da Economia Nacional, com a finalidade de assegurar o poder dos trabalhadores sobre os exploradores.
> 3º O Congresso ratifica a transferência de todos os bancos para o Estado operário e camponês, como uma das condições de libertação das massas operárias do jugo do capital.
> 4º Tendo em vista suprimir os elementos parasitas da sociedade e organizar a economia, fica estabelecido o serviço do trabalho obrigatório para todos.
> 5º A fim de assegurar a plenitude do poder das massas operárias e de afastar qualquer possibilidade de restauração do poder dos exploradores, o Congresso decreta o armamento dos trabalhadores, a formação de um exército vermelho socialista dos operários e camponeses e o desarmamento total das classes dominantes".

2 HORTA, Raul Machado. **Direito Constitucional**. 3ª ed. Belo Horizonte, Del Rey, 2002, p. 219.

Na Constituição de Weimar, na Alemanha depois da derrota da I Guerra Mundial, em 11 de agosto de 1919, os direitos e os deveres civis foram agrupados sob títulos distintos, reformulando os modelos tradicionais. Os direitos civis, chamados também de direitos fundamentais, como a liberdade pessoal (art. 124), a inviolabilidade do domicílio (art. 115), a liberdade de pensamento e de imprensa (art. 118), o direito de reunião (art. 123), a liberdade de associação (art. 124) e o direito de petição (art. 126), dentre outros, ficavam nas três seções iniciais do capítulo específico. Por outro lado, os novos direitos sociais tiveram duas novas seções, uma dedicada à educação (seção IV) e outra à vida econômica (seção V), passando a ser padrão que seria seguida por outros textos constitucionais, como a Constituição de 1934, no Brasil.

5.2. Direitos da Cidadania Social

No século XIX, a cidadania passou a conter aspectos sociais, principalmente em decorrência do movimento dos trabalhadores que, organizados através de associações e de sindicatos, passou a fazer várias reivindicações, em especial pela jornada de oito horas diárias de trabalho. Diante dos conflitos entre o capital e o trabalho, o Poder Público passou a assumir uma série de atividades que antes não lhe competiam, como a educação, a saúde, a seguridade e a previdência social, dentre outras. Esses direitos foram constitucionalizados através da Constituição Mexicana de 1917, da Constituição de Weimar de 1919 e, também, da Constituição Soviética de 1924, como dito acima.

Alessandra Gotti, sobre o desenvolvimento histórico dos direitos sociais, disse que:

> "Na trajetória histórica do reconhecimento dos direitos sociais, a Constituição Mexicana de 1917 'foi a primeira a atribuir aos direitos trabalhistas a qualidade de direitos fundamentais, juntamente com as liberdades individuais e os direitos políticos (arts. 5º e 123)'. Esclarece Fábio Konder Comparato que essa Constituição, em reação ao sistema capitalista, 'foi a primeira a estabelecer a desmercantilização do trabalho, ou seja, a proibição de equipará-lo a uma mercadoria qualquer, sujeita à lei da oferta e procura no mercado'. A Constituição de Weimar, a seu turno, aprimorou o Estado da democracia social delineado pela Constituição mexicana de 1917. Acrescentou à clássica declaração de direitos e garantias individuais – instrumentos de defesa contra o Estado, delimitação do campo bem demarcado da liberdade individual, que os Poderes Públicos não estavam autorizados a invadir – os direitos sociais. Todavia, registra Geraldo Pisarello que, muito embora as primeiras constituições revolucionárias tenham reconhecido um generoso elenco de direitos sociais e, sobretudo, de direitos trabalhistas, 'seu alcance efetivo, contudo, resulta limitado, deformado ou simplesmente cancelado pela realidade política. A burocratização e o autoritarismo aniquilam o ensaio constitucional gerado em Querétaro, em

> 1917. O cerco internacional ao regime bolchevique e ao totalitarismo estalinista, de sua parte, altera de maneira definitiva o rumo do modelo soviético, cujas Constituições-balanço, aprovadas nos anos 30 e 70, não passavam de farsas jurídicas'. A apontada eficácia limitada dos direitos sociais nas primeiras constituições sociais atém-se em grande parte à imposição de premissas do modelo de Estado Liberal – com sua lógica de abstenção, a estrutura dos seus conflitos e a interpretação de seus direitos vocacionada ao 'bloqueio' da atuação do Estado – ao Estado Social, o que acaba, infelizmente, ocorrendo em alguma medida até os dias de hoje. Além do Estado Social demandar uma interpretação própria, guiada por uma lógica distinta da exigida pelo Estado Liberal, os direitos de liberdade e, especialmente, o princípio da separação dos poderes – utilizados pela burguesia como escudo frente ao Estado para a defesa dos direitos de liberdade – devem ser reinterpretados à luz dessa nova lógica"[3].

A Emenda Constitucional nº 26, de 14.02.2000, acresceu "moradia", como um dos direitos sociais enumerados. Assim, são direitos sociais a educação, a saúde, o trabalho, o lazer, a segurança, a previdência social, a proteção à maternidade e à infância, a assistência aos desamparados e, agora, à moradia. Trata-se de direitos subjetivos e, com tal, suscetíveis de serem exigidos da Administração. Por sua vez, a Emenda Constitucional nº 64, de 04.02.2010, alterou o art. 6º da Constituição Federal, para introduzir a "alimentação" como direito social, e a Emenda Constitucional nº 90, de 15.09.2015, por sua vez, o "transporte"[4].

Foram constitucionalizados diversos direitos sociais na Constituição de 1988, em especial aqueles decorrentes das relações do trabalho, tanto no âmbito urbano, como no rural. Questiona-se, hoje, se tais direitos deveriam constar do texto constitucional, pois alguns autores consideram que deveriam ter sido tratados apenas em nível legal. Não obstante, não existe nenhum obstáculo técnico a esta constitucionalização, saudável até, pois deu mais dignidade aos direitos dos trabalhadores.

---

3 GOTTI, Alessandra. **Teoria Geral dos Direitos Sociais: conceito, fundamento e regime jurídico.** *In*: ALVIM, Eduardo Arruda, LEITE, George Salomão, e STRECK, Lênio (coords.). **Curso de Direito Constitucional.** Florianópolis: Tirant le Blanch, 2018, p. 275.

4 "EMENDA CONSTITUCIONAL Nº 90, DE 15 DE SETEMBRO DE 2015.
Dá nova redação ao art. 6º da Constituição Federal, para introduzir o transporte como direito social.
As Mesas da Câmara dos Deputados e do Senado Federal, nos termos do art. 60 da Constituição Federal, promulgam a seguinte Emenda ao texto constitucional:
Artigo único. O art. 6º da Constituição Federal de 1988 passa a vigorar com a seguinte redação:
Art. 6º São direitos sociais a educação, a saúde, a alimentação, o trabalho, a moradia, o transporte, o lazer, a segurança, a previdência social, a proteção à maternidade e à infância, a assistência aos desamparados, na forma desta Constituição".

A diferença social, no Brasil, é imensa, de modo que deve haver uma garantia especial aos mais necessitados[5]. Se estes direitos são constantemente violados, mesmo dispostos na Constituição Federal, imagine se apenas os fossem em leis ordinárias. As garantias dizem respeito tanto à questão salarial, como a outros direitos referentes à proteção dos trabalhadores em questão de natureza processual, como os prazos de prescrição. Os trabalhadores podem ser empregados, trabalhadores temporários, empregados domésticos, rurícolas ou servidores públicos.

5.3. Relação de Emprego Protegido

Previu o inciso I do art. 7º, da Constituição Federal, que a relação de emprego deve ser protegida contra a despedida arbitrária ou sem justa causa, com a previsão do pagamento de uma indenização compensatória. A matéria é para ser prevista em lei complementar, ainda não editada. Os trabalhadores devem ter direito à estabilidade ou às garantias da despedida arbitrária. A estabilidade é a situação que deveria ser o padrão nas relações de emprego, em razão de dar ao trabalhador confiança e qualidade no serviço, como traz para este uma vida sem a tormenta do desemprego.

Atualmente, a estabilidade está sendo entendida como a permanência das relações do trabalho por tempo indeterminado, sendo um direito real sobre o bem jurídico não corpóreo. Trata-se da antítese ao pensamento neoliberal, de que não deve haver amarras nas relações de emprego, sendo uma flexibilidade que o sistema capitalista permite para melhor capacitar o mercado de trabalho. A implantação do Fundo de Garantia por Tempo de Serviço (FGTS) foi efetuada pela Lei Federal nº 5.107, de 13.09.1966, e regulamentada pelo Decreto Federal nº 58.820, de 20.12.1966, ambos alterados, respectivamente, pelo Decreto-lei nº 20, de 14.09.1966, e pelo Decreto Federal nº 61.405, de 28.09.1967, e suas modificações posteriores.

Foi instituído um sistema optativo, em que se podia escolher entre a proteção à despedida imotivada ou a estabilidade. Na prática, ninguém mais é contratado com estabilidade, sendo a opção pela garantia por tempo de serviço a única a ser exercida, pois a estabilidade é a exceção à regra. Dispõe o art. 6º, **caput**, e § 1º, da Lei Federal nº 5.107, de 13.09.1966, sobre a multa que incide sobre os empregadores, em razão de despedida imotivada. O inciso I do art. 10, do Ato das Disposições Constitucionais Transitórias, fixou a multa em quarenta por cento sobre o valor depositado do Fundo de

5 Ver: SARLET, Ingo Wolfgang. **Direitos Fundamentais Sociais, Mínimo Existencial e Direito Privado.** *In*: **Revista de Direito do Consumidor**. São Paulo: Revista dos Tribunais, jan./2007, nº 61/90, e **Doutrinas Essenciais: Direito Constitucional (Edições Especiais Revista dos Tribunais: 100 Anos)**. São Paulo: Revista dos Tribunais, 2015, vol. VII, p. 771.

Garantia por Tempo de Serviço (FGTS), até que a lei complementar tratasse da matéria.

O inciso II do art. 7º, da Constituição de 1988, prevê o seguro-desemprego, quando houver desemprego involuntário, ou seja, quando a saída do emprego ocorreu por vontade do empregador. Trata-se de uma compensação ou indenização paga ao empregado pela impossibilidade do Poder Público assegurar a manutenção do emprego. A matéria foi tratada, inicialmente, na Constituição de 1967, no art. 158, XVI, voltando a aparecer na Constituição de 1988. Nos casos de desemprego involuntário, o seguro-desemprego encontra-se previsto: a) na Lei Federal nº 7.998, de 11.01.1990; b) na Lei Federal nº 8.019, de 11.04.1990; c) na Lei Federal nº 8.178, de 01.03.1991; d) na Lei Federal nº 8.900, de 30.06.1994; e) na Lei Federal nº 13.134, de 16.06.2015; f) em outras modificações posteriores.

De acordo com o inciso III do art. 7º, do texto constitucional, foi assegurado um fundo de garantia por tempo de serviço, sendo uma proteção contra a despedida imotivada. Por outro lado, a estabilidade é a situação que deveria ser o padrão nas relações de emprego, visando a dar ao trabalhador confiança e qualidade no serviço, como traz para este uma vida sem a tormenta do desemprego. A implantação do Fundo de Garantia por Tempo de Serviço (FGTS) foi efetuada pela Lei Federal nº 5.107, de 13.09.1966, e regulamentada pelo Decreto Federal nº 58.820, de 20.12.1966, ambos alterados, respectivamente, pelo Decreto-lei nº 20, de 14.09.1966, e pelo Decreto Federal nº 61.405, de 28.09.1967, como já comentado. A matéria está também na Lei Federal nº 8.036, de 11.05.1990, e no Decreto Federal nº 99.684, de 08.11.1990. A Lei Federal nº 8.844, de 20.01.1994, estabeleceu as condições para a fiscalização, a apuração e a cobrança judicial das contribuições e das multas. Foi instituído um sistema optativo, em que se podia escolher entre a proteção à despedida imotivada ou a estabilidade. Na prática, ninguém mais é contratado com estabilidade, sendo a opção pela garantia por tempo de serviço a única solução a ser exercida.

O salário mínimo está tratado no inciso IV do art. 7º, da Constituição Federal. Prevê que seja fixado em lei, para ter eficácia a partir do 1º de maio de cada ano. O salário mínimo deve ser nacionalmente unificado, apesar de legislação que prevê a criação de pisos de salários, que visa a pôr fim à unificação nacional daquele. Está previsto que o valor deve ser capaz de atender as necessidades vitais básicas do trabalhador e as de sua família, como moradia, alimentação, educação, saúde, lazer, vestuário, higiene, transporte e previdência social. Deve haver, ainda, reajustes periódicos, que lhe preservem o poder aquisitivo, que ocorre anualmente na data acima mencionada. Foi vedada, ainda, a vinculação do salário mínimo para qualquer fim, nos termos da Lei Federal nº 6.205, de 29.04.1975, que estabeleceu a descaracterização do salário como fator de correção monetária. Encontrava-se previsto nas Constituições de 1934 (art. 121, § 1º, "a" e "b"), de 1937 (art. 137, "h"), de 1946 (art. 157, I) e de 1967 (art. 158, I). O Decreto-lei nº 2.351, de 07.08.1987, chegou a mudar o nome para piso nacional de salário, mas a Constituição de 1988 voltou a usar a expressão tradicional. Agora, o salário mínimo está disciplinado pela Lei Federal nº 13.152, de 29.07.2015, até o ano de 2019.

O piso salarial, proporcional à extensão e à complexidade do trabalho, com pisos regionais, encontra-se tratado no inciso V do art. 7º, do texto constitucional, e foi objeto de medida provisória. Trata-se de uma forma de procurar quebrar a unificação nacional do salário mínimo. Na prática, destina-se atualmente que os Estados-membros fixem o piso mínimo da remuneração de seus servidores públicos.

Está assegurada a "irredutibilidade do salário, salvo o disposto em convenção ou acordo coletivo", conforme o art. 7º, VI, da Constituição de 1988. Encontra-se previsto, na Consolidação das Leis do Trabalho (CLT), no art. 468, que estabelece a impossibilidade da alteração unilateral do contrato de trabalho e, via de conseqüência, do valor do salário. Os adiantamentos são permitidos e, quando houver o pagamento do valor total do salário, podem ser descontados. A irredutibilidade implica não só a manutenção nominal do salário, mas do seu valor real, de modo que deve haver reajuste anual, para evitar que a inflação diminua o valor de compra do mesmo. Por outro lado, a irredutibilidade implica também ser mantida a periodicidade do pagamento do salário.

5.4. Proteção ao Salário do Trabalhador

No caso do pagamento por comissão, está prevista no inciso VII do art. 7º, da Constituição Federal, a "garantia de salário" nunca inferior ao mínimo, para os que percebem remuneração variável". O empregado que recebe sua remuneração desta forma trabalha para ter um ganho relacionado com a produção, seja na atividade industrial, comercial ou de serviços. Na prática, torna-se um sócio minoritário da receita da empresa, estimulando a maior produtividade. No entanto, para evitar que o instituto seja usado como forma de violar o pagamento do salário mínimo, exige-se que este seja a mínima percepção assegurada, ficando as outras condições para os contratos coletivos ou individuais do trabalho.

Está previsto no inciso VIII do art. 7º do texto constitucional o pagamento do "décimo terceiro salário, com base na remuneração integral ou no valor da aposentadoria". O décimo terceiro teve como origem a Lei Federal nº 4.090, de 13.07.1962, que instituiu a gratificação natalina, a ser paga a todos os trabalhadores, no mês de dezembro, sendo esta a razão do nome original. Depois, com a Lei Federal nº 4.749, de 12.08.1965, foi tornado obrigatório o pagamento da primeira metade do décimo terceiro, entre os meses de fevereiro e novembro de cada ano ou quando o empregado entrasse de férias, ao passo que a segunda metade deve ser paga até o dia 20 de dezembro.

A matéria é objeto da Súmula 45 do Tribunal Superior do Trabalho, que dispôs que a remuneração do serviço suplementar, habitualmente prestado, que deve integrar o cálculo da gratificação natalina prevista na Lei Federal nº 4.090, de 13.07.1962. A matéria, assim, encontra-se prevista nos termos da Lei Federal nº 4.090, de 13.07.1962; da Lei Federal nº 4.749, de 12.08.1965; do Decreto Federal nº 57.155, de 03.11.1965; e, ainda, do Decreto Federal nº 63.912, de 26.12.1968, além da legislação mais recente.

5.5. Vantagens, Jornada e Descanso

Trata o inciso IX do art. 7º, do texto constitucional, da remuneração do trabalho noturno, que deve ser em valor superior ao diurno. A questão foi tratada, inicialmente, na Constituição de 1937, no art. 137, "j", figurando também na Constituição de 1946, no art. 159, III, e na Constituição de 1967, no art. 158, IV, como também na Emenda Constitucional nº 1, de 17.10.1969, em seu art. 165, IV. A matéria está prevista na Consolidação das Leis do Trabalho, em seu art. 73. No mesmo sentido dos incisos anteriores, o inciso X do art. 7º, da Constituição de 1988, institui o crime de retenção dolosa de salário, protegendo-o na forma da lei. A proteção deve ser em quatro aspectos: a) a impenhorabilidade, já tratada no inciso VI do mesmo artigo; b) a isonomia; c) a nulidade de sua renúncia; d) a intangibilidade. A proteção da intangibilidade versa sobre a vedação da incidência de multas e descontos, bem como a impenhorabilidade e a inscrição como crédito privilegiado na falência do empregador.

O art. 7º, inciso XI, da Constituição de 1988, trata da "participação dos lucros, ou resultados, desvinculada da remuneração, e, excepcionalmente, participação na gestão da empresa", desde que definido em lei. A matéria foi tratada, inicialmente, na Constituição de 1946, em seu art. 157, IV, mantida na Constituição de 1967, no art. 158, V, bem como na Emenda Constitucional nº 1, de 17.10.1969, em seu art. 168, V, ainda que nestas com maior restrição, pois suprimiu a expressão "direta", que era antes prevista na participação dos lucros. A Constituição de 1988 seguiu sua antecessora e manteve o sistema como uma excepcionalidade e, não, como a regra geral. Ocorre, apenas, quando há uma participação na gestão da empresa, através de uma comissão ou de participação na própria diretoria. O regulamento do texto constitucional foi instituído pela Medida Provisória nº 1.769-55, de 11.03.1999, transformada na Lei Federal nº 10.101, de 19.12.2000.

Dispõe o inciso XII do art. 7º, da Constituição Federal, que o salário-família deve ser "pago em razão do dependente do trabalhador de baixa renda". A matéria foi modificada pela Emenda Constitucional nº 20, de 15.12.1998. O salário-família foi tratado, incidentalmente, na Constituição de 1946, em art. 157, I, mas foi instituído na Constituição de 1967, no art. 158, II, e na sua Emenda Constitucional nº 1, de 17.10.1969, em seu art. 165, II. O salário mínimo já deve prever a proteção da família do trabalhador, pois nele está entendida a sua necessidade. Trata-se aqui de um reforço do salário, com base na existência concreta de dependentes e calculado de acordo com o número de dependentes. O valor atual é ridículo, não resolvendo em nada o problema, pelo contrário, aviltando o mesmo. O salário-família encontra-se previsto na Lei Federal nº 4.266, de 3.10.1963, no Decreto Federal nº 53.153, de 10.12.1963, e na Lei Federal nº 5.559, de 11.12.1968. Foi tratado, ainda, no art. 7º, da Emenda Constitucional nº 103, de 12.11.2019.

Fixa o inciso XIII do art. 7º, da Constituição de 1988, que a duração do trabalho normal não deve ser "superior a oito horas diárias e 44 semanais, facultada a compensação de horários e a redução da jornada, mediante acordo ou convenção coletiva de trabalho". A jornada normal de trabalho foi fixada pelos textos legais, ainda do século XIX, de oito horas de trabalho diário, a partir da ideia de que o dia, de vinte e quatro horas, deve ser dividido em três partes, todas com oito horas. A primeira parte corresponde ao repouso noturno; a outra parte às atividades que envolvam o transporte, a alimentação, a higiene pessoal e outras necessidades; e, por fim, oito horas de trabalho diário. Houve intensa movimentação social, no final do século XIX, inclusive com a repressão feroz da segurança pública, quando os trabalhadores faziam passeatas e greves em prol desse direito.

No século XX, depois da I Guerra Mundial, no Tratado de Versalhes, que criou a Organização Internacional do Trabalho (OIT), fez com que os países passassem aceitar a jornada de oito horas. A Convenção Internacional nº 47, de 1935, adotou sua obrigatoriedade. A Constituição de 1934, em seu art. 121, § 1º, "c", foi quem primeiro tratou da matéria, sendo seguida pelas Constituições de 1937 (art. 137, "i"), de 1946 (art. 157, V), de 1967 (art. 158, VI) e da sua Emenda Constitucional nº 1, de 17.10.1969 (art. 165, VI). O tempo para o trabalho é dividido em diário, previsto para um terço do dia; semanal, com a previsão de descanso de vinte e quatro horas, uma vez por semana; e o tempo anual, com as férias correspondentes todos os anos. A jornada de trabalho está tratada na Consolidação das Leis do Trabalho, no art. 58, ao passo que a proteção da mesma encontra-se prevista na mesma disposição, em seus arts. 57 e 224.

Pode ser que haja uma jornada corrida, sem intervalo para a refeição e os intervalos, tratando o inciso XIV do art. 7º, da Constituição Federal, com jornada máxima "de seis horas para o trabalho realizado em turnos ininterruptos de revezamento, salvo negociação coletiva". Ocorre tal situação quando as empresas têm horários corridos, em função da atividade que desenvolvem, seja industrial, comercial, de serviço ou atividade pública. É prevista, também, a realização de turnos de trabalho, para facilitar a implantação do sistema.

Na linha da proteção da jornada de trabalho foi vista a proteção ao trabalho diário. Não obstante, deve existir a proteção ao trabalho semanal, estando previsto no inciso XV do art. 7º, do texto constitucional, o "repouso semanal remunerado, preferencialmente aos domingos". A Constituição de 1934, em seu art. 121, § 1º, nº 3, foi quem primeiro tratou da matéria, sendo seguida pelas Constituições de 1937 (art. 137, "d"), de 1946 (art. 157, VI), de 1967 (art. 158, VII) e de sua Emenda Constitucional nº 1, de 17.10.1969 (art. 165, VII). A proteção foi tratada, em legislação ordinária, inicialmente, na Consolidação das Leis do Trabalho, de 1943, no seu art. 62, nas alíneas "a" a "c". Depois, foi disposta na Lei Federal nº 605, de 05.01.1949, e no Decreto Federal nº 27.048, de 12.08.1949, que com a legislação em vigor com alteração da Lei Federal nº 2.761, de 26.04.1956, da Lei Federal nº 7.415, de 09.12.1985, da Lei Federal nº 11.324, de 19.07.2006, da Lei Federal nº 12.544, de 08.12.2011. A Medida Provisória nº 905, de 11.11.2019, que criou o contrato de trabalho verde amarelo com menos direitos, foi revogada pela Medida Provisória nº 955, de 20.04.2020.

Trata o inciso XVI do art. 7º, da Constituição de 1988, do pagamento da remuneração do serviço extraordinário, que deve ser superior, no mínimo, em cinquenta por cento à remuneração do serviço normal. A jornada de trabalho é, no máximo, de oito horas de trabalho diário. É possível, caso seja do interesse do empregador, ultrapassar as horas indicadas, mas deve haver um pagamento excepcional, de modo que o valor da hora vem a ser aumentado na metade. Jamais tinha sido prevista a matéria nas Constituições anteriores. Pode haver, no máximo, duas horas diárias de serviço extraordinário.

A jornada, além de diária e semanal, também pode ser medida pelo período de um ano. Quando o mesmo se dá, permite ao trabalhador que tenha direito às férias anuais, no qual ele pode se afastar pelo período de um mês, com a remuneração básica assegurada, de acordo com o inciso XVII do art. 7º. A matéria foi tratada na Consolidação das Leis do Trabalho, em seu art. 129. A Constituição de 1988 passou a tratar da matéria e assegurou, ainda, além do gozo de férias anuais remuneradas, o pagamento de uma adicional de, pelo menos, o pagamento de um terço a mais sobre o valor normal, a todos os trabalhadores.

5.6. Proteção à Saúde e ao Trabalho

Trata o inciso XVIII do art. 7º, da Constituição de 1988, da licença à gestante, sem prejuízo do emprego e do salário, com duração de cento e vinte dias. O ingresso da mulher no mercado de trabalho resultou numa preocupação desta com a chamada dupla jornada de trabalho, em que a mulher, além do serviço profissional, exerce as atividades domésticas, inclusive as relativas à maternidade. Para evitar o desestímulo à procriação, já que os índices brasileiros de fecundidade estão se aproximando dos patamares do Primeiro Mundo, deve-se oferecer garantias mínimas à maternidade. Está a matéria tratada, ainda, no Ato das Disposições Constitucionais Transitórias, no art. 10, II, "b". O salário-maternidade encontra-se previsto, ainda, nos arts. 71 a 73 da Lei Federal nº 8.213, de 24.07.1991, regulamentada pelo Decreto Federal nº 2.172, de 05.03.1997, bem como disposto na Lei Federal nº 8.861, de 25.03.1994, e no Decreto Federal nº 1.197, de 14.07.1994.

Nas residências mais humildes, em especial, quem auxilia a mulher nas atividades doméstica é o esposo e pai, de modo que, logo depois do nascimento do filho, com a mãe ainda em estado delicado, é justo que o pai seja dispensado do trabalho, para auxiliar em casa. O inciso XIX do art. 7º, da Constituição Federal, trata deste direito, bem como o art. 10, § 1º, do Ato das Disposições Constitucionais Transitórias, que fixou o tempo em cinco dias. Encontra-se prevista, também, nos termos do inciso XX do art. 7º, da Constituição Federal, a proteção do mercado de trabalho da mulher, mediante incentivos específicos, nos termos da lei. Esta vem a ser a Consolidação das Leis do Trabalho, que dispõe sobre a matéria nos arts. 487 e seguintes. O princípio da isonomia encontra-se tratado no art. 5º, no **caput** e no seu inciso I, sendo este dispositivo um desdobramento do princípio constitucional mencionado.

Está previsto no inciso XXI no art. 7º, da Constituição Federal, que deve haver "aviso prévio proporcional ao tempo de serviço, sendo no mínimo de trinta dias, nos termos da lei". O aviso prévio só foi constitucionalizado agora, com o texto de 1988, mas já com o Código Comercial de 1850, no seu art. 81, disciplinava-se a matéria em relação aos feitores, guarda-livros e caixeiros. O Código Civil de 1916, em seu art. 1.221, manteve a vinculação do aviso prévio para os contratos por prazo indeterminado. O Decreto Federal nº 16.107, de 30.06.1923, trouxe a questão para o direito trabalhista, quando tratou da locação de serviços domésticos e dispôs expressamente sobre o aviso prévio, inclusive para contrato por prazo determinado.

A Lei Federal nº 62, de 05.06.1935, ao versar sobre os empregados da indústria e do comércio, instituiu o sistema unilateral de aviso prévio, apenas do empregado para o empregador, que foi alvo de várias críticas, pelo caráter retrógrado da disposição. A matéria foi tratada, ainda, no Decreto-lei nº 4.037, de 19.01.1942, considerando a natureza social do art. 81 do Código Comercial de 1850 e do art. 1.221 do Código Civil de 1916. A Consolidação das Leis do Trabalho, em 1942, tratou da matéria nos arts. 487 a 491. O aviso prévio passou a ser um dever recíproco de empregado e empregador, dando um mês de aviso, para o resguardo da função ou do emprego que vai ser extinto. Destina-se a impedir os efeitos de uma interrupção súbita, do contrato de trabalho por prazo indeterminado, com dano para qualquer das partes. A Lei Federal nº 1.530, de 26.12.1951, modificou o art. 487 da Consolidação das Leis do Trabalho, mudando os prazos de aviso prévio. Atualmente, deve ser de trinta dias.

A preocupação do inciso XXII do art. 7º, da Constituição Federal, é com a "redução dos riscos inerentes ao trabalho, por meio de normas de saúde, higiene e segurança". É dever do empregador assegurar ao empregado ambiente de trabalho que tenha condições mínimas sanitárias e que não provoque doenças nos trabalhadores. A segurança e a medicina do trabalho estão fixadas na Consolidação das Leis do Trabalho, em 1942, nos seus arts. 154 a 201, que foram modificados pela Lei Federal nº 6.524, de 22.12.1977, passando a ser chamada a matéria de Medicina e Segurança do Trabalho. Os próprios trabalhadores passaram a ter maior responsabilidade sobre o controle da segurança e da medicina do trabalho, com a Portaria do MT nº 3.214, de 08.06.1978. As empresas ficaram obrigadas a organizar e manter em funcionamento uma Comissão de Prevenção de Acidentes (CIPA), composta por representantes do empregador e dos empregados.

Prevê o inciso XXIII do art. 7º, do texto constitucional, o pagamento de adicional de remuneração para as atividades dos empregados, que sejam penosas, insalubres ou perigosas, de acordo com disposição legal. Os adicionais do salário são percentuais que incidem sobre o valor do salário-base, numa forma de compensação por um maior esforço ou exposição a doenças. As atividades insalubres e perigosas encontram-se tratadas na Consolidação das Leis do Trabalho, em seus arts. 189 e seguintes. A Lei Federal nº 2.573, de 15.08.1955, dispôs sobre as atividades perigosas, depois revogada pela Lei Federal nº 6.524, de 22.12.1977. A matéria está tratada na Portaria do MT nº 3.214, de 08.06.1978, bem como na Lei Federal nº 7.369, de 20.09.1985.

Trata o inciso XXIV do art. 7º, da Constituição Federal, da aposentadoria. A aposentadoria pode ser indicada como o desligamento regular do empregado dos quadros da empresa onde realiza seus serviços, em razão de certas circunstâncias, como a invalidez, o tempo de serviço e a aposentadoria especial. É direito assegurado pelo Poder Público ao trabalhador que atenda aos requisitos legais, sendo um descanso remunerado vitalício. A matéria está tratada, em texto constitucional, desde 1934 (art. 121, § 1º, "h"); 1937 (art. 137, "m" e "n"); 1946 (art. 157, XVI); 1967 (art. 158, XVI e § 2º); e Emenda Constitucional nº 1, de 17.10.1969 (art. 165, XVI, XIX e XX). A Constituição de 1988 também trata da matéria, nos arts. 201 e seguintes. O Plano de Benefícios é disciplinado pela Lei Federal nº 8.213, de 24.07.1991, em seus arts. 42 e seguintes. A Emenda Constitucional nº 20, de 15.12.1998, efetuou profunda modificação nas disposições constitucionais sobre a previdência social e as regras da aposentadoria, agora também alterada pela Emenda Constitucional nº 103, de 12.11.2019.

O inciso XXV do art. 7º, da Constituição Federal, prevê como direito social a assistência gratuita aos filhos e dependentes, desde o nascimento até os cinco anos de idade, em creches e pré-escolas. Trata-se de uma forma de humanizar mais o trabalho e aproximar os pais dos filhos, principalmente na primeira infância, quando esta proximidade é mais importante. A Consolidação das Leis do Trabalho trata da matéria no art. 389, parágrafos 1º e 2º, modificada pelo Decreto-lei nº 229, de 28.02.1967. A Emenda Constitucional nº 53, de 19.12.2006, modificou o inciso XXV do art. 7º, do texto constitucional, para estabelecer que o limite máximo da garantia à assistência gratuita deixou de ser de seis para cinco anos. Decorre da diminuição do início do curso regular, que passou de sete para seis anos.

5.7. Convenção, Acordo e Ação Coletiva

Está previsto no inciso XXVI do art. 7º, do texto constitucional, o "reconhecimento das convenções e acordos coletivos de trabalho". As convenções são destinadas a regulamentar as relações de trabalho de todas as categorias profissionais, sendo uma espécie de contrato coletivo. A matéria foi tratada, inicialmente, na Lei Federal nº 21.761, de 23.08.1932. Depois, a Constituição de 1934 dispôs sobre o assunto, no seu art. 121, § 1º, "j", seguida pelas Constituições de 1937 (art. 137, "a" e "b"), de 1946 (art. 157, XIII) e de 1967 (art. 158, XIV) e pela Emenda Constitucional nº 1, de 17.10.1969 (art. 165, XIV). Na Consolidação das Leis do Trabalho, de 1942, tratou-se da matéria nos arts. 611 a 625. Depois, foi modificada a redação do art. 611, pelo Decreto-lei nº 229, de 28.02.1967. Atualmente, a matéria está na Lei Federal nº 9.601, de 21.01.1998, no seu art. 1º, e suas alterações posteriores.

O inciso XXVII do art. 7º, da Constituição de 1988, estabelece a proteção do emprego, em face da automação, de acordo com o que dispuser a lei. A automação decorre da necessidade de desenvolvimento tecnológico e do aumento da produtividade. Se para as empresas é positivo o processo, para os trabalhadores significa a perda do emprego. Assim, procura-se conciliar a inevitabilidade da automação industrial com o mínimo de garantia de emprego, inclusive com a possibilidade de se estabelecer prazos de aceitação da mudança de sistema, em uma determinada categoria profissional.

Fixa o inciso XXVIII do art. 7º, da Constituição Federal, a existência de seguro contra acidentes de trabalho, a cargo do empregador. O acidente de trabalho vem a ser o dano que o empregado sofre em razão do desempenho de sua atividade profissional. Apesar da exigência do seguro, não se pode excluir a indenização a que o empregador está obrigado, quando incorrer em dolo ou culpa. O acidente do trabalho está estabelecido na Lei Federal nº 6.338, de 07.06.1976; no Decreto Federal nº 79.037, de 24.12.1976; na Lei Federal nº 8.212, de 24.07.1991; e na Lei Federal nº 8.213, de 24.07.1991. Está regulamentado, ainda, no Decreto Federal nº 2.172, de 05.03.1997, e, também, no Decreto Federal nº 2.173, de 05.03.1997.

Prevê o inciso XXIX do art. 7º, do texto constitucional, que a ação, quanto aos créditos resultantes das relações de trabalho, com prazo prescricional de cinco anos, para os trabalhadores urbanos, e, para os trabalhadores rurais, até o limite de dois anos após a extinção do contrato de trabalho. O inciso foi modificado pela Emenda Constitucional nº 28, de 25.05.2000, com as alíneas anteriores sendo revogadas. A ação é o direito de pleitear em juízo aquilo que se pretende como seu, o direito que se deve tutelar. É necessário um prazo para o seu exercício, sob pena da prescrição. Foi revogado o art. 233, que estabelecia sistemas de prescrição distintos para trabalhadores urbanos (art. 7º, XXIX) e rurais (art. 233), discriminação esta abolida pela Emenda Constitucional acima.

5.8. Proteção aos Desfavorecidos Socialmente

Encontra-se previsto o inciso XXX, do art. 7º, o que vem a ser a "proibição de diferença salário, de exercício de funções e de critérios de admissão por motivo de sexo, idade, cor ou estado civil". Trata-se de dispositivo que versa sobre o direito da isonomia. No trabalho, a igualdade prevista constitucionalmente deve se desdobrar em diversos aspectos, para que possa se manifestar em sua plenitude. A igualdade aqui tratada é fundamental para assegurar um sistema de emprego sem alvitramento e discriminação.

Depois de reiteradas decisões, o Supremo Tribunal Federal editou o verbete de Súmula STF nº 683, o que serve de orientação para todo o universo jurídico: "o limite de idade para a inscrição em concurso público só se legitima em face do art. 7º, XXX, da constituição, quando possa ser justificado pela natureza das atribuições do cargo a ser preenchido". Cabe a lei de iniciativa do chefe do Poder Executivo estabelecer a limitação de idade em concurso público, no art. 37, I, combinado com o art. 61, II, "c" da Constituição Federal, por cuidar de matéria atinente ao provimento de cargos públicos. O decreto, que é ato administrativo normativo, não é instrumento hábil para a imposição da restrição etária em certame, muito menos o edital do concurso público.

Prevê o inciso XXXI do art. 7º, do texto constitucional, a proibição de qualquer discriminação no tocante a salário e a critérios de admissão do trabalhador portador de deficiência. O dispositivo destina-se a que o empregador seja impedido de efetuar discriminação contra seus empregados, em especial aos deficientes físicos. Estes, apesar da capacidade que podem ter, com as funções que continuam a possuir, são vítimas de discriminação e dos afastados do mercado de trabalho. Deve haver a obrigatoriedade de um percentual de trabalhadores com deficiência em cada empresa, com as mais diferentes funções.

Existe no inciso XXXII do art. 7º, do texto constitucional, a proibição de distinção entre o trabalho manual, o técnico e o intelectual ou entre os profissionais respectivos. É, na verdade, quase impossível separar uma atividade manual de um aspecto técnico ou intelectual, do mesmo modo que o vice-versa é verdadeiro. O inciso XXXIII do art. 7º da Constituição Federal trata da proibição de trabalho noturno, perigoso ou insalubre a menores de dezoito anos. Proíbe, ainda, qualquer trabalho a menores de dezesseis anos, salvo na condição de aprendiz, a partir de quatorze anos. A matéria passou a ter a redação da Emenda Constitucional nº 20, de 15.12.1998. A proibição está disciplinada na Consolidação das Leis do Trabalho de 1942, nos seus arts. 402 a 410. Está disposto, ainda, na Portaria do MT nº 3.214, de 08.06.1978. Trata o inciso XXXIV do art. 7º do texto constitucional da "igualdade de direitos entre o trabalhador com vínculo empregatício permanente e o trabalhador avulso". Este desenvolve atividades profissionais, mas não sem vínculo empregatício. O trabalhador avulso pratica suas atividades sem hierarquia, horário e remuneração fixa e continuada.

Os empregados domésticos são os trabalhadores que prestam serviços em residências, com intuito pessoal. O empregado doméstico tinha os direitos previstos no art. 7º do texto constitucional, apenas nos incisos IV, V, VIII, XV, XVII, XVIII, XIX, XXI e XXIV, bem como também tem direito à integração com a previdência social. A questão está disciplinada na Lei Federal nº 5.859, de 11.12.1972; no Decreto Federal nº 71.885, de 09.03.1973; na Lei Federal nº 7.195, de 12.06.1984; e na Lei Federal nº 10.208, de 23.03.2001, que trata do FGTS e do seguro-desemprego. É necessária uma nova legislação para tratar do problema e da discriminação dos empregados domésticos, também permitindo uma melhoria no nível de atendimento dos patrões. Porém, com a Emenda Constitucional nº 72, de 02.04.2013, os empregados domésticos saíram do regime de semiescravidão em que viviam, e passaram a receber os mesmos direitos dos outros trabalhadores no art. 7º, do texto constitucional. Por outro lado, a contribuição federativa só é exigível aos filiados do sindicato e, não, a toda a categoria profissional[6], em grave derrota do movimento sindical.

6 Súmula Vinculante 40, de 11.03.2015: "A contribuição confederativa de que trata o art. 8º, IV, da Constituição Federal, só é exigível dos filiados ao sindicato respectivo".

5.9. Direito de Greve dos Trabalhadores

O direito de greve não depende do reconhecimento público, pois vem a ser uma garantia inicial para a execução da cidadania social. A greve pode ser política, quando abrange aspectos de desobediência civil e, desse modo, não pode ser tutelada pelo Poder Público. Em geral, não obstante, ela tem características sociais, destinada a reivindicar seus direitos, de modo geral a própria remuneração e faixas salariais. Os trabalhadores de serviços essenciais, todavia, tiveram restrições quanto ao direito de greve, condicionadas à lei complementar, que preveja a necessidade de manutenção de parte dos serviços em funcionamento.

O direito de greve implica em um direito coletivo, direito trabalhista irrenunciável, direito relativo condicionado por lei infraconstitucional, instrumento de defesa social, meio de pressão social e defesa dos interesses de categorias profissionais e caráter pacífico. Pode ainda ter finalidade política, de solidariedade ou de protesto. Trata-se de direito auto-aplicável, que, na verdade, permanece na tutela social, independente de permissivo legal.

As greves podem ser conceituadas como paralisações, reivindicando melhores condições de trabalho ou salário, bem como motivadas por razões política. Neste caso, trata-se de uma forma de desobediência civil. A Lei de Greve atual é a Lei Federal nº 7.783, de 28.06.1989. A matéria tem relação ainda com os arts. 37, VII, e 142, § 3º, IV, do texto constitucional.

O direito de greve do servidor público, conforme contemplado no art. 37, VII, Constituição Federal, demanda a edição de ato normativo que integre sua eficácia. Contudo, até agora, não se verifica atuação legislativa que dê efetividade ao comando positivado no texto constitucional. Diante da mora legislativa contumaz, o Supremo Tribunal Federal consolidou, nos Mandados de Injunção nº 670, nº 708 e nº 712, o entendimento no sentido de ser aplicável a Lei de Greve, Lei Federal nº 7.783, de 28.06.1989, aos servidores públicos. Não obstante, a aplicação da legislação trabalhista não ocorre nos seus exatos termos, mas com adaptações predeterminadas pelo Supremo Tribunal Federal. Nas palavras do Ministro Eros Grau:

> "Não se aplica ao direito de greve dos servidores públicos, repito-o, exclusivamente, e em sua plena redação, a Lei nº 7.783/89, devendo o Supremo Tribunal Federal dar os parâmetros de seu exercício. Esses parâmetros hão de ser definidos por esta Corte de modo abstrato e geral"[7].

---

7 "O Plenário do Supremo Tribunal Federal (STF) decidiu, em 25.10.2007, por unanimidade, declarar a omissão legislativa quanto ao dever constitucional em editar lei que regularmente o exercício do direito de greve no setor público e, por maioria, aplicar ao setor, no que couber, a lei de greve vigente no setor privado, Lei Federal nº 7.783, de

Por conta desses e de outros fatores, o Supremo Tribunal Federal assumiu um papel de relevo na "parametrização do direito de greve do servidor", nas palavras de Camila Cotoviez Ferreira, no artigo **O Direito de Greve do Servidor Público Parametrizado pelo Supremo**. Por conseguinte, de acordo com a Corte, alguns critérios devem ser observados para que haja a legalidade do momento de paralisação, especialmente a necessidade de o movimento grevista cientificar a administração com antecedência mínima de setenta e duas horas de greve. Deve ser feito mediante comunicação formal, bem como a observância de que a paralisação deve ser parcial, assegurando o funcionamento dos serviços essenciais em cota mínima, ou seja, garantir a regular continuidade da prestação do serviço público.

O Supremo Tribunal Federal também pacificou a questão referente ao desconto na remuneração de serviços públicos decorrentes da adesão ao movimento grevista. Em face dos inúmeros questionamentos sobre o assunto, o Supremo Tribunal Federal reconheceu a repercussão geral do tema no Recurso Extraordinário nº 693.456 e, em 2017, fixou a tese nos seguintes termos:

> "A administração pública deve proceder ao desconto dos dias de paralisação decorrentes do exercício do direito de greve pelos servidores públicos, em virtude da suspensão do vínculo funcional que dela decorre, permitida a compensação em caso de acordo. O desconto será, contudo, incabível se ficar demonstrado que a greve foi provocada por conduta ilícita do Poder Público".

Assim, nos termos definidos pelo Supremo Tribunal Federal, a greve dos servidores deve atender ao princípio da continuidade dos serviços públicos. Por esse motivo, a paralisação dos serviços, quaisquer que sejam, pode ser apenas parcial. Não pode haver greve geral total no serviço público. Logo, a regularidade na prestação de serviços deve ser mantida, atentando-se especialmente para o entendimento das necessidades inadiáveis

---

28.06.1989. Da decisão divergiram parcialmente os ministros Ricardo Lewandowski, Joaquim Barbosa e Marco Aurélio, que estabeleciam condições para a utilização da lei de greve, considerando a especificidade do setor público, já que a norma foi feita visando o setor privado, e limitavam a decisão às categorias representadas pelos sindicatos requerentes. A decisão foi tomada no julgamento dos Mandados de Injunção (Mis) 670, 780 e 712, ajuizados, respectivamente, pelo Sindicato dos Servidores Policiais Civis do Estado do Espírito Santo (Sindpol), pelo Sindicato do Trabalhadores em Educação do Município de João Pessoa (Sintem) e pelo Sindicato dos Trabalhadores do Poder Judiciário do Estado do Pará (Sinjep). Os sindicatos buscavam assegurar o direito de greve para seus filiados e reclamavam da omissão legislativa do Congresso Nacional em regulamentar a matéria, conforme determina o art. 37, inciso VII, da Constituição Federal".

da comunidade, sob pensa de que se configure o abuso de direito. No entanto, por si só, tal não vai impedir as greves futuras, pois faz parte da tradição do movimento paradista enfrentar os reveses no Judiciário e sobre as limitações impostas pela lei.

5.10. Direitos dos Trabalhadores Brasileiros

No inciso XIII, do art. 5º, da Constituição de 1988, consta que "é livre o exercício de qualquer trabalho, ofício ou profissão, atendidas as qualificações profissionais que a lei estabelecer". Fica mantido livre, também, o exercício de qualquer trabalho, observado o que a lei dispuser sobre a exigência de qualificação profissional. A qualificação de nível superior tem como pressupostos a conclusão dos cursos universitários de bacharelado ou licenciatura.

Deve se lembrar das lições de Pontes de Miranda, que:

> "A liberdade de exercício de direitos não é, propriamente, liberdade é faculdade. Os direitos subjetivos, as pretensões e as ações podem ser exercidas, não tem de ser exercidas. [...] Os limites de todo direito também são limites de seu exercício, mas há limites ao exercício só; e a faculdade de exercício de um direito que não seja o de liberdade só na linguagem flácida e ambígua, se não equivoca, se poderia conceitua com liberdade"[8].

Assim é, para os médicos, para os engenheiros, para os odontólogos e para os outros profissionais, pois que não há diploma profissional em cursos técnicos ou médios da área, como ocorre com a contabilidade, a enfermagem e o magistério. Para o exercício da advocacia, porém, além do bacharelado, exige-se um teste seletivo chamado de exame de ordem, em duas etapas, que filtra ainda mais o exercício profissional, o que deve ser seguido por outros conselhos profissionais, como já faz o Conselheiro Federal de Contabilidade, em relação aos contadores. A assistência de conselhos profissionais foi prevista na Constituição de 1824, no art. 179, nº 24, na Constituição de 1891, no art. 72, § 24, na Constituição de 1934, no art. 113, nº 13, na Constituição de 1937, no art. 122, nº 8, na Constituição de 1946, no art. 14, § 14, e na Constituição de 1967, no art. 150, § 23.

O inciso XIV, do art. 5º, do texto constitucional, garante o livre acesso à informação e, também, ao resguardo da informação profissional, no caso de jornalistas, advogados, contadores, médicos e outros. Dispôs sobre

8 "É sempre imprescindível não confundir com o direito de liberdade, que é fundamental, a faculdade do exercício dos direitos, inclusive do próprio direito de liberdade" (PONTES DE MIRANDA. **Comentários a Constituição de 1967**. Rio de Janeiro: Forense, 1987, tomo IV, pp. 650-1).

a matéria a Constituição de 1824, no art. 179, nº 4 e nº 5, bem como a Constituição de 1891, no art. 72, parágrafos 3º, 12, 28 e 29, a Constituição de 1934, no art. 113, nºs 4 a 6 e 9, a Constituição de 1937, no art. 122, nº 4 e 15, a Constituição de 1946, no art. 141, parágrafos 5º e 7º a 9º, e a Constituição de 1967, no art. 150, parágrafos 5º a 8º, ao passo que na Emenda Constitucional nº 1, de 17.10.1969, figurou no art. 153, parágrafos 5º a 8º.

Trata-se o art. 10, do texto constitucional, do reconhecimento de que os trabalhadores, bem como os empregadores que os remuneram, possam participar de órgãos públicos em que se discute e se decide problemas relativos a interesses profissionais, como o Conselho Curador do Fundo de Garantia por Tempo de Serviço (FGTS), ou de órgãos relativos ao sistema previdenciário, como integrantes das Juntas de Recursos Administrativos. Reconhece, assim, a importância do capital e do trabalho na discussão dos interesses públicos.

O dispositivo contido no art. 11, da Constituição de 1988, versa sobre a participação de trabalhadores, nas empresas com mais de duzentos empregados, com o fim de mediar os seus interesses com os dos trabalhadores. Resgata-se, assim, a ideia dos conselhos de fábrica, em que os operários defendem a participação na gestão das empresas, especialmente em questões trabalhistas e salariais. Esteve muito em voga, na Década de Vinte, do século XX, como uma vertente do socialismo defendida por Antônio Gramsci[9]. Agora aparece como uma fórmula moderna do capitalismo, juntando os interesses dos trabalhadores e empresários.

Em 2013, houve importante mutação nos direitos trabalhistas brasileiro, com os trabalhadores domésticos passando a ter os mesmos direitos dos demais trabalhadores[10]. Tal disposição, que há muito devia existir, deu um

---

9 "**GRAMSCI** (Antonio), escritor e político italiano (Ales, Sardenha, 1891 – Roma, 1937). Com Togliatti, criou o jornal *L'Ordinale Nuovo*, em 1919. Secretário do Partido Comunista Italiano (1924), foi preso em 1926 e só foi libertado em 1937, dias antes de falecer. Nos seus *Cadernos da Prisão*, substituiu o conceito da ditadura do proletariado pela 'hegemonia' do proletariado, dando ênfase à direção intelectual e moral em detrimento do domínio do Estado" (KOOGAN/HOUAISS. **Dicionário e Enciclopédia Ilustrado**, *op. cit.*, p. 773).

10 "EMENDA CONSTITUCIONAL Nº 72, DE 2 DE ABRIL DE 2013

[...]

Artigo único. O parágrafo único do art. 7º da Constituição Federal passa a vigorar com a seguinte redação:

'Art. 7º ....

....

Parágrafo único. São assegurados à categoria dos trabalhadores domésticos os direitos previstos nos incisos IV, VI, VII, VIII, X, XIII, XV, XVI, XVII, XVIII, XIX, XXI, XXII, XXIV,

baque na classe média, que não ficou satisfeita e, por isso, tenha se mobilizado para derrotar o Governo do Partido dos Trabalhadores (PT), entendido este como responsável pela mudança, ainda que nunca isso tenha ficado expressa na questão do afastamento da então Presidente da República, em 2016.

A Reforma Trabalhista no Brasil de 2017 foi uma mudança significativa na Consolidação das Leis do Trabalho (CLT), instrumentalizada pela Lei Federal nº 13.467, de 13.07.2017. Segundo o Governo, o objetivo da reforma foi combater o desemprego e a crise econômica no país. O projeto de lei foi proposto pelo Presidente da República e começou a tramitar na Câmara dos Deputados, em 23 de dezembro de 2016. Em sua tramitação, o projeto vinha passando por sucessivas discussões e também aglutinam emendas, como por exemplo, a proposta do fim da obrigatoriedade da contribuição sindical, que foi incluída pelo relator da matéria.

O projeto foi aprovado na Câmara dos Deputados, em 26 de abril de 2017, por duzentos e noventa e seis votos favoráveis e cento e setenta e sete votos contrários. No Senado Federal, foi aprovado, em 11 de julho, por cinquenta a vinte e seis votos. Foi sancionado pelo Presidente da República, no dia 13 de julho, sem vetos. A lei passou a valer no Brasil a partir de 11 de novembro do mesmo ano, cento e vinte dias após sua publicação no Diário Oficial da União. A Reforma foi criticada pela Central Única dos Trabalhadores (CUT) e por outros sindicatos, pelo Ministério Público do Trabalho e pela Organização Internacional do Trabalho (OIT), entre outros. Foi defendida por economistas e empresários, bem como pelo Presidente do Tribunal Superior do Trabalho (TST), Ives Gandra Martins Filho. A Lei Federal nº 13.467, de 13.07.2017, realizou mais de cem alterações na legislação trabalhista, especialmente na Consolidação das Leis do Trabalho de 1942, quase sempre em desfavor dos trabalhadores.

Em 2017, o Presidente da República editou a Medida Provisória nº 808, de 14.11.2017, na qual alterou a Reforma Trabalhista em vigor. As modificações incluem o afastamento do trabalho da gestante de locais com qualquer grau de insalubridade, excluído o pagamento do adicional de insalubridade e, em casos de insalubridade de grau médio e mínimo, no qual poderá retornar apenas se voluntariamente apresentar atestado médico, autorizando-a, mas em casos de insalubridade em grau máximo, fica impedida de exercer atividade no local. Na questão da jornada doze por trinta e seis horas, pode ser estabelecida a jornada apenas se estiver convencionado em acordo, ou

XXVI, XXX, XXXI e XXXIII e, atendidas as condições estabelecidas em lei e observada a simplificação do cumprimento das obrigações tributárias, principais e acessórias, decorrentes da relação de trabalho e suas peculiaridades, os previstos nos incisos I, II, III, IX, XII, XXV e XXVIII, bem como a sua integração à previdência social'".

convenção coletiva de trabalho, sendo que apenas os profissionais de saúde podem fazer também por acordo individual escrito. Também estabelece uma quarentena de dezoito meses para a migração de um contrato por prazo indeterminado para o contrato de trabalho intermitente.

Em relação aos danos morais, os valores de indenização devem ser calculados com base no limite dos benefícios da Previdência Social, deixando de serem calculados pelo último salário contratual do ofendido. Também podem originar pedidos de indenização ofensas à etnia, à idade, à nacionalidade, à orientação sexual e gênero. Outra modificação prevista na medida provisória é que o profissional autônomo pode prestar serviços para diversos contratantes e recusar a realização de atividades demandadas pelo contratante. Podem ser contratados como autônomos, o motorista, o corretor de imóvel e o representante comercial, além de outras categorias com regulação específica. A Medida Provisória nº 808, de 14.11.2017, regulamentou, ainda, a gorjeta – os valores devem ser definidos por acordo coletivo e anotados em notas fiscais, comissão de funcionários devem ser estabelecidas para acompanhar a distribuição do dinheiro, e esta deve ser anotada na carteira de trabalho (CTPS) como um prêmio separado da remuneração fixa.

Um dos pontos controversos da reforma é que o empregado intermitente pode pagar a diferença entre a contribuição incidente sobre o salário recebido e o mínimo exigido pelo Regime Geral de Previdência Social (RGPS). Caso não haja pagamento, pode perder o acesso à aposentadoria e a outros benefícios fornecidos por este regime. Houve diversas reações a esta medida, considerada prejudicial para quem ganha menos que um salário mínimo mensal. Dentre as mudanças propostas pelos parlamentares, algumas delas tratam da questão da aposentadoria dos trabalhadores intermitentes.

A Medida Provisória nº 808, de 14.11.2017, foi editada em meio a um conflito entre o Presidente da Câmara e do Senado sobre a forma que o Governo Federal deveria remeter as modificações da Reforma Trabalhista. O Presidente da Câmara dos Deputados argumentou que alterações deveriam ser remetidas ao Congresso através de um projeto de lei e, não através de medida provisória. O Senado Federal, no entanto, defendeu que o projeto fosse por medida provisória, sob o argumento de que esse havia sido o acordo feito com os Senadores para viabilizar a aprovação da Reforma Trabalhista.

Capítulo VI

DIREITO À NACIONALIDADE E DIREITOS POLÍTICOS

6.1. Brasileiro Nato, Naturalização e Português

A nacionalidade é a condição de um cidadão que pertence a uma determinada nação com a qual se identifica. Trata-se da qualidade daquilo que é nacional, que é próprio da nação, da pátria. Sinônimos de nacionalidade pode ser cidadania, que significa a ligação jurídica e política de um indivíduo a um Estado, sendo que essa ligação pressupõe alguns direitos e deveres. O termo nacionalidade tem origem provável na palavra francesa **nationalité**, cujo significado se refere ao sentimento nacional. Por conseguinte, uma nação é constituída por um Estado Nacional composto por um povo que partilha a mesma origem, história, língua e tradições. Através da nacionalidade, os cidadãos nacionais se distinguem dos estrangeiros.

A nacionalidade pode ser adquirida por naturalidade – aquisição originária – ou por naturalização – aquisição secundária, adquirida em momento posterior ao nascimento –, conforme determinado na Constituição de cada Estado. No Brasil, uma pessoa de outra nacionalidade pode pedir a nacionalidade brasileira se tiver vivido ininterruptamente no Brasil por pelo menos quinze anos. Em determinados países, a nacionalidade originária pode ser adquirida por **jus sanguinis** – direito de sangue – ou por **jus solis** – direito de solo –, ou através dos dois princípios em conjunto, modalidade adotada pelo Brasil[1].

Uma pessoa que tenha nascido no território brasileiro, que tem o **jus solis** adquire a nacionalidade brasileira atribuída logo no momento de nascimento. Também consegue nacionalidade brasileira reconhecida, um cidadão que tenha nascido no estrangeiro, mas seja filho de pai brasileiro ou de mãe brasileira, no caso **jus sanguinis**. Uma pessoa pode ter dupla naciona-

1 TANURE, Rafael Jayme. **Direito Fundamental à Nacionalidade.** *In*: **Revista de Direito Constitucional e Internacional**. São Paulo: Revista dos Tribunais, abr.-jun./2008, nº 63/212-235, e **Doutrinas Essenciais: Direito Constitucional (Edições Especiais Revista dos Tribunais: 100 Anos)**. São Paulo: Revista dos Tribunais, 2015, vol. IX, p. 1085.

lidade, ou seja, a nacionalidade de dois países diferentes. Por exemplo, um luso-brasileiro é um indivíduo com nacionalidade portuguesa e brasileira. A nacionalidade geralmente se refere ao país de nascimento, enquanto a naturalidade específica a região ou a Município, em Estado Nacional onde nasceu o cidadão.

Disse Valério de Oliveira Mazzuoli, que o conceito de nacionalidade é:

> "O vínculo jurídico-político que une um indivíduo a determinado Estado é o que se chama **nacionalidade**. Desse conceito podem ser extraídas duas dimensões da nacionalidade: a) uma **vertical**, que liga o indivíduo ao Estado a que pertence (dimensão jurídico-política); e b) uma **horizontal**, que faz desse indivíduo um dos elementos que compõem a dimensão pessoal do Estado, integrando-o ao elemento **povo** (dimensão sociológica). Daí pode-se dizer que o objeto do direito da nacionalidade é a **determinação** dos indivíduos que pertencem ao Estado e que à sua autoridade se submetem. Enfim, a nacionalidade é o estado de dependência (originário ou derivado) de um indivíduo a uma determinada comunidade politicamente organizada"[2].

Os portugueses que residem, no Brasil, têm uma situação jurídica privilegiada, corroborada pelo Estatuto de Igualdade de Direitos e Deveres, também conhecido por Direito de Igualdade ou Tratado de Porto Seguro, que foi assinado, em 22 de abril de 2000, no Brasil, e surgiu por meio do Tratado de Amizade, Cooperação e Consulta entre a República Portuguesa e a República Federativa do Brasil. Explicando de forma simples, por meio desse acordo entre Brasil e Portugal, um brasileiro pode ter os mesmos direitos e deveres de um português e vice-versa, mesmo que ainda seja um estrangeiro.

Em relação a Portugal, caso se queira consultar o Estatuto de Igualdade de Direitos e Deveres, basta acessar o Decreto-Lei nº 154/2003 ou a Resolução da Assembleia da República nº 83/2000, no Portal do Serviço de Estrangeiros e Fronteiras (SEF). Assim, quem pode requerer o Estatuto de Igualdade de Direitos e Deveres? Podem solicitar o Estatuto de Igualdade de Direitos e Deveres os cidadãos brasileiros maiores de dezoito anos, que residam de forma legal em Portugal, ou seja, que possuam o cartão de residência de Portugal. Apesar de não estar documentada esta informação no site do Serviço de Estrangeiros e Fronteiras (SEF), é cobrado que o brasileiro esteja residindo legalmente em Portugal há, pelo menos, seis meses para solicitar o seu cartão cidadão ou BI.

---

2 MAZZUOLI, Valério de Oliveira. **Da Nacionalidade.** *In*: ALVIM, Eduardo Arruda, LEITE, George Salomão, e STRECK, Lênio (coords.). **Curso de Direito Constitucional.** Florianópolis: Tirant le Blanch, 2018, p. 315.

Dispôs a Constituição Federal, no art. 12, que são:

> "Art. 12. ....
>
> ....
>
> II – naturalizados: a) os que, na forma da lei, adquiram a nacionalidade brasileira, exigidas aos originários de países de língua portuguesa apenas residência por um ano ininterrupto e idoneidade moral; b) os estrangeiros de qualquer nacionalidade, residentes na República Federativa do Brasil há mais de 15 anos ininterruptos e sem condenação penal, desde que requeiram a nacionalidade brasileira".

A naturalização comum é destinada aos estrangeiros que vivem no Brasil a quatro anos e desejam adquirir a nacionalidade brasileira. A naturalização comum – com quatro anos de residência no país. De acordo com o art. 112, da Lei Federal nº 6.815, de 19.08.1980, são necessárias algumas condições para a concessão da naturalização: a) capacidade civil, segundo a lei brasileira; b) ser registrado como permanente no Brasil; c) residência contínua no território nacional, pelo prazo mínimo de quatro anos, imediatamente anteriores ao pedido de naturalização; d) ler e escrever a língua portuguesa, consideradas as condições do naturalizando; e) exercício de profissão ou posse de bens suficientes à manutenção própria e da família; f) bom procedimento; g) inexistência de denúncia, pronúncia ou condenação no Brasil ou no exterior por crime doloso a que seja cominada pena mínima de prisão, abstratamente considerada, superior a um ano; h) boa saúde. Sendo que não deve ser exigido prova de boa saúde de nenhum estrangeiro que residir no Brasil a mais de dois anos.

O prazo de residência de quatro anos pode ser reduzido se o naturalizando preencher quaisquer das seguintes condições: a) ter filho ou cônjuge brasileiro; b) ser filho de brasileiro; c) haver prestado ou poder prestar serviços relevantes ao Brasil, a juízo do Ministro da Justiça; d) recomendar-se por sua capacidade profissional, científica ou artística; e) ser proprietário, no Brasil, de bem imóvel, cujo valor seja igual, pelo menos, a mil vezes o Maior Valor de Referência (MVR); f) ser industrial que disponha de fundos de igual valor; g) possuir cota ou ações integralizadas de montante, no mínimo, idêntico, em sociedade comercial ou civil, destinada, principal e permanentemente, à exploração de atividade industrial ou agrícola. Para se naturalizar brasileiro com menos de quinze anos de residência legal o estrangeiro deve saber ler e escrever o idioma nacional.

6.2. Perca da Nacionalidade e Asilo

A Constituição Federal, no § 4º, do art. 12, estabelece que deve ser declarada a perda da nacionalidade o brasileiro que:

> "Art. 12. ....
>
> ....
>
> § 4º Será declarada a perda da nacionalidade do brasileiro que: I – tiver cancelada sua naturalização, por sentença judicial, em virtude de atividade nociva ao interesse nacional; II – adquirir outra nacionalidade, salvo nos casos: a) de reconhecimento de nacionalidade originária pela lei estrangeira; b) de imposição de naturalização, pela norma estrangeira, ao brasileiro residente em estado estrangeiro, como condição para permanência em seu território ou para o exercício de direitos civis".

Por conseguinte, nos termos do art. 12, § 4º, da Constituição de 1988, combinado com os arts. 249 e 250 do Decreto Federal nº 9.199, de 20.11.2017, o brasileiro que voluntariamente adotar outra nacionalidade, ou seja, em desacordo com as exceções previstas no texto constitucional, pode ser objeto de procedimento administrativo de perda da nacionalidade brasileira. O Supremo Tribunal Federal já decidiu que um brasileiro nato que morar nos Estados Unidos e possuir Green Card ao decidir adquirir a nacionalidade norte-americana, ele não perde a nacionalidade brasileira[3]. No curso do processo, instaurado no âmbito do Ministério da Justiça, são garantidos aos brasileiros nesta situação os princípios do contraditório e da ampla defesa. Não restando comprovado ter ocorrido umas das hipóteses de exceções permitidas pela Constituição Federal, a perda da nacionalidade brasileira pode ser decretada. Não se trata de processo automático, mas que pode vir a ser instaurado pelas autoridades do Mistério da Justiça.

A perda da nacionalidade brasileira surte efeitos a partir da publicação da portaria declaratória do Ministro da Justiça e Segurança Pública, no

---

3 **"Situação de brasileiro titular de green card que adquire nacionalidade norte-americana. Se um brasileiro nato que mora nos EUA e possui o green card decidir adquirir a nacionalidade norte-americana, ele irá perder a nacionalidade brasileira. Não se pode afirmar que a presente situação se enquadre na exceção prevista na alínea "b" do § 4º do art. 12 da Constituição Federal de 1988. Isso porque, como ele já tinha o green card, não havia necessidade de ter adquirido a nacionalidade norte-americana como condição para permanência ou para o exercício de direitos civis.** O estrangeiro titular de green card já pode morar e trabalhar livremente nos EUA. Dessa forma, conclui-se que a aquisição da cidadania americana ocorreu por livre e espontânea vontade. Vale ressaltar que, perdendo a nacionalidade, ele perde os direitos e garantias inerentes ao brasileiro nato. **Assim, se cometer um crime nos EUA e fugir para o Brasil, poderá ser extraditado sem que isso configure ofensa ao art. 5º, LI, da Constituição Federal de 1988. Art. 12 (...) § 4º — Será declarada a perda da nacionalidade do brasileiro que: II — adquirir outra nacionalidade, salvo nos casos: b) de imposição de naturalização, pela norma estrangeira, ao brasileiro residente em estado estrangeiro, como condição para** permanência em seu território ou para o exercício de direitos civis; STF. 1ª Turma. MS 33864/DF, Rel. Min. Roberto Barroso, julgado em 19/4/2016 (Info 822)" (ABNC).

Diário Oficial da União. Após a publicação do ato, o interessado deve ser considerado, para todos os efeitos, estrangeiro perante o Estado brasileiro. Por outro lado, não é possível solicitar a perda da nacionalidade brasileira sem a comprovação de que o interessado possui outra nacionalidade, em caráter definitivo. Tal restrição tem como objetivo evitar a situação de apátrida, ou a ausência de nacionalidade, conforme determina a Convenção da Organização das Nações Unidas, em 1961, para a Redução dos Casos de Apátrida, em vigor no Brasil. A Convenção estabelece que "se a legislação de um Estado Contratante permitir a renúncia à nacionalidade, tal renúncia só será válida se o interessado tiver ou adquirir outra nacionalidade" (art. 7.1, a), bem como que "os Estados Contratantes não privarão uma pessoa de sua nacionalidade se essa privação vier a convertê-la em apátrida" (art. 8.1).

O direito de asilo cria uma prerrogativa para o indivíduo, perante o Estado em que busca asilar-se[4]. Gera um dever para o Estado que é procurado como refúgio. Esta prerrogativa dá proteção a todo aquele que é perseguido de forma injusta ou arbitrária. A garantia é baseada nos seguintes termos, pela Declaração Universal dos Direitos Humanos: "Artigo XIV. 1. Todo ser humano, vítima de perseguição, tem o direito de procurar e de gozar asilo em outros países. 2. Este direito não pode ser invocado em caso de perseguição legitimamente motivada por crimes de direito comum ou por atos contrários aos objetivos e princípios das Nações Unidas". Nenhum Estado civilizado pode negar asilo quando requerido com base em razões fundadas e a própria fundamentação é relativa. Em um Estado, que caia em um regime ditatorial, é fundado que peça asilo todo aquele que, em princípio, possa ser vítima de perseguição.

Se o Estado, que se vê diante de um pedido de asilo, quiser prova da perseguição, em muitos casos exigir essa prova seria o mesmo que pedir o cadáver do perseguido. O artigo refere-se a dois casos que excluem o direito de asilo: a) perseguição legitimamente motivada por crimes de direito comum; b) atos contrários aos objetivos e princípios da Organização das Nações Unidas. Por outro lado, não elide o direito de asilo: a) a alegação falsa ou simulada de crime comum ou ato contrário aos princípios da Organização das Nações Unidas; b) a alegação de crime comum, ou ato contrário aos objetivos desta, quanto o Estado que persegue não oferece qualquer garantia de julgamento justo e público do acusado. Nas duas situações referidas pelo artigo, é indispensável que a perseguição seja legitimamente motivada para impossibilitar o asilo. Assim é que, mesmo no caso de atos

4 Ver: BARETTA, Gilciane Allen. **O Asilo Político como Expressão dos Direitos Fundamentais.** *In*: **Revista de Ciências Penais.** São Paulo: Revista dos Tribunais, jan./2012, nº 16/75, e **Doutrinas Essenciais: Direito Constitucional (Edições Especiais Revista dos Tribunais: 100 Anos).** 2ª tir. São Paulo: Revista dos Tribunais, 2015, vol. IX, p. 1113.

contrários aos objetivos e aos princípios da Organização das Nações Unidas, só a perseguição legítima obstáculo o direito de asilo.

Os países da América Latina, inclusive o Brasil, deram significativa ampliação à prática do asilo, instituindo o asilo diplomático. Em decorrência disso, distinguiram-se os conceitos de asilo e refúgio, de asilado e refugiado. O asilo diplomático consiste em abrigar o refugiado na embaixada do país que concede o asilo. O asilo, entendido como lugar em que pessoas perseguidas por motivos políticos encontram imunidade contra a prisão e recebem abrigo contra perigo iminente, é consagrado no direito internacional público. Uma variante latino-americana é o chamado asilo diplomático. Prelúdio do asilo territorial, o asilo concedido em missões diplomáticas é praticado na América Latina.

O art. 4º da Constituição de 1988 disse que a República Federativa do Brasil rege-se nas suas relações internacionais por dez princípios. Ao relacionar esses princípios, dentre os quais figuram a prevalência dos direitos humanos, a autodeterminação dos povos, a defesa da paz, conclui o artigo estatuindo expressamente no seu último inciso:

> "Art. 4º. ....
>
> ....
>
> X - concessão de asilo político. A concessão do asilo político não é, assim, um acidente, um pormenor no conjunto das estipulações do ordenamento jurídico brasileiro. O asilo político é princípio que fundamenta as relações internacionais do Brasil".

Apesar dessa regra constitucional, o Brasil tardou em criar mecanismos legais para a implementação do Estatuto do Refugiado, neste país. O Estatuto é de 1951, mas somente em 1997, a Lei Federal nº 9.474, de 22.07.1997, cuidou de fornecer os instrumentos legais para que aquele documento tivesse vigência efetiva na ordem judicial nacional. Na Constituição de 1988 deu-se plena guarida ao artigo XIV da Declaração Universal dos Direitos Humanos. Não poderia adotar outro caminho. A Constituição Federal, atendendo o clamor da sociedade e buscando honrar o sangue e o sacrifício dos que se opuseram à ditadura instaurada no Brasil, em 1964, e aprofundada, em 1969, procurou fixar para o país rumos em direção ao direito de asilo.

6.3. Liberdade Política e Maioria

Para evitar os distúrbios e submeter os violadores do estado de natureza, dizia John Locke que os homens entravam em sociedade política ou civil. Abandonavam o estado de natureza, aliavam-se em comunidades e designavam um Governo para agir sobre eles como juiz comum protegendo os seus direitos à vida, à liberdade e à propriedade. Assim, o Governo era criado livremente pelo povo para proteger direitos existentes. Derivava o seu poder, então, do consentimento dos governados[5].

De tantos direitos que o homem natural possuía, ele apenas tinha uma fruição precária e constantemente exposta à usurpação por outrem, em suma, uma fruição muito perigosa e muito incerta. Faltavam três condições num tal estado: a) uma lei estabelecida, fixada e conhecida, admitida na base de um acordo geral sobre o critério do bem e do mal; b) um Juiz competente e imparcial para aplicar essa lei; c) uma força coerciva para impor a execução da sentença do Juiz. Sem tais condições, a conservação da propriedade dos homens naturais estava muito longe de ser assegurada.

O contrato estabelecido para resolver estes problemas era operado entre homens iguais livres, e não entre governantes e governados. O pacto social não criaria nenhum direito novo, que viesse a ser acrescentado aos direitos naturais. O pacto seria um direito novo, que vinha a ser acrescentado aos direitos naturais. O pacto constituía-se apenas em um acordo entre indivíduos, reunidos para empregar sua força coletiva na execução das leis naturais, renunciando a executá-las pelas mãos de cada um. Seu objetivo seria a preservação da vida, da liberdade e da propriedade, bem como reprimir as violações desses direitos naturais. Em oposição às ideias de Thomas Hobbes, John Locke acreditava que, através do pacto social, os homens não renunciariam aos seus próprios naturais, em favor do poder dos governantes, como já se discutiu antes.

O pacto social dividia a sociedade política entre os governantes e os governados, mas reservava a estes a escolha de seus representantes e a preservação de seus direitos essenciais, direitos à propriedade, à liberdade e à vida[6]. Os cidadãos estavam, portanto, obrigados com o Governo, apenas enquanto não houvesse abusos nas prerrogativas individuais. A teoria de Locke permitia que o indivíduo tivesse apenas duas alternativas, ou as pessoas desempenhavam suas atividades cotidianas sob a proteção de um Estado Liberal Constitucional, ou elas estavam em revolta contra um Governo que em vez de ser liberal tornar-se-ia arbitrário e tirânico, e assim perdia seu direito à obediência. O sistema político delineado procurava assegurar a estabilidade dos Governos que respeitassem as liberdades indi-

5 Ver: TELLES JÚNIOR, Goffredo. **Povo e Estado.** *In*: **Revista do Instituto dos Advogados de São Paulo.** São Paulo: Revista dos Tribunais, jul.-dez./2005, nº 16/240, e **Doutrinas Essenciais: Direito Constitucional (Edições Especiais Revista dos Tribunais: 100 Anos).** 2ª tir. São Paulo: Revista dos Tribunais, 2013, vol. II, p. 339.

6 Ver: TELLES JÚNIOR, Goffredo. **O Poder do Povo.** *In*: **Revista do Instituto dos Advogados de São Paulo.** São Paulo: Revista dos Tribunais, jan.-jun./2002, nº 9/40, e **Doutrinas Essenciais: Direito Constitucional (Edições Especiais Revista dos Tribunais: 100 Anos).** 2ª tir. São Paulo: Revista dos Tribunais, 2013, vol. II, p. 307.

viduais, dando-lhes o monopólio do Poder Executivo, mas lhe garantindo o direito de resistência contra os que demonstrassem tendências arbitrárias.

O Estado surgia de um contrato social. Para Thomas Hobbes, porém, este contrato gerava um Estado absoluto, enquanto, para John Locke, o Estado podia ser feito e desfeito com qualquer contrato. Ou seja, se o Estado ou o Governo não respeitasse o contrato, este seria desfeito. Portanto, o Governo devia garantir determinadas liberdades. A propriedade era também aquela margem de liberdade política e de segurança pessoal sem o que ficava impossível o exercício da propriedade e a própria defesa da liberdade. Estavam implícitos, aqui, os fundamentos de algumas liberdades políticas que deviam ser garantidas, como a de pensamento, de reunião e de trabalho[7].

A sociedade política, uma comunidade, constituía um todo fechado sobre si próprio, uma totalidade cerrada, **whole**, por oposição à sociedade humana que formava uma associação aberta. A sociedade política não se constituía, com efeito, por mudança de estado e tramitação de um estado de dispersão radical em um estado de organização civil, mas por fragmentação e concentração de vínculos sociais em corpos políticos distintos dentro de uma sociedade universal preexistente.

A ambiguidade com relação a quem era membro da sociedade civil em virtude do suposto contrato original permitia que John Locke considerasse todos os homens como sendo membros, com a finalidade de governar. O direito de governar, ou seja, o direito de controlar qualquer Governo era dado apenas aos homens de fortuna, a eles era que se dava a voz decisiva sobre a tributação, sem a qual nenhum Governo podia se manter. Por outro lado, o dever de ficar submetido à lei e sujeito ao Governo legal impunha impostos a todos, tivessem eles ou não fortuna e, na realidade, tivessem ou não feito um pacto expresso. Quando John Locke ampliava sua doutrina do

---

7 "Embora a terra e todas as criaturas inferiores sejam comuns a todos os homens, cada homem tem uma propriedade e sua própria pessoa; a esta ninguém tem qualquer direito senão ele mesmo. O trabalho do seu corpo e a obra de suas mãos, pode dizer-se, propriamente nele. Sejam o que for que ele retire do estado que a natureza lhe fornecesse e no qual o deixou, fica-lhe misturado ao próprio trabalho, juntando-se-lhe algo que lhe pertence, e, por isso mesmo, tornado-o propriamente dele. Retirando-o do Estado comum a que a natureza o colocou, anexou-lhe por esse trabalho algo que o excluiu do direito comum de outro homem [...]. É o trabalho, que atribui a maior parte do valor à terra, sem o qual dificilmente valeria alguma coisa; é por tudo isso a palha, farelo, pão desse acre de trigo valeria mais do que o produto de um acre de terra igualmente boa mas abandonada, sendo o valor daquele o efeito do trabalho" (LOCKE, John. **Segundo Tratado sobre o Governo**. *In*: **Os Pensadores: Locke**, *op. cit.*, p. 51).

expresso consentimento para uma doutrina de consentimento tácito, não deixava dúvida quanto a quem estava obrigado[8].

O autor acima entendia que, para determinados assuntos, podia-se exigir uma maioria qualificada. O consentimento era processo contínuo a ser perpetuamente renovado. E nem mesmo um Governo apoiado por maioria podia abolir certos direitos naturais primordiais como a vida, a liberdade e a propriedade. Entravam os homens em sociedade civil para melhor defendê-los e seria absurdo deixá-los à mercê de um soberano absoluto, mesmo quando este impedisse que os Governos os violasse entre si. Os homens deixavam o estado de natureza para se submeter a uma pessoa que conservasse toda a liberdade anterior à formação da sociedade civil e tivesse à sua disposição os poderes desta, tornados licenciosos pela imunidade.

O ponto de toda sociedade civil era o consentimento dado por um certo número de homens para a formação de um único corpo político. Seria preciso ainda que este corpo pudesse agir como tal, ou seja, numa única direção. Nesta perspectiva, intervinha o princípio majoritário. A direção em que ele caminhava só podia ser aquela para onde o levava a força mais considerável, a qual consistia na vontade da maioria. Era preciso, pois, que cada indivíduo aceitasse ver no consentimento daquela, em razão da decisão de todos. Caso contrário, o pacto inicial, o contrato social, não teria qualquer sentido.

6.4. Noção de Soberania Popular

A Constituição Federal dispõe que: "art. 14. A soberania popular será exercida pelo sufrágio universal e pelo voto direto e secreto, com valor igual para todos, e, nos termos da lei, mediante: I – plebiscito; II – referendo; III – iniciativa popular". A cidadania política e o Estado Democrático de Direito[9] foram fruto de uma longa luta política no mundo inteiro. O voto era, inicialmente, censitário, dependendo do patrimônio do eleitor, das dimensões de suas propriedades ou do valor das rendas do mesmo. Assim, o voto plural

8 "O sábio Locke é o primeiro autor dessa análise de ideologia que irá dominar, por muito tempo, uma espécie de compromisso entre sua arte combinatória, que compreenderia todos os conhecimentos possíveis com elementos simples definidos, e um empirismo que julgaria, segundo a experiência usual, geraria os elementos e combinações que têm valor" (BRÉHIER, E. **John Locke e a Filosofia Inglesa.** *In*: **História da Filosofia**. São Paulo: Mestre Jou, 1979, p. 255).

9 Ver: MATSMOTO, Katsutoshi. **O Estado Democrático de Direito.** *In*: **Revista de Direito Constitucional e Internacional**. São Paulo: Revista dos Tribunais, out.-dez./2000, nº 33/262, e **Doutrinas Essenciais: Direito Constitucional (Edições Especiais Revista dos Tribunais: 100 Anos)**. 2ª tir. São Paulo: Revista dos Tribunais, 2013, vol. II, p. 991.

foi admitido no processo eleitoral inglês, até 1948. Bem antes, em 1832, na Grã-Bretanha, passou a classe média a votar, em 1867, os trabalhadores puderam ter o direito de voto e as mulheres, finalmente, em 1918.

No Brasil, na República Velha, de 1889 a 1930, o voto bico-de-pena, sem ser secreto, dava apenas a ilusão de direito político. Apenas quando se assegurou o voto livre, secreto e universal, pode-se falar de uma efetiva cidadania política, alcançada apenas com a Constituição de 1934. Não obstante, antes, em 1928, o voto foi deferido às mulheres, no Estado do Rio Grande do Norte. As mulheres brasileiras só puderam votar na Década de Trinta e os analfabetos na Década de Setenta, ainda que facultativamente. Por fim, a Constituição de 1988 trouxe, aos menores de dezoito e aos maiores de dezesseis anos, o direito de escolher seus representantes políticos[10]. Encontram-se excluídos do alistamento eleitoral, ainda, os estrangeiros e os conscritos do serviço militar.

O sistema político brasileiro é baseado no regime representativo[11], através do sufrágio universal e do voto direto e secreto, obrigatório para os maiores de dezoito anos alfabetizados. Não obstante, em inovação do direito pátrio, a democracia direta pode ser exercida através do plebiscito, do referendo e da iniciativa popular. A elegibilidade é condicionada, de acordo com o disposto em lei ordinária, além das exigências constitucionais, inclusive a idade mínima. A inelegibilidade decorre do parentesco e do serviço militar, mesmo que este não seja absoluto. A inelegibilidade depende, também, da legislação infraconstitucional, no caso a Lei Complementar Federal nº 64, de 18.05.1990. Foi instituída, no texto constitucional, a ação de impugnação de mandato eletivo, no prazo de quinze dias da diplomação, sendo esta uma novidade em matéria de direito eleitoral. A primeira disposição legal, originária de projeto de lei de iniciativa popular, foi a Lei Federal nº 9.840, de 28.09.1999, que tratou dos casos de inelegibilidade, em razão do abuso do poder econômico. A questão foi aprofundada com a Lei da Ficha Limpa, Lei Complementar Federal nº 135, de 04.06.2010.

O plebiscito, o referendo e a iniciativa popular foram tratados na Lei Federal nº 9.709, de 18.11.1998. O alistamento eleitoral encontra-se previsto no Código Eleitoral, Lei Federal nº 4.737, de 15.07.1965, nos arts. 42

---

10 Ver: SILVA, José Afonso da. **O Estado Democrático de Direito.** *In*: **Revista dos Tribunais.** São Paulo: Revista dos Tribunais, set./1988, nº 635, e **Doutrinas Essenciais: Direito Constitucional (Edições Especiais Revista dos Tribunais: 100 Anos).** 2ª tir. São Paulo: Revista dos Tribunais, 2013, vol. II, p. 971.

11 Ver: REALE, Miguel. **Da Democracia Liberal à Democracia Social.** *In*: **Revista de Direito Público.** São Paulo: Revista dos Tribunais, jul.-set./1984, nº 71/23, e **Doutrinas Essenciais: Direito Constitucional (Edições Especiais Revista dos Tribunais: 100 Anos).** 2ª tir. São Paulo: Revista dos Tribunais, 2013, vol. II, p. 1145.

e seguintes. Por outro lado, a filiação partidária, disposta no art. 14, § 3º, V, da Constituição Federal, encontra-se tratada na Lei Federal nº 9.096, de 19.09.1995. A redação da Emenda Constitucional nº 16, de 04.06.1997, modificou o § 5º, da Constituição de 1988, permitindo a reeleição para os cargos do Executivo. Isto abalou o sistema republicano brasileiro, fazendo que um eleito, longe de querer governar e administrar o melhor possível, pensa logo na reeleição e de como a obter, seja pelo meio que for. Por fim, o § 9º do art. 14, da Constituição Federal, foi modificado pela Emenda Constitucional de Revisão nº 4, de 1994, que tratou da inelegibilidade, assim como a Lei Complementar Federal nº 81, de 13.04.1994.

6.5. Eletividade e Inexigibilidade no Brasil

São pressupostos necessários para que uma pessoa possa participar de um pleito eleitoral no papel de candidato, ou seja, tem a natureza jurídica de requisitos para o exercício da capacidade eleitoral passiva. As condições de elegibilidade estão dispostas, na Constituição Federal, no art. 14, § 3º. Assim:

> "Art. 14. ....
>
> ....
>
> § 3º São condições de elegibilidade, na forma da lei: I - a nacionalidade brasileira; II - o pleno exercício dos direitos políticos; III - o alistamento eleitoral; IV - o domicílio eleitoral na circunscrição; V - a filiação partidária; VI - a idade mínima de: a) trinta e cinco anos para Presidente e Vice-Presidente da República e Senador; b) trinta anos para Governador e Vice-Governador de Estado e do Distrito Federal; c) vinte e um anos para Deputado Federal, Deputado Estadual ou Distrital, Prefeito, Vice-Prefeito e juiz de paz; d) dezoito anos para Vereador".

Por conseguinte, as condições de elegibilidade são inerentes a três lapsos temporais distintos: a) condições necessárias no momento do registro; b) condições necessárias na data da eleição, ou seja, na data do pleito eleitoral; c) condições necessárias no momento da posse. As condições necessárias no momento do registro se subdividem em três áreas: a) cidadania brasileira; b) alistamento eleitoral; c) pleno exercício dos direitos políticos.

Para que alguém possa efetivamente exercer a capacidade eleitoral passiva, ou seja, a capacidade de ser votado, é necessário que ele seja brasileiro nato, naturalizado ou português equiparado. Entende-se que português equiparado é aquele que se equipara ao brasileiro naturalizado, de acordo com o Estatuto da Reciprocidade firmado entre o Brasil e Portugal. Trata-se de uma exceção, uma vez, em geral, o estrangeiro não pode se candidatar a cargo eletivo em geral.

O alistamento eleitoral tem natureza jurídica de direito administrativo, sendo que apenas depois de cumprida esta formalidade administrativa de alistamento eleitoral é que o indivíduo adquire efetivamente a condição de cidadão brasileiro. Assim, é só o alistamento eleitoral, ou seja, após obter a condição eleitoral ativa, que o indivíduo pode efetivamente ter analisada sua condição eleitoral passiva[12].

A Constituição de 1988, no art. 14, dispôs que:

> "Art. 14. ....
>
> ....
>
> § 4º São inelegíveis os inalistáveis e os analfabetos.
>
> § 5º O Presidente da República, os Governadores de Estado e do Distrito Federal, os Prefeitos e quem os houver sucedido, ou substituído no curso dos mandatos poderão ser reeleitos para um único período subsequente.
>
> § 6º Para concorrerem a outros cargos, o Presidente da República, os Governadores de Estado e do Distrito Federal e os Prefeitos devem renunciar aos respectivos mandatos até seis meses antes do pleito.
>
> § 7º São inelegíveis, no território de jurisdição do titular, o cônjuge e os parentes consangüíneos ou afins, até o segundo grau ou por adoção, do Presidente da República, de Governador de Estado ou Território, do Distrito Federal, de Prefeito ou de quem os haja substituído dentro dos seis meses anteriores ao pleito, salvo se já titular de mandato eletivo e candidato à reeleição.
>
> § 8º O militar alistável é elegível, atendidas as seguintes condições:
>
> I – se contar menos de 10 anos de serviço, deverá afastar-se da atividade;
>
> II – se contar mais de 10 anos de serviço, será agregado pela autoridade superior e, se eleito, passará automaticamente, no ato da diplomação, para a inatividade.
>
> § 9º Lei complementar estabelecerá outros casos de inelegibilidade e os prazos de sua cessação, a fim de proteger a probidade administrativa, a moralidade para exercício de mandato, considerada a vida pregressa do candidato, e a nor-

---

12 "A participação na arena política, franqueada a todos em igualdade, permite que se apresente ao universo deliberante com a pretensão de representar os interesses de todos, por meio do exercício de um mandato. A capacidade eleitoral passiva, correspondente ao direito de sufrágio passivo, é também conhecida como **Elegibilidade**. Reúne os atributos necessários para que o cidadão possa apresentar candidatura a mandato político. Para tanto, não basta ter capacidade eleitoral ativa (ser eleitor), mas é necessário também o preenchimento de algumas condições para a aquisição da capacidade eleitoral passiva (pode ser votado). Tem *locus* próprio na Constituição Federal, espaço por natureza destinado a afirmação dos direitos fundamentais e onde se desenha o arquétipo do poder político, com seus órgãos, regras e procedimentos. O constitucionalista ALEXANDRE DE MORAIS, hoje Ministro do STF, conceitua elegibilidade como "a capacidade eleitoral passiva consistente na possibilidade de o cidadão pleitear determinados mandados políticos, mediante eleição popular, desde que preenchidos certos requisitos. As **condições de elegibilidade** têm previsão constitucional, no artigo 14, § 3º, de nossa Carta Magna, sendo seis os requisitos a serem preenchidos concomitantemente" (TARGINO, Harrison. **Direitos Políticos.** *In*: ALVIM, Eduardo Arruda, LEITE, George Salomão, e STRECK, Lênio (coords.). **Curso de Direito Constitucional.** Florianópolis: Tirant le Blanch, 2018, p. 349).

malidade e legitimidade das eleições contra a influência do poder econômico ou o abuso do exercício de função, cargo ou emprego na administração direta ou indireta".

Nas disposições dedicadas aos direitos políticos, a Constituição Federal estabelece as normas gerais de inelegibilidade, no art. 14, parágrafos 4º a 7º, além do § 9º. Compete à lei complementar estabelecer outros casos, além de mencionados no texto constitucional, bem como os prazos de sua cessação, a fim de proteger a normalidade e legitimidade das eleições contra a influência do poder econômico ou o abuso do exercício de função, cargo ou emprego na administração direta ou indireta.

As inelegibilidades apenas podem ser disciplinadas pela Constituição ou por lei complementar, e nunca por lei ordinária, lei delegada ou medida provisória. A Lei Complementar Federal nº 64, de 18.05.1990, dando cumprimento ao determinado pela Constituição de 1988, veio disciplinar essa matéria, estabelecendo mais detalhamento os casos de inelegibilidade, assim como a forma de sua arguição perante a Justiça eleitoral. Para evitar fraudes, a dissolução ou de vínculo conjugal, no curso do mandato, não afasta a inelegibilidade prevista no art. 14, § 7º, do texto constitucional[13].

A inelegibilidade consiste na ausência de capacidade eleitoral passiva, ou seja, da condição de ser candidato e, consequentemente, pode ser votado, constituindo-se, portanto, em condição obstativa ao exercício passivo da cidadania. Sua finalidade é proteger a normalidade e legitimidade das eleições contra a influência do poder econômico ou do abuso do exercício de função, cago ou emprego na administração direta ou indireta, conforme expressa previsão constitucional, conforme o art. 14, § 9º, do texto constitucional.

A ausência de aptidão jurídica para receber o voto, obsta a existência da candidatura, independentemente da manifestação do partido ou do próprio interessado. A ausência, pura e simples, de um dos requisitos da elegibilidade é que, neste caso, impede o seu surgimento e, por via oblíqua, de candidatura. Podendo se afirmar que a inelegibilidade é a impossibilidade legal de alguém pleitear seu registro como postulante a todos ou a alguns dos cargos eletivos, isto é, a inelegibilidade é um impedimento absoluto ou relativo ao poder de candidatar-se a um mandado eletivo.

13 Súmula Vinculante 18, de 29.10.2019: "A dissolução da sociedade ou do vínculo conjugal, no curso do mandato, não afasta a inelegibilidade prevista no § 7º do artigo 14 da Constituição Federal".

6.6. Ação de Impugnação de Mandato eletivo

A Constituição Federal, no art. 14, fixou que: "§ 10. O mandato eletivo poderá ser impugnado ante a Justiça Eleitoral no prazo de 15 dias contados da diplomação, instruída a ação com provas de abuso do poder econômico, corrupção ou fraude. § 11. A ação de impugnação de mandato tramitará em segredo de justiça, respondendo o autor, na forma da lei, se temerária ou de manifesta má-fé". O Tribunal Superior Eleitoral entendeu que a suspensão dos direitos políticos cessa com o cumprimento ou a extinção da pena[14]. Houve, em consequência, o acirramento na política e sua jurisdicialização, levando a intermináveis demandas judiciais na Justiça Eleitoral[15].

A Lei Complementar Federal nº 135, de 04.06.2010, também conhecida como Lei da Ficha Limpa, foi aprovada pelo Senado Federal por setenta e seis votos a zero, e sancionada pelo Presidente no mês seguinte. Em setembro de 2010, a Lei da Ficha Limpa chegou pela primeira vez ao plenário da Suprema Corte por causa de um recurso do então candidato ao Governo do Distrito Federal Joaquim Roriz (PSC-DF). Na ocasião, o julgamento, que chegou à madrugada, terminou em um inusitado empate de cinco a cinco. A discussão foi interrompida sem decisão alguma. Em seguida, ele renunciou à disputa pelo Governo do Distrito Federal e a coligação indicou sua mulher, Weslian Roriz, para concorrer ao cargo. O impasse aconteceu porque não houve o voto do décimo-primeiro Ministro. A cadeira de Eros Grau, que se aposentara, estava vazia à espera de novo ocupante. Quando a Ficha Limpa voltou a ser discutida, o posicionamento dos magistrados já era publicamente conhecido. Primeiro a votar, o relator Joaquim Barbosa sustentou que a lei era válida e devia ser aplicada neste caso:

> "Há de se prevalecer a ótica interpretativa de interesses maiores de toda a comunidade, que coíbam abuso no exercício de funções públicas"[16].

---

14 "Para que o condenado readquira os direitos políticos, é necessária a reabilitação criminal? NÃO. Veja o entendimento do Tribunal Superior Eleitoral: Súmula 9-TSE: **A suspensão de direitos políticos decorrente de condenação criminal transitada em julgado cessa com o cumprimento ou a extinção da pena, independendo de reabilitação ou de prova de reparação dos danos**" (ABNC).

15 Ver: LEITE, Glauco Salomão. **A "Politização" da Jurisdição Constitucional – uma análise sob a perspectiva da teoria dos sistemas de Niklas Luhmann.** *In*: **Revista de Direito Constitucional e Internacional.** São Paulo: Revista dos Tribunais, jul.-set./2008, nº 64/151-185, e **Doutrinas Essenciais: Direito Constitucional (Edições Especiais Revista dos Tribunais: 100 Anos)**. São Paulo: Revista dos Tribunais, 2015, vol. VII, p. 945.

16 RE 630147/DF, Min. Rel. Ayres Brito, Plenário, julgamento 23.09.2010, DJE 30.09.2010.

A Lei Complementar Federal nº 135, de 04.06.2010, Lei da Ficha Limpa, aplica-se de modo uniforme a todos os participantes da disputa, sem violar o principio da isonomia, e não gerou desequilíbrio entre as forças eleitorais em disputa[17]. Os Ministros Carlos Ayres Britto, Cármen Lúcia, Ricardo Lewandowski e Ellen Gracie acompanharam Joaquim Barbosa e defenderam a inelegibilidade. Marco Aurélio Mello, José Antonio Dias Toffoli, Gilmar Mendes, Celso de Mello e o então Presidente, Cezar Peluso, votaram de forma contrária. "Essa é uma lei personalizada, que atinge pessoas determinadas e conhecidas", disse o Ministro Cesar Peluso. Com o voto do Presidente, o Supremo Tribunal Federal voltou ao impasse de cinco a cinco e precisou chegar a uma conclusão. Depois de acalorado debate, o julgamento foi concluído, reconhecida a constitucionalidade da legislação, por conta do empate referido.

6.7. Direitos Políticos Brasileiros

A cassação ou suspensão dos direitos políticos[18], que impede a participação no processo eleitoral, é vedada, salvo nos casos de cancelamento de naturalidade, incapacidade civil, condenação criminal, de obrigações públicas e da, em casos de condenação criminal, recusa ao cumprimento de obrigações públicas e, ainda, em casos de condenação por improbidade administrativa. Trata-se de medida plausível, tanto que o ex-Presidente Fernando Collor[19], após o seu processo de **impeachment**, no final do século passado, teve seus direitos políticos suspensos por oito anos.

---

17 "**Ficha limpa.** Em 2010, foi aprovada a Lei Complementar 135/2010, que teve como objetivo alterar a Lei Complementar 64/1990, incluindo novas hipóteses de inelegibilidade para proteger a probidade administrativa e a moralidade no exercício do mandato.

- É possível aplicar o prazo de oito anos de inelegibilidade, introduzido pela LC 135/2010 (Lei da Ficha Limpa), às condenações por abuso de poder, mesmo nos casos em que o processo já tinha transitado em julgado quando a Lei da Ficha Limpa entrou em vigor. O fato de a condenação nos autos de representação **por abuso de poder econômico ou político haver transitado em julgado**, ou mesmo haver transcorrido o prazo da sanção de três anos, imposta por força de condenação pela Justiça Eleitoral, **não afasta a incidência da inelegibilidade constante da alínea "d"do inciso I do art. 1º da LC 64/90**, cujo prazo passou a ser de 8 anos. STF. Plenário. ARE 1180658 AgR/RN, rel. orig. Min. Alexandre de Moraes, red. p/ o ac. Min. Rosa Weber, julgado em 10/9/2019 (Info 951)" (ABNC).

18 Ver: ABIKAIR NETO, Jorge. **A Suspensão dos Direitos Políticos por Condenação Criminal Transitada em Julgado.** *In*: **Revista de Ciências Penais.** São Paulo: Revista dos Tribunais, jul./2012, nº 17/65, e **Doutrinas Essenciais: Direito Constitucional (Edições Especiais Revista dos Tribunais: 100 Anos)**. São Paulo: Revista dos Tribunais, 2015, vol. IX, p. 1065.

19 **Fernando Affonso Collor de Mello** (Rio de Janeiro, 1949), mais conhecido como **Fernando Collor**, é um político brasileiro. Foi o trigésimo segundo Presidente do Brasil, de 1990 até renunciar em 1992. Filiado ao PTC, é Senador por Alagoas. Preside a Comissão de Relações Exteriores do Senado.

O direito eleitoral, no Brasil, sofre constantes mudanças, ao sabor de interesses localizados e circunstanciais, de modo que a Emenda Constitucional nº 4, de 14.09.1993, modificou este panorama, exigindo prazo para que as leis eleitorais tivessem vigência. Foi instituído, ainda, nas leis que visem a alteração do processo eleitoral, o princípio da anualidade, exigindo que sua aplicação dependesse da aprovação de lei, até um ano antes da data das eleições.

Por conseguinte, o sistema partidário foi se fragmentando, tornando impossível que um Presidente da República, eleja uma bancada que lhe seja fiel o tempo inteiro, pois são muitos os interesses. A partir do Governo de Fernando Henrique Cardoso[20], com a reeleição, em 1998, instituiu-se o presidencialismo de coalização, que vem provocando sucessivas crises po-

20 **Fernando Henrique Cardoso**, também conhecido como **FHC** (Rio de Janeiro, 1931), é um sociólogo, cientista político, professor universitário, escritor e político brasileiro. Foi o trigésimo quarto Presidente da República Federativa do Brasil entre 1995 e 2003. Natural da cidade do Rio de Janeiro, mudou-se com sua família para a cidade de São Paulo, onde se casou em 1953 com a antropóloga e sua colega de faculdade Ruth Vilaça Correia Leite, com quem teve três filhos. Ele graduou-se em sociologia pela Universidade de São Paulo e mais tarde tornou-se professor emérito daquela universidade. Foi perseguido depois do golpe militar de 1964, exilando-se no Chile e na França, voltando ao Brasil em 1968. Lecionou em universidades estrangeiras e desenvolveu uma importante carreira acadêmica, tendo produzido diversos estudos sociais premiados. Em 1978, iniciou sua carreira política ao concorrer ao Senado Federal, elegendo-se suplente de Franco Montoro. Após a eleição deste para o governo de São Paulo, assumiu sua cadeira no Senado em março de 1983. Participou da campanha das Diretas Já, contribuindo para que não houvesse radicalização política durante a transição para a democracia. Foi derrotado por Jânio Quadros em 1985 para Prefeito de São Paulo e reelegeu-se Senador um ano depois. Tornou-se um dos principais líderes nacionais do PMDB e, juntamente com outros dissidentes do partido, ajudou a fundar o PSDB em 1988. Após o **impeachment** de Fernando Collor, foi nomeado por Itamar Franco como Ministro das Relações Exteriores e Ministro da Fazenda. Neste cargo, chefiou a elaboração do Plano Real, que estabilizou a economia. Com a ajuda do sucesso do plano, foi eleito Presidente da República no primeiro turno da eleição de 1994. Foi empossado Presidente em 1º de janeiro de 1995. Prosseguiu com as reformas econômicas iniciadas, as taxas de inflação continuaram baixas, houve a privatização de diversas empresas e a abertura de mercado, que deu maior visibilidade no mercado externo. O Governo conseguiu a aprovação de leis na área econômica e administrativa, como a que permitiu a reeleição para cargos executivos. Em 1998, venceu a eleição presidencial no primeiro turno, tornando-se o primeiro Presidente até então a ser reeleito. Durante o segundo mandato, crises internacionais, uma forte desvalorização do Real, a crise do apagão e outros acontecimentos causaram uma grande queda de sua popularidade. Atualmente preside a Fundação Fernando Henrique Cardoso, fundada por ele em 2004, e participa de diversos conselhos consultivos em diferentes órgãos no exterior, como o **Clinton Global Initiative**, Universidade Brown e **United Nations Foundation**. Também é membro do **The Elders**, da Academia Brasileira de Letras, e presidente de honra do PSDB.

líticas, inclusive **impeachment** com frequência. Em 2019, a fragmentação partidária foi tanta que o partido político do atual Presidente da República, o Partido Social Liberal (PSL), teve apenas dez por cento dos Deputados Federais, número semelhante ao maior partido da oposição, o Partido dos Trabalhadores (PT), também com cerca de dez por cento dos Deputados Federais. Pior, em 2020, o próprio Presidente Jair Bolsonaro[21] saiu do PSL e ficou um tempo sem filiação partidária. No entanto, por conta da fraqueza da economia, já no início desse ano, problema agravado por conta da pandemia do Sars-Novo Coronavírus (Covid-19), matando muitíssimas pessoas, mais de cem mil, no Brasil, frente à inércia do Presidente da República.

6.8. Partidos Políticos Brasileiros

Os partidos políticos surgiram, no século XVIII, a partir dos partidos dos notáveis. Depois, no século XIX, com a formação das agremiações de esquerda, especialmente marxistas e anarquistas, os partidos políticos passaram a se organizar com uma base de militantes, depois um corpo intermediário e, finalmente, os líderes. Os partidos de esquerda, na medida em que clamaram para que os trabalhadores participassem do regime representativo, votando e sendo votados. No século XX há uma completa profissionalização dos partidos políticos, tantos dos partidos bolcheviques, como dos partidos políticos dos principais Estados ocidentais[22].

Os partidos políticos, no atual regime brasileiro, têm ampla liberdade de atuação, desde que não se utilize de organização paramilitar[23]. Eles têm autonomia para definir sua estrutura interna, organização e funcionamento, estando previstas normas de fidelidade e disciplina partidárias. Os partidos adquirem personalidade jurídica, como outras entidades civis, devendo ser registrados em cartório competente e terem seus estatutos registrados no Tribunal Superior Eleitoral (TSE)[24]. A Lei Orgânica dos Partidos Políticos é a

---

21 **Jair Messias Bolsonaro** (Glicério (SP), 1955) é capitão reformado, Deputado Federal por sete mandatos e Presidente da República do Brasil a partir de 1º de janeiro de 2019.

22 Ver: VIEIRA, Alberto de Lima. **Partidos Políticos e Sistemas Eleitorais.** *In*: **Revista dos Tribunais.** São Paulo: Revista dos Tribunais, dez./1964, nº 350/21, e **Doutrinas Essenciais: Direito Constitucional (Edições Especiais Revista dos Tribunais: 100 Anos)**. 2ª tir. São Paulo: Revista dos Tribunais, 2013, vol. II, p. 859.

23 Ver: SILVEIRA JÚNIOR, Evaristo. **Partidos Políticos.** *In*: **Revista dos Tribunais.** São Paulo: Revista dos Tribunais, jun./1962, nº 320/34, e **Doutrinas Essenciais: Direito Constitucional (Edições Especiais Revista dos Tribunais: 100 Anos).** 2ª tir. São Paulo: Revista dos Tribunais, 2013, vol. II, p. 935.

24 Ver: CAGGIANO, Monica Herman Salem. **Partidos Políticos na Constituição de 1988.** *In*: **Revista de Direito Público.** São Paulo: Revista dos Tribunais, abr.-jun./1990, nº 94/141, e **Doutrinas Essenciais: Direito Constitucional (Edições Especiais Revista dos Tribunais: 100 Anos).** 2ª tir. São Paulo: Revista dos Tribunais, 2013, vol. II, p. 1169.

Lei Federal nº 9.096, de 19.09.1995, e a prestação de conta está no art. 17, III, da Lei Federal nº 9.259, de 09.01.1996.

A Emenda Constitucional nº 52, de 08.03.2006, modificou a redação anterior do § 1º do art. 17 do texto constitucional, tornando expressamente permitido a realização de coligações eleitorais, sem obrigação de manter vínculo entre os vários âmbitos de candidaturas. No texto anterior, constava apenas que:

> "Art. 17. ....
> § 1º É assegurada aos partidos políticos autonomia para definir sua estrutura interna, organização e funcionamento, devendo seus estatutos estabelecer normas de fidelidade e disciplina partidária".

O Tribunal Superior Eleitoral, através da Resolução do TSE nº 22.610, de 25.10.2007, estabeleceu a obrigatoriedade da fidelidade partidária, resultando em cassação do detentor de mandato eletivo que mudasse de partido no exercício deste. Apesar da menção à fidelidade partidária, a Constituição Federal não dispõe sobre a cassação daquele que for infiel, mudando de partido. O Supremo Tribunal Federal referendou a decisão de que se o parlamentar eleito, no sistema proporcional, decidir mudar de partido político, ele pode perder seu mandato"[25].

A Emenda Constitucional nº 91, de 18.02.2016, tratou da desfiliação partidária, com o seguinte texto:

> "Art. 1º É facultado ao detentor de mandato eletivo desligar-se do partido pelo qual foi eleito nos trinta dias seguintes à promulgação desta Emenda Constitucional, sem prejuízo do mandato, não sendo essa desfiliação considerada para fins de distribuição dos recursos do Fundo Partidário e de acesso gratuito ao tempo de rádio e televisão".

Assim, os partidos políticos foram perdendo o significado de ser relacionado a um pensamento político, fosse marxista, liberal, conservador, social democrata, anarquista, nacionalista. Agora, não existe nenhum viés ideológico, ou quase nenhum, com o PSDB cada vez se transformando em partido de centro-direita. O próprio Partido dos Trabalhadores (PT) nunca

---

25 "**Se for um cargo eletivo PROPORCIONAL: SIM** O mandato parlamentar conquistado no sistema eleitoral proporcional pertence ao partido político. **Assim, se o parlamentar eleito decidir mudar de partido político, ele sofrerá um processo na Justiça Eleitoral que poderá resultar na perda do seu mandato.** Neste processo, com contraditório e ampla defesa, será analisado se havia justa causa para essa mudança. **O assunto está disciplinado na Resolução 22.610/2007 do TSE, que elenca, inclusive, as hipóteses consideradas como "justa causa"**. STF. Plenário. ADI 5081/DF, Rel. Min. Roberto Barroso, julgado em 27/5/2015 (Info 787)" (ABNC).

foi um partido marxista, longe disso, ainda que alguns intelectuais de esquerda flertassem com esse pensamento político, hoje está cada vez mais de centro-esquerda. No meio de tudo, sem nenhum pensamento expresso ou vinculante, os partidos de centro, alguns do Centrão, aglomeração de partidos ansiosos por oferecer voto ao Presidente da República, mas com um fator de governabilidade federal, como já tinha ocorrido com vários Presidentes da República, e novamente, em 2020, mas sempre uma fidelidade ligada à política franciscana, de que é se dando que se recebe. No primeiro semestre, começaram os protestos contra o Governo Federal em razão do descaso frente à pandemia do Sars-Novo Coronavírus (Covid-19), depois acalmados, mas ocorreram mais de cento e cinquenta mil óbitos por conta da pandemia, bem como mais de cinco milhões de infectados.

CAPÍTULO VII

FORMA DA FEDERAÇÃO BRASILEIRA

7.1. Estado como Organização Política

Os gregos, que entendiam de tantas coisas antes de nós, compreenderam a natureza da obrigação dos homens para com o Estado e a lei, especialmente na festejada **Antígona**, de Sófocles[1]. Este autor representa uma superação das obras teatrais anteriores, ao diminuir a influência dos deuses, tornando a tragédia mais humana e mais moral. O herói já não era tão cruelmente ferido pela fatalidade, mas sim reagia e manifestava seus desejos e afirmações.

Em **Antígona**, de acordo com a mitologia, Sófocles imaginava que, após a desgraça de Édipo, seus dois filhos, Etéocles e Polinice, disputaram a posse pelo trono. Travaram uma luta ferrenha, perecendo no mesmo dia os dois irmãos em combate. Creonte, tio destes, irmão de Jocasta, impondo-se então como o Tirano de Tebas, prestara honras fúnebres a Etéocles, ao passo que proibira, sob pena de morte, que se desse sepultura ao corpo de Polinice, entendido como rebelde. Antígona, então, resolvera expor-se ao perigo e, contrariando o decreto, prestara ao irmão o piedoso serviço fúnebre.

A obra tratava do heroísmo da jovem que enfrentara o tio Creontes, nas palavras de Sófocles:

1 **Sófocles** (497 ou 496 a.C. – de 406 ou 405 a.C.) foi um dramaturgo grego, um dos mais importantes escritores de tragédia ao lado de Ésquilo e Eurípedes, dentre aqueles cujo trabalho sobreviveu. Suas peças retratam personagens nobres e da realeza. Filho de um rico mercador, nasceu em Colono, perto de Atenas, na época do Governo de Péricles, o apogeu da cultura helênica. Suas primeiras peças foram escritas depois que as de Ésquilo e antes que as de Eurípedes. De acordo com a **Suda**, uma enciclopédia do século X, Sófocles escreveu cento e vinte e três peças durante sua vida, mas apenas sete sobreviveram em uma forma completa. Por quase cinquenta anos, Sófocles foi o mais celebrado dos dramaturgos nos concursos dramáticos da cidade-estado de Atenas, que aconteciam durante as festas religiosas Leneana e Dionísia. Sófocles competiu em cerca de trinta concursos, venceu vinte e quatro e, talvez, nunca ficou abaixo do segundo lugar; em comparação, Ésquilo venceu quatorze concursos e foi derrotado por Sófocles várias vezes, enquanto Eurípides ganhou apenas quatro competições.

> "Creontes: [...] Sabias que, por uma proclamação, eu havia proibido a que fizeste?
> Antígona: Sim, eu sabia! Por acaso poderia ignorar, se era uma coisa pública?
> Creonte: E apesar disso, tiveste a audácia de desobedecer a essa determinação?
> Antígona: Sim, porque não foi Júpiter que a promulgou; e a Justiça, a deusa que habita com as divindades subterrâneas, jamais estabeleceu tal decreto entre os humanos; nem eu creio que teu édito tenha força bastante para conferir a um mortal o poder de infringir as leis divinas, que nunca foram escritas, mas são irrevogáveis; não existem a partir da ontem, ou de hoje; são eternas, sim! e ninguém sabe desde quando vigoram! – Tais decretos, que, que não tem a poder de homem algum, possa violar sem que por isso me venham a punir os deuses! [...] a Sorte que me reservas é um mal que não se deve levar em conta; muita mais grave teria sido admitir que o filho de minha mãe jazesse sem sepulturas; tudo a mais me é indiferente! Se te parece que cometi um ato de demência, talvez mais louco seja quem me acusa de loucura!"[2].

Reside nessas belas palavras a noção de que, às vezes, o cidadão tem que recusar o Estado e, de acordo com os princípios da cidadania, afirmar a poder da sociedade. Ainda que possa parecer ser um crime, a qualidade de ser civil atribui a significação de que não se trata de uma mera violação criminal da ordem jurídica, mas, ao contrário, que está relacionado com o comportamento do cidadão inspirado nos princípios que lhe ligam ao Estado. Em certo sentido, a ideia está ligada ao dever de resistir às leis arbitrárias, prevista na Declaração da Independência dos Estados Unidos de 1774, já comentada.

Mas, o que vem a ser então o Estado e a sociedade? O Estado e a sociedade civil se organizam e se integram sob a forma jurídica de instituições públicas e privadas. A produção de normas e de decisões jurídico-políticas ocorrem nos Poderes Executivo, Legislativo e Judiciária, que elaboram e aplicam as leis e os atos administrativos. Em decorrência dessa origem, existe uma tendência de confundir, equivocadamente, o direito com o próprio Estado.

As instituições públicas compreendem: a) os órgãos políticos, que geram as decisões; b) os administrativos, que se responsabilizam pela materialização dessas; c) os repressivos, que lhes garantem o **imperium** através da força, por conta da soberania[3]. Encontram-se regidos por normas jurídicas que definem e impõem as obrigações a cada cidadão, que tem o dever de obedecer às leis emanadas e impostas pelo Poder Público. A força con-

---

2 SÓFOCLES. **Antígona**. Brasília: Universidade de Brasília, 1997, pp. 41-2.

3 Ver: BOSON, Gerson de Britto Mello. **Conceituação Jurídica da Soberania do Estado.** *In*: **Revista de Direito Público**. São Paulo: Revista dos Tribunais, jul.-set./1972, nº 21/43, e **Doutrinas Essenciais: Direito Constitucional (Edições Especiais Revista dos Tribunais: 100 Anos)**. 2ª tir. São Paulo: Revista dos Tribunais, 2013, vol. II, p. 293.

ferida àqueles, para usar a coação física e manipular o comportamento, faz com que sua supremacia estenda-se sobre todo e qualquer indivíduo ou organização dentro de um território determinado.

Os chamados aparelhos ideológico-culturais desenvolvem-se nas instituições privadas e são responsáveis pela formação da hegemonia entre as classes sociais. Podem ser exemplificados pelas igrejas, escolas, sindicatos, associações diversas, meios de comunicação, grupos culturais e outros. A sociedade civil, assim, não só constitui o momento em que se elabora e divulga um discurso unificador, mas também, onde as classes não-hegemônicas afirmam a sua autoconscientização e emitem um contra-discurso que vise destruir tal unidade.

O Estado cria, suprime e modifica as leis que determinam a atuação e os limites das instituições privadas, de forma a compelirem os cidadãos a certos comportamentos[4]. A sociedade civil, contudo, reivindica a criação, a supressão e a modificação junto às instituições públicas das leis intoleráveis, de forma a transformar a homem em cidadão. Esse movimento dialético, entre um e outro, promove a variação das normas jurídicas no espaço e no tempo. O Poder Público, pela faculdade de utilizar a força física e de criar leis, exerce inegável superioridade sobre as instituições privadas. O espaço que cada um ocupa modifica-se historicamente, quanto maior a domínio estatal, mais conflituosa se torna a relação entre as classes sociais. A ampliação de direitos de cidadania assegura uma relação mais aberta e compreensiva no conflito de classes.

Os cidadãos descontentes, em face dos obstáculos e das imposições, recusam obediência a certas leis ou decisões governamentais e rompem com a obrigação política. A ruptura não se dá com todo o sistema jurídico, mas apenas contra aquelas normas caracterizadas como injustas, ilegais ou inconstitucionais, ou seja, aquelas que resultam de uma relação social baseada na dominação e, não, no convencimento e na persuasão. Ora, é justamente através das entidades da sociedade civil, como as universidades, a Igreja Católica e a Ordem dos Advogados do Brasil (OAB), que foram escritas a história recente do Brasil[5].

---

4 Ver: FAGUNDES, Eduardo Seabra. **Estado de Direito.** *In*: **Revista de Direito Público**. São Paulo: Revista dos Tribunais, jan.-jun./1978, nº 45-46/83, e **Doutrinas Essenciais: Direito Constitucional (Edições Especiais Revista dos Tribunais: 100 Anos)**. 2ª tir. São Paulo: Revista dos Tribunais, 2013, vol. II, p. 547.

5 Ver: ASSUMPÇÃO, Antônio. **O Estado Contemporâneo: aspectos formais.** *In*: **Revista de Direito Público**. São Paulo: Revista dos Tribunais, out.-dez./1970, nº 14/155, e **Doutrinas Essenciais: Direito Constitucional (Edições Especiais Revista dos Tribunais: 100 Anos)**. 2ª tir. São Paulo: Revista dos Tribunais, 2013, vol. II, p. 521.

Para o escritor francês Etienne de La Boétie[6], que deixou o manuscrito **Discurso da Servidão Voluntária**, no século XVI, ao analisar a submissão dos homens às tiranias, afirmava que, inicialmente, ocorrera pela força, mas, depois, passara pelo convencimento. O domínio dos soberanos sustentava-se pela imagem que este criava de si e pelo estímulo à diferença entre os homens. Passou a haver o distanciamento entre o governante e o povo, com aqueles enfeitiçando as pessoas pelo medo, pela inércia, pela cobiça e pela vontade de dominar.

A amizade, entretanto, permitia que os homens se libertassem, forjando uma unidade contra o soberano na recusa de servir. Para o autor: "a amizade é um nome sagrado, é uma coisa santa; ela nunca se entrega senão entre pessoas de bem e só deixa apanhar por mútua estima; não pode haver amizade onde está a crueldade, onde está a deslealdade, onde está a injustiça". A amizade permitia que os homens se reunissem e pudesse dizer:

> "Decidi não mais servir e sereis livres; não pretende que o empurreis ou sacudais, somente não o sustentarem, e o verei como um grande colosso, de quem subtrai-se a base, desmanchar-se com o própria peso e rebentar-se"[7].

Não se pode perder a amizade que se têm entre si, porque só com isto será permitido enfrentar todas as tiranias da vida atual, com as suas diferentes formas de manifestação. Não se perca nunca a amizade, pois ela sempre assegura a liberdade e a vida! O caminho que se tem pela frente é longo e árduo. Existem muitos males, mas também existem muitos oásis e muita verde por detrás da montanha. Mas é preciso ficar firme e lutar pela Reforma do Judiciário, melhor do que a de 2004, ou por uma legislação com maior poder de efetividade do que o Código de Processo Civil de

---

6 Étienne de La Boétie (Sarlat-la-Canéda, 1530 – Germignan, 1563) foi um humanista e filósofo francês, contemporâneo e amigo de Michel de Montaigne (este que em seu ensaio **Sobre a Amizade** faz uma homenagem a la Boétie). Poucos anos antes de morrer, aos trinta e dois anos, Étienne de La Boétie deixou em testamento seus escritos a Montaigne, o qual, mais tarde, destacou os méritos nos **Ensaios** e em várias cartas, apontando este autor como um importante homem daquele século. Traduções de obras clássicas greco-romanas eram comuns entre os **studia humanitates**, por isso entre os trabalhos de Étienne de La Boétie estão as traduções do grego para o francês de obras de Xenofonte e de Plutarco. Étienne escreveu também algumas obras originais, a sua obra mais famosa é seu **Discurso da Servidão Voluntária**, escrita no século XVI, depois da derrota do povo francês contra o exército e fiscais do Rei, que estabeleceram um novo imposto sobre o sal. A obra se mostra como uma espécie de hino à liberdade, com questionamentos sobre as causas da dominação de muitos por poucos, da indignação da opressão e das formas como vence-las.

7 LA BOÉTIE, Étienne de. **O Discurso da Servidão Voluntária**. São Paulo: Brasiliense, 1982, p. 16.

2015, ao qual todos podem fazer parte, como advogados, Juízes de Direito e Promotores de Justiça, vez que as mudanças são lentas e os processos judiciais continuam morosos e sem existência social.

Desde que o Estado monopolizou o exercício das atividades judiciais, entre os séculos XIV e XVI, que esta vem servindo a interesses localizados, seja do próprio Poder Público, seja de determinadas classes sociais. O Judiciário, bem observava Montesquieu[8], em **O Espírito das Leis**, era invisível, quase nulo, porque até o advento da Constituição dos Estados Unidos de 1786 sempre ficava relegado a ser um apêndice do Executivo. Apesar dessas dificuldades iniciais, quando foi possível, a magistratura passou a desempenhar um papel relevante nas instituições políticas. Hoje, um dos principais institutos da democracia é o controle da constitucionalidade das leis, que emergiu da célebre sentença da Suprema Corte dos Estados Unidos, em que foi afirmada a superioridade do texto constitucional sobre a legislação ordinária, ainda no início do século XIX, adiante discutido.

Cabe ao Judiciário aquela última defesa contra a voracidade, o poder incomensurável e, às vezes, ensandecido do Estado. Não é por acaso que institutos como o poder cautelar do Juiz e os procedimentos como o mandado de segurança e o **habeas corpus** possibilitaram a defesa da sociedade contra o arbítrio e a violência estatal. Deve haver, então, um equilíbrio entre os interesses da sociedade – o povo ou a nação – para o estabelecimento de novas relações institucionais[9].

---

8 "Montesquieu, Charles Sêconde. *Barão de la Brède et de* – Biorg. Escritor filosófico e político francês (1689-1755). Foi conselheiro e depois presidente do sendo de Bordéus, de 1714 a 1726. A fim de conhecer de perto as instituições políticas dos outros povos, percorreu numerosos países em viagem de estudos. Em sua primeira obra, *Lettres persanes*, a propósito dos desregramentos políticos então reinantes, satiriza sutilmente as tendências cartesiana da filosofia francesa e o absolutismo do Estado e da Igreja. Seguiu-se-lhe *Considerátions sur lês causes de la grandeur des Romaines et de leu décadence*, com que inicia a ciência histórica moderna. Publicou depois *Espirit dês lois*, sua obra principal, seguida de *Défense de l'espirit dês lois*, em que procura divulgar na Europa continental o regime constitucional proposto por Locke, tendo desta forma, como um dos grandes precursores do enciclopedismo, contribuído para a reforma radical dos sistemas absolutistas. É considerado como um dos grandes prosadores franceses, por sua linguagem grave, concisa e eloquente" (**Dicionário Enciclopédico Brasileiro Ilustrado**, *op. cit.*, vol. II, p. 952).

9 Ver: RANIERE, Nina Beatriz Stocco. **Estado e Nação: novas relações?** *In*: **Revista do Instituto dos Advogados de São Paulo.** São Paulo: Revista dos Tribunais, jan.-jun./2004, nº 13/261, e **Doutrinas Essenciais: Direito Constitucional (Edições Especiais Revista dos Tribunais: 100 Anos).** 2ª tir. São Paulo: Revista dos Tribunais, 2013, vol. II, p. 355.

7.2. Teoria das Formas de Estado

Para que um território habitado, com fronteiras mais ou menos definidas, seja considerado um Estado, precisa ter um poder político conhecido como soberania[10]. Esta consiste no reconhecimento da igualdade no plano internacional, com todos Estados tendo um mesmo patamar jurídico, ainda que materialmente assim não seja, e uma superioridade interna sobre qualquer cidadão, grupo social, pessoa jurídica ou outro órgão público. No plano interno, ainda com base na teoria contratualista, a ideia de pacto social faz com que os habitantes locais tenham reconhecida a cidadania, que nem sempre é universal, mas também o dever básico de obedecer às leis. Não obstante, ao mesmo tempo, possuem os direitos para limitar as atribuições estatais de natureza cível, política, social e dos direitos de quarta geração.

A soberania pode ser, então, o meio de definir as formas de Estado, caso esteja a mesma na mão deste e de mais nenhum outro, salvo uma parcela dela dita autonomia, atribuída a Estados-membros ou a Municípios, seja que denominação tenham. Contudo, estes não conseguem nunca ter o poder absoluto – **summa potestas** –, pois este poder é a principal atribuição estatal, que consiste na competência para liminar os direitos individuais e sociais, desde que fixado com igualdade de atribuições e com base em uma lei em sentido formal. Por outro lado, salvo exceções, como no caso da Ucrânia e da Bielo-Rússia, que faziam parte da União das Repúblicas Socialistas Soviéticas (URSS) e que tiveram acento na Organização das Nações Unidas (ONU), logo no seu começo, em 1949, pois a representação internacional sempre esteve nesta vinculada à soberania e ao poder independente do Estado.

Os Estados podem ser unitários ou descentralizados. Por sua vez, os primeiros são classificados, ainda, como unitários propriamente ditos, unitários descentralizados e unitários regionais. O Estado unitário propriamente dito, sem atribuir quase nenhum poder a um órgão público ou a uma

---

10 "Em sentido lato, o conceito político-jurídico de Soberania indica o poder de mando de última instância, numa sociedade política e, consequentemente, a diferença entre esta e as demais associações humanas em cuja organização não se encontra este poder supremo, exclusivo e não derivado. Este conceito está, pois, intimamente ligado ao de poder político: de fato, a Soberania pretende ser a racionalização jurídica do poder, no sentido da transformação da força em poder legítimo, do poder de fato em poder de direito. Obviamente, são diferentes as formas de caracterização da Soberania, de acordo com as diferentes formas de organização do poder que ocorreram na história humana: em todas elas é possível sempre identificar uma autoridade suprema, mesmo que, na prática, esta autoridade se explicite ou venha a ser exercida de modos bastantes diferentes" (MATTEUCCI, Nicola. **Soberania.** *In:* BOBBIO, Norberto, MATTEUCCI, Nicolas, e PASQUINO, Gianfranco. **Dicionário de Política.** João Ferreira (coord. trad.). 13ª ed. Brasília: Universidade de Brasília, 2007, vol. 2, p. 1179).

Assembleia local eleita, decide sobre todos os interesses dos cidadãos e dos grupos em toda a extensão territorial. No máximo, a Constituição atribui algum poder administrativo para as municipalidades, em geral ocorrendo em Estados com território diminuto, no caso dos minipaíses da Europa Ocidental, como Andorra, Liechtenstein, Mônaco e San Marino; como da Península Arábica, com seus Reinos e Emirados; como do Caribe, com as ex-Colônias britânicas; como do Índico, com as ilhas Maldivas, Seychelles e Maurício, e como do Pacífico, no caso de Fiji, de Kiribati, de Nauru e de outros, alguns até com realeza, como Tonga.

Existe, ainda, o Estado unitário descentralizado, em que se reconhece unidades territoriais internos, como Departamentos, Províncias ou outra denominação, além de também municipalidades, sem, no entanto, dar-lhes a chamada autonomia, que se trata de uma parcela da soberania no plano interno. Esse tipo é muito frequente nos Estados Europeus, como na França, em Portugal, na Suécia e em outros com territórios menores, mas também frequentes na América Latina, na África e na Ásia, como no Japão. Caso seja necessário, o Estado que detém a soberania, se quiser, pode suprimi-la ou restringir as poucas competências detidas por suas subdivisões territoriais.

Ainda há o Estado unitário regional, em que o poder central detém com exclusividade a soberania, sem atribuir propriamente a autonomia a suas divisões territoriais, mas concede-lhe algumas atribuições limitadas, de modo geral previstas no próprio texto constitucional. É possível a atribuição de poderes limitados no âmbito da autonomia, de modo geral administrativa e política, com muita restrição à distribuição de renda pública, como no caso da Itália atual. No mesmo sentido, como meio de limitar a autonomia política, até para evitar que suas unidades territoriais alcancem a soberania, existe o caso da Espanha, com suas Regiões, com maiores poderes do que os Departamentos ou as Províncias, estas inclusive sendo também previstas. Apesar disto, ocorre uma tensão aguda em prol da independência política na Catalunha e no País Basco, mas com o poder central não permitindo que chegue a tal ponto, ou pelo menos tentando impedir sua evolução.

Por sua vez, o Estado descentralizado tem muitas formas, como as Uniões de Estado, a Confederação e a Federação. As Uniões de Estado podem ser a União Pessoal ou a União Real, em que dois Estados soberanos possuem o mesmo governante, ocorrendo nos Estados monárquicos. Na União Pessoal, por um fato acidental, o monarca de um Estado torna-se o governante de outro Estado, mas as soberanias entre estes continuam distintas, vinculados apenas por terem o mesmo Rei ou Imperador, sem existir uma personalidade jurídica internacional unificada, ainda que tenham uma política externa aproximada. Como exemplo clássico, Carlos

I da Espanha[11], quando foi eleito também Imperador do Sacro Império Romano Germano (Alemanha), de 1519 a 1556; bem como no caso da Grã-Bretanha e do Hanôver, Eleitorado germânico, de 1714 a 1837, quando Jorge I[12] e seus sucessores foram monarcas dos dois Estados. Estes eram completamente distintos, mas o vínculo só foi dissolvido quando a rainha Vitória[13] assumiu o Governo britânico, pois o Eleitorado não previa uma monarca feminina.

A União Real, diversa da situação anterior, não resultou de um fato acidental, mas foi desejada e planejada, com uma personalidade internacional própria, não de um dos Estados que a compõem, mas da própria unificação dos Estados. Possível, até, que os órgãos públicos fossem comuns, como os Ministérios do Exterior, da Guerra e da Fazenda, ainda que outros fossem diversos. Houve o caso da Suécia e da Noruega, de 1815 a 1905, do Império Austro-Húngaro, de 1867 a 1918, da Espanha e de Portugal, de 1580 a 1640, e do Reino Unido de Portugal, Brasil e Algarve, de 1815 a 1822.

A Confederação, por sua vez, é um agrupamento de Estados com a finalidade de assegurar a sua defesa comum, de modo geral com o órgão central sendo chamada de Dieta, uma assembleia de Estados soberanos, cuja decisão deve ser tomada por unanimidade. Para alguns, é admitida o direito de secessão, podendo algum território separar-se do Estado Confederado, para outros isto leva a uma crise tão grande que implica na sua dissolução ou no impedimento da separação. Os Estados que a integram continuam detendo sua soberania, o que pode levar a tensões que impedem sua continuidade. Como exemplo, sem precisar citar as organizações políticas da Grécia antiga, a Confederação Helvética, de 1815 a 1848, e os Estados Unidos antes da Declaração de Independência até a promulgação de sua Constituição Federal, de 1776 a 1786.

---

11 **Carlos I da Espanha** (Gante, Bélgica, 1500 – Mosteiro de São Jerônimo, Espanha 1558), também Carlos V, foi o Imperador Romano-Germânico a partir de 1519 e Rei da Espanha como Carlos I de 1516 até sua abdicação em favor de seu irmão mais novo Fernando I no Império e seu filho Filipe II na Espanha.

12 **Jorge I** (Hanôver, Alemanha, 1660 – Osnabruque, Alemanha, 1727) foi o Rei da Grã-Bretanha e Irlanda, de 1 de agosto de 1714 até sua morte, e também governante do Eleitorado de Brunsvique-Luneburgo a partir de 1698. Jorge nasceu em Hanôver e herdou os títulos e as terras de seu pai e seus tios.

13 **Vitória** (Londres, Grã-Bretanha, 1819 – East Cowes, Grã-Bretanha, 1901) foi Rainha do Reino Unido de 1837 até sua morte, aos oitenta e um anos, e também Imperatriz da Índia, a partir de 1876. Era a única filha do Príncipe Eduardo, Duque de Kent e Strathearn, e sua esposa, a Princesa Vitória de Saxe-Coburgo-Saalfeld, ascendendo ao trono após a morte de seu tio, o Rei Guilherme IV.

A Federação consiste no Estado formado por vários Estados-membros, que não têm soberania, pois esta é detida exclusivamente pelo Estado Federal. Assim, os Estados-membros não têm soberania, mas apenas a autonomia, que é a parte daquela, mas sem sua força para ter uma igualdade internacional e sua superioridade absoluta interna. Não pode ser admitida a secessão, como foi o exemplo clássico da Guerra Civil dos Estados Unidos, de 1851 a 1854, em que os Estados-membros do sul formaram uma Confederação, para manter a escravidão. Esta entrou em combate com os Estados-membros nortistas e do oeste, sob a bandeira da União Federal, sendo por esta derrotada. De modo geral, a Federação ocorre em Estados com grande território, como os Estados Unidos, o Canadá, o México, o Brasil, a Argentina, a Colômbia, a Alemanha, a Rússia, a Índia, a Austrália, a Nigéria e a África do Sul, dentre outros. O Reino Unido da Grã-Bretanha consiste na união da Inglaterra, a mais populosa e rica, com a Escócia, que já teve dois plebiscitos pela independência frustrados recentemente, com Gales e com a Irlanda do Norte, e com outros territórios em volta, como a Ilha de Man, como as Ilhas do Canal e como as ilhas escocesas, sem ser propriamente uma Federação, ainda que às vezes se comporte como tal.

A República Federativa do Brasil foi fundada, em 15 de novembro de 1889, com o fim do Império, a partir de um Estado unificado descentralizado, não nasceu de um movimento político para tanto, decorrendo mais de um golpe de estado militar. Por conseguinte, não teve um federalismo verdadeiro, mas amoldado a partir da dependência financeira com o Governo Federal, com gerou várias disfunções no sistema político brasileiro, enfraquecendo sua democracia representativa. A Constituição de 1988, nos arts. 1º e 18, **caput**, inovou ao constituir o Estado Federal como integrado pelos Estados-membros, pelo Distrito Federal e pelos Municípios, hoje por volta de cinco mil, quinhentos e setenta, o que melhorou a distribuição de autonomia, mas ainda com sérios problemas políticos locais.

Existem, ainda, os Estados Comunistas, sob a liderança única de um Partido Comunista, cujos dirigentes governam o país de forma totalitária, como a China, o Vietnam e Cuba, ainda com planejamento econômico, mas com o liberalismo financeiro predominando na economia dos mesmos em maior ou em menor grau. Na verdade, são mais autocracias do que propriamente sociedades socialistas e cada vez mais praticam a economia de mercado capitalista.

Deve-se dizer, ainda, que existem outras formações políticas coletivas, que não se constituíram propriamente em Estados, com soberania unificada, como no caso do Commonwealth Britânico. Neste existe uma vinculação ideológica de se aceitar a monarquia da Grã-Bretanha como a sua própria, em países como o Canadá, a Nova Zelândia e a Austrália, além de ex-Colônias africanas e caribenhas, mas sem uma unidade política. Da mesma forma ocorreu a Comunidade de Estados Independentes (CEI), com a maioria dos novos Estados formados com o fim da União das Repúblicas Socialistas Soviéticas (URSS). Em 1991, a Armênia, o Azerbaijão, a Bielorrússia, o Cazaquistão, o Quirguistão, a Moldávia, a Rússia, o Tajiquistão, a Geórgia, o Turcomenistão e o Uzbequistão criaram essa organização política, sem a inclusão da Estônia, da Letônia e da Lituana. Hoje, a Geórgia se afastou, em 2008, bem como limitou sua participação o Turcomenistão. Existe o problema da Ucrânia, em 2014, com a secessão de seu território oriental e com o conflito com a Rússia, o membro mais influente da instituição, que tem mais vínculo cultural do que seja propriamente uma unidade política com soberania unificada.

Existiram organizações estatais sem soberania, no que se chamou de semiEstado ou Estado semissoberano. Os Estados vassalos, hoje inexistentes, eram como um estágio entre o domínio absoluto e a independência, como no caso da Romênia, de 1856 a 1878, e da Bulgária, de 1878 a 1908, dentro do Império Otomano. Por outro lado, ocorria o protetorado, com a subordinação do Estado protegido pelo Estado protetor, com este concedendo àquele alguma autonomia, mas limitada. Historicamente, apareceu com a França e a Tunísia, em 1881, e com as ilhas Jônicas e a Grã-Bretanha, de 1815 a 1863. O Sultanato do Brunei foi um protetorado britânico de 1888 a 1983, até sua independência; já o Sikkim foi incorporado pela Índia, que, por outro lado, acabou aceitando a soberania e a independência do Butão.

Os Estados clientes foram mais resultados de uma situação de fato do que de direito, como a política que os Estados Unidos exerceram na América Central e no Caribe, com base na Doutrina Monroe. Determinados Estados soberanos entregavam àquele a gestão de sua alfândega e até do seu exército, como no caso do Haiti, em 1915. Por outro lado, durante a Cortina de Ferro, a União das Repúblicas Socialistas Soviéticas (URSS) exercia uma supremacia política sobre outros Estados da Europa Oriental, como a Polônia, a Tchecoslováquia, a Romênia, a Bulgária e a Hungria, em especial, semelhante aos Estados clientes, mas nesta situação eram chamados de Estados satélites. Existem, ainda, os Estados associados, em razão do processo de descolonização, como no caso da Nova Zelândia com as ilhas Cook, em 1965, e com Nioné, em 1974, bem como o caso de Porto Rico com os Estados Unidos, que, desde 1898, vem mudando sua subordinação e hoje podem escolher um Governador eleito diretamente. Os Estados Unidos têm ainda Acordo de Livre Comércio com Palau, com as ilhas Marshall e com os Estados Federados da Micronésia, em 1983, que restringiu bastante a soberania destes miniEstados do Oceano Pacífico.

A Colônia também não tem nenhuma soberania, tendo altíssima dependência para com o Estado colonizador, como ocorria no Império Britânico até a II Guerra Mundial. Este conflito levou à descolonização na

Ásia, na África, no Caribe e em alguns territórios do Pacífico. No entanto, ainda restam pequenas ilhotas ainda sobre o poder da Grã-Bretanha, como Pitcairn, além de Bermudas, no Atlântico Norte, Santa Helena e Falkland (Malvinas), no Atlântico Sul, esta última reivindicada pela Argentina, e Gibraltar, na Europa, este reclamado pela Espanha. A França ainda mantém vínculos com diversas ex-Colônias na América, na África e no Pacífico, como se fizessem parte do Estado unificado francês, sendo apenas uma descentralização política, como Reunião e Mayotte, no Oceano Índico, como a Polinésia Francesa e a Nova Caledônia, esta ainda em processo de possível descolonização, no Oceano Pacífico, como a Guiana Francesa, na América do Sul, como Guadalupe, Martinica e Saint Martin, no Caribe, e como a ilha de Sant Pierre e Miquelon, na América do Norte. Os países europeus que ainda detém territórios externos, como a Holanda, com ilhas no Caribe, e a Dinamarca, com as ilhas Faroé e com a Groelândia, respeitam bastante a autonomia de suas ex-Colônias, preparando-as para a futura independência. Estranhamente, em 2019, o Presidente dos Estados Unidos se dispôs a comprar a Groelândia, com a Dinamarca logo rechaçando a proposta, declarando que esta não estava à venda.

Existem, por fim, os chamados Estados divididos, frutos principalmente da Guerra Fria entre os Estados Unidos e a União das Repúblicas Socialista Soviética (URSS), na segunda metade do século XX. No primeiro caso, a divisão entre a Alemanha Ocidental, integrada esta pelas Zonas de Ocupação norte-americana, francesa e britânica, e a Alemanha Oriental, pela zona soviética, depois da II Guerra Mundial, mas unificadas em 1990. No mesmo caso, o Vietnam do Norte, socialista, e o Vietnam do Sul, vinculado aos países ocidentais, com a vitória do primeiro e a absorção do segundo, em 1975. O Sudão do Sul, depois de anos de guerra civil, ficou independente do Sudão em 2011.

Outro caso foi na Península Arábica, com o Iêmen, partilhado entre o Império Otomano e a Grã-Bretanha, no começo do século XX, resultou no Reino Mutawakkilite do Iemen, depois República Árabe do Iêmen, no norte, em 1962. Por sua vez, o Iêmen do Sul, ou Aden, foi um protetorado britânico, até 1967, quando se tornou a República Democrática do Iêmen, de natureza socialista. Então, foram os dois Estados unificados, em 1990, mas desde 2015 existe uma guerra civil complexa e de difícil definição, mas, ainda assim, principalmente entre o Iêmen do Norte e o Iêmen do Sul, até hoje sem definição.

Existem, ainda, Estados estrangeiros não reconhecidos pela maioria de outros Estados, como a Autoridade Palestina que deseja criar o Estado da Palestina, ou o Kosovo, ainda não reconhecido pela Sérvia, da qual fazia parte, apesar de alguns avanços em 2020. Os Estados que fizeram parte da União das Repúblicas Socialistas Soviéticas (URSS), em que exista de maioria russa, tentam a independência como a Transnístria, dentro da Moldávia; a Abecásia e a Ossétia do Sul, na Geórgia; e Donetsk e Lugansk, na Ucrânia. No Azerbaijão, a província de maioria armênia Nagorno-Karabakh, tenta a independência ou a união com a Armênia, já com vários conflitos, o último em 2020. Existe problema também na Somália, considerado um Estado falido, com o norte se declarando independente, como a Somalilândia, e a Puntlândia. Por fim, na Papua-Nova Guiné, a ilha de Bougainville realizou seu referendo, em 2019, e proclamou sua independência, sem reconhecimento ainda.

Por fim, o caso da Coreia, que de ex-Colônia japonesa, tornou-se um novo Estado independente, em 1948, mas logo houve a Guerra da Coreia, de 1950 a 1953, que acabou formando a Coreia do Sul, no campo político ocidental e atualmente muito desenvolvida. A Coreia do Norte, de natureza socialista, mas liderado pela família Kim, já por três gerações, como uma dinastia em um regime monárquico, possui armas nucleares e desafia o mundo com sua manutenção, em conflito longe de acabar, até atualmente não declarado seu fim. Existe, ainda, o Chipre do Norte, reconhecido apenas pela Turquia, enquanto sobrevive em maior área da área o Governo do Chipre, de maioria grega.

7.3. Federalismo Desenvolvido no Brasil

A Federação desenhada pela Constituição de 1988 assumiu contornos especiais, de modo que tem aspecto diferente dos demais sistemas federativos, principalmente pela menção expressa aos Municípios. Em nenhuma das outras Constituições houve tal referência, ainda que sempre se admitisse a participação dessa entidade como parte da Federação. Não obstante, o novo **status** constitucional deu um relevo marcante e uma participação importante nos destinos da própria República Federativa do Brasil.

A Federação vem a ser o Estado soberano integrado de Estados-membros autônomos, mas vinculados definitivamente à União, que tem a responsabilidade pelo Governo Nacional, enquanto cabe àqueles a Administração descentralizada em suas áreas territoriais[14]. Observe-se que, quanto à política externa e ao Governo Nacional, a Federação acaba se comportando como um Estado unitário, posto que surge como um só, submetido diretamente ao poder central. Quanto às suas unidades federadas,

---

14 Ver: BANDEIRA DE MELLO, Oswaldo Aranha. **A Personalidade do Estado.** *In*: **Revista de Direito Público.** São Paulo: Revista dos Tribunais, jan.-mar./1969, nº 7/21, e **Doutrinas Essenciais: Direito Constitucional (Edições Especiais Revista dos Tribunais: 100 Anos)**. 2ª tir. São Paulo: Revista dos Tribunais, 2013, vol. II, p. 371.

apresenta-se quase como uma Confederação, apenas com esses tendo sua competência limitada pela Constituição Federal.

Para Augusto Zimmermann, quanto aos elementos conceituais e forma de Estado, quanto ao Estado Federal disse que:

> "Dentre as formas de Estado, a forma federativa é a mais complexa de todas. A unitária, por outro lado, a mais simples e homogênea. No primeiro caso, a ordem política e seu ordenamento jurídico se acham distribuídos em diferentes unidades autônomas de poder, dispostas em inúmeros territórios de uma mesma Nação. No segundo, por outro lado, eles são tão-somente conjugados em unidade orgânica, referidas ao território homogeneizado e com apenas um único titular do assim chamado *poder de império*. Os primeiros sistemas federalistas emergiram diante do surgimento conjunto de um número de regimes estabelecidos que visavam preservar suas identidades independentes e, em alguma medida, sua autonomia. Alguns recursos são comuns a maioria, senão a todos, os sistemas federalistas: distribuição dos poderes entre governo central e local; existência de uma Constituição escrita e rígida; um poder independente e imparcial capaz de decidir disputas entre esses diferentes níveis de governo; e a existência de representação de visões regionais dentro do governo central. Na América contam-se sete Estados federais: Estados Unidos, Canadá e México, na América do Norte; Brasil, Venezuela, Colômbia e Argentina na América do Sul. Além destes, Alemanha, Áustria, Suíça, Rússia, Nigéria, Índia, Paquistão e Malásia são países que, ao menos formalmente, adotaram o sistema federativo. O Estado federal é um Estado de tipo nacional e de forma plural. Forma sofisticada de organização política, o federalismo reparte as competências estatais entre o órgão central, denominado União, e as diversas regiões, mais usualmente conhecidas por Estados-membros, províncias ou cantões. Nesta partilha, as incumbências da União e das regiões são determinadas pela Constituição Federal e dificilmente podem ser alteradas. Estado de vários Estados, o federalismo reconhece distintos elementos sociopolíticos, respondendo-se à realização do princípio de descentralização vertical e pluralista. Esta divisão vertical de poderes exprime o propósito manifestamente descentralizador do verdadeiro federalismo. Por isso, como acrescentou Georg Jellinek, trata-se a federação de 'Estado soberano, formado por uma pluralidade de Estados, no qual o poder do Estado emana dos Estados-membros, ligados numa unidade estatal'"[15].

A organização governamental federal deve ser durável, ou seja, deve ser estável, fixa, sem possibilidade de ser rompida com facilidade. Por outro lado, seu poder central necessita de capacidade de autodecisão e de execução. Por fim, precisa de um ordenamento jurídico para os Estados-membros, mas estes devem respeitar um órgão federal, para que se uniformize as leis vigentes no país. Disse Anhaia Mello que:

---

15 TARGINO, Harrison. **Direitos Políticos.** *In*: ALVIM, Eduardo Arruda, LEITE, George Salomão, e STRECK, Lênio (coords.). **Curso de Direito Constitucional.** Florianópolis: Tirant le Blanch, 2018, p. 465.

> "A Federação não se constitui, como desde logo se vê, de simples ajuntamento de coletividades públicas, unidas para certos e determinados fins [...] mas é uma união organizada, fixa, com sentido de eternidade e, sobretudo, capaz de tomar decisões e de executá-las, a despeito de possíveis oposições das partes componentes"[16].

A soberania pode ser conceituada como o poder absoluto do Estado para se organizar e se dirigir de acordo com a vontade de seus órgãos políticos, os quais podem executar suas decisões através do uso da força. É detida com exclusividade pela União, que a exerce interna e externamente, limitada apenas pelos princípios constitucionais. A soberania, com a força do **ius imperium**, é o que caracteriza a independência dos Estados Modernos, no plano internacional, como já dito.

A soberania é auferida parcialmente pelos Estados-membros e pelos Municípios, outorgada pela Constituição Federal, com determinados poderes para lhes assegurar a formação do governo e a administração de seus bens e serviços. As prerrogativas dessas entidades federadas estão na autonomia, que vem a ser o poder político assegurado constitucionalmente, pelos quais se organizam e se regem. Observou Hely Lopes Meirelles que:

> "Evidencia-se dessa conceituação que os Estados-membros e os Municípios não têm soberania, mas têm autonomia para imprimir direção própria nos negócios que lhes são próprios"[17].

A Constituição de 1988, ao dispor que "a República Federativa do Brasil é formada pela união indissolúvel dos Estados e Municípios e do Distrito Federal" (art. 1º), e que "a organização político-administrativa da República Federativa do Brasil compreende a União, os Estados e o Distrito Federal e os Municípios, todos autônomos" (art. 18), escreveu nova página sobre o federalismo mundial[18]. Estão, assim, reconhecidos os Municípios como participantes ativos da estrutura constitucional federativa, integrada por eles e pela União, pelos Estados-membros e pelo Distrito Federal. É, na lição de Rosah Russomano, uma repartição tríplice de competência[19].

---

16 MELLO, José Luiz de Anhaia. **O Estado Federal e as Novas Perspectivas**. São Paulo: Max Limonad, 1960, p. 35.

17 MEIRELLES, Hely Lopes. **Direito Municipal Brasileiro**. São Paulo: Revista dos Tribunais, 1977, pp. 86-7.

18 JARDIM, Torquato. **Organização do Estado Brasileiro**. *In*: **Revista de Direito Público**. São Paulo: Revista dos Tribunais, out.-dez./1991, nº 100/45, e **Doutrinas Essenciais: Direito Constitucional (Edições Especiais Revista dos Tribunais: 100 Anos)**. 2ª tir. São Paulo: Revista dos Tribunais, 2013, vol. II, p. 715.

19 Nossa Constituição reparte as competências entre as três entidades referidas, revelando a tridimensionalidade de nosso federalismo, que se vem acentuando desde

É verdade que o nosso federalismo não teve raízes autóctones em sua constituição, pois o Império era um Estado unitário, havendo apenas a transformação das Províncias em Estados-membros[20]. Ocorre, frequentemente, que as estruturas governamental, administrativa e financeira acabaram representando um ônus a mais ao contribuinte e cidadão. Apesar de tais dificuldades, pouco a pouco a Federação Brasileira vai dando prova de vigor, principalmente ao encontrar sua célula **mater**, que é o Município, verdadeiro responsável pelo revigoramento de nossa organização político-administrativa.

7.4. Organização Política Administrativa

Reafirmando o disposto no art. 1º, desse texto constitucional, o art. 18 da Constituição Federal volta a dizer que integram a República Federativa do Brasil a União, os Estados-membros, o Distrito Federal e os Municípios. A Constituição de 1988 inovou, em relação às demais Federações existentes, dando ampla autonomia política e jurídica aos Municípios[21]. Essa Entidade Federada teve expressas diversas competências, delineando melhor seu interesse local, bem como lhe assegurando condições de elaborar uma mini Constituição, a Lei Orgânica Municipal.

O federalismo no Brasil foi sempre confuso, pois a Federação foi proclamada com a Constituição de 1891, sem que houvesse uma tradição de autonomia, durante o período colonial e o Império[22]. Diferente da tradição

1934. Esta repartição tríplice, entretanto, não é efetuada arbitrariamente. Obedece antes a um critério geral, que se alicerça na amplitude do interesse a resguardar. Em função desta amplitude pois, encontramos, no texto supremo, a competência do círculo maior e dos círculos menores: União, Estados-membros, Municípios" (RUSSOMANO, Rosah. **Curso de Direito Constitucional.** 3ª ed. Rio de Janeiro: Freitas Bastos, 1978, p. 273).

20 Ver: FERRAZ JUNIOR, Tercio Sampaio. **Constituição Brasileira e Modelo de Estado: hibridismo ideológico e condicionantes históricas.** *In*: **Revista de Direito Constitucional e Internacional.** São Paulo: Revista dos Tribunais, out.-dez./1996, nº 17/38, e **Doutrinas Essenciais: Direito Constitucional (Edições Especiais Revista dos Tribunais: 100 Anos).** 2ª tir. São Paulo: Revista dos Tribunais, 2013, vol. II, p. 697.

21 FAGUNDES, M. Seabra. **Novas Perspectivas do Federalismo Brasileiro.** *In*: **Revista de Direito Público.** São Paulo: Revista dos Tribunais, out.-dez./1969, nº 10/7, e **Doutrinas Essenciais: Direito Constitucional (Edições Especiais Revista dos Tribunais: 100 Anos).** 2ª tir. São Paulo: Revista dos Tribunais, 2013, vol. III, p. 151.

22 MORAES, Oswaldo de. **Formação do Estado Federal Brasileiro.** *In*: **Revista dos Tribunais.** São Paulo: Revista dos Tribunais, jun./1966, nº 368/12, e **Doutrinas Essenciais: Direito Constitucional (Edições Especiais Revista dos Tribunais: 100 Anos).** 2ª tir. São Paulo: Revista dos Tribunais, 2013, vol. II, p. 477.

norte-americana, em que as Treze Colônias primeiro proclamaram sua soberania política, para depois se unirem e formarem os Estados Unidos da América. No Brasil, não houve nada disso, mas a ausência de um movimento político de renovação, que permitisse pôr fim à profunda desigualdade regional, em que os Estados do Norte e do Nordeste têm uma participação menor no Produto Interno Bruto (PIB) brasileiro e os piores indicadores sociais, ao contrário da Região Sudeste e Sul, com melhores condições sociais e econômicas.

O Município, que é o local onde as pessoas vivem, e não nos Estados-membros ou na União, talvez seja a força capaz de revitalizar a Federação brasileira, trazendo-lhe estrutura nova para o desenvolvimento geral do Brasil. O Município, inclusive, está assumindo um papel cada vez mais relevante, em termos de políticas de saúde e de educação, com as municipalizações destes serviços públicos. Na verdade, há um esvaziamento dos Estados-membros, que tendem, cada vez mais, a ficarem meramente figurativos, principalmente se o Brasil partir para uma união política com a América do Sul ou, então, para outra união liderada pelos Estados Unidos.

A União representa duas entidades, tanto a República Federativa do Brasil, como também aspectos desta Federação, relativos aos assuntos federais, ou seja, tanto é gênero como espécie. A União, com exclusividade, tem a soberania, entendida como a supremacia sobre qualquer pessoa física ou jurídica, dentro de determinado território, bem como a igualdade frente aos outros Estados Nacionais. Por sua vez, os Estados-membros, o Distrito Federal e os Municípios têm apenas autonomia, ou seja, condições para decidir os problemas internos políticos, administrativos, financeiros e legislativos, sem interferência de nenhuma outra pessoa física ou jurídica. A autonomia, portanto, é inferior à soberania, que tem o poder de dar a decisão final.

Brasília é a Capital Federal, desde 1960, e está situada no Distrito Federal, Entidade Federativa que tem a competência dos Estados-membros e a dos Municípios, pois não está dividida entre estes últimos. Em razão da dimensão continental do Brasil, sempre se teve a ideia de se fazer uma capital mais no interior deste, para desenvolver de forma mais equilibrada as regiões brasileiras. O nome Brasília foi proposto por José Bonifácio, no Primeiro Império. Deste então, sempre se manteve tal ideia. Na Constituição de 1891, em seu art. 3º, fazia-se menção a uma zona no planalto central da República, para nela se estabelecer a futura Capital Federal. Por fim, a Lei Federal nº 2.874, de 19.09.1956, fixou a área do futuro Distrito Federal e deu o nome a ela – Brasília. Assim o Presidente Juscelino Kubitschek[23] teve

23 **Juscelino Kubitschek de Oliveira** (Diamantina, 1902 – Resende, 1976) foi um médico, oficial da Polícia Militar mineira e político brasileiro que ocupou a Presidência da Repú-

a coragem de erguê-la do nada, no Planalto Central do Brasil, em seu centro geográfico.

Os Territórios integram a União, resultando de desmembramento de área pertencente a Estado-membro já existente ou de desmembramento de parte de outro território federal. A Constituição de 1891 foi omissa sobre a matéria, só aparecendo na Constituição de 1934, em seu art. 16, que tratava do então Território do Acre, havido por conquista e, depois, por compra à Bolívia, no comecinho do século XX. A Constituição de 1988 permitiu aos Territórios Federais tornarem-se Estados-membros, subdividindo em novos Territórios ou, até, voltarem a participar dos Estados-membros de que tenham sido desmembrados. Quando um Território se torna um Estado-membro, passa a adquirir autonomia constitucional e organização representativa, nos termos do texto constitucional.

Atualmente, não existem Territórios, havendo apenas a previsão constitucional. Os antigos Territórios de Roraima e do Amapá tornaram-se Estados-membros, pelo art. 14, do Ato das Disposições Constitucionais Transitórias da Constituição de 1988, ao passo que o Território de Fernando de Noronha foi extinto e reincorporado ao Estado de Pernambuco, conforme o art. 15 do mesmo dispositivo, também, do Goiás surgiu no seu território norte, o Estado de Tocantins. O Estado de Rondônia já tinha deixado de ser Território, em 1981, e o Mato Grosso do Sul foi desmembrado do Mato Grosso, em 1977. Não obstante, tramitam no Congresso Nacional vários projetos de criação de Estados-membros e de Territórios, estes especialmente na Amazônia Ocidental, região ainda bastante despovoada e de pouco desenvolvimento, mas que precisão da atuação e de recursos da União.

---

blica entre 1956 e 1961. Juscelino Kubitschek concluiu o curso de humanidades do Seminário de Diamantina e em 1920 mudou-se para Belo Horizonte. Em 1927, formou-se em medicina pela Universidade Federal de Minas Gerais (UFMG), e em 1930 especializou-se em urologia em Paris. Em dezembro de 1931, casou-se com Sarah Lemos, com quem teve a filha Márcia, em 1943, e adotou Maria Estela, em 1947. Em 1962, elegeu-se Senador por Goiás e tentou viabilizar sua candidatura à presidência em 1965. No entanto, com o Golpe Militar de 1964, foi acusado pelos militares de corrupção e de ser apoiado pelos comunistas e como consequência teve seu mandato cassado e seus direitos políticos suspensos. A partir de então passou a percorrer cidades dos Estados Unidos e da Europa, em um exílio voluntário. Em março de 1967, voltou definitivamente ao Brasil e uniu-se a Carlos Lacerda e João Goulart na articulação da Frente Ampla, em oposição à Ditadura Militar, que foi extinta pelos militares um ano depois, levando Juscelino Kubitschek à prisão por um curto período. Ele pretendia voltar à vida política depois de passados os dez anos da cassação de seus direitos políticos. Em outubro de 1975, concorreu, sem sucesso, a uma cadeira na Academia Brasileira de Letras. Em 22 de agosto de 1976, faleceu em um acidente automobilístico. Juscelino Kubitschek é visto nacionalmente como o pai do Brasil moderno e está entre os políticos cujo legado é mantido mais favoravelmente.

O texto constitucional prevê, ainda, entre os Estados-membros, a incorporação, subdivisão, desmembramento e formação. A incorporação é a técnica pela qual ocorre a fusão de dois ou mais Estados-membros em um só. A subdivisão, por outro lado, propõe o esfacelamento de um Estado-membro, dando oportunidade tanto de extingui-lo, como de criar novos Estados-membros. No desmembramento, pode acontecer com a extinção e incorporação do território a outro. Pode-se criar um novo Estado-membro e, ainda, haver um desmembramento de área, que vai para outro Estado-membro, sem que o desmembrado desapareça. Todas estas situações dependem, ainda, de plebiscito das populações interessadas diretamente e da aprovação final pelo Congresso Nacional, de acordo com lei complementar federal sobre a matéria, ainda não editada.

A criação, a incorporação, a fusão e o desmembramento de Município precisam obedecer a critérios que preservem a continuidade e a unidade histórica e cultural do ambiente urbano. É natural a formação de Município, sempre que um povoado consiga atingir determinada população ou renda mínima. No Brasil, inclusive, com pouco mais de cinco mil Municípios, muitos ainda devem ser criados. Todavia, muito abuso ocorria com o dispositivo constitucional, que dava competência exclusiva aos Estados-membros para criá-los, sem qualquer critério geral. A Emenda Constitucional nº 15, de 12.09.1996, modificou o § 4º do art. 18, retirando a expressão que exigia a preservação da continuidade e unidade histórico-cultural, mas submetendo os critérios a uma lei complementar federal, ainda não editada. Por outro lado, o plebiscito deve envolver não só a população do novo Município, como a do outro envolvido, bem como necessita de Estudo de Viabilidade Municipal, tudo mediante lei estadual. A emenda constitucional estancou um pouco a criação desorganizada de Municípios, mas a ausência da lei complementar federal permitiu que, em muitos Estados-membros, esses continuassem a ser criados.

7.5. Intervenção da União Federal

A intervenção é a forma pela qual se assegura o primado da soberania nacional contra os atos desagregadores dos Estados-membros ou dos Municípios. No Estado Federal existem várias estruturas organizacionais, que precisam ser ordenadas segundo uma lógica de competências e de responsabilidades. Deve-se zelar para que a ordem seja mantida e preservada, em função da harmonia e independência que se estabelece entre as Entidades Federadas, mas aplicado apenas em momentos de grave comprometimento da ordem pública[24].

---

24 HARADA, Kyioshi. **Intervenção Federal nos Estados para pôr Termo a Grave Comprometimento da Ordem Pública.** *In*: **Revista do Instituto dos Advogados de São Paulo.**

Os Estados-membros têm autonomia, mas esta se encontra condicionada aos preceitos constitucionais federais e pela necessidade de preservar o Brasil unificado. Não podem estes extrapolar os limites de suas competências, sob pena de sofrerem intervenção, que precisa ser enquadrada em determinada situação, prevista nos incisos do art. 34 do texto constitucional. A intervenção é justamente o ato que um poder central interpõe, sobrepondo a soberania à autonomia de outra Entidade Federada. Trata-se de uma regra excepcional, mas que faz parte do princípio federativo, pois vem a ser ela que lhe dá sustentação política e executoriedade.

A ação direta interventiva ocorre nos casos de intervenção federal, fundamentada nos arts. 34, VII, e 36, III, do texto constitucional, que tem uma dupla finalidade – de declarar judicialmente a inconstitucionalidade formal e material da norma impugnada, bem como a declaração política, que seja a intervenção no Estado-membro ou no Distrito Federal, em razão do descumprimento de dispositivo constitucional. Adiante, vai ser melhor discutida. Existe, ainda, a possibilidade de o Estado-membro intervir no Município, de acordo com o art. 36, IV, por este descumprir o texto constitucional estadual.

Durante o Império, o Brasil era um Estado unitário, com as Províncias sendo apenas descentralizações administrativas, nos termos da Constituição de 1824, em seu art. 165. A mudança efetuada no país, para que se organizasse como Federação, veio com a Constituição de 1891, que, além da autonomia estadual, previu, também, a possibilidade de intervenção federal, no art. 6º. Nas Constituições de 1934, no art. 12, e de 1937, no art. 9º, foram ampliados os casos e as situações em que a União podia intervir nos Estados-membros. A Constituição de 1946, no art. 7º, voltou a tratar da matéria, do mesmo modo que a Constituição de 1967, no art. 10, sendo que esta voltou a ampliar as situações de intervenção federal. A Constituição de 1988 diminuiu os casos de intervenção. A Emenda Constitucional nº 14, de 12.09.1996, acrescenta a alínea "e" ao inciso VII do art. 34 da Constituição Federal. A Emenda Constitucional nº 29, de 13.09.2000, acrescentou a alínea "c" ao inciso V do art. 34, e modificou o inciso III do art. 35, tudo do texto constitucional.

Assim, a União não pode intervir nos Estados-membros, nem no Distrito Federal, exceto para:

> "Art. 34. ....
>
> I – manter a integridade nacional; II – repelir invasão estrangeira ou de uma unidade da Federação em outra; III – pôr termo a grave comprometimento da

São Paulo: Revista dos Tribunais, jul.-dez./2002, nº 10/94, e **Doutrinas Essenciais: Direito Constitucional (Edições Especiais Revista dos Tribunais: 100 Anos)**. 2ª tir. São Paulo: Revista dos Tribunais, 2013, vol. III, p. 325.

> ordem pública; IV – garantir o livre exercício de qualquer dos Poderes nas unidades da Federação; V – reorganizar as finanças da unidade da Federação que: *a)* suspender o pagamento da dívida fundada por mais de dois anos consecutivos, salvo motivo de força maior; *b)* deixar de entregar aos Municípios receitas tributárias fixadas nesta Constituição, dentro dos prazos estabelecidos em lei; VI – prover a execução de lei federal, ordem ou decisão judicial; VII – assegurar a observância dos seguintes princípios constitucionais: *a*) forma republicana, sistema representativo e regime democrático; *b*) direitos da pessoa humana; *c)* autonomia municipal; *d*) prestação de contas da administração pública, direta e indireta; *e)* aplicação do mínimo exigido da receita resultante de impostos estaduais, compreendida a proveniente de transferências, na manutenção e desenvolvimento do ensino e nas ações e serviços públicos de saúde".

Por conseguinte, é possível a intervenção da União nos Estados-membros, mas não é muito fácil ou usual sua aplicação. Implica em uma interferência grave na autonomia, e só é possível, em causas de muita gravidade institucional. A Intervenção pode ser, ainda, parcial, mas em geral relacionada a questões financeiras, o que acaba afastando o interesse na concretização do ato, como houve em relação à segurança pública, no Rio de Janeiro, em 2017 e em 2018.

7.6. Intervenção dos Estados-membros

Deve-se zelar para que a ordem seja mantida e preservada a harmonia e a independência que deve haver entre as entidades federadas. Os Municípios têm autonomia, mas esta se encontra condicionada pelos preceitos constitucionais federais, do art. 35 da Constituição de 1988, e pelos preceitos estaduais, bem como pela necessidade de preservar os Estados-membros unificados. Não podem estes extrapolar os limites de suas competências, sob pena de sofrerem intervenção, que precisa ser enquadrada em determinada situação, prevista nos incisos do art. 35, do texto constitucional. A intervenção é justamente o ato de um poder central interpor a autonomia sobre outra entidade. Trata-se de uma regra excepcional, mas que faz parte do princípio federativo, pois vem a ser ela que lhe dá sustentação política e executoriedade.

A Constituição, de 1946, no art. 23, foi a primeira a tratar da intervenção dos Estados-membros nos Municípios, caminho seguido pela Constituição de 1967, no art. 16, § 3º. Por outro lado, além dos casos previstos no art. 35, da Constituição de 1988, as Constituições Estaduais também podem dispor sobre a matéria. A intervenção dos Estados-membros nos Municípios é medida de caráter excepcional, só podendo ser decretada através de um decreto motivado pelo Governador do Estado. Este nomeia o Interventor e indica as razões pelas quais tomou a decisão, bem como especifica os limites e os fins da ação, que pode afetar tanto a

Prefeitura Municipal e seus órgãos de administração indireta, como também a Câmara Municipal[25].

A intervenção pode ser solicitada por qualquer cidadão, ainda que seja norma o Presidente da Câmara de Vereadores pedir ao Governador do Estado, nas situações previstas no inciso III do art. 35, do texto constitucional, mas este também pode agir de ofício. Por fim, no caso do inciso IV, é o Procurador-Geral de Justiça quem representa ao Poder Judiciário.

No caso Município, os Estados-membros não podem intervir em seus Municípios, nem a União nos Municípios localizados em Território Federal, exceto quando:

> "Art. 35. ....
> I – deixar de ser paga, sem motivo de força maior, por dois anos consecutivos, a dívida fundada; II – não forem prestadas contas devidas, na forma da lei; III – não tiver sido aplicado o mínimo exigido da receita municipal na manutenção e desenvolvimento do ensino e nas ações e serviços públicos de saúde; IV – o Tribunal de Justiça der provimento a representação para assegurar a observância de princípios indicados na Constituição Estadual, ou para prover a execução de lei, de ordem ou de decisão judicial".

Também não vai ser fácil a intervenção dos Estados-membros nos Municípios até para evitar o arbítrio e sua aplicação excessiva, o que ocorria limitando ou mesmo cerceando a autonomia Municipal, pelos mesmos problemas que ocorreu em relação da União com os Estados-membros.

7.7. Decreto de Intervenção Constitucional

A intervenção federal deve ter um processo que se compõe de quatro fases: a) iniciativa; b) fase judicial; c) decreto interventivo; d) controle político. A fase de iniciativa é de competência: a) do Presidente da República (art. 34, incisos I, II, III e V); b) dos Poderes Executivo e Legislativo locais, caso estejam sofrendo coação no exercício de suas funções, no art. 34, inciso IV; c) requisição do Supremo Tribunal Federal, Superior Tribunal de Justiça ou do Tribunal Superior Eleitoral, em razão de desobediência a ordem judicial, no art. 34, VI, parte final, ou, ainda, se Tribunal de Justiça do Estado requerer ao Excelso Pretório; d) pelo Procurador-Geral da República, no art. 34, primeira parte do inciso VI, bem como o inciso VII. A fase judicial ocorre apenas nas hipóteses de ação proposta, dirigida ao Supremo Tribunal

---

25 GRAU, Eros Roberto. **Intervenção Estadual em Município.** *In*: **Revista de Direito Público.** São Paulo: Revista dos Tribunais, abr.-jun./1988, nº 86/189, e **Doutrinas Essenciais: Direito Constitucional (Edições Especiais Revista dos Tribunais: 100 Anos).** 2ª tir. São Paulo: Revista dos Tribunais, 2013, vol. III, p. 461.

Federal ou ao Superior Tribunal de Justiça, nos casos de ação direta de inconstitucionalidade interventiva e de ação de executoriedade de lei federal, respectivamente. A intervenção deve ser formalizada mediante decreto presidencial, conforme o art. 84, X, devendo especificar a amplitude, o prazo e as condições, no art. 36, § 1º, submetendo esta decisão ao Congresso Nacional, ao passo que nas intervenções espontâneas devem ser ouvidos o Conselho da República, no art. 90, I, e o Conselho de Defesa Nacional, no art. 91, § 1º, II. Por fim, o controle político sobre o ato interventivo, que é feito pelo Congresso Nacional, conforme o art. 49, IV.

Foi modificado o inciso III do art. 36, da Constituição Federal, pela Emenda Constitucional nº 45, de 08.12.2005, em especial acrescentando o caso de ação de inconstitucionalidade interventiva, diante da recusa à execução de lei federal. Não se limitou apenas, como previa os casos do art. 34, VII, do texto constitucional: a) assegurar forma republicana, sistema representativo e regime democrático; b) direitos da pessoa humana; c) autonomia municipal; d) prestação de contas da Administração pública direta e indireta; e) aplicação da receita estatal na manutenção do ensino e nas ações e serviços públicos de saúde.

O Interventor é uma função pública temporária que, pouco a pouco, ganhou espaço em nosso direito constitucional, em especial pela jurisprudência, com a difícil missão de impor autoridade onde ela não existe. Esse vem a ser um comissário federal ou estadual, agindo como representante da União ou do Estado-membro, com ampla competência, inclusive com o direito de veto. Não pode, todavia, lesionar os direitos dos membros do Poder Judiciário, nem violar a Constituição Estadual ou a Lei Orgânica do Município. Como Interventor, executa atos e toma decisões que podem prejudicar terceiros, causando-lhes danos, sujeitando o Estado-membro ou o Município a responder civilmente. As despesas correm por responsabilidade do poder interventor.

O decreto do Presidente ou do Governador deve ser referendado pelo Poder Legislativo, no prazo de vinte e quatro horas, dispensado este quando o Poder Judiciário foi quem deu provimento à representação para assegurar a observância dos princípios constitucionais ou para prover a execução da lei, de ordem ou decisão judicial, conforme o art. 36, parágrafos 1º e 2º. Em tais situações, a intervenção se limita a suspender a execução do ato impugnado. Se o Poder Legislativo estiver de recesso, deve ser convocado extraordinariamente, no prazo de vinte e quatro horas, para apreciar a intervenção, estando suspensa a tramitação de emendas constitucionais. Depois de cessados os motivos da intervenção, as autoridades afastadas de seus cargos voltarão a este, a não ser que haja impedimento legal.

A ação direta interventiva ocorre nos casos de intervenção federal, fundamentada no art. 34, VII, da Constituição de 1988, para declarar judicialmente a inconstitucionalidade formal e material da norma impugnada, assim como a declaração política, que seja a intervenção no Estado-membro ou no Distrito Federal, por conta da violação dispositivo constitucional. Pode, também, o Estado-membro intervir no Município, de acordo com o art. 36, IV, da Constituição Federal, por este descumprir o texto constitucional estadual.

Sobre o decreto interventivo, Francisco Bilac Moreira Pinto Filho disse que:

> "A amplitude do decreto presidencial significa abrangência do ato interventivo. Pode ele alcançar um Estado ou mais de um Estado da federação. Deve o decreto discriminar qual dos poderes estaduais será atingido pela intervenção. Não pode haver um único interventor com poderes alargados. Desempenha ele as mesmas funções que desempenhava a autoridade afastada. Se houve a decretação em mais de um Estado, cada um deles teve um interventor, não se admitindo um único para a região, no caso de Estados contíguos. As condições do ato interventivo pressupõem o detalhamento de como se dará a intervenção. Deve-se explicitar quais serão as tarefas do Interventor, se não houver a nomeação do Interventor, como se dará o afastamento e quem deve responder no lugar da autoridade afastada. Se não há a nomeação do delegado federal, quem deve assumir o cargo da autoridade é o substituto legal. O objetivo seria o afastamento da autoridade, consequentemente, fica impedido o acesso ao seu substituto, como já decidiu o Supremo Tribunal Federal. O prazo da intervenção constitui sua duração. Deve o decreto, quando possível, explicitar toda a duração da medida interventiva. Pode haver decreto sem prazo, que vise essencialmente a restaurar a situação que se encontrava o Estado antes da medida. É o caso, v.g., de reorganização das finanças estaduais. Pode ela ter prazo indefinido pelo próprio caráter de impossibilidade de previsão das soluções necessárias. Mais uma vez, não é o que se recomenda, mesmo no caso reorganização das finanças de um Estado, deve o decreto estabelecer um prazo, ainda que extenso. Se não for suficiente, pode o presidente da república prorrogar o ato por meio de outro decreto, que também será apreciado pelo Poder Legislativo. Pode o decreto ter uma condição a ser alcançada. É o caso, por exemplo, do afastamento do Governador do Estado que se recusou a acatar uma decisão judicial, não fornecendo meios ao Poder Judicial de fazê-la cumprir. Deve o decreto afastar o Governador até que se cumpra a decisão judicial proferida. Alcançado o objetivo, volta o Governador ao seu cargo, se não houver outro impedimento. Pode haver intervenção que dure mais do que o mandato da autoridade. Pode ser necessário o afastamento do Governador do Estado que pressione o Poder Judiciário, em época eleitoral, para auto favorecimento ou favorecimento de candidato próprio. Como as eleições ocorrem três meses antes do final do mandato, pode o Tribunal Superior eleitoral determinar o afastamento do Governador do Estado até que se ultimem as eleições, ou mesmo até a posse do candidato eleito"[26].

26 PINTO FILHO, Francisco Bilac Moreira. **Da Intervenção Federal.** *In*: ALVIM, Eduardo Arruda, LEITE, George Salomão, e STRECK, Lênio (coords.). **Curso de Direito Constitucional.** Florianópolis: Tirant le Blanch, 2018, p. 558.

O decreto de intervenção, que especifica a amplitude, o prazo e as condições de execução e que, se couber, nomeia o Interventor, deve ser submetido à apreciação do Congresso Nacional ou da Assembleia Legislativa do Estado-membro, no prazo de vinte e quatro horas. Se não estiver funcionando o Parlamento, faz convocação extraordinária, no mesmo prazo de vinte e quatro horas. Dispensada a apreciação pelo Congresso Nacional ou pela Assembleia Legislativa, o decreto limita-se a suspender a execução do ato impugnado, se essa medida bastar ao restabelecimento da normalidade. Cessados os motivos da intervenção, as autoridades afastadas de seus cargos a estes voltam, salvo outro impedimento legal.

Capítulo VIII

UNIÃO, ESTADOS-MEMBROS E DISTRITO FEDERAL

8.1. Noção de União Federal

A Federação é o Estado soberano composto por vários Estados-membros coligados para alguns um fim comum[1]. Ao contrário da soberania absoluta dos Estados Nacionais, no Estado Federada a mesma é dividida entre soberania propriamente dita, pela qual este tem o reconhecimento internacional e a supremacia interna sobre suas entidades inferiores. Ao mesmo tempo, a competência para atribuições administrativas, políticas e

1 "Na cultura política o termo Federalismo é usado para designar dois objetos diferentes. Numa primeira acepção clara, mas delimitada, designa a teoria do Estado federal. Numa segunda acepção, um tanto obscura, se refere a uma visão global da sociedade. Se o primeiro significado não é controvertido, porque se baseia na teoria do Estado federal, modelo constitucional que foi objeto de numerosos estudos, que ilustraram em seus aspectos fundamentais sua estrutura e seu fundamento, ele é sem dúvida redutivo. De fato, de um lado o conhecimento de um Estado não é completo, se não se tomam em consideração as características da sociedade, que permitem manter e fazer funcionar as instituições políticas. Portanto, se o Estado federal é um Estado dotado de características próprias, que o distinguem dos outros tipos de Estado, devemos conjeturar que tenham algum caráter federal os comportamentos daqueles que vivam nesses Estado. De outro lado, devemos relevar a presença de comportamentos federalistas também fora dos Estados federais: na Europa, durante os séculos XIX e XX. Inicialmente indivíduos isolados, em seguida verdadeiros movimentos organizados utilizaram os princípios federalistas para definir suas atitudes políticas. Essas duas observações parecem indicar a superioridade do segundo modo de conceber o Federalismo, isto é, entendido como uma doutrina social de caráter global como o liberalismo ou o socialismo, que não se reduz, portanto, ao aspecto inconstitucional, mas comporta uma atitude autônoma para com os valores, a sociedade, o curso da história e assim por diante. Para este segundo significado o ponto de referência obrigatório é a utopia de Proudhon, que, porém, embora tenha dado certos aspectos uma contribuição efetiva à teoria do Federalismo, não baseando a sua concepção numa definição científica da estrutura social e deixando historicamente indeterminado seu projeto federalista, não soube dar uma definição satisfatória" (LEVI, Lucio. **Soberania.** *In:* BOBBIO, Norberto, MATTEUCCI, Nicolas, e PASQUINO, Gianfranco. **Dicionário de Política**. João Ferreira (coord. trad.). 13ª ed. Brasília: Universidade de Brasília, 2007, vol. 1, p. 475).

financeiras para a própria gestão, no que se chama de autonomia, que nada mais é do que uma parcela da soberania, como já mencionado.

A Federação tem como característica principal a prévia existência de determinados vínculos políticos, étnicos ou culturais, que fazem a unificação um processo natural. A formação do Estado Federado pode ser por meio de um pacto entre Estados soberanos. Contudo, também resulta de uma decisão política em favor da descentralização do território por meio de unidades autônomas, como os Estados-membros, as Províncias ou as **Landers**, ou até as Repúblicas Autônomas, como no caso da Rússia atual. Existe uma dualidade jurídica, com a legislação da União, que tem a soberania, e com a legislação dos Estados Federados, limitada pelas leis federais ou nacionais. Aparece uma replicação das instituições dos órgãos territoriais com os órgãos federais, caso haja o presidencialismo ou o parlamentarismo, mas nunca dois sistemas diversos.

A Federação foi uma criação da Constituição dos Estados Unidos de 1786, inclusive fruto de muita discussão interna, até a confirmação por todos os Estados-membros, que cederam sua soberania a Confederação anterior para o novo ente estatal – a União Federal. Foi a solução para dividir a soberania e criar um sistema de freios e contrapesos no plano territorial, semelhante à separação de poderes, no plano político. Quando os Estados-membros do sul norte-americano, rebelaram-se quanto ao fim da escravidão, em 1851, os Estados-membros restantes não concordaram e juntaram forças com o Governo Federal para derrotar a Confederação sulista, o que ocorreu, em 1854. Com isto, foi estabelecido o fim do direito de secessão das unidades territoriais, para sempre unidas à Federação.

Em outros Estados, como no Canadá, na África do Sul e na Austrália, a Federação resultou mais de decisões políticas internas com o fim da colonização britânica. Por outro lado, na Alemanha decorreu de exigências das potências dominantes, com o fim da II Guerra Mundial, com a República Federativa Alemã (Alemanha Ocidental). Em outros países, como no Brasil e no México, decorreu mais como um fator interno pelas dimensões colossais de seus territórios. De forma semelhante aos Estados Unidos, apenas a Suíça, formada em 1291, inicialmente por três cantões – Uri, Schwys e Unterwalden, depois acrescidos por mais vinte e três ao longo do tempo. De 1815 a 1848, foi uma Confederação, mas a guerra civil, em 1847, fez com que se aprovasse a Constituição Federal de 1848. Esta se assemelhava ao texto constitucional norte-americano, com um Senado, uma Câmara, o Governo Federal colegiado e o Tribunal de Justiça Suprema, designando Berna como Capital, com o texto definitivo sendo aprovado apenas em 1878.

A União Europeia começou com a formação da Comunidade Europeia do Carvão e do Aço (CECA), em 1957, juntando França, Itália, Alemanha Ocidental, Holanda, Bélgica e Luxemburgo, para criar de início um mercado para as indústrias siderúrgicas. Dois anos depois, houve a formação da Comunidade Econômica Europeia, em 1957, com os quatro Estados acima, ao qual foram se incorporando outros países, a Grã-Bretanha, a Irlanda e a Dinamarca, em 1973, a Grécia, em 1981, e Portugal e a Espanha, em 1986, ocupando a parte mais rica da Europa Ocidental e a costa do Mediterrâneo Norte.

O Tratado de Maatricht, em 1993, finalmente criou a União Europeia, agora com órgão executivo, o Conselho de Estados, e com órgão legislativo, o Parlamento Europeu. Foi a nova organização política ampliando seus integrantes, especialmente para a Europa Oriental, com os Estados que foram satélites da União das Repúblicas Socialistas Soviéticas (URSS), a partir do final do século XX. Do mesmo jeito, com a República Tcheca e a Eslováquia, criados com o fim da Tchecoslováquia. Depois, o Tratado de Lisboa, em 2009, consolidou a instituição e deu margem para a unificação de vinte e sete Estados europeus, que passaram a limitar sua soberania em prol da nova instituição pública, mas sem a perder totalmente. Passou-se a considerar, por conta disto, que se tinha criado uma nova Federação, mas tal não chegou a ocorrer, inclusive pela secessão da Grã-Bretanha, em 2020, o que é a demonstração de que a União Europeia ainda é um organismo internacional e não um novo Estado soberano e federal.

A Constituição Federal do Brasil, promulgada em 4 de outubro de 1988, no art. 1º e no art. 18, **caput**, definiu a República Federativa do Brasil como uma Federação integrada por Estados-membros, pelo Distrito Federal e pelos Municípios, em uma inovação no direito constitucional, pois jamais antes estes últimos tinham sido mencionados em um pacto federativo. Houve maiores atribuições aos novos Entes Federados, em termos de autonomia administrativa, política, financeira e legislativa. Com esta, os Estados-membros e o Distrito Federal puderam eleger uma Assembleia Constituinte para promulgar suas Constituições Estaduais e os Municípios as Câmaras Organizantes, para as Leis Orgânicas dos Municípios, em mais uma novidade. Apesar disto, ao longo do tempo, houve uma tendência para a centralização política em torno do Governo Federal, inclusive por dispor de recursos para investir nos Estados-membros e nos demais Entes Federados, voltando a criar dificuldades para a funcionalidade da Federação[2].

2 "O destino reservou à geração atual a missão histórica de reedificar a República Federal, removendo os escombros que caíram sobre ela, danificando as instituições federativas. É responsabilidade que se equipara à dos Fundadores da República, que lançaram os fundamentos constitucionais da República Federal, na qual vivemos, periodicamente desfigurada pelos colapsos paralisantes que a acometeram, assim na vigência da Carta Constitucional de 1937 e da Emenda Constitucional nº 1, outorgada em 1969, que são textos representativos de federalismo puramente nominal e semântico, em permanente dissídio com as exigências da organização federal. Esperamos

A Federação detém a soberania política, quanto à representação internacional e à supremacia interna, mas destinou atribuições aos Estados-membros e ao Distrito Federal, com poderes regionais, e até aos Municípios, com poderes locais. Coube à União Federal a reserva legal das principais matérias nacionais e aos Municípios as matérias de interesse local, com os Estados-membros tendo a competência residual. Previu-se, ainda, a competência concorrente entre a União Federal e os Estados-membros e o Distrito Federal, no art. 24, bem como a competência comum destes com os Municípios também, no art. 23, em sistema complexo, mas lógico e funcional.

Na Federação, a União Federal[3], ou simplesmente União, vem a ser a pessoa jurídica de direito público com capacidade política para ser a instituição que tem a supremacia em relação às demais no âmbito interno, e a quem cabe representação internacional, como os atributos da soberania. No entanto, não se trata de um monopólio no plano interno, pois aceita a gestão pública dos Estados-membros e do Distrito Federal nas matérias de interesse regional e os Municípios nos locais. A União Federal, por conseguinte, além de ser uma pessoa de direito público específica, assim como seus demais órgãos, tem uma legislação federal, em relação à legislação estadual, distrital e municipal, e também uma legislação nacional, que representa a totalidade dos interesses da Federação Brasileira.

O Poder Público, entendido aí como Estado, tem um poder só, a soberania, que lhe faz igual a todos os outros Estados Nações e superior a todos que se encontrem em seu território, seja qual a natureza que tenha. No

que a reconstrução da República Federal restaure na sua plenitude os poderes dos Estados, sem prejuízo da missão nacional da Federação, para, sob a égide inovadora do federalismo de equilíbrio, preservar a integridade da Nação, a indissolubilidade do vínculo federativo, o desenvolvimento da União e dos Estados e associar o Estado Federal à realização dos objetivos do Governo democrático" (HORTA, Raul Machado. **Direito Constitucional**, *op. cit.*, p. 319).

3 "Do ponto de vista do Direito Constitucional, a União, no Estado federal, é a pessoa jurídica de Direito Público, dotada de soberania, isto é, autonomia absoluta, no plano internacional. Em torno da União giram as subunidades – Estados-Membros –, que desfrutam de autonomia relativa, ou seja, meramente administrativa, consistente na faculdade de elaboração das próprias leis, sem personalidade internacional, subordinando-se ao poder soberano daquela. A União equivale à noção de Estado federal ou nacional, em oposição às correspondentes subunidades, ou Estados Federados, daí as respectivas distinções: Tesouro Nacional, da União ou Federal; Congresso Nacional, da União ou Federal; Lei Nacional, da União ou Federal; e as correspectivas denominações, Tesouro Estadual; Assembleia Legislativa Estadual; Lei Estadual, e assim por diante" (SOARES, Orlando. **Comentários à Constituição da República Federativa do Brasil**. 11ª ed. Rio de Janeiro: Forense, 2002, p. 286).

ponto de vista horizontal, de competência política, existem os Três Poderes, o Executivo, o Legislativo e o Judiciário. Hoje, fala-se em unir a estes o Ministério Público, o Tribunal de Contas e a Defensoria Pública, ainda que estejam um pouco de lado, mas rapidamente avançam para constituírem de fato o que pretendem ser em suas pretensões. No aspecto vertical, ainda que não haja uma subordinação, as estruturas políticas internas do Estado, se unitário, algumas divisões como departamentos e províncias, consideradas autarquias territoriais. Se federal, os Estados-membros, o Distrito Federal e os Territórios, entre outras inúmeras denominações, e, no caso do Brasil, os Municípios juntaram-se a estes, conforme depreende-se do **caput** do art. 1º e do **caput** do art. 18, da Constituição de 1988.

Em primeiro lugar, a representação judicial dos Três Poderes e também dos Ministérios Públicos, dos Tribunais de Contas e a Defensoria Pública é de advocacia pública ou de procuradoria, tendo a mesma personalidade jurídica, a da entidade da Federação a que corresponda. Além de seus dirigentes serem passíveis de demanda judicial, como autoridades coatoras, em mandado de segurança, por exemplo, ou em outras demandas como ação popular, ação civil pública ou ação de improbidade administrativa, dentre outras. Hoje, admite-se uma personalidade jurídica para discutir judicialmente, em casos especiais, como um questionamento de repasse contra o Executivo, que será representado exclusivamente pelo órgão público de defesa jurídica.

Dentro de uma unidade da Federação, existem constituídos na mesma pessoa jurídica de direito público, os Três Poderes Políticos, o **Parquet**, a Defensoria Pública e os Tribunais de Contas. Fora de sua competência expressa, por exemplo, ao Judiciário cabe julgar as lides resultantes da interpretação da lei, sendo considerado também um caso de execução da lei. Não obstante, além disto, também tem serviços administrativos, que cuida do pessoal e do patrimônio, comportando-se com uma qualidade de Executivo, sem o ser. Trata-se do sistema de freios e contrapesos, adotado pela Constituição dos Estados Unidos de 1786, sob inspiração de James Madison, depois Presidente de seu país, como já dito.

Apesar dos outros poderes terem serviços administrativos e, como tais, exercerem uma atividade executiva, a Administração Pública está de fato dentro do âmbito de atuação do Poder Executivo. Cabe ao seu titular, o Presidente da República, o Governador do Estado ou o Prefeito Municipal, ser o chefe de sua organização administrativa, de modo a prestar serviços a todos as pessoas de sua área territorial, em suas competências respectivas. A Administração encontra-se do âmbito do Poder Executivo, sendo apenas uma parte do mesmo, a de maior visibilidade até, a que presta serviços públicos, mas sendo comandada pela outra parte, pelo Governo, que detêm o poder político, com soberania ou autonomia, conforme o caso.

Costuma-se classificar os serviços exercidos pela Administração em serviços públicos ou serviços de utilidade pública, sendo que os primeiros são relativos àquilo que seja próprio do Poder Público, inicialmente a segurança pública, externa e interna, depois serviços básicos como a educação, a saúde e a seguridade social. Trata-se, aí, da chamada Administração Direta, pessoa que é representada pelo titular do Executivo da entidade da Federação, com suas atribuições distribuídas por Ministérios ou Secretarias e estas em Departamentos e Divisões, de modo abrangente.

A Administração Indireta, por sua vez, compreende as pessoas jurídicas de direito público que não sejam as que representem a Administração Direta. Do final do século XIX, em diante, começaram a surgir pessoas jurídicas privadas que exerciam serviços públicos, como as concessionárias de serviços ferroviários e de iluminação. Depois, vieram as autarquias, entendidas como serviços públicos descentralizados, no sentido de que exercem serviços relevantes para o interesse público, sendo uma especialização de uma atividade originalmente da Administração Direta, por influência do direito administrativo francês. As fundações públicas, pouco a pouco, foram perdendo seu caráter privado original, sendo daí a origem de sua instituição, para assumir seu lado público, ao passo de se as consideram hoje como uma quase autarquia. Por outro lado, no Brasil, foram criadas as agências reguladoras de serviços públicos privatizados, que também têm a aparência de autarquias, como a ANAEE, ANATEL e ANVISA, por exemplo.

Em seguida, com base na visão econômica que deveria haver intervenção pública na economia, esboçada por John Maynard Keynes[4] e executada

4 **John Maynard Keynes** (Cambridge, 1883 – Tilton, East Sussex, 1946) foi um economista britânico cujas ideias mudaram fundamentalmente a teoria e prática da macroeconomia, bem como as políticas económicas instituídas pelos governos. Ele fundamentou as suas teorias noutros trabalhos anteriores que analisavam as causas dos ciclos econômicos, refinando-as enormemente e tornando-se amplamente reconhecido como um dos economistas mais influentes do século XX e o fundador da macroeconomia moderna. O trabalho de Keynes é a base para a escola de pensamento conhecida como keynesianismo, bem como suas diversas ramificações. Na Década de Trinta, Keynes iniciou uma revolução no pensamento econômico, opondo-se às ideias da economia neoclássica que defendiam que os mercados livres ofereceriam automaticamente empregos aos trabalhadores contanto que eles fossem flexíveis na sua procura salarial. Após a eclosão da II Guerra Mundial, as ideias econômicas de Keynes foram adotadas pelas principais potências econômicas do Ocidente. Durante as Décadas de Cinquenta e Sessenta, do século passado, a popularidade das ideias keynesianas refletiu-se na influência de seus conceitos sobre as políticas de grande número de governos ocidentais. A influência de Keynes na política econômica declinou na Década de Setenta, parcialmente com resultados de problemas que começaram a afligir as economias norte-americana e britânica no início da década, como a Crise do Petróleo, e também devido às críticas de Milton Friedman e outros economistas liberais pessimistas em relação à capacidade do Estado de regular o ciclo econômico com políticas fiscais.

nos Estados Unidos e na Europa do **Welfare State**, surgiu o estado do bem-estar social. Daí apareceram as empresas públicas, em que o Poder Público era o proprietário integral da pessoa jurídica, sem sociedade com ninguém, bem como das sociedades de economia mista, constituídas como qualquer outra empresa privada, ainda que em sua maioria seja como sociedade anônima, mas a maioria do capital devendo ser público. Em muitos países, como no Brasil, foram os instrumentos utilizados para se intervir no processo econômico, através da substituição de importações e de construção de infraestrutura, aplicados depois da II Guerra Mundial.

O Código Civil de 2002, Lei Federal nº 10.406, de 10.01.2002, no art. 41, enumera as pessoas jurídicas de direito público interno: a) a União; b) os Estados-membros; c) o Distrito Federal e os Territórios; d) os Municípios; e) as autarquias; f) demais entidades de caráter público criados por lei.

8.2. Bens da União Federal

No texto constitucional, o conceito de bens é de que se tratam de objetos, corpóreos ou não, de uma relação jurídica. Os bens públicos são todas as coisas materiais e imateriais, imóveis, móveis e semoventes, créditos, direitos, dinheiro e ações que pertencem, a qualquer título, às pessoas jurídicas de direito público. Estas são os órgãos da Administração Direta, mas existem os da Administração Indireta, como as autarquias, as fundações, as empresas públicas e as sociedades de economia mista. O conceito de bens públicos, nos termos do art. 65 do Código Civil de 1916, hoje no art. 98, do Código Civil de 2002, inicialmente separa estes dos bens particulares e, entre si, os bens da União, dos Estados-membros, do Distrito Federal e dos Municípios. Por outro lado, o art. 99, do diploma legal atual, classifica os bens públicos em: a) bens do uso comum do povo, como os mares, rios, ruas e praças; b) bens de uso especial, como os edifícios ou terrenos aplicados em determinados serviços públicos; c) bens dominicais, aqueles que constituem patrimônio das pessoas jurídicas de direito público da Federação, como objeto de direito pessoal ou real de cada uma.

A Constituição Federal não tem a pretensão de enumerar todos os bens, porque seria exaustiva e, possivelmente, incompleta, razão por que se referem apenas aos bens que atualmente lhe pertencem e que vierem a lhe pertencer[5]. Cabe, na verdade, ao Congresso Nacional, nos termos do art. 48, V, da Constituição de 1988, fixar os limites do território nacional,

5 Ver: BORJA, Célio. **Federalismo Brasileiro.** *In*: **Revista de Direito Público.** São Paulo: Revista dos Tribunais, jan.-mar./1985, nº 73/138, e **Doutrinas Essenciais: Direito Constitucional (Edições Especiais Revista dos Tribunais: 100 Anos).** 2ª tir. São Paulo: Revista dos Tribunais, 2013, vol. III, p. 37.

espaço aéreo e marítimo e bens do domínio da União. Existem, assim, diversas leis tratando da matéria. São bens federais de uso comum, por exemplo, os mares territoriais, as baías, as enseadas, os portos, os rios, os lagos e as lagoas que sirvam de limite entre o Brasil e seus vizinhos ou entre dois Estados-membros, bem como as estradas federais. Os bens de uso especial, outrossim, são os edifícios públicos federais e os terrenos destinados aos serviços ou repartições federais, bem como as fortalezas, as fortificações, as construções militares e material da Marinha, do Aeronáutica e do Exército, assim como o território de que a União se apropriar para a defesa das fronteiras, com fortificações e com construções militares. A matéria se encontra disposta no Decreto-lei nº 9.760, de 05.09.1946, e, depois, na Lei Federal nº 9.636, de 15.05.1998.

As terras devolutas da União são as indispensáveis à defesa das fronteiras, das fortificações e das construções militares, às vias federais de comunicação e à preservação ambiental. As terras devolutas são as que pertencem ao domínio público de qualquer pessoa jurídica de direito público, não se achando utilizadas pela Administração Direta ou Indireta, nem destinados a qualquer fim administrativo. Assim, toda terra sem título de propriedade particular é terra pública. A Lei Federal nº 6.383, de 07.12.1976, regulou a questão das terras públicas, através da chamada ação discriminatória, que se inicia com o chamamento dos interessados para exibir o título de propriedade e termina com o julgamento do domínio público e a subseqüente demarcação. Por outro lado, a faixa de fronteira está regida pela Lei Federal nº 6.634, de 02.05.1979, tendo uma extensão de cento e cinquenta quilômetros de largura, paralela à linha divisória do território nacional.

São patrimônios da União: a) os lagos, rios e outras correntes de água, em domínio federal; b) estas águas, quando servirem de limite com outro país ou nele nascerem ou morrerem ou banharem mais de um. A Constituição de 1891 nada tratou da repartição do domínio público, a não ser atribuindo aos Estados-membros as terras devolutas, em seu art. 64. Todavia, no art. 34, nº 6, dava competência ao Congresso Nacional para "legislar sobre a navegação dos rios que banhem mais de um Estado, ou se estendam a território estrangeiro". A Constituição de 1934 dirimiu as dúvidas, em seu art. 20, I, dando o domínio das águas públicas para a União, seguido pelos outros textos constitucionais, quase com a mesma redação. Foram-lhe atribuídos, ainda, os terrenos marginais e as praias fluviais. A Política Marítima Nacional (PMN) está disciplinada no Decreto Federal nº 1.265, de 11.10.1994.

Couberam à União, ainda, as ilhas fluviais e lacustres, nas zonas limítrofes com outros países, as praias marítimas e as ilhas oceânicas e costeiras. O Código de Águas, promulgado em 1934, em seu art. 23, dispunha que as ilhas ou as ilhotas, que se formaram no álveo de uma corrente, pertencem ao domínio público, no caso das águas públicas, e ao domínio particular, se as águas forem comuns ou particulares. As praias marítimas são também patrimônio federal, consideradas bens de uso comum do povo. As ilhas marítimas, então, integram o patrimônio público da União, como as ilhas de Trindade e Martins Vaz, os Penedos de São Pedro e São Paulo e o Atol das Rocas. O mesmo não ocorre com a ilha de Fernando de Noronha, vez que passou a ser Município de Pernambuco, ainda que a maior parte do seu território seja um parque ambiental federal. A Emenda Constitucional nº 46, de 05.05.2005, alterou a redação do inciso IV do art. 20, excluindo ao domínio da União, as ilhas oceânicas e as costeiras que contivessem sede de Municípios, salvo as áreas afetadas ao serviço público e à unidade ambiental federal e às áreas de domínio estadual.

A plataforma continental é a designação atribuída pelo direito internacional para o leito do mar e o subsolo da área submarina adjacente à costa, mas fora dos limites do mar territorial. A plataforma continental encontra-se conceituada no Decreto Federal nº 28.845, de 08.11.1950, compreendendo a parte de terra submarina, que se alarga deste a costa até a curva batimétrica de duzentos metros de profundidade, ou seja, a determinação do relevo do fundo de uma área marítima. Esta curva praticamente compreende o talude continental, entendido este como o declive acentuado que mergulha na extremidade da plataforma até os abismos oceânicos.

O mar territorial vem a ser a área posta sob o domínio federal. Até a Década de Cinquenta, a tradição era de apenas três milhas, no século passado. Depois, em 1966, foi dobrada a área. Não obstante, seguido a tendência da América do Sul, o Decreto Federal nº 553, de 25.04.1969, fixou-o em duzentos milhas, reivindicando a jurisdição da soberania exclusiva na área, incluindo o leito e o subsolo, mas permitindo o direito de passagem inocente. A Lei Federal nº 8.617, de 04.01.1993, dispôs sobre o mar territorial, a zona contígua, a zona econômica exclusiva e a plataforma continental brasileira.

Os terrenos de marinha foram disciplinados pelo Decreto Federal nº 4.105, de 22.02.1868, que dizia que estes eram "todos os que, banhados pelas águas do mar ou dos rios navegáveis, vão até a distância de 15 braças craveiras (33 metros) para a parte de terra, contado desde o ponto a que chega o preamar médio". O mesmo diploma referia-se aos terrenos reservados "para a servidão pública nas margens dos rios navegáveis e de que se fazem os navegáveis, todos os que, banhados pelas águas dos ditos rios, fora do alcance das marés, vão até a distância de sete braças craveiras (15,4m) para a parte de terra, contadas desde o ponto médio das enchentes ordinárias". Por fim, os terrenos acrescidos são todos os que natural ou artificialmente se tiverem formado ou formarem além do ponto determinado para a parte do mar ou das águas dos rios, acima mencionadas.

Os potenciais de energia hidráulica são bens da União, nos termos desse dispositivo e do art. 176, **caput**, da Constituição de 1988. Os recursos minerais são bens públicos da União, vez que o solo onde se encontram distingue-se dos demais para efeito de exploração e aproveitamento. Foram preservadas, também, como patrimônio da União, para melhor serem cuidadas, as cavidades naturais subterrâneas e os sítios arqueológicos e pré-históricos. Por fim, também é domínio federal as terras tradicionalmente reservadas aos índios. Estes, cada vez mais, organizam-se e passam a usufruir economicamente de suas terras, seja mecanizando as lavouras, explorando as madeiras ou fazendo o turismo ecológico. A demarcação é realizada conforme o Decreto Federal nº 1.775, de 08.01.1996.

O Estado Brasileiro é formado pela união, de marca indissolúvel, de todos os Entes Federados admitidos – União, Estados-membros, Distrito Federal e Municípios, no art. 18, da Constituição Federal. Não em um aspecto de mera soma, mas de intricamento e de interligação, que, por incansáveis vezes, divide e reúne os entes mencionados nas raias das competências atribuídas pela Constituição. O Brasil difere, por exemplo, do modelo unitário português, princípio insculpido no art. 6º/1 da Constituição Lusa, caracterizado como aquele que, num determinado e para a população que nele vive, tem um suporte único para a estatabilidade (ou estadualidade). Isto é, possui uma única organização política e jurídica com total e exclusiva administração das competências estatais. Mesmo que o **caput** do art. 1º não traga a União como Ente Federado necessário para que a união forme a República Federativa do Brasil, este é um pressuposto necessário e lógico, eis que a União – em maiúsculo – representa exclusivamente esta união imprescindível para a formação da República Federal[6].

Atribuiu-se aos Estados-membros, ao Distrito Federal e aos Municípios a participação no resultado da exploração de petróleo ou gás natural, de recursos hídricos para fins de energia elétrica e de outros recursos minerais no respectivo território, plataforma continental, mar territorial ou zona econômica exclusiva ou compensação financeira por essa exploração. A Lei Federal nº 7.990, de 28.12.1989, instituiu, para os Estados-membros, o Distrito Federal e os Municípios, a compensação financeira pelo resultado da exploração de petróleo ou gás natural, de recursos hídricos para fins de geração de energia elétrica, de recursos naturais em seus respectivos territórios e áreas marítimas adjacentes. A Lei Federal nº 8.001, de 13.03.1990, definiu os percentuais da distribuição da compensação financeira da lei an-

6 OLIVEIRA, Emerson Ademir Borges. **União Federal**. *In*: ALVIM, Eduardo Arruda, LEITE, George Salomão, e STRECK, Lênio (coords.). **Curso de Direito Constitucional**. Florianópolis: Tirant le Blanch, 2018, p. 479.

terior, ao passo que o Decreto Federal nº 1, de 11.01.1991, regulamentou o pagamento dessa compensação financeira.

8.3. Atribuições da União Federal

Em um sistema federativo a competência é repartida entre seus integrantes. Deve-se observar que a União[7] representa a si própria, com seus interesses localizados, como a própria República Federativa do Brasil. Esta tem soberania e, por isto, a competência em matéria relativa às relações internacionais ou à guerra e à paz. É essencial, assim, para que o Brasil possa ter efetiva participação nos organismos internacionais e para ser reconhecido por outros países.

O sistema de repartição de competência adotado pelo constitucionalismo brasileiro, desde a Constituição de 1891, é de se estabelecer a competência da União e dos Municípios, sendo residual a competência dos Estados-membros, como já dito. O Distrito Federal assume as competências estaduais e municipais. Segue, em parte, o modelo norte-americano, de acordo com a Décima Emenda Constitucional, que estabeleceu apenas a competência da União, deixando que os Estados-membros ficassem com a competência residual. Este nada expressa sobre o Município, porque não faz parte de sua Federação, além de cada Estado-membro disciplinar a matéria de forma diferente, como parte de sua competência residual.

No Brasil, é corrente o equívoco de se pensar que a competência da União vem a ser superior às dos Estados-membros e dos Municípios. Existem, sem dúvida, competências referentes à soberania, principalmente em matéria de direito internacional e de segurança nacional, no qual a superioridade federal mostra-se evidente. Assim, caso algum Estado-membro pense em se separar da Federação, a União tem competência constitucional para evitar tal situação. Não obstante, na maioria das questões, o que se observa é apenas o grau de interesse da matéria. Desse modo, em questões mais abrangentes, que envolvam o interesse da maioria da população ou de várias regiões, devem ser de competência da União. Por outro lado, em questões mais regionais, de abrangência razoável, a competência precisa ser estadual. Por fim, em matérias de interesse local, relativa apenas aos habitantes de uma cidade ou do seu meio rural, a competência tem que ser municipal. Existem questões, como o trânsito, a educação ou a saúde,

---

7 AYRES BRITTO, Carlos. **A Supremacia do Poder Executivo da União, na Partilha Constitucional de Competências.** *In*: **Revista de Direito Público.** São Paulo: Revista dos Tribunais, jul.-dez./1980, nº 55-56/61, e **Doutrinas Essenciais: Direito Constitucional (Edições Especiais Revista dos Tribunais: 100 Anos).** 2ª tir. São Paulo: Revista dos Tribunais, 2013, vol. IV, p. 447.

por exemplo, em que a competência é repartida entre a União, os Estados-membros e os Municípios, pelo mesmo princípio acima, da maior complexidade para o interesse mais localizado.

A manutenção de relações com os países estrangeiros e com eles celebrar tratados e convenções, bem como participar de organismos internacionais, trata-se de competência típica da soberania e, como tal, pertence à União. É prática usual em todas as Federações, salvo a Constituição de 1977, da extinta União da República Socialistas Soviéticas (URSS), que permitia às Repúblicas Federadas mantivessem relações internacionais, ao mesmo tempo em que a União, mas sem qualquer valor real, dado ao autoritarismo soviético. No Brasil, na Constituição de 1988, além do disposto no art. 21, I, consta do art. 84, VIII, a competência do Presidente da República para celebrar tratados e convenções, **ad referendum** do Congresso Nacional. A declaração de guerra e a celebração da paz são de competência exclusiva da União. Deve ser declarada pelo Presidente da República e referendada pelo legislativo federal.

Foram atribuídas à União Federal, ainda, diversas competências relativas à defesa nacional, relacionadas com a própria detenção da soberania. Assim, apenas essa pode permitir que as forças estrangeiras transitem pelo território nacional ou nele permaneçam temporariamente. Por outro lado, também lhe cabe decretar a intervenção federal, nos arts. 34 a 36, do texto constitucional, o estado de defesa, no art. 136, e, por fim, o estado de sítio, previsto nos arts. 137 e 139. Cabe à União Federal, ainda, a autorização e a fiscalização da produção e o comércio de material bélico. Este pode ser conceituado como tudo que serve como instrumento de guerra, de modo que depende da autorização federal a produção de substâncias, armas, materiais e tecnologia militar.

As questões relativas à economia e às finanças do país, por sua abrangência e complexidade, indicam que a competência deva ser da União, inclusive porque afeta a questão da soberania nacional[8]. Assim, a emissão de moeda deve ser de sua exclusiva competência, apesar de apenas a Constituição de 1967, com a Emenda Constitucional nº 1, de 17.10.1969, pronunciar-se sobre a questão, ainda que jamais os Estados-membros tenham tido tal competência. A emissão de moeda deve ser entendida como a colocação de dinheiro, seja em moeda ou papel, no meio circulante. No Brasil, de acordo com o inciso VII do art. 21, da Constituição Federal, as emis-

8 Ver: FARIA, Eliana Goulart Leão de. Poderes Implícitos na Constituição. *In*: Revista de Direito Público. São Paulo: Revista dos Tribunais, jan.-mar./1983, nº 65/115, e Doutrinas Essenciais: Direito Constitucional (Edições Especiais Revista dos Tribunais: 100 Anos). 2ª tir. São Paulo: Revista dos Tribunais, 2013, vol. III, p. 425.

sões do papel-moeda e da moeda metálica são autorizadas pelo Conselho Monetário Nacional e realizadas pelo Banco Central do Brasil, nos termos da Lei Federal nº 4.595, de 31.12.1964, arts. 4º, I, e 10, I, respectivamente. A administração das reservas cambiais e a fiscalização das operações de natureza financeira, como as de crédito, de câmbio, de capitalização, de seguros e de previdência privada são de competência da União, exercida pelo Conselho Monetário Nacional e executadas pelo Banco Central do Brasil, nos termos da mesma legislação. Cabe à União, ainda, a elaboração e execução de planos nacionais e regionais de ordenação do território e de desenvolvimento econômico e social, dada a amplitude de sua competência, conforme o inciso IX do art. 21, da Constituição de 1988.

Diversos serviços de utilidade pública, ou seja, aqueles em que o interesse público prevalece sobre o interesse privado, sem lhe ser exclusivo, em razão da dimensão do Brasil, foram dados como de competência federal. Compete à União manter o serviço postal e o correio aéreo nacional, de acordo com o inciso X do art. 21, da Constituição Federal. Seguiu-se uma tradição norte-americana que dispõe no mesmo sentido no seu art. 1º, Seção 8, nº 7, em sua Constituição de 1786. Na verdade, desde o final do século XVIII o monopólio sobre tal matéria é do Poder Público, estando previsto nas Constituições de 1946, de 1967 e, agora, de 1988. Atualmente, o monopólio é exercido pela Empresa Brasileira de Correios e Telégrafos (ECT), empresa pública, nos termos do Decreto-lei nº 509, de 20.03.1969, e suas modificações.

O inciso XI desse artigo foi alterado pela Emenda Constitucional nº 8, de 15.08.1995, logo que se começou a modificar a política de participação do Poder Público na economia. Antes, na Constituição de 1988 estava previsto que a exploração dos serviços telefônicos, telegráficos, de transmissão de dados e outros serviços de telecomunicação deveria ser feito por "empresas sob controle acionário estatal". A modificação excluiu tal situação, permitindo que a exploração pudesse ser feita diretamente ou mediante autorização, concessão ou permissão, no que toca aos serviços de telecomunicação, de caráter genérico. Previu, ainda, a criação de um órgão regulador, a Agência Nacional de Telecomunicações (ANATEL). A Lei Federal nº 9.295, de 19.07.1996, dispõe sobre a organização dos serviços de telecomunicações e sobre seu órgão regulador, a ANATEL, com o regimento interno, aprovado pela Resolução nº 1, de 17.12.1997. A concessão para a exploração de serviços públicos de telecomunicação está disciplinada pela Lei Federal nº 9.472, de 16.07.1997, mas a concessão e a permissão de serviços públicos, pela Lei Federal nº 8.987, de 13.02.1995.

A Constituição de 1988 continuou a enumerar diversos serviços de utilidade pública como de competência da União, mas explorados diretamente ou mediante autorização, concessão ou permissão, no inciso XII do art. 21, da Constituição Federal. Desse modo, encontram-se como objeto de delegação pública os serviços de radiodifusão sonora e de sons e imagem, modificada a alínea "a" do inciso acima, pela Emenda Constitucional nº 8, de 15.08.1995. A matéria foi disciplinada pelo Código Brasileiro de Telecomunicações, Lei Federal nº 4.117, de 27.08.1962, e pela Lei Federal nº 9.472, de 16.07.1997. Foi instituída, ainda, a Lei Federal nº 9.612, de 19.02.1998, que estabeleceu o serviço de radiodifusão comunitária, e o Decreto Federal nº 2.615, de 03.06.1998, aprovou o regulamento.

A alínea "b" do inciso XII do art. 21, da Constituição Federal, dispôs sobre os serviços de instalação de energia elétrica e o aproveitamento energético. A Lei Federal nº 9.427, de 26.12.1996, instituiu a Agência Nacional de Energia Elétrica (ANEEL), que disciplinou o regime de concessões de serviços públicos de energia elétrica, bem como a Lei Federal nº 9.648, de 27.05.1998, regulamentada pelo Decreto Federal nº 2.655, de 02.07.1998, que autorizou o Poder Executivo a promover a reestruturação das Centrais Elétricas Brasileiras (ELETROBRÁS) e suas subsidiárias. O art. 21, XII, da Constituição Federal, fixou a competência quanto à navegação aérea e aeroespacial ou a infraestrutura aeroportuária, serviços disciplinados pelo Código Brasileiro de Aeronáutica, Lei Federal nº 7.565, de 19.12.1986. A alínea "d" do inciso XII do art. 21, da Constituição de 1988, estabeleceu a competência para os serviços de transporte ferroviário e aquaviário de interesse federal. O transporte aquaviário encontra-se previsto na Lei Federal nº 9.432, de 08.01.1997. Os serviços de transporte rodoviário interestadual e internacional de passageiros são de competência federal. Os portos marítimos, fluviais e lacustres, bem como a Política Marítima Nacional, estão tratados no Decreto Federal nº 1.265, de 11.10.1994, já mencionado.

O Distrito Federal é uma área **sui generis**, em razão do interesse que a União nele deve ter, porque aí funciona a maioria dos seus órgãos políticos e administrativos. No mesmo sentido, os Territórios são da União e não dispõem de autonomia. Assim, a organização e a manutenção do Poder Judiciário, do Ministério Público e da Defensoria Pública devem ser de competência federal, prevista no inciso III do art. 21, da Constituição de 1988. Do mesmo modo, as Polícias Civil e Militar e o Corpo de Bombeiros Militar do Distrito Federal devem ser de competência da União. O inciso XIV deste artigo foi modificado pela Emenda Constitucional nº 19, de 04.06.1998, para retirar do dispositivo a matéria relativa às Polícias Federal, Rodoviária e Ferroviária, como melhor técnica constitucional, assim como instituindo fundo para prestar assistência financeira para a execução dos serviços públicos do Distrito Federal.

Foram atribuídas, no inciso XV do art. 21, da Constituição de 1988, para a União, diversas outras competências. A organização e a manutenção dos serviços oficiais de estatísticas, geografia, geologia e cartografia de âmbito nacional foi matéria ignorada até a Constituição de 1967, em seu art. 8º, XVII, "u". O sistema de estatísticas nacionais encontra-se disposto na Lei Federal nº 6.183, de 11.12.1974, integrado por diversas entidades e órgãos da Administração Federal. A cartografia nacional, que trata de levantar cartas geográficas e geológicas, está disposta no Decreto-lei nº 243, de 28.02.1967, na Lei Federal nº 5.878, de 11.05.1973, e na Lei Federal nº 6.183, de 11.12.1974. A Fundação Instituto Brasileiro de Geografia e Estatística (IBGE) foi instituída pelo Decreto-lei nº 161, de 13.02.1967, modificado pela Lei Federal nº 5.878, de 11.05.1973, e por outras depois.

Cabe à União, ainda, no inciso XVI do art. 21, da Constituição Federal, exercer a classificação de diversões públicas e de programas de rádio e televisão, de caráter apenas indicativo. A censura, no Brasil, está vedada, em razão do disposto no art. 5º, IX, do texto constitucional, que diz que "é livre a expressão da atividade intelectual, artística, científica e de comunicação, independentemente de censura ou licença". A concessão de anistia, tratada no inciso XVII do art. 21 do texto constitucional também é de competência federal, pois nos termos do art. 22, I, da Constituição de 1988, cabe à União legislar sobre direito penal e processual, razão pela qual só dela pode emanar o ato pelo qual certas infrações legais possam ser esquecidas.

O planejamento e a promoção da defesa permanente contra as calamidades públicas, previstos no inciso XVII do artigo acima, em especial as secas e as inundações, pela dimensão continental do Brasil, devem ser matéria de competência da União. A calamidade pública é uma desgraça de grande dimensão, com dramaticidade, por conta da destruição de obras e serviços públicos, bem como de residências e de atividades produtivas, com risco ainda de epidemias.

O gerenciamento dos recursos hídricos e o uso dos mesmos, tratado no inciso XVIII do art. 21, da Constituição de 1988, em razão dos problemas climáticos, sociais e econômicos envolvidos, levam tal matéria a ser de competência federal, assim como legislar sobre águas, nos termos do art. 22, IV, do texto constitucional. Por outro lado, os problemas de aquecimento da Terra levam à questão da falta de água. Fala-se que neste século XXI os conflitos entre os países terão como motivo principal a questão hídrica, de modo que deve ter especial sistema de proteção, não só para preservar os reservatórios aqüíferos, como também impedir a poluição dos mesmos. A Política Nacional de Recursos Hídricos e o Sistema Nacional de Gerenciamento de Recursos Hídricos estão dispostos na Lei Federal nº 9.433, de 08.01.1997. As águas subterrâneas são dos Estados-membros, não havendo previsão para as águas municipais.

Cabe à União, ainda, estabelecer diretrizes para o desenvolvimento urbano, inclusive habitação, saneamento básico e transportes públicos, em razão da rápida urbanização pela qual passa o Brasil. Foi-lhe atribuída, também, a elaboração dos princípios e diretrizes para o sistema viário nacional. Cabe a União a competência sobre sistema de consórcio e sorteio, no inciso XX, do art. 22, com este sendo tratado na Lei Federal nº 5.768, de 20.12.1971[9]. A Emenda Constitucional nº 19, de 04.06.1998, modificou o inciso XXII desse artigo, substituindo a execução de serviços aéreos por aeroportuários. A competência das Polícias Federal, Rodoviária e Ferroviária foi estabelecida pelos arts. 22, XXII, e 144, §§ 1º a 3º, do texto constitucional. Compete à União, ainda, a exploração dos serviços e instalações nucleares de qualquer natureza, bem como exercer o monopólio estatal sobre a pesquisa, lavra, enriquecimento e reprocessamento, a industrialização e o comércio de minerais nucleares e seus derivados, conforme o inciso XXIII do art. 21, da Constituição Federal.

A atividade nuclear do Brasil deve ser destinada exclusivamente para fins pacíficos, através da autorização do Congresso Nacional. O Decreto-lei nº 1.809, de 07.10.1980, regulamentado pelo Decreto Federal nº 2.210, de 22.04.1997, instituiu o Sistema de Proteção ao Programa Nuclear Brasileiro. Pelo regime de concessão ou permissão, pode ser autorizada a utilização de radioisótopos para a pesquisa e usos medicinais, agrícolas, industriais e atividades análogas, por se tratarem de atividades de menor risco para a segurança nacional. Por fim, está estabelecida que a responsabilidade civil por danos nucleares independe de existência de culpa, entendida por uns que se trata da adoção na teoria do risco absoluto. O Poder Público deve ser responsabilizado, sem que seja possível atribuir a culpa a terceiro ou ao prejudicado, possível na teoria do risco, adotada genericamente no art. 37, § 6º, do texto constitucional. A matéria está disposta na Lei Federal nº 6.453, de 17.10.1977.

A Emenda Constitucional nº 49, de 08.02.2006, quanto ao art. 21, inciso XXIII, modificou a alínea "b", acrescentou a alínea "c" e renumerou a alínea "d". Facilitou as atividades ligadas à produção nuclear, ao deixar de exigir que possa ser feito por concessão, possível agora apenas por permissão. Permitiu, ainda, que houvesse a produção de radioisótopos de meia-vida igual ou inferior a duas horas. Foi modificado, também, o inciso V do art. 177, que dispõe sobre o monopólio, para permitir atividades privadas em material nuclear. Manteve a responsabilidade civil por danos nucleares. A redação anterior da alínea "b" dispunha que:

9 Súmula Vinculante 2, de 30.05.2007: "É inconstitucional a lei ou ato normativo Estadual ou Distrital que disponha sobre sistemas de consórcios e sorteios, inclusive bingos e loterias".

"Art. 177. ....

....

b) sob regime de concessão ou permissão, é autorizada a utilização de radioisótopos para a pesquisa e usos medicinais, agrícolas, industriais e atividades análogas".

A competência federal se estende à organização, manutenção e execução das inspeções do trabalho, de acordo com o inciso XXIV do art. 21, da Constituição de 1988. Em um país que ainda existe trabalho escravo e são inúmeras as crianças trabalhando, é certo que tal atribuição seja da União. Por fim, cabe a União estabelecer as áreas e as condições para o exercício da atividade de garimpagem, em forma associativa, em razão dos inúmeros conflitos fundiários e da poluição crescente de nossos rios, conforme o inciso XXV do art. 21 do texto constitucional.

8.4. Competência Legislativa Federal

As competências podem ser privativas, concorrentes ou comuns. Na primeira, a competência privativa, a atribuição é expressa constitucionalmente, cabendo suas atribuições, com exclusividade, apenas a quem foi destinado seu exercício. Na competência concorrente, diversas entidades federadas têm competência sobre a mesma matéria, mas havendo conflito de competência, prevalecem às disposições da União sobre as dos Estados-membros e destes sobre as dos Municípios, conforme o grau de interesse de cada um. A competência comum é aquela em que todos podem atuar, sem haver prevalência de uns sobre outros, em face do conflito que possam ocorrer.

No sistema federativo, em geral, a competência expressa é atribuída à União, ficando com os Estados-membros a competência residual. Na Federação brasileira, coube também aos Municípios ter a competência expressa, juntamente com o Poder Federal. Assim, a União e os Municípios têm competências expressas, enquanto os Estados-membros as têm implícitas. O Distrito Federal tem a competência expressa dos Municípios e a implícita dos Estados-membros.

A União ficou com os poderes referentes à soberania, entendida como supremacia, no plano interno, sobre qualquer pessoa, grupo ou instituição, e, no externo, igualdade com os demais Estados soberanos, razão pela qual são inúmeras as matérias em que tem competência privativa. Couberam-lhe, também, as matérias relativas à ordem interna e à manutenção do território nacional. Por outro lado, em razão da centralização política empreendida pelo Governo Federal, desde o nascimento da República, a maior parte dos serviços de utilidade pública é de competência privativa. A matéria já foi constitucionalizada, a partir do século passado, com a Constituição de 1934, art. 5º, XIX, e a de 1937, art. 16, XVI; a Constituição de 1946, art. 5º, XV, "a", e a de 1967, art. 8º, XVII, "b", continuaram com a tradição, com algumas atualizações.

O inciso I do art. 22, da Constituição de 1988, dispõe sobre diversas matérias, desde direito privado, como direitos civil e comercial, bem como novos ramos oriundos deste último, com forte presença de matérias de direito público, como os direitos marítimo, aéreo e agrário, e também o direito público, como direitos penal e eleitoral, além do direito do trabalho, que foge aos esquemas acima. A competência inicial, de legislar sobre os direitos civil, comercial, penal, processual, eleitoral, agrário, marítimo, aeronáutico, espacial e do trabalho demonstra a amplitude dos Poderes da União. Na verdade, pode-se dizer que a União legisla sobre quase tudo, ficando pouquíssimas matérias para as demais entidades federadas, especialmente questões de direito administrativo, tributário, urbanístico, de procedimentos judiciais e organização dos poderes políticos locais.

Apesar de não constar no Código Civil de 2002, como também não estava no Código Civil de 1916, os direitos autorais são matérias de direito civil. O Supremo Tribunal Federal reafirmou a competência da União sobre a matéria, na ADI 5800/AM, tendo por Relator o Ministro Fux[10].

O direito civil é o mais antigo e tradicional, com base no velho direito romano do Código Justiniano, no século VI desta era, particularmente quanto ao direito das obrigações. O direito civil está no Brasil, desde sua colonização por Portugal, em 1500, com base nas Ordenações Afonsinas e, depois, Manuelinas. As Ordenações Filipinas, em vigor a partir do final do século XVI, continuaram em vigência até o início do século XX. Entrou em vigor, então, o Código Civil de 1916, aprovado pela Lei Federal nº 3.701, de 10.01.1916, com Anteprojeto de Clóvis Beviláqua[11] e participação em seu

---

10 "COMPETÊNCIAS LEGISLATIVAS É inconstitucional lei estadual que crie hipóteses de isenção de pagamento de direitos autorais fora do rol trazido pela Lei Federal nº 9.610, de 1998. É inconstitucional lei estadual que isenta entidades filantrópicas de recolher as taxas de retribuição autoral arrecadadas pelo ECAD. A lei estadual que cria novas hipóteses de não recolhimento de **direitos autorais não previstas na Lei federal usurpa a competência privativa da União para legislar sobre direito civil, direito de propriedade e para estabelecer regras de intervenção no domínio econômico (art. 22, I, da Constituição Federal de 1988)**. Além disso, essa lei estadual retira dos autores das obras musicais o seu direito exclusivo de utilização, publicação ou reprodução das obras ou do reconhecimento por sua criação, afrontando o art. 5º, XXII e XXVII, da CF/88. STF. Plenário. ADI 5800/AM, Rel. Min. Luiz Fux, julgado em 8/5/2019 (Info 939)" (ABNC).

11 "BEVILÁQUA (Clóvis), jurista brasileiro (Viçosa, CE, 1859 – Rio de Janeiro, 1944), encarregado em 1899, pelo governo de Campos Sales, de redigir o anteprojeto do Código Civil brasileiro. Autor de extensa obra de caráter jurídico, escreveu também alguns

texto de Rui Barbosa[12], dentre outros. O direito civil trata-se do ramo jurídico que empresta inúmeros conceitos para os outros ramos, servindo ainda como o tronco principal do direito privado. O direito civil, hoje, divide-se em direito civil propriamente dito, direito de família, direito das coisas, direito das obrigações e contratos e direitos das sucessões. O Código Civil de 2002 passou a tratar do direito empresarial, a base do velho direito comercial, bem como de títulos de crédito.

O Código Civil de 2002, depois de longa tramitação, iniciada a comissão elaboradora em 1972, depois com a Mensagem nº 160, de 10.06.1975, tramitando longo tempo no Congresso Nacional. Finalmente, foi aprovado com a Lei Federal nº 10.416, de 10.01.2002, entrando em vigor um ano depois, já com diversas modificações legais. Teve marco, ainda, de unificar o direito privado brasileiro, juntado o direito civil e a maior parte do direito comercial. A legislação está contida, em seu todo, em 2.046 artigos e dividida em duas partes, Geral e Especial. A Parte Geral, por sua vez, encontra-se subdividida em Livro das Pessoas, que abrange três títulos, das pessoas (arts. 1º a 39), das pessoas jurídicas (arts. 40 a 69) e Livro dos Fatos Jurídicos, este abrangendo os títulos do negócio jurídico (arts. 104 a 184), dos atos jurídicos lícitos (art. 185), dos atos jurídicos ilícitos (arts. 186 a 188), da prescrição e da decadência (arts. 189 a 211) e das provas (arts. 212 a 232).

A Parte Especial do Código Civil de 2002 encontra-se organizada em cinco Livros, a saber, Do Direito das Obrigações, Do Direito das Empresas, Do Direito das Coisas, Do Direito de Família e Do Direito das Sucessões. O Livro do Direito das Obrigações tem diversos títulos, como: a) das modalidades das obrigações (arts. 233 a 285); b) das transmissões das obrigações (arts. 286 a 303); c) do adimplemento e extinção das obrigações (arts. 304 a 388); d) do adimplemento das obrigações (arts. 389 a 420); e) dos contratos em geral (arts. 421 a 855); f) dos atos unilaterais (arts. 856 a 886); g) dos

volumes sobre filosofia. É considerado um dos mais importantes juristas do Brasil. Membro fundador da ABL" (KOOGAN/HOUAISS. **Dicionário e Enciclopédia Ilustrado**, *op. cit.*, p. 220).

12 **Rui Barbosa de Oliveira** (Salvador, 1849 – Petrópolis, 1923) foi um polímata brasileiro, tendo se destacado principalmente como jurista, advogado, político, diplomata, escritor, filólogo, jornalista, tradutor e orador. Um dos intelectuais mais brilhantes do seu tempo, foi um dos organizadores da República e coautor da constituição da Primeira República juntamente com Prudente de Moraes. Rui Barbosa atuou na defesa do federalismo, do abolicionismo e na promoção dos direitos e garantias individuais. Foi o primeiro Ministro da Fazenda do regime instaurado em novembro de 1889, sua breve e discutida gestão foi marcada pelo encilhamento, grave crise econômica provocada pelo aumento indiscriminado da emissão de papel-moeda. Foi também Deputado e Senador.

títulos de crédito (arts. 889 a 926); h) da responsabilidade civil (arts. 927 a 954); i) das preferências e privilégios creditórios (arts. 955 a 965).

Por outro lado, o Livro do Direito das Empresas possui quatro títulos: a) do empresário (arts. 966 a 983); b) da sociedade (arts. 981 a 1.141); c) do estabelecimento (arts. 1.142 a 1.149); d) dos institutos complementares (arts. 1.150 a 1.195). O Livro do Direito das Coisas foi organizado em dez títulos, como: a) da posse (arts. 1.196 a 1.224); b) dos direitos reais (arts. 1.225 a 1.227); c) da propriedade (arts. 1.228 a 1.368); d) da superfície (arts. 1.369 a 1.377); e) das servidões (arts. 1.378 a 1.389); f) do usufruto (arts. 1.390 a 1.411); g) do uso (arts. 1.412 e 1.413); h) da habitação (arts. 1.414 a 1.416); i) do penhor, hipoteca e anticrese (arts. 1.419 a 1.510).

Outrossim, no Código Civil de 2002, o Livro do Direito de Família foi dividido em três títulos, como do direito pessoal (arts. 1.511 a 1.638) e do direito patrimonial (arts. 1.639 a 1.727). Por fim, o Livro das Sucessões é constituído de quatro títulos: a) da sucessão em geral (arts. 1.784 a 1.828); b) da sucessão legítima (arts. 1.829 a 1.856); c) da sucessão testamentária (arts. 1.857 a 1.990); d) do inventário e partilha (arts. 1.991 a 2.027). Foi instituído, ainda, o Livro Complementar, com as Disposições Finais e Transitórias (arts. 2.028 a 2.046).

O direito comercial, como ramo diverso do direito civil, foi consagrado com o Código Comercial de 1850, Lei Imperial nº 556, de 25.06.1850, que inclusive precedeu em muito ao Código Civil de 1916. A diferença fundamental estaria em que os atos comerciais visariam ao lucro, enquanto os atos civis, não. É difícil, hoje, nos mundos dos negócios e na própria vida econômica, fazer tal distinção. Assim, procura-se juntar, ao direito das obrigações, o velho direito comercial, do que dele sobrou, posto que diversas áreas se transformaram em novos ramos jurídicos, como os direitos marítimo, aeronáutico e espacial, além de outras áreas que se pretendem autônomas, como os direitos bancário, falimentar, das sociedades e creditício. O tradicional direito comercial foi profundamente esvaziado com o Código Civil de 2002, que passou a tratar da maioria de seus dispositivos.

Foi revogada, assim, a parte primeira do Código Comercial e toda a legislação mercantil abrangida pelo Código Civil de 2002, ou com ele incompatível (art. 2.046). Passaram a ser tratadas no novo dispositivo as matérias relativas às sociedades comerciais, no Livro II, Do Direito das Empresas, da Parte Especial. Este foi dividido em quatro títulos: a) do empresário (arts. 966 a 980); b) da sociedade (arts. 981 a 1.141); c) do estabelecimento (arts. 1.142 a 1.149); d) dos institutos complementares (arts. 1.150 a 1.196). Por outro lado, a matéria relativa a títulos de crédito passou a ser um Título (arts. 889 a 928) do Livro que trata do Direito das Obrigações. Assim, já quase nada existe que se possa expressar como direito comercial, tendo havido a unificação de direito privado, defendida há mais de cento e cinquenta anos, no Brasil. Em vigor, no Código Comercial de 1850, só o Título IV, Da Navegação, que formou a base para o direito marítimo, com a sede da jurisdição, no Rio de Janeiro.

No âmbito do direito público, coube à União dispor sobre o direito penal, matéria primeira a ser disciplinada em qualquer sociedade[13]. O direito penal foi codificado logo no início do Império, com o Código Penal de 1830, vindo sendo modificado ao longo dos anos, seguido do Código Penal de 1890, Decreto Federal nº 847, de 11.10.1890. Em 1940, surgiu o então novo Código Penal, Decreto-lei nº 2.848, de 07.12.1940, com as várias modificações que teve sua Parte Geral. Espera-se, também, a tramitação do projeto que traduz as mudanças dos costumes, no Brasil, na Parte Especial, retirando crimes como os de adultério e sedução, mas sem ainda incluir os tipos criminais mais recentes, como os crimes do colarinho-branco, do sistema financeiro, dos relativos à informática e à Internet e do crime organizado. Nasceu, assim, já com problemas de senilidade.

O direito processual é ramo do direito público interno que estrutura os órgãos da Justiça e dispõe sobre a forma pela qual devam seguir os processos judiciais. O direito processual se divide em: a) direito processual civil, com o Código de Processo Civil, Lei Federal nº 13.105, de 16.03.2015; b) processual penal, com o Código de Processo Penal, Decreto-lei nº 3.689, de 03.10.1941; c) processual do trabalho, com a Consolidação das Leis do Trabalho, Decreto-lei nº 5.452, de 01.05.1943; d) processual eleitoral, com o Código Eleitoral, Lei Federal nº 4.737, de 15.07.1965; e) processual penal militar, com o Código de Processo Penal Militar, Decreto-lei nº 1.002, de 21.10.1969, de acordo com a competência da jurisdição e especialização da matéria. Cada uma das divisões tem suas particularidades, não só na tramitação do primeiro grau, mas também nos recursos, para os Tribunais locais ou para os Tribunais Superiores. Foi concedida aos Estados-membros e ao Distrito Federal, porém, competência concorrente para legislar sobre custas dos serviços forenses, criação, funcionamento e processo do Juizado Especial, procedimentos em causas processuais, assistência jurídica e Defensoria Pública, respectivamente, na forma dos incisos IV, X, XI e XIII do art. 24, do texto constitucional.

O direito eleitoral, no Brasil, tem suas contradições. Ao passo que permitiu que mais de cento e vinte milhões de eleitores votassem com urnas eletrônicas, no ano de 2000, que forneceu os resultados finais em três horas, tem um Código Eleitoral, Lei Federal nº 4.737, de 15.07.1965, ultrapassado

13 Súmula Vinculante 46, de 09.04.2015: "A definição dos crimes de responsabilidade e o estabelecimento das respectivas normas de processo e julgamento são de competência legislativa privativa da União".

e arcaico. Assim, os processos, apesar de teoricamente céleres, na verdade são demorados e raros são os casos em que se disputa judicialmente mandato eletivo, tendo o afastamento do candidato infrator ocorrido antes do fim da legislatura. Foi desse modo, no Piauí, em 1970, quando o ex-Deputado Federal Ezequias Gonçalves Costa[14] denunciou e comprovou a fraude em treze Municípios piauienses, conhecida por **mapismo**, por fazer mudanças nos mapas eleitorais, mas que também foi feito nas cédulas eleitorais. O resultado final da Justiça Eleitoral ajudou a acabar com essa vergonha local, mas não trouxe o mandato de volta, porque já tinha expirado a legislatura. O direito eleitoral tem, também, toda uma jurisdição especializada, disposta na Seção IV, Dos Tribunais e Juízes Eleitorais, do Capítulo III, Do Poder Judiciário, do Título IV, Da Organização dos Poderes, da Constituição de 1988, em seus arts. 118 a 121.

O direito agrário nasceu do direito civil, com uma forte demanda social, no Brasil, com o Estatuto da Terra, Lei Federal nº 4.504, de 30.11.1964, em razão da necessidade do Brasil efetuar sua reforma agrária, fato que os Estados Unidos e a Europa fizeram no século XIX. É de competência da União, pois esta tem também competência para desapropriar para fins de reforma agrária, previsto no art. 184, do texto constitucional, mediante prévia e justa indenização em títulos da dívida agrária.

O direito marítimo é ramo originário do direito comercial que, em razão de sua especialização, tornou-se autônomo. A Política Marítima Nacional está contida no Decreto Federal nº 1.265, de 11.10.1994, já tratada. O direito aeronáutico, também oriundo do direito comercial, está disciplinado no Código Brasileiro de Aeronáutica, Lei Federal nº 7.565, de 19.12.1986. O direito espacial é ramo ainda mais novo, com muito ainda a ser instituído, mas abrindo perspectivas para o século XXI.

O direito do trabalho é ramo relevante do direito, porque vem a ser o instrumento de se contemporizar os conflitos de interesse entre patrões e empregados. Foi instaurado com a Consolidação das Leis do Trabalho,

---

14 "COSTA, Ezequias Gonçalves (Barras-PI, 1919). Industrial e político. Bacharel em Direito. Iniciou sua carreira política como vereador à Câmara Municipal de Miguel Alves. Deputado estadual (1954-1658). Deputado federal (1963-1971). Em novembro de 1970 candidatou-se novamente à Câmara dos Deputados, todavia, não conseguiu se reeleger. Inconformado com o resultado das eleições, que ficou conhecido como o "processo do mapismo", de grande repercussão nacional, Ezequias Costa pediu à Justiça Eleitoral a anulação da votação de várias zonas eleitorais por considerá-las eivadas de fraudes. Em 1976, o Procurador-geral da República decidiu acatar as denúncias. Foi secretário de Educação e Cultura do Estado. É diretor-presidente da GECOSA – Gervásio Raulino da Silva Costa – importante empresa industrial, instalada Novo Nilo (PI)" (GONÇALVES, Wilson Carvalho. **Dicionário Enciclopédico Piauiense Ilustrado (1549-2003)**. Teresina: Halley, 2003, p. 130). Faleceu, em Teresina (PI), em 2007.

Decreto-lei nº 5.452, de 01.05.1943. O direito do trabalho tem, também, toda uma jurisdição especializada, disposta na Seção V, Dos Tribunais e Juízes do Trabalho, do Capítulo III, Do Poder Judiciário, do Título IV, Da Organização dos Poderes, da Constituição de 1988, em seus arts. 111 a 116. O art. 117, que tratava dos representantes classistas, foi revogado pela Emenda Constitucional nº 24, de 09.12.1999. A Emenda Constitucional nº 28, de 25.05.2000, dispõe sobre o inciso XXIX do art. 7º, e o art. 233, do texto constitucional.

A desapropriação é a intervenção na propriedade privada, com a transferência compulsória do domínio desta em favor do Poder Público. Trata-se de processo administrativo em que há a transferência compulsória da propriedade, sendo forma originária de aquisição desta. A matéria passou a ser tratada na de 1934, em seu art. 5º, XIX, "d", como também na de 1946, em seu art. 5º, XV, "g", e na Constituição de 1967, em seu art. 8º, XVIII, "f". A Constituição de 1988 dispôs sobre o problema no inciso I do art. 22, do texto constitucional.

A União é competente para legislar sobre desapropriação, mas os Estados-membros, o Distrito Federal e os Municípios são competentes para declarar a utilidade ou necessidade pública ou o interesse social do bem, para fins de desapropriação, em comum com a entidade federal. A declaração de utilidade pública ou necessidade pública é ato administrativo pelo qual o Poder Público manifesta seu interesse em adquirir, compulsoriamente, um bem determinado. É aprovada por lei ou decreto, conforme diga o texto constitucional ou a lei orgânica. Pode ser feita a imissão provisória de posse, que é a transferência provisória da posse do bem expropriado em favor do expropriante, já no início da fase judicial, em que a Administração declare urgência e depósito do justo preço pelo bem, em dinheiro.

A desapropriação pode ser por utilidade ou necessidade pública, sendo regulamentada pelo Decreto-lei nº 3.365, de 21.06.1941, modificado em parte pela Lei Federal nº 6.602, de 1978, pela Lei Federal nº 9.785, de 29.01.1999, e pela Medida Provisória nº 1.997-33, de 14.12.1999. Ocorre a utilidade pública, prevista no art. 5º do Decreto-lei nº 3.365, de 21.06.1941, quando a utilização do bem é conveniente e vantajosa ao interesse coletivo, mas não constitui um imperativo determinante. Por outro lado, há necessidade pública quando o Poder Público está diante de um problema inadiável e premente, que não pode ser removido ou adiado, de modo que a única solução é incorporar ao domínio público o bem particular.

Existe, ainda, a desapropriação por interesse social, que ocorre quando a Administração está à frente de questões diretamente ligadas às classes sociais mais pobres. Cabe ao Poder Público propiciar melhores condições de vida e maior distribuição de renda, para reduzir a desigualdade social. Está prevista na Lei Federal nº 4.132, de 27.08.1962, no seu art. 2º, que depois foi alterado pelo art. 31, da Lei Federal nº 6.513, de 20.12.1977.

Pode haver, ainda, a desapropriação para fins de reforma agrária, quando há prévia e justa indenização em títulos da dívida agrária, com cláusula de preservação do valor real, resgatáveis no prazo de até vinte anos, a partir do segundo ano de sua emissão. Está prevista nos arts. 184 a 186, da Constituição de 1988, bem como no Decreto-lei nº 554, de 25.04.1969, e pelos arts. 18 a 23, do Estatuto da Terra, Lei Federal nº 4.504, de 30.11.1964, que definiu os casos de interesse social para fins de reforma agrária, em seu art. 18. Por fim, pode haver a desapropriação para fins urbanísticos, em que se deve ser observado que esta não se caracteriza pelo emprego da desapropriação clássica, com o fim especial da ordenação urbana, mas com a peculiaridade de necessidade de intervenção no meio urbano. Encontra-se disciplinada no art. 182, § 4º, III, do texto constitucional.

A requisição administrativa, por outro lado, é a utilização forçada de bens ou serviços particulares pela Administração, por ato de execução imediata e direta da autoridade pública que requisitar, com indenização posterior, para atendimento de necessidades coletivos urgentes e transitórias. A Constituição de 1988, em seu art. 5º, XXV, já autoriza que, em casos de iminente perigo público, a autoridade possa usar do bem de propriedade particular, assegurada ao proprietário indenização ulterior, se houver dano. As requisições, ainda, podem ser civis e militares, em caso de perigo iminente e em tempo de guerra, respectivamente. Trata-se de matéria federal expressa desde a Constituição de 1934, em seu art. 5º, XIX, "d", confirmada pela de 1946, em seu art. 5º, XV, e de 1967, no art. 8º, XVII, "g".

Foram atribuídas à União várias competências, relativas a setores vitais para manter a soberania nacional e oferecer condições mínimas para a tranqüilidade interna. Foi-lhe atribuída matéria vital para o futuro do Brasil, nos setores de águas, energia, informática, telecomunicações e radiodifusões. Esta competência consolida o direito especial de cada área, em que estão discutidos interesses de toda a sociedade e seu destino para o século XXI.

O direito das águas se trata, hoje, de um dos direitos mais significativos, pela importância para a vida humana e várias atividades agropecuárias e industriais. Por outro lado, existe uma tendência de aquecimento da Terra e de perda dos depósitos de águas. Tal situação tende a estimular a disputa pelos recursos hídricos, que pode provocar várias guerras, como já se prevê em política internacional. A Constituição de 1988, em seu art. 20, III, atribui à União os lagos, rios e quaisquer correntes de águas em terrenos de seu domínio, ou que banhem mais de um Estado-membro, sirvam de limites com outros países, ou estendam a território estrangeiro ou dele provenham, bem como os terrenos marginais e as praias fluviais, já explanado. Por outro lado, em seu art. 26, I, incluiu entre os bens dos Estados-membros as águas superficiais ou subterrâneas, fluentes, emergentes e em depósito, ressaltavas as decorrentes de obras da União.

Cabe à União, explorar, diretamente ou mediante autorização, concessão ou permissão, o aproveitamento energético dos cursos de água, em articulação com os Estados-membros onde se situam os potenciais hidroenergéticos, no art. 21, XI, "b", do texto constitucional. O Supremo Tribunal Federal, na ADI 5610/BA, tendo por Relator o Ministro Luiz Fux, decidiu que "lei estadual não pode proibir que as concessionárias de energia elétrica cobrem um valor do consumidor para a religação do serviço que havia sido suspenso por inadimplência"[15]. Deve, ainda, instituir sistema nacional de gerenciamento de recursos hídricos e definir critérios de outorga de direito de seu uso, no art. 21, XIX, da Constituição de 1988.

Podem os Estados-membros, o Distrito Federal e os Municípios determinar o registro, o acompanhamento e a fiscalização das concessões de direitos de exploração de recursos hídricos em seus territórios, no art. 23, XI. O Código de Águas, Decreto nº 26.643, de 10.7.1934, foi recepcionado, em parte, pela Constituição de 1988, porém não existindo mais as águas municipais, excluídas pelo novo sistema constitucional. Em dezembro de 2000, foi criada a Agência Nacional de Águas (ANA), como instrumento de fortalecer a proteção das águas brasileiras. A Lei Federal nº 11.445, de 05.01.2007, estabeleceu as diretrizes nacionais para o saneamento básico, inclusive o abastecimento de água, e o novo marco do saneamento básico com a Lei Federal nº 14.026, de 15.07.2020.

Cabe à União legislar sobre energia, em razão de lhe ter sido dado, como expressa o inciso VIII do art. 20, da Constituição de 1988, o domínio sobre os potenciais de energia hidráulica, e seu inciso IX, sobre os recursos minerais, inclusive os do subsolo. Determina, ainda, a compensação pela exploração de petróleo ou gás natural, de recursos hídricos para fins de ge-

15 "COMPETÊNCIAS LEGISLATIVAS **Lei estadual não pode proibir que as concessionárias de energia elétrica cobrem um valor do consumidor para a religação do serviço que havia sido suspenso por inadimplemento** É inconstitucional lei estadual que proíbe que as empresas concessionárias cobrem "taxa" de religação no caso de corte de fornecimento de energia por atraso no pagamento. Essa lei estadual invadiu a competência privativa da União para dispor sobre energia, violando, assim, o art. 22, IV, da Constituição Federal de 1988. Além disso, também interferiu na prestação de um serviço público federal, considerando que o serviço de energia elétrica é de competência da União, nos termos do art. 21, XII, "b", da Constituição Federal de 1988. Ex: concessionária havia "cortado" (suspendido) o serviço de energia elétrica em razão de inadimplemento; o consumidor regularizou a situação, quitando os débitos; a concessionária pode exigir do cliente o pagamento de uma tarifa para efetuar o religamento do serviço; lei estadual não pode proibir que a concessionária cobre esse valor. STF. Plenário. ADI 5610/BA, Rel. Min. Luiz Fux, julgado em 8/8/2019 (Info 946)" (ABNC).

ração de energia elétrica e de outros recursos minerais no respectivo território, ou adjacência marítima, no § 1º do art. 20. Os Estados-membros, o Distrito Federal e os Municípios podem registrar, acompanhar e fiscalizar as concessões de direitos de pesquisa e exploração de recursos hídricos e minerais em seus territórios, no inciso XI do art. 23 do texto constitucional.

A Lei Federal nº 9.427, de 26.12.1996, instituiu a Agência Nacional de Energia Elétrica (ANEEL) e disciplinou o regime de concessões de serviços públicos de energia elétrica. O direito de legislar sobre a informática decorre da própria necessidade do Brasil se integrar à rede internacional de informática, mas procurando desenvolver sua própria tecnologia, tanto em **hardware** como em **software**. Estas competências começaram a surgir com a Constituição de 1934, em seu art. 5º, XIX, "j", como também foram previstas na Constituição de 1946, em seu art. 5º, XV, "l", e na de 1967, em seu art. 8º, XVII, "i", de maneira que se trata de matéria consolidada, mas que foi ampliada pela Constituição de 1988, já que a de 1967 não mencionava a legislação sobre informática.

O direito de legislar sobre telecomunicações é muito importante, principalmente depois da privatização dos principais serviços de telecomunicação. A matéria está disciplinada no Código Brasileiro de Telecomunicações, Lei Federal nº 4.117, de 27.08.1962, e na Lei de Organização dos Serviços de Telecomunicações, Lei Federal nº 9.472, de 16.07.1997. No mesmo sentido, a radiodifusão atinge tanto o rádio como a televisão, que ainda são os principais meios de comunicação para a população, além de lhe oferecer divertimento.

O serviço postal, tratado no inciso V do art. 21, da Constituição de 1988, como matéria de interesse nacional, está disposto em texto constitucional desde a Constituição de 1934, em seu art. 5º, VII, como também nas seguintes, 1937 (art. 15, VI), 1946 (art. 5º, XI) e 1967 (art. 8º, XI). Na Constituição de 1988, consta também no art. 21, X, quando diz que é atribuição da União manter o serviço postal e o correio aéreo nacional. O serviço postal está disposto na Lei Federal nº 6.538, de 22.06.1978. Atualmente, o monopólio é exercido pela Empresa Brasileira de Correios e Telégrafos (ECT), empresa pública, nos termos do Decreto-lei nº 509, de 20.03.1969, como já comentado.

O sistema monetário e de medidas, títulos e garantias dos metais são matérias da competência da União, de acordo com o inciso VI do art. 22, da Constituição Federal. Na Constituição de 1934 (art. 5º, XII), de 1937 (art. 16, VI), de 1946 (art. 5º, XV, "m") e 1967 (art. 8º, XVII, "j") a questão foi tratada, dada a sua importância para o mercado financeiro internacional. É competência da União legislar sobre política de crédito, de câmbio, de seguros e de transferência de valores, agora, em 2020, com o sistema Pix. Foi-lhe, atribuída, ainda, a administração das reservas cambiais do Brasil e a fiscalização das operações de natureza financeira, especialmente as de crédito, de câmbio e de capitalização, bem como as de seguros e de previdência privada, previstas no inciso VIII do art. 21, do texto constitucional. A Lei Federal nº 4.595, de 31.12.1964, disciplina a matéria. É competência da União, desde a Constituição de 1891, no seu art. 7º, § 1º, I, mantida a disposição nas Constituições de 1934, 1937, 1946 e 1967.

Cabe à União legislar sobre o comércio exterior e interestadual, de acordo com inciso VIII do art. 22, do texto constitucional. Apesar da economia brasileira ter o décimo Produto Interno Bruto (PIB) do mundo, o grau de inserção na economia internacional, por meio de trocas, ainda é pequeno. Por outro lado, a poupança interna é insuficiente para que o País possa fazer seus investimentos, razão pela qual necessita de crédito internacional e precisa de superávit na balança comercial. Surgiu com a Constituição de 1937, no seu art. 16, VII, e foi mantido, nas Constituições de 1946, em seu art. 5º, XV, "k", e de 1967, em seu art. 8º, XVII, "l".

Compete à União, de acordo com o art. 22, IX, definir as diretrizes da política nacional de transporte, assim como é de sua atribuição estabelecer os princípios e diretrizes para o sistema nacional de viação, no inciso XXI do art. 21, tudo do texto constitucional. Encontra-se constitucionalizado desde a Constituição de 1934, no art. 5º, IX, situação mantida nas Constituições seguintes. Cabe à União legislar sobre regime de portos, navegação lacustre, fluvial, marítima, aérea e aeroespacial, sendo matéria constitucional desde 1934, no art. 5º, VIII, mantida a disposição nas seguintes. Dispõe a Constituição de 1988, em seu art. 21, XII, "c", que pode ser explorada, diretamente ou mediante autorização, concessão ou permissão, a navegação aérea, aeroespacial e a infraestrutura aeroportuária. Os serviços de transporte aquaviário entre portos brasileiros e fronteiras nacionais, ou que transponham os limites de Estados-membros ou Territórios, na alínea "d" do inciso XII do art. 21, do texto constitucional, e os portos marítimos, fluviais e lacustres, são competência federal prevista na alínea "f" do mesmo permissivo constitucional.

O transporte aquaviário encontra-se tratado na Lei Federal nº 9.432, de 08.01.1997, bem como na Lei Federal nº 8.630, de 25.02.1993, que dispõe sobre o regime jurídico da exploração dos portos e das instalações portuárias. O trânsito e o transporte são matérias constitucionais, desde a Constituição de 1934, nos termos do art. 5º, IX. Os serviços de transportes são de competência federal, nos termos das alíneas "c", "d' e "e" do inciso XII do art. 21, da Constituição de 1988. O Código Brasileiro de Trânsito foi aprovado através da Lei Federal nº 9.503, de 23.09.1997, trazendo profundas inovações e a vontade de melhorar o nível do motorista nacional.

Cabe à União, no inciso XII, legislar sobre jazidas, minas, outros recursos minerais e metalurgia, posto que é do seu domínio os recursos minerais, inclusive os do subsolo, de acordo com o inciso IX do art. 20, tudo do texto constitucional. A matéria também está disciplinada no art. 176, da Constituição Federal, em que pertencem à União, constituindo propriedade distinta da do solo, para efeito de exploração ou aproveitamento, garantindo ao concessionário a propriedade do produto da lavra. Está constitucionalizada a matéria desde 1934, em seu art. 5º, XIX, "j", assim como nas seguintes Constituições de 1937 (art. 16, XIV), de 1946 (art. 5º, XV, "l") e de 1967 (art. 8º, XVII, "h"). Encontra-se disciplinada a questão pelo Código Brasileiro de Mineração, Decreto-lei nº 227, de 28.02.1967.

A nacionalidade, a cidadania e a naturalização, previstas no inciso XIII do art. 22, da Constituição Federal, são matérias de competência da União, desde a Constituição de 1934 (art. 5º, XIX, "g"), seguida pelas outras. A Constituição de 1988, em seu art. 12, diz quem é brasileiro nato e os naturalizados, questão que está disposta no Estatuto do Estrangeiro, Lei Federal nº 6.815, de 19.08.1980, e no Decreto Federal nº 86.715, de 10.12.1981.

A competência federal para legislar sobre populações indígenas, tratada no inciso XIV do art. 22, da Constituição Federal, decorre de que a União tem domínio sobre as terras tradicionalmente ocupadas pelos índios, no inciso XI do art. 20 do texto constitucional. Foi disciplinada apenas nas Constituições de 1934, 1946 e 1967. A Constituição de 1988 tratou a matéria nos arts. 231 e 232, enquanto o Estatuto do Índio, Lei Federal nº 6.001, de 19.12.1973, vem a ser a legislação recepcionada pelo texto constitucional.

A emigração e a imigração, bem como a entrada, a extradição e a expulsão de estrangeiro são matérias de competência federal, previstas no art. 22, XV, da Constituição Federal. Trata-se de coerência com a competência sobre a nacionalidade, a cidadania e a naturalização, prevista no inciso XIII deste artigo, do texto constitucional, bem como no art. 14 do mesmo permissivo constitucional. Está constitucionalizada a questão desde 1934 (art. 5º, XIX, "g"), conservada desde então. O Brasil foi um país tradicionalmente de imigrantes, com a maioria deles chegando ao século XX, mas, no final deste século, passou à condição de país de emigração, com seus nacionais indo para os Estados Unidos, o Japão e a Europa. O Conselho Nacional de Imigração foi instituído pelo Decreto Federal nº 840, de 22.06.1993, enquanto o Estatuto dos Refugiados de 1951 e a Lei Federal nº 9.474, de 22.07.1997, também disciplinam a matéria.

A organização do sistema nacional de emprego e as condições para o exercício de profissões é matéria de competência da União, de acordo com o inciso XVI do art. 22, da Constituição Federal. Esta já tem competência para organizar, manter e executar a inspeção do trabalho, prevista no inciso XXIV do art. 21, do texto constitucional. Trata-se de questão constitucionalizada pelo texto de 1937, sem seu art. 16, XVI, e mantida pelas Constituições de 1946, no art. 5º, XV, "p", e de 1967, no art. 8º, XVII, "r".

A organização do Judiciário, do Ministério Público e da Defensoria Pública do Distrito Federal e dos Territórios, bem como a organização administrativa destes é de competência da União, como ocorre desde 1937, no art. 15, XXII. A Constituição de 1988 tratou da matéria em seu art. 22, XVII. A organização e a manutenção do Poder Judiciário, do Ministério Público e da Defensoria Pública dessas Entidades Federadas devem ser de competência da União, pelo custo financeiro e interesse federal na área, conforme o inciso XIII do art. 21, do texto constitucional.

O sistema estatístico, o sistema cartográfico e o sistema de geologia nacionais devem ser legislados pela União, por lhe ser atribuição, nos termos do inciso XV do art. 21, do texto constitucional. A matéria só surgiu na Constituição anterior, de 1967, em seu art. 8º, XVII, "u'. O sistema de estatísticas nacionais encontra-se disposto na Lei Federal nº 6.183, de 11.12.1974, integrado por diversas entidades e órgãos da Administração Federal. Por outro lado, a cartografia nacional que trata de levantar cartas geográficas e geológicas está disposta no Decreto-lei nº 243, de 28.02.1967, na Lei Federal nº 5.878, de 11.05.1973, e na Lei Federal nº 6.183, de 11.12.1974. A Fundação Instituto Brasileiro de Geografia e Estatística (IBGE) foi instituída pelo Decreto-lei nº 161, de 13.02.1967, e modificada pela Lei Federal nº 5.878, de 11.05.1973, tudo já dito.

É de competência da União legislar sobre o sistema de poupança, a captação e a garantia da poupança popular, aparecendo na Constituição pela primeira vez, conforme o inciso XIX do art. 22, da Constituição Federal. A poupança é a modalidade de captação de recursos, mediante as cadernetas de poupança, garantidas pelo Governo Federal até determinado limite. As regras para a remuneração das cadernetas de poupança estão na Lei Federal nº 8.177, de 01.03.1991, enquanto a poupança encontra-se tratada no Decreto-lei nº 70, de 21.11.1966.

O sistema de consórcios e sorteios, em termo de legislação, foi atribuído à União, pela primeira vez, em textos constitucionais. Trata-se de matéria de interesse nacional, de muita relevância, que precisa ser melhor fiscalizada. A Lei Federal nº 5.768, de 20.12.1971, regulamentada pelo Decreto Federal nº 70.951, de 09.08.1972, dispõe sobre a distribuição gratuita de prêmios, mediante sorteio, vale-brinde ou concurso, a título de propaganda, e estabelece normas gerais sobre a proteção à poupança popular.

Compete à União legislar, de acordo com o inciso XXI do art. 21 do texto constitucional, sobre as normas gerais de organização, efetivos, material bélico, garantias, convocação e mobilização das políticas militares e corpos de bombeiros militares. A matéria foi disciplinada, inicialmente, pela Constituição de 1934, em seu art. 5º, XIX, "l", seguida pelas demais Constituições. Cabe à União legislar sobre a competência da polícia federal e das polícias rodoviárias e ferroviárias federais, questões que pela primeira vez tiveram tal tratamento constitucional no art. 22, XXII, da Constituição de 1988. A Polícia Rodoviária Federal está tratada na Lei Federal nº 9.654, de 02.06.1998.

A União tem competência para legislar sobre a seguridade social, matéria que surgiu em Constituição, em 1946, em seu art. 5º, XV, "b", mantida na Constituição de 1967, em seu art. 8º, XVII, "c". A Constituição de 1988, além do art. 22, XXIII, trata da matéria também no Capítulo II, Da Seguridade Social, do Título VIII, Da Ordem Social, nos arts. 194 e 195. A Lei Orgânica da Seguridade Social é a Lei Federal nº 8.212, de 24.07.1991, que foi regulamentada pelo Decreto Federal nº 3.048, de 06.05.1999; enquanto os benefícios estão na Lei Federal nº 8.213, de 24.07.1991. A seguridade social dos servidores públicos, bem como a própria seguridade geral e privada, sofreram profundas modificações com a Emenda Constitucional nº 20, de 15.12.1998, e da Emenda Constitucional nº 103, de 12.11.2019.

Cabe à União legislar sobre as diretrizes e bases para a educação nacional, competência que foi constitucionalizada ainda em 1934, no art. 5º, XIV, com as outras Constituições fazendo o mesmo, inclusive a Constituição de 1988, no art. 22, XXIV. A educação é fundamental para que o Brasil possa inserir-se na economia internacional. Apesar de o exercício da educação ser de competência da União, dos Estados-membros, do Distrito Federal e dos Municípios, cabe apenas à primeira legislar sobre o tema. Trata-se de matéria constante da Seção I, Da Educação, do Capítulo III, Da Educação, Da Cultura e Dos Desportos, do Título VIII, Da Ordem Social, previsto nos arts. 203 a 214, da Constituição de 1988. A Lei de Diretrizes e Bases da Educação Nacional (LDB), Lei Federal nº 9.394, de 20.12.1996, disciplinou a matéria, já tendo diversas alterações.

Compete à União legislar, conforme o art. 22, XXV, da Constituição de 1988, sobre registros públicos, constando de textos constitucionais desde 1946 (art. 5º, XV, "e"), com a Lei Federal nº 6.015, de 31.12.1973, tratando da matéria. Trata-se de questão que também foi disposta no art. 236 do texto constitucional, afirmando que os serviços notariais e de registro são exercidos em caráter privado, por delegação do poder público.

Foi muito polêmica a tentativa de exercício do direito contido no inciso LXXVI do art. 5º, da Constituição de 1988, que garante a gratuidade, para os reconhecidamente pobres, do registro civil de nascimento e da certidão de óbito. Apesar das aprovações da Lei Federal nº 9.265, de 12.2.1996 e da Lei Federal nº 9.534, de 10.12.1997, sobre a gratuidade dos atos necessários ao exercício da cidadania, o problema ainda não foi de todo solucionado.

Pela dimensão do problema, cabe à União legislar sobre as atividades nucleares de qualquer natureza, competência expressa que só agora foi constitucionalizada, de acordo com o inciso XXVI do art. 22, da Constituição de 1988. Compete à União a exploração dos serviços e instalações nucleares de qualquer natureza, bem como exercer o monopólio estatal sobre a pesquisa, a lavra, o enriquecimento e o reprocessamento, a industrialização e o comércio de minerais nucleares e seus derivados. A atividade nuclear do país deve ser destinada exclusivamente para fins pacíficos, através da autorização do Congresso Nacional. O Decreto-lei nº 1.809, de 07.10.1980, regulamentado pelo Decreto Federal nº 2.210, de 22.04.1997, instituiu o Sistema de Proteção ao Programa Nuclear Brasileiro, já comentado.

Compete à União legislar sobre as normas gerais de licitação e contratação, conforme o inciso XXVII do art. 22, da Constituição Federal. Encontra-se a competência expressa, pela primeira vez, na Constituição de 1988, mas a matéria já foi modificada pela Emenda Constitucional nº 19, de 04.06.1998. Está previsto, também, que as obras, serviços, compras e alienação precisam ser contratados mediante processo de licitação pública que assegure igualdade de condições a todos os concorrentes, com as propostas contendo apenas as exigências de qualificação técnica e econômica indispensáveis à garantia do cumprimento das obrigações, nos termos do inciso XXI do art. 37, do texto constitucional, que não foi modificado ainda. A Lei Federal nº 8.666, de 21.06.1993, disciplinou as licitações públicas. A União, os Estados-membros, o Distrito Federal e os Municípios devem realizar licitações, mas só a União pode legislar sobre suas normas gerais.

Trata o inciso XXVII do art. 22, do texto constitucional, de que compete à União legislar sobre a defesa territorial, defesa aeroespacial, defesa marítima, defesa civil e mobilização nacional. São matérias de competência da União, previstas desde a Constituição de 1934.

Cabe à União legislar sobre propaganda comercial, sem que tal matéria tenha sido objeto de Constituição anterior, de acordo com o inciso XXIX do art. 22, do texto constitucional. A magnífica legislação, o Código de Defesa do Consumidor, Lei Federal nº 8.078, de 11.09.1990, disciplinou perfeitamente a polêmica relação entre fornecedores e consumidores. De acordo com o **parágrafo único** do art. 22, da Constituição Federal, deve haver lei complementar para que os Estados-membros, o Distrito Federal e os Municípios possam legislar sobre as matérias previstas no referido artigo, no entanto jamais foi editada.

8.5. Competência Comum

As competências comuns da União, dos Estados-membros, do Distrito Federal e dos Municípios estão consagradas no art. 23, da Constituição de 1988, com o objetivo principal de estabelecer a cooperação técnica entre as diversas Entidades Federadas. Foi estipulado, em primeiro lugar, que cabem a essas entidades "zelar pela guarda da Constituição, das leis e das instituições democráticas e conservar o patrimônio público". Em que pese o pleonasmo da expressão "zelar pela guarda", é significativo que a responsabilidade por tal missão seja entregue a todos os participantes da Federação brasileira.

A conservação do patrimônio público é de responsabilidade de todos os cidadãos que, através de ação popular, podem pedir a anulação de "ato lesivo ao patrimônio público ou de entidade de que o Estado participe", conforme o disposto no inciso LXXIII do art. 5º, do texto constitucional.

Compete às Entidades Federadas cuidar da saúde e da assistência pública, bem como da proteção e garantia das pessoas portadoras de deficiência. A deficiência mencionada refere-se à insuficiência, falha ou perda orgânica ou psíquica, de que resulte em redução dos atos humanos cotidianos ou de trabalho. Está previsto, inclusive, que o Poder Público deve promover programas de prevenção e atendimento especializado, nos termos do art. 277, § 1º, II, do texto constitucional. O Decreto Federal nº 914, de 06.09.1993, instituiu a Política Nacional para a Integração da Pessoa Portadora de Deficiência.

Cabem-lhes, ainda, a proteção dos documentos, obras e outros bens de valor histórico, artístico e cultural, dos monumentos, das paisagens naturais notáveis e dos sítios arqueológicos. Os documentos mencionados são todos os escritos de valor histórico e cultural, relativos a épocas passadas, sendo encontráveis em bibliotecas, arquivos e museus, para a realização de estudos e pesquisas. Devem ser resguardados, também, as obras e os outros bens em tal contexto. Os monumentos, acima referidos, são as obras de arquitetura ou de escultura construídos com o objetivo de perpetuarem algum acontecimento ou personagem significativo para a história de um povo. As paisagens naturais notáveis representam as vistas de recantos que impressionam quem as contempla, enquanto os sítios arqueológicos são os locais onde se podem realizar pesquisas sobre antiguidades, em especial de períodos pré-históricos.

Na mesma linha acima, competem-lhes impedir a evasão, a destruição e a descaracterização de obras de arte e de outros bens de valor histórico, artístico ou cultural. A evasão resulta no empobrecimento do país, do seu acervo artístico, histórico e cultural, com grave violação da identidade de um povo, enquanto a destruição implica no perecimento final da obra e na descaracterização e alteração dos traços originais da obra. A Constituição de 1937, em seu art. 134, também conferia tal responsabilidade à União, aos Estados-membros, ao Distrito Federal e aos Municípios. O patrimônio histórico e artístico nacional está protegido pelo Decreto-lei nº 25, de 30.11.1937.

É também de competência comum da União, dos Estados-membros, do Distrito Federal e dos Municípios proporcionar os meios de acesso à cultura, à educação e à ciência, conforme o inciso V do art. 23, da Constituição

Federal. A cultura se manifesta na possibilidade de se frequentar bibliotecas, videotecas, galerias, exposições, museus, concertos, teatros e balés. A educação compreende a oferta de ensino nos três graus, bem como a realização de cursos, conferências e seminários. Por fim, a ciência está presente nos trabalhos de laboratórios, manejamento de instrumentos, aparelhos, microscópios, telescópios, gráficos e tabelas.

De acordo com o inciso VI do art. 23, da Constituição de 1988, devem, em conjunto, cuidar da proteção ao meio ambiente e combater a poluição em qualquer de suas formas. O meio ambiente pode ser entendido como o conjunto de condições, de leis, de influências e de interações de ordem física, química e biológica, que acolhe e dirige a vida em suas formas, abrangendo as comunidades, os ecossistemas e a biosfera. Por sua vez, a poluição é definida como uma modificação indesejável nas características físicas, químicas e biológicas no ar, solo e água, que acabam afetando contrariamente a vida humana e de outras espécies, as condições de vida e os recursos naturais. A Política Nacional do Meio Ambiente está prevista na Lei Federal nº 6.938, de 31.08.1981, ao passo que as sanções penais e administrativas encontram-se na Lei Federal nº 9.605, de 12.02.1998, com suas modificações posteriores.

No mesmo sentido acima, também lhes competem a preservação das florestas, da fauna e da flora, como dispõe o art. 23, VII, da Constituição de 1988. As florestas significam o conjunto mais ou menos extenso e denso de árvores de grande porte, ao passo que a fauna é o conjunto de animais próprios de uma região ou de um período geológico, enquanto a flora vem a ser o conjunto de plantas e de formas vegetais de uma determinada área. As florestas e a flora estão tratadas no Código Florestal, Lei Federal nº 4.771, de 15.09.1965, hoje Lei Federal nº 12.651, de 25.05.2012. A fauna encontra-se disposta no Código de Caça, Lei Federal nº 5.197, de 03.01.1967, e no Código de Pesca, Decreto-lei nº 221, de 28.02.1967, tudo já dito.

Cabem à União, aos Estados-membros, ao Distrito Federal e aos Municípios o fomento da produção agropecuária e a organização do abastecimento alimentar, conforme o inciso VIII do art. 23, da Constituição Federal. A agropecuária diz respeito à prática das relações entre a agricultura, referente ao cultivo da terra, e a pecuária, voltada ao tratamento e criação de gado. O abastecimento alimentar dirige-se ao fornecimento de alimentos a uma dada comunidade.

Competem-lhes, ainda, promover os programas de construção de moradias e a melhoria das condições habitacionais e de saneamento básico. O déficit habitacional no Brasil é absurdo e é preciso criar programas que atendam a esta demanda de forma racionalizada e com uma perspectiva social. Não obstante, a política oficial de construção de moradias está em crise, precisando ser revistas as práticas e as formas de financiamento até agora utilizadas. O saneamento básico implica a ação governamental, visando a tornar habitável e respirável o ar de determinadas regiões ou cidades, através da captação e do tratamento de dejetos domiciliares e industriais. A Lei Federal nº 14.026, de 15.07.2020, trata do novo marco do saneamento básico.

O combate às causas da pobreza e os fatores de marginalização, promovendo a integração social dos setores desfavorecidos, também é matéria de competência comum, de acordo com o inciso X do art. 23, da Constituição de 1988. A pobreza é um reflexo de uma política histórica de concentração de renda, que faz com que a maior parte da população viva em condições mínimas de sobrevivência de sua família. A marginalização é um processo mais grave, em que determinados setores sociais são completamente afastados do mercado de bens de consumo, vivendo à margem da ordem social, com evidente perda da cidadania pelos marginalizados.

Cabe à União, aos Estados-membros, ao Distrito Federal e aos Municípios registrar, acompanhar e fiscalizar as concessões de direitos de pesquisa e exploração de recursos hídricos e minerais em seu território. A competência era, tradicionalmente, reservada à União, sendo esta uma inovação da Constituição de 1988, no art. 23, XI. O texto constitucional, não obstante, conservou a competência privativa para legislar sobre as águas, nos termos do art. 22, IV, da Constituição Federal, e, também, outorgar registro da concessão de direitos de pesquisa e lavra dos recursos minerais. Observe-se que as jazidas, em lavra ou não, e os demais recursos minerais são patrimônio federal e constituem propriedade distinta da do solo, conforme o art. 176, **caput**, da mesma Constituição.

Em relação às águas superficiais, de acordo com os arts. 20, III, e 26, I, tudo do texto constitucional, pertencem respectivamente à União e aos Estados-membros, nada cabendo mais aos Municípios, enquanto as águas subterrâneas são de domínio apenas estadual. A Política Nacional de Recursos Hídricos e o Sistema Nacional de Gerenciamento de Recursos Hídricos são tratados na Lei Federal nº 9.433, de 08.01.1997. É ainda competência comum o estabelecimento e a implantação de política de educação para a segurança do trânsito, por se tratar de problema de competência comum à União, aos Estados-membros e aos Municípios, prevista no inciso XII do art. 23, do texto constitucional.

Devem ser estabelecidas leis complementares, ainda não elaboradas, que fixem normas para a cooperação entre a União, os Estados-membros, o Distrito Federal e os Municípios, com o fim de equilibrar o desenvolvimento e o bem-estar em âmbito nacional, de acordo com o parágrafo único do art. 23, da Constituição Federal. A Emenda Constitucional nº 53, de 19.12.2006, modificou o **parágrafo único** acima, apenas para colocar no plural as leis complementares, sendo que antes mencionava apenas uma lei complementar, facilitando a elaboração das legislações específicas para diferentes atribuições.

8.6. Competência Concorrente

As competências classificam-se em privativa, concorrente e comum. Na presença da competência concorrente, as entidades da Federação brasileira podem legislar, mas havendo um conflito entre as leis de diferente competência, prevalece a da União sobre a do Estado-membro ou a do Município e, ainda, prevalece a lei do Estado-membro sobre a do Município. A Constituição de 1988, em seu art. 24, apenas estabelece a competência concorrente entre a União, os Estados-membros e o Distrito Federal, estando excluídos os Municípios de tais competências concorrentes expressas.

As Constituições anteriores à atual não tinham salvo em competência tributária, previsão para competência comum ou concorrente, sendo uma inovação no constitucionalismo brasileiro. A ideia é de que as competências de diferentes Entidades Federadas funcionem como um sistema coordenado e, não, como uma fonte de conflitos. Na verdade, faz mais de três décadas de sua promulgação e até agora não se encontrou questão em que houvesse um antagonismo incruento entre a União e os Estados-membros e o Distrito Federal.

Competem, inicialmente, de forma concorrente, à União, aos Estados-membros e ao Distrito Federal, várias competências legislativas, principalmente as ligadas ao direito público, que foi o pouco que restou para que estes últimos pudessem legislar efetivamente sobre alguma coisa. Foi-lhes atribuído o direito tributário, o direito financeiro, o direito penitenciário, o direito econômico e o direito urbanístico, conforme o inciso I do art. 24, da Constituição Federal.

O direito tributário é o ramo jurídico que mais se desenvolveu na segunda metade do século XX. Todavia, nasceu junto como o próprio Estado Nacional, na Europa Ocidental, por volta do século XV. O poder unificado em volta do monarca logo tratou de criar novos tributos, diferentes dos anteriores, dos senhores feudais. Apesar do desenvolvimento do direito, como conhecimento autônomo, só passou a se consolidar no século XVIII, de modo que o direito público abrangia várias matérias. A disciplina que surgiu das questões públicas da economia foi o direito financeiro que, primeiro, afirmou-se como autônomo, tratando do orçamento e das diretrizes orçamentárias, bem como de sua execução e da arrecadação dos tributos.

Na medida em que o Poder Público ampliou sua atuação, tanto no campo econômico como no social, mais necessidade teve de receita, e o aumento dos tributos foi sempre a solução mais fácil de se fazer, e assim foi feito. O estudo dos tributos, bem como das limitações de tributar, do fato gerador, do crédito tributário e da administração tributária, passou a se constituir numa nova área do conhecimento. A Constituição de 1967 já reconhecera esta realidade, instituindo pela primeira vez capítulo para tratar do Sistema Tributário Nacional. A Constituição de 1988, no Capítulo I, Do Sistema Tributário Nacional, do Título VI, Da Tributação e do Orçamento, nos arts. 145 a 162, demonstra que o direito tributário passou a preceder ao ramo jurídico do qual surgiu o direito financeiro.

A legislação prevista está no Código Tributário Nacional, Lei Federal nº 5.172, de 25.10.1966, que foi recepcionada como lei complementar. Decorreu tal situação da combinação do art. 146, III, do texto constitucional, que prevê esta espécie de legislação com exigência de quórum qualificado para dispor sobre normas gerais em direito tributário. O § 5º do art. 34 do Ato das Disposições Constitucionais Transitórias assegurou a aplicação da lei anterior, no que não contraria a Constituição quanto ao sistema tributário nacional. Existem leis importantes, como a Lei de Execução Fiscal, Lei Federal nº 6.830, de 22.09.1980, bem como outras, que também foram recepcionadas, mas como leis ordinárias. Apesar de os Municípios não terem, explicitamente, competência concorrente sobre esta matéria, no inciso III do art. 30, está afirmada sua competência para instituir e arrecadar os tributos de sua competência, estes previstos no art. 156, tudo do texto constitucional.

O direito financeiro é o ramo de direito público interno que versa sobre a captação e a gestão dos recursos econômicos com que os órgãos públicos contam para o desempenho de sua missão. O Poder Público precisa de numerário para satisfazer a necessidade de realizar obras e de prestar serviços à comunidade. A Constituição de 1988 trata da matéria no Capítulo II, Das Finanças Públicas, do Título VI, Da Tributação e do Orçamento, nos arts. 163 ao 169. A legislação básica são as normas gerais de direito financeiro, contidas na Lei Federal nº 4.320, de 17.03.1964, bem como a recente Lei de Responsabilidade Fiscal, Lei Complementar Federal nº 101, de 04.05.2000. O Município também tem competência concorrente, nos termos em que está afirmado que pode aplicar as rendas dos tributos que recolher, bem como lhe é obrigatório prestar contas e publicar balancetes de acordo com prazos fixados em lei, previsão da parte final do inciso III do art. 30, do mesmo modo que o art. 31, que trata da fiscalização das contas dos Municípios.

O direito penitenciário é a especialização das execuções penais, na área do direito processual penal. Existem, durante a execução da pena, várias situações em que os Estados e o Distrito Federal podem legislar, para melhor se adaptarem à realidade. Trata-se de matéria inovadora no âmbito constitucional, com a legislação básica vindo a ser a Lei das Execuções Penais, Lei Federal nº 7.210, de 11.07.1984. A questão da pena e do respeito ao prisioneiro encontram-se dispostas nos incisos XLV ao L do art. 5º, do texto constitucional, que tratam dos direitos fundamentais da pessoa humana.

O direito econômico é ramo jurídico que trata da macroeconomia e de suas questões como um todo, ao passo que o direito financeiro trata apenas dos aspectos públicos dessa área econômica. O conhecimento que estuda é o da participação estatal no processo econômico, em seu aspecto monopolista, regulador e de concorrência entre os setores privados.

A Constituição de 1988, pela primeira vez, introduziu esse tema como matéria constitucional. Não só no inciso I do art. 24, da Constituição Federal, como também no art. 174, que reconhece o Poder Público como agente normativo e regulador da atividade econômica, com as funções específicas de fiscalização, incentivo e planejamento, sendo determinante para o setor público e indicativo para o setor privado. Está prevista, inclusive, uma lei para estabelecer as diretrizes e bases do planejamento do desenvolvimento nacional equilibrado, o qual deve incorporar e compatibilizar os planos nacionais e regionais de desenvolvimento.

Cabe ao direito urbanístico a disciplina do uso do solo nas cidades, sendo produto das transformações sociais que ocorreram ao longo do século XX. Hoje, já não se limita ao âmbito restrito das normas edilícias, devendo se afirmar como finalidade à adequação do uso da propriedade pelo particular, com o cumprimento de sua função social. Consiste, assim, no conjunto de normas jurídicas reguladoras das atividades do Poder Público, destinadas a ordenar os espaços habitáveis, bem como se trata de direito autônomo, que nasceu do direito administrativo. Os Estados-membros e o Distrito Federal têm competência concorrente sobre direito urbanístico, mas cabe à União, como competência exclusiva, instituir diretrizes para o desenvolvimento urbano, inclusive habitação, saneamento básico e transportes urbanos, previsto no inciso XX do art. 21.

Compete legislar sobre direito urbanístico, também, de forma concorrente, os Estados-membros, o Distrito Federal e os Municípios, de acordo com o inciso VIII do art. 30, que determina que este tem competência para promover, no que couber, adequado ordenamento territorial, mediante planejamento e controle do uso, do parcelamento e da ocupação do solo urbano. A matéria ganhou tanto relevo que a Constituição a tratou no Capítulo II, Da Política Urbana, do Título VII, Da Ordem Econômica e Financeira, nos arts. 182 e 183. Encontram-se previstos novos institutos jurídicos, como a obrigatoriedade de plano diretor, para as cidades com mais de vinte mil habitantes. Encontra-se previstas, ainda, as sanções para quem não promover o adequado aproveitamento do solo, como o parcelamento ou a edificação compulsória, o imposto sobre a propriedade predial e territorial urbana progressivo no tempo e a desapropriação com pagamento mediante títulos da dívida pública com prazo de resgate de até dez anos.

Encontra-se previsto no inciso II do art. 24, da Constituição de 1988, que a União, os Estados-membros e o Distrito Federal têm competência concorrente para tratar do orçamento, mas este é a matéria principal do direito financeiro, disposto logo no inciso anterior. Assim, está redundante tal atribuição. Na verdade, sobre tal matéria, não só essas entidades federadas, mas também os Estados-membros, o Distrito e os Municípios possuem competência sobre orçamento, de acordo com os arts. 30, III, parte final, e 31, tudo do texto constitucional. Está o orçamento legislado nas Normas Gerais de Direito Financeiro, Lei Federal nº 4.320, de 17.03.1964, como já comentado.

O registro dos atos de comércio é a tradição que assegura aos atos mercantis credibilidade, principalmente para o empresário, tratado no inciso III do art. 24, da Constituição Federal. Nasceu com as corporações de ofício, que cuidavam do registro dos profissionais das respectivas áreas. Ganhou espaço com a reafirmação do direito romano, no fim da Idade Média. Depois, firmou-se como área do direito comercial. No Brasil, foi tratado no Decreto Federal nº 738, de 25.11.1850, inicialmente, que regulamentou os Tribunais do Comércio. Depois surgiram o Decreto Federal nº 569, de 08.11.1890, e o Decreto nº 916, de 24.10.1890, que criaram o registro de firmas. O regime surgido daí era confuso, pois atribuía a competência legislativa para a União e, para os Estados-membros, a organização administrativa.

A Constituição de 1946 deu competência expressa para a União, art. 5º, XV, "e", situação mantida pela Constituição de 1967, art. 8º, XVII, "e". A Constituição de 1988 atribuiu à União competência exclusiva para legislar sobre registros públicos, no art. 21, XXV, e, de forma concorrente com os Estados-membros e o Distrito Federal, sobre juntas comerciais. A legislação que deu feição à matéria foi a Lei Federal nº 4.726, de 13.07.1966, com o regulamento aprovado pelo Decreto Federal nº 57.651, de 19.01.1966. Agora, veio a legislação básica sobre as Juntas Comerciais, a Lei Federal nº 8.934, de 18.11.1994, e o Decreto Federal nº 1.800, de 30.01.1996.

De acordo com o art. 24, IV, da Constituição de 1988, os Estados-membros têm competência para legislar sobre as custas e os serviços forenses, de acordo com as normas gerais emanadas da União. Havia, ontem, uma dúvida sobre a natureza das custas processuais, se eram taxas ou preços públicos, no primeiro caso sendo submetida às limitações do direito de tributar. A doutrina e a jurisprudência se inclinaram para considerar sua natureza tributária, posto que o Poder Público não permite que o cidadão faça justiça com as próprias mãos, não deixando a este qualquer alternativa válida, a não ser usar o Judiciário. Trata-se de um serviço público essencial, de modo que tem caráter impositivo para o cidadão, sendo, portanto, uma taxa, com todas as restrições desta espécie de tributo, tratada no art. 145, II, da constituição Federal.

A competência sobre produção e consumo existe desde a Constituição de 1946, no art. 5º, XIV, "c", passando pela de 1967, no art. 8º, XVII, "d". Trata-se de matéria relativa ao direito econômico, estando aqui como uma redundância proposital, para enfatizar mais a temática, tratada no inciso V do art. 24, do texto constitucional. Cabe à União e, de forma concorrente, aos Estados-membros e ao Distrito Federal, conforme o inciso VI do art. 24, da Constituição Federal, legislar sobre "florestas, caça, pesca, fauna, conservação da natureza, defesa do solo e dos recursos naturais, proteção do meio ambiente e controle da poluição". Trata-se da proteção ao meio ambiente, do combate à poluição, prevista no inciso VI, e da preservação das florestas, fauna e flora, prevista no inciso VII, todos do art. 23, do texto constitucional, competência comum das pessoas jurídicas de direito público acima, juntamente com os Estados-membros, o Distrito e os Municípios.

O meio ambiente pode ser entendido como o conjunto de condições, leis, influências e interações de ordem física, química e biológica, que acolhe e dirige a vida em suas formas, abrangendo as comunidades, os ecossistemas e a biosfera. A poluição é definida como uma modificação indesejável nas características físicas, químicas e biológicas no ar, solo e água, que acabam afetando contrariamente a vida humana e a de outras espécies, as condições de vida e os recursos naturais. As florestas significam o conjunto mais ou menos extenso e denso de árvores de grande porte, ao passo que fauna é o conjunto de animais próprios de uma região ou de um período geológico, enquanto flora vem a ser o conjunto de plantas e formas vegetais de uma determinada área, tudo já mencionado.

De acordo com o inciso VIII do art. 24, da Constituição Federal, cabe à União, aos Estados-membros e ao Distrito Federal legislar sobre proteção ao patrimônio histórico, cultural, artístico, turístico e paisagístico. O patrimônio histórico, cultural e artístico compreende os documentos mencionados – são todos os escritos, de valor histórico e cultural, relativos às épocas passadas. Devem ser protegidas, também, as obras e os monumentos, que são as obras de arquitetura ou de escultura construídas com o objetivo de perpetuarem algum acontecimento ou personagem significativo para a história de um povo. As paisagens naturais notáveis representam as vistas de recantos que impressionam quem as contemplam, enquanto o turismo é um importante setor econômico, que aproveita o patrimônio citado acima. Trata-se de competência comum da União, dos Estados-membros e do Distrito Federal, mais os Municípios, de acordo com os incisos VI e VII do art. 23, do texto constitucional.

Cabe-lhes, ainda, legislar de forma concorrente sobre responsabilidade por dano ao meio ambiente, ao consumidor, aos bens e direitos de valor artístico, estético, histórico, turístico e paisagístico. Esta matéria está legislada, basicamente, na Lei Federal nº 7.347, de 24.07.1985, e no Decreto Federal nº 1.306, de 09.11.1994, sobre a ação civil de responsabilidade por danos causados ao meio ambiente, ao consumidor, bem como aos bens e direitos de valor artístico, estético, histórico, turístico e paisagístico.

A educação, a cultura, o ensino e o desporto são matérias de competência concorrente da União, dos Estados-membros e do Distrito Federal, de acordo com o inciso IX do art. 24, da Constituição Federal. A educação e o ensino compreendem a oferta de ensino nos três graus, bem como a realização de cursos, conferências e seminários. A cultura se manifesta na possibilidade de se frequentar bibliotecas, videotecas, galerias, exposições, museus, concertos, teatros e balés. O desporto é salutar para a vida física e mental do cidadão e de um povo, encontra-se tratado na Lei Federal nº 9.615, de 24.03.1998, e no Decreto Federal nº 2.574, de 29.04.1998.

A criação, o funcionamento e o processo dos Juizados Especiais é competência concorrente da União, com os Estados-membros e o Distrito Federal, conforme o inciso X do art. 24, da Constituição de 1988. A matéria processual é de competência federal exclusiva, nos termos do art. 22, I, do texto constitucional. Todavia, a legislação estadual pode oferecer soluções importantes, adequando a realidade social e econômica regional à justiça especial, conforme a nova nomenclatura, que substituiu a utilizada pela Constituição Federal. O objetivo, então, é ter se uma justiça célere e eficiente. A Lei Federal nº 9.099, de 26.09.1995, trata das normas gerais e processuais dos Juizados Especiais, restando a adaptação do sistema, a ser feita pelas leis estaduais no que tange ao funcionamento dos respectivos Juizados Especiais Cíveis e Criminais.

A competência para legislar sobre processo é exclusiva da União, nos termos do inciso I do art. 21, do texto constitucional. O entendimento tradicional é de que o procedimento é o conjunto de atos que compõem o processo, ao passo que este tem o sentido dinâmico de fazer a questão avançar, passando pelos procedimentos elencados. O sentido deste dispositivo é, ao mesmo tempo, garantir que as normas gerais sejam federais, ao passo que permite aos Estados-membros adaptarem seu Poder Judiciário às necessidades locais. A matéria encontra-se constitucionalizada no inciso XI do art. 24, da Constituição de 1988.

Compete à União, aos Estados-membros e ao Distrito Federal legislar sobre previdência social, proteção e defesa da saúde, de acordo com o inciso XII do art. 24, da Constituição Federal. A previdência social é matéria fundamental para um país, pois dela depende o futuro dos cidadãos, que se preparam ao longo da vida para poderem se aposentar com dignidade. A questão é tratada na Seção III, Da Previdência Social, do Capítulo II, Da Seguridade Social, do Título VIII, Da Ordem Social, nos arts. 201 e 202, enquanto está legislada na Lei Federal nº 8.213, de 24.07.1991, sobre os planos de benefícios. A proteção e a defesa à saúde compreendem direitos subjetivos, previstos no art. 6º e no art. 196, tudo do texto constitucional. Abrange, também, a Seção II, Da Saúde, do Capítulo II do Título VIII da

Constituição de 1988, nos arts. 196 a 202, estando também na Lei Federal nº 8.080, de 19.09.1990, e na Lei Federal nº 8.142, de 28.12.1990.

De acordo com o inciso XIII do art. 24, da Constituição de 1988, cabe à União, aos Estados-membros e ao Distrito Federal legislar, de forma concorrente, sobre a Assistência Judiciária e Defensoria Pública. Trata-se de direitos essenciais, previstos no inciso LXXIV do art. 5º do texto constitucional. A Assistência Judiciária é a maneira pela qual o juridicamente necessitado tem o direito à prestação jurisdicional estatal. A Defensoria Pública é a instituição que permite o exercício desse direito, estando prevista no art. 134, da Constituição de 1988. A Assistência Judiciária encontra-se tratada na Lei Federal nº 1.060, de 05.02.1950, ao passo que a Defensoria Pública está na Lei Complementar Federal nº 80, de 12.01.1994, e suas modificações.

Cabe à União, aos Estados-membros e ao Distrito Federal legislar sobre a proteção e a integração social das pessoas portadoras de deficiência, conforme o inciso XIV do art. 24 da Constituição Federal. Está o problema posto, na Lei Federal nº 7.853, de 24.10.1989, que dispõe sobre o apoio às pessoas portadoras de deficiência, sua integração social, pela Coordenadoria Nacional para Integração da Pessoa Portadora de Deficiência (CORDE), bem como institui a tutela jurisdicional de interesses coletivos ou difusos dessas pessoas, e disciplina a atuação do Ministério Público, definindo os crimes sobre a matéria.

Por fim, a proteção à infância e à juventude é matéria de competência concorrente da União, dos Estados-membros e do Distrito Federal, nos termos do inciso XV do art. 24 do texto constitucional. Está prevista no Estatuto da Criança e do Adolescente (ECA), Lei Federal nº 8.069, de 13.07.1990.

As competências podem ser privativas, concorrentes e comuns. Nas concorrentes, as diversas Entidades Federadas podem dela usar, mas nos conflitos prevalece as competências da União sobre as dos Estados-membros, do Distrito Federal e dos Municípios, e as dos Estados-membros sobre as dos Municípios. Nos termos deste artigo, a competência da União limita-se a estabelecer normas gerais, com a competência suplementar sendo dos Estados-membros. Caso não haja a lei federal sobre normas gerais, os Estados-membros e o Distrito Federal podem exercer a competência legislativa plena, para atender suas necessidades. Vindo a norma geral federal, esta suspende a eficácia da lei estadual, no que lhe for contrária.

8.7. Competência do Estado-Membro

Foi estabelecido que os Estados-membros têm autonomia para se organizar e se reger através de Constituições e leis[16], com o processo consti-

16 "STF: **autorização da Assembleia Legislativa para que o Governador (ou o Vice) se ausente do país qualquer que seja o prazo** A exigência de prévia autorização da as-

tucional e legislativo estadual estando submetido às regras fixadas para o processo federal, de acordo com os arts. 59 a 69, da Constituição de 1988[17]. Fixou-se, ainda, que na Federação as competências expressas seriam da União e dos Municípios, enquanto caberia aos Estados-membros a competência residual, adequada aos seus interesses regionais[18]. Estes são diferentes dos interesses federal e municipais, cada qual com uma gradação, não de superioridade, mas de interesse.

sembleia legislativa para o governador e o vice-governador do Estado ausentarem-se, "em qualquer tempo", do território nacional mostra-se incompatível com os postulados da simetria e da separação dos Poderes. A **Constituição Federal, em seu art. 49, III e em seu art. 83, prevê que é da competência do Congresso Nacional autorizar o Presidente e o Vice-presidente da República a se ausentarem do País quando a ausência for por período superior a 15 dias. Logo, afronta os princípios da separação dos Poderes e da simetria a norma da Constituição estadual que exige prévia licença da Assembleia Legislativa para que o Governador e o Vice-governador se ausentem do País por qualquer prazo. Os Estados-membros não podem criar novas ingerências de um Poder na órbita de outro que não derivem explícita ou implicitamente de regra ou princípio previsto na Constituição Federal**. STF. Plenário. ADI 5373 MC/RR, Rel. Min. Celso de Mello, julgado em 9/5/2019 (Info 939)" (ABNC).

17 "A autonomia estará presente com maior ou menor amplitude em tais teorias, vinculando-se à ideia de uma 'pluralidade de ordenamentos, revestindo de organização própria os centros territoriais de atividade jurídica, política e social. Autonomia é, no caso, expressão do poder estatal'. A autonomia dos entes de uma federação diferencia-se da autonomia de outras instituições públicas, como a conferida às organizações que nascem da descentralização administrativa, quando são criadas, por exemplo, autarquias. As autarquias no Direito brasileiro gozam, de maneira geral, de autonomia administrativa e financeira. É o caso das universidades e das agências reguladoras, destinatárias de receitas próprias e autonomia de gestão. A autonomia conferida a estas instituições, entretanto, não lhes possibilita a criação de um ordenamento jurídico próprio, pois suas prerrogativas normativas estão restritas ao âmbito regulatório, limitado pelo princípio da legalidade. A autonomia conferida aos entes de uma federação possibilita, como o conceito transcrito acima indica, a pluralidade de ordenamentos: a ordem jurídica nacional, a ordem jurídica federal e as ordens jurídicas instituídas pelos Estados Membros, ordens jurídicas parciais, como denominam alguns autores. O artigo 18 da Constituição da República consagra a autonomia política e administrativa da União, dos Estados, do Distrito Federal e dos Municípios, autonomia que fundamenta-se em três pilares, o político, o financeiro e o administrativo, possibilitando ao integrante da federação a auto organização" (OLIVEIRA, Emerson Ademir Borges. **União Federal**. *In*: ALVIM, Eduardo Arruda, LEITE, George Salomão, e STRECK, Lênio (coords.). **Curso de Direito Constitucional**. Florianópolis: Tirant le Blanch, 2018, p. 479).

18 Ver: ATALIBA, Geraldo. **Competência Legislativa Supletiva Estadual**. *In*: **Revista de Direito Público**. São Paulo: Revista dos Tribunais, abr.-jun./1982, nº 62/21, e **Doutrinas Essenciais: Direito Constitucional (Edições Especiais Revista dos Tribunais: 100 Anos)**. 2ª tir. São Paulo: Revista dos Tribunais, 2013, vol. III, p. 501.

Ao apreciar lei catarinense que estabelecera reajustes para seus servidores de conformidade com o IPC, o Pleno do Supremo Tribunal Federal julgou-a inconstitucional por violar, entre outros preceitos, o art. 25 da Constituição Federal, entendendo ferida a autonomia do Estado-membro, que restava submisso a índice de correção monetária fixada pela União[19]. Entretanto, não caracteriza a hipótese de vinculação, nem de usurpação da autonomia estadual, a incidência da legislação federal disciplinadora, no âmbito do direito do trabalho, dos reajustes salariais compulsórios, que se aplicam aos servidores públicos estaduais submetidos a esse regime jurídico[20].

Pelo art. 11, **caput**, do Ato das Disposições Constitucionais Transitórias, cabe ao Estado-membro elaborar sua Constituição Estadual. Ainda que tenha competência residual para fixar suas próprias disposições constitucionais estaduais, deve existir a simetria com a Constituição de 1988. O Supremo Tribunal Federal considerou inconstitucional a exigência da Assembleia Legislativa autorizar a ausência do Governador do Estado do país qualquer que seja o prazo, na ADI 5373 MC/RR, que teve como Relator o Ministro Celso de Melo[21].

Com efeito, "os servidores públicos dos Estados-membros, contratados sob o regime da Consolidação das Leis do Trabalho, têm jus aos reajustes salariais previstos na legislação própria, cuja competência cabe à União Federal"[22]. O § 2º do art. 25 tem a redação dada pela Emenda Constitucional nº 5, de 18.05.1995. Antes, cabia aos Estados-membros explorar diretamen-

19 **Revistas dos Tribunais** nº 725, p. 103, e **Revista Trimestral de Jurisprudência** nº 161, p. 24.

20 **Revista de Direito Administrativo** nº 208, p. 185.

21 **"A Constituição estadual só pode exigir lei complementar para tratar das matérias que a Constituição Federal também exigiu lei complementar [mudança de entendimento].**
A Constituição Estadual **NÃO** pode **ampliar as hipóteses de reserva de lei complementar**, ou seja, não pode criar outras hipóteses em que é exigida lei complementar, além daquelas que já são previstas na Constituição Federal. Se a Constituição Estadual amplia **o rol de matérias que deve ser tratada por meio de lei complementar, isso restringe indevidamente o "arranjo democrático-representativo desenhado pela Constituição Federal".** Caso concreto: **STF declarou a inconstitucionalidade de dispositivo da CE/SC que exigia a edição de lei complementar para dispor sobre**: a) regime jurídico único dos servidores estaduais; b) organização da Polícia Militar; c) organização do sistema estadual de educação e d) plebiscito e referendo. Esses dispositivos foram declarados inconstitucionais porque a CF/88 não exige lei complementar para disciplinar tais assuntos. STF. Plenário. ADI 5003/SC, Rel. Min. Luiz Fux, julgado em 5/12/2019 (Info 962)" (ABNC).

22 **Diário de Justiça da União (DJU)** de 21.02.1997, p. 2.830.

te, ou mediante concessão a empresa estatal, com exclusividade de distribuição, os serviços locais de gás canalizado. Como passou a não haver mais restrições quanto à natureza jurídica da concessionária, pode ser exercido o serviço de utilidade pública por qualquer empresa, especialmente a privada. Tratou-se da Reforma Econômica, juntamente com a Emenda Constitucional nº 6, de 15.08.1995, que modificou o inciso IX do art. 170 e o § 1º do art. 176; com a Emenda Constitucional nº 7, de 15.08.1995, que modificou o art. 178; com a Emenda Constitucional nº 8, de 15.08.1995, que alterou o inciso XI e a alínea "a" do inciso XII do art. 21; e com a Emenda Constitucional nº 9, de 09.11.1995, que deu nova redação ao § 1º do art. 177 e incluiu um parágrafo, que foi numerado como § 2º, com três incisos, passando o antes § 2º para § 3º.

Com tais medidas, foi possível fazer as privatizações dos principais serviços de utilidade pública: a) o gás canalizado; b) a pesquisa e a lavra de recursos minerais; c) o aproveitamento dos potenciais de energia elétrica; d) o transporte aéreo, aquático e terrestre; e) os serviços de telecomunicação e de radiodifusão sonora e de sons e imagens. Foi modificado o conceito de empresa nacional, bem como a contratação da União passou a não ter restrição para empresas estrangeiras.

Cabe aos Estados-membros, ainda, instituir Regiões Metropolitanas, Aglomerações Urbanas e Microrregiões, constituídas por agrupamento de Municípios limítrofes. Lei complementar deve ser o meio de dispor sobre a integração, organização, planejamento e execução de seus serviços públicos comuns. As expressões exteriorizam a mesma ideia. Pode ser entendida a Região Metropolitana como o conjunto de Municípios cuja sede tem certa continuidade urbana em volta de um Município central. A Microrregião resulta de grupo de Municípios que tem limites com certa identidade e problemas comuns. Por fim, Aglomerados Urbanos significam que se trata de uma área urbana contígua de Municípios, sem um Município central, mas todos justapostos.

Foi fixado que o número de Deputados Estaduais deve corresponder ao triplo da representação do Estado-membro na Câmara dos Deputados. Quando atingir o número de trinta e seis deve ser acrescido de tantos quanto forem os Deputados Federais acima de doze. O mandato deve ser de quatro anos, devendo a Constituição Estadual manter as mesmas regras federais quanto: a) o sistema eleitoral, nos arts. 14 e 16 da Constituição Federal; b) a inviolabilidade, no art. 53, **caput**, da Constituição Federal; c) a imunidade, parágrafos do art. 53 da Constituição Federal; d) a remuneração, no § 4º, do art. 39 da Constituição Federal; e) a perda de mandato, no art. 55 da Constituição Federal; f) a licença, no art. 56 da Constituição Federal; g) os impedimentos, no art. 54 da Constituição Federal; h) a incorporação às Forças Armadas, no § 6º do art. 53 da Constituição Federal.

Encontra-se disposto no § 2º do art. 27, da Constituição de 1988, que a remuneração dos Deputados Estaduais deve ser fixada, em cada legislatura, para a subsequente, pela Assembleia Legislativa. Deve-se observar as regras: a) do art. 150, II, pois o princípio da isonomia implica que não podem os parlamentares terem privilégios ou prejuízos no exercício dos mandatos eletivos; b) do art. 153, III, obrigatoriedade de pagamento de imposto de renda de pessoa física; c) do art. 153, § 2º, I, tudo do texto constitucional, o imposto de renda de pessoa física deve ser informado pelos critérios da generalidade, da universalidade e da progressividade.

A Emenda Constitucional nº 1, de 31.03.1992, incluiu ao texto original a expressão "na razão de, no máximo, setenta e cinco por cento daquela estabelecida, em espécie, para os deputados federais", como forma de limitar os benefícios que os parlamentares estaduais possuem em relação aos federais, especialmente quanto à verba de gabinete e ao pagamento dos assessores lotados nos gabinetes. A luta para impedir as verbas excessivas e, às vezes, desnecessárias para o Legislativo Estadual, fez com que mais uma vez fosse mudada a regra do dispositivo, procurando limitar os benefícios ainda mais, com a chamada Reforma Administrativa, implantada pela Emenda Constitucional nº 19, de 04.06.1998.

Passou-se, então, para a redação atual, em que o subsídio dos Deputados Estaduais deve ser fixado por lei de iniciativa da própria Assembleia Legislativa, na razão de, no máximo, setenta e cinco por cento daquele estabelecido para os deputados federais, em espécie. Foi incluída, ainda, a observância do que dispõe os art. 39, § 4º, da Constituição Federal, de que o detentor de mandato eletivo seria remunerado exclusivamente por subsídio, fixado em parcela única, vedada o acréscimo de qualquer gratificação, adicional, abono, prêmio, verba de representação ou outra espécie remuneratória. Existe, ainda, como limite, a necessidade de lei, para fixar ou alterar a remuneração e o subsídio, feito em lei específica para a matéria. Estes não devem exceder ao subsídio mensal, em espécie, dos Ministros do Supremo Tribunal. Foram mantidas, ainda, as outras exigências de natureza tributária.

A Compensação Financeira para Exploração de Recursos Minerais, estabelecida pela Constituição de 1988, em seu art. 20, § 1º, é devida aos Estados-membros, ao Distrito Federal, aos Municípios e aos órgãos da administração da União, como contraprestação pela utilização econômica dos recursos minerais em seus respectivos territórios. Ao Departamento Nacional de Produção Mineral (DNPM) compete baixar normas e exercer fiscalização sobre a arrecadação da Compensação Financeira pela Exploração de Recursos Minerais (CFEM), pela Lei Federal nº 8.876 05.02.1994, no art. 3º, inciso IX.

O art. 6º da Lei Federal nº 7.990, 28.12.1989, passou a vigorar com as seguintes alterações, resultado do art. 1º da Lei Federal nº 13.540, de 18.12.2017, ficando assim, no art. 6º, a exploração de recursos minerais enseja o recolhimento da Compensação Financeira pela Exploração de Recursos Minerais (CFEM), nos termos do § 1º art. 20, da Constituição Federal, por ocasião: a) da primeira saída por venda de bem mineral; b) do ato de arrematação, nos casos de bem mineral adquirido em hasta pública; c) do ato da primeira aquisição de bem mineral extraído sob o regime de permissão de lavra garimpeira; d) do consumo de bem mineral.

8.8. Bens do Estado-Membro

Cabia, pela Constituição de 1967, em seu art. 5º, aos Estados-membros os seguintes bens: a) os lagos e os rios em terrenos de seu domínio e os que têm nascente e foz no território estadual; b) as ilhas fluviais e lacustres; c) as terras devolutas não compreendidas nas terras devolutas da União. A Constituição de 1988, por conseguinte, ampliou tal domínio, no seu art. 26, passando a incluir entre os bens de domínio estadual, além daqueles anteriores, as águas subterrâneas, fluentes, emergentes e em depósito, exceto as decorrentes de obras da União e, ainda, as áreas, nas ilhas oceânicas e costeiras, que estiverem no seu domínio, excluindo aquelas sob o domínio da União, dos Municípios ou de terceiros.

O reconhecimento do domínio estadual sobre as águas subterrâneas é importante, porque permite que um poder regional tenha condições de administrar o uso de reserva fundamental para a manutenção da vida humana. Na segunda metade deste século XXI, provavelmente, quase toda a água consumida virá desses depósitos naturais. Deve-se, então, evitar seu desperdício e poluição, com a fiscalização e o controle necessários pelo Poder Público.

Pela Lei Federal nº 8.876 05.02.1994, no art. 3º, inciso IX, a Compensação Financeira é devida pelas mineradoras em decorrência da exploração de recursos minerais para fins de aproveitamento econômico. A exploração de recursos minerais consiste na retirada de substâncias minerais de jazida, de mina, de salina ou de outro depósito mineral para fins de aproveitamento econômico. Constitui o fato gerador da compensação financeira devida pela exploração de recursos minerais a saída por venda do produto mineral das áreas de jazida, de mina, de salina ou de outros depósitos minerais. Também se revela como fato gerador da CFEM a transformação industrial do produto mineral ou mesmo o seu consumo por parte do minerador. A compensação financeira é calculada sobre o valor do faturamento líquido, obtido por ocasião da venda do produto mineral.

O art. 6º da Lei Federal nº 7.990, 28.12.1989, passou a vigorar com as seguintes alterações, resultado do art. 1º, da Lei Federal nº 13.540, de 18.12.2017, ficando assim:

> "Art. 6º A exploração de recursos minerais ensejará o recolhimento da Compensação Financeira pela Exploração de Recursos Minerais (CFEM), nos termos do § 1º art. 20 da Constituição Federal, por ocasião da primeira saída por venda de bem mineral; do ato de arrematação, nos casos de bem mineral adquirido em hasta pública; do ato da primeira aquisição de bem mineral extraído sob o regime de permissão de lavra garimpeira; e do consumo de bem mineral".

Para os fins do disposto nessa legislação, conforme § 4° do art. 6º, da Lei Federal nº 7.999, de 28.12.1989, considera-se: a) bem mineral, a substância mineral já lavrada após a conclusão de seu beneficiamento, quando for o caso; b) beneficiamento, as operações que objetivem o tratamento do minério, tais como processos realizados por fragmentação, pulverização, classificação, concentração, separação magnética, flotação, homogeneização, aglomeração, aglutinação, briquetagem, nodulação, pelotização, ativação e desaguamento, além de secagem, desidratação, filtragem e levigação, ainda que exijam adição ou retirada de outras substâncias; c) consumo, a utilização de bem mineral, a qualquer título, pelo detentor ou arrendatário do direito minerário, assim como pela empresa controladora, controlada ou coligada, em processo que importe na obtenção de nova espécie. Os rejeitos e estéreis decorrentes da exploração de áreas objeto de direitos minerários que possibilitem a lavra, na hipótese de alienação ou consumo, devem ser considerados como bem mineral para fins de recolhimento da CFEM. No caso de rejeitos e estéreis de minerais associados utilizados em outras cadeias produtivas, há uma redução de alíquota da CFEM de cinquenta por cento.

A Lei Federal nº 8.001, de 13.03.1990, passou a vigorar com as alterações conforme a Lei Federal nº 13.540, de 18.12.2017. A legislação dispõe que as alíquotas da Compensação Financeira pela Exploração de Recursos Minerais (CFEM) são aquelas constantes no Anexo da lei acima, observado o limite de quatro por cento, e incidirem: a) na venda, sobre a receita bruta da venda, deduzidos os tributos incidentes sobre sua comercialização; b) no consumo, sobre a receita bruta calculada, considerado o preço corrente do bem mineral, ou de seu similar, no mercado local, regional, nacional ou internacional, conforme o caso, ou o valor de referência, definido a partir do valor do produto final obtido após a conclusão do respectivo processo de beneficiamento; c) nas exportações, sobre a receita calculada, considerada como base de cálculo, no mínimo, o preço parâmetro definido pela Secretaria da Receita Federal do Brasil do Ministério da Fazenda, com fundamento no art. 19-A da Lei Federal nº 9.430, de 27.12.1996, e na legislação complementar. Na hipótese de inexistência do preço parâmetro, é considerado o valor de referência, observado o disposto nos parágrafos 10 e 14 do artigo acima, na hipótese de bem mineral adquirido em hasta pública, sobre o valor de arrematação ou na hipótese de extração sob o regime de permissão de lavra garimpeira, sobre o valor da primeira aquisição do bem mineral.

A distribuição da compensação financeira referida no **caput** do artigo acima, conforme § 2º, é feita de acordo com os seguintes percentuais e critérios: a) 7% (sete por cento) para a entidade reguladora do setor de mineração; b) 1% (um por cento) para o Fundo Nacional de Desenvolvimento Científico e Tecnológico (FNDCT), instituído pelo Decreto-Lei nº 719, de 31.07.1969, e restabelecido pela Lei Federal nº 8.172, de 18.01.1991, destinado ao desenvolvimento científico e tecnológico do setor mineral; c) 1,8% (um inteiro e oito décimos por cento) para o Centro de Tecnologia Mineral (Cetem), vinculado ao Ministério da Ciência, Tecnologia, Inovações e Comunicações, criado pela Lei Federal nº 7.677, de 21.10.1988, para a realização de pesquisas, estudos e projetos de tratamento, beneficiamento e industrialização de bens minerais; d) 0,2% (dois décimos por cento) para o Instituto Brasileiro do Meio Ambiente e dos Recursos Naturais Renováveis (Ibama), para atividades de proteção ambiental em regiões impactadas pela mineração; e) 15% (quinze por cento) para o Distrito Federal e os Estados-membros onde ocorrer a produção; f) 60% (sessenta por cento) para o Distrito Federal e os Municípios onde ocorrer a produção; g) 15% (quinze por cento) para o Distrito Federal e os Municípios, quando afetados pela atividade de mineração e a produção não ocorrer em seus territórios, nas seguintes situações: 1) cortados pelas infraestruturas utilizadas para o transporte ferroviário ou dutoviário de substâncias minerais; 2) afetados pelas operações portuárias e de embarque e desembarque de substâncias minerais; 3) onde se localizem as pilhas de estéril, as barragens de rejeitos e as instalações de beneficiamento de substâncias minerais, bem como as demais instalações previstas no plano de aproveitamento econômico.

8.9. Distrito Federal e suas Atribuições

Brasília é a Capital Federal desde 21 de abril de 1960, estando situada no Distrito Federal, entidade federativa que tem as competências dos Estados-membros e dos Municípios, posto que não está dividida entre estes. Em razão da dimensão continental do Brasil, sempre se teve a ideia de se fazer uma capital mais para o interior do Brasil, para desenvolver de forma mais equilibrada as suas regiões. A Constituição de 1891, em seu art. 3º, fazia menção a uma zona no planalto central da República, para nela se estabelecer a futura Capital Federal. Por fim, a Lei Federal nº 2.874, de 19.09.1956, fixou a área do futuro Distrito Federal e deu o nome a ela – Brasília. Foi assim que o Presidente Juscelino Kubitschek a ergueu do nada, no planalto central do país, em seu centro geográfico.

O Distrito Federal não pode ser dividido em Municípios e se constitui através de Lei Orgânica, com maioria de aprovação de dois terços, art. 32, **caput**, da Constituição Federal. Cabem-lhe, ainda, as competências expressas e implícitas dos Municípios, bem como a competência residual dos Municípios, art. 31, § 1º, da Constituição Federal. A eleição do Governador e do Vice-Governador segue as regras das eleições dos Executivos Estaduais, nos termos do art. 77, do texto constitucional. Os Deputados Distritais têm as mesmas atribuições dos Deputados Estaduais, no art. 31, § 2º, da Constituição Federal, cabendo a estes e à Câmara Distrital os poderes expressos no art. 21, da Constituição de 1988, bem como no art. 31, § 3º.

O Distrito Federal é uma área **sui generis**, em razão do interesse que a União nele deve ter, porque aí funciona a maioria dos seus órgãos políticos e administrativos. Assim, a lei federal, nos termos do art. 21, XIV, e do § 4º do art. 32, do texto constitucional, deve dispor sobre a utilização, pelo Governo do Distrito Federal, das Polícias Civil e Militar e do Corpo de Bombeiros[23]. O inciso XIV do art. 21, da Constituição Federal, foi modificado pela Emenda Constitucional nº 19, de 04.06.1998, para retirar do dispositivo a matéria relativa às polícias federal, rodoviária e ferroviária, como melhor técnica constitucional, assim como instituindo fundo, para prestar assistência financeira para a execução de serviços públicos do Distrito Federal.

8.10. Territórios e Regiões Brasileiras

Os Territórios Federais integram a União, resultando de desmembramento de área pertencente a Estado já existente ou de desmembramento de parte de outro Território Federal. A Constituição de 1891 foi omissa sobre a matéria, só aparecendo na Constituição de 1934, em seu art. 16, que tratava do então Território do Acre, havido por conquista e, depois, por indenização paga à Bolívia, no começo do século XX. A Constituição de 1988 permitiu que os Territórios Federais tornem-se Estados-membros, subdividam-se em novos territórios ou, até, voltem a participar dos Estados-membros de que tenham sido desmembrados. Quando ele se torna um Estado-membro, passa então a adquirir a autonomia constitucional e sua organização representativa, nos termos do texto constitucional. Não existem mais Territórios, havendo apenas a previsão constitucional. Os Territórios Federais de Roraima e do Amapá foram transformados em Estados-membros, mantidos

23 Súmula Vinculante 39, de 11.03.2015: "Compete privativamente à União legislar sobre vencimentos dos membros das polícias civil e militar e do corpo de bombeiros militar do Distrito Federal".

seus outros limites geográficos, conforme o art. 14 do Ato das Disposições Constitucionais Transitórias. Foi utilizada como parâmetro a criação do Estado de Rondônia, que fora Território Federal no sistema da Constituição de 1967 e da sua Emenda Constitucional nº 1, de 17.10.1969. O Território Federal de Fernando de Noronha foi incorporado ao Estado de Pernambuco, reinvindicação antiga, de acordo com o art. 15 do Ato das Disposições Constitucionais Transitórias, ainda que a maior parte da sua área seja um Parque Federal, de domínio da União, como já comentado.

Tramitam no Congresso Nacional vários projetos de criação de Estados-membros e de Territórios Federais, estes especialmente na Amazônia Ocidental, região ainda bastante despovoada e de pouco desenvolvimento, que precisa da atuação da União. Pela Constituição de 1988, os Territórios Federais podem ser divididos em Municípios, no art. 29, § 1º, da Constituição Federal e devem ter suas contas submetidas ao Congresso Nacional, com parecer prévio do Tribunal de Contas da União, no art. 29, § 2º, da Constituição Federal. A organização administrativa e judiciária deve ser objeto de lei especial, com o Poder Judiciário, o Ministério Público e a Defensoria Pública sendo organizados por lei da União, nos termos do art. 21, XIII, e do art. 29, **caput** e § 3º, do texto constitucional.

A Emenda Constitucional nº 69, de 29.03.2012, deu nova redação sobre a Defensoria Pública do Distrito Federal, assim:

> "Art. 1º Os arts. 21, 22 e 48 da Constituição Federal passam a vigorar com a seguinte redação:
>
> Art. 21. ....
>
> ....
>
> XIII - organizar e manter o Poder Judiciário, o Ministério Público do Distrito Federal e dos Territórios e a Defensoria Pública dos Territórios;
>
> ....
>
> Art. 22. ....
>
> ....
>
> XVII - organização judiciária, do Ministério Público do Distrito Federal e dos Territórios e da Defensoria Pública dos Territórios, bem como organização administrativa destes;
>
> ....
>
> Art. 48. ....
>
> ....
>
> IX - organização administrativa, judiciária, do Ministério Público e da Defensoria Pública da União e dos Territórios e organização judiciária e do Ministério Público do Distrito Federal;
>
> ....
>
> Art. 2º Sem prejuízo dos preceitos estabelecidos na Lei Orgânica do Distrito Federal, aplicam-se à Defensoria Pública do Distrito Federal os mesmos princípios e regras que, nos termos da Constituição Federal, regem as Defensorias Públicas dos Estados.

> Art. 3º O Congresso Nacional e a Câmara Legislativa do Distrito Federal, imediatamente após a promulgação desta Emenda Constitucional e de acordo com suas competências, instalarão comissões especiais destinadas a elaborar, em 60 (sessenta) dias, os projetos de lei necessários à adequação da legislação infraconstitucional à matéria nela tratada".

As regiões, pela primeira vez, passaram a ser tema constitucional. Trata-se de tema importante, pois a regionalização tem permitido, em outros países, a descentralização administrativa, o desenvolvimento e a redução de desigualdades regionais. Na verdade, em especial o Nordeste e o Norte brasileiros mereceram uma atenção especial, através de agências de desenvolvimento. Não obstante, continua a desigualdade dessas regiões e também do Centro-Oeste, apesar da aplicação de renda de tributos federais em instituições financeiras de caráter regional, como ocorre no art. 159, I, "c", do texto constitucional.

Deve haver lei complementar para dispor sobre as condições para integração de regiões em desenvolvimento e a composição dos organismos regionais que executarão os planos regionais, integrantes de planos nacionais de desenvolvimento econômico e social, art. 40, § 1º, da Constituição de 1988. Os incentivos fiscais devem servir para este propósito, através de questões de transporte, juros, evasão fiscal e aproveitamento de águas, art. 40 § 2º, da Constituição Federal. A União deve incentivar a recuperação de terras áridas e cooperar com os pequenos e médios proprietários rurais para o estabelecimento de fontes de água e de pequena irrigação, art. 43, § 3º, da Constituição de 1988.

Capítulo IX

MUNICÍPIOS NA REALIDADE BRASILEIRA

9.1. Municipalismo e suas Demandas Atuais

O gênero humano é eminentemente social, de modo que sempre procurou se associar para garantir a própria sobrevivência. Dos núcleos familiares iniciais aos agrupamentos maiores, caracterizados como clãs ou tribos, ocorreu a formação dos grupos sociais em decorrência do interesse de se garantir a segurança, a divisão social do trabalho e o início das funções administrativas, guerreiras ou religiosas. A organização política dos Municípios talvez não tenha raízes tão remotas, mas, sem sombra de dúvidas, o espírito gregário e autóctone tem origem nesse passado remoto.

O Município atual, ainda que com eleições bem diferentes, teve início com o **Municipium** o**u Municipia** da Roma Antiga, organização local surgida no final da República. Atribui-se a Lúcio Cornélio Sila[1], em meio às reformas que efetuou, após grande expurgo de Senadores e das classes dos **equites**, a primeira legislação definidora das características dessa entidade. Foram instituídas Assembleias nas cidades, que votavam os seus estatutos e elegiam os magistrados locais para um Conselho, com funções assemelhadas ao Senado Romano, e o **Duumvir**, com poderes análogos ao do Cônsul[2].

A principal instituição das cidades era um Conselho Municipal, **Curia** ou **Ordo Decurionum**, em que os homens livres, aqueles que tinham a cidadania plena, os **cives municipes**, possuíam o **jus suffragii**, periodicamente elegendo cem pessoas para lhe integrarem, denominados **decuriões**. Estes, por sua vez, deveriam provir da classe dos curiais, que se originavam de reduzida parcela da população, compreendendo os que eram proprietários

---

1 **Lucius Cornelius Sulla Felix** (latim, Lucius Cornelius Sulla Felix). (Roma, 138 a.C.-Puteoli, 78 a.C.) foi um dos mais notáveis militar política e da época romana tardorrepublicana, pertencente ao campo dos optimates. Cônsul nos anos 88 a.C. e 80 a. C. e Ditador entre os anos 81 a.C. e 80 a.C.

2 MARTORANO, Dante (**Direito Municipal**. Rio de Janeiro: Forense, 1985, p. 55) colheu suas informações sobre o Município romano em Mommsen, no seu clássico **Histoire Romaine**, vol. IV, p. 81.

de vinte e cinco jeiras de terra ou possuidores de cem mil **sestércios**, que detinham vários privilégios e isenções. Cabia à **Curia** elaborar as leis municipais, **edictus**, que disciplinavam a vida local.

Por sua vez, a administração das cidades era executada, de acordo com cada competência, por **Duumviri Juridicundo** ou **Quatuorviri Juridicundo**, auxiliados por magistrados encarregados de funções administrativas e policiais, os **Aediles**. Havia, ainda, os encarregados da tributação, **Quaestor**; da fiscalização dos negócios públicos, **Curator**; da defesa dos humildes, **Defensor Civitatis**; dos serviços notariais, **Actuarii**; e dos serviços de escrivania, **Scribae**[3].

Não obstante, a feição definitiva do Município foi delineada pelo Governo de Caio Júlio César[4], com a célebre **Lex Julia Municipalis**, que estendeu este sistema de Governo local para as Colônias Romanas da Itália e, depois, para os países conquistados, como a Gália, a Grécia, a África e a Hispânia, no primeiro momento[5]. Os vencidos, caso se dispusessem a cola-

---

3 MEIRELLES, Hely Lopes. **Direito Municipal Brasileiro**. 3ª ed. São Paulo: Revista dos Tribunais, 1977, p. 2.

4 **Caio Júlio César** (100 a.C. – 44 a.C.) foi um patrício, líder militar e político romano. Desempenhou um papel crítico na transformação da República Romana no Império Romano. Muito da historiografia das campanhas militares de César foi escrita por ele próprio ou por fontes contemporâneas dele, a maioria, cartas e discursos de Cícero e manuscritos de Salústio. Sua biografia foi posteriormente melhor escrita pelos historiadores Suetônio e Plutarco. César é considerado por muitos acadêmicos como um dos maiores comandantes militares da história. Nascido em uma família patrícia de pequena influência, César foi galgando seu lugar na vida pública romana. Em 60 a.C., ele e os políticos Crasso e Pompeu formaram uma aliança (o Primeiro Triunvirato) que acabou dominando a política romana por anos. Suas tentativas de manter-se no poder através de táticas populistas enfrentavam resistência das classes aristocráticas conservadoras do Senado Romano, liderados por homens como Catão e Cícero. César conquistou boa reputação militar e dinheiro durante as Guerras Gálicas (58-50 a.C.), expandindo os domínios romanos para o norte até o Canal da Mancha, anexando a Gália, atual França, e no leste até o Reno, dentro da atual Alemanha. Ele iniciou então uma série de reformas sociais e políticas, incluindo a criação do calendário juliano. Continuou a centralizar o poder e a burocracia da República pelos anos seguintes, dando a si mesmo grande autoridade. Porém a ferida da guerra civil ainda estava aberta e a oposição política em Roma começou a conspirar para derrubá-lo do poder. As conspirações culminaram nos Idos de Março em 44 a.C. com o assassinato de César por um grupo de Senadores aristocratas liderados por Marco Júnio Bruto. Sua morte precipitaria uma nova guerra civil pelos espólios do poder e assim o Governo constitucional republicano nunca foi totalmente restaurado. O seu sobrinho-neto, Caio Otaviano, foi feito seu herdeiro em testamento. Em 27 a.C., o jovem passaria para a história como Augusto, o primeiro Imperador Romano, adotando o título de **César** e reivindicando para si o seu legado político.

5 "A sua medida causadora de ressentimentos foi a equiparação da cidadania dos italianos em geral, e depois dos homens livres das províncias, a do romano de Roma. Em

borar com Roma, tinham certas prerrogativas concedidas, que podiam ser de meros direitos privados, como o **jus connubi** ou o **jus commercii**, ou de direitos políticos para eleger os seus governantes e administrar a própria cidade, como o **jus suffragii**. Na verdade, com habilidade, os romanos iam ampliando sua cidadania aos povos conquistados, de forma a cooptá-los e os tornarem peças da intricada forma de governo da República, concedendo-lhes inclusive direitos para se autogovernarem, naquelas matérias de interesse local[6].

O destino do Município romano, após o fim da República e avanço do Império, foi o seu declínio, mas de alguma forma se enraizou na vida provincial e permitiu sua continuidade. É verdade que a influência do sistema romano é tênue em tempos mais recentes, devido à distância histórica, mais de dois mil anos, no entanto ela existiu, porque a instituição foi transplantada para a Península Ibérica e influenciou as municipalidades da Espanha e de Portugal. A discordância e o desdém de Ataliba Nogueira sobre tal influência[7], ainda que bem argumentada, carece de uma compreensão mais

49 concedeu direitos civis à Gália Cisalpina; e agora, em 44, em uma carta municipal aparentemente para todas as cidades da Itália, equiparou-se em matéria de direitos a Roma; é provável que estivesse planejando alguma espécie de governo representativo, por meio do qual essas cidades participassem de sua monarquia constitucional" (DURANT, Will. **César e Cristo**. *In*: **A História da Civilização**. 3ª ed. Rio de Janeiro: Record, s/d. vol. III, p. 152).

6 "Os Romanos introduziram instituições cívicas semelhantes às dos *municipia* de Itália. As novas cidades tinham conselhos (*curiae*) constituídos pelos membros da sociedade local que, ao desempenharem cargos públicos, recebiam a cidadania romana e eram formalmente incluídos nos antigos distritos eleitorais de Roma. O cargo municipal de *duumvir* surge na Gália como o *vergobret* celta e como *sufes* na África púnica" (CORNELL, Tim e MATTHEWS, John. **Roma: legado de um império**. Madrid: Edições del Prado, 1996. vol. I, p. 81, obra que teve como título original, em inglês, **Atlas of the Roman World**. Oxfordshire (Grã-Bretanha), Andromeda Oxford Ltd.).

7 "Ao investigar a origem do Município no Brasil não precisamos ir tão longe como comumente costumam fazer os que se ocupam do assunto. Enveredam pelo estudo do Município romano. Ora, o nosso Município, do romano só tem o nome, nada mais. Outros principiam pela origem municipal em Portugal e havemos de ver que, no ocidente da Península Ibérica, o Município é de origem local. Roma fundou aqui e ali Municípios; a maioria das autarquias locais em Portugal, entretanto, teve origem natural e formação independente do Município romano, até no nome, pois se chamaram e ainda se chamam 'concelhos'. Lamentavelmente o *concelho* português morreu. Do antigo só lhe resta o nome. Veremos mais tarde os motivos desta morte, já no século catorze ao findar a primeira dinastia" (NOGUEIRA, Ataliba. NOGUEIRA, Ataliba. **Teoria do Município**. *In*: **Revista de Direito Público**. São Paulo: Revista dos Tribunais, out.-dez./1968, nº 6/7, e **Doutrinas Essenciais: Direito Constitucional (Edições Especiais Revista dos Tribunais: 100 Anos)**. 2ª tir. São Paulo: Revista dos Tribunais, 2013, vol. III, p. 8).

dinâmica das instituições políticas e de sua capacidade de mutação, mesmo porque a própria origem do nome, **Municipium** ou **Municipia**, já indica sua forte relação com a forma de Governo local elaborado por Roma.

O enfraquecimento da vida urbana, durante o período feudal, século VI ao século XV, resultou na decadência do Município como instituição política local, porque a sede do poder político foi transportada para o Castelo do Barão e a dinâmica da economia, para a agricultura. Apesar do longo tempo de declínio, o desenvolvimento do comércio, no início do segundo milênio, levou à expansão dos centros urbanos na Europa, chegando algumas a se constituírem em Cidades-Estado, com apenas a vassalagem nominal ao Sacro Império Romano-Germânico, mas com ampla autonomia política, como aquelas vinculadas à Liga Hanseática, a exemplo de Hamburgo.

As cidades voltaram a se afirmar, depois de séculos de abandono e indiferença, assegurando direitos corporativos em sua natureza, no plano interno. Na perspectiva política obtiveram imunidades ou franquias, muitas vezes compradas, outras ganhas em combate, reconhecidas através de cartas de privilégios ou alvarás emitidos pelo governante territorial[8]. O ressurgimento da cidade e a afirmação de sua autonomia se deram no período conhecido por **Ständestaat**, caracterizado por Gianfranco Poggi como "comunidade política de estados", ou seja, como "ordem ou classe social representada nas antigas assembleias ou cortes"[9]. Durante esse período, as

8 "Os burgos e as comunas juradas se alastram a ponto de, a partir do século XII, comumente, o senhor feudal entender de conceder 'cartas' garantindo aos habitantes de cidade de seu domínio os mesmos direitos dos 'burgueses' e dos 'cidadãos'. E a carta escrita, precisando direitos e atestando o reencontro com a civilização. [...] Na Espanha e em Portugal o sistema de 'cartas de foral' ainda serviu para garantir a reocupação do território de onde era expulso o invasor árabe e, mesmo depois da recuperação da península, ainda o regime foraleiro continuou como forma instituidora dos 'concelhos' locais" (GODOY, Mayr. **A Câmara Municipal: manual do Vereador**. 2ª ed. São Paulo: Livraria e Editora Universitária de Direito (LEUD), 1989, p. 7).

9 "Foi o ingresso das cidades no cenário político, a mudança no equilíbrio de poder entre o governante territorial e os feudatários a favor do primeiro, e a mudança nos termos e estruturas da participação do elemento feudal no sistema geral de governo, que marcaram a ascensão do *Ständestaat*. [...] No *Ständestaat*, indivíduos e grupos poderosos reuniam-se pessoalmente ou através de delegados, com maior ou menor assiduidade, em assembleias de constituição variada, e aí se encontravam com o governante ou seus agentes, faziam ouvir seus protestos, reafirmavam seus direitos, formulavam seus conselhos e pareceres sobre os assuntos que lhes diziam respeito, estabeleciam os termos de sua colaboração com o governante e assumiam sua cota-parte nos encargos do governo. [...] O governante territorial e as cortes constituem conjuntamente a comunidade política, mas como centros políticos separados e mutuamente reconhecidos. Ambos constituem, através de seu acordo mútuo, essa comunidade organizada; contudo, mesmo durante a vigência do acordo, eles permanecem distintos, cada centro

cidades passaram a ter ampla autonomia interna e, em alguns casos, autonomia externa, de modo que suas instituições políticas se desenvolveram, estando a administração entregue às Cortes ou Assembleias (**Stand**), por sua vez integrada por estados, no sentido social, inclusive os representantes das corporações de ofício, dentre outros.

O surgimento dos Estados Nacionais e o fortalecimento do poder dos Reis voltaram a enfraquecer o Município, que teve sua esfera de poder encampada pelo centro político, reduzindo-lhe os privilégios e a liberdade das instituições políticas. No século XIV, a municipalidade começou a declinar em Portugal e, no século seguinte, na Espanha[10]. Na Grã-Bretanha, alguns privilégios locais foram mantidos e logo revigorados pelas Revoluções do século XVII, que geraram um sistema político com maior autonomia municipal.

Essa instituição foi introduzida nas Américas pelas Metrópoles Europeias, quando já em seus territórios os Municípios estavam em decadência, com importante desempenho alcançado por estes no período colonial[11]. Eram exercidas algumas funções governamentais, dentro de vários limites, inclusive com a distribuição de justiça, sendo a única manifestação de Governo representativo nas Colônias. Na Nova Inglaterra, no Nordeste

---

exercendo poderes próprios nesse aspecto dos 'órgãos' do moderno Estado maduro e 'unitário'. [...] Para sobrecarregar ainda mais o termo 'dualismo', poderíamos sugerir que cada um dos dois componentes básicos do sistema de estados, o elemento feudal e o elemento citadino e corporativo, estavam envolvidos 'dualmente' no governo: cada um exercia o governo dentro dos estreitos limites de sua própria autonomia (a governação e exploração do feudo 'imune'; o governo interno da cidade 'privilegiada'), e cada um exercia também o governo sobre uma unidade territorial mais vasta, através dos estados" (POGGI, Gianfranco. **A Evolução do Estado Moderno**. Rio de Janeiro: Zahar, 1981, pp. 55, 56, 57, 60, 61 e 63).

10 "A Monarquia durante os séculos XIII, XIV e XV procurou não só restringir a jurisdição dos Municípios, diminuindo as atribuições dos juízes, introduzindo outros régios, como controlar as rendas das cidades e seus termos, através dos juízes de fora, corregedores e provedores nas terras portuguesas, e os corregedores nas castelhanas-leonesas. Os corregedores hispânicos ou lusitanos visitavam os Municípios a eles subordinados, devassando a eleição e a conduta dos oficiais urbanos" (LOBO, Eulália Maria Lahmeyer. **Administração Colonial Luso-Espanhola nas Américas**, *op. cit.*, p. 55).

11 "O próprio Cristóvão Colombo se encarregou de fundar o primeiro, La Isabela, no território da atual República Dominicana, em 1494. Seguiram-no, entre outros, Villa Capara (Porto Rico), em 1509; Baracoa (Cuba), em 1512; Vera Cruz (México), em 1519; Santa Marta (Colômbia), em 1525. No Brasil, o primeiro Município foi fundado em São Vicente, São Paulo, em 1532, tendo a instituição começado a se generalizar a partir do primeiro Governo Geral" (MELLO, Diogo Lodello de. **Município**. *In*: SILVA, Benedicto e Outros (editoração). **Dicionário de Ciências Sociais**. 2ª ed. Rio de Janeiro: Fundação Getulio Vargas e MEC-Fundação de Assistência ao Estudante, 1987, p. 796).

dos Estados Unidos, as instituições municipais tiveram amplo desenvolvimento, sendo apontadas por Alexis de Tocqueville[12] como a base do desenvolvimento das instituições democráticas deste país.

O Município voltou a se desenvolver na Europa, especialmente na França, após a reforma, em 1804, de Napoleão Bonaparte[13], e na Grã-

12 **Alexis Carlis Clerel de Tocqueville** nasceu em Paris, em 1805, de origem nobre, tendo sua infância marcada por tenebrosas recordações dos primeiros anos da Revolução, inclusive seu avô materno, Marquês de Rosambo, morreu na guilhotina. Não obstante tais circunstâncias, o autor se integrou à nova sociedade democrática, primeiro como magistrado, depois como membro do parlamento durante a monarquia orleanista. Em 1831, Tocqueville e seu amigo G. de Beuamont chegaram aos Estados Unidos, com a missão de investigar e escrever relatórios sobre o sistema penitenciário do país, sob os auspícios do Ministério da Justiça Francês. As viagens e os estudos fizeram com que escrevesse **La Démocratie en Amérique**, que teve publicada sua primeira parte em 1834 e, a segunda, seis anos depois. Tornou-se famoso da noite para o dia e, por mais de uma década, foi uma das figuras políticas mais importantes na França. Participou da Revolução de 1848, sendo membro da Comissão Constitucional e, depois, Ministro das Relações Exteriores. Logo depois, por problemas de saúde, afastou-se da vida política para escrever uma obra sobre a Revolução Francesa, que foi publicada em 1855, **L'Ancien Régime et la Révolucion**, colocando Tocqueville como um marco no desenvolvimento do pensamento político moderno. Faleceu, em 1859.

13 "**NAPOLEÃO I** (Ajaccio, 1769-Santa Helena, 1821), imperador dos franceses (1804-1815), segundo filho de Carlos Bonaparte e de Letícia Ramolino. Distinguiu-se como capitão de artilharia em Toulon (1793) e como general-de-brigada na campanha de 1794 na Itália. Graças a Barras, obteve o comando do exército da Itália em 1796 e conquistou as vitórias de Montenotte, Milésimo, Mondovi, Castiglione, Lodi, Arcole, Rivoli. Representou a França no Congresso de Rastatt (1797), depois encarregado de intervir na luta contra a Inglaterra, decidiu empreender a campanha do Egito (1798-1799); foi vencedor nas Pirâmides, mas sua frota foi destruída em Abuquir. Primeiro-Cônsul (Constituição do Ano VIII), vencedor em Marengo (1800), conseguiu fazer-se nomear cônsul vitalício (1802) (Constituição do Ano X) após a conclusão dos tratados de Lunéville e Amiens. Pela Concordata, assinada com Pio VII (1801), e que ele completou com os Artigos Orgânicos, ligou a Igreja Católica ao Estado. Em 21 de março de 1804, fez promulgar o Código Civil. Em 18 de março de 1804, o Senado conferiu-lhe a dignidade imperial (Constituição do Ano XII). Bonaparte, agora Napoleão I, não pôde dar à França a paz de que ela tinha necessidade. Levado ao poder por suas vitórias, era por novas vitórias que teria de manter-se. E então começaram contra a Europa continental, apoiada pela Inglaterra, várias campanhas assinaladas pelas vitórias de Austerlitz (1805), Iena (1806), Friedland (1807), Eckmuhl (1809), Wagram (1809). Mas a "aventura" da Espanha (1808-1813), as oposições devidas às dissensões com o papa e as consequências do "Bloqueio Continental" enfraqueceram o poderio de Napoleão no momento em que se lançou à campanha da Rússia (1812), que terminou em desastre. Os "Aliados" combateram-no na Alemanha; após as batalhas de Lutzen e Bautzen, Napoleão repeliu as condições que lhe foram oferecidas no Congresso de Praga, e acabou vencido em Leipzing (1813); os Aliados invadiram a França e entraram em Paris apesar dos esforços do imperador (campanha da França, 1814). Napoleão, destituído

Bretanha, depois das modificações políticas ocorridas entre 1832 e 1835. Tais iniciativas serviram de modelo para que outros países passassem a adotá-las, como a forma de Governo local, na América Latina, no Japão e nas ex-Colônias francesas e britânicas, na África, na Ásia e na Oceania. As instituições municipais estão hoje presentes no mundo moderno e, cada vez mais, ganham espaço como vetores do desenvolvimento político-institucional, como escola da democracia e da responsabilidade cívica[14].

9.2. Desenvolvimento do Município no Brasil

O Município, relacionado com a ideia de cidade, tem origem na própria formação dos primeiros agrupamentos humanos, com interesses comuns de defesa e de produção. A noção de segurança fez com que houvesse uma diferenciação inicial entre a população rural e a urbana, com esta sendo

pelo Senado e obrigado a abdicar em Fontainebleau (6 de abril de 1814), retirou-se para a ilha de Elba. Alguns meses depois, em 26 de fevereiro de 1815, deixou esse retiro, desembarcou no golfo Juan, entrou em 20 de março em Paris e outorgou um *Ato Adicional* às Constituições Imperiais. Mas a Europa coligada, vitoriosa em Waterloo, de novo invadiu a França. Dessa vez, Napoleão, que se entregara à Inglaterra, teve de embarcar para Santa Helena, onde morreria. – Casado em primeiras núpcias com Josefina Tascher de la Pagérie, viúva do general de Beauharnais, divorciou-se em 1809 e desposou (1810) Maria Luísa, arquiduquesa da Áustria, de quem teve um filho, Napoleão II. A França contemporânea conserva algumas das instituições que ele criou: universidades, Código Civil, Bancos de França, Tribunal de Contas, Legião de Honra. É autor de orações militares, cartas, e de *Memórias*, ditadas em Santa Helena" (KOOGAN/HOUAISS. **Dicionário Enciclopédico e Ilustrado**, *op. cit.*, p. 1.126).

14 "A ideia original de autogoverno em relação a determinadas matérias de interesse da respectiva comunidade, que levou à criação do Município pelos romanos, é a mesma que justifica a existência dos governos locais de hoje, quer se chamem Município, freguesia, vila, conselho, *municipality, municipalité, municipalidad, comuna, commune, Gemeinde, city, township, district, parish, county, borough, local government, village, municipal council, county council, wards, district council, special district, cantón, barrio* e que outro nome tenham. [...] Por sua vez, a possibilidade de participação política, inerente à ideia de governo local, também contribui não só para a continuidade da instituição municipal como também para o grande número de unidades de governo local em muitos países. Isso explica em boa parte as 600 mil vilas da Índia, com os seus conselhos ou *panchayats;* os quase 80 mil governos locais dos EUA; as 38 mil comunas francesas; as 9 mil municipalidades espanholas; as 7 mil comunas italianas e os quase 4 mil Municípios brasileiros. A principal lógica desses números está na resistência à supressão do mais concreto e acessível canal de participação do cidadão na vida política" (MELLO, Diogo Lodello de. **Município.** *In*: SILVA, Benedicto e Outros (editoração). **Dicionário de Ciências Sociais.** 2ª ed. Rio de Janeiro: Fundação Getúlio Vargas e MEC-Fundação de Assistência ao Estudante, 1987, p. 797). No Brasil, em 1997, havia 5.351 Municípios (**Revista Veja**. São Paulo: Abril, edição nº 1.477, p. 26, de 08.01.1997), hoje 5.570 Municípios.

melhor defendida, em geral com a utilização de paliçadas ou muralhas, às vezes até abrigando os camponeses em momentos de maiores crises. A produção social também sofreu, então, uma distinção mais complexa do que a inicial, entre trabalho do homem e da mulher, para entre trabalho agrícola e trabalho urbano. Este, por sua vez, começou a se distinguir entre diversos trabalhos manuais e intelectuais, provocando uma especialização cada vez mais crescente na cidade.

Nos primeiros povoados ou vilas iniciam-se os germes civilizadores, provocando o surgimento de sociedades cada vez mais complexas e, consequentemente, mais urbanas. Por conseguinte, havia em contrapartida a exigência de novos ordenamentos que disciplinassem não só o espaço urbano, com a administração de serviços que precisavam ser prestados, mesmo que fossem só organizar uma feira de troca de produtos. As necessidades locais foram estabelecidas quase sempre pela tradição e costume, muitas vezes transmitidos oralmente, como reflexo imediato de que o direito nasce das próprias exigências sociais. O Município, assim, anterior à própria experiência romana, tem como base uma legislação local e voltada aos interesses mais próximos dos seus habitantes, ainda que as questões maiores tivessem por base leis estranhas aos seus problemas.

É ilustrativo que os primeiros Municípios brasileiros, como o de São Vicente, fundado em 1532, por vários e vários anos não tivessem nenhuma cópia das Ordenações Manuelinas, sendo regido por interesses locais pragmáticos[15]. A experiência brasileira talvez represente o que aconteceu em quase todo o mundo, principalmente havendo certa distância entre determinada cidade e o centro de poder, fazendo com que aquela passasse a ser regida por leis costumeiras e administrada segundo a vontade dos seus habitantes. Não foi por acaso que Themístocles Brandão Cavalcanti, ao constatar que se tratava da mais elementar e simples estrutura dentro da organização política, afirmava que o Município representava, em sua concepção pura, "o conjunto dos interesses locais"[16].

É difícil de estabelecer um conceito que satisfaça a todos os que estudem o Município, ainda que bem perto tenha chegado Celso Ribeiro Bastos,

15 "O município de São Paulo, algumas dezenas de anos depois de fundado, não possuía ainda nenhum exemplar das Ordenações do reino. Imperava o direito costumeiro e eram elas desconhecidas. Desenvolvia-se o costume fora de toda fiscalização do estado. A fonte do direito era o costume. A seguir, as leis que os próprios colonizadores editavam na câmara municipal. As duas fontes persistiram concomitantes por largas dezenas de anos" (NOGUEIRA, Ataliba. **Teoria do Município**. *In*: **Revista de Direito Público**, *op. cit.*, p. 9).

16 CAVALCANTI, Themístocles Brandão. **Tratado de Direito Administrativo**. Rio de Janeiro: Livraria Freitas Bastos, 1948, vol. I, p. 157.

ao observar que vem a ser uma forma de organização política que tem seus traços fundamentais primitivos mantidos até hoje, dentre dos quais os homens mantêm ao se contactarem ou se cruzarem na sua vida cotidiana. Em que pese ter constatado tal base fática, preferiu conceituar os Municípios como "unidades territoriais, com autonomia política, administrativa e financeira, tudo conforme lhes dita a Constituição da República, e subordinadamente a esta própria constituição do Estado e a Lei Orgânica dos Municípios"[17]. Na mesma linha seguiu Pinto Ferreira, ao dizer que:

> "O Município é uma corporação territorial de direito público, servindo como unidade geográfica e divisionária do Estado, dotada de governo próprio para a administração descentralizada de serviços estaduais ou provinciais e regulação de interesses locais, governo próprio que se realiza mediante a eletividade dos seus órgãos Executivo e Legislativo, aos quais geralmente se atribui a competência para arrecadação e aplicação de rendas"[18].

Ora, não se pode perder em definitivo essa base local, que faz com que o Município procure traduzir a experiência da vida cotidiana, ordenada através do costume e das necessidades mais imediatas. A união dos interesses dos habitantes do Município está concentrada na vontade de que os vizinhos têm de resolverem seus problemas comuns, dando-lhes soluções que não desvirtuem as vontades locais. Para se enfrentar a conceituação do termo, não se pode perder de vista a realidade fática que o envolve, em especial a comunhão dos interesses de vizinhos.

A ideia da autonomia[19] é o traço fundamental que o Município precisa assumir para que possa ser identificado como uma organização política e não apenas como um órgão da administração[20]. O traço que distingue essa entidade de seus congêneres, principalmente nos Estados unitários, onde é caracterizada como autarquia local, vem a ser exatamente a vontade políti-

---

17 BASTOS, Celso Ribeiro. **Comentários à Constituição do Brasil**. São Paulo: Saraiva, 1993, 3º vol., tomo II, p. 219.

18 PINTO FERREIRA. **Comentário à Constituição Brasileira.** São Paulo: Saraiva, 1990, vol. III, pp. 204-5.

19 *Autonomia* significa capacidade ou poder de gerir os próprios negócios, dentro de um círculo prefixado por entidade superior" (SILVA, José Afonso. **Curso de Direito Constitucional Positivo**. 29ª ed. São Paulo: Malheiros Editores, 2007, p. 640).

20 Não vemos como se possa excluir ou negar a participação do caráter político na função municipal. Não se trata de uma alternativa, não estão em pauta dois elementos que se excluam: se é administrativa não é político, se é político não é administrativo. Os dois elementos coexistem, cumulam-se, porque quase sempre estão assim cumulados e entrelaçados em toda organização de governo ou mesmo em todo instituto de direito público" (PACHECO, Cláudio. **Comentários à Constituição Brasileira.** Rio de Janeiro: Livraria Freitas Bastos, 1965, vol. III, p. 245).

ca que faz com que não se limite apenas às tarefas de execução cotidiana, mas de construção da vontade e do exercício desta. A autonomia pode ser administrativa, financeira, política e de auto-organização.

A autonomia administrativa foi a primeira a ser atribuída ao Município, consistindo em lhe conceder condições para a execução de serviços locais. Na verdade, trata-se quase sempre de uma primeira descentralização do Estado, de efeito prático, para enfrentar as exigências locais, que nem sempre o centro político é capaz de dar as devidas respostas. Essa autonomia permite que seja elaborada uma listagem inicial de necessidades e eleger as principais prioridades, na condução dos interesses públicos, ainda que bastante localizados.

A autonomia financeira, que significa a atribuição de receitas e a liberdade para as gerir, corresponde ao segundo momento, no sentido de caracterização do Município como organização política. Quase sempre se encaminha como o instrumento que permite com que a autonomia administrativa possa ser mais bem exercida, em virtude da captação de recursos locais podendo empregá-los da forma mais imediata e sensível à vontade dos seus habitantes. Em geral, compreende as rendas obtidas pela utilização de patrimônio próprio e execução dos seus serviços. Num segundo momento, principalmente nos Estados Federados, é que lhe atribuem impostos, contribuição pecuniária compulsória independente da prestação de qualquer serviço como retribuição.

A autonomia política, que consiste na eletividade dos dirigentes políticos, significa um patamar superior em termo de organização política do Município. É comum tal atribuição aos representantes populares nos órgãos legislativos e mais difícil nos executivos. Quase todos têm cargos análogos aos Vereadores, ou Edis. Só se caracteriza de uma maneira mais forte e objetiva quando o Prefeito Municipal, ou outro cargo análogo, tem seu lugar preenchido por eleições diretas, de forma a haver um vínculo mais forte entre os eleitores e os seus dirigentes.

Por fim, mais difícil de encontrar, sendo a Constituição de 1988, um dos poucos exemplos de tal prática, a autonomia de auto-organização representa a autorização para que o Município se constitua a partir de leis locais[21]. Estas, no entanto, devem estar subordinadas à Constituição das entidades políticas de base territorial mais ampla. Trata-se de um marco significativo que tais entidades possam ter o poder de se auto-organizarem

21 MEIRELLES, Hely Lopes. **O Regime Municipal Brasileiro.** *In*: **Revista de Direito Público.** São Paulo: Revista dos Tribunais, jan.-mar./1970, nº 11/283, e **Doutrinas Essenciais: Direito Constitucional (Edições Especiais Revista dos Tribunais: 100 Anos).** 2ª tir. São Paulo: Revista dos Tribunais, 2013, vol. III, p. 995.

e representa um avanço político fundamental, para que as sociedades possam ter a dimensão dos seus direitos e a responsabilidade de seus deveres.

O Município tem sua autonomia assegurada pelo texto constitucional, que define seu verdadeiro aspecto político. A Constituição Federal em vigor deu-lhe uma dimensão significativa, jamais antes delineada[22]. Hely Lopes Meirelles e seus atualizadores observaram que a atual Constituição conferiu condições às municipalidades, que as colocou em igualdade com os Estados-membros, tendo apenas uma autonomia menos ampla, por não ter Poder Judiciário, nem representação específica nas Assembleias Legislativas. Argumentaram que:

> "Essas limitações de sua autonomia, entretanto, não descaracterizam a sua natureza de entidades estatais, com poderes políticos suficientes para elaborar suas leis (Poder Legislativo) e para convertê-las em atos individuais e concretos (Poder Executivo)"[23].

Vem a ser exatamente o texto constitucional, a Lei Maior, que lhe atribuiu personalidade jurídica, em virtude de sua autonomia política[24]. Assim, depois de organizado e promulgada a lei que define sua circunscrição territorial, é-lhe atribuído o caráter de "pessoa jurídica de Direito Público interno", de acordo com o inciso III, do art. 41, do Código Civil de 2002, Lei Federal nº 10.406, de 10.01.2002. Necessário se faz uma lei para sua instituição, não havendo exigência de qualquer registro, sendo-lhe essa o título constitutivo e início de sua vida legal.

---

22 O Município, pessoa jurídica pública política, encarregado da administração local, no que diz respeito a seu peculiar interesse, teve lugar especial, na Constituição de 5 de outubro de 1988, que, pela primeira vez, reservou à Comuna exaustivo Capítulo, separando-o do Estado, antes tratados, ambos, sob a mesma rubrica dos Estados e Municípios" (CRETELLA JÚNIOR, José. **Comentários à Constituição de 1988**. Rio de Janeiro: Forense Universitária, 1991, vol. IV, pp. 1875-6).

23 A Constituição da República de 1988 arrola o Município como componente da Federação (arts. 1º e 18), reconhecendo-lhe, agora expressamente, a natureza de entidade estatal de terceiro grau, pela outorga de personalidade jurídica, governo próprio e competência normativa. Com isso, já não se pode dizer, contrastando-o com o Estado-membro, que o Município tem apenas poderes administrativos e atribuições delegadas. Absolutamente, não. Tanto um como o outro atual com igual *poder político* no exercício das competências que lhes são conferidas pela Constituição, com total independência entre si e para com a União, visando todos à promoção do bem-estar da coletividade, local (Município), regional (Estado) e nacional (União)" (MEIRELLES, Hely Lopes. **Direito Municipal Brasileiro**. 15ª ed. São Paulo: Malheiros Editores, 2006, p. 130).

24 A personalidade dos municípios é uma resultante de sua autonomia, garantida pelo art. 68 da Constituição Federal" (CARVALHO SANTOS, J. M. **Código Civil Brasileiro Interpretado**. Rio de Janeiro: 1934, vol. I, p. 368).

Os Municípios, como pessoas jurídicas, gozam da autonomia assegurada pela Constituição Federal. Na observação de Clóvis Bevilacqua, "podem exercer os diversos atos da vida civil, próprios de tais entidades, adquirir direitos, criar obrigações e estar em juízo, como autores ou como réus"[25]. Em que pese ser uma pessoa jurídica de direito público interno, pratica atos de natureza civil, estando em igualdade de condições com as demais pessoas jurídicas e naturais. O Município tem capacidade para constituir patrimônio próprio, administrar seus interesses, adquirir direitos e contrair obrigações, passando a ser responsável por todos os bens públicos e serviços de interesse local localizados em sua circunscrição territorial, bem como os encargos a eles relativos[26].

O Município é frequentemente conceituado nas suas Leis Orgânicas Municipais[27], mas vai merecer aqui nova definição. Reunindo os elemen-

25 BEVILACQUA, Clóvis. **Código Civil dos Estados Unidos do Brasil Comentado.** 7ª ed. Rio de Janeiro: Livraria Francisco Alves, 1944, p. 223.

26 Ver: FREITAS, Herculano de. **Dos Municípios.** *In*: **Revista de Direito Público.** São Paulo: Revista dos Tribunais, out.-dez./1969, nº 10/257, e **Doutrinas Essenciais: Direito Constitucional (Edições Especiais Revista dos Tribunais: 100 Anos).** 2ª tir. São Paulo: Revista dos Tribunais, 2013, vol. III, p. 1013.

27 De modo geral, o Município é definido nas Leis Orgânicas Municipais: a) "Art. 14 – O Município, pessoa jurídica de direito público interno, é unidade territorial que integra a organização política-administrativa da República Federativa do Brasil e do Estado do Rio de Janeiro, dotada, nos termos assegurados pela Constituição da República, pela Constituição do Estado e por esta Lei Orgânica, de autonomia: I – política, pela eleição direta do Prefeito, Vice-Prefeito e dos Vereadores; II – financeira, pela instituição e arrecadação de tributos de sua competência e aplicação de suas rendas; III – administrativa, pela organização dos serviços públicos locais e administração própria dos assuntos de interesse local; IV – legislativa, através do exercício pleno pela Câmara Municipal das competências e prerrogativas que lhe são conferidas pela Constituição da República, pela Constituição do Estado e por esta Lei Orgânica" (LOM do Rio de Janeiro (RJ), de 05.04.1990); b) "Art. 1º – O Município de Vitória integra, com autonomia política, administrativa e financeira, a República Federativa e o Estado do Espírito Santo, nos termos da Constituição Federal e da Constituição do Estado" (LOM de Vitória (ES), de 05.04.1990); c) "Art. 6º – O Município de Florianópolis como pessoa jurídica de direito público interno, com autonomia política, administrativa e financeira, reger-se-á por esta Lei Orgânica, e no que concerne às Constituições da República Federativa do Brasil e do Estado de Santa Catarina" (LOM de Florianópolis (SC), de 05.04.1990); d) "Art. 1º – O Município de Teresina, que sedia a Capital do Estado do Piauí, integra a República Federativa do Brasil, como unidade autônoma, e reger-se-á por esta Lei Orgânica, expressão da vontade de seus cidadãos" (LOM de Teresina (PI), de 05.04.1990); e) "Art. 1º – O Município de Campinas é uma unidade da República Federativa do Brasil, com personalidade jurídica de direito público interno e autonomia política, administrativa e financeira, nos termos assegurados pela Constituição Federal" (LOM de Campinas (SP), de 30.03.1990); f) "Art. 1º – O Município de Ribeirão Preto, parte integrante da República Federativa do Brasil, é uma unidade do território do Estado de São Paulo, com

tos expostos acima, o Município pode ser entendido como a organização política, pessoa jurídica de direito público interno, com base territorial determinada, englobando um conjunto de vizinhos com interesses locais e comuns, com autonomia política, administrativa e financeira garantida pela Constituição, que lhe define a competência.

O Município tem seu representante no Prefeito Municipal, nos termos do que dispõe o inciso II, do art. 12, do Código de Processo Civil, Lei Federal nº 5.869, de 11.01.1973, no Código de Processo Civil de 2015, Lei Federal nº 13.105, de 16.03.2015, no art. 75, III, que pode delegar tal poder, através de mandato, aos procuradores e advogados da Prefeitura. Nenhum outro órgão pode fazer sua representação, seja política ou jurídica, nem sequer a Câmara Municipal.

O domicílio do Município é "o lugar onde funcione a administração municipal", de acordo com a disposição do inciso III, do art. 75, do Código Civil de 2002. Em termos materiais e jurídicos, vem a ser a sede do Governo local, isto é, a Prefeitura ou o local onde a mesma se situa, em muitas leis estaduais chamado de Distrito-Sede. O foro, por outro lado, é o da comarca ou termo judiciário onde está localizado o Município, a critério do Código ou de Lei de Organização Judiciária, de competência estadual.

O Município pode estabelecer seus símbolos, conforme expressamente permite a Constituição de 1988, no § 2º, do seu art. 13. Tais símbolos locais não substituem os símbolos nacionais ou estaduais, sendo apenas complementares. Para evitar qualquer abuso, a Lei Federal nº 5.700, de 01.09.1971, modificada pela Lei Federal nº 5.812, de 13.10.1972, dispõe sobre a matéria, obrigando as Prefeituras Municipais, no seu art. 37, a que as mesmas tenham uma coleção de exemplares-padrão de todos os símbolos, para modelos a serem elaborados. Os símbolos do Município podem ser a bandeira, o hino, as armas e o selo municipal.

A competência é a "faculdade de agir em relação a determinados assuntos", com a "possibilidade de desempenhar certos serviços públicos", no dizer de Cretella Júnior[28]. Numa Federação, para que não haja conflito entre as diversas esferas de poder, é necessário que o texto constitucional defina o conjunto de atribuições de cada entidade. Trata-se de competência para adotar normas ou para praticar atos jurídicos, anuláveis apenas pelo Poder

personalidade jurídica de direito público interno e autonomia política, administrativa e financeira, nos termos assegurados pela Constituição Federal e pela Constituição deste Estado" (LOM de Ribeirão Preto (SP), de 05.04.1990).

28 CRETELLA JÚNIOR, J. **Direito Administrativo Municipal**. 2ª ed. Rio de Janeiro: Forense, 1981, p. 81.

Judiciário. Não pode a União ou o Estado-membro se arrogar da faculdade de aprovar ou não, discricionariamente, a prática de atos de competência do Município.

A Constituição de 1988 atribuiu ao Município competências que o colocam no mesmo plano de condições da União, dos Estados-membros e do Distrito Federal. É verdade que a Lei Orgânica do Município deva seguir os princípios constitucionais federais e estaduais, mas para que não seja violada a autonomia municipal por essas outras Entidades Federadas, foi-lhe asseguradas diversas competências expressas[29].

A Constituição de 1988, seguindo nossa tradição constitucional, adotou o sistema de estabelecer competências exclusivas à União e aos Municípios, ficando as remanescentes para os Estados-membros. Os poderes reservados podem ser explícitos, quando devidamente enumerados, enquanto os poderes implícitos são os que resultam desses[30]. Na verdade, o sistema é complexo e exige algumas regras básicas. Em primeiro lugar, a competência municipal expressa e exclusiva barra a competência federal e estadual, sendo tais leis consideradas exorbitantes. Em segundo, a competência municipal implícita prevalece sobre os poderes remanescentes dos Estados-membros, mas é afastada pela competência estadual explícita e federal expressa ou implícita. Em terceiro, a competência concorrente da União prevalece sobre a estadual e esta sobre a municipal, sendo o único caso em que há tal escalonamento.

---

29 Ressalvado ao Estado o poder de legislar sobre a gênese, os limites e a extinção dos Municípios, ou disciplinar, na constituição estadual, a fiscalização da administração financeira, especialmente a execução do orçamento, ou, ainda, a intervenção no Município, nos dois casos acima indicados, abusa o Estado que se arvora em mentor da autonomia municipal, como abusaria a União, se, a pretexto de organizar a autonomia estadual, assegurada na constituição federal, decretasse leis orgânicas para os Estados. Leis orgânicas federais sobre a autonomia dos Estados seriam tão legítimas como as leis orgânicas estaduais sobre a autonomia dos Municípios" (DÓRIA, A. de Sampaio. **Comentários à Constituição de 1946**. 5ª ed. São Paulo: Max Limonad, 1962, p. 524).

30 Poderes reservados são os enumerados na Constituição como pertencentes à União ou aos Municípios, e também os que estão ínsitos naqueles e nos princípios constitucionais adotados. Daí a existência de poderes explícitos e de poderes implícitos, constituindo as denominadas reservas da Constituição. Poderes explícitos são aqueles que estão literalmente expressos no texto constitucional, como os dos arts. 21 e 22, para a União, e os do art. 30, para os Municípios. Poderes implícitos são os que resultam como consequência lógica e necessária de um poder explícito, ou dos princípios adotados pela Constituição. Exemplo da primeira hipótese: do poder explícito de instituir um tributo resulta o poder implícito de arrecadá-lo. Exemplo da segunda hipótese: do princípio federativo resulta para a União o poder de dividir o território nacional em Estados autônomos" (MEIRELLES, Hely Lopes. **Direito Municipal Brasileiro**, *op. cit.*, 2006, pp. 131-2).

A competência expressa do Município é voltada para os assuntos de interesse local, devendo prevalecer sobre as competências federais e estaduais. O critério básico de distinção é do interesse predominante, isto é, frente aos interesses da União e dos Estados-membros, em determinadas matérias, o interesse municipal deve ter um grau maior, como ocorre quanto à definição do estacionamento nas vias públicas ou ao estabelecimento de cemitérios.

A Constituição de 1988 estabeleceu, nos incisos I e II, do art. 30, que o Município é competente para "legislar sobre assuntos de interesse local" e "suplementar a legislação federal e estadual no que couber". Em relação ao primeiro aspecto, deve ser dito agora, antes de ser melhor apreciado a seguir, que cabe ao Município, predominantemente, todas as matérias em que o interesse local prevaleça sobre o geral. Quanto ao segundo, deve ser observado que determinadas matérias são de competência da União ou dos Estados-membros, mas pode ser complementada suplementarmente pela legislação municipal.

Por exemplo, a União é competente para fixar as regras gerais de trânsito, de acordo com o art. 22, XI, do texto constitucional, que é feito através do Código Nacional de Trânsito, Lei Federal nº 9.503, de 23.09.1997. Os Estados-membros são competentes para fixar a política de trânsito estadual, através dos Departamentos Estaduais de Trânsito (DETRAN). Por fim, cabe aos Municípios disporem sobre as regras de circulação e de sinalização do trânsito municipal[31]. Em outras matérias, nem sempre o Município tem competência, como ocorre quanto à fixação de horário de funcionamento de banco, cuja competência é do Conselho Monetário Nacional, de acordo com o art. 4º, VIII, da Lei Federal nº 4.565, de 31.12.1964, conforme já pacificou a matéria o Superior Tribunal de Justiça, entendendo que prevalece o interesse nacional sobre o interesse local[32].

31 2. A verdade é que a competência do Estado resulta na forma genérica residual, não sendo negado ao Município determinar sobre o que for do seu peculiar interesse, restando-lhe, portanto, a competência específica em assuntos de trânsito, como por exemplo, o tráfego urbano, a localização de pontos de estacionamento e outros tipicamente subordinados, na evidência, ao poder de polícia do Município, competência essa que não lhe pode ser tomada" (LIMA, Dirceu de Oliveira. **Competência Municipal para Regulamentação do Trânsito**. *In*: **Revista de Direito Público**. São Paulo: Revista dos Tribunais, 1972, nº 22, p. 286).

32 BANCO – Horário de funcionamento – Fixação por lei municipal – Inadmissibilidade – Peculiar interesse do Município sobrepujado pela prevalência do interesse nacional – Competência do Conselho Monetário Nacional para regular o funcionamento das instituições financeiras – Aplicação do art. 4º, da Lei nº 4.595/64. Ementa oficial: Constitucional. Horário de bancos. Lei federal nº 4.595/64. Prevalência do interesse nacional, competindo ao Conselho Monetário Nacional regular o funcionamento das

A competência, prevista no art. 30, III, do texto constitucional, representa aspecto fundamental para assegurar a autonomia dos Municípios, ao lhe atribuir poderes para "instituir e arrecadar tributos de sua competência, bem como aplicar suas rendas, sem prejuízo da obrigatoriedade de prestar contas e publicar balancetes nos prazos fixados em lei". A competência tributária é a faculdade atribuída às pessoas jurídicas de direito público interno com capacidade política para criar tributos, acrescentando que o sistema adotado pelo Brasil é bastante rígido, de modo que a partilha rigorosa dessa responsabilidade não pode ser violada.

A Constituição atribui ao Município competência para fixar os impostos sobre a propriedade predial e territorial urbana, no art. 156, I; sobre a transmissão **inter vivos** a qualquer título, por ato oneroso de bens móveis, por natureza ou acessão física e sua aquisição, no art. 156, II; e, por fim, sobre os serviços de qualquer natureza, no art. 156, III. Tinha competência sobre o imposto sobre vendas a varejo de combustíveis líquidos e gasosos, exceto diesel, extinto pela Emenda Constitucional nº 3, de 17.03.1993. Pode, ainda, fixar taxas, "em razão do exercício do poder de polícia ou pela utilização, efetiva ou potencial, de serviços públicos específicos e divisíveis, prestados ao contribuinte ou postos a sua disposição", no art. 145, II, as contribuições de melhorias "decorrentes de obras públicas", no art. 145, III, e a contribuição "cobrada de seus servidores, para o custeio, em benefícios destes, de sistemas de previdência e assistência social", no art. 149, **parágrafo único**, todos da Constituição Federal. A Emenda Constitucional nº 39, de 19.12.2002, acrescentou o art. 149-A ao texto constitucional, introduzindo a contribuição para o custeio da iluminação pública.

As rendas dos Municípios são ainda as obtidas pelas receitas de tributos da União, através do Fundo de Participação dos Municípios, constituído de vinte e dois e meio por cento, do produto de arrecadação dos impostos sobre renda e proventos de qualquer natureza e do imposto sobre produtos industrializados, no art. 159, I, "b"; do produto da arrecadação do imposto sobre renda e proventos de qualquer natureza, incidente na fonte, sobre rendimentos pagos, a qualquer título, por eles, suas autarquias e fundações, no art. 158, I, e da metade do produto da arrecadação do imposto

---

instituições financeiras. Resp 1.268 – PR – 1ª T. – j. 19.2.90 – rel. Min. Garcia Vieira – *DJU* 19.3.90. ACÓRDÃO – Vistos e relatados estes autos, em que são partes as acima indicadas: Decide a 1ª Turma do Superior Tribunal de Justiça, por unanimidade, conhecer do recurso e lhe dar provimento, na forma do relatório e notas taquigráficas constantes dos autos, que ficam fazendo parte integrante do presente julgado. Custas como de lei. Brasília, 19 de fevereiro de 1990 – ARMANDO ROLEMBERG, pres. – GARCIA VIEIRA, relator" (**Revista dos Tribunais.** São Paulo: Revista dos Tribunais, 1990, vol. 657, p. 187).

sobre a propriedade territorial rural, relativamente aos imóveis neles situados, no art. 158, II. As Emendas Constitucionais nº 10, de 04.03.1996, nº 17, de 22.11.1997, e nº 31, de 14.12.2000, alteraram a participação municipal sobre os tributos federais.

A Emenda Constitucional nº 53, de 19.12.2006, previu que a contribuição social do salário-educação, recolhido pelas empresas, seja distribuído proporcionalmente pelo número de alunos matriculados na educação básica municipal, conforme os parágrafos 5º e 6º, do art. 212, da Constituição Federal. Por outro lado, a Emenda Constitucional nº 55, de 20.09.2007, criou a alínea "d", do inciso I, do art. 159, prevendo que um por cento do Fundo de Participação dos Municípios (FPM) seja acrescido para ser entregue no primeiro decênio do mês de dezembro de cada ano.

A Lei Complementar Federal nº 116, de 31.12.2003, dispôs sobre as regras gerais de imposto sobre serviço de qualquer natureza. Dos Estados-membros recebem "cinquenta por cento do produto da arrecadação do imposto do Estado sobre a propriedade de veículos automotores licenciados em seus territórios" (art. 158, III) e um quarto do produto da arrecadação do imposto sobre operações relativas à circulação de mercadoria e sobre prestações de serviços de transporte interestadual e intermunicipal e de comunicações (art. 158, IV). Além de tais receitas, os Municípios obtêm renda a partir da prestação de seus serviços públicos e da utilização de seus bens por particulares ou por outras entidades públicas.

O poder de instituir deve ter como contrapartida o poder de arrecadar, que vem ser a forma pela qual o Município vai receber os tributos instituídos. De modo geral, as municipalidades têm muitas dificuldades de arrecadar, seja pela ineficácia de suas Fazendas Públicas, seja pela ausência de vontade política para tanto. O Município que não arrecada faz um mal não só para si, mas para toda a Federação, ao proceder com omissão às suas responsabilidades constitucionais.

Cabe, também, a competência para "criar, organizar e suprimir distritos, observada a legislação estadual", no art. 30, IV, da Constituição Federal. Os Distritos, que não fazem parte da tradição dos Municípios em todos os Estados-membros do Brasil, são subdivisões geográficas para efeitos de administração localizada, sem personalidade jurídica ou capacidade política. Trata-se de descentralização administrativa, voltada para a interiorização dos serviços municipais, longe do Distrito-sede. Deve-se observar que essa competência municipal está condicionada à edição de lei estadual, que vai lhe atribuir as normas gerais para a criação, organização e supressão de distritos.

Compete ao Município, nos termos do inciso V, do art. 30, da Constituição de 1988, "organizar e prestar, diretamente ou sob regime de concessão ou permissão, os serviços públicos de interesse local, incluído o de transporte coletivo, que tem caráter essencial". Voltou a usar o Constituinte a expressão "interesse local", para demarcar o verdadeiro espaço de atuação municipal, quanto à prestação de serviços públicos. Nem sempre é pacífico aferir quais os serviços que cabem exclusivamente ao Município, principalmente em virtude das transformações tecnológicas e das tentativas de diminuição dos custos na implantação de tais serviços[33]. Não podem os Estados-membros querer avançar nesta competência, restringindo-a em sua Constituição Estadual, pois como observou Pontes de Miranda,

> "seria reduzir a autonomia municipal a simples autogestão administrativa, executiva, só lhes deixar o cumprimento de regras jurídicas que a Constituição estadual ou leis estaduais ordinárias lhes ditassem"[34].

Mereceu destaque a competência para a prestação de serviço de transporte coletivo urbano, que deve ter caráter essencial. Observe-se que cabe à União os serviços de transporte rodoviário interestaduais e internacionais de passageiros, pelo art. 21, XII, e, da Constituição de 1988, e, residualmente, aos Estados-membros, os serviços intermunicipais. A importância do transporte coletivo urbano para as cidades, principalmente as maiores, faz com que se justificasse o relevo que o Constituinte lhe deu. A prestação dos serviços deve ser mediante concessão ou permissão pública[35] precedida de processo licitatório, nos termos do **caput** do art. 175, da Constituição Federal.

Cabe ao Município "manter, com a cooperação técnica e financeira da União e dos Estados, programas de educação pré-escolar e de ensino fundamental", no art. 30, VI, da Constituição de 1988. A regra constitucional é de que a União, os Estados-membros e os Municípios têm interesse sobre

---

33 Municipais serão os serviços que mais diretamente afetam o interesse local. No entanto, a própria evolução tecnológica tem feito evoluir característica de determinados serviços públicos que outrora tinham uma conotação eminentemente municipal. Eis que, era dentro dos limites do Município que eles eram prestados e fruídos. As fronteiras municipais foram em alguns casos extrapolados; o serviço de telefonia seria um exemplo, uma vez que, hoje, seria praticamente inconcebível que os municípios organizassem o seu serviço local de comunicação telefônica para só, num segundo momento, pensarem na sua integração num sistema maior, qual seja, o regional ou nacional ou até mesmo o internacional" (BASTOS, Celso Ribeiro. **Comentários à Constituição do Brasil**, *op. cit.*, pp. 242-3).

34 PONTES DE MIRANDA. **Comentários à Constituição de 1967 com a Emenda nº 1 de 1969**, *op. cit.*, vol. 2º, p. 344.

35 A permissão e a concessão de serviço público são, respectivamente, o ato administrativo e o contrato administrativo pelos quais a Administração Pública transfere, sob condições, a execução e exploração de certos serviços, que lhe são privativos, a terceiros que para isso manifestem interesse e que serão remunerados adequadamente mediante a cobrança, dos usuários, de tarifas previamente aprovadas" (GASPARINI, Diógenes. **Direito Administrativo**. 4ª ed. São Paulo: Saraiva, 1995, p. 231).

a educação pré-escolar e o ensino fundamental, mas a estes últimos cabem melhor sua execução, dada a proximidade com o público a ser atingido, razão pela qual se impõe a cooperação técnica e financeira daqueles outros. A União deve aplicar, anualmente, nunca menos de dezoito por cento da receita resultante de impostos, enquanto os Estados-membros e Municípios precisam aplicar vinte e cinco por cento, de acordo com o art. 212, da Constituição de 1988. Observe-se, ainda, que o texto constitucional, no art. 211, § 2º, determina que os Municípios atuem prioritariamente no ensino fundamental e na educação infantil. Cabe à União, com a nova redação do § 1º do art. 211, exercer "função redistributiva e supletiva, de forma a garantir equalização de oportunidades educacionais e padrão mínimo de qualidade do ensino mediante assistência técnica e financeira aos Estados-membros, ao Distrito Federal e aos Municípios". A Emenda Constitucional nº 14, de 12.09.1996, instituiu o Fundo de Manutenção e Desenvolvimento do Ensino Fundamental e de Valorização do Magistério, que vem impulsionando a educação municipal.

É de competência do Município "prestar, com a cooperação técnica e financeira da União e do Estado, serviços de atendimento à saúde da população", no art. 30, VII, da Constituição Federal. A situação se assemelha a acima descrita, sendo que deve ser constituído um Sistema Único de Saúde (SUS) financiado com recursos do orçamento da seguridade social, da União, dos Estados-membros, do Distrito Federal e dos Municípios. As ações e serviços públicos de saúde integram hoje uma rede regionalizada e hierarquizada, constituindo um sistema único, organizado com as seguintes diretrizes: "I – descentralização, com direção única em cada esfera de governo; II – atendimento integral, com prioridade para as atividades preventivas, sem prejuízo dos serviços assistenciais; III – participação da comunidade", no art. 198, da Constituição Federal.

Cabe, ainda, ao Município "promover, no que couber, adequado ordenamento territorial, mediante planejamento e controle de uso, do parcelamento e da ocupação do solo urbano", no art. 30, VIII, da Constituição de 1988. As questões urbanísticas dizem respeito principalmente ao Município porque nele se manifestam suas atividades de maneira mais objetiva e dinâmica. O planejamento urbano foi a forma encontrada para se enfrentar a complexidade que as cidades brasileiras vêm assumindo, que também possuem melhores condições de fixarem o ordenamento territorial. Compete-lhe, ainda, o controle de uso, do parcelamento e da ocupação do solo urbano. Cabe à União "instituir diretrizes para o desenvolvimento urbano, inclusive habitação, [...]", no art. 21, XX, que deve ser feito através de lei federal.

Compete exclusivamente aos Municípios, por fim, "promover a proteção do patrimônio histórico-cultural local, observada a legislação e a ação fiscalizadora federal e estadual", no art. 30, IX, da Constituição Federal. O patrimônio histórico-cultural é matéria relevante, pois representa a forma de assegurar para as futuras gerações a memória de um determinado tempo, bem como manter intacta suas manifestações populares. Trata-se, a rigor, de competência comum, em razão da União, dos Estados-membros e do Distrito Federal estarem habilitadas para exercer a legislação concorrente, de acordo com o inciso VII do art. 24, da Constituição de 1988.

As competências comuns da União, Estados-membros, Distrito Federal e Municípios estão consagradas no art. 23, do texto constitucional. O objetivo principal foi estabelecer a cooperação técnica entre as diversas Entidades Federadas, estando prevista lei complementar federal para tanto, visando "o equilíbrio do desenvolvimento e do bem-estar em âmbito nacional", no art. 23, **parágrafo único**, da Constituição Federal.

Em primeiro lugar, foi estipulado que cabem às três entidades "zelar pela guarda da Constituição, das leis e das instituições democráticas e conservar o patrimônio público", no art. 23, I, da Constituição de 1988. Em que pese o pleonasmo da expressão "zelar pela guarda", justificado talvez pela necessidade de expressar o relevo de tal missão, é significativa que a responsabilidade por essa missão seja entregue a todos os participantes da Federação brasileira[36]. A conservação do patrimônio público é de responsabilidade de todos os cidadãos que, através de ação popular, podem pedir a anulação de "ato lesivo ao patrimônio público ou de entidade de que o Estado participe", de acordo com a disposição do inciso LXXIII, do art. 5º, da Constituição Federal.

Competem às Entidades Federadas "cuidar da saúde e assistência pública, da proteção e garantia das pessoas portadoras de deficiência", no art. 23, II, da Constituição de 1988. A deficiência mencionada refere-se à insuficiência, perda orgânica ou psíquica de que resulte em redução dos atos humanos cotidianos ou de trabalho. Está previsto, inclusive, que o Poder Público deve promover programas de prevenção e atendimento especializado, nos termos do art. 227, § 1º, II, do texto constitucional. Em que pese o Superior Tribunal de Justiça ter pacificada a questão do horário de funcionamento de banco, entendendo que se trata de interesse nacional que prevalece sobre o local, por outro lado o Tribunal de Justiça de São Paulo

36 O elemento essencial à caracterização do regime federativo brasileiro é, portanto, tão-só a rígida repartição de competências inscrita em nossa Lei Fundamental, donde irradiam três feixes normativos. Vale dizer, o que permite asseverar que nossa federação é peculiar, singular, diferente das demais existentes no mundo é a presença no Estado Brasil de três pessoas políticas internas, dotadas de igual poder legiferante, na medida em que o espaço normativo que a uma delas ficou reservado é indisponível pelas demais" (COLLAÇO, Flávio Roberto. **O Município na Federação Brasileira**. Florianópolis: UFSC, 1983, p. 52).

julgou justo que lei municipal determine aos bancos atendimento preferencial de deficientes[37]. A Emenda Constitucional nº 29, de 13.12.2002, tratou do financiamento do Sistema Único de Saúde (SUS), atribuindo responsabilidade aos Municípios pelo seu custeio.

Cabe-lhes, ainda, "proteger os documentos, as obras e outros bens de valor histórico, artístico e cultural, os monumentos, as paisagens naturais notáveis e os sítios arqueológicos", no art. 23, III, da Constituição Federal. Os documentos aí mencionados são todos os escritos de valor histórico e cultural, relativo a épocas passadas, sendo encontráveis em bibliotecas, arquivos e museus, para a realização de estudos e pesquisas. Além destes, devem ser resguardados as obras e outros bens, que podem até estar em poder de particulares ou de galerias, exigindo-se a realização de cadastro dos mesmos. Os monumentos são obras de arquitetura ou de escultura construídos com objetivos de perpetuarem algum acontecimento ou personagem significativo para a história de um povo. As paisagens naturais notáveis representam as vistas de recantos que impressionam quem as contempla e sítios arqueológicos são os locais onde se podem realizar pesquisas de antiguidades, em especial de períodos pré-históricos.

Na mesma linha acima, compete-lhes "impedir a evasão, a destruição e a descaracterização de obras de arte e de outros bens de valor histórico, artístico ou cultural", no art. 23, IV, da Constituição de 1988. A evasão resulta no empobrecimento do Brasil, do seu acervo artístico, histórico e cultu-

37 MANDADO DE SEGURANÇA COLETIVO – Lei Municipal que determina aos bancos atendimento preferencial de deficientes, idosos, gestantes, pessoas acompanhadas por crianças de colo – Inexistência de vedação por parte de Lei Federal sendo esta questão, pelo seu alcance social de competência do Município – Segurança denegada. O atendimento preferencial nem deveria constar de lei, com observância obrigatória, se outros fossem os costumes de nosso povo. É apenas regra de civilidade e complacência, posto ser inadmissível e transtornante ver idosos, doentes, aposentados, grávidas e crianças pequenas, acompanhando seus pais, enfrentando longas e demoradas filas. Dê-se a eles, ao menos em homenagem às peculiares situações, o respeito que merecem. Cumpre ressaltar que esta forma de entendimento tanto não fere a disciplina da União e do Banco Central que já vem sendo adotada por várias instituições bancárias, desta forma, fácil concluir que inexiste vedação por parte de lei federal e que esta questão, pelo seu alcance social, é mesmo de competência do Município. Ap. 231.410.1/5 – 1ª C. – J. 5.9.95 – Rel. Des. Alexandre Germano. ACÓRDÃO – Vistos, relatados e discutidos estes autos de apelação cível 231.410-1/5, da comarca de Americana, em que é apelante Febraban – Federação Brasileira das Associações de Bancos, sendo apelado Prefeito Municipal de Americana: Acordam em 1ª Câmara Cível do Tribunal de Justiça do Estado de São Paulo, por votação unânime, dar parcial provimento ao recurso, de conformidade com o relatório e voto do Relator, que ficam fazendo parte do acórdão" (**Revista dos Tribunais**. São Paulo: Revista dos Tribunais, 1995, vol. 772, p. 149).

ral, com grave violação da identidade de um povo, sendo praticamente um roubo, enquanto a destruição implica o perecimento final da obra e a descaracterização a alteração dos traços originais das obras. Na Constituição de 1937, em seu art. 134, também se conferia tal responsabilidade aos Municípios, em conjunto com as demais Entidades Federadas.

É também de competência comum da União, dos Estados-membros, do Distrito Federal e dos Municípios "proporcionar os meios de acesso à cultura, à educação e à ciência", no art. 23, V, da Constituição Federal. Cretella Júnior observou que tais pessoas jurídicas de direito público deviam o seguinte:

> "Envidar esforços simultâneos para que a população possa aprimorar-se, no que diz respeito à: (a) CULTURA, tendo possibilidade de frequentar escolas dos três graus, bibliotecas, discotecas, filmotecas, galerias, exposições, museus, concertos, teatros, balés; (b) EDUCAÇÃO, comparecendo a cursos e conferências; (c) CIÊNCIA, tendo facilidade de trabalho em laboratórios, manejando aparelhos, instrumentos, microscópios, telescópios, gráficos, tabelas"[38].

Cabe-lhes, em conjunto, "proteger o meio ambiente e combater a poluição em qualquer de suas formas", no art. 23, VI, da Constituição Federal. O meio ambiente pode ser entendido como o conjunto de condições, leis, influências e interações de ordem física, química e biológica, que acolhe e dirige a vida em suas formas, abrangendo as comunidades, os ecossistemas e a biosfera. A poluição é definida como uma modificação indesejável nas características físicas, químicas e biológicas no ar, solo e água, que acabam afetando contrariamente a vida humana e de outras espécies, as condições de vida e os recursos naturais, tudo já mencionado. Se não houver efetiva proteção pode resultar na degradação do meio ambiente das mais diferentes formas, que acabem prejudicando a vida e o bem estar da sociedade.

No mesmo sentido acima, também lhes compete "preservar as florestas, a fauna e a flora", no art. 23, VII, da Constituição de 1988. A floresta significa o conjunto mais ou menos extenso e denso de árvores de grande porte, a fauna o conjunto de animais próprios de uma região ou de um período geológico e a flora o conjunto de plantas de um determinado território. A devastação que ocorre no Brasil exige que haja uma cooperação incessante dos órgãos públicos para a coibir e evitar ainda mais a degradação do meio ambiente.

---

38 CRETELLA JÚNIOR, J. **Comentários à Constituição de 1988**. Rio de Janeiro: Forense Universitária, 1991, vol. IV, pp. 1763-4.

Cabe à União, aos Estados-membros, ao Distrito Federal e aos Municípios "fomentar a produção agropecuária e organizar o abastecimento alimentar", no art. 23, VIII, da Constituição Federal. A agropecuária diz respeito à prática das relações entre a agricultura, referente ao cultivo da terra, e a pecuária, voltada ao tratamento e à criação de gado. O abastecimento alimentar está relacionado ao fornecimento de alimentos a dada população. Esse dispositivo faz parte das exigências de se estabelecer uma nova política agropecuária de descentralização da propriedade da terra, com o devido planejamento da produção de bens não só para a exportação, mas também para o consumo interno.

Por outro lado, compete-lhes "promover programas de construção de moradias e a melhoria das condições habitacionais e de saneamento básico", no art. 23, IX, da Constituição de 1988. O déficit habitacional no Brasil é absurdo e precisa-se criar programas que atendam a esta demanda de forma racionalizada e com uma perspectiva social. A política oficial de construção de moradias está em crise, precisando serem revistas as práticas e as formas de financiamentos até agora utilizados. O saneamento básico implica na ação governamental visando tornar habitável e respirável o ar de determinadas regiões ou cidades, através da captação e tratamento de desejos domiciliares e industriais. O problema acaba sendo mais grave nos Municípios, que precisam do auxílio da União e dos Estados-membros para enfrentar o problema.

Por outro lado, "combater as causas da pobreza e os fatores de marginalização, promovendo a integração social dos setores desfavorecidos", no art. 23, X, da Constituição Federal, é tarefa comum das Entidades Federadas. A pobreza é um reflexo de uma política histórica de concentração de rendas, que faz com que grande parte da população brasileira viva em condições mínimas de sobrevivência para si e sua descendência. A marginalização é um processo mais grave, em que determinados setores sociais periféricos são completamente afastados do mercado de bens de consumo, vivendo à margem da ordem social, com evidente perda da cidadania pelos marginalizados, também chamado de **lunpen** proletariado. Para enfrentar o problema, é preciso fazer um resgate de uma dívida social acumulada ao longo do tempo, mas que com um pouco de coragem e vontade de mudar, pode-se fazer com que esses setores excluídos sejam integrados à sociedade produtiva e de consumo de bens sociais.

Cabe à União, aos Estados-membros, ao Distrito Federal e aos Municípios "registrar, acompanhar e fiscalizar as concessões de direitos de pesquisas e exploração de recursos hídricos e minerais em seus territórios", no art. 23, XI, da Constituição de 1988. A Constituição Federal de 1988 inovou nesta matéria, ao outorgar competência comum às últimas entidades acima, na matéria relativa à pesquisa e à lavra de recursos hídricos e minerais, tradicionalmente privativa da União[39]. A matéria está na Lei Federal nº 7.990, de 28.12.1989, com as modificações da Lei Federal nº 13.540, de 18.12.2017.

Conservou esta a competência privativa para "legislar sobre águas", no art. 22, IV, e outorgar registro das concessões de direitos de pesquisa e lavra dos recursos minerais. Deve-se observar que as jazidas, em lavra ou não, e os demais recursos minerais pertencem à União e constituem propriedade distinta do solo, no art. 176, **caput**, da Constituição de 1988. As águas desta entidade são "os lagos, rios e quaisquer correntes de água em terrenos de seu domínio, ou que banhem mais de um Estado, sirvam de limites com outros países, ou se estendam a território estrangeiro ou dele provenham, bem como os terrenos marginais e as praias fluviais", no art. 20, III, enquanto são dos Estados-membros "as águas superficiais ou subterrâneas, fluentes, emergentes e em depósito, ressalvadas, neste caso, na forma da lei, as decorrentes de obras da União", no art. 26, I, Constituição Federal. Nada foi dado aos Municípios, inclusive modificando a repartição tripartite tradicional, previsto no Código de Águas, Decreto Federal nº 24.643, de 10.07.1934, retirando-lhe bens que faziam parte do seu patrimônio e lhes foram espoliados, representando nesse aspecto um retrocesso da Constituição de 1988[40].

Por fim, é de competência comum "estabelecer e implantar política de educação para a segurança do trânsito", no art. 23, XII, Constituição Federal. A situação do trânsito no Brasil é assustadora, tendo em vista a escassez de recursos para obras infra-estruturais e de fiscalização e sinalização das vias urbanas e a ausência de educação quanto à forma certa de se comportar como motorista ou pedestre, sendo aí que os Municípios, com suas redes escolares e centros comunitários podem contribuir para minimizar o problema, além de assumir com seriedade a sinalização e o planejamento do trânsito urbano.

A ideia de autonomia sempre esteve ligada à de competência, razão pela qual quando foi assegurado ao Município tal poder, constitucionalmente, em 1891, precisou-se estabelecer o limite de sua atuação. A expressão "peculiar interesse", aí usada, atravessou o século XX, em todos os demais

---

39 A União sempre se reservou uma competência privativa no que concerne à pesquisa e lavra de recursos hídricos e minerais, porém a CF de 1988 outorga uma competência comum aos Estados, ao Distrito Federal e aos Municípios. Mudou completamente a política de recursos minerais e hídricos" (PINTO FERREIRA. **Comentários à Constituição Brasileira**, *op. cit.*, vol. II, p. 94).

40 Apesar dessas unidades federadas passarem a ser regidas por leis orgânicas, em matérias de recursos hídricos é muito tímida sua competência constitucional" (COSTA, Nelson Nery. **A Gestão dos Recursos Hídricos no Estado do Piauí.** *In:* **Revista da OAB/PI**. Teresina: Ordem dos Advogados do Brasil – Seção do Piauí, 1995, nº 2, p. 44).

textos constitucionais, à exceção da última Constituição, em 1988, que se utilizou de nova denominação, "interesse local". Não diferem muito os sentidos de ambos os termos, de modo que a mudança foi apenas superficial.

A Constituição Imperial de 1824, no art. 169, tratou apenas das Câmaras, no Capítulo II, do Título VII, relativo às Províncias, definindo-lhes as atribuições como:

> "O exercício de suas funções municipais, formação das suas posturas policiais, aplicação das suas rendas, e todas as suas particulares e úteis atribuições".

A Constituição Federal e Republicana, em 1891, definiu a Federação a partir da "união perpétua e indissolúvel das suas antigas províncias, em Estados Unidos do Brasil" (art. 1º), de modo que "cada uma das antigas províncias formará um Estado" (art. 2º). Apesar de não haver menção ao Município como Entidade Federada, mereceu este o solitário art. 68, do Título III, desse texto constitucional. Em tal dispositivo foi consagrada a tradicional expressão, ao se fixar que "os Estados organizar-se-ão de forma que fique assegurada a autonomia dos municípios em tudo quanto respeite ao seu peculiar interesse". Foi magnífica a interpretação que Epitácio Pessoa[41] deu à expressão, em célebre arresto do Supremo Tribunal Federal, em que foi relator, afirmando que competia às leis estaduais definir o que dentro do Município constituía o interesse desse com exclusão do interesse do Estado-membro.

A competência atribuída ao Município levava em conta que este tinha mais condições de legislar sobre interesse local, em virtude de ter maior conhecimento das particularidades dos seus habitantes. Foi na Constituição de 1934 que o sistema federativo de três categorias de Governo – União, Estados-membros e Municípios afirmaram-se definitivamente. Quanto a estes últimos, no seu tratamento praticamente repetiu-se o texto constitucional anterior, ao se utilizar os seguintes termos: "Art. 13. Os Municípios serão organizados de forma que lhes fique assegurada a autonomia em tudo quanto respeite ao seu peculiar interesse". Este peculiar interesse consistia na autonomia política, representada pela eletividade do Executivo e do Legislativo, pela autonomia administrativa, identificada pela organização dos serviços de sua competência, e pela autonomia financeira, entendida

41 **Epitácio Lindolfo da Silva** Pessoa (Umbuzeiro, 1865 – Petrópolis, 1942) foi um político, magistrado, diplomata, professor universitário e jurista brasileiro, Presidente da República entre 1919 e 1922. O período de Governo foi marcado por revoltas militares que acabariam na Revolução de Trinta, a qual levou Getúlio Vargas ao Governo Central. Foi Deputado Federal em duas oportunidades, Ministro da Justiça, do Supremo Tribunal Federal, Procurador-Geral da República, Senador três vezes, chefe da delegação brasileira junto à Conferência de Versalhes e Juiz da então Corte Internacional de Haia.

como o poder de decretar tributos e arrecadar e aplicar suas rendas. Apesar do esvaziamento dos Municípios, com a Constituição de 1937, a redação relativa aos mesmos praticamente se manteve igual. Os Municípios eram organizados de forma a ser-lhes assegurada autonomia em tudo quanto respeite ao seu peculiar interesse, conforme o art. 26.

A Constituição de 1946 voltou a fortalecer o Município e a retornar a discussão sobre o conceito tradicional de peculiar interesse. Celso Ribeiro Bastos comentou que esta expressão, "por força de uma interpretação jurisprudencial encampada na Década de Trinta, deixa de ser a expressão de uma ideia vaga e imprecisa, para significar tudo aquilo que fosse de interesse predominante do município"[42]. Observou-se, no entanto, que peculiar interesse deixou de se vincular à noção global de autonomia, para se referir expressamente à autonomia administrativa e financeira, quando foi tratado do seguinte modo:

> "Art. 28. A autonomia dos Municípios será assegurada: [...] II – pela administração própria, no que concerne ao seu peculiar interesse e, especialmente: a) à decretação e arrecadação dos tributos de sua competência e à aplicação das suas rendas; b) à organização dos serviços públicos locais".

O Golpe Militar de 1964 deu um duro golpe na autonomia dos Municípios, esvaziando-lhes de diversas maneiras, em especial quanto à eletividade de Prefeitos Municipais de determinadas municipalidades. Na verdade, a Constituição de 1967, praticamente repetiu a de 1946, nos seguintes termos: "Art. 16. A autonomia municipal será assegurada: [...] II – pela administração própria, no que concerne ao seu peculiar interesse e, especialmente: a) à decretação e arrecadação dos tributos de sua competência e à aplicação de suas rendas, sem prejuízo da obrigatoriedade de prestar contas e publicar balancetes nos prazos fixados em lei estadual; b) à organização dos serviços públicos locais". A Emenda Constitucional nº 1, de 17.10.1969, não mudou nada quanto à matéria, formalmente, mas trataram os exegetas oficiais de esvaziar a expressão peculiar interesse, em especial com a instituição dos Municípios tidos por relevantes para a segurança nacional.

A Constituição de 1988, além de ter elevado os Municípios a um patamar importante, colocando-os lado a lado com a União, os Estados-membros e o Distrito Federal, em seus arts. 1º e 18, dando outra dimensão às competências municipais. Depois de longa discussão durante a Assembleia Nacional Constituinte, onde foram várias as propostas, em especial a elaborada no Anteprojeto da Comissão da Organização do Estado, que dizia que

42 BASTOS, Celso Ribeiro. **Comentários à Constituição do Brasil**, *op. cit.*, p. 217.

"compete privativamente ao Município: I – legislar sobre assuntos de interesse municipal predominante"[43]. Prevaleceu a nova expressão interesse local, que se encontra referida em duas oportunidades, a seguir transcritas:

> "Art. 30. Compete aos Municípios: I – legislar sobre assuntos de interesse local; [...] – V – organizar e prestar, diretamente ou sob regime de concessão ou permissão, os serviços públicos de interesse local, incluindo o de transporte coletivo, que tem caráter essencial".

A expressão anterior, peculiar interesse, já tinha merecido longa e laboriosa análise dos mais importantes juristas brasileiros, de modo que cedo seu verdadeiro sentido foi encontrado. O vocábulo peculiar, assim, não era entendido como excludente, posto que a Federação faz com que o interesse local não se choque com o interesse regional ou o interesse geral. O verdadeiro sentido foi encontrado no vocábulo predominante, isto é, o interesse local é maior do que o regional ou o geral, ainda que seja uma preocupação de todas as Entidades Federadas. A predominância não é estática, mas determinada pelo desenvolvimento histórico e pela produção legislativa da época.

A mudança operada, em 1988, foi mais de aspecto formal do que material. Tanto é verdade que na obra clássica de Hely Lopes Meirelles, o gran-

43 O Anteprojeto da Comissão de Organização do Estado, aprovado na reunião de 12.6.1987, dispunha sobre a matéria nos seguintes termos: "Art. 17 – Compete privativamente aos Municípios: I – legislar sobre assuntos de interesse municipal predominante e suplementar as legislações federal e estadual no que couber; [...] IV – organizar e prestar os serviços públicos de predominante interesse local". Esta redação perdurou até o Anteprojeto de Constituição da Comissão de Sistematização, de 26.06.1987, onde foram compatibilizados os Anteprojetos das Comissões Temáticas, com a seguinte redação: "Art. 62 – Compete privativamente aos Municípios: I – legislar sobre assuntos de interesse municipal predominante e [...]; IV – organizar e prestar os serviços públicos de predominante interesse local". Já o Projeto de Constituição, Substitutivo do Relator, de 26.08.1987, dizia que: "Art. 45 – Compete aos Municípios: I – legislar sobre assuntos de interesse local predominante e [...]; IV – organizar e prestar os serviços públicos de predominante interesse local". O Segundo Substitutivo do Relator ao Projeto de Constituição, de setembro de 1987, trouxe a redação já próxima do texto definitivo, dispondo que: "Art. 36. Compete aos Municípios: I – legislar sobre assuntos de interesse local; [...] V – organizar e prestar os serviços públicos de interesse local". Esta redação foi mantida no Projeto de Constituição (A), da Comissão de Sistematização, de novembro de 1987. Houve uma pequena mudança aditiva no Projeto de Constituição (B), já no 2º turno de votação, de julho de 1988, ao dizer que: "Art. 31. Compete ao Município: I – legislar sobre assuntos de interesse local; [...] V – organizar e prestar, diretamente ou sob regime de concessão ou permissão, os serviços públicos de interesse local, incluído o de transporte coletivo que tem caráter essencial". A redação final do Projeto de Constituição (D), de setembro de 1988, manteve o texto acima, apenas renumerando-o para o art. 30.

de mestre, comentou a matéria nos seguintes termos: "peculiar interesse não é interesse exclusivo do Município; não é interesse privativo da localidade; não é interesse único dos munícipes. Se se exigisse essa exclusividade, essa privatividade, essa unicidade, bem reduzido ficaria o âmbito da administração local, aniquilando-se a autonomia de que faz praça a Constituição. Mesmo porque não há interesse municipal que o não seja reflexamente da União e do Estado-membro, como também não há interesse regional ou nacional, que não ressoe nos Municípios, como partes integrantes da Federação Brasileira, através dos Estados a que pertencem. O que define e caracteriza o peculiar interesse, inscrito como dogma constitucional, é a predominância do interesse do Município sobre o do Estado ou da União"[44]. Pois bem, com a Constituição de 1988, a magistral obra foi atualizada, mas ao definir interesse local apenas utilizou o conceito acima, trocando essa expressão por aquela outra[45].

Os interesses locais são aqueles relacionados ao cotidiano da vida municipal, que dizem respeito diretamente aos problemas de vizinhos, sendo predominante a competência do Município sobre tais matérias. A expressão, apesar de imprecisa e mesmo ambígua, tem a vantagem de permitir uma elasticidade que assegura uma flexibilização doutrinária capaz de permitir a evolução do conceito, de acordo com as necessidades históricas municipais[46].

9.3. Autonomia Municipal Brasileira

A soberania é um dos conceitos mais importantes em teoria política e direito constitucional, entendido como um dos elementos do Estado, sendo a qualidade do Poder Público que o coloca acima de qualquer outro poder dentro do território estatal. Pode ser entendido, ao mesmo tempo, como: a) a autoridade para criar, modificar e extinguir lei, dentro de regras jurídicas; b) a autoridade política ou moral do Estado; c) a fonte do exercício do poder político; d) a garantia da independência de uma sociedade política[47].

---

44 MEIRELLES, Hely Lopes. **Direito Municipal Brasileiro**, *op. cit.*, 1977, pp. 114-5.

45 MEIRELLES, Hely Lopes. **Direito Municipal Brasileiro**, *op. cit.*, 2006, pp. 134-5.

46 A imprecisão do conceito interesse local, se por um lado pode gerar a perplexidade diante de situações inequivocamente ambíguas, onde se entrelaçam em partes iguais os interesses locais e os regionais, por outro, oferece uma elasticidade que permite uma evolução da compreensão do Texto Constitucional, diante da mutação por que passam certas atividades e serviços" (BASTOS, Celso Ribeiro. **Curso de Direito Constitucional**. 11ª ed. São Paulo: Saraiva, 1989, p. 277).

47 MARSHALL, G. **Soberania (Sovereignty)**. *In*: SILVA, Benedicto, e outros (editoração). **Dicionário de Ciências Sociais**. 2ª ed. Rio de Janeiro: Fundação Getúlio Vargas/Instituto de Documentação, 1987, p. 1133.

O brilhante cientista político italiano Nicola Matteucci, observou que o conceito político-jurídico de soberania indicava o poder de mando de última instância, numa sociedade política e, consequentemente, a diferença entre esta e as demais associações humanas em cuja organização não se encontra esse poder supremo, exclusivo e não derivado[48]. Ao longo do tempo, esse conceito passou a representar uma síntese entre o poder e o direito, entre o ser e o dever ser, procurando eliminar a força da sociedade política. Apesar das dificuldades, foi conseguida a síntese da noção de poder supremo e absoluto com a noção de poder submetido ao princípio da legalidade, que vingou nos modernos Estados Constitucionais e do Bem-Estar Social.

A noção de soberania surgiu, no século XVI, para permitir a indicação de que o Estado tinha um poder único e exclusivo de plenitude sobre todas as demais associações e indivíduos, impondo sua lógica absolutista contra a organização medieval. Registrem-se as primeiras reflexões de Jean Bodin[49], que caracterizou para sempre a soberania como poder absoluto e perpétuo, não estando vinculado a qualquer lei ou poder[50]. Thomas Hobbes observava que a soberania legitimava-se com a legalização do monopólio da coerção física no contrato social, sendo o instrumento capaz de ter condições de impor determinado comportamento e que representaria o único meio adequado a fim de ser obedecido[51].

---

48 MATTEUCCI, Nicola. **Soberania.** *In*: BOBBIO, Norberto, MATTEUCCI, Nicola, e PASQUINO, Gianfranco. **Dicionário de Política**. 13ª ed. Brasília: Universidade de Brasília, 2007, vol. 2, p. 1179.

49 **Jean Bodin** nasceu em Angers, França 1530, e faleceu em Laon, também na França em 1596. Foi um jurista francês, membro do Parlamento de Paris e professor de Direito em Toulouse. Também adepto da teoria do direito divino dos reis, Jean Bodin tornou-se conhecido como o Procurador Geral do Diabo devido a sua incansável perseguição a feiticeiras e hereges. Ele é considerado por muitos o pai da Ciência Política devido a sua teoria sobre soberania. Baseou-se nesta mesma teoria para afirmar que a legitimação do poder do homem sobre a mulher e da monarquia sobre a gerontocracia.

50 Esse poder soberano ou soberania, *majestas* em latim, que mantém a unidade do conjunto, que dá forma ao barco da República ou do Estado, que assegura ao mesmo tempo a sua coesão e a sua interdependência, tem uma dupla característica: é perpétuo e absoluto. Perpétuo, isto é, exercido durante toda a vida do seu detentor, que o detém em seu próprio nome, e nunca por comissão, instituição ou delegação de qualquer pessoa que não ele (o que equivaleria a exercer o poder de outrem). Absoluto: ele não tem outra condição "que a lei de Deus e da natureza não comande". É necessário que os soberanos não estejam de modo algum sujeitos às ordens de outrem e que possam dar leis aos súditos, quebrando ou ab-rogando as leis inúteis para promulgar outras" (CHEVALLIER, Jean-Jacques. **História do Pensamento Político.** Rio de Janeiro: Guanabara, 1982, 1º vol., pp. 316-7).

51 É nele que consiste a essência do Estado, a qual pode ser assim definida: Uma pessoa de cujos atos uma grande multidão, mediante pactos recíprocos uns com os outros, foi instituída por cada um como autora, de modo a ela poder usar a força e os recursos

Partindo também da noção de contrato social, Jean-Jacques Rousseau divergiu de Thomas Hobbes, ao considerar que o homem, no seu estado de natureza, é um bom selvagem, vivendo pacificamente com seus semelhantes e procurando se associar com seus semelhantes, mediante um pacto. Contudo, ao viver em sociedade, torna-se corruptor e corrompido. Sendo contrário à democracia representativa, afirmava que a soberania não podia ser representada ou alienada, pertencendo sempre para o povo, confundido ele próprio com aquela[52]. As ideias do autor não eram fáceis, pois se de um lado expunha um contrato social pelo qual o homem passava do estágio natural para o de respeito às leis do Estado, seu dominador era a vontade geral, sendo esta a vontade da comunidade como um todo, da qual cada indivíduo fazia parte. Atribuiu-se a Rousseau a tal vontade uma soberania tão absoluta quanto a atribuída por Hobbes ao seu Leviatã[53].

A soberania pode ser considerada sob os aspectos interno e externo. No primeiro, predomina a ideia de que o Estado impera sobre qualquer outra instituição no domínio do seu território, estando indivíduos e sociedades formadas por estes submetidos ao poder estatal. Existe uma tendência aí de

de todos, da maneira que considerar conveniente, para assegurar a paz e a defesa comum. Àquele que é portador dessa pessoa se chama soberano, e dele se diz que possui poder soberano. Todos os restantes são súditos" (HOBBES, Thomas. **Leviatã ou Matéria, Forma e Poder de um Estado Eclesiástico e Civil.** *In:* **Hobbes/Os Pensadores.** São Paulo: Nova Cultural, 1999, p. 144).

52 Se separar-se, pois, do pacto social aquilo que não pertence à sua essência, ver-se-á que ele se reduz aos seguintes termos: 'Cada um de nós põe em comum sua pessoa e todo o seu poder sob a direção suprema da vontade geral, e recebemos, enquanto corpo, cada membro como parte indivisível do todo'. Imediatamente, esse ato de associação produz, em lugar da pessoa particular de cada contratante, um corpo moral e coletivo, composto de tantos membros quantos são os votos da assembleia, e que, por esse mesmo ato, ganha sua unidade, seu eu comum, sua vida e sua vontade. Essa pessoa pública, que se forma desse modo, pela união de todas as outras, tomava antigamente o nome de cidade e, hoje, o de república ou de corpo político, o qual é chamado por seus membros de Estado quando passivo, soberano quanto ativo, e potência quando comparado a seus semelhantes. Quanto aos associados, recebem eles, coletivamente, o nome de povo e se chamam, em particular, cidadãos, enquanto partícipes da autoridade soberana, e súditos enquanto submetidos às leis do Estado. [...] Vê-se, por essa fórmula, que o ato de associação compreende um compromisso recíproco entre o público e os particulares, e que cada indivíduo, contratando, por assim dizer, consigo mesmo, se compromete numa dupla relação: como membro do soberano em relação aos particulares, e como membro do Estado em relação ao soberano" (Livro Primeiro, Capítulo VI) (ROUSSEAU, Jean-Jacques. **Do Contrato Social.** *In:* **Rousseau/Os Pensadores.** São Paulo: Nova Cultural, 1999, p. 71).

53 CROSSMAN, R. H. S. **Biografia do Estado Moderno.** São Paulo: Livraria Ciências Humanas, 1980, pp. 85-6.

se procurar a eliminação dos conflitos internos, mediante a neutralização e a despolização da sociedade, a ser governada de fora, através de processos administrativos, contrários aos processos políticos. Externamente, nas relações internacionais os Estados encontram-se numa posição de igualdade e, não, de dependência. No plano interno, o Poder Público se encontra numa posição de absoluta supremacia, estando abaixo os súditos, que lhe devem obediência, enquanto no plano externo, o Estado fica em posição de igualdade em relação aos outros Estados, como já comentado.

No Estado Federal, por outro lado, aparece um único sujeito de direito na ordem internacional, quando houver necessidade de exteriorização da vontade soberana – da **summa potestas**. No âmbito interno, no entanto, existem outras coletividades dotadas de autonomia, poder que permite aos Estados-membros auto-organizem-se, mas com limitações óbvias em relação à soberania. A superioridade daquele sobre esses encontra-se patente nos preceitos da Constituição de 1988, que impõe limitação aos ordenamentos dos Estados-membros, em matéria relativa à forma de governo, às relações entre poderes, à ideologia, à competência legislativa e à solução dos litígios na esfera judiciária, ensinou Paulo Bonavides[54]. A prevalência do ordenamento constitucional federal faz-se sentir em matérias de competência legislativa, bem como na instituição de um Tribunal Supremo, a quem cabe fazer prevalecer os preceitos da Constituição Federal sobre as demais ordenações locais[55].

Os Estados-membros não são Estados propriamente ditos, por não disporem de soberania, estando subordinados ao Estado Federal, além de terem as suas próprias características políticas. A Constituição fixa a organização do todo, abrindo competência àqueles para especificar suas atribuições. Manoel Gonçalves Ferreira Filho lecionou que "o Estado-membro goza de autonomia. Quer dizer: é livre no campo a ele deixado pela Constituição do Estado federal"[56]. O texto constitucional pode, inclusive, determinar que o Estado Federado se descentralize, com a instituição de entidades políticas menores, como o Município[57]. No Brasil, os Estados-membros, obrigatoria-

---

54 BONAVIDES, Paulo. **Ciência Política.** 10ª ed. São Paulo: Malheiros, 2000, pp. 210-1.

55 Ver: DA CUNHA, Fernando Whitaker. **Federação: soberania e autonomia.** *In*: **Revista de Direito Público.** São Paulo: Revista dos Tribunais, jan.-mar./1985, nº 73/145, e **Doutrinas Essenciais: Direito Constitucional (Edições Especiais Revista dos Tribunais: 100 Anos).** 2ª tir. São Paulo: Revista dos Tribunais, 2013, vol. III, p. 65.

56 FERREIRA FILHO, Manoel Gonçalves. **Curso de Direito Constitucional.** 18ª ed. São Paulo: Saraiva, 1990, p. 45.

57 Ver: DALLARI, Dalmo de Abreu. **Auto-organização do Município.** *In*: **Revista de Direito Público.** São Paulo: Revista dos Tribunais, jan.-jun./1976, nº 37-38/297, e **Doutrinas Essenciais: Direito Constitucional (Edições Especiais Revista dos Tribunais: 100 Anos).** 2ª tir. São Paulo: Revista dos Tribunais, 2013, vol. III, p. 889.

mente, organizam-se em municipalidades, de acordo com os parâmetros constitucionais, sendo a Lei Orgânica do Município, de acordo com o art. 29, da Constituição de 1988, de competência da Câmara Municipal, que a promulga como Poder Organizacional Municipal[58].

A ideia de que a Federação Brasileira é constituída também de Municípios, embora não participe na vontade e nas decisões dos órgãos federais, como ocorre com os Estados-membros, recebeu o repúdio de José Afonso da Silva. Este afirmou que não era porque uma entidade territorial tivesse autonomia político-constitucional que necessariamente integrava o conceito de Entidade Federativa. O Município não era essencial ao conceito de Federação Brasileira. Não existia Federação de Municípios. Existe Federação de Estados-membros. Estes foram essenciais ao conceito de qualquer Federação[59]. Para o autor, dizer que a Federação é formada pela união indissolúvel de Município apresenta-se como algo sem sentido, pois não se prevê sequer a secessão municipal, vez que existe apenas a intervenção federal no Estado-membro e, não, naquele.

Celso Ribeiro Bastos contestou a tese acima, ao concluir que a Federação Brasileira assumiu feições próprias e que apenas o fato dos Estados-membros terem direito a se representarem por Senadores no seio da União não pode justificar a exclusão dos Municípios do nosso modelo federativo. Para ele, o que existe "são Estados federativos concretos, todos, de resto, diferentes entre si em múltiplos aspectos"[60]. Não se pode negar as mudanças jurídicas operadas pela Constituição de 1988, destacando-se a elevação do Município a integrante da República Federativa do Brasil.

A autonomia, para o mesmo autor, "significa a capacidade ou poder de gerir os próprios negócios dentro de um círculo prefixado pelo ordenamento jurídico que a embaça"[61]. A soberania vem a ser o poder absoluto do Estado, enquanto a autonomia, ainda que represente um poder de auto-organização, está limitada por aquela, sendo a primeira a noção de um poder originário, enquanto a outra de um poder derivado, como já dito. A autonomia do Município é menor do que a do Estado-membro, porque a forma

---

58 Desde 1934, e especialmente sob a Constituição vigente, dentro do federalismo, o Brasil mantém um sistema *sui generis* de tripartição das competências. União, Estados-membros e Municípios têm assegurados com a maior simetria possível uma formulação constitucional que posiciona as três esferas de governo em precisas áreas de autuação sem quebra de autonomia nem superposição de poderes" (GODOY, Mayr. **A Câmara Municipal: manual do vereador**, *op. cit.*, p. 19).

59 SILVA, José Afonso da. **Curso de Direito Constitucional Positivo**, *op. cit.*, p. 640.

60 BASTOS, Celso Ribeiro. **Comentários à Constituição do Brasil**. São Paulo: Saraiva, 1988, vol. 1, p. 232.

61 BASTOS, Celso Ribeiro. **Curso de Direito Constitucional**, *op. cit.*, p. 119.

de organização daquele está condicionada aos princípios da Constituição Estadual, que só não pode ofender o texto constitucional federal.

A palavra autonomia vem do grego autonomia, que significa o direito de se reger por suas próprias leis (**nomos**), sendo a exteriorização do poder de uma comunidade de se auto-organizar. A autonomia tem limites, pois caso contrário seria a soberania. Antes, os termos eram sinônimos, mas a necessidade de se conceituar o poder dos Estados-membros em uma Federação acabou por afastar os sentidos dos mesmos. Hoje se observa duas espécies de autonomia, a estadual e a municipal, cada uma dando a dimensão do poder dessas Entidades Federadas. Ainda que mais restrita, condicionada pelo peculiar interesse, não se pode negar a autonomia dos Municípios e de sua integração ao sistema federativo.

O conceito de autonomia também é diverso de autarquia, sendo esta a possibilidade de se movimentar dentro dos limites fixados pelo sistema jurídico-político, estando mais relacionada com a descentralização dos Estados unitários. Enquanto aquela se encontra relacionada com a produção de próprias leis, esse está vinculado a de administração própria, por delegação legal. A expressão autarquia significa diversas formas de organização e disciplina de serviços públicos descentralizadas, já tendo uma definição própria no direito brasileiro[62].

Em alguns Estados, como no caso de Portugal, a Constituição de 1976 descentralizou instituindo as autarquias territoriais locais. Estas foram conceituadas por Marcelo Caetano como "pessoa coletiva de direito público correspondente ao agregado formado pelos residentes em certa circunscrição do território nacional para que os interesses comuns resultantes da vizinhança sejam prosseguidos por órgãos próprios dotados de autonomia dentro dos limites da lei"[63]. Observou o célebre constitucionalista português, ainda, que no Brasil a autarquia só designava os institutos públicos, furtando-lhe as pessoas coletivas territoriais, ao contrário do que ocorreu em Portugal, que usava a expressão para designar entidades territoriais. As autarquias territoriais locais podem ser o Município, a Freguesia e o Distrito. As limitações das autarquias locais fazem com que sejam conceituadas como apenas detentoras de autonomia parcial, limitada a restritas matérias, sem peso político maior, não podendo assim ser confundidos os conceitos.

62 Autarquia – o serviço autônomo, criado por lei, com personalidade jurídica, patrimônio e receita própria para executar atividade típica de Administração pública que requeiram, para seu melhor funcionamento, gestão administrativa e financeira descentralizada", no Decreto-lei nº 200, de 25.02.1967, no art. 5º, I.

63 CAETANO, Marcelo. **Manual de Direito Administrativo**. 10ª ed. Coimbra: Almedina, 1991, vol. 1, p. 193.

A autonomia municipal varia muito de amplitude, encontrando-se relacionada com a matéria que abrange. Inicialmente, e de forma mais tímida, existe a autonomia administrativa, que é atribuída inclusive para entidades territoriais dos Estados unitários descentralizados. Depois, vem a autonomia financeira, que representa uma maior competência, porque prevê a decretação, a arrecadação e a utilização de tributos. Em seguida, aí caracterizando os Municípios dos Estados-membros, existe a autonomia política, definível pela eletividade dos agentes políticos municipais. Por fim, destacando-se o tratamento dado pela Constituição de 1988, no Brasil, vem a autonomia legislativa, que prevê a possibilidade do Município elaborar uma quase Constituição, representando o mais alto escalão de autonomia.

A autonomia administrativa é uma das primeiras formas de descentralização administrativa[64] indicando uma tendência de afastar o poder decisório de algumas questões do centro político. Deve-se observar, inicialmente, que existe uma separação entre as necessidades da totalidade da população, como o problema de telefonia, e aqueles específicos de uma dada coletividade menor, como a necessidade de transporte urbano em um Município. Existem, assim, os assuntos locais distintos dos assuntos nacionais ou, mesmo, dos regionais.

Ocorre, ainda, que para haver a descentralização, necessário se faz que a responsabilidade pelos serviços locais seja destinada a um órgão dotado de personalidade jurídica, para que tenha capacidade de gerir seus serviços. Caso este órgão conserve uma dependência com o centro político, mesmo

---

64 A noção de descentralização formou-se, sobretudo a propósito das relações entre Estado e colectividades locais. Mas os mesmos processos jurídicos, mais ou menos transpostos, foram utilizados para pôr em cheque a centralização, enquanto definidora, como vimos, de uma certa organização da administração de Estado. Certos serviços, nitidamente individualizados pelo seu objecto ou pela sua estrutura, estão de algum modo colocados fora da hierarquia, dotados de personalidade jurídica, de um patrimônio e de órgãos encarregados de dirigir a sua acção; esses órgãos beneficiam de uma certa autonomia; a autoridade superior já só exerce sobre eles um controle análogo àquele que conserva sobre as colectividades. Normalmente, esses serviços recebem o nome de estabelecimentos públicos (infra, números 484 e segs.). A este método dá-se geralmente o nome de descentralização de serviços, para simultaneamente a aproximar e a distinguir da descentralização territorial. Seja qual for o valor da aproximação, não se deve perder de vista as diferenças profundas que apresentam os dois processos: a eleição, capital na descentralização territorial, só excepcionalmente intervém na designação dos dirigentes do estabelecimento público; com efeito, este só raramente corresponde a uma comunidade preexistente; é apenas um processo jurídico que permite a melhor gestão de um serviço público" (RIVERO, Jean. **Direito Administrativo**. Coimbra: Almedina, 1981, pp. 358-9).

com relativo poder decisório, existe apenas desconcentração[65]. Não obstante, se o órgão tiver autonomia para decidir sobre as questões locais, sem dependência absoluta e hierárquica, há aí a descentralização administrativa.

O grau de descentralização varia bastante, de acordo com a forma pelo qual o Estado se organiza. Os Municípios, no Estado Federal, têm suas competências definidas na Constituição, enquanto no Estado unitário descentralizado estas se encontram em leis ordinárias do Poder Central. A autonomia administrativa ocorre em ambas as formas estatais, apenas nas Federações está de modo geral acompanhada de atribuições legislativas, o que não acontece no outro Estado, restrita apenas às questões executivas.

A autonomia administrativa compreende a gestão dos serviços locais, isto é, aqueles em que o interesse municipal é maior do que o federal ou o estadual. O Município encontra-se localizado dentro do país, de modo que não existe oposição entre ambos os interesses[66]. Cabe à municipalidade os serviços públicos locais, em que existe um interesse preponderantemente local sobre o estadual ou federal, inclusive os serviços de utilidade pública.

Hely Lopes Meirelles disse que:

> "Tudo quanto repercutir direta e indiretamente na vida municipal é de interesse peculiar do Município, embora possa interessar também indireta e mediatamente ao Estado-membro e à União. O provimento de tais negócios cabe exclusivamente ao Município interessado, não sendo lícita a ingerência de poderes estranhos, sem ofensa à autonomia local. Pode e deve o Município repelir tais interferências, partam elas de outro Município, do Estado-membro ou da União, através de qualquer de seus órgãos ou Poderes. E, não sendo possível ao Município ofendido em sua autonomia convencer administrativamente o poder estranho a cessar a sua intromissão, poderá recorrer ao Judiciário para anular o ato concreto de interferência inconstitucional"[67].

---

65 A descentralização não se confunde com a desconcentração. Na descentralização têm-se duas pessoas: a entidade central e a descentralizada; a que outorga e a que é outorgada. Na desconcentração só há uma: a central. Na descentralização a atividade transferida ou a sua simples execução está fora da Administração Pública, ao passo que a atividade desconcentrada está no seu interior. Lá não há hierarquia; aqui há" (GASPARINI, Diógenes. **Direito Administrativo**, *op. cit.*, p. 223).

66 Na realidade, o Município está situado dentro do Estado, o qual por sua vez está situado dentro do país e não há antinomia entre os interesses locais e os interesses gerais. O traço que torna diferentes os interesses locais dos interesses gerais é a 'predominância' jamais a 'exclusividade'" (CRETELLA JÚNIOR, José. **Direito Administrativo Municipal**, *op. cit.*, p. 108).

67 MEIRELLES, Hely Lopes. **Direito Municipal Brasileiro**, *op. cit.*, 1977, p. 116.

Em que pese a expressão peculiar referir-se a especial, próprio, privativo de uma pessoa ou coisa[68], a doutrina tem entendido que o traço que torna diferente o interesse local é a predominância, jamais a exclusividade. Exatamente pela dificuldade que peculiar interesse apresentava, a Constituição de 1988 passou a utilizar a expressão interesse local, sem que houvesse uma quebra de sentido, ou seja, o interesse do Município é aquele que predomina sobre os interesses dos Estados-membros ou da União[69].

O interesse local é estabelecido dentro das condições certas de conteúdo histórico, fixado em texto constitucional. Todavia, o caráter positivista existe uma consciência entre os habitantes de determinadas áreas, das necessidades e pleitos comuns, que se diferenciam do de outras áreas, em quantidade e qualidade. De modo geral, a Administração mais geral não tem condições de perceber a sutileza de tais interesses, sendo incapaz de assegurar as satisfações localizadas. Observou Pinto Ferreira que:

> "Os interesses peculiares dos Municípios são os que entendem imediatamente com as suas necessidades locais, e, indiretamente, em maior ou menor repercussão, com suas necessidades gerais"[70].

Os assuntos de interesse local são aqueles em que existe uma predominância dos interesses dos habitantes de determinada área, em que o Município, como entidade pública, tem maiores condições de resolver e implementar que as demais entidades federadas. É imensa a gama de atividades atribuídas aos agentes públicos do Município, sendo-lhes fixadas competências de natureza administrativa, mas também política, onde se ressalva sua autonomia, observados os critérios de conveniência e oportunidade, que nem sequer o Judiciário pode violar[71].

---

68 FERREIRA, Aurélio Buarque de Hollanda. **Novo Aurélio Século XXI: dicionário da língua portuguesa.** 3ª ed. Rio de Janeiro: Nova Fronteira, 1999, p. 1523.

69 "Peculiar interesse, ou assunto de interesse local, desse modo, é aquele que se refere, primariamente e diretamente, sem dúvida, ao agrupamento humano local, mas que também atende a interesses do Estado e de todo o país" (CRETELLA JÚNIOR, José. **Comentários à Constituição de 1988**, *op. cit.*, p. 1889). Não nos parece que tenha procedência científica a tentativa feita por alguns, para encontrar uma significação própria para a expressão 'interesse local' diferente de 'peculiar interesse'.

70 PINTO FERREIRA. **Comentários à Constituição Brasileira**, *op. cit.*, p. 259.

71 AUTONOMIA MUNICIPAL – Direcionamento dos recursos públicos – Alocação para áreas que a Administração entende necessárias – Critérios de conveniência e oportunidade – Ação civil pública visando ao tratamento de esgotos – Ação procedente – Sentença reformada para julgar extinto o processo – Aplicação do art. 267, VI, do CPC. O Município dispõe de autonomia assegurada nos arts. 18 e 29 da CF. A independência do Poder Executivo Municipal está garantida pelo disposto no art. 2º da Carta Magna. Assentadas tais premissas, cabe proclamar que, como corolário dessa autonomia,

A organização dos serviços públicos locais está direcionada para aqueles que dizem respeito à vida urbana, em especial naquilo que é relativo ao transporte, à instrução primária, à saúde, à água, ao saneamento, ao pronto-socorro, à sinalização das vias públicas, aos logradouros de uso comum do povo, à assistência social e a muitos outros que atendam às necessidades comuns e ao bem-estar dos munícipes. A Constituição de 1988 atribuiu competência comum da União, dos Estados-membros, do Distrito Federal e dos Municípios para:

> "Art. 23. ....
>
> ....
>
> II – cuidar da saúde e assistência pública, da proteção e garantia das pessoas portadoras de deficiência; III – proteger os documentos, as obras e outros bens de valor histórico, artístico e cultural, os monumentos, as paisagens naturais notáveis e os sítios arqueológicos; IV – impedir a evasão, a destruição e a descaracterização de obras de arte e de outros bens de valor histórico, artístico e cultural; V – proporcionar os meios de acesso à cultura, à educação e à ciência; VI – proteger o meio ambiente e combater a poluição em qualquer de suas formas; VII – preservar as florestas, a fauna e a flora; VIII – fomentar a produção agropecuária e organizar o abastecimento alimentar; IX – promover programas de construção de moradias e a melhoria das condições habitacionais e de saneamento básico; X – combater as causas da pobreza e os fatores de marginalização, promovendo a integração social dos setores desfavorecidos; XI – registrar, acompanhar e fiscalizar as concessões de direitos de pesquisa e exploração de recursos hídricos e minerais em seus territórios; XII – estabelecer e implantar política de educação para a segurança do trânsito".

Por outro lado, como competência privativa, cabe ao Município

> "Art. 30. ....
>
> ....
>
> V – organizar e prestar, diretamente ou sob regime de concessão ou permissão, os serviços públicos de interesse local, incluído o de transporte coletivo, que tem caráter essencial; VI – manter, com a cooperação técnica e financeira da União e do Estado, programas de educação pré-escolar e de ensino fundamental; VII – prestar, com a cooperação técnica e financeira da União e dos Estados, serviços de atendimento à saúde da população; VIII – promover, no que couber, adequado ordenamento territorial, mediante planejamento e controle do uso, do parcelamento e da ocupação do solo urbano; IX – promover a proteção do patrimônio histórico-cultural local, observada a legislação e a ação fiscalizadora federal e estadual".

---

o Município organiza os serviços públicos legais e arrecada e aplica sua renda com inteira liberdade política na condução de seus negócios. Ap. 151.683/1-7 – 7ª C. – j. 30.10.91 – rel. Des. Campos Mello – TJSP" (**Revista dos Tribunais**. São Paulo: Revista dos Tribunais, ano 81, maio de 1992, vol. 669, p. 84).

O Município faz sua própria administração em razão de sua autonomia em matéria de interesse local, mas esta só se efetiva se também lhe for concedido poder para ter sua renda, independente de outras entidades federadas[72]. O poder para arrecadar os seus tributos e aplicar suas rendas, de acordo com os respectivos orçamentos, vem a se constituir na autonomia financeira. A competência tributária exclusiva é essencial para se assegurar a organização dos serviços públicos locais.

Cabe ao Município, em primeiro lugar, instituir o tributo, através de lei, já que só se pode instituí-lo assim, por outro lado, não pode ser cobrado em cada exercício sem que haja sido instituído ou aumentado antes do início do exercício financeiro. O princípio da legalidade tributária tem suas raízes com a promulgação da Carta Magna de 15.06.1215, na Grã-Bretanha, como resultado da oposição dos barões feudais e da burguesia ao poder absoluto de João Sem Terra[73]. Sempre foi sensível a questão da instituição e arrecadação de tributos, de modo que a exigência de lei específica é a condição mínima de segurança ao contribuinte, que vai arcar com o ônus.

A instituição e o aumento de tributo devem constar sempre de lei, mas esta tem que ser promulgada antes do início do novo exercício financeiro, de acordo com o princípio tributário da anterioridade. Arrecadado o tributo pelo Município, fica ao critério da Administração local a aplicação, não dependendo do Estado-membro ou da União, devendo apenas haver previsão orçamentária.

No Brasil, na Constituição de 1824 não havia referência aos tributos municipais, ao passo que a Lei Imperial de 01.10.1828 remetia ao Conselho Geral da Província, em seu art. 77, estabelecer "os meios de aumentar suas rendas, como a necessidade, ou utilidade de fazer delas alguma extraordinária aplicação", cabendo às Câmaras Municipais apenas a competência para o pedido. O art. 10, 5º e 6º, da Lei Imperial nº 16, de 12.08.1834, determinava a competência das Assembleias Provinciais para legislar sobre a fixa-

72 Bem pouco poderia fazer o Município que tivesse autonomia política e administrativa se, por outro lado, não dispusesse da respectiva autonomia financeira, que lhe possibilitasse a realização de obras, de trabalhos públicos, bem como a organização, funcionamento e manutenção dos serviços públicos locais" (CRETELLA JÚNIOR, José. **Direito Administrativo Municipal**, *op. cit.*, pp. 109-10).

73 **João** (Oxford, 1166 – Newark, 1216), também conhecido como **João Sem-Terra**, foi o Rei da Inglaterra de 1199 até sua morte. João perdeu o Ducado da Normandia e muitas de suas outras possessões para o rei Filipe II em 1204, resultando na queda de quase todo Império Angevino e contribuindo para o crescimento da dinastia Capetiana no século XIII. A Primeira Guerra dos Barões no final de seu reinado levou a selagem da Magna Carta, um documento que algumas vezes é considerado como um dos primeiros passos rumo a Constituição do Reino Unido, da Grã-Bretanha.

ção das despesas municipais e dos impostos para elas necessárias. Tavares Bastos[74], em meados do século passado, protestava contra tal situação, afirmando que deveria ser censurada a Lei Imperial nº 16, de 12.08.1834, por embaraçar a autonomia municipal[75].

A Constituição de 1891 aceitou um sistema tributário de discriminação de rendas, em seus arts. 7º e 9º, ainda que não fossem estabelecidos tributos para os Municípios. A Constituição de 1934, no art. 13, § 2º, fixou às municipalidades competência para instituir "I, impostos de licenças; II, os impostos predial e territorial urbanos, cobrado o primeiro sob a forma de décima ou de cédula de renda; III, o imposto sobre diversões públicas; IV, o imposto cedular sobre a renda de imóveis rurais; V, as taxas sobre serviços municipais", além de participação no tributo estadual imposto de indústrias e profissões e nos novos impostos. A Constituição de 1937 apenas eliminou da competência municipal o imposto cedular sobre a renda de imóveis rurais, mantendo os demais, no seu art. 28.

Cabia ao Município, pela Constituição de 1946, no seu art. 29, os impostos "I – predial e territorial urbano; II – de licença; III – de indústrias e profissões; IV – sobre diversões públicas; V – sobre atos de sua economia ou assuntos de sua competência", além de poder cobrar "contribuição de melhoria; II – taxas; III – quaisquer outras rendas que possam provir do exercício de suas atribuições e da utilização de seus bens e serviços" (art. 30) e

---

74 "**TAVARES BASTOS** (Aureliano Cândido), jornalista, escritor e pensador político brasileiro (Alagoas, 1839 – Nice, França, 1875). Estudiosos dos problemas nacionais, lutou, no parlamento e na imprensa, contra a exagerada centralização administrativa do Segundo Reinado e contribuiu, com suas reflexões, para o debate de grandes temas de interesse público, em livros como *Cartas do solitário* (1862), *O vale do Amazonas* (1866), *Estudos sobre a reforma eleitoral* (1873). Patrono da cadeira nº 35 da ABL" (KOOGAN/HOUAISS. **Dicionário e Enciclopédia Ilustrado**, *op. cit.*, p. 1552).

75 A censura que se faz a lei de 1834, cabe melhor, em verdade, a de 1840, entretanto, devemos confessá-lo, a experiência havia manifestar a necessidade de interpretar os citados §§ do acto adicional; havia ella patentear que se devia tirar ás assembleias dominadas da paixão centralizadora pretexto para embaraçarem a autonomia do município. A interpretação, que então se fizesse, seria certamente para um fim mui diverso da de 1840. Para fazerem despesas municipais de qualquer natureza; para remunerarem os respectivos empregados para aplicarem suas rendas a obras locais de qualquer importância; para fixarem as taxas dos impostos existentes ou criarem novas fontes de renda, salvo o direito da assembleia revogar as que prejudicassem ao interesse provincial ou nacional; para decretarem posturas a bem da economia e polícia puramente municipais; até mesmo para contraírem empréstimos, nos casos e com a forma prefixados por lei provincial; ou para desapropriações, na forma igualmente de lei anterior; fosse reconhecida a plena autonomia das municipalidades" (TAVARES BASTOS, Arreliando Cândido de. **A Província**. Rio de Janeiro: L. Garnier, livreiro-editor, 1870, edição **fac-similar**. Brasília: Senado Federal, 1997, p. 154).

"receber participação da União do imposto sobre produção, comércio, distribuição e consumo, e bem assim importação e exportação de lubrificantes e de combustíveis líquidos e gasosos e sobre renda e proventos de qualquer natureza" (art. 15, parágrafos 2º e 4º). Durante o período constitucional de 1891 a 1946 o sistema tributário brasileiro foi o mesmo, chamando-se de reforma tributária as modificações que se limitavam apenas a alteração de tributos da competência de uma Entidade Federada para a outra.

A Emenda Constitucional nº 18, de 01.12.1965, procedeu a uma autêntica reforma tributária, mudando o conceito do fato gerador, descrito então com denominações econômicas e não mais jurídicas, dando realmente um sistema de fato unitário e nacional[76]. Cabia ao Município: a) o imposto sobre a propriedade predial e territorial urbana, no art. 10; b) o imposto sobre serviços de qualquer natureza, no art. 15; c) as taxas, no art. 18; d) a contribuição de melhoria, no art. 19; e) o adicional de até trinta por cento do imposto sobre operações relativas à circulação de mercadoria, no art. 13. Foram destinadas à municipalidade, ainda, participações no: a) imposto sobre a propriedade territorial rural, no art. 20, I; b) imposto sobre a renda e proventos de qualquer natureza incidente sobre a renda das obrigações de sua dívida pública e sobre os proventos dos seus servidores e dos de sua autarquia; c) o Fundo de Participação dos Municípios (FPM), constituído por dez por cento da receita do imposto sobre a renda e proventos de qualquer natureza e do imposto sobre produtos industrializados, no art. 21.

O sistema acima foi mantido quase integralmente pela Constituição de 1967, nos arts. 19, 25, 26 e 28, e na sua Emenda Constitucional nº 1, de 17.10.1969, nos arts. 18, 24, 25, II, e 26, sendo apenas atribuída participação também sobre a receita do imposto sobre lubrificantes e combustíveis líquidos ou gasosos, imposto sobre energia elétrica e impostos sobre minerais.

A Constituição de 1988 atribuiu competência ao Município para "instituir e arrecadar os tributos de sua competência, bem como aplicar suas rendas, sem prejuízo da obrigatoriedade de prestar contas e publicar ba-

76 As premissas [...] adotadas pela reforma tributária, foram duas. Primeira, fazer do nosso sistema tributário um sistema, isto é, um conjunto harmônico integrado, que objetiva, acima de tudo, a realização do Plano de Ação Econômica do Governo. [...] Em segundo lugar, além de fazer esse sistema, procurou-se um sistema unitário e nacional. Abandonou-se aquela ideia dos impostos privativos da União dos Estados, e dos Municípios e fez-se uma discriminação atendendo a uma federação onde existe uma noção unitária, onde existe uma unidade política e econômica. Em terceiro lugar, procurou-se distribuir os impostos através de fatos geradores com denominações econômicas e não mais denominações jurídicas" (MORAES, Bernardo Ribeiro de. **Autonomia Financeira dos Municípios, palestra proferida no Simpósio sobre o Município diante da Emenda Constitucional nº 1, de 1969**. *In:* **Revista de Direito Público**. São Paulo: Revista dos Tribunais, 1970, nº 11, p. 308).

lancetes nos prazos fixados em lei", no art. 30, III, da Constituição Federal. Coube-lhe, especificadamente: a) impostos sobre a propriedade predial e territorial urbana; b) sobre a transmissão inter vivos, a qualquer título, por ato oneroso, de bens imóveis, por natureza ou acessão física, e de direitos reais sobre imóveis; c) sobre os serviços de qualquer natureza, no art. 156, da Constituição de 1988. Foi suprimida pela Emenda Constitucional nº 3, de 17.03.1993, a competência relativa ao imposto sobre vendas a varejo de combustíveis líquidos e gasosos. Observe-se que o imposto vem a ser a prestação pecuniária que a Entidade Federada competente tem direito de exigir, em decorrência do seu poder de império, prestação originária ou derivada, com a finalidade do ingresso de receita, sem levar em conta as vantagens que possam decorrer dessa atividade para os particulares. É a modalidade de tributo destinada ao custeio dos serviços públicos, em geral, serviços em que o usuário é anônimo.

Foi-lhe atribuída, também, competência para instituir taxas e contribuições de melhoria, no art. 145, I e II, da Constituição de 1988, e contribuição, cobrada de seus servidores, para o custeio, em benefícios destes, de sistema de previdência e assistência social, no art. 149, § 1º. A taxa é a prestação pecuniária devida à pessoa jurídica de direito público, com base em lei, sendo receita derivada cobrada em razão do interesse público da atividade desempenhada pela Administração[77]. A contribuição de melhoria consiste no pagamento obrigatório decretado pelo Município, em virtude da valorização produzida em imóvel do contribuinte, por obra pública, realizada e cujo montante não pode ultrapassar nem o custo da obra, nem o valor do benefício.

O Município recebe, ainda, a arrecadação do imposto sobre a renda e proventos de qualquer natureza, incidente na fonte, sobre rendimentos pagos, a qualquer título, no art. 158, I, da Constituição Federal, e parte do produto do imposto territorial rural, imposto sobre a propriedade de veículos automotores e imposto sobre operações relativas à circulação de mercadorias e sobre prestações de serviços de transporte interestadual e intermunicipal e de comunicação, no art. 158, II a IV, além de ter receita do Fundo de Participação dos Municípios (FPM), no art. 159, I, "b". Modificado pela Emenda Constitucional nº 55, de 20.09.2007, acrescentou de um por cento ao Fundo de Participação dos Municípios, que deve ser entregue no primeiro decênio do mês de dezembro de cada ano, para fazer frente ao pagamento do décimo-terceiro dos servidores.

77 A taxa, no fundo, é um preciso *do ut des*. O Município oferece o serviço público, o cidadão ou usuário utiliza efetivamente esse serviço. Ou, pelo menos, 'pode utilizá-lo, a qualquer momento, porque está ausente a coatividade'. Trata-se de uma opção. Uso ou não uso" (CRETELLA JÚNIOR, José. **Comentários à Constituição de 1988**, *op. cit.*, p. 1900).

A Emenda Constitucional n° 14, de 12.09.1996, estabeleceu as condições fora do Fundo de Manutenção e Desenvolvimento do Ensino Fundamental e de Valorização do Magistério, e o recebimento de receitas para os municípios com uma boa rede de ensino municipal. A Lei Federal nº 9.429, de 24.12.1996, dispõe sobre a matéria. Por sua vez, a Emenda Constitucional nº 29 de 13.09.2000, tratou do financiamento do Sistema Único de Saúde (SUS), instituído o § 2º, do art. 198, do texto constitucional. A Emenda Constitucional nº 39, de 19.12.2002, acresceu o art. 149-A à Constituição Federal, instituindo a contribuição para o custeio do serviço de iluminação pública. A Emenda Constitucional nº 53, de 19.12.2006, modificou os parágrafos 5º e 6º, do art. 212, para o fim de que a contribuição social do salário-educação, recolhido pelas empresas, seja distribuído na proporção dos alunos matriculados na educação básica pública das respectivas redes de ensino.

Significativas foram as vedações à União: a) de instituir tributo que não fosse uniforme em todo o territorial nacional ou que implicasse distinção ou preferência em relação ao Município; b) tributar a renda das obrigações da dívida pública dos Municípios, bem como a remuneração e os proventos dos seus agentes públicos; c) instituir isenções de tributos de competência municipal, no art. 151, da Constituição de 1988. Por outro lado, é vedado aos Estados-membros e aos Municípios estabelecer diferença tributária entre bens e serviços, de qualquer natureza, em razão de sua procedência ou destino, no art. 152, da Constituição Federal. Não pode a União reter ou fazer qualquer restrição à entrega e ao emprego dos recursos atribuídos aos Municípios, inclusive adicionais e acréscimos relativos a impostos, ainda que possa ser condicionada a entrega de recursos ao pagamento dos créditos federais, no art. 160, da Constituição Federal. Observe-se, ainda, que a União pode intervir no Estado-membro no caso deste "deixar de entregar aos Municípios receitas tributárias fixadas nesta Constituição, dentro dos prazos estabelecidos em lei", no art. 34, V, "b", da Constituição de 1988, ou para assegurar a observância da autonomia municipal, no art. 34, VII, "c", do mesmo texto.

A autonomia financeira compreende, ainda, a cobrança de: a) tarifas pela manutenção de serviços públicos; b) produto da receita industrial e a gerência do seu patrimônio, com bens móveis e imóveis de qualquer natureza; c) disponibilidade das cotas dos fundos federais; d) obtenção de empréstimos na medida de sua capacidade de endividamento ou, se acima dela, com autorização do Senado; e) multas originadas do seu poder de polícia.

A competência financeira do Município obedece às normas gerais federais, quanto ao processo tributário, à orçamentarização, à arrecadação, à despesa pública, à licitação e à prestação de contas. Por outro lado, a fiscalização municipal é exercida pela Câmara Municipal, mediante controle externo, com o auxílio dos Tribunais de Contas dos Estados, dos Tribunais de Contas dos Municípios ou do Conselho ou Tribunal de Contas do Municípios, no art. 31, da Constituição Federal. Observe-se, ainda, que fiscalizar a aplicação de quaisquer recursos repassados pela União mediante convênio, acordo, ajuste ou outro instrumento congênere ao Município cabe ao Congresso Nacional, com o auxílio do Tribunal de Contas da União, no art. 71, VI, da Constituição de 1988. Devem as municipalidades aplicar, ainda, vinte e cinco por cento, no mínimo, da receita resultante de impostos, compreendida a proveniente de transferências, na manutenção e desenvolvimento do ensino, no art. 212, da Constituição Federal. A Lei de Responsabilidade Fiscal, Lei Complementar Federal n° 101, de 04.05.2000, dispõe sobre restrições à autonomia municipal.

Não existe discriminação tão orgânica e com tanta força como a feita pela Constituição de 1988, em benefício dos Municípios. Nos Estados unitários descentralizados, como na Espanha, com sua Constituição de 1978, o estabelecimento das receitas é tímido, sendo que apenas está previsto que a Fazenda Pública local deve dispor de meios suficientes para desempenho de suas funções e se nutre de tributos próprios e da participação nos dos Estados e das Comunidades Autônomas, no art. 142. Em Portugal, na Constituição de 1976, com a Revisão de 1982, o regime das finanças locais é estabelecido em lei, visando a justa repartição dos recursos públicos pelo Estado e pelas autarquias territoriais locais. As receitas próprias destas incluem obrigatoriamente as provenientes da gestão dos seus patrimônios e as cobradas pela utilização dos seus serviços, no art. 240.

Nas Federações, existe uma maior discriminação, ainda que nada semelhante ao que ocorre no Brasil. No México, em sua Constituição de 1917, reformada e adicionada em 1983, os Municípios administram livremente sua Fazenda Pública, formada pelos rendimentos dos bens que os pertencem, assim como as contribuições e outros ingressos. Pertencelhes, ainda: a) contribuições, inclusive taxas adicionais, que estabeleçam os Estados-membros sobre a propriedade imobiliária, de seu fracionamento, divisão, consolidação, transação ou melhora, que tenham por base a mudança do valor dos imóveis; b) participações federais que são entregues pela Federação aos Municípios, determinados pelos Legislativos dos Estados-membros; c) ingressos derivados da prestação de serviços públicos a seu cargo, no art. 115, IV. Não obstante, cabe aos Estados-membros aprovarem as leis de ingresso dos **Ayuntamientos** e revisão das contas públicas locais.

Na Alemanha, segundo a Constituição de 1949, tem que ficar garantido aos Municípios o direito de regularem todos os assuntos da comunidade local, sobre a própria responsabilidade e em obediência às leis, no art. 28, 2[78]. Cabem aos Municípios as receitas de impostos sobre bens de raiz, de impostos locais de consumo e de luxo, bem como o direito de fixarem taxas de elevação dos impostos sobre bens de raiz, no art. 106, 6. Caso a Federação crie em determinado Município instituição especial que implique despesa para o mesmo, deve assegurar a compensação financeira necessária, no art. 106, 8, bem como se encontra prevista a compensação para adequar as discrepâncias quanto à capacidade financeira municipal, no art. 107, 2.

No Brasil, o Município goza de autonomia para aplicar as receitas que a Constituição lhe reservou, traçando sua política tributária e investindo suas rendas, consoante plano plurianual, lei de diretrizes orçamentárias e orçamento. A autonomia financeira é quem assegura a autonomia administrativa e a autonomia política. A autonomia política do Município implica a qualidade atribuída para estruturar os Poderes Políticos locais, bem como o relacionamento entre eles. A municipalidade tem a capacidade, então, para organizar e constituir o seu próprio Governo. Em que pese não haver uma hierarquia entre as três entidades federadas, deve haver uma limitação à forma de organização, pois são obrigatórios os princípios estabelecidos nas Constituições Federal e Estadual[79].

A efetividade da autonomia política ocorre com a eleição do Prefeito Municipal e dos Vereadores, titulares dos Poderes Executivo e Legislativo, respectivamente. Deve-se observar que, ao contrário da União e dos Estados-membros, os Municípios não têm Poder Judiciário próprio, de modo que o preenchimento dos cargos políticos se dá exclusivamente pelo voto popular. Esta realidade faz com que se afirme o caráter político da autonomia municipal[80] e, assim, sua competência legislativa, eletiva, financeira e administrativa.

---

78 "Artigo 28. [...] (2) Tem de ficar garantido aos municípios o direito de regularem sob a sua própria responsabilidade e em obediência às leis, todos os assuntos da comunidade local. As corporações comunais gozam igualmente de autonomia administrativa dentro dos limites das suas atribuições legais e em obediência às leis" (**Lei Fundamental da República Federal da Alemanha.** Wies Baden: Departamento de Imprensa e Informação do Governo Federal, 1983, p. 26).

79 Haveria uma longa enumeração a fazer, mas já se pode identificar alguma coisa, de plano, de imediato, de mais significativo. Por exemplo, o princípio republicano. Não seria possível um Município adotar para o governo local a forma monárquica, porque temos como princípio fundamental da Constituição o princípio republicano" (DALLARI, Adilson de Abreu. **Autonomia Municipal na Constituição de 1988.** *In:* **Revista de Direito Público**. São Paulo: Revista dos Tribunais, nº 97, p. 233).

80 Ora, se o Município é autônomo e se esta autonomia se firma na eletividade de governantes e representantes municipais como um dos seus pilares fundamentais impostos pelo art. 28 da Constituição Federal de 1946, torna-se realmente impossível negar ou desconhecer uma participação básica do elemento político na função do nosso Município" (PACHECO, Cláudio. **Tratado das Constituições Brasileiras.** Rio de Janeiro: Freitas Bastos, 1952, vol. 1, p. 246).

A eletividade do Prefeito Municipal veio desde o Império (1822-1889), com a Constituição de 1824 e a Lei Imperial de 01.10.1828 atribuindo ao Vereador mais votado a presidência da Câmara e a Chefia do Executivo local[81]. A Província de São Paulo, estabeleceu o cargo de Prefeito, em 1835, que depois foi recomendado para que fosse instituído em todos os Municípios brasileiros. Não obstante esse fato, durante os primeiros anos da República, houve muito debate sobre o problema entre os principais constitucionalistas de então, à cerca do que dispunha a Constituição de 1891. Juristas como Epitácio Pessoa, Quintino Bocaiúva[82] e Viveiros de Castro[83], dentre outros, entendiam ser constitucional a nomeação dos Prefeitos Municipais, enquanto Carlos Maximiliano[84], Pedro Lessa[85] e Rui Barbosa, bem como outros, defendiam o entendimento de não ser possível a nomeação efetuada pelos Executivos Estaduais, sem que o próprio Supremo Tribunal Federal firmasse uma posição definitiva sobre a matéria[86].

Depois, a Constituição de 1934 assegurou a eletividade dos Prefeitos Municipais, de acordo com o disposto no art. 13, I, situação esta negada pelo art. 77, da Constituição de 1937, texto este que praticamente aniquilou a autonomia municipal. A Constituição de 1946, em seu art. 28, estabeleceu que todos os Prefeitos deveriam ser eleitos pelo povo, excepcionando os Municípios que eram capitais, estâncias hidrominerais ou base ou portos militares de excepcional importância para a defesa externa do país. Esta situação foi praticamente mantida pela Constituição de 1967, no art. 16, I,

81 "Nos Municípios não tem o Governo Geral nem seus Presidentes agente algum administrativo de sua nomeação, que exerça ali a sua ação e fiscalização, visto que as Câmaras municipais são de eleição popular, bem como o seu presidente, e devem restringir-se a negócios e interesses municipais" (VISCONDE DO URUGUAI. **Ensaios de Direito Administrativo**. Rio de Janeiro: s/ed., 1862, p. 62).

82 **Quintino Antônio Ferreira de Sousa Bocaiúva** (Itaguaí, 1836 – Rio de Janeiro, 1912) foi um jornalista e político brasileiro, conhecido por sua atuação no processo da Proclamação da República. Como político, foi o primeiro Ministro das Relações Exteriores da República, de 1889 a 1891, e Governador do Estado do Rio de Janeiro, de 1900 a 1903.

83 **Francisco José Viveiros de Castro** (1862-1906), jurista de origem maranhense, foi considerado o maior especialista da época no combate à tipos de delitos e um dos principais divulgadores, no Brasil, da Nova Escola Penal, corrente do Direito Penal Profundamente.

84 **Carlos Maximiliano Pereira dos Santos** (São Jerônimo (RS), 1873 – Rio de Janeiro (RJ), 1960), foi um político, jurista e magistrado brasileiro. Entre outros cargos, foi Deputado Federal, Ministro da Justiça, Procurador-Geral da República e Ministro do Supremo Tribunal Federal.

85 **Pedro Augusto Carneiro Lessa** (Serro, de 1859 – Rio de Janeiro, de 1921) foi jurista, magistrado, político e professor brasileiro.

86 PINTO FERREIRA. **Comentários à Constituição Brasileira**, *op. cit.*, p. 243.

e por sua Emenda Constitucional nº 1, de 17.10.1969. Em profunda modificação, a Constituição de 1988 assegurou a todos os Municípios o direito de seus eleitores escolherem, por eleição, seus Executivos locais.

A eletividade do Vereador vem desde os tempos coloniais, estando previsto nas Ordenações Filipinas[87]. Mantendo a tradição, a Constituição de 1824, em seu art. 168, previu a eleição para esse cargo. As Constituições Federais de 1891, 1934, 1937 e 1947 mantiveram o princípio do provimento do cargo de vereança por eleição, ainda que concedessem às Constituições Estaduais poderes para estabelecerem certas restrições quanto ao número de Vereadores, à concessão de imunidade e às competências municipais. Por fim, a Constituição de 1988, a mais democrática que o Brasil teve, garantiu ampla autonomia política ao Município.

A Constituição de 1988 dispôs que os Municípios elaborariam Leis Orgânicas, observados os princípios contidos nas Constituições estaduais e outros princípios fixados por ela própria. Logo no inciso I, do seu art. 29, foi estabelecida a regra geral da eletividade dos cargos políticos municipais, determinando a "eleição do Prefeito, do Vice-Prefeito e dos Vereadores, para mandato de quatro anos, mediante pleito direto e simultâneo realizado em todo o país". Observe-se que o texto constitucional, em seu art. 14, § 3, VI, "a", "c", e "d", fixa como condição de elegibilidade do Prefeito e do Vice-Prefeito, a idade mínima de vinte e um anos. Foi fixado, ainda, no inciso II, do referido art. 29, que a eleição do Prefeito Municipal e do Vice-Prefeito deve ocorrer até noventa dias antes do término do mandato dos que devam suceder, sendo que a eleição do primeiro importa na do segundo. A posse dos eleitos para cargos executivos deve ocorrer no dia 1º de janeiro do ano subsequente ao da eleição, de acordo com o inciso III, do mesmo artigo.

Foi fixado ainda, que o julgamento do Prefeito Municipal deve ser perante o Tribunal de Justiça do Estado-membro, de acordo com inciso X, do art. 29, da Constituição de 1988, que antes da Emenda Constitucional nº 1, de 31.03.1992, vinha a ser o inciso VIII. O foro privilegiado trata-se de uma competência **ratione personae**, estabelecida pela função que a pessoa exerce e procurou amparar a dignidade e eminência do cargo. Entende-se que essa competência seria também para o julgamento dos crimes ordinários, isto é, aqueles que envolvam atos da vida, caso sejam praticados no

87 "A questão da eletividade dos vereadores é tão antiga quanto a formação dos Municípios brasileiros, e podemos afiançar que seus direitos e vantagens, bem como suas obrigações, encontram-se especificamente, nas leis orgânicas" (SAMPAIO, Luiz Antônio. **Comentário à Nova Constituição Brasileira.** São Paulo: Atlas, 1990, vol. 2º, p. 116).

exercício do mandato[88]. Observe-se que o mesmo não sucede com o Vice-Prefeito, que só teria este privilégio se estivesse no exercício do mandato. A perda do mandato do Prefeito Municipal, de acordo com o inciso XIV, do art. 29, de acordo com a Emenda Constitucional nº 1, de 31.03.1992, ocorre caso assuma outro cargo ou função na Administração Pública Direta e Indireta, ressalvada a posse em virtude de concurso público, observado o disposto no art. 38 do texto constitucional.

O número de Vereadores deve ser proporcional à população do Município, observados os limites constitucionais, previstas nas alíneas do inciso IV, do art. 29. Este dispositivo foi modificado pela Emenda Constitucional nº 58, de 23.09.2009, do seguinte modo:

> "Art. 29. ....
> IV. ....
> a) 9 (nove) Vereadores, nos Municípios de até 15.000 (quinze mil) habitantes; b) 11 (onze) Vereadores, nos Municípios de mais de 15.000 (quinze mil) habitantes e de até 30.000 (trinta mil) habitantes; c) 13 (treze) Vereadores, nos Municípios com mais de 30.000 (trinta mil) habitantes e de até 50.000 (cinquenta mil) habitantes; d) 15 (quinze) Vereadores, nos Municípios de mais de 50.000 (cinquenta mil) habitantes e de até 80.000 (oitenta mil) habitantes; e) 17 (dezessete) Vereadores, nos Municípios de mais de 80.000 (oitenta mil) habitantes e de até 120.000 (cento e vinte mil) habitantes; f) 19 (dezenove) Vereadores, nos Municípios de mais de 120.000 (cento e vinte mil) habitantes e de até 160.000 (cento sessenta mil) habitantes; g) 21 (vinte e um) Vereadores, nos Municípios de mais de 160.000 (cento e sessenta mil) habitantes e de até 300.000 (trezentos mil) habitantes; h) 23 (vinte e três) Vereadores, nos Municípios de mais de 300.000 (trezentos mil) habitantes e de até 450.000 (quatrocentos e cinquenta mil) habitantes; i) 25 (vinte e cinco) Vereadores, nos Municípios de mais de 450.000 (quatrocentos e cinquenta mil) habitantes e de até 600.000 (seiscentos mil) habitantes; j) 27 (vinte e sete) Vereadores, nos Municípios de mais de 600.000 (seiscentos mil) habitantes e de até 750.000 (setecentos cinquenta mil) habitantes; k) 29 (vinte e nove) Vereadores, nos Municípios de mais de 750.000 (setecentos e cinquenta mil) habitantes e de até 900.000 (novecentos mil) habitantes; l) 31 (trinta e um) Vereadores, nos Municípios de mais de 900.000 (novecentos mil) habitantes e de até 1.050.000

88 Coloca-se a questão de se saber se tal competência seria também para o julgamento dos crimes ordinários, isto é, o julgamento de atos da vida civil que possam ter implicação pública, se praticados no exercício de mandato. Entendo que sim, visto que sempre tais atos terminem por representar falta de decoro, atingir a moralidade administrativa ou demonstrar, pela sua produção, inaptidão para o exercício da função, a própria figura do prefeito, mais do que a do cidadão, está em jogo. Outra questão que se coloca é de saber-se se tais matérias correlatas, mas não decorrentes do exercício do cargo, a competência seria originária do Tribunal de Justiça, ou apenas em segundo grau a competência do Tribunal se imporia. Entendo que, nesta hipótese, a competência do Tribunal de Justiça é originária" (MARTINS, Ives Gandra. **Comentário à Constituição do Brasil**. São Paulo: Saraiva, 1992, 3º vol., tomo II, pp. 195-6).

> (um milhão e cinquenta mil) habitantes; m) 33 (trinta e três) Vereadores, nos Municípios de mais de 1.050.000 (um milhão e cinquenta mil) habitantes e de até 1.200.000 (um milhão e duzentos mil) habitantes; n) 35 (trinta e cinco) Vereadores, nos Municípios de mais de 1.200.000 (um milhão e duzentos mil) habitantes e de até 1.350.000 (um milhão e trezentos e cinquenta mil) habitantes; o) 37 (trinta e sete) Vereadores, nos Municípios de 1.350.000 (um milhão e trezentos e cinquenta mil) habitantes e de até 1.500.000 (um milhão e quinhentos mil) habitantes; p) 39 (trinta e nove) Vereadores, nos Municípios de mais de 1.500.000 (um milhão e quinhentos mil) habitantes e de até 1.800.000 (um milhão e oitocentos mil) habitantes; q) 41 (quarenta e um) Vereadores, nos Municípios de mais de 1.800.000 (um milhão e oitocentos mil) habitantes e de até 2.400.000 (dois milhões e quatrocentos mil) habitantes; r) 43 (quarenta e três) Vereadores, nos Municípios de mais de 2.400.000 (dois milhões e quatrocentos mil) habitantes e de até 3.000.000 (três milhões) de habitantes; s) 45 (quarenta e cinco) Vereadores, nos Municípios de mais de 3.000.000 (três milhões) de habitantes e de até 4.000.000 (quatro milhões) de habitantes; t) 47 (quarenta e sete) Vereadores, nos Municípios de mais de 4.000.000 (quatro milhões) de habitantes e de até 5.000.000 (cinco milhões) de habitantes; u) 49 (quarenta e nove) Vereadores, nos Municípios de mais de 5.000.000 (cinco milhões) de habitantes e de até 6.000.000 (seis milhões) de habitantes; v) 51 (cinquenta e um) Vereadores, nos Municípios de mais de 6.000.000 (seis milhões) de habitantes e de até 7.000.000 (sete milhões) de habitantes; w) 53 (cinquenta e três) Vereadores, nos Municípios de mais de 7.000.000 (sete milhões) de habitantes e de até 8.000.000 (oito milhões) de habitantes; e x) 55 (cinquenta e cinco) Vereadores, nos Municípios de mais de 8.000.000 (oito milhões) de habitantes".

Em geral, o cargo eletivo de Vereador era um **munus** pública, sem estar prevista qualquer remuneração. Desde a Emenda Constitucional nº 4, de 13.04.1977, passou este a ter uma remuneração razoável, enquanto a Lei Complementar Federal nº 23, de 14.12.1983, determinou que a despesa com a remuneração dos Vereadores não poderia ultrapassar quatro por cento da receita realizada efetivamente no exercício anterior. A Constituição de 1988, no art. 29, inciso V, apenas estabeleceu a regra geral para Prefeito Municipal, Vice-Prefeito e Vereadores, que devem ter o subsídio fixado pela Câmara Municipal em cada legislatura, para subsequente, observando outras disposições constitucionais. Em virtude dos inúmeros abusos que se verificaram a partir de então, foi aprovada a Emenda Constitucional nº 1, de 31.03.1992, que acresceu esse artigo dos incisos VI e VII, renumerando-se os demais. O primeiro destes incisos dispõe que o subsídio dos Vereadores deve corresponder a, no máximo, setenta e cinco por cento da estabelecida, em espécie, para os Deputados Federais, observado ainda, o disposto no art. 37, XI, que trata da relação dos valores entre a maior e menor remuneração dos servidores públicos civis. O outro inciso fixou que o total da despesa com a remuneração não poderia ultrapassar o montante de cinco por cento da receita do Município.

A Emenda Constitucional nº 19, de 04.06.1998, mudou a expressão "remuneração", para "subsídio". A Emenda Constitucional nº 25, de 14.02.2000, instituiu seis faixas de subsídio, tendo por base o subsídio do Deputado Estadual, indo de vinte por cento a setenta e cinco por cento, modificando o art. 29, VI, do texto constitucional. Foi instituído por esta Emenda, ainda, o art. 29-A, que estabeleceu faixa de percentual da receita municipal a ser repassada à Câmara Municipal. A Emenda Constitucional nº 58, de 23.09.2009, estabeleceu, ainda, as seguintes faixas de percentual do orçamento à Câmara de Vereador:

> "Art. 29. ....
>
> VI. ....
>
> a) 7% (sete por cento) para Municípios com população de até 100.000 (cem mil) habitantes; b) 6% (seis por cento) para Municípios com população entre 100.000 (cem mil) e 300.000 (trezentos mil) habitantes; c) 5% (cinco por cento) para Municípios com população entre 300.001 (trezentos mil e um) e 500.000 (quinhentos mil) habitantes; d) 4,5% (quatro inteiros e cinco décimos por cento) para Municípios com população entre 500.001 (quinhentos mil e um) e 3.000.000 (três milhões) de habitantes; e) 4% (quatro por cento) para Municípios com população entre 3.000.001 (três milhões e um) e 8.000.000 (oito milhões) de habitantes; f) 3,5% (três inteiros e cinco décimos por cento) para Municípios com população acima de 8.000.001 (oito milhões e um) habitantes".

Foi assegurado ao Vereador, ainda, inviolabilidade por suas opiniões, palavras e votos no exercício do mandato e na circunscrição do Município, de acordo com o atual inciso VIII, do art. 29, do texto constitucional. Observe-se que o texto não se refere à imunidade, que seria mais ampla, apenas à inviolabilidade restrita à circunscrição do Município, ainda que não limitada ao recinto da Câmara Municipal. A imunidade seria uma garantia de natureza processual, prerrogativa constitucional de não ser processado por quaisquer crimes, sem autorização da respectiva corporação, enquanto durar o mandato; ao passo que enquanto a inviolabilidade é tão somente a exclusão da punibilidade na prática de certos atos dos agentes públicos no desempenho de suas funções. Esta, de modo geral, é restrita apenas aos crimes de difamação e injúria em razão de palavras, pareceres ou votos, apreciando assuntos sujeitos ao interesse local, mas que a Constituição Federal excluiu de criminalidade, para assegurar independência ao exercício da vereança.

Por fim, que os Vereadores estão sujeitos às mesmas proibições e incompatibilidade dos membros no Congresso Nacional e àquelas fixadas pelas Constituições Estaduais. O atual inciso IX, do art. 29, do texto constitucional, tratou dos casos similares, portanto não se deve ter por base todas as proibições e as incompatibilidades previstas para os Senadores e Deputados Federais e Estaduais.

9.4. Poder Executivo Municipal

No Brasil, prevalece o princípio da divisão dos poderes, que inclusive é cláusula pétrea, não podendo ser objeto de emenda constitucional, de acordo com o disposto no art. 60, § 4º, III, da Constituição de 1988[89]. Não existe Poder Judiciário local, mas regional, devendo a Constituição do Estado dispor sobre a competência do Tribunal de Justiça[90]. Observe-se, no entanto, que o texto constitucional federal já dispõe que o julgamento do Prefeito Municipal, faz-se perante esse Tribunal, no seu art. 29, X, nada opondo que tal direito fosse estendido aos Vereadores pelos constituintes estaduais.

Por outro lado, dispôs também a Constituição de 1988 que as Leis Orgânicas dos Municípios teriam como preceito a eleição do Prefeito Municipal, do Vice-Prefeito e dos Vereadores e, via de consequência, que haveria os Poderes Executivo e Legislativo locais. O sistema está baseado, evidentemente, na organização política federal, que é presidencialista. A forma de Governo municipal, então, prevê que haja um Executivo fortalecido, que centraliza a vida política municipal. Os mesmos poderes e atribuições do Presidente da República, em escala reduzida e sem competência internacional, foram concedidos aos Prefeitos, bem como os mesmos problemas e conflitos que envolvem aquele[91].

O sistema de divisão de funções implica que um poder não pode exercer as atribuições do outro, de modo que não tem condições a Câmara de Vereadores de administrar, nem o Prefeito Municipal de legislar, fora das disposições constitucionais e orgânicas. Previu-se, então, que o Legislativo fixe as regras para a Administração, que deve executar as disposições gerais abstratas, aplicando-as aos casos concretos. Hely Lopes Meirelles lecionou que: "Nesta sinergia de funções é que residem a harmonia e independência

---

89 Ver: MARTINS, Ives Gandra da Silva. **O Princípio da Separação dos Poderes.** *In*: **Revista dos Tribunais.** São Paulo: Revista dos Tribunais, maio/1998, nº 751/105, e **Doutrinas Essenciais: Direito Constitucional (Edições Especiais Revista dos Tribunais: 100 Anos).** 2ª tir. São Paulo: Revista dos Tribunais, 2013, vol. III, p. 1037.

90 "O Município tem Poder Legislativo e Poder Executivo; não tem Poder Judiciário. Isso não quer dizer que não possam as Constituições estaduais deixar aos Municípios o provimento, ou a organização judiciária e o provimento de certos cargos judiciários, mas tal justiça tem de enquadrar-se na justiça estadual, de que é parte integrante e inseparável" (PONTES DE MIRANDA. **Comentários à Constituição de 1967 com Emenda nº 1 de 1969.** 3ª ed. Rio de Janeiro: Forense, 1987, vol. 2º, p. 335).

91 "O órgão do executivo comunal será unipessoal, pelo que baixa assim à organização do Município o princípio fundamental do presidencialismo" (PACHECO, Cláudio. **Tratado das Constituições Brasileiras,** *op. cit.*, v. III, p. 266).

dos Poderes, princípio constitucional extensivo ao governo local", de modo que qualquer atividade que usurpe tais funções é nula e inoperante[92].

O Chefe do Executivo Municipal[93] varia em relação à própria forma de organização dos Municípios e ao grau de autonomia. Nos Estados Unidos, não existe uma uniformidade sobre quem administra as municipalidades, existindo, pelo menos, cinco tipos de Executivo. O Governo local pode ser exercido por: a) um **Council**, Conselho, que toma decisões colegiadas; b) por uma **Comission**, Comissão, em que cada integrante é responsável por uma determinada atividade administrativa; c) por um **Mayor**, exercido por um único indivíduo, assessorado por um Conselho; d) o sistema **Federal Analogy**, próximo ao adotado no Brasil, com um Prefeito; e) por um **Manager**, Gerente, contratado para administrar a cidade por certo período, como se fosse um executivo empresarial.

Na Grã-Bretanha, prevalece o sistema adotado pelo **Municipal Corporation Act**, de 1882, aperfeiçoado pelo **Local Government Act**, de 1933, que ainda prevalece na organização dos **Burges** e dos **Counties** (Condados), ainda que haja um órgão administrativo central, em Londres, o **Local Government Board**. O **Burges Council**, Conselho Local, tem seus membros eleitos diretamente pelos eleitores da circunscrição, elegendo este por sua vez uma Comissão, sob a direção de um Presidente, **Mayor**, a quem cabem funções executivas e de Juiz de Paz. Não obstante, só no final do século XX, o Prefeito de Londres, capital da Grã-Bretanha, passou a ser eleito diretamente pelo eleitorado.

Na França, a Constituição de 1958 reconheceu apenas os Departamentos e as Comunas, como coletividades territoriais, assim como as Regiões, pela Lei Francesa de 05.06.1972. Os **Départaments** são administrados por **Préfets**, nomeados pelo Presidente da República, e por um **Conseil Général**, integrado por representantes de cada **Cantão**, eleitos diretamente. Por sua vez, as **Communes** têm um órgão deliberativo, o **Conseil Municipal**, que tem responsabilidade pela administração local, e um Executivo, a **Municipalité**, integrada por um **Maire** e seus adjuntos eleitos pelo Conselho Municipal dentre seus membros. Deve-se observar que Paris tem um sistema especial, com um **Conseil Municipal** e um **Préfet**, com também atribuições de **Maire**, além de um responsável geral pela polícia.

---

92 MEIRELLES, Hely Lopes. **Direito Municipal Brasileiro**, *op. cit.*, 1977, p. 817.

93 GRINOVER, Ada Pellegrini. **O Prefeito Perante a Constituição Federal: uma análise da natureza jurídica de suas funções na democracia representativa.** *In*: **Revista de Direito Público**. São Paulo: Revista dos Tribunais, jan.-jun./1976, nº 37-38/309, e **Doutrinas Essenciais: Direito Constitucional (Edições Especiais Revista dos Tribunais: 100 Anos)**. 2ª tir. São Paulo: Revista dos Tribunais, 2013, vol. III, p. 771.

Na Espanha, com a Constituição de 1978, os Municípios são dirigidos por um **Alcalde**, de funções executivas, e um **Ayuntamiento**, de funções legislativas, composta por **Concejales**. Em Portugal, após a Reforma de 1982, da Constituição de 1976, existem como autarquias territoriais a Freguesia, o Município e as Regiões Administrativas. As Freguesias são governadas por uma Assembleia de Freguesia, com poderes legislativos, e a Junta de Freguesia, escolhidos dentre membros daquela, com o Presidente da Junta sendo o mais votado, com poderes executivos. Os Municípios são integrados por uma Assembleia Municipal, constituída de Presidentes das Juntas de Freguesia por uma Câmara Municipal, responsável de fato pelo Governo, e, em alguns casos, por Conselho Municipal, com funções consultivas.

Na Itália, pelo Decreto Legislativo nº 1, de 07.01.1946, a **Comune** tem por Governo local um **Síndaco**, que é o Presidente da **Giunta Municipale**, órgão com funções de auxiliar a este, e representante legal da comuna, com poderes executivos, enquanto as funções legislativas encontram-se nas mãos do **Conciglio Comunale**. Observe-se que o Prefeito, Executivo da Província, pode intervir na Comuna de um **Comissario Prefettizio**. A Comuna é composta de Distritos.

Na América Latina, o México tem o **Município Libre** administrado por um **Presidente Municipale**, com funções legislativas. Na Argentina, onde as Províncias têm competências para organizar os Municípios, o órgão deliberativo é o **Concejo Deliberante** ou **Junta de Fomento**. Por fim, no Uruguai, a **Junta Departamental** possui funções legislativas, enquanto o **Intendente** é o responsável pela Administração local.

9.5. Poder Legislativo Municipal

O Poder Legislativo, no Município brasileiro, teve duas fases bem distintas. Na primeira, que vai desde a fundação da Vila de São Vicente, em 1532, até o final do século XIX, foi marcada pela centralização da vida política municipal nas Câmaras de Vereadores, composta de Presidente, três Vereadores e outros cargos. A tradição de eletividade foi de muita importância, construindo um vínculo entre a sociedade local privilegiada e os seus representantes. Destaca-se que vários movimentos nativistas e de luta pela liberdade nasceram em Câmaras, sempre ciosas elas próprias de sua autonomia[94]. Não existe uma simetria com essa forma de governo e as que modernamente foram instituídas com base na teoria da separação dos poderes, posto que não havia uma definição clara quanto às competências executivas, legislativas e judiciais. Estavam estas distribuídas entre diversas

94 MARTORANO, Dante. **Direito Municipal**. Rio de Janeiro: Forense, 1985, p. 83.

autoridades municipais, algumas delas, como no caso dos Vereadores, legislando e julgando ao mesmo tempo.

A Constituição de 1824 instituiu um sistema em que em todas as Cidades e Vilas então existentes, bem como as que se criassem daí em diante, haveria Câmaras, com competência sobre o Governo Municipal. Estas seriam eleitas e compostas do mínimo de Vereadores que a lei dispusesse, e o que obtivesse maior número de voto seria o Presidente, no art. 168. O exercício das funções municipais, a formação das posturas municipais, a aplicação das suas rendas e todas as outras matérias seriam fixadas por lei regulamentar. Esta veio a ser Lei Imperial de 01.10.1828, dando nova forma às Câmaras Municipais que, nas Cidades, se compunham de nove membros e, nas Vilas, de sete, com funções administrativas e legislativas, sendo-lhes retiradas matérias contenciosas ou judiciais, submetidas aos Juízes de Paz. O Poder Legislativo Municipal tinha funções administrativas e legislativas, em que pese a expressão equivocada da referida lei ter se referido a ele como "corporação simplesmente administrativa"[95].

Ainda que a legislação organizasse e definisse com maior clareza as funções municipais, na prática, houve um esvaziamento em relação às Províncias, logo com o Ato Adicional de 1834. O golpe fatal contra as Câmaras de Vereadores foi a instituição do cargo de Prefeito Municipal, inicialmente pela Província de São Paulo, em 1835, que logo foi sendo adotado por quase todos os Municípios das demais Províncias. Representou, em primeiro lugar, o fim de um sistema, com origens medievais e nas ordenações, em que os poderes políticos não estavam perfeitamente separados e distribuídos entre determinadas autoridades. Em segundo, com a criação do cargo de Prefeito Municipal, houve um esvaziamento do Poder Legislativo local em definitivo.

Depois, com a Constituição de 1891, foi assegurada a autonomia do Município, com o conceito de peculiar interesse, mas foi dada competência aos Estados-membros para sobre ele dispor. A Constituição de 1934, ain-

95 "O equívoco vem da Lei Imperial de 1º.10.1928, que, ao retirar das Municipalidades de então as funções judiciárias que exerciam cumulativamente com as legislativas e administrativas, as declarou 'corporações meramente administrativas', sem que tal conceito correspondesse à realidade. Despojadas das atribuições judicantes, continuaram as Câmaras, entretanto, com funções políticas, legislativas e administrativas, que guardam até hoje. Mas os publicistas, embaídos pelas palavras da lei, repetiram desavisadamente a impropriedade consignada pelo legislador do Império, transmitindo o lapso aos Tribunais, que, assim, passaram a julgá-las entidades unicamente administrativas, carentes de conteúdo e atribuições políticas e legislativas. Urge, pois, se corrija o equívoco, conceituando-se corretamente a Câmara de Vereadores, como corporação político-representativa do Município, com funções precipuamente legislativas" (MEIRELLES, Hely Lopes. **Direito Municipal Brasileiro**, *op. cit.*, 1977, p. 683).

da que não tenha tido quase eficácia, dignificou a situação do Município, descrevendo-lhes as autonomias política, financeira e administrativa. Este sistema foi deformado, com a Constituição de 1937, mas foi retomado pela Constituição de 1946, que garantiu a autonomia municipal. A Constituição de 1967, com sua Emenda nº 1, de 17.10.1969, voltou a restringir a autonomia política, praticamente dificultando a eletividade de Prefeitos nas Capitais e em outras cidades, que, longe de fortalecer o Parlamento local, o fazia se defrontar com um Prefeito nomeado pelo Presidente da República ou pelo Governador do Estado, com muito mais força ainda. A regra era a gratuidade do exercício da vereança, havendo exceção apenas para os Municípios com mais de duzentos mil habitantes, desestimulando o exercício do cargo.

A Constituição de 1988 voltou a dignificar o Município, assegurando não só as autonomias política, financeira e administrativa, mas introduzindo a autonomia legislativa, atribuindo-lhe competência para dispor sobre sua Lei Orgânica, elevada quase a uma situação de Constituição Municipal. As disposições sobre os Vereadores e a Câmara Municipal representaram o fortalecimento do Poder Legislativo Municipal, garantindo inviolabilidade[96], no exercício da vereança, e subsídio para todos os Edis. Coube às Câmaras mais poderes para controlar o orçamento e as finanças municipais, bem como outras competências. Passou a haver um reequilíbrio quanto à divisão dos poderes políticos municipais, entre o Prefeito Municipal e os Vereadores, em que pese a natural liderança do Chefe do Executivo[97]. O Supremo Tribunal Federal já entendeu, ainda, que a Constituição do Estado-membro pode prever que o Tribunal de Justiça Estadual seja competente

96 "**Imunidade material dos Vereadores** Durante sessão da Câmara Municipal, após discussão sobre uma representação contra o Prefeito, um Vereador passou a proferir pesadas ofensas contra outro Parlamentar. O Vereador ofendido ajuizou ação de indenização por danos morais contra o ofensor. A questão chegou até o STF que, julgando o tema sob a sistemática da repercussão geral, declarou que o Vereador não deveria ser condenado porque agiu sob o manto da imunidade material. Na oportunidade, o STF definiu a seguinte tese que deverá ser aplicada aos casos semelhantes: **Nos limites da circunscrição do Município e havendo pertinência com o exercício do mandato, garante-se a imunidade prevista no art. 29, VIII, da CF aos vereadores.** STF. Plenário. RE 600063/SP, rel. orig. Min. Marco Aurélio, red. p/ o acórdão Min. Roberto Barroso, julgado em 25/2/2015 (repercussão geral) (Info 775)" (ABNC).

97 DUARTE, Clenício da Silva. **Responsabilidade de Prefeitos e Vereadores.** *In*: **Revista dos Tribunais.** São Paulo: Revista dos Tribunais, dez./1972, nº 446/315, e **Doutrinas Essenciais: Direito Constitucional (Edições Especiais Revista dos Tribunais: 100 Anos).** 2ª tir. São Paulo: Revista dos Tribunais, 2013, vol. III, p. 877.

para julgar Vereadores[98], como ocorre na Constituição do Estado do Piauí, no art. 123, III, "d", 4.

Na ADI 6842, a relatora Carmen Lúcia no voto disse pela procedência da ação direta de inconstitucionalidade "para declarar inconstitucional, com efeitos ex nuno, a expressão "Vice-Prefeito e Vereadores" constante do item 4 da alínea, "d" do inc. do art. 123 da Constituição do Piauí, em 21.06.2021, que deixaram de ter o foro privilegiado junto ao Tribunal de Justiça do Estado do Piauí.

9.6. Poder de Polícia Municipal

O poder de polícia é atribuição das entidades da Federação Brasileira – União, Estados-membros, Distrito Federal e Municípios. Estão assegurados à Administração Municipal os meios necessários para que possa restringir os direitos e as liberdades dos munícipes, em favor do interesse coletivo. A competência do Município diz respeito a tudo aquilo relativo ao interesse local, de modo que seu âmbito deve ser mais amplo do que o das outras unidades federadas. É nas coletividades locais que a vida ocorre, sendo necessária uma ação administrativa mais corriqueira, em virtude do grande número de conflitos entre o Poder Público e os administrados[99]. Observe-se, também, que o Legislativo local tem o poder de polícia, que se manifesta quando, por exemplo, se faz preciso a manutenção da ordem no recinto da Câmara, solicitando-se então o uso da força necessária para tal fim.

---

98 **"Os vereadores possuem foro por prerrogativa de função?** Em regra, **não. Os vereadores, em regra, são julgados criminalmente por juízes de 1ª instância.** Exceção: a **Constituição Estadual pode prever que o Tribunal de Justiça será competente para julgar vereadores.** Essa previsão da Constituição Estadual é válida: (...) Não afronta a Constituição da República, a norma de Constituição estadual que, disciplinando competência originária do Tribunal de Justiça, lhe atribui para processar e julgar vereador. STF. 2ª Turma. RE 464935, Rel. Min. Cezar Peluso, julgado em 03/06/2008" (ABNC).

99 "Considerando o poder de polícia em sentido amplo, de modo a abranger as atividades do Legislativo e do Executivo, os meios de que se utiliza o Estado para o seu exercício são: 1. *Atos normativos* em geral, a saber: pela *lei*, criam-se as *limitações administrativas* ao exercício dos direitos e das atividades individuais, estabelecendo-se normas gerais e abstratas dirigidas indistintamente às pessoas que estejam em idêntica situação; disciplinando a aplicação da lei aos casos concretos, pode o Executivo baixar decretos, resoluções, portarias, instruções; 2. Atos administrativos e operações materiais de aplicação da lei ao caso concreto, compreendendo medidas preventivas (fiscalização, vistoria, ordem, notificação, autorização, licença), com o objetivo de adequar o comportamento individual à lei, e medidas repressivas (dissolução de reunião, interdição de atividades, apreensão de mercadorias deterioradas, internação de pessoa com doença contagiosa), com a finalidade de coagir o infrator a cumprir a lei" (PIETRO, Maria Sylvia Zanella di. **Direito Administrativo**. 3ª ed. São Paulo: Atlas, 1992. p. 90).

O poder de polícia municipal deve ser entendido como o conjunto de intervenções administrativas, restringindo direitos e liberdades dos munícipes, em favor dos interesses da coletividade[100]. Tal poder não se presta para suprimir a cidadania local, mas reduzir os interesses individuais em prol da coletividade.

O poder de polícia compete, privativamente, ao Município, quando dispõe das matérias previstas nos incisos do art. 30, da Constituição de 1988, em relação aos assuntos de interesse local, organiza e presta os serviços locais, incluído o de transporte coletivo, promove o adequado ordenamento territorial, além de outras matérias que lhes são pertinentes, bem como outras fixadas em Constituição Estadual[101]. Em outras circunstâncias, tal poder compete concorrentemente com a União e com o Estado-membro, nas competências previstas nos incisos do art. 23, do texto constitucional, como: a) cuidar da saúde e assistência pública; b) proteger o meio ambiente e combater a poluição; c) promover programas de construção de moradias e de urbanismo[102]; d) planejamento metropolitano[103]; e) trânsito e transporte[104]; f) fomentar a produção agropecuária e organizar o abastecimento alimentar, dentre outras.

---

100 "Entende-se a razão pela qual o *poder de polícia*, no âmbito municipal, deva ser mais favorecido e mais amplo do que nas outras áreas, já que, nas coletividades públicas locais, a ação da Administração é mais direta, intensa, profunda e frequente, em razão do maior número de conflitos que surgem entre o poder público e o administrado, reclamando-se, por isso mesmo, ação policial contínua e eficiente" (CRETELLA JÚNIOR, José. **Direito Administrativo Municipal**, *op. cit.*, p. 277).

---

101 "Poder de polícia municipal é a faculdade que possui o Município para condicionar e restringir o uso e gozo de bens, atividades e direitos individuais, visando quer à satisfação da coletividade, quer à do próprio Município, razão de ser daquela" (CASTRO, José Nilo de. **Direito Municipal Positivo**. 2ª ed. Belo Horizonte: Del Rey, 1995, p. 211).

102 REALE, Miguel. **Competências Constitucionais – Legislação sobre Urbanismo.** *In*: **Revista de Direito Público**. São Paulo: Revista dos Tribunais, jul.-set./1985, nº 75/42, e **Doutrinas Essenciais: Direito Constitucional (Edições Especiais Revista dos Tribunais: 100 Anos)**. 2ª tir. São Paulo: Revista dos Tribunais, 2013, vol. III, p. 339.

103 ALVES, Alaôr Caffe. **A Competência Municipal e o Planejamento Metropolitano.** *In*: **Revista de Direito Público**. São Paulo: Revista dos Tribunais, out.-dez./1970, nº 14/292, e **Doutrinas Essenciais: Direito Constitucional (Edições Especiais Revista dos Tribunais: 100 Anos)**. 2ª tir. São Paulo: Revista dos Tribunais, 2013, vol. III, p. 799.

104 Ver: MORAES, Alexandre de. **Competência, Trânsito e Transporte Intermunicipal Perante a Constituição Federal.** *In*: **Revista de Direito Constitucional e Internacional.** São Paulo: Revista dos Tribunais, jul.-set./1995, nº 12/232, e **Doutrinas Essenciais: Direito Constitucional (Edições Especiais Revista dos Tribunais: 100 Anos)**. 2ª tir. São Paulo: Revista dos Tribunais, 2013, vol. III, p. 805.

9.7. Lei Orgânica do Município

A Lei de Organização dos Municípios, antes da atual Constituição Federal, era uma lei estadual, votada pela Assembleia Legislativa e sancionada pelo Governador do Estado. Apenas o Rio Grande do Sul, desde o início da República, inseriu em sua Constituição Estadual a competência para as municipalidades auto-organizarem-se através de uma Lei Orgânica Municipal. Depois, o Paraná e a Bahia adotaram a mesma posição, tão somente para as Capitais Estaduais. O sistema de uma legislação estadual para tratar da matéria mostrou-se, desde o começo, inadequado, pois não atendia às peculiaridades locais, nem à diversidade da população e dos problemas municipais.

A Constituição de 1988 revolucionou a questão, estabelecendo que as próprias municipalidades elaborariam suas Leis Orgânicas, dentro do espírito de conceder uma real autonomia. O Município é uma Entidade Federada[105], como se depreende dos **caputs** dos arts. 1º e 18 do texto constitucional, devendo ser aplicada a simetria constituinte dos poderes de Governo, de modo que as Câmaras Municipais, eleitas diretamente pelo povo, são legitimamente titulares do poder organizante para aprovar e promulgar tais leis.

A Lei Orgânica do Município é uma lei especial, assemelhada à Constituição[106], sendo discutida exclusivamente pelo Poder Legislativo local, sem qualquer intervenção do Poder Executivo. Adequando-se aos princípios constitucionais federais e das Constituições dos Estados-membros[107],

105 "Os Municípios, no Brasil, gozam de autonomia constitucional. Juridicamente, os Municípios são iguais à União e aos Estados. Juridicamente, os Municípios são postos no mesmo pé de igualdade que a União e os Estados" (ATALIBA, Geraldo. **Autonomia dos Municípios: competência do legislativo e tributos municipais.** *In*: **Revista de Direito Público**, *op. cit.*, p. 195).

106 "Não é, no entanto, uma constituição municipal, o que seria uma imprecisão técnica: é uma lei de auto-organização de uma entidade intraestatal que goza de autonomia de Governo no concerto federativo" (GODOY, Mayr. **A Câmara Municipal: manual do vereador**, *op. cit.*, p. 27). "A evolução do novo Texto reside no fato de ele outorgar a cada município o direito de redigir a sua lei orgânica, uma espécie de 'miniconstituição municipal', poder esse que não existira no passado, visto que tal lei era produzida pelos Estados, subordinando todos os municípios que se encontrassem em seus limites territoriais, uma vez que os Estados eram os membros da Federação e não os municípios" (MARTINS, Ives Gandra. **Comentários à Constituição do Brasil**, *op. cit.*, 3º vol., tomo II, p. 146). "Fala-se frequentemente em Constituição municipal e constituinte municipal. Porém, os municípios não estão investidos de um poder constituinte nem têm Constituição, mas sim leis orgânicas" (PINTO FERREIRA. **Comentários à Constituição Brasileira**, *op. cit.*, p. 267).

107 "Portanto, a lei orgânica municipal está subordinada aos termos da Constituição estadual correspondente. Contudo, no que pese esta parte da assertiva estar correta, também **é certo dizer que a Constituição Estadual não pode estabelecer condicionamentos ao poder de auto-organização dos municípios**. Segundo o STF "a Constituição

têm competência os Vereadores Organizantes para transferirem para o seio da Lei Orgânica Municipal as aspirações da comunidade em termos de estruturação do Governo do Município[108]. As disposições constitucionais, bem como as competências enumeradas, previstas nos arts. 30, 156, 158 e 182 da Constituição de 1988, e as competências comuns, encontradas no art. 23 do mesmo texto. Existem, ainda, as competências implícitas, decorrentes do entendimento das matérias em que há nítido interesse local, oferecem condições excepcionais para delinearem a organização municipal.

Dispôs a Constituição Federal, no **caput** do art. 29, que:

> "Art. 29. O Município reger-se-á por lei orgânica, votada em dois turnos, com o interstício mínimo de dez dias, e aprovada por dois terços dos membros da Câmara Municipal, que a promulgará, atendidos os princípios estabelecidos nesta Constituição, na Constituição do respectivo Estado e os seguintes preceitos".

Para os Municípios que já existiam antes da promulgação do atual texto constitucional, estabeleceu o Ato das Disposições Constitucionais Transitórias, no **parágrafo único** do art. 11, que "promulgada a Constituição do Estado caberá à Câmara Municipal, no prazo de seis meses, votar a lei orgânica respectiva, em dois turnos de discussão e votação, respeitando o disposto na Constituição Federal e na Constituição Estadual". As Câmaras Municipais, a partir de 5 de outubro de 1989, foram transformadas em Câmaras Municipais Organizantes, para o fim de promulgação da respectiva Lei Orgânica. Quando há criação de novos Municípios, a Câmara Municipal que se instala também tem competência para elaborar sua lei organizante, sendo de bom alvitre que o faça em seis meses.

A atuação do legislador municipal é limitada, tendo em vista os princípios gerais a serem seguidos originarem-se da Constituição de 1988 e dos princípios especiais da Constituição Estadual. Por outro lado, as competências exclusivas e comuns já expressas, além dos preceitos contidos nos incisos do art. 29, do texto constitucional, restringem ainda mais as atribuições dos Vereadores Organizantes.

---

da **República fixou ela mesma os parâmetros limitadores do poder de auto-organização dos Municípios e excetuados apenas aqueles que contém remissão expressa ao direito estadual** (art. 29, VI, IX e X) - a Constituição do Estado não os poderá abrandar nem agravar" [ADI 2.112 MC, rel. min. Sepúlveda Pertence, j. 11-5-2000, DJ de 18-5-2001.] (ABNC)".

108 "A principal novidade em relação à autonomia municipal, disposta por nossa atual Constituição Federal, é a capacidade dos municípios para elaborarem suas próprias Leis Orgânicas. Estas, na verdade, são as Constituições municipais, que vão determinar a vida dos municípios, observados limites constitucionalmente previstos que são: a Constituição Federal, a Constituição Estadual e os preceitos contidos no citado art. 2, [...]" (FERRARI, Regina Maria Macêdo Nery. **Elementos de Direito Municipal**. São Paulo: Revista dos Tribunais, 1993, p. 65).

A autonomia legislativa do Município engloba também a competência para legislar sobre assuntos de interesse local, inclusive suplementar a legislação federal e estadual no que couber, de acordo com os incisos I e II do art. 30, do texto constitucional. A legislação local abrange não apenas as leis votadas pela Câmara Municipal e promulgadas pelo Prefeito, mas também os Regulamentos emanados do Executivo, em matéria que tem tal atribuição. Por outro lado, suplementar a legislação federal e estadual compreende tratar de matérias que, originalmente, não fazem parte da competência municipal, mas, havendo interesse local, o assunto pode ser objeto de legisferação do Município, no que não conflitar com as disposições da União e do Estado-membro.

Na Lei Orgânica, deve estar prevista competência municipal para editar lei complementar e lei ordinária. Necessário se faz estabelecer processo legislativo para disciplinar a matéria, exigindo-se quórum de maioria absoluta para aquelas que devem tratar dos códigos tributários, de obras e de edificações, do plano diretor, da lei de ordenamento, uso e ocupação do solo, do estatuto do servidor público municipal, da divisão territorial do Município e de outras matérias de maior vulto. As questões que, pela sua natureza, não precisem de lei complementar, podem ser editadas por lei ordinária, com o quórum de maioria simples, como as leis orçamentárias, bem como outras que tratem dos serviços públicos locais. A competência legislativa do Município não pode ser objeto de turbação ou ameaça, devendo ser assegurada pelo Poder Judiciário, como vem sendo feito[109].

9.8. Competência do Município Brasileiro

A competência é a "faculdade de agir em relação a determinados assuntos", com a "possibilidade de desempenhar certos serviços públicos", no dizer de Cretella Júnior[110]. Numa Federação, para que não haja conflito entre as diversas esferas de poder, é necessário que o texto constitucional defina o

---

109 "PROCESSO LEGISLATIVO MUNICIPAL – Autonomia assegurada na nova Constituição Federal – Auto-organização atrelada apenas ao atendimento dos princípios nela estabelecidos, entre este não se incluindo a disciplina especificada da tramitação legislativa – Inaplicabilidade do art. 66 e §§ da CF, restritos ao âmbito federal – Recepção pela nova ordem constitucional das normas da anterior Lei Orgânica do Município durante o período de *vocatio legis* previsto no art. 11, parágrafo único, de suas Disposições transitórias – Ato do presidente da Câmara Municipal na tramitação de projeto de lei durante tal período, atendo-se àquelas normas recepcionadas, é de ser tido como legal e legítimo – mandado de segurança denegado – Inteligência e aplicação dos arts. 29 da CF e 144 da Constituição estadual. MS 11.167-0-TP-j.2.5.90- rel. Des. Mariz de Oliveira – Tribunal de Justiça de São Paulo" (**Revista dos Tribunais**. São Paulo: Revista dos Tribunais, 1990, vol. 656, pp. 73-5).

110 CRETELLA JÚNIOR, J. **Direito Administrativo Municipal**, *op. cit.*, p. 81.

conjunto de atribuições de cada entidade. Trata-se de competência para adotar normas ou praticar atos jurídicos, anuláveis apenas pelo Poder Judiciário. Não pode a União ou o Estado-membro se arrogar da faculdade de aprovar ou não, discricionariamente, a prática de atos de competência do Município.

A Constituição Federal de 1988 atribuiu ao Município competências que o colocam no mesmo plano de condições da União, dos Estados-membros e do Distrito Federal. É verdade que a Lei Orgânica do Município deva seguir os princípios constitucionais federais e estaduais, mas, para que não seja violada a autonomia municipal por essas outras entidades federadas, foram-lhe asseguradas diversas competências expressas[111]. A Constituição de 1988, seguindo nossa tradição constitucional, adotou o sistema de estabelecer competências exclusivas à União e aos Municípios, ficando as remanescentes para os Estados-membros. Os poderes reservados podem ser explícitos, quando devidamente enumerados, enquanto os poderes implícitos são os que resultam desses[112].

Na verdade, o sistema é complexo e exige algumas regras básicas. Em primeiro lugar, a competência municipal expressa e exclusiva barra a competência federal e estadual, sendo tais leis consideradas exorbitantes. Em segundo, a competência municipal implícita prevalece sobre os poderes remanescentes dos Estados-membros, mas é afastada pela competência estadual explícita e federal expressa ou implícita. Em terceiro, a competência

111 "Ressalvado ao Estado o poder de legislar sobre a gênese, os limites e a extinção dos Municípios, ou disciplinar, na constituição estadual, a fiscalização da administração financeira, especialmente a execução do orçamento, ou, ainda, a intervenção no Município, nos dois casos acima indicados, abusa o Estado que se arvora em mentor da autonomia municipal, como abusaria a União, se, a pretexto de organizar a autonomia estadual, assegurada na constituição federal, decretasse leis orgânicas para os Estados. Leis orgânicas federais sobre a autonomia dos Estados seriam tão legítimas como as leis orgânicas estaduais sobre a autonomia dos Municípios" (DÓRIA, A. de Sampaio. **Comentários à Constituição de 1946**, *op. cit.*, p. 524).

112 "Poderes reservados são os enumerados na Constituição como pertencentes à União ou aos Municípios, e também os que estão ínsitos naqueles e nos princípios constitucionais adotados. Daí a existência de poderes explícitos e de poderes implícitos, constituindo as denominadas reservas da Constituição. Poderes explícitos são aqueles que estão literalmente expressos no texto constitucional, como os dos arts. 21 e 22, para a União, e os do art. 30, para os Municípios. Poderes implícitos são os que resultam como consequência lógica e necessária de um poder explícito, ou dos princípios adotados pela Constituição. Exemplo da primeira hipótese: do poder explícito de instituir um tributo resulta o poder implícito de arrecadá-lo. Exemplo da segunda hipótese: do princípio federativo resulta para a União o poder de dividir o território nacional em Estados autônomos" (MEIRELLES, Hely Lopes. **Direito Municipal Brasileiro**, *op. cit.*, 1977, pp. 131-2).

concorrente da União prevalece sobre a estadual e esta sobre a municipal, sendo o único caso em que há tal escalonamento.

A competência expressa do Município é voltada para os assuntos de interesse local, devendo prevalecer sobre as competências federais e estaduais. O critério básico de distinção é do interesse predominante, isto é, frente aos interesses da União e dos Estados-membros, em determinadas matérias, o interesse municipal deve ter um grau maior, como ocorre quanto à definição do estacionamento nas vias públicas ou ao estabelecimento de cemitérios.

A Constituição de 1988 fixou, nos incisos I e II do art. 30, que o Município é competente para "legislar sobre assuntos de interesse local" e "suplementar a legislação federal e estadual no que couber". Em relação ao primeiro aspecto, deve ser dito agora, antes de ser melhor apreciado a seguir, que cabem ao Município, predominantemente, todas as matérias em que o interesse local prevaleça sobre o geral. Quanto ao segundo, deve ser observado que determinadas matérias são de competência da União ou dos Estados-membros, mas podem ser complementadas suplementarmente pela legislação municipal. Por exemplo, a União é competente para fixar as regras gerais de trânsito, de acordo com o art. 22, XI, do texto constitucional, que é feito através do Código Nacional de Trânsito, Lei Federal nº 9.503, de 23.09.1997. Os Estados-membros são competentes para fixar a política de trânsito estadual, através dos Departamentos Estaduais de Trânsito (DETRAN). Por fim, cabe aos Municípios dispor sobre as regras de circulação e sinalização do trânsito municipal[113]. Em outras matérias, nem sempre o Município tem competência, como ocorre quanto à fixação de horário de funcionamento de banco, cuja competência é do Conselho Monetário Nacional, de acordo com o art. 4º, VIII, da Lei Federal nº 4.565, de 31.12.1964, conforme já pacificou a matéria o Superior Tribunal de Justiça, entendendo que prevalece o interesse nacional sobre o interesse local[114].

---

113 "2. A verdade é que a competência do Estado resulta na forma genérica residual, não sendo negado ao Município determinar sobre o que for do seu peculiar interesse, restando-lhe, portanto, a competência específica em assuntos de trânsito, como, por exemplo, o tráfego urbano, a localização de pontos de estacionamento e outros tipicamente subordinados, na evidência, ao poder de polícia do Município, competência essa que não lhe pode ser tomada" (LIMA, Dirceu de Oliveira. **Competência Municipal para Regulamentação do Trânsito**. *In*: **Revista de Direito Público**. São Paulo: Revista dos Tribunais, 1972, nº 22, p. 286).

114 "BANCO – Horário de funcionamento – Fixação por lei municipal – Inadmissibilidade – Peculiar interesse do Município sobrepujado pela prevalência do interesse nacional – Competência do Conselho Monetário Nacional para regular o funcionamento das instituições financeiras – Aplicação do art. 4º, da Lei n. 4.595/64. Ementa oficial: Constitucional. Horário de bancos. Lei federal n. 4.595/64. Prevalência do interesse

A atribuição, prevista no art. 30, III, do texto constitucional, representa aspecto fundamental para assegurar a autonomia dos Municípios, ao lhe atribuir poderes para "instituir e arrecadar tributos de sua competência, bem como aplicar suas rendas, sem prejuízo da obrigatoriedade de prestar contas e publicar balancetes nos prazos fixados em lei". A competência tributária é a faculdade atribuída às pessoas jurídicas de direito público interno com capacidade política para criar tributos, acrescentando que o sistema adotado pelo Brasil é bastante rígido, de modo que a partilha rigorosa dessa competência não pode ser violada.

O texto constitucional atribui-lhe competência para fixar os impostos sobre a propriedade predial e territorial urbana, art. 156, I, da Constituição de 1988, sobre a transmissão **inter vivos** a qualquer título, por ato oneroso de bens móveis, por natureza ou acessão física e sua aquisição, no art. 156, II, e, por fim, sobre os serviços de qualquer natureza, no art. 156, III. Tinha competência sobre o imposto sobre vendas a varejo de combustíveis líquidos e gasosos, exceto diesel, extinto pela Emenda Constitucional nº 3, de 17.03.1993. Pode, ainda, fixar taxas, "em razão do exercício do poder de polícia ou pela utilização, efetiva ou potencial, de serviços públicos específicos e divisíveis, prestados ao contribuinte ou postos a sua disposição", no art. 145, II, da Constituição de 1988, contribuições de melhorias "decorrentes de obras públicas", no art. 145, III, contribuição "cobrada de seus servidores, para o custeio, em benefício destes, de sistemas de previdência e assistência social", no art. 149, § 1º.

As rendas dos Municípios são ainda as obtidas pelas receitas de tributos da União, através do Fundo de Participação dos Municípios (FPM), constituído de vinte e dois por cento, do produto de arrecadação dos impostos sobre renda e proventos de qualquer natureza e do imposto sobre produtos industrializados, no art. 159, I, "b", da Constituição de 1988; do produto da arrecadação do imposto sobre renda e proventos de qualquer natureza, incidente na fonte, sobre rendimentos pagos, a qualquer título, por eles, suas autarquias e fundações, no art. 158, I, Constituição Federal, e da metade do produto da arrecadação do imposto sobre a propriedade

---

nacional, competindo ao Conselho Monetário Nacional regular o funcionamento das instituições financeiras. Resp. 1.268 – PR – 1.ª T. – j. 19.2.90 – rel. Min. Garcia Vieira – *DJU* 19.3.90. ACÓRDÃO – Vistos e relatados estes autos, em que são partes as acima indicadas: Decide a 1.ª Turma do Superior Tribunal de Justiça, por unanimidade, conhecer do recurso e lhe dar provimento, na forma do relatório e notas taquigráficas constantes dos autos, que ficam fazendo parte integrante do presente julgado. Custas como de lei. Brasília, 19 de fevereiro de 1990 – ARMANDO ROLEMBERG, pres. – GARCIA VIEIRA, relator" (**Revista dos Tribunais**. São Paulo: Revista dos Tribunais, 1990, vol. 657, p. 187).

territorial rural, relativamente aos imóveis neles situados, no art. 158, II, da Constituição Federal. As Emendas Constitucionais nº 10, de 04.03.1996, nº 17, de 22.11.1997, e nº 31, de 14.12.2000, alteraram a participação municipal sobre os tributos federais. A Emenda Constitucional nº 39, de 19.12.2002, acresceu o art. 149-A ao texto constitucional, introduzindo a contribuição para o custeio da iluminação pública.

A Emenda Constitucional nº 53, de 19.12.2006, previu que a contribuição social do salário-educação, recolhida pelas empresas, seja distribuída proporcionalmente pelo número de alunos matriculados na educação básica municipal, conforme os parágrafos 5º e 6º, do art. 212, da Constituição Federal. Por outro lado, a Emenda Constitucional nº 55, de 20.09.2007, criou a alínea "d" do inciso I do art. 159, prevendo que um por cento do Fundo de Participação dos Municípios seja acrescido para ser entregue no primeiro decênio do mês de dezembro de cada ano. A Emenda Constitucional nº 56, de 20.12.2007, manteve a desvinculação de vinte por cento da arrecadação da União de impostos e de contribuições. Por sua vez, a Emenda Constitucional nº 93, de 08.09.2016, ampliou o prazo de desvinculação da receita da União e aumentou para trinta por cento.

A Lei Complementar nº 116, de 31.12.2003, dispôs sobre as regras gerais de imposto sobre serviço de qualquer natureza. Dos Estados-membros recebem "cinquenta por cento do produto da arrecadação do imposto do Estado sobre a propriedade de veículos automotores licenciados em seus territórios", no art. 158, III, da Constituição de 1988, e um quarto do produto da arrecadação do imposto sobre operações relativas à circulação de mercadoria e sobre prestações de serviços de transporte interestadual e intermunicipal e de comunicações, no art. 158, IV, da Constituição Federal. Além de tais receitas, os Municípios obtêm renda a partir da prestação de seus serviços públicos e da utilização de seus bens por particulares ou outras entidades públicas.

O poder de instituir deve ter como contrapartida o poder de arrecadar, que vem a ser a forma pela qual o Município vai receber os tributos instituídos. De modo geral, as municipalidades têm muitas dificuldades de arrecadar, seja pela ineficácia de suas Fazendas Públicas, seja pela ausência de vontade política para tanto. O Município que não arrecada faz um mal não só para si, mas para toda a Federação, ao proceder com omissão às suas responsabilidades constitucionais.

Cabe, também, a competência para "criar, organizar e suprimir distritos, observada a legislação estadual", no art. 30, IV, da Constituição de 1988. Os Distritos, que não fazem parte da tradição dos Municípios em todos os Estados-membros do Brasil, são subdivisões geográficas para efeitos de administração localizada, sem personalidade jurídica ou capacidade política. Trata-se de descentralização administrativa, voltada para a interiorização dos serviços municipais, longe do Distrito-sede. Deve-se observar que essa competência municipal está condicionada à edição de lei estadual, que vai lhe atribuir as normas gerais para a criação, organização e supressão de Distritos, como já comentado. Essa figura surgiu com o Decreto-lei nº 311, de 02.03.1938.

Compete ao Município, nos termos do inciso V do art. 30, da Constituição de 1988, "organizar e prestar, diretamente ou sob regime de concessão ou permissão, os serviços públicos de interesse local, incluído o de transporte coletivo, que tem caráter essencial". Voltou a usar o constituinte a expressão interesse local, para demarcar o verdadeiro espaço de atuação municipal, quanto à prestação de serviços públicos. Nem sempre é pacífico aferir quais os serviços que cabem exclusivamente ao Município, principalmente em virtude das transformações tecnológicas e das tentativas de diminuição dos custos na implantação de tais serviços[115]. Não podem os Estados-membros querer avançar nesta competência, restringindo-a em sua Constituição Estadual, pois, como observou Pontes de Miranda que:

> "Seria reduzir a autonomia municipal a simples autogestão administrativa, executiva, só lhes deixar o cumprimento de regras jurídicas que a Constituição estadual ou leis estaduais ordinárias lhes ditassem"[116].

Mereceu destaque a competência para a prestação de serviço de transporte coletivo urbano, que deve ter caráter essencial. Observe-se que cabem à União os serviços de transporte rodoviário interestaduais e internacionais de passageiros, pelo art. 21, XII, "e", da Constituição de 1988, e, residualmente, aos Estados-membros, os serviços intermunicipais. A importância do transporte coletivo urbano para as cidades, principalmente as maiores, faz com que se justificasse o relevo que o constituinte lhe deu. A prestação dos serviços deve ser mediante concessão ou permissão públi-

---

115 "Municipais serão os serviços que mais diretamente afetam o interesse local. No entanto, a própria evolução tecnológica tem feito evoluir característica de determinados serviços públicos que outrora tinham uma conotação eminentemente municipal. Eis que era dentro dos limites do Município que eles eram prestados e fruídos. As fronteiras municipais foram em alguns casos extrapoladas; o serviço de telefonia seria um exemplo, uma vez que, hoje, seria praticamente inconcebível que os municípios organizassem o seu serviço local de comunicação telefônica para só, num segundo momento, pensarem na sua integração num sistema maior, qual seja, o regional ou nacional ou até mesmo o internacional" (BASTOS, Celso Ribeiro. **Comentários à Constituição do Brasil**, *op. cit.*, pp. 242-3).

116 PONTES DE MIRANDA. **Comentários à Constituição de 1967 com a Emenda n. 1 de 1969**, *op. cit.*, v. 2º, p. 344.

ca[117] precedida de processo licitatório, nos termos do **caput** do art. 175, da Constituição Federal.

Cabe ao Município "manter, com a cooperação técnica e financeira da União e dos Estados, programas de educação pré-escolar e de ensino fundamental", no art. 30, VI, da Constituição Federal. A regra constitucional é de que a União, os Estados-membros e os Municípios têm interesse sobre a educação pré-escolar e o ensino fundamental, mas a estes últimos cabe melhor sua execução, dada a proximidade com o público a ser atingido, razão pela qual se impõe a cooperação técnica e financeira daqueles outros. A União deve aplicar, anualmente, nunca menos de dezoito por cento da receita resultante de impostos, enquanto os Estados-membros e Municípios precisam aplicar vinte e cinco por cento, de acordo com o art. 212 da Constituição de 1988. O texto constitucional, no art. 211, § 2º, determina que os Municípios atuem prioritariamente no ensino fundamental e na educação infantil. Cabe à União, com a nova redação do § 1º do art. 211, exercer "função redistributiva e supletiva, de forma a garantir equalização de oportunidades educacionais e padrão mínimo de qualidade do ensino mediante assistência técnica e financeira aos Estados, ao Distrito Federal e aos Municípios". A Emenda Constitucional nº 14, de 12.09.1996, instituiu o Fundo de Manutenção e Desenvolvimento do Ensino Fundamental e de Valorização do Magistério, que vem impulsionando a educação municipal, como já dito.

É de competência do Município "prestar, com a cooperação técnica e financeira da União e do Estado-membro, serviços de atendimento à saúde da população", no art. 30, VII, da Constituição de 1988. A situação se assemelha à acima descrita, sendo que deve ser constituído um Sistema Único de Saúde (SUS), financiado com recursos do orçamento da seguridade social, da União, dos Estados-membros, do Distrito Federal e dos Municípios. As ações e serviços públicos de saúde integram hoje uma rede regionalizada e hierarquizada, constituindo um sistema único, organizado com as seguintes diretrizes: "I – descentralização, com direção única em cada esfera de governo; II – atendimento integral, com prioridade para as atividades preventivas, sem prejuízo dos serviços assistenciais; III – participação da comunidade", no art. 198, da Constituição Federal. A Emenda Constitucional

117 "A permissão e a concessão de serviço público são, respectivamente, o ato administrativo e o contrato administrativo pelos quais a Administração Pública transfere, sob condições, a execução e exploração de certos serviços, que lhe são privativos, a terceiros que para isso manifestem interesse e que serão remunerados adequadamente mediante a cobrança, dos usuários, de tarifas previamente aprovadas" (GASPARINI, Diógenes. **Direito Administrativo**, *op. cit.*, p. 231).

nº 29, de 13.12.2002, tratou do financiamento do Sistema Único de Saúde (SUS), atribuindo responsabilidade aos Municípios pelo seu custeio.

Cabe, ainda, ao Município "promover, no que couber, adequado ordenamento territorial, mediante planejamento e controle de uso, do parcelamento e da ocupação do solo urbano", no art. 30, VIII, da Constituição de 1988. As questões urbanísticas dizem respeito principalmente ao Município porque nele se manifestam suas atividades de maneira mais objetiva e dinâmica. O planejamento urbano foi a forma encontrada para se enfrentar a complexidade que as cidades brasileiras vêm assumindo, que também possuem melhores condições de fixar o ordenamento territorial. Compete-lhe, ainda, o controle de uso, do parcelamento e da ocupação do solo urbano. Porém, cabe à União "instituir diretrizes para o desenvolvimento urbano, inclusive habitação, [...]", no art. 21, XX, que deve ser feito através de lei federal.

Compete exclusivamente aos Municípios, por fim, "promover a proteção do patrimônio histórico-cultural local, observadas a legislação e a ação fiscalizadora federal e estadual", no art. 30, IX, da Constituição Federal. O patrimônio histórico-cultural é matéria relevante, pois representa a forma de assegurar para as futuras gerações a memória de um determinado tempo, bem como manter intactas suas manifestações populares. Trata-se, a rigor, de competência comum, em razão de a União, os Estados-membros e o Distrito Federal estarem habilitados para exercer a legislação concorrente, de acordo com o inciso VII do art. 24, da Constituição de 1988.

As competências comuns da União, dos Estados-membros, do Distrito Federal e dos Municípios estão consagradas, no art. 23 do texto constitucional. O objetivo principal foi estabelecer a cooperação técnica entre as diversas entidades federadas, estando prevista lei complementar federal para tanto, visando "o equilíbrio do desenvolvimento e do bem-estar em âmbito nacional", no art. 23, **parágrafo único**, da Constituição de 1988.

Em primeiro lugar, foi estipulado que cabe às três entidades "zelar pela guarda da Constituição, das leis e das instituições democráticas e conservar o patrimônio público", no art. 23, I, da Constituição de 1988. Em que pese o pleonasmo da expressão zelar pela guarda, justificado talvez pela necessidade de expressar o relevo de tal missão, é significativo que a responsabilidade por essa missão seja entregue a todos os participantes da Federação Brasileira[118]. A conservação do patrimônio público é de responsa-

---

118 "O elemento essencial à caracterização do regime federativo brasileiro é, portanto, tão só a rígida repartição de competências inscrita em nossa Lei Fundamental, donde irradiam três feixes normativos. Vale dizer, o que permite asseverar que nossa federação é peculiar, singular, diferente das demais existentes no mundo é a presença no Estado

bilidade de todos os cidadãos que, através de ação popular, podem pedir a anulação de "ato lesivo ao patrimônio público ou de entidade de que o Estado participe", de acordo com a disposição do inciso LXXIII do art. 5º, da Constituição Federal.

Compete às entidades federadas "cuidar da saúde e assistência pública, da proteção e garantia das pessoas portadoras de deficiência", no art. 23, II, da Constituição de 1988. A deficiência mencionada refere-se à insuficiência, falha ou perda orgânica ou psíquica de que resulte em redução dos atos humanos cotidianos ou de trabalho. Está previsto, inclusive, que o Poder Público deve promover programas de prevenção e atendimento especializado, nos termos do art. 227, § 1º, II, do texto constitucional. Em que pese o Superior Tribunal de Justiça ter pacificado a questão do horário de funcionamento de banco, entendendo que se trata de interesse nacional que prevalece sobre o local, por outro lado o Tribunal de Justiça de São Paulo julgou justo que lei municipal determine aos bancos atendimento preferencial de deficientes[119].

Cabe-lhes, ainda, "proteger os documentos, as obras e outros bens de valor histórico, artístico e cultural, os monumentos, as paisagens naturais notáveis e os sítios arqueológicos", no art. 23, III, da Constituição de 1988.

Brasil de três pessoas políticas internas, dotadas de igual poder legiferante, na medida em que o espaço normativo que a uma delas ficou reservado é indisponível pelas demais" (COLLAÇO, Flávio Roberto. **O Município na Federação Brasileira**, *op. cit.*, p. 52).

119 "MANDADO DE SEGURANÇA COLETIVO – Lei Municipal que determina aos bancos atendimento preferencial de deficientes, idosos, gestantes, pessoas acompanhadas por crianças de colo – Inexistência de vedação por parte de Lei Federal sendo esta questão, pelo seu alcance social, de competência do Município – Segurança denegada. O atendimento preferencial nem deveria constar de lei, com observância obrigatória, se outros fossem os costumes de nosso povo. É apenas regra de civilidade e complacência, posto ser inadmissível e transtornante ver idosos, doentes, aposentados, grávidas e crianças pequenas, acompanhando seus pais, enfrentando longas e demoradas filas. Dê-se a eles, ao menos em homenagem às peculiares situações, o respeito que merecem. Cumpre ressaltar que esta forma de entendimento tanto não fere a disciplina da União e do Banco Central que já vem sendo adotada por várias instituições bancárias; desta forma, fácil concluir que inexiste vedação por parte de lei federal e que esta questão, pelo seu alcance social, é mesmo de competência do Município. Ap. 231.410.1/5 – 1.ª C. – J. 5.9.95 – Rel. Des. Alexandre Germano. ACÓRDÃO – Vistos, relatados e discutidos estes autos de apelação cível 231.410-1/5, da comarca de Americana, em que é apelante Febraban – Federação Brasileira das Associações de Bancos, sendo apelado Prefeito Municipal de Americana: Acordam em 1.ª Câmara Cível do Tribunal de Justiça do Estado de São Paulo, por votação unânime, dar parcial provimento ao recurso, de conformidade com o relatório e voto do Relator, que ficam fazendo parte do acórdão" (**Revista dos Tribunais**. São Paulo: Revista dos Tribunais, 1995, vol. 772, p. 149).

Os documentos aí mencionados são todos os escritos de valor histórico e cultural, relativos a épocas passadas, sendo encontráveis em bibliotecas, arquivos e museus, para a realização de estudos e de pesquisas. Além destes, devem ser resguardados as obras e outros bens, que podem até estar em poder de particulares ou de galerias, exigindo-se a realização de cadastro dos mesmos. Os monumentos são obras de arquitetura ou de escultura construídos com objetivos de perpetuar algum acontecimento ou personagem significativo para a história de um povo. Por sua vez, as paisagens naturais notáveis representam as vistas de recantos que impressionam quem as contempla e sítios arqueológicos são os locais onde se podem realizar pesquisas de antiguidades, em especial de períodos pré-históricos.

Na mesma linha acima, compete-lhes "impedir a evasão, a destruição e a descaracterização de obras de arte e de outros bens de valor histórico, artístico ou cultural", no art. 23, IV, da Constituição de 1988. A evasão resulta no empobrecimento do Brasil, do seu acervo artístico, histórico e cultural, com grave violação da identidade de um povo, sendo praticamente um roubo, enquanto a destruição implica o perecimento final da obra e a descaracterização e alteração dos traços originais das obras. Na Constituição de 1937, em seu art. 134, também se conferia tal responsabilidade aos Municípios, em conjunto com as demais Entidades Federadas.

É também de competência comum da União, dos Estados-membros, do Distrito Federal e dos Municípios "proporcionar os meios de acesso à cultura, à educação e à ciência", no art. 23, V, da Constituição de 1988. Cretella Júnior observou que tais pessoas jurídicas de direito público devem:

> "Envidar esforços simultâneos para que a população possa aprimorar-se, no que diz respeito à: (a) CULTURA, tendo possibilidade de frequentar escolas dos três graus, bibliotecas, discotecas, filmotecas, galerias, exposições, museus, concertos, teatros, balés; (b) EDUCAÇÃO, comparecendo a cursos e conferências; (c) CIÊNCIA, tendo facilidade de trabalho em laboratórios, manejando aparelhos, instrumentos, microscópios, telescópios, gráficos, tabelas"[120].

Cabe-lhes, em conjunto, "proteger o meio ambiente e combater a poluição em qualquer de suas formas", no art. 23, VI, da Constituição Federal. O meio ambiente pode ser entendido como o conjunto de condições, leis, influências e interações de ordem física, química e biológica, que acolhe e dirige a vida em suas formas, abrangendo as comunidades, os ecossistemas e a biosfera. A poluição é definida como uma modificação indesejável nas características físicas, químicas e biológicas no ar, no solo e na água, que acabam afetando contrariamente a vida humana e de outras espécies, as

120 CRETELLA JÚNIOR, J. **Comentários à Constituição de 1988**, *op. cit.*, pp. 1763-4.

condições de vida e os recursos naturais. Se não houver a efetiva proteção pode resultar na degradação do meio ambiente das mais diferentes formas, que acabam prejudicando a vida e o bem-estar da sociedade.

No mesmo sentido acima, também lhes compete "preservar as florestas, a fauna e a flora", no art. 23, VII, da Constituição de 1988. A floresta significa o conjunto mais ou menos extenso e denso de árvores de grande porte; a fauna, o conjunto de animais próprios de uma região ou de um período geológico e a flora, o conjunto de plantas de uma determinada região. A devastação que ocorre em nosso país exige que haja uma cooperação incessante dos órgãos públicos para coibir e evitar ainda mais a degradação do meio ambiente.

Cabe à União, aos Estados-membros, ao Distrito Federal e aos Municípios "fomentar a produção agropecuária e organizar o abastecimento alimentar", no art. 23, VIII, da Constituição de 1988. A agropecuária diz respeito à prática das relações entre a agricultura, referente ao cultivo da terra, e a pecuária, voltada ao tratamento e à criação de gado. O abastecimento alimentar está dirigido ao fornecimento de alimentos a dada comunidade. O dispositivo faz parte das exigências de se estabelecer uma nova política agropecuária de descentralização da propriedade da terra, com o devido planejamento da produção de bens não só para a exportação, mas também para o consumo interno.

Por outro lado, compete-lhes "promover programas de construção de moradias e a melhoria das condições habitacionais e de saneamento básico", no art. 23, IX, da Constituição de 1988. O déficit habitacional no Brasil é absurdo e necessita-se criar programas que atendam a esta demanda de forma racionalizada e com uma perspectiva social. A política oficial de construção de moradias está em crise, precisando serem revistas as práticas e as formas de financiamentos até agora utilizados. O saneamento básico implica na ação governamental visando tornar habitável e respirável o ar de determinadas regiões ou cidades, através da captação e tratamento de dejetos domiciliares e industriais. O problema acaba sendo mais grave nos Municípios, que precisam do auxílio da União e dos Estados-membros para enfrentar o problema.

Por outro lado, "combater as causas da pobreza e os fatores de marginalização, promovendo a integração social dos setores desfavorecidos", no art. 23, X, da Constituição de 1988, é tarefa comum das Entidades Federadas. A pobreza é um reflexo de uma política histórica de concentração de rendas, que faz com que grande parte da população viva em condições mínimas de sobrevivência para si e sua descendência. Por outro lado, a marginalização é um processo mais grave, em que determinados setores sociais periféricos são completamente afastados do mercado de bens de consumo, vivendo à margem da ordem social, com evidente perda da cidadania pelos marginalizados. Para enfrentar o problema, é preciso fazer um resgate de uma dívida social acumulada ao longo do tempo, mas que com um pouco de coragem e vontade de mudar se pode fazer com que esses setores excluídos sejam integrados à sociedade produtiva e de consumo de bens sociais, como já abordado.

Cabe à União, aos Estados-membros, ao Distrito Federal e aos Municípios "registrar, acompanhar e fiscalizar as concessões de direitos de pesquisas e exploração de recursos hídricos e minerais em seus territórios", no art. 23, XI, da Constituição Federal. A Constituição Federal de 1988 inovou nesta matéria, ao outorgar competência comum às últimas entidades acima, na matéria relativa à pesquisa e à lavra de recursos hídricos e minerais, tradicionalmente privativa da União[121]. Conservou esta a competência privativa para "legislar sobre águas", no art. 22, IV, e outorgar registro das concessões de direitos de pesquisa e lavra dos recursos minerais. Deve-se observar que as jazidas, em lavra ou não, e os demais recursos minerais pertencem à União e constituem propriedade distinta do solo, no art. 176, **caput**, da Constituição Federal. As águas desta entidade são "os lagos, rios e quaisquer correntes de água em terrenos de seu domínio, ou que banhem mais de um Estado, sirvam de limites com outros países, ou se estendam a território estrangeiro ou dele provenham, bem como os terrenos marginais e as praias fluviais", no art. 20, III, da Constituição de 1988, enquanto são dos Estados-membros "as águas superficiais ou subterrâneas, fluentes, emergentes e em depósito, ressalvadas, neste caso, na forma da lei, as decorrentes de obras da União", no art. 26, I, da Constituição Federal. Nada foi dado aos Municípios, inclusive modificando a repartição tripartite tradicional, prevista no Código de Águas, Decreto Federal nº 24.643, de 10.07.1934, retirando-lhe bens que faziam parte do seu patrimônio e lhes foram espoliados, representando nesse aspecto um retrocesso da nova Constituição Federal[122].

Por fim, é de competência comum "estabelecer e implantar política de educação para a segurança do trânsito", no art. 23, XII, da Constituição de 1988. A situação do trânsito no Brasil é assustadora, tendo em vista a escassez de recursos para obras infraestruturais e de fiscalização e sinalização

121 "A União sempre se reservou uma competência privativa no que concerne à pesquisa e lavra de recursos hídricos e minerais, porém a CF de 1988 outorga uma competência comum aos Estados, ao Distrito Federal e aos Municípios. Mudou completamente a política de recursos minerais e hídricos" (PINTO FERREIRA. **Comentários à Constituição** Brasileira, *op. cit.*, vol. II, p. 94).

122 "Apesar dessas unidades federadas passarem a ser regidas por leis orgânicas, em matérias de recursos hídricos é muito tímida sua competência constitucional" (COSTA, Nelson Nery. **A Gestão dos Recursos Hídricos no Estado do Piauí.** *In*: **Revista da OAB/PI**. Teresina: Ordem dos Advogados do Brasil – Seção do Piauí, 1995, nº 2, p. 44).

das vias urbanas e a para ausência de educação quanto à forma certa de se comportar como motorista ou pedestre. Os Municípios, com suas redes escolares e centros comunitários podem contribuir para minimizar o problema, além de assumir com seriedade a sinalização e o planejamento do trânsito urbano.

A ideia de autonomia sempre esteve ligada à de competência, razão pela qual, quando foi assegurado ao Município tal poder, constitucionalmente, em 1891, foi necessário estabelecer o limite de sua atuação. A expressão peculiar interesse, aí usada, atravessou o século XX, em todos os demais textos constitucionais, à exceção da última Constituição, em 1988, que se utilizou de nova denominação – interesse local. Não diferem muito os sentidos de ambos os termos, de modo que a mudança foi apenas superficial, como já discutido.

A Constituição Imperial, de 1824, tratou apenas das Câmaras de Vereadores, no Capítulo II, do Título VII, relativo às Províncias, definindo-lhes as atribuições como "o exercício de suas funções municipais, formação das suas posturas policiais, aplicação das suas rendas, e todas as suas particulares e úteis atribuições", no art. 169. A Constituição de 1891 definiu a Federação a partir da "união perpétua e indissolúvel das suas antigas províncias, em Estados Unidos do Brasil", no art. 1º, de modo que "cada uma das antigas províncias formará um Estado", no art. 2º. Apesar de não haver menção ao Município como Entidade Federada, mereceu este o solitário art. 68, do Título III, desse texto constitucional. Em tal dispositivo foi consagrada a tradicional expressão, ao se fixar que "os Estados organizar-se-ão de forma que fique assegurada a autonomia dos municípios em tudo quanto respeite ao seu peculiar interesse". Foi magnífica a interpretação que Epitácio Pessoa deu à expressão, em célebre arresto do Supremo Tribunal Federal, em que foi relator, afirmando que competia às leis estaduais definir o que dentro do Município constitui o interesse desse com exclusão do interesse do Estado-membro, como já dito.

A competência atribuída ao Município levava em conta que este tinha mais condições de legislar sobre interesse local, em virtude de ter maior conhecimento das particularidades dos seus habitantes. Foi na Constituição de 1934 que o sistema federativo de três categorias de Governo – União, Estados-membros e Municípios –, afirmou-se definitivamente. Quanto a estes últimos, no seu tratamento praticamente repetiu-se o texto constitucional anterior, ao se utilizar os seguintes termos: "art. 13. Os Municípios serão organizados de forma que lhes fique assegurada a autonomia em tudo quanto respeite ao seu peculiar interesse". O peculiar interesse consistia na autonomia política, representada pela eletividade do Executivo e do Legislativo, pela autonomia administrativa, identificada pela organização dos serviços de sua competência e pela autonomia financeira, entendida como o poder de decretar tributos e arrecadar e aplicar suas rendas. Apesar do esvaziamento dos Municípios, com a Constituição de 1937, a redação relativa aos mesmos praticamente se manteve igual, nos seguintes termos:

> "Art. 26. Os Municípios serão organizados de forma a ser-lhes assegurada autonomia em tudo quanto respeite ao seu peculiar interesse".

A Constituição de 1946 voltou a fortalecer o Município e a retornar a discussão sobre o conceito tradicional de peculiar interesse. Celso Ribeiro Bastos comentou que esta expressão, "por força de uma interpretação jurisprudencial encampada na Década de Trinta, deixa de ser a expressão de uma ideia vaga e imprecisa, para significar tudo aquilo que fosse de interesse predominante do município"[123]. Observe-se, no entanto, que o peculiar interesse deixou de se vincular à noção global de autonomia, para se referir expressamente à autonomia administrativa e financeira, quando foi tratado do seguinte modo:

> "Art. 28. A autonomia dos Municípios será assegurada: [...] II – pela administração própria, no que concerne ao seu peculiar interesse e, especialmente: a) à decretação e arrecadação dos tributos de sua competência e à aplicação das suas rendas; b) à organização dos serviços públicos locais".

O Regime Militar de 1964 deu um duro golpe na autonomia dos Municípios, esvaziando-lhes de diversas maneiras, em especial quanto à eletividade de Prefeitos de determinadas municipalidades. Na verdade, a Constituição de 1967, praticamente repetiu a de 1946, nos seguintes termos: "art. 16. A autonomia municipal será assegurada: [...] II – pela administração própria, no que concerne ao seu peculiar interesse e, especialmente: a) à decretação e arrecadação dos tributos de sua competência e à aplicação de suas rendas, sem prejuízo da obrigatoriedade de prestar contas e publicar balancetes nos prazos fixados em lei estadual; b) à organização dos serviços públicos locais". A Emenda Constitucional nº 1, de 17.10.1969, não mudou nada quanto à matéria, formalmente, mas trataram os exegetas oficiais de esvaziar a expressão peculiar interesse, em especial com a instituição dos Municípios tidos por relevantes para a segurança nacional.

A Constituição de 1988, além de ter elevado os Municípios a um patamar relevante, colocando-os lado a lado com a União, os Estados-membros e o Distrito Federal, em seus arts. 1º e 18, dando outra dimensão às competências municipais. Depois de longa discussão durante a Assembleia Nacional Constituinte, onde foram várias as propostas, em especial a elaborada no Anteprojeto da Comissão da Organização do Estado, que dizia que

123 BASTOS, Celso Ribeiro. **Comentários à Constituição do Brasil**, *op. cit.*, p. 217.

"compete privativamente ao Município: I – legislar sobre assuntos de interesse municipal predominante [...]". Prevaleceu a nova expressão interesse local, que se encontra referida em duas oportunidades, a seguir transcritas:

> "Art. 30. Compete aos Municípios: I – legislar sobre assuntos de interesse local; [...] – V – organizar e prestar, diretamente ou sob regime de concessão ou permissão, os serviços públicos de interesse local, incluindo o de transporte coletivo, que tem caráter essencial".

A expressão anterior, peculiar interesse, já tinha merecido longa e laboriosa análise dos mais importantes juristas brasileiros, de modo que cedo seu verdadeiro sentido foi encontrado. O vocábulo peculiar, assim, não era entendido como excludente, posto que a Federação faz com que o interesse local não se choque com o interesse regional ou o interesse geral. O verdadeiro sentido foi encontrado no vocábulo predominante, isto é, o interesse local é maior do que o regional ou o geral, ainda que seja uma preocupação de todas as entidades federadas. A predominância não é estática, mas determinada pelo desenvolvimento histórico e pela produção legislativa da época.

A mudança operada, em 1988, foi mais de aspecto formal do que material. Tanto é verdade que, na obra clássica de Hely Lopes Meirelles, o grande mestre comentou a matéria nos seguintes termos:

> "Peculiar interesse não é interesse exclusivo do Município; não é interesse privativo da localidade; não é interesse único dos munícipes. Se se exigisse essa exclusividade, essa privatividade, essa unicidade, bem reduzido ficaria o âmbito da administração local, aniquilando-se a autonomia de que faz praça a Constituição. Mesmo porque não há interesse municipal que o não seja reflexamente da União e do Estado-membro, como também não há interesse regional ou nacional, que não ressoe nos Municípios, como partes integrantes da Federação Brasileira, através dos Estados a que pertencem. O que define e caracteriza o 'peculiar interesse', inscrito como dogma constitucional, é a predominância do interesse do Município sobre o do Estado ou da União"[124].

Pois bem, com a Constituição de 1988, a magistral obra foi atualizada, mas ao definir interesse local apenas utilizou o conceito acima, trocando essa expressão por aquela outra[125]. Os interesses locais são aqueles relacionados ao cotidiano da vida municipal, que dizem respeito diretamente aos problemas de vizinhos, sendo predominante a competência do Município sobre tais matérias. Observe-se que a expressão, apesar de imprecisa e mesmo ambígua, tem a vantagem de permitir uma elasticidade que assegu-

---

124 MEIRELLES, Hely Lopes. **Direito Municipal Brasileiro**, *op. cit.*, 1977, pp. 114-5.

125 MEIRELLES, Hely Lopes. **Direito Municipal Brasileiro**, *op. cit.*, 1977, pp. 134-5.

ra uma flexibilização doutrinária capaz de permitir a evolução do conceito, de acordo com as necessidades históricas municipais[126].

9.9. Fiscalização no Município Brasileiro

Nos Municípios, a fiscalização, mediante o controle externo, deve ser exercida pela Câmara Municipal e pelos sistemas de controle interno do Poder Executivo Municipal, na forma da lei. O controle das contas municipais deve se dar pelo Poder Legislativo Municipal, auxiliados pelos Tribunais de Contas dos Estados ou do Município ou dos Conselhos ou Tribunais de Contas dos Municípios[127], onde houver. Não obstante, foi vedada a criação de novos Tribunais ou Conselhos de Contas Municipais, no art. 31, § 4º. Tal dispositivo deve ser entendido que o controle das contas municipais é feito pelo Tribunal de Contas do Estado, não obstante sejam mantidos os Tribunais de Contas dos Municípios de São Paulo e do Rio de Janeiro. Na Bahia, no Ceará e em Goiás, dentre outros, existem Tribunais de Contas, do Estado-membro, exclusivos para as contas municipais. O parecer prévio, emitido pelo órgão competente, sobre as contas que o Prefeito Municipal deve anualmente prestar, só deixa de prevalecer por decisão de dois terços dos Vereadores. O Tribunal de Contas do Estado-membro ou do Município faz a análise política da prestação de contas, mas quem realiza o julgamento político das contas do Prefeito Municipal é a Câmara Municipal, como já definiu o Supremo Tribunal Federal no RE 848826/DF e no RE 729744/MG[128].

---

126 "A imprecisão do conceito interesse local, se por um lado pode gerar a perplexidade diante de situações inequivocamente ambíguas, onde se entrelaçam em partes iguais os interesses locais e os regionais, por outro, oferece uma elasticidade que permite uma evolução da compreensão do Texto Constitucional, diante da mutação por que passam certas atividades e serviços" (BASTOS, Celso Ribeiro. **Curso de Direito Constitucional**, *op. cit.*, p. 277).

127 "A interpretação sistemática dos §§ 1º e 4º do art. 31 da Carta da República é conducente a concluir-se que os Estados-Membros têm o poder de criar e extinguir Conselhos ou Tribunais de Contas dos Municípios. A expressão 'onde houver', inserta no primeiro parágrafo, alberga a existência presente de tais órgãos, sendo que o óbice à criação ficou restrito à atividade municipal precedente. Ação Direta de Inconstitucionalidade nº 154, relatada pelo Ministro Octávio Gallotti, com acórdão publicado no Diário da Justiça de 11 de outubro de 1991" (**Diário da Justiça da União (DJU)**, 02.03.1995, p. 4021).

128 "**Competência para julgamento das contas dos Prefeitos.**
Para os fins do artigo 1º, inciso I, alínea g, da Lei Complementar 64/1990, **a apreciação das contas de Prefeito, tanto as de governo quanto as de gestão, será exercida pelas Câmaras Municipais, com auxílio dos Tribunais de Contas competentes, cujo parecer prévio somente deixará de prevalecer por decisão de dois terços dos vereadores.** STF. Plenário. RE 848826/DF, rel. orig. Min. Roberto Barroso, red. p/ o **acórdão Min.**

Dispõe a Constituição Federal que:

> "Art. 31. A fiscalização do Município será exercida pelo Poder Legislativo Municipal, mediante controle externo, e pelos sistemas de controle interno do Poder Executivo Municipal, na forma da lei.
> § 1º O controle externo da Câmara Municipal será exercido com o auxílio dos Tribunais de Contas dos Estados ou do Município ou dos Conselhos ou Tribunais de Contas dos Municípios, onde houver.
> § 2º O parecer prévio, emitido pelo órgão competente sobre as contas que o Prefeito deve anualmente prestar, só deixará de prevalecer por decisão de 2/3 dos membros da Câmara Municipal.
> § 3º As contas dos Municípios ficarão, durante 60 dias, anualmente, à disposição de qualquer contribuinte, para exame e apreciação, o qual poderá questionar-lhes a legitimidade, nos termos da lei.
> § 4º É vedada a criação de Tribunais, Conselhos ou órgãos de Contas Municipais".

A Administração Municipal tem como uma das suas mais relevantes diretrizes aquela que determina que ela deve se subordinar à constituição e à lei, que é o princípio da legalidade. Por ele, o Poder Público local precisa respeitar as disposições legais, devendo seus agentes terem como parâmetro as disposições na produção de atos administrativos, sejam estes discricionários ou vinculados. O exame dos atos produzidos pelo Poder Público, para averiguar se os mesmos estão de acordo com os preceitos constitucionais e com as leis em vigor, vem a ser o controle[129] da Administração Municipal.

Estão sujeitos ao controle não só os órgãos do Município, mas também os do Poder Legislativo. A função de fiscalização surgiu com a constitucionalização do Poder Público e do Estado de Direito. No sistema de separação de poderes, a cada um coube uma função determinada, com a incumbência adicional de fiscalizar o outro. A finalidade deste controle é garantir que

---

Ricardo Lewandowski, julgado em 10/8/2016 (repercussão geral) (Info 834). Parecer técnico elaborado pelo Tribunal de Contas tem natureza meramente opinativa, competindo exclusivamente à Câmara de Vereadores o julgamento das contas anuais do chefe do Poder Executivo local, sendo incabível o julgamento ficto das contas por decurso de prazo. STF. Plenário. RE 729744/MG, Rel. Min. Gilmar Mendes, julgado em 10/8/2016 (repercussão geral) (Info 834)" (ABNC).

---

129 "O termo controle é um galicismo, se o considerarmos sob o ângulo da pureza linguística, mas hoje integra o vocabulário usual. Segundo nota Bergeron, no dicionário Quillet, ao termo 'rôle' são atribuídos os seguintes significados: a) peça de pergaminho mais ou menos longa, enrolada ou não, sobre a qual se escreviam atos, os títulos; b) registro policial em que se escrevem nomes; c) no âmbito da marinha, o 'rôle' de uma equipagem é a lista do estado civil da equipagem. O 'controle' é o registro que efetua o confronto com o registro original e serve para verificar dados, abreviando-se, depois, essa expressão em controle" (MEDAUAR, Odete. **Controle de Administração Pública**. São Paulo: Revista dos Tribunais, 1993, p. 13).

os agentes públicos municipais atuem de acordo com os princípios administrativos vigentes, em especial da legalidade, da impessoalidade, da moralidade, da publicidade em eficácia, bem como as questões relativas à atuação concreta dos órgãos públicos, de acordo com o **caput** do art. 37, da Constituição de 1988, com redação da Emenda Constitucional nº 19, de 04.06.1998.

Hely Lopes Meirelles afirmou que "o controle, em tema de administração pública, é a faculdade de vigilância, orientação e correção que um Poder, órgão ou autoridade exerce sobre a conduta funcional do outro"[130]. Eduardo Lobo Botelho Gualazzi, seguindo o mesmo raciocínio, entendeu que:

> "Conceitua-se *controle* como o princípio administrativo material, tutelar e autotutelar, de contrasteamento, supervisão e gestão integral da Administração, por meio de sistema horizontal de coordenação central, com o aspecto de vigilância, orientação e correção, prévia ou posterior, de atos administrativos e de atos, decisões e atividades materiais de administração"[131].

O controle pode ser administrativo, legislativo ou judicial, conforme o órgão que o exerça. Pode ser, ainda, prévio, concomitante ou posterior, quanto ao momento em que se efetua. Por fim, existe o controle interno e o externo, sendo o primeiro o que cada Poder exerce sobre seus próprios atos e agentes públicos, enquanto o segundo é exercido por um dos Poderes sobre o outro.

O controle externo é exercido pela Câmara Municipal dos Vereadores, sobre o Município, compreendendo as contas dos órgãos da Administração Direta e Indireta e se amplia cada vez mais[132]. A fiscalização contábil, financeira, orçamentária, operacional e patrimonial da Administração Direta e Indireta, relativa à legalidade, à legitimidade, à economicidade, à aplicação das subvenções e à renúncia de receitas deve ser de competência do Poder Legislativo, de acordo com o art. 31, da Constituição de 1988. Por outro lado, cada pessoa física ou entidade pública que utilizar, arrecadar, guardar, gerenciar ou administrar dinheiro, bens e valores públicos presta contas e

---

130 MEIRELLES, Hely Lopes. **Direito Administrativo Brasileiro**. 34ª ed. São Paulo: Revista dos Tribunais, 2008, p. 672.

131 GUALAZZI, Eduardo Lobo Botelho. **Regime Jurídico dos Tribunais de Contas**. São Paulo: Revista dos Tribunais, 1992, p. 26.

132 "O controle externo é, pois, função do Poder Legislativo, Congresso Nacional no âmbito Federal, das Assembleias Legislativas nos Estados, da Câmara Legislativa no Distrito Federal e das Câmaras Municipais nos Municípios com auxílio dos respectivos Tribunais de Contas. Consiste, assim, na atuação da função fiscalizadora do povo, através de seus representantes, sobre a administração financeira e orçamentária" (SILVA, José Afonso da. **Curso de Direito Constitucional Positivo**, *op. cit.*, p. 752).

assume obrigações de natureza pecuniária. Trata-se, por conseguinte, de um controle de natureza política, no Brasil, mas sujeita à apreciação de órgão técnico, o Tribunal de Contas em todas as esferas da Federação, através de processo administrativo de controle.

9.10. Política Pública Municipal

O Estado é dirigido por um Governo, de modo geral exercido pelo Executivo, através de uma maioria no Legislativo, quando existe um regime liberal-democrata. No Executivo, as representações do Estado e do Governo podem acontecer por meio de um único cargo, como no presidencialismo, ou dois separados, ocupados por pessoas físicas diferentes, com funções diversas, como no parlamentarismo. Governar significa comandar o Estado e imprimir-lhe suas diretrizes, com o sentido político que isto tem, de dirigir e de controlar. Ao analisar a política e o Governo, Karl Deutsch disse que:

> "A política e o governo interagem, necessária e estreitamente, e ambos necessitam de instituições, organizações, canais e procedimentos específicos, para serem operantes. São estes arranjos específicos e algumas das principais semelhanças e diversidades entre eles, nos diversos países, [...]. Através deste estudo poderemos descobrir o que está sujeito a decisões políticas e governamentais, quem as toma, como são feitas, como são postas em prática, de que modo elas são limitadas e que oportunidades oferecem"[133].

O Executivo, além do Governo, tem a Administração Pública, que vem a ser o conjunto de servidores, de órgãos, de bens e de serviços públicos. Os servidores públicos são pessoas aprovados em concursos públicos ou indicadas para período temporário a fim de ocupar cargos ou funções públicas, pelos quais se distribui a competência do Estado, para lhe dar direção, execução ou apoio. Por sua vez, a Administração está dividida em órgãos públicos, que são instituições que fazem parte diretamente desta, como Ministérios ou Secretárias, ou que têm personalidade jurídica própria, como autarquias, fundações públicas, agências, empresas públicas e sociedades de economia mista. Estes órgãos e seus servidores exercem as atribuições do Estado, que se traduzem em serviços ou em obras públicas, pelas quais se manifesta a competência das instituições. Por fim, estas atividades são exercidas por meio de políticas públicas, cujas condições permitem que o Estado interaja com a sociedade e com os interessados, na formulação, na gestão e na avaliação, em determinados serviços e obras.

---

133 DEUTSCH, Karl Wolfgang. **Política e Governo.** Maria José da Costa Félix Matoso Miranda Mendes (trad.). Brasília: Universidade de Brasília, 1979, p. 181.

A Administração Pública também tem a influência da burocracia, que serve para designar o poder do corpo de servidores públicos dos órgãos públicos, que se encontram incumbidos de funções específicas, hierárquicas e diferenciadas. No conceito de Max Weber[134], o poder burocrático faz parte da análise de domínio (**herrschaft**), distinto do poder tradicional e do poder carismático porque deriva diretamente da racionalidade[135]. A legitimidade do poder racional encontrava-se na existência de normas legais formais e abstratas, bem como na existência de um **staff** administrativo burocrático. Define a burocracia, desse modo, como a estrutura administrativa de que serve o tipo de domínio legal. Cabe a responsabilidade final pela gestão das políticas públicas exatamente a esta burocracia, com os acertos e com os problemas que disto resulta.

A relação do Estado com a sociedade dá-se em diferentes formas e contextos, ou cobrando dos cidadãos seus impostos, ou prestando-lhes serviços públicos de transporte, educação ou saúde, ou até restringindo sua liberdade se algum crime fizer. Por sua vez, as pessoas que integram a sociedade relacionam-se com a Administração Pública pagando seus tributos, cobrando por seus serviços públicos, como saneamento e transporte público. Exige também que sua liberdade não seja turbada ou espoliada por nenhum ato ilegal vindo de autoridade pública. Cobra-se a forma como se planificam, organizam-se e executam seus serviços públicos, por meio do movimento social e das pessoas individualmente exigindo a execução de tais serviços, organizados através de políticas públicas.

Consideram-se as políticas públicas como um campo de estudo dentro do conhecimento da política, que trata especificamente das ações e dos serviços prestados pelos Governos, em suas diversas esferas federativas, bem como os seus efeitos sobre que neles incidem suas ações e serviços. Para H. D. Laswell, em **Politics: who gets hat, whon, how**, nas palavras de Celina Souza, comentando porque se tinha esta ou aquela decisão ou análise sobre determinada política pública, disse que isto implicava em responder às seguintes questões: "quem ganha o quê, por que e que diferença faz?"[136]. Tratam-se das políticas públicas como de um conjunto teórico e conceitual, com vários campos multidisciplinares, de forma a haver a interrelação entre o Estado, a cultura, a economia e a sociedade. Neste entendimento, as po-

134 "WEBER (Max), economista e sociólogo alemão (Eufurt, 1864 - Munique, 1920), promotor de uma sociologia dita 'compreensiva', totalmente objetiva, sem julgamento de valor" (KOOGAN/HOUAISS. **Dicionário e Enciclopédia Ilustrado**, *op. cit.*, p. 1680).

135 WEBER, Max. **Economia e Sociedade**. 3ª ed. Brasília: Universidade de Brasília, 1994, vol. 1, pp. 145-6.

136 SOUZA, Celina. **Políticas Públicas: uma revisão de literatura**. *In:* **Sociologias**. Porto Alegre, ano 8, nº 16, jul/dez 2006, p. 24.

líticas públicas existem como campos de conhecimento que procuram, ao mesmo tempo, colocar os Governos em atividades e propor mudanças nas que já existem, pedindo também novas políticas públicas.

A palavra **policy** refere-se a uma determinada ação real ou pretendida, que é pensada e escolhida depois de uma revisão de alternativas possíveis para sua execução. Pode-se dizer que se trata da projeção de um programa de metas em que incidem valores e tarefas, de modo que os processos das políticas públicas consistem de formulações, promulgações e aplicações de identificações, de demandas e de expectativa sobre os serviços e as obras públicas. No entanto, existe uma determinada ambiguidade do uso do termo, porque pode indicar a existência de uma intenção, plano ou programa, mas também se refere ao curso de ação de um determinado plano ou programa, além de designar um programa de pós-graduação específico, em geral no nível de mestrado ou de doutorado.

É peculiar, também, a natureza das decisões sobre as políticas públicas a serem adotadas, como observou Wilfrid Harrison:

> "Uma questão até agora sem resposta é até onde o campo da política e das decisões políticas são contrastadas, por exemplo, com as decisões judiciais no que tange à liberdade de escolha relativamente maior daquelas. As decisões judiciais são concebidas como as que são resultado, pelo menos em parte, da observância de padrões internos de um sistema jurídico, enquanto as decisões políticas são consideradas não sujeitas a quaisquer limitações além daquelas derivadas de considerações tais como prudência ou moral. Com base nisso, o processo legislativo, mais do que o processo judicial, tende a ser considerada como aquele que transforma a política em lei"[137].

O renomado autor Theodor Lowl, no clássico **Four Systems of Policy, Politics, and Choice**, tem a mais conceituada tipologia de políticas públicas, igualmente na descrição de Celina Sousa. Para aquele, a política pública faz a política, em que o autor procura dizer que cada tipo de política pública encontra diferentes formas de apoio e de rejeição e que disputas em torno de sua decisão passam por arenas diferenciadas, especialmente em quatro formatos[138]. O primeiro formato é o de políticas distributivas, resultado de decisões de Governo, que desconsideram a questão dos recursos limitados, gerando impactos mais individuais do que gerais, dando benefícios a determinados grupos sociais ou regiões em prejuízo dos demais.

---

137 HARRISON, Wilfrind. **Política (Administração) (*Policy*)**. *In:* SILVA, Benedicto (coord.) **Dicionário de Ciências Sociais**. S/trad. 2ª ed. Rio de Janeiro: Fundação Getúlio Vargas, 1987, p. 922.

138 SOUZA, Celina. **Políticas Públicas*:* uma revisão de literatura**, *op. cit.*, p. 24.

Por sua vez, o segundo formato é o de políticas regulatórias, também chamadas de normativas, que são mais visíveis ao público, pois envolvem a burocracia, os Poderes Políticos, os grupos de interesses, as entidades da sociedade civil e o público em geral, como na defesa do consumidor. Estes estão mais relacionados com o direito. O terceiro formato é o de políticas redistributivas, que envolvem um público mais amplo de cidadãos e significam perdas imediatas para determinados grupos, em desfavor de outros grupos em nome incerto de um incerto futuro melhor. Pode envolver o sistema tributário, o sistema previdenciário, o sistema de assistência social e o sistema de saúde, dentro outros. Por fim, o quarto formato é o de políticas constitutivas, que lidam com os procedimentos para a concessão de direitos ou de garantias sociais, também ligados ao mundo jurídico.

Em princípio, consiste a política pública regulatória aquela pela qual o Poder Público estabelece os regulamentos, exerce a fiscalização e pune se necessário uma atividade privada. A Administração Pública tem a obrigação de fiscalizar o exercício de tais direitos, não só para punir as infrações, mas para mediar os acordos ou para resolver os conflitos de interesses, no caso do Judiciário, dando a última palavra sobre o assunto, no caso de ir para algum órgão jurisdicional. As políticas públicas existem no sentido de ampliar os locais para as reclamações e para as mediações dos conflitos, de criar novos direitos para grupos específicos e de conscientizar os usuários de serviços de que é melhor seguir a lei.

O ciclo da política pública envolve vários estágios, como a definição da agenda, a identificação de alternativas, a avaliação das opções, a seleção das opções, a implantação e a avaliação da mesma. No processo de elaboração de políticas públicas, é fundamental a rede de instituições do movimento popular e de órgãos públicos, assim como a academia e os pesquisadores, além da discussão feita em uma arena política[139]. Em primeiro lugar, precisa-se responder às perguntas já feitas – "para quem? o quê? e como?" A partir de suas respostas, pode-se identificar uma agenda, de forma a identificar o problema e a verificar de que maneira possa se realizar uma política pública para a questão. No passo seguinte, procura-se encontrar as alternativas possíveis para solucionar o problema, descartando algumas aos poucos, até que fiquem em um número razoável para sua escolha, precedida ainda de avaliação técnicas das opções apresentadas no segundo momento.

Depois se parte para o processo de escolha, em que se avaliam os critérios técnicos, morais ou políticos, de modo a se ter a melhor opção para o

139 FREY, Klaus. **Políticas Públicas: um debate conceitual e reflexões referentes à prática da análise de políticas públicas no Brasil.** *In:* **Planejamento e Políticas Públicas.** Brasília: Instituto de Pesquisa Econômica Aplicada (IPEA), nº 1, vol. 1, 1989, p. 226.

problema ou, pelo menos, a melhor opção no custo possível e real, também se observando critérios democráticos e transparentes quanto às escolhas. A execução de serviços públicos, a cobrança da cidadania e a efetividade das políticas públicas implicam no mais difícil, que é se fazer com que as ideias e os planejamentos existam na vida real, para as pessoas que possuem rostos e que são indivíduos, não mais números da fase de planejamento. Ao final, ou na continuidade dos serviços públicos, faz-se a avaliação da execução das políticas públicas, de seus resultados e das consequências do que foi feito, até para se corrigirem as falhas em novos projetos.

Os modelos de políticas públicas podem ser: a) modelo **garbage can**; b) coalização de defesa; c) modelo do equilíbrio interrompido; d) arenas sociais; e) modelos influenciados pelo novo gerenciamento público. O modelo **garbage can**, ou lata de lixo, implica em que as decisões nas políticas públicas decorrem das alternativas como se estivessem em uma lata de lixo, em razão de existirem vários problemas e soluções mínimas. O modelo de coalizão de defesa, ou **advocay coalition**, parte do entendimento de que a política pública resulta de uma concepção de que existe um conjunto de subsistemas razoavelmente estáveis. Estes se relacionam com os acontecimentos externos, indicando os parâmetros para as restrições e os recursos de determinada política pública.

O modelo do equilíbrio interrompido, ou **pactuated equilibium**, tem por base as noções de biologia e de computação, de modo que se caracteriza a política pública por períodos de estabilidade, em geral longos, interrompidos por períodos de instabilidade que provocam mudanças no sistema anterior. O modelo de arenas sociais compreende a política pública como a atuação dos empreendedores políticos ou de políticas exclusivamente públicas, porque para estas existirem é necessário que alguém se convença de que precisa ser feito alguma coisa. Nos modelos influenciados pelo novo gerenciamento público existe uma busca pela eficiência, que passou a ser considerado como o principal fator de qualquer política pública, de modo que as soluções decorrem de uma busca racional e não de disputas políticas[140]. No caso da defesa do consumidor, o modelo de arena política, por representar diferentes atores políticos, vem a ser o mais adequado para definir as políticas públicas das relações de consumo.

A política, ou **politic**, compreende um conjunto de procedimento formais e informais que resultam das relações de poder e que expressa-se através destas e que se destinam a promover a pacificação dos conflitos quanto aos bens ou aos serviços públicos, na descrição de Maria das Graças Rúa. A política pública, ou **police**, implica em uma decisão e exige várias ações se-

140 SOUZA, Celina. **Políticas Públicas: uma revisão de literatura**, *op. cit.*, p. 35.

lecionadas de forma estratégicas, para efetivar as decisões tomadas, decorrendo da escolha de uma dentre algumas alternativas. Desse modo, como disse a autora acima, embora uma política pública implique em uma decisão política, nem toda decisão política chega a constituir-se em uma política pública[141]. A implementação de uma política pública é um processo interativo e continuado de tomada de decisões por diversos grupos envolvidos com a política, que indicam as reações efetivas ou potenciais da decisão, de modo que a implementação deve ser sempre vista como suscetível de mudanças.

Para Aléxis de Tocqueville, um dos mais importantes pensadores políticos do século XIX, na sua obra clássica **A Democracia na América**, no Município era que residia a força dos povos livres[142]. Para ele, as instituições municipais são para a liberdade aquilo que as escolas primárias são para a ciência, pois a colocam na mão do povo, fazendo-o experimentar seu uso pacífico e habituando-o a viver com ela. Sem tais instituições, podia uma nação ter um Governo livre, mas sem possuir o espírito da liberdade, tal importância o autor atribuía a democracia no âmbito municipal, pois era lá que se aprendia a ser cidadão.

O Município é fundamental para o funcionamento das instituições republicana, pois nele se começa a compreender a responsabilidade pela coisa pública. Decorre isto das obrigações dos governantes, pelo seu dever de prestar serviços com eficiência e de realizar obras com segurança e presteza. Por um lado, existe o exercício da cidadania local, no sentido de ser votado ou simplesmente de votar e cobrar o resultado do seu voto. Do outro lado, ocorre o uso de serviços públicos de diferentes naturezas, retribuindo-os por meio de tarifa, mas exigindo que seja realizado com qualidade e com preço justo. Isto se faz por meio de política pública.

O Município tem sua autonomia em quatro aspectos fundamentais de suas políticas – primeiro, a autonomia administrativa; segundo, a autonomia financeira; terceiro, a autonomia política; quarto, a autonomia legislativa. A autonomia administrativa é a mais simples, pela qual se exerce os serviços básicos do âmbito municipal, como os cuidados referentes à vida urbana e aos problemas àqueles referentes às pessoas, em especial educação ou saúde. Tais serviços, hoje, dependem muito do Governo Federal e dos Governos Estaduais, o que restringe a autonomia municipal. Aqui é que se manifestam realmente as políticas públicas locais, na discussão, no planejamento e na execução.

---

141 RÚA, Maria das Graças. **Análise das Políticas Públicas: conceitos básicos**, *mimeo*, s/d., p. 1.

142 TOCQUEVILLE, Aléxis de. **A Democracia na América**, *op. cit.*, p. 59.

O Município possui autonomia financeira, na medida em que pode usar com independência os recursos oriundos de suas rendas e de seus tributos. Atualmente, as rendas tanto se referem aos meios clássicos, pelo exercício do poder de polícia ou de serviços específicos, nos casos de licenças ou de autorizações, como aquelas originárias dos **royalties** relativos à exploração de petróleo ou de energia elétrica, por exemplo. Existem ainda os tributos municipais, desde impostos, taxas, contribuição de melhorais, contribuição para o custeio da iluminação pública até a contribuição social quando tiver Regime Próprio de Previdência (RPPS). Os impostos são os mais importantes recursos, desde aqueles ligados à vida urbana, como o IPTU ou o ITBI, ou à prestação de serviços, como o ISS, além das receitas de impostos compartilhados, como o FPM e os recursos do ICMS. Aliás, há verbas específicas compartilhadas pela União, Estado-membro e Município, em saúde e em educação. Infelizmente, existe ainda a cultura de que o contribuinte municipal não deve pagar tributo, mas isto é negativo para a própria cidadania, pois recolher o valor dos impostos ajuda a ter consciência para fiscalizar os serviços públicos locais. Deve existir, assim, uma política tributária organizada e coerente.

A autonomia política municipal consiste na realização de eleições quadrienais para o Prefeito Municipal e para os Vereadores, dentre os eleitores lá domiciliados. Trata-se de momento solene, pela importância da escolha do Chefe do Executivo em decorrência da dimensão dos serviços públicos prestados e pela representatividade do cargo. Antes da Constituição de 1988, boa parte dos Prefeitos das Capitais não eram eleitos, mas nomeados indiretamente. É também motivo de paixão e de conflito as eleições locais, mas isto pouco a pouco vai ficando mais civilizado. O Vereador também tem sua relevância, mas precisa compreender o papel do Legislativo, cada vez mais voltado para a fiscalização do que para a elaboração de leis, processo este em geral conduzido pelo Prefeito Municipal. Não basta só votar, faz-se necessário o acompanhamento das ações dos políticos municipais, para só escolher nas eleições os que melhor exerçam seus cargos.

A autonomia legislativa significa que o Município possui uma Lei Orgânica Municipal, que se assemelha a uma miniConstituição, organizando as instituições políticas e descrevendo os serviços que exerce. Trata-se de importante conquista obtida também com a Constituição de 1988, que deu especial relevo a este, incluindo-o na Federação Brasileira. Apesar de tudo, existe uma grave crise de credibilidade quanto aos serviços públicos municipais, bem como aos seus detentores de cargos eletivos, tido como ineficientes ou corruptos. Pior, as políticas públicas nem sempre espelham os interesses dos cidadãos. No entanto, cada vez mais se vislumbra uma mudança, com o afastamento de políticos tradicionais e com a agregação de novos valores, dentro do espírito de Aléxis de Tocqueville, de que no Município deve haver a primeira aula de civismo em um país.

A competência do Município é a definição do que pode e do que deve fazer em suas atribuições quanto às políticas públicas. Trata-se das disposições constitucionais que indicam suas responsabilidades para com os cidadãos em termos de prestação de serviços. No texto constitucional, a competência exclusiva encontra-se no art. 30 e a competência comum no art. 24, além de outras disposições espalhadas em diversos artigos. No ambiente das disposições constitucionais, merece destaque a competência municipal para a educação, pois é sua atividade típica e onde tem mais condições de prestar serviços públicos. Cabem ao Município, com a cooperação técnica da União e do Estado-membro, os programas de educação infantil e de ensino fundamental, além de proporcionar os meios de acesso à cultura, à educação e à ciência.

Apesar de aparentemente simples sua responsabilidade, na prestação de serviços públicos de educação, posto que voltada à educação infantil e ao ensino fundamental, trata-se da mais importante atividade, pois vai permitir preparar as crianças e os adolescentes para o amanhã. No mundo do século XXI, a informação e o conhecimento são essenciais para a própria cidadania e para o mercado profissional. Sem o conhecimento básico, inclusive da língua portuguesa, e sem o conhecimento digital, uma pessoa pode se tornar um pária social.

As políticas públicas de educação são as atribuições que o Município tem no âmbito da Constituição Federal, da Lei de Diretrizes e Bases da Educação, Lei Federal nº 9.394, de 20.12.1996, e da própria Lei Orgânica Municipal para enfrentar os problemas relativos à matéria. Não só isto, porém, mas aquilo que os conselhos locais, as instituições da sociedade civil, os professores da rede pública, os pais e hoje os próprios alunos definem como prioritário e como deve ser efetuado o serviço público. É de competência do Município o ensino infantil, antes chamado de pré-escolar, que se constitui na primeira etapa da educação básica, e tem como finalidade o desenvolvimento integral da criança até seis anos de idade, em seus aspectos físico, psicológico, intelectual e social, complementando a ação da família e da comunidade. A educação infantil deve ser oferecida em creches, ou entidades equivalentes, para crianças de até três anos de idade, ou pré-escolas, para as crianças de quatro a seis anos de idade.

O ensino fundamental é obrigatório, com duração de nove anos, gratuito na escola pública, iniciando-se aos seis anos de idade. Deve ter por objetivo a formação básica do cidadão, mediante: a) o desenvolvimento da capacidade de aprender, tendo como meios básicos o pleno domínio da leitura, da escrita e do cálculo; b) a compreensão do ambiente natural e social, do sistema político, da tecnologia, das artes e dos valores em que se fundamenta a sociedade; c) o desenvolvimento da capacidade de aprendizagem; d) o fortalecimento dos vínculos de família, dos laços de solidariedade humana e de tolerância recíproca em que se assenta a vida social.

O ensino médio é de competência dos Estados-membros, em especial, mas nada impede que os Municípios, principalmente os maiores, possam ter estabelecimento para o mesmo. Se não tiver condições de ter seu próprio serviço, deve cobrar que o Estado-membro ofereça no local tal ensino, de modo a evitar a evasão escolar ou o deslocamento forçado dos jovens para outros centros ou que tenham de viajar penosamente para outras cidades. Do mesmo jeito o ensino superior, que deve ser estimulado para que haja universidade federal ou estadual, na sede do Município, ou criar condições para que se abram estabelecimentos privados locais.

O Fundo de Manutenção e Desenvolvimento da Educação Básica e de Valorização dos Profissionais da Educação (FUNDEB) foi criado por emenda constitucional e regulamentado pela Lei nº 11.494, de 20.06.2007, em substituição ao (FUNDEF), que vigorou de 1998 a 2006. Trata-se de fundo especial, de natureza contábil e de âmbito estadual, formado, na quase totalidade, por recursos provenientes dos impostos e transferências dos Estados-membros e Municípios, vinculados à educação por força do disposto no art. 212, da Constituição Federal. Além destes recursos, ainda compõe o FUNDEB, a título de complementação, uma parcela de recursos federais, sempre que, no âmbito de cada Estado-membro, seu valor por aluno não alcançar o mínimo definido nacionalmente. Independente da origem, todo o recurso gerado é redistribuído para a aplicação exclusiva na educação básica.

A educação básica, no Município, é essencial para preparar as crianças para o ensino médio e, via de consequência, para o novo mercado de trabalho. Não mais só as quatro operações e saber desenhar o nome, mas compreender, falar e escrever corretamente o português e deter as informações gerais de matemática e de conhecimentos gerais, que lhe possam oferecer um futuro melhor e não apenas reproduzir o modo de vida de seus pais. A educação é o principal instrumento da cidadania, pois apenas com o conhecimento o cidadão pode fazer as escolhas corretas para sua cidade ou seu país. Não apenas nos processos eleitorais, mas também ser chamado para escolher as políticas públicas corretas no seu Município, de forma que a sociedade também possa intervir no processo político. A educação constitui-se no meio que pode modificar as condições sociais do Brasil e abrir uma nova perspectiva de desenvolvimento econômico e social para a sociedade, daí a importância de suas orientações políticas.

A competência do Município é a faculdade de agir em relação a determinados assuntos relacionados quanto ao desempenho de um serviço público. Em uma Federação, como no Brasil, é preciso que o texto constitucional defina o conjunto de atribuições e de responsabilidades de cada entidade de direito público. A Constituição de 1988 colocou o Município como participante da organização política-administrativa, ao lado da União, dos Estados-membros e do Distrito Federal, que se manifesta através de sua autonomia, nos arts. 1º e 18.

As políticas públicas da saúde compreendem os serviços relacionados a tal atividade, desenvolvidas por meio de vários participantes, deste as entidades federadas, como também os órgãos públicos municipais, seus servidores públicos e os representantes da sociedade civil. No caso da saúde, trata-se de matéria de competência comum da União, dos Estados-membros, do Distrito Federal e dos Municípios, conforme o art. 23, II, do texto constitucional, como no caso do Sistema Único de Saúde (SUS), previsto no seu art. 198. Apesar disto, a saúde é ainda um dos principais problemas brasileiros, pois como dizia o personagem Macunaíma, de Oswald de Andrade: "muita saúva e pouca saúde os males do Brasil são" [143].

As ações e os serviços públicos de saúde integram uma rede regionalizada e hierarquizada, pelo qual se exerce suas políticas públicas, tendo por diretrizes: a) a descentralização, com direção única em cada esfera de Governo; b) o atendimento integral, com prioridade para as atividades preventivas, sem prejuízo dos serviços assistenciais; c) a participação da comunidade. O Sistema Único de Saúde (SUS) é financiado com os recursos do orçamento da União, dos Estados-membros e dos Municípios. O financiamento está disciplinado na Lei Complementar Federal nº 141, de 13.01.2012, que prevê que a municipalidade gaste com saúde quinze por cento da arrecadação de tributos próprios e das transferências constitucionais estaduais e federais.

Além da competência comum, cabe ao Município a prestação de serviços de atendimento à saúde da população, com a cooperação técnica e financeira da União e do Estado-membro, conforme o art. 30, VII, da Constituição de 1988. Com isto, deve o serviço público de saúde municipal prestar serviços hospitalares e em postos de saúde, além de ações preventivas de endemias e de epidemias. Foram projetadas agora as Unidades Básicas de Saúde (UBS), que recebem recursos do Fundo Nacional de Saúde e que prestam melhor atendimento direto aos usuários da saúde.

O serviço de baixa complexidade na saúde acaba sendo de responsabilidade do Município que deve prestar os primeiros socorros aos doentes ou

143 **José Oswald de Sousa Andrade** (São Paulo, 1890 - 1954), **Oswald de Andrade**, foi importante poeta, escritor, ensaísta e dramaturgo, com relevância por sua idealização e participação na Semana Vinte e Dois e a publicação da obra **Macunaíma** e do **Manifesto Pau Brasil**.

aos acidentados, além de executar os serviços de ambulatórios, com médicos realizando atendimentos e acompanhando a população. Isto deve implicar, além de outros, em serviços de ginecologia, de obstetrícia e de cuidado natal, bem como da pediatria e de outras atividades básicas, especialmente de clínica geral. Não precisa ter um hospital, mas se pode exigir algum em uma cidade maior próxima, ou mesmo construir uma UBS, para os primeiros atendimentos e para consultas clínicas.

Os serviços de alta e de média complexidade são de responsabilidade da União e dos Estados-membros, como cirurgias cardíacas, neurológicas ou tratamento de câncer, por exemplo. Dificilmente vai ser realizados por Municípios, salvo em cidade maiores, mas também pode ser possível a implantação em cidade de porte médio. Hoje, grave questão consiste nos problemas ortopédicos, principalmente por conta dos acidentes envolvendo motos. É importante, então, que haja um eficiente serviço de trânsito para coibir os abusos e as desinformações dos motoqueiros.

O Programa Saúde da Família (PSF) é conhecido atualmente como Estratégia de Saúde da Família, por não se tratar mais de um mero programa, mas da própria mudança do modelo assistencial vigente. Este se encontra voltado para o atendimento emergencial do doente, com visitas aos hospitais, aos postos de saúde ou às UBSs. A família passa a ser o objeto de atenção, no ambiente em que vive, permitindo uma compreensão ampliada do processo saúde/doença. O programa inclui ações de promoção da saúde, de prevenção, de recuperação, de reabilitação de doenças e de agravos mais frequentes.

É preciso, ainda, executar ações de vigilância sanitária e epidemiológica, bem como ter atenção para com a saúde do trabalhador. No mesmo sentido, devem existir políticas e execuções de ações de saneamento básico, grande desafio brasileiro, especialmente nos Estados-membros mais pobres. A nova concepção de saúde pública implica em se realizar serviços preventivos e ações de grande dimensão para reverter o quadro de doenças crônicas e ainda anacrônicas no mundo moderno, como doença de chagas, tuberculose, dengue e calazar, dentre outras. Em 2020, por discordância na gestão da saúde do Governo Federal, as manifestações questionavam a ineficiência tratada na pandemia da Sars-Novo Coronavírus (Covid-19), voltando as manifestações contra o Presidente da República, que chegou a ser comparado como o responsável por um genocídio, de mais de cento e cinquenta mil pessoas.

As políticas públicas de saúde, no âmbito do Município, implicam em várias direções, como a atuação em programas de vigilância sanitária e epidemiológica, além do acompanhamento dos membros das famílias no dia a dia. Por outro lado, as Unidades Básicas de Saúde (UBS) podem ser uma solução para as municipalidades menores, mas as de médio porte devem se preparar para a construção de hospitais locais. Tudo isto exige não só o compromisso das autoridades municipais, mas também a participação comunitária e da população como um todo.

A Constituição de 1988 trouxe diversas atribuições ao Município, especialmente aquelas que são competência de sua própria natureza, quando se trata da política urbana e da ocupação do solo. De pronto, no art. 30, VIII, consta como competência municipal a promoção adequada do ordenamento territorial, mediante planejamento e controle do uso, do parcelamento e da ocupação do solo urbano. Mais adiante, no art. 182, igualmente do texto constitucional, dispõe que a política de desenvolvimento urbano precisa ser executada pelo Poder Público local, conforme as diretrizes gerais fixadas, tendo por objetivo o pleno desenvolvimento das funções sociais da cidade e a garantia do bem-estar de seus habitantes, como política pública urbana.

Na primeira atribuição, está prevista como competência municipal a promoção adequada do ordenamento territorial, mediante planejamento e controle do uso, do parcelamento e da ocupação do solo urbano. Apesar de tal matéria cabe à União, conforme o art. 21, XX, do texto constitucional, instituir as diretrizes para o desenvolvimento urbano, inclusive a habitação, o saneamento básico e o transporte. A Lei Federal nº 6.766, de 19.12.1979, consiste na lei quanto à divisão do solo urbano, compreendendo o parcelamento, o loteamento e o desmembramento. No entanto, o Município deve estabelecer legislação própria quanto à matéria, naquilo que não contrariar a disposição federal, com as especificidades que precisa ter a discussão sobre o uso do solo.

Em relação ao urbanismo, consta que a política pública de desenvolvimento urbano precisa ser executada pela Administração Municipal, conforme diretrizes gerais fixadas, em lei, tendo por objetivo o pleno desenvolvimento das funções sociais da cidade e a garantia do bem-estar dos seus munícipes. A matéria encontra-se disciplinada pela Lei Federal nº 10.257, de 10.07.2001, mais conhecida como Estatuto das Cidades, que trouxe importantes inovações, dispondo sobre o art. 182, da Constituição de 1988. Esta legislação estabelece normas de ordem pública e de interesse social que regulam o uso da propriedade urbana em prol do bem coletivo, da segurança e do bem-estar social, assim como do equilíbrio ambiental.

O § 1º do art. 182, do texto constitucional, prevê o plano diretor, aprovado pela Câmara Municipal, obrigatório para as cidades com mais de vinte mil habitantes, constituindo instrumento básico da política de desenvolvimento e de expansão urbana. O plano diretor, tratado no Estatuto da Cidade, no art. 39 e seguintes, é o instrumento básico de política de desenvolvimento e de expansão urbana, englobando o território do Município como um todo. Na sua elaboração, deve haver audiências públicas e debates com a participação da população e das associações representativas dos vários segmentos da comunidade, com a publicidade ampla e com o acesso quanto aos documentos e às informações produzidas para qualquer interessado.

O plano diretor somente é obrigatório para as cidades com mais de vinte mil habitantes, portanto de porte médio para cima. Não obstante, nada impede que cidades menores possam usar tal instrumento, pois ajuda no desenvolvimento das mesmas e na racionalização das prestações de serviços públicos e de suas políticas. Além das autoridades públicas e da comunidade, precisa contar com o auxílio de arquitetos, de urbanistas, de sanitaristas, de advogados, de assistentes sociais e de outros profissionais de planejamento e de orçamento. O plano diretor vai permitir o retrato da cidade no momento de sua elaboração e as perspectivas para os decênios vindouros.

Faz-se necessário que as cidades e os núcleos urbanos locais sejam racionalizados, com os planos diretores voltados para a solução das questões atuais e para oferecer as opções corretas para o futuro. É decisivo observar o lado humano das cidades, de forma a garantir o bem-estar, a salubridades e até o lazer dos seus habitantes, com a preservação das áreas verdes e da memória histórica-cultural. Para que as cidades sejam administradas em benefício da sociedade, faz-se essencial que haja a edição de leis locais, com as particularidades de cada Município, mas que se observem os anseios de seus habitantes e de suas forças econômicas, na política pública urbana[144].

O serviço público de transporte é essencial, pois assegura de fato a liberdade de ir e vir, prevista dentre os direitos essenciais da pessoa humana. Consistiu na primeira forma de descentralização da atuação estatal, pois passou a ser tratado como concessão ou permissão pública, pela qual particular exercia a atividade pública, mediante a remuneração por tarifa e a fiscalização pelo Poder Público. Esta associação entre o capital e a Administração mostrou-se desde logo proveitosa para a população, mas precisava que o controle público fosse efetivo, para melhores os preços, os equipamentos e os seguranças.

Na Constituição de 1988, as principais formas de transporte são da competência da União, como a navegação aérea e aeroespacial, a infraestrutura aeroportuária, os serviços de transporte ferroviário e aquaviário e os portos marítimos, fluviais e lacustres. Além disto, cabe-lhe a responsabilidade para estabelecer os princípios e as diretrizes para o sistema nacional de viação e a competência legislativa sobre o trânsito e o transporte, bem

144 Súmula Vinculante 38, de 11.03.2015: "É competente o Município para fixar o horário de funcionamento de estabelecimento comercial".

como a polícia rodoviária. É preciso esclarecer, claramente, qual a competência do Município por estabelecer suas políticas públicas de transporte.

Quanto ao transporte terrestre, o mais importante, a competência é dividida: a) entre a União, quanto aos serviços de transporte rodoviário interestadual e internacional de passageiros; b) entre os Estados-membros, quanto aos serviços de transporte rodoviário intermunicipal; c) entre os Municípios, quanto aos serviços de transporte municipal urbano e rural. Foi previsto expressamente, no art. 30, V, do texto constitucional, que cabe ao Município organizar e prestar, diretamente ou sob regime de concessão ou permissão, os serviços públicos de interesse local, incluído o transporte coletivo, que tem caráter essencial. Além disto, está previsto o transporte escolar da rede pública de ensino.

Compete ao Município, desse modo, a responsabilidade pelo transporte público do maior número de usuários dentro do seu território, em especial no meio urbano. Os serviços de transporte englobam situações diversas, desde os complexos sistemas da Capital do Estado-membro, como os de média complexidade nas cidades de porte médio e daqueles relativos aos pequenos núcleos urbanos. Numa grande cidade, é importante que haja organização que permita o deslocamento para o centro comercial e os setores lojistas e industriais, como forma de assegurar a empregabilidade dos trabalhadores, como também interbairros, se possível com bilhetagem única. Deve ser priorizado o transporte coletivo por metrô, ônibus, trens, táxis, aplicativos e até vias aquáticas, se possível, em detrimento do veículo individual, que satura as vias públicas e polui o ar.

Nas cidades de porte médio, precisa ser organizado o deslocamento para os respectivos centros comerciais, além de ligações para os povoados ou os distritos, se houver. Se possível, devem ser previstas linhas circulares que melhorem o acesso a bairros diversos. Nas pequenas cidades, urge ser previsto o transporte para os centros urbanos, principalmente fazendo ligações com as áreas rurais e com os pequenos aglomerados de pessoas ou Distritos, onde os houver. Em geral, precisa ser feito com ônibus, mas se pode admitir com controle as vans, os táxis e os mototaxis, desde que se ofereça preço justo e segurança nos deslocamentos. Nos Municípios de porte médio e pequeno, mesmo não sendo de sua responsabilidade, deve cuidar da política estadual de transporte intermunicipal, para facilitar a vida dos seus habitantes. Nas manifestações de junho de 2013, dentre os vários reclames, destacou-se a baixa qualidade do transporte e nada mudou desde então.

O transporte público tem natureza essencial, pois não só assegura a liberdade de locomoção, mas facilita o desenvolvimento econômico e social. É preciso, porém, ter cuidado no exercício de tais serviços, principalmente quando se o realiza por meio de concessionárias ou de permissionárias privadas. Exige-se a fiscalização contínua, a racionalidade no controle e na expansão da rede, a tarifa justa e a garantia do exercício dos direitos dos usuários. Cabe ao Poder Público local o controle do trânsito nas cidades, quanto às vias, à sinalização e ao estacionamento, além de trabalhar preventivamente em relação aos motociclistas, nos quais os acidentes fatais se multiplicam. O Município não só tem o direito de dispor sobre seus serviços de transporte, mas a obrigação de por eles zelar no interesse de seus moradores, por meio de políticas públicas adequadas com tarifas baixas.

O meio ambiente pode ser conceituado com base em dois aspectos: a) de forma mais restrito, compreende o meio ambiente o patrimônio natural e as relações com e entre os seres vivos, desprezando tudo que não diga respeito aos recursos naturais; b) de forma mais ampla, abrande toda a natureza original e artificial, bem como os bens culturais correlatos a esta. Em tal sentido, haveria um detalhamento do tema que compreenderia o meio ambiente natural, constituído pelo solo, água, ar, energia, fauna e flora, bem como o meio ambiente artificial ou humano, formado pelas edificações, pelas construções e pelas alterações na natureza produzida pelo homem. De tal modo, o meio ambiente resulta da interação dos elementos naturais, artificiais e culturais que promovem o desenvolvimento equilibrado da vida, como vem a ser o entendimento dominante no Brasil.

De forma equivocada, os elementos ambientais sempre foram vistos como inesgotáveis, frente à falsa premissa de que tais recursos se mostrariam renováveis e fáceis de encontrar em grande quantidade na natureza. A valoração de um determinado objeto natural, em tempos antigos, apenas era verificada pela utilidade imediata proporcionada ao homem. O valor de uma floresta, por exemplo, dava-se pela quantidade de madeira que pudesse oferecer para a construção de casas, de cercas e de demais utilidades, mas sem qualquer conotação ambiental em si. Com base no utilitarismo, o direito clássico levava em consideração, para a identificação de um bem jurídico, a possibilidade de apreensão individual do objeto, além da utilidade prestada ao proprietário, sem preocupações com a preservação.

É de competência comum da União, dos Estados-membros, do Distrito Federal e dos Municípios, conforme o art. 23, da Constituição Federal: "III – [...], as paisagens naturais notáveis e os sítios arqueológicos; [...] VI - proteger o meio ambiente e combater a poluição em qualquer de suas formas; VII - preservar as florestas, a fauna e a flora; [...] IX – [...] a melhoria das condições [...] de saneamento básico; [...] XI - registrar, acompanhar e fiscalizar as concessões de direitos de pesquisa e exploração de recursos hídricos e minerais em seus territórios". Ou seja, cabe a todos as entidades que participam da Federação brasileira a responsabilidade pelo meio ambiente e pelos recursos hídricos do território nacional, inclusive o Município.

Por outro lado, no art. 225, do texto constitucional federal, dispõe que todos têm direito ao meio ambiente ecologicamente equilibrado, bem de uso comum do povo e essencial à sadia qualidade de vida, impondo-se ao Poder Público e à coletividade o dever de defendê-lo e preservá-lo para os presentes e as futuras gerações. Incumbe ao Município, então, para assegurar a efetividade desse direito: a) preservar e restaurar os processos ecológicos essenciais e prover o manejo ecológico das espécies e ecossistemas; b) preservar a diversidade e a integridade do patrimônio genético nacional c) definir os espaços territoriais e seus componentes a serem especialmente protegidos, sendo a alteração e a supressão permitidas somente através de lei, vedada qualquer utilização que comprometa a integridade dos atributos que justifiquem sua proteção; d) exigir para a instalação de obra ou de atividade potencialmente causadora de significativa degradação do meio ambiente, estudo prévio de impacto ambiental, a que se dará publicidade; e) controlar a produção, a comercialização e o emprego de técnicas, de métodos e de substâncias que comportem risco para a vida, a qualidade de vida e o meio ambiente; f) promover a educação ambiental em todos os níveis de ensino e a conscientização pública para a preservação do meio ambiente; g) proteger a fauna e a flora, vedadas as práticas que coloquem em risco sua função ecológica, provoquem a extinção de espécies ou submetam os animais a crueldade. Para tanto, precisam de órgãos ambientais para o licenciamento e a fiscalização da natureza.

Cabe ao Poder Público e à sociedade proteger o meio ambiente, por meio de políticas públicas adequadas. Decorre isto dos problemas resultantes do crescimento caótica das atividades industriais, do consumismo desenfreado em escala mundial, da consciência capitalista na busca do desenvolvimento, da ignorância das repercussões causadas ao meio ambiente pela atividade econômica e da falsa compreensão de que os recursos naturais são infinitos. Alguns acham que a natureza recicla automaticamente, por meio de seu próprio mecanismo, sem perceber a crescente situação de risco que envolve o planeta. Existe, infelizmente, um descompasso entre o meio ambiente e a modernidade, ou agora pós-modernidade, que resulta em danos ambientais e em ameaça à vida humana. Não decorrem apenas de eventos naturais imprevisíveis, incontroláveis ou involuntários. O risco ambiental também tem natureza social e pode ser percebido como evento estatístico e que pode ser controlado pela ciência.

A cultura compreende a expressão artística da sociedade, tanto em questões materiais como em abstratas, resultando de sua realidade econômica, social e política. Não só isto, certamente, também a influência de etnia, de língua, de escrita, de família e de tradições, em manifestação individual ou como produto resultado de grupos ou de associações. A cultura é o retrato de uma dada sociedade em um determinado tempo, tanto nos aspectos positivos, como negativos, pelo sucesso e pelo fracasso, realizadas através de políticas públicas.

A riqueza é importante para a cultura, pois quanto mais rico for o local, mais condições têm de fazer mídia e espetáculos de grandes dimensões. Onde estão os melhores museus, shows e exposições? Provavelmente, em Nova Iorque, Londres ou Paris. No entanto, as mais belas esculturas de madeiras são de Bali, assim como os melhores balés de Moscou e os maiores Festejos de São Joãos do Nordeste do Brasil. O Piauí, por exemplo, tem um excelente espetáculo popular que é o Bumba-meu-boi, com coreografias, ritmos e origens diversas das realizadas em outros Estados-membros do Norte ou do Nordeste. Excelente, mas podia ser melhor? Talvez, com maiores recursos, instrumentos e matérias para os vestuários, que iria encantar mais ainda os turistas deslumbrados com a riqueza e a criatividade local, daí a necessidade de políticas públicas específicas.

A arte e a cultura são expressões da alma de um povo, mas a profissionalização ajuda a melhorar os produtos e as pessoas que deles vivem, ou seja, precisa de uma política pública específica, com debate entre técnicos e produtores. Dentre outras formas, destaca-se a política de incentivo à cultura por meio de desoneração fiscal, em que contribuinte paga tributos por meio de produtos culturais, seja teatro, literatura, música, balé, folclore, artes visuais ou relacionadas ao patrimônio histórico e cultural. Apesar de toda beleza das manifestações culturais piauienses, por exemplo, talvez tivessem condições melhores ou com maiores diversificações. No entanto, existe certa inércia da Administração, para com os produtores e os artistas, o que restringe todo o potencial dos espetáculos musicais, das exposições de artesanatos ou dos estilos de designs. Por outro lado, existe o desconhecimento e certo desinteresse dos artistas para com o uso dos mecanismos de incentivo fiscal.

A política cultura, infelizmente, ainda depende muito do mecenato, mas isto deve mudar, para profissionalizar a cultura local. Talvez, uma política de incentivo fiscal mais atraente e sedutora, possa oferecer condições para que a cultura não só desenvolva todo o seu potencial estético, plástico, sonoro e literário, mas também o faça como um produto de qualidade, de alcance popular e passível de exportação. A Emenda Constitucional nº 71, de 29.11.2012, acrescentou o art. 216-A, da Constituição de 1988, instituindo o Sistema Nacional da Cultura, reorganizando um regime de colaboração, de forma descentralizada e participativa, instituiu um processo de gestão e promoção conjunta de políticas públicas de cultura, democráticas e permanentes, pactuadas entre entes da Federação, incluindo Município e a sociedade, tendo por objetivo o desenvolvimento humano, social e econômico com pleno exercício dos direitos culturais.

O consumo sustentável é a forma das pessoas de continuar a consumir bens e produtos e a contratar serviços, sem que isto implique em ameaça à sustentabilidade do meio ambiente. É sustentável na medida em que a natureza tem condições de regenerar-se e de reproduzir o ambiente como era antes, mesmo explorado comercialmente, mas se observando determinadas restrições. Os consumidores não vão deixar de consumir, nem os trabalhadores vão parar de comprar o que desejam, mas isto não vai dar-se dentro de um consumo irracional com base no fetichismo da mercadoria, estimulado em demasia pelo marketing comercial.

O meio ambiente e o problema ambiental como um todo são questões cada vez mais discutidas e que fazem parte das preocupações de parte razoável dos cidadãos do país. Existe a necessidade de manutenção dos diversos biomas e da exploração sustentável dos bens originários das áreas verdes, dos cocais, das restingas e das florestas naturais. Por exemplo, a exploração dos babaçuais no Meio-Norte do Brasil, pode ser uma forma de manter as matas de cocais, com trabalho intensivo das mulheres, em melhores condições do que hoje, permitindo ganhos dignos com a quebra das amêndoas de coco babaçu.

O defeso da pesca também se trata de uma forma de lidar com o consumo sustentável, pois nos meses de proibição das atividades pesqueiras, há redução do consumo dos pescados das costas maranhenses, com a importação de outros frutos do mar ou com a substituição dos pescados por outras carnes. O consórcio do uso dos cerrados e das matas de babaçuais com pastagens de gado também implica na sua manutenção, como exploração sustentável. As fazendas de camarão, bem como de ostras e de mexilhões, por outro lado, reduzem a utilização da natureza e racionalizam a produção, de forma a ter uma oferta constante e renovável, desde que não se degrade o ambiente costeiro.

O consumo desenfreado, como se dá hoje em dia, é estimulado pelas propagandas nos meios de comunicação e nas redes sociais. Consome-se certo produto mais pela marca do que pelo bem em si que, apesar de ter o apelo da qualidade, ao contrário do que se imagina, veio do Vietnã ou de outro país com mão de obra barata, em condições quase de escravidão. O consumo desenfreado é seguido pelo desperdício, pela obesidade, pelo culto ao hedonismo e pela sedução dos consumidores por novos e sofisticados produtos que se incorporam ao hábito do consumismo ensandecido e manipulado pelas grandes empresas.

O consumo sustentável, não só deve ter uma política pública que defina seus limites e suas garantias, mas que permita a educação das crianças, dos adolescentes e de todos os cidadãos quanto ao consumo diário. É preciso que exista o processo de transferência de renda para os mais pobres, como também a passagem dos trabalhadores para a condição de classe média, como ocorreu nos países desenvolvidos. No entanto, esta mudança deve ser com base na consciência e na educação de que o consumo tenha que ocorrer com a sustentabilidade da natureza e com os limites de sua exploração comercial, tudo feito por meio de políticas públicas específicas.

CAPÍTULO X

SEPARAÇÃO DE PODERES E FORMAS DE GOVERNO

SUMÁRIO: 10.1. Separação de Poderes em Aristóteles; **10.2.** Separação de Poderes em Políbio; **10.3.** Separação de Poderes em Locke; **10.4.** Separação de Poder em Montesquieu; **10.5.** Separação de Poder em O Federalista; **10.6.** Aspectos do Governo Parlamentarista; **10.7.** Aspectos do Governo Presidencialista; **10.8.** Outras Formas de Governo.

10.1. Separação de Poderes em Aristóteles

Era a insistência em acentuar a realidade constitucional, a **politeia**, como a estrutura essencial do regime político, que inscrevia a pesquisa de Aristóteles[1] no seio da nova cultura, que florescia em Atenas, no quadro da democracia de Péricles[2], no século IV a.C., sem se reduzir a ela, em oposição à cultura antiga. O aristotelismo aparecia como o momento culminante de uma reflexão iniciada por outros autores, desenvolvida nos textos de certos sofistas que foram perdidos, dos quais só restaram alguns curtos fragmentos. A atitude de Platão[3], que foi de uma originalidade exagerada, era

1 "**ARISTÓTELES**, filósofo grego (Estagira, Macedônia, 384 a.C. – Cálcis, Eubeia, 322 a.C.). Foi preceptor de Alexandre, o Grande, e fundador da escola peripatética. Seu sistema mostra a natureza toda como um imenso esforço da matéria para elevar-se até o pensamento e a inteligência. É autor de grande número de tratados de lógica, política, história natural, física. Sua obra é fonte do tomismo e da escolástica. É o fundador da lógica formal (em *Organon*) e procurou definir a virtude (em *Ética a Nicômaco*). Obras principais: *Retórica*, *Poética*, *Política*, *Física*, *Metafísica*" (KOOGAN/HOUAISS. **Enciclopédia e Dicionário Ilustrado**, *op. cit.*, p. 125).

2 "**PÉRICLES**, político ateniense (c. 495 – Atenas, 429 a.C.), filho de Xantipo. Tornou-se, em 459 a.C., rival de Címon e chefe do partido democrático. Exerceu profundas influências sobre seus concidadãos. Reeleito estratego pelo menos quinze vezes, foi durante muito tempo chefe de Estado (443-429), cujo caráter democrático acentuou. Depois da paz dos Trinta Anos com Esparta (446), firmou em sólidas bases o poder naval e colonial de Atenas no seio da Confederação Ateniense. Protegeu as artes e letras, embelezou Atenas com monumentos (o Paternon) e ativou as obras de urbanismo. Deu-se seu nome ao século mais brilhante da Grécia" (KOOGAN/HOUAISS. **Enciclopédia e Dicionário Ilustrado**, *op. cit.*, p. 1240).

3 "**PLATÃO**, filósofo grego, discípulo de Sócrates e mestre de Aristóteles (Atenas 428 ou 427 - *id.*, 348 ou 347 a.C.). Autor de diálogos: *Críton*, *Fédon*, *Fedro*, *Górgias*, *O banquete*, *A República*, *As Leis* e etc., em que dá a palavra Sócrates. Sua filosofia, cujo método é a *dialética*, tem coroamento a teoria das *ideias*: a verdade, objeto da ciência, não está nos fenômenos particulares e passageiros, mas nas *ideias*, tipos puros de cada grupo de seres, coroadas pela ideia suprema do bem" (KOOGAN/HOUAISS. **Dicionário Enciclopédico e Ilustrado**, *op. cit.*, p. 1267).

equivocada no primeiro sentido do termo. Este recusava os regimes de educação baseados na tradição e reclamava a colocação de uma ordem cívica definida segundo as normas da razão e da elaboração dialética.

Por outro lado, o próprio rigor o conduzia a propor os modelos nos quais a exigência racional tecia, para os indivíduos e para os grupos, uma rede de opressões ainda mais duras, que aquela que encerravam as sociedades tradicionais[4]. Os pressupostos do aristotelismo político eram tais que não poderiam existir para ele, como existiam para o platonismo, modelo absoluto do regime excelente. O respeito e a administração sem a menor omissão do domínio exclusivo da lei, desde que fosse assegurada a mediação arbitral das regras que a coletividade se dera para organizar as relações de forças, qualquer um regime político[5].

A forma de governo, uma vez tendo sido reconhecida a preeminência do **nomos** sobre a força, e tendo sido definidas as instâncias que o impusera, era a função do território, das tradições e da história de cada cidade. Esses fatores empíricos, enumerando os respectivos pesos parecidos, dava razão para se discutir o que valia mais para cada um. A reflexão política era ativa e, de certo modo, normativa. Em a **Política**, assim como na **Constituição de Atenas**, Aristóteles acompanhava e devia servir aos trabalhos práticos dos estudantes do Liceu, em Atenas. Cada forma de regime era descrita em suas modalidades principais, assim como as subespécies que a formavam, mas analisados, teórica e empiricamente, os méritos comparados de umas e outras. Compreendia-se, desse modo, que tivesse sido estabelecido o conceito, a despeito da preocupação aristotélica de não concordar com as técnicas normativas de Platão, que fora seu mestre e que dirigia a escola rival ao Liceu, a Academia, também em Atenas.

Para evitar essas ditaduras antiliberais vindas de cima ou de baixo, Aristóteles propunha uma Constituição mista, ou timocracia, combinação de aristocracia e de democracia, na qual o sufrágio se restringiria aos proprietários de terras e uma poderosa classe média seria a reguladora do equilíbrio e o eixo do poder. A terra deveria ser dividida em duas partes, uma pertencente à comunidade em geral, e a outra entregue aos indivíduos. Os cidadãos possuiriam terras, comeriam em mesas públicas e só eles deveriam votar ou empunhar armas. Constituiriam uma pequena minoria, dez mil no máximo, em relação à população.

---

4 CHÂTELET, François. **Aristóteles, 384-322 a.C., Política.** *In*: CHÂTELET, François, DUHAMEL, Olivier, e PISIER, Evelyne. **Dicionário de Obras Políticas**. Rio de Janeiro: Civilização Brasileira, 1993, p. 58.

5 CHÂTELET, François. **Aristóteles, 384-322 a.C., Política.** *In*: CHÂTELET, François, DUHAMEL, Olivier, e PISIER, Evelyne. **Dicionário de Obras Políticas**, *op. cit.*, p. 57.

Nenhum teria licença para exercer qualquer espécie de trabalho mecânico ou fazer do comércio meio de vida, pois eram estas ocupações que destruíam a superioridade. Os agricultores deveriam formar uma ordem separada, talvez servos. Os cidadãos elegeriam os funcionários públicos e os fariam prestar constas no fim de cada termo[6]. As leis promulgadas preveriam, tanto quanto possível, a solução de todos os casos, deixando um mínimo de arbítrio aos Juízes. De preferência a qualquer indivíduo, seria melhor que a lei o governasse. Quem confiava o poder supremo a um homem, fosse ele quem fosse, confiava-o a um animal selvagem, pois transformavam os seus apetites.

Para Aristóteles, a diferença entre as formas de governo mais usuais, que eram a oligarquia e a democracia, não era entre o Governo de poucos ou o Governo da maioria, pois a diferença era entre a riqueza e a pobreza. Por exemplo, se a maioria fosse rica, haveria um Governo oligárquico e não democrático. Esta é a principal divisão social, pois as pessoas podem trocar de lugar nas funções da sociedade, mas não podem ser nunca pobres e ricos ao mesmo tempo. Para evitar um Governo em que uma classe detivesse o poder e oprimisse a outra, apenas se houvesse um Governo que fosse exercido pelos virtuosos, mas estes nem sempre estavam disponíveis para tal

6 "É desnecessário submeter a julgamento a obra de Aristóteles. Nunca antes, que se saiba, conseguirá alguém construir tão admirável edifício de pensamento. Quando um homem abrange um campo tão vasto, podemos perdoar-lhe muitos erros, desde que o resultado de seus esforços contribua para nossa compreensão da vida. As falhas de Aristóteles, ou das obras que nós, talvez erroneamente, atribuímos a sua pena, são demasiadamente óbvias para que necessitem de exposição. Aristóteles é um lógico, mas perfeitamente capaz de um mau raciocínio; estabelece as leis da retórica e da poesia, mas seus livros constituem um verdadeiro matagal de desordem, e nem o mais leve sopro de imaginação consegue sacudir-lhes as empoeiradas folhas. E, contudo, se lograrmos penetrar nessa verbiagem, encontramos um tesouro de sabedoria e uma industriosidade intelectual que abriu muitos caminhos nos país do espírito. Aristóteles não foi exatamente o fundador da biologia, da história constitucional ou da crítica literária – não existem começos; fez, entretanto, por essas ciências mais do que qualquer outro dos antigos que conhecemos. A ele a ciência e a filosofia devem uma multidão de termos que na forma latina muito facilitaram a transmissão da cultura e do pensamento, *princípio, máxima, faculdade, meio, categoria, energia, motivo, hábito, fim*... Foi ele, como *Pater* o denominou, 'o primeiro escolástico', e sua longa ascendência sobre o método e a especulação filosófica sugere-nos a fertilidade de suas ideias e a profundidade de sua introspecção. Seus tratados de ética e política permanente muito acima de todos os seus rivais em fama e influência. Feitas todas as deduções, Aristóteles ainda continua sendo 'o mestre dos que sabem', animadora prova da elasticidade do intelecto humano e reconfortante inspiração para os que trabalham no reunir os dispersos conhecimentos do homem dentro da perspectiva e da compreensão" (DURANT, Will. **A História da Civilização: nossa herança clássica**, 3ª ed. Rio de Janeiro: Record, s/d., vol. II, pp. 421-2).

exercício. Na **politeia** do autor, em que ricos e pobres conviveriam em equilíbrio, era necessário que houve um fiel da balança, que seria a classe média[7].

Os homens que se encontravam no poder, mesmo os superiores, deixavam-se influenciar pelas paixões, no entanto, a lei era a razão sem desejo. O Estado, assim constituído, regularia a propriedade, a indústria, a indústria, o casamento, a família, a educação, a moral, a música, a literatura e a arte. Era essencial cuidar que o crescimento da população não passasse de certo número, negligenciar esse ponto seria, na certa, acarretar uma relativa pobreza aos cidadãos. Nenhum ser imperfeito ou disforme seria criado, desde que a mais alta virtude fosse a inteligência. O principal dever do Estado consistia não em treinar os cidadãos, com o fito de lhes proporcionar superioridade militar, mas em educá-los para o correto uso da paz.

10.2. Separação de Poderes em Políbio

Políbio[8], historiador grego, nasceu em Megalópolis, na Arcádia, entre 205 e 200 a.C. Ele teve juventude turbada pelos graves problemas criados para a Arcádia, pela permanente ameaça de conquista romana. Pertencia a uma das mais importantes famílias dessa região e integrou o grupo dos mil reféns entregues a Roma por ocasião das negociações entre o Império e as cidades gregas. Seu pai, foi um dos líderes da Liga Aqueia, embaixador em Roma no ano de 189 a.C. e **Estrategos**, em 184 a.C. Educado em odor de po-

---

7 "Vimos a classificação dos regimes de Aristóteles e sabemos que é muito frequente a ocorrência dos regimes deturpados e isto quer dizer, então: dos caracteres mal-formados. Já em sua politeia, os homens livres governarão em condições de igualdade e num sistema de ocupação dos postos de governo por rotação. Ele, assim, incorpora em seu regime o ideal de liberdade democrática" (MIRANDA FILHO, Mário. **Politeia e Virtude: as origens do pensamento republicano clássico.** *In:* QUIRINO, Célia Galvão, VOUGA, Cláudio, e BRANDÃO, Gildo Marçal. **Clássicos do Pensamento Político**. São Paulo: Universidade de São Paulo (Edusp), 2004, pp. 45-7).

8 "Políbio, historiador greco-macedônico (Megalópolis c. 200 a.C. – ? Entre 205 e 120 a.C.). Após a derrota de Perseu em Pidna (168 a.C.), foi um dos 1.000 reféns entregues aos romanos. No entanto, sua permanência forçada de 16 anos na Itália e especialmente em Roma lhe seriam benéficas. Conviveu com a elite ilustrada e escreveu 40 livros, as *Histórias* (a única de suas obras que se conservou, ainda assim apenas a primeira parte). Nessa obra, que é considerado o primeiro estudo de filosofia da história, Políbio pretendeu demonstrar como, entre 221 e 146 a.C. (do início da II Guerra Púnica à definitiva submissão da Grécia e de Cartago), os romanos conseguiram ser os senhores do mundo mediterrâneo. Mesmo não se incluindo entre os escritores de primeira ordem está entre os grandes historiadores gregos, pelo cuidado em analisar metodicamente os fatos, pesquisando-lhes as causas. Com ele surge a ideia de uma história cíclica, sujeita a leis de repetição" (**Grande Enciclopédia Delta Larousse**, *op. cit.*, vol. XIX, p. 4670).

lítica e treinado em arte militar, combateu na campanha romana contra os gauleses na Ásia Menor, colaborou com seu país numa embaixada ao Egito e, em 181 a.C., foi eleito pela Liga para o cargo de **Hipparchos**.

Políbio pagou caro, contudo, tais sucessos, pois quando os romanos puniram a Liga Aqueia por ter apoiado a Perseu[9], levaram mil aqueus de destaques para Roma, como reféns, inclusive Políbio, em 167 a.C. Durante dezesseis anos suportou ele o exílio, e por vezes atravessou períodos de completa perda de espírito e paralisia do pensamento. Cipião[10], o primeiro, fez-se seu amigo, introduzindo-o no círculo de romanos cultos. Persuadiu o Senado, quando os outros exilados foram distribuídos por toda a Itália, que permitisse que Políbio vivesse com ele em Roma[11]. Políbio acompanhou Cipião em várias campanhas, deu-lhe valiosos conselhos militares, explorou as costas da Espanha e da África e manteve-se ao lado do vencedor durante o incêndio de Cartago, em 146 a.C. Conseguiu a liberdade em 151 a.C., enquanto em 149 a.C. foi escolhido como representante de Roma para organizar o **modus vivendi** entre as cidades da Grécia e seu longínquo amo, o Senado Romano. Políbio não evitou esforços para facilitar a vida entre gregos e a Administração romana.

Findadas as guerras púnicas, Roma avizinhava-se do auge da sua potência. Depois de narrar os episódios da batalha de Cannas, em 216 a.C., Políbio se deteve, no **Livro VI**, da **História**, para fazer uma exposição da Constituição romana, redigindo um tratado de direito público, no qual descreveu as várias funções públicas, como os Cônsules, o Senado, os Tribunais e a organização militar. Considerava a constituição de um povo como a causa primordial do êxito ou do insucesso de todas as ações. Baseando-se nessa premissa, que demonstrava a importância que tinha a excelência da Constituição romana para explicar o sucesso da política de um povo que,

---

9 "**PERSEU** (c. 212 – Alba Fucens, 166 a.C.), último rei da Macedônia (179 a 168 a.C.), filho e sucessor de Filipe V. Vencido em Pidna por Paulo Emílio, morreu cativo na Itália" (KOOGAN/HOUAISS. **Enciclopédia e Dicionário Ilustrado**, *op. cit.*, pp. 1244-5).

10 **Públio Cornélio Cipião Africano** (m. 183 a.C.; em latim: **Publius Cornelius Scipio Africanus Maior**), mais conhecido apenas como **Cipião Africano**, foi um político da família dos Cipiões da gente Cornélia da República Romana eleito cônsul por duas vezes, em 205 e 194 a.C., com Públio Licínio Crasso Dives e Tibério Semprônio Longo respectivamente. Um dos maiores generais romanos de toda a história, derrotou Aníbal na Batalha de Zama, encerrando a Segunda Guerra Púnica. Quando Cipião morreu em meio a acusações de seus rivais de ter aceitado suborno do rei da Síria selêucida, Antíoco III, a quem havia derrotado na Ásia Menor, auto-exilado em sua *villa* na Campânia, teria dito que "Minha pátria ingrata não terá meus ossos" antes de morrer.

11 DURANT, Will. **História da Civilização: nossa herança clássica**. Rio de Janeiro: Record, s/d, vol. III, p. 482.

em poucos anos, conquistou todos os outros Estados, impondo-lhes o seu domínio.

Políbio concebeu a **História** em ampla escala e propôs-se a narrar os fatos não só da Grécia, como de todo o mundo, ou seja, as nações do Mediterrâneo, desde 221 até 146 a.C. O plano que traçara dependia do destino, favorecendo-o com vida suficientemente longa para tal empresa. Sentia Políbio, com razão, que o centro da história política, no período por ele abrangido, era Roma. Deu a seu livro marcada unidade, fazendo de Roma o foco dos fatos relatados ao esmiuçar os métodos por meio dos quais esta dominara o mundo mediterrâneo. Políbio admirava profundamente os romanos, pois os vira em sua grande época e conhecera os mais refinados, na sua convivência com os amigos de Cipião. Possuíam os romanos, sentia o autor, as qualidades que faltavam aos gregos. Sendo ele um aristocrata, sempre cercado de amigos também aristocratas, não simpatizava com o que parecia mero Governo da plebe, nos últimos estágios da democracia grega. A história política afigurava-se-lhe como um círculo vicioso de ditadura, aristocracia, oligarquia, democracia e monarquia. A melhor saída desse círculo, julgava ele, era uma Constituição Mista, como a de Licurgo[12] ou a de Roma, uma cidadania livre com amplos direitos, porém limitada a escolher seus próprios magistrados e controlada pelo poder de um Senado permanente e aristocrático.

Políbio foi o historiador dos historiadores, porque tanto se interessava pelo método como pelo tema. Agradava-lhe falar sobre o seu modo de agir e filosofava em todas as oportunidades. Imaginava suas próprias virtudes como ideais. Denunciou Timeu[13] por ter confiado mais em seus ouvidos do que em seus olhos, e narrava com orgulho as viagens que fizera em busca de dados, documentos e verificação geográfica. Contou como, ao voltar da Espanha, atravessou os Alpes pela mesma passagem de que servira Aníbal[14]

12 "**LICURGO**, segundo a tradição, legislador de Esparta (séc. IX a.C. ?). Teria visitado diversos países e, terminadas essas viagens, empreendido reforma do Estado" (KOOGAN/HOUAISS. **Enciclopédia e Dicionário Ilustrado**, *op. cit.*, p. 970).

13 "Timeu de Locros, filósofo pitagórico (séc. V a.C.) cuja influência foi capital no desenvolvimento do pensamento de PLATÃO" (KOOGAN/HOUAISS. **Enciclopédia e Dicionário Ilustrado**, *op. cit.*, p. 1573).

14 **Aníbal Barca** (247-183 A.C.), conhecido popularmente como **Aníbal,** foi um general e estadista cartaginês. É considerado um dos maiores estrategistas militares da história. Sua vida transcorreu no conflituoso período em que Roma estabeleceu sua supremacia na bacia mediterrânea, superando outras potências, a própria República Cartaginesa, Macedônia, Siracusa e Império Selêucida. Foi o general mais ativo da Segunda Guerra Púnica, em que executou um dos mais audazes feitos militares da Antiguidade: Aníbal e seu exército, ao qual se incluíam trinta e oito elefantes de guerra, partiram da Hispânia e atravessaram os Pirineus e os Alpes com o objetivo de conquistar o norte

e como descera até o sul da Itália para decifrar a inscrição que este deixara em Brúcio. Propôs-se a fazer a história tão exata quanto a magnitude da obra e sua forma compreensiva o permitia. Argumentava que o historiador devia ser um homem de ação, versado nos verdadeiros processos do estadismo da política e da guerra, pois só assim poderia compreender a atitude dos Estados ou o curso da história. Foi realista e racionalista, mediante as palavras procurava aprender as verdadeiras razões da política. Divertia-se ao observar com que facilidade os homens se deixavam enganar individualmente ou em massa, e sempre pelos mesmos ardis.

Dos quarenta livros em que Políbio dividiu suas **Histórias**, o tempo conservou apenas algumas e substanciosos fragmentos dos restantes. Foi lamentável que essa produção tenha desaparecido por impertinentes críticas a outros historiadores, e uma quase exclusiva preocupação de política e de guerra. Havia uma segmentação da narrativa quanto às Olimpíadas Gregas, o que punha a história de todos os Estados do Mediterrâneo dentro de períodos quadrienais, conduzindo-nos a exasperantes digressões e a enganadora descontinuidade. Na história da invasão de Aníbal, Políbio elevou-se ao drama e à eloquência, mas reagia logo e com tal violência contra a florida retórica de seus precursores, que se tornava enfadonho. Foi quase esquecido, mas historiadores continuaram a estudá-lo porque fora um dos maiores teóricos e práticos da historiografia e ousou adotar a visão larga e escrever a história universal. Compreendia que os fatos só valiam pela sua interpretação e que o passado não tinha valor senão como raiz do presente e o farol que iluminava o futuro[15].

Grande parte de sua obra, como a **Vida de Filopêmen, Guerra de Numância** e um tratado sobre tática militar, não chegou até nós. Dos quarenta volumes de sua **História**, vasta relação das histórias do mundo entre o início da segunda guerra púnica e a tomada de Corinto, restam apenas os cinco primeiros livros, embora haja inúmeros fragmentos dos outros. Políbio foi o primeiro representante da filosofia da história e o primeiro que concebeu a ideia de movimentos cíclicos, ou das repetições na história. Ao analisar a constituição Republicana de Roma, de sua época, depois de ter derrotado Cartago, tinha um regime em que era liderada pela aristocracia, por meio do Senado, dois Cônsules, herança a partir da antiga realeza,

---

da Itália. Ali derrotou os romanos em grandes batalhas campais como a do rio Trébia, a do lago Trasimeno e a de Canas, que ainda são estudadas em academias militares na atualidade. Apesar de sua brilhante campanha, Aníbal não chegou a invadir Roma. Razões para tal dividem opiniões entre os historiadores que vão desde falta de materiais para o cerco.

15 COSTA, Nelson Nery. **Ciência Política**. 3ª ed. Rio de Janeiro: Forense, 2012, pp. 63-4.

e a Assembleia da Plebe para os demais cidadãos, no chamado Governo Misto, percussor da separação dos poderes. Políbio viveu sessenta anos, aposentando-se para escrever um **Tratado sobre a Tática** e sua obra mais importante, **História**. Morreu como um nobre grego, caindo de cavalo ao voltar de uma caçada, em 120 a.C. Além de escrever a **História da República Romana**, no seu auge, foi um tipologista da forma de governo – monarquia, aristocracia e democracia. Foi além, ao analisar o governo romano e entendeu que havia na divisão de poder entre as forças sociais, no que chamou de Governo Misto.

A tese principal da teoria polibiana das constituições era do Governo misto[16]. Políbio passou para a história do pensamento político como o defensor de tal modelo. Não seria difícil descobrir o nexo existente ente a ideia do Governo misto e a teoria dos ciclos. Esta expunha o fato de que todas as formas simples, tanto aquelas consideradas tradicionalmente boas, como as que tinham uma duração breve, estavam destinadas pela natureza a transformar-se numa forma diferente. Significava que todas as Constituições sofriam de um vício, o da falta de estabilidade. Para repetir a definição aristotélica, podia-se dizer que a Constituição era ordenar os cargos governativos, ou seja, estabelecer quem devia governar, permitindo o desenvolvimento regular e ordeiro da vida civil. Tal não podia ocorrer se o sistema político sofresse alterações contínuas.

A teoria dos ciclos demonstrava que as Constituições comuns eram instáveis tendo a ordem garantida pela estabilidade, eliminava a distinção entre Constituições boas e más. Essa distinção desapareceria caso se observasse o que umas e outras tinham em comum, sendo Constituições simples, nas quais quem governava era o Rei ou Tirano, os melhores ou os mais ricos, ou o povo ou a plebe. A tese de Políbio era a de que todas as Constituições simples eram más porque simples, com o remédio para tal situação sendo o Governo misto, uma Constituição que combinasse as três formas clássicas. O autor acrescentava as seguintes palavras, antecipando que desenvolveria mais completamente nos parágrafos sucessivos:

> "De fato, devemos obviamente ver como a melhor constituição uma combinação das três espécies mencionadas, pois tivemos provas disso, não somente em teoria, mas também nos fatos, já que Licurgo elaborou pela primeira vez uma constituição seguindo esse princípio, o dos espartanos"[17].

---

16 "Políbio, levou-a a Itália como uma novidade, que a corrupção, sucessiva, das formas de governo, concluía e reabria os ciclos históricos" (CALMON, Pedro. **História das Ideias Políticas.** Rio de Janeiro: Freitas Bento, 1952, p. 33).

17 POLÍBIO. História (Livro VI, § 9). 2ª ed. Brasília: Universidade de Brasília, 1996, p. 331.

A teoria de Políbio era uma teoria dos mecanismos constitucionais que tornavam possível uma forma de governo estável. Era verdade que não se inclinava tanto a admitir que a causa fundamental do êxito ou do fracasso de um povo fosse sua Constituição. Tendia-se a afastar a análise do sistema político para o sistema social, da anatomia das instituições políticas para a anatomia da sociedade civil e das relações de poder para as relações de produção. A presença simultânea dos três Poderes e seu controle recíproco preservavam as Constituições mistas das degenerações a que estavam sujeitos os Governos simples, porque impedia aqueles excessos que, por reação, desencadeavam a oposição e provocavam mudanças.

Conciliava-se a estabilidade dos Governos mistos com a teoria dos ciclos. Não havia uma contradição entre a afirmativa peremptória de que os ciclos das Constituições eram um fato natural e inevitáveis e a afirmativa não menos peremptória de que os Governos mistos eram estáveis. Não era de hoje que se observava essa contradição, notava-se que era de fato estranho que o teorizador da fatalidade da mudança tivesse dedicado depois de algumas páginas, no mesmo contexto, a descrever e a exaltar uma Constituição cuja característica era subtrair-se à mudança. A existência de uma Constituição como a dos romanos, formada lentamente, representava uma contradição com a teoria do ciclo eterno, que não previa o desenvolvimento institucional.

A contradição era mais aparente do que real. O fato de as Constituições mistas serem estáveis, não significava que eram eternas, apenas mais duradouras do que as simples. Diferenciava-se as Constituições mistas das simples pela proteção contra as mudanças. O fato de que podia escapar do destino mortal que condenava todas as constituições, mais por um ritmo diferente. Referindo-se ao Estado Romano, Políbio escrevia, logo depois de enunciar a lei dos ciclos históricos, ao tratar deste Estado. Afirmava que, de fato, esta instituição, mais do que qualquer outro, formou-se e cresceu virtualmente, sofreria um declínio natural e mudaria para a situação oposta.

Parecia que, desde o princípio, Políbio tinha perfeita consciência de que até mesmo o Estado Romano, não obstante, sua excelência estava sujeito à lei natural do nascimento, crescimento e morte. O que constituía o título de mérito do Governo misto era sua maior estabilidade e não sua perenidade. No que concernia ao ritmo de mudança, ele era mais lento do que o das Constituições simples, porque os conflitos entre as partes, que nas Constituições simples provocavam as transformações constitucionais, a passagem brusca e violenta de uma forma para outra, eram resolvidos dentro do sistema político. Como produzissem mudanças, elas eram sistemáticas, graduais e não violentas. Provocavam uma alteração do equilíbrio interno que era absorvido por um deslocamento do mesmo equilíbrio em grau diferente[18].

A teoria do governo misto, que tinha a plenitude da monarquia, representava a virtude da aristocracia e significava a vontade da democracia. Assim, havia como no interesse romano, de então, os Cônsules, com os poderes de Rei, o Senado, com os poderes dos patrícios, e a Assembleia, que representava o povo. O interesse da destituição do poder, abriu possibilidade da formação da teoria da separação de poderes, primeiro com John Locke, em seguida, com Montesquieu e, mais tarde, com **O Federalista**.

10.3. Separação de Poderes em Locke

Os Poderes enumerados por John Locke eram três: a) Legislativo; b) Executivo; c) Federativo. O Poder Legislativo era o supremo, cabia-lhe governar por meio de leis estabelecidas e promulgadas, que não podiam variar em casos particulares, instituída a mesma regra para os ricos e os pobres ou para os favoritos na Corte e para os camponeses no arado. As leis não deviam ser distintas a qualquer outro fim senão o bem do povo. O legislativo não devia nem podia transferir o poder de elaborar as leis a quem quer que fosse ou colocá-lo em qualquer outro lugar que não o indicado pelo povo. A instituição do legislativo era a primeira e fundamental lei positiva de todo o Estado **Commonwealths**. Ele estava investido do poder supremo, era a própria alma do corpo político, porque representava o consenso social. De suas prerrogativas que dependia a forma de governo – democracia, monarquia hereditária ou eletiva e suas diversas combinações.

Em todo o caso, o poder permanecia inalterável e sagrado, nas mãos de quem fora colocado, em primeiro lugar, pela comunidade. E não podia habilitar qualquer outro, fosse quem fosse a legisferar. Existiam, entretanto, limites para o Poder Legislativo: a) a lei da natureza subsistia como norma

18 "Explicar por que as constituições mistas também decaem e morrem, ela consiste num tal deslocamento do equilíbrio entre as três partes, em favor de uma delas, que a constituição deixa de ser mista para se tornar simples. A julgar pelo que Políbio diz sobre Catargo, que tinha um governo misto, mas que estava destinada à derrota porque tinha caído nas mãos de um governo democrático (no sentido depreciava da palavra), enquanto Roma deveria ser vitoriosa porque ali o equilíbrio entre poderes ainda não se havia rompido em favor de um só dentre eles, poder-se-ia deduzir que há uma espécie de ciclo também dentro das constituições mistas, que dá lugar a um 'ciclo no ciclo', com a consequência de que nem todas as constituições mistas deveriam ser colocadas no mesmo plano, mas sim deixadas separadamente, conforme prevalece uma ou outra parte da cidade, em constituição mista predominante monarquia, aristocracia, a democracia" (BOBBIO, Norberto. **A Teoria das Formas de Governo**. 10ª ed. Brasília: Universidade de Brasília, 1998, pp. 72-3).

eterna para todos os homens; b) o Parlamento devia editar leis que tivessem uma certa estabilidade; c) não podia privar um indivíduo da sua própria propriedade sem o consenso dele; d) não podia transferir o poder de fazer leis para outras mãos, porque seu poder já era delegado pelo povo e o delegado não podia subdelegar.

O Poder Executivo compreendia a execução das leis internas da sociedade dentro dos limites do país com relação a todos que a ela pertencessem. Não havia necessidade de estar constantemente e de prontidão, pois não era necessário estar sempre fazendo leis. Pelo contrário, mostrava-se sempre necessário executar as leis feitas, tratando-se de uma primeira razão para colocar os Poderes em mãos distintas. Existia uma segunda, se eles não fossem separados, a fraqueza humana, inclinada a abusar de seu poderio, teria forte motivo de tentação concentrando o poder em suas mãos. O Poder Executivo estava subordinado por sua natureza ao Poder Legislativo, porque sua tarefa era dar execução às leis, que vinham a ser as normas gerais e abstratas emanadas do poder ditado ao povo, de cujo consenso derivava[19].

John Locke previa um terceiro poder, a que chamava de Federativo e cuja missão era de ordem exterior, aliança, os tratados, a guerra e a paz. Embora em si, esse poder estava praticamente associado sempre ao executivo. Devia-se, desse modo, raciocinar em funções apenas de dois Poderes, uma vez que o Judiciário não tinha lugar à parte e constituía o atributo geral do Estado. Foi esse, porém, a primeira definição clara sobre a separação dos poderes políticos.

10.4. Separação de Poder em Montesquieu

Montesquieu distinguia três espécies de potência: a) potência legislativa; b) potência executiva; c) potência de julgar[20]. Disse que a potência de julgar era invisível e nula, na medida em que não punha nenhum problema de alocação, ela não era dada a um Senado permanente e temia-se a magistratura e, não, os magistrados. Em troca, as duas outras potências eram partilhadas por três forças – o povo, a nobreza e o Rei. A partilha de-

19 "O Capítulo V do *Segundo Tratado* tem como objeto explicar como a *apropriação individual*, de bens naturais é possível e legítima, enquanto Deus deu a todos os homens, a posse e a jurisdição *comuns* dos bens deste modo" (ASSOUN, Paul-Laurent. **Locke: Dois Tratados do Governo Civil**. *In*: CHÂTELLET, François, DUHAMEL, Olivier, e PISIER, Evelyne. **Dicionário de Obras Políticas**. Rio de Janeiro: Civilização Brasileira, 1993, p. 682).

20 "A teoria da separação dos poderes é formulada por Montesquieu no Livro XI, que trata das leis que formam a liberdade política" (BOBBIO, Norberto. **A Teoria dos Poderes de Governo**. 8ª ed. Brasília: Universidade de Brasília, 1995, p. 137).

via obedecer a certas regras, a potência legislativa era confiada, então, à aristocracia e aos trabalhadores. Por um lado, o corpo de representantes do povo, tinha a vantagem de que eles fossem capazes de discutir os problemas. O povo por si mesmo não era absolutamente capaz de fazê-lo. Por outro lado, os representantes da nobreza, que não podiam ser confundidos com o povo, pois, caso contrário, a liberdade comum seria sua escravidão e eles não teriam nenhum interesse em defender. Ambas seriam vinculadas pela potência executora, confiada ao monarca, mas também era vinculada pela potência legisladora, na medida em que a Constituição lhe dava meios, se não de estatuir, pelo menos de impedir seus atos.

A potência se distribuía na harmonia e na moderação, na colaboração dinâmica e não na separação impotente. As três potências deveriam formar um repouso ou uma inação. Pelo movimento necessário das coisas, elas eram obrigadas a se mover, seriam forçadas a se movimentar de modo concentrado. Uma certa tradição jurídica fizera de Montesquieu o inventor do princípio da separação dos Poderes. O autor pregava o sistema de acordo mútuo das potências, para não ter confusão nos poderes, a fim de que as três forças políticas principais não pudessem, nenhuma delas, abusar de suas atribuições.

A fonte de suas reflexões era a Constituição da Grã-Bretanha, onde as primeiras palavras que se seguiam a este título estabeleciam, em princípio, a distinção, ou separação, dos três Poderes – Executivo, Legislativo e Judiciário. Se a mesma pessoa, ou o mesmo corpo dos príncipes ou dos pobres ou do povo, exercessem os três Poderes ao mesmo tempo, tudo estaria perdido. Não haveria nenhuma liberdade se o Legislativo estivesse reunido com o Executivo, pois seria lícito temer que o mesmo monarca ou o mesmo Senado fizessem leis tirânicas, para executá-las opressivamente. O Juiz se fosse legislador, teria um poder arbitrário sobre a vida e a liberdade dos cidadãos; se fosse executor, poderia ter a força de um opressor. O importante era que o poder de julgar não fosse conferido a um corpo permanente, mas exercido por pessoas extraídas do corpo do povo, o que tornava tal poder invisível, por assim dizer, e politicamente nulo. Portanto, era somente para o Legislativo e o Executivo que se levantavam o problema da distribuição destes dois Poderes separados entre as forças sócio-políticas concretas que, em comum, constituíam a vida coletiva da nação britânica.

Na Grã-Bretanha, discerniam-se três forças ou poderes concretos: a) povo; b) nobreza; c) monarca. O povo, em corpo, deveria legiferar, pois que em um Estado livre todo homem que se considerava possuidor de uma alma livre devia ser governado por si mesmo. Mas isso era impossível nos grandes Estados e cheio de inconveniências nos pequenos. Daí a necessidade de representantes. O povo escolhia-os pela capacidade que mostravam para discutir os negócios públicos, o que eles sabiam muito bem fazer. Não competiam aos representantes tomarem resoluções ativas, eles não o fariam bem, mas votar as leis ou zelar para que fossem bem executadas as que eles votassem, pois eles podiam perfeitamente fazer e ninguém conseguiria fazer melhor do que eles. O corpo que representava o povo repartia o Legislativo com o corpo que representava os nobres. Cada uma das duas partes do Legislativo estava encadeada com a outra faculdade recíproca de impedir, a qual devia distinguir-se da faculdade de estatuir. Esta consistia no direito de ordenar por si mesmo, ou de corrigir, emendar ou refazer o que foi ordenado por outrem. Aquela nada mais era do que o direito de sustar, de rejeitar, o que um outro ordenava, sem lhe poder tocar. Assim, as iniciativas do povo contra a nobreza não tinham mais probabilidade de êxito do que as da nobreza contra o povo, de modo que o poder sustava o outro poder.

As duas partes distintas do Legislativo estavam ligadas, ambas, pelo Executivo. Este era confiado ao Rei. O próprio monarca encontrava-se vinculado ao Legislativo. A Constituição conferia-lhe o lastro necessário, sob a forma de veto e de inviolabilidade, para que lhe permitisse resistir às usurpações e defender as suas prerrogativas. Havia a tentação de objetar que, ao se encadearem e se encontrarem mutuamente de tal forma estas três forças ou poderes, corressem o risco de formar uma pausa na nação. Mais que formular a objeção, respondia não sem um otimismo muito pouco técnico que, pelo movimento necessário, eles eram obrigados a caminhar de acordo. O poder podia sustar o poder, a disposição das coisas, impedir que quem quer que seja abusasse de seu poderio, sem que por este fato a mecânica política fosse bloqueada. O acordo governamental impossibilitava qualquer desunião instalada permanentemente.

A tese de que a teoria de Montesquieu era muito particular, no célebre capítulo sobre a Constituição da Grã-Bretanha, engendrou um verdadeiro mito – o da separação dos poderes. O ideal político do autor coincidiria com um regime, no qual seria rigorosamente assegurada esta separação dos Poderes. Deveriam existir três Poderes: a) o Executivo, com o Rei e seus Ministros; b) o Legislativo, com a Câmara Baixa e com a Câmara Alta; c) o Judiciário, o corpo de magistrados. Esta famosa teoria era completada com outras: a) o Executivo interferia no Legislativo, porque o Rei gozava do direito de veto; b) o Legislativo podia, em certa medida, exercer um direito de vigilância sobre o Executivo, pois controlava a aplicação das leis que votara e sem que se tratasse de responsabilidade ministerial, podendo pedir contas aos Ministros perante o Parlamento; c) que o Legislativo interferia seriamente no Judiciário, pois, em algumas circunstâncias particulares erigia-se em Tribunal de natureza política.

Em todas as matérias, os nobres cuja dignidade fosse necessária proteger de todo o confronto com as opiniões dos magistrados populares, seriam julgados pelos seus pares na Câmara Alta, em matéria de anistia, e em matéria de processo político, julgados nesta Câmara. Não se percebia muito bem como conciliar semelhante e tão importante interferência dos Poderes com a pretendida pureza da sua separação. Devia-se mostrar quando, na verdade, em Montesquieu, não se tratava de separação, mas de combinação, de fusão e de ligação dos poderes. O ponto essencial desta demonstração consistia em compreender primeiro que o Poder Judiciário não era um poder no sentido próprio. Este poder era invisível, quase como que nulo. Encontrava-se, de fato, em face de dois Poderes, o Executivo e o Legislativo. Eram dois Poderes, mas três potências para retomar uma palavra do próprio Montesquieu. As três potências eram o Rei, a nobreza, na Câmara Alta; e o povo, na Câmara Baixa, com sua volta ao Governo misto de Políbio.

O verdadeiro objetivo de Montesquieu era precisamente a combinação, a ligação entre as três potências. Era que se tratava, em primeiro lugar, de um problema político das relações de forças e não de um problema jurídico relativo à definição da legalidade e das suas esferas. A moderação era uma coisa completamente diferente, não era o simples respeito pela legalidade, o equilíbrio dos poderes. A divisão dos poderes entre as potências era a limitação ou da moderação das pretensões de uma potência pelo poder das outras. A famosa separação dos poderes não passava da divisão ponderada do poder entre as potências determinadas – o Rei, a nobreza e o povo. O que podia esclarecer o significado do que essa divisão e dos seus pressupostos tratava-se de combinação de potências e não de separação de poderes.

10.5. Separação de Poder em O Federalista

A teoria da separação dos poderes, da forma como ela foi aperfeiçoada por Montesquieu, tinha como inspiração a Constituição Britânica[21], antes dito. Esta, por sua vez, teve como justificativa teórica, bem como também histórica, a teoria do governo misto. A Inglaterra, hoje Reino Unido da Grã-Bretanha, no século XVIII, era considerada como o modelo do sistema que dividia as funções de Governo para diferentes grupos sociais, com a realeza ficando com o Executivo, representada pelo Rei. Por outro lado, a nobreza estava localizada na **House of Lords**, de modo que, por fim, o povo tinha como sua instituição a Câmara dos Comuns. O autor atribuía ao Legislativo

21 A Constituição Britânica não se trata de um documento único, sendo constituído de diversas leis, declarações, costumes e jurisprudências que, apesar de ter sido formada ao longo de séculos, representa um todo perfeitamente coerente. Para maiores esclarecimentos, ver: JENNINGS, Ivor. **A Constituição Britânica**. Brasília: Universidade de Brasília, 1981.

essas duas Casas Legislativas, enquanto procurava fixar o Judiciário como outro órgão distinto e autônomo.

Apesar de ser considerada uma teoria da separação de poderes, na verdade, estava longe disto. James Madison observava que os Poderes estavam constantemente embricados. O titular do Executivo era parte integrante da autoridade legislativa, ao celebrar tratados que tinham força de lei, além de ter poder de nomear todos os membros do Judiciário, removendo-os e convocando-os, ouvidas as duas Casas do Parlamento. A **House of Lords**, por outro lado, representava um grande conselho constitucional para o dirigente do Executivo, também a quem cabia as funções de julgar, nos casos de **impeachment**. Por fim, sustentava o autor que os Juízes permaneciam ligados ao Legislativo, participando de suas deliberações, ainda que não tivessem o direito de voto[22].

Não havia do que se falar, assim, em separação de poderes, mas de autonomia dos órgãos aos quais foram cometidas as competências políticas. Porém, as diversas funções clássicas podiam ser atribuídas a mais de um órgão, de modo que as atribuições eram concedidas a diferentes Poderes, que se fiscalizavam mutuamente. Não podia, sob pena de ser instaurada a tirania, que todo o poder ficasse com um dos ramos e não podia concentrar nas mesmas mãos que enfeixavam todo o poder de outro ramo, sob pena de que os princípios fundamentais de uma Constituição livre estivessem subvertidos. Era o caso clássico do Rei, único magistrado executivo, que possuía também o Poder Legislativo ou a suprema autoridade na administração da justiça, ou, ainda, do Legislativo, em que se atribua funções executivas ou judiciárias.

James Madison entendia que não era possível conceder a cada um dos ramos do poder uma capacidade igual de autodefesa. Para este autor, no Governo republicano, predominava a necessidade da autoridade legislativa, de modo que havia de se tomar determinadas precauções adicionais contra perigosas usurpações. Assim, diante da força do Legislativo e da fraqueza do Executivo, naquele tempo, necessário se fazia o reforço deste último, através do poder de veto, por exemplo. A tendência nos Governos republicanos era no sentido de uma ampliação do Legislativo à custa dos demais ramos, em razão dele ser forte e importante. Os membros deste Poder eram numerosos, distribuídos por todo o território e conviviam intimamente com o povo. Os integrantes do Judiciário, em face da maneira como eram designados, assim como pela natureza de suas funções e pelo tempo de exercício, ficavam muito afastados do povo, dificultando a participação em

22 MADISON, James. **A Separação dos Poderes I**. *In*: HAMILTON, Alexander, MADISON, James, e JAY, John. **O Federalista**. Brasília: Universidade de Brasília, 1984, **artigo 47**, p. 394.

suas tendências. Por fim, os membros do Executivo eram geralmente alvo de inveja e seus atos corriam sempre o risco de distorções e de se tornarem impopulares.

Para James Madison, tendo em vista que a luta pelo poder seria desvantajosa para os outros poderes, o Legislativo tendia a se apropriar dos demais Poderes. Diante disto, impunha-se que entre os Poderes houvesse freios e contrapesos, na República norte-americana. Em primeiro lugar, porque o poder atribuído pela sociedade era, inicialmente, dividido entre dois governos distintos e, depois, a parte de cada um era subdividida entre ramos distintos e separados. Ocorria uma dupla segurança para os direitos civis, pois os dois Governos, federal e estadual, mutuamente e, ao mesmo tempo, cada um era controlado por si mesmo. Em segundo lugar, tendo em vista que os interesses diferenciados entre as classes de cidadãos, também se impunha impedir que uma parte da sociedade exercesse opressão sobre a outra. Havia apenas dois processos de proteção contra esse mal; o primeiro, criando na comunidade um consenso independente da maioria, ou seja, um sentimento da própria sociedade. O outro, a formação na sociedade de tantos grupos independentes de cidadãos, que se tornassem de todo improvável, senão mesmo impraticável, qualquer pretensão da maioria de natureza tirânica.

Esse último processo era utilizado nos Estados Unidos, onde a própria sociedade estava fragmentada em tantas partes, interesses e classes de cidadãos, que os direitos dos indivíduos ou da minoria seriam pouco ameaçados por maquinações da maioria. Enumerou-se vários de controles e contrapesos constitucionais como: a) os eleitorados separados para eleger o Presidente da República, os Senadores e os Deputados Federais; b) o poder do veto presidencial; c) o Congresso bicameral; d) o controle presidencial sobre as nomeações de cargos relevantes; e) as confirmações pelos Senadores; f) o próprio federalismo. Para o autor acima, outros controles e contrapesos, com o passar dos anos, foram surgindo e se incorporando ao sistema político, como:

> "A revisão judicial, os partidos políticos descentralizados, as obstruções do senado, a cortesia senatorial, o poder dos presidentes de comissões e, na verdade, quase todas as técnicas organizacionais que prometem contribuir com um controle externo adicional de quaisquer grupos identificáveis de líderes políticos"[23].

23 MADISON, James. **A Natureza e a Influência Estabilizada do Senado.** *In*: HAMILTON, Alexander, MADISON, James, e JAY, John. **O Federalista.** Brasília: Universidade de Brasília, 1984, **artigo 62**, p. 480.

O perigo de que o Legislativo pudesse gerar a tirania vinha credenciado pelo fato de este ser exercido por assembleia escolhida pelos cidadãos e, por isso mesmo, com forte influência sobre eles. A superioridade originava-se de outras causas, de seus Poderes Constitucionais, sendo desde logo mais abrangentes e menos susceptíveis de uma limitação precisa, mascarada, sob medidas complicadas e indiretas, as intromissões que ele se permitisse fazer nos demais ramos. Um dos seus principais Poderes seria justamente ter a competência de instituir tributos e ter acesso ao bolso do povo. Para James Madison, o poder deveria ser particularmente controlado para impedir que, representando a maioria, pudesse oprimir a minoria. O sistema do legislativo bicameral foi um dos mais importantes controles e contrapesos sugeridos pelos autores, pois assegurava dois tipos de considerações para cada projeto. Evitava que as medidas aprovadas sem as devidas reflexões em uma Casa Legislativa pudessem ter na outra Casa um tratamento mais cauteloso. Particularmente, ao Senado seriam atribuídas tais funções de agente estabilizador e moderados mesmo.

O Poder Legislativo tinha o caráter de representar mais diretamente a sociedade, pois era princípio universalmente de que se devesse confiar às assembleias e, não, a determinados indivíduos, a representação do Estado no exercício do Poder Legislativo. Nos Estados Unidos, o poder era representado por duas Câmaras, a dos Representantes e o Senado, que juntos constituíam o Congresso Nacional. Na Câmara dos Representantes estava representado o povo norte-americano, sendo os seus membros eleitos para um mandato de dois anos, como dispõe a Constituição dos Estados Unidos:

> "A Câmara dos Representantes compor-se-á de membros escolhidos todo segundo ano pelo povo dos diversos Estados, e os eleitores de cada Estado terão as qualificações indispensáveis aos leitores do mais numeroso ramo do Legislativo estadual. [...] Representantes e impostos diretos serão divididos entre os diversos Estados que podem ser incluídos nesta União, de acordo com seus números respectivos, que serão determinados ajuntando-se ao número total de pessoas livres, incluindo as que são obrigadas a servir por um prazo de anos, e excluindo os índios não-tributados, três quintos de todas as outras. [...] A Câmara dos Representantes escolherá seu Presidente e outros funcionários; e terá o poder exclusivo do impedimento" (artigo I, seção 2).

James Madison procurava responder, com objetividade, às principais críticas que se fazia à Câmara de Representantes. Inicialmente, quanto ao número de seus representantes, entendendo que o número inicial seria de sessenta e cinco membros, mas dentro de três anos haveria de ser realizado recenseamento para se saber quantos Deputados cabia a cada Estado-membro, no **Artigo 55**. A segunda objeção se referia ao fato de a Câmara ser pequena demais para reunir a necessária soma de conhecimentos a respeito dos interesses de seus constituintes. Apesar de constituir um sadio e importante princípio de que o Deputado estivesse a par dos interesses e das particularidades de seus constituintes, este não podia ir além das particularidades e interesses relacionados com a competência funcional e as possibilidades dos Deputados Federais, no **Artigo 56**. Por fim, alegava-se que os membros dessa Casa seriam recrutados como da classe dos cidadãos que gozavam de menos simpatia na massa do povo e que seriam mais propensos a defender o sacrifício de muitos em proveito de uns poucos. Ora, este era o argumento mais falho, tendo em vista que o processo eletivo seria a norma característica do Governo republicano. Pelo sufrágio livre, os concidadãos atribuíam a alguns homens as responsabilidades de representantes, além de que, ao ingressarem no serviço público, passavam a ter um relacionamento afetivo temporário com seus constituintes, de acordo com o **Artigo 57**.

O Senado representava os Estados-membros como unidades federadas, sendo formado por dois Senadores para cada Estado, que se renovavam a metade a cada dois anos. Por outro lado, esta Casa tinha a função reguladora, pois enquanto todos os projetos de lei que visassem levantar rendas teriam sua origem na Câmara dos Representantes, ao Senado poderia apresentar emendas e apreciar a matéria em caso de recurso. A Constituição dos Estados Unidos, no seu artigo I, seção 2, diz que "o Senado dos Estados Unidos compor-se-á de dois Senadores de cada Estado-membro, escolhidos pelo Legislativo do dito Estado-membro (o artigo VII, ratificado em 31.05.1913, dispôs que os Senadores fossem eleitos pelo voto popular), por seis anos; e cada Senador terá um voto. [...] O Vice-presidente dos Estados Unidos será Presidente do Senado, mas não terá direito a voto, a não ser que a votação termine empatada. O Senado escolhe seus outros funcionários, e também um Presidente **pro tempore**, na ausência do Vice-Presidente, ou quando este exercer o cargo de Presidente dos Estados Unidos. O Senado tem poder exclusivo de julgar todos os impedimentos. Reunidos para este propósito, os Senadores prestam um juramento de afirmação. Quando o Presidente dos Estados Unidos for julgado, o Presidente do Supremo Tribunal preside, e pessoa alguma será condenada sem a presença de dois terços dos membros. O julgamento, em casos de impedimento, não se estende além da destituição do cargo e da desqualificação para exercer e desfrutar qualquer cargo de honra, confiança ou proveito sob a lei dos Estados Unidos, mas a parte condenada, não obstante, está sujeita e exposta a indiciação, processo, julgamento e castigo de acordo com a lei". Esse órgão tinha como parâmetro, para os autores dos **Federalists Papers**, os Arcontes em Atenas após a reforma de Sólon[24], os Éforos de Esparta e os

24 "Sólon, político ateniense (a.C. 640 – 558 a.C.). Tendo-se tornado arconte, elevou o espírito nacional dos atenienses e diminuiu os encargos dos cidadãos pobres, restabe-

Tribunos de Roma. A influência mais forte estava na **House of Lords**, que era uma assembleia hereditária de abastados membros da nobreza britânica.

Para ser Senador, exigia-se uma idade mais avançada e um período mais longo de cidadania – trinta e cinco anos de idade e nove de cidadania. A idade mais avançada para o desempenho do mandato senatorial levava em conta que se exigia maior grau de conhecimento e firmeza moral, além de preparo mais adequado para as questões de política internacional. Por outro lado, os Senadores deveriam ser escolhidos pelos Legislativos estaduais, dando-se então uma oportunidade dos governos estaduais participarem na formação do Governo Federal. Por isto, a representação do Senado seria igual, tendo em vista as concessões mútuas nas pretensões conflitantes entre os Estados-membros grandes e pequenos. Observava, ainda, que a igualdade dos votos dos Estados Unidos era, desde logo, um reconhecimento constitucional da porção de soberania que permanecia em cada um deles, bem como um instrumento para a preservação dessa soberania residual.

A duração do mandato, de seis anos, justificava-se para evitar a instabilidade política. Dentre suas funções, destacava-se a participação que tinha na política externa, vez que os tratados só podiam ser celebrados pelo presidente, desde que houvesse aprovação de dois terços dos Senadores presentes. Como a Constituição dedicou o maior cuidado para que o Presidente da República e os Senadores fossem homens de inteligência e integridade, tinham-se todos os motivos para se estar certos de que os tratos que eles celebram seriam tão vantajosos como, consideradas as circunstâncias, poderiam sê-lo. Na medida em que o temor de punições e da desonra possa influir, a condição de boa conduta é amplamente considerada no artigo que trata dos impedimentos.

Foi concedida uma competência especial ao Senado, que era sua participação, com o Executivo, em determinadas nomeações, em que o Presidente da República indicava e, com o parecer e a aprovação dessa Casa, nomeava-se os candidatos. Estes podiam, entretanto os vetar, já que sua participação era para ratificar ou rejeitar o ato presidencial. Outra função era de funcionar como corte para julgar os casos de denúncia contra as autoridades, o **impeachment**, como diz a Constituição, no artigo I, seção 4: "o Presidente, o Vice-presidente e todos os funcionários civis dos Estados Unidos serão destituídos de seus cargos por impedimento quando condenados por traição, suborno, ou outros altos crimes e delitos". A convenção julgou que o Senado seria o depositário mais adequado para tão importante responsabi-

lecendo deste modo a harmonia da cidade, à qual deu uma Constituição democrática" (KOOGAN/HOUAISS. **Dicionário e Enciclopédia Ilustrada**, *op. cit.*, p. 1508).

lidade, pois seriam capazes de melhor discernir as intrínsecas dificuldades dos problemas apresentados. Por certo não se manifestariam contrários a este ponto de vista e estariam propensos a atribuir o devido peso aos argumentos, em que a solução devia ser baseada. Argumentava-se, contra essa hipótese, que tal solução misturava o Legislativo e o Judiciário no mesmo órgão, mas esta mistura parcial, embora nem sempre fosse adequada, tornava-se necessária à proteção de vários membros do governo, uns contra os outros, indicando um freio substancial nas mãos do Legislativo contra as usurpações do Executivo. Por outro lado, a participação das duas Casas Legislativas, a Câmara acusando e o Senado julgando, evitava o inconveniente de que as mesmas pessoas fossem acusadoras e magistrados, além de proteger contra os perigos da sedição, consequência da prevalência de um espírito faccioso em qualquer dos dois órgãos.

A República, para os autores de **O Federalista**, era um Governo que derivava todos os seus poderes, direta ou indiretamente, da grande massa do povo, sendo administrada por pessoas que exerciam suas funções voluntariamente, durante um limitado período de tempo ou enquanto se comportassem bem. Era essencial para um Governo assim, que ele proviesse de uma grande porção da sociedade e não de uma pequena parte ou de uma classe favorecida. De outro modo, um grupo de nobres tirânicos, exercendo sua opressão por uma delegação de seus poderes, poderia apresentar-se como republicano e pleitear para seu Governo o honroso título de República, que exigia apenas se os administradores fossem designados, direta ou indiretamente, pelo povo. A qualificação do direito de votar, para os que deveriam eleger os membros da Câmara dos Representantes, seria a mais ampla possível. A definição do sufrágio era justamente considerada como elemento fundamental dessa forma de governo. A necessidade de uma definição tinha o intuito de impedir que os Legislativos Estaduais estabelecessem os requisitos de formas diversas. Por outro lado, todas estas considerações, tomadas em conjunto, permitiam afirmar que as eleições bienais seriam tão proveitosas para a Administração Pública, como benéficas para a liberdade do povo.

A natureza do Poder Executivo encontrava-se em ser ele a propulsão da vida pública do Estado, confundindo-se, até, com a própria personalidade política nacional, ainda que seus órgãos tivessem funções claramente executivas. O ato de governar representava uma série de atividades de coordenação, de defesa da ordem e de planejamento, tendo como característica principal a discricionariedade que tinham seus atos e decisões. Assim, eram suas principais funções a escolha dos membros do Judiciário, a dissolução de uma Assembleia, o poder de veto, a direção da máquina pública, a condução da política internacional, a defesa da ordem pública e outras graves atribuições.

Dentre as formas de Poder Executivo, o presidencialismo era um dos regimes mais peculiares. Devia esta sua formação ao Segundo Congresso de Filadélfia e sua fundamentação foi exposta nos **Federalists Papers**. Apesar de ser contraposto ao parlamentarismo, precisava-se ter em mente que a figura do Presidente era uma reminiscência republicada ao Rei da Grã-Bretanha (Inglaterra) e de suas prerrogativas. Considerava-se uma criação nova e completamente diferente deste magistrado. Seria impossível deixar de classificar como deliberada e declarada impostura e fraude a grosseira tentativa de comparar um Rei britânico, com o magistrado com as características do Presidente dos Estados Unidos. O presidencialismo tinha como definição representar o sistema com os aspectos clássicos da teoria da separação de poderes de Montesquieu.

A Constituição dos Estados Unidos, porém, soube delinear claramente esta teoria, que de uma separação rígida passara para outra mais branda e atenuada. Por outro lado, ainda que existissem Presidentes, em regimes parlamentaristas, com poderes nominais, no presidencialismo a forma de governo tinha todo o Poder Executivo concentrado em volta da figura do Presidente da República, que o exercia inteiramente fora de qualquer responsabilidade política frente ao Legislativo. Por fim, o Presidente derivava seus poderes da nação, através de um colégio eleitoral próprio. Paulo Bonavides atribuiu ao Presidente os seguintes encargos: a) a chefia da administração através dos Ministérios e dos serviços públicos federais, entregues a pessoas da confiança do Presidente, responsáveis perante este, que livremente os escolhia e demitia; b) o exercício do comando supremo das forças armadas; c) a direção e orientação da política exterior de atribuições de celebrar tratados e convenções, declarar guerra e fazer a paz, debaixo das ressalvas do controle exercido pelo Poder Legislativo, nos termos estatuídos pela Constituição[25].

A principal acusação que se fazia ao Projeto de Constituição era de que a figura do Presidente da República nada mais representava do que um novo monarca. Fazia-se a seguinte comparação – o Presidente dos Estados Unidos era eleito por "quatro anos"; o Rei de Grã-Bretanha era "vitalício e hereditário". Um estava sujeito a punições pessoais e destituição; a pessoa do outro era sagrada e inviolável. Um teria o direito de veto "qualificado" relativamente aos do Legislativo; o veto do outro era "absoluto". Um não tinha a menor parcela de jurisdição espiritual; o outro era o chefe supremo da Igreja nacional (Igreja Anglicana). Pensando talvez nisto, já que as semelhanças eram fortes, ainda que a identidade não fosse a mesma, o Chefe do Poder Executivo tinha um cargo com mandato definido previamente de

25 BONAVIDES, Paulo. **Ciência Política.** 10ª ed. São Paulo: Malheiros, 2000, p. 298.

quatro anos, ainda que reelegível tantas vezes quisesse. A atitude de George Washington, não concorrendo ao terceiro mandato, serviu de exemplo e se constituiu numa disposição constitucional costumeira. O único Presidente a não seguir foi Franklin Roosevelt[26], todavia, sua eleição para um terceiro e um quarto mandato ocorreu quando o Estados Unidos estava envolvido na II Guerra Mundial. Por isso, se analogia houvesse, para Alexander Hamilton, esta haveria com as figuras dos Governadores dos Estados-membros, principalmente do seu, o Estado de Nova Iorque.

A eleição do Presidente da República foi quase perfeita, reunindo grandes vantagens no processo de eleição, estando, inicialmente prevista na Constituição, no art. II, seção 1. Depois, tal disposição foi modificada pelo art. XII da Emenda que foi ratificada, em 25.09.1804. O processo não era direto, pois tal direito foi atribuído a um colégio pré-constituído de delegados escolhidos, popularmente, para esse fim específico. Cada Estado-membro indicava, conforme seu Legislativo, certo número de eleitores, igual ao número total de Senadores e representantes a que o Estado-membro fazia jus no Congresso, sem que esses pudessem ser indicados pelo eleitor. Um pequeno grupo de pessoas, escolhidas por seus concidadãos dentro da sociedade, dispunha de meios e discernimento indispensáveis para realizar tão delicadas decisões. Já no século XXI, nos Estados Unidos, um candidato teve mais votos dos eleitores do que outro, mas este venceu porque conquistou a maioria no Colégio Eleitoral formado pelos Estados Unidos e foi declarado o Presidente da República.

A escolha de algumas pessoas, a fim de constituírem um grupo intermediário de eleitores, seria menos capaz de convulsionar a comunidade com ações extraordinárias e violentas do que se fosse uma só. Por outro lado, essas pessoas estavam mais preparadas para escolher e, possivelmente, ficavam longe da cabala, da intriga ou de corrupção. A escolha do Presidente não iria depender dos grupos previamente constituídos, que poderiam ser alvo, de antemão, da tentativa de prostituírem seus votos. Em primeira instância, por um ato direto do povo, através da eleição de pessoas com o encargo específico de realizarem a escolha, seria excluído do rol desta todas as pessoas que pudessem, por sua situação, ser tidas como devotadas ao Presidente em exercício. Com isto, o processo eleitoral assegurava,

26 "Roosevelt (Franklin Delano). Político norte-americano (Hyder Park, 1882 – Warm Springs, 1945). Democrata, presidente dos EUA em 1933, foi reeleito em 1936, 1940 e 1944. Restaurou a economia dos EUA: (New Deal), opôs a crise de 1919-1932, levou seu país a tomar parte na Segunda Guerra Mundial a partir de 1941 e foi um dos principais artífices de vitória aliada" (KOOGAN/HOUAISS. **Dicionário e Enciclopédia Ilustrada**, *op. cit.*, p. 1411).

como uma certeza moral, que o cargo jamais seria ocupado por quem não dispusesse, em alto grau, das devidas qualificações.

Para Alexander Hamilton, no **Artigo 70**, a energia no Poder Executivo representava um aspecto marcante no conceito de bom governo, pois era importante para a defesa da comunidade de ataques estrangeiros. Também para que fossem cumpridas as leis, a defesa da propriedade contra aqueles artifícios irregulares e arbitrários e a garantia da liberdade contra as manobras de ambição, das facções e da anarquia[27]. Neste sentido, a unidade de comando do Governo era fundamental para a eficiência do sistema. Para ele, era mais fácil encontrar em um indivíduo mais qualidades de decisão, rendimento, sigilo e presteza, do que em uma coletividade, como no Estado de Nova Iorque ou de Nova Jersey. Assim, uma das sérias objeções à pluralidade no Executivo era que ela tendia a esconder os erros e a destruir a responsabilidade. Os depositários da confiança pública estavam muitíssimos mais propensos a agir de maneira a se tornarem indignos de continuarem merecendo essa confiança, do que a ficarem expostos a punições legais. A pluralidade no Executivo concorria unicamente para dificultar as identificações dos culpados, pelos erros no exercício do Governo.

O mandato tinha uma duração determinada para assegurar a continuidade pessoal do Presidente, no exercício dos seus poderes constitucionais e a estabilidade do sistema de administração que tivesse sido adotado sob seus auspícios. Não se podia afirmar que um mandato de quatro anos ou qualquer outro limite fosse a resposta cabal aos propósitos desejados, mas teria uma influência significativa sobre a moral e a natureza do Governo. Para Alexander Hamilton, no **Artigo 72**, o problema da reeleição estava ligado ao de uma duração razoável do mandato. Esta devia ser de maneira a permitir ao ocupante do cargo oportunidade e ânimo para cumprir bem sua tarefa, ao mesmo tempo em que a comunidade observava o acerto ou o erro de sua atuação formando um juízo de seus méritos. A reeleição tinha a vantagem de habilitar o povo, quando havia motivos para aprovar a atuação do Presidente, mantendo-o em suas funções.

O Presidente também precisava de uma remuneração adequada ao seu sustento, sendo necessário que, quando de sua posse, o Legislativo declarasse qual seria a remuneração que este receberia por seus serviços, durante o período para o qual fora eleito. Em caso contrário, o Legislativo

27 "Um executivo fraco significa uma conduta também 'fraca' do governo – e fraca, no caso, é sinônimo de 'má'; um governo que age fracamente, qualquer que seja sua ideologia, será na prática um mau governo" (HAMILTON, Alexander. **Vantagens de um Executivo Único.** *In*: HAMILTON, Alexander, MADISON, James, e JAY, John. **O Federalista.** Brasília: Universidade de Brasília, 1984, **Artigo 70**, p. 529).

podia enfraquecer o Presidente da República, explorando suas necessidades e corrompendo a integridade, tirando proveito de sua cobiça, como foi dito no **Artigo 73**. O Presidente era, desse modo, o comandante em chefe do Exército e da Marinha, bem como da milícia dos Estados-membros convocados para o serviço ativo destes. Por outro lado, o Presidente também tinha autoridade para reduzir sentenças e conceder indulto por crimes contra os Estados Unidos, exceto nos casos de destituição de cargos públicos como se encontrava exposto no **Artigo 74**.

O veto presidencial era um dos principais freios e contrapesos no sistema de separação de poderes, em que o Executivo participava do processo Legislativo, tornando-se típica função executiva. O poder de vetar qualquer projeto, apresentando objeções, impedia sua transformação em lei, a menos que, posteriormente, fosse ratificado por dois terços dos integrantes de cada Casa do Legislativo. No entender de Alexander Hamilton, a justificativa do veto tinha sido, por vezes, combatida, sob o argumento de que uma única pessoa não deveria possuir mais virtudes ou conhecimento do que um órgão integrado por muitas e que salvo se essa presunção for admitida, fosse impróprio atribuir ao qualquer tipo de controle sobre o legislativo. A Constituição dos Estados Unidos, no seu artigo I, seção 7, dispõe que:

> "Todos os projetos de lei que visem a levantar rendas terão sua origem na Câmara dos Representantes, mas o Senado pode propor ou concorrer com Emendas, como em outros projetos de lei".

O projeto de lei que tivesse passado pela Câmara dos Representantes e pelo Senado deveria ser apresentado ao Presidente, antes de se transformar em lei. Caso ele o aprovasse, assiná-lo-ia, mas se não aprovasse, devolvê-lo-ia com suas objeções à Casa da qual se originara, que incluiria as objeções do Presidente da República na íntegra, em suas atas e passaria a reconsiderá-lo. Se, depois dessa reconsideração, dois terços da Câmara concordassem, o projeto de lei deveria ser mandado juntamente com as objeções, para a outra Casa Legislativa, pela qual seria igualmente reconsiderado, e, sendo aprovado por dois terços na segunda Casa, transformar-se-ia em lei. A decisão tinha caráter judicioso, mas, por basear-se em uma hipotética superioridade de virtudes ou conhecimentos no Executivo, traria a suposição de que o Legislativo não era infalível e que a sede de poder podia, por vezes, criar uma propensão para invadir os direitos de outros órgãos do governo, como estava no **Artigo 73**.

O Presidente tinha o poder de celebrar tratados e, assim, conduzir a política externa norte-americana. Contudo, no primeiro caso, necessário se fazia o parecer e a aprovação do Senado. Assim fora feito, porque aquele poder estava descrito, por John Locke, como Poder Federativo[28]. Não poderia integrar propriamente o Legislativo e o Executivo. Em primeiro lugar, as negociações com os governos estrangeiros indicavam o Executivo como o agente mais capacitado para tais transações enquanto a enorme importância desta delegação de autoridade e a circunstância de os tratados terem força de lei concorriam fortemente para que o Legislativo participasse, integral ou parcialmente, do trabalho de elaborá-lo, como estava no **Artigo 75**.

Para John Jay, um governo único podia coletar e explorar os talentos e as experiência dos homens mais capazes, qualquer que fosse a parte da União onde eles se encontrassem. Podia agir orientado por princípios uniformes e harmonizar, assimilar e proteger suas diferentes partes e membros, bem como estender sobre todos os benefícios de suas previsões e providências[29]. O Presidente exercia, além do aspecto mais formal do poder político, anteriormente comentado, a chefia da Administração Pública. Cabia ao chefe do Executivo indicar e, com a aprovação do Senado, nomear embaixadores, diplomatas e cônsules. Como os demais funcionários públicos dos Estados-membros, cujas nomeações não fossem de outra maneira previstas no texto constitucional, como estava no **Artigo 76**, o Presidente tinha o poder de nomear.

A função do Poder Judiciário residia no exercício de uma atividade específica do Estado, que era o de aplicar as leis aos casos concretos, de caráter litigioso e controvertido, através da égide da lei frente ao problema real. Não obstante, o Judiciário estava relacionada com uma Constituição soberana em sua esfera, um princípio de auto-organização e garantias de capacidade e de independência no recrutamento, na estabilidade e em tudo que constituísse o **status** peculiar do Juiz, dando-lhe a característica do poder político. Na concepção de Montesquieu, a tarefa do Juiz era ser a boca que pronunciava a lei, de modo que para este autor, na teoria da separação do poder, o Judiciário carecia de relevo por ser função quase nula. Todavia, tal interpretação contrastava com os fatos, se bem que existia nela parte da verdade. Assim, esse Poder, ao contrário do Legislativo ou do Executivo, órgãos nitidamente de natureza política, não criava um direito abstrato. Limitava-se ao que vinha expresso na lei, ainda que pudesse ter uma atividade criativa, quando se tratavam de lacunas da lei, que o Juiz ou o Tribunal podiam preencher. O Judiciário era o mais fraco dos três ramos do Poder, por não dispor da bolsa nem da espada, pois se o poder de julgar fosse agre-

---

28 LOCKE, John. **Segundo Tratado sobre o Governo**. *In*: LOCKE, John. **Os Pensadores: Locke**, *op. cit.*, Capítulo XII, p. 91.

29 JAY, John. **Relações com Potências Estrangeiras**. *In*: HAMILTON, Alexander, MADISON, James, e JAY, John. **O Federalista**. Brasília: Universidade de Brasília, 1984, **Artigo 76**, p. 115.

gado ao de legislar, a vida e a liberdade dos cidadãos ficariam expostas a um controle arbitrário, pois o Juiz seria o legislador. Por outro lado, se aquele Poder fosse agregado ao Executivo, o Juiz poderia conduzir-se com toda a violência de um opressor.

Ao Judiciário, na Constituição dos Estados Unidos, no seu artigo II, seção 1, consta que "será atribuído a um supremo tribunal e a tribunais inferiores que o Congresso, de tempos em tempos, vier a ordenar e instituir. Os Juízes, tanto no Supremo Tribunal quanto nos Tribunais inferiores, exercerão seus cargos enquanto neles se houverem corretamente, e receberão, periodicamente, pelos seus serviços, uma remuneração que não será diminuída enquanto estiverem no exercício do cargo". E, no início da sua seção 2, dispunha que o Poder Judiciário estende-se a todos os casos de lei e equidade compreendidos por esta Constituição, pelas leis ou pelos tratados feitos, ou que se fizerem.

Diante disto a firmeza da magistratura judicial era de grande importância para mitigar a severidade e restringir a amplitude de certas leis. Servia não apenas para moderar os malefícios imediatos daquelas que já tivessem sido sancionadas, mas também atuando como um freio relativamente às que se encontrassem ainda em fase de discussão. Os cargos dos Juízes deveriam garantir a estabilidade e a fixação de honorários, para assegurar ao Judiciário independência e, deste modo, completar a separação deste com o Legislativo. Tal solução, por assim dizer, revelava prudência e sabedoria. Por outro lado, os Juízes poderiam ser suspensos do cargo, pela Câmara dos Deputados, em caso de má conduta, e julgados pelo Senado, podendo ser penalizados, com a destituição desse corpo e impedimentos de exercer outros.

A competência da judicatura da União devia se estender aos seguintes casos, conforme explicava Alexander Hamilton:

> "1º. Todos os que decorram de leis dos Estados Unidos, aprovadas de acordo com seus justos e constitucionais poderes de legislar; 2° Todos os que digam respeito ao cumprimento de medidas expressamente contidas nos artigos referentes à competência da União; 3º Todos nos quais os Estados Unidos possam fazer parte; 4° Todos os que envolverem a 'paz' da 'Confederação', quer relativamente às relações entre os Estados Unidos e nações estrangeiras, quer entre os próprios Estados; 5° Todos os que tiverem origem em alto-mar e forem jurisdição das leis marítimas; e finalmente, todos aqueles em que cujos julgamento os tribunais dos Estados Unidos não possam ser considerados como imparciais e sem preconceitos"[30].

30 HAMILTON, Alexander. **A Repartição do Poder Judiciário.** *In*: HAMILTON, Alexander, MADISON, James, e JAY, John. **O Federalista.** Brasília: Universidade de Brasília, 1984, **Artigo 81**, p. 596.

Por outro lado, o Poder Judiciário é exercido pela Suprema Corte e pelas Cortes subordinadas que o Congresso criasse e instalasse. A jurisdição originária daquela casa judicante ocorreria apenas em relação aos casos relativos a embaixadores, outros representantes diplomáticos e cônsules, bem como naqueles em que um Estado-membro fosse parte. Todavia, fora destas duas categorias de causas, que raramente aconteciam, todas as demais eram de competência federal dos Tribunais inferiores. Cabia à Suprema Corte apenas uma jurisdição apelatória, com as exceções e de acordo com as disposições que o Congresso Nacional prescrevesse. Esta judicatura apelatória em nenhuma hipótese poderia suprimir os julgamentos por meio de júri, exceto em casos de impedimento.

Os Estados-membros conservavam todas as prerrogativas preexistentes que não pudessem ser delegadas totalmente ao escalão federal. Esta delegação somente poderia ocorrer em três casos: a) primeiro ocorrendo quando uma competência exclusiva era expressamente transferida para a União; b) segundo, quando a transferência era de uma competência parcial, ficando os Estados Unidos proibidos de exercê-la; c) em terceiro, quando uma competência atribuída à União fosse inteiramente incompatível com outra, semelhante, desfrutada pelos Estados-membros. O Judiciário destes Governos seriam exercidos por meio das leis locais ou municipais e, nos casos normais, interviria em todas as questões surgidas dentro de sua jurisdição. Os Governos Estaduais e o Federal, do jeito como eram na realidade, orientados por sistemas semelhantes e partes de um mesmo todo, a interferência conclusiva era que as cortes estaduais deveriam ter uma jurisdição concorrente em todos os casos abrangidos pelas leis da União, sempre que tal não fosse expressamente proibido.

Diante da objeção levantada, de que faltava dispositivo constitucional para julgamento das causas cíveis por meio de júri, argumentava-se que o simples fato de o texto ter silenciado em relação a tais matérias não significava sua abolição. Para eles, os julgamentos das causas cíveis por tribunais de júri não tinham sido suprimidos, tendo em vista que a ausência desta referência implicava a competência do legislativo em instituir esses tribunais. A referência expressa à competência dos júris às causas criminais não implicava a impossibilidade de fazê-lo em relação às de naturezas cíveis.

10.6. Aspectos do Governo Parlamentarista

O parlamentarismo é a forma de governo caracterizada pelo fato das articulações governamentais nascerem no próprio Parlamento e do Executivo ser o responsável perante o Legislativo, que pode decretar sua queda[31]. Por outro lado, o Executivo tem o poder de dissolver o Parlamento ou de pedir a sua dissolução ao Chefe do Estado, que pode ser um Rei ou um Presidente, quando não obtiver o voto de confiança, ou para convocar novas eleições em circunstâncias mais adequadas. O elemento diferenciador mais relevante, entre os vários tipos de parlamentarismo, encontra-se na natureza do sistema partidário. O parlamentarismo tem predominado nas democracias da Europa Ocidental, sob a forma de monarquias não governamentais e de Presidentes eleitos indiretamente pelo Parlamento[32].

Na observação de Giafranco Pasquino, o parlamentarismo pode ser assim caracterizado:

> "A forma de Governo parlamentar é caracterizada pelo fato de as articulações governativas surgem do seio do Parlamento (tanto que Bagehot punha na boa eleição do Governo a função mais importante do Parlamento) e de ele ser responsável perante esse mesmo Parlamento que, em caso extremo, pode decretar a sua queda. Por sua vez, nos sistemas parlamentares, o Governo tem o poder de dissolver o Parlamento ou de pedir a sua dissolução ao chefe do Estado, quando não obtiver o seu voto de confiança ou, em certos casos, como no típico caso inglês, para convocar novas eleições em circunstâncias melhores. O elemento diferenciador de maior relevo entre os vários tipos de Governo parlamentar está na natureza do sistema partidário. De fato, onde existem só dois partidos ou, então, um partido obtém sozinho a maioria absoluta nas cadeiras, a Forma de Governo parlamentar apresenta características de solidez e de estabilidade maiores que quando o Governo é formado por coalizações de vários partidos. Do mesmo modo, o funcionamento de um sistema será positivamente influenciado com a presença de um partido de oposição que possa apresentar-se, por si só, como alternativa legítima e acreditável de Governo"[33].

No parlamentarismo, a força política maior é o Legislativo, que domina a cena pública, pois quem aprova o Chefe de Governo e, nos casos de Repúblicas, quem escolhe o Presidente com funções cerimoniais. Por conseguinte, o Executivo fica dividido entre o Chefe de Estado, que pode ser o

---

31 MARQUES, José Frederico. **O Parlamentarismo.** *In*: **Revista dos Tribunais**. São Paulo: Revista dos Tribunais, dez./1961, nº 314/647, e **Doutrinas Essenciais: Direito Constitucional (Edições Especiais Revista dos Tribunais: 100 Anos)**. 2ª tir. São Paulo: Revista dos Tribunais, 2013, vol. II, p. 817.

32 COSTA, Philomeno J. da. **Presidencialismo e Parlamentarismo.** *In*: **Revista dos Tribunais.** São Paulo: Revista dos Tribunais, jan./1950, nº 183/36, e **Doutrinas Essenciais: Direito Constitucional (Edições Especiais Revista dos Tribunais: 100 Anos)**. 2ª tir. São Paulo: Revista dos Tribunais, 2013, vol. II, p. 821.

33 PASQUINO, Gianfranco. **Formas de Governo.** *In*: BOBBIO, Norberto, MATIEUCCI, Nicola, e PASQUINO, Gianfranco. **Dicionário de Política**. 13ª ed. Brasília: Universidade de Brasília, 2007, vol. I, p. 518.

Rei ou um Presidente eleito indiretamente, e o Chefe de Governo, em geral o líder do partido político majoritário ou o que construiu uma aliança majoritária, que efetivamente comanda o Parlamento e, assim, a Administração Pública. A moção de censura, se aprovada pelo Parlamento, acaba derrubando o Governo, para a formação de outro ou até sua dissolução e nova eleição parlamentar.

O regime parlamentar começou, sem dúvida, na Grã-Bretanha, com a transformação das duas Câmaras do regime britânico, ao longo do tempo. A Revolução Gloriosa de 1688, e a **Bill of Rights**, em 1689, representaram a vitória do Parlamento sobre o Rei, inclusive com o **Act of Sucession** da mesma época. Depois, houve a questão sucessória, quando não houve descendência protestante na Dinastia Stuart, sendo chamada a Casa de Hanôver, Eleitorado germânico, além de Duques de Brunsvique-Luneburgo. Esta família era a sucessora mais próxima e, ainda por cima, luterana e, não, católica, sendo mais fácil de converter-se ao anglicanismo oficial. Quando a família alemã assumiu a monarquia britânica, em 1714, os dois primeiros Reis não falavam inglês, apenas o alemão, o que tornava muito enfadonha as reuniões com o Ministério. Pouco a pouco, eles deixaram de participar e de presidir tais reuniões, indicando um determinado Ministro, o **Premier**, daí nascendo a figura do Primeiro-Ministro.

O parlamentarismo britânico foi aprimorado, principalmente, com a questão da responsabilidade do Primeiro-Ministro, que pouco a pouco foi mudando. Por exemplo, em 1742, quando houve o início do **impeachment** do **Premier** de então, ocorreu a sua responsabilização individual, sofrendo pessoalmente as consequências de sua queda, mas os demais Ministros permaneceram nos seus cargos. Mais adiante, em 1782, quando houve novo questionamento quanto ao desempenho do Ministério, já não caiu sozinho o Primeiro-Ministro da época, mas sim todo o Ministério, passando a haver uma responsabilidade coletiva do Ministério e não mais individual de **Premier**. Foi este o momento, junto com o outros antes mencionados, que deram as condições básicas para a formação do parlamentarismo no Reino Unido da Grã-Bretanha.

Depois do Congresso de Viena, que reorganizou a Europa após as Guerras Napoleônicas, em 1814 e em 1815, as monarquias passaram a assumir uma forma parlamentar, inclusive com a restauração Bourbon, na França, com a Carta Constitucional de 1814 prevendo um regime parlamentar. Foram introduzidas algumas características que passaram a influir nessa forma de governo, como a compatibilização das funções ministeriais e parlamentares, o ingresso dos Ministros no Parlamento e seu direito de falar quando solicitado e, ainda, o direito de dissolução parlamentar. A Constituição da Bélgica de 1831, até hoje em vigor com sucessivas revisões, uma das últimas, em 1993, apesar de ter regras escassas sobre o sistema, por meio da criação convencional e da prática, acabou consolidando seu parlamentarismo.

Mais recentemente, a Constituição da Suécia de 1978 previu que o Governo, o Primeiro-Ministro e seu Ministério, administravam o país, sendo responsáveis perante o **Riksdag**, seu Parlamento, previsto no art. 5º. O Rei sendo o Chefe de Estado, no art. 4º, mas não tem o direito de governar, com funções de natureza mais simbólicas. A escolha do Primeiro-Ministro resulta de complexo procedimento, mas sem a indicação do Rei, cabendo ao Presidente do **Riksdag** submeter a este o nome por ele proposto. Por outro lado, a Constituição da Espanha de 1978 prevê que cabe ao Rei propor o candidato a Presidente do Governo, cargo equivalente ao de Primeiro-Ministro, assim como nomeá-lo e exonerá-lo. Compete ao Governo dirigir a política interna e a externa, a Administração Civil e Militar e a defesa do Estado, conforme o art. 97. O Rei, em cada renovação do Congresso dos Deputados, consulta os representantes partidários e, por meio do Presidente do Congresso dos Deputados, propõe o nome do Presidente do Governo.

Por outro lado, na Constituição da Itália de 1947, existe um Presidente eleito pelo Parlamento para um mandato de sete anos, como Chefe de Estado, com a função basicamente de indicar o Presidente do Conselho de Ministros e, por proposta do mesmo, os demais Ministros, conforme o art. 92. Todavia, o Governo indicado deve ter a confiança da Câmara e do Senado, cada uma podendo acordar ou revogar a confiança e assim provocar a queda do Conselho de Ministro e de seu Presidente, conforme o art. 94. O pluripartidarismo italiano tornou difícil a estabilidade governamental, com menos de um Conselho de Ministros por ano desde a promulgação do texto constitucional, mas sem que haja falta de continuidade do serviço público, ainda que questionável quanto a sua eficiência por conta da constante fragmentação política italiana.

Ao contrário, a Câmara dos Comuns da Grã-Bretanha tem permitido a formação de Governos sólidos e duradouros, com base do bipartidarismo de fato, entre **Torie** (Partido Conservador) e **Labour (**Partido Trabalhista), a partir do começo do século XX, ainda que existam vários partidos políticos com representação parlamentar. Assim, talvez a disfuncionalidade parlamentar italiana esteja mais ligada à pluralidade partidária do que a falhas constitucionais ou dos próprios italianos, que têm sido caracterizados como sempre inconstante, pois o mesmo tinha ocorrido com o parlamentarismo da Constituição de Weimar (Alemanha) de 1919, o que acabou levando o país ao nazismo. Atualmente, o parlamentarismo da Constituição da Alemanha de 1947 tem formado Governos sólidos por meio de seu Primeiro-Ministro, além de contar com a figura cerimonial do Presidente da República, eleito pelo Parlamento.

No mundo atual, o parlamentarismo britânico influenciou suas principais ex-Colônias, como o Canadá, a Austrália, a Índia e a Nova Zelândia e algumas ilhas caribenhas. Por outro lado, na Europa, em especial, surgiram novos Estados parlamentaristas com monarquias, como a Holanda, a Bélgica, o Luxemburgo, a Suécia, a Dinamarca e a Noruega, além de Estados parlamentaristas com Presidente da República, como Portugal e outros países da Europa Oriental. Não vingou, porém, na América Latina, na África e na Ásia. No Brasil da Constituição de 1824, também existiu um parlamentarismo monárquico, mas com muitos poderes nas mãos do Imperador, como a detenção do chamado Poder Moderador, que o tornava superior a todos os demais Poderes Políticos. Depois, com breve experiência, na segunda metade do século XX.

10.7. Aspectos do Governo Presidencialista

O presidencialismo[34] tem como característica principal a acumulação, em um único cargo, dos poderes de Chefe do Estado e de Chefe do Governo[35], como acontece nos Estados Unidos e no Brasil, de modo que o Presidente ocupa uma posição central em relação a todas as forças e instituições políticas. A centralização resulta do fato de o Presidente da República ter sido eleito diretamente pelos votos dos eleitores, enquanto os membros do Parlamento foram eleitos em circunscrições muito menores, com bem menos votos. Observe-se, ainda, que os partidos políticos têm menos importância em tal sistema, obtendo alguma relevância apenas quando ocorrer o processo de seleção do candidato presidencial ou para outros cargos executivos. O Presidente concentra todas as atenções em torno de sua figura, não só tendo competência para nomear e demitir os Ministros, como também de se cercar de um grupo palaciano, que lhe serve de conselho[36].

34 PASQUINO, Gianfranco. **Forma de Governo.** *In:* BOBBIO, Norberto, MATTEUCCI, Nicolas, e PASQUINO, Gianfranco. **Dicionário de Política**. Brasília: Universidade de Brasília, 2007, vol. I, p. 518.

35 "A separação entre o chefe do executivo e o chefe do estado tem raízes históricas interessantes. Desde o início houve lutas entre monarcas e suas legislaturas. No correr dos tempos, os monarcas foram compelidos a fazer sucessivas concessões ao Legislativo, de modo que a pessoa que lidera efetivamente aquele órgão se tornou de fato o chefe do Poder Executivo do país. Nos lugares em que reis se opuseram inflexivelmente a tal mudança no Poder Executivo, foram eles frequentemente depostos ou executados, ou a própria monarquia foi abolida. Onde isso aconteceu, uma presidência figurativa foi criada, a fim de substituir o chefe de estado até então personificado no monarca" (LA PALOMBARA, Joseph. **A Política no Interior das Nações.** Brasília: Universidade de Brasília, 1982, pp. 180-1).

36 "Devido precisamente a que o sistema gira em torno da figura do presidente, a sua capacidade e personalidade têm influído, de forma decisiva, tanto na evolução da ins-

Deve-se observar que, ao haver a referência a Executivo, Poder Executivo ou Ramo Executivo, está-se relacionando os órgãos e muitas pessoas, pois as ações do Poder Público são decididas por funcionários de alto gabarito, que ocupam os Ministérios ou as Secretarias. Quando o Chefe do Executivo e seu Gabinete são considerados coletivamente, nomina-se o grupo de Governo. Os demais membros que trabalham para o Estado, sem poder decisório, podem ser chamados de Administração, Administração Pública, Serviço Público, Poder Público ou Burocracia.

O Chefe do Executivo, no sistema presidencial, tem independência do Legislativo e a enorme margem de controle sobre a escolha dos membros do Gabinete, a apresentação de projetos de lei e a preparação do orçamento, além de inúmeras outras atividades. Se o Legislativo não se encontra obrigado a aprovar a legislação sugerida[37], o Presidente pode vetar as leis aprovadas por esse ou ter iniciativa exclusiva sobre algumas matérias. Por outro lado, ainda que o Parlamento controle os gastos públicos, o Chefe do Executivo tem certa liberdade para a concessão de favores políticos[38]. Por fim, se o Legislativo pode julgar o Presidente da República, mas este pode apelar para os eleitores através de plebiscitos, referendos ou, ainda, mobilização de simpatizantes pela mídia e pelas redes sociais.

Encontra-se enfaixada nas mãos do Chefe do Executivo uma série de poderes, que fazem o centro do jogo político, com todos ou o amando ou o odiando. Ele não só é o burocrata Chefe do Estado, como o próprio símbolo da unidade nacional, sendo quase um monarca com mandato. Não bastassem todas as atribuições que lhe são conferidas, responsabiliza-se ainda pela construção de alianças políticas que lhe deem hegemonia e força para agir conforme seus ditames. Não tem poderes ilimitados, mas é quase um todo-poderoso, ainda que seja apenas um ser humano falível, como to-

tituição como no funcionamento global do sistema" (PASQUINO, Gianfranco. **Formas de Governo.** *In*: BOBBIO, Norberto, MATIEUCCI, Nicola, e PASQUINO, Gianfranco. **Dicionário de Política**, *op. cit.*, p. 520).

37 MORAES, Alexandre de. **Presidencialismo: a evolução do relacionamento entre os poderes Executivo e Legislativo.** *In*: **Revista dos Tribunais.** São Paulo: Revista dos Tribunais, nov./2003, nº 817/731, e **Doutrinas Essenciais: Direito Constitucional (Edições Especiais Revista dos Tribunais: 100 Anos).** 2ª tir. São Paulo: Revista dos Tribunais, 2013, vol. II, p. 755.

38 "O presidente é também o líder do seu partido e dispensador-em-chefe do patrocínio e favores federais. Através destes poderes, o Presidente pode exercer não só influência moral, como material, sobre o voto dos representantes e senadores. Quanto mais receptivos eles são em relação aos desejos do presidente, também mais receptivo ele pode revelar-se às necessidades dos seus distritos, estados, organizações partidárias e conhecimentos pessoais" (DEUTSCH, Karl. **Política e Governo**, *op. cit.*, p. 265).

dos os homens e as mulheres, e ter família, o que na política não é uma boa companhia. O Poder Executivo, ao longo do tempo, tornou-se o ramo político mais forte e, quando exercido no sistema presidencialista, mais forte ficou[39].

O presidencialismo foi uma criação norte-americana na Constituição de 1786, assemelhado a um monarca, mas com muito menos poderes e muito mais fiscalizado e controlado, inclusive sendo possível sua destituição por meio do **impeachment**. O sistema de separação de poderes, também criação do texto constitucional acima, faz com que o próprio Poder Executivo seja em parte enfaixado pelos outros Poderes Políticos, bem como o próprio Presidente da República tem atribuições legislativas decisivas, como a iniciativa de algumas leis e o poder de veto em outras.

O presidencialismo foi o regime adotado por quase todos os Estados latino americanos, bem como na África e na Ásia, ainda que em boa parte não haja um regime democrático representativo propriamente dito, visto a seguir. Sem a força do Congresso dos Estados Unidos, do seu Judiciário e do federalismo, o presidencialismo nos demais países acabou descambando para regimes autoritários, com este sendo seguidamente reeleito em processos eleitorais fraudulentos ou de fácil influência dos eleitores por meio do populismo[40].

10.8. Outras Formas de Governo

As formas de governo do mundo atual, daí a não menção às formas clássicas, como a monarquia, como a aristocracia e como a **politeia** (democracia direta), não se restringem ao parlamentarismo e ao presidencialismo.

---

39 Ver: HORTA, Raul Machado. **Alternativas para um Novo Sistema de Governo.** *In*: **Revista de Direito Constitucional e Internacional.** São Paulo: Revista dos Tribunais, jan.-mar./1993, nº 2/153, e **Doutrinas Essenciais: Direito Constitucional (Edições Especiais Revista dos Tribunais: 100 Anos).** 2ª tir. São Paulo: Revista dos Tribunais, 2013, vol. II, p. 847.

40 "DEFINIÇÕES DE POPULISMO – Podemos definir como populistas as fórmulas políticas cuja fonte principal de inspiração e termo constante de referência é o povo, considerado como agregado social homogêneo e como exclusivo depositário de valores positivos, específicos e permanentes. Alguém disse que o Populismo não é uma doutrina precisa, mas uma "síndrome". O Populismo não conta efetivamente com uma elaboração teórica orgânica e sistemática. Muitas vezes ele está mais latente do que teoricamente explícito. Como denominação se amolda facilmente, de resto, a doutrinas e fórmulas diversamente articuladas e aparentemente divergentes, mais unidas no mesmo núcleo essencial, de referência recorrente ao lema central, da oposição, encaniçada a doutrinas e fórmulas de diversas derivação" (INCISA, Ludovico. **Populismo.** *In:* BOBBIO, Norberto, MATTEUCCI, Nicolas, e PASQUINO, Gianfranco. **Dicionário de Política.** João Ferreira (coord. trad.). 13ª ed. Brasília: Universidade de Brasília, 2007, vol. I1, pp. 980-1).

Existem ainda várias formas, entre um e outro destes sistemas, mas também a paródia de alguns destes, em que governantes autocráticos exercem o poder como se fossem em um regime democrático representativo, mas apenas como fachada para tais gestões públicas autoritárias e, às vezes, sanguinárias.

Peculiar foi à construção do regime político francês, na chamada V República, com a Constituição de 1958 e a Revisão Constitucional de 1962, surgindo daí um sistema híbrido. A Chefia de Estado cabe ao Presidente da República, nele identificada a guarda da Constituição e o titular que garante, pela arbitragem, o funcionamento regular dos Poderes Políticos e a continuidade do Estado, conforme o art. 5º. O Presidente da República também nomeia e exonera o Primeiro-Ministro e os demais Ministros, no art. 8º, bem como preside o Conselho de Ministros e pode também dissolver a Assembleia Nacional e o Senado, apresentar projeto de lei **ad referendum** e convocar o Conselho Constitucional. Ao Primeiro-Ministro cabe gerir a Administração Pública e as Forças Armadas, além de dirigir a ação do Governo, conforme o art. 21, mas sem a força do Presidente da República.

Por outro lado, a Suíça tem um sistema bem peculiar, já tradicional, mas que foi consolidado pela Constituição de 1999, em que se garantiu a autonomia, dito soberania, de cada Cantão, que são vinte e seis, e a separação entre as competências destes e as federais. O sistema funciona com uma hierarquia de poderes internos, com prevalência do sistema federal sobre o cantonal e deste sobre o comunal, equivalente às competências dos Município. O Poder Legislativo é representado pela Assembleia Federal, integrada pelo Conselho Nacional, com duzentos parlamentares eleitos por quatro anos, como Câmara Baixa, e pelo Conselho de Estado, que é integrado por quarenta e seis membros, dividido pelos Cantões e eleitos diretamente, como Câmara Alta. O Poder Executivo é exercido pelo Conselho Federal com sete membros eleitos, com as seguintes pastas: a) Assuntos Internos; b) Negócios Estrangeiros; c) Energia; d) Tráfego; e) Ambiente; f) Comunicações; g) Economia; h) Finanças; i) Justiça; j) Política; k) Defesa; l) Proteção; m) Desporto. Não existe um Presidente da República ou um Primeiro-Ministro, mas o representante da Confederação Helvética que exerce as funções de Presidente da Suíça. O Presidente da Confederação Helvética vem a ser eleito pelos sete Conselheiros Federais por um período de um ano. O Presidente, com estatuto de primeiro entre iguais, é um dos membros do Conselho Federal sem mais poderes do que os outros, mas que tem a última palavra em caso de empate nas diversas votações que aconteçam no Conselho Federal ou entre as formações políticas.

Com a Revolução Bolchevique de 1917, na Rússia, pela primeira vez os trabalhadores foram intitulados como os detentores do poder político, mas quem fazia a gestão de fato era o Partido Comunista. Na União das

Repúblicas Socialistas Soviéticas (URSS), na Constituição de 1977, existia uma **troika**, com o Presidente da República, o Primeiro-Ministro e o Presidente do Partido Comunista, em geral, este sendo o mais importante. Tal sistema foi levado para a Europa Oriental após a II Guerra Mundial, para os Estados satélites, mas já nenhum mais existe. A continuidade do sistema socialista deu-se mais na Ásia, especialmente na China, que por sua vez vive uma contradição, pois tem uma gestão econômica planificada, ainda, mas com base no liberalismo econômico, ou seja, com economia capitalista, caminho que foi seguido pelo Vietnan, também já abordado, e o Laos. A Coreia do Norte é mais **sui generis**, pois apesar de tida socialista, vem sendo governada desde sempre por uma mesma família já por três gerações, os Kim, como já dito. Por outro lado, apesar de Cuba ainda se dizer socialista, cada vez mais amplia o espaço democrático em suas instituições e, pouco a pouco, o liberalismo econômico, avança, ainda que dirigido pelo Partido Comunista Cubano. Este ainda indica o Presidente da República, mas não se sabe quanto tempo mais vai sobreviver este sistema político.

Existem, ainda, as monarquias absolutistas no mundo atual, especialmente na Península Arábica e no Brunei, de fé maometana. São regimes dirigidos por um Rei, Emir ou Sultão, com amplos poderes, de modo geral indicando os Ministros e tendo, às vezes, Assembleias Consultivas. Estas não são eleitas e a representação política apresenta-se muito limitada, mas significam os resquícios do passado mantidos pelas contradições da política atual e pela força dos recursos financeiros que o petróleo proporciona na economia. Sem paralelo com tais monarquias, o Irã tem uma República teocrática, com Presidente da República eleito diretamente, mas cujo líder religioso do xiismo[41] tem mais força do que qualquer outro político, o **Aiatolá**[42].

Por fim, existem ainda os regimes ditatoriais, boa parte sobre a aparência do presidencialismo, alguns até com eleições regulares, mas que se perpetuam no poder por coação ou por contínuas fraudes eleitorais. Foi muito comum na América Latina e no Caribe, mas hoje fenômeno político razoavelmente raro, salvo na Venezuela. Sobrevivem mais as Ditaduras Presidenciais na maioria dos países africanos, tanto ao norte do Saara, como na chamada África Negra. Em geral, militares dão golpes e contragolpes para exercerem a Presidência da República, sempre com péssimos resultados. Poucos Estados têm natureza democrática, como a África do Sul, de regime presidencialista, e o Botswana, de regime parlamentarista, exce-

41 **Xiismo** é o movimento nascido da cisma muçulmana, que contestou a sucessão de Abu-Becre a Ali, genro de Maomé é considerado seu sucessor legítimo, tendo a natureza conservadora.

42 "**Aiatolá** s. m. título honorífico dos principais chefes religiosos do Islã **xiita**" (KOOGAN/HOUAISS. **Enciclopédia e Dicionário Ilustrado**, *op. cit.*, p. 39).

ções a confirma a condução autoritária neste continente. Por outro lado, os países asiáticos que fizeram parte da União das Repúblicas Socialistas Soviéticas (URSS) também se transformaram em Ditaduras Presidenciais, como o Turcomenistão e outros.

Capítulo XI

PODER LEGISLATIVO E PROCESSO LEGISLATIVO

Sumário: 11.1. Noção de Poder Legislativo; **11.2.** Aspectos do Congresso Nacional; **11.3.** Aspectos da Câmara dos Deputados; **11.4.** Aspectos do Senado Federal; **11.5.** Funções dos Deputados e dos Senadores; **11.6.** Reuniões Parlamentares no Congresso; **11.7.** Comissões Parlamentares no Congresso; **11.8.** Processo Legislativo Brasileiro; **11.9.** Espécies de Leis Brasileiras; **11.10.** Iniciativa de Leis na Constituição; **11.11.** Tramitação Legal na Constituição.

11.1. Noção de Poder Legislativo

O Poder Legislativo é o objeto de estudo a partir dos fenômenos políticos que ocorreram no século XVII, nas chamadas Revoluções Inglesas, e, em 1789, com a Revolução Francesa. Não obstante, em quase todos os países europeus houve, em épocas medievais, instituições políticas chamadas de Parlamento, Estados Gerais ou Cortes. Nos séculos XVI e XVII, começaram estas instituições a declinar em virtude do processo de centralização política empreendido pelo poder monárquico. Dessas primeiras experiências, apenas o Parlamento Britânico saiu-se bem, vencendo o poder real, com a Revolução Gloriosa, em 1688. Por outro lado, no processo francês houve uma ruptura radical, nascendo daí um novo Legislativo. No século XIX, houve um grande desenvolvimento parlamentar, constituindo-se esse no centro do debate político e no responsável pelas ações públicas. Por outro lado, no século XX, ocorreu um esvaziamento dos órgãos legislativos, em função da amplitude da atuação do Executivo, processo que continua no século XXI. O Parlamento, em que pesem os inúmeros conceitos a ele atribuídos, pode ser entendido como uma Assembleia ou um sistema de Assembleias, baseada sua representatividade no modo de escolha de seus membros e de sua atuação[1].

---

1 "Estas assembleias gozam de atribuições funcionais variadas, mas todas elas se caracterizam por um denominador comum: a participação direta ou indireta, muito ou pouco relevante, na elaboração e execução das opções políticas, a fim de que elas correspondam à 'vontade popular'. Convém precisar que, ao dizermos 'assembleia', queremos indicar uma estrutura colegial organizada, baseada não num princípio hierárquico, mas, geralmente, num princípio igualitário. Trata-se, por isso, de uma estrutura de tendência policêntrica. Como toda a definição, também esta apresenta o problema de certos casos-limites. Existem, por exemplo, instituições políticas que respeitam formalmente estes cânones e que se poderiam chamar, portanto, Parlamento, mas que, por trás da fachada exterior, apresentam uma realidade muito diferente, não podendo, por isso, ser consideradas como tais. E não se deve esquecer que tais ambiguidades possuem uma clara

Deve-se observar, inicialmente, que o processo eleitoral fez com que passasse a haver um liame entre o Legislativo e os eleitores. O voto universal e secreto representou uma revolução política, que modificou e deu nova dimensão aos órgãos parlamentares. Ao desaparecer as Câmaras nobiliárquicas hereditárias e as constituídas por nomeações, permitiu-se que os eleitores viessem a ser os fiadores dos parlamentares eleitos, devendo estes prestar contas de suas atividades para aqueles. Significativa, também, foi a duração do mandato, cuja atemporalidade mostrou-se essencial para o processo, pois permitia a renovação e o controle da atuação parlamentar. A duração, em geral, é de quatro a seis anos, sendo a Câmara dos Representantes norte-americana uma exceção, com seu mandato de dois anos. Existe, ainda, a renovação parcial, onde existam duas Casas Legislativas.

Os Parlamentos podem ser monocamerais ou bicamerais, ou seja, compostos de uma ou duas Câmaras. O sistema de duas Câmaras tem suas raízes no feudalismo e no sistema de **ständestaat**, mas que adquiriu hoje, com o fim das Cortes nobiliárquicas, uma nova dimensão. As duas Casas têm por base o princípio da soberania popular, mas cada uma possui competências diversas. No Estado Federal ou onde exista uma ampla autonomia regional, o bicameralismo constitui uma constante, como no Brasil, nos Estados Unidos, na Alemanha e na Rússia, dentre outros países. A segunda Câmara é instituída como instrumento de integração da representatividade regional, enquanto a primeira está afeita diretamente ao eleitorado em geral. Foi concebida, também, a segunda Câmara, principalmente nos Estados Unitários, como um poder conservador, contrapeso das atividades da Câmara dos Representantes, em geral mais liberal do que a outra.

O Parlamento é constituído de vários órgãos, destacando-se seu Plenário, Presidente e Comissões. O Plenário vem a ser seu órgão soberano, aquele que decide por último e representa a verdadeira vontade dos Parlamentares, nele ocorrendo as principais deliberações. O Presidente, ou Presidentes das Câmaras, tem papel relevante, podendo tanto existir a figura de absoluta imparcialidade, como no caso do **Speaker** britânico, em que o dirigente não é conivente ao Governo, nem a ele subserviente. Por conseguinte, o papel que a presidência deve desempenhar torna-se relevante, pois dela dependem os instrumentos administrativos e jurisdicionais que demonstram a autonomia parlamentar. As Comissões são órgãos técnicos, nascidas não só da necessidade de especialização, como também do núme-

significação política. A definição escolhida compõe-se de duas partes: a primeira atende à dimensão morfológica e estrutural do fenômeno; a segunda, ao invés, à sua dimensão funcional" (COTTA, Maurizio. **Parlamento.** *In*: BOBBIO, Norberto, MATTEUCCI, Nicola, e PASQUINO, Gianfranco. **Dicionário de Política**. Brasília: Universidade de Brasília, 2008, vol. 2, p. 876).

ro elevado dos componentes do Legislativo[2]. Estas são mais restritas e eficazes no plano de trabalho legislativo. Os critérios pelas quais são organizadas variam muito de um Parlamento para outro.

A estrutura do Legislativo também está relacionada com os grupos políticos nele presentes, pois os parlamentares não agem individualmente, mas relacionados com grupos ou partidos políticos. Estes, em que pesem terem uma base organizacional fora do âmbito parlamentar, tornam-se presentes nas Assembleias mediante estruturas organizadas, em geral identificadas como maioria ou como minoria. Do ponto de vista estrutural, é fundamental o número dos partidos, as possibilidades de alianças e as coalizões interpartidárias, bem como o grau de coesão interna. Ocorrem, aí, sistemas monopartidários, bipartidários ou pluripardidários, com profundas repercussões na forma de atuação do Parlamento.

São diversas as funções parlamentares, podendo ser distintas quatro principais, a saber: a) a representação; b) a legitimação; c) a legislação; d) o controle sobre o Executivo[3]. A importância de cada função varia bastante, de acordo com cada Parlamento, podendo cada uma delas ser ampliada ou atrofiada. Na verdade, existe uma dinâmica própria em cada Casa Legislativa que faz com que suas atribuições institucionais sejam maiores ou menores.

A representação política talvez seja a mais complexa, pois tanto pode assegurar a soberania popular como também proporcionar a manipulação das massas. Em geral, espera-se que o Legislativo represente o fluxo de opiniões que se movem de baixo para cima e, não, em fluxo descendente de modelos e de opções políticas impostas pelo alto. Apesar de ser um órgão público, às vezes, comporta-se como intermediário entre a Administração e a sociedade civil. Paralelo à representação, ocorre a legitimação, pois os Parlamentos não só transmitem demandas e pedidos, como também, geralmente, as manifestações de consenso ou de dissenso, de apoio político ou de contestação, em relação ao Governo. A legitimação é mais evidente quando há a autonomia parlamentar e os parlamentares agem de acordo com a vontade de seus eleitores, mas é comum o Legislativo servir apenas

2 "As comissões são supostas realizar algumas tarefas de pesquisa e de assessoria para a legislatura e eventualmente apresentar seus resultados, com ou sem emendas, com ou sem relatório da minoria, com ou sem propostas alternativas. No que se refere a esse tipo de trabalho das comissões, é importante indagar de quanta assessoria técnica dispõe a legislatura e se as comissões realizam audiências e, em caso afirmativo, se são públicas ou privadas" (LA PALOMBARA, Joseph. **A Política no Interior das Nações**, *op. cit.*, p. 123).

3 COTTA Maurizio. **Parlamento.** *In:* BOBBIO, Norberto, MATTEUCCI, Nicola, e PASQUINO, Gianfranco. **Dicionário de Política**. Brasília: Universidade de Brasília, 2007, vol. 2, p. 879.

para assegurar uma fachada de liberdade política, já que vem a ser um títere do Executivo[4].

A atividade legislativa é a mais típica do Parlamento atual, tanto que este pode ser também definido como Poder Legislativo. Não se apresentam mais tão evidentes as características da teoria da separação dos poderes, postos que as transformações que ocorreram, no século XX e no início do século XXI, fizeram um Executivo mais forte e interessado na função legislativa. A lei, em geral um ato de suprema intervenção na vida cotidiana, com o tempo perdeu seu caráter anterior, convertendo em ação corriqueira da política, cada vez mais intervindo na vida privada. O Executivo passou a ter sérias responsabilidades sobre o processo de elaboração legal, em todas suas fases, seja a iniciativa, a discussão ou a deliberação. Hoje, já se pode dizer que a competência legislativa do Parlamento está se reduzindo a uma atividade residual, ofuscada pela agressividade do Executivo nesse plano.

O processo de deliberação se desenvolve de acordo com cada Legislativo. Depois de ocorrer a iniciativa, os projetos de lei vão para as Comissões técnicas, para serem objetos de estudos ou de emendas. São dirigidas, então, para o Plenário, onde ocorre uma discussão global sobre o projeto, examinando-se os artigos e as emendas propostas para, finalmente, ocorrer a votação[5]. O Executivo não descuida dos seus interesses e está sempre pressionando para que sua vontade prevaleça sobre a minoria que se lhe opõe. A pressão também acontece de outros setores, seja de grupos econômicos, seja de instituições da sociedade civil.

Em virtude da amplitude da atuação do Executivo, nos dias de hoje, cabe cada vez mais ao Parlamento a função de controle sobre este e suas

---

4 "Uma conhecida função de um sistema representativo é a de dar apoio suficiente aos líderes políticos e torná-los capazes de equilibrar pressões conflituosas e formular planos a longo prazo para o governo. Frequentemente, os políticos têm que tomar decisões impopulares e, por vezes, arrostar uma reversão provocada pela política anterior, o que requer imenso esforço" (KING, Preston. **O Estudo da Política**. Brasília: Universidade de Brasília, 1980, p. 232).

5 "A deliberação faz parte de qualquer organização política, mesmo de uma ditadura, mas constitui o aspecto essencial da política democrática. Ela constitui o processo principal pelo qual a política é determinada. É um processo contínuo de debate. Tal como qualquer debate genuíno, a deliberação não só permite a cada participante promover os seus próprios interesses e pontos de vista, mas também ajustar a sua própria visão da realidade e, até, mudar os seus valores, como resultado desse processo. Todas as decisões políticas implicam deliberação, que, como a política, é dirigida para os mesmos dois fins distintos. Primeiro, como vimos, a deliberação e a política têm como finalidade estabelecer fins ou objetivos comuns. Segundo, todos os debates e deliberações políticos concernem à escolha de meios para alcançar o objetivo definido" (DEUTSCH, Karl. **Política e Governo**, *op. cit.*, p. 187).

atividades burocráticas[6]. É constante a vontade autoritária governamental, posto que julga não ter limites sua competência, sendo aí um espaço fundamental para os parlamentares atuarem. Não pode o Legislativo se limitar à fase legislativa, posto que esta se encontra cada vez mais restrita. A atividade de controle se apresenta como fundamental para o sistema de equilíbrio dos Poderes Políticos, assegurando assim o regime democrático, como expressou James Madison na sua discussão sobre freios e contrapesos[7].

Por fim, para se compreender o fenômeno da participação do Legislativo na vida política, parte-se da análise da forma de governo, seja de um regime presidencialista ou, então, parlamentarista. No primeiro caso, o Presidente da República é basicamente independente do Legislativo e tem enorme controle sobre a designação dos membros do ministério, sobre a apresentação e a deliberação de projetos de lei, sobre o orçamento e outras numerosas atividades ligadas a uma forte liderança executiva. O cargo cumula em si as funções de Chefe de Estado e de Chefe de Governo, enfaixando em suas mãos um sem número de poderes e de responsabilidades, que acabam centralizando na figura presidencial a vida institucional de um Estado, como já comentado. Em tais casos, quase sempre o Parlamento se mostra dócil e logo o Presidente consegue formar maiorias que lhe dê tranquilidade para governar.

---

6 "A teoria é que a Câmara controla o governo. O governo, na expressão admitida, é responsável perante a Câmara. Em sentido muito verdadeiro a afirmação é precisa. Não precisa, porém, que a Câmara tome as propostas do governo e as molde de acordo com seus próprios desejos. Tampouco significa que a Câmara dê instruções ao governo. É igualmente verdade dizer que o governo controla a Câmara" (JENNIGS, Ivor. **A Constituição Britânica**, *op. cit.*, p. 57).

7 "A que expediente, então, deveremos recorrer, a fim de assegurar na prática a necessária repartição de atribuições entre os diferentes poderes, conforme prescreve a Constituição? A única resposta que pode ser dada é que, se todas essas medidas externas resultarem inadequadas, o defeito deve ser corrigido alterando-se a estrutura interna do governo, de modo que as diferentes partes constituintes possam, através de suas mútuas relações, ser os meios de conservar cada uma em seu devido lugar. [...] A fim de criar os devidos fundamentos para a atuação separada e distinta dos diferentes poderes do governo – o que, em certo grau é admitido por todos como essencial à preservação da liberdade – é evidente que cada um deles deve ter uma personalidade própria e, consequentemente, ser de tal maneira constituído que os membros de um tenha a menor ingerência possível na escolha dos membros dos outros. Para que este princípio fosse rigorosamente observado, seria necessário que todas as designações para as magistraturas supremas do Executivo, do Legislativo e do Judiciário tivessem a mesma fonte de autoridade – o povo – através de canais sem comunicações uns com os outros" (MADISON, James. **Freios e Contrapesos.** *In*: HAMILTON, Alexander, MADISON, James, e JAY, John. **O Federalista**. Brasília: Universidade de Brasília, 1984, **Artigo 51**, p. 417).

Existem, no parlamentarismo, duas modalidades, o sistema de gabinete e o sistema parlamentar, como já observado. No primeiro caso, ocorre domínio de fato pelo gabinete, independentemente do que digam os textos constitucionais, sendo a Grã-Bretanha um exemplo típico. É no partido político que se designa quem vai ser o Primeiro Ministro, cabendo ao Parlamento apenas ratificar o ato anterior[8]. Em tal situação se assemelha, em alguns casos, com o presidencialismo, dada a concentração de poderes nas mãos do **Premier**. No sistema parlamentar, não somente o Primeiro Ministro designado, como também seu Gabinete completo, deve ser submetido ao Legislativo, para aprovação, o que favorece a este competências e atribuições. O caso clássico foi a IV República Francesa, em que houve, aparentemente, arrogância dos parlamentares nas derrubadas contínuas de Gabinetes, regime que acabou sendo liquidada por Charles de Gaulle[9], em 1958, seguida da Constituição Francesa de 1958, que instalou a V República Francesa e seu peculiar presidencialismo-parlamentarismo.

11.2. Aspectos do Congresso Nacional

O Poder Legislativo é objeto de estudo a partir dos fenômenos políticos que ocorreram no século XVII, nas chamadas Revoluções Inglesas, e em 1789, na Revolução Francesa. Não obstante, em quase todos os Estados europeus houve, em épocas medievais, instituições políticas chamadas de Parlamento, Estados Gerais ou Cortes. Nos séculos XVI e XVII, começaram estas instituições a declinar, em virtude do processo de centralização política empreendido pelo poder do Rei. Das experiências iniciais, somente o Parlamento inglês, depois, britânico, saiu-se bem, vencendo o poder real, com a Revolução Gloriosa de 1688. Todavia, no processo francês ocorreu uma ruptura radical, surgindo daí um novo Legislativo. No século XIX, houve um grande desenvolvimento parlamentar, constituindo-se esse no centro do debate político e responsável pelas principais ações públicas. Por outro lado, no século XX, sucedeu um esvaziamento dos órgãos legislativos, em função da amplitude da atuação do Poder Executivo. O Parlamento, em que pesem os inúmeros conceitos a ele atribuídos, pode ser entendido como um grupo de parlamentares eleitos, baseada sua representatividade no modo de escolha de seus membros e de sua atuação.

---

8 LA PALOMBARA, Joseph. **A Política no Interior das Nações**, *op. cit.*, p. 188.

9 "Gaulle (Charles De). General e estadista francês (Lille, 1890 – Colombey-les-Deux--Églises, 1970). Encabeçou em Londres, por ocasião do armistício de 1940, a resistência francesa contra a Alemanha. [...]" (KOOGAN/HOUAISS. **Enciclopédia e Dicionário Ilustrado**, *op. cit.*, p. 741).

São várias as funções parlamentares, podendo ser distinguidas quatro principais: a) representação; b) legitimação; c) legislação; d) controle sobre o Executivo. A importância de cada função varia bastante, de acordo com cada Estado, podendo cada uma delas ser ampliada ou atrofiada. A representação política talvez seja a mais complexa, pois tanto pode assegurar a soberania popular como também a manipulação das massas. Apesar de ser um órgão público, às vezes, comporta-se como intermediário entre a Administração Pública e a sociedade civil. Em paralelo à representação, ocorre a legitimação, pois os Parlamentos não só transmitem demandas e pedidos, como também, geralmente, manifestações de consenso ou dissenso, de apoio político ou de contestação, em relação ao Executivo. A legitimação é mais evidente quando há autonomia parlamentar e os parlamentares agem de acordo com a vontade de seus eleitores, mas é comum o Legislativo servir apenas para assegurar uma fachada de liberdade política, sendo um sobrevivente do Executivo.

Para se compreender o fenômeno da participação do Legislativo, na vida política parte-se da análise da forma de governo, seja de um regime presidencialista ou, então, parlamentarista. No primeiro caso, o Presidente da República é basicamente independente do Legislativo e tem enorme controle sobre a designação dos membros do Ministério, sobre a apresentação e a deliberação de projetos de lei, sobre o orçamento e outras numerosas atividades ligadas a uma forte liderança executiva. O cargo cumula em si várias funções de Chefe de Estado e de Chefe de Governo, enfeixando em suas mãos um sem-número de poderes e responsabilidades, que acabam centralizando na figura presidencial a vida institucional de um país. Em tais casos, quase sempre o Parlamento se mostra dócil e logo o Presidente consegue formar maioria que lhe dê tranquilidade para governar.

Desde a Constituição de 1824, havia o bicameralismo, com um Senado e uma Câmara, no Brasil. No sistema federal, o Poder Legislativo da União, que é o depositário da soberania estatal, está dividido em duas Casas, uma, o Senado Federal, órgão dos Estados-membros, tendo este igual número de representantes. A Câmara dos Deputados representa o povo nacional, por isto os Estados-membros têm números diversos de representantes. Ademais, o Senado Federal tem tendências mais conservadoras e, por isto, vem a ser uma casa revisora dos projetos da Câmara dos Deputados.

A representação federal é, assim, diferente da representação dos Estados-membros, dos Territórios e do Distrito Federal, porque se faz através de órgão legislativo unicameral, a Assembleia Legislativa. Ao contrário dos Estados Unidos, em que quase todos os Estados-membros têm um Senado e uma Câmara. No mesmo sentido ocorre nos Municípios, que dispõe apenas da Câmara Municipal. O caráter e a competência do Senado Federal apresentam-se como especial e diferente, mas procura assegurar uma tradição que vem desde a independência, como também elemento representativo dos Estados-membros, dos Territórios e do Distrito Federal, no Legislativo da União. Os Municípios estão excluídos desta representação federal, bem como da representação estadual, pois não se encontram como participantes representantes especiais nas Assembleias Legislativas.

A Câmara dos Deputados apresenta-se, quase sempre, como a Casa Legislativa mais liberal e sensível à pressão dos **lobbies**, da opinião pública, das associações, da imprensa e das manifestações populares. Esta relação se deve ao fato de que, na própria redação constitucional, encontra-se descrita como integrada de representantes do povo. A representação é a forma pela qual se dá a democracia indireta, aquela em que as decisões legislativas são tomadas por representantes de circunscrições eleitorais. Existe na Constituição brasileira forma de democracia direta, na qual os eleitores decidem sobre projetos legislativos e constitucionais, através do plebiscito, do referendo e da iniciativa popular, previstos nos incisos do art. 14, do texto constitucional.

A representação, como forma de exercício de poder político, nasceu com a ampliação da cidadania e com a preocupação de se ter um sistema de decisão legislativa mais técnico e preciso. O voto proporcional permite que haja uma escolha pessoal dos eleitores. Este processo de representação política nasceu da crise resultante das distorções do voto majoritário, no qual, ao escolher apenas um candidato, exclui-se todos os outros votos, que deixam de ser representados. Apesar da dimensão nacional da representação, está expressa a participação dos Estados-membros, dos Territórios e do Distrito Federal, como integrantes da Federação. A matéria está tratada nas Constituições desde 1824 (arts. 40 a 48, 90, 92, 94 e 96), bem como nas Constituições de 1891 (art. 28), de 1934 (art. 23, **caput**), de 1937 (art. 46), de 1946 (art. 56) e de 1967 (art. 41, **caput**).

Encontram-se dispostas nos parágrafos do art. 45, da Constituição de 1988, as regras para a fixação do número de deputados, de forma proporcional, bem como o máximo de setenta por cento e o mínimo de oito representantes por Estado-membro, com os Territórios tendo direito a quatro deputados cada. A Lei Complementar Federal nº 78, de 30.12.1993 dispôs sobre a matéria, estabelecendo que:

> "Art. 1º Proporcional à população dos Estados e do Distrito Federal, o número de deputados federais não ultrapassará 513 representantes, fornecida, pela Fundação Instituto Brasileiro de Geografia e Estatística, no ano anterior às eleições, a atualização estatística demográfica das unidades da Federação.
> Parágrafo único. Feitos os cálculos da representação dos Estados e do Distrito Federal, o Tribunal Superior Eleitoral fornecerá aos Tribunais Regionais Eleitorais e aos partidos políticos o número de vagas a serem disputadas.

> Art. 2º Nenhum dos Estados-Membros da Federação terá menos de oito deputados federais. Parágrafo único. Cada Território Federal será representado por quatro deputados federais.
> Art. 3º O Estado mais populoso será representado por 70 deputados federais".

O Senado Federal é integrado por representantes dos Estados-membros e do Distrito Federal, excluído os Territórios e os Municípios. Os Estados-membros brasileiros jamais tiveram a soberania que os Estados-membros norte-americanos possuíram em algum momento passado. No começo de sua Guerra de Independência, em 1776, foi constituída uma Confederação, no qual estes continuaram a ter soberania e o poder de veto nas decisões do órgão legislativo. Depois, houve a mudança para uma Federação, com a Constituição dos Estados Unidos de 1786, no qual abriram mão da soberania, retendo apenas a autonomia interna e a representação no Poder Legislativo da União, exatamente no Senado Federal.

O voto majoritário é aquele em que o que tem maior número de votos leva a representação política, independente dos votos que tiver, desde que esteja em maior número do que os outros. Ele não conta os votos da legenda partidária, mas apenas os seus próprios, ainda que filiado a partido político. Difere do sistema do voto proporcional, pois neste as vagas são distribuídas sendo a força eleitoral de cada partido ou de coligação partidária.

O número de Senadores é fixo, sendo de três, por Estado-membros e pelo Distrito Federal, com o número atual de oitenta e um, por conta dos vinte e seis Estados-membros e esta última unidade da Federação, no total de vinte e sete delegações. O mandato é de oito anos, equivalente a duas legislaturas, de quatro anos cada, e de oito sessões legislativas, de um ano cada. Existe uma crítica contundente quanto ao disposto no § 3º do art. 46, da Constituição Federal, que prevê que sejam eleitos dois suplentes por Senador, conhecidos por primeiro e segundo suplentes. O longo período de mandato implica a possibilidade de óbito ou falecimento ser muito grande, fazendo com que a assunção de um deles ocorra com muita frequência. Assim, sem sequer ser eleito de fato, um candidato pode obter um longo mandato. A matéria foi tratada na Constituição de 1824 (art. 40) e constou, também, nas Constituições de 1891 (art. 30), de 1934 (art. 89), de 1937 (art. 50), de 1946 (art. 60, **caput**) e de 1967 (art. 43) e na Emenda Constitucional nº 1, de 17.10.1969, apareceu no art. 41.

O quórum é o número mínimo de parlamentares em cada Casa, para que a sessão possa iniciar-se e para que ocorram eficientes deliberações. O número mínimo, no Congresso Nacional, é o da maioria absoluta, ou seja, metade mais um. Para haver deliberação, por outro lado, necessário se faz que existam quóruns que variam de acordo com as disposições legais. As leis ordinárias, resoluções e decretos legislativos exigem maioria simples ou relativa, que compreende a metade dos votantes, que se encontrarem presentes à Sessão, mais um. Caso o número não seja divisível, deve a fração ser arredondada para o número que pender. As leis complementares, por outro lado, exigem maioria absoluta, caso em que compreende metade dos membros da Casa Legislativa, contando ausentes e presentes, mais um. Por fim, existe a maioria de três quintos, sendo necessário para a deliberação de, pelo menos, sessenta por cento dos integrantes dessa, sendo assim exigível para se emendar a Constituição. Os processos de cassação do mandato do Presidente, de Vice-Presidente, de Deputados Federais e de Senadores, de competência do Plenário, devem ter o quórum qualificado, de maioria absoluta. O quórum legislativo está tratado nas Constituições desde 1824 (arts. 22 a 25). Apareceu, ainda, nas Constituições de 1891 (art. 18), de 1934 (art. 27), de 1937 (art. 40), de 1946 (art. 42) e de 1967 (art. 33), mas que na sua Emenda Constitucional nº 1, de 17.10.1969, passou a ser art. 31.

O processo de constitucionalização do espaço político decorreu do embate que atravessou os séculos XVII e XVIII, na Europa e na América do Norte, entre a monarquia e a burguesia, que se manifestava nos conflitos entre o Parlamento e o Rei. O primeiro Poder, então, devia ser o Legislativo, porque neste estava o supremo poder, de fazer leis e de exigir que as mesmas fossem respeitadas. O poder de elaborar as leis permitia o exercício da soberania, tanto no plano interno como externo.

O modelo constitucional, desenhado em **O Federalista**, refletiu na Constituição dos Estados Unidos de 1786. Devia haver três Poderes – um para elaborar as leis, o Legislativo; outro para executar as leis de natureza administrativa, o Executivo; e mais outro para executar as leis quando ocorresse um conflito de interesse, o Judiciário. Cada Poder tinha sua competência específica – de legislar, de executar ou administrar e, ainda, de julgar. Todavia, além da competência própria, tinha outras atribuições e competências, seja apreciando matéria de interesse **interna corporis**, seja de controle dos demais Poderes. Todos os Poderes tinham competência para administrar seus próprios interesses, como questões relativas aos seus próprios servidores públicos ou aos respectivos organismos administrativos.

O Legislativo tem competência para a nomeação de alguns cargos de natureza relevante, como o corpo diplomático. Por outro lado, além de o Judiciário julgar as matérias em que há conflito de interesse, o Executivo decide seus processos administrativos e o Legislativo funciona como um Tribunal, quando de processo de impedimento. Por fim, é no Legislativo que a lei toma forma, através da discussão e da aprovação em Comissões e nos Plenários de duas Casas Legislativas, como o Senado Federal e a Câmara dos Deputados. Não obstante, os Tribunais Superiores do Judiciário Federal têm a iniciativa das leis de seu interesse. No mesmo sentido, o Executivo, através do Presidente da República, possui a iniciativa das leis previstas no § 1º do art. 61, além de ter o poder de promulgar, sancionar ou vetar e publicar as leis, conforme os parágrafos do art. 66, bem como adotar medidas provisórias, permitidas no art. 62, tudo do texto constitucional.

Existe um sistema em que cada Poder tem sua competência própria, atividade principal que desenvolve, mas exerce as competências dos outros dois Poderes, em determinadas matérias e circunstâncias. Os Poderes se fiscalizam, com o Judiciário exercendo competência para controlar os demais Poderes, ao passo que alguns cargos daquele são preenchidos através de um processo em que o Legislativo escolhe magistrados dos Tribunais Superiores, juntamente com o Executivo, previstos nos arts. 52, III, "a", e 84, XIV, do texto constitucional, além de outros de competência exclusiva deste, quanto aos Tribunais Regionais Federais (TRF), aos Tribunais Regionais do Trabalho (TRT) e aos Tribunais Regionais Eleitorais (TRE).

No processo mais típico do Legislativo, a elaboração da lei, concorre para a efetivação da mesma a sanção do Presidente da República. Contudo, excetuam-se as competências privativas internas do Congresso Nacional, da Câmara dos Deputados e do Senado Federal, previstas, respectivamente, nos arts. 49, 51 e 52, do texto constitucional, desta participação do Executivo. Assim, em geral, a lei tem a participação conjunta do Legislativo e do Executivo, transformando o processo legislativo em algo difícil e complexo.

As competências exclusivas do Congresso são aquelas em que há a participação conjunta da Câmara dos Deputados e do Senado Federal, em que se realizam em uma Sessão unicameral. Cada uma das Casas Legislativas delibera sozinha, mas a participação de ambas deve ocorrer. A participação privativa é aquela em que cada uma destas Casas, sem qualquer participação da outra, delibera sobre a competência que deve exercer isolada da outra.

Depois da igualdade, o princípio constitucional principal é o da legalidade. Por este, alguém só está obrigado a alguma coisa se for disciplinada por lei. Esta é a forma pela qual o Poder Público Federal exerce a soberania, exigindo respeito e isonomia no plano externo, bem como exercendo o poder de coagir seus cidadãos a cumprir a legislação em vigor. Trata-se do princípio constante no inciso II do art. 5º, da Constituição de 1988. Portanto, a lei é fundamental para que o Brasil possa funcionar, ordenando as relações sociais e econômicas.

Cabe ao Congresso Nacional, em matéria de competência exclusiva, dispor sobre os dispositivos que constam nas atribuições da União. Assim as inúmeras competências privativas federais previstas nos incisos do art. 22 estão aí incluídas, bem como a competência comum da União, dos Estados-membros, do Distrito Federal e dos Municípios, tratadas no art. 23, e a competência concorrente da União, dos Estados-membros e do Distrito Federal, no art. 24, tudo do texto constitucional. Além dessas competências, já expressas, foram mencionadas outras, algumas em redundância, nos incisos do art. 48, da Constituição Federal. Pode ter sido uma forma de dar ênfase à matéria, mas parece confuso, porque excluem algumas outras matérias sem qualquer princípio prévio de seleção.

Pode ser que a iniciativa seja do Presidente da República, de acordo com o § 1º do art. 61, da Constituição Federal. Por outro lado, também têm iniciativa o Supremo Tribunal Federal, os Tribunais Superiores e o Procurador-Geral da República, de acordo com o **caput** do art. 61, que têm prerrogativas nas matérias em que dispõe sobre sua organização, funcionamento, polícia, criação, transformação ou extinção de cargos, empregos e funções de seus serviços, e a iniciativa de leis para fixação da respectiva remuneração, condicionada pela lei de diretrizes orçamentárias. O cidadão também tem iniciativa, na situação prevista no inciso III do art. 14, do texto constitucional. Em todos os casos em que ocorre a iniciativa das autoridades acima mencionadas e dos cidadãos, começa o processo na Câmara dos Deputados, seguindo para o Senado Federal, como Casa Revisora do projeto de lei. Encontrou-se disposto o problema nas Constituições de 1824 (art. 15), de 1891 (arts. 34 e 35), de 1934 (art. 39), de 1946 (art. 65) e de 1967 (art. 46).

Está previsto no inciso I do art. 48, da Constituição de 1988, que compete ao Congresso Nacional instituir tributos, como os impostos previstos nos arts. 153 e 154 do texto constitucional. Tratam-se dos impostos sobre: a) importação de produtos estrangeiros; b) exportação, para o exterior, de produtos nacionais ou nacionalizados; c) renda e proventos de qualquer natureza; d) produtos industrializados; e) operações de crédito, câmbio e seguro, ou relativas a títulos ou valores mobiliários; f) propriedade territorial rural; g) grandes fortunas; h) impostos não previstos; i) impostos extraordinários, na iminência ou no caso de guerra externa. Pode fixar, ainda, taxas, em razão do poder de política ou pela utilização, efetiva ou potencial, de serviços públicos específicos e divisíveis, prestados aos contribuintes ou postos a sua disposição e contribuição de melhoria, decorrentes de obras públicas, tudo disposto no art. 145, II e III, da Constituição Federal.

No mesmo sentido, estão as contribuições sociais, de intervenção no domínio econômico e de interesse das categorias profissionais ou econômicas, como instrumento e sua atuação nas respectivas áreas, do art. 149, da Constituição de 1988. A iniciativa dessa matéria é de competência privativa do Presidente da República, de acordo com o art. 61, § 1º, II, "b", do texto constitucional. Por outro lado, os cargos, os empregos e as funções públicas são acessíveis aos brasileiros e aos estrangeiros, dependendo de aprovação prévia em concurso público, de provas ou de provas e títulos, que devem ser instituídas por lei. No inciso II do art. 48, da Constituição Federal, está disposto que é competência do Congresso Nacional deliberar sobre plano plurianual, diretrizes orçamentárias e orçamentos anuais, encontrando-se prevista no seu art. 165.

É preciso que o Legislativo esteja atento para que, na sua dotação orçamentária, esteja previsto tudo que possa pagar, em doze meses, os compromissos parlamentários, desde os subsídios dos Deputados Federais e dos Senadores da República, custeio da Administração legislativa, investimento em bens e equipamentos e remuneração dos seus servidores públicos próprios.

A fixação e a modificação do efetivo das Forças Armadas dependem de lei, sendo que estas são constituídas pela Marinha, pelo Exército e pela Aeronáutica, dispostos no art. 142, da Constituição de 1988. Trata-se de instituições que dependem da hierarquia e da disciplina, obedecendo a um centro de decisões. Faz parte das atribuições federais, de acordo com o inciso II, declarar a guerra e celebra a paz, inciso III, assegurar a defesa nacional, e IV, permitir, nos casos previstos em lei complementar, que forças estrangeiras transitem pelo território nacional ou nele permaneçam temporariamente, todos do art. 21, do texto constitucional.

A competência legislativa da União está fixada no inciso XXI, para as normas gerais de organização, efetivos, material bélico, garantias, convocação e mobilização das políticas militares e corpos de bombeiros militares, bem como no inciso XXVIII, todos do art. 22, para a defesa territorial, defesa aeroespacial, defesa marítima, defesa civil e mobilização nacional. A iniciativa nessa matéria é de competência privativa do Presidente da República, de acordo com o art. 61, § 1º, I, da Constituição de 1988. Os planos são a forma pela qual o Poder Público pode condicionar e modificar a realidade econômica e social. Partindo da análise de dados colhidos através de pesquisa e estudo, faz-se uma conclusão das melhores condições e se prepara um cronograma com as formas de atuação estatal. A forma pela qual vai ser exercido o plano se dá mediante os planos e os programas. Compete à União, através de lei, elaborar os planos nacionais, bem como os regionais, próprios das cinco regiões em que o país está dividido. Cabe-lhe, ainda, a competência para os planos setoriais e programas, voltados para uma área específica do mundo econômico ou social.

O território vem a ser o espaço geográfico de um país, a área que está sob sua jurisdição e na qual é capaz de ter supremacia interna. Para esse existir, deve ter um território, fixado através de lei. Faz parte do território brasileiro, além da superfície terrestre, a plataforma continental e a zona econômica exclusiva, inciso V, bem como e o mar territorial, inciso VI, ambos do art. 20, da Constituição Federal. É atribuição da União organizar e manter os serviços oficiais de estatística, geografia, geologia e cartografia de âmbito nacional, do art. 21, XV, bem como de legislar sobre sistema estatístico, sistema cartográfico e de geologia nacionais, do inciso XVIII do art. 22, tudo do texto constitucional.

Os bens de domínio público foram descritos no art. 66, do Código Civil de 1916, como: a) bens de uso comum do povo, tais como os mares, rios, estradas, ruas e praças; b) de uso especial, tais como os edifícios ou terrenos aplicados a serviços ou estabelecimentos federais; c) os dominicais, que constituem o patrimônio da União, como seu objeto de direito pessoal ou real. No Código Civil de 2002, os bens públicos foram tratados nos arts. 98 a 103, da Lei Federal nº 10.460, de 10.01.2002. Dispõe o art. 20, do texto constitucional, que são bens da União: a) os que lhe pertencem e os que lhe vierem a ser atribuídos; b) as terras devolutas indispensáveis à defesa nacional, às vias de comunicação e à preservação ambiental; c) os lagos, os rios e quaisquer correntes de água federal; d) as ilhas fluviais e lacustres, as praias marítimas e as ilhas oceânicas e costeiras federais; e) os recursos naturais da plataforma continental e da zona econômica exclusiva; f) o mar territorial; g) os terrenos de marinha e seus acrescidos; h) os potenciais de energia hidráulica; i) os recursos minerais, inclusive os de subsolo; j) as cavidades naturais subterrâneas e os sítios arqueológicos e pré-históricos; k) as terras tradicionalmente ocupadas pelos índios.

Encontra-se previsto no inciso VI do art. 48 que a incorporação, a subdivisão ou desmembramento de áreas de Territórios ou Estados-membros são competência da União, ouvidas as respectivas Assembleias Legislativas. Na verdade, consta também que, depois da aprovação da população diretamente interessada, através de plebiscito, deve sê-lo feito por lei complementar federal, para a incorporação, subdivisão ou desmembramentos dos Estados-membros, para se formarem novos Estados-membros ou Territórios Federais, de acordo com o § 3º do art. 18, da Constituição Federal.

Pelo inciso VII do art. 40, da Constituição de 1988, cabe dispor, através de lei, sobre a transferência temporária da sede do Governo Federal, quando ocorrer algum evento especial ou em caso de guerra ou de sublevação popular. A Capital Federal é Brasília, como expressamente fixa o § 1º do art. 18, do texto constitucional. Pode-se mudar a Capital, em definitivo, através de emenda constitucional. Dispõe o inciso VIII desse artigo que cabe a concessão de anistia, através de lei. No Brasil, em geral, ao final de cada ano existe uma lei concedendo anistia aos que estiverem nas situações nela descritas. Na Grécia antiga, no século V a.C., ocorreu o primeiro caso de anistia. Trata-se de uma forma do Poder Público apagar o crime cometido, concedendo liberdade antes do final da pena ou das condições previstas na Lei de Execução Penal, Lei Federal nº 7.210, de 11.07.1984.

O inciso IX do art. 40, da Constituição de 1988, trata da competência que a União tem para criar, transformar e extinguir cargos, empregos e funções públicas. Ao passo que a Câmara dos Deputados, através do art. 51, IV, e o Senado Federal, no art. 52, XIII, podem dispor sobre os cargos, empregos e funções públicas, através de decreto legislativo ou resolução, sem a participação do Executivo no processo legislativo. A criação, a transformação e a extinção desses dar-se mediante lei, discutida e aprovada no Congresso Nacional, nas duas Casas Legislativas, com a sanção ou o veto do Presidente da República. A competência é privativa do Chefe do Executivo, de acordo com a alínea "a" do inciso II do § 1º do art. 61, da Constituição de 1988.

Cabem ao Congresso Nacional as competências relativas às disposições contidas no art. 37 do texto constitucional, com as modificações das Emendas Constitucionais, como as leis relativas ao acesso aos cargos públicos, mediante concurso público, de provas e títulos ou de provas. Existem disposições sobre os cargos em comissão e as funções de confiança, bem como sobre cargos e empregos para as pessoas portadoras de deficiência e os casos de contratação por tempo determinado. Assim, o direito à livre associação sindical e o direito de greve; a revisão geral da remuneração dos servidores públicos; o valor do subsídio, vedada a vinculação ou equiparação e ao efeito cascata dos acréscimos pecuniários e a irredutibilidade dos vencimentos. É vedação à acumulação de cargos remunerados, com algumas exceções constitucionais, quando houver compatibilidade de horário, entre os cargos acumulados; administração fazendária. A criação de autarquia, de fundação pública, de empresa pública e de sociedade de economia mista, bem como suas subsidiárias. Finalmente, o processo de licitação pública, nos casos de obras, serviços, compras e alienações. É de sua competência, ainda, dispor sobre o regime jurídico dos servidores públicos da Administração, nos termos do art. 39, assim como sobre a aposentadoria e pensão dos seus servidores, como estabelece no art. 40, ambos do texto constitucional. Os Ministérios Públicos da União e do Distrito Federal encontram-se na Lei Federal nº 8.625, de 12.02.1993, assim como a Defensoria Pública da União e do Distrito Federal e Territórios estão dispostos na Lei Complementar Federal nº 80, de 12.01.1994.

Deve-se observar que, em algumas matérias, a função legislativa do Congresso Nacional não inclui a de iniciativa, de competência exclusiva do Presidente da República, nos casos de disposição sobre a criação de cargos, de funções ou empregos públicos na Administração Direta e autárquica ou aumento de suas remunerações e, ainda, a criação, estruturas e atribuições da Administração Pública. O inciso X foi modificado pela Emenda Constitucional nº 32, de 11.09.2001, podendo haver a extinção dos cargos por decreto presidencial, competência do art. 84, VI, "b", da Constituição Federal.

A forma pela qual organiza-se o Executivo Federal é de competência da União, que deve-se dar através de lei, de acordo com o inciso XI do art. 48, da Constituição de 1988. A Administração Pública Direta se exterioriza através dos Ministérios, razão pela qual a matéria é de iniciativa do Presidente da República, nos termos do art. 61, § 1º, II, "e", iniciando-se a discussão e a votação na Câmara dos Deputados. Os Ministérios são órgãos da Administração Direta, que detêm a personalidade jurídica da União. Existem outros órgãos do Executivo, da Administração Indireta, como as autarquias, as fundações públicas, as empresas públicas e as sociedades de economia mista, de acordo com o inciso XIX do art. 37, da Constituição de 1988. O inciso XI foi modificado pela Emenda Constitucional nº 32, de 11.09.2001, atribuindo à lei apenas a criação e a extinção, passando a competência da transformação para o Executivo.

A União deve disciplinar a telecomunicação e a radiodifusão através de lei, conforme o inciso XII do art. 48, da Constituição de 1988. A apreciação dos atos de concessão e de renovação da concessão das emissoras de rádio e televisão dar-se através de lei de competência federal. Trata-se de competência da União explorar, diretamente ou mediante autorização, concessão ou permissão os serviços de telecomunicações, com a previsão de criação de um órgão regulador, de acordo com o inciso XI, e os servidos de radiodifusão sonora e de sons e imagens, conforme a alínea "a" do inciso XII do art. 21. Os serviços públicos, explorados direta ou indiretamente, estão dispostos no art. 175. A União tem a atribuição, ainda, de exercer a classificação, para efeito indicativo, de diversões públicas e de programas de rádio e televisão, conforme o art. 21, XVI, do texto constitucional.

Pelo inciso XIII do art. 40, da Constituição de 1988, deve ser disciplinada por lei da União "matéria financeira, cambial e monetária, instituições financeiras e suas operações". A matéria financeira diz respeito às finanças públicas, com objetivos de obter recursos para o custeio e o funcionamento da Administração Pública. Por outro lado, a matéria cambial trata das operações de troca de moeda nacional por moeda estrangeira. Por fim, matéria monetária é a que disciplina a cunhagem e a edição de moeda. É de sua atribuição administrar as reservas do país e fiscalizar as operações de natureza financeira, especialmente as de crédito, câmbio e capitalização, bem como as de seguro e previdência privada, conforme o inciso VIII do art. 21. Tem competência legislativa, ainda, a política de crédito, câmbio, os seguros e a transferência de valores; sistemas de poupanças, captação e garantias da poupança popular, incisos VII e XIX do art. 22, respectivamente. Constitui o Capítulo IV, Do Sistema Financeiro Nacional, do Título VII, Da Ordem Econômica, tratando a matéria em seu art. 192, todos do texto constitucional. As instituições financeiras e as matérias financeira, cambial e monetária foram tratadas, na Lei Federal nº 4.595, de 31.12.1964.

Consiste de competência federal, conforme o inciso VI do art. 22, da Constituição Federal, que dá atribuição à União para legislar sobre sistema monetário e de medidas, títulos e garantias dos metais. A matéria do inciso é disciplinar a edição e cunhagem da moeda, bem como controlar o total da dívida pública. Os títulos da dívida pública são negociados em mercados secundários, de modo que a liquidez faz com que sejam quase moedas.

Com a Emenda Constitucional nº 19, de 05.06.1998, foi acrescido, ao art. 48, o inciso XV. Trata este da fixação do subsídio dos Ministros do Supremo Tribunal Federal que, em espécie, é o limite da remuneração dos servidores públicos federais, conforme o inciso XI do art. 37, ambos do texto constitucional, que também foi modificado pela emenda constitucional acima. A lei devia ser de iniciativa conjunta dos Presidentes da República, da Câmara dos Deputados, do Senado Federal e do Supremo Tribunal Federal, consenso que tem sido difícil de se obter e até agora não foi disciplinado. O inciso XV do art. 48 da Constituição Federal, exatamente pelas dificuldades de se obter o consenso acima previsto, foi modificado pela Emenda Constitucional nº 41, de 19.12.2003. Antes disso, o dispositivo tinha a seguinte redação:

> "Art. 48. ....
>
> ....
>
> XV – fixação do subsídio dos Ministros do Supremo Tribunal Federal, por lei de iniciativa conjunta dos Presidentes da República, da Câmara dos Deputados, do Senado Federal e do Supremo Tribunal Federal, observado o que dispõem os arts. 39, § 4º, 150, II, 153, III, e 153, § 2º, I".

Dispõe o art. 49, do texto constitucional, sobre as matérias de competência exclusiva do Congresso Nacional, sem a necessidade da sanção presidencial. As competências são exercidas pelo Legislativo unificado, distinto da Câmara dos Deputados e do Senado Federal. As matérias são discutidas e votadas em Sessão unicameral, exteriorizadas através de decreto legislativo ou de resolução, de promulgação do Presidente ou da Mesa do Senado Federal, respectivamente. A matéria foi tratada nas Constituições, desde 1891 (art. 35), sendo reproduzida nas Constituições de 1934 (art. 40), de 1946 (art. 66) e de 1967 (art. 47).

Cabe à União a soberania que, no plano externo, traduz-se na afirmação de igualdade com qualquer outro Estado, de modo que pode fazer tratados, acordos e atos internacionais, bem como manter relações com Estados estrangeiros e participar de organizações internacionais, de acordo com o inciso I do art. 21, da Constituição de 1988. Os tratados e os acordos equivalem a contratos firmados entre países independentes ou entre estes e os organismos internacionais. Por outro lado, prevê o inciso I, do art. 49, que cabe ao Congresso Nacional resolver definitivamente a matéria desde que acarretem encargos ou compromissos gravosos ao patrimônio nacional. A competência para celebrar tratados, convenções e atos internacionais é do Presidente da República, mas que são sujeitos ao referendo do Congresso Nacional, nos termos do art. 84, VIII, do texto constitucional.

A competência internacional é da União, que também tem poderes para declarar a guerra e celebrar a paz, assegurar a defesa nacional e permitir que forças estrangeiras transitem pelo território nacional ou nele permaneçam temporariamente, respectivamente incisos II, III e IV do art. 21. A decisão para tais atos é do Presidente da República, que tem competência privativa para decidir a matéria, como declarar guerra, no caso de agressão estrangeira, bem como decretar, total ou parcialmente, a mobilização nacional. Pode, também, celebrar a paz, em ambos os casos referendados pelo Congresso Nacional, conforme os incisos XIX e XX do art. 84. Assim, pelo inciso II do art. 49, do texto constitucional, compete a este autorizar o Presidente da República, ou referendar seu ato, quando estiver no intervalo de sessões legislativas. Compete, privativamente, ao Congresso Nacional a autorização para que o Presidente e o Vice-Presidente da República se ausentem do país, quando a ausência for superior a quinze dias, de acordo com o art. 49, III, da Constituição de 1988. O ato pelo qual é veiculada a autorização vem a ser a resolução.

Compete ao Presidente da República decretar o estado de defesa ou o estado de sítio, bem como decretar e executar a intervenção federal nos Estados-membros, conforme os incisos IX e X do art. 84, da Constituição de 1988, respectivamente. O inciso IV do art. 49 dispõe que cabe ao Congresso Nacional aprovar o estado de defesa e a intervenção federal e, por outro lado, autorizar o estado de sítio. O estado de defesa é decretado para preservar ou prontamente restabelecer, em locais restritos e determinados, a ordem pública ou a paz social ameaçadas por grave e iminente instabilidade institucional ou atingidas por calamidades de grandes proporções na natureza, de acordo com o art. 135, da Constituição Federal. O decreto deve ter o tempo de sua duração, especificando as áreas a serem abrangidas e indicando as medidas coercitivas a vigorarem.

O estado de sítio deve ser decretado quando ocorrer comoção grave de repercussão nacional ou ocorrências de fatos que comprovem a ineficácia de medida tomada durante o estado de defesa e quando for declarado estado de guerra ou resposta a agressão armada estrangeira, nos termos do art. 137, da Constituição de 1988. O decreto deve indicar sua duração, as normas necessárias para sua execução e as garantias constitucionais que ficarão suspensas. A intervenção da União, nos Estados-membros ou no Distrito Federal, ocorre de acordo com os incisos do art. 34, da Constituição Federal, com o decreto de intervenção especificando a amplitude, o prazo e as condições de execução e a nomeação do Interventor.

O sistema constitucional de controle entre os Poderes Políticos, **checks and balances**, ou de freios e contrapesos, encontra-se demonstrado na competência do Poder Legislativo para sustar os atos normativos do Poder Executivo que exorbitem o poder regulamentar ou dos limites de delegação legislativa, como indica o inciso V do art. 49, da Constituição de 1988. A lei tem caráter geral e abstrato, quase sempre precisando de um decreto que o regulamente, mas este não pode ultrapassar o limite legal e criar novos direitos.

Cabe ao Presidente da República expedir decretos e regulamentos para a fiel execução das leis, conforme o inciso IV do art. 84, da Constituição de 1988. O regulamento é um ato administrativo, que pode ter caráter concreto ou efeitos genéricos, como se trata do caso, de caráter normativo, assemelhado à lei no sentido material. Estes podem ser autônomos, que não existem no direito brasileiro, ou delegados ou autorizados, que são aqueles em que a lei é desenvolvida e melhor explicada, o que agora está sendo tratado. O Executivo, porém, não pode inovar na lei, mas apenas explicá-la, pelo princípio da legalidade, previsto no inciso II do art. 5º, da Constituição Federal. Caso extrapole sua competência e, através de decreto ou regulamento, crie, modifique ou extinga direito, cabe ao Congresso Nacional sustar os atos normativos do Poder Executivo. Pode aquele delegar a este competência para elaborar lei delegada, prevista no art. 59, IV. No art. 68, excetua-se a delegação de atos de competência exclusiva do Congresso Nacional e de competência privativa da Câmara dos Deputados ou do Senado Federal, não podendo também dispor sobre as matérias previstas nos incisos do § 1º do art. 68. A competência para zelar pela preservação de sua competência legislativa, frente às medidas provisórias, está disposta no inciso XI do art. 49, tudo do texto constitucional.

Cabe ao Congresso Nacional, pelo inciso VI do art. 49, competência exclusiva para mudar a própria sede. Trata-se de competência diversa da prevista no inciso VII do art. 49, da Constituição de 1988, em que através de lei, com a sanção presidencial, pode mudar temporariamente a sede da Capital da República. Caso o Legislativo Federal tenha problemas de funcionamento, por alguma razão externa a ele, como a pressão do Presidente da República, levante popular ou golpe militar, para que continue em funcionamento, pode alterar temporariamente sua sede.

O inciso VII, do art. 49, da Constituição Federal, foi modificado pela Emenda Constitucional nº 19, de 04.06.1998, a Reforma Administrativa. Foi modificada a expressão remuneração para subsídio, este sendo atribuído aos agentes políticos, do Executivo, do Legislativo e do Judiciário, além dos representantes do Ministério Público, advogados públicos e Defensores Públicos. O subsídio deve ser fixado em parcela única, vedado o acréscimo de qualquer gratificação, adicional, abono, prêmio, verba de representação ou outra espécie remuneratória, conforme o art. 39, § 4º, da Constituição de 1988. Existe, ainda, a obrigatoriedade da observância do art. 37, XI, da Constituição Federal, que fixa como limite máximo o que um Ministro do Supremo Tribunal Federal recebe de subsídio, em espécie. Cabe ao

Congresso Nacional, em Sessão unicameral, aprovar então o subsídio para Deputados Federais e Senadores, em cada legislatura, para a legislatura subsequente. O inciso VIII do art. 49 foi também modificado pela Emenda Constitucional nº 19, de 04.06.1998, a Reforma Administrativa. Alterou-se a expressão remuneração para subsídio, atribuído a agentes públicos e a alguns servidores públicos civis.

De acordo com o inciso IX do art. 49, cabe ao Congresso Nacional a função de controle das contas públicas e de fiscalização da Administração Pública. A fiscalização da União é exercida pelo Poder Legislativo federal, mediante controle externo, com o auxílio do Tribunal de Contas da União. O parecer prévio é emitido pelo Tribunal, sobre as contas que o Presidente da República deve prestar anualmente. Cabe-lhes, ainda, fiscalizar e controlar os atos do Poder Executivo, incluindo a Administração Indireta. Assim, a atividade fiscalizadora do Congresso Nacional ocorre conforme vários mecanismos, tais como pedidos de informação ao Presidente da República, convocação dos Ministros e auxiliares diretos deste, investigação mediante Comissão Especial de Inquérito (CPI), tomada e julgamento das contas, nos termos dos incisos I e II do art. 71, do texto constitucional.

No sistema de freios e contrapesos, o controle do Executivo dá-se especialmente com a fiscalização, diretamente, ou da Câmara dos Deputados ou do Senado Federal, dos atos do Poder Executivo, incluídos os da Administração Indireta, conforme o art. 49, X, da Constituição de 1988. O controle financeiro dá-se com a colaboração do Tribunal de Contas da União (TCU), que de fato examina as contas públicas federais.

É atribuição do Congresso Nacional, de acordo com o inciso XI do art. 49, cuidar da preservação de sua competência legislativa, em razão da atribuição normativa dos outros Poderes Políticos. Trata-se de zelo que o Legislativo Federal deve ter para não perder sua competência básica, de elaborar as leis. Frente às medidas provisórias, previstas no art. 62, deve-se cuidar para que não haja um esvaziamento da competência prevista nos incisos do art. 48. A competência para sustar atos normativos do Executivo que exorbitem do poder regulamentar ou dos limites de delegação legislativa está tratado no inciso V do art. 49, do texto constitucional.

A apreciação dos atos de concessão, bem como a renovação da concessão de emissoras de rádio e televisão dar-se-ão através de lei, de competência federal, conforme o inciso XII do art. 49. Trata-se de competência da União explorar, diretamente ou mediante autorização, concessão ou permissão dos servidos de radiodifusão sonora e de sons e imagens, conforme a alínea "a" do inciso XII do art. 21. Os serviços públicos, explorados direta ou indiretamente, estão dispostos no art. 175, tudo do texto constitucional.

Cabe ao Congresso Nacional a escolha de dois terços dos membros do Tribunal de Contas da União, ou seja, seis Ministros, nos termos do art. 49,

XIII, da Constituição de 1988. O Presidente da República ficou com a competência para nomear o um terço restante, que equivale a três, de acordo com o inciso XV do art. 84, da Constituição Federal. O Tribunal de Contas da União é integrado por nove Ministros, que têm como requisito: a) mais de trinta e cinco anos e menos de sessenta e cinco anos de idade; b) idoneidade moral e reputação ilibada; c) notórios conhecimentos jurídicos, contábeis, econômicos e financeiros ou de Administração Pública; d) mais de dez anos de exercício de função ou de efetiva atividade profissional que exija os conhecimentos anteriores. A matéria está tratada no art. 73, II, do texto constitucional, ao passo que o Decreto Legislativo nº 6, de 22.04.1993, regulamentou a escolha de Ministros do Tribunal de Contas da União pelo Congresso Nacional.

A aprovação das iniciativas do Executivo, relativas às atividades nucleares, pelos riscos que existem, depende do Congresso Nacional, de acordo com o inciso XIV do art. 49, da Constituição de 1988. Cabe à União legislar sobre as atividades nucleares de qualquer natureza, conforme o inciso XXVI do art. 22, bem como a atribuição de explorar os serviços e instalações nucleares de qualquer natureza e exercer o monopólio estatal sobre a pesquisa, a lavra, o enriquecimento e o reprocessamento, a industrialização e o comércio de minérios nucleares e seus derivados, nos termos do inciso XXIII do art. 21, ambos do texto constitucional.

A autorização do referendo e a convocação de plebiscito é atribuição do Congresso Nacional, conforme o inciso XV do art. 49. Tratam-se de formas de democracia semidireta, em que no referendo convoca-se o eleitorado para saber se ela autoriza a elaboração de uma nova legislação; ao passo que o plebiscito é uma consulta para saber se esse eleitorado aceita uma legislação já discutida, aprovada e sancionada. Estão previstos, nos incisos I e II do art. 14, do texto constitucional, bem como foram disciplinados pela Lei Federal nº 9.709, de 18.11.1998. Dispõe o inciso XVI do art. 49 que o Congresso Nacional tem competência exclusiva para autorizar, em terras indígenas, a exploração e o aproveitamento de recursos hídricos e a pesquisa e lavra de riquezas minerais.

As terras ocupadas pelos índios e os potenciais de energia hidráulica são do domínio da União, de acordo com os incisos VIII e XI, respectivamente, do art. 20. Por outro lado, é atribuição federal a exploração, diretamente ou mediante autorização, concessão ou permissão de serviços e instalações de energia elétrica e o aproveitamento energético dos cursos de água, em articulação com os Estados-membros, onde se situam os potenciais de energia elétrica, previsto no art. 21, XII. No mesmo sentido, as jazidas, em lavra ou não, e os demais recursos minerais e os potenciais de energia elétrica constituem propriedade distinta da do solo, para efeito de exploração ou aproveitamento, conforme o art. 176, do texto constitucional.

Estabelece o inciso XVII do art. 49, da Constituição de 1988, que cabe ao Congresso aprovar, previamente, a alienação ou a concessão de terras públicas com área superior a dois mil e quinhentos hectares. A alienação significa a forma pela qual a Administração pode transferir seus bens, de diversas formas possíveis. A concessão trata-se de contrato administrativo pelo qual o Poder Público faculta ao particular o uso exclusivo de determinado bem, para que o utilize de acordo com sua destinação específica, através de processo licitatório, previsto no inciso XXI do art. 37, da Constituição Federal.

Cabe à Câmara dos Deputados e ao Senado Federal, bem como às suas Comissões, a convocação de autoridades federais, para prestarem, pessoalmente, informações sobre assuntos previamente determinados. A desobediência implica crime de responsabilidade, tratado na Lei Federal nº 4.898, de 09.12.1965. Apesar de ser um importante instrumento de limitar o arbítrio, foi pouco utilizado ao longo dos últimos setenta anos.

O **caput** do art. 50, da Constituição de 1988, tem a redação dada pela Emenda Constitucional de Revisão nº 2, de 07.06.1994, sendo que foi incluída a chamada de quaisquer titulares de órgãos diretamente subordinados ao Presidente da República, não se limitando mais apenas aos Ministros de Estado. Estes, contudo, por iniciativa própria e através de entendimento com as Mesas da Câmara dos Deputados ou do Senado Federal. Por outro lado, estas podem encaminhar pedidos escritos de informação, que as autoridades federais mencionadas devem prestar, sob pena de responsabilidade, tendo o § 2º a redação, da Emenda Constitucional, de Revisão acima referida, que incluiu a obrigação de prestar informação por escrito a quaisquer titulares de órgão diretamente subordinado ao Presidente da República. Trata-se de forma pela qual o Legislativo controla o Executivo, através do pedido de informações, pessoais ou por escrito, aos principais titulares de cargos do Executivo, de Ministros ou de assessores diretos do seu Chefe.

11.3. Aspectos da Câmara dos Deputados

A Câmara dos Deputados é integrada por representantes do povo, eleitos pelo sistema proporcional, em cada Estado, de acordo com o art. 45, da Constituição de 1988. A Câmara dos Deputados é a herdeira das chamadas Câmaras Baixas, onde ficavam a burguesia e, depois, o proletariado. A Câmara dos Deputados representa o eleitorado nacional, estando em número proporcional à população, com o mínimo de oito e o máximo de setenta, por Estado, além de quatro para cada Território, que atualmente o Brasil não tem nenhum. A Lei Complementar Federal nº 78, de 30.12.1993, fixou o máximo de quinhentos e treze Deputados Federais. A matéria está tratada nas Constituições desde 1824 (arts. 99, 131 e 136), bem como de 1891 (art. 53), de 1934 (art. 58), de 1937 (art. 86), de 1946 (art. 59) e de 1967 (art. 42, I e II), aparecendo como art. 40, I e II, na Emenda Constitucional nº 1, de 17.10.1969.

Prevê o inciso I do art. 51, da Constituição de 1988, uma das formas principais de controle entre os Poderes Políticos, com o Legislativo tendo competência para julgar, por responsabilidade, o Presidente da República. As Casas Legislativas, assim, ao mesmo tempo, assumem a competência originária do Judiciário e se transformam em um Tribunal, julgando justamente o Chefe do Executivo. Não pode haver momento mais grave na vida institucional, em que se procura resolver um problema político, sem que as regras do jogo democrático sejam quebradas. A Câmara dos Deputados exerce dois papéis no processo de impedimento das autoridades principais do Executivo, uma, conforme esse inciso, o de fazer o juízo de admissibilidade. Assim, dois terços de seus membros podem decidir a autorização da instauração de processo contra o Presidente e o Vice-Presidente e os Ministros de Estado. O quórum de aprovação é elevado, superior ao da emenda constitucional, que é de três quintos, em razão da gravidade da situação política. Cabe ao Senado Federal, não obstante, processar e julgar essas autoridades nos crimes de responsabilidade e os Ministros de Estado nos crimes da mesma natureza conexos com aqueles, de acordo com o inciso I do art. 52, do texto constitucional. O processo de impedimento acontece muito raramente, tanto que nos Estados Unidos ocorreu apenas uma vez no século XIX, ao passo que no século XX só serviu de ameaça ao Presidente Richard Nixon[10], em 1974, que acabou renunciando. No Brasil, com o Presidente Fernando Collor, em 1992, o processo avançou bem mais e acabou com a condenação deste, mesmo com sua renúncia poucas horas antes do início do julgamento do processo, já comentado. Depois, a Presidente Dilma Rousseff[11], em 2016.

Dispõem os arts. 85, e seguintes, da Constituição de 1988, que o Presidente da República é suscetível de responsabilidade, em razão de sua atuação política para dirigir o Brasil. Não obstante, na ocupação do seu relevante cargo, o maior de todos, ele não responde pelos crimes comuns,

10 **Richard Milhous Nixon** (Yorba Linda, 1913 – Nova Iorque, 1994) foi um advogado e político norte-americano que serviu como o trigésimo sétimo Presidente dos Estados Unidos de 1969 até 1974, quando se tornou o primeiro e único Presidente a renunciar do cargo. Antes disso ele tinha sido membro da Câmara dos Representantes e Senador pelo Estado da Califórnia, além do trigésimo sexto Vice-presidente dos Estados Unidos entre 1953 e 1961 sob Dwight D. Eisenhower.

11 **Dilma Vana Rousseff** é uma economista e política brasileira, filiada ao Partido dos Trabalhadores (PT), trigésima sexta Presidente da República, quando eleita duas vezes governou de 2011 a 2016, quando foi afastada por **impeachment**.

de acordo com o § 4º do art. 85, que impede a responsabilidade por atos estranhos ao exercício de suas funções.

Cabe à Câmara dos Deputados o recebimento da denúncia e o exercício do juízo de admissibilidade, no processo de responsabilização do Presidente, em que dois terços de seus integrantes precisam admitir a acusação, para que o processo tenha seguimento. Decidem, apenas, se vai ter ou não julgamento. O Senado Federal, então, ganhou a maior competência, pois além de julgar, como já fazia, passou também a realizar o processamento, com o Presidente do Supremo Tribunal Federal presidindo o Tribunal Constitucional. Esta nova sistemática mudou a nossa tradição constitucional, pois competia à Câmara dos Deputados o juízo de admissibilidade e o processamento da acusação. A Lei Federal nº 1.079, de 10.04.1950, que em parte foi recepcionada pela Constituição de 1988, não teve os dispositivos dos arts. 14 a 23 recepcionados pela nova sistemática, pois tratavam do processamento da acusação perante esta Casa Legislativa.

No inciso II do art. 51, da Constituição de 1988, encontra-se prevista a competência privativa da Câmara dos Deputados para proceder à tomada de contas do Presidente da República, quando não apresentadas ao Congresso Nacional dentro de sessenta dias da abertura da Sessão legislativa. Assim, a este cabe julgar anualmente as contas prestadas pelo Presidente da República a apreciar os relatórios sobre a execução dos planos de governo, conforme o art. 49, IX. Se não forem as contas entregues no prazo constitucional, aí sim a competência privativa se manifesta, para iniciar o processo de tomada de contas, de caráter compulsório. O processo normal encontra-se previsto, nos arts. 70 e seguintes, do texto constitucional.

O Regimento Interno é o regulamento geral da Câmara dos Deputados, sendo um ato normativo e, não, uma lei, entrando em vigor através de Resolução do Plenário, promulgada e publicada pelo Presidente da Mesa, prevista no inciso III do art. 51, da Constituição de 1988. Esta obriga apenas aos membros da Casa Legislativa, no exercício da atividade parlamentar, não tendo efeitos externos. Por conseguinte, não pode criar, modificar ou extinguir direitos e obrigações constantes na Constituição e nas leis, estando reservado apenas para disciplinar o processo legislativo e os trabalhos dos Deputados, da Mesa, do Plenário, da Presidência e das Comissões. Não obstante, trata-se de instrumento importante para disciplinar as funções do Poder Legislativo e dar a devida transparência e funcionalidade ao processo de elaboração da lei.

No inciso IV do art. 51, da Constituição de 1988, a Câmara dos Deputados, para fazer funcionar o seu fim último, elaborar leis, deve ter uma Administração, sendo esta matéria **interna corporis**, como prerrogativa de uma Câmara de um Poder Político, como o Legislativo. A matéria é privativa dessa Casa, cabendo-lhe dispor sobre sua organização, funcionamento, polícia, criação, transformação ou extinção de cargos, empregos e funções de seus serviços, de acordo com os parâmetros estabelecidos na lei de diretrizes orçamentárias. A redação atual do inciso foi dada pela Emenda Constitucional nº 19, de 04.06.1998, colocando que a matéria deveria ser tratada por lei e, não mais, por decreto legislativo ou resolução, quando versasse sobre o tema acima. Reservou-lhe, no entanto, a competência de ter a iniciativa da lei para fixação da respectiva remuneração.

A Reforma Administrativa, em 1998, acertou na matéria, pois, acobertados por atos internos, com força de leis, podiam assegurar vantagens e regalias maiores aos seus servidores públicos do que aos do Executivo, que são em bem maior número do que os do Legislativo, do Judiciário e do Ministério Público. Dispõe o inciso V do art. 51 sobre a competência para eleger os membros do Conselho da República. Este é órgão superior de consulta do Presidente da República, integrado por várias autoridades, dentre elas o Presidente da Câmara dos Deputados, os líderes da maioria e da minoria nesta Casa Legislativa e por seis cidadãos brasileiros natos, com mais de trinta e cinco anos de idade, dois dos quais eleitos pela Câmara, de acordo com o art. 89, II, IV e VII, do texto constitucional.

11.4. Aspectos do Senado Federal

O processo de constitucionalização do espaço político decorreu do embate que atravessou nos séculos XVII e XVIII, na Europa e na América do Norte, entre o monarca e a burguesia, que se manifestava nos conflitos entre o Parlamento e o Rei. O primeiro Poder, então, devia ser o Legislativo, porque neste estava o supremo poder, de fazer leis e exigir que as mesmas fossem respeitadas. A Constituição dos Estados Unidos de 1786 criou duas Casas Legislativas, como no sistema britânico, mas uma passou a ter a função de representar os Estados-membros e, por conseguinte, de ser o fiador da Federação.

O modelo constitucional, desenhado na célebre obra **O Federalista**, refletiu na Constituição norte-americana. Devia haver três Poderes: a) um para elaborar as leis, o Legislativo; b) outro para executar as leis de natureza administrativa, o Executivo, c) mais outro para executar as leis quando ocorresse um conflito de interesse, o Judiciário. Cada Poder tinha sua competência específica – de legislar, de executar ou de administrar e, ainda, de julgar. Além da competência própria, tinha outras atribuições e competência, seja exercendo matéria de interesse **interna corporis**, seja de controle dos demais Poderes.

No processo mais típico do Legislativo, a elaboração da lei, concorre para a efetivação da mesma a sanção do Presidente da República. Todavia, excetuam-se as competências privativas internas do Congresso Nacional, da

Câmara dos Deputados e do Senado Federal, previstas, respectivamente, nos arts. 49, 51 e 52, do texto constitucional, desta participação do Executivo. Assim, em geral, a lei tem a participação conjunta do Legislativo, com o processo tramitando em cada Casa Legislativa, seguidamente, e do Executivo, transformando o processo legislativo em um processo difícil e complexo. Pode ser que a iniciativa seja do Presidente da República, de acordo com o § 1º do art. 61, da Constituição de 1988. Por outro lado, também têm iniciativa o Supremo Tribunal Federal, os Tribunais Superiores e o Procurador-Geral da República, de acordo com o **caput** do art. 61. Estes têm prerrogativas nas matérias em que dispõe sobre sua organização, funcionamento, polícia, criação, transformação ou extinção de cargos, empregos e funções de seus serviços, e a iniciativa de leis para fixação da respectiva remuneração, condicionada pela lei de diretrizes orçamentárias. O cidadão também tem iniciativa na situação prevista no inciso III do art. 14, da Constituição Federal. Em todos os casos em que ocorre a iniciativa das autoridades acima mencionadas e dos cidadãos, começa o processo na Câmara dos Deputados, seguindo para o Senado Federal, como Casa Revisora do projeto de lei.

As competências exclusivas do Congresso são aquelas em que há a participação conjunta da Câmara dos Deputados e do Senado Federal, ou seja, sem que se realizem em única uma sessão unicameral. Cada uma das Casas Legislativas delibera sozinha, mas a participação de ambas deve ocorrer. A participação privativa é aquela em que cada uma destas Casas, sem qualquer participação da outra, delibera sobre as competências que devem exercer, isolada da outra, tratadas no **caput** dos arts. 51 e 52. A competência privativa do Senado Federal foi tratada na Constituição de 1824 (art. 47). Depois voltou a ser tratada na Constituição de 1891 (art. 33), bem como nas Constituições de 1934 (art. 90), de 1946 (art. 62) e de 1967 (art. 44), mas que na sua Emenda Constitucional nº 1, de 17.10.1969, apareceu como o art. 42.

O Senado, então, representa os Estados-membros e o Distrito Federal, com a missão principal de ser a Casa Legislativa da Federação, de acordo com o **caput** do art. 46. Com isso, o Presidente do Senado Federal tem várias prerrogativas, inclusive desenvolver medida provisória, que entender inconstitucional[12]. O número de Senadores por Estado é o mesmo – três –,

12 "Se o Congresso Nacional entender que a medida provisória é inconstitucional, o que ele deverá fazer? A medida provisória deverá ser votada e rejeitada. Existe a possibilidade de o Congresso Nacional devolver a medida provisória ao Presidente da República sem que ela seja sequer votada alegando que é inconstitucional? Essa possibilidade não está prevista no texto da Constituição Federal, mas já aconteceu em algumas hipóteses. Foi construída a tese de que, em se tratando de medida provisória flagrantemente inconstitucional, é possível que o Presidente do Congresso Nacional simples-

eleitos pelo princípio majoritário, diferente dos Deputados Federais, eleitos pelo sistema proporcional, conforme o **caput** do art. 44, ambos do texto constitucional. O mandato do Senador é de oito anos, equivalente a duas legislaturas, mas a renovação se dá de quatro em quatro anos, alternadamente, por um terço e dois terços. Com o Senador são eleitos também dois suplentes, o primeiro e o segundo suplente, com muita possibilidade de um deles vir a assumir o mandato, fazendo com muitos sejam desconhecidos dos eleitores e acabem assumindo o relevante cargo de Senador.

Prevê o inciso I do art. 51, da Constituição de 1988, uma das formas principais de controle entre os Poderes Políticos, com o Legislativo tendo competência para julgar, por responsabilidade, o Presidente da República. As Casas Legislativas, assim, ao mesmo tempo, assumem a competência originária do Judiciário e transformam-se em um tribunal, julgando justamente o Chefe do Executivo. Não pode haver momento mais grave na vida institucional, em que se procura resolver um problema político, sem que as regras do jogo democrático sejam quebradas. A Câmara dos Deputados exerce importante papel no processo de impedimento das autoridades principais do Executivo, conforme esse inciso – o de fazer o juízo de admissibilidade. Assim, dois terços de seus membros podem decidir a autorização da instauração de processo contra o Presidente e o Vice-Presidente e os Ministros de Estado. O quórum de aprovação é elevado, superior ao da emenda constitucional, que é de três quintos, em razão da gravidade da situação política. Cabe ao Senado Federal, contudo, processar e julgar essas autoridades nos crimes de responsabilidade e os Ministros de Estado nos crimes da mesma natureza conexos com aqueles, de acordo com o inciso I do art. 52, do texto constitucional. O processo de impedimento acontece muito raramente, tanto que nos Estados Unidos ocorreu apenas uma vez no século XIX, ao passo que no século XXI só serviu de ameaça a um Presidente, que acabou não tendo denúncia feita pela Câmara dos Deputados, no papel de acusação, aceito pelo Senado Federal. No Brasil, o processo avançou bem mais e acabou com a condenação de um Presidente da República, mesmo com sua renúncia poucas horas antes do início do processo, e, adiante, afastou também uma Presidente da República, como já comentado.

---

mente devolva a Medida Provisória ao Presidente da República. A autorização para isso estaria no art. 48, XI, do Regimento Interno do Senado: "Art. 48. Ao Presidente compete: [...] XI - impugnar as proposições que lhe pareçam contrárias à Constituição, às leis, ou a este Regimento, ressalvado ao autor recurso para o Plenário, que decidirá após audiência da Comissão de Constituição, Justiça e Cidadania". Assim, essa medida provisória nem chegou a ser analisada pela Comissão Mista de Deputados e Senadores nem votada pelo Plenário. É como se ela fosse liminarmente rejeitada.

Dispõem os arts. 85, e seguintes, da Constituição de 1988, que o Presidente da República é suscetível de responsabilidade, em razão de sua atuação política para dirigir o Brasil. Não obstante, na ocupação do seu relevante cargo, o maior de todos, ele não responde pelos crimes comuns, de acordo com o § 4º do art. 85, que impede a responsabilidade por atos estranhos ao exercício de suas funções. Compete à Câmara dos Deputados o recebimento da denúncia e o exercício do juízo de admissibilidade, no processo de responsabilização do Presidente, em que dois terços de seus integrantes precisam admitir a acusação, para que o processo tenha seguimento. Decidem, apenas, se vai ter ou não julgamento. O Senado Federal, então, ganhou maior competência, pois além de julgar, como já fazia, passou também a realizar o processamento, com o Presidente do Supremo Tribunal Federal presidindo o Tribunal Constitucional. A nova sistemática mudou a nossa tradição constitucional, pois competia à Câmara dos Deputados o juízo de admissibilidade e o processamento da acusação. A Lei Federal nº 1.079, de 10.04.1950, que em parte foi recepcionada pela Constituição de 1988, não teve os dispositivos dos arts. 14 a 23 recepcionados pela nova sistemática, pois tratavam do processamento da acusação perante esta Casa Legislativa, como já dito.

Assim, o inciso II do art. 52 da Constituição de 1988 dispõe que o Senado Federal se transforma em Tribunal dos crimes de responsabilidade, para processar e julgar os Ministros do Supremo Tribunal Federal, o Procurador-Geral da República e o Advogado-Geral da União. A competência para julgá-los nas infrações penais comuns é do Supremo Tribunal Federal, de acordo com o art. 102, I, "b", da Constituição Federal, fora o Advogado-Geral, que não tem nenhum privilégio desta ordem.

Foi modificado o inciso II do art. 52, da Constituição de 1988, pela Emenda Constitucional nº 45, de 08.12.2004. Trata-se de competência excepcional do Senado Federal, para julgar autoridades públicas, em atividades na qual assume o papel de órgão judicante, nos crimes de responsabilidade. Na redação anterior, a competência para julgar se limitava aos Ministros do Supremo Tribunal Federal, ao Procurador-Geral da República e ao Advogado-Geral da União, sendo agora tal jurisdição estendida aos membros do Conselho Nacional de Justiça, tratado no art. 103-B, e do Conselho Nacional do Ministério Público, previsto no art. 130-A, ambos do texto constitucional.

No sistema de pesos e contrapesos, em que cada Poder fiscaliza o outro, alguns cargos públicos relevantes têm sua aprovação pelo Legislativo, nos termos do inciso III do art. 52, da Constituição de 1988, que destinou a competência para o Senado Federal. Trata-se de um ato composto, formulado pelo Presidente da República em conjunto com esta Casa. De acordo com o art. 84, XIV, cabe ao Chefe do Executivo nomear, depois da aprovação do Senado, diversas autoridades. Assim, compete-lhe aprovar, previamente ao ato presidencial, por voto secreto, depois de arguição pública. São nomeados, assim, os Ministros do Supremo Tribunal Federal e dos Tribunais Superiores, os Ministros do Tribunal de Contas da União indicados pelo Presidente, os Governadores de Território, o Presidente e os Diretores do Banco Central, o Procurador-Geral da República e os titulares dos cargos que a lei determinar.

No mesmo sentido de fiscalizar o Executivo, que tem a prerrogativa de nomear as autoridades para seus relevantes cargos, cabe ao Senado Federal aprovar, previamente, por voto secreto, após arguição em sessão secreta, a escolha dos chefes de missão diplomática de caráter permanente, de acordo com o inciso IV do art. 52, do texto constitucional. A soberania se manifesta nas relações internacionais, razão pela qual a Federação tem interesses especiais e o Senado Federal é o responsável pelo exercício desse poder político, em conjunto com o Chefe do Executivo.

De acordo com o inciso V do art. 52, da Constituição de 1988, cabe ao Senado autorizar operações externas de natureza financeira, de interesse da União, dos Estados-membros, do Distrito Federal, dos Territórios e dos Municípios. Trata-se da responsabilidade que o Senado tem sobre questões sensíveis, como o endividamento externo, em especial pelo fato da Federação ser a legítima fiadora da união indissolúvel. A Resolução do Senado Federal nº 23, de 11.04.1996, dispõe sobre operações externas de natureza financeira, a matéria deste inciso.

Pelo inciso VI, cabe ao Senado Federal fixar, por proposta do Presidente da República, os limites globais do montante da dívida consolidada da União, dos Estados-membros, do Distrito Federal e dos Municípios. O Supremo Tribunal Federal tem limitado essa competência do Senado Federal, como no caso que autoriza os Estados-membros, o Distrito Federal e os Municípios de cobrarem sua dívida ativa, por meio de endossos-mandatos de instituição-financeira, como na ADI 3786/DF e ADI 3845/DF[13]. No mesmo sentido o inciso VII do art. 52, da Constituição Federal, que concede a esta Casa Legislativa a competência para dispor sobre os limites globais e condições para as operações de crédito externo e interno da União, dos

13 "Art. 52. Compete privativamente ao Senado Federal: [...] VII - dispor sobre limites globais e condições para as operações de crédito externo e interno da União, dos Estados, do Distrito Federal e dos Municípios, de suas autarquias e demais entidades controladas pelo Poder Público federal. É inconstitucional a Resolução nº 33/2006, do Senado Federal, por meio da qual se autorizou que os Estados, o Distrito Federal e os Municípios transferissem a **cobrança de suas dívidas ativas, por meio de endossos-mandatos, a instituições financeiras.** STF. Plenário. ADI 3786/DF e ADI 3845/DF, Rel. Min. Alexandre de Moraes, julgados em 3/10/2019 (Info 954)" (ABNC).

Estados-membros, do Distrito Federal e dos Municípios, bem como de suas autarquias e demais entidades controladas pelo poder público federal. Do mesmo jeito, o inciso VIII trata da competência para dispor sobre limites e condições para a concessão de garantias da União em operações de crédito externo e interno.

A Constituição de 1988 deu tratamento especial para a questão do endividamento das pessoas jurídicas de direito público. Havia, então, uma preocupação com a dívida externa e as implicações na soberania que isto podia provocar. Por outro lado, o pensamento neoliberal dominou a gestão macroeconômica de quase todos os países, inclusive do Brasil. Assim, um Estado Mínimo e com o déficit público controlado era uma tradição que significava verdade absoluta. Por outro lado, existia a questão da Federação restringir a autonomia financeira dos Estados-membros, do Distrito Federal e dos Municípios.

De acordo com o inciso X do art. 52, da Constituição de 1988, cabe ao Senado Federal a importante responsabilidade de suspender a execução, no todo ou em parte, de lei declarada inconstitucional por decisão definitiva do Supremo Tribunal Federal. A Constituição de 1934 introduziu a competência do Senado para fazer tal declaração, já que até então só havia o controle difuso, por via de defesa. A competência foi instituída para evitar que os órgãos do Judiciário fiquem assoberbados com inúmeras ações sobre a matéria, que a jurisprudência do Excelso Pretório pacificou. Resta saber, então, qual a competência da Casa Legislativa e se tem discricionariedade para examinar a decisão definitiva do Supremo Tribunal Federal? Para uns, teria poder para reexaminar a questão, posição que não se sustenta, pois, a competência do art. 103, da Constituição de 1988, é para ter caráter definitivo, cabendo a este Tribunal a competência de ser o intérprete da Constituição. Para outros, cabe o papel formal de dar publicidade, pela respeitabilidade da instituição e o caráter federativo da Casa Legislativa. O Supremo Tribunal Federal decidiu, na ADI 3406/RJ e ADI 3470/RJ, tendo por Relatora a Ministra Rosa Weber, que houve mutação constitucional, pois quando esse declara uma lei inconstitucional, a decisão tem efeito vinculante e **erga omnes** e apenas comunica isto ao Senado Federal[14].

---

14 "**Efeito vinculante de declaração incidental de inconstitucionalidade** Se uma lei ou ato normativo é declarado inconstitucional pelo STF, incidentalmente, essa decisão, assim como acontece no controle abstrato, também produz eficácia erga omnes e efeitos vinculantes. **Houve mutação constitucional do art. 52, X, da CF/88. A nova interpretação deve ser a seguinte: quando o STF declara uma lei inconstitucional, a decisão já tem efeito vinculante e erga omnes e o STF apenas comunica ao Senado com o objetivo de que a referida Casa Legislativa dê publicidade daquilo que foi decidido. STF.** Plenário. ADI 3406/RJ e ADI 3470/RJ, Rel. Min. Rosa Weber, julgados em 29/11/2017 (Info 886)" (ABNC).

Pode o Senado Federal, pelo inciso XI do art. 52, da Constituição de 1988, aprovar, por maioria absoluta, isto é, metade dos integrantes da Casa, mais um, bem como pelo voto secreto, a exoneração, de ofício, do Procurador-Geral da República antes do término do mandato. Pelo § 1º do art. 128, tem mandato de dois anos, sendo inovação da Constituição de 1988, pois antes o cargo era demissível **ad nutum**. Trata-se de situação grave, que só a maioria dos integrantes do Senado Federal pode decidir, até porque aprovou sua nomeação, com a alínea "e" do inciso III deste art. 52, do texto constitucional.

Dispõe o inciso XII do art. 52, da Constituição Federal, que o Regimento Interno é o regulamento geral do Senado Federal, sendo um ato normativo e não uma lei, entrando em vigor através de Resolução do Plenário, promulgada e publicada pelo Presidente da Mesa. Esta obriga apenas aos membros da Casa Legislativa, no exercício da atividade parlamentar, não tendo efeitos externos. Por conseguinte, não pode criar, modificar ou extinguir direitos e obrigações constantes na Constituição e nas leis, estando reservado apenas para disciplinar o processo legislativo e os trabalhos dos Senadores, da Mesa, do Plenário, da Presidência e das Comissões. Não obstante, trata-se de instrumento importante para disciplinar as funções do Poder Legislativo e dar a devida transparência e funcionalidade ao processo de elaboração da lei.

Estabelece o inciso XIII do art. 52, da Constituição de 1988, que o Senado Federal, para atuar em seu fim último, de elaborar as leis, deve ter uma administração própria, sendo esta matéria **interna corporis**, como prerrogativa da Câmara Superior de um Poder Político, como o Legislativo. A matéria é privativa dessa Casa, cabendo-lhe dispor sobre sua organização, funcionamento, polícia, criação, transformação ou extinção de cargos, empregos e funções de seus serviços, de acordo com os parâmetros estabelecidos na lei de diretrizes orçamentárias. A redação atual do inciso foi dada pela Emenda Constitucional nº 19, de 04.06.1998, que colocou no dispositivo que a matéria deveria ser tratada por lei e não mais por decreto legislativo ou resolução, quando versasse sobre o tema acima. Reservou-lhe, no entanto, a competência de ter a iniciativa da lei para fixação da respectiva remuneração. A Emenda Constitucional nº 42, de 19.12.2003, inseriu o inciso XV ao art. 52, do texto constitucional, atribuindo ao Senado Federal a competência para avaliar o funcionamento do Sistema Tributário Nacional.

O processo de impedimento, por crime de responsabilidade, tratado nos incisos I e II do art. 52, da Constituição de 1988, deve ter como Presidente o chefe do Supremo Tribunal Federal, como dispõe o **parágrafo único** do mesmo artigo. O processo prevê que a decisão favorável à perda do cargo deva ser tomada por maioria de dois terços, em razão da gravidade da matéria, superior até do que o quorum das emendas constitucionais, que é de três quintos. O procedimento se completa com as normas expressas no art. 85, do texto constitucional.

11.5. Funções dos Deputados e dos Senadores

Os Deputados Federais e os Senadores da República possuem representação política e exercem mandato. Esses de agentes são políticos investidos de mandato legislativo federal, para uma ou duas legislaturas, através de partido político e do voto secreto, garantida a representação proporcional dos primeiros e majoritária dos segundos. Diferem, por conseguinte, dos outros agentes públicos, especialmente dos servidores públicos, não estando sujeitos ao seu regime jurídico. Foi assegurado a eles, ainda, afastamento do cargo, do emprego ou da função que exerçam, de acordo com o inciso I do art. 38 do texto constitucional.

A eletividade, para os cargos do Legislativo Federal, depende da reunião de condições de capacidade ativa, para ser votado. No § 3º do art. 14, da Constituição de 1988, exige-se para a candidatura a nacionalidade brasileira, o pleno exercício dos direitos políticos, o alistamento eleitoral, o domicílio eleitoral na circunscrição, a filiação partidária e a idade mínima de vinte e um anos para Deputado Federal, ou de trinta e cinco anos para Senador. São inelegíveis, no território de jurisdição do titular, o cônjuge e os parentes consanguíneos ou afins, até o segundo grau ou por adoção, do Presidente da República, de Governador de Estado-membro ou Território, do Distrito Federal ou de quem os haja substituídos dentro de seis meses anteriores ao pleito, salvo se já for titular de mandato eletivo e candidato à reeleição, previsão do § 7º do art. 14. A Lei Complementar Federal nº 64, de 18.05.1990, em seu art. 1º, dispôs sobre as inelegibilidades. Por outro lado, a Lei da Ficha Limpa, Lei Complementar Federal nº 135, de 04.06.2010, também limitou o exercício do direito de ser eleito.

Os parlamentares federais têm prerrogativas previstas, na Constituição de 1988, e no Regimento Interno da Câmara dos Deputados ou do Senado da República, conforme o caso[15]. A imunidade desses destina-se especialmente aos processos relativos aos crimes contra a honra ou de opinião. Assim, não se abre processo contra Deputado Federal ou Senador que manifeste o pensamento ou emita opinião, salvo se houver autorização da respectiva Casa Legislativa. Qualquer violação a esse dispositivo constitucional

15 Ver: PIOVESAN, Flávia e LEITE GONÇALVES, Guilherme Figueiredo. **A Imunidade Parlamentar no Estado Democrático de Direito.** *In*: **Revista de Direito Constitucional e Internacional.** São Paulo: Revista dos Tribunais, jan.-mar./2003, nº 42/190, e **Doutrinas Essenciais: Direito Constitucional (Edições Especiais Revista dos Tribunais: 100 Anos).** 2ª tir. São Paulo: Revista dos Tribunais, 2013, vol. IV, p. 183.

é suscetível de impetração de **habeas corpus**, para o trancamento da ação penal, como vem julgando o Supremo Tribunal Federal há muito tempo.

A Emenda Constitucional nº 35, de 20.12.2002, modificou o **caput** do art. 53 da Constituição Federal, e vários dos seus parágrafos. Inicialmente, no **caput**, foi definida a inviolabilidade, restrita aos aspectos civil e penal. Porém, os Parlamentares Federais não têm imunidade formal quanto à prisão decorrente de condenação definitiva, como já o Supremo Tribunal Federal, na AP 396 QO/RO, AP 396 ED-ED/RO, tendo por Relatora a Ministro Carmén Lúcia[16]. Em geral, o Legislativo não permite que o parlamentar seja julgado pelo Supremo Tribunal Federal, como dispõe a alínea "b" do inciso I do art. 102, da Constituição de 1988. Com isto, diversas vezes, os cargos de Deputado Federal são tentados por criminosos, para terem acesso à prerrogativa. Por outro lado, trata-se de instrumento que permite que o parlamentar tenha liberdade de pensamento e, se for de oposição, exercem pelo menos o direito de crítica. Caso este seja evitado, então não há mais soberania.

A Emenda Constitucional nº 35, de 20.12.2001, modificou o **caput** do art. 53 da Constituição Federal, e vários dos seus parágrafos. Nos cinco primeiros parágrafos, foi definida a competência para julgar os parlamentares federais, bem como o processo envolvendo a prisão em flagrante de crime inafiançável de Senadores e Deputados. Os parágrafos 6º ao 8º desde artigo repetem o texto constitucional de 1988, sendo, respectivamente, os anteriores parágrafos 5º ao 7º.

Em razão de haver a necessidade de prévia licença da Casa a que pertencer o Deputado Federal ou Senador, fica suspensa a prescrição do mandato do crime, enquanto durar o mandato, caso haja indeferimento do pedido ou a ausência de deliberação. Caso haja prisão em flagrante, devem ser remetidos os autos para sua Câmara, com a exigência de maioria absoluta dos membros, votando em sessão secreta, resolva sobre a prisão e autorize, ou não, a formação de culpa[17]. A competência originária para julgá-los

16 "**Parlamentares não têm imunidade formal quanto à prisão decorrente de condenação definitiva.** O § 2º do art. 53 da CF/88 veda **apenas a prisão penal cautelar** (provisória) do parlamentar, ou seja, **não proíbe a prisão decorrente da sentença transitada em julgado, como no caso de Deputado Federal condenado definitivamente pelo STF**. STF. Plenário. AP 396 QO/RO, AP 396 ED-ED/RO, rel. Min. Cármen Lúcia, 26/6/2013 (Info 712)" (ABNC).

17 "**Quando a condenação do Deputado Federal ou Senador ultrapassar 120 dias em regime fechado, a perda do mandato é consequência lógica** [alteração em relação ao disposto na CF].
Se o STF **condenar um parlamentar federal e decidir que ele deverá perder o cargo, isso acontece imediatamente ou depende de uma deliberação da Câmara dos De-**

é do Supremo Tribunal Federal, conforme a alínea "b" do inciso I do art. 102, bem como do § 4º do art. 53, ambos do texto constitucional.

Os Deputados Federais e os Senadores têm o privilégio de não serem obrigados a testemunhar sobre as informações recebidas ou prestadas em razão do exercício do mandato, nem sobre as pessoas que lhes confiaram ou deles recebem informações. No mesmo sentido, não podem haver a incorporação nas Forças Armadas, embora militar e em tempo de guerra, dependendo de prévia licença da Casa a que pertencem, no art. 53, parágrafos 6º e 7º, da Constituição de 1988. Por fim, as imunidades de Deputados Federais e Senadores permanecem durante o estado de sítio, em que há comoção grave de repercussão nacional ou ocorrência de fatos que comprovem a ineficácia de medidas tomadas durante o estado de defesa; bem como a declaração de estado de guerra ou resposta a agressão armada estrangeira, de acordo com o art. 137, em seus incisos I e II, da Constituição Federal. As imunidades só podem ser suspensas mediante o voto de dois terços dos membros da Casa Legislativa, nos casos de atos, praticados fora do recinto do Congresso, que sejam incompatíveis com a execução da medida. Deve-se observar que o Congresso Nacional deve permanecer em funcionamento até o término das medidas, de acordo com o § 3º do art. 137, da Constituição Federal. As prerrogativas dos Parlamentares foram tratadas nas Constituições de 1824 (arts. 26 e 27), de 1891 (art. 20), de 1934 (art. 32), de 1937 (art. 32), de 1946 (art. 45) e de 1967 (art. 34).

Existe a incompatibilidade entre o exercício de função eletiva com cargo público. Assim, desde a expedição do diploma, não podem os Deputados Federais e os Senadores, firmar ou manter contrato com pessoa jurídica de direito público, com autarquia, com empresa pública, com sociedade de economia mista ou com empresa concessionária de serviço público, salvo quando o contrato obedecer a cláusulas uniformes. Por outro lado, desde a posse, não podem ser proprietários, controladores ou diretores de empresa que goze de favor decorrente de contrato com pessoa jurídica de direito público, ou nela exercer função remunerada; ocupar cargo ou função demissíveis **ad nutum** ou patrocinar causa em que seja interessada qualquer

---

putados ou do Senado Federal respectivamente? - Se o Deputado ou Senador for condenado a mais de 120 dias em regime fechado: a perda do cargo será uma consequência lógica da condenação. Neste caso, **caberá à Mesa da Câmara ou do Senado apenas declarar que houve a perda (sem poder discordar da decisão do STF), nos termos do art. 55, III e § 3º da CF/88.** Se **o Deputado ou Senador for condenado a uma pena em regime aberto ou semiaberto: a condenação criminal não gera a perda automática do cargo. O Plenário da Câmara ou do Senado irá deliberar, nos termos do art. 55, § 2º, se o condenado deverá ou não perder o mandato.** STF. 1ª Turma. AP 694/MT, Rel. Min. Rosa Weber, julgado em 2/5/2017 (Info 863). STF. 1ª Turma. AP 863/SP, Rel. Min. Edson Fachin, julgado em 23/5/2017 (Info 866)" (ABNC).

das entidades acima; e serem titulares de mais de um cargo ou mandato público eletivo. Observe-se que, por força do inciso I do art. 55, do texto constitucional, os parlamentares federais podem perder o mandato no caso de infringir as disposições sobre incompatibilidades.

Por outro lado, desde a posse, não podem ser: a) proprietários, controladores ou diretores de empresa que goze de favor decorrente de contrato com pessoa jurídica de direito público, ou nela exerce função remunerada; b) ocupar cargo ou função de que sejam demissíveis **ad nutum** de pessoa jurídica de direito público, autarquia, empresa pública, sociedade de economia mista ou empresa concessionária de serviço público, salvo quando o contrato obedecer a cláusulas uniformes. Por outro lado, desde a posse, não podem patrocinar causa em que seja interessada qualquer das entidades acima mencionadas. Por fim, está vedado ser titular de mais de um cargo ou mandato público eletivo, de modo que não pode haver a acumulação de mandatos eletivos, como ocorrem em outros países, como na França.

O mandato do parlamentar federal pode ser extinto, por declaração do Presidente da Casa Legislativa, quando ocorrer: a) falecimento, renúncia por escrito, cassação dos direitos políticos ou condenação por crime funcional ou eleitoral; b) deixar de tomar posse, sem motivo justo; c) incidir nos impedimentos para o exercício do cargo, e não se desincompatibilizar até a posse. O suplente de parlamentar tem uma expectativa de direito, durante a legislatura de quatro anos, podendo ser chamado em decorrência de licença do titular ou em caso de vaga. Esta situação se dá nos casos de perda do cargo, por morte ou renúncia expressa e, ainda, por impedimento ou incompatibilidade. O primeiro suplente do partido, havendo vaga, passa a ter direito à sua assunção. Caso não assuma, por prazo determinado esta, entende-se que houve renúncia ao mandato.

De acordo com o inciso I do art. 55, deve perder o mandato que infringir qualquer das proibições estabelecidas no art. 54, ambos do texto constitucional. Por outro lado, o Decreto Legislativo nº 16, de 24.03.1994, dispõe que: "Art. 1º A renúncia de parlamentar sujeito à investigação por qualquer órgão do Poder Legislativo, ou que tenha contra si procedimento já instaurado ou protocolado junto à Mesa da respectiva Casa, para apuração das faltas a que se referem os incisos I e II do art. 55, da Constituição Federal, fica sujeita à condição suspensiva, só produzindo efeitos se a decisão final não concluir pela perda do mandato. Parágrafo único. Sendo a decisão final pela perda do mandato parlamentar, a declaração de renúncia será arquivada". A perda do mandato deve ser decidida pela Casa Legislativa a que pertencer o parlamentar, por voto secreto e maioria absoluta, depois de representação da respectiva Mesa ou de partido político representado no Congresso Nacional.

O inciso II do art. 55, da Constituição de 1988, trata da questão do decoro parlamentar. Não existe uma definição constitucional, mas o § 1º do art. 55 especifica que o decoro pode ser definido no Regimento Interno, mas devem constar dois tipos: a) o abuso das prerrogativas asseguradas a membros do Congresso Nacional; b) a percepção de vantagens indevidas. Não se trata da ofensa de qualquer regra de comportamento, mas apenas àquelas que atentem contra a dignidade do cargo ou a honra da Casa Legislativa. A perda do mandato deve ser decidida pela Casa Legislativa a que pertencer o parlamentar, por voto secreto e maioria absoluta, depois de representação da respectiva Mesa ou de partido político representado no Congresso Nacional.

Dispõe o inciso III do art. 55, da Constituição de 1988, sobre a falta de comparecimento, em cada Sessão legislativa, no prazo de um ano, à terça parte das Sessões ordinárias da Casa Legislativa a que pertencer. Excetua-se, porém, os casos de licença ou de missão autorizada por esta. Não é razoável que uma pessoa, eleita para o exercício de mandato eletivo federal, simplesmente falte às Sessões do Legislativo, não cumprindo com sua obrigação, de elaborar as leis e de fiscalizar o Executivo. A perda deve ser declarada pela Mesa da respectiva Casa Legislativa, de ofício ou mediante provocação de qualquer de seus membros ou de partido político representado no Congresso Nacional.

Prevê o inciso IV, do mesmo artigo, que o mandato se perde caso o parlamentar tenha suspensos ou perdidos os direitos políticos. Nos incisos do art. 15, da Constituição de 1988, estão previstos os casos de perda ou suspensão de direitos políticos: a) cancelamento da naturalização por sentença transitada em julgado; b) incapacidade civil absoluta; c) condenação criminal transitada em julgado, enquanto durarem seus efeitos; d) improbidade administrativa. A perda deve ser declarada pela Mesa da respectiva Casa Legislativa, de ofício ou mediante provocação de qualquer de seus membros ou de partido político representado no Congresso Nacional.

Há também a hipótese de perda do mandato por decretação pela Justiça Eleitoral, conforme prevê o inciso V do art. 55. A Constituição Federal, em seu art. 14, parágrafos 10 e 11, criou a ação de impugnação de mandato eletivo. A condenação criminal em sentença transitada em julgado, previsto no inciso VI do mesmo artigo, é caso de perda de mandato de Deputado ou de Senador, conforme o inciso III do art. 15, que tem o mesmo teor, sendo uma redundância ou uma ênfase da Constituição de 1988. A perda do mandato deve ser decidida pela Casa Legislativa a que pertencer o parlamentar, por voto secreto e maioria absoluta, depois de representação da respectiva Mesa ou de partido político representado no Congresso Nacional.

O § 1º do art. 55, da Constituição Federal, trata de estabelecer dois tipos de infração, que se caracterizam como a quebra do decoro parlamentar, o abuso das prerrogativas asseguradas a membros do Congresso Nacional ou a percepção de vantagens indevidas. Não obstante, de acordo com o inciso II do mesmo artigo pode o Regimento Interno da Casa Legislativa dispor sobre outros casos, que se caracterizam como a perda do decoro parlamentar.

Trata o § 2º do art. 55, da Constituição de 1988, dos casos de processo de perda do mandato, em que o procedimento deve ser decidido pelos Deputados ou Senadores, por voto secreto e maioria absoluta, mediante a provocação da Mesa ou de partido político, presente no Congresso Nacional. Ocorre nos seguintes casos: a) infração a quaisquer das proibições do art. 54 (inciso I); b) de procedimento declarado incompatível com o decoro parlamentar (inciso II); c) sofrer condenação criminal em sentença transitada em julgado (inciso VI). Por outro lado, dispõe outro procedimento, previsto no § 3º art. 55, da Constituição Federal, pois quem decide é a Mesa da Casa Legislativa, de ofício ou mediante provocação de qualquer parlamentar ou partido político representado no Congresso Nacional. Assim, caso o parlamentar deixe de comparecer a um terço das Sessões ou venha a perder ou tiver suspenso os direitos políticos, a decisão é da Mesa e não do Plenário, como no caso anterior. A Emenda Constitucional de Revisão nº 6, de 07.06.1994, instituiu o § 4º do art. 55, em que a renúncia de parlamentar submetido a processo que vise ou possa levar à perda do mandato, deve ter seus efeitos suspensos até as deliberações finais, condicionando o pedido.

Prevê o Decreto Legislativo nº 16, de 24.03.1994, no seu art. 1º, que: "a renúncia de parlamentar sujeito à investigação por qualquer órgão do Poder Legislativo, ou que tenha contra si procedimento já instaurado ou protocolado junto à Mesa da respectiva Casa, para apuração das faltas a que se referem os incisos I e II do art. 55 da Constituição Federal, fica sujeito à condição suspensiva, só produzindo efeitos se a decisão final não concluir pela perda do mandato. Parágrafo único. Sendo a decisão final pela perda do mandato parlamentar, a declaração da renúncia será arquivada". Não perde o mandato o Deputado ou Senador que for "investido no cargo de Ministro de Estado, Governador de Território, Secretário de Estado-membro, do Distrito Federal, de Território, de Prefeitura da Capital ou chefe de missão diplomática temporária", como prevê o inciso I do art. 56, do texto constitucional.

A licença é a forma de afastamento do parlamentar federal do exercício de seu mandato. Pode ser que seja investido de cargo público, como o de Ministro de Estado, de Governador de Território, de Secretário de Estado-membro, do Distrito Federal, de Território e de Prefeituras da Capital ou chefe de missão diplomática temporária. A licença pode ser remunerada, quando se der por motivo de doença ou para missão autorizada pela respectiva Casa Legislativa, e, ainda, sem subsídio, para tratar de interesse particular. O parlamentar tem direito à licença, mas não à sua concessão, podendo a Mesa ou o Plenário negá-la, se assim entender apropriado. A licença ocorre por motivo de doença ou, ainda, para tratar de interesse particular, desde que o afastamento não passe de cento e vinte dias por Sessão Legislativa, conforme o inciso II do art. 56, da Constituição de 1988.

A Emenda Constitucional nº 76, de 28.11.2013, dispôs sobre votação secreta no Congresso Nacional:

> "Art. 1º Os arts. 55 e 66 da Constituição Federal passam a vigorar com as seguintes alterações:
> Art. 55. ....
> ....
> § 2º Nos casos dos incisos I, II e VI, a perda do mandato será decidida pela Câmara dos Deputados ou pelo Senado Federal, por maioria absoluta, mediante provocação da respectiva Mesa ou de partido político representado no Congresso Nacional, assegurada ampla defesa.
> ....
> Art. 66. ....
> ....
> § 4º O veto será apreciado em sessão conjunta, dentro de trinta dias a contar de seu recebimento, só podendo ser rejeitado pelo voto da maioria absoluta dos Deputados e Senadores".

O suplente do Deputado Federal é aquele que não logrou ser eleito, mas teve o número de voto próximo dos vencedores e são numerados conforme a ordem de colocação por partido político ou coligação. O Suplente de Senador é eleito com o Senador, conforme o § 3º do art. 46, havendo o primeiro e o segundo suplente. O suplente deve ser convocado nos casos de vaga, de investidura em função do previsto no inciso I do art. 56, e nos casos de licença superior a cento e vinte dias, de acordo com o § 1º, sendo-lhe facultado optar pela remuneração do mandato, como diz o § 3º, ambos do art. 56, do texto constitucional. Caso ocorram vagas e não haja suplente, deve-se fazer eleição para preenchê-la, se faltarem mais de quinze meses para o término do mandato.

11.6. Reuniões Parlamentares no Congresso

O Congresso Nacional deve se reunir de 2 de fevereiro a 17 de julho e de 1º de agosto a 22 de dezembro, sendo este período a Sessão Legislativa, prevista no **parágrafo único** do art. 44, que é de quatro anos. Caso as datas acima ocorram em sábado, domingo ou feriado, as reuniões transferir-se-ão para o primeiro dia útil subsequente, no § 1º. Não pode a Sessão ser interrompida sem a aprovação do projeto de lei de diretrizes orçamentárias, de acordo com o art. 57, § 2º, da Constituição de 1988. Podem a Câmara dos Deputados e o Senado Federal reunir-se, em Sessão conjunta, para: a) inaugurar a Sessão Legislativa, elaborar o regimento comum e regular a criação de serviços comuns; b) receber o compromisso do Presidente e do Vice-Presidente da República; c) conhecer do veto e sobre ele deliberar, inciso IV do § 3º do art. 57, da Constituição de 1988.

O Plenário é o órgão máximo das Casas Legislativas, onde ocorrem as deliberações relativas às atividades legislativas típicas, ainda que possa haver decisões de natureza administrativa ou de fiscalização do Executivo. O Plenário é o local onde se reúnem os parlamentares, em recinto determinado, para atuar na forma e com o número legal para deliberar. O recinto é o local para a realização das Sessões Ordinárias ou Extraordinárias. A Sessão trata-se da reunião dos parlamentares em exercício, em número e forma dispostos no regimento interno, podendo ser ordinária, extraordinária ou solene. As Sessões Ordinárias são aquelas que realizam-se para as deliberações e trabalhos de rotina, nas datas e horários previamente fixados; ao passo que Extraordinárias são as realizadas em caráter excepcional, para deliberar sobre matérias urgentes e relevantes. Por fim, as Sessões Solenes destinam-se para posses, recepções ou homenagem de caráter social ou cívico. As Sessões devem ser públicas, devendo ser asseguradas não só a publicação dos trabalhos como também a garantia do acesso dos cidadãos ao recinto dos debates. A matéria foi tratada na Constituição de 1824 (art. 18). Foi, ainda, disposta nas Constituições de 1891 (art. 17), de 1934 (art. 28), de 1937 (art. 39), de 1946 (art. 41) e de 1967 (art. 31), mas que na sua Emenda Constitucional nº 1, de 17.10.1969, apareceu como art. 29.

A Mesa, por outro lado, é o órgão dirigente da Casa Legislativa. O mandato é de dois anos, não sendo vedada a reeleição para os mesmos cargos, em legislaturas diferentes. A eleição da Mesa realiza-se por votação nominal, para que seja assegurada a representação partidária. Por outro lado, o correto é que os cargos sejam preenchidos proporcionalmente à representação dos partidos políticos, para que todos tenham responsabilidade pelo destino da respectiva Casa. De acordo com o § 4º, esta deve reunir-se, preparatoriamente, de 1º a 14 de fevereiro, para a posse de seus membros e a eleição de sua Mesa, para mandato de dois anos, vedada a recondução para o mesmo cargo na eleição imediatamente subseqüente. Entendeu-se que a proibição de reeleição haveria apenas na mesma Legislatura, sendo possível quando fossem diversas as Legislaturas. Quando ocorrer a constituição das Mesas e de cada Comissão, encontra-se assegurada, tanto quanto possível, a representação proporcional dos partidos ou dos blocos parlamentares que participam da respectiva Casa, § 1º do art. 58, da Constituição Federal.

Dispõe o § 5º do art. 57, da Constituição de 1988, que a Mesa do Congresso Nacional deve ser presidida pelo Presidente do Senado Federal, com os demais cargos sendo exercidos alternadamente, pelos ocupantes nas respectivas Casas. O Presidente da Mesa do Congresso Nacional acumula este cargo com o de Presidente do Senado Federal, conforme o caso, detendo funções administrativas, legislativas e de representação. Cabe a ele: a) representar a Câmara e dirigir os seus trabalhos; b) manter a ordem interna; c) interpretar e fazer cumprir o Regimento Interno; d) conceder, moderar e cassar a palavra nos debates; e) propor as questões à discussão; f) proclamar o resultado da votação; g) convocar, prorrogar e suspender as sessões; h) executar as deliberações do Plenário; i) promulgar as leis que não forem o pelo Executivo; j) superintender os serviços administrativos e dos servidores públicos; k) regular o andamento dos trabalhos da Casa Legislativa. Compete-lhe, ainda, dar posse ao Presidente da República, ao Vice-Presidente, aos parlamentares e aos suplentes, bem como a extinção de mandato. Deve-se observar que a cassação do mandato do parlamentar é de competência do Plenário.

A Sessão é a reunião dos parlamentares em exercício, em número e forma dispostos no regimento interno, podendo ser ordinária, extraordinária ou solene. As Sessões Ordinárias são aquelas que se realizam para as deliberações e trabalhos de rotina, nas datas e horários previamente fixados; ao passo que Extraordinárias são as realizadas em caráter excepcional, para deliberar sobre matérias urgentes e relevantes. A convocação extraordinária do Congresso Nacional deve ser feita, conforme o § 6º do art. 57, da Constituição de 1988, em primeiro lugar, pelo Presidente do Senado Federal, em caso de decretação de estado de defesa ou de intervenção federal, de pedido de autorização de estado de sítio e para o compromisso e a posse do Presidente e do Vice-Presidente da República. Em segundo lugar, em casos de urgência ou interesse público relevante, pelo Presidente da República, pelos Presidentes da Câmara dos Deputados e do Senado Federal, ou a requerimento da maioria dos membros de ambas as Casas.

O Congresso Nacional, a Câmara dos Deputados e o Senado Federal funcionam por dado período de tempo, previsto no **caput** do art. 57, da Constituição de 1988. Faz parte da política brasileira a convocação extraordinária dessas Casas. Algumas vezes tratam de matérias relevantes. Outras, apenas uma forma de permitir um ganho extra, de remuneração. Por isto foi modificado o § 7º pela Emenda Constitucional nº 19, 04.06.1998, que veda o pagamento de parcela indenizatória em valor superior ao subsídio mensal. A Emenda Constitucional nº 50, de 14.02.2006, modificou os parágrafos 4º, 6º, I, e 7º, do texto constitucional. Passou a exigir para a convocação extraordinária a aprovação da maioria absoluta de cada uma das Casas do Congresso Nacional. Por outro lado, passou a vedar o pagamento de parcela indenizatória, em razão da convocação, quando antes permitia o pagamento até o valor do subsídio mensal.

11.7. Comissões Parlamentares no Congresso

As Comissões são órgãos técnicos, integrados por parlamentares, para que melhor possam analisar determinados projetos de lei, além de ter condições de empreender algumas investigações. Cabe ao Plenário escolher os membros das Comissões, dentre seus pares, com condições para enfrentar os problemas técnicos que passará a estudar. Os pareceres não obrigam ao Plenário, mas do ponto de vista técnico devem ser observados. As comissões podem ser permanentes ou especiais, sendo as primeiras aquelas que a Câmara ou o Senado instituírem em seu regimento interno, como órgãos internos e especializados da própria instituição, para o fim de examinar e emitir parecer prévio a respeito das proposições que devam ser deliberadas pelo Plenário. O número de Comissões Permanentes deve ser fixado no regimento, para atender às especificidades locais. Quanto ocorrer a constituição das Mesas e de cada comissão, encontra-se assegurada, tanto quanto possível, a representação proporcional dos partidos ou dos blocos parlamentares que participam da respectiva Casa. A matéria foi tratada na Constituição de 1824 (art. 40), bem como na de 1891 (art. 30), de 1934 (art. 89), de 1937 (art. 50), de 1946 (art. 60, **caput**) e de 1967 (art. 43), mas na sua Emenda Constitucional nº 1, de 17.10.1969, apareceu como art. 41.

Cabe às Comissões, inicialmente, discutir e votar projeto de lei que dispensar a competência do Plenário. Deve ser previsto no Regimento Interno e dele pode haver recurso de um décimo dos membros da Casa. Trata-se de matéria consolidada, pela Constituição de 1988, mas que foi discutida ainda no âmbito da Constituição de 1946, depois do Golpe Militar de 1964. É medida que modifica a forma de elaborar as leis, que tradicionalmente são decididas em Plenário. Cabe, ainda: a) realizar audiência pública; b) convocar Ministros de Estado; c) receber petições, reclamações, representações ou queixas; d) solicitar depoimento de qualquer autoridade ou cidadão; e) apreciar programas de obras, planos nacionais, regionais e setoriais de desenvolvimento e emitir pareceres sobre eles.

As Comissões Especiais são constituídas para estudos, para representação social ou para investigação ou inquérito. As Comissões Parlamentares de Inquérito (CPI) podem ser instituídas pelas Casas Legislativas, para melhor apurar fato determinado, com prazo certo, de interesse federal. Servem para investigar tanto as irregularidades do Executivo ou do Judiciário, como do próprio Legislativo. As conclusões da Comissão têm valor apenas informativo para os processos que dela advierem, mas podem resultar em punição pela Casa Legislativa, através da cassação do mandato. A Comissão Parlamentar de Inquérito tem poderes amplos de investigação, no âmbito federal, podendo fazer inspeções, levantamentos contáveis e perícias em qualquer órgão da Administração federal, estadual ou municipal e, ainda, quebrar o sigilo bancário, motivadamente, de pessoas físicas ou jurídicas.

No entanto, o Supremo Tribunal Federal vem estabelecendo os limites e as atribuições das Comissões Parlamentares de Inquérito[18].

---

18 "**Poderes da CPI**. No exercício **de suas atribuições**, as Comissões Parlamentares de Inquérito poderão: - **determinar diligências** que reputarem necessárias; - **requerer** a **convocação de Ministros de Estado**, Secretários de Estado ou Secretários Municipais (de acordo com a esfera de atuação da CPI); - tomar o **depoimento de quaisquer autoridades federais, estaduais ou municipais**; • ouvir os **investigados**; • inquirir **testemunhas sob compromisso**; - requisitar da administração pública direta, indireta ou fundacional informações e documentos; e - transportar-se aos lugares onde se fizer mister a sua presença ("**inspeção**"); • efetuar **prisões em flagrante em caso de crime praticado na presença dos membros da comissão.**
CPI pode determinar a "quebra" de sigilos? • CPI **federal**, **estadual** ou **distrital** (STF ACO 730): SIM. **Pode determinar a quebra de sigilos fiscal, bancário e de dados telefônicos.** • CPI **municipal**: prevalece que CPI municipal **não** pode. Isso porque os **Municípios não possuem Poder Judiciário.** Logo, **não se pode dizer que a CPI municipal teria os poderes de investigação próprios das autoridades judiciais.**
CPI pode determinar interceptação telefônica? NÃO. A **interceptação telefônica, ou seja, a determinação para que as conversas telefônicas sejam gravadas, somente pode ser decretada pelo Poder Judiciário** (art. 5º, XII, da CF/88). Não confundir: - Quebra do sigilo telefônico: ter acesso à relação dos números para os quais o investigado ligou ou recebeu ligações, as datas das chamadas e a duração das conversas. - Interceptação telefônica: significa gravar as conversas telefônicas.
CPI pode decretar a indisponibilidade dos bens do investigado ou outras medidas cautelares como essa? NÃO. Tais medidas cautelares somente podem ser decretadas pelo Poder Judiciário. Vale ressaltar, contudo, que a CPI pode pedir ao Judiciário a concessão dessas medidas. Veja o que prevê a Lei nº 1.579/52: Art. 3º-A. Caberá ao presidente da Comissão Parlamentar de Inquérito, por deliberação desta, solicitar, em qualquer fase da investigação, ao juízo criminal competente medida cautelar necessária, quando se verificar a existência de indícios veementes da proveniência ilícita de bens.
Relatório. **As Comissões Parlamentares de Inquérito - CPI** possuem permissão legal para encaminhar relatório circunstanciado **não** só ao **Ministério Público e à Advocacia-Geral da União**, mas, **também, a outros órgãos públicos, podendo veicular, inclusive, documentação que possibilite a instauração de inquérito policial em face de pessoas envolvidas nos fatos apurados** (art. 58, § 3º, CRFB/88, c/c art. 6º-a da Lei 1.579/52, incluído pela Lei 13.367/2016). STF. Plenário. MS 35216 AgR, Rel. Min. Luiz Fux, julgado em 17/11/2017.
Limitações aos poderes da CPI A CPI não pode: - **decretar o arresto, sequestro ou indisponibilidade de bens dos investigados**; • **decretar busca domiciliar**; • decretar **prisões preventivas** (vimos acima que é possível a prisão em flagrante**); - decretar interceptação telefônica**; • **investigar atos de conteúdo jurisdicional**. Intimação dos indiciados e testemunhas Os indiciados e as testemunhas deverão ser intimados de acordo com as regras estabelecidas no CPP e demais leis processuais penais. O depoente poderá fazer-se acompanhar de advogado, ainda que em reunião secreta.
Se a testemunha não **comparecer**: Em caso de **não comparecimento da testemunha sem motivo justificado**, a **sua intimação será solicitada ao juiz criminal da localidade em que resida ou se encontre, nos termos dos arts. 218 e 219 do CPP.**

A Lei Federal nº 1.579, de 18.03.1952, dispôs sobre as Comissões Parlamentares de Inquérito (CPI). Deve haver, durante o recesso, comissão representativa do Congresso Nacional, eleita por suas Casas na última sessão ordinária do período legislativo, com competência definida no regimento interno, de acordo com o § 4º do art. 18 do texto constitucional. Houve um precedente na Constituição de 1934, art. 92, § 1º, mas a Constituição de 1988 foi quem efetivou a matéria.

11.8. Processo Legislativo Brasileiro

A principal competência do Plenário é deliberar sobre as matérias de interesse local, através dos diferentes instrumentos legais, postos à disposição dos agentes políticos locais[19]. A disposição mais importante trata-se,

O investigado que foi convocado para prestar depoimento na CPI pode exercer seu direito ao silêncio? SIM. Claro que sim. **STF**: A CF/88 prevê, como uma decorrência da ampla defesa, o **direito à não autoincriminação** (nemo tenetur se detegere). De igual modo, o Pacto de San José da Costa Rica também assegura esse direito aos acusados. **Para o STF**, a **garantia constitucional contra a autoincriminção também se aplica no caso de Comissões Parlamentares de Inquérito.** Logo, a pessoa convocada para depor possui direito ao silêncio quanto a perguntas cujas respostas possam resultar em prejuízo dos depoentes. Além disso, possui direito de ser assistida por advogado. STF. 2ª Turma. HC 119941, Rel. Min. Cármen Lúcia, julgado em 25/03/2014.

Ok. Vimos que o investigado possui o direito ao silêncio. Assim, ele pode se recusar a responder as perguntas que lhe forem feitas na CPI. No entanto, vamos avançar: o investigado tem o direito de nem comparecer à sessão da CPI? A CPI intima o investigado para ser ouvido. O investigado pode se recusar a comparecer? O direito ao silêncio abrange também o direito de nem comparecer? A 2ª Turma apreciou o tema e houve um empate na votação.

O investigado pode se recusar a comparecer na sessão da CPI na qual seria ouvido? SIM: Gilmar e Marco Aurélio. O comparecimento do investigado perante a CPI para ser ouvido é facultativo. Cabe a ele decidir se irá ou não comparecer. **Se decidir comparecer ele terá direito: a) ao silêncio; b) à assistência de advogado; c) de não prestar compromisso de dizer a verdade; e de d) não sofrer constrangimentos.** Caso o investigado não compareça, a CPI **NÃO** pode determinar a sua condução coercitiva. Aplica-se para as CPIs o mesmo entendimento da ADPF 395/DF. **NÃO: Ministros Edson Fachin e Cármen Lúcia.** O comparecimento do investigado perante a CPI para ser ouvido é compulsório. Ele tem que comparecer. **No entanto, chegando lá, o investigado tem direito: a) ao silêncio; b) à assistência de advogado; c) de não prestar compromisso de dizer a verdade; e de d) não sofrer constrangimentos. Caso o investigado não compareça, a CPI pode determinar a sua condução coercitiva**" (ABNC).

19 Ver: ATALIBA, Geraldo. **Processo Legislativo.** *In*: **Revista de Direito Público.** São Paulo: Revista dos Tribunais, jul.-dez./1975, nº 35-36/78, e **Doutrinas Essenciais: Direito Constitucional (Edições Especiais Revista dos Tribunais: 100 Anos).** 2ª tir. São Paulo: Revista dos Tribunais, 2013, vol. IV, p. 211.

sem sombras de dúvidas, das Emendas Constitucionais, que, a partir da Constituição de 1988, passou a ser matéria que cabia ao Congresso deliberar. Por conseguinte, as Emendas à Constituição Federal também necessitam de processo específico, para serem promulgadas pelo Presidente da Câmara e do Senado, depois, publicadas. A Constituição de 1988 atribui à lei complementar a forma de dispor sobre alguns assuntos especiais. Tratam-se de diplomas em que há a necessidade de quórum qualificado, da maioria absoluta, podendo ser veiculadora de normas intermediárias entre a Constituição e a legislação ordinária ou de disciplinar sobre dispositivos relevantes[20].

As leis ordinárias constituem-se no instrumento legislativo mais utilizado, exteriorizando os princípios constitucionais e as leis complementares, nos campos de sua particular atuação[21]. A lei precisa ser formal e materialmente produzida no Legislativo, ainda que caiba ao Executivo sua promulgação. Exige-se maioria simples para sua aprovação. A Constituição Federal, no seu art. 59, prevê duas modalidades de legislação, leis delegadas e me-

20 "Entendo que têm natureza de lei complementar propriamente dita aquelas leis explicitadoras da Constituição e de nível hierárquico superior, sendo apenas formalmente complementares aquelas que disciplinam normas auto-aplicáveis. É o Código Tributário Nacional, material e formalmente, lei complementar (tem esta eficácia), e qualquer lei que veicular empréstimos compulsórios será formalmente complementar, embora de conteúdo ordinário" (MARTINS, Ives Gandra. **Comentários à Constituição do Brasil**, *op. cit.*, 4º vol., tomo I, p. 296).

21 "O processo legislativo – assim entendido como o processo de formação das leis – tem sua matriz prevista na Constituição Federal (CF, art. 59 a 69). Todavia, não se esgota nos procedimentos mencionados na Carta Magna, uma vez que é regulamentado por diversas outros instrumentos normativos, tais como os regimentos internos das Casas legislativas e Lei Complementar. O procedimento é o modo como se desenrola o processo, os vários caminhos que podem ser tomados. Assim, o processo legislativo é o mecanismo de formação das leis, que, por sua vez, abrange vários procedimentos legislativos (caminhos que o projeto de lei pode tomar). Os procedimentos dividem-se em **comum** e **especiais**. O procedimento comum é a regra, o padrão, o *standard*. No nosso contexto, procedimento comum é o procedimento de aprovação das leis ordinárias. O procedimento pode ainda subdividir-se em: a) procedimento ordinário; b) procedimento sumário; c) procedimento abreviado. O procedimento comum ordinário constitui a tramitação completa do projeto de lei ordinária, ou seja, em todas as fases possíveis (inclusive discussão em Plenário) e sem prazo definido. Já o procedimento sumário (ou procedimento da urgência constitucional) caracteriza-se por ter as mesmas fases do procedimento ordinário, mas prevê a existência de prazos para a deliberação do Congresso Nacional (CF, art. 64, §§ 1º e seguintes)" (BARRACHO JÚNIOR, José Alfredo Oliveira. **Estados Federados.** *In*: ALVIM, Eduardo Arruda, LEITE, George Salomão, e STRECK, Lênio (coords.). **Curso de Direito Constitucional**. Florianópolis: Tirant le Blanch, 2018, p. 495).

didas provisórias[22] que, em geral, não se aplicam ao Município, ainda que não haja vedação para tanto. Não existe uniformidade nas Leis Orgânicas Municipais, tanto que estão previstas a lei delegada e a medida provisória, nas de Campo Grande (MS), no art. 35, IV e V, de Rio Branco (AC), no art. 33, III e IV, enquanto está prevista apenas a medida provisória na de Campinas (SP), no art. 38, V, ou a lei delegada, na do Rio de Janeiro (RJ), no art. 67, IV. Por outro lado, estes dois instrumentos legais não foram previstos nas Leis Orgânicas de Teresina (PI), no art. 50, de Florianópolis (SC), no art. 53, e de Vitória (ES), no art. 78. A medida provisória tem provocado inúmeras controvérsias que o Supremo Tribunal Federal vem resolvendo, com o trancamento de pauta[23], conversão da medida provisória em lei e o contrabando legislativo[24].

De uso mais frequente são o decreto legislativo e a resolução. O primeiro é a deliberação do Plenário sobre matéria de sua exclusiva compe-

---

22 Súmula Vinculante 54, de 17.03.2016: "A medida provisória não apreciada pelo congresso nacional podia, até a Emenda Constitucional 32/2001, ser reeditada dentro do seu prazo de eficácia de trinta dias, mantidos os efeitos de lei desde a primeira edição".

23 "**O trancamento da pauta por conta de MPs não votadas no prazo de 45 dias só alcança projetos de lei que versem sobre temas passíveis de serem tratados por MP.** O art. 62, § 6º da CF/88 afirma que "se a medida provisória não for apreciada em até quarenta e cinco dias contados de sua publicação, entrará em regime de urgência, subsequentemente, em cada uma das Casas do Congresso Nacional, ficando sobrestadas, até que se ultime a votação, todas as demais deliberações legislativas da Casa em que estiver tramitando". Apesar de o dispositivo falar em "todas as demais deliberações", **o STF, ao interpretar esse § 6º, não adotou uma exegese literal e afirmou que ficarão sobrestadas (paralisadas) apenas as votações de projetos de leis ordinárias que versem sobre temas que possam ser tratados por medida provisória.** Assim, por exemplo, **mesmo havendo medida provisória trancando a pauta pelo fato de não ter sido apreciada no prazo de 45 dias (art. 62, § 6º), ainda assim a Câmara ou o Senado poderão votar normalmente propostas de emenda constitucional, projetos de lei complementar, projetos de resolução, projetos de decreto legislativo e até mesmo projetos de lei ordinária que tratem sobre um dos assuntos do art. 62, § 1º, da CF/88. Isso porque a MP somente pode tratar sobre assuntos próprios de lei ordinária e desde que não incida em nenhuma das proibições do art. 62, § 1º. STF. Plenário. MS 27931/DF, Rel. Min. Celso de Mello, julgado em 29/06/2017** (Info 870)" (ABNC).

24 "**Emenda parlamentar em medida provisória e contrabando legislativo.** Durante a tramitação de uma medida provisória no Congresso Nacional, **os parlamentares poderão apresentar emendas? SIM,** no **entanto, tais emendas deverão ter relação de pertinência temática com a medida provisória que está sendo apreciada. Assim, a emenda apresentada deverá ter relação com o assunto tratado na medida provisória.** Desse modo, é incompatível com a Constituição a apresentação de emendas sem relação de **pertinência temática** com **medida provisória submetida à sua apreciação.** STF. Plenário. ADI 5127/DF, rel. orig. Min. Rosa Weber, red. p/ o acórdão Min. Edson Fachin, julgado em 15/10/2015 (Info 803)" (ABNC).

tência, promulgada pelo Presidente da Mesa, para operar seus principais efeitos fora da Câmara dos Deputados e do Senado. Por outro lado, a resolução é a deliberação do Plenário sobre matéria de sua exclusiva competência e de interesse interno da Casa Legislativa, promulgada por seu Presidente. Deve-se observar que a resolução do Plenário é ato legislativo de caráter político-administrativo, sujeito ao processo legislativo para sua elaboração, enquanto a resolução da Mesa consiste em ato administrativo de execução das funções deste órgão, restrito aos seus serviços e aos seus servidores públicos[25]. O processo legislativo compreende uma sucessão de atos do Legislativo e do Executivo, compreendendo iniciativa, discussão, votação, sanção ou veto, promulgação e publicação. A Lei Complementar Federal nº 95, de 26.02.1998, dispõe sobre elaboração, redação, alteração e consolidação das leis.

A iniciativa consiste na propositura de um projeto de lei, que tanto pode ser dos Senadores e dos Deputados Federais, do Presidente da República ou dos cidadãos, sendo que algumas matérias são do interesse exclusivo do Executivo, como no caso de criação de cargos ou de órgãos públicos. De modo geral, exige-se que os projetos, quando propostos por parlamentares locais, sejam subscritos por um número mínimo de parlamentares, quase sempre por um terço. Esta exigência, se por um lado evita a apresentação de projeto sem nenhuma viabilidade política, por outro, limita a participação, especialmente quando dispõe a Constituição de 1988, no **caput** do art. 61, que cabe a iniciativa a qualquer membro ou Comissão, sem fazer restrições quanto ao número. No caso de iniciativa popular, o projeto deve ser proposto por, pelo menos, cinco por cento do eleitorado local, no art. 29, XIII, da Constituição de 1988. O Supremo Tribunal Federal, na ADI 825/AP, que teve como Relator o Ministro Alexandre de Moraes, entendeu que é constitucional a Constituição de Estado-membro prever sua Emenda Constitucional Estadual ser proposta por iniciativa popular[26]. A Lei

25 MEIRELLES, Hely Lopes. **Direito Municipal Brasileiro**, *op. cit.*, 1977, p. 752.

26 "É possível que a **Constituição do Estado** preveja **iniciativa popular** para a propositura de emenda à Constituição Estadual. A iniciativa popular de emenda à Constituição Estadual é **compatível com a Constituição Federal, encontrando fundamento no art. 1º, parágrafo único, no art. 14, II e III e no art. 49, VI, da CF/88**. Embora a Constituição Federal **não** autorize proposta de iniciativa popular para emendas ao próprio texto, mas apenas para normas infraconstitucionais, não há impedimento para que as Constituições Estaduais prevejam a possibilidade, ampliando a competência constante da Carta Federal. STF. Plenário. ADI 825/AP, Rel. Min. Alexandre de Moraes, julgado em 25/10/2018 (Info 921)" (ABNC).

Federal nº 9.709, de 18.11.1998, dispõe sobre o plebiscito, o referendo e a iniciativa popular[27].

A discussão é fundamental, pois ajuda a clarear os parlamentares quanto à matéria sobre a qual estão legislando. Esta pode se dar, inicialmente, nas comissões e, só depois, ir ao Plenário. Não existe prazo nas tramitações, apenas para os projetos governamentais que o Prefeito, ao seu critério, determinar. Os prazos fatais de tramitação dos projetos não correm nos períodos de recesso do Congresso Nacional. Durante as discussões podem ser apresentadas emendas ao projeto ou, até, substitutivos.

Depois de encerrada a discussão, passa-se à votação do projeto. O modo pelo qual se dá a votação deve ser previsto no Regimento Interno, podendo ser ostensivo, subdividido em simbólico e nominal e, ainda, ser secreto. A votação simbólica realiza-se com os parlamentares favoráveis permanecendo sentados, enquanto os opositores devem se levantar. Na nominal, os parlamentares respondem sim ou não ao projeto, à medida que vão sendo chamados pelo nome. A votação secreta opera-se por meio de cédulas, que são lançadas em urnas, colocadas em cabine indevassável ou, hoje, por meio de voto eletrônico. Observe-se que cada tipo de lei exige um quórum determinado.

Após ser aprovada a redação final, na Casa Legislativa, o projeto vai ao Presidente da República, que dispõe de quinze dias úteis, a contar do recebimento, para aprová-lo ou rejeitá-lo. O Chefe do Executivo pode manifestar sua vontade por escrito, quando a sanção é expressa, ou pelo silêncio, quando se considera tácita a sanção. Caso não concorde com os termos do projeto aprovado, ou de algumas de suas disposições, pode o Presidente da República vetar o todo ou parcialmente o projeto, no prazo de quinze dias. O veto apresenta-se como absoluto quando ataca todo o projeto ou parcial, quando se limita a alguns dispositivos, que deve abranger texto integral de artigo, de parágrafo, de inciso ou de alínea. O veto deve ser apreciado, dentro de trinta dias a contar de seu recebimento, só podendo ser rejeitado pelo voto da maioria absoluta dos parlamentares, quando a promulgação cabe ao Presidente da Câmara.

A promulgação é o ato que transforma o projeto em lei, passando a ter número e data determinada, confundido-se esta com a própria sanção,

27 Ver: ALMEIDA, Fernanda Dias M. de. **Poder Legislativo no Brasil Contemporâneo.** *In*: **Revista de Direito Constitucional e Internacional.** São Paulo: Revista dos Tribunais, jan.-mar./1997, nº 18/26, e **Doutrinas Essenciais: Direito Constitucional (Edições Especiais Revista dos Tribunais: 100 Anos).** 2ª tir. São Paulo: Revista dos Tribunais, 2013, vol. IV, p. 175.

ainda que sejam diferentes[28]. Depois, para ter eficácia, deve a lei ser publicada, para o público em geral dela tomar conhecimento. Aconselha-se que as leis sejam publicadas em jornais, Diários Oficiais, mesmo, em periódicos normais.

Em assimetria com a Constituição de 1988, no caso do Município, que é uma entidade política autônoma, mas ao mesmo tempo, trata-se de uma unidade territorial da União e do Estado-membro, tanto que o art. 29, do texto constitucional, prevê que a Lei Orgânica deve atender aos princípios fixados nas Constituições Federal e Estadual. Não se trata de um sistema hierarquizado, mas de atribuição de competência, de modo que as leis municipais estão sujeitas ao controle de constitucionalidade, através do controle difuso, quando se tratar de afronta às disposições constitucionais federais, através de recurso extraordinário. Pode ser feita por controle concentrado, em pedido ao Tribunal de Justiça do Estados-membro, através de ação direta de inconstitucionalidade, em agressões às disposições constitucionais estaduais[29].

O Regimento Interno é o regulamento geral da Casa Legislativa, sendo um ato normativo e, não, uma lei, entrando em vigor através de Resolução do Plenário, promulgada e publicada pelo Presidente da Mesa. Esta obriga apenas aos membros da Casa Legislativa, no exercício do Mandato, não

28 "Sanção e promulgação são, pois, atos distinguíveis, embora se possam realizar no mesmo momento, quando se dá a sanção expressa. Nesse caso, os dois atos são xipófagos. A promulgação é subentendida, ainda que usualmente o Chefe de Estado só empregue a fórmula da sanção. Fora disso, os dois atos vêm dissociados e, portanto, perfeitamente distintos. Enquanto a promulgação é ato essencial para o nascimento da lei, o mesmo não se dá quanto à sanção, que é dispensável" (SAMPAIO, Nelson de Sousa. **O Processo Legislativo**. 2ª ed. Belo Horizonte: Del Rey, 1996, p. 131).

29 "5.5.2. Passamos neste momento a considerar o controle da constitucionalidade em relação às leis ou atos normativos municipais. No que diz respeito ao método difuso, próprio da via de defesa ou de exceção, devemos distinguir a hipótese de arguição de inconstitucionalidade face à Constituição Federal e à Constituição do Estado-membro. Quando a lei municipal afronta a Constituição Federal, impugnada na via de defesa ou exceção, as decisões dos Tribunais inferiores poderão ser revistas pelo Supremo Tribunal Federal, em grau de recurso extraordinário, atendendo ao disposto no art. 102, III, da Constituição Federal, quando dispõe que caiba ao Supremo Tribunal Federal julgar, mediante recurso extraordinário, as causas decididas em única ou última instância, quando a decisão recorrida: a) contrariar dispositivo desta Constituição; b) declarar a inconstitucionalidade de tratado ou lei federal; c) julgar válida lei ou ato de governo local contestado em face desta Constituição. Diversa, porém, é a hipótese de violação da Constituição do Estado-membro por lei ou ato normativo municipal, quando as decisões dos órgãos judiciais serão apreciadas pelo Tribunal de Justiça dos Estados" (NERY FERRARI, Maria Macedo. **Controle da Constitucionalidade das Leis Municipais**. São Paulo: Revista dos Tribunais, 1994, pp. 71-2).

tendo efeitos externos. Por conseguinte, não pode criar, modificar ou extinguir direitos e obrigações constantes nas Constituições ou leis, estando reservado apenas para disciplinar o processo legislativo e os trabalhos dos parlamentares, da Mesa, da Presidência e das Comissões. Trata-se de instrumento importante para disciplinar as funções do Poder Legislativo e dar a devida transparência e funcionalidade ao processo de elaboração da lei.

11.9. Espécies de Leis Brasileiras

A atividade legislativa é a mais típica do Parlamento atual, tanto que este pode ser também definido como Poder Legislativo. Não se apresentam como tão evidentes as características de teoria de separação dos Poderes, postos que as transformações que ocorreram no século XX, e, agora, no século XXI, fizeram um Executivo mais forte e interessado na função legislativa. A lei, em geral um ato de suprema intervenção na vida cotidiana, cada vez mais intervém no comando privado. O Executivo passou a ter sérias responsabilidades sobre o processo de elaboração legal, em todas as suas fases, seja na iniciativa, na discussão e na deliberação. Hoje, pode-se dizer que a competência legislativa do Parlamento está se reduzindo a uma atividade residual, ofuscada pela agressividade do Executivo nesse plano.

O processo legislativo compreende tanto o processo político, como o aspecto jurídico. Pelo primeiro, a elaboração das leis relaciona-se com as pressões das entidades de sociedade civil, as manifestações, os **lobbies**, as composições partidárias e outros mecanismos políticos. No sentido jurídico, o processo significa o encadeamento de atos e as condições para que os mesmos resultem em uma decisão ou edição de novo ato. O processo não se confunde com o procedimento, pois este é o modo pelo qual se realiza aquele. O processo, pois, carrega a noção de marcha para a frente, avanço, progresso, desenvolvimento, ainda que nem sempre isso ocorra ou, quando ocorre, passou-se um longo lapso de tempo. Em sentido mais técnico, compreende os instrumentos formais de que se utilizam os Poderes Políticos para exercerem suas respectivas competências.

Pode haver, então, o processo do Judiciário, que trata da execução da lei quando ocorrer conflito de interesse. No Executivo também existe o processo administrativo, no qual se aplica a lei aos casos concretos. Por fim, o processo legislativo é aquele pelo qual o Estado elabora a lei, instituindo uma norma, de comando geral e abstrato, a que todos os cidadãos têm o dever de obedecer. Este é fixado, geralmente, no texto constitucional, pelo Poder Constituinte Originário.

O processo legislativo pode ser autocrático, direto, indireto ou representativo e semi-direto. Pelo processo autocrático surgem as Constituições outorgadas, em que o eleitorado não participa em nada de sua elaboração e, também, das leis, que ocorrem nas monarquias absolutas, nas ditaduras e nos governos militares. No processo legislativo direto existe a participação popular, reunida em assembléia que, salvo em algumas circunstâncias históricas da Suíça, não mais ocorre nos dias de hoje. O processo representativo, por outro lado, existe quando se elege uma Assembleia para a votação das leis. Por fim, o processo semi-direto manifesta-se quando, para a elaboração das leis, se exige a manifestação do eleitorado em algum momento.

No Brasil, de acordo com os incisos I a III do art. 15, aparece o processo semi-direto através do plebiscito, do referendo e da iniciativa popular. Todavia, o normal é o funcionamento do processo legislativo representativo ou indireto, tratado nos arts. 59 a 69 do texto constitucional. A matéria foi estabelecida nas Constituição de 1824 (art. 13), bem como na de 1891 (art. 16), de 1934 (art. 22), de 1937 (art. 64), de 1946 (art. 65) e de 1967 (art. 46), assim como na sua Emenda Constitucional nº 1, de 17.10.1969. A Lei Complementar Federal nº 95, de 26.02.1998, dispõe sobre a elaboração, a redação, a alteração e a consolidação das leis, conforme determina este **parágrafo único**, e estabelece normas para a consolidação dos atos normativos.

A Emenda à Constituição é a forma de alterar o texto constitucional, atuação do processo legislativo especial. A lei complementar é a espécie legal em que se exige quórum qualificado, da maioria absoluta, podendo ser veiculadora de normas intermediárias entre a Constituição e a legislação ordinária, sobre dispositivos relevantes. O Supremo Tribunal Federal entendeu, na ADI 2314/RJ, tendo por Relator o Ministro Joaquim Barbosa, que as Constituições dos Estados-membros podem prever como lei complementares matérias não previstas na Constituição Federal[30]. Por outro lado, a lei ordinária constitui-se no instrumento legislativo mais utilizado, exteriorizando os princípios constitucionais, nos campos de sua particular atuação. A lei precisa ser formal e materialmente produzida no Legislativo, ainda que caiba ao Executivo a sua promulgação. Exige-se maioria simples para a aprovação da lei ordinária.

---

30 "NORMAS DE CONSTITUIÇÕES ESTADUAIS JULGADAS COMPATÍVEIS COM A CF/88 CE pode prever que a **Lei Orgânica da Polícia Civil** tenha status de lei **complementar Constituição estadual poderá prever que a Lei Orgânica da Polícia Civil daquele estado tenha status de lei complementar**. Não há nada na Constituição Federal de 1988 que impeça o constituinte estadual de exigir quórum maior (lei complementar) para tratar sobre essa questão. **Seria uma demasia (um exagero) negar à Constituição estadual a possibilidade de escolher determinados temas como mais sensíveis**, exigindo, para eles, uma aprovação legislativa mais qualificada por meio de lei complementar. STF. Plenário. ADI 2314/RJ, rel. orig. Min. Joaquim Barbosa, red. p/ o acórdão Min. Marco Aurélio, julgado em 17/6/2015 (Info 790)" (ABNC).

A lei delegada vem a ser a disposição legal pela qual o Legislativo atribui ao Executivo competência para ele elaborar uma legislação, cuja existência dependa do processo legislativo, com tramitação no Congresso Nacional. A medida provisória é ato normativo do Presidente da República, com força da lei, em casos de relevância e urgência[31]. O decreto legislativo e a resolução em geral são de matérias internas das Casas Legislativas. O primeiro é a deliberação do Plenário sobre matéria de sua exclusiva competência, promulgada pelo Presidente da Mesa, para operar seus principais efeitos na própria Casa. A resolução vem a ser a deliberação do Plenário sobre matéria de caráter político-administrativo, sujeito ao processo legislativo para a sua elaboração. No caso do inciso IV do § 1º do art. 155, do texto constitucional, por exemplo, o Senado deve estabelecer as alíquotas máximas do imposto estadual sobre a transmissão **causa mortis** e a doação. Por outro lado, a resolução da Mesa é ato administrativo de execução das funções desse órgão, restrito aos seus serviços e aos seus servidores públicos.

As Constituições podem ser rígidas, semirrígidas ou flexíveis. A Constituição de 1988 é semirrígida, permitindo a reforma e a revisão constitucional. A reforma constitucional é permanente, podendo acontecer a qualquer tempo, por isso tem um processo mais difícil, enquanto a revisão é circunstancial, em geral prevista em disposições constitucionais, com maior facilidade de aprovação. Para a reforma criou-se, então, um processo legislativo complexo, que torna a mudança uma tarefa que exige força e engenharia, o que não tem faltado aos Presidentes da República, desde então. Por outro lado, existem limitações ao poder de reformar, como limitações temporárias, limitações circunstanciais, limitações materiais e limitações de reapreciação.

A Constituição de 1988 criou um sistema complexo de aprovação das emendas constitucionais. Em primeiro lugar, existe a questão do poder de iniciativa de proposta de Emenda, cabendo: a) um terço dos membros da Câmara dos Deputados ou do Senado Federal; b) ao Presidente da República; c) a mais da metade das Assembleias Legislativas, manifestando-se pela maioria relativa, de acordo com os incisos I a III do art. 60, da Constituição Federal.

O processo legislativo de tramitação de proposta de emenda constitucional começa com a iniciativa, das autoridades, ou órgãos de membros das Casas Legislativas acima mencionadas. Caso seja proposta de um ter-

---

31 Ver: BANDEIRA DE MELLO, Celso Antônio. **Perfil Constitucional das Medidas Provisórias.** *In*: **Revista de Direito Público.** São Paulo: Revista dos Tribunais, jul.-set./1990, nº 95/28, e **Doutrinas Essenciais: Direito Constitucional (Edições Especiais Revista dos Tribunais: 100 Anos).** 2ª tir. São Paulo: Revista dos Tribunais, 2013, vol. IV, p. 115.

ço, no mínimo, dos Senadores, o processo começa pelo Senado Federal. Nas outras situações, de iniciativa de um terço dos Deputados Federais, do Presidente da República ou das Assembleias Legislativas, incluída a Assembleia Distrital, o processo começa na Câmara dos Deputados, com o Senado funcionado como Câmara Revisora. A proposta deve ser votada e discutida, então, em cada Casa do Congresso Nacional, em dois turnos de votação, considerando que em todas as quatro votações obtenha três quintos dos votos dos respectivos membros, conforme o art. 60, § 2º, da Constituição Federal.

Existem, como já foi dito, limitações ao poder de reformar, como as limitações temporárias, as limitações circunstanciais, as limitações materiais e as limitações de reapreciação. Na Constituição de 1988, não existe a limitação temporária ao poder de reformar. A primeira mudança nela ocorreu, por sinal, com a Emenda Constitucional nº 1, de 31.03.1992, três anos e meio depois de sua promulgação. Por outro lado, quanto à revisão, previu-se que a mesma ocorresse após cinco anos, de 5 de outubro de 1988, prevista no art. 3º, do Ato das Disposições Constitucionais Transitórias. A revisão resultou em seis Emendas Constitucionais de Revisão, de 1º de março de 1994, data da Emenda nº 1, de 07.06.1994, e demais Emendas.

Existem as limitações circunstanciais, previstas na Constituição de 1988, no § 1º do art. 60, em que está expressa a vedação de que o texto constitucional possa ser emendado, na vigência de intervenção federal, de estado de defesa ou de estado de sítio. A intervenção da União nos Estados-membros ocorre nas situações enumeradas nos incisos do art. 34, com o procedimento previsto no art. 36, da Constituição Federal. O estado de defesa decorre da necessidade de preservar ou prontamente restabelecer, em locais restritos e determinados, a ordem pública ou a paz social ameaçada por grave e iminente instabilidade institucional ou atingidas por calamidades de grandes proporções na natureza, tratada no art. 136 da Constituição Federal. O estado de sítio decorre de comoção grave de repercussão nacional ou ocorrência de fatos que comprovem a ineficácia de medida tomada durante o estado de defesa ou, ainda, a declaração de guerra ou a resposta a agressão armada estrangeira, estando previsto no art. 137, da Constituição de 1988.

Ocorrem, ainda, as limitações materiais, em que está vedada a reforma das matérias enumeradas no texto constitucional, consideradas cláusulas pétreas. Estas expressam os principais compromissos políticos dos constituintes originários, que tinham poder e competência para elaborar uma Constituição. Permitiram estes que os constituintes derivados pudessem reformar a Carta Magna, desde que não alterassem determinadas matérias, pela importância que representam ao regime político instalado. Na Constituição de 1988 previu-se que não seria objeto de deliberação: a) a proposta de emenda tendente a abolir a forma federativa; b) o voto direto, secreto, universal e periódico; c) a separação dos poderes; d) os direitos e garantias individuais. Assim, a primeira vedação é a mudança da forma federativa, tratada nos arts. 1º e 18, da Constituição Federal, em que o próprio nome do país é expresso como República Federativa do Brasil, que se constitui pela união indissolúvel da União, dos Estados-membros, do Distrito Federal e dos Municípios.

A segunda vedação trata da cidadania política, expressa na classificação de Estado Democrático de Direito, em que "todo o poder emana do povo, que o exerce por meio de representantes eleitos ou diretamente". Trata-se de um Estado em que o poder político tem por premissa a participação da sociedade em suas decisões, através do princípio democrático. Por outro lado, embora existam instrumentos da democracia semidireta, a imensa maioria das leis é elaborada através do princípio da representação política, pela qual através do exercício do voto direto, secreto, universal e periódico, se escolhe o Chefe do Poder Executivo, bem como membros do Legislativo. É cláusula pétrea, então, a forma do governo brasileiro. A separação de poderes, também, é matéria que não pode ser objeto de emenda constitucional. Prevê o art. 2º que "são Poderes da União, independentes e harmônicos entre si, o Legislativo, o Executivo e o Judiciário". Deste modo, a tripartição de funções políticas deve ser mantida, bem como o sistema de freios e contrapesos, fazendo com que cada Poder tenha competências em conjunto com os outros poderes, bem como a eles fiscalizem. Por fim, não podem ser modificados os direitos e as garantias individuais previstos no art. 5º, do texto constitucional, não podendo nenhum de seus incisos serem modificados.

Existe, ainda, a limitação de reapreciação, pela qual a matéria constante de proposta de emenda rejeitada ou havida por prejudicada não pode ser objeto de nova proposta na mesma sessão legislativa, como prevê o § 5º do art. 60. A Sessão Legislativa ocorre de 2 de fevereiro a 17 de julho e de 1º de agosto a 22 de dezembro, conforme a Emenda Constitucional nº 50, de 14.02.2006. O processo legislativo foi tratado nas Constituições, desde o texto constitucional de 1824 (art. 13), estando presente também nas Constituições de 1891 (art. 16), de 1934 (art. 22), de 1937 (art. 64), de 1946 (art. 65) e de 1967 (art. 46, I).

11.10. Iniciativa de Leis na Constituição

A função legislativa é exercida em conjunto com o Presidente da República, já que cabe a este não só a iniciativa em várias matérias de lei, como a sanção ou o veto aos projetos deliberados pelos Plenários das Casas Legislativas. Em que pese o monopólio da lei residir no Congresso Nacional, o Poder Executivo tem outros instrumentos pelos quais legisla, sem a participação daquele, fenômeno que se observa em todo o mundo contemporâneo. Por seu meio se estabelecem as leis e se cumpre, no âmbito federal, o princípio da legalidade, a que se deve submeter a Administração Pública.

A iniciativa consiste na propositura de um projeto de lei, que tanto pode ser dos parlamentares, do Presidente da República, do Supremo Tribunal Federal, dos Tribunais Superiores, do Procurador-Geral da República, como dos cidadãos. Em alguns casos, são de matéria de interesse exclusivo do Poder Político ou de instituição, como no caso de criação de cargos ou de órgãos públicos. As matérias também sofrem restrições quanto às constitucionalidades das mesmas. De modo geral, exige-se que os projetos, quando propostos por parlamentares, sejam subscritos por um número mínimo de parlamentares. Esta exigência, se por um lado evita a apresentação de projetos sem nenhuma viabilidade política, por outro limita a participação, especialmente quando dispõe esse artigo, que cabe a iniciativa de qualquer membro ou comissão, sem fazer alusão ao número mínimo. No caso de projeto de iniciativa popular, este deve ser subscrito por, no mínimo, um por cento do eleitorado nacional, distribuído pelo menos por cinco Estados, com não menos de três décimos por cento dos eleitorados de cada um deles. A matéria foi tratada na Constituição de 1824 (art. 40). Depois, apareceu nas Constituições de 1891 (art. 30), de 1934 (art. 89), de 1937 (art. 50), de 1946 (art. 60, **caput**) e de 1967 (art. 43), mas na sua Emenda Constitucional nº 1, de 17.10.1969, apareceu como art. 41.

A lei ordinária constitui-se no instrumento legislativo mais utilizado, exteriorizando os princípios constitucionais, nos campos de sua particular atuação. A lei precisa ser formal e materialmente produzida no Legislativo, ainda que caiba ao Executivo a sua promulgação. Exige-se maioria simples para a sua aprovação. É a legislação básica do país, que rege o cotidiano das pessoas e que são votadas no Congresso Nacional sem que a sociedade tenha grande conhecimento do que lá se faz.

Deve-se observar que, de acordo com o art. 61, § 1º, da Constituição de 1988, em algumas matérias, a função legislativa do Congresso Nacional não inclui a de iniciativa, de competência exclusiva do Presidente da República. Assim, não pode nos casos de disposição sobre criação de cargos, funções ou empregos públicos na Administração Direta e autárquica ou aumento de suas remunerações e, ainda, a criação, estruturas e atribuições da Administração Pública, bem como as relativas ao plano plurianual, às diretrizes orçamentárias e aos orçamentos anuais. A Emenda Constitucional nº 18, de 05.02.1998, modificou o § 1º, II, "c" e "f" do artigo ora comentado.

Pode ser que a iniciativa seja do Presidente da República, de acordo com o § 1º do art. 61, possuindo prerrogativas nas matérias em que dispõe sobre defesa, como a fixação e modificação dos efetivos das Forças

Armadas, no art. 61 § 1º, I, da Constituição Federal, bem como dispõe sobre os militares das Forças Armadas, seu regime jurídico, provimento de cargos, promoções, estabilidade, remuneração, reforma e transferência para a reserva, no art. 61, § 1º, I, "f". Este foi modificado pela Emenda Constitucional nº 18, de 05.02.1998, que alterou a alínea "c", tirando a matéria relativa a militar para a nova alínea "f", de acordo com a Reforma dos Militares. Cabe-lhe, também, ter iniciativa em matérias que impliquem novos recursos, como a criação de cargos, de funções ou de empregos públicos na Administração Direta e autárquica, bem como aumento de sua remuneração, no art. 61, § 1º, I, "a".

Tem iniciativa, ainda, sobre serviços e pessoal de algumas Entidades da Federação, nos seguintes casos: a) a organização administrativa e judiciária, matéria tributária e orçamentos, serviços públicos e pessoal da administração dos Territórios, no § 1º, I, "b'; b) servidores públicos da União e Territórios, seu regime jurídico, provimento de cargos, estabilidade e aposentadoria, no art. 61, § 1º, I, "c"; c) organização do Ministério Público e da Defensoria Pública da União, bem como normas gerais para a organização do Ministério Público e da Defensoria Pública dos Estados-membros, do Distrito Federal e dos Territórios, no art. 61, § 1º, I, "d". Por fim, cabe-lhe dispor sobre criação, e extinção dos Ministérios e órgãos da Administração Pública, no art. 61, § 1º, I, "e", da Constituição de 1988. Esta alínea foi modificada pela Emenda Constitucional nº 32, de 11.09.2001, tirando da lei a disposição de estruturar e atribuir competência aos órgãos de Administração Direta – foi o preço pelas restrições ao uso abusivo de medidas provisórias pelo Executivo.

Os cidadãos também têm iniciativa, na situação prevista no inciso III do art. 14, do texto constitucional. Em todos os casos em que ocorre a iniciativa das autoridades acima mencionadas e dos cidadãos, começa o processo na Câmara dos Deputados, seguindo para o Senado Federal, como Casa revisora do projeto de lei, conforme o § 2º do art. 61, da Constituição Federal.

11.11. Tramitação Legal na Constituição

A limitação ao poder de emendar do Congresso Nacional, em matérias de lei, implica que não pode haver aumento da despesa prevista nos projetos de iniciativa do Presidente da República, bem como nos projetos sobre organização dos serviços administrativos da Câmara dos Deputados, do Senado Federal, dos Tribunais Federais e do Ministério Público. Trata-se de reforço às disposições dos arts. 165 a 169, do texto constitucional, pelas quais são tratados o plano plurianual, as diretrizes orçamentárias e os orçamentos anuais. Por um lado, nos termos do art. 57, § 2º, a Sessão Legislativa não deve ser interrompida sem a aprovação do projeto de lei de diretrizes orçamentárias, mas nada previu em relação ao orçamento que, diversas vezes, atravessa as Sessões Legislativas, sem qualquer problema. Ou seja, aprovam-se os gastos de um ano orçamentário, em lei aprovado no próprio exercício. Ora, o princípio da anualidade e da anterioridade, tão importante na matéria tributária, aqui foram completamente ignorados.

O poder de emendar o projeto de lei do orçamento anual ou os projetos que o modifiquem podem ser aprovados, apenas, caso sejam compatíveis com o plano plurianual e com a lei de diretrizes orçamentárias, art. 166, § 3º, da Constituição de 1988. No mesmo sentido, se indicarem os recursos necessários, admitidos apenas os provenientes de anulação de despesas, excluídas as que incidam sobre dotações para pessoal e seus encargos, serviço da dívida e transferência tributárias constitucionais para Estados-membros, Distrito Federal e Municípios. Por fim, caso sejam relacionados com a correção de erros ou omissões ou com os dispositivos do texto do projeto de lei. Por outro lado, as emendas ao projeto de lei de diretrizes orçamentárias não podem ser aprovadas quando incompatíveis com o plano plurianual.

A discussão é fundamental, pois ajuda a clarear os parlamentares quanto à matéria sobre a qual estão legislando. Esta se pode dar, inicialmente, nas comissões e, só depois, ir ao Plenário. Não existe prazo nas tramitações. Esta possibilidade existe nos projetos governamentais, nos quais o Presidente da República solicitar urgência. Os prazos fatais de tramitação dos projetos não correm nos períodos de recesso das Casas Legislativas. Durante as discussões podem ser apresentadas emendas ao projeto ou, até, substitutivos.

Dispõe a matéria sobre as funções básicas das Casas Legislativas do Congresso Nacional. Cabe à Câmara dos Deputados o início do processo legislativo, quando a matéria for de iniciativa do Poder Executivo, do Poder Legislativo ou do Ministério Público e, ainda, nos casos dos projetos de leis de iniciativa popular, funcionado como Casa Baixa. Ao Senado Federal foi atribuída a missão de funcionar como Casa revisora, controlando as medidas da outra Casa.

O pedido de urgência é medida legislativa, que vem a ser importante instrumento do Poder Executivo, para participar da elaboração das leis. Estas circunstâncias pedem que seja dada prioridade a um determinado projeto de lei, para que possa logo ser voltado. A pena prevista à desobediência vem a ser a obstrução da pauta normal, enquanto não for votada a matéria da qual foi pedida a urgência, no art. 64, § 2º. Este parágrafo foi modificado pela Emenda Constitucional nº 32, de 11.09.2001, que tratou das medidas provisórias. Os prazos não são contados durante o período de recesso, no art. 64, § 4º.

A apreciação das emendas do Senado Federal, pela Câmara dos Deputados, deve ser feita no prazo de dez dias, sob pena de sobrestar a deliberação dos demais assuntos, no art. 64, § 3º, da Constituição Federal. Assim, se hoje for votado no prazo correto, as demais matérias não podem mais tramitar. O processo de deliberação se desenvolve de acordo com cada Legislativo. Depois de ocorrer a iniciativa, os projetos de lei vão para as comissões técnicas, para serem objeto de estudo ou emendas. São dirigidas, então, para o Plenário, onde ocorre uma discussão global sobre o projeto, examinando-se os artigos e as emendas propostas para, finalmente, ocorrer a votação. O Executivo não descuida dos seus interesses e está sempre pressionado para que sua vontade prevaleça sobre a minoria, que lhe opõe. A pressão também acontece em outros setores, seja de grupos econômicos, seja de instituições de sociedade civil.

Depois de encerrada a discussão, passa-se à votação do projeto. O modo pelo qual se dá a votação deve ser previsto no Regimento Interno, podendo ser ostensivo, subdividido em simbólico e nominal e, ainda, ser secreto. A votação simbólica realiza-se com os parlamentares favoráveis permanecendo sentados, enquanto os opositores devem se levantar. No nominal, os parlamentares respondem sim ou não ao projeto, à medida que vão sendo chamados pelo nome. A votação secreta opera-se por meio de cédulas, que são lançadas em urnas, colocadas em cabine indevassável ou, atualmente, por meio de voto eletrônico. Observe-se que cada tipo de lei exige um quórum determinado.

A elaboração da lei implica na influência de vários grupos, desde meramente legislativo, como também corporativos e populares. Existe a vontade de participar do processo político e, para tanto, necessário que se discuta em cada Casa Legislativa o interesse em discussão. Após ser aprovada a redação final, na Casa Legislativa, o projeto vai ao Presidente da República, que dispõe de quinze dias úteis, a contar do recebimento, para aprová-lo ou rejeitá-lo. O Chefe do Executivo pode manifestar sua vontade por escrito, quando a sanção deve ser expressa, ou pelo silêncio, quando se considera tácita a sanção. Caso não concorde com os termos do projeto aprovado ou de algumas de suas disposições, pode o Presidente da República vetar o todo ou parcialmente o projeto, no prazo de quinze dias. O veto é absoluto quando ataca todo o projeto, ou parcial, quando se limita a alguns dispositivos, que deve abranger texto integral de artigo, de parágrafo, de inciso ou de alínea. O veto deve ser apreciado dentro de trinta dias, a contar de seu recebimento, só podendo ser rejeitado pelo voto da maioria absoluta dos parlamentares, quando cabe ao Presidente da Casa a promulgação.

Caso o Presidente da República considere o projeto inconstitucional ou contrário ao interesse público, no todo ou em parte, pode vetá-lo total ou mesmo parcialmente, de acordo com o § 1º do art. 66. Trata-se de competência privativa do Chefe do Executivo, prevista no art. 84, V, ambos do texto constitucional. O prazo é de quinze dias, contados da data do recebimento, e deve ser comunicado pelo Presidente ao Senado Federal os motivos do veto. O veto não pode ser de palavra ou sinais gráficos, mas deve abranger todo o texto de artigo, parágrafo, inciso ou alínea. A sanção tácita está prevista no § 3º do artigo acima mencionado, se, decorrido o prazo de quinze dias, houver o silêncio do Presidente da República, dentro da máxima de "quem cala, consente".

A promulgação é ato que transforma o projeto em lei, passando a ter número e data determinada, confundindo-se esta com a própria sanção, ainda que sejam diferentes, pois aquele é o ato essencial para o nascimento da lei, mas esse é, até, dispensável. Depois, para ter eficácia, deve a lei ser publicada, para o público em geral de ela tomar conhecimento. É imprescindível que as leis sejam publicadas, no Diário Oficial da União.

A seriedade do veto do Presidente da República resulta em que a matéria deve ser apreciada em sessão conjunta, dentro de trinta dias a contar do recebimento, podendo ser rejeitada apenas se houver o quórum de maioria absoluta dos Deputados Federais e Senadores, em votação secreta, no art. 66, § 4º, da Constituição de 1988. Caso o veto não seja mantido, o projeto volta ao Chefe do Executivo, que o promulga. A promulgação é o ato do Presidente da República, que dá vida à lei, fazendo com que tenha existência, de acordo com o art. 84. Caso o veto não seja apreciado pelo Legislativo, seus trabalhos devem ficar sobrestando as demais deliberações, até sua votação final, no art. 66, § 6º, da Constituição Federal.

Existe restrição ao poder de emendar, de acordo com o art. 67, do texto constitucional implica que um projeto, rejeitado numa legislatura, só pode ser objeto de novo projeto na legislatura seguinte. Pode ser, no entanto, objeto de nova deliberação, desde que seja proposta da maioria absoluta dos membros da Câmara dos Deputados ou do Senado Federal. Este dispositivo foi repetido no § 10 do art. 62, da Constituição de 1988, quanto às medidas provisórias rejeitadas.

A lei delegada vem a ser a disposição legal, pela qual o Legislativo entrega ao Executivo competência para elaborar uma legislação, em matéria de que dependa de processo legislativo, com a tramitação no Congresso Nacional. O Executivo, salvo se houver expressamente esta exigência, elabora e sanciona a lei delegada, depois de receber resolução do Congresso Nacional, dando suas condições de delegação. Apesar de ser a fórmula clássica de intervenção do Executivo no processo legislativo, em razão do uso excessivo das medidas provisórias, foi desprovido de aproveitamento.

As leis delegadas são aquelas, conforme o art. 68, da Constituição de 1988, elaboradas pelo Chefe do Executivo, que antes pede a delegação ao Congresso Nacional. Não obstante, não podem ser objeto de delegação aquelas matérias que são de competência privativa do Congresso Nacional, da Câmara dos Deputados e do Senado Federal. Não pode, também, ser objeto de delegação a matéria reservada à lei complementar. Encontra-se vetada, ainda, a delegação em matéria referente à organização do Poder Judiciário e do Ministério Público, bem como a carreira e a garantia de seus membros, inclusive porque se tratam de matéria da iniciativa destas instituições, de acordo com o art. 61. Não podem, ainda, pelos aspectos fundamentais, ser objeto de delegações, os direitos de nacionalidade, cidadania, direitos individuais, políticos e eleitorais.

Por fim, não podem ser objeto de delegação os planos plurianuais, as diretrizes orçamentárias e os orçamentos. Trata-se de matéria que se for delegada ao Presidente da República, pode implicar no fim da autonomia de cada Poder Político e no próprio Estado Democrático de Direito. A delegação é enviada, através de resolução do Congresso Nacional, que deve especificar seu conteúdo e as condições de seu exercício. Pode ser que a delegação exija que haja a apreciação do projeto pelo Congresso Nacional, que o deve fazer em uma única votação, sem possibilidade de qualquer emenda. As restrições ao poder de delegar inspiraram diversas restrições à medida provisória, por conta de alteração provocada pela Emenda Constitucional nº 32, de 11.09.2001, no art. 62, da Constituição Federal.

A lei complementar é a espécie legal em que se exige quórum qualificado, da maioria absoluta, podendo ser veiculadora de normas intermediárias entre a Constituição e a legislação ordinária, sobre dispositivos relevantes. A lei complementar não tem hierarquia sobre as leis ordinárias, apenas a cada matéria se usa um instrumento legal, com exigência de maior ou menor quórum. Em matéria que deva haver uma certa rapidez na tramitação, bem que não exija muito consenso, pode ser aprovada com maioria simples, ou seja, a maioria dos presentes na hora da votação, desde que tenha o quórum de abertura da Sessão, um terço dos membros da Casa Legislativa. Caso seja uma questão relevante, que implique a necessidade de maior consenso opta-se pela lei complementar, que exibe a maioria dos membros da Casa Legislativa, a chamada maioria qualificada. As matérias atribuídas à lei complementar não podem se objeto de medida provisória ou de lei delegada, conforme as restrições dos arts. 62, § 1º, III, e 68, § 1º, ambos da Constituição de 1988.

Capítulo XII

PODER EXECUTIVO E SUAS ATRIBUIÇÕES

Sumário: 12.1. Presidente e Vice-Presidente no Brasil; **12.2.** Atribuições do Presidente da República; **12.3.** Responsabilidade do Presidente da República; **12.4.** Ministro de Estado no Brasil; **12.5.** Conselho da República na Constituição; **12.6.** Conselho Nacional da Defesa.

12.1. Presidente e Vice-Presidente no Brasil

A responsabilidade pela aplicação das leis, nos casos concretos, é do Poder Executivo, que para isto tem quase toda a burocracia à sua disposição, para dar executoriedade a suas decisões. O Executivo se reveste de várias formas, podendo ser monocrático, quando exercido por Rei, por Imperador, por Emir, por Sultão, por Ditador ou por Presidente da República; dual, quando exercido por um Chefe de Estado e um Primeiro Ministro; ou, ainda, Diretorial, quando por um comitê, como o Conselho Federal, com sete membros, como ocorre na Suíça. Não obstante, as duas principais formas são através do parlamentarismo e do presidencialismo.

O parlamentarismo é a forma de governo caracterizada pelo fato das articulações governamentais nascerem no próprio Parlamento e do Executivo ser responsável perante o Legislativo, que pode decretar sua queda. Por outro lado, o Executivo tem o poder de dissolver o Parlamento ou de pedir a sua dissolução ao Chefe de Estado, que pode ser um Rei ou um Presidente, quando não obtiver o voto de confiança ou para convocar novas eleições em circunstâncias mais adequadas. Por outro lado, o elemento diferenciador mais relevante entre os vários tipos de parlamentarismo encontra-se na natureza do sistema partidário. Onde existem dois partidos principais, a forma de governo é sólida e tem boa estabilidade, como na Grã-Bretanha. Todavia, quando existe pluripartidarismo arraigado, ocorre uma tendência à instabilidade e à volatilidade dos Gabinetes formados, como na Itália, assunto já comentado.

O presidencialismo tem como característica principal a acumulação, em um único cargo, dos poderes de Chefe de Estado e de Chefe do Governo, como acontece nos Estados Unidos e no Brasil, de modo que o Presidente da República ocupa uma posição central em relação a todas as forças e as instituições políticas[1]. A centralização resulta do fato do Presidente da

---

1 "Partiu-se das diferenças entre presidencialismo e parlamentarismo para melhor compreender as funções que são exercidas pelo Poder Executivo no sistema presidencialista. As funções de Chefe de Estado e de Chefe de Governo no presidencialismo impor-

República ter sido eleito diretamente pelos votos dos eleitores, enquanto os membros do Parlamento foram eleitos em circunscrições muito menores, com menos votos. Observe-se, ainda, que os partidos políticos têm menos importância em tal sistema, obtendo alguma relevância apenas quando ocorrer o processo de seleção do candidato presidencial ou para outros cargos executivos. O Presidente da República concentra todas as atenções em torno de sua figura, não só tendo competência para nomear e demitir os ministros, como também de se cercar de um grupo palaciano, que lhe serve de conselho.

Observe-se que, ao haver referência ao Executivo, Poder Executivo ou Ramo Executivo, está-se relacionando os órgãos e muitas pessoas, pois as ações da Administração Pública são decididas por funcionários de alto gabarito, que ocupam os cargos em comissão nos Ministérios ou nas Secretarias Estaduais ou Municipais. Quando o Chefe do Executivo e seu Gabinete são considerados coletivamente, nomina-se o grupo de Governo. Aos demais membros que trabalham nas atividades estatais, sem poder decisório, podem ser chamados de Administração, Administração Pública, Serviço Público, Poder Público ou Burocracia, como já mencionado.

O Chefe do Executivo, no sistema presidencial, tem independência do Legislativo e enorme margem de controle sobre a escolha dos membros do Gabinete, a apresentação de projetos de lei e a preparação do orçamento, além de inúmeras outras atividades. Se o Legislativo não se encontra obrigado a aprovar a legislação sugerida, o Presidente da República pode vetar as leis aprovados por esse ou ter iniciativa exclusiva sobre algumas matérias. Por outro lado, ainda que o Parlamento controle os gastos públicos, o Chefe

---

tam na concentração de relevantes competências nas mãos de único líder. Contudo, como se verá, presidência é uma instituição que abrange diversos órgãos e pessoas jurídicas desconcentrados e descentralizados para que haja o funcionamento da máquina administrativa eficiente e políticas públicas possam destinadas à sociedade. Além do Estudo do Poder Executivo e de seus desdobramentos, como a Vice-Presidência, os Ministros de Estado e os órgãos de aconselhamento e assessoria presidencial (Conselho da República e o Conselho de Defesa Nacional), também foram abordados temas correlatos ao Poder Executivo, a exemplo das eleições presidenciais, aos crimes de responsabilidade e ao processo de impeachment. A metodologia desse trabalhou buscou fazer um estudo com base na Constituição, nos atos normativos infraconstitucionais, no estudo doutrinário e jurisprudencial de forma concisa para atender aos objetivos da obra na qual se inserem essas breves reflexões. Houve, em alguns momentos, digressões pontuais, a exemplo dos casos de nepotismo nas nomeações dos cargos de livre nomeação e de notas críticas sobre o processo de impeachment em razão do momento histórico em que estamos a vivenciar no Brasil" (PEIXINHO, Manoel Messias. **Poder Executivo.** *In*: ALVIM, Eduardo Arruda, LEITE, George Salomão, e STRECK, Lênio (coords.). **Curso de Direito Constitucional**. Florianópolis: Tirant le Blanch, 2018, p. 525).

do Executivo tem certa liberdade para a concessão de favores políticos. Por fim, se o Legislativo pode julgar o Presidente, este pode apelar para os eleitores através de plebiscito, referendos ou, ainda, mobilização de simpatizantes pela mídia e pelas redes sociais.

Encontra-se enfeixada nas mãos do Chefe do Executivo uma série de poderes, que o fazem o centro do jogo político, com todos amando-o ou odiando-o. Ele não só é o burocrata chefe do país, como o próprio símbolo da unidade nacional, sendo quase um monarca com mandato. Não bastassem todas as atribuições que lhe são conferidas, responsabiliza-se ainda pela construção de alianças políticas que lhe dê hegemonia e força para agir conforme seus ditames. Não tem poderes ilimitados, mas é quase um todo-poderoso, ainda que seja apenas um ser humano falível, como todos os homens. O Poder Executivo, ao longo do tempo, tornou-se o ramo político mais forte e, quando exercido no sistema presidencialista, mais ainda se fortalece.

A chefia do Executivo foi tratada na Constituição de 1824, em seus arts. 102 a 104, que versaram sobre o Imperador. Por outro lado, já dispondo sobre Presidente da República, fixaram a matéria as Constituições de 1891 (art. 41), de 1934 (art. 51), de 1937 (art. 73), de 1946 (art. 78) e de 1967, com sua Emenda Constitucional nº 1, de 17.10.1969, no art. 73. Dispõe o art. 76, da Constituição de 1988, que o Poder Executivo da União é exercido pelo Presidente da República, auxiliado pelos Ministros de Estado. A União é pessoa jurídica de direito público, de acordo com o Código Civil de 2002, Lei Federal nº 10.406, de 10.01.2002, no art. 41, I.

A eleição é o processo de escolha ou seleção de candidato a cargo eletivo. O candidato a Presidente da República deve obter, para se considerar eleito, a maioria absoluta de votos, não computados os em branco e os nulos, sendo este o conceito que designa mais da metade dos membros integrantes de um colegiado, no caso o eleitorado nacional. Nova eleição deve ocorrer, caso nenhum dos candidatos tenha alcançado esta maioria. No segundo turno, como concorrem apenas os dois candidatos mais votados no primeiro turno, o eleito tem a maioria absoluta dos votos.

Existem restrições impostas à eletividade de certos cargos, relativos às condições pessoais ou por exercício de cargo ou função no período anterior à eleição. O texto constitucional recepcionou a Lei Complementar Federal nº 5, de 27.04.1970, bem como a Lei Federal nº 9.840, de 28.09.1999, que dispõe sobre a inelegibilidade, assim como foi aprovada sobre a incompatibilidade ou o impedimento para o exercício do mandato eletivo. A inelegibilidade pode ser geral, atingindo os inalistáveis e os analfabetos, no art. 14, § 4º, da Constituição de 1988, bem como as condições de elegibilidade, no art. 14, § 3º. A inelegibilidade especial para o cargo de Presidente da

República é quanto à idade mínima de trinta e cinco anos, além de ser brasileiro nato.

Trata o art. 77 da Constituição Federal, de que a eleição do Presidente e do Vice-Presidente da República deve se realizar, simultaneamente, no primeiro domingo de outubro, em primeiro turno, e no último domingo de outubro, em segundo turno, se houver, do ano anterior ao do término do mandato presidencial vigente. O **caput** deste artigo foi modificado pela Emenda Constitucional nº 16, de 04.06.1997, com a redação anterior dispondo apenas que a eleição realiza-se noventa dias antes do término do mandato presidencial vigente.

A eleição do Presidente da República deve importar na do Vice-Presidente com ele registrado. Por outro lado, considera-se eleito Presidente o candidato que, registrado por partido político, obtiver a maioria absoluta de votos, não computados os em branco e os nulos, de acordo com o § 2º do art. 77, da Constituição de 1988. Versa o § 3º que, se nenhum candidato alcançar maioria absoluta na primeira votação, deve-se fazer nova eleição em até vinte dias após a proclamação do resultado, concorrendo os dois candidatos mais votados e considerando-se eleito aquele que obtiver a maioria dos votos válidos. Pode acontecer que, se antes de realizado o segundo turno, ocorra morte, desistência ou impedimento legal de candidato, precisando-se convocar, dentre os remanescentes, o de maior votação. Caso, ainda assim, remanescer, em segundo lugar, mais de um candidato com a mesma votação, o qualificado deve ser o mais idoso.

A posse é o ato de assunção ao cargo, sendo ato formal, solene e fundamental para o exercício do cargo de Presidente da República. Ao ser empossado, este e o Vice-Presidente prestam o compromisso de manter, defender e cumprir a Constituição, observar as leis e promover o bem geral do povo brasileiro, mantendo a união, sustentar a integridade e independência do Brasil. Usava-se antes o juramento, mas a separação entre o Estado e a Igreja mudou o ato para compromisso. O Vice-Presidente, se assumir o cargo, não precisa renovar o compromisso. A posse do Presidente e do Vice-Presidente deve ocorrer no dia primeiro de janeiro do ano subsequente ao da eleição. Estes tomam posse frente ao Congresso Nacional, em sessão, mas se trata de um ato administrativo do Poder Legislativo e, não, legislativo, tanto que não há manifestação do Plenário.

Devem o Presidente e o Vice-Presidente da República tomar posse em sessão do Congresso Nacional. Na ocasião, prestam o compromisso de manter, defender e cumprir a Constituição, observar as leis, promover o bem geral do povo brasileiro e sustentar a união, a integridade e a independência do Brasil. Caso, decorridos dez dias da data fixada para a posse, o Presidente ou o Vice-Presidente, salvo motivo de força maior, não tiverem assumido o cargo, este deve ser declarado vago.

O Vice-Presidente tem a função de permitir a solução de continuidade política, em caso de impedimento ou vaga do Presidente da República. Os impedimentos são temporais, podendo ser por doença ou até uma viajem ao exterior, cabendo ao Vice o exercício das funções de Chefia do Executivo. Apenas quando o cargo for declarado vago, por renúncia, cassação, ou morte, nos termos do art. 85, da Constituição de 1988, o Vice-Presidente passa à condição de Presidente da República. O Vice-Presidente é o substituto do Presidente da República, nos afastamentos, e o sucessor, no caso de vaga ou cassação, sendo aquele eleito em conjunto com esse. Caso venha a substituir ou suceder o titular, fica incompatível com a função legislativa federal. Existe o entendimento de que os impedimentos, pelo fato de ser apenas o Vice, implicaria ter apenas expectativa de direito de assumir o cargo, sem ônus.

O Presidente pode solicitar, também, licença ao Congresso Nacional, para fazer tratamento de saúde ou, mesmo, para tratar de problema particular, ficando com a responsabilidade do Legislativo conceder ou negar a ausência do país por mais de quinze dias. O Vice-Presidente deve substituir o Presidente, no caso de impedimento, e suceder-lhe, no de vaga. Aquele, além de outras atribuições que lhe forem conferidas por lei complementar, deve auxiliar o Presidente da República, sempre que por ele convocado para missões especiais. Não é conveniente um Vice-Presidente inútil, de modo que, além de atribuir atividades, a ser definida em lei complementar, pode ser chamado a substituir o titular sempre que for convocado. Aliás, diz um ditado popular que "o vice que não trabalha, atrapalha".

Havendo o impedimento do titular e suplente da Chefia do Executivo federal, o art. 80, da Constituição de 1988, dispôs sobre a solução de continuidade política a ser adotada[2]. O primeiro substituto veio a ser o Presidente da Câmara dos Deputados e, não, o Presidente do Senado Federal, que também preside o Congresso Nacional. Assim ocorre porque se quis homenagear o povo, do qual a Câmara Baixa é a legítima representante, enquanto a Câmara Alta apresenta-se como identificada com a Federação. No caso de

---

2 **"Réu em processo criminal não pode assumir, como substituto, o cargo de Presidente da República.**

Os **substitutos eventuais do Presidente da República** a que se refere o art. **80 da Constituição Federal de 1988, caso ostentem a posição de réus criminais perante o STF, ficarão impossibilitados de exercer o ofício de Presidente da República**. No entanto, mesmo sendo réus, podem continuar na chefia do Poder por eles titularizados. Ex: o Presidente do Senado Renan Calheiros tornou-se réu em um processo criminal; logo, ele não poderá assumir a Presidência da República na forma do art. 80 da Constituição Federal de 1988; **porém, ele pode continuar normalmente como Presidente do Senado, não precisando ser afastado deste cargo.** STF. Plenário. ADPF 402 MC-REF/DF, Rel. Min. Marco Aurélio, julgado em 7/12/2016 (Info 850)" (ABNC).

impedimento do Presidente e do Vice-Presidente, ou vacância dos respectivos cargos, pela ordem de sucessão, devem ser sucessivamente chamados ao exercício da Presidência o Presidente da Câmara dos Deputados, o do Senado Federal e o do Supremo Tribunal Federal. Os dois primeiros são do Poder Legislativo, que obtiveram os respectivos mandatos por eleição, ao passo que o último preside um Poder técnico, o Judiciário.

Os substitutos ao Presidente e ao Vice-Presidente, previstos no art. 80, da Constituição Federal, os Presidentes da Câmara dos Deputados, do Senado Federal e do Supremo Tribunal Federal, sucessivamente, não foram eleitos para o cargo. Falta-lhe, então, a legitimidade para o exercício do cargo mais importante do Brasil. Assim, a solução vem a ser a realização de nova eleição, que indique um novo Presidente, bem como um novo Vice-Presidente. Caso vaguem os cargos de Presidente e Vice-Presidente da República, deve haver eleição noventa dias depois de aberta a última vaga. Se ocorrer a vacância nos últimos dois anos do período presidencial, a eleição para ambos os cargos deve ser feita trinta dias depois da última vaga, pelo Congresso Nacional. Não obstante, em qualquer dos casos, os eleitos limitam-se a completarem o período de seus antecessores.

Dispôs o art. 82 sobre o mandato do Presidente da República que é de quatro anos e deve ter início em primeiro de janeiro do ano seguinte ao da sua eleição. Este dispositivo foi modificado, inicialmente, pela Emenda Constitucional de Revisão nº 5, de 07.06.1994, reduzindo o mandato de cinco para quatro anos. Depois, a Emenda Constitucional nº 16, de 04.06.1997, retirou a expressão "vedada a reeleição para o período subsequente", permitindo então a reeleição, o que contrariou uma tradição que vinha desde a Constituição de 1891. A vedação à reeleição para os cargos do Executivo foi uma das poucas tradições democráticas que o Brasil construiu, ao longo do século XX. Foi respeitada, até, pelos Presidentes Militares, nas Décadas de Sessenta e Setenta. Contudo, não resistiu ao ex-Presidente Fernando Henrique Cardoso, que obteve este direito, no exercício do mandato, quase em um golpe branco. E levou a possibilidade para o Governador de Estado ou do Distrito Federal e para o Prefeito Municipal, fragilizando uma instituição política no Brasil. Criou-se, com isto, o chamado presidencialismo de coalização, com o Presidente da República cooptando um grande grupo de apoio parlamentar por meio de concessão de favores políticos, como recursos orçamentários ou nomeação para determinados cargos públicos.

A Constituição de 1988 instituiu um sistema pela qual o titular e o suplente da Chefia do Executivo Federal não podem viajar, simultaneamente, do Brasil, sem a autorização do Congresso Nacional, de acordo com o art. 49, III, da Constituição de 1988. O Presidente e o Vice-Presidente da República não podem, sem licença do Congresso Nacional, ausentar-se do País por período superior a quinze dias, sob pena de perda do cargo. Esta pena é suficientemente drástica para desestimular sua violação. Em viagem, por prazo inferior aos quinze dias, mesmo sem previsão constitucional, deve o Presidente da República passar o cargo para o seu Vice-Presidente. A autorização não é matéria de lei, mas de ato administrativo discricionário do Legislativo, aprovado através de resolução do Congresso Nacional.

12.2. Atribuições do Presidente da República

A competência privativa é aquela que dá exclusividade ao seu titular, não a compartilhando com mais nenhum Poder Político, sendo, pois diferente da competência concorrente ou, também, da comum. Existem matérias típicas do Executivo, como as relativas a relações internacionais e aos casos de guerra e paz. Por outro lado, existem atribuições de natureza legislativa, como a iniciativa de leis e as medidas provisórias. Outras, ainda que de natureza administrativa, como nomeação para cargos, foram para o Poder Judiciário ou o Tribunal de Contas da União, órgão auxiliar do Legislativo. Na verdade, os incisos do art. 84, da Constituição Federal, indicam que o sistema de separação de poderes, na verdade, é um sistema de compartilhamento de competência entre os Poderes Políticos. As atribuições do Presidente da República foram tratadas, nas Constituições de 1891 (art. 48), de 1934 (art. 56), de 1937 (art. 74), de 1946 (art. 87) e de 1967 (art. 83), mas que na sua Emenda Constitucional nº 1, de 17.10.1969, apareceu como art. 81.

De acordo com o inciso I do art. 84, da Constituição de 1988, cabe ao Presidente da República nomear e exonerar os Ministros de Estado. O presidencialismo tem como característica principal a acumulação, em um único cargo, os poderes de Chefe de Estado e de Chefe do Governo, como acontece no Brasil, de modo que o Presidente ocupa uma posição central em relação a todas as forças e instituições políticas. A centralização resulta do fato do Presidente ter sido eleito diretamente pelos votos dos eleitores, enquanto os membros do parlamento foram eleitos em circunscrições muito menores, com bem menos votos. Observe-se, ainda, que os partidos políticos têm menos importância em tal sistema, obtendo alguma relevância apenas quando ocorrer o processo de seleção do candidato presidencial ou para outros cargos executivos.

O Presidente da República concentra todas as atenções em torno de sua figura, não só tendo competência para nomear e demitir os ministros, como também de se cercar de um grupo palaciano, que lhe serve de conselho. Deve-se observar que, ao haver referência ao Executivo, Poder Executivo ou Ramo Executivo, encontra-se relacionando os órgãos e a muitas pessoas, pois as ações do Poder Público são decididas por funcionários de gabarito, que ocupam os Ministérios e os órgãos da Administração Indireta. O Chefe do Executivo, no sistema presidencial, tem independência do Legislativo e enorme margem de controle sobre a escolha dos membros do Ministério, podendo nomeá-los e exonerá-los livremente, sem que o Legislativo tenha que se pronunciar sobre a questão, como ocorre no caso das autoridades mencionadas no inciso XIV do art. 84, da Constituição de 1988.

Cabe ao Chefe do Executivo exercer, com o auxílio dos Ministros de Estado, a direção superior da Administração Federal, de acordo com o inciso II do art. 84, da Constituição Federal. Quando o Chefe do Executivo e seu Gabinete são considerados coletivamente, nomina-se o grupo de Governo. Aos demais membros que trabalham nas atividades estatais, sem poder decisório, podem ser chamados também de Administração, Administração Pública, Serviço Público, Poder Público ou Burocracia, como já dito.

Nos termos do inciso III, do art. 84, pode ser que a iniciativa de lei seja de competência do Presidente da República, de acordo com o § 1º, do art. 61. Têm estas prerrogativas nas matérias em que fixem ou modifiquem os efetivos das Forças Armadas, no art. 61, I, da Constituição de 1988. Cabe-lhe fixar a criação de cargos, funções ou empregos públicos na Administração Direta e autárquica ou aumento de sua remuneração. Pode dispor sobre a organização administrativa e judiciária, matéria tributária e orçamentária, serviços públicos e pessoal da administração dos Territórios, no art. 61, II, "b". Compete-lhe dispor sobre servidores públicos da União e dos Territórios, seu regime jurídico, provimento de cargos, estabilidade e aposentadoria. A alínea "c" do inciso II do art. 61 foi modificada pela Emenda Constitucional nº 18, de 05.02.1998, a Reforma Administrativa, em 1998, que extinguiu a obrigatoriedade do regime jurídico único, previsto antes no § 1º do art. 39. Deu assim liberdade para que a União escolhesse seu regime, e tudo indica um regime estatutário para carreiras próprias do Poder Público, como Advogado da União ou Fiscal da Receita Federal. Em outras áreas, talvez até na docência, ofereça o regime celetista, com carteira assinada, FGTS e uma facilidade maior para extinguir a relação jurídica mantida, sem estabilidade.

A apresentação de projeto de lei ordinária ou de lei complementar é uma das competências do Presidente da República[3], bem como de outras autoridades, mencionadas no **caput** do art. 61, bem como parte do eleitorado, através dos projetos de lei de iniciativa popular, cuja Lei de Inelegibilidade, Lei Federal nº 9.840, 28.09.1995, nasceu deste processo

3 SÁ, A. Nogueira de. **Do Poder de Iniciativa das Leis que Competem ao Chefe do Executivo.** *In*: **Revista dos Tribunais.** São Paulo: Revista dos Tribunais, dez./1952, nº 206/28, e **Doutrinas Essenciais: Direito Constitucional (Edições Especiais Revista dos Tribunais: 100 Anos).** 2ª tir. São Paulo: Revista dos Tribunais, 2013, vol. IV, p. 419.

legislativo de iniciativa. No caso em que ocorre a iniciativa da autoridade acima mencionada, começa o processo na Câmara dos Deputados, seguindo para o Senado Federal como Casa Revisora do projeto de lei. Assim, pelo inciso, cabe-lhe iniciar o processo legislativo, na forma e nos casos previstos na Constituição de 1988.

Se a competência privativa do Chefe do Executivo for desatendida, deve este vetar o projeto, por inconstitucionalidade ou por ferir o interesse público, conforme o inciso III do art. 84, da Constituição Federal. Caso o veto seja derrubado, deve-se propor ação declaratória de constitucionalidade junto ao Supremo Tribunal Federal. Pode, também, solicitar urgência para seus projetos de lei, devendo o processo legislativo ocorrer, no prazo máximo de quarenta e cinco dias, findo o qual deve ser incluído na ordem do dia, sobrestando-se à deliberação quanto aos demais assuntos do Legislativo.

Dispõe o inciso IV do art. 84, da Constituição de 1988, sobre a competência do Presidente da República para sancionar, promulgar e fazer publicar as leis, assim como expedir decretos e regulamentos para a fiel execução das mesmas. O sistema constitucional de controle entre os Poderes Políticos, **checks and balances**, ou de freios e contrapesos, está demonstrado na competência do Legislativo para sustar atos normativos do Poder Executivo que exorbitem o poder regulamentar ou os limites de delegação legislativa, como indica o inciso V, do art. 49. A lei tem caráter geral e abstrato, quase sempre precisando de um decreto que a regulamente, mas este não pode ultrapassar os limites legais.

Cabe ao Presidente da República expedir decretos e regulamentos para a fiel execução das leis, conforme o inciso IV, do art. 84. O regulamento é um ato administrativo, que pode ter caráter concreto ou efeitos genéricos, como é o caso, de caráter normativo, assemelhado à lei no sentido material. Estes podem ser autônomos, que não existem no direito brasileiro, ou delegados ou autorizados, que vêm a ser aqueles em que a lei é desenvolvida e melhor explicada, o que agora está sendo tratado. O Executivo, porém, não pode inovar na lei, mas apenas explicá-la, pelo princípio da legalidade, previsto no inciso II do art. 5º, da Constituição Federal. Caso extrapole sua competência e, através de decreto ou regulamente crie, modifique ou extinga direito, cabe ao Congresso Nacional sustar os atos normativos do Poder Executivo.

A sanção, promulgação, publicação e veto de leis, de acordo com o inciso IV, "d", do art. 84, da Constituição de 1988, são atos atribuídos ao Presidente da República, no processo legislativo. É participação esta bem importante, mudando o caráter clássico da lei, como ato coletivo emanado do Legislativo, para um ato em que o Executivo tenha várias e importantíssimas atribuições. A sanção se trata da aprovação do projeto de lei, oriundo de uma das Casas Legislativas, podendo ser expressa, quando houver declaração formal de assentimento, ou tácita, quando deixa transcorrer o prazo sem vetar a proposição. Logo em seguida, vem a promulgação, que é a declaração da existência da lei, pelo Presidente da República ou pelo Presidente do Senado Federal, este no caso de haver uma rejeição ao veto, ou mesmo de silêncio de quinze dias. A publicação consiste no ato de amplo conhecimento da nova lei, para que a mesma seja cumprida de ora em diante, fazendo-se através do Diário Oficial da União.

A execução das leis e de outras normas é de responsabilidade do Presidente da República, que inclui a fiscalização e a imposição de penas e de sanções aos infratores, conforme o inciso IV do art. 84, da Constituição de 1988. A Constituição, com seus princípios, as leis complementares e as leis ordinárias são normas gerais, abstratas e obrigatórias, que só entram em vigor depois de complexo processo legislativo. Os decretos e os regulamentos são de competência do Presidente da República, que estabelece atos normativos de âmbito administrativo, para que as leis tenham efetividade, esmiuçando-a e a esclarecendo. A norma geral passa a ser específica e se refere a um fato determinado, tornando possível a síntese, a aplicação da lei ao caso concreto. Atribuiu-se ao Presidente da República, ainda, o poder regulamentador, pelo qual expede seus atos administrativos, tornando possível uma licença ou uma certidão. O decreto e o regulamento destinam-se exatamente a tornar possível a norma se aplicar ao fato gerador de direitos.

Pode o Presidente da República, pelo inciso V, do art. 84, vetar projetos de lei, total ou parcialmente. Assim, foi-lhe atribuído o veto, ato típico do Executivo, que pode ser fundamentado: a) por inconstitucionalidade, ao haver colisão com preceito constitucional; b) por ilegalidade, ao haver desrespeito a uma lei específica e com mais força; c) por interesse público, quando houver inconveniência da regra legal. O veto, que deve ser expresso e por escrito, pode ser rejeitado pela maioria absoluta dos Deputados e Senadores, e apreciado em sessão conjunta, quando então a lei é promulgada pelo Presidente do Senado Federal. O veto parcial pode ser apenas por texto integral de artigo, parágrafo, inciso ou alínea, não podendo ser vetada apenas uma ou outra palavra ou expressão.

Dispõe o inciso VI do art. 84, da Constituição de 1988, sobre a organização e o funcionamento da Administração Federal, pois o Executivo é que aparece para o público como a face da União. Diversas são as atribuições desta, como as competências privativas, previstas no art. 21, as comuns, no art. 23, e as concorrentes, no art. 24. Para o desempenho destas atividades necessário faz-se que haja uma Administração organizada e em funcionamento. Deve esta observar, ainda, os princípios da legalidade, impessoalidade, moralidade, publicidade e eficiência, disposta no art. 37, tudo do texto constitucional. A Emenda Constitucional nº 32, de 11.09.2001, modificou o inciso VI deste artigo, atribuindo-lhe duas alíneas, inclusive, ampliando a competência dos decretos do Executivo, em matéria antes reservada à lei formal.

Trata da competência internacional o inciso VII do art. 84, da Constituição Federal, de que cabe ao Presidente da República manter relações com Estados estrangeiros e acreditar seus representantes diplomáticos. A soberania tem aspecto interno, pelo qual existe uma superioridade do Poder Público sobre os cidadãos, ao tempo que no aspecto externo, há uma igualdade entre os diferentes países. A soberania permanece nas mãos da União e o Chefe do seu Executivo deve ser o responsável pela sua condução, inclusive escolhendo os embaixadores, bem como estabelecendo que tipo de relações precisa manter.

Compete à União a soberania, que no plano externo se traduz na afirmação de igualdade com qualquer outro país, de modo que pode fazer tratados, acordos e atos internacionais, bem como manter relações com Estados estrangeiros e participar de organizações internacionais, de acordo com o inciso I, do art. 21. Os tratados e os acordos equivalem a contratos firmados entres países independentes ou entre este e organismos internacionais. Por outro lado, prevê o inciso I, do art. 49, que cabe ao Congresso Nacional resolver definitivamente sobre a matéria, desde que acarretem encargos ou compromissos gravosos ao patrimônio nacional. A competência para celebrar tratados, convenções e atos internacionais é do Presidente da República, mas que são sujeitos ao referendo do Congresso Nacional, nos termos do art. 84, VIII, tudo do texto constitucional.

Compete ao Presidente da República decretar o estado de defesa e o estado de sítio, conforme o inciso X do art. 84, da Constituição de 1988. O inciso IV, do art. 49, dispõe que cabe ao Congresso Nacional aprovar o estado de defesa e, por outro lado, autorizar o estado de sítio. O estado de defesa é decretado para preservar ou prontamente restabelecer, em locais restritos e determinados, a ordem pública ou a paz social ameaçada por grave e iminente instabilidade institucional ou atingidas por calamidades de grandes proporções na natureza, de acordo com o art. 135. O decreto deve ter o tempo de sua duração, especificando as áreas a serem abrangidas e indicando as medidas coercitivas a vigorarem. O estado de sítio é decretado quando ocorrer comoção grave de repercussão nacional ou ocorrências de fatos que comprovem a ineficácia de medida tomada durante o estado de defesa e quando for declarado estado de guerra ou resposta a agressão armada estrangeira, nos termos do art. 137. O decreto deve indicar sua duração, as normas necessárias para sua execução e as garantias constitucionais que ficarão suspensas.

Compete ao Presidente da República decretar e executar a intervenção federal nos Estados-membros, conforme o inciso X do art. 84. Porém, o inciso IV do art. 49, da Constituição Federal, dispõe que cabe ao Congresso

Nacional aprovar o estado de defesa e a intervenção federal e, por outro lado, autorizar o estado de sítio. A intervenção da União nos Estados-membros ou no Distrito Federal ocorre de acordo com os incisos do art. 34, com o decreto de intervenção especificando a amplitude, o prazo e as condições de execução e a nomeação do interventor. Trata o inciso XI do art. 84, do texto constitucional, que cabe ao Chefe do Executivo remeter mensagem e plano de governo ao Congresso Nacional por ocasião da abertura da sessão legislativa, expondo a situação do Brasil e solicitando as providências que julgar necessárias.

Compete ao Presidente da República, nos termos do art. 84, XII, da Constituição de 1988, conceder indulto e comutar penas, com audiência, se necessário, dos órgãos instituídos em lei, que o texto constitucional não especifica. O indulto vem a ser uma das causas extintivas da punibilidade, pelo qual se perdoa a pena aplicada, tendo caráter geral. Já a comutação de penas, trata-se da transformação de uma pena mais grave para uma mais branda. Dispõe o inciso XLIII, do art. 5º, que é direito do cidadão preso receber graça e anistia. Pelo inciso XIII, do art. 84, da Constituição Federal, compete ao Presidente exercer o comando supremo das Forças Armadas, nomear os Comandantes da Marinha, do Exército e da Aeronáutica, promover seus Oficiais Generais e nomeá-los para os cargos que lhes são privativos. Este inciso foi modificado pela Emenda Constitucional nº 23, de 02.09.1999, pois com esta mudança foram instituídos os Comandantes Militares, bem como o Ministro da Defesa.

No sistema de pesos e contrapesos, em que cada Poder fiscaliza os outros, alguns cargos públicos relevantes têm sua aprovação pelo Legislativo, nos termos do inciso III do art. 52, que destinou a competência para o Senado Federal. Trata-se de um ato composto, formulado pelo Presidente da República em conjunto com esta Casa. De acordo com o art. 84, XIV, da Constituição de 1988, cabe ao Chefe do Executivo nomear, depois da aprovação do Senado, diversas autoridades. Assim, compete-lhe aprovar as nomeações previamente ao ato presidencial, por voto secreto, depois de arguição pública. São nomeados, assim, os onze Ministros do Supremo Tribunal Federal, dentre cidadãos com mais de trinta e cinco e menos de sessenta e cinco anos de idade, de notável saber jurídico e reputação ilibada, aprovados por maioria absoluta, de acordo com o art. 101 e **parágrafo único**.

Cabe ao Presidente da República, também, nomear os Ministros dos Tribunais Superiores. Deste, no Superior Tribunal de Justiça, composto de trinta e três membros, o Presidente nomeia os brasileiros, de notável saber jurídico e reputação ilibada, por maioria simples do Senado Federal, sendo um terço de Juízes dos Tribunais Regionais Federais (TRF), um terço dentre Desembargadores dos Tribunais de Justiça e um terço, em partes iguais, dentre advogados e membros do Ministério Público Federal, Estadual, do Distrito Federal e Territórios, alternadamente, no art. 104, **parágrafo único**, I e II, da Constituição Federal. Nomeia, após aprovação pelo Senado Federal, também, nos termos do art. 111, § 1º, os Ministros do Tribunal Superior do Trabalho, escolhidos dentre brasileiros com mais de trinta e cinco e menos de sessenta e cinco anos, dos quais onze escolhidos dentre Desembargadores dos Tribunais Regionais do Trabalho, integrantes da carreira da magistratura trabalhista, três dentre advogados e três dentre membros do Ministério Público do Trabalho, alterado pela Emenda Constitucional nº 24, de 09.12.1999. Por fim, nomeia, depois de aprovado pelo Senado Federal, quinze Ministros do Superior Tribunal Militar, três dentre Oficiais-Generais da Marinha, quatro Oficiais-Generais do Exército e três dentre Oficiais-Generais da Aeronáutica, todos da ativa e do posto mais elevado da carreira e cinco civis, sendo três advogados de notório saber jurídico e conduta ilibada, com mais de dez anos de efetiva atividade profissional, e dois, por escolha paritária, dentre Juízes Auditores e membros do Ministério Público da Justiça Militar, de acordo com o art. 123 e os incisos do seu **parágrafo único**. Escolhe, ainda, os Governadores de Territórios, Presidente e Diretores do Banco Central, Procurador-Geral da República e titulares de cargos que a lei determinar.

Compete ao Presidente da República a nomeação de diversas autoridades, e, de acordo com o inciso XV, art. 84, da Constituição de 1988, cabe-lhe nomear um terço dos Ministros do Tribunal de Contas da União (TCU). Estes são nomeados pelo Chefe do Executivo, com aprovação do Senado Federal, sendo dois alternadamente entre auditores e membros do Ministério Público junto ao Tribunal, indicados em lista tríplice pelo Tribunal, segundo critério de antiguidade e merecimento, de acordo com o art. 73, § 2º. Facultou-se-lhe apenas em um para a livre nomeação, ainda assim condicionada à aprovação dessa Casa Legislativa.

De acordo com o inciso XVI do art. 84, da Constituição de 1988, cabe ao Presidente da República nomear os magistrados, nos casos previstos no texto constitucional. Nomeia, para o Tribunal Superior Eleitoral, dois Juízes, dentre seis advogados de notável saber jurídico e idoneidade moral, indicados pelo Supremo Tribunal Federal, conforme o inciso II do art. 119. Pode, assim, nomear os Desembargadores dos Tribunais Regionais Federais (TRF), dentre brasileiros com mais de trinta e menos de sessenta e cinco anos. São um quinto dentre advogados com mais de dez anos de efetiva atividade profissional e membros do Ministério Público, com mais de dez anos de carreira. Os demais, mediante promoção de Juízes Federais com mais de cinco anos de exercício, por antiguidade e merecimento, alternadamente, conforme o art. 107. Nomeia, também, nos termos do art. 115, os Desembargadores dos Tribunais Regionais do Trabalho (TRT), sendo um quinto dentre advogados com mais de dez anos de efetiva atividade profissional e membros do Ministério Público, com mais de dez anos de carreira, e os demais, os Juízes do Trabalho, escolhidos por promoção, alternadamente, por antiguidade e merecimento, alterado o dispositivo pela Emenda Constitucional nº 24, de 09.12.1999. Tem competência, também, para nomear para o Tribunal Regional Eleitoral, dois Juízes dentre seis advogados de notável saber jurídico e idoneidade moral, indicados pelo Tribunal de Justiça do Estado-membro, de acordo com o art. 123, **parágrafo único**, da Constituição Federal.

Nomeia, também, o Advogado-Geral da União, de acordo com inciso XVI do art. 84 do texto constitucional, cargo instituído pela Constituição de 1988, escolhido dentre cidadãos maiores de trinta e cinco anos, de notável saber jurídico e reputação ilibada, de acordo com o § 1º do art. 131, da Constituição de 1988. Cabe ao Presidente da República, de acordo com o inciso XVII do art. 84, da Constituição Federal, nomear dois membros do Conselho da República, sendo estes cidadãos brasileiros natos, com mais de trinta e cinco anos de idade, com mandato de três anos, vedada a recondução, de acordo com o art. 89, VII.

Nos termos do inciso XVIII do art. 84, da Constituição de 1988, compete ao Presidente da República convocar e presidir o Conselho da República e o Conselho de Defesa Nacional. O primeiro é órgão de consulta presidencial, de acordo com o art. 90, competindo-lhe pronunciar-se sobre intervenção federal, estado de defesa e estado de sítio, bem como sobre as questões relevantes para a estabilidade das instituições democráticas. O Conselho de Defesa Nacional, conforme o art. 91, § 1º, tem competência para: a) opinar nas hipóteses de declaração de guerra e de celebração da paz; b) opinar sobre a decretação do estado de defesa, do estado de sítio e da intervenção federal; c) propor os critério e condições de utilização de áreas indispensáveis à segurança do território nacional e opinar sobre seu efetivo uso, especialmente na faixa de fronteira e nas relacionadas com a preservação e a exploração dos recursos naturais de quaisquer tipos; d) estudar, propor e acompanhar o desenvolvimento de iniciativa necessária a garantir a independência nacional e a defesa do Estado democrático de direito.

A competência internacional é da União, que também tem poderes para declarar a guerra e celebrar a paz, assegurar a defesa nacional e permitir que forças estrangeiras transitem pelo território nacional ou nele permaneçam temporariamente, hipóteses previstas respectivamente nos incisos II, III e IV do art. 21. A decisão para tais atos é do Presidente da República, que tem competência privativa para decidir a matéria, como declarar guerra, no caso de agressão estrangeira, bem como decretar, total ou parcialmente, a mobilização nacional, bem como celebrar a paz, em ambos os casos referendados pelo Congresso Nacional, conforme os incisos XIX e XX do art.

84, da Constituição de 1988. Assim, pelo inciso II do art. 49, compete a este autorizar o Presidente da República, ou referendar seu ato, quando estiver no intervalo de Sessões Legislativas. Trata o inciso XIX, do art. 84, que cabe ao Presidente da República a grave responsabilidade de declarar guerra, no caso de agressão estrangeira, autorizado pelo Congresso Nacional ou referendado por ele, quando ocorrida no intervalo das sessões legislativas, e, nas mesmas condições, decretar, total ou parcialmente, a mobilização nacional. Pelo inciso XX, pode celebrar a paz, autorizado ou com o referendo do Congresso Nacional. A declaração de guerra é ato unilateral, ao passo que a celebração da paz vem a ser bilateral, pois devem concorrer para ela as duas partes em conflito. O art. 49, II, concede ao Congresso Nacional competência para autorizar tais medidas.

De acordo com o inciso XXI do art. 84, do texto constitucional, pode conferir condecorações e distinções honoríferas, em razão de serviços prestados ao Brasil. A condecoração representa um sinal externo ou símbolo de distinta honraria, agraciando ou premiando com medalha ou insígnia. A distinção honorífera é título de designação honrosa. Cabe ao Presidente da República permitir, nos casos previstos em lei complementar, que forças estrangeiras transitem pelo território nacional ou nele permaneçam temporariamente, conforme o inciso XXII do art. 84, da Constituição de 1988. O Congresso Nacional tem de legislar, por meio de lei complementar, sobre os casos e modo de permissão de passagem de forças estrangeiras, sem que a soberania seja alienada, bem como autorizar a permissão presidencial, de acordo com o art. 49, II.

A elaboração do orçamento público, que envolve o plano plurianual, as diretrizes orçamentárias e os orçamentos anuais, cujos projetos de lei são de iniciativa do Presidente da República, devendo ser remetido a apreciação, de acordo como o processo legislativo, de acordo com o inciso XXIII do art. 84, da Constituição de 1988. O plano plurianual estabelece as diretrizes, os objetivos e as metas da administração relativas aos programas de duração continuada. A lei de diretrizes orçamentárias deve compreender as metas e as prioridades da Administração Pública, incluindo as despesas de capital para o exercício financeiro subseqüente, orientando a elaboração da lei do orçamento anual. Compreende este: a) o orçamento fiscal referente aos órgãos dos Poderes Políticos da União e seus fundos, bem como os órgãos e as entidades da Administração direta e indireta, inclusive fundações instituídas e mantidas pelo Poder Público; b) o orçamento de investimento das sociedades de economia mista em que a União, direta ou indiretamente, detenha a maioria do capital social com direito a voto; c) o orçamento de investimento das sociedades de economias mistas em que a União, direta ou indiretamente, detenha a maioria do capital social com direito a voto; d) o orçamento da previdência dos servidores públicos locais. A alteração do projeto original é possível, através de mensagens aditivas, enquanto as emendas da Câmara limitam-se às correições do texto ou à relação de recursos já descritos. Assim, o inciso XXIII dispõe que cabe ao Presidente da República enviar ao Congresso Nacional o plano plurianual, o projeto de lei de diretrizes orçamentárias e as propostas de orçamento previstas nesta Constituição.

De acordo com o inciso XXIV do art. 84, do texto constitucional, cabe ao Chefe do Executivo prestar, anualmente, ao Congresso Nacional, dentro de sessenta dias após a abertura da sessão legislativa, as contas referentes ao exercício anterior. A prestação de contas e a apresentação de relatório administrativo são deveres do Executivo, pois o mesmo está submetido ao controle externo da gestão financeira e orçamentária do Legislativo, com o auxílio do Tribunal de Contas da União (TCU). Apresentam-se as contas em forma contábil, com a indicação dos documentos comprobatórios que as acompanham, remetendo-as a esse Tribunal ou a órgão equivalente, que as julgam através de parecer prévio, aprovando-as ou rejeitando-as, culminando com multa e responsabilidade do gestor. Dispõe a Lei Federal nº 4.320, de 17.03.1964, que trata das normas gerais de direito financeiro para elaboração e controle do orçamento e balanços da União, dos Estados-membros, dos Municípios e do Distrito Federal. Além do controle externo, existe o controle interno, exercido pelo próprio Executivo, de acordo com o art. 74, do texto constitucional. O relatório da administração tem o caráter de exposição de planos de governo e trabalhos efetuados, não estando sujeito a aprovação ou a rejeição do Legislativo.

A execução do orçamento pode ser feita com o atendimento das disposições legais, quanto à arrecadação e à despesa, de acordo com o inciso XXIV do art. 84, da Constituição de 1988. As verbas orçamentárias possuem destinação específica, não podendo ser desviada, o que se constitui em grave irregularidade. As modificações somente são possíveis, através de verbas dentro das dotações globais. A efetivação das despesas resulta: a) do empenho, que vem a ser o reconhecimento formal do débito com o credor; b) da liquidação, que é a verificação do direito do credor em face dos títulos e documentos relativos ao crédito; c) do pagamento, que se trata da entrega do numerário ao credor, mediante quitação.

De acordo com o inciso XXV do art. 84, do texto constitucional, cabe ao Presidente da República prover e extinguir os cargos públicos federais. A organização e a direção dos servidores públicos competem ao Presidente da República, pelo envio ao Congresso Nacional de projeto de lei definindo o regime jurídico do mesmo, vez que hoje já não tem mais a obrigatoriedade do regime jurídico único, bem como a elaboração do estatuto e do quadro de pessoal. Depois de criados os cargos e fixado os vencimentos e subsídios, conforme o caso, dos servidores públicos federais, através de lei, prevista no art. 61, II, "b", da Constituição Federal. Cabe também à Administração Direta e Indireta a realização de concurso público de provas e de provas e títulos, e o consequente provimento do cargo e a movimentação necessária se faz que haja o processo administrativo correspondente.

Compete ao Chefe do Executivo, conforme o art. 84, XXVI, da Constituição de 1988, editar medidas provisórias com força de lei. Em casos de relevância e urgência, esse pode adotar tais medidas, devendo submetê-las de imediato ao Congresso Nacional, que, estando em recesso, precisa ser convocado extraordinariamente, no prazo de cinco dias. A medida provisória, que existe no direito italiano, foi prevista para um regime parlamentarista. No presidencialismo, como o brasileiro, acaba se transformando num instrumento autocrático do Presidente. A omissão do Supremo Tribunal Federal, que aceitou a ampliação do instituto, como tratar de matérias penais e tributárias, além de disposições que exigem lei complementar, até a indefinida reedição, transformaram a medida provisória no instrumento legal mais usado no país. A Emenda Constitucional nº 32, de 11.09.2001, modificou o art. 62, da Constituição Federal, introduzindo restrições à edição de medidas provisórias.

Cabe ao Presidente da República, ainda, exercer outras atribuições previstas nesta Constituição, nos termos do inciso XXVII do art. 84, da Constituição de 1988. Tem competência, assim, para arrecadar, guardar e aplicar a receita federal. Pode, também, tratar do planejamento da Administração Pública, bem como velar pelo patrimônio público. Existem outras competências que, na verdade, são inumeráveis. A arrecadação, a guarda e a aplicação da receita federal são de competência do Executivo, englobando o conjunto dos recursos públicos. A arrecadação vem a ser o meio legal pelo qual se estima a receita e fixa a despesa, sem a necessidade de autorização legislativa, conforme o inciso XXVII do art. 84, da Constituição Federal. O Presidente deve cuidar que os servidores públicos sejam incumbidos da arrecadação, guarda e aplicação da receita federal, pois podem ser incriminados pelo fato.

De acordo com o inciso XXVII do art. 84, do texto constitucional, o planejamento da Administração Federal é essencial para o êxito da gestão local, pois permite a adequação de metas ambiciosas com a realidade objetiva. O planejamento é considerado como um método para traçar as metas e os meios de alcançá-las, envolvendo tomada de decisão em termos racionais e organizados. A administração do patrimônio da União encontra-se sob a responsabilidade do Presidente da República, ainda que indireta, de acordo com o inciso XXVII do art. 84, da Constituição de 1988. Deve zelar pela conservação e utilização regular dos bens públicos locais, assim como daqueles que tenham valor histórico, artístico ou cultural. Os bens, de acordo com o Código Civil de 2002, no art. 66, podem ser de uso comum do povo, como estradas, ruas, praças e outros logradouros públicos; de uso especial, como edifícios e terrenos aplicados em serviços municipais; e os dominiais, patrimônio disponível federal. No Código Civil de 2002, estão os bens públicos nos arts. 98 e seguintes. São bens da União aqueles previstos no art. 20, do texto constitucional.

De acordo com o **parágrafo único**, pode o Presidente da República delegar as atribuições previstas nos incisos VI, XII e XXV, primeira parte do art. 84, da Constituição de 1988, aos Ministros de Estado, ao Procurador-Geral da República ou ao Advogado Geral da União, que devem observar os limites traçados nas respectivas delegações. A primeira das delegações possíveis é a que diz respeito à organização e funcionamento da Administração, ao passo que a segunda trata da concessão de indultos e da comutação de penas. Por fim, trata a última delegação do provimento e da extinção de cargos públicos federais. A medida tem a condição de facilitar a administração dos órgãos públicos federais, em especial dos Ministérios, da Procuradoria Geral da República, da Advocacia Geral da União, da Procuradoria da Fazenda Nacional, da Procuradoria do Banco Central do Brasil e da Procuradoria Federal.

12.3. Responsabilidade do Presidente da República

Prevê o inciso I do art. 51, da Constituição de 1988, que uma das formas principais de controle entre os Poderes Políticos é o Legislativo ter competência para julgar, por responsabilidade, o Presidente da República. As Casas Legislativas, assim, ao mesmo tempo, assumem a competência originária do Judiciário e se transformam em um Tribunal, julgando justamente o Chefe do Executivo. Não pode haver momento mais grave na vida institucional, em que se procura resolver um problema político, sem que as regras do jogo democrático sejam quebradas. A Câmara dos Deputados exerce relevante papel no processo de impedimento das autoridades principais do Executivo – o de fazer o juízo de admissibilidade. Assim dois terços de seus membros podem autorizar a instauração de processo contra o Presidente e o Vice-Presidente e os Ministros de Estado.

O quórum de aprovação é elevado, superior ao da emenda constitucional, que é de três quintos, em razão da gravidade da situação política. Cabe ao Senado Federal, não obstante, processar e julgar essas autoridades nos crimes de responsabilidade e os Ministros de Estados nos crimes da mesma natureza conexos com aqueles, de acordo com o inciso I do art. 52, tudo do texto constitucional. O processo de impedimento acontece muito raramente, tanto que nos Estados Unidos ocorreu apenas uma vez no século XIX, ao passo que no século XX só serviu de ameaça ao Presidente da República envolvido, que acabou renunciando. No Brasil, o processo avançou bem mais e acabou em condenação de Presidente em exercício, mesmo com sua renúncia poucas horas antes do início do julgamento, repetindo depois no século XXI.

Dispõem os arts. 85, e seguintes, da Constituição Federal, que o Presidente da República é suscetível de responsabilidade, em razão de sua atuação política para dirigir o Brasil. Não obstante, na ocupação do seu relevante cargo, o maior de todos os cargos políticos, ele não responde pelos crimes comuns, de acordo com o § 4º do art. 85, que impede a responsabilidade por atos estranhos ao exercício de suas funções[4]. Cabe à Câmara dos Deputados o recebimento da denúncia e o exercício do juízo de admissibilidade, no processo de responsabilização do Presidente, em que dois terços de seus integrantes precisam admitir a acusação, para que o processo tenha seguimento. Decidem, apenas, se vai ser ou não julgado. O Senado Federal, então, ganhou maior competência, pois além de julgar, como já fazia, passou também a realizar o processamento, com o Presidente do Supremo Tribunal Federal presidindo este Tribunal do Legislativo. A nova sistemática mudou a nossa tradição constitucional, pois antes competia à Câmara dos Deputados o juízo de admissibilidade e o processamento da acusação. Na Lei Federal nº 1.079, de 10.04.1950, que em parte foi recepcionada pela Constituição de 1988, não tem mais eficácia os dispositivos dos arts. 14 a 23, pois tratavam do processamento da acusação perante esta Casa Legislativa, como já dito.

A responsabilidade do Presidente da República pode ser penal, político-administrativa e civil, em razão da natureza do ilícito. A responsabilidade penal resulta do cometimento de crime ou de contravenção, podendo ser crime funcional, especial ou comum. Os crimes funcionais podem ser gerais, previstos nos arts. 312 e 327, do Código Penal, ou específicos, os crimes de responsabilidade, Lei Federal nº 4.898, de 09.12.1965. Nos crimes comuns o Presidente é julgado pelo Supremo Tribunal Federal, de acordo com o art. 102, I, "b", da Constituição Federal. A matéria foi tratada nas Constituições de 1891 (art. 54), de 1934 (art. 57), de 1937 (art. 85), de 1946 (art. 89) e de 1967 (art. 84), mas que na sua Emenda Constitucional nº 1, de 17.10.1969, aparece como art. 82. A Constituição de 1988 dispôs, expressamente, sobre

4 "**Imunidade do art. 51, I, e art. 86 da CF/88 não se estende para codenunciados que não sejam Presidente da República, Vice ou Ministro de Estado** A imunidade formal prevista no art. 51, I, e no art. 86, caput, da CF/88 não se estende para os codenunciados que não se encontrem investidos nos cargos de Presidente da República, Vice-Presidente da República e Ministro de Estado. **A finalidade dessa imunidade é proteger o exercício regular desses cargos, razão pela qual não é extensível a codenunciados que não se encontrem ocupando tais funções.** STF. Plenário. Inq 4483 AgR-segundo/DF e Inq 4327 AgR-segundo/DF, rel. Min. Edson Fachin, julgados em 14 e 19/12/2017 (Info 888)" (ABNC).

os crimes de responsabilidade, como os atos do Presidente da República que atentem contra a Constituição Federal e contra os incisos do artigo.

Versou a Lei Federal nº 1.079, de 10.04.1950, sobre os crimes de responsabilidade e regulou o respectivo processo de julgamento. Por outro lado, a Lei Federal nº 8.429, de 02.06.1992, trata das sanções aplicáveis aos agentes públicos nos casos de enriquecimento ilícito no exercício de mandato, cargo, emprego ou função na Administração Pública direta, indireta ou fundacional e dá outras providências. O principal crime é atentar contra a existência da União, de acordo com o inciso I do art. 85, do texto constitucional, que implica desaparecimento da própria Federação e do país como unidade política. A importância do federalismo é tão significativa que se trata de uma cláusula pétrea, ou seja, não pode o disposto nos arts. 1º e 18, do texto constitucional, ser objeto de reforma, de acordo com o art. 60, § 4º, I.

Dispõe o inciso II do mesmo artigo que, atentar contra o livre exercício do Poder Legislativo, do Poder Judiciário, do Ministério Público e dos Poderes Constitucionais das unidades da Federação, se trata de um crime de responsabilidade do Presidente da República. Assegura o art. 2º, do texto constitucional, que são Poderes da União, independentes e harmônicos entre si, o Legislativo, o Executivo e o Judiciário. O Executivo, que é o mais forte, mais rico e maior do que os outros, pode ser tentado a não os respeitar e cercear sua liberdade de ação. Em tais casos, não só pode o Presidente da República ser responsabilizado, como dar margem, até, a uma revolução ou à desobediência civil, para impedir a instalação de um regime autocrático.

O Estado Democrático de Direito, preconizado no art. 1º do texto constitucional, tem como fundamentos, dentre outros, a cidadania, a dignidade da pessoa humana, os valores sociais do trabalho, a livre iniciativa e o pluralismo político. Assim, caso o Presidente da República atente contra o exercício dos direitos políticos, individuais e sociais, previsto no inciso III do art. 85, da Constituição Federal, podendo implicar responsabilização do mesmo. A existência da democracia implica o reconhecimento da cidadania, que vem a ser o limite de atuação estatal, podendo ter aspecto político, como o direito de votar e ser votado, aspecto civil, como os direitos fundamentais, e aspecto social, previsto como nova atuação do cidadão. Dispõe o inciso IV do art. 85, do texto constitucional, sobre o crime que é atentar contra a segurança interna do Brasil. Esta pode ser entendida como todas as matérias que se relacionem como a estabilidade do Brasil, em especial a preservação da estabilidade das instituições e da ordem jurídica frente a inimigo externo e a grave comoção interna.

Trata o inciso V do art. 85, da Constituição de 1988, sobre o crime contra a probidade na administração. A moralidade administrativa, que é princípio previsto no **caput** do art. 37, deve ser entendida como o conjunto de regras de conduta tirada da disciplina interior da Administração Pública, pelo qual seus agentes estão submetidos a uma conduta profissional dentro de padrões morais correntes. A moralidade administrativa está relacionada com a finalidade pública e, por conseguinte, não basta se observar os aspectos da lei formal, mas também se no processo administrativo existe um compromisso com a honestidade e com o interesse público.

O atentado contra a lei orçamentária, previsto no inciso VI do art. 85, da Constituição de 1988, deve ser entendido em sentido amplo. A elaboração do orçamento público envolve o plano plurianual, as diretrizes orçamentárias e os orçamentos anuais, cujos projetos de lei são de iniciativa do Presidente da República, devendo ser remetido a apreciação, de acordo como o processo legislativo. O plano plurianual estabelece as diretrizes, objetivos e metas da Administração relativa aos programas de duração continuada. A lei de diretrizes orçamentárias deve compreender as metas e as prioridades da administração pública incluindo as despesas de capital para o exercício financeiro subsequente, orientando a elaboração da lei do orçamento anual. Compreende o orçamento fiscal o referente aos órgãos dos Poderes Políticos da União e seus fundos, bem como os órgãos e entidades da Administração Direta e Indireta.

Por fim, é crime o descumprimento das leis e das decisões judiciais, previsto no inciso VII do art. 85, da Constituição Federal. Na verdade, tal postura já implica em atentado contra a autonomia do Judiciário, que ameaça o próprio sistema de separação entre os Poderes. Inclusive, o desrespeito por Governador do Estado pode resultar na intervenção federal, o mesmo que ocorre com Prefeito Municipal que, se assim o fizer, está sujeito a intervenção estadual. Como ninguém pode intervir na União, o Presidente da República pode ser responsabilizado por tal crime.

Os crimes previstos acima, de acordo com o **parágrafo único** do art. 85, da Constituição Federal, são definidos em lei especial, que deve estabelecer as normas de processo e julgamento. A legislação prevista é a Lei Federal nº 1.079, de 10.04.1950, que foi recepcionada pela Constituição de 1988, em parte, pois a competência para instruir o processo da autoridade sujeita ao processo de impedimento deixou de ser da Câmara dos Deputados. Ficou esta apenas com o juízo de admissibilidade, ao passo que aquela competência foi entregue ao Senado Federal, presidido pelo Presidente do Supremo Tribunal Federal, exclusivamente para o processo de impeachment.

Deve-se observar que o Supremo Tribunal Federal tem competência para julgar o Presidente da República nas infrações comuns, crimes e contravenções, de acordo com o art. 102, I, "b", da Constituição de 1988, mas apenas depois que a Câmara dos Deputados admitir a acusação, pela maioria de dois terços de seus membros. O ex-Presidente Fernando Collor teve duas pronúncias deferidas pela Câmara, sendo que ele foi julgado e condenado no Senado Federal, mas absolvido no Supremo Tribunal Federal, pelos mesmos fatos. O formalismo jurídico não viu a evidência política que havia. Na verdade, um fez um julgamento técnico, examinando as provas, enquanto o outro se voltou para sua competência, nos crimes de responsabilidade, o julgamento político do problema. Na verdade, já não havia nenhuma condição dele voltar ao Governo. O Legislativo o condenou à perda do cargo de Presidente da República e à suspensão de seus direitos políticos por oito anos. No caso da ex-Presidente Dilma Roussef, ela perdeu o mandato, mas não teve cassado seus direitos políticos.

12.4. Ministro de Estado no Brasil

No regime presidencialista, o Presidente da República tem competência para nomear, livremente, os Ministros de Estado. Todavia, nos Estados Unidos, deve haver um pronunciamento do Legislativo sobre a ocupação de tão relevantes cargos. Assim, cabe ao Senado apreciar e dizer se o cidadão tem condições de ser Ministro de Estado. Ocorre o mesmo, na Constituição de 1988, apenas para os cargos de Ministros do Supremo Tribunal Federal e dos Tribunais Superiores, de Governadores de Territórios, do Procurador-Geral da República e do Presidente e dos Diretores do Banco Central do Brasil, bem como de outros servidores, de acordo com o inciso XIV do art. 84, da Constituição de 1988. Cabe ao Presidente da República nomear e exonerar livremente os Ministros de Estado, sem submetê-los a aprovação do Senado Federal ou da Câmara dos Deputados.

Os Ministros de Estado devem ser escolhidos dentre brasileiros maiores de vinte e um anos e no exercício dos direitos políticos, tendo competência para diversas matérias. Cabe-lhes exercer a orientação, coordenação e supervisão dos órgãos e entidades da Administração federal na área de sua competência e referendar os atos e decretos assinados pelo Presidente da República, como função primordial. Têm a competência específica para emitir ato administrativo especial, que é a instrução, com o fim de proporcionar a execução das leis, decretos e regulamentos. Trata-se esta de lei no sentido material, como dispõe o Código Tributário Nacional. Por outro lado, o Ministro de Estado deve apresentar ao Presidente da República relatório anual de sua gestão no Ministério, como forma de controle interno da Administração Pública federal. Por fim, tem competência para praticar os atos pertinentes às atribuições que lhe forem outorgadas ou delegadas pelo Presidente da República.

Os Ministros, nos crimes de responsabilidade, são julgados pelo Supremo Tribunal Federal, de acordo com o art. 102, I, "c", do texto constitucional. Os Ministros foram tratados nas Constituições de 1824 (arts. 131 a 136), de 1891 (art. 49), de 1934 (art. 59), de 1937 (art. 88), de 1946 (art.

90) e de 1967 (art. 86), mas que na sua Emenda Constitucional nº 1, de 17.10.1969, apareceu como o art. 84.

12.5. Conselho da República na Constituição

Trata-se de um órgão de consulta, que vem a ser convocado para se pronunciar sobre matérias importantes, previstas no art. 84, XVIII, da Constituição de 1988, que compete privativamente ao Presidente da República convocá-lo e presidi-lo. Pode o mesmo se pronunciar sobre diversas matérias, menos sobre as questões referentes à soberania nacional e defesa do Estado Democrático, competências expressas do Conselho de Defesa Nacional. No sistema político anterior à Constituição de 1988, dispunha o Chefe do Executivo de um Consultor-Geral da República, atribuição que foi absorvida pela Advocacia-Geral da União, e do Conselho de Segurança Nacional.

De acordo com o art. 89, da Constituição Federal, o Conselho da República trata-se de um órgão superior de consulta do Presidente da República. Participam do mesmo diversas autoridades federais, como o Vice-Presidente da República, o Presidente da Câmara dos Deputados, o Presidente do Senado Federal, os líderes da maioria e da minoria na Câmara dos Deputados, os líderes da maioria e da minoria no Senado Federal e o Ministro da Justiça. Integram o Conselho da República, ainda, seis cidadãos brasileiros natos, com mais de trinta e cinco anos de idade, sendo dois nomeados pelo Presidente da República, dois eleitos pelo Senado Federal e dois eleitos pela Câmara dos Deputados, todos com mandato de três anos, vedada a recondução. Assim, dos quatorze membros que o integram, dez estão ligados ao Legislativo e apenas quatro ao Executivo. Deve-se observar que a matéria não foi tratada nas Constituições anteriores, não obstante ter certa semelhança com o Conselho de Estado, previsto, na Constituição de 1824. O Conselho foi instituído quando os Constituintes de 1988 imaginavam construir um regime parlamentarista, não tendo muito sentido em um regime republicano.

É da competência do Conselho da República pronunciar-se sobre intervenção federal, prevista no art. 34, da Constituição Federal, destinada: a) a manter a integridade nacional; b) repelir invasão estrangeira ou de uma unidade da Federação da outra; c) pôr termo a grave comprometimento da ordem pública; d) garantir o livre exercício de qualquer dos Poderes das unidades da Federação; e) reorganizar as finanças da unidade da Federação; f) prover a execução de lei federal, ordem ou decisão judicial; g) ainda, para a observância de princípios constitucionais. É convocado, ainda, nos casos de estado de defesa, que venha a ser decretado para preservar ou prontamente restabelecer a ordem pública, em locais restritos e determinados, previsto no art. 136, da Constituição Federal, e o estado de sítio, que se decreta em casos de comoção grave de repercussão nacional e no caso de insuficiência do estado de defesa, bem como nos casos de declaração de guerra ou resposta à agressão armada. Cabem-lhe, ainda, as questões relevantes para a estabilidade das instituições democráticas, que são muitas e se destinam a manter o Estado de Direito. Pode o Presidente da República convocar Ministro de Estado para participar da reunião do Conselho, quando constar da pauta questão relacionada com o respectivo Ministério. Dispõe o texto constitucional, no § 2º do art. 90, que lei deve regular a organização e o funcionamento do Conselho da República, Lei Federal nº 8.041, de 05.06.1990.

12.6. Conselho Nacional da Defesa

O Conselho de Defesa Nacional difere-se do Conselho da República, tanto nas matérias de suas respectivas competências, sendo este mais voltado para assegurar as instituições democráticas, quanto na sua composição, pois este é integrado inclusive por cidadãos nomeados, ao passo que daquele só participam autoridades constituídas. A preocupação do Conselho de Defesa Nacional está relacionada com a própria integridade do Brasil, daí a participação do Ministro da Defesa e dos Comandantes Militares, mesmo que dirigido diretamente para a manutenção do Estado Democrático de Direito. Tem mais semelhança com o antigo Conselho de Segurança Nacional, apesar de agora com outros objetivos mais democráticos. A competência, também, vem a ser mais ampla. Na verdade, existe semelhança nas atribuições, podendo os dois ser convocados ao mesmo tempo, em sessão conjunta, ou, normalmente, em momentos diferentes.

O Conselho de Defesa Nacional trata-se de órgão de consulta do Presidente da República nos assuntos relacionados com a soberania nacional e a defesa do Estado Democrático. Participam, como membros natos do órgão, o Vice-Presidente da República, os Presidentes da Câmara dos Deputados e do Senado Federal, os Ministros da Justiça, da Defesa, das Relações Exteriores e do Planejamento, bem como os Comandantes da Marinha, do Exército e da Aeronáutica. O inciso V foi modificado, indicando-se o Ministro da Defesa, ao passo que foi instituído o inciso VIII, que colocou no Conselho os Comandantes Militares, que tiveram os cargos instituídos pela Emenda Constitucional nº 23, de 02.09.1999, a Reforma Militar.

De acordo o § 1º do art. 91, da Constituição de 1988, compete ao Conselho de Defesa Nacional se pronunciar em momentos de grave crise ou de guerra, que ameace a própria existência do Brasil, dando opinião nas hipóteses de declaração de guerra e de celebração da paz, nos termos desta

Constituição, bem como sobre a decretação do estado de defesa, do estado de sítio e da intervenção federal. Por outro lado, tem função de estudo, de pesquisa e de proposições para a defesa nacional, ao lhe caber propor: a) os critérios e condições de utilização de áreas indispensáveis à segurança do território nacional; b) opinar sobre seu efetivo uso, especialmente na faixa de fronteira e nas relacionadas com a preservação e a exploração dos recursos naturais de qualquer tipo; c) estudar, propor e acompanhar o desenvolvimento de iniciativas necessárias a garantir a independência nacional e a defesa democrática do Estado. A matéria não foi tratada nas Constituições anteriores. Dispõe o § 2º do art. 91 que lei deve regular a organização e o funcionamento do Conselho Defesa Nacional, sendo esta a Lei Federal nº 8.183, de 11.04.1991. Por outro lado, o Regulamento do Conselho de Defesa Nacional encontra-se disposto, no Decreto Federal nº 893, de 12.08.1993.

CAPÍTULO XIII

PODER JUDICIÁRIO, ORGANIZAÇÃO E COMPETÊNCIA

SUMÁRIO: 13.1. Noção de Poder Judiciário; **13.2.** Organização do Judiciário Brasileiro; **13.3.** Quinto Constitucional e Garantia do Juízo; **13.4.** Competência Judicial no Brasil; **13.5.** Autonomia do Judiciário Nacional; **13.6.** Precatórios e seu Rito de Pagamento; **13.7.** Lei Orgânica da Magistratura (LOMAN).

13.1. Noção de Poder Judiciário

Para quem trabalha nas lides, nos Juizados e nos Tribunais, o maior enigma é decifrar o que vem a ser a justiça e o que a mesma representa para os três Poderes Políticos, cm especial para o Judiciário. O Estado Democrático-Representativo teve como base da sua organização de governo a divisão funcional do Poder, na qual funções estatais foram distinguidas em legislativa, executiva ou administrativa e jurisdicionária.

Aristóteles, na obra **Política**, percebeu que o poder político se cingia em três grandes categorias, monarquia, aristocracia e democracia, doutrina esta revivida em Roma, com Políbio. Contudo, a mesma regrediu na Idade Média, com a descentralização política territorial. A sistematização e a aplicação prática do princípio da divisão dos poderes somente encontrou guarida no Estado Moderno, através do célebre **Instrument of Government**, na Inglaterra, em meados do século XVII, que veio a ser a primeira tentativa prática de descrever os Poderes Políticos. Refletindo sobre o novo sistema implantado com a Revolução Gloriosa de 1688, o pensador inglês John Locke, repartiu as funções do Estado, em Poder Legislativo, Executivo e Federativo, não incluindo o Judiciário.

O grande doutrinador do tema foi, sem dúvida, Montesquieu, em sua obra **O Espírito da Lei**, quando partindo do pressuposto de que "tudo estaria perdido se o mesmo homem ou o mesmo homem ou o mesmo corpo dos principais, ou dos nobres, ou do povo, exercesse esses três poderes: o de fazer leis, o de executar as resoluções públicas, e o de julgar os crimes ou as divergências dos indivíduos". Esse autor divulgou muito bem os princípios trazidos pelos estudiosos publicitas da tradição clássica e presentes na Constituição britânica, sem, contudo, dar-lhe a denominação moderna, mas oferecendo o caráter de garantia da liberdade política, muito mais importante que a simples análise das funções do Estado.

Os Estados Unidos, que proclamaram sua independência em 1776, passaram a se constitucionalizar, acolheram o princípio da divisão dos poderes, expressamente. O mesmo aconteceu com a primeira resolução votada na Convenção de Filadélfia, que estabeleceu que o Governo Nacional consistia nos Poderes Legislativo, Judiciário e Executivo. Foi um experimento norte-americano que boa parte do mundo seguiu, com o Presidente da República sendo o cargo que mais se assemelhava ao Rei, e assim à ideia de um, de unidade política, como sinal de liderança, rapidez e discernimento.

A adoção do princípio da separação justifica-se como uma forma de se evitar a tirania, onde todos os Poderes se concentram numa só mão. A defesa da aplicação desse princípio encontra-se construído a partir de medidas constitucionais, garantias à autonomia dos diferentes ramos de poder, postos em relação um com os outros para que se possam controlar e frear mutuamente. Evita-se tendências nada virtuosas dos homens, seus interesses e ambições pessoais ao acumular poderes. James Madison, em **O Federalista**, estabelecendo as regras do que passou a ser entendido como o regime de freios e contra-pesos, afirmou que:

> "O aforismo político analisado não exige que os ramos legislativos, executivo e judiciário sejam totalmente desconectados um dos outros. [...], salvo se esses ramos forem de tal modo entrelaçados para que cada um possa exercer um controle constitucional sobre os outros – o grau de separação que aquele aforismo requer, como essencial a um governo livre, jamais poderá ser devidamente mantido na prática"[1].

O Estado, assim concebido, para atingir o bem comum, exerce três funções básicas: a) legislativa; b) executiva ou administrativa; c) jurisdicional. De tais funções são incumbidas, respectivamente, os Poderes Legislativo, Executivo e Judiciário. Cabe ao Poder Legislativo elaborar as leis, as normas jurídicas de caráter geral, que subordinam todos quantos se encontram no território do país. Caso haja desobediência ao preceito contido na lei, o infrator fica sujeito a sanção, que pode ser de natureza civil, penal ou administrativa, conforme a natureza da norma legal transgredida. Não cabe, porém, ao próprio decidir se houve ou não descumprimento da norma jurídica, nem tampouco estabelecer a sanção devida à violação da lei. A composição dos litígios pelos próprios interessados excluiria a possibilidade de uma solução imparcial e justa, vigorando a pretensão do mais forte. Impunha-se, então, que um terceiro, estranho aos interesses em conflito, desse a cada um o que era seu, através de uma decisão justa. Mais ainda, mostrava-se indispensável que o terceiro fosse dotado de força e poder, de maneira que o seu julgado fosse obedecido não só entre os litigantes, mas também por todos. A solução da lide não haveria de ser apenas dependente da inteligência do seu prolator, mas um ato de vontade de natureza imperativo.

---

1 MADISON, James. **Freios e Contrapesos.** *In*: HAMILTON, Alexander, MADISON, James, e JAY, John. **O Federalista**. Brasília: Universidade de Brasília, 1984, **Artigo 51**, p. 420.

Não é necessário exame mais aprofundado para que se chegue com facilidade à conclusão de que esse terceiro, imparcial e forte, só pode ser o Estado. Foi por tal razão que, nas democracias representativas, o Estado chamou a si a difícil tarefa de distribuir justiça, fazendo-o através do Poder Judiciário, um dos Poderes pelo quais se manifestava a soberania nacional, de acordo com a clássica divisão de Montesquieu. A jurisdição surge como manifestação da soberania nacional, cabendo a missão de administradora da justiça. Esta, deste modo, encontra-se vinculada ao Judiciário, que vem a ser o poder que se atribui ao Estado, entre as suas atividades soberanas, para formular e fazer atuar no caso concreto a regra jurídica que, por força do direito vigente, disciplina determinada situação jurídica. Na verdade, é através da jurisdição que o Estado, por meio de seus órgãos específicos, aplica a lei ao caso concreto submetido a julgamento.

O Judiciário é, num primeiro sentido, o respeito pelas leis que dispõem sobre o comportamento dos cidadãos em relações uns aos outros, referente a direitos e deveres. Num segundo sentido, é o ato de **fazer justiça**, concedendo à vítima o que lhe é devido cm razão de injustiça praticada. Entre as duas situações, distingue-se o direito em sentido amplo, incluindo o costume, do ser, em contraste com o dever ser, aquilo que deve ser observado imperativamente e sujeito à administração da polis, como observou na célebre obra **A República**, de Platão. Por isso, a justiça é um fim social, da mesma forma que a igualdade, a liberdade, a democracia ou o bem-estar. Não obstante, há uma diferença importante entre o conceito de justiça e os outros citados. Esse é um conceito normativo e não a afirmação descritiva, pois se trata da conduta que os homens devem ter, sob a pena de sanção.

Existe o conflito de interesse quando mais de um sujeito procura usufruir o mesmo bem, que pode resultar em litígio, quando o conflito surge sem que haja uma solução voluntária ou espontânea entre os litigantes. Por conseguinte, é através da jurisdição que se resolve a demanda, pois a mesma vem a ser a função do estado de declarar e realizar, de forma prática a vontade da lei diante de uma situação jurídica controvertida. Cumpre assinalar que atualmente não se atribui à tripartição de poderes um valor absoluto, pois esses Poderes podem desempenhar as funções dos outros. A divisão de poderes, porém, não colocou os respectivos órgãos na posição de exclusividade no exercício da função específica, havendo intercomunicação de competência de forma anônima, embora previamente admitida e sistematizada. A jurisdição cabe ao Poder Judiciário, mas a realização da justiça é incumbência de todos os Poderes.

Cabe ao Parlamento uma apreciação mais independente dos projetos da lei enviados pelo Poder Executivo, porque é meio pelo qual se exerce o sistema de freios e contrapesos, bem como passe a ter iniciativa de leis que lhe outorgam a competência de iniciativa das mesmas. Deve-se atribuir também à sociedade como um todo, em especial, quando discutir as leis relativas à justiça, como a Lei Complementar da Defensoria Pública ou o Código de Organização Judiciária. Na postura do Parlamento, seja julgando o chefe do Executivo, seja apreciando suas contas, precisa fazê-lo com altivez, autonomia e competência, com fim último de que seja efetivamente reconhecida como a Casa do Povo.

Ao Chefe do Poder Executivo cabem inúmeras responsabilidades para com a Justiça, em particular quando tiver funções judicantes, garantindo a ampla defesa e o contraditório, nos processos administrativos disciplinares, nos processos administrativos fiscais ou noutros processos administrativos. O Governo do Estado, em matéria relativa à segurança pública, deve ter muito cuidado em acautelar os direitos humanos, bem como assegurar a defesa dos contraventores e criminosos. A segurança pública precisa ser melhor aparelhada para cumprir sua função de defensora da sociedade, mediante educação e preparo eficiente e técnico. O órgão encarregado de segurança cumpre voltar-se para o futuro e estabelecer que os cargos de delegados sejam privativos de bacharéis em direito, como determina a lei. Não para conquistar uma reserva de mercado e, sim, para formar um quadro apto e eficiente para combater a criminalidade, instruírem inquéritos e processos policiais bem ordenadores, sem eivos de contradições ou de nulidades.

Ao Judiciário, então, são inúmeras as suas atribuições, assim como suas dificuldades. Dentre estas, deve-se destacar o insuficiente número de Juízes e de Juizados, para fazerem frente às demandas judiciais. Na verdade, este problema é nacional, mas aqui agravado pela pobreza do Estado brasileiro. Contudo, com a ajuda do Poder Executivo, deve-se ampliar o quadro de magistrados, bem como dotá-los de melhores condições de trabalho e eficiência, além de ter pessoal qualificado por meio de ingresso por concurso público de provas e títulos.

O Judiciário tem uma missão difícil, que é o envio do projeto da lei que trata do Código de Organização Judiciária, fundamental para a realização da justiça, não só no sentido de redefinir as comarcas e termos do Interior, como também poderiam criar novas varas, onde existe apenas um Juiz, ou mesmo ampliar as já existentes. Por outro lado, as Comarcas das Capitais necessitam de novos magistrados, como a instalação da Vara dos Registros Públicos, a criação de novas Varas de Família e, em especial, a instituição de novas Varas Criminais. Com esta breve análise, não se pretende exibir conhecimento, mas, sim, modestamente oferecer a colaboração ao problema da justiça e de como democratizá-la de acordo com as necessidades populares.

Os dois princípios norteadores das democracias modernas são, em primeiro lugar, o princípio da separação ou divisão dos poderes, para lhes garantir independência e harmonia, e, em segundo, o princípio dos freios e contrapesos, que fazem com que cada Poder tenha responsabilidade sobre a atuação do outro. A justiça é um tema muito importante num país eivado de injustiças, de forma que a questão transcende à exclusiva órbita do Poder Judiciário para também o ser do Poder Executivo e do Poder Legislativo, assim como do Ministério Público, da Defensoria Pública e dos advogados, representados pela sua Ordem[2].

Montesquieu distinguia três espécies de potência: a) potência legislativa; b) potência executiva; c) potência de julgar. Podia-se dizer que a potência de julgar era invisível e nula, na medida em que não punha nenhum problema de alocação, ela não era dada a um senado permanente e temia-se a magistratura e não os magistrados. Em troca, as duas outras potências eram partilhadas por três forças, o povo, a nobreza, o Rei. Essa partilha devia obedecer a certas regras, a potência legislativa era confiada, então, à aristocracia e aos trabalhadores.

O corpo de representantes do povo tinha a vantagem de que eles fossem capazes de discutir os problemas. O povo por si mesmo não era absolutamente capaz de fazê-lo. Por outro lado, os representantes da nobreza, que não podiam ser confundidos com o povo, pois, caso contrário, a liberdade comum seria sua escravidão e eles não teriam nenhum interesse em defender. Ambas seriam vinculadas pela potência executora, confiada ao monarca, mas também era vinculada pela potência legisladora, na medida em que a Constituição lhe dava meios, se não de estatuir, pelo menos de impedir seus atos[3], como já discutido.

A potência se distribuía na harmonia e na moderação, na colaboração dinâmica e não na separação impotente. Essas três potências deveriam formar um repouso ou uma inação. Pelo movimento necessário das coisas, elas eram obrigadas a se mover, seriam forçadas a se movimentar de modo concentrado. Certa tradição jurídica fizera de Montesquieu o inventor do princípio da separação dos poderes. O autor pregava o sistema de acordo mútuo das potências, para não ter confusão nos poderes, a fim de que as três forças políticas principais não pudessem, nenhuma delas, abusar do poder.

---

2 Discurso na Sessão Solene e Especial de Instalação do Ano Judiciário de 1995, em 2 de fevereiro 1995, no Tribunal de Justiça do Estado do Piauí, em Teresina (PI), na qualidade de Presidente da Seccional da Ordem dos Advogados do Brasil, no primeiro dos três mandatos consecutivos.

3 "A teoria da separação dos poderes é formulada por Montesquieu no Livro XI, que trata das leis que formam a liberdade política" (BOBBIO, Norberto. **A Teoria dos Poderes de Governo**. 8ª ed. Brasília: Universidade de Brasília, 1995, p. 137).

A fonte de suas reflexões era a Constituição da Grã-Bretanha, onde as primeiras palavras que se seguiam a este título estabeleciam, em princípio, a distinção, ou separação, dos três poderes – Executivo, Legislativo e Judiciário. Se a mesma pessoa, ou o mesmo corpo dos príncipes ou dos pobres ou do povo, exercessem os três Poderes ao mesmo tempo, tudo estaria perdido. Não haveria nenhuma liberdade se o legislativo estivesse reunido com o executivo, pois seria lícito temer que o mesmo monarca ou o mesmo senado fizessem leis tirânicas, para executá-las opressivamente. O Juiz, se fosse legislador, teria um poder arbitrário sobre a vida e a liberdade dos cidadãos; se fosse executor, poderia ter a força de um opressor. O importante era que o poder de julgar não fosse conferido a um corpo permanente, mas exercido por pessoas extraídas do corpo do povo, o que tornava tal poder invisível, por assim dizer, e politicamente nulo. Portanto, era somente para o legislativo e o executivo que se levantavam o problema da distribuição destes dois poderes separados entre forças sócio-políticas concretas que, em comum, constituíam a vida coletiva da nação inglesa e, depois, britânica.

Na Grã-Bretanha, discerniam-se três forças ou poderes concretos: a) o povo; b) a nobreza; c) a monarquia. O povo, em corpo, deveria legiferar, pois que em um Estado livre todo homem que se considerava possuidor de uma alma livre devia ser governado por si mesmo. Mas isso era impossível nos grandes Estados e cheio de inconveniências nos pequenos. Daí a necessidade de representantes. O povo escolhia-os pela capacidade que mostravam para discutir os negócios públicos, o que eles sabiam muito bem fazer. Não competia aos representantes tomarem resoluções ativas, eles não o fariam bem, mas votar as leis ou zelar para que fossem bem executadas as que eles votassem, pois eles podiam perfeitamente fazer e ninguém conseguiria fazer melhor do que eles. O corpo que representava o povo repartia o legislativo com o corpo que representava os nobres. Cada uma das duas partes do Legislativo estava encadeada com a outra faculdade recíproca de impedir, a qual devia distinguir-se da faculdade de estatuir. Esta consistia no direito de ordenar por si mesmo, ou de corrigir, emendar ou refazer o que foi ordenado por outrem. Aquela nada mais era do que o direito de sustar, de rejeitar, o que um outro ordenava, sem lhe poder tocar. Assim, as iniciativas do povo contra a nobreza não tinham mais probabilidade de êxito do que as da nobreza contra o povo, de modo que o poder sustava o poder.

As duas partes distintas do legislativo estavam ligadas, ambas, pelo Executivo. Este era confiado ao Rei. O próprio monarca encontrava-se vinculado ao Legislativo. A Constituição conferia-lhe o lastro necessário, sob a forma de veto e de inviolabilidade para que lhe permitisse resistir às usurpações e defender as suas prerrogativas. Havia a tentação de objetar que, ao se encadearem e se encontrarem mutuamente de tal forma estas três forças ou poderes, corressem o risco de formar uma pausa na nação. Mais que formular a objeção, respondia não sem um otimismo muito pouco técnico que, pelo movimento necessário, eles eram obrigados a caminhar de acordo. O poder podia sustar o poder, a disposição das coisas, impedir que quem quer que seja abusasse de seu poderio, sem que por este fato a mecânica política fosse bloqueada. O acordo governamental impossibilitava qualquer desunião instalada permanentemente.

A tese de que a teoria de Montesquieu era muito particular, no célebre capítulo sobre a Constituição da Inglaterra, engendrou um verdadeiro mito, o da separação dos poderes. O ideal político do autor coincidiria com um regime, no qual seria rigorosamente assegurada esta separação dos poderes. Deveriam existir três poderes: a) o Executivo, com o Rei e seus Ministros; b) o Legislativo, com a Câmara Baixa e a Câmara Alta; c) o Judiciário, com o corpo de magistrados. Esta famosa teoria era completada com outras: a) o Executivo interferia no legislativo, porque o Rei gozava do direito de veto; b) o Legislativo podia, em certa medida, exercer um direito de vigilância sobre o Executivo, pois controlava a aplicação das leis que votara e sem que se tratasse de responsabilidade ministerial, podendo pedir contas aos Ministros perante o Parlamento; c) o Legislativo interferia seriamente no Judiciário, pois, em algumas circunstâncias particulares erigia-se em Tribunal, como no caso de impeachment.

Em todas as matérias, os nobres cuja dignidade fosse necessária proteger de todo o confronto com as opiniões dos magistrados populares, seriam julgados pelos seus pares na Câmara Alta, em matéria de anistia, e em matéria de processo político, julgados na Câmara Alta. Não se percebia muito bem como conciliar semelhante e tão importante interferência dos poderes com a pretendida pureza da sua separação. Devia-se mostrar quando, na verdade, em Montesquieu não se tratava de separação, mas de combinação, de fusão e de ligação dos poderes. O ponto essencial desta demonstração consistia em compreender primeiro que o Poder Judiciário não era um poder no sentido próprio. Este Poder era invisível, quase como que nulo. Encontrava-se, de fato, em face de dois Poderes, o Executivo e o Legislativo. Dois Poderes, mas três potências para retomar uma palavra do próprio Montesquieu. Estas três potências eram a monarquia, com o Rei; a nobreza, na Câmara Alta; e o povo, na Câmara Baixa.

O verdadeiro objetivo de Montesquieu era precisamente a combinação, a ligação entre as três potências. Era que se tratava, em primeiro lugar, de um problema político das relações de forças e não de um problema jurídico relativo à definição da legalidade e das suas esferas. A moderação era uma coisa completamente diferente, não era o simples respeito pela legalidade, o equilíbrio dos poderes. A divisão dos poderes entre as potências era a limitação ou da moderação das pretensões de uma potência pelo poder das outras. A famosa separação dos poderes não passava da divisão ponderada do poder entre potências determinadas, o Rei, a nobreza e o povo. O que podia esclarecer o significado do que essa divisão e dos seus pressupostos tratava-se de combinação de potências e não de separação de poderes.

A função do Poder Judiciário residia no exercício de uma atividade específica do Estado, que era o de aplicar as leis aos casos concretos, de caráter litigioso e controvertido, através da égide da lei frente ao problema real. Não obstante, a justiça estava relacionada com uma Constituição soberana em sua esfera, um princípio de auto-organização e garantias de capacidade e de independência no recrutamento, na estabilidade e em tudo que constituísse o status peculiar do Juiz, dando-lhe a característica do poder político[4]. Na concepção de Montesquieu, a tarefa do Juiz era ser a boca que pronunciava a lei, de modo que para este autor, na teoria da separação do poder, o Judiciário carecia de relevo por ser função quase nula. Todavia, tal interpretação contrastava com os fatos, se bem que existia nela parte da verdade. Assim, esse Poder, ao contrário do Legislativo ou do Executivo, órgãos nitidamente de natureza política, não criava um direito abstrato. Limitava-se ao que vinha expresso na lei, ainda que pudesse ter uma atividade criativa, quando se tratavam de lacunas da lei, que o Juiz ou o Tribunal podiam preencher. O Judiciário era o mais fraco dos três ramos do Poder, por não dispor da bolsa nem da espada, pois se o poder de julgar fosse agregado ao de legislar, a vida e a liberdade dos cidadãos ficariam expostas a um controle arbitrário, pois o Juiz seria o legislador. Por outro lado, se o Poder Judiciário fosse agregado ao Executivo, o Juiz poderia conduzir-se com toda a violência de um opressor, como já explicado.

Ao Judiciário, na Constituição dos Estados Unidos de 1786, no seu artigo II, seção 1, consta que "será atribuído a um supremo tribunal e a tribunais inferiores que o Congresso, de tempos em tempos, vier a ordenar e instituir. Os juízes, tanto no Supremo Tribunal quanto nos Tribunais Inferiores, exercerão seus cargos enquanto neles se houverem corretamente, e receberão, periodicamente, pelos seus serviços, uma remuneração que não será diminuída enquanto estiverem no exercício do cargo". E, no início da sua seção 2, dispôs que:

> "O Poder Judiciário estender-se-á a todos os casos de lei e equidade compreendidos por esta Constituição, pelas leis ou pelos tratados feitos, ou que se fizerem".

---

4 Ver: LEAL, Roger Stiefelmann. **A Judicialização da Política.** *In*: **Revista de Direito Constitucional e Internacional.** São Paulo: Revista dos Tribunais, out.-dez./1999, nº 29/230-237, e **Doutrinas Essenciais: Direito Constitucional (Edições Especiais Revista dos Tribunais: 100 Anos).** 2ª tir. São Paulo: Revista dos Tribunais, 2015, vol. VII, p. 1215.

Diante disto a firmeza da magistratura judicial era de grande importância para mitigar a severidade e restringir a amplitude de certas leis. Servia não apenas para moderar os malefícios imediatos daquelas que já tivessem sido sancionadas, mas também atuando como um freio relativamente às que se encontrassem ainda em fase de discussão. Os cargos dos Juízes deveriam garantir a estabilidade e a fixação de honorários, para assegurar ao Judiciário a independência e, deste modo, completar a separação deste com o Legislativo. Tal solução, por assim dizer, revelava prudência e sabedoria. Por outro lado, os Juízes poderiam ser suspensos do cargo, pela Câmara dos Representantes, em caso de má conduta, e julgados pelo Senado, podendo ser penalizados, com a destituição desse corpo e impedimentos de exercer outros.

A competência da judicatura da União devia se estender aos seguintes casos, conforme explicava Alexander Hamilton:

> "1º Todos os que decorram de leis dos Estados Unidos, aprovadas de acordo com seus justos e constitucionais poderes de legislar; 2º Todos os que digam respeito ao cumprimento de medidas expressamente contidas nos artigos referentes à competência da União; 3º Todos nos quais os Estados Unidos possam fazer parte; 4º Todos os que envolverem a 'paz' da 'Confederação', quer relativamente às relações entre os Estados Unidos e nações estrangeiras, quer entre os próprios Estados; 5º Todos os que tiverem origem em alto-mar e forem jurisdição das leis marítimas; e finalmente, todos aqueles em que cujos julgamento os tribunais dos Estados Unidos não possam ser considerados como imparciais e sem preconceitos"[5].

Por outro lado, o Poder Judiciário seria exercido pela Suprema Corte e pelas Cortes subordinadas que o Congresso criasse e instalasse. A jurisdição originária dessa Casa judicante ocorreria apenas em relação aos casos relativos a embaixadores, outros representantes diplomáticos e cônsules, bem como naqueles em que um Estado-membro fosse parte. Todavia, fora destas duas categorias de causas, que raramente aconteciam, todas as demais eram de competência federal dos tribunais inferiores. Cabia à Suprema Corte apenas uma jurisdição apelatória, com as exceções e de acordo com as disposições que o Congresso prescrevesse. Esta judicatura apelatória em nenhuma hipótese poderia suprimir os julgamentos por meio de júri, exceto em casos de impedimento.

---

5 HAMILTON, Alexander. **A Repartição do Poder Judiciário.** *In*: HAMILTON, Alexander, MADISON, James, e JAY, John. **O Federalista.** Brasília: Universidade de Brasília, 1984, **Artigo 81**, p. 596.

13.2. Organização do Judiciário Brasileiro

Coube aos autores da obra clássica **O Federalista** a responsabilidade pela melhor descrição do sistema de divisão dos poderes, bem como o esboço a ser adotado pela Constituição dos Estados Unidos de 1786, texto que consolidou a nova democracia liberal. Apesar de reconhecer-se a Montesquieu a primazia do modelo, este analisou o sistema britânico, em que o Judiciário, por exemplo, não tinha a importância que passou a ter no sistema norte-americano. Partindo da análise das diferentes categorias de Poder Político – Legislativo, Executivo ou Judiciário – a dificuldade se encontrava em assegurar para cada um deles certa segurança prática contra invasões por parte dos outros. A experiência ensina que a eficácia da provisão tem sido grandemente superestimada e que é indispensável alguma defesa suplementar, protegendo os ramos fracos do Governo contra os mais fortes.

A separação ou divisão de poderes não significa, no entanto, a completa liberdade para cada um deles, pois deveria ser evitado que os detentores de quaisquer dos poderes estatais abusassem do exercício, sendo necessário que os outros o condicionassem, no que foi chamado de **checks and balances**, ou seja, o princípio dos freios e contrapesos. Este sistema era essencial para que cada um dos três Poderes Políticos pudessem se proteger contra a ingerência dos demais. Ainda que possa parecer uma descaracterização do princípio da divisão dos poderes, na verdade vinha a ser o desenvolvimento lógico do mesmo, pois se tratava de atribuir funções políticas diversas a diferentes órgãos. O Poder Executivo, além de aplicar as leis, também participava do processo legislativo através do veto ou da sanção, ao passo que o Poder Legislativo influía na escolha de certos cargos políticos, como os de embaixador. Por outro lado, o Senado Federal se constituía em casa de julgamento, no processo de impeachment, ao passo que o Poder Judiciário também fazia parte do processo legislativo, tendo a atribuição da iniciativa de algumas leis.

A divisão de poderes fundamenta-se, então, em três elementos: a) a especialização funcional, isto é, cada órgão é especializado no exercício de uma função principal; b) a independência orgânica, representada pela autonomia política, administrativa e financeira de cada órgão; c) o sistema de freios e contrapesos, que fazia com que cada Poder Político fiscalizasse o outro e tivesse funções diversas de sua especialização funcional.

Deve haver três Poderes – um para elaborar as leis, o Legislativo; outro para executar as leis de natureza administrativa, o Executivo; e mais outro para executar as leis quando ocorresse um conflito de interesse, o Judiciário. Cada Poder tinha sua competência específica de legislar, de executar ou administrar e, ainda, de julgar. Não obstante, além da competência própria, tinha outras atribuições e competências, seja exercendo matéria de interesse **interna corporis**, seja de controle dos demais Poderes. Desse modo, todos os Poderes tinham competência para administrar seus próprios interesses, como questões relativas aos seus próprios servidores públicos ou aos respectivos organogramas administrativos. O Legislativo tem competência para a nomeação de alguns cargos, de natureza relevante, como o corpo do Judiciário. Por outro lado, além do Judiciário julgar as matérias em que há conflito de interesse, o Executivo decide seus processos administrativos e o Legislativo funciona como um tribunal, quando de processo de impedimento. Por fim, é no Legislativo que a lei toma forma, através da discussão e da aprovação em Comissões e nos Plenários de duas Casas Legislativas, como o Senado Federal e a Câmara dos Deputados. Não obstante, os Tribunais têm a iniciativa das leis de seu interesse. No mesmo sentido, o Executivo, através do Presidente da República, possui a iniciativa das leis previstas no § 1º do art. 61, além de ter poder de promulgar, sancionar ou vetar e publicar as leis, conforme os parágrafos do art. 66, bem como adotar as medidas provisórias, permitidas no art. 62, todos do texto constitucional.

Existe um sistema em que cada Poder tem sua competência própria, atividade principal que desenvolve, mas exerce as competências dos outros dois Poderes, em determinadas matérias e circunstâncias. Os Poderes se fiscalizam, com o Judiciário exercendo competência para controlar os demais Poderes[6], ao passo que alguns cargos daquele são preenchidos através de um processo em que o Legislativo escolhe magistrados dos Tribunais Superiores, juntamente com o Executivo, previsto nos arts. 52, III, "a", e 84, XIV, ambos do texto constitucional.

O Judiciário, no sistema constitucional brasileiro, não é um órgão unificado, mas um complexo de órgãos autônomos, tanto na administração interna como na realização de seus julgamentos. A competência para apreciar os recursos ordinários, como a apelação, ou recursos extraordinários ou especiais, faz com que haja uma relação entre os tribunais e os magistrados, sem, contudo, haver um sistema perfeitamente hierarquizado. A jurisdição, entendida como a competência estatal para compor conflito de interesse, pode ser comum ou especial. A jurisdição comum, nas matérias criminais e cíveis, está dividida entre os órgãos federais, organizados atualmente em cinco Tribunais Regionais Federais (TRF), por regiões, e os órgãos estaduais, os Tribunais de Justiça Estaduais, cada um em um Estado-membro ou no Distrito Federal, mas neste o órgão é federal, de acordo com o art. 21, XIII, da Constituição Federal. Deve ser de jurisdição extraordinária a que con-

---

6 Ver: FARIAS, Rachel Nunes de Carvalho. **O Ativismo Judicial e a Ingerência do Poder Judiciário na Escolha de Políticas Públicas.** *In*: **Revista dos Tribunais Nordeste**. São Paulo: Revista dos Tribunais, set.-out./2014, nº 7/127-150, e **Doutrinas Essenciais: Direito Constitucional (Edições Especiais Revista dos Tribunais: 100 Anos)**. 2ª tir. São Paulo: Revista dos Tribunais, 2015, vol. VII, p. 1531.

trarie o disposto na Constituição de 1988, de âmbito do Supremo Tribunal Federal, e de jurisdição especial, naquilo que contrariar o direito comum federal, de competência do Superior Tribunal de Justiça.

A jurisdição especial pode ser do trabalho, eleitoral e criminal-militar. A jurisdição do trabalho é a que trata dos processos de natureza trabalhista, nos regimes de trabalho celetista, sendo órgãos e magistrados federais seus integrantes, no âmbito da União, dos Estados-membros, do Distrito Federal e dos Municípios, salvo onde a instituição pública tiver regime estatutário de trabalho, que foge da competência trabalhista. Há, na jurisdição sobre as relações de trabalho, magistrados de primeiro grau e Tribunais Regionais do Trabalho (TRT) e, na jurisdição especial, o Tribunal Superior do Trabalho (TST). A jurisdição eleitoral é a que trata dos processos de preenchimento dos cargos políticos eletivos, nos Executivos e nos Legislativos da União, dos Estados-membros, do Distrito Federal e dos Municípios. Existe, na jurisdição comum, magistrados de primeiro grau estaduais e Tribunais Regionais Eleitorais (TER), de natureza federal, e na jurisdição especial, o Tribunal Superior Eleitoral (TSE).

A jurisdição que trata dos crimes militares tem dois planos, pois os processos que envolvem os integrantes das Forças Armadas – Exército, Marinha e Aeronáutica –, são julgados em Auditorias Militares Federais, com previsão de Tribunal Regional Militar, ainda não constituído. Existe, ainda, para as matérias especiais, mas ora com matérias de recurso ordinário, o Superior Tribunal Militar (STM). Por outro lado, os integrantes das Polícias Militares Estaduais têm sua Justiça comum estadual, com os Juízes Auditores julgando as matérias em primeiro grau. Em geral, os próprios Tribunais de Justiça Estaduais apreciam as matérias em grau de recurso, com os recursos extraordinários e especiais indo para o Supremo Tribunal Federal e o Superior Tribunal de Justiça. Todavia, existem em alguns Estados-membros, como em Minas Gerais e no Rio Grande do Sul, os Tribunais Militares Estaduais.

O Poder Judiciário, assim, é integrado pelos seguintes órgãos: a) Supremo Tribunal Federal; b) Superior Tribunal de Justiça; c) Tribunais Regionais Federais (TRF) e Juízes Federais; d) Tribunais (TRT) e Juízes do Trabalho; e) Tribunais (TRE) e Juízes Eleitorais; f) Tribunais e Juízes Militares; g) Tribunais e Juízes dos Estados-membros e do Distrito Federal e Territórios. Deve-se observar que tem sede, em Brasília, o Supremo Tribunal Federal e os Tribunais Superiores, com a jurisdição em todo o território nacional. A matéria foi tratada nas Constituições desde 1824 (art. 163), bem como na de 1891 (art. 55), de 1934 (art. 63), de 1937 (art. 90), de 1946 (art. 94) e de 1967 (art. 107), mas que na sua Emenda Constitucional nº 1, de 17.10.1969, apareceu como art. 112.

A Emenda Constitucional nº 45, de 08.12.2004, a Reforma do Judiciário, efetuou profundas modificações no Capítulo III, Do Poder Judiciário, do

Título IV, Da Organização dos Poderes, do texto constitucional. O art. 92 da Constituição Federal foi acrescido do inciso I-A, dando como órgãos do Poder Judiciário o Conselho Nacional de Justiça (CNJ), antiga aspiração dos operadores jurídicos, em especial dos advogados. Foi luta intensa da Ordem dos Advogados do Brasil (OAB), para que houvesse um controle externo do Judiciário, não para controlar suas decisões e o poder do livre convencimento do magistrado, mas para contribuir com seu aperfeiçoamento institucional e administrativo, dando-lhe maior transparência e agilidade. Pelo sistema constitucional brasileiro, cabe ao Judiciário o exercício do controle jurisdicional do Executivo e do Legislativo, bem como do Ministério Público, sempre falando por último. Todavia, nada havia que controlasse o Judiciário, em violação ao princípio de freios e contrapesos, pelo qual todos os poderes políticos controlavam a si e aos outros.

Com a criação do Conselho Nacional de Justiça foi instituído um órgão que permite o autocontrole deste Poder Político, havendo também o controle por outras instituições, como o Ministério Público, a Ordem dos Advogados do Brasil, o Senado Federal e a Câmara dos Deputados, através da indicação desta de membros do referido conselho, conforme o art. 103-B, da Constituição Federal. No art. 5º da Emenda Constitucional nº 45, de 19.12.2004, foi previsto ainda que este deva ser instituído em cento e oitenta dias, a contar da promulgação da emenda, com seus membros sendo escolhidos até trinta dias antes do termo final, que acabou sendo cumprido, como já ocorreu, funcionando regularmente desde então. Apesar de alguns aspectos positivos, o Conselho Nacional de Justiça assumiu cada vez mais uma postura corporativa e de proteção aos magistrados infratores, com a pena máxima sendo a aposentadoria compulsória. Por outro lado, passou a fazer tantas exigências formais e estatísticas aos Juízes, que estes passam mais tempo fazendo relatórios do que administrando a justiça.

Por outro lado, o antigo **parágrafo único** do art. 92, da Constituição Federal, que estabelecia a sede e a jurisdição do Supremo Tribunal Federal e dos Tribunais Superiores, foi transformado nos parágrafos 1º e 2º do mesmo dispositivo. No § 1º manteve-se a sede na Capital Federal, disposta no art. 18, § 1º, do texto constitucional, do Supremo Tribunal Federal e dos Tribunais Superiores, sendo incluído também no dispositivo o Conselho Nacional de Justiça. No § 2º, não houve inclusão deste conselho na jurisdição sobre o território nacional, em razão deste não ter jurisdição, cabendo-lhe tão-somente o controle administrativo do Judiciário.

13.3. Quinto Constitucional e Garantia do Juízo

Os Tribunais são integrados por Juízes de carreira e por membros que se originam da advocacia e da magistratura, como uma forma de arejá-los com outros operadores do direito. O quinto constitucional é a garantia fundamental, devendo ter o preenchimento primeiro, para só depois haver a de magistrados de carreira. O Supremo Tribunal Federal fez uma longa interpretação da matéria, que acabou se adequando à regra prevista para os Tribunais Regionais Federais (TRF) – em primeiro lugar deve ser preenchido os cargos do quinto constitucional, inicialmente de advogados e, depois, de representantes do Ministério Público, após, então, ingressam os Juízes de carreira. Existia uma falácia quanto à matéria, em que alguns Tribunais entendiam que o quinto constitucional seria o último a ser preenchido de cada cinco vagas, o que não foi o que o texto constitucional disse. Por outro lado, de forma errônea, entendia-se que, ao lado do quinto constitucional, haveria o direito ao restante, matéria que não é verdade, pois só o primeiro tem garantia expressa, sendo os magistrados caracterizados como "os demais". Desse modo, para se apurar um número diferente de um múltiplo de cinco, não existe o arredondamento da fração, pois havendo esta, mesmo inferior a meio, deve haver o arredondamento para o número inteiro superior. Se um Tribunal tiver onze membros, existem três vagas de quinto constitucional, sendo duas de advogados e uma de representante do Ministério Público.

Os Tribunais devem ter, além dos magistrados de carreiras, outros integrantes, vindos das funções essenciais à justiça, especialmente da Advocacia, da Defensoria Pública e do Ministério Público. Dispõe o art. 94, da Constituição de 1988, que um quinto dos lugares dos Tribunais Regionais Federais (TRF), dos Tribunais dos Estados-membros e do Distrito Federal e Territórios devem ser compostos dos membros do Ministério Público, "com mais de dez anos de efetiva atividade profissional, indicados em lista sêxtupla pelos órgãos de representação das respectivas classes". O Tribunal deve formar lista tríplice, recebidas as indicações da Ordem dos Advogados do Brasil (OAB) e do Ministério Público, respectivamente, enviando-a ao Poder Executivo, que, nos vinte dias subsequentes, deve escolher um de seus integrantes para nomeação. Apesar da origem ser da advocacia e do **Parquet**, quem efetivamente escolhe o magistrado é o Chefe do Executivo, que faz a nomeação em definitivo. A tradição, desde o extinto Tribunal Federal de Recursos (TFR), bem como por disposição da Lei Complementar Federal nº 35, de 14.03.1979, é que o preenchimento se inicie pelo representante dos advogados, para só depois ocorrer em relação ao representante do Ministério Público.

Devem ter garantias especiais os Juízes. Têm os seguintes privilégios constitucionais: a) a vitaliciedade; b) a inamovibilidade; c) a irredutibilidade de subsídio. A vitaliciedade, no primeiro grau, só deve ser adquirida após dois anos de exercício, dependendo a perda do cargo, nesse período, de deliberação do Tribunal a que o Juiz estiver vinculado, e, nos demais casos, de sentença judicial transitada em julgado. Assim, o Juiz não pode perder o cargo senão por sentença judicial. A vitaliciedade, então, vem a ser uma garantia superior à estabilidade do servidor público estatutário. A inamovibilidade significa que não podem os Juízes ser removidos compulsoriamente, apenas quando ocorrer relevante motivo de interesse público, reconhecido pelo voto de dois terços do Tribunal competente, salvo por motivo de interesse público, na forma do art. 93, VIII, da Constituição de 1988. Trata-se, com esta garantia, de que a competência de um magistrado não seja turbada, sob a ameaça de ser removido de onde exerce sua jurisdição.

Por fim, a irredutibilidade de subsídio significa que este, em nenhuma hipótese, pode ser reduzido em seu valor, ressalvado o disposto nos arts. 37, X e XI, 39, § 4º, 150, II, e 153, § 2º, I, conforme a redação dada pela Emenda Constitucional nº 19, de 04.06.1998. Antes a redação mencionava vencimento e não subsídio. O inciso X do art. 37, da Constituição Federal, foi modificado pela Emenda Constitucional nº 19, de 04.06.1998, a Reforma Administrativa. Foi alterada a expressão remuneração para subsídio, sendo este atribuído aos agentes políticos do Executivo, do Legislativo e do Judiciário, além dos representantes do Ministério Público, dos Defensores Públicos e dos advogados públicos. O subsídio deve ser fixado em parcela única, vedado o acréscimo de qualquer gratificação, adicional, abono, prêmio, verba de representação ou outra espécie remuneratória, conforme o art. 39, § 4º, da Constituição de 1988. Foi acrescido, ainda, da obrigatoriedade da observância do art. 37, XI, que fixa como limite máximo o que um Ministro do Supremo Tribunal Federal recebe de subsídio, em espécie. Cabe ao Congresso Nacional, em sessão unicameral, aprovar então o subsídio dos magistrados.

Pela relevância do cargo, existem vedações aos magistrados, tratadas no **parágrafo único** do art. 95, da Constituição Federal, para garantir a lisura da atividade do Juiz no processo e em sua vida pessoal. O poder de julgar os homens é quase um poder divino, de modo que para as pessoas aquiescerem e colocarem sua lide para que outro homem a julgue, precisam aqueles ter certeza e garantia adicional da integridade moral do magistrado. A barreira que se ergue em volta do Juiz tem a finalidade de assegurar que a prestação jurisdicional seja feita dentro da legalidade e da ausência de suspeita quanto à parcialidade e à autonomia do magistrado.

Assim, não pode exercer, ainda que em disponibilidade, outro cargo ou função, salvo uma de magistério, não obstante a exceção não estar prevista nos permissivos das alíneas do inciso XVI do art. 37, da Constituição de 1988, que não contempla nem esta possibilidade, nem a do representante do Ministério Público. Não pode, também, receber, a qualquer título ou pretexto, custas ou participação em processo, pois assim não é correto, pois implicaria no desvirtuamento da missão de julgar. Por fim, está vedado, ainda, dedicar-se à atividade político-partidária. A Emenda Constitucional nº 45, de 08.12.2004, acrescentou os incisos IV e V ao **parágrafo único** do art. 95, do texto constitucional. Pelo inciso IV fica expresso que o magistrado não pode receber de ninguém nenhuma vantagem pecuniária, a qualquer título. Trata-se de dispositivo análogo ao inciso II, do mesmo artigo, sendo mais abrangente, pois veda toda forma de recebimento de vantagem.

No inciso V do art. 95, da Constituição de 1988, consta agora antiga reivindicação dos advogados e da Ordem dos Advogados do Brasil, de que os magistrados devem ter uma "quarentena" quando se afastam do Poder Judiciário, pois praticavam uma advocacia desfavorável aos demais profissionais ao advogarem onde funcionavam como Juízes. Foi previsto, agora, o prazo de três anos, para só depois poderem atuar onde trabalhavam, o que não lhes impede de trabalhar em juízos diversos. Começa a se discutir, ainda, que deva haver uma "quarentena", para o ingresso do magistrado em atividades políticas partidárias, por conta de Juízes Federais sendo eleitos para o Governo do Estado do Maranhão e do Rio de Janeiro e até possível candidato ao cargo de Presidente da República, quanto se afastam da magistratura.

13.4. Competência Judicial no Brasil

Aos Tribunais compete, privativamente, algumas matérias, de natureza administrativa, como expressão do sistema de freios e contrapesos. A função primordial do Judiciário é a de julgar, ou seja, executar a lei nos casos em que haja uma pretensão resistida. Contudo, para que assim possa acontecer com autonomia e independência, sem a influência do Executivo, deve aquele Poder ter competência em suas matérias administrativas. Cabe, inicialmente, de acordo com o inciso I, "a", do art. 96, da Constituição de 1988, mediante eleição interna, selecionar os dirigentes do colegiado, como Presidente, Vice-Presidente, Corregedor ou outro cargo com denominação diversa. Cabe-lhe, ainda, a elaboração de normas **interna corporis**, à semelhança das competências asseguradas ao Legislativo. O Regimento Interno, inclusive, estabelece procedimentos judiciais, como no caso do agravo regimental, agora com o Código de Processo Civil de 2015, o agravo interno, que antes não se encontravam previsto na lei adjetiva, mas sim nos Regimentos Internos dos Tribunais. Assim, cabe ao Tribunal eleger seus órgãos diretivos e elaborar seus Regimentos Internos, com observância das normas de processo e das garantias processuais das partes, dispondo sobre a competência e o funcionamento dos respectivos órgãos jurisdicionais e administrativos.

Compete-lhe, ainda, organizar suas secretarias e serviços auxiliares e os dos juízos que lhes forem vinculados, velando pelo exercício da atividade correicional respectiva, conforme o art. 96, I, "b", da Constituição de 1988. Trata-se, também, de uma forma de assegurar a autonomia do

Judiciário, com ele dispondo sobre a forma pela qual melhor deve ser administrado, bem como a forma adequada dos serviços auxiliares aos magistrados. Podem, também, nos termos da alínea *c* do inciso I do art. 96, da Constituição Federal, prover, na forma prevista nesta Constituição, os cargos de Juiz de carreira da respectiva jurisdição. O provimento de magistrado deve ser, inicialmente, através de concurso público de provas e títulos, previsto nos incisos II e III do art. 37.

Compete aos Tribunais, ainda, propor a criação de novas Varas Judiciárias. Trata-se da forma pela qual o Judiciário tem a iniciativa das leis que lhe dizem respeito, especialmente, a forma pela qual vai se organizar. As Varas são as divisões do primeiro grau de jurisdição, de acordo com a natureza da matéria a ser julgada, como cível, criminal, de família, de sucessão, da fazenda pública, da infância e da adolescência, ou outra menção que se queira especializar. Quando são da mesma natureza, se utiliza o ordinal, como primeira ou segunda Vara. Podem os Tribunais, de acordo com o art. 96, I, "e", da Constituição de 1988, prover, por concurso público de provas, ou de provas e títulos, obedecido o disposto no art. 169, **parágrafo único**, os cargos necessários à administração da justiça, exceto os de confiança, assim definidos em lei. Os cargos dos serventuários são preenchidos por concurso público, de provas ou de provas e títulos, mas a nomeação deve observar a exigência de dotação orçamentária específica.

Cabe-lhes, ainda, conceder licença, férias e outros afastamentos a seus membros e aos Juízes e aos servidores que lhes forem imediatamente vinculados, como parte de sua competência para efetuar atos administrativos para seu pessoal, também forma de garantir a independência do Judiciário.

Compete ao Supremo Tribunal Federal, aos Tribunais Superiores e aos Tribunais de Justiça propor ao Poder Legislativo respectivo, observado o disposto no art. 169, a iniciativa de leis que tratem de matérias dos seus interesses, pelo inciso II do art. 96, ambos do texto constitucional. Trata-se da forma pela qual o Judiciário participa do processo legislativo, tendo competência para iniciar as leis relativas aos seus pessoal e administração, prevista no **caput** do art. 61. Estas leis, então, são da iniciativa dos órgãos do Judiciário, sendo apreciadas e votadas no Legislativo e, por fim, promulgadas ou vetadas pelo Executivo. Podem, assim, efetuar a alteração do número de membros dos Tribunais em processo legislativo com a atuação expressa dos três Poderes.

No mesmo sentido, também tem iniciativa para as leis que tratem da criação e a extinção de cargos e a remuneração dos seus serviços auxiliares e dos juízos que lhes forem vinculados, bem como a fixação do subsídio de seus membros e dos Juízes, inclusive dos Tribunais. O inciso foi modificado pela Emenda Constitucional nº 19, de 04.06.1998, a Reforma Administrativa, com a redação anterior dispondo que "a criação e a extinção de cargos e a fixação de vencimentos de seus membros, dos juízes, inclusive dos tribunais inferiores, onde houver, dos serviços auxiliares e os dos juízos que lhes forem vinculados". Compete-lhe, também, a iniciativa de lei que tratem da criação ou extinção dos Tribunais, bem como da alteração da organização e da divisão judiciárias. O art. 96, II, "b", foi modificado pela Emenda Constitucional nº 41, de 19.12.2003, de forma a suprimir a referência ao art. 48, XV; que também foi objeto de alterações pela referida emenda.

Por fim, por força do inciso III do art. 96, da Constituição de 1988, cabe aos Tribunais de Justiça dos Estados-membros e aos Tribunais do Distrito Federal e Territórios, julgar os Juízes a eles afetos, bem como os membros do Ministério Público, nos crimes comuns e de responsabilidade, ressalvada a competência da Justiça Eleitoral. Trata-se de competência para julgar, originariamente, os membros da magistratura e do **Parquet**, sem que tenham o constrangimento de julgamento por um dos seus pares, de mesma instância.

A Constituição é a lei maior do Brasil, sendo, como o próprio nome indica, o que lhe constitui em termos político, social, econômico e cultural. Em geral, quando elaborada de forma democrática, por uma Constituinte livremente eleita, aparece como o retrato da sociedade e o compromisso desta com um determinado Estado Democrático de Direito. A Constituição nasce das decisões dos representantes eleitos, mas nestes está a soberania popular ou, ainda, se oferece um plebiscito para dar a legitimidade devida à Constituição Federal. A legislação complementar e ordinária que for compatível com o texto constitucional fica recepcionada, ou seja, convalidada para continuar a ter eficácia. As normas que forem incompatíveis não são recepcionadas e, assim, ficam fora do mundo jurídico, apenas um registro histórico. Pode ser que o Administrador, ainda, queira aplicá-la, devendo ser alegada a nulidade da decisão, em vista de não se encontrar mais no mundo jurídico o ato administrativo. Não se fala, aí, em inconstitucionalidade, porque sequer colide com a Constituição, já que não foi aceita por ela, tendo permitido o vigor e a eficácia.

A constitucionalização dos países, no final do século XVIII e ao longo do século XIX, na Europa e na América, e, no século XX, na Ásia, na África e na Oceania, ocorreu com todos estes se dotando de uma Constituição, como base de seu direito e de suas instituições. Em inúmeras vezes houve uma imposição autoritária, monárquica, totalitária ou ditatorial, sem a participação popular efetiva, chamados os textos de Carta Constitucional, sendo então outorgada por uma autoridade sem legitimidade para tal ato, ainda que com legalidade formal. Em outras, ocorreu a participação livre do eleitorado, havendo então as verdadeiras Constituintes, elaboradas por uma Constituinte que represente a soberania popular e possa instaurar um direito novo e vigoroso. A elaboração do texto constitucional faz com que este seja considerado a Carta Magna.

O direito, contudo, não é facilmente interpretado. Pode-se aplicar uma norma que não seja considerada constitucional, ou seja, que não esteja com base em um princípio constitucional, mas contra ele, transgredindo-o e ferindo a ordem jurídica. Caso não haja o controle constitucional interno da autoridade executiva, legislativa ou judiciária, pode ser que o ato jurídico formulado, um decreto, uma lei ou uma sentença, esteja maculado de inconstitucionalidade e não possa ser aceito pela comunidade. Deve, então, uma autoridade dizer que aquele dispositivo não está de acordo com as disposições constitucionais. Chama-se isto de controle da constitucionalidade.

A ideia da superioridade da Constituição, como a sua própria instituição, não foi um processo fácil, pois em geral desagradava aos poderosos e aos donos do Executivo que se viam, assim, tolhidos em seu poder político. A declaração de inconstitucionalidade das leis nasceu, especialmente, nos Estados Unidos, pois apesar da Constituição de 1786 nada dizer sobre a matéria, a doutrina da revisão judicial nasceu com o Juiz John Marshall[7], que era o então Presidente da Suprema Corte, no caso Marbury *v.* Madison, em 1803. Foi afirmado, com a decisão do caso, que nenhuma lei podia prevalecer sobre as disposições constitucionais.

Foi instituído, assim, o sistema de controle por via de exceção ou controle incidental, porque a arguição formulada pela parte não era o objeto do pedido principal, mas apenas uma questão incidente, que devia ser decidida para que o objeto principal fosse então resolvido por uma sentença que esteja de acordo com a Constituição. Existe, ainda, o controle por via de ação ou controle principal, baseado no método concentrado, no qual existe o poder de agir para que um órgão concentre competência para decidir uma matéria que questione diretamente uma norma, apontando-a como inconstitucional. Existem, então, dois sistemas principais, o primeiro, por via de exceção ou controle incidental e o outro, por via de ação ou controle principal.

Foi afirmado, assim, o controle por via de exceção ou controle incidental, com base na tradição constitucional norte-americana, consolidada pela Suprema Corte e todo o seu Judiciário. No Brasil, não havia controle constitucional algum na Constituição de 1824, com tudo dependendo da decisão do Imperador, não obstante o Projeto de Constituição de Antônio Carlos o previu, no seu art. 266. A Constituição de 1891, por ação de Rui Barbosa, introduziu o controle judicial no direito brasileiro, no seu art. 59, § 1º, "b", pelo qual as leis estaduais podiam ser declaradas inconstitucionais. Em seguida, a Lei Federal nº 221, de 20.11.1894, em seu art. 13, § 10, atribuiu aos Tribunais a competência de não aplicar as leis inconstitucionais. A

7 **John Marshall** (Germantoun, EUA, 1755 - Filadélfia, EUA, 1836). Político e jurista, foi o quarto Presidente da Suprema Corte.

Constituição de 1934, em seu art. 169, introduziu o mesmo dispositivo do art. 97 da Constituição atual, com a seguinte redação:

> "Só por maioria absoluta de votos da totalidade dos seus juízes, poderão os tribunais declarar a inconstitucionalidade dos seus juízes, poderão os tribunais declarar a inconstitucionalidade de lei ou de ato do poder público"[8].

A Constituição de 1937 admitiu a revisão, mas submetia o reexame da decisão ao Parlamento que, porém, jamais funcionou. A Constituição de 1946, no art. 200, e a Constituição de 1967, em seu art. 111, depois art. 116, com a Emenda Constitucional nº 1, de 17.10.1969, admitiram a declaração de inconstitucionalidade por maioria absoluta do Plenário da Corte. O controle por via de exceção ou controle incidental tem como característica que qualquer pessoa que tenha uma pretensão resistida, mas com o direito assegurado pela Constituição, podendo levantar a questão prejudicial de constitucionalidade. Por outro lado, qualquer órgão do Judiciário, inclusive o Juiz singular, decide sobre a questão levantada. Por fim, a discussão sobre a constitucionalidade não é o objeto principal da lide, mas que vem a ser levantada incidentalmente no processo. O Juiz singular pode, livremente, decidir sobre a inconstitucionalidade da lei ou ato administrativo. Os Tribunais, porém, têm competência para declararem a constitucionalidade, ou não apenas através do respectivo Plenário e, não, através de suas Câmaras, Turmas, Seções ou Órgãos Especiais.

Ocorre, também, o controle concentrado, ou controle por via de ação ou controle principal, pelo qual um órgão específico julga a constitucionalidade da norma, através de um procedimento específico. Existem, assim, cinco formas de controle concentrado no Brasil: a ação direta de inconstitucionalidade genérica, a ação direta de inconstitucionalidade interventiva, a ação direta de constitucionalidade por omissão, a ação declaratória de constitucionalidade e a arguição de descumprimento de preceito fundamental. De acordo com o art. 97, do texto constitucional, então, apenas pelo voto da maioria absoluta de seus membros ou dos membros do respectivo órgão especial poderão os Tribunais declarar a inconstitucionalidade de lei ou ato normativo do Poder Público.

13.5. Autonomia do Judiciário Nacional

Encontra-se previsto no art. 98, inciso I, da Constituição de 1988, que a União, no Distrito Federal e nos Territórios, e os Estados-membros podem

---

8 Súmula Vinculante 10, de 18.06.2008: "Viola a cláusula de reserva de plenário (CF, artigo 97) a decisão de órgão fracionário de Tribunal que, embora não declare expressamente a inconstitucionalidade de lei ou ato normativo do poder público, afasta sua incidência, no todo ou em parte".

criar Juizados Especiais, providos por Juízes togados, ou togados e leigos. Estes são competentes para a conciliação, o julgamento e a execução de causas cíveis de menor complexidade e infrações penais de menor potencial ofensivo, mediante os procedimentos oral e sumaríssimo, permitidos, nas hipóteses previstas em lei, a transação e o julgamento de recursos por turmas de Juízes de primeiro grau. Os Juizados Especiais Cíveis e Criminais estão dispostos na Lei Federal nº 9.099, de 26.09.1995. Depois, foram instituídos os Juizados Especiais junto à Justiça Federal, Lei Federal nº 10.259, de 12.07.2001. A Lei Federal nº 12.153, de 22.12.2009, dispõe sobre os Juizados Especiais da Fazenda Pública no âmbito dos Estados-membros, do Distrito Federal, dos Territórios e dos Municípios.

Os Juizados Especiais destinam-se à facilitação do acesso à Justiça, através de um procedimento simplificado e sem custas e emolumentos processuais. O litigante goza de gratuidade, por não precisar pagar custas na primeira instância, apenas na instância recursal. A primeira instância funciona através de um Juiz togado ou de árbitro aceito pelas partes e em grau de recurso, através de um colegiado de três magistrados, sem que o processo suba ao Tribunal correspondente, simplificando o processo. Todavia, podem ser objetos de recurso extraordinário e especial. Os Juizados Especiais vieram para simplificar e dar maior dinamismo à Justiça.

O Juiz de Paz existia, na Constituição de 1824, em seu art. 162, para fins de conciliação, sendo eleitos pelo mesmo tempo e pela mesma maneira do que os Vereadores, de acordo com a Lei Federa nº 10.182, de 12.02.2001. Depois, a Emenda Constitucional nº 1, de 17.10.1969, em seu art. 144, § 1º, voltou a instituir a Justiça de Paz. Esta devia ser remunerada e eletiva, em que qualquer cidadão podia ser eleito pelo voto direito, com mandato de quatro anos. Podia celebrar casamento e verificar o processo de habilitação, além de lhe confiar atribuições conciliatórias.

Pelo inciso II do art. 98, da Constituição de 1988, pode-se criar Justiça de Paz, remunerada, composta de cidadãos eleitos pelo voto direto, universal e secreto, com mandato de quatro anos e competência para, na forma da lei, celebrar casamentos, verificar, de ofício ou em face de impugnação apresentada, o processo de habilitação e exercer atribuições conciliatórias, sem caráter jurisdicional, além de outras previstas na legislação. O **parágrafo único** do art. 96, do texto constitucional, foi acrescentado pela Emenda Constitucional nº 22, de 18.03.1999, passando a dispor que lei deve dispor sobre a criação de Juizados Especiais no âmbito da Justiça Federal.

A Emenda Constitucional nº 45, de 08.12.2004, renumerou o antigo **parágrafo único** do art. 98 da Constituição Federal, passando a § 1º. Os Juizados Especiais Federais foram tratados pela Lei Federal nº 10.259, de 12.07.2001. Esta emenda acrescentou o § 2º, ao referido artigo, fixando que as custas e os emolumentos devam ser destinados ao custeio dos serviços específicos do Judiciário. As custas são despesas judiciais, recolhidas pelas partes, como forma de remuneração pelos serviços prestados pelo Judiciário, como as taxas de acesso à jurisdição, ao passo que os emolumentos são rendimentos pelos serviços dos magistrados e serventuários.

13.6. Precatórios e seu Rito de Pagamento

O precatório é a ordem do Juiz ao órgão público competente para o pagamento de débitos judiciais ou para o levantamento de quantias depositadas em tal instituição[9]. O Juiz responsável pela execução contra a Fazenda Pública deve efetuar a expedição do precatório, que encaminha ao Presidente do Tribunal competente. Ele contém a qualificação das partes, a identificação do órgão público que foi condenado ao pagamento, as contas da liquidação e o valor da quantia requerida. Trata-se o precatório[10] de uma requisição, sendo um ato processual executório. Não se pode confundir o precatório, requisição para o pagamento de um débito público judicial, com a carta precatória, ordem de um Juiz para outro magistrado, de Comarca diferente, para o cumprimento de determinado trâmite processual. Não obstante, as Constituições de 1934 (art. 182), de 1946 (art. 204), de 1967

9 "Este dispositivo já foi objeto de algumas emendas que tiveram como principal objetivo ampliar o prazo de pagamento as Fazendas Públicas inadimplentes, institucionalizando, em verdade, o 'calote' do Estado com relação à suas dívidas. A norma em questão distingue os créditos que ela chama de 'alimentos' (seriam alimentares) dos não alimentícios e os de pequeno valor que tem cronologia de pagamento diferente. A questão relativa aos precatórios é extremamente sensível, uma vez que, o que deveria ser algo natural e corriqueiro, ou seja, que houvesse a inclusão, no orçamento das entidades de direito público, de verba necessária ao pagamento de seus débitos, oriundos de sentenças transitadas em julgado, constantes de precatórios judiciários apresentados até 1º de julho, *fazendo-se o pagamento até o final do exercício seguinte* (art. 100, § 5º, da C.R.), este pagamento, na maioria dos entes federativos, é postergado, às vezes, por inúmeros exercícios financeiros, numa demonstração (mais uma) de tratamento anti-isonômico nas relações entre Estado e cidadão. Quando é este que deve ao Estado, dificilmente haverá moratória, decorrendo de seu eventual atraso e/ ou não pagamento multas e outras penalidades, o que não ocorre quando o Estado é o devedor, ou, ao menos, não da mesma forma. Deve-se mencionar, também o art. 78 do Ato das Disposições Constitucionais Transitórias, incluído pela Emenda Constitucional nº 30, de 2000, que dispunha sobre novos prazos (novo calote) para pagamento parcelado dos débitos de precatórios" (HORVATH, Estevão. **Atividade Financeira do Estado.** *In*: ALVIM, Eduardo Arruda, LEITE, George Salomão, e STRECK, Lênio (coords.). **Curso de Direito Constitucional**. Florianópolis: Tirant le Blanch, 2018, p. 525).

10 Súmula Vinculante 17, de 29.10.2009: "Durante o período previsto no parágrafo 1º do artigo 100 da Constituição, não incidem juros de mora sobre os precatórios que nele sejam pagos".

(art. 117), e de 1988 (art. 100), utilizaram a expressão precatório, mas a Constituição de 1937 utilizou a expressão precatória.

A execução contra a Fazenda Pública está disciplinada nos arts. 730 e 731, do Código de Processo Civil de 1973, agora nos art. 534 e 535, do Código de Processo Civil de 2015. Por este, a Fazenda Pública vem a ser citada, não para efetuar o pagamento na execução por quantia certa contra devedor solvente, desta codificação, pois os bens da Administração Pública são protegidos contra a penhora ou contra a obrigação de pagamento imediato.

Foi acrescentado o § 3º, pela Emenda Constitucional nº 20, de 15.12.1998. O disposto no **caput** deste artigo, relativamente à expedição de precatórios, não se aplica aos pagamentos de obrigações definidas em lei como de pequeno valor que a Fazenda Federal, Estadual ou Municipal deva fazer em virtude de sentença judicial transitada em julgado. A Emenda Constitucional nº 30, de 13.09.2000, modificou os parágrafos 1º a 3º, bem como acrescentou o § 4º e renumerou os subsequentes, com o primeiro dispondo que lei pode fixar valores distintos para o fim previsto no parágrafo acima, segundo as diferentes capacidades das entidades de direito público, ao passo que o outro dispõe que o Presidente do Tribunal competente que, por ato comissivo ou omissivo, retardar ou tentar frustrar a liquidação regular de precatório deve incorrer em crime de responsabilidade.

A Emenda Constitucional nº 30, de 13.09.2000, no seu art. 2º, instituiu o art. 78 do Ato das Disposições Constitucionais Transitórias, fixando que, salvo os créditos de natureza alimentícia, previstos no § 1º do art. 100, bem como aqueles de pequeno valor, previstos nos parágrafos 3º e 4º do mesmo artigo. Outrossim, além dos valores já liberados ou depositados, podem ser liquidados pelo seu valor real, acrescidos de juros legais, em prestações anuais, iguais e sucessivas, no prazo máximo de dez anos. Estas podem, ainda, servir para pagamento de tributos da entidade devedora. Cabe ao Presidente do Tribunal, vencido o prazo de pagamento ou em caso de omissão do orçamento, determinar o sequestro da quantia devida. A Emenda Constitucional nº 37, de 12.06.2002, modificou o § 4º do art. 100, da Constituição de 1988, tratando-se de mais uma medida destinada a proteger as finanças públicas relativas à expedição do precatório complementar do valor pago, excluindo o procedimento fixado no § 3º deste artigo.

A Emenda Constitucional nº 62, de 09.12.2009, modificou bastante o art. 100, da Constituição Federal, tratando-se da quarta modificação constitucional sobre a matéria. Passou a contar com dezesseis parágrafos, dividida a matéria entre: a) os débitos de natureza alimentar, nos parágrafos 1º ao 2º; b) os pagamentos de obrigações definidas em lei como de pequeno valor, nos parágrafos 3º e 4º; c) os débitos oriundos de sentenças transitadas em julgado constantes de precatórios judiciais apresentados até o 1º de julho, nos parágrafos 5º e seguintes; d) regime especial para pagamento de crédito de precatórios de Estados-membros, Distrito Federal e Municípios, dispondo sobre vinculações à receita corrente líquida e forma e prazo de liquidação, no § 15 do art. 100, da Constituição de 1988. Pelo regime de precatório, os pagamentos devidos pelas Fazendas Públicas Federal, Estaduais, Distrital e Municipais, em virtude de sentença judicial, fazem-se exclusivamente na ordem cronológica de apresentação dos precatórios e à conta dos créditos respectivos, proibida a designação de casos ou de pessoas nas dotações orçamentárias e nos créditos adicionais abertos para este fim.

Nos parágrafos 1º ao 2º, do art. 100, da Constituição de 1988, os débitos de natureza alimentícia compreendem aqueles decorrentes de salários, de vencimentos, de proventos, de pensões e de suas complementações, benefícios previdenciários e indenizações por morte ou por invalidez, fundadas em responsabilidade civil, em virtude de sentença judicial transitada em julgado, e são pagos com preferência sobre todos os demais débitos. No entanto, os débitos de natureza alimentícia cujos titulares tenham sessenta anos de idade ou mais na data de expedição do precatório, ou seja, portadores de doença grave, definidos na forma da lei, são pagos com preferência sobre todos os demais débitos, até o valor equivalente ao triplo do fixado em lei, admitido o fracionamento para essa finalidade, sendo que o restante será pago na ordem cronológica de apresentação do precatório. Nos parágrafos 3º e 4º, do art. 100, da Constituição Federal, a expedição de precatórios não se aplica aos pagamentos de obrigações definidas em leis como de pequeno valor que as Fazendas Públicas referidas devam fazer em virtude de sentença judicial transitada em julgado. Podem ser fixados, por leis próprias, valores distintos às entidades de direito público, segundo as diferentes capacidades econômicas, sendo o mínimo igual ao valor do maior benefício do Regime Geral de Previdência Social (RGPS).

O precatório propriamente dito está, no § 5º, do art. 100, da Constituição de 1988, sendo obrigatória a inclusão, no orçamento das entidades de direito público, de verba necessária ao pagamento de seus débitos, oriundos de sentenças transitadas em julgado, constantes de precatórios judiciários apresentados até 1º de julho. Faz-se o pagamento até o final do exercício seguinte, quando devem ter seus valores atualizados monetariamente. As dotações orçamentárias e os créditos abertos são consignados diretamente ao Poder Judiciário, cabendo ao Presidente do Tribunal que proferir a decisão exequenda determinar o pagamento integral. Pode, ainda, autorizar, a requerimento do credor e exclusivamente para os casos de preterimento de seu direito de precedência ou de não alocação orçamentária do valor necessário à satisfação do seu débito, o sequestro da quantia respectiva.

Por outro lado, o Presidente do Tribunal competente que, por ato comissivo ou omissivo, retardar ou tentar frustrar a liquidação regular de precatórios incorre em crime de responsabilidade e responde, também, perante o Conselho Nacional de Justiça. Encontra-se vedada a expedição de precatórios complementares ou suplementares de valor pago, bem como o fracionamento, repartição ou quebra do valor da execução para fins de enquadramento de parcela do total ao que dispõe o pagamento em obrigação definidas em lei como de pequeno valor. No momento da expedição dos precatórios, independentemente de regulamentação, deles deve ser abatido, a título de compensação, valor correspondente aos débitos líquidos e certos, inscritos ou não em dívida ativa e constituídos contra o credor original pela Fazenda Pública devedora. Deve-se incluir as parcelas vincendas de parcelamentos, ressalvados aqueles cuja execução esteja suspensa em virtude de contestação administrativa ou judicial. Para tanto, antes da expedição dos precatórios, o Tribunal solicita à Fazenda Pública devedora, para resposta em até trinta dias, sob pena de perda do direito de abatimento.

Para facilitar o pagamento, foi previsto no § 11 do art. 100, da Constituição de 1988, que é facultada ao credor, conforme estabelecido em lei da Entidade Federativa devedora, a entrega de créditos em precatórios para compra de imóveis públicos do respectivo Ente Federado. Além disto, no § 13 do artigo acima, encontra-se previsto que o credor pode ceder, total ou parcialmente, seus créditos em precatórios a terceiros, independentemente da concordância do devedor, não se aplicando ao cessionário o disposto quanto aos créditos de natureza alimentar. A cessão de precatórios somente produz efeitos após comunicação, por meio de petição protocolizada, ao Tribunal de origem e à Entidade devedora.

A partir da promulgação da Emenda Constitucional nº 62, de 09.12.2009, a atualização de valores de requisitórios, após sua expedição, até o efetivo pagamento, independentemente de sua natureza, deve ser feita pelo índice oficial de remuneração básica da caderneta de poupança. Para fins de compensação da mora, incidem juros simples no mesmo percentual de juros incidentes sobre a caderneta de poupança, ficando excluída a incidência de juros compensatórios. Sem prejuízo do disposto no art. 100, da Constituição Federal, lei complementar à Constituição Federal pode estabelecer regime especial para pagamento de crédito de precatórios de Estados-membros, do Distrito Federal e de Municípios, dispondo sobre vinculações à receita corrente líquida e forma e prazo de liquidação. Por fim, pelo § 16, ao seu critério exclusivo e na forma de lei, a União pode assumir débitos, oriundos de precatórios de Estados-membros, do Distrito Federal e de Municípios, refinanciando-os diretamente.

A Emenda Constitucional nº 62, de 09.12.2009, modificou os arts. 86 e 87 e criou também o art. 97, do Ato das Disposições Constitucionais Transitórias, para tratar do regime especial para pagamento de crédito de precatório de Estados-membros, do Distrito Federal e de Municípios, dispondo sobre vinculação à receita corrente líquida e forma e prazo de liquidação, até que seja editada a referida lei complementar, em regra de transição.

A Emenda Constitucional nº 94, de 15.12.2016, dispôs novamente sobre precatório, assim:

> "Art. 1º O art. 100 da Constituição Federal passa a vigorar com a seguinte redação:
> 'Art. 100. ....
> ....
> § 2º Os débitos de natureza alimentícia cujos titulares, originários ou por sucessão hereditária, tenham 60 (sessenta) anos de idade, ou sejam portadores de doença grave, ou pessoas com deficiência, assim definidos na forma da lei, serão pagos com preferência sobre todos os demais débitos, até o valor equivalente ao triplo fixado em lei para os fins do disposto no § 3º deste artigo, admitido o fracionamento para essa finalidade, sendo que o restante será pago na ordem cronológica de apresentação do precatório.
> ....
> § 17. A União, os Estados, o Distrito Federal e os Municípios aferirão mensalmente, em base anual, o comprometimento de suas respectivas receitas correntes líquidas com o pagamento de precatórios e obrigações de pequeno valor.
> § 18. Entende-se como receita corrente líquida, para os fins de que trata o § 17, o somatório das receitas tributárias, patrimoniais, industriais, agropecuárias, de contribuições e de serviços, de transferências correntes e outras receitas correntes, incluindo as oriundas do § 1º do art. 20 da Constituição Federal, verificado no período compreendido pelo segundo mês imediatamente anterior ao de referência e os 11 (onze) meses precedentes, excluídas as duplicidades, e deduzidas:
> I - na União, as parcelas entregues aos Estados, ao Distrito Federal e aos Municípios por determinação constitucional;
> II - nos Estados, as parcelas entregues aos Municípios por determinação constitucional;
> III - na União, nos Estados, no Distrito Federal e nos Municípios, a contribuição dos servidores para custeio de seu sistema de previdência e assistência social e as receitas provenientes da compensação financeira referida no § 9º do art. 201 da Constituição Federal.
> § 19. Caso o montante total de débitos decorrentes de condenações judiciais em precatórios e obrigações de pequeno valor, em período de 12 (doze) meses, ultrapasse a média do comprometimento percentual da receita corrente líquida nos 5 (cinco) anos imediatamente anteriores, a parcela que exceder esse percentual poderá ser financiada, excetuada dos limites de endividamento de que tratam os incisos VI e VII do art. 52 da Constituição Federal e de quaisquer outros limites de endividamento previstos, não se aplicando a esse financiamento a vedação de vinculação de receita prevista no inciso IV do art. 167 da Constituição Federal.
> § 20. Caso haja precatório com valor superior a 15% (quinze por cento) do montante dos precatórios apresentados nos termos do § 5º deste artigo, 15% (quinze por cento) do valor deste precatório serão pagos até o final do exercício seguinte e o restante em parcelas iguais nos cinco exercícios subsequentes, acrescidas de juros de mora e correção monetária, ou mediante acordos diretos, perante Juízos Auxiliares de Conciliação de Precatórios, com redução

> máxima de 40% (quarenta por cento) do valor do crédito atualizado, desde que em relação ao crédito não penda recurso ou defesa judicial e que sejam observados os requisitos definidos na regulamentação editada pelo ente federado'".

Pode-se dizer que a questão do precatório é um embuste das Fazendas Públicas, especialmente, Estaduais e Municipais, pela incúria destes pagarem suas despesas resultantes de processos judiciais. Simplesmente, não há recurso para fazer frente a tais problema. Ainda que sejam um problema mais para os Estados-membros, o Distrito Federal e os Municípios, aos poucos, a Receita Federal vai começar a ter dificuldade para gerar recursos para fazer frente a seus precatórios. Assim, sempre se está se propondo, e o Congresso Nacional aprovando, postergadamente, parcelamento e preferência, com o fim último de diminuir as despesas com os precatórios. O Judiciário, em seus diferentes âmbitos, não consegue honrar suas decisões e esquece que justiça tardia não é justiça.

13.7. Lei Orgânica da Magistratura (LOMAN)

O Estatuto da Magistratura deve ser disposto em lei complementar, de iniciativa do Supremo Tribunal Federal. Esta tem que observar os princípios constitucionais, previstos nos incisos do art. 93, do texto constitucional. A Lei Complementar Federal nº 35, de 14.03.1979, promulgada sob a vigência da ordem constitucional anterior, mas recepcionada pelo novo texto constitucional, dispunha sobre a Magistratura Nacional, até que nova legislação fosse editada.

A Emenda Constitucional nº 45, de 08.12.2004, previu, no seu art. 7°, que o Congresso Nacional instalasse, logo depois de sua promulgação, Comissão Especial Mista, destinada a elaborar, em cento e oitenta dias, os projetos de lei necessários à regulamentação das mudanças efetuadas pela Reforma do Judiciário. E, também, promover alterações na legislação federal, objetivando tornar mais amplo o acesso à justiça e mais célere a prestação jurisdicional. Diversos projetos de lei serão enviados à tramitação no Congresso Nacional, com intensa discussão da sociedade brasileira e das instituições envolvidas na matéria, como a magistratura e suas associações de classe, os membros dos diversos Ministérios Públicos, os advogados e a Ordem dos Advogados do Brasil (OAB), os Defensores Públicos e suas instituições, assim como advogados públicos, serventuários e demais operadores do direito.

O ingresso na carreira, cujo cargo inicial deve ser o de Juiz substituto, através de concurso público de provas e títulos, com a participação da Ordem dos Advogados do Brasil em todas as suas fases, obedece, nas nomeações, à ordem de classificação, de acordo com o inciso I do art. 93, da Constituição de 1988. O concurso público é o processo pelo qual a Administração Direta e Indireta, tem para a gestão de seu quadro de pessoal e de escolha do futuro servidor na busca de melhor candidato, para o preenchimento de cargo ou emprego público. Este deve estar sem os respectivos titulares ou em estado de vacância. O concurso deve ser aberto apenas se existir cargo ou emprego vago, tendo em vista que só o interesse público pode motivar o preenchimento deste.

A Emenda Constitucional nº 45, de 08.12.2004, acrescentou a este dispositivo as exigências de que, para o ingresso na carreira, deve o candidato a Juiz Substituto ser bacharel em direito e ter, no mínimo, três anos de "atividade jurídica". Deve ser editada lei que defina o que seja exatamente "atividade jurídica", se apenas se computa o exercício da advocacia e do Ministério Público ou, ainda, outras atividades dos operadores do direito, como os dos serventuários. Trata-se de medida salutar, pois evita que o novo magistrado ingresse na carreira sem qualquer experiência profissional, pois sua missão é relevante e pede que tenha maturidade para o exercício da jurisdição.

Dispõe o inciso II do art. 93, da Constituição de 1988, que deve haver a promoção de entrância para entrância, alternadamente, por antiguidade e merecimento. Esta serve para distinguir os mais competentes e sérios, passando pelas diversas etapas da carreira de um magistrado. A entrância deve ser entendida como as categorias das circunscrições judiciárias, de acordo com a lei de organização judiciária. A promoção por merecimento deve atender a quatro regras constitucionais, sendo a primeira aquela que indica que vem a ser obrigatória a promoção do Juiz que figure por três vezes consecutivas ou cinco alternadas em lista de merecimento, como uma forma de favorecer aquele que estiver bem perto de ser promovido, mas acabara não o sendo.

A promoção por merecimento exige que haja dois anos de exercício na respectiva entrância e integrar o Juiz à primeira quinta parte da lista de antiguidade desta, salvo se não houver com tais requisitos quem aceite o lugar vago, de modo que existe um tempo a ser cumprido, bem como o Juiz precisa estar bem colocado na lista de merecimento. Na aferição do merecimento pelos critérios da presteza no exercício da jurisdição e pela frequência e aproveitamento em cursos reconhecidos de aperfeiçoamento, presume-se que os mais capazes e idôneos devem ser os promovidos. Por outro lado, na apuração da antiguidade, o tribunal somente pode recusar o Juiz mais antigo pelo voto de dois terços de seus membros, conforme procedimento próprio, repetindo-se a votação até se fixar a indicação, para evitar que aquele que esteja numa colocação excepcional seja prejudicado por qualquer política interna do Tribunal a que estiver vinculado.

A Emenda Constitucional nº 45, de 08.12.2004, modificou as alíneas "c", "d" e "e" do inciso II do art. 93, da Constituição Federal. Foi alterada a alínea "c", que trata da aferição do merecimento para fim de promoção de entrância para entrância. Na redação anterior, exigia-se o critério de segurança, que foi modificado para o critério de produtividade. Era importante a segurança jurídica do magistrado no seu exercício profissional, em que denotava cuidado e conhecimento da matéria sob sua jurisdição, mas tal aspecto foi modificado, para que haja maior produção em seus atos e decisões e, em consequência, maior prestação jurisdicional. Não deve o Juiz abandonar a segurança jurídica, apenas esta não deve ser mais levada em conta para fins de promoção por merecimento. Por outro lado, as exigências anteriores foram mantidas, de presteza no exercício da magistratura e aproveitamento em cursos oficiais ou reconhecidos de aperfeiçoamento profissional. Por presteza, entende-se a disposição de atuar e a prática célere dos atos judiciais. A frequência em cursos de aperfeiçoamento colabora para a maturação intelectual do magistrado, dando-lhe maiores conhecimentos e colaborando para o desenvolvimento da instituição a que serve, que também foi objeto de tratamento, no inciso IV do mesmo artigo. Alterou-se, também, a alínea "d" do inciso II do art. 93, da Constituição de 1988, através da Emenda Constitucional nº 45, de 08.12.2004, quanto à apuração de antiguidade, para fins de promoção de entrância para entrância. Prevê a nova redação de que a corte tem competência para recusar o Juiz mais antigo pelo voto fundamentado de dois terços de seus integrantes, de acordo com procedimento próprio, devendo ser repetida a votação até que seja fixada a indicação. O acréscimo garante ao Juiz preterido a ampla defesa, reafirmando especificamente a garantia tratada no art. 5°, LX, do texto constitucional.

A Emenda Constitucional nº 45, de 08.12.2004, por outro lado, acrescentou a alínea "e" ao inciso II do art. 93 da Constituição Federal, prevendo a possibilidade de o Juiz não ser promovido, caso retenha autos em seu poder além do prazo legal, sem justificativa. Não podem os autos ser devolvidos ao cartório ou à secretaria, também, sem que haja despacho ou decisão. Trata-se de medida salutar para evitar o que, na linguagem forense, chama-se de "embargos de gaveta". Existem diversos prazos para os Juízes cumprirem, na legislação processual, quase sempre ignorados, o que agora pode acabar prejudicando sua carreira profissional. Para que haja um perfeito desenvolvimento intelectual e técnico do Juiz, deve participar de cursos oficiais de preparação, aperfeiçoamento e promoção de magistrado, agora com a redação dada pela Emenda Constitucional nº 45, de 08.12.2004, relacionada à alínea "c" do inciso II, do art. 93, da Constituição Federal. Inovou ao prever quanto aos cursos de promoção de magistrado e que estes cursos se constituam em etapa obrigatória do processo de vitaliciedade, disposto no inciso I do art. 95, do texto constitucional.

Prevê o inciso III do art. 93, da Constituição de 1988, que o acesso dos magistrados aos Tribunais se faz pelos critérios de antiguidade e merecimento, de forma alternada, sendo apurados na última ou única entrância. A instância é o grau de jurisdição, assim, um Juiz, para ingressar em um Tribunal, deve observar a exigência do inciso anterior. A Emenda Constitucional nº 45, de 08.12.2004, alterou o dispositivo, suprimindo a parte relativa aos Tribunais de Alçada, conforme o art. 4º, desta emenda, sendo os seus membros incorporados aos Tribunais de Justiça dos respectivos Estados-membros, respeitadas as antiguidades e as classes de origem. A instância é o grau de jurisdição, assim, um Juiz, para ingressar em um Tribunal, deve observar a exigência do inciso acima.

Trata o inciso V do art. 93, da Constituição Federal, sobre a forma de remuneração dos magistrados. Dispõe que o subsídio dos Ministros dos Tribunais Superiores deve corresponder a noventa e cinco por cento do subsídio mensal fixado para os Ministros do Supremo Tribunal Federal. Os subsídios dos demais magistrados devem ser fixados em lei e escalonados, em nível federal e estadual, conforme as respectivas categorias da estrutura judiciária nacional. Não pode a diferença entre uma e outra ser superior a dez por cento ou inferior a cinco por cento, nem exceder a noventa e cinco por cento do subsídio mensal dos Ministros dos Tribunais Superiores, obedecido, em qualquer caso, o disposto nos arts. 37, XI, e 39, § 4º, do texto constitucional. Tem nova redação o inciso, dada pela Emenda Constitucional nº 19, de 04.06.1998. A redação original dispunha que os magistrados recebiam vencimentos, que foi modificado para subsídio. A Lei Federal nº 9.655, de 02.06.1998, alterou o percentual de diferença entre a remuneração dos cargos de Ministros do Superior Tribunal de Justiça e dos Juízes da Justiça Federal de primeiro e de segundo grau, entre Desembargadores Federais.

O inciso VII do art. 48, da Constituição de 1988, foi alterado pela Emenda Constitucional nº 19, de 04.06.1998, a Reforma Administrativa. Foi modificada a expressão remuneração para subsídio, sendo que este foi atribuído aos agentes políticos do Executivo, do Legislativo e do Judiciário, além dos representantes do Ministério Público, dos Defensores Públicos e dos advogados dativos. O subsídio deve ser fixado em parcela única, vedado o acréscimo de qualquer gratificação, adicional, abono, prêmio, verba de representação ou outra espécie remuneratória, conforme o art. 39, § 4º, da Constituição de 1988. Foi acrescido, ainda, da obrigatoriedade da observância do art. 37, XI, da Constituição Federal, que fixa como limite máximo o que Ministro do Supremo Tribunal Federal recebe de subsídio em espécie. Cabe ao Congresso Nacional, em sessão unicameral, aprovar então o subsídio para Deputados Federais e Senadores, em cada legislatura, para a legislatura subsequente.

Trata o inciso VI do art. 93, da Constituição de 1988, da aposentadoria dos magistrados e da pensão de seus dependentes, devendo observar o que dispõe o art. 40. Este dispositivo foi modificado pela Emenda Constitucional nº 20, de 15.12.1998, que dispunha que "a aposentadoria com proventos integrais é compulsória por invalidez ou aos 70 anos de idade, e facultativa aos trinta anos de serviço, após cinco anos de exercício efetivo na judicatura". No entanto, os Ministros dos Tribunais Superiores aposentam-se com setenta e cinco anos. A modificação efetuada pela Reforma da Previdência teve o interesse de estabelecer que as regras da aposentadoria do Juiz são as mesmas dos demais servidores públicos estatutários.

Dispõe o inciso VII do referido artigo que o Juiz titular deve residir na respectiva Comarca, o que visa facilitar o procedimento do **habeas corpus** ou do mandado de segurança, bem como de outros procedimentos que exijam presteza e eficácia. Por outro lado, deve o magistrado se integrar à comunidade local e, não, passar os fins de semana na Capital ou em sua cidade natal, esquecendo de seus jurisdicionados. Trata-se de um ônus pesado, principalmente para os Juízes Estaduais, que precisam residir, no começo da carreira, em pequenos Municípios, inclusive com prejuízo à família e aos estudos dos filhos. A sua permanência é fundamental para que a vida nas pequenas comunidades tenha a presença da justiça e da lei, personificadas no magistrado. A Emenda Constitucional nº 45, de 08.12.2004, acrescentou à redação original do inciso VII do artigo acima, a possibilidade do Juiz não residir na Comarca, desde que haja autorização expressa do Tribunal onde funciona. Trata-se de retrocesso, posto que as Comarcas pequenas e distantes da Capital dificilmente têm magistrados residentes nelas, pois sempre provam a necessidade de dar assistência educacional aos filhos e aos dependentes.

Prevê o inciso VIII do art. 93, da Constituição de 1988, que o ato de remoção, de disponibilidade e de aposentadoria do magistrado, por interesse público, funda-se em decisão por voto da maioria absoluta do respectivo Tribunal, assegurada ampla defesa. A garantia da inamovibilidade significa que não podem os Juízes ser removidos compulsoriamente, senão quando ocorrer relevante motivo de interesse público, reconhecido pela maioria qualificada do Tribunal competente, salvo por motivo de interesse público. Trata-se, com esta garantia, de estabelecer que a competência de um magistrado não seja turbada, sob a ameaça de ser removido de onde exerce sua jurisdição. A Emenda Constitucional nº 45, de 08.12.2004, dispôs que o ato de remoção, de disponibilidade e de aposentadoria também podem ser de responsabilidade do Conselho Nacional de Justiça (CNJ), conforme estabelece também o art. 103-B, § 4º, III, do texto constitucional.

Todos os julgamentos dos órgãos do Poder Judiciário devem ser públicos, e fundamentadas todas as decisões, sob pena de nulidade. Pode a lei, se o interesse público o exigir, limitar a presença, em determinados atos, às próprias partes e a seus advogados, ou somente a estes, de acordo com o inciso IX do art. 93, da Constituição de 1988. O princípio da publicidade é aquele que assegura que os atos públicos, como o próprio nome diz, deve ser de conhecimento geral e não pode ser secreto ou subreptício, previsto inclusive no **caput** do art. 37, da Constituição Federal. Por outro lado, garantia importante é de que as decisões judiciais devam ser fundamentadas. Em alguns casos, como as questões de família, em que esteja em jogo o princípio da privacidade, não há necessidade de atos públicos. Por outro lado, é fundamental que as decisões judiciais, sentenças e acórdãos sejam fundamentados, ou seja, que estejam expostos à lógica e à demonstração das provas que os fundamentam. Deve uma decisão judicial conter: a) o relatório, onde o julgador narra a relação processual, de forma ordenada; b) a motivação, em que fiquem exposto as bases do julgamento, com a demonstração das provas e o enquadramento legal; c) a decisão, que indica quem está com a razão, dando uma ordem judicial sobre a matéria. A Emenda Constitucional nº 45, de 08.12.2004, alterou o inciso IX do art. 93, da Constituição Federal, para limitar o sigilo processual, mesmo em casos que envolvam questões referentes ao estado da pessoa. Com a nova redação, o direito à intimidade do interessado está condicionado ao não prejuízo do interesse público à informação, para ser permitido o sigilo em julgamentos nos órgãos judiciais.

Trata o inciso X do art. 93, do texto constitucional, de que as decisões administrativas dos Tribunais devem ser motivadas, sendo as disciplinares tomadas pelo voto da maioria absoluta de seus membros. A motivação equivale à fundamentação das decisões judiciais, tendo uma lógica e uma base para que a mesma seja tomada. Por outro lado, quando for tomada em processo administrativo disciplinar, para assegurar a autonomia do magistrado, livre das pressões cotidianas, exige-se que haja um quórum qualificado, no caso, a maioria absoluta dos membros do Tribunal. A Emenda Constitucional nº 45, de 08.12.2004, modificou o inciso X do art. 93, da Constituição Federal, para assegurar que as decisões administrativas dos Tribunais devam ser proferidas em sessão pública. Trata-se de medida importante, para ampliar a transparência nos órgãos judiciais, em matéria de natureza a atividade administrativa, matéria atípica do Poder Judiciário, onde recebe muitas críticas por má gestão, o que motivou a criação do Conselho Nacional de Justiça (CNJ).

Nos Tribunais com número superior a vinte e cinco julgadores, pode ser constituído Órgão Especial, com o mínimo de onze e o máximo de vinte e cinco membros, para o exercício das atribuições administrativas e jurisdicionais, da competência do Tribunal Pleno, conforme o inciso XI do art. 93, da Constituição de 1988. Em geral, são atribuídas ao Tribunal Pleno as competências previstas no art. 93, de: a) eleger seus órgãos diretivos e de elaborar seus Regimentos Internos, com observância das normas de processo e das garantias processuais das partes, dispondo sobre a competência e o funcionamento dos respectivos órgãos jurisdicionais e administrativos; b) organizar suas secretarias e seus serviços auxiliares e os dos juízos que lhes forem vinculados, velando pelo exercício da atividade correicional respectiva; c) prover, na forma prevista nesta Constituição, os cargos de Juiz de carreira da respectiva jurisdição; d) propor a criação de novas Varas Judiciárias; e) prover, por concurso público de provas, ou de provas e títulos, obedecido o disposto no art. 169, **parágrafo único**, da Constituição Federal, os cargos necessários à administração da justiça, exceto os de confiança assim definidos em lei; f) conceder licença, férias e outros afastamentos a seus membros e aos Juízes e aos servidores que lhes forem imediatamente vinculados.

Foi acrescido ao inciso XI do art. 93, da Constituição Federal, que o preenchimento do Órgão Especial, em Tribunais com mais de vinte e cinco julgadores, deva se dar metade por antiguidade e a outra metade por eleição pelo Tribunal Pleno, o que provoca a democratização destes órgãos, com a participação de julgadores com menor tempo de magistratura de segundo grau.

Foi acrescido do inciso XII o art. 93, da Constituição de 1988, através da Emenda Constitucional nº 45, de 08.12.2004, acabando as chamadas férias coletivas, bem como fora dos horários normais de funcionamento dos fóruns. Os Tribunais não podem mais parar suas atividades em determinados períodos, como em janeiro e julho, em geral, devendo as férias ser tiradas ao longo de todo o ano, evitando a paralisação dos Tribunais e a jurisdição do mesmo exercida apenas pelos respectivos Presidentes. Por outro lado, nos fins de semana e nos feriados, bem como fora do horário normal de funcionamento, deve haver Juízes em plantão permanente. Na verdade, o espírito do dispositivo é de que a Justiça não pode parar. A Emenda Constitucional nº 45, de 08.12.2004, acrescentou o inciso XIII ao art. 93, do texto constitucional. A nova regra prevê o aumento dos Juízes, relacionados ao número de demandas judiciais, bem como à população da área ou jurisdição em que atua. É reconhecida a insuficiência de magistrados no Brasil, em suas diferentes Justiças, de modo que o dispositivo acima pode significar uma mudança de rumo e que possa haver mais Juízes em todos os lugares do território nacional.

O inciso XIV do art. 93, da Constituição de 1988, foi acrescido pela Emenda Constitucional nº 45, de 08.12.2004. Por este, podem os serventuários receber delegações dos Juízes para a prática de atos administrativos, tirando-lhes a responsabilidade e o encargo, que muitas vezes lhes impedem da prática dos atos jurisdicionais. Por outro lado, os atos jurisdicionais que não tenham caráter de decisões, como atos de mero expediente, podem também ser praticados pelos serventuários, como os escrivães dos cartórios ou secretários de varas, dando maior celeridade à tramitação processual. A Emenda Constitucional nº 45, de 08.12.2004, acrescentou o inciso XV ao art. 93, do texto constitucional. Foi estabelecido que a distribuição processual não possa mais ocorrer depois do processo ter sido protocolizado inicialmente, como vinha sendo bastante praticados em diversos órgãos judiciais, inclusive em Tribunais Superiores. Apesar do problema do excesso de demanda, deve haver a distribuição imediata, inclusive para se evitar que a demora favoreça a distribuição sem critério e direcionada a determinados julgadores ou órgãos judiciais.

Capítulo XIV

COMPETÊNCIA DOS TRIBUNAIS SUPERIORES

14.1. Supremo Tribunal Federal (STF)

O Supremo Tribunal Federal foi pensado da mesma maneira que a Suprema Corte norte-americana[1]. O Judiciário brasileiro é um poder político e está organizado num complexo de órgão que tem o Excelso Pretório como mais elevada Corte, sem que seja responsável administrativamente pelos outros Tribunais. Surgiu com a Constituição de 1891 e foi disciplinado primeiro pelo Decreto Federal nº 848, de 24.10.1890[2]. Surgiu, como hoje, com a competência para ser: a) o Tribunal da Federação, resolvendo suas controvérsias; b) o Tribunal **a quo**, com competências originárias; c) o Tribunal de Recurso, para determinadas matérias; d) a Corte Constitucional, com competência para resolver as questões de controle concentrado da constitucionalidade ou instância final para discutir tais matérias pela via incidental.

A jurisdição é o poder de compor e de julgar os conflitos de interesses, privados ou públicos, visto que se trata de atividade estatal, de competência do Poder Judiciário, sendo uma das principais atribuições da soberania. Cabe a este, no sistema de separação de poderes, a atribuição principal de executar a lei nos casos de lide jurídica, para que possa se estabelecer a paz social. O conflito de interesse resulta da resistência a uma pretensão de um bem ou de uma situação de qualquer natureza. A jurisdição deve ser exercida em dois graus, no originário e no de recurso. De modo que a parte vencida pode pedir o reexame da matéria apreciado e decidida por Juiz de primeiro grau. O Tribunal que julga através de um de seus colegiados,

---

1 KERN, Christoph, traduzido por FEIJÓ, Maria Angélica e KOCHEM, Ronaldo. O Papel das Cortes Supremas. *In*: Revista dos Tribunais. São Paulo: Revista dos Tribunais, out./2014, nº 948/47, e Doutrinas Essenciais: Direito Constitucional (Edições Especiais Revista dos Tribunais: 100 Anos). São Paulo: Revista dos Tribunais, 2015, vol. X, p. 115.

2 Ver: REIS, Daniel Aarão. **O Supremo Tribunal do Brasil**. ***In*: Revista dos Tribunais**. São Paulo: Revista dos Tribunais, fev./1965, nº 352/518, e **Doutrinas Essenciais: Direito Constitucional (Edições Especiais Revista dos Tribunais: 100 Anos)**. 2ª tir. São Paulo: Revista dos Tribunais, 2013, vol. IV, p. 677.

podendo ser uma Câmara ou uma Turma. Existem matérias, no entanto, que são suscetíveis de apreciação pelo Supremo Tribunal Federal e pelos Tribunais Superiores, apreciando de forma extraordinária ou especial o conflito de interesse. Não se trata de uma terceira instância, em que toda a matéria discutida pode ser reapreciada, mas apenas de matéria constitucional, no caso do Excelso Pretório, e de matéria de lei geral ou especial, nos Tribunais Superiores[3].

Dispõe o art. 101 que o Supremo Tribunal Federal é integrado por onze Ministros, escolhidos dentre cidadãos com mais de trinta e cinco e menos de sessenta anos de idade, de notável saber jurídico e reputação ilibada. O processo de escolha é ato administrativo composto, pois os Ministros do Supremo Tribunal Federal são nomeados pelo Presidente da República, depois de aprovada a escolha pela maioria absoluta do Senado Federal. O Supremo Tribunal Federal foi tratado na Constituição de 1891 (arts. 55 e 56), de 1934 (arts. 73 e 74), de 1937 (arts. 97 e 98), de 1946 (arts. 98 e 99), e de 1967 (art. 113), que na Emenda Constitucional nº 1, de 17.10.1969, passou a ser art. 118.

14.2. Competência Originária do STF

Compete-lhe processar e julgar, originariamente, de acordo com art. 102, I, "a", da Constituição Federal, a ação direta de inconstitucionalidade de lei ou de ato normativo federal ou estadual e a ação declaratória de constitucionalidade de lei ou ato normativo federal. Esta alínea teve nova redação, dada pela Emenda Constitucional nº 3, de 17.03.1993, incluindo aí a ação declaratória de constitucionalidade. O Decreto Federal nº 2.194, de 07.04.1997, dispôs sobre a adoção de providência a fim de que órgãos do Ministério da Fazenda abstenham-se de cobrar créditos tributários baseados em lei, tratado ou ato normativo federal, declarado inconstitucional por decisão definitiva do Supremo Tribunal Federal.

Cabe-lhe, de acordo com a alínea "b" do inciso I do art. 102, da Constituição de 1988, que julgue, nas infrações penais comuns, o Presidente da República, o Vice-Presidente, os membros do Congresso Nacional, seus próprios Ministros e o Procurador-Geral da República. Em razão de haver a necessidade de prévia licença da Casa a que pertencer o Deputado

3 Ver: ABBOUD, George e OLIVEIRA, Rafael Tomaz de. **O Supremo Tribunal Federal e a Nova Separação de Poderes: entre a interpretação da Constituição e as modificações na engenharia constitucional.** *In*: **Revista de Processo.** São Paulo: Revista dos Tribunais, jul./2014, nº 233/13-38, e **Doutrinas Essenciais: Direito Constitucional (Edições Especiais Revista dos Tribunais: 100 Anos).** São Paulo: Revista dos Tribunais, 2015, vol. VII, p. 423.

Federal ou o Senador, fica suspensa a prescrição do crime, enquanto durar o mandato, caso haja indeferimento do pedido ou a ausência de sua deliberação. Caso haja prisão em flagrante, devem ser remetidos os autos para sua Turma, com a exigência de maioria absoluta dos membros, votando em sessão secreta, resolva sobre a prisão e autorize, ou não, a formação de culpa. A competência originária para julgá-los é do Supremo Tribunal Federal, conforme a alínea "b" do inciso I do art. 102, bem como do § 4º do art. 53, todos do texto constitucional.

Dispõe a alínea "c" do inciso I, que lhe cabe julgar as infrações penais comuns e os crimes de responsabilidade dos Ministros de Estado e dos Comandantes da Marinha, do Exército e da Aeronáutica, ressalvado o disposto no art. 52, I, os Ministros dos Tribunais Superiores e do Tribunal de Contas da União e os chefes de missão diplomata de caráter permanente. Esta alínea foi modificada pela Emenda Constitucional nº 23, de 02.09.1999, a Reforma Militar, pela qual foram instituídos o Ministério da Defesa e os Comandos da Marinha, do Exército e da Aeronáutica.

Trata o art. 102, I, "d", da Constituição Federal, do **habeas corpus**, sendo paciente qualquer das pessoas referidas nas alíneas anteriores. Trata, ainda, do mandado de segurança e do **habeas data** contra os atos do Presidente da República, das Mesas da Câmara dos Deputados e do Senado Federal, do Tribunal de Contas da União, do Procurador-Geral da República e do próprio Supremo Tribunal Federal. O mandado de segurança é tratado na Lei Federal nº 12.016, de 07.08.2009, ao passo que o **habeas data** encontra-se na Lei Federal nº 9.507, de 12.11.1997. A Constituição de 1988 dispôs que se concede **habeas corpus** sempre que alguém sofrer ou se achar ameaçado de sofrer violência ou coação em sua liberdade de locomoção, por ilegalidade ou abuso de poder.

Encontra-se, no Código de Processo Penal, nos arts. 647 e seguintes, o **habeas corpus**. Trata-se de uma ação constitucional de aspecto penal e de procedimento especial, sem pagamento de custas, garantindo ao indivíduo a liberdade de ir e vir, em uma ordem dada por Juiz ou Tribunal ao coator, para que cesse a ameaça ou violação dessa liberdade. Limita-se apenas, hoje, a garantir o direito de locomoção, não discutindo a prova ou o prazo para a obtenção de prova, dado seu caráter sumário. No entanto, usa-se, também, o **habeas corpus** para trancar ação penal e, até, inquérito policial. Não pode, assim, discutir a sentença transitada em julgado.

Por outro lado, o mandado de segurança é a ação colocada à disposição de toda pessoa, física ou jurídica, para a defesa de direito individual líquido e certo, lesionado ou ameaçado de lesão, não amparado por **habeas corpus**, por ato de autoridade pública. Tem a finalidade de invalidar os atos de autoridade ou a supressão de omissões administrativas e o objeto vem a ser ato ou omissão de autoridade, que seja ilegal e lesivo a direito líquido e certo. Não se aplica, assim, às leis e aos decretos em tese, mas apenas a seus efeitos concretos.

Pode ser interposto por toda e qualquer pessoa que esteja ameaçada ou violada em seu direito líquido e certo, inclusive quem indiretamente vier a sê-lo. A legitimação passiva é de autoridade que pode rever o próprio ato, inclusive ato de dirigente de autarquia, fundação, empresa pública, sociedade de economia mista e de serviços delegados, bem como a pessoa jurídica de direito público a que esteja vinculado em cargo de direção. Por fim, o **habeas data** destina-se, então, a assegurar a todas as pessoas o direito de solicitar a exibição de registros públicos e privados, nos quais constem seus dados pessoais, para que se possa deles conhecer e, se for o caso, pedir sua retificação. Trata-se de ação constitucional, de natureza cível, sempre que houver a negativa da via administrativa para se obter informações pessoais. Dispôs a Lei Federal nº 9.507, de 12.11.1997, sobre a matéria, com rito assemelhado ao do mandado de segurança, que regula o direito de acesso à informação e disciplina o procedimento judicial do **habeas data**.

O litígio entre Estado estrangeiro ou organismo internacional e a União, o Estado-membro, o Distrito Federal ou o Território está tratado na alínea "e" do inciso I do art. 102, da Constituição Federal. Existe um interesse especial da União em tratar dos litígios entre países estrangeiros ou organismos internacionais e as entidades integrantes da Federação, pois envolve a própria questão da soberania. No sistema constitucional, o conflito poderia também envolver os Municípios, mas a Constituição de 1988 atribuiu tal competência à Justiça Federal, no art. 109, II. No mesmo sentido, por envolver não só a questão da soberania, no aspecto da supremacia interna federal, bem como a ameaça à união indissolúvel da Federação, atribuiu-se, na alínea "f" do inciso I do art. 102, da Constituição de 1988. Assim, as causas e os conflitos entre a União e os Estados-membros, a União e o Distrito Federal, ou entre uns e outros, inclusive as respectivas entidades da Administração indireta, são da competência do Supremo Tribunal Federal[4].

---

4 **"Causas entre União e Estados/DF que caracterizem "conflito federativo"** Segundo o art. 102, I, "f", da **Constituição Federal de 1988**, compete ao STF processar e julgar "as causas e os conflitos entre a União e os Estados, a União e o Distrito Federal, ou entre uns e outros, inclusive as respectivas entidades da administração indireta". O STF confere interpretação **restritiva a esse dispositivo** e entende que, para se caracterizar a hipótese do art. 102, I, "f", da CF/88, **é indispensável** que, **além de haver uma causa envolvendo União e Estado, essa demanda tenha densidade suficiente para abalar o pacto federativo**. Em outras palavras, **não é qualquer causa envolvendo União contra Estado que irá ser julgada pelo STF**, mas somente quando essa disputa puder resultar em ofensa às regras do sistema federativo. STF. 1ª Turma. Rcl 12957/AM, Rel. Min. Dias Toffoli, julgado em 26/8/2014 (Info 756)" (ABNC).

A extradição é o ato pelo qual o Brasil pede ao outro a entrega de um determinado criminoso, para que possa julgá-lo. Pode ser ativa ou passiva, conforme o país competente esteja pedindo para a entrega do referido criminoso. Deve haver a dupla incriminação, ou seja, fato delituoso deve ser crime no país que pede a extradição, como também no Brasil. A própria União já é competente para legislar sobre a matéria, no art. 22, XV, da Constituição Federal. Existe limitação, ainda, quando o extraditado for brasileiro nato, nos casos de crime comum, salvo se praticado antes da naturalização, ou se for comprovado o envolvimento em tráfico de entorpecentes e drogas afins, previsto no art. 5º, LI, ao passo que também limita a extradição de estrangeiro por crime político ou de opinião, tratado no art. 5º, LII. De acordo com a alínea "g" do inciso I do art. 102, todos do texto constitucional, cabe ao Supremo Tribunal Federal a extradição solicitada por Estado estrangeiro. A Emenda Constitucional nº 45, de 08.12.2004, revogou a alínea "h" do inciso I do art. 102 da Constituição Federal, atribuindo o poder de homologar sentenças estrangeiras e a concessão do **exequatur** às cartas rogatórias ao Superior Tribunal de Justiça, no art. 105, I, "i", do texto constitucional.

Dispõe a alínea "i" do inciso I do art. 102, da Constituição de 1988, que cabe ao Supremo Tribunal Federal o julgamento de **habeas corpus**, quando o órgão coator for Tribunal Superior ou quando o coator ou o paciente for autoridade ou funcionário, cujos atos estejam sujeitos diretamente à jurisdição do Supremo Tribunal Federal, ou se tratar de crime sujeito à mesma jurisdição em uma única instância. Foi modificado pela Emenda Constitucional nº 22, de 18.03.1999, tendo a seguinte redação anterior: "o **habeas corpus**, quando o coator ou o paciente for tribunal, autoridade ou funcionário cujos atos estejam sujeitos diretamente à jurisdição do Supremo Tribunal Federal, ou se trate de crime sujeito à mesma jurisdição em uma única instância". Deve ser entendido que a Constituição de 1988 dispôs que deve ser concedido o **habeas corpus**, sempre que alguém sofrer ou se achar ameaçado de sofrer violência ou coação em sua liberdade de locomoção, por ilegalidade ou abuso de poder. Encontra-se no Código de Processo Penal, nos arts. 647 e seguintes. Trata-se de uma ação constitucional de aspecto penal e de procedimento especial, sem pagamento de custas, garantindo ao indivíduo a liberdade de ir e vir, em uma ordem dada por juiz ou tribunal ao coator, para que cesse a ameaça ou violação dessa liberdade. Limita-se, hoje, apenas a garantir o direito de locomoção, não discutindo a prova ou o prazo para a obtenção de prova, dado seu caráter sumário. Não pode, assim, discutir sentença transitada em julgado, como já comentado.

A coisa julgada é o princípio que assegura que não se pode mais discutir no processo o que já foi decidido em outro. Distingue-se a coisa julgada formal, no qual houve uma decisão específica sobre a matéria em discussão, da coisa julgada material, que contém aquela por sua abrangência ser mais ampla. A coisa julgada, então, vem a ser uma decisão judicial, da qual não caiba mais recurso. É uma garantia para o sistema jurídico que determinada lide chegue a um fim, sem poder mais ser apreciada, por ter força de lei dentro dos limites da questão decidida. A decisão transitada em julgado, não obstante, durante certo prazo, pode ser objeto de ação rescisória, sem que isto ofenda o princípio constitucional. Dispõe a alínea "j" do inciso I do art. 102, da Constituição de 1988, que cabe ao Supremo Tribunal Federal, a possibilidade de rever as próprias decisões que já tenham transitada em julgado, através da revisão criminal e da ação rescisória de seus julgados.

A revisão criminal é um procedimento que permite a reparação de erros judiciários, na esfera criminal, atingindo a sentença transitada em julgado, destinada a corrigir a decisão da qual não caiba recurso. Existe dúvida, na doutrina, se se trata de ação ou recurso, mas vem a ser uma ação de conhecimento constitutiva. Está disposta, nos arts. 621 e seguintes, do Código de Processo Penal. Por outro lado, a ação rescisória trata-se da ação por meio da qual se pede a desconstituição de uma sentença transitada em julgado, com eventual novo julgamento da matéria, visando a anular. É o meio processual de conseguir a declaração da nulidade ou a ilegalidade de uma sentença cível definitiva, da qual não caiba mais recurso. Encontra-se prevista, para os feitos cíveis, nos arts. 485 e seguintes, do Código de Processo Civil de 1973, agora nos arts. 966 e seguintes, do Código de Processo Civil de 2015, e no art. 836, da Consolidação das Leis do Trabalho.

Dispõe a alínea "l" do inciso I, do art. 102, que compete ao Supremo Tribunal Federal, como competência originária, a reclamação para a preservação de sua competência e garantia da autoridade de suas decisões. A reclamação destina-se a regularizar a situação em que haja subversão patente da hierarquia judicial, em casos especialíssimos de desrespeito a julgamento da Corte Suprema.

O Supremo Tribunal Federal (STF) declarou inconstitucionais os arts. 190 a 194, do Regimento Interno do Tribunal Superior do Trabalho (TST), que dispõe sobre o instituto da reclamação. O Tribunal Superior do Trabalho julgou procedente uma reclamação contra ato da 2ª Vara do Trabalho de Maceió, que indeferiu requerimento de limitação da condenação em diferenças setoriais decorrentes do IPC de junho de 1987 (Plano Bresser) à data-base da categoria. Assim, a Companhia Energética de Alagoas (CEAL) foi absolvida da aplicação de multa pelo Juiz de Execução. Contra a decisão do Tribunal Superior do Trabalho que extinguiu a multa, foi interposto recurso extraordinário alegando que a Corte Trabalhista admitiu a reclamação para reformar uma sentença que já havia transitado em julgado e não cabia mais recurso, dando ao dispositivo regimental dimensão incompatível com a Constituição Federal.

O sindicato sustentou estar em jogo questão ligada ao cabimento de reclamação no âmbito do Tribunal Superior do Trabalho, diante da ausência de previsão constitucional. Também argumentou a falta de motivação quanto aos pressupostos e às condições de procedibilidade da ação. Dessa forma, alega violação aos arts. 5º, XXXV, XXXVI, LIII, LIV e LV, 22, I, 93, IX, 96, I, "a", 102, I, "e", e 105, I, "f", tudo da Constituição Federal. Para o relator, Ministro Marco Aurélio, no RE 405031, julgado em 15.10.2008, é inconstitucional a criação da reclamação via Regimento Interno. Ele analisou que o Tribunal Superior do Trabalho (TST) deixou de observar o binômio segurança jurídica. A busca incessante e inesgotável da justiça colocaria em risco o primeiro predicado, enquanto a potencialização da segurança jurídica acabaria por afastar do cenário jurídico todo e qualquer recurso, bastando um único crivo sob o ângulo jurisdicional, disse o relator. Conforme o ministro Marco Aurélio, a segurança jurídica deve se sobrepor: "em Direito o meio justifica o fim, mas não o fim ao meio", ressaltou.

Em relação ao cabimento da reclamação no processo trabalhista, o Ministro disse que, segundo o Supremo Tribunal Federal, "há necessidade de esse instrumento estar previsto em lei no sentido formal e material, não cabendo criá-lo por meio de regimento interno". No tocante ao Supremo Tribunal Federal e ao Superior Tribunal de Justiça foi criado via Constituição Federal. De acordo com o relator, o Supremo já admitiu a possibilidade de Constituição Estadual introduzir a reclamação com base no art. 125, **caput**, e § 1º, da Constituição de 1988. No entanto, ele destacou que, em âmbito federal, cabe ao Congresso Nacional dispor sobre a matéria. "não se pode cogitar de disciplina em regimento interno porquanto a reclamação ganha contornos de verdadeiro recurso mostrando-se inserida, portanto conforme ressaltado pelo Supremo, no Direito constitucional de petição", afirmou. Durante o julgamento, os Ministros declararam inconstitucionais os arts. 190 a 194, do Regimento Interno do Tribunal Superior do Trabalho. "Surge merecedora da pecha de inconstitucional a norma do Regimento Interno do Tribunal Superior do Trabalho que dispõe sobre a reclamação. Não se encontrando esta versada na Consolidação das Leis do Trabalho, impossível seria instituí-la mediante deliberação do próprio colegiado", disse o Ministro Marco Aurélio, que foi acompanhado por unanimidade.

De acordo com a alínea "m" do inciso I do art. 102, da Constituição de 1988, cabe ao Supremo Tribunal Federal a execução de sentença nas causas de sua competência originária, facultada a delegação de atribuições para a prática de atos processuais. Trata-se da tradição jurídica brasileira que o Juiz de competência originária seja o responsável pela execução de suas decisões. Todavia, o Supremo Tribunal Federal pode delegar suas atribuições a outra autoridade judiciária. Na ação em que todos os membros da magistratura sejam direta ou indiretamente interessados, e aquela em que mais da metade dos membros do Tribunal de origem estejam impedidos, ou seja, direta ou indiretamente interessados, a competência é deslocada para o Supremo Tribunal Federal, de acordo com o art. 102, I, "m", da Constituição Federal. Ocorre tal procedimento porque os magistrados do Tribunal de origem ficam impedidos de julgar a causa, ou seja, existe uma impossibilidade deste praticar qualquer ato judicial sobre a matéria.

Prevê a alínea "o" do inciso I do art. 102, da Constituição de 1988, que compete ao Supremo Tribunal Federal julgar, originariamente, os conflitos de competência entre o Superior Tribunal de Justiça e quaisquer Tribunais, entre Tribunais Superiores, ou entre estes e qualquer outro tribunal. O conflito de competência vem a ser o choque entre duas autoridades judiciárias, que entendem ser competentes ou não para tomar conhecimento, processar e julgar determinada ação. Pode o conflito ser positivo, caso as duas autoridades entendam que são competentes, ou negativo, caso nenhuma se considere com tal competência.

De acordo com o art. 102, I, "p", da Constituição Federal, cabe ao Supremo Tribunal Federal julgar o pedido de medida cautelar das ações diretas de inconstitucionalidade. A medida cautelar é o procedimento preparatório, ou incidental, para resolver questão em que haja uma plausibilidade do direito pleiteado, bem como a demora de ineficácia da medida se não logo for deferido o pedido. O controle por via de ação ou controle principal se fundamenta no sistema de controle concentrado, pelo qual um órgão fica encarregado de dizer que aquela norma é constitucional ou não. A ação direta de inconstitucionalidade é meio pelo qual se dá tal controle, que pode ter medida limitar deferida, para impedir que os efeitos da medida prejudiquem os cidadãos. De modo geral, o pedido de liminar vem se traduzindo como uma decisão definitiva, porque dificilmente as matérias julgadas no mérito.

No art. 102, I, "q", da Constituição de 1988 está tratado o mandado de injunção contra determinadas autoridades públicas ou judiciais, instituído pela Constituição de 1988 no direito brasileiro. De acordo com o art. 24, § 1°, da Lei Federal nº 8.038, de 28.05.1990, aplica-se o procedimento do mandado de segurança para o mandado de injunção, conforme a Lei Federal nº 12.016, de 07.08.2009. Foi atribuído ao Supremo Tribunal Federal, pela Emenda Constitucional nº 45, de 08.12.2004, a competência para processar e julgar, originariamente, as ações contra os dois novos Conselhos criados pela Reforma do Judiciário, tratando-se da opção adequada quanto à jurisdição excepcional, pela importância dos dois novos órgãos. Contudo, podem estes ser limitados em sua atuação pelo Excelso Pretório[5].

---

5 **"Competência do STF para ações i) em que o CNJ está no polo passivo e ii) contra atos do CNJ.** O Supremo Tribunal Federal conferia interpretação restritiva ao **art. 102,**

14.3. Competência Recursal do STF

A jurisdição é o poder estatal para compor os conflitos de interesses, privados e públicos. A jurisdição está organizada de acordo com um sistema em que há dois graus de jurisdição, que garante à parte vencida o reexame da matéria por um colegiado, um Tribunal, que tem competência plena para examinar toda a matéria, inclusive as provas. Existe, neste sistema, entre os Juízes, de primeiro grau, e os Tribunais, de segundo grau, uma subordinação funcional, em que os superiores podem reexaminar as decisões proferidas, quando provocados ou de ofícios, em algumas matérias, como no caso da litigância de órgão público.

Em algumas circunstâncias, cabe ao Supremo Tribunal Federal, nos termos do inciso II do art. 102, da Constituição Federal, julgar, em recurso ordinário, o **habeas corpus**, o mandado de segurança, o **habeas data** e o mandado de injunção decididos em única instância pelos Tribunais Superiores e pelos Tribunais de Justiça dos Estados, se denegatória a decisão. Trata-se de situação em que apenas havendo a negativa do pedido formulados nos **writs**, é possível a apreciação em duplo grau de jurisdição. Caso a decisão tenha sido favorável, a via de apreciação vem a ser a do recurso extraordinário, previsto no inciso III do art. 102. Cabe, também, recurso ordinário, nos casos em que envolva o crime político. Este pode ser entendido como o crime cometido contra a ordem polícia e social, em que se lesa interesse político estatal e dos cidadãos, podendo ser um delito comum, desde que motivado por questão política. Pode ser, assim, crime que viole a organização e o funcionamento dos Poderes Políticos, como a conspiração, a fraude eleitoral, o terrorismo e os atos assemelhados. Distingue-se este do crime de opinião, em que este se limita à manifestação de pensamento, sem ato material humano, enquanto o crime político se materializa em um ato político.

I, "r", da Constituição Federal de 1988 e afirmava que ele (Supremo Tribunal Federal) somente seria competente para julgar as ações em que o próprio CNJ ou CNMP figurassem no polo passivo. Seria o caso de mandados de **segurança, habeas corpus e habeas data** contra os Conselhos. No caso de serem propostas ações ordinárias para impugnar atos do CNJ e CNMP, a competência seria da Justiça Federal de 1ª instância, com base no art. 109, I, da Constituição Federal de 1988. **Novos precedentes indicam a alteração do entendimento jurisprudencial e o abandono dessa interpretação restritiva. Não se sabe, ainda, qual será o alcance exato do novo entendimento do STF. No entanto, no Info 961, foi divulgado acórdão no qual a 2ª Turma do STF decidiu que: Compete ao STF apreciar ação ordinária ajuizada contra ato do Conselho Nacional de Justiça.** STF. 2ª Turma. Rcl 15551 AgR/GO, Rel. Min. Cármen Lúcia, julgado em 26/11/2019 (Info 961)" (ABNC).

14.4. Competência Ordinária do STF

O controle por via de exceção ou controle incidental tem como características que qualquer pessoa que tenha uma pretensão resistida, mas tenha o direito assegurado pela Constituição, pode levantar a questão prejudicial de constitucionalidade. Por outro lado, qualquer órgão do Judiciário, inclusive Juiz singular, pode decidir sobre a questão levantada. Por fim, a discussão sobre a constitucionalidade não é o objeto principal da lide, mas que vem a ser levantada incidentalmente no processo. O Juiz singular pode, livremente, decidir sobre a inconstitucionalidade da lei ou ato administrativo. Os Tribunais, porém, têm competência para declarar a constitucionalidade através do respectivo Plenário e, não, de suas Câmaras, Turmas, Seções ou Órgãos Especiais.

O recurso extraordinário é criação do direito brasileiro, ainda que influenciado pelo sistema norte-americano. Trata-se de um meio de impugnação de decisões judiciais, desfavoráveis, de única ou última instância, dirigida ao Supremo Tribunal Federal, em razão de violação da supremacia constitucional. O recurso extraordinário visa manter a unidade do direito brasileiro, com a supremacia do texto constitucional. Por fim, compete ao Supremo Tribunal Federal, de acordo com inciso III do art. 102, do texto constitucional, julgar, mediante recurso extraordinário, as causas decididas em única ou última instância. Assim, ocorre quando a decisão recorrida: a) contrariar dispositivo desta Constituição; b) declarar a inconstitucionalidade de tratado ou lei federal; c) julgar válida lei ou ato de Governo local contestado em face desta Constituição.

A admissão do recurso extraordinário não é fácil, posto que o juízo de admissibilidade inicial é feito pelo Presidente do Tribunal que teve a decisão recorrida. Este observa se houve prequestionamento da matéria e se se enquadra a mesma nas alíneas do inciso III do art. 102, da Constituição de 1988. Caso este negue o seguimento do recurso extraordinário, cabe agravo de recurso extraordinário, que não pode ser obstado. Depois, no próprio Supremo Tribunal Federal, a matéria é suscetível de nova apreciação de admissibilidade, além da discussão do mérito e demais incidentes processuais. Hoje, nos agravos de recursos extraordinários, se for conhecido, a Turma já julga o próprio mérito do recurso extraordinário.

A Emenda Constitucional nº 45, de 08.12.2004, acrescentou ao inciso III do art. 102, da Constituição Federal, a alínea "d", dando competência ao Supremo Tribunal Federal para julgar, mediante recurso extraordinário, as causas decididas em única ou última instância, quando a decisão recorrida julgar válida lei local contestada em face de lei federal. Esta competência, originalmente, era do Superior Tribunal de Justiça, que constava antes no art. 105, III, "b", agora limitada apenas aos julgamentos de validade de ato do Governo local em face de lei federal.

14.5. Súmula Vinculante e sua Força

O art. 103-A, da Constituição Federal, acrescido pela Emenda Constitucional nº 45, de 08.12.2004, instituiu a súmula vinculante no direito brasileiro, em competência expressa do Supremo Tribunal Federal[6]. Tratava-se esta de bandeira dos Ministros desta Corte, como também de parte dos magistrados e do Judiciário como um todo. Na medida em que for fixada uma determinada súmula vinculante, deve ter efeito de vincular a ela todas as decisões dos órgãos do Poder Judiciário e da Administração Pública Direta e Indireta da União, dos Estados-membros, do Distrito Federal e dos Municípios. A força que passa a ter a súmula pode, em tese, diminuir as demandas ao Excelso Pretório, em especial os recursos extraordinários e os outros recursos que deles podem advir, bem como ações diretas de inconstitucionalidade e ações declaratórias de constitucionalidade. Não obstante, há a possibilidade de inúmeras novas demandas surgirem, na medida em que à mais Alta Corte foi atribuído a função de dar eficácia às suas súmulas vinculantes, por conta de reclamação estabelecida no § 4º do art. 103-A, acima referido.

A tradição do direito brasileiro é de seguir o direito românico, com base na lei que exige dos cidadãos que lhe obedeçam, sob pena de sanção civil, administrativa ou penal. Foi assim construído o direito no Brasil, tanto o é que está assim expresso na Lei de Introdução às Normas do Direito Brasileiro, Decreto-lei nº 4.657, de 04.09.1942, em que "a lei terá vigor até

6 "A origem da súmula no Brasil remonta à década de 1960. Sufocado pelo acúmulo de processos pendentes de julgamento, a imensa maioria versando sobre questões idênticas, o Supremo Tribunal Federal, após alteração em seu regimento (sessão de 30 de agosto de 1963) e enorme trabalho da Comissão de Jurisprudência composta pelos Ministros Gonçalves de Oliveira, Pedro Chaves e Victor Nunes Leal, este último seu relator e grande mentor, em sessão de 13 de dezembro de 1963, decidiu publicar oficialmente, pela primeira vez, a súmula da sua Jurisprudência, para vigorar a partir de 1º de março de 1964. E essa edição da súmula – e dos seus enunciados individualmente – foi resultante de um processo específico de elaboração, previsto regimentalmente, que passou pela escolha dos temas, discussão técnico-jurídica, aprovação e, ao final, publicação para conhecimento de todos e vigência.
Não há dúvida de que a súmula representa uma ruptura coma dogmática tradicional, que sempre gravitou, no Brasil e nos países filiados à tradição romano-germânica (também conhecida como *civil law*), em torno da norma legislada. Mas é crucial ficar claro que súmula (ou um enunciado dela) significa algo diverso do precedente obrigatório (*binding precedente*) nos termos da teoria do *stare decisis*. Observando a súmula brasileira e comparando-a com o *binding precedente* (o que é de grande utilidade para a correta compreensão do instituto brasileiro), vê-se, imediatamente, que sua origem é diferente e seu alcance é bem menor" (SOUZA Marcelo. **Das Súmulas Vinculantes do STF**. *In*: ALVIM, Eduardo Arruda, LEITE, George Salomão, e STRECK, Lênio (coords.). **Curso de Direito Constitucional**. Florianópolis: Tirant le Blanch, 2018, p. 785).

que outra a modifique ou revogue" (art. 2º, **caput**). Agora, a matéria está na Lei Federal nº 12.376, de 30.12.2010. Não pode nada ser alegado contra a lei, salvo sua inconstitucionalidade ou nulidade, pois nem mesmo a ignorância serve de motivo para não cumpri-la, como dispõe o art. 3° da legislação acima. Mesmo em casos de omissão da lei, o Juiz pode decidir o caso de acordo com a analogia, os costumes e os princípios gerais de direito, no art. 4º. Pode até aplicar na lei a equidade, atendendo aos fins sociais a que ela se dirige e às exigências do bem comum, no art. 5º, mas nada fala da aplicação da jurisprudência.

No mesmo sentido segue o Código Tributário Nacional, Lei Federal nº 5.172, de 25.10.1966, quando estabelece que, na ausência de disposição expressa, "a autoridade competente para aplicar a legislação tributária utilizará sucessivamente, na ordem indicada: I – a analogia; II – os princípios gerais de direito tributário; III – os princípios gerais de direito público; IV – a equidade", no art. 108. Pode-se até aplicar os princípios gerais de direito privado, quanto ao conteúdo e ao alcance de seus institutos, conceitos e formas, no art. 109, mas também nada fala da jurisprudência, como meio de conduzir as decisões judiciais ou administrativas.

O princípio da legalidade, por sua vez, há muito consagrado no direito constitucional brasileiro, dispõe que "ninguém será obrigado a fazer ou deixar de fazer alguma coisa senão em virtude da lei", conforme o inciso II do art. 5º, da Constituição de 1988. Reforçando o dispositivo, quanto ao direito tributário, fixou-se que é garantia do contribuinte que seja vedado aos entes públicos "exigir ou aumentar tributos sem lei que o estabeleça", no art. 150, I, do texto constitucional. A lei é o gênero, sendo suas espécies as leis complementares, as leis ordinárias, as leis delegadas, as medidas provisórias, os decretos legislativos e as resoluções, no art. 59, com os procedimentos previstos nos arts. 61 a 69, da Constituição Federal, efetuada pelos representantes políticos dos cidadãos. Aliás, está disposto no **parágrafo único** do art. 1º, da mesma, que "todo o poder emana do povo, que o exerce por meios de representantes eleitos ou diretamente". Por conseguinte, a base do direito brasileiro é a lei, que vem a ser instituída através de processo legislativo constitucional, do qual participam os representantes eleitos ou, excepcionalmente, por consulta direta aos eleitores.

A súmula com efeitos vinculantes, por conseguinte, é uma novidade no direito constitucional e em todo o ordenamento jurídico brasileiro. Agora, com força de lei, esta passa a vincular os demais órgãos do Poder Judiciário e a Administração Pública Direta e Indireta, nas esferas federal, estadual e municipal, quanto às decisões proferidas no Supremo Tribunal Federal. Por conseguinte, a jurisprudência constitucional passa a ter um lugar de destaque no ordenamento jurídico do Brasil, equivalendo às diversas espécies de lei, acima inclusive da analogia, dos costumes e dos princípios gerais do direito, aplicáveis apenas em caso de lacuna da lei.

A Constituição de 1988 já tinha recebido forte influência do direito constitucional norte-americano, como o devido processo legal, no inciso LIV do art. 5º, e a ampla defesa e o contraditório nos processos judiciais e administrativos, no inciso LV do art. 5º, ambos do texto constitucional. Todavia, a ação direta de inconstitucionalidade e as espécies análogas a esta foram de influência do sistema de controle concentrado de constitucionalidade, aplicado na Europa. Agora, contudo, com a instituição da súmula com efeitos vinculantes, passa a ser mais forte a tradição anglo-saxônica, no Brasil, trazendo uma novidade profunda em nosso direito, que só o tempo dirá sobre seu acerto ou não.

A súmula vem a ser entendida como pequena suma, breve resumo ou, ainda, a sinopse e epítome. Em tal sentido, trata-se do resumo de uma idéia reduzida ao mínimo, se possível em uma única frase. Por iniciativa do Ministro Victor Nunes Leal[7], em 1963, modificando o Regimento Interno do Supremo Tribunal Federal, foram instituídas as súmulas. O RISTF atual, no art. 102, conceitua-a como "jurisprudência assentada pelo Tribunal", dispondo ainda que a citação da súmula, pelo número correspondente, dispensa a referência a outros julgados no mesmo sentido perante o Excelso Pretório. Com a criação do Superior Tribunal de Justiça, passou este também a poder efetuar súmulas, conforme dispôs o art. 38 da Lei Federal nº 8.038, de 28.06.1990: "o Relator, no Supremo Tribunal Federal ou no Superior Tribunal de Justiça, decidirá o pedido ou o recurso que haja perdido sem objeto, bem como negará seguimento a pedido ou recurso manifestamente intempestivo, incabível ou improcedente ou, ainda, que contrariar, nas questões predominantes de direito, súmula do respectivo Tribunal". Aqui foi aberta a possibilidade, de forma clara e legal, de a súmula ser levada em conta para aplicação do direito, em especial quanto à admissão de recursos no Supremo Tribunal Federal e no Superior Tribunal de Justiça.

7 **Victor Nunes Leal** (Alvorada, Minas Gerais, 1914 – Rio de Janeiro, 1985) foi jurista, professor da UFRJ e Ministro do Supremo Tribunal Federal. Em 1947 defendeu tese para ingresso como professor na Faculdade Nacional de Filosofia da Universidade do Brasil (UFRJ), com o título **O Municipalismo e o Regime Representativo no Brasil – uma contribuição para o estudo do coroneslimo.** A tese foi publicada posteriormente como **Coronelismo, Enxada e Voto**, em 1948, com importante análise sobre o fenômeno do coronelismo brasileiro. O auge de sua carreira foi o cargo de Ministro do Supremo Tribunal Federal, de 1960 a 1969, sendo o idealizador das Súmulas. Eleito Vice-Presidente, em 11 de dezembro de 1968, foi empossado na data imediata, mas acabou cassado pelo Ato Institucional nº 5 (AI-5). Voltou-se, então, para exercer a advocacia.

A instituição das súmulas vinculantes no direito brasileiro foi precedida de muita discussão. Por um lado, dizia-se que se tratava de inovação que pode diminuir as demandas judiciais e desafogar os serviços judiciários. Por outro, pode haver emprego abusivo ou imprudente das mesmas, restringindo também as inovações, que de modo geral nascem no primeiro grau de jurisdição, agora vinculado às súmulas. A discussão passou a ser pretérita e se pode saber, agora com precisão, se as súmulas vinculantes e a força da jurisprudência podem ser um caminho melhor para aplicação do direito no Brasil.

A súmula vinculante cabe apenas ao Supremo Tribunal Federal, não tendo tal força as súmulas do Superior Tribunal de Justiça, ainda que possa servir para admissão de recursos neste Tribunal. Pode o Excelso Pretório, de ofício ou por provocação, mediante decisão de dois terços dos seus membros, após reiteradas decisões sobre matéria constitucional, aprovar súmula vinculante. Estas, depois de sua publicação na imprensa oficial, têm efeito de vincular o conteúdo da decisão aos demais órgãos do Poder Judiciário e à Administração Pública Direta e Indireta, nas esferas federal, estadual e municipal.

O objetivo da súmula vinculante é a validade, a interpretação e a eficácia de normas determinadas, acerca das quais haja controvérsia atual entre órgãos judiciários ou entre esses e a administração pública que acarreta grave insegurança jurídica e relevante multiplicação de processos sobre questão idêntica. Trata-se, aqui, das condições de sua aprovação, conforme o § 1° do art. 103-A, da Constituição de 1988. Por outro lado, cabe ao Supremo Tribunal Federal, também, proceder à sua revisão ou cancelamento. A aprovação, revisão ou cancelamento de súmula podem ser provocados por aqueles que podem propor a ação direta de inconstitucionalidade, conforme enumeração do art. 103, do texto constitucional.

Foi estabelecido, ainda, o meio de dar eficácia à súmula vinculante, através de reclamação ao Supremo Tribunal Federal. De acordo com o § 3º do art. 103-A, acima citado, do ato administrativo ou de decisão judicial que contrariar a súmula aplicável ou que indevidamente a aplicar, cabe reclamação a este Tribunal que, julgando-a procedente, anula o ato administrativo ou cassa a decisão judicial reclamada. Determina, ainda, que, outra decisão ou ato, seja proferido, com ou sem a aplicação da súmula, conforme o caso.

14.6. Superior Tribunal de Justiça (STJ)

Não existia um órgão igual ao Superior Tribunal de Justiça[8], nas Constituições anteriores, apesar de ter sido instituído a partir do Tribunal

8 Ver: VELLOSO, Carlos Mário da Silva. **O Superior Tribunal de Justiça na Constituição de 1988.** *In*: **Revista dos Tribunais.** São Paulo: Revista dos Tribunais, dez./1988, nº

Federal de Recursos (TFR), previsto na Constituição de 1967, no art. 27, § 2º, I, do Ato das Disposições Constitucionais Transitórias. Contudo, até que ele fosse instalado, sua competência foi exercida pelo Supremo Tribunal Federal, de acordo com o § 1º do art. 27, do Ato das Disposições Constitucionais Transitórias da Constituição de 1988.

O Superior Tribunal de Justiça é integrado por, no mínimo, trinta e três Ministros, de acordo com o art. 104 do texto constitucional. Estes são nomeados pelo Presidente da República, dentre brasileiros com mais de trinta e cinco e menos de sessenta e cinco anos, de notável saber jurídico e reputação ilibada, depois de aprovada a escolha pelo Senado Federal. A composição dos Ministros do Superior Tribunal de Justiça é integrada por três partes iguais: a) um terço dentre Juízes dos Tribunais Regionais Federais (TRF); b) um terço dentre Desembargadores dos Tribunais de Justiça, indicados em lista tríplice elaborada pelo próprio Tribunal; c) um terço, em partes iguais, dentre advogados e membros do Ministério Público Federal, Estadual, do Distrito Federal e Territórios, alternadamente, indicados na forma do art. 94.

No Superior Tribunal de Justiça, desse modo, não existe o quinto constitucional, mas o terço constitucional, em que não magistrados, como advogados e representantes do Ministério Público, tornam-se magistrados deste Tribunal Superior. O Regimento Interno do Superior Tribunal de Justiça foi publicado no Diário Oficial da União de 07.07.1989, republicado em 17.08.1989. A Emenda Constitucional nº 45, de 08.12.2004, alterou o **parágrafo único** do art. 104, relativo à nomeação dos Ministros do Superior Tribunal de Justiça, que devem ser submetidos ao Senado Federal, para aprovação por maioria absoluta desta Casa, quando antes se exigia apenas maioria simples.

14.7. Competência Originária do STJ

No âmbito do Judiciário, a criação do Superior Tribunal de Justiça se constitui em importante inovação da Constituição de 1988, que lhe confiou a missão de ser responsável, em especial, pela uniformização da legislação federal e guardiã da competência legislativa da União. Cabe ao Superior Tribunal de Justiça, como competência originária, diversas matérias, de acordo com o inciso I do art. 105, da Constituição Federal. Por outro lado, a Lei Federal nº 8.038, de 25.05.1990, instituiu normas e procedimentos para processos que especifica perante o Superior Tribunal de Justiça.

638/15, e **Doutrinas Essenciais: Direito Constitucional (Edições Especiais Revista dos Tribunais: 100 Anos)**. 2ª tir. São Paulo: Revista dos Tribunais, 2013, vol. IV, p. 635.

De acordo com a alínea "a" do inciso I do art. 105, compete a esse Tribunal Superior julgar, nos crimes comuns, os Governadores dos Estados e do Distrito Federal[9], e, nestes e nos de responsabilidade, os Desembargadores dos Tribunais de Justiça dos Estados-membros e do Distrito Federal, os membros dos Tribunais de Contas dos Estados-membros e do Distrito Federal, os dos Tribunais Regionais Federais, dos Tribunais Regionais Eleitorais e do Trabalho, os membros dos Conselhos ou Tribunais de Contas dos Municípios e os do Ministério Público da União que oficiem perante tais Tribunais. São autoridades importantes, ainda que de responsável inferior às autoridades descritas no art. 102, I, "a", da Constituição Federal, que são julgadas pelo Supremo Tribunal Federal.

De acordo com a alínea "b" do inciso I do art. 105, da Constituição de 1988, cabe ao Superior Tribunal de Justiça julgar os mandados de segurança e os **habeas data** contra ato de Ministro de Estado, dos Comandantes da Marinha, do Exército e da Aeronáutica ou do próprio Tribunal. Esta foi alterada pela Emenda Constitucional nº 23, de 02.09.1999, a Reforma Militar, na qual foram instituídos os Comandantes Militares. O mandado de segurança é a ação colocada à disposição de toda pessoa, física ou jurídica, para a defesa de direito individual líquido e certo, lesionado ou ameaçado de lesão, não amparado por **habeas corpus**, por ato de autoridade pública. Tem a finalidade de invalidar os atos de autoridade ou à supressão de omissões administrativas e o objeto vem a ser ato ou omissão de autoridade, que

9 "**Não há necessidade de prévia autorização da Assembleia Legislativa para que o Superior Tribunal de Justiça receba denúncia criminal contra o Governador do Estado** Não há necessidade de prévia autorização da Assembleia Legislativa para que o STJ receba denúncia ou queixa e instaure ação penal contra Governador de Estado, por crime comum. Em outras palavras, **não há necessidade de prévia autorização da Assembleia Legislativa para que o Governador do Estado seja processado por crime comum.** Se a **Constituição Estadual exigir autorização da Assembleia Legislativa para que o Governador seja processado criminalmente, essa previsão é considerada inconstitucional.** Assim, é vedado às unidades federativas **instituir normas que condicionem a instauração de ação penal contra Governador por crime comum à previa autorização da Casa Legislativa.**
Se o STJ receber a denúncia ou queixa-crime contra o Governador, ele ficará automaticamente suspenso de suas funções no Poder Executivo estadual? NÃO. **O afastamento do cargo não se dá de forma automática. O STJ, no ato de recebimento da denúncia ou queixa, irá decidir, de forma fundamentada, se há necessidade de o Governador do Estado ser ou não afastado do cargo.** Vale ressaltar que, além do afastamento do cargo, o STJ poderá aplicar qualquer **uma das medidas cautelares penais** (exs: prisão preventiva, proibição de ausentar-se da comarca, fiança, monitoração eletrônica etc.). STF. Plenário. ADI 5540/MG, Rel. Min. Edson Fachin, julgado em 3/5/2017 (Info 863). STF. Plenário. ADI 4764/AC, ADI 4797/MT e ADI 4798/PI, Rel. Min. Celso de Mello, red. p/ o ac. Min. Roberto Barroso, julgados em 4/5/2017 (Info 863)" (ABNC).

seja ilegal e lesivo a direito líquido e certo. Não se aplica, assim, às leis e aos decretos em tese, mas apenas aos seus efeitos concretos.

Pode ser interposto por toda e qualquer pessoa que esteja ameaçada ou violada em seu direito líquido e certo, inclusive quem indiretamente vier a ser ameaçada ou violada. A legitimação passiva é de autoridade que pode rever o próprio ato, como ato de dirigente de autarquia, fundação, empresa pública, sociedade de economia mista e de serviços delegados. Prevê-se, inclusive, o litisconsórcio. O mandado de segurança é tratado na Lei Federal nº 12.016, 07.08.2009. O **habeas data** destina-se, então, a assegurar a todas as pessoas o direito de solicitar a exibição de registros públicos e privados, nos quais constem seus dados pessoais, para que se possa deles conhecer e, se for o caso, pedir sua retificação. Trata-se de ação constitucional, de natureza cível, sempre que houver a negativa da via administrativa para se obter informações pessoais. Dispôs a Lei Federal nº 9.507, de 12.11.1997, sobre a matéria, com rito assemelhado ao do mandado de segurança, que regula o direito de acesso à informação e disciplina o procedimento judicial do **habeas data**.

De acordo com o art. 105, I, "c", compete ao Superior Tribunal de Justiça julgar os **habeas corpus**, quando o coator ou paciente for qualquer das pessoas mencionadas na alínea "a", ou quando o coator for Tribunal sujeito à sua jurisdição, Ministro de Estado ou Comandante da Marinha, do Exército ou da Aeronáutica, ressalvada a competência da Justiça Eleitoral. A alínea foi alterada pela Emenda Constitucional nº 23, de 02.09.1999, a Reforma Militar. A Constituição de 1988 dispôs que se concede **habeas corpus** sempre que alguém sofrer ou se achar ameaçado de sofrer violência ou coação em sua liberdade de locomoção, por ilegalidade ou abuso de poder. Encontra-se no Código de Processo Penal, nos seus arts. 647 e seguintes. Trata-se de uma ação constitucional de aspecto penal e de procedimento especial, sem pagamento de custas, garantindo ao indivíduo à liberdade de ir e vir, em uma ordem dada por Juiz ou Tribunal ao coator, para que cesse a ameaça ou violação dessa liberdade. Limita-se, hoje, apenas a garantir o direito de locomoção, não discutindo a prova ou o prazo para a obtenção de prova, dado seu caráter sumário. Não pode, assim, discutir sentença transitada em julgado, matéria já abordada.

Cabe ao Superior Tribunal de Justiça julgar, de acordo com o art. 105, I, "d", da Constituição Federal, os conflitos de competência entre quaisquer tribunais, ressalvado o disposto no art. 102, I, "o", bem como entre Tribunal e Juízes a ele não vinculados e entre Juízes vinculados a Tribunais diversos. O conflito de competência vem a ser o choque entre duas autoridades judiciárias, que entendem ser competentes ou não para tomar conhecimento, processar e julgar determinada ação. Pode o conflito ser positivo, caso as duas autoridades entendam que são competentes, ou negativo, caso nenhuma se considere com tal competência.

A coisa julgada é o princípio que assegura que não se pode mais discutir no processo o que já foi decidido em outro. Distingue-se a coisa julgada formal, no qual houve uma decisão específica sobre a matéria em discussão, da coisa julgada material, que contém aquela por sua abrangência ser mais ampla. A coisa julgada, então, vem a ser uma decisão judicial, da qual não caiba mais recurso. É uma garantia para o sistema jurídico que determinada lide chegue a um determinado fim, sem poder mais ser apreciada, por ter força de lei dentro dos limites da questão decidida. A decisão transitada em julgado, não obstante, durante certo prazo, pode ser objeto de ação rescisória, sem que isto ofenda ao princípio constitucional.

Dispõe a alínea "e" do inciso I do art. 105, da Constituição de 1988, que cabe ao Superior Tribunal de Justiça, a possibilidade de rever as próprias decisões que já tenham transitado em julgado, através da revisão criminal e da ação rescisória de seus julgados. A revisão criminal é um procedimento que permite a reparação de erros judiciários, na esfera criminal, atingindo a sentença transitada em julgado, destinada a corrigir a decisão da qual não caiba recurso. Existe dúvida, na doutrina, se se trata de ação ou recurso, mas vem a ser uma ação de conhecimento constitutiva. Está disposta, nos arts. 621 e seguintes, do Código de Processo Penal. Por outro lado, a ação rescisória trata-se da ação por meio da qual se pede a desconstituição de uma sentença transitada em julgado, com eventual novo julgamento da matéria, visando anular a decisão. É o meio processual de conseguir a declaração da nulidade ou ilegalidade de uma sentença cível definitiva, da qual não caiba mais recurso.

Dispõe a alínea "f" do inciso I do art. 105, da Constituição Federal, que compete ao Superior Tribunal de Justiça, como competência originária, a reclamação para a preservação de sua competência e garantia da autoridade de suas decisões. A reclamação destina-se a regularizar a situação em que haja subversão patente da hierarquia judicial, em casos especialíssimos de desrespeito a julgamento da Corte Suprema.

De acordo com a alínea "g" do inciso I, do art. 105, cabe ao Superior Tribunal da Justiça julgar os conflitos de atribuições entre autoridades administrativas judiciárias da União, ou entre autoridades judiciárias de um Estado-membro e administrativas de outro ou do Distrito Federal, ou entre as deste e da União. Trata-se do choque de competência entre duas autoridades em matéria administrativa ou em matérias judiciárias. É matéria de direito processual o conflito de jurisdição, ao passo que o conflito de atribuição vem a ser matéria administrativa. O Código de Processo Civil, de 1973, ao contrário do Código de Processo Civil de 1939, que mencionava a matéria em seus arts. 146 e 803, não tratou da questão. A Emenda Constitucional nº 45, de 08.12.2004, acresceu ao inciso I do art. 105, a alínea "i", que atribuiu ao Superior Tribunal de Justiça a homologação de sentença estrangeira e a concessão de **exequatur** às cartas rogatórias, competência que antes era do Supremo Tribunal Federal, no art. 102, I, "h", da Constituição de 1988.

A homologação de sentença estrangeira vem a ser o reconhecimento, por um país, de atos jurisdicionais de outro país. Tem como requisito competência do Juiz estrangeiro que proferiu a sentença, a citação das partes ou a comprovada revelia, a necessidade de trânsito em julgado da sentença, a tradução da sentença por intérprete autorizado e a autenticação dos documentos e a transcrição do registro de títulos e documentos. A matéria está tratada no Decreto Federal nº 4.857, de 09.11.1939, com as modificações dadas pelo Decreto Federal nº 5.318, de 29.02.1940.

A **exequatur** significa a execução de decisão estrangeira no Brasil, fazendo-se através de carta rogatória. Esta vem a ser a carta pela qual o Judiciário de um país solicita ao Judiciário de outro, por via diplomática, o cumprimento de determinadas diligências, como citação, avaliação, depoimentos e perícias ou, ainda, a execução de uma carta de sentença. As cartas rogatórias, do mesmo modo que as sentenças estrangeiras, precisam ser legalizadas pela autoridade estrangeira, bem como traduzidas por tradutor oficial. Encontra-se a matéria tratada nos art. 483 do Código de Processo Civil de 1973, e agora nos arts. 960 a 965, do Código de Processo Civil de 2015.

14.8. Competência Recursal do STJ

A jurisdição é o poder estatal para compor os conflitos de interesses, privados e públicos. A jurisdição está organizada de acordo com um sistema em que há dois graus de jurisdição, que garante à parte vencida o reexame da matéria por um colegiado, um Tribunal, que tem competência plena para examinar toda a matéria, inclusive as provas. Há, neste sistema, entre Juízes, de primeiro grau, e os Tribunais, de segundo grau, uma subordinação funcional, em que os superiores podem reexaminar as decisões proferidas, quando provocados ou de ofícios, em algumas matérias, como no caso da litigância de órgão público, como já dito.

Compete, também, ao Superior Tribunal de Justiça julgar, em recurso ordinário, de acordo com o inciso II do art. 105, o julgamento dos **habeas corpus** decididos em única ou última instância pelos Tribunais Regionais Federais ou pelos Tribunais dos Estados-membros, do Distrito Federal e dos Territórios, quando a decisão for denegatória. Cabe-lhe, ainda, julgar, em grau de recurso, os mandados de segurança decididos em única instância pelos Tribunais Regionais Federais ou pelos Tribunais de Justiça dos Estados-membros, do Distrito Federal e dos Territórios, igualmente quando denegatória a decisão. Trata-se de uma proteção extra aos **writs**, em que, havendo uma decisão que indefira o pedido, permite-se o reexame da matéria por um Tribunal ordinário, no caso o Supremo Tribunal Federal, para tais decisões dos Tribunais Regionais Federais ou dos Tribunais de Justiça Estaduais.

Por outro lado, como atribuiu à Justiça Federal a competência originária da matéria, no art. 109, V, do texto constitucional, coube ao Superior Tribunal de Justiça julgar as causas em que forem partes Estado estrangeiro ou organismo internacional, de um lado, e, do outro, Município ou pessoa residente ou domiciliada no Brasil, conforme a alínea "c" do inciso II do art. 105.

14.9. Recurso Especial no STJ

O recurso especial é uma criação do direito brasileiro, ainda que influenciado pelo sistema norte-americano. Trata-se de um meio de impugnação de decisões judiciais, desfavoráveis, de única ou última instância, dirigida ao Superior Tribunal de Justiça, em razão de violação de lei federal. O recurso especial visa manter a unidade do direito brasileiro, com a supremacia da legislação federal, naquilo que for de competência da União[10]. Cabe ao Superior Tribunal de Justiça, nos termos do inciso III do art. 105, da Constituição de 1988, julgar, em recurso especial, as causas decididas, em única ou última instância, pelos Tribunais Regionais Federais ou pelos Tribunais dos Estados-membros, do Distrito Federal e Territórios, quando a decisão recorrida: a) contrariar tratado ou lei federal, ou negar-lhes vigência; b) julgar válido ato de governo local contestado em face de lei federal; c) der a lei federal interpretação divergente da que lhe haja atribuído outro tribunal.

A admissão do recurso especial não é fácil, posto que o juízo de admissibilidade inicial é feito pelo Presidente do Tribunal que teve a decisão recorrida. Este observa se houve prequestionamento da matéria e enquadra-se a mesma nas alíneas do inciso III do art. 105, da Constituição Federal. Caso este negue o seguimento do recurso especial, cabe agravo de recurso especial, que não pode ser obstado. Depois, no próprio Superior Tribunal de Justiça, a matéria é suscetível de nova apreciação de admissibilidade, além da discussão do mérito.

A Emenda Constitucional nº 45, de 08.12.2004, modificou a redação da alínea "b" do inciso III do art. 105, da Constituição Federal. Passou a competência para julgar válida lei local contestada em face de lei federal, para o Supremo Tribunal Federal, no art. 103, III, "d", da Constituição de 1988, retendo a competência apenas para julgar válido ato de governo lo-

10 Ver: CARAZZA, Roque Antonio. **Do Recurso Extraordinário e do Recurso Especial.** *In*: **Revista de Constitucional de Internacional.** São Paulo: Revista dos Tribunais, jan.-mar./1993, nº 2/103, e **Doutrinas Essenciais: Direito Constitucional (Edições Especiais Revista dos Tribunais: 100 Anos).** 2ª tir. São Paulo: Revista dos Tribunais, 2013, vol. V, p. 775.

cal contestado em face de lei federal. A Emenda Constitucional nº 45, de 08.12.2004, alterou o **parágrafo único** do art. 105, da Constituição Federal, dividindo-o em dois incisos. Consta que vai funcionar junto ao Superior Tribunal de Justiça, sendo esta a novidade, a Escola Nacional de Formação e Aperfeiçoamento de Magistrados, cabendo-lhe, dentre outras funções, regulamentar os cursos oficiais para o ingresso e promoção na carreira. Por outro lado, manteve-se o Conselho de Justiça Federal, cabendo-lhe exercer a supervisão administrativa e orçamentária da Justiça Federal de primeiro e segundo graus, como órgão central do sistema e com poderes correcionais, cujas decisões terão caráter vinculante.

14.10. Conselho Nacional de Justiça (CNJ)

A Emenda Constitucional nº 45, de 08.12.2004, a Reforma do Judiciário, efetuou profundas modificações no Capítulo III, Do Poder Judiciário, do Título IV, Da Organização dos Poderes, do texto constitucional. O art. 92, da Constituição de 1988, foi acrescido do inciso I-A, dando como órgãos do Poder Judiciário o Conselho Nacional de Justiça, antiga aspiração dos operadores jurídicos, em especial dos advogados. Foi luta intensa da Ordem dos Advogados do Brasil (OAB), para que houvesse um controle externo do Judiciário, não para controlar suas decisões e o poder do livre convencimento, mas para contribuir com seu aperfeiçoamento institucional e administrativo, dando-lhe maior transparência e agilidade. Pelo sistema constitucional brasileiro, cabe ao Judiciário o exercício do controle jurisdicional do Executivo e do Legislativo, bem como do Ministério Público, sempre falando por último. Não obstante, nada havia que controlasse o Judiciário, em violação do princípio de freios e contrapesos, pelo qual todos os poderes políticos controlavam a si e aos outros.

Com a criação do Conselho Nacional de Justiça (CNJ), foi instituído um órgão que permite o autocontrole deste Poder Político, havendo também o controle por outras instituições, como o Ministério Público, a Ordem dos Advogados do Brasil, o Senado Federal e a Câmara dos Deputados, através da indicação desta de membros do referido Conselho, conforme o art. 103-B da Constituição Federal. No art. 5º, da Emenda Constitucional nº 45, de 18.12.2004, foi previsto ainda que este devia ser instituído em cento e oitenta dias, a contar da promulgação da emenda, com seus membros sendo escolhidos até trinta dias antes do termo final, o que acabou sendo cumprido.

No art. 103-B, da Constituição Federal, constava que o Conselho Nacional de Justiça compunha-se de quinze membros com mais de trinta e cinco anos e menos de sessenta e cinco anos de idade, com mandato de dois anos, admitida uma recondução, sendo: a) um Ministro do Supremo

Tribunal Federal, indicado pelo respectivo Tribunal; b) um Ministro do Superior Tribunal de Justiça, indicado pelo respectivo Tribunal; c) um Ministro do Tribunal Superior do Trabalho, indicado pelo respectivo Tribunal; d) um Desembargador de Tribunal de Justiça, indicado pelo Supremo Tribunal Federal; e) um Juiz Estadual, indicado pelo Supremo Tribunal Federal; f) um Desembargador Federal de Tribunal Regional Federal, indicado pelo Superior Tribunal de Justiça; g) um Juiz Federal, indicado pelo Superior Tribunal de Justiça; h) um Desembargador do Trabalho de Tribunal Regional do Trabalho, indicado pelo Tribunal Superior do Trabalho; i) um Juiz do Trabalho, indicado pelo Tribunal Superior do Trabalho; j) um membro do Ministério Público da União, indicado pelo Procurador-Geral da República; k) um membro do Ministério Público Estadual, escolhido pelo Procurador-Geral da República dentre os nomes indicados pelo órgão competente de cada instituição estadual; l) dois advogados, indicados pelo Conselho Federal da Ordem dos Advogados do Brasil; m) dois cidadãos, de notável saber jurídico e reputação ilibada, indicados um pela Câmara dos Deputados e outro pelo Senado Federal.

A Emenda Constitucional nº 45, de 08.12.2004, instituiu o Conselho Nacional de Justiça, que seria presidido pelo Ministro do Supremo Tribunal Federal, que poderia votar em caso de empate, ficando excluído da distribuição de processos naquele Tribunal. Por outro lado, os membros do Conselho são nomeados pelo Presidente da República, depois de aprovada a escolha pela maioria absoluta do Senado Federal. Caso não efetuadas estas indicações, no prazo legal, cabe a escolha ao Supremo Tribunal Federal. A Emenda Constitucional nº 61, de 11.11.2009 alterou o art. 103-B, da Constituição Federal, para modificar a composição do Conselho Nacional de Justiça, indicando o Presidente do Supremo Tribunal Federal como Presidente do referido Conselho e o Vice-Presidente do Supremo como seu substituto e não mais pelo Ministro do Superior Tribunal de Justiça.

A Emenda Constitucional nº 45, de 08.12.2004, instituiu o Conselho Nacional de Justiça, com o controle de natureza administrativa. Deve-se observar que, pelas alterações dos parágrafos do art. 92, da Constituição Federal, não tem este jurisdição, limitando seu controle à administração e às finanças dos órgãos jurisdicionais, magistrados e seus auxiliares. A competência foi determinada no § 4º do art. 103-B, do texto constitucional, fixando o controle da atuação administrativa e financeira do Poder Judiciário e do cumprimento dos deveres funcionais dos juízes.

Além de outras atribuições que lhe forem conferidas pelo Estatuto da Magistratura, cabe ao Conselho: a) zelar pela autonomia do Poder Judiciário e pelo cumprimento do Estatuto da Magistratura, podendo expedir atos regulamentares, no âmbito de sua competência, ou recomendar providências; b) zelar pela observância do art. 37 e apreciar, de ofício ou mediante provocação, a legalidade dos atos administrativos praticados por membros ou órgãos do Poder Judiciário, podendo desconstituí-los, revê-los ou fixar prazo para que se adotem as providências necessárias ao exato cumprimento da lei, sem prejuízo da competência do Tribunal de Contas da União (TCU); c) receber e conhecer das reclamações contra membros ou órgãos do Poder Judiciário, inclusive contra seus serviços auxiliares, serventias e órgãos prestadores de serviços notariais e de registro que atuem por delegação do poder público ou oficializados, sem prejuízo da competência disciplinar e correicional dos Tribunais, podendo avocar processos disciplinares em curso e determinar a remoção, a disponibilidade ou a aposentadoria com subsídios ou proventos proporcionais ao tempo de serviço e aplicar outras sanções administrativas, assegurada ampla defesa; d) representar ao Ministério Público, no caso de crime contra a Administração Pública ou de abuso de autoridade; e) rever, de ofício ou mediante provocação, os processos disciplinares de juízes e membros de Tribunais julgados há menos de um ano; f) elaborar semestralmente relatório estatístico sobre processos e sentenças prolatadas, por unidade da Federação, nos diferentes órgãos do Poder Judiciário; g) elaborar relatório anual, propondo as providências que julgar necessárias, sobre a situação do Poder Judiciário no Brasil e as atividades do Conselho, o qual deve integrar mensagem do Presidente do Supremo Tribunal Federal a ser remetida ao Congresso Nacional, por ocasião da abertura da Sessão Legislativa.

A Lei Federal nº 12.106, de 02.12.2009, criou, no âmbito do Conselho Nacional de Justiça, o Departamento de Monitoramento e Fiscalização do Sistema Carcerário e do Sistema de Execução de Medidas Socioeducativas. A Emenda Constitucional nº 45, de 08.12.2004, instituiu o Conselho Nacional de Justiça no art. 103-B, da Constituição Federal. Pelo § 5º cabe ao Ministro do Superior Tribunal de Justiça exercer a função de Ministro-Corregedor, ficando excluído da distribuição de processos no Tribunal. Competem-lhe, além das atribuições que lhe forem conferidas pelo Estatuto da Magistratura, as seguintes: a) receber as reclamações e denúncias, de qualquer interessado, relativas aos magistrados e aos serviços judiciários; b) exercer funções executivas do Conselho, de inspeção e de correição geral; c) requisitar e designar magistrados, delegando-lhes atribuições; d) requisitar servidores de juízos ou Tribunais, inclusive nos Estados-membros, no Distrito Federal e nos Territórios.

Em razão da intensa luta levada pela Ordem dos Advogados do Brasil (OAB), oficiam no Conselho Nacional de Justiça o seu Presidente e o Procurador-Geral da República, dando demonstração do prestígio desta instituição, que também vai indicar dois membros para integrarem o Conselho. Por fim, pelo § 7º do art. 103-B, da Constituição Federal, a União, inclusive no Distrito Federal e nos Territórios, deve criar Ouvidorias de Justiça, competentes para receber reclamações e denúncias de qualquer interessado contra membros ou órgãos do Poder Judiciário, ou contra seus serviços auxiliares, representando diretamente ao referido Conselho.

Capítulo XV

JUSTIÇA FEDERAL, DO TRABALHO, ELEITORAL, MILITAR E ESTADUAL

15.1. Competência da Justiça Federal

De acordo com o art. 109, aos Juízes Federais compete processar e julgar determinadas matérias, de interesse da União. A Justiça Federal foi instituída com a Constituição de 1891, apenas na primeira instância, sendo os magistrados chamados de Juízes Seccionais. A Constituição de 1934 os manteve e previu, inclusive, uma segunda instância, mas estes foram suprimidos pela Constituição de 1937. A Constituição de 1946 não previu os Juízes Federais, mas o Ato Institucional nº 2, de 27.10.1965, complementado pela Emenda Constitucional nº 16, de 16.11.1965, voltou a prevê-los, modelo que foi seguido pela Constituição de 1967 e por sua Emenda Constitucional nº 1, de 17.10.1969. A competência da Justiça Federal nasce de dispositivo constitucional e não pode ser modificada por lei ordinária. Não se incluem em sua competência as causas falimentares, as causas eleitorais, as causas sujeitas à Justiça Militar Federal e, ainda, as causas referentes a acidente de trabalho. As causas trabalhistas, também, não lhe competem, exceto as propostas contra representação diplomática de país estrangeiro.

Assim, conforme o inciso I do art. 109, da Constituição de 1988, cabe-lhe julgar as causas em que a União, entidade autárquica ou empresa pública federal, não estando prevista tal competência para as sociedades de economia mista, de competência da Justiça Estadual. O critério adotado é o **ratione personae**, no qual haja predominante interesse federal. Por outro lado, basta que a União demonstre interesse, para atuar como litisconsorte passivo ou ativo, assistente ou oponente, para que ocorra o deslocamento da competência. Foram excetuadas, porém, as competências em matéria de falência, de acidentes de trabalho e as sujeitas à Justiça Eleitoral e à Justiça do Trabalho.

Dispõe o inciso II do art. 109, da Constituição de 1988, que as causas entre Estado estrangeiro ou organismo internacional e Município ou pessoa domiciliada ou residente no Brasil são de competência da Justiça Federal. O litígio entre Estado estrangeiro ou organismo internacional e a União, o

Estado-membro, o Distrito Federal ou o Território está tratado na alínea "e" do inciso I do art. 102, da Constituição Federal. Existe um interesse especial da União para tratar dos litígios entre os países estrangeiros ou os organismos internacionais e as Entidades integrantes da Federação, pois envolve a própria questão da soberania. No sistema constitucional, o conflito poderia também envolver os Municípios, mas a Constituição de 1988 atribuiu tal competência para a Justiça Federal, no art. 109, II. No inciso III do art. 109, da Constituição Federal, também cabe à Justiça Federal as causas fundadas em tratado ou contrato da União com Estado estrangeiro ou com organismo internacional[1].

De acordo com o inciso IV do art. 109, da Constituição de 1988, compete à Justiça Federal julgar os crimes políticos e as infrações penais praticadas em detrimento de bens, serviços ou interesse da União ou de suas entidades autárquicas ou empresas públicas, excluídas as contravenções e ressalvada a competência da Justiça Militar e da Justiça Eleitoral[2]. Os crimes políticos são aqueles praticados por motivação política, como os atos terroristas. No mesmo sentido, no inciso V desse artigo, também lhe cabe julgar os crimes previstos em tratado ou convenção internacional, quando, iniciada a execução no Brasil, o resultado tenha ou devesse ter ocorrido no estrangeiro, ou reciprocamente, bem como no inciso VI, que trata dos crimes contra a organização do trabalho, previstos nos arts. 197 a 207, do Código Penal, e, nos casos determinados por lei, contra o sistema financeiro e contra a ordem econômico-financeira. A competência penal da Justiça Federal incide também sobre as contravenções penais, pois o sentido é de infração penal, conforme previa a Súmula nº 22, do extinto Tribunal Federal de Recursos, exceto nos casos de crime que envolva sociedade de economia mista, que permanece na competência da Justiça Estadual.

A Emenda Constitucional nº 45, de 08.12.2004, acresceu ao art. 109, da Constituição Federal, o inciso V-A, há muito reclamado pela sociedade civil e operadores do direito, que se constituiu na federação dos crimes contra os direitos humanos. Na verdade, desde o Massacre de Carajás, no Pará, na Década de Noventa, do século passado, que se reivindica tal mudança, apenas agora atendida. Assim, cabe à Justiça Federal a competência para

---

1 Ver: COMPARATO, Fábio Konder. **Novas Funções Judiciais no Estado Moderno.** *In*: **Revista dos Tribunais.** São Paulo: Revista dos Tribunais, dez./1986, nº 614/14, e **Doutrinas Essenciais: Direito Constitucional (Edições Especiais Revista dos Tribunais: 100 Anos)**. 2ª tir. São Paulo: Revista dos Tribunais, 2013, vol. IV, p. 717.

2 Súmula Vinculante 36, de 16.10.2014: "Compete à Justiça Federal comum processar e julgar civil denunciado pelos crimes de falsificação e de uso de documento falso quando se tratar de falsificação da Caderneta de Inscrição e Registro (CIR) ou de Carteira de Habilitação de Amador (CHA), ainda que expedidas pela Marinha do Brasil".

processar e julgar as causas relativas a direitos humanos. Por outro lado, de acordo com o § 5º do art. 109, do texto constitucional, nas hipóteses de grave violação de direitos humanos, o Procurador-Geral da República pode suscitar, perante o Superior Tribunal de Justiça, em qualquer fase do inquérito ou processo, incidente de deslocamento de competência para a Justiça Federal. Tem a finalidade de assegurar o cumprimento de obrigações decorrentes de tratados internacionais de direito humanos dos quais o Brasil seja parte.

De acordo com o inciso VII do art. 109, da Constituição de 1988, compete à Justiça Federal julgar os **habeas corpus**, em matéria criminal de sua competência, quando o constrangimento provier de autoridade cujos atos não estejam diretamente sujeitos a outra jurisdição. A Constituição de 1988 dispôs que se deve conceder **habeas corpus** sempre que alguém sofrer ou se achar ameaçado de sofrer violência ou coação em sua liberdade de locomoção, por ilegalidade ou abuso de poder. Encontra-se previsto, no Código de Processo Penal, nos seus arts. 647 e seguintes. Trata-se de uma ação constitucional de aspecto penal e de procedimento especial, sem pagamento de custas, garantindo ao indivíduo à liberdade de ir e vir, em uma ordem dada por Juiz ou Tribunal ao coator, para que cesse a ameaça ou violação dessa liberdade.

O mandado de segurança é ação colocada à disposição de toda pessoa, física ou jurídica, para a defesa de direito individual líquido e certo, lesionado ou ameaçado de lesão, não amparado por **habeas corpus**, por ato de autoridade pública. Tem a finalidade de invalidar os atos de autoridade ou à supressão de omissões administrativas e o objeto vem a ser ato ou omissão de autoridade, que seja ilegal e lesivo a direito líquido e certo. Não se aplica, assim, às leis e aos decretos em tese, mas apenas seus efeitos concretos. Pode ser interposto por toda e qualquer pessoa que esteja ameaçada ou violada em seu direito líquido e certo, inclusive quem indiretamente vier a sê-lo. A legitimação passiva é de autoridade que pode rever o próprio ato, inclusive ato de dirigente de autarquia, fundação, empresa pública, sociedade de economia mista e de serviços delegados.

O **habeas data** destina-se, então, a assegurar a todas as pessoas o direito de solicitar a exibição de registros públicos e privados, nos quais constem seus dados pessoais, para que se possa deles conhecer e, se for o caso, pedir sua retificação. Trata-se de ação constitucional, de natureza cível, sempre que houver a negativa da via administrativa para se obter informações pessoais. Dispôs a Lei Federal nº 9.507, de 12.11.1997, sobre a matéria, com rito assemelhado ao do mandado de segurança, lei que regula o direito de acesso à informação e disciplina o procedimento judicial do **habeas data**. Assim, de acordo com o inciso VIII, cabe à Justiça Federal julgar os mandados de segurança e os **habeas data** contra ato de autoridade federal, excetuados os casos de competência dos Tribunais Regionais Federais.

Prevê o inciso IX do art. 109 do texto constitucional que os crimes cometidos a bordo de navios ou aeronaves brasileiras, ressalvada a competência da Justiça Militar, são de competência da Justiça Federal, em razão da competência **ratione loci**. Cabem ao Juiz Federal, de acordo com o inciso X do art. 109, da Constituição de 1988, as seguintes atribuições: a) os crimes de ingresso ou permanência irregular de estrangeiros; b) a execução de carta rogatória, após o **exequatur**; c) a execução de sentença estrangeira, após a homologação; d) as causas referentes a nacionalidade, inclusive a respectiva opção; e) a naturalização.

Os crimes de ingresso ou permanência irregular são de competência federal, em decorrência do disposto no art. 22, XV, da Constituição Federal, que atribuiu poderes à União para legislar sobre emigração e imigração, entrada, extradição e expulsão de estrangeiro. Observe-se que o Estatuto dos Refugiados de 1951 encontra-se disposto na Lei Federal nº 9.474, de 22.07.1997. A homologação de sentença estrangeira vem a ser o reconhecimento, por um país, de atos jurisdicionais de outro. Tem como requisito: a) a competência do Juiz estrangeiro que proferiu a sentença; b) a citação das partes ou da comprovada revelia; c) a necessidade de trânsito em julgado da sentença; d) a tradução da sentença por intérprete autorizado e a autenticação dos documentos e a transcrição no registro de títulos e documentos.

A matéria é tratada no Decreto Federal nº 4.857, de 09.11.1939, com as modificações dadas pelo Decreto nº 5.318, de 29.02.1940. A questão do **exequatur**, que significa a execução de decisão estrangeira no Brasil, se faz através de carta rogatória. Esta é a carta pela qual a Justiça de um país solicita ao Judiciário do outro país, por via diplomática, o cumprimento de determinada diligência, como citação, avaliação, depoimento e perícia, ou, ainda, a execução de uma carta de sentença. As cartas rogatórias, do mesmo modo que as sentenças estrangeiras, precisam ser legalizadas pela autoridade estrangeira, bem como traduzida por tradutor oficial. Quanto às causas referentes à nacionalidade, inclusive a respectiva opção, bem como sobre a naturalização, são de competência da Justiça Federal, em decorrência do disposto no art. 22, XIII, da Constituição Federal, que atribuiu à União poderes para legislar sobre nacionalidade, cidadania e naturalização. A situação jurídica do estrangeiro, no país, é tratada pela Lei Federal nº 6.815, de 19.08.1980, bem como pelo Decreto Federal nº 86.715, de 10.12.1981. A Lei Federal nº 11.961, de 02.07.2009, dispôs sobre a residência provisória para o estrangeiro em situação irregular no território nacional, ao passo que a Lei Federal nº 12.143, de 21.12.2009, alterou a Lei Federal nº 6.815, de 19.08.1980, para instituir a reciprocidade na concessão de prazos de permanência de estrangeiros no Brasil.

Em razão da competência da União para legislar sobre os direitos indígenas, prevista no art. 22, XIV, cabem à Justiça Federal as causas que envolvam a disputa sobre direitos indígenas, conforme o inciso XI do art. 109 do texto constitucional. É regra geral que as causas devem ser propostas no foro do domicílio do réu, de acordo com o brocardo romano, **actor sequitur forum reu**. No mesmo sentido, dispõe o art. 109, § 1º, da Constituição de 1988, em que está expresso que as causas em que a União for autora precisam ser aforadas na Seção Judiciária onde tiver domicílio a outra parte, no sentido de local para a propositura da ação.

De acordo com o § 2º do art. 109, da Constituição de 1988, as causas intentadas contra a União devem poder ser aforadas na Seção Judiciária em que for domiciliado o autor, naquela onde houver ocorrido ato ou fato que deu origem à demanda ou onde esteja situada a coisa, ou no Distrito Federal. O domicílio legal da União é o Distrito Federal, de acordo com o Código Civil de 2002, no art. 75, I, mas, por disposição constitucional, não apenas este, mas também lá, em razão da federalização da Justiça Federal. Pode, assim, a propositura ocorrer em outras Seções Judiciárias, desde que seja o domicílio do autor, onde houver ocorrido o ato ou fato jurídico e, ainda, no local onde esteja a coisa.

Devem ser processadas e julgadas na Justiça Estadual, no foro do domicílio dos segurados ou beneficiários, as causas em que forem parte instituição de previdência social e segurado, sempre que a Comarca não seja sede de Vara da Justiça Federal, conforme o § 3º do art. 109, da Constituição Federal. Por outro lado, caso se verifique essa condição, a lei pode permitir que outras causas sejam também processadas e julgadas pela Justiça Estadual. A imensa maioria de aposentados compõe-se de pessoas de baixa renda, de modo que se exige que se proponha uma demanda sobre a previdência, em local diferente daquele em que reside e tem domicílio, implica em obstruir seu direito de ação. A matéria já foi objeto da Súmula do STF nº 501. Apenas a competência originária pode ser da Justiça Estadual, pois os recursos devem ser propostos no Tribunal Regional Federal, na área de jurisdição do Juiz de primeiro grau.

A Emenda Constitucional nº 45, de 08.12.2004, acresceu o art. 109, da Constituição Federal, de § 5º, relacionado com o também instituído inciso V-A, que trata da atribuição à Justiça Federal dos crimes contra os direitos humanos. Em hipótese de grave violação de direitos humanos, o Procurador-Geral da República suscita, perante o Superior Tribunal de Justiça, em qualquer fase do inquérito ou do processo, incidente de deslocamento de competência para a Justiça Federal, com o fim de assegurar o cumprimento de obrigações decorrentes de tratados internacionais de direito humanos dos quais o Brasil seja parte.

15.2. Organização da Justiça Federal

O regime federalista implica a existência de, pelo menos, duas jurisdições, uma no âmbito da Federação e outra no dos Estados-membros. Existem diversas competências da União que, consequentemente, devem ter decididas suas matérias por órgãos especializados em suas questões. A matéria foi tratada nas Constituições de 1891, no art. 55, e na de 1934, no art. 78, sendo omissa na de 1937. Na Constituição de 1946, nos arts. 103 a 105, nela prevista a criação do Tribunal Federal de Recursos (TFR), com previsão de outros Tribunais, situação mantida na de 1967, nos arts. 116 e 117, que na Emenda Constitucional nº 1, de 17.10.1969, passaram a ser arts. 121 e 122. Apesar da previsão, neste texto constitucional, da criação de mais dois Tribunais, um em São Paulo e o outro em Pernambuco, a Emenda Constitucional nº 7, de 13.04.1977, eliminou esta possibilidade. A Constituição de 1988 extinguiu o Tribunal Federal de Recursos (TFR), passando parte de sua competência para o Superior Tribunal de Justiça e a outra aos Tribunais Regionais Federais (TRF), que por ela foram instituídos. Foram criados cinco Tribunais Regionais Federais (TRF), através do art. 27, § 6º, do Ato das Disposições Constitucionais Transitórias, atualmente com sede em Brasília, TRF da 1ª Região; em São Paulo, TRF da 2ª Região; no Rio de Janeiro, TRF da 3ª Região; em Porto Alegre, TRF da 4ª Região; e em Recife, TRF da 5ª Região. Assim, de acordo com o art. 106 da Constituição Federal, a Justiça Federal é integrada pelos Tribunais Regionais Federais e pelos Juízes Federais. A Emenda Constitucional nº 73, de 06.06.2013, criou o Tribunal Regional Federal (TRF) da 6ª Região, com sede em Curitiba; da 7ª Região, com sede em Belo Horizonte, da 8ª Região, com sede em Salvador, e da 9ª Região, com sede em Manaus, até hoje não instalados.

De acordo com o inciso XVI do art. 84, da Constituição de 1988, cabe ao Presidente da República nomear os magistrados, nos casos previstos no texto constitucional. Pode, assim, nomear os Desembargadores Federais dos Tribunais Regionais Federais (TRF), dentre brasileiros com mais de trinta e menos de sessenta anos. São um quinto, dentre advogados com mais de dez anos de efetiva atividade profissional e membros do Ministério Público, com mais de dez anos de carreira. Os demais, mediante promoção de Juízes Federais com mais de cinco anos de exercício, por antiguidade e merecimento, alternadamente, conforme o art. 107, da Constituição Federal. Os Tribunais Regionais Federais compõem-se de, no mínimo sete Juízes, recrutados, quando possível, na respectiva região, e nomeada pelo Presidente da República, dentre brasileiros com mais de trinta e menos de sessenta anos. Integram, ainda, um quinto dentre advogados com mais de dez anos de efetiva atividade profissional e membros do Ministério Público Federal com mais de dez anos de carreira; e os demais, mediante promoção de Juízes

Federais com mais de cinco anos de exercício, por antiguidade e merecimento, alternadamente.

A forma pela qual estão previstos os Tribunais Regionais Federais, dispostos no art. 107, esclareceu a questão do quinto constitucional. Em primeiro lugar, com o número mínimo de sete, desobrigou a composição ser de número múltiplo de cinco. Em segundo lugar, foi fixado inicialmente o quinto, como exigência constitucional, ao passo que aos magistrados de carreira foi usada a expressão "os demais", numa demonstração que não havia o direito ao chamado quatro quintos, de forma que não se aplica a regra do arredondamento da fração, superior ou inferior a meio. Em terceiro lugar, primeiro se indica o magistrado representante dos advogados para, só depois, preencher-se a vaga do Ministério Público. Lei ordinária deve disciplinar a remoção ou a permuta de Desembargadores Federais dos Tribunais Regionais Federais e determinar sua jurisdição e sede. A Emenda Constitucional nº 45, de 08.12.2004, alterou o **parágrafo único** para ser o § 1º do art. 107, da Constituição Federal, não mudando sua redação. Acresceu este artigo, porém, do § 2º, como novidade, em que os Tribunais Regionais Federais devem instalar a Justiça Itinerante, com a realização de audiências e demais funções da atividade jurisdicional, nos limites territoriais da respectiva jurisdição, servindo-se de equipamentos públicos e comunitários. A outra novidade, no § 3°, importante pela dimensão territorial das regiões das respectivas jurisdições, que os Tribunais Regionais Federais podem funcionar de forma descentralizada, constituindo Câmaras Regionais, a fim assegurar o pleno acesso do jurisdicionado à justiça em todas as fases do processo.

Cada Estado-membro, bem como o Distrito Federal, deve constituir uma Seção Judiciária, que tem que ter por sede a respectiva Capital, e Varas localizadas segundo o estabelecido em lei, de acordo com o **caput** do art. 110. A disposição permitiu, por fim, que houvesse a efetiva federalização da Justiça Federal. Por outro lado, a Lei Federal nº 9.642, de 25.05.1998, reestruturou a Justiça Federal de primeiro grau, da 1ª Região, criando novas Varas. Conforme o **parágrafo único** desse artigo, nos Territórios Federais, a jurisdição e as atribuições cometidas aos Juízes Federais deve caber aos Juízes da Justiça Comum, na forma da lei. Desta atribuição decorre que é competência da União o Poder Judiciário, o Ministério Público e a Defensoria Pública, nos Territórios, como dispõe o art. 21, XIII, da Constituição Federal.

15.3. Competência da Justiça do Trabalho

Cabe à Justiça do Trabalho, nos termos do art. 114, da Constituição de 1988, conciliar e julgar os dissídios individuais e coletivos entre trabalhadores e empregadores, abrangidos os entes de direito público externo. Pode, ainda, na forma da lei, julgar outras controvérsias decorrentes da relação de trabalho, bem como os litígios que tenham origem no cumprimento de suas próprias sentenças, inclusive coletivas. O dissídio individual, ou a chamada reclamação trabalhista, vem a ser o processo judicial, em que essa Justiça concilia ou decide os litígios entre empregadores e empregados, em razão da relação de emprego.

Por sua vez, o dissídio coletivo é o processo para resolver os conflitos coletivos de trabalho, em que os empregados e empregadores são representados, respectivamente, pelos seus sindicatos. Trata-se de matéria de competência originária dos Tribunais Regionais do Trabalho (TRT), mas, se o conflito abranger mais de uma área de jurisdição de um Tribunal, esta passa ao Tribunal Superior do Trabalho (TST), de acordo com os arts. 677 e 702, I, "b", da Consolidação das Leis do Trabalho (CLT). O dissídio individual é demanda proposta individualmente, ainda que possa ser em litisconsórcio, mas no dissídio coletivo a questão é proposta por uma categoria de empregados.

A Emenda Constitucional nº 45, de 08.12.2004, alterou substancialmente o art. 114, do texto constitucional, definindo de forma mais abrangente a competência da Justiça do Trabalho. Cabe a esta processar e julgar, em primeiro lugar, no inciso I, as ações oriundas da relação de trabalho, abrangidos os entes de direito público externo e da administração pública direta e indireta da União, dos Estados-membros, do Distrito Federal e dos Municípios. Esta competência já fora expressa na redação anterior, de forma expressa. Não obstante, o Supremo Tribunal Federal barrou esta pretensão, tirando da Justiça do Trabalho tal atribuição. No começo de 2005, o Presidente do Supremo Tribunal Federal, Ministro Nelson Jobim, em ação direta de inconstitucionalidade da Associação dos Juízes Federais, suspendeu a eficácia do dispositivo acima, na ADI 3395.

O direito à greve foi previsto no art. 9º, da Constituição de 1988, competindo aos trabalhadores decidir sobre a oportunidade de exercê-lo e sobre os interesses que devam por meio dele defender[3]. Em relação aos servidores públicos, também foi assegurado este direito, no inciso VII do art. 37, da Constituição Federal, exercido nos termos e nos limites definidos em lei específica. Como esta nunca foi sancionada, entende a jurisprudência majoritária do Superior Tribunal de Justiça (STJ) que nada pode impedir o direito de greve dos servidores públicos, mas podem ser descontados os dias parados. Foi previsto, no inciso II do art. 114, que as ações que en-

3 Súmula Vinculante 23, de 02.12.2009: "A Justiça do Trabalho é competente para processar e julgar ação possessória ajuizada em decorrência do exercício do direito de greve pelos trabalhadores da iniciativa privada".

volvam exercício do direito de greve cabem à Justiça do Trabalho. Todavia, ainda não está definido se as greves que envolvam servidores públicos federais, estaduais, distritais ou municipais ficarão sob sua jurisdição. A Emenda Constitucional nº 45, de 08.12.2004, ao acrescer o art. 114, com o inciso III, ampliou sua competência, passando a ter jurisdição sobre matéria que, antes, estava no âmbito da Justiça Comum, por se tratarem de matérias cíveis. Com o dispositivo acima, passou a Justiça do Trabalho a julgar as ações sobre a representação sindical, entre os sindicatos, entre os sindicatos e os trabalhadores, e entre os sindicatos e os empregadores.

Na verdade, ainda que não de forma expressa, já cabia o julgamento aos Tribunais Regionais do Trabalho, em relação aos seus Juízes e auxiliares, bem como ao Tribunal Superior do Trabalho, os atos dos Tribunais Regionais do Trabalho (TRT) ou de seus Desembargadores do Trabalho. A Emenda Constitucional nº 45, de 08.12.2004, passou a dispor que, no inciso IV do art. 114, da Constituição Federal, que cabe à Justiça do Trabalho julgar e processar os mandados de segurança, **habeas corpus** e **habeas data**, quando o ato questionado envolver matéria sujeita à sua jurisdição. A redação, porém, pode significar uma jurisdição mais ampla, que o tempo se encarregará de fixar.

Foi fixado no inciso V do art. 114, do texto constitucional, acrescido pela Emenda Constitucional nº 45, de 08.12.2004, a competência para julgar os conflitos entre os órgãos com jurisdição trabalhista. Contudo, foi afastada a competência do Supremo Tribunal Federal para julgar os conflitos de competência entre o Superior Tribunal de Justiça e o Tribunal Superior do Trabalho ou Tribunal Regional do Trabalho, conforme o disposto no art. 102, I, "o", do texto constitucional. Trata-se de jurisdição que já vinha sendo bem exercida pela Justiça do Trabalho, de modo que a Emenda Constitucional nº 45, de 08.12.2004, apenas consagrou o que os Juízes e os Tribunais já vinham praticando há um bom tempo. Passou a constar, no art. 114, no seu inciso VI, que as ações de indenização por dano moral ou patrimonial, decorrentes da relação de trabalho, são de competência da Justiça do Trabalho[4].

Trata-se aqui, no inciso VII do art. 114, da Constituição de 1988, por força da Emenda Constitucional nº 45, de 08.12.2004, de ampliação da competência da Justiça do Trabalho, ao atribuir a esta as ações relativas às penalidades administrativas impostas aos empregadores pelos órgãos de fiscalização das relações de trabalho. Esta atribuição, anteriormente, estava

4 Súmula Vinculante 22, de 02.12.2009: "A Justiça do Trabalho é competente para processar e julgar as ações de indenização por danos morais e patrimoniais decorrentes de acidente de trabalho propostas por empregado contra empregador, inclusive aquelas que ainda não possuíam sentença de mérito em primeiro grau quando da promulgação da Emenda Constitucional nº 45/04".

na alçada da Justiça Federal, nos termos do inciso VIII do art. 109, do texto constitucional, vez que quem fiscaliza e aplica multa é a autoridade federal, o fiscal de Delegacia Regional do Trabalho[5]. A matéria está tratada na Consolidação das Leis do Trabalho, Decreto-lei nº 5.452, de 01.05.1943, nos arts. 903 a 908.

Constava, no texto anterior, no § 3º, do art. 114, a competência da Justiça do Trabalho para executar, de ofício, as contribuições sociais previstas no art. 195, I, "a", e II, e seus acréscimos legais, decorrentes das sentenças que proferir. Este texto resultou de acréscimo efetuado pela Emenda Constitucional nº 20, de 15.12.1998. Por sua vez, a Emenda Constitucional nº 45, de 8.12.2004, reafirmou que cabe à Justiça do Trabalho a execução, de ofício, das contribuições sociais previstas no art. 195, I, "a", e II, e seus acréscimos legais, decorrentes das sentenças que proferir, com a redação do inciso VIII do art. 114, da Constituição Federal. Por fim, a Emenda Constitucional nº 45, de 08.12.2004, fixou o inciso IX do art. 114 do texto constitucional, afirmando que cabem à Justiça do Trabalho outras controvérsias decorrentes da relação de trabalho, deixando a porta aberta para que mais competência lhe seja atribuída.

Não houve modificação no § 1º do art. 114, do texto constitucional, que prevê a presença de árbitros eleitos pelas partes, se frustrada a negociação coletiva. O § 2º do art. 114, da Constituição de 1988 foi alterado pela Emenda Constitucional nº 45, de 08.12.2004. Depois de não haver negociação coletiva, nem se optando pelos árbitros, conforme o parágrafo anterior, pode haver dissídio coletivo de natureza econômica. Pode a Justiça do Trabalho decidir o conflito, respeitadas as disposições mínimas legais de proteção ao trabalho, bem como as convencionadas anteriormente. Na redação anterior constava que:

> "Recusando-se qualquer das partes à negociação ou à arbitragem, é facultado os respectivos sindicatos ajuizar dissídio coletivo, podendo a Justiça do Trabalho estabelecer normas e condições, respeitadas as disposições convencionais e legais mínimas de proteção ao trabalho".

A Emenda Constitucional nº 45, de 08.12.2004, também alterou o § 3º do art. 114, da Constituição Federal. Antes, tratava-se de dispositivo criado pela Emenda Constitucional nº 24, de 09.12.1999, criado para fixar competência para executar contribuições sociais, decorrentes das sentenças que proferir. Este, não obstante, passou a constar como o inciso VIII desse artigo.

---

5 Súmula Vinculante 53, de 18.06.2015: "A competência da Justiça do Trabalho prevista no art. 114, VIII, da Constituição Federal alcança a execução de ofício das contribuições previdenciárias relativas ao objeto da condenação constante das sentenças que proferir e acordos por ela homologados".

O § 3º do art. 114 dispõe sobre a competência para dispor sobre o caso de greve em atividade essencial, com possibilidade de lesão do interesse público. O Ministério Público do Trabalho pode ajuizar dissídio coletivo, competindo à Justiça do Trabalho decidir o conflito.

15.4. Tribunal Superior do Trabalho (TST)

O Tribunal Superior do Trabalho era disposto nos parágrafos 1º ao 3º do art. 111, da Constituição de 1988, sendo que os dois primeiros sofreram as alterações da Emenda Constitucional nº 24, de 09.12.1999[6]. A Emenda Constitucional nº 45, de 08.12.2004, revogou os três parágrafos, passando a dispor sobre a matéria no art. 111-A, que foi acrescido ao texto constitucional. O Tribunal Superior do Trabalho voltou a se compor de vinte e sete Ministros, como era no início, escolhidos dentre brasileiros com mais de trinta e cinco e menos de sessenta e cinco anos, nomeados pelo Presidente da República após aprovação pela maioria absoluta do Senado Federal. Compõe este Tribunal de um quinto dentre advogados com mais de dez anos de efetiva atividade profissional e membros do Ministério Público do Trabalho com mais de dez anos de efetivo exercício. Os demais dentre Desembargadores dos Tribunais Regionais do Trabalho são oriundos da magistratura da carreira, indicados pelo próprio Tribunal Superior do Trabalho. Foi fixado, no § 1º do art. 111-A, que a lei deve dispor sobre a competência do Tribunal Superior do Trabalho, em redação igual ao § 3º do art. 111, com sua redação original.

A Emenda Constitucional nº 45, de 08.12.2004, a Reforma do Judiciário, teve como meta o aperfeiçoamento da magistratura, através do estímulo à frequência de cursos de pós-graduação pelos Juízes. Na promoção de entrância para entrância, por antiguidade ou merecimento, prevista no art. 93, II, "c", da Constituição Federal. No caso desta última espécie, deve haver a aferição pela frequência e pelo aproveitamento em cursos oficiais ou reconhecidos de aperfeiçoamento. Depois, no inciso IV, do mesmo artigo, estão previstos cursos oficiais de preparação, aperfeiçoamento e promoção de magistrados, inclusive constituindo etapa obrigatória do processo de vitaliciedade a participação em curso oficial ou reconhecido por escola nacional de formação e aperfeiçoamento de magistrado.

---

6 Ver: GOMES, Dinaura Godinho Pimentel. **A Constitucionalização do Direito do Trabalho: interpretação e aplicação das normas trabalhistas para a efetiva inter-relação dos interesses econômicos com o respeito à dignidade da pessoa humana.** *In*: **Revista de Direito Constitucional e Internacional.** São Paulo: Revista dos Tribunais, jan./2007, nº 58/18, e **Doutrinas Essenciais: Direito Constitucional (Edições Especiais Revista dos Tribunais: 100 Anos).** 2ª tir. São Paulo: Revista dos Tribunais, 2013, vol. VII, p. 455.

Por força da Emenda acima, coube ao Superior Tribunal de Justiça, no art. 105, **parágrafo único**, I, da Constituição Federal, a responsabilidade pelo funcionamento da Escola Nacional de Formação e Aperfeiçoamento de Magistrados, cabendo-lhe regulamentar os cursos oficiais para o ingresso e promoção na carreira, dentre outras atribuições. No âmbito da Justiça do Trabalho, por força do § 2º do art. 111-A, da Constituição Federal, deve funcionar junto ao Tribunal Superior do Trabalho a Escola Nacional de Formação e Aperfeiçoamento de Magistrados do Trabalho. Cabe a esta, dentre outras funções, regulamentar os cursos oficiais para o ingresso e para a promoção na carreira.

A Emenda Constitucional nº 45, de 08.12.2004, no bojo da Reforma do Judiciário, manteve o Conselho Superior da Justiça do Trabalho, cabendo-lhe exercer, na forma da lei, a supervisão da Justiça do Trabalho de primeiro e segundo graus, como órgão central do sistema, cujas decisões terão efeito vinculante, apenas atribuindo a matéria ao inciso I do **parágrafo único** do art. 111-A, da Constituição Federal. Trata-se de medida paralela à criação do Conselho Nacional de Justiça (CNJ), instituído pelo art. 103-B, também resultante da Emenda acima, que inclusive tem um Ministro do Tribunal Superior do Trabalho, um Desembargador de Tribunal Regional do Trabalho e um Juiz do Trabalho, todos indicados pelo próprio Tribunal Superior do Trabalho.

A Emenda Constitucional nº 92, de 12.07.2016, tratou dos Ministros do Tribunal Superior do Trabalho, assim:

> "Art. 1º Os arts. 92 e 111-A da Constituição Federal passam a vigorar com as seguintes alterações:
>
> 'Art. 92. ....
>
> ....
>
> II-A - o Tribunal Superior do Trabalho;
>
> ....
>
> Seção V
>
> Do Tribunal Superior do Trabalho, dos Tribunais Regionais do Trabalho e dos Juízes do Trabalho
>
> ....
>
> Art. 111-A. O Tribunal Superior do Trabalho compor-se-á de vinte e sete Ministros, escolhidos dentre brasileiros com mais de trinta e cinco anos e menos de sessenta e cinco anos, de notável saber jurídico e reputação ilibada, nomeados pelo Presidente da República após aprovação pela maioria absoluta do Senado Federal, sendo:
>
> ....
>
> § 3º Compete ao Tribunal Superior do Trabalho processar e julgar, originariamente, a reclamação para a preservação de sua competência e garantia da autoridade de suas decisões..'".

Logo depois da Constituição de 1988, a Justiça do Trabalho foi a que mais avançou em número de magistrados, de causas decididas e em efetividade processual. Sob a liderança dos Ministros do Tribunal Superior do Trabalho, novos enunciados e jurisprudências foram construídas para assegurar a proteção do trabalhador e sua reparação pelo abuso dos empregadores. Por conta disto, passou a ser ameaçada esta Justiça especializada da própria existência – uns propondo serem Varas especializadas da Justiça Federal ou, mesmo, tornar-se competência estadual. A reação tem se mostrado terrível, pois os Ministros que presidiam o Tribunal Superior do Trabalho começaram a tramar contra a própria essência da jurisdição trabalhista e começou a se pronunciar e a decidir contra os interesses dos trabalhadores.

15.5. Tribunal Regional do Trabalho (TRT)

Os Tribunais Regionais do Trabalho (TRT), no texto original, eram "compostos de juízes nomeados pelo Presidente da República, sendo dois terços de Juízes togados vitalícios, observada, entre os Juízes togados, a proporcionalidade estabelecida no art. 111, § 1º, I", que dispunha sobre a primeira composição do Tribunal Superior do Trabalho. Hoje, preferem ser chamados de Desembargadores do Trabalho. Previa, ainda, no inciso III original, os Juízes Classistas, indicados em lista tríplice pelas diretorias das federações e dos sindicatos com base territorial na região, hoje, cargos extintos.

Depois, com a Emenda Constitucional nº 24, de 09.12.1999, passou o **caput** do art. 115 da Constituição Federal, a ter a seguinte redação: "Os Tribunais Regionais do Trabalho serão compostos de juízes nomeados pelo Presidente da República, observada a proporcionalidade estabelecida, no § 2º do art. 111". Foi revogado o inciso III, do **parágrafo único** do art. 115, do texto constitucional. A Emenda Constitucional nº 45, de 08.12.2004, passou a dispor sobre a matéria do art. 115 da Constituição de 1988. Ficaram compostos os Tribunais Regionais do Trabalho de, no mínimo, sete Juízes, recrutados, quando possível, na respectiva região. Estes devem ser nomeados pelo Presidente da República, dentre brasileiros com mais de trinta e menos de sessenta e cinco anos.

A atual composição prevê um quinto dentre advogados com mais de dez anos de efetiva atividade profissional e membros do Ministério Público do Trabalho, com mais de dez anos de efetivo exercício e os demais mediante promoção de Juízes do Trabalho por antiguidade e merecimento, alternadamente. A Emenda Constitucional nº 45, de 08.12.2004, previu, como novidade, que os Tribunais Regionais do Trabalho devam instalar a Justiça Itinerante. Com esta, há a realização de audiências e demais funções de atividade jurisdicional, nos limites territoriais da respectiva jurisdição, servindo-se de equipamentos públicos e comunitários.

No mesmo sentido, também como novidade, no § 2º do art. 115, da Constituição de 1988, a Emenda Constitucional nº 45, de 08.12.2004, previu que os Tribunais Regionais do Trabalho podem funcionar de forma descentralizada. É possível, então, constituir Câmaras Regionais, a fim de assegurar o pleno acesso à jurisdição em todas as fases do processo, ampliando seu raio de ação.

15.6. Organização da Justiça Eleitoral

A Justiça Eleitoral nasceu da necessidade de aperfeiçoar o sistema representativo. A cidadania política, ainda que existente no âmbito, da Constituição de 1824, era muito tímida, porque o voto era censitário, isto é, votavam apenas aqueles que tinham determinada renda ou propriedade. A organização eleitoral surgiu com a Lei Federal nº 3.029, de 09.10.1881. Depois, com a Constituição de 1891, tal situação mudou, mas a ausência do voto secreto impedia que os resultados eleitorais espelhassem a real vontade popular. O Código Eleitoral, aprovado pelo Decreto Federal nº 21.076, de 24.02.1932, instituiu o alistamento e as eleições, atribuídos à Justiça de Primeira Instância. Foram assegurados, ainda, o sufrágio universal, direto e secreto e o voto feminino. A matéria foi tratada, na Constituição de 1934, em seu art. 82, mas extinta na Constituição de 1937. Na Constituição de 1946, no art. 109, voltou a matéria a ser tratada. O Código Eleitoral, Lei Federal nº 4.737, de 15.05.1965, passou a disciplinar a matéria. Foi esta mantida na Constituição de 1967, em seu art. 123, que na Emenda Constitucional nº 1, de 17.10.1969, passou a art. 130. Emenda Constitucional nº 25, de 15.05.1985, permitiu o voto do analfabeto. Por fim, a Constituição de 1988, em seus arts. 118 a 121, tratou da matéria, ao passou que permitiu o voto facultativo do menor de dezoito e maior de dezesseis anos, em seu art. 14, § 1º, II, "c", ampliando ainda mais a cidadania política. Cabe à União, ainda, legislar sobre direito eleitoral, de acordo com o art. 22, I, do texto constitucional.

A jurisdição é o poder de compor e julgar os conflitos de interesses, privados ou públicos, que se trata de atividade estatal, de competência do Poder Judiciário, sendo uma das principais atribuições da soberania. Cabe a este, no sistema de separação de poderes, a atribuição principal de executar a lei nos casos de lide jurídica, para que possa se estabelecer a paz social. O conflito de interesse resulta da resistência a uma pretensão de um bem ou de uma situação, de qualquer natureza. A jurisdição deve ser exercida em dois graus, no originário e no de recurso. De modo que a parte vencida pode pedir o reexame da matéria apreciado e decidida por Juiz de primeiro grau, a um Tribunal, que julga através de um de seus colegiados, podendo ser uma Câmara ou uma Turma. Existem matérias, no entanto, que são suscetíveis de apreciação pelo Tribunal Superior Eleitoral (TSE), apreciando de forma especial o conflito de interesse. Não se trata de uma terceira instância, em que toda a matéria discutida pode ser reapreciada, mas apenas de matéria eleitoral, no caso do referido Tribunal Superior.

Constituem-se como órgãos da Justiça Eleitoral, de acordo com o art. 118, da Constituição Federal, o Tribunal Superior Eleitoral, os Tribunais Regionais Eleitorais (TRE), os Juízes Eleitorais e as Juntas Eleitorais. Cabem a estas, além de presidirem os pleitos eleitorais, matérias cíveis e penais conexas. As questões eleitorais são tratadas, em última instância, no Tribunal Superior Eleitoral, salvo os recursos cabíveis ao Supremo Tribunal Federal, previsto no art. 121, § 3º, do texto constitucional. Surgiu este, sem existência efetiva, na Constituição de 1934, mas só obteve materialização com a Constituição de 1946, sofrendo deste então poucas alterações em sua composição e forma de escolha de seus membros.

Dispõe o art. 119, da Constituição de 1988, que o Tribunal Superior Eleitoral deve se compor, no mínimo, de sete membros, escolhidos mediante eleição, pelo voto secreto, sendo três Juízes dentre os Ministros do Supremo Tribunal Federal e dois Juízes dentre os Ministros do Superior Tribunal de Justiça. Por outro lado, por nomeação do Presidente da República, dois Juízes dentre seis advogados de notável saber jurídico e idoneidade moral, indicados pelo Supremo Tribunal Federal. Por outro lado, conforme o seu **parágrafo único**, o Tribunal Superior Eleitoral deve eleger seu Presidente e o Vice-Presidente dentre os Ministros do Supremo Tribunal Federal, e o Corregedor Eleitoral dentre os Ministros do Superior Tribunal de Justiça, figura esta introduzida pela Constituição de 1988.

A jurisdição é o poder estatal para compor os conflitos de interesses, privados e públicos. A jurisdição está organizada de acordo com um sistema em que há dois graus de jurisdição, que garante à parte vencida o reexame da matéria por um colegiado, um Tribunal, que tem competência plena para examinar toda a matéria, inclusive as provas. Existe, neste sistema, entre Juízes de primeiro grau e os Tribunais de segundo grau, uma subordinação funcional, em que os superiores podem reexaminar as decisões proferidas, quando provocados ou de ofício, em algumas matérias, como no caso da litigância de órgão público. As decisões de primeiro grau dos Juízes Eleitorais, Juízes de Direito ligados aos Tribunais de Justiça Estaduais, vinculam-se para o duplo grau de jurisdição aos Tribunais Regionais Eleitorais.

Estabelece o art. 120, da Constituição de 1988, que deve haver um Tribunal Regional Eleitoral na Capital de cada Estado-membro e no Distrito Federal. Estes são compostos mediante eleição, pelo voto secreto: a) de dois magistrados dentre os Desembargadores do Tribunal de Justiça; b) de dois magistrados, dentre Juízes de Direito, escolhidos pelo Tribunal de Justiça do Estado. Por outro lado, de um Juiz do Tribunal Regional Federal (TRF) com sede na Capital do Estado-membro ou no Distrito Federal, ou, não havendo este, de Juiz Federal, escolhido, em qualquer caso, pelo Tribunal Regional Federal respectivo. Por fim, por nomeação, pelo Presidente da República, de dois Juízes dentre seis advogados de notável saber jurídico e idoneidade moral, indicados Tribunal de Justiça do Estado. Estas vagas deveriam ser preenchidas através de lista elaborada pela Ordem dos Advogados do Brasil (OAB), mas assim não foi feito. Fica como principal critério o padrinho político que o indicar ao Presidente da República, em lista tríplice do Tribunal. O Tribunal Regional Eleitoral tem competência para eleger seu Presidente e o Vice-Presidente, dentre os Desembargadores que o integram, de acordo com o § 2º do art. 120. Estes passaram a ter competência para admitir pessoal, com o provimento dos cargos efetivos do âmbito de suas secretarias, de acordo com a Lei Federal nº 8.868, de 14.04.1994, em seu art. 13.

Fixa o art. 121, da Constituição de 1988, que lei complementar deve dispor sobre a organização e a competência dos Tribunais, dos Juízes Eleitorais e das Juntas Eleitorais. Não obstante, a Lei Federal nº 4.737, de 15.05.1965, o Código Eleitoral, foi recepcionado pela Constituição de 1988. Por outro lado, a cada eleição se formula uma nova legislação para o pleito eleitoral que se avizinha, fazendo com que haja uma constante mudança de regras e fragilidade das decisões da Justiça Eleitoral. A atribuição para responder a consulta permitiu que esta passasse a ter uma competência normativa e regulamentar, quase legislativa. As instruções do Tribunal Superior Eleitoral, tratando de alistamento, de eleições e de apuração, dentre outras matérias, demonstram o caráter acima.

De acordo com o § 1º do art. 121, da Constituição Federal, os membros dos Tribunais, os Juízes de Direito e os integrantes das Juntas Eleitorais, no exercício de suas funções, e no que lhes for aplicável, devem gozar de plenas garantias e são inamovíveis. A inamovibilidade significa que não podem os Juízes Eleitorais ser removidos compulsoriamente, salvo por motivo de interesse público. Trata-se, com esta garantia, de que a competência de um promotor não seja turbada, sob a ameaça de ser removido de onde exerce sua jurisdição. Os Juízes dos Tribunais Eleitorais, salvo motivo justificado, servem por dois anos, no mínimo, e nunca por mais de dois biênios consecutivos, sendo os substitutos escolhidos na mesma ocasião e pelo mesmo processo, em número igual para cada categoria.

Prevê o art. 121, § 3º, da Constituição de 1988, que são irrecorríveis as decisões do Tribunal Superior Eleitoral, salvo as que contrariarem esta Constituição e as denegatórias de **habeas corpus** ou mandado de segurança. Assim, ainda que neste Tribunal se esgotem as matérias da Justiça Eleitoral, é possível recurso extraordinário, quando decisão contrariar dispositivo da Constituição ou declarar a inconstitucionalidade de lei federal, neste caso, para o Supremo Tribunal Federal. Em grau de recurso, cabem a este também as decisões denegatórias dos **writs**, decididas em única instância pelo Tribunal Superior Eleitoral.

Das decisões dos Tribunais Regionais Eleitorais, conforme o § 4º do art. 121, da Constituição de 1988, apenas cabe recurso ao Tribunal Superior Eleitoral, em situações especiais, não sendo este propriamente uma terceira instância. Assim, quando as decisões forem proferidas contra disposição expressa dessa Constituição ou de lei ou ocorrer divergência na interpretação de lei entre dois ou mais tribunais eleitorais, cabe o recurso ordinário. No mesmo sentido, cabe recurso quando as decisões versarem sobre inelegibilidade ou expedição de diplomas nas eleições federais, ou estaduais ou anularem diplomas, ou decretarem a perda de mandatos eletivos federais ou estaduais. A Lei Complementar Federal nº 64, de 18.05.1990, tratou dos casos de inelegibilidade, bem como a Lei Federal nº 9.840, de 28.09.1999. Por fim, também admite-se recurso da decisão do Juiz Eleitoral quando denegarem **habeas corpus**, mandado de segurança, **habeas data** ou mandado de injunção.

A Lei Complementar Federal nº 135, de 04.06.2010, alterou vários dispositivos da Lei Complementar Federal nº 64, de 18.05.1990, criando restrições para a eleição de candidatos para condenações judiciais ou até administrativas, na chamada Lei da Ficha Limpa. Esta é uma lei complementar, que alterou a Lei de Inelegibilidade, em 1990, para definir novos critérios para que alguém seja candidato a cargos eletivos no país. A Lei de Inelegibilidade já previa condições para barrar determinadas candidaturas. Eram vetados analfabetos, aqueles que tivessem condenações aplicadas pela Justiça Eleitoral por processos de abuso de poder econômico ou político e aqueles que fossem condenados por alguns crimes específicos e essas condenações já tivessem transitado em julgado, ou seja, não houvesse mais possibilidade de nenhum recurso. Os autores do projeto de Lei da Ficha Limpa acrescentaram exigências e tornaram mais rigorosos os critérios existentes. As principais alterações foram aumentar o número de crimes que barram candidaturas, não esperar que um caso criminal transite em julgado e ampliar para oito anos o tempo que um político fica proibido de disputar um cargo eletivo, após o cumprimento da pena, caso seja de fato barrado, como já comentado.

15.7. Justiça Militar Brasileira

A Justiça Militar tem por objeto o processo e o julgamento dos crimes militares, tratando-se, por conseguinte de uma justiça especializada. O crime militar é o que viola a ordem militar ou seu interesse, abrangendo não só o militar, mas o assemelhado, aquele que exerce função civil, integrada aos princípios da hierarquia, subordinação e disciplina. Já foi mais abrangente sua competência, estando cada vez mais reduzida suas contribuições de justiça especializada.

Nasceu na Grécia, em que os Arcontes tinham esta competência. Depois, na Roma antiga, foi a instituição mais desenvolvida, com conceito de crime militar até hoje presente nas legislações modernas. Declinou com as invasões bárbaras, só voltando a se desenvolver na Baixa Idade Média, no século XII, com a criação da **gendarmerie** francesa, modelo de polícia militar, voltada para a segurança pública. Quando Portugal, em 1763, instituiu os Artigos de Guerra, organizou sua Justiça Militar.

Em seguida, em 1808, quando da vinda da Família Real para o Brasil, com o Alvará de 01.04.1808, foi criado o Conselho Supremo Militar de Justiça, instituindo no país a Justiça Militar. A matéria foi tratada nas Constituições de 1891 (art. 77), de 1934 (arts. 84 a 87), de 1937 (arts. 111 a 113), de 1946 (arts. 106 a 107) e de 1967 (arts. 120 a 122), que na Emenda Constitucional nº 1, de 17.10.1969, passou aos artigos 127 a 129. Os crimes militares são tratados no Código Penal Militar, Decreto-lei nº 1.001, de 21.10.1969. Por outro lado, como lei adjetiva, existe o Código de Processo Penal Militar, Decreto-lei nº 1.002, de 21.10.1969. A Justiça Militar da União está tratada, na Lei Federal nº 8.457, de 04.09.1992.

A jurisdição é o poder de compor e julgar os conflitos de interesses, privados ou públicos, que se trata de atividade estatal, de competência do Poder Judiciário, sendo uma das principais atribuições da soberania. Cabe a este, no sistema de separação de poderes, a atribuição principal de executar a lei nos casos de lide jurídica, para que possa se estabelecer a paz social. O conflito de interesse resulta da resistência a uma pretensão de um bem ou de uma situação, de qualquer natureza. A jurisdição deve ser exercida em dois graus, no originário e no de recurso. De modo que a parte vencida pode pedir o reexame da matéria apreciado e decidida por Juiz de primeiro grau, a um Tribunal, que julga através de um de seus colegiados, podendo ser uma Câmara ou uma Turma. Constituem-se em órgãos da Justiça Militar, conforme o art. 122, o Superior Tribunal Militar (STM) e os Tribunais e Juízes Militares, instituídos por lei. A Lei Federal nº 8.457, de 04.09.1992, instituiu, como órgãos de primeira instância, a Auditoria da Correição, os Conselhos de Justiça, os Juízes Auditores e os Juízes Auditores Substitutos. A primeira investidura destes se dá através de concurso público de provas e títulos, organizados pelo Superior Tribunal Militar, que também tem competência para proceder às nomeações e às promoções.

Pelo art. 123, do texto constitucional, o Superior Tribunal Militar deve se compor de quinze Ministros vitalícios, nomeados pelo Presidente da República, depois de aprovada a indicação pelo Senado Federal, sendo três dentre Oficiais-Generais da Marinha, quatro dentre Oficiais-Generais do Exército, três dentre Oficiais-Generais da Aeronáutica, todos da ativa e do posto mais elevado da carreira, e cinco dentre civis, de acordo com o inciso XVI do art. 84, da Constituição Federal. O Superior Tribunal Militar tem sede na Capital Federal e jurisdição em todo o território nacional.

De acordo com o **parágrafo único** do art. 123, da Constituição Federal, os Ministros civis são escolhidos pelo Presidente da República dentre brasileiros maiores de trinta e cinco anos, sendo três dentre advogados de notório saber jurídico e conduta ilibada, com mais de dez anos de efetiva atividade profissional. Escolhe, ainda, mais dois, por escolha paritária, dentre Juízes Auditores e membros do Ministério Público da Justiça Militar.

O conceito de crime militar surgiu no Império Romano do Oriente (Bizâncio), com o **Digesto**, no Livro LXIX, **De Militaris**, afirmando **que proprium militare est delictum quod quid est miles admittit**. Assim, crime militar vem a ser o ato que ofende ou ameaça bem jurídico de âmbito militar, cometido por militar ou assemelhado, que aquele que exerce função civil ou militar, integrada aos princípios da hierarquia, subordinação e disciplina. Podem ser divididos estes em crime militar propriamente dito, aqueles que afetam a disciplina e o dever militar, e crime impropriamente militar, quando é uma ofensa a bens jurídicos que são tratados, ao mesmo tempo, pela legislação penal comum e militar. Deve o crime militar ter dois elementos – a qualidade militar do agente ou a natureza militar do fato jurídico.

Cabe à Justiça Militar processar e julgar os crimes militares definidos em lei, de acordo com o art. 124. Os crimes militares estão tratados no Código Penal Militar, Decreto-lei nº 1.001, de 21.10.1969, que teve excluído os crimes dolosos contra vida, de competência do tribunal do júri. Por outro lado, lei deve dispor sobre a organização, o funcionamento e a competência da Justiça Militar, prevista a matéria na Lei Federal nº 8.457, de 04.09.1992, como já comentado.

15.8. Justiça Estadual Brasileira

A divisão de poderes fundamenta-se, então, em três elementos: a) o primeiro, a especialização funcional, isto é, cada órgão é especializado no exercício de uma função principal; b) o segundo, a independência orgânica, representada pela autonomia política, administrativa e financeira de cada órgão; c) o terceiro, o sistema de freios e contrapesos, que fazia com que cada Poder Político fiscalizasse o outro e tivesse funções diversas de sua especialização funcional.

No âmbito dos Estados-membros e do Distrito Federal, o Executivo é exercido pelo Governador do Estado, ao passo que o Legislativo vem a ser exercido pela Assembleia Legislativa. Por fim, o poder de julgar e compor os conflitos de interesse, a jurisdição, cabe ao Tribunal de Justiça do Estado, em matéria de grau de recurso e, também, em matéria de competência originária, prevista na Constituição Estadual[7]. Competem as lides, em primeiro grau, em questões gerais, aos Juízes de Direito, que integram a carreira de magistrado estadual e, em seguindo grau, aos Tribunais de Justiça Estaduais.

A jurisdição é o poder estatal para compor os conflitos de interesses, privados e públicos. A jurisdição está organizada de acordo com um sistema em que há dois graus, que garante à parte vencida o reexame da matéria por um colegiado, o Tribunal de Justiça, que tem competência plena para examinar toda a matéria, inclusive as provas[8]. Existe, neste sistema, entre Juízes de primeiro grau e os Tribunais de segundo grau uma subordinação funcional, em que os superiores podem reexaminar as decisões proferidas, quando provocados ou de ofício, em algumas matérias, como no caso da litigância de órgão público. Assim, dispõe o art. 125 da Constituição de 1988 que os Estados-membros devem organizar sua Justiça, observados os princípios estabelecidos nesta Constituição. A matéria foi tratada nas Constituições de 1824 (art. 151 a 151 e 158), de 1891 (art. 62), de 1934 (arts. 104 e 105), de 1937 (arts. 103 a 109), de 1946 (art. 124) e de 1967 (art. 136), que na Emenda Constitucional nº 1, de 17.10.1969, passou a art. 114.

De acordo com § 1º do art. 125, a competência dos Tribunais é definida pela Constituição do Estado, sendo a lei de organização judiciária de iniciativa do Tribunal de Justiça. A organização judiciária deve ser entendida como o estatuto que dispõe sobre a divisão judiciária territorial, criação de comarcas, categorias jurisdicionais, competência e atribuições dos Juízes de Direito e dos seus Tribunais e seus órgãos. A lei deve ser de iniciativa do Presidente do Tribunal de Justiça. A composição dos Tribunais deve ser definida, também, pelo texto constitucional estadual, inclusive prevendo o quinto constitucional, tendo como regra o preenchimento do mesmo em primeiro lugar, cabendo aos magistrados as demais vagas. A divisão judiciária é entendida como a repartição e distribuição geográfica das circunscrições territoriais, onde os magistrados e os serventuários exercem suas atribuições.

---

7 **"TJ pode julgar ADI contra lei municipal tendo como parâmetro norma da Constituição Federal? Tribunais** de **Justiça** podem exercer **controle abstrato de constitucionalidade de leis municipais utilizando como parâmetro normas da Constituição Federal, desde que se trate de normas de reprodução obrigatória pelos estados**. STF. Plenário. RE 650898/RS, rel. orig. Min. Marco Aurélio, red. p/ o ac. Min. Roberto Barroso, julgado em 1º/2/2017 (repercussão geral) (Info 852)" (ABNC).

8 Súmula Vinculante 27, de 18.12.2009: "Compete à Justiça estadual julgar causas entre consumidor e concessionária de serviço público de telefonia, quando a ANATEL não seja litisconsorte passiva necessária, assistente, nem opoente".

Cabe aos Estados-membros a instituição de representação de inconstitucionalidade de leis ou atos normativos estaduais ou municipais, em face da Constituição Estadual, vedada a atribuição da legitimação para agir a um único órgão, conforme o § 2º, do art. 125. O controle da constitucionalidade das leis estaduais e municipais deve ser previsto, em sistema similar ao controle tratado no art. 103, do texto constitucional[9]. As leis estaduais podem estar em desacordo com a Constituição Federal, cabendo a proposição de ação direta de inconstitucionalidade pelas autoridades que têm legitimidade ativa junto ao Supremo Tribunal Federal. Não obstante, tal não é possível quanto às leis municipais, das quais só cabe tal procedimento junto ao Tribunal de Justiça do Estado.

Prevê o § 3º do art. 125, da Constituição de 1988, que lei estadual pode criar, mediante proposta do Tribunal de Justiça, a Justiça Militar Estadual, constituída, em primeiro grau, pelos Conselhos de Justiça e, em segundo, pelo próprio Tribunal de Justiça, ou por Tribunal de Justiça Militar nos Estados-membros em que o efetivo da polícia militar seja superior a vinte mil integrantes. A Justiça Militar tem por objeto o processo e o julgamento dos crimes militares, tratando-se por conseguinte de uma justiça especializada. O crime militar é o que viola a ordem militar ou seu interesse, abrangendo não só o militar, mas também o assemelhado, ou seja, aquele que exerce função civil, integrada aos princípios da hierarquia, subordinação e disciplina.

A Emenda Constitucional nº 45, de 08.12.2004, modificou o § 3º do art. 125, do texto constitucional, para incluir no primeiro grau da Justiça Militar Estadual os Juízes de Direito, ao lado do Conselho de Justiça, que é integrado por Juízes Militares e Juiz de Direito. Antes, o Conselho de Justiça era integrado pelos Juízes Militares e um Juiz Auditor, que sequer o presidia. Pela redação atual, pode ser criado, mediante proposta do Tribunal de Justiça, a Justiça Militar Estadual. Esta deve ser constituída, em primeiro grau, pelos Juízes de Direito e pelos Conselhos de Justiça e, em segundo grau, pelo próprio Tribunal de Justiça do Estado-membro, ou por Tribunal de

9 "**Quando o TJ julga uma ADI contra lei estadual ou municipal, ele poderá declará-la inconstitucional sob o argumento de que viola um dispositivo da Constituição Federal?** Em regra, **não.** Isso porque, como vimos acima, o parâmetro da ADI proposta perante o TJ é a Constituição Estadual (e não a Constituição Federal). Assim, em regra, na ADI estadual, o TJ irá analisar se a lei ou ato normativo atacado viola ou não a Constituição Estadual. Este é o parâmetro da ação. O TJ não pode examinar se o ato impugnado ofende a Constituição Federal. O STF, em reiteradas oportunidades, já decidiu sobre o tema: Não cabe a tribunais de justiça estaduais exercer o controle de constitucionalidade de leis e demais atos normativos municipais em face da Constituição Federal. STF. Plenário. ADI 347, Rel. Min. Joaquim Barbosa, julgado em 20/09/2006" (ABNC).

Justiça Militar nos Estados-membros em que o efetivo militar seja superior a vinte mil integrantes. Existem este no Rio Grande do Sul e em Minas Gerais.

Conforme o § 4º, do referido artigo, compete à Justiça Militar Estadual processar e julgar os policiais militares e bombeiros militares nos crimes militares definidos em lei. Os crimes militares estão tratados no Código Penal Militar, Decreto-lei nº 1.001, de 21.10.1969, que teve excluído os crimes dolosos contra vida, de competência do tribunal do júri. Por outro lado, como lei adjetiva, está o Código de Processo Penal Militar, Decreto-lei nº 1.002, de 21.10.1969. Por fim, cabe ao Tribunal competente decidir sobre a perda do posto e da patente dos oficiais e da graduação das praças, como pena acessória.

No texto constitucional original, no § 4º do art. 125, constava que competia à Justiça Militar Estadual "processar e julgar os policiais militares e bombeiros militares nos crimes militares, definidos em lei, cabendo ao tribunal competente decidir sobre a perda do posto e da patente dos oficiais e da graduação das praças". Por este sistema, os militares estaduais eram julgados pela Justiça Militar local, pelos Conselhos de Justiça, cabendo aos Tribunais de Justiça ou Tribunal de Justiça Militar, onde houvesse, a decisão sobre a perda do posto e da patente.

Na Emenda Constitucional nº 45, de 08.12.2004, no § 4º do art. 125, passou a constar que compete à Justiça Militar Estadual processar e julgar os militares dos Estados-membros, nos crimes militares definidos em lei e as ações judiciais contra atos disciplinares militares, ressalvada a competência do júri quando a vítima for civil. Por sua vez, cabe ao Tribunal competente decidir sobre a perda do posto e da patente dos oficiais e da graduação das praças, mantendo a mesma atribuição. De um lado, foi ampliada sua competência, ao lhe atribuir matéria de natureza administrativa disciplinar, em relação aos seus militares. De outra, confirmando modificação que já tinha havido no Código de Processo Penal Militar, foi afastada a competência sobre crime de homicídio, quando se tratar de civil a vítima.

Pela Emenda Constitucional nº 45, de 08.12.2004, que instituiu o § 5º do art. 125, da Constituição Federal, cabe aos Juízes de Direito do juízo militar processar e julgar, singularmente, os crimes militares cometidos contra civis e as ações judiciais contra atos disciplinares militares, decidindo tais matérias de forma isolada. Restou a competência do Conselho de Justiça, sob a presidência de Juiz de Direito, para processar e julgar os demais crimes militares.

15.9. Justiça Itinerante, Questão Agrária e Juiz de Paz

A Emenda Constitucional nº 45, de 08.12.2004, acrescentou os parágrafos 6º e 7º ao art. 125 do texto constitucional. Colocou-se, no âmbito da

Justiça Estadual, duas inovações que também constaram na Justiça Federal, no art. 107, parágrafos 2º e 3º, e na Justiça do Trabalho, no art. 115, parágrafos 1º e 2º, tudo da Constituição de 1988. Pelo § 6º, o Tribunal de Justiça pode funcionar descentralizadamente, constituindo Câmaras Regionais, a fim de assegurar o pleno acesso do jurisdicionado à justiça em todas as fases do processo. Pelo § 7º, cabe ao Tribunal de Justiça do Estado instalar a Justiça Itinerante, com a realização de audiências e demais funções da atividade jurisdicional, nos limites territoriais da respectiva jurisdição, servindo-se de equipamentos públicos e comunitários.

Estabeleceu-se, pelo art. 126, do texto constitucional, que, para dirimir conflitos fundiários, o Tribunal de Justiça designa Juízes de entrância especial, com competência exclusiva para questões agrárias. Não previu o texto constitucional a criação de uma Justiça Agrária Especializada, com a função de proferir decisões sobre os conflitos de terra, mas apenas, que pode haver Juízes de Direito com a incumbência especial. A exigência principal, para a instituição, de acordo com o seu **parágrafo único**, é que, sempre que necessário à eficiente prestação jurisdicional, o Juiz deve se fazer presente no local do litígio. A Emenda Constitucional nº 45, de 08.12.2004, modificou o **caput** do art. 126, dispondo que para o fim de dirimir conflitos fundiários, pode o Tribunal de Justiça do Estado-membro propor a criação de varas especializadas, com competência exclusiva para questões agrárias. Na redação anterior constava que, para dirimir conflitos fundiários, o Tribunal de Justiça designa Juízes de entrância especial, com competência exclusiva para questões agrárias.

Pelo inciso II do art. 98, da Constituição de 1988, pode-se criar Justiça de Paz, remunerada, composta de cidadãos eleitos pelo voto direto, universal e secreto, com mandato de quatro anos tem competência para, na forma da lei, celebrar casamentos, verificar, de ofício ou em face de impugnação apresentada, o processo de habilitação e exercer atribuições conciliatórias, sem caráter jurisdicional, além de outras previstas na legislação.

Capítulo XVI

FUNÇÕES ESPECIAIS À JUSTIÇA

Sumário: 16.1. Ministério Público Brasileiro; **16.2.** Competência do Ministério Público; **16.3.** Advocacia Pública Brasileira; **16.4.** Advocacia e Ordem dos Advogados do Brasil (OAB); **16.5.** Defensoria Pública Federal e Estadual.

16.1. Ministério Público Brasileiro

Existem afirmações de que a atuação do Ministério Público[1] remonta à antiguidade. Não obstante, no Brasil, teve suas raízes com a figura do Procurador da Coroa, cargo criado em Portugal, em 1289, pelo Rei Afonso III[2]. Todavia, foi com as Ordenações Afonsinas, em 1446, em que sua função se estabeleceu de forma definitiva, em Portugal, no Título VIII, Dos Procuradores de Nossos Feitos, e do Título XIII, Dos Procuradores e dos Que Não Podem Fazer Procuradores. As Ordenações Manuelinas, em 1512, no Livro I, Título XI, trataram Do Procurador de Nossos Feitos, que muito se assemelhava ao Procurador atual. Tomé de Sousa instituiu, no Brasil, com o Regimento de 17.12.1548, a organização administrativa e judiciária brasileira inicial. Por fim, nas Ordenações Filipinas, em 1603, a matéria foi tratada com muita propriedade no Livro I, em diversos Títulos, que versaram sobre o Procurador da Coroa ou da Fazenda, o Promotor de Justiça e outros cargos semelhantes. O Regimento de 09.03.1609 instituiu a Relação da Bahia, segundo grau de jurisdição, na Colônia, com os cargos de Ouvidor-Geral, de Procurador da Coroa e da Fazenda, de Promotor de Justiça e de outras funções ligadas ao Judiciário.

Depois da Independência do Brasil, Dom Pedro I[3] convalidou as Ordenações Filipinas. Contudo, em 1830, foi instituído o Código Criminal e,

---

1 AGUIAR JÚNIOR, Ruy Rosado de. **O Ministério Público.** *In*: **Revista dos Tribunais.** São Paulo: Revista dos Tribunais, fev./1972, nº 436/294, e **Doutrinas Essenciais: Direito Constitucional (Edições Especiais Revista dos Tribunais: 100 Anos)**. 2ª tir. São Paulo: Revista dos Tribunais, 2013, vol. IV, p. 1203.

2 **Afonso III** (Coimbra, 1210 – Alcobaça, 1279), apelidado de "o Bolonhês" por seu casamento com Matilde II, Condessa da Bolonha, foi o Rei de Portugal de 1248 até sua morte, e também o primeiro monarca português a utilizar o título de Rei de Algarve. Além disso, ele foi Conde de Bolonha de 1238 até 1253 em direito de sua esposa. Era o segundo filho do rei Afonso II e de sua esposa Urraca de Castela, tendo ascendido ao trono depois de depor seu irmão mais velho, o Rei Sancho II.

3 **Pedro I e IV** (Queluz, 1798 – Queluz, 1834), apelidado de "o Libertador" e "o Rei Soldado", foi o primeiro Imperador do Brasil como **Pedro I** de 1822 até sua abdicação

em 1832, o Código de Processo Criminal, que fazia alusão a um Promotor da Ação Penal. Com o Decreto Imperial nº 120, de 21.01.1843, apareceram os Promotores como cargos de livre nomeação do Imperador. Depois, com a Consolidação Ribas de 28.12.1876, em alteração sobre o direito civil tratado no Livro III das Ordenações Filipinas, surgiu o Procurador da Coroa, no âmbito da segunda instância judiciária brasileira.

Na República, com o Decreto Federal nº 848, de 11.10.1890, bem como com o Decreto Federal nº 1.030, de 14.11.1890, surgiu o Promotor como exercente de atividade necessária ao Judiciário. A matéria foi abordada, então, na Constituição de 1891, em seu art. 58, § 2º. Depois, voltou a aparecer nas Constituições de 1934 (art. 95) e de 1937 (art. 99). Tratou do tema, também, a Constituição de 1946, nos arts. 125 a 128. A Lei Federal nº 1.341, de 30.01.1951, organizou o Ministério Público Federal. A Constituição de 1967 dispôs sobre a matéria, nos arts. 137 a 139, que na Emenda Constitucional nº 1, de 17.10.1969, passaram aos arts. 94 a 96. A Emenda Constitucional nº 7, de 13.04.1977, previu que lei complementar estabeleceria as normas gerais sobre o Ministério Público e sua organização nos Estados-membros. Editou-se, então, a Lei Complementar Federal nº 40, de 14.12.1981, sobre a organização do Ministério Público Estadual. A Constituição de 1988, no Título IV, Capítulo IV, Das Funções Essenciais à Justiça, tratou na matéria logo na Seção I. A Lei Orgânica Nacional do Ministério Público é a Lei Federal nº 8.625, de 12.02.1993, ao passo que a organização, as atribuições e o Estatuto do Ministério Público da União encontram-se na Lei Complementar Federal nº 75, de 20.05.1993.

A expressão Ministério Público nasceu, evidentemente, da justaposição do substantivo "ministério", com o outro substantivo "público". Ministério, para uns, veio de **minister**, que significava aquele que veio a ser

---

em 1831, e também Rei de Portugal e Algarves como **Pedro IV** entre março e maio de 1826. Era o quarto filho do Rei João IV de Portugal e de sua esposa a Rainha Carlota Joaquina da Espanha, sendo assim um membro da Casa de Bragança. Pedro viveu seus primeiros anos de vida em Portugal até que tropas francesas invadiram o país em 1807, forçando a transferência da Família Real para o Brasil. A eclosão da Revolução Liberal do Porto, em 1820, forçou a volta de João VI para Portugal em abril do ano seguinte, ficando Pedro no Brasil como seu Regente. Pedro ficou ao lado dos brasileiros e declarou a Independência do Brasil, em 7 de setembro de 1822. Foi aclamado como seu Imperador, no dia 12 de outubro, e derrotou todas as forças fieis a Portugal até março de 1824. Pedro invadiu Portugal em julho de 1832 no comando de um exército. Inicialmente seu envolvimento parecia ser em uma guerra civil portuguesa, porém logo o conflito ficou maior e englobou toda a Península Ibérica em uma disputa entre os defensores do liberalismo e aqueles que queriam a volta do absolutismo. Pedro acabou morrendo de tuberculose, em 24 de setembro de 1834, poucos meses depois dele e dos liberais terem se saído vitoriosos, em Portugal.

o encarregado de uma função. Por sua vez, público nasceu de **res publica**, sendo o conceito de poder político, de poder estatal, que representa toda a coletividade. A expressão foi constitucionalizada, em 1934, sendo atualmente, na Constituição de 1988, a definição dada pelo art. 127.

Walter Claudius Rothenburg, sobre o Ministério Público, disse que:

> "A expressão que designa essa instituição de Estado, embora antiga, ajuda a compreender-lhe o sentido, pois o 'ministério' é uma função ou conjunto de atividades exercido normalmente com uma finalidade elevada e em nome de um titular maior; 'público', porque a atuação é oficial e se dá em prol da sociedade. Nos termos da Constituição da República, de 1988, o Ministério Público está organizado (uma 'instituição permanente') e vinculado à prestação jurisdicional ('essencial à função jurisdicional do Estado') – embora, como veremos, sua atuação não se restrinja apenas ao ambiente do Direito ('incumbindo-lhe a defesa da ordem jurídica...'), da democracia ('do regime democrático...') e das questões socialmente relevantes ('e dos interesses sociais e individuais indisponíveis'). Assume o Ministério Público, no Brasil, um perfil singular, que ultrapassa o papel tradicional de promotor das ações penais de iniciativa pública. Trata-se de um articulador jurídico dos direitos de relevância social. Nessa medida, o Ministério Público é antes um procurador da sociedade do que do Estado. Isso significa que o Ministério Público defende os interesses do Estado, sempre que estes correspondam – como devem corresponder – aos interesses da sociedade. É em nome do Estado (mas também no da sociedade) que o Ministério Público promove, primitivamente, a ação pena pública, e o Estado está compreendido na 'proteção do patrimônio público'. Mas se é o Estado que viola o interesse público, então o Ministério Público voltar-se-á contra ele, por exemplo, para 'zelar pelo efetivo respeito dos Poderes Públicos e dos serviços de relevância pública aos direitos assegurados nesta Constituição'"[4].

De acordo com o art. 127, do atual texto constitucional, o Ministério Público é a instituição permanente, essencial à função jurisdicional do Estado, incumbindo-lhe a defesa da ordem jurídica e do regime democrático e dos interesses sociais e individuais indisponíveis. Instituição permanente tem o sentido de órgão, que pode ter ou não personalidade jurídica, como uma autarquia, desde que não seja transitório. O essencial tem o sentido de relevante ou fundamental. A função jurisdicional é aquela atribuída ao Poder Judiciário de executar a lei nos casos concretos em que haja conflito de interesse. A defesa da ordem jurídica significa que deve ter a função de fiscal da lei, de que a obrigação política seja cumprida e de que os cidadãos obedeçam às leis. O regime democrático é aquele em que a soberania está depositada no povo, sendo atualmente exercida pela representação políti-

4 ROTHENBURG, Walter Claudius. **Funções essenciais à Justiça.** *In*: ALVIM, Eduardo Arruda, LEITE, George Salomão, e STRECK, Lênio (coords.). **Curso de Direito Constitucional.** Florianópolis: Tirant le Blanch, 2018, p. 681.

ca, que vem a ser fórmula de preenchimento dos cargos do Executivo e do Legislativo. Os interesses sociais e individuais asseguram a cidadania social, prevista no art. 7º, bem como a cidadania civil, tratada no art. 5º, tudo da Constituição de 1988.

Dispõe o inciso XVI do art. 84, da Constituição Federal, que cabe ao Presidente da República nomear os magistrados, nos casos previstos no texto constitucional. Pode, assim, nomear os Juízes dos Tribunais Regionais Federais (TRF), dentre brasileiros com mais de trinta e menos de sessenta e cinco anos. São um quinto, dentre advogados com mais de dez anos de efetiva atividade profissional e dentre membros do Ministério Público, com mais de dez anos de carreira, nos termos do art. 94. Por outro lado, o Governador do Estado tem competência para nomear representante do **Parquet** como Desembargador de Tribunal de Justiça Estadual, como parte do quinto constitucional no Estado-membro.

Trata-se de princípios institucionais do Ministério Público, de acordo com o § 1º do art. 127, da Constituição Federal, a unidade, a indivisibilidade e a independência funcional. A unidade significa a capacidade dos integrantes do Ministério Público formar um corpo só, uma vontade única, de modo que a manifestação de um representa a de todos. A indivisibilidade, por outro lado, é a modo de atuar dos seus membros, pelo qual um substituiu o outro sem que haja solução de continuidade. A independência funcional significa que os membros do órgão não se encontram sujeitos a ninguém, nem sequer a quem tem o nível hierarquicamente superior.

Dispõe o § 2º do art. 127, da Constituição de 1988, que ao Ministério Público deve ser assegurada a autonomia funcional e administrativa. Pode, assim, observado o disposto no art. 61, da Constituição Federal, propor ao Poder Legislativo a criação e a extinção de seus cargos e serviços auxiliares, provendo-os por concurso público de provas, ou de provas e títulos, a política remuneratória e os planos de carreira. A lei dispõe sobre sua organização e funcionamento. O § 2º do art. 127 foi modificado, pela Emenda Constitucional nº 19, de 04.06.1998, passando a política remuneratória a ser feita através de lei, sendo esta a filosofia da Reforma Administrativa. A iniciativa de lei pode ser do Procurador-Geral da República, o que lhe dá prerrogativas nas matérias em que dispõe sobre sua organização, funcionamento, polícia, criação, transformação ou extinção de cargos, empregos e funções de seus serviços, e a iniciativa de leis para fixação da respectiva remuneração, condicionada pela lei de diretrizes orçamentárias. No caso em que ocorre a iniciativa da autoridade acima mencionada, começa o processo legislativo na Câmara dos Deputados, seguindo para o Senado Federal, que funciona como Casa Revisora do projeto de lei.

De acordo com o § 3º do art. 127, do texto constitucional, o Ministério Público deve elaborar sua proposta orçamentária dentro dos limites estabelecidos na lei de diretrizes orçamentárias. Foi garantida, ainda, ao órgão a autonomia orçamentária, de modo que pode propor a própria dotação orçamentária, ou seja, as receitas e as despesas que pretende fazer no próximo ano fiscal.

A Emenda Constitucional nº 45, de 08.12.2004, acrescentou, ao art. 127, os parágrafos 4º e 5º, do texto constitucional. Na verdade, houve uma submissão orçamentária do Ministério Público ao Executivo, diminuindo sua autonomia administrativa e financeira, prevista no § 2º do mesmo artigo. Consta do § 4º do art. 127, da Constituição Federal, que se o Ministério Público não encaminhar a respectiva proposta orçamentária dentro do prazo estabelecido, o Poder Executivo considera, para fins de consolidação da proposta orçamentária anual, os valores aprovados na lei orçamentária vigente, ajustada de acordo com os limites estipulados na lei de diretrizes e bases. Se as propostas orçamentárias forem encaminhadas em desacordo com os limites estipulados, conforme dispõe o § 5º do mesmo artigo, também pode o Poder Executivo proceder aos ajustes necessários para fins de consolidação da proposta orçamentária anual. Por fim, não pode haver a realização de despesas ou a assunção de obrigações que extrapolem os limites estabelecidos na lei de diretrizes orçamentárias, exceto se previamente autorizadas, mediante a abertura de créditos suplementares ou especiais, durante a execução orçamentária do exercício.

De acordo com o art. 128, da Constituição Federal, o Ministério Público abrange o Ministério Público da União e os Ministérios Públicos dos Estados-membros. O Ministério Público da União compreende: a) o Ministério Público Federal; b) o Ministério Público do Trabalho; c) o Ministério Público Militar[5]; d) o Ministério Público do Distrito Federal e Territórios. Esta forma de organização reflete a estrutura federalizado da instituição, que possui a esfera federal e a esfera estadual de atuação, acompanhando a estrutura do Poder Judiciário. O Ministério Público da União funciona no Supremo Tribunal Federal (STF) e no Superior Tribunal de Justiça (STJ), através do Procurador-Geral da República, com seus Subprocuradores.

Os Procuradores Regionais atuam nos Tribunais Regionais Federais e, nas Seções da Justiça Federal, através dos Procuradores da República. O Ministério Público da União é dirigido pelo Procurador-Geral da República

5 "O Ministério Público **Militar não** dispõe de legitimidade para atuar, em sede processual, perante o Supremo Tribunal Federal. Isso porque a **representação institucional do Ministério Público da União**, nas causas instauradas na Suprema Corte, **cabe ao Procurador-Geral da República, que é, por definição constitucional** (art. 128, § 1º), o **Chefe do Ministério Público da União, que abrange também o Ministério Público Militar**. STF. 2ª Turma. HC 155245 AgR-AgR, Rel. Min. Celso de Mello, julgado em 11/11/2019" (ABNC).

que deveria também cuidar do Ministério Público do Distrito Federal e dos Territórios, mas para este foi assegurada autonomia, tendo o seu próprio Procurador-Geral. O Ministério Público do Trabalho nasceu com a Justiça do Trabalho, com o Decreto Federal nº 22.132, de 25.11.1932, tendo assumido sua competência com a Constituição de 1946, no art. 125, e tratado na Lei Federal nº 1.341, de 30.01.1951. Não obstante, hoje só funciona junto aos Tribunais Regionais do Trabalho (TRT) e ao Tribunal Superior do Trabalho (TST). Por outro lado, o Ministério Público Militar também tem seu corpo próprio e sua direção por Procurador-Geral, funcionado no Superior Tribunal Militar e nas Auditorias da Justiça Militar.

O Ministério Público Estadual distingue-se do Ministério Público Federal porque suas atribuições são diversas, mas que tem finalidades idênticas. Está organizado em uma Procuradoria Geral de Justiça, funcionando na Justiça Comum de primeiro grau, com os Juízes de Direito e, no segundo, nos Tribunais de Justiça dos Estados-membros.

Dispõe o § 1º do art. 128, da Constituição de 1988, que o Ministério Público da União tem por chefe o Procurador-Geral da República, nomeado pelo Presidente da República dentre integrantes da carreira, maiores de trinta e cinco anos, após a aprovação de seu nome pela maioria absoluta dos membros do Senado Federal, para mandato de dois anos, permitida a recondução. Cabem à este diversas competências, como a iniciativa de leis do interesse da instituição para sua organização e para criação de cargos, de acordo com o **caput** do art. 61, bem como tem a legitimidade ativa para propor a ação direta de inconstitucionalidade, conforme o art. 103, VI, sendo que no sistema constitucional anterior apenas ele tinha tal atribuição. Pode propor, ainda, a ação declaratória de constitucionalidade, pelo art. 103, § 4º. É competência do Procurador-Geral de Justiça ser ouvido, previamente, nas ações de inconstitucionalidade e em todos os processos de competência do Supremo Tribunal Federal, pelo art. 103, § 1º. Ele tem, ainda, foro privilegiado, sendo processado e julgado originariamente, nas infrações comuns, pelo Supremo Tribunal Federal, no art. 102, I, "b", e pelo Senado Federal, nos crimes de responsabilidade, no art. 52, II, tudo do texto constitucional.

Cabe ao Senado Federal, por maioria absoluta dos seus membros, autorizar a destituição do Procurador-Geral da República, por iniciativa do Presidente da República, de acordo com o art. 128, § 2º. Prevê o § 3º do art. 128, da Constituição Federal, que os Ministérios Públicos dos Estados-membros e o do Distrito Federal e Territórios devem formar lista tríplice dentre integrantes da carreira, na forma da lei pertinente, para escolha de seu Procurador-Geral, que é nomeado pelo Governador do Estado-membro e do Distrito Federal ou dos Territórios, para mandato de dois anos, permitida uma recondução. Em termos de nomeação não tem competência o Poder Legislativo Estadual, como já decidiu o Pleno do Supremo Tribunal Federal, em sede de medida cautelar[6].

Contudo, antes do fim do mandato, conforme o § 4º do referido artigo, os Procuradores-Gerais nos Estados-membros e no Distrito Federal e Territórios podem ser destituídos por deliberação da maioria absoluta do Poder Legislativo, na forma da lei complementar competente. De acordo com o § 5º do art. 128, da Constituição de 1988, as leis complementares da União e dos Estados-membros, cujas iniciativas são facultadas aos respectivos Procuradores-Gerais, devem estabelecer a organização, as atribuições e o estatuto de cada Ministério Público. Estes têm as mesmas garantias dos magistrados: a) vitaliciedade; b) inamovibilidade; c) irredutibilidade de subsídio.

A vitaliciedade é adquirida após dois anos de exercício, não podendo perder o cargo o membro do **Parquet** senão por sentença judicial transitada em julgado. Esta matéria foi tratada na Portaria PGR nº 74, de 17.02.1992, no âmbito da Procuradoria-Geral da República. A vitaliciedade, que, no primeiro grau, só é adquirida após dois anos de exercício, dependendo a perda do cargo, nesse período, de deliberação de sentença judicial transitada em julgado. Assim, o Promotor de Justiça ou o Procurador da República não pode perder o cargo senão por sentença judicial. A vitaliciedade, então, vem a ser uma garantia superior à estabilidade do servidor público estatutário.

A inamovibilidade significa que não podem os Promotores ser removidos compulsoriamente, a não ser quando ocorrer relevante motivo de interesse público, na forma do art. 128, § 5º, I, "b", da Constituição Federal. Fixa-se, com esta garantia, que a competência de um promotor não seja turbada, sob a ameaça de ser removido de onde exerce sua atuação[7]. A Emenda Constitucional nº 45, de 08.12.2004, alterou a alínea "b" do § 5º do art. 128 do texto constitucional, para facilitar a remoção do membro do Ministério Público, pois deixou de ser exigida maioria de dois terços do Colegiado, passando para maioria absoluta.

6 ADIn-MC nº 1.228/AP, Rel. Min. Sepúlveda Pertence, **Diário da Justiça (DJ)** de 02.06.1995, p. 16229.

7 **"É possível, no âmbito de ação civil pública de improbidade administrativa, a condenação de membro do Ministério Público à pena de perda da função pública prevista no art. 12 da Lei nº 8.429/92.** 'A previsão legal de que o Procurador-Geral de Justiça ou o Procurador-Geral da República ajuizará ação civil específica para a aplicação da pena de demissão ou perda do cargo, nos casos elencados na lei, não obsta que o legislador ordinário, cumprindo o mandamento do § 4º do art. 37 da CF, estabeleça a pena de perda do cargo do membro do MP quando comprovada a prática de ato ímprobo, em ação civil pública própria para sua constatação' (REsp 1.191.613-MG)" (ABNC).

Por fim, a irredutibilidade de subsídio significa que este, em nenhuma hipótese, pode ser reduzido em seu valor, ressalvado o disposto nos arts. 37, X e XI; 39, § 4º; 150, II; 153, § 2º, I, tudo do texto constitucional, conforme a redação dada pela Emenda Constitucional nº 19, de 04.06.1998. O inciso VII do art. 48, foi alterada pela Emenda Constitucional nº 19, 04.06.1998, a Reforma Administrativa. Foi modificada a expressão remuneração para subsídio, sendo este atribuído aos agentes políticos do Executivo, do Legislativo e do Judiciário, além dos representantes do Ministério Público, dos advogados públicos e dos Defensores Públicos. O subsídio deve ser fixado em parcela única, vedado o acréscimo de qualquer gratificação, adicional, abono, prêmio, verba de representação ou outra espécie remuneratória, conforme o art. 39, § 4º. Foi acrescido, ainda, da obrigatoriedade da observância do art. 37, XI, que fixa como limite máximo o que um Ministro do Supremo Tribunal Federal recebe de subsídio, em espécie. No entanto, como, em Tribunais do Judiciário, acaba-se criando benefícios temporários, como auxílio-alimentação, que muitas vezes ultrapassam o referido teto.

Pela relevância do cargo, existem vedações aos representantes do Ministério Público, tratados no **parágrafo único**, do art. 95, para garantir a lisura da atividade do mesmo, no processo e em sua vida pessoal. O poder ministerial é muito importante, de modo que para as pessoas aquiescerem e colocarem sua lide para que outro homem tenha uma função essencial ao julgamento, precisam aqueles ter certeza e garantia adicional da integridade moral dos seus integrantes. A barreira que se ergue em volta dos Promotores ou Procuradores tem a finalidade de assegurar que a prestação da atividade ministerial seja feita dentro da legalidade e da ausência de suspeita quanto à parcialidade e autonomia do magistrado.

Está prevista, ainda, de acordo com o art. 128, § 5º, II, "a", da Constituição de 1988, a vedação de receberem, a qualquer título e sob qualquer pretexto, honorário, percentagens ou custas processuais. Por outro lado, não podem exercer a advocacia, desde que tenha ingressado no Ministério Público depois da edição da Lei Complementar Federal nº 40, de 14.12.1981, que proibiu expressamente o exercício das duas atividades. O Conselho Federal da Ordem dos Advogados Brasil já decidiu que os Procuradores e Promotores que ingressaram antes dessa lei complementar podem exercer as duas atividades. Trata-se de situação em extinção, sendo poucos os que de fato ainda exercem a advocacia. Por fim, nos termos da lei, não podem participar de sociedade comercial, nem sequer como sócio, mas nada diz sobre seus cônjuges. Por outro lado, não podem exercer, ainda que em disponibilidade, outro cargo ou função, salvo uma de magistério. Apesar da exceção não estar prevista nos permissivos das alíneas do inciso XVI do art. 37, da Constituição Federal, que não contempla nem esta possibilidade quanto a representante do Ministério Público, mas o direito existe.

Por fim, é vedado ao Promotor ou ao Procurador o exercício de atividade político-partidária, salvo exceções previstas na lei, em razão de funcionar na Justiça Eleitoral, além da inconveniência de tal situação.

A Emenda Constitucional nº 45, de 08.12.2004, restringiu a atuação dos membros do Ministério Público, ao modificar a alínea "e" e ao acrescentar a alínea "f" ao inciso II do § 5º do art. 128, do texto constitucional. Na alínea "e" foi vedada totalmente qualquer atividade político-partidária, pois excluiu a possibilidade de exceções previstas em lei. Trata-se, talvez, de uma forma de inibir alguns membros, que procuravam a mídia talvez pensando em um projeto político pessoal. Por outro lado, na alínea "f", que foi acrescentada em 2004, repete-se a vedação também imposta aos magistrados, no inciso IV do **parágrafo único** do art. 95, da Constituição de 1988. Esta impede que o membro do Ministério Público possa receber, a qualquer título ou pretexto, auxílios ou contribuições de pessoas físicas, entidades públicas ou privadas, ressalvadas exceções declaradas em legislação específica. A Emenda Constitucional nº 45, de 08.12.2004, acrescentou ao art. 128, da Constituição Federal, o § 6°, em que determina que se aplique aos membros do **Parquet** ao impedimento temporário, a que passaram a se submeter os magistrados, conforme o inciso V do **parágrafo único** do art. 95, do texto constitucional. Ficam estes vedados de exercer a advocacia no juízo ou no Tribunal do qual se afastou, antes de decorridos três anos do afastamento do cargo por aposentadoria ou exoneração, chamada também de quarentena.

Deve haver, além dos diversos Ministérios Públicos referidos no **caput** do art. 128, um outro, especial, junto aos Tribunais de Contas. Está previsto, assim, o Ministério Público junto ao Tribunal de Contas da União, tratado no art. 71, bem como nos Tribunais de Contas dos Estados-membros, do Distrito Federal e dos Municípios. Foi muito discutida esta questão, depois da promulgação da Constituição de 1988, mas já está resolvida a noção da existência obrigatória desse órgão, com autonomia e quadro próprio. Está pacificada, ainda, a existência de um Procurador-Geral Especial, ideia que encontrou muita resistência para ser admitida. Assim, dispõe o art. 130 que, aos membros do Ministério Público junto aos Tribunais de Contas, aplicam-se as disposições da seção pertinentes a direitos, a vedações e a forma de investidura. São representantes do Ministério Público Especial, chamado também de Ministério Público de Contas, com a função específica de funcionar junto aos Tribunais de Contas, com organização própria, autonomia funcional e chefia, porém, nem sempre com os poderes de um Procurador-Geral para liderá-los.

16.2. Competência do Ministério Público

As funções institucionais do Ministério Público estão previstas, no art. 129, da Constituição de 1988. Trata-se de suas atividades típicas, como a promoção da ação penal pública, a promoção da ação civil pública, a fiscalização do cumprimento da lei no processo judicial e a defesa da ordem jurídica, do regime democrático e dos interesses sociais indisponíveis. Existem, ainda, as funções atípicas, fora da previsão constitucional, como o patrocínio do reclamante trabalhista, na Consolidação das Leis de Trabalho, no art. 477, § 3º, e no art. 17 da Lei Federal nº 5.584, de 26.06.1970. Há os casos em que está autorizado a prestar assistência judiciária supletiva, prevista no art. 22, XIII, da Lei Complementar Federal nº 40, de 14.12.1981, e também a substituição processual do **revel ficto**, do Código de Processo Civil de 1973, art. 9º, II, e **parágrafo único**, e Código de Processo Civil de 2015, no art. 72. Existe, ainda, o patrocínio dos interesses de menor como **custos legis**, nos processos em que haja uma pessoa jurídica de direito público.

Compreende, inicialmente, a legitimidade ativa para promover, privativamente, a ação penal pública, na forma da lei, de acordo com o inciso I do art. 129, da Constituição Federal. Trata-se esta da função mais típica do Ministério Público. Dispõe o Código Penal, no art. 100, que a ação penal é normalmente pública, salvo se expressamente declarada privativa do ofendido. Pode ser pública condicionada, quando depende de representação deste ou de requisição do Ministro da Justiça, no Código Penal, no art. 100, § 1º, e no Código de Processo Penal, no art. 24. Assim, o Ministério Público é o titular da ação penal, desde as disposições da Lei Complementar Federal nº 40, de 14.12.1981, bem como de acordo com o Estatuto do Ministério Público da União, previsto na Lei Complementar Federal nº 75, de 20.05.1993.

Cabe ao Ministério Público, conforme o inciso II do art. 129, zelar pelo efetivo respeito dos Poderes Públicos e dos serviços de relevância pública aos direitos assegurados na Constituição Federal, promovendo as medidas necessárias à sua garantia. A legislação atribui a essa instituição atividades fiscalizadoras genéricas, referente aos órgãos, pessoas ou à autoridade da Administração Direta e Indireta, autárquica e fundacional. Assim, pode receber petições, requerimentos e reclamações dos interessados, bem como pode propor a ação judicial. Pode, também, expedir notificação para o comparecimento de pessoa ou de autoridade e solicitar a abertura de Comissão Parlamentar de Inquérito (CPI).

Prevê o inciso III do art. 129, da Constituição Federal, que o Ministério Público promove o inquérito civil e a ação civil pública para a proteção do patrimônio público e social, do meio ambiente e de outros interesses difusos coletivos[8]. O objetivo da ação civil pública é a defesa do meio ambiente,

8 Ver: MAZZILLI, Hugo Nigro. **Inovações do Ministério Público.** *In*: **Revista dos Tribunais.** São Paulo: Revista dos Tribunais, maio/1982, nº 559/267, e **Doutrinas Essenciais: Direito Constitucional (Edições Especiais Revista dos Tribunais: 100 Anos).** 2ª tir. São Paulo: Revista dos Tribunais, 2013, vol. IV, p. 1133.

do consumidor, do patrimônio cultural e do patrimônio público. Trata-se de um instrumento processual ágil e eficiente, que permite a efetiva proteção dos interesses difusos. A matéria está disposta na Lei Federal nº 7.347, de 24.07.1985, na qual o Ministério Público propõe a ação civil pública. O Juiz pode deferir ou não a liminar pedida e sua decisão visa condenar o réu a fazer ou prestar obrigação devida, ou condená-lo a se abster de determinado comportamento ou, ainda, a pagar determinada importância. O inquérito civil público é o procedimento para apurar a violação de direitos difusos[9].

Cabe ao Procurador-Geral da República, de acordo com o inciso IV do art. 129, da Constituição de 1988, promover a ação de inconstitucionalidade ou a representação para fins de intervenção da União e dos Estados-membros, nos casos previstos no texto constitucional. O art. 103, VI, dava tal competência àquele, assim como tem a legitimidade ativa para propor a ação declaratória de constitucionalidade, conforme o art. 103, § 4º, da Constituição Federal. De modo que as Constituições Estaduais devem prever, também, esta possibilidade, dando aos Procuradores-Gerais de Justiça a competência para propor a ação direta de inconstitucionalidade junto aos Tribunais de Justiça dos Estados-membros.

De acordo com o inciso V do art. 129, do texto constitucional, compete ao Ministério Público defender judicialmente os direitos e os interesses das populações indígenas. Esta instituição tem não só legitimidade ativa, mas também deve intervir em todos os atos processuais nos quais seus interesses estejam sendo discutidos. Compete ao Ministério Público, conforme o art. 129, VI, da Constituição Federal, expedir as notificações nos procedimentos administrativos de sua competência, requisitando as informações e os documentos para instruí-los, na forma da lei complementar respectiva. Quando se tratar de matéria cível, deve ser proposta, se cabível, a ação civil pública relacionada à matéria.

De acordo com o inciso VII do art. 129, da Constituição de 1988, cabe ao Ministério Público exercer o controle externo da atividade policial, na forma da lei complementar mencionada no artigo anterior. O controle tem o aspecto de vigilância e de verificação administrativa, como atos de supervisão, de inspeção e de fiscalização sobre atividades, órgãos e pessoas. Não se trata de subordinação ou hierarquia, mas, apenas, de fiscalização e de controle. No mesmo sentido, cabe ao **Parquet**, conforme o inciso seguinte, requisitar diligências investigatórias e a instauração de inquérito policial, indicados os fundamentos jurídicos de suas manifestações processuais. O Ministério Público é o titular da ação penal pública, art. 129, I, de modo que tem interesse nos resultados do inquérito e da investigação promovi-

9 Publicada no **Diário Oficial da União** de 14.05.1993, pp. 9238-9.

dos pela Polícia Judiciária. Trata o Código de Processo Penal, no art. 16, dos casos em que o órgão ministerial pode devolver inquérito, caso sejam necessárias novas diligências.

Por fim, conforme o inciso IX do art. 129, do texto constitucional, o Ministério Público pode exercer outras funções que lhe forem conferidas, desde que compatíveis com sua finalidade, sendo-lhe vedada a representação judicial e a consultoria jurídica de entidades públicas. O dispositivo indica que a instituição é voltada para a defesa da sociedade, da ordem jurídica e do Estado Democrático de Direito. Prevê o art. 129, III, da Constituição de 1988, que o Ministério Público tem competência para iniciar inquérito civil, bem como a ação civil pública. Todavia, no § 1º desse artigo, a legitimação do Ministério Público para as ações civis previstas nesse dispositivo não impede a de terceiros, nas mesmas hipóteses que, diante da inércia daquele, passa a ter a legitimidade ativa para propor tal medida. A Lei Federal nº 7.347, de 24.07.1985, trata das ações civis públicas, como já mencionado.

De acordo com o § 2º do art. 129, as funções de Ministério Público só podem ser exercidas por integrantes da carreira, que devem residir na Comarca ou na Seção da respectiva lotação. O Código de Processo Penal permitia a nomeação de Promotor **ad hoc**, mas a Lei Complementar Federal nº 40, de 14.12.1981, vedou tal prática, no que foi mantida pela Lei Complementar Federal nº 75, de 20.05.1993. O Poder Judiciário, ou qualquer de seus órgãos, não tem competência para formular tal nomeação. A Emenda Constitucional nº 45, de 08.12.2004, modificou o § 2º do art. 129, da Constituição Federal, para excepcionar a obrigação de residir na Comarca ou na Seção da respectiva lotação. Por autorização do chefe da instituição pode ser desonerado do dever funcional, medida que em nada melhora a produção dos membros do Ministério Público. Aos magistrados também foi dado tal direito, nos termos do art. 93, VII, do texto constitucional.

O ingresso na carreira deve-se fazer mediante concurso público de provas e títulos, assegurada a participação da Ordem dos Advogados do Brasil em sua realização. É necessário, ainda, que seja observada, nas nomeações, a ordem de classificação. Dispõe o art. 37, II e III, que o ingresso no serviço público depende de concurso público. O concurso público é o processo pelo qual a Administração Direta e Indireta tem para a gestão de seu quadro de pessoal e de escolha do futuro servidor público na busca de melhor candidato, para o preenchimento de cargo ou de emprego público. Estes devem estar sem os respectivos titulares ou em estado de vacância. Desse modo, o concurso deve ser aberto apenas se existir o cargo ou o emprego vago, tendo em vista que só o interesse público pode motivar o preenchimento destes.

A Emenda Constitucional nº 45, de 08.12.2004, alterou o § 3° do art. 129, da Constituição de 1988. Pela redação anterior, que foi mantida, o ingresso na carreira do Ministério Público dá-se mediante o concurso público de provas e títulos, assegurada a participação da Ordem dos Advogados do Brasil em sua realização, observando-se, nas nomeações, a ordem de classificação. Contudo, como novidade, passou a ser exigido do bacharel em direito, no mínimo, três anos de atividades jurídicas. A medida, também semelhante à aplicada aos magistrados, no art. 93, I, da Constituição de 1988, evita que os profissionais inexperientes pessoalmente possam assumir um cargo tão relevante como é o de membro do Ministério Público, seja em qual espécie queira fazer parte.

Por fim, prevê o § 4º do art. 129 que se aplicam ao Ministério Público, no que couber, o disposto no art. 93, ambos do texto constitucional. Dispõe o inciso II do art. 93, sobre a promoção de entrância para entrância, alternadamente, por antiguidade e merecimento. Esta serve para distinguir os mais competentes e sérios, passando pelas diversas etapas da carreira de um representante do Ministério Público. A entrância deve ser entendida como a categoria das circunscrições judiciárias, de acordo com a lei de organização judiciária. A promoção por merecimento deve atender quatro regras constitucionais, sendo a primeira aquela que indica que vem a ser obrigatória a promoção do representante do Ministério Público que figure por três vezes consecutivas ou cinco alternadas em lista de merecimento, como uma forma de favorecer aquele que esteve bem perto de ser promovido, mas acabou não sendo. A promoção por merecimento exige que haja dois anos de exercício na respectiva entrância e integrar o representante do Ministério Público a primeira quinta parte da lista de antiguidade desta, salvo se não houver com tais requisitos quem aceite o lugar vago, de modo que existe um tempo a ser cumprido, bem como o Promotor ou o Procurador precisa estar bem colocado na lista de merecimento.

Na aferição do merecimento pelos critérios da presteza no exercício da jurisdição e pela a frequência e aproveitamento em cursos reconhecidos de aperfeiçoamento, presume-se que os mais capazes e idôneos venham a ser os promovidos. Por outro lado, na apuração da antiguidade, a Procuradoria Geral somente pode recusar o representante do Ministério Público mais antigo pelo voto de seus membros, conforme procedimento próprio, repetindo-se a votação até fixar-se a indicação, para evitar que aquele que esteja numa colocação excepcional seja prejudicado por qualquer política interna do órgão ministerial a que estiver vinculado. Por outro lado, trata o inciso VI do art. 93, da Constituição Federal, que a aposentadoria dos Promotores ou dos Procuradores e a pensão de seus dependentes devem observar o que dispõe o art. 40. Este dispositivo foi modificado, pela Emenda Constitucional nº 20, de 15.12.1998, que dispunha que "a aposentadoria com proventos integrais é compulsória por invalidez ou aos setenta e cinco anos de idade, e facultativa aos trinta anos de serviço, após cinco anos de exercício efetivo na judicatura". A modificação efetuada pela Reforma da Previdência teve o interesse de estabelecer que as regras da aposentadoria do representante do Ministério Público são as mesmas dos demais servidores públicos estatutários, novamente alterada pela Emenda Constitucional nº 103, de 12.11.2019.

A Emenda Constitucional nº 45, de 08.12.2004, modificou o § 4º do art. 129, do texto constitucional, ao determinar que se aplica aos membros do Ministério Público todas as disposições do art. 93 da Constituição de 1988, e não apenas dos incisos II e VI. Por outro lado, a mesma emenda modificou os incisos I, II, III, IV, VII, VIII, IX, X e XI, além de instituir os incisos VIII-A, XII, XIII, XIV e XV, tudo do art. 93 mencionado. A Emenda Constitucional nº 45, de 08.12.2004, acrescentou os parágrafos 4º e 5º ao art. 129, do texto constitucional. Foi determinado, por este, que a distribuição de processo no Ministério Público deve ser imediata, do mesmo modo que foi previsto para os magistrados, no art. 93, XV, da Constituição Federal, em redundância, por conta da disposição tratada no seu § 4º do art. 129.

16.3. Advocacia Pública Brasileira

A representação judicial da União era feita pelo Ministério Público Federal, que, assim, funcionava ao mesmo tempo como Promotor e como fiscal da lei e, também, como advogado dos interesses federais. Esta situação implicava que esse órgão funcionava, num mesmo processo, como **custos legis** e também defendendo a Administração Federal. A Constituição de 1988, ao dispor sobre a matéria do art. 131, da Constituição de 1988, inovou, fazendo primeiro a separação das funções da Procuradoria da República, passando a representação da advocacia da União para um órgão novo – a Advocacia-Geral da União.

Em razão de sua atuação, no Brasil, inclusive na Metrópole, com o Procurador de Nossas Coisas, desde o século XVI, a advocacia pública existe quase com o mesmo tempo de vida do Brasil, assim se devendo à atuação dos antecedentes do Procuradores da Fazenda Nacional. Dispõe o § 3º do art. 131, da Constituição Federal, que na execução da dívida ativa de natureza tributária, a representação da União cabe à Procuradoria-Geral da Fazenda Nacional, observado o disposto em lei, distinto da Advocacia-Geral da União.

Cláudio Madureira entendeu, sobre o contencioso da advocacia pública, que:

> "No contencioso judicial, por sua vez, os advogados públicos procuram convencer o Poder Judiciário de que as posturas defendidas pela Administração Pública encontram amparo no ordenamento jurídico-positivo. Em regra, essas posturas são lícitas, ou dotadas de juridicidade, precisamente porque por concepção,

a sua produção pressupõe a observância das leis e da Constituição. É que a Administração Pública e seus agentes têm sua atuação vinculada aos ditames da legalidade, e por isso devem se preordenar, na esfera administrativa, a uma correta aplicação do Direito. Além disso, esses profissionais devem promover, em suas atividades cotidianas, a realização do interesse público, descrito, por Celso Antônio Bandeira de Mello, como interesse do Estado e da sociedade na observância da ordem jurídica estabelecida, o que pressupõe uma correta aplicação do Direito. Disso resulta o que tem em doutrina se convencionou chamar presunção de legitimidade dos atos administrativos. Essa presunção, todavia, é relativa, admitindo prova em contrário; em especial quando questionada em juízo. Com efeito, podem ocorrer, na prática, equívocos na aplicação do Direito da Administração Pública, preordenados, sobretudo, pela circunstância de nem todos os agentes estatais haverem sido formados para aplicar as regras e princípios que compõem o ordenamento jurídico-positivo. Esses equívocos devem ser corridos pela Advocacia Pública quando do exercício da sua atividade consultiva, sob a invocação do instituto da autotutela. Porém, ressalvada a hipótese de decadência do direito de rever o ato praticado, tais equívocos não se convalidam, em concreto, se essa atividade corretiva não for exercida ao tempo oportuno. Daí que quando os advogados públicos depreenderem, no exercício de sua atividade contenciosa, que o ato impugnado foi praticado em desrespeito ao Direito pátrio, cumpre-lhes compor com a parte adversária ou abster-se da apresentação de defesas e recursos. Assim, a exemplo da atividade consultiva, também essa função típica deve ser exercida, num Estado de Direito, como forma de controlar a juridicidade da atuação da Administração Pública"[10].

A Advocacia-Geral da União vem a ser o organismo, instituído pelo texto constitucional, para a advocacia judicial e extrajudicial federal, incluindo as consultorias. Não obstante, como já dito, a cobrança judicial executiva da dívida ativa tributária fica a cargo de outra instituição federal – a Procuradoria da Fazenda Nacional. Por outro lado, a cobrança, através de execução fiscal, da dívida ativa das contribuições para a seguridade, era de competência da autarquia da área da previdência social, o Instituto Nacional de Seguridade Social (INSS), através de sua Procuradoria, mas que agora esta se encontra vinculada à Receita do Brasil e à Procuradoria da Fazenda Nacional.

A Lei Federal nº 9.028, de 12.04.1995, dispôs sobre o exercício das atribuições da Advocacia-Geral da União. Cabe, assim, ao Advogado-Geral da União patrocinar as causas de interesse do Poder Público Federal, da Administração Direta, incluindo todos os três Poderes Políticos e o Ministério Público. Em relação à Administração Direta, cada órgão tem sua Procuradoria Jurídica, para a defesa do órgão, com personalidade jurídica própria, de pessoa jurídica de direito público. No início, para funciona-

10 MADUREIRA, Cláudio. **Advocacia, Advocacia Pública e Defensoria Pública.** *In*: ALVIM, Eduardo Arruda, LEITE, George Salomão, e STRECK, Lênio (coords.). **Curso de Direito Constitucional.** Florianópolis: Tirant le Blanch, 2018, p. 707.

mento da nova instituição, foram convocados os Procuradores da Fazenda Nacional, no prazo de trinta e seis meses, de acordo com o art. 69, da Lei Complementar Federal nº 73, de 10.02.1993. O órgão foi criado prevendo a atuação do Advogado-Geral da União junto ao Supremo Tribunal Federal[11], e as Procuradorias-Gerais da União, subordinadas àquele cargo anterior, exercendo suas atividades junto aos Tribunais Superiores. Por outro lado, as Procuradorias Regionais da União passaram a atuar perante os Tribunais Regionais Federais (TRF) e os Tribunais Regionais do Trabalho (TRT), ao passo que as Procuradorias da União Federal, nas Seções da Justiça Federal, na Capital dos Estados-membros e dos Territórios, e onde tiver Vara criada no interior destes.

O Decreto Federal nº 7.135, de 09.04.2010, dispôs sobre a representação e a defesa extrajudicial dos órgãos e entidades da Administração Federal junto ao Tribunal de Contas da União, por intermédio da Advocacia-Geral da União. A Seção II do Capítulo IV do Título IV foi modificada pela Emenda Constitucional nº 19, de 04.06.1998. A Lei Orgânica da Advocacia-Geral da União está na Lei Complementar Federal nº 73, de 10.02.1993, ao passo que o Decreto Federal nº 767, de 05.03.1993, dispõe sobre as atividades de controle interno da Advocacia-Geral da União.

Trata o art. 131, da Constituição de 1988, assim, da Advocacia-Geral da União, conceituada como a instituição que, diretamente ou através de órgão vinculado, representa a União, judicial e extrajudicialmente, em todos os conflitos de interesse que envolvam os bens e direitos federais. Cabe-lhe, nos termos da lei complementar que dispuser sobre sua organização e funcionamento, as atividades de consultaria e de assessoramento jurídico do Poder Executivo. De acordo com o seu § 1º, a Advocacia-Geral da União tem por chefe o Advogado-Geral da União, de livre nomeação pelo Presidente da República, dentre cidadãos maiores de trinta e cinco anos, de notável saber jurídico e reputação ilibada. Trata-se de competência do Chefe do Executivo Federal, conforme o inciso XVI do art. 84, da Constituição Federal.

11 "O Advogado-Geral da União **NÃO** tem legitimidade **para embargos de declaração a acórdão proferido em ação direta de inconstitucionalidade, por se tratar de processo objetivo de controle de constitucionalidade em que a União não é parte e nem se admite a intervenção de terceiros**. Com esse entendimento, o Tribunal não conheceu de embargos de declaração opostos pelo Advogado-Geral da União à decisão do Plenário do STF que indeferira pedido de medida cautelar em ação direta ajuizada pelo Procurador-Geral da República contra a Decisão Administrativa do Conselho de Administração do STJ que reconhecera a existência do direito ao reajuste de 11,98%, a partir de abril de 1994, resultado da conversão em URV dos vencimentos dos servidores da mencionada Corte" (ABNC).

O ingresso nas classes iniciais das carreiras da Advocacia-Geral da União deve se fazer através de concurso público de provas e títulos, nos termos do § 2º do art. 131, da Constituição de 1988. O art. 37, II e III exige, como forma de ingresso no serviço público federal, o concurso público de provas e títulos, como meio democrático de exercer o direito de isonomia. Afere, também, os conhecimentos e certas qualidades profissionais, para que as pessoas adequadas passem a ocupar os cargos devidos. O concurso público é a forma regular de ingresso no serviço público.

Existe, ainda, a Procuradoria Federal, para a defesa das autarquias federais ou das fundações autárquicas, com as funções definidas em lei. O Banco Central do Brasil também tem seus próprios Procuradores, da mesma forma que a Câmara dos Deputados e que o Senado Federal. Fazem parte, assim, da advocacia pública federal.

Trata o art. 132, do texto constitucional, dos Procuradores dos Estados-membros e do Distrito Federal, que devem ser organizados em carreira, sendo também este instituto só agora constitucionalizado, pelo texto de 1988. O ingresso nas Procuradorias depende de concurso público de provas e títulos, com a participação da Ordem dos Advogados do Brasil nas suas fases. Exercem a representação judicial e as consultorias jurídicas das respectivas unidades federadas. O acima artigo foi modificado pela Emenda Constitucional nº 19, de 04.06.1998, com a redação original dizendo que:

> "Art. 132. Os Procuradores dos Estados e do Distrito Federal, organizados em carreira, na qual o ingresso dependerá de concurso público de provas e títulos, com a participação da Ordem dos Advogados do Brasil em todas as suas fases, exercerão a representação judicial e a consultoria jurídica das respectivas unidades federadas".

O **parágrafo único** do art. 132, da Constituição Federal, trata dos Procuradores[12], sendo-lhes assegurada a estabilidade após três anos de efetivo exercício, mediante a avaliação de desempenho perante os órgãos próprios, após o relatório circunstanciado das Corregedorias Regionais. As Constituições dos Estados-membros devem tratar da matéria, dando a devida organização para que as Procuradorias-Gerais dos Estados-membros

12 "**Prerrogativas de Procuradores do Estado e análise de sua constitucionalidade**. É inconstitucional lei estadual que **assegure aos Procuradores do Estado as seguintes prerrogativas**: a) **vitaliciedade**; b) **prisão domiciliar** ou **em sala de Estado-Maior**; c) **restrições à prisão do Procurador**; d) **foro privativo no Tribunal de Justiça** (por meio de lei); e) **escolha do dia, hora e local para que o Procurador seja ouvido como testemunha ou ofendido em processo judicial**; f) **porte de arma independentemente de licença ou registro**. STF. Plenário. ADI 2729/RN, rel. orig. Min. Luiz Fux, red. p/ o acórdão Min. Gilmar Mendes, 19/6/2013 (Info 711)" (ABNC).

funcionem devidamente. Em algumas, o cargo de Procurador Geral do Estado é de livre nomeação, noutras, exclusivamente, de pessoal de carreira[13]. Estes órgãos têm legitimidade ativa e passiva, nas ações que envolvam não só a Administração Pública Direta, como também a Assembleia Legislativa, o Tribunal de Justiça do Estado, a Procuradoria-Geral de Justiça e a Defensoria Pública-Geral. Coordena, ainda, a defesa feita pelos órgãos da Administração Pública Indireta, Autárquica e Fundacional. Cabe aos Municípios, também, terem Procuradorias Gerais, de modo semelhante aos Estados-membros, especialmente, nas Capitais e nos grandes Municípios. Nos menores, talvez a contratação de advogados ou de sociedades profissionais de advogados ainda seja a melhor opção. O Supremo Tribunal Federal decidiu, na ADI 4070/RO, tendo por Relatora a Ministra Carmén Lúcia, que Procurador do Tribunal de Contas não pode ser responsável pela cobrança judicial de multas[14].

16.4. Advocacia e Ordem dos Advogados do Brasil (OAB)

Na cidade de Atenas foi onde nasceu a advocacia, mas no início de sua vida jurídica as partes firmavam acordos e compromissos perante o Areópago, através de um juramento nas entranhas de um carneiro, de um javali ou de um touro. Sólon[15], com sua legislação, obrigava todos os cidadãos a fazerem suas próprias defesas. Depois, foi elaborado um regulamento, que dava feição religiosa para a defesa em juízo dos outros, pois era feito

13 "**A Procuradoria-Geral do Estado é o órgão constitucional e permanente ao qual se confiou o exercício da advocacia (representação judicial e consultoria jurídica) do Estado-membro (CF/88, art. 132). A parcialidade é inerente às suas funções, sendo, por isso, inadequado cogitar-se independência funcional, nos moldes da Magistratura, do Ministério Público ou da Defensoria Pública (art. 95, II; art. 128, § 5º, I, b; e art. 134, § 1º, da CF/88)**. STF. Plenário. ADI 1246, Rel. Roberto Barroso, julgado em 11/04/2019" (ABNC).

14 "**Criação de Procuradoria do Tribunal de Contas e impossibilidade de que tal órgão seja responsável pela cobrança das multas.** É constitucional a criação de órgãos jurídicos na estrutura de Tribunais de Contas estaduais, **vedada a atribuição de cobrança judicial de multas aplicadas pelo próprio tribunal.** É inconstitucional norma estadual que preveja que compete à Procuradoria do Tribunal de Contas cobrar judicialmente as multas aplicadas pela Corte de Contas. A Constituição Federal não outorgou aos Tribunais de Contas competência para executar suas próprias decisões. **As decisões dos Tribunais de Contas que acarretem débito ou multa têm eficácia de título executivo, mas não podem ser executadas por iniciativa do próprio Tribunal.** STF. Plenário. ADI 4070/RO, Rel. Min. Cármen Lúcia, julgado em 19/12/2016 (Info 851)" (ABNC).

15 "**SÓLON**, político ateniense (c. 640 - c. 558 a.C.). Tendo se tornado arconte, elevou o espírito nacional dos atenienses e diminuiu os encargos dos cidadãos pobres, restabelecendo deste modo a harmonia da cidade, à qual deu uma Constituição democrática" (KOOGAN/HOUAISS. **Enciclopédia e Dicionário Ilustrado**, *op. cit.*, p. 1508).

diretamente no Areópago. Não obstante, a palavra advogado vem de **advocatus**, expressão latina resultante da justaposição de **ad vocare**, ou seja, chamar para junto. Na Roma antiga, o termo se referia não a um especialista em defesa, mas sim a um amigo ou parente do acusado, que o chamava para a sua assistência. A pessoa a quem se atribuía a função de defesa era o **patronus**, porque dentro das atribuições destes estava a proteção em juízo de seus clientes, bem como ao **orator**, encarregado de fazer a defesa oral.

Depois, no período formulário, surgiram os **cognitores**, que agiam em seu nome, e os **procuradores**, que agiam em nome do cliente. A indicação era feita perante um magistrado. Usou-se, ainda, a palavra **togatus**, na época imperial, em razão da toga usada pelos profissionais. A profissão de advogado, com seus direitos e deveres indicava as regras e as formas do processo, elaborando os atos e os instrumentos judiciais. Do século II d.C. em diante, admitiu-se a remuneração das seguintes fórmulas: a) **pactum de quota litis**, percentagem sobre o valor da causa; b) **palmaris**, pacto para o pagamento com o sucesso da demanda; c) **redemptio**, onde o advogado substituía a parte representada, assumindo o ônus do insucesso da demanda. A palavra **advocatus** surgiu nos últimos tempos em Roma, em que se designava os profissionais em direito, como **advocati causidici**.

Na Idade Média, na época de Carlos Magno[16], no século VIII d.C., em suas capitulares, usava-se **advocatus**, mas também as palavras **causidici**, **clamatores** e **assertores**. Na França, os trabalhadores eram organizados em corporações de ofício de trabalho manual ou intelectual. Em 1302, Felipe IV[17] decidiu fixar o Parlamento, que era itinerante, em Paris, por meio de uma ordenação. A representação dos advogados passou a ser chamada de **Ordre des Advocats**. Os advogados receberam, de Felipe IV, uma codificação, em que se proibia que se procurasse o Juiz sem que se fosse advogado, a não ser que militasse em causa própria. Exigia a Ordenação de 13.2.1327

16 **Carlos Magno** (742 - Aaachen, 814) foi o primeiro Imperador dos Romanos de 800 até sua morte, além de Rei dos Lombardos a partir de 774 e Rei dos Francos começando em 768. A denominação dinastia Carolíngia, que pelos sete séculos seguintes dominaram a Europa, no que veio a ser posteriormente chamado de Sacro Império Romano-Germânico deriva do seu nome em latim "**Carolus**". Por meio das suas conquistas no estrangeiro e de suas reformas internas, Carlos Magno ajudou a definir a Europa Ocidental e a Idade Média na Europa. Ele é chamado de **Carlos I** nas listas reais da Alemanha (**Karl**), na França (como **Charles**) e do Sacro Império Romano-Germânico.

17 **Filipe IV** (Fontainebleau, 1268 – Fontainebleau, 1314), também chamado de **Filipe, o Belo**, foi o Rei da França como **Filipe IV** de 1285 até sua morte e também Rei de Navarra como **Filipe I** de 1284 a 1305 em virtude de seu casamento com Joana I. Filipe IV foi um governante polêmico, estando na origem da tentativa de deposição do papa Bonifácio VIII e da transferência do papado para a cidade de Avinhão, e criando as condições para, algumas décadas depois da sua morte, a eclosão da Guerra dos Cem Anos.

que houvesse advogado com prévia inscrição, precedida de um juramento solene. Depois, o Regulamento de 1344 esteve em vigor por quase quinhentos anos, estabelecendo a categoria de estagiário e instituiu um quadro dos advogados. Estes eram distribuídos em três categorias – em primeiro lugar, os **consiliari**, os conselheiros, em decorrência de uma honraria; em seguida, os **advocati proponenti**, que eram os advogados que pleiteavam em juízo, os proponentes; por fim, os **novi audiente**, ou seja, os estagiários, que eram obrigados a atuar sob a orientação e a direção dos **advocati proponenti**. Por outro lado, uma provisão do Rei de Portugal, Afonso III, por sua vez designava os advogados por vozeiros ou arrazoadores, no século XIII.

A confraria religiosa com sede na Capela de São Nicolau, em Paris, era integrada por conselheiros e por advogados proponentes, chefiada por um deles, que nas procissões levava um bastão, sendo então chamado **Bastonnier**. Em 1602, passou o cargo a ser oficialmente o de chefe da **Ordre des Advocats**, sendo eleito para o mesmo o próprio **Bastonnier**. A instituição exigia a disciplina entre os advogados, aplicando-lhes as sanções, já existindo a repreensão secreta ou pública, a suspensão, a destituição e o cancelamento. Previa para estes vários graus de recursos, sistema análogo ao atual processo administrativo de punição dos advogados. O licenciamento da profissão decorria depois de uma prova oral, ficando então quatro anos de estágio, para só depois entrar no "quadro de inscritos". As Ordenações Filipinas de 1598, que se refletiram no Brasil, referiam-se aos solicitadores como auxiliares da defesa, a quem se conferia a competência para a prática de processo, ora como defensor, ora como defensor do réu sem mandato, o ajudador.

A Revolução Francesa, através de Decreto da Constituinte de 16.07.1790, permitiu que qualquer cidadão pudesse realizar a defesa, por escrito ou oral, seguido pelo Decreto de 02.09.1790, que extinguiu a **Ordre des Advocats**. O Decreto da Constituinte de 29.01.1791 instituiu os **avoués**, oficiais ministeriais encarregados da defesa e do processo, os antecessores dos Defensores Públicos. O sistema foi inviável e a lei seguinte restabeleceu o quadro dos advogados e a disciplina no foro. Em seguida, o Código Penal Francês de 1810 trouxe diversos dispositivos relativos às atividades dos advogados. Por fim, o Decreto Francês de 14.02.1810 restabeleceu a **Ordre des Advocats**, com o **Bastonnier** e com o seu Conselho, mas foi a Ordenação de 27.08.1830, que voltou a proporcionar todos os direitos e as prerrogativas da instituição dos advogados.

No Brasil, no século XIX, foi Francisco Jê Acoiaba de Montezuma, Visconde de Jequitinhonha[18], o principal inspirador da Ordem dos Advogados

18 **Francisco Jê Acoiaba de Montezuma**, Visconde de Jequitinhonha (1794-1870). **Francisco Gomes Brandão.** Filho de família mestiça, após a união de um português com

do Brasil, como o primeiro Presidente do Instituto dos Advogados, em 1843, com sede no Rio de Janeiro, onde permanece até hoje, no Centro, na Cidade. Ele, em seu discurso de inauguração, idealizou a instituição própria dos advogados. Logo depois, em 1851, foi apresentado e aprovado, no Senado, o projeto que instituía a Ordem dos Advogados, mas que não avançou na Câmara. Apesar das diversas tentativas de revisão e do aperfeiçoamento do projeto, nada teve êxito e o fim do Império chegou sem que o problema tivesse sido resolvido, com a fiscalização da advocacia sendo realizada pelo Poder Judiciário.

A luta continuou e, em 1916, depois do Instituto dos Advogados ter preparado um projeto, o relator deu parecer negativo e o Senado Federal o acompanhou. Não obstante, pelo Decreto Federal nº 19.409, de 18.11.1930, no seu art. 17, criou-se a Ordem dos Advogados do Brasil. Com a Revolução de Trinta, este decreto federal instituiu a Ordem dos Advogados Brasileiros, nos seguintes termos:

> "Art. 17. Fica criada a Ordem dos Advogados Brasileiros, órgão de disciplina e seleção da classe dos advogados, que se regerá pelos estatutos que forem votados pelo Instituto da Ordem dos Advogados Brasileiros, com a colaboração dos Institutos dos Estados, e aprovados pelo Governo".

Em seguida, o Instituto da Ordem dos Advogados Brasileiros, por intermédio do seu Presidente Levi Carneiro[19], organizou o Anteprojeto

---

uma brasileira, mas dotada de boa renda. Era desejo do pai fazê-lo padre, de forma que ingressou no seminário franciscano, em 1808. A despeito desta vontade paterna, ruma em 1816 para Portugal, ingressando na Faculdade de Direito da Universidade de Coimbra, onde se forma em 1821. Retornando para a Bahia, torna-se ardoroso defensor da sua independência. Ao lado do editor baiano Francisco Corte Real, depois Corte Imperial, funda o jornal **O Constitucional**, que passa a ser o porta-voz dos interesses dos baianos face ao partido dito "**português**". Quando a situação na Capital torna-se insustentável para os brasileiros, toma parte ativa nas lutas pela Independência da Bahia, grande orador que era, junto ao Governo Provisório que então se formara na vila de Cachoeira. Proclamada a Independência, abandona o nome de batismo, passando a chamar-se **Francisco Gê Acayaba de Montezuma** – incorporando assim ao nome todos os elementos que formam a nação brasileira, e uma homenagem ao imperador asteca **Montezuma** (**Gê**, atualmente grafado com "J", designa os índios brasileiros do tronco linguístico não-tupi-guarani; **Acayaba**, atualmente grafado com "I", palavra de origem tupi). Foi o fundador e primeiro Presidente do Instituto dos Advogados do Brasil, tendo ainda, em 1850, pugnado pela criação da Ordem dos Advogados do Brasil, sem sucesso, justamente na Câmara dos Deputados, onde tinha lugar.

19 **Levi Carneiro** (1882-1971), entre essas expressões, atuou como consultor-geral da República, no início do Governo Vargas. Nessa qualidade, redigiu importantíssimo parecer, referente à criação da Ordem dos Advogados do Brasil (OAB), com mira e refe-

do Estatuto, afinal submetido à aprovação do Governo Provisório, juntamente com um relatório magistral deste. O Decreto Federal nº 20.784, de 14.12.1931, aprovou o Regulamento da Ordem dos Advogados Brasileiros, estruturando esta instituição. O Regulamento foi publicado, no Diário Oficial, em 19.12.1931, e republicado, em 28.12.1931. Foram marcados, por várias vezes, diversos prazos para a entrada em vigor das novas normas corporativas. Por fim, prevaleceu o prazo a partir de 31.03.1933, para que efetivamente entrassem em vigor, pelo Decreto Federal nº 22.266, de 28.12.1932.

De instituição ligada ao controle do exercício profissional, ao longo do século XX, a Ordem dos Advogados do Brasil (OAB) foi se tornando a mais importante entidade da sociedade civil. Na Década de Cinquenta, participou ativamente da campanha O Petróleo é Nosso!, que acabou resultando na criação da Petrobrás. Depois do Golpe Militar de 1964, a instituição sempre procurou garantir a defesa dos presos políticos e, na Década de Setenta, começou a participar das passeatas e das manifestações contra o Regime Militar. Contribuiu, assim, para a queda deste regime e a volta da democracia, depois de também ajudar na campanha da Anistia Já!, que foi concedida em 1979, e das Diretas Já!, em 1984. Esta não teve êxito, mas acabou contribuindo para o fim do Governo Autoritário Burocrático. Depois, juntamente com a Associação Brasileira de Imprensa (ABI), assinou o pedido de **impeachment** do ex-Presidente Fernando Collor de Mello, que ocorreu, em 1992, como já comentado. A instituição continuou ativa, defendendo a Reforma do Judiciário e a instituição de um comitê, para o controle das atividades administrativas do Poder Judiciário, no que veio a ser o Conselho Nacional de Justiça. Defendeu, ainda, um controle maior da criação de cursos jurídicos, que, no final do século XX, resultou na instituição de mais de mil cursos jurídicos em todo o Brasil, sem a devida qualidade que se exige.

Apesar da Ordem dos Advogados do Brasil (OAB) insurge-se contra a fiscalização do Tribunal de Contas da União (TCU), no RE 1.182.189 Bahia, tendo por relator o Ministro Marco Aurélio, entendeu que "a Ordem dos Advogados, embora, não seja ente estatal, integrante dos quadros da Administração, é entidade pública, de natureza autárquica – especial e cor-

rência em seu instrumento normativo de criação, o Decreto nº 19.408, de 18.11.1932. Há referências elogiosas ao Chefe de Governo e ao papel da Revolução na realização de uma proposta, que alastrava-se desde o século XIX, especialmente com as intervenções de Francisco Gê Acaiaba de Montezuma, Visconde de Jequitinhonha, sobremodo junto ao Instituto dos Advogados do Brasil. O texto suscitou os grandes da advocacia, quanto a seus contornos éticos, empíricos, políticos e instrumentais. Há também expressivo levantamento histórico. Levi Carneiro foi o primeiro Presidente da Ordem dos Advogados do Brasil (OAB).

porativista –, arrecadando contribuição de índole tributária, daí impor-se a submissão ao controle externo".

O exercício da advocacia é uma atividade fundamental e dinâmica, porque o advogado pratica atos de várias naturezas, podendo se manifestar de forma oral ou escrita. A Constituição de 1988, ao tratar da Seção III, do Capítulo IV, Das Funções Essenciais à Justiça, em especial no art. 133, dispôs, pela primeira vez, sobre o advogado. Este passou a ser definido como indispensável à administração da Justiça, sendo inviolável por seus atos e manifestações no exercício da profissão, nos limites da lei. O Estatuto da Advocacia e da OAB é a Lei Federal nº 8.906, de 04.07.1994, dando novo impulso à instituição, não só no aspecto corporativo[20], mas também na disciplina e na defesa da ordem jurídica e do Estado Democrático de Direito. O advogado ou a sociedade de advogado, está registrado e controlado pela Ordem dos Advogados do Brasil, recebem honorários contratuais e honorários de sucumbência, estes fixados pelo juízo da causa em percentual ou em valor corrente é crédito de natureza alimentar[21].

Os advogados podem ocupar relevantes magistraturas nacionais. De acordo com o inciso XVI do art. 84, da Constituição de 1988, cabe ao Presidente da República nomear os magistrados, nos casos previstos no texto constitucional. Pode, assim, nomeá-los os Desembargadores dos Tribunais Regionais Federais, dentre brasileiros com mais de trinta e menos de sessenta e cinco anos. São um quinto, dentre advogados com mais de dez anos de efetiva atividade profissional e membros do Ministério Público, com mais de dez anos de carreira. Os advogados podem ser Ministros do Superior Tribunal de Justiça, do Tribunal Superior do Trabalho, do Tribunal Superior Eleitoral e três vagas do Superior Tribunal Militar. São, também, do quinto constitucional, integrantes dos Tribunais Regionais do Trabalho, além de presença também nos Tribunais de Justiça dos Estados-membros e do Distrito Federal e Territórios.

---

20 "[...] A fiscalização das **profissões**, por se tratar **de uma atividade típica de Estado**, que abrange o poder de polícia, de tributar e de punir, **não pode ser delegada** (ADI 1.717), **excetuando-se a Ordem dos Advogados do Brasil** (ADI 3.026). (...) STF. 1ª Turma. MS 28469 AgR-segundo, Relator p/ Acórdão Min. Luiz Fux, julgado em 19/02/20" (ABNC).

21 Súmula Vinculante 47, de 25.05.2015: "Os honorários advocatícios incluídos na condenação ou destacados do montante principal devido ao credor consubstanciam verba de natureza alimentar cuja satisfação ocorrerá com a expedição de precatório ou requisição de pequeno valor, observada ordem especial restrita aos créditos dessa natureza".

16.5. Defensoria Pública Estadual e Federal

O Brasil enfrenta o problema crônico de possuir um enorme contingente populacional que se encontra à margem daquilo que se chama de ordem jurídica. São os párias que, afastados dos órgãos do Judiciário, acabam provocando o surgimento de uma ordem distante da lei e do direito. Todavia, saldar a dívida com esse enorme contingente populacional é urgente, necessário e dever social do Estado. Os cidadãos desprovidos de recursos desconhecem os seus direitos e, por conseguinte, não conseguem resolver seus problemas jurídicos, pois ignoram as possibilidades de reparação através dos instrumentos processuais. Por outro lado, ainda que percebam a existência de violação legal contra seus interesses, hesitam em recorrer aos Tribunais por não terem condições de acesso aos órgãos jurisdicionais.

A Assistência Judiciária é atividade antiga, desde Roma existe a proteção judicial aos carentes. Todavia, foi no século XX que este direito se desenvolveu em todo o mundo. Começou a haver a especialização da atividade e a atribuição do serviço a um corpo profissional especializado, os Defensores Públicos. No Brasil, a Assistência Judiciária tem suas raízes nas Ordenações Filipinas, o diploma legal mais importante na história do Brasil porque, por força da Lei do Império, de 20.10.1823, vigorou até 1916, quando foi promulgado o Código Civil de 1916. Antes, durante a Colônia, diversos alvarás e leis também enunciavam as disposições legais que protegiam os miseráveis em juízo, como o Alvará de 16.12.1664, a Lei de 06.12.1672 e o Alvará de 05.03.1750. A Assistência Judiciária apareceu na Constituição de 1934, mas foi decisiva a Constituição de 1988, que constitucionalizou a Defensoria Pública e atribuiu-lhe os instrumentos necessários para a execução deste serviço público, ainda mais depois da Lei Complementar Federal nº 80, de 12.01.1994.

Francisco Jê Acoiaba de Montezuma, Visconde de Jequitinhonha, foi o principal inspirador da Ordem dos Advogados do Brasil, como já mencionado. Em seu discurso inaugural como Presidente do Instituto da Ordem dos Advogados Brasileiros, em 1843, ele idealizou a fundação da Ordem dos Advogados do Brasil. Em 1851, foi apresentado e aprovado no Senado do Império um projeto sobre a criação da Ordem dos Advogados, mas na Câmara foi longamente discutida a matéria e ficou paralisada por muitos anos, como já comentado. Em 1870, o então Presidente do Instituto da Ordem dos Advogados Brasileiros criou os serviços jurídicos gratuitos prestados por seus membros a quem não podia pagar um advogado, sendo o primeiro precedente na justiça brasileira.

Na República, o Decreto Federal nº 2.457, de 08.02.1897, organizou a Assistência Judiciária, no Distrito Federal, no hoje Município do Rio de Janeiro, sistema que foi acompanhado pelos Estados-membros, que tinham o poder de legislar sobre o processo civil e penal, pela Constituição de 1891. Dispunha o Decreto Federal nº 2.457, de 08.02.1897, que: "art. 2º Considera-se pobre, para os fins desta instituição, toda pessoa que, tendo direitos a fazer valer, em juízo, estiver impossibilitada de pagar ou adiantar as custas e despesas do processo sem privar-se de recursos pecuniários indispensáveis para as necessidades ordinárias da própria manutenção ou da família". Em Pernambuco, por exemplo, o Código de Processo Civil de 1925 consagrou à Assistência Judiciária todo o Capítulo V, do Título II, da Parte Geral.

A pobreza não era sinônimo de indigência, mas a impossibilidade de pagar as custas judiciais[22]. Para alcançar a assistência, não era necessário que o indivíduo vivesse da caridade pública. Bastava que ele estivesse colocado na contingência de deixar perecer o seu direito por falta de meios para o fazer valer em juízo, ou ter que desviar, para o custeio da demanda e constituição do patrono, os recursos indispensáveis à manutenção própria e dos que lhe incumbia alimentar. Este é o sentido que predomina até hoje, sobre a condição para ser assegurada a Assistência Judiciária.

O conceito básico de Assistência Jurídica integral era maior do que a que anteriormente prevalecia, que era o de "assistência judicial". A mudança teve o sentido de melhorar o próprio conceito de cidadania. Não bastava que o cidadão economicamente hipossuficiente recebesse assistência em juízo, por isto ser pouco, ele devia merecer a assistência e a orientação jurídica perante qualquer dos Poderes do Estado, fossem quais fossem os seus órgãos, centralizados ou não. Os serviços notariais e registrários, como órgãos descentralizados do Poder Público, deviam, em consequência, atender aos cidadãos pobres "integral e gratuitamente", dispensando-os das custas e emolumentos.

Em razão de um movimento de repercussão nacional, conduzido pela Ordem dos Advogados do Brasil, que já dispunha sobre a Assistência Judiciária no seu Regulamento, aprovado pelo Decreto Federal nº 20.784, de 14.12.1931, e por juristas comprometidos com o patrocínio das causas dos necessitados, começou-se a ser reivindicados a constitucionalização dessa matéria.

A Constituição de 1934 consagrou o pleito como direito e garantia individual. No art. 113, nº 32, previu que: "a União e os Estados concederão aos necessitados, assistência judiciária, criando, para esse efeito, órgãos especiais e assegurando a isenção de emolumentos, custas, taxas e selos"[23]. A Constituição de 1934 permitiu também a legislação supletiva dos Estados-

22 Acórdão do Supremo Tribunal Federal, de 14.05.1910, **apud** SOUZA, Mário de. **O Advogado**. Recife: 1935, p. 313, monografia apresentada à Faculdade de Direito de Recife no concurso para professor catedrático de direito judiciário civil.

23 DIAS, Floriano Aguiar. **Constituições do Brasil**. Rio de Janeiro: Líber Júris, 1º vol., 1975, p. 534.

membros, no art. 5º, XIX, "c" e § 3º, quanto aos direitos individuais de cidadania civil, em especial as "normas fundamentais [...] da assistência judiciária". Esse texto constitucional trouxe às inovações das Constituições europeias quanto aos direitos sociais, daí a preocupação com a Assistência Judiciária. Os litigantes pobres tinham direito à assistência judiciária, mas era caridade prestada pela Ordem dos Advogados do Brasil, por intermédio dos seus inscritos, que tinham sua atividade privada inexplicavelmente explorada pelo Poder Público. Durante o período do Estado Novo, a Assistência Judiciária perdeu o **status** constitucional anterior frente à omissão, na Constituição de 1937.

Para Pontes de Miranda:

> "A primeira questão que surge é a de saber-se se o preceito do art. 113, nº 32, da Constituição de 1934, contém regra suficiente em si ou se constitui simples norma programática. A criação dos órgãos é matéria de programa, mas o texto constitucional dá às partes certo direito público subjectivo à assistência judiciária, à isenção de emolumentos, custas, taxas e selos. Quer isso dizer: provada a miserabilidade, a impossibilidade de serem pagos os honorários de advogados, de emolumentos, custas ou taxas, não podem os juízes deixar de processar e julgar os feitos, pois já existiam leis e praxes processuais a que a Constituição não permite que se derrogue sem que se obedeça ao estatuído no art. 113, nº 32"[24].

Se algum Estado-membro não tinham legislação a respeito, os Juízes deviam recorrer aos princípios gerais do direito e à equidade, conforme o art. 113, nº 37. Os princípios da legislação federal serviam de elementos de fontes, enquanto não se procedia à unificação do processo civil, comercial e penal brasileiro, com competência da União. Depois, a legislação federal seria a legislação de primeiro plano, no art. 5º, XIX, "c", e a legislação estadual simplesmente supletiva ou complementar, no art. 5º, § 3º. O Estado de São Paulo, em 1935, criou o primeiro serviço estadual de Assistência Judiciária, no Brasil, composto de advogados assalariados pelo Estado-membro. No entanto, depois, abandonou tal sistema, preferindo o modelo de terceirização dos serviços, com advogados privados, sistema que ainda perdurou até o início do século XXI, quando finalmente instituiu sua Defensoria Pública, hoje, uma das melhores do país.

A Constituição de 1937 conseguiu piorar os primeiros passos profissionais dos serviços de Assistência Judiciária, simplesmente não provendo em seu texto conservador nada sobre a matéria. Não obstante, constava no art. 123, que "a especificação das garantias e direitos acima enumerados não

24 PONTES DE MIRANDA. **Comentários à Constituição da República dos E. U. do Brasil: artigos 104-187: disposições transitórias, emendas n. 1, n. 2 e n. 3.** Rio de Janeiro: Guanabara, 1937, tomo II, p. 256.

exclui outras garantias e direitos [...]". Este texto constitucional teve como base os regimes ditatoriais europeus nazi-fascistas, procurando restringir as liberdades democráticas e os direitos sociais.

Segundo Paulo Bonavides e Paes de Andrade,

> "a Constituição de 1937, enfim, está na base do surgimento de uma burocracia estatal com pretensões legislativas, de um Poder Executivo centralizado e extremamente forte, de um Legislativo pulverizado e convertido em Conselho Administrativo. Ele é o reflexo de uma corrente autoritária de pensamento que subjugou nossas melhores esperanças democráticas. E nos colocou ante o desafio de uma espantosa atualidade, agora que mais um período constituinte se encerra e que as conquistas alcançadas pelo novo texto devem ser defendidos com todos os recursos democráticos de que dispusermos. A Constituição de 37 não respeitou nem mesmo seu próprio texto, concentrando direitos a uma única pessoa, o Presidente. Ela foi biombo de uma ditadura que sequer tinha preocupações com os disfarces"[25].

O Estado em sua nova concepção, ou seja, o Estado Novo, estava perfeitamente retratado nas palavras do seu próprio Ministro da Justiça Francisco Campos[26], quando repetia em outros termos as ameaças de que o voto e a liberdade não enchiam a barriga de ninguém. Considerava que o princípio de liberdade não garantia a ninguém o direito ao trabalho, à educação e à segurança, e que só o Estado forte podia exercer a arbitragem justa, assegurando a todos o gozo da herança comum da civilização e da cultura.

O Código de Processo Penal, Decreto-lei nº 3.689, de 03.10.1941, passou a dispor sobre o defensor dativo, nos seguintes termos: "art. 263. Se o acusado não o tiver, ser-lhe-á nomeado defensor pelo juiz, ressalvado o seu direito de, a todo tempo, nomear outro de sua confiança, ou a si mesmo defender-se, caso tenha habilitação". Todavia, o acusado, que não fosse pobre, era obrigado a pagar os honorários do defensor dativo, arbitrados pelo Juiz de Direito. O processo penal só podia ter continuidade, se ao acusado fosse garantida a defesa. Assim, assegurava-se ao Juiz competente o poder de prover advogado ao acusado, que, se fosse pobre, ficava dispensado do pagamento dos honorários advocatícios.

Salvo motivo relevante, os advogados e os solicitadores eram obrigados, sob pena de multa, a prestar seu patrocínio aos acusados, quando nomeados por magistrado, de acordo com o art. 264, do Código de Processo

---

25 BONAVIDES, Paulo, e ANDRADE, Paes de. **História Constitucional do Brasil**. Brasília: Centro Gráfico do Senado Federal, 1988, pp. 333 e 346.

26 **Francisco Luís da Silva Campos** (Dores de Indaiá, 1891 – Belo Horizonte, 1968) foi um advogado, professor, jurista e político brasileiro, responsável, entre outras obras, pela redação da Constituição brasileira de 1937 e do AI-1 do Golpe de 1964.

Penal. Por outro lado, na redação anterior do Código de Processo Penal, no art. 265, estava disposto que: "o defensor não poderá abandonar o processo senão por motivo imperioso, a critério do juiz, sob pena de multa de cem a quinhentos mil réis". Agora, esta disposição foi modificada pela Lei Federal nº 11.719, de 20.06.2008, que lhe deu outra redação. De qualquer maneira, foi a primeira tentativa legal de regulamentar a Assistência Judiciária, no âmbito processual penal.

Na Constituição de 1946, voltou-se a reconhecer que os carentes necessitavam de proteção jurídica independente e gratuita. Assim, passou a constar neste texto, que: "art. 141. A Constituição assegura aos brasileiros e aos estrangeiros residentes no País a inviolabilidade dos direitos concernentes à vida, à liberdade, a segurança individual e à propriedade, nos termos seguintes: [...] § 35º. O Poder Público, na forma que a lei estabelecer, concederá assistência judiciária aos necessitados". A Constituição acima assemelhava-se bastante com a Constituição de 1934, especialmente quanto aos direitos sociais.

Entendeu Sampaio Dória que a matéria não deveria ser constitucionalizada, no § 35, do art. 141, da Constituição de 1946: "é pura assistência social, e não direito concernente à vida, à liberdade, à segurança individual e à propriedade, a que se refere o art. 141, e cuja garantia esteja a exigir preceito constitucional. Sem dúvida, é uma nobre aspiração, uma diretriz de civilização política. Mas não é matéria que entenda com a organização dos poderes, suas atribuições, ou os direitos fundamentais, postos em baliza aos excessos da lei, ou da administração. Apenas assistência, objeto de lei ordinária"[27]. Todavia, não foi esse o entendimento que prevaleceu no direito brasileiro, garantindo a constitucionalidade da Assistência Judiciária.

Por conta da ordem constitucional de 1946, veio a Lei Federal nº 1.060, de 05.02.1950, que estabeleceu normas para a concessão de Assistência Judiciária aos necessitados. Dispôs, ainda, sobre o procedimento de acesso a este serviço público e às isenções a ele pertinentes. Por outro lado, fixou o conceito de "necessitado", entendendo-o como: "Art. 2º [...] **Parágrafo Único**. Considera-se necessitado, para fins legais, todo aquele cuja situação econômica não lhe permita pagar as custas do processo e os honorários de advogado, sem prejuízo do sustento próprio e da família". A Assistência Judiciária era atividade da Administração Pública que se atribuía a advogado privado, por meio de seus agentes, a defesa, em juízo, das partes que não possuíam condições de pagar honorários de advogados, sem prejuízo do próprio sustento ou de sua família. Como o serviço era também deno-

---

27 DÓRIA, A. de Sampaio. **Direito Constitucional: Comentários à Constituição de 1946, arts. 141, § 11 a 218**. São Paulo: Max Limonad, 4º vol., 1960, pp. 689-90.

minada "advocacia de ofício", assim como o órgão chamava-se Assistência Judiciária.

A Lei Federal nº 1.060, de 05.02.1950, dispunha ainda que a Assistência Judiciária, conforme o art. 3º, na redação da época, compreendia as seguintes isenções:

> "Art. 3º. ....
> I - das taxas judiciárias e dos selos; II - dos emolumentos e custas devidos aos Juízes, órgãos do Ministério Público e serventuários da justiça; III - das despesas com as publicações indispensáveis no jornal encarregado da divulgação dos atos oficiais; IV - das indenizações devidas às testemunhas que, quando empregados, receberão do empregador salário integral, como se em serviço estivessem, ressalvado o direito regressivo contra o poder público federal, no Distrito Federal e nos Territórios; ou contra o poder público estadual, nos Estados; V - dos honorários de advogado e peritos; [...]".

A parte gozava dos benefícios da Assistência Judiciária, mediante simples afirmação, na própria petição inicial, de que não estava em condições de pagar as custas do processo e os honorários de advogado, sem prejuízo próprio ou de sua família. Presumia-se pobre, até prova em contrário, quem afirmasse essa condição, sob pena de pagamento até o décuplo das custas judiciais. A impugnação do direito à Assistência Judiciária não suspendia o curso do processo, devendo ser feita em autos apartados, conforme art. 4º, § 2º, da Lei Federal nº 7.510, de 04.07.1986, da mesma forma que no Código de Processo Civil de 2015.

O Juiz de Direito, se não tiver fundadas razões para indeferir o pedido, devia julgá-lo de plano, motivando ou não o deferimento dentro do prazo de setenta e duas horas, de acordo com o art. 5º, da Lei Federal nº 1.060, de 05.02.1950. Deferido o pedido, o Juiz de Direito determinava que o serviço de Assistência Judiciária, hoje na Defensoria Pública, organizada e mantida pelo Poder Público, onde houver, indicava, no prazo de dois dias úteis, o Defensor que patrocina a causa do necessitado. O pedido, quando formulado no curso da ação, não a suspendia, podendo o Juiz, em face das provas, conceder ou denegar de plano o benefício da Assistência Judiciária. A petição, neste caso, era autuada em separado, apensando-se os respectivos autos aos da causa principal, depois de resolvido o incidente. A parte contrária podia, em qualquer fase da lide, requerer a revogação dos benefícios, desde que provasse a inexistência ou o desaparecimento dos requisitos essenciais à sua concessão. Ocorrendo as circunstâncias mencionadas, podia o Juiz, de ofício, decretar a revogação dos benefícios, ouvida a parte interessada dentro de quarenta e oito horas improrrogáveis.

Os benefícios da Assistência Judiciária compreendiam todos os atos do processo até decisão final do litígio, em todas as instâncias, de acordo com o art. 9º, da Lei Federal nº 1.060, de 05.02.1950, como também do

Código de Processo Civil de 2015. Eram direitos individuais e concedidos em cada caso os benefícios de Assistência Judiciária, que não se transmitiam ao cessionário de direito e se extinguiam pela morte do beneficiário. Podia, entretanto, ser garantidos aos herdeiros que continuarem a demanda e que necessitarem de tais favores, na forma estabelecida nessa lei.

Os honorários de advogados e peritos, as custas do processo, as taxas e os selos judiciários eram pagos pelo vencido, quando o beneficiário da assistência fosse o vencedor na causa. Os honorários do advogado deviam ser arbitrados pelo Juiz até o máximo de quinze por cento sobre o líquido apurado na execução da sentença. A parte vencida podia acionar a vencedora para reaver as despesas do processo, inclusive os honorários do advogado, desde que provasse ter a última perdido a condição legal de necessitada. A parte beneficiada pela isenção do pagamento das custas fica obrigada a pagá-las, desde que possa fazê-lo, sem prejuízo do sustento próprio ou da família, se dentro de cinco anos, a contar da sentença final, o assistido não pudesse satisfazer tal pagamento, a obrigação prescrevia. Se o assistido puder atender, em parte, as despesas do processo, o Juiz manda pagar as custas que são rateadas entre os que tiverem direito ao seu recebimento, tudo hoje no art. 98 ao art. 102, do Código de Processo Civil de 2015.

A estruturação da Assistência Judiciária dava-se, algumas vezes, dentro do Ministério Público, como cargo inicial ou como opção da carreira, outras vezes ocorria como integrante da estrutura de Serviço Jurídico do Estado. Nas Faculdades de Direito, existia ainda o serviço como forma de aprendizado dos alunos, supervisionado por professores. Também de organização de fundo social surgiu a Assistência Judiciária, como forma de amparo aos necessitados juridicamente.

O Estado de São Paulo, pelo Decreto-lei nº 17.330, de 1947, criou um Departamento Jurídico do Estado, em cuja organização inseriu a denominada Procuradoria de Assistência Judiciária, depois erigida como uma das três Subprocuradorias que compunha a Procuradoria-Geral do Estado. Ao lado do já referido modelo de São Paulo, que encartava a Assistência Judiciária dentro da sua Procuradoria-Geral do Estado, faz-se menção ao antigo Estado do Rio de Janeiro, depois fundido com o Estado da Guanabara, no que resultou no atual Estado do Rio de Janeiro. O antigo Estado do Rio de Janeiro, em 1954, criou seis cargos isolados de provimento efetivo, com seus ocupantes denominados Defensores Públicos. A Lei Orgânica do Ministério Público e da Assistência Judiciária do Rio de Janeiro, Lei Estadual nº 5.111, de 1962, atribuiu aos Defensores Públicos o desempenho da Assistência Judiciária. Diversos passos foram dados em favor da organização dos Defensores que, de agentes subordinados à Procuradoria-Geral do Estado, passaram a sê-lo do Ministério Público Estadual.

O Estatuto da Ordem dos Advogados do Brasil, Lei Federal nº 4.215, de 27.04.1963, dispunha que: "art. 90. A assistência judiciária, destinada à defesa judicial dos necessitados no sentido da lei, regular-se-á, por legislação especial, observadas as disposições desta lei e as convenções internacionais". Por esta disposição, a Ordem dos Advogados do Brasil podia indicar advogado para o exercício da Assistência Judiciária, de natureza gratuita, mas ainda como um favor da instituição. Previa, no art. 91, ainda, que "no Estado onde não houver serviço de Assistência Judiciária mantida pelo Governo, caberá a Seção ou Subseção da Ordem a nomeação de advogado para o necessitado, depois de deferido o pedido em Juízo, mediante comprovação do estado de necessidade dele". Tratava, ainda, da matéria, nos arts. 92 a 95, da legislação comentada.

A Constituição de 1967, em seu art. 150, § 32, bem como a sua Emenda Constitucional nº 1, de 17.10.1969, em seu art. 153, § 32, dispuseram sobre a matéria do seguinte modo: "será concedida assistência judiciária aos necessitados". Foi mantido o espírito da Constituição de 1934, mas não houve nenhum avanço novo quanto à garantia constitucional. Para Paulo Sarasate, analisando a Constituição de 1967, de forma econômica:

> "São direitos invioláveis, de acordo com o art. 150, vigente e igual, rigorosamente igual, em seu enunciado preambular, ao art. 141, da Constituição de 1946. Aí está afirmado expressamente, não apenas numa declaração solene que se antecedesse aos dispositivos constitucionais em si, mas no próprio texto, o que oferece efeitos mais sólidos aos princípios estabelecidos, que a Constituição assegura aos brasileiros e aos estrangeiros residentes no país, nos termos constantes dos parágrafos seguintes, a inviolabilidade dos direitos concernentes: I – à vida; II – à liberdade; III – à segurança; IV – e à propriedade. São esses, pois, numa síntese precisa, os principais Direitos que, além, de outros, a nossa Lei Maior considera invioláveis e cujas garantias também enuncia expressamente 35 parágrafos, o primeiro dos quais afirmando que 'todos são iguais perante a lei' e o último enfatizando que a 'a especificação dos direitos e garantias expressas nesta Constituição não exclui outros direitos e garantias decorrentes de regime e dos princípios que ela adota'"[28].

O patrocínio dos direitos dos humildes, lesados ou ameaçados, não podia ser ignorado pela Administração Pública, que devia lhes proporcionar meios para a postulação de seus legítimos interesses. Por conseguinte, o direito ao acesso efetivo à prestação jurisdicional vinha chamando atenção como dever essencial do Estado, com instrumento primário para assegurar o direito à isonomia. É, assim, no campo da Assistência Judiciária que se ma-

28 SARASATE, Paulo. **A Constituição do Brasil ao Alcance de Todos: história, doutrina, direito comparado e prática da Constituição Federal de 1967**. São Paulo: Freitas Bastos, 1967, p. 491.

nifesta a função protetiva pública mais forte. Contudo, não bastava garantir a Assistência Judiciária, como afirmaram Humberto Peña de Moraes e José Fontenelle T. da Silva, assim:

> "Com efeito, de que vale o Estado assegurar direitos aos deserdados, se ele próprio não oferece quem os defenda e garanta? De que vale o Estado prometer jurisdição se somente os afortunados podem invocar-lhe a prestação? Por onde andará a Justiça? Justiça para alguns não é Justiça, em si, odiosa discriminação, incompatível com os conceitos do Estado Moderno"[29].

Não bastava o direito à Assistência Judiciária, sem que houvesse um órgão capaz de efetivá-lo. Assim, o Estado-membro passou a criar um corpo autônomo de servidores públicos, com a função de defender juridicamente os necessitados. A Defensoria Pública, desse modo, veio a ser a instituição destinada à orientação e à defesa, em todas as instâncias, dos que precisando de justiça e não tenham condição de acessá-la por falta de recursos. E o Defensor Público, órgão de atuação da Defensoria Pública, consiste no advogado dos pobres. Por fim, necessita-se esclarecer que o benefício da justiça gratuita, com a isenção do pagamento de emolumentos, de custas, de taxas e de selos, é diretamente assegurado constitucionalmente, mas distinto da Assistência Judiciária. O benefício da justiça gratuita trata-se de direito à dispensa provisória de despesas, exercível em relação jurídica processual, perante o Juiz que promete a prestação jurisdicional. É instituto de direito pré-processual. A Assistência Judiciária é a organização estatal, ou paraestatal, que tem por fim, ao lado da dispensa provisória das despesas, a indicação de advogado. Consiste, assim, em instituto de direito administrativo[30].

O grande avanço, todavia, foi dar-se por ocasião da fusão dos dois Estados-membros, na implantação do Rio de Janeiro, com grande avanço para a Defensoria Pública, dos trabalhos realizados na Assembleia Constituinte da nova unidade. Resultou na criação independente de uma nova carreira, a da Assistência Judiciária, com o ingresso de seus membros mediante concurso público. Estes têm prerrogativas, atribuições e regime disciplinar estatuídos por lei orgânica complementar à Constituição Estadual de 1975, depois referendado pela Constituição de 1988. Foi sancionada a Lei Estadual nº 635, de 20.12.1982, por iniciativa do Deputado

---

29 MORAES, Humberto Peña de, e SILVA, José Fontenelle T. da. **Assistência Judiciária: sua gênese, sua história e a função protetiva do Estado**. 2ª ed. Rio de Janeiro: Liber Juris, 1984, p. 144.

30 PONTES DE MIRANDA. **Comentários à Constituição de 1967: com a Emenda Constitucional nº 1, de 1969**. Rio de Janeiro: Forense, 1987, vol. V, p. 642.

Estadual Jorge Leite[31], então Presidente da Assembleia Legislativa, no Rio de Janeiro, instituindo o dia do Defensor Público, em 19 de maio, data do falecimento do Santo Ivo[32].

Por outro lado, foi sancionada, pelo Governo do Estado do Rio de Janeiro, a Lei Estadual nº 1.504, de 24.08.1989, DORJ de 28.08.1989, autorizando a Defensoria Pública a celebrar acordos sobre a prestação de alimentos, entre as pessoas amparadas pela Lei Federal nº 1.060, de 05.02.1950, para posterior homologação junto ao Juízo competente, atribuindo-lhe força executória. Deste modo, pouco a pouco ampliava-se a atuação da instituição, da Assistência Judiciária, nesse Estado-membro.

No regime do texto constitucional de 1967 e de sua Emenda Constitucional nº 01, de 17.10.1969, Manoel Gonçalves Ferreira Filho analisou o instituto da assistência jurídica e o benefício da justiça gratuita, entendendo esse jurista que cabia indagar se a matéria era de relevância que devesse ser incluída entre os direitos e as garantias individuais. Para ele, de visão retrógrada, colocando-se, no mesmo artigo, lado a lado, direitos, como o da expressão do pensamento e da Assistência Judiciária, corria-se o risco de desvalorizar o primeiro, supervalorizando-se o segundo[33].

---

31 Natural do Rio de Janeiro, **Jorge Cordeiro Leite** foi advogado, formado pela Universidade Estácio de Sá, e Subchefe da Casa Civil do Governo Chagas Freitas entre 1966 e 1969. Entrou para política em 1970, quando, aos quarenta anos, assumiu o primeiro mandato como Deputado Estadual pelo Movimento Democrático Brasileiro (MDB). Foi novamente eleito em 1975 e 1979. Em 1980, passou a integrar o bloco do Partido Popular (PP), tornando-se Presidente da Assembleia Legislativa do Estado do Rio de Janeiro, em 1981 e 1982. Nas eleições seguintes, foi eleito Deputado Federal pelo Rio de Janeiro, voltando à Alerj em 1991, quando ingressou no Partido Trabalhista Brasileiro (PTB). Em 1992, filiou-se ao Partido do Movimento Democrático Brasileiro (PMDB), chegando a ocupar sua Vice-Liderança. Em 1993, Leite foi nomeado Secretário Estadual da Indústria, Comércio, Ciência e Tecnologia no Governo Leonel Brizola. Em 1996, elegeu-se Vereador do Rio de Janeiro pelo Partido da Frente Liberal (PFL). O ex-Deputado e ex-Presidente da Assembleia Legislativa do Rio Jorge Cordeiro Leite faleceu com oitenta e cinco anos resultado de falência múltipla dos órgãos.

32 **Ivo Hélory de Kermartin, Ivo de Tréguier ou Santo Ivo** (França, 1253 – 1303) é o santo católico padroeiro dos advogados. Ingressou na Ordem Terceira de São Francisco, nascendo em Minihy-Tréguier na Bretanha, na França, mas em Paris mostrou sua inteligência, no estudo da teologia, da filosofia e do direito. Ao voltar à sua terra natal, aceitou o encargo de ser Juiz do Tribunal Eclesiástico na Diocese de Rennes. A defesa intransigente dos injustiçados e dos necessitados deu-lhe o título de **advogado dos pobres**, um título que continuou merecendo ao tornar-se sacerdote e ao construir um hospital no solar que herdou dos pais, onde cuidava dos doentes com as suas próprias mãos. Faleceu, em 19 de maio de 1303.

33 FERREIRA FILHO, Manoel Gonçalves. **Comentários a Constituição Federal**, *op. cit.*, p. 624.

Celso Ribeiro Bastos sustentava que os institutos da Assistência Judiciária e do benefício da justiça gratuita eram também institutos totalmente diversos[34]. Os dois institutos, com certeza, diferiam entre si, mas se aproximavam entretanto. Por vários ângulos, vez que ambos se dirigiam às pessoas comprovadamente necessitadas, sem condições de arcar com as despesas ou as custas judiciais para que demandassem ou defendessem seus interesses em processos judiciais. Existia o direito subjetivo público à obtenção de Assistência Judiciária, instituto regido pelo direito administrativo. O objetivo precípuo desta era a indicação de advogado para o comprovadamente pobre. Cabia à lei de organização judiciária determinar qual o juízo tinha competência para tanto. A Assistência Judiciária devia ser solicitada pelo interesse social antes do ingresso no Judiciário.

Quanto à isenção do pagamento de emolumentos, de custas, de taxas e de selos, existia pretensão e ação contra o Estado. Provada a condição de necessitado que, no caso, era a impossibilidade de pagamento das referidas despesas, o interessado investia-se no direito subjetivo público de exigir do Juiz o conhecimento, o processamento e o julgamento da causa. O benefício da justiça gratuita significava o direito, outorgado pela regra jurídica constitucional auto-aplicável, de isenção daquelas despesas perante o magistrado competente. Competente era o Juiz da causa para a concessão ou não do benefício da justiça gratuita. O benefício da justiça gratuita limitava-se aos processos, abrangendo as medidas cautelares e as de preparação de prova. Alguém, embora necessitado, podia ter como advogado, amigo, que deixava de cobrar honorários advocatícios, mas nem por isso perdia o direito de requerer o benefício da justiça gratuita.

Se alguém fizesse prova de indigência, podia solicitar ambas as coisas, a indicação de advogado gratuito, através da Assistência Judiciária e, ao mesmo tempo, o benefício da justiça gratuita, isenção do pagamento de emolumentos, custas, taxas e selos. Aos necessitados, concedia-se, assim, a Assistência Judiciária, que cabia à Defensoria Pública, a quem competia a função de orientar o necessitado, quanto à defesa, em todos os graus, prestando-lhe assistência integral e gratuita, desde que comprovado o estado de miserabilidade. Por outro lado, o benefício da justiça gratuita, isentava o indivíduo, autor ou réu, em juízo, de quaisquer despesas que tivesse de fazer[35]. A Lei Federal nº 1.060, de 05.02.1950, que tratava da Assistência Judiciária, sofreu várias modificações, no regime constitucional de 1967: a) a Lei Federal nº 6.654, de 30.05.1979, modificando o art. 4º, § 3º; b) a Lei

34 BASTOS, Celso Ribeiro. **Curso de Direito Constitucional**, *op. cit.*, pp. 344-5.

35 CRETELLA JÚNIOR, José. **Comentários à Constituição de 1988: artigos 92 a 144**. Rio de Janeiro: Forense Universitária, 1992, vol. VI, p. 3348.

Federal nº 7.288, de 18.12.1984, alterando o **parágrafo único**, do art. 3º; c) a Lei Federal nº 7.510, de 04.07.1986, modificando o art. 4º, da legislação de 1950. Agora, como já dito, a matéria está no art. 98 ao art. 102, do Código de Processo Civil de 2015.

Ninguém pode ser condenado, no cível ou no crime, sem o devido processo legal, o **due process of law**, e, para que este ocorra, é necessário que cada parte seja representada por um advogado. No crime, o processo é nulo; no cível, como no crime, era uso, no Brasil, a nomeação pelo magistrado de advogado, ou defensor **ad hoc**, que daria assistência gratuita à parte em juízo. Observe-se que nem sempre o defensor **ad hoc** funcionava a contendo, mal tendo tempo para ler os autos e amparar o cliente. Formalmente havia defesa, mas na realidade a parte ficava desassistida. A defesa não pode ser um favor, mas um direito subjetivo de ser tratado dignamente com um profissional competente.

O Brasil sentiu a necessidade de criar um corpo autônomo de servidores públicos, do quadro, com o objetivo de oferecer defensor aos necessitados que iam a juízo cível, criminal, trabalhista e tributário. Nos pleitos cíveis, a parte ficava, antes, em pé de desigualdade, diante do adversário que pudesse pagar melhor advogado. No juízo criminal, o Promotor brilhante e preparado levava sempre a melhor, conseguindo a condenação do réu, mesmo inocente, diante de advogado que compulsara os autos pouco tempo antes do julgamento, sem, pois, a qualificação necessária. Concluiu Pontes de Miranda, que:

> "Defensor Público é, assim, o advogado do necessitado. Defensoria pública é a instituição do Estado destinada a dar assistência judiciária aos necessitados ou desprovidos de recursos, quando em juízo"[36].

A Constituição de 1988 tratou da matéria de Assistência Judiciária, do seguinte modo: "Art. 5º. Todos são iguais perante a lei, sem distinção de qualquer natureza, garantindo-se aos brasileiros e aos estrangeiros residentes no país a inviolabilidade do direito à vida, à liberdade, à igualdade, à segurança e à propriedade, nos termos seguintes: [...] LXXIV. O Estado prestará assistência jurídica integral e gratuita aos que comprovem insuficiência de recursos". Esse texto, porém, foi mais longe do que todos os outros, pois os constituintes perceberam que não bastava tratar da Assistência Judiciária como direito e garantia individual e coletiva, necessário se fazia que lhe reconhecesse o caráter de essencialidade à justiça e a estrutura de instituição pública, da forma seguinte:

36 PONTES DE MIRANDA. **Comentários à Constituição de 1967: com a Emenda Constitucional nº 1, de 1969**, *op. cit.*, p. 642.

"Art. 134. A Defensoria Pública é instituição essencial à função jurisdicional do Estado, incumbindo-lhe a orientação jurídica e a defesa, em todos os graus, dos necessitados, na forma do art. 5º, LXXIV".

A Constituição de 1988 não se limitou a consignar o dever de prestação da assistência. Ela esclareceu a quem competia fornecê-la. Isso foi feito, pelo art. 134, e seu então **parágrafo único**, que deixava certa a existência de uma Defensoria Pública no nível da União e do Distrito Federal, que seria organizada pela primeira, assim como patenteia a existência de uma Defensoria nos Estados-membros, submetida às normas gerais de nível federal[37]. Pode-se inclusive dizer que o art. 134 é a cláusula pétrea indireta, pois assegura a disposição prevista no inciso LXXIV, do art. 5º, do texto constitucional.

O segundo ponto inovador foi que a própria Constituição de 1988 elaborou a modalidade fundamental dessa prestação, que consistiu na instituição de carreira própria, com prerrogativas e deveres adequados. Desse modo, promoveu o Poder Público o dever de garantir ao necessitado uma defesa jurídica digna. Cogita-se da interpretação sistemática dos art. 5º, LXXIV, do art. 134, e do art. 236, da Constituição Federal. O art. 5º, LXXIV, impõe ao Estado a prestação de Assistência Judiciária integral e gratuita aos que comprovem insuficiência de recursos. Por outro lado, o art. 134, comete à Defensoria Pública, enquanto instituição nacional, "a orientação jurídica e defesa em todos os graus" desses necessitados. Ocorre que, apesar da clareza desses dispositivos constitucionais, tem havido relutância, por parte de alguns ofícios notariais e registrários dos Estados-membros, em dar-lhes cumprimento integral, sob a alegação de que, tratando-se de "ofícios privados". Estes não estariam sujeitos a um comando de isenção que recairia apenas sobre órgãos públicos, em favor dos assistidos hipossuficientes da Defensoria Pública.

No Ato das Disposições Constitucionais Transitórias da Constituição de 1988, foi previsto, no art. 22, ainda, o seguinte: "É assegurado aos defensores públicos investidos na função até a data de instalação da Assembleia Nacional Constituinte o direito de opção pela carreira, com a observância das garantias e vedações previstas no art. 134, parágrafo único, da Constituição". Reconhecia-se, deste modo, situações anômalas de servidores que prestavam serviços na Defensoria Pública, dando-lhes a opção de

37 "Lei complementar organizará a Defensoria Pública da União e do Distrito e dos Territórios e prescreverá normas gerais para sua organização nos Estados, em cargos de carreira, providos, na classe inicial, mediante concurso público de provas e títulos, assegurando aos seus integrantes a garantia da inamovibilidade e vedando o exercício da advocacia fora da atuação institucional" (PINTO FERREIRA. **Comentários à Constituição Brasileira: arts. 127 a 162**, *op. cit.*, p. 181).

seguir a carreira, com seus benefícios e restrições, assegurando seu direito anterior para advogar.

A Constituição Federal colocou a Defensoria Pública como uma instituição essencial à função jurisdicional, destinada à orientação jurídica e à defesa, em todos os graus, dos necessitados, de acordo com os arts. 5º, LXXIV, e 134. O Ministro José Néri da Silveira[38], ex-Presidente do Supremo Tribunal Federal, em palestra proferida, em 15 de junho de 1990, a convite da então Procuradoria-Geral da Defensoria Pública do Mato Grosso do Sul, assim se pronunciou:

> "É insuscetível de dúvida, destarte, que a Defensoria Pública representa instituição da mais alta significação, nesta quadra política do País. A administração da Justiça, a acessibilidade de todos ao aparelho judiciário e a garantia dos direitos dos cidadãos independentemente de sua fortuna, muitos esperam do bom funcionamento desta instituição que deve gozar de autonomia, para o seu pleno exercício. Nela, os desamparados da fortuna hão de encontrar seguro reduto para o patrocínio de seus direitos e o regular desempenho das prerrogativas da cidadania. Os profissionais do direito, defensores públicos, remunerados condignamente pelo Estado, terão a elevada responsabilidade de defender, com extremo denodo e competência, os pobres e necessitados da proteção da Justiça"[39].

Os constitucionalistas de hoje principiaram a estudar o tema, como José Afonso da Silva, dedicando-lhe especial atenção. Para este autor:

> "Os pobres ainda têm acesso muito precário à justiça. Carecem de recursos para contratar advogados. O patrocínio gratuito tem-se revelado de deficiência alarmante. Os Poderes Públicos não tinham conseguido até agora estruturar um serviço de assistência judiciária aos necessitados que cumprisse efetiva-

38 **Néri da Silveira** formou-se na Faculdade de Direito da Pontifícia Universidade Católica do Rio Grande do Sul, em 1955. Com o curso concluído, exerceu a advocacia por dez anos e atuou como Consultor Jurídico do Estado a partir de 1963. Em 1965, com a criação da então Consultoria-Geral do Estado do Rio Grande do Sul (hoje Procuradoria Geral), foi nomeado Consultor-Geral do Estado. Em 1967 foi nomeado Juiz Federal. Desde 1969, passou doze anos como Ministro do Tribunal Federal de Recursos. Em 1º de setembro de 1981, assumiu o cargo de Ministro do Supremo Tribunal Federal. Em sessão plenária de 14 de dezembro de 1988, foi eleito Presidente do Supremo Tribunal Federal (biênio 1989-1991), a começar de 14 de março de 1989. Implantou a informatização dos serviços da Corte e criou o Banco Nacional de Dados do Poder Judiciário. Como Ministro do Supremo Tribunal Federal desde 1981, foi nomeado Presidente desta Suprema Corte em 1988. Por dezesseis anos, de 1960 a 1976, exerceu o magistério: a) até 1969, na Pontifícia Universidade Católica do Rio Grande do Sul e na Universidade Federal do Rio Grande do Sul; b) de 1970 a 1976, na Associação do Ensino Unificado do Distrito Federal (antiga AEUDF, hoje UDF), em Brasília.

39 NERI DA SILVEIRA, José. **A Defensoria Pública na Administração da Justiça**, brochura, 1990, p. 21.

> mente esse direito prometido entre os direitos individuais. Aí é que se tem manifestado a dramática questão da desigualdade da justiça, consistente precisamente na desigualdade de condições materiais entre os litigantes, que causa profunda injustiça àqueles que, defrontando-se com litigantes afortunados e poderosos, ficam na impossibilidade de exercer seu direito de ação e de defesa assegurado na Constituição"[40].

A Defensoria Pública da União foi tratada na Lei Federal nº 8.457, de 04.09.1992, sobre a Justiça Militar Federal, nas seguintes disposições: "art. 69. A Defensoria Pública da União mantém representantes junto à Justiça Militar. Art. 70. Os membros da Defensoria Pública, junto à Justiça Militar, desempenham as atribuições previstas no Código de Processo Militar e leis especiais".

Cabe à lei complementar organizar a Defensoria Pública da União e do Distrito Federal, prescrevendo normas gerais para sua estruturação nos Estados-membros, em cargos de carreira, providos na classe inicial, mediante concurso público de provas e títulos. Assegura, ainda, aos seus integrantes a garantia da inamovibilidade, vedado o exercício da advocacia fora das atribuições institucionais, no art. 134, **parágrafo único**[41], agora § 1º. Este parágrafo continha regra jurídica constitucional que não era auto-aplicável, e que entrava, pois, com eficácia, no mundo jurídico, apenas depois de promulgada a respectiva lei complementar à que alude a Constituição de 1988.

A Lei Complementar Federal nº 80, de 12.01.1994, organizou a Defensoria Pública da União e do Distrito Federal além de prescrever normas gerais para sua organização nos Estados-membros. Trata-se de disposição legal fundamental para os Defensores Públicos e importantíssima para o sistema jurídico brasileiro tem papel especial o novo ato da distribuição jurídica, renovado e benfazejo, para contribuir com a ampliação do acesso à justiça. Certo é que se excluem outras modalidades de Assistência Judiciária aos necessitados que não seja a da própria Defensoria Pública.

Logo após a publicação da Lei Complementar Federal nº 80, de 12.01.1994, vários Estados-membros começaram a dispor sobre a Defensoria

---

40 SILVA, José Afonso. **Curso de Direito Constitucional Positivo.** 29ª ed. São Paulo: Malheiros, 2007, pp. 606-7.

41 "Com efeito, a atual Lei Maior não se limitou a consignar o dever de prestação da assistência. Ela esclarece a quem compete fornecê-la. Isso é feito pelo art. 134 e seu parágrafo único, que deixa certa a existência de uma Defensoria Pública ao nível da União e do Distrito Federal, que será organizada pela primeira, assim como patenteia a existência de uma Defensoria nos Estados, submetida a normas gerais de nível federal" (BASTOS, Celso Ribeiro. **Art. 134.** *In*: BASTOS, Celso Ribeiro, e MARTINS, Yves Gandra. **Comentários à Constituição da Brasil: promulgada em 5 de outubro de 1988: arts. 127 a 135.** São Paulo: Saraiva, 1997, 4º vol., Tomo IV, p. 259).

Pública. O Rio de Janeiro, que começou a atuar, em 1954, já tinha sua legislação, na Lei Complementar Estadual nº 6, de 12.05.1977. Esta legislação local foi alterada pelas Leis Complementares Estaduais nº 18, de 1981; nº 28, de 1982, nº 41, de 1984; nº 49, de 1986; nº 56, de 1989; nº 68, de 1990; nº 79, de 1994; nº 80, de 1995; nº 95, de 2000; e nº 100, de 2001. Adiante, sofreu a alteração pela Lei Complementar Estadual nº 112, de 19.06.2006.

No Piauí, por também ter Defensoria Pública tradicional, com raízes em 1960, logo após a Constituição de 1988 veio a Lei Complementar Estadual nº 3, de 13.12.1990, criando a Procuradoria Geral da Defensoria Pública. Depois, instituiu-se a Lei Complementar Estadual nº 59, de 30.11.2005, denominando o órgão como Defensoria Pública-Geral do Estado, com o subsídio na Lei Estadual nº 5.505, de 26.10.2005. No Rio Grande do Sul, existe outra Defensoria Pública tradicional, com raízes na Década de Sessenta. Foi criada formalmente a instituição, com a Lei Complementar Estadual nº 9.230, de 06.02.1991, com suas modificações posteriores. No Ceará, apesar de ter experiência de Assistência Judiciária, que existia a muito tempo, só foi instituída a Defensoria Pública com a Lei Complementar Estadual nº 20, de 09.06.1998, e suas alterações.

A Lei Complementar Federal nº 80, de 12.01.1994, cumpriu a função de oferecer as normas gerais a que se refere ao então **parágrafo único** do art. 134, da Constituição de 1988. Têm-se, como exemplo, algumas funções institucionais da Defensoria Pública previstas na lei complementar sob análise: a) promover, extrajudicialmente, a conciliação entre as partes em conflito de interesses; b) patrocinar ação penal privada e a subsidiária da pública; c) patrocinar ação civil; d) patrocinar defesa em ação penal; e) patrocinar defesa em ação civil e reconvir; f) atuar como Curador Especial, nos casos previstos em lei; g) exercer a defesa da criança e do adolescente, dentre outras atividades.

A lei complementar federal, que estabeleceu as normas gerais e organizou a Defensoria Pública, cumpriu com a missão constitucional. Objetivou regulamentar o antigo **parágrafo único**, ora § 1º, do art. 134, da Constituição Federal. Dispôs sobre a organização administrativa, os órgãos, a Defensoria-Geral, a composição, os membros, o Conselho Superior, a Corregedoria-Geral, a competência, a criação, o quadro de carreira, o ingresso, a admissão, o concurso público, a nomeação, a lotação promoção, a inamovibilidade, os direitos, as férias, o afastamento, as prerrogativas, os deveres e os impedimentos, dentre outras disposições essenciais para a estruturação da Defensoria Pública.

A Lei Complementar Federal nº 80, de 12.01.1994, foi modificada pela Lei Complementar Federal nº 98, de 03.12.1999, suprimindo vários dispositivos da primeira legislação, por conta da Reforma Administrativa, efetuada pela Emenda Constitucional Federal nº 19, de 04.06.1998. A Medida

Provisória nº 617, de 14.09.1994, dispôs sobre a "implantação em caráter emergencial e provisório" da Defensoria Pública da União. Apesar de reedições, não se viram muitas providências a mais. A inexistência de Defensoria Pública da União, aliás, descumpria acordos internacionais firmados pelo Brasil na Organização das Nações Unidas (ONU) e com Governos estrangeiros. Todavia, depois de muita pressão, houve a efetiva implantação da Defensoria Pública da União (DPU), com a Lei Federal nº 9.020, de 30.03.1995, que vem crescendo, aumentando o número de seus Defensores Públicos e interiorizando seus serviços.

O Estatuto da Ordem dos Advogados do Brasil (OAB), Lei Federal nº 8.906, de 04.07.1994, foi promulgado no mesmo ano da Lei Complementar Federal nº 80, de 12.01.1994. No **caput**, do art. 3º, está disposto que "o exercício da atividade de advocacia no território brasileiro e a denominação de advogado são privativos dos inscritos na Ordem dos Advogados do Brasil (OAB)". No § 1º, deste artigo, encontra-se previsto que:

> "Art. 3º. ....
> § 1º. Exercem atividade de advocacia, sujeitando-se ao regime desta lei, além do regime próprio a que se subordinem, os integrantes da Advocacia-Geral da União, da Procuradoria da Fazenda Nacional, da Defensoria Pública e das Procuradorias e Consultorias Jurídicas dos Estados, do Distrito Federal, dos Municípios e das respectivas entidades de administração indireta e fundacional".

Para Gisela Gondin Ramos, para o exercício profissional, os integrantes dessas entidades públicas são obrigados à inscrição na OAB e sujeitam-se às normas estabelecidas no Estatuto, no Regimento Geral e no Código de Ética e Disciplina. A exigência contida no Estatuto respeita tão-somente ao exercício da atividade da advocacia, de forma que coexiste harmonicamente com as normas próprias aplicáveis à categoria funcional respectiva[42].

Consta, ainda, de acordo com o art. 34, XII, da Lei Federal nº 8.906, de 04.07.1994, Estatuto da Ordem dos Advogados do Brasil, como infração disciplinar àquele que "recusar-se a prestar, sem justo motivo, assistência jurídica, quando nomeado em virtude de impossibilidade da Defensoria Pública". Para Paulo Lôbo, segundo o Regulamento Geral do Estatuto da Advocacia e da OAB, no art. 10: "os integrantes da advocacia pública, no exercício de atividade privativa no art. 1º do Estatuto, sujeitam-se ao regime do Estatuto, deste Regulamento Geral e do Código de Ética e Disciplina, inclusive quanto às infrações e sanções disciplinares"[43]. Discute-se, ainda,

---

42 RAMOS, Gisela Gondin. **Estatuto da Advocacia: comentários e jurisprudência selecionada.** Florianópolis: OAB/SC, 1999, p. 65.

43 LÔBO, Paulo Luiz Netto (Org.). **Estatuto da Advocacia e da OAB.** 4ª ed. Brasília: Conselho Federal da OAB, 1998, p. 59.

hoje, porém, a duplicidade de regime de controle, de um lado o Estatuto da OAB, de outro, as legislações sobre Defensoria Pública, que também têm matérias disciplinares.

A Reforma do Judiciário, através da Emenda Constitucional nº 45, de 30.12.2004, fez a reavaliação da Defensoria Pública, ao lhe assegurar autonomia administrativa e financeira. Em primeiro lugar, no art. 134, da Constituição Federal, acrescentando o § 2º, renumerando o antigo **parágrafo único**, com o § 1º. Pela nova disposição:

> "Art. 134. ....
>
> ....
>
> § 2º. Às Defensorias Públicas Estaduais são asseguradas autonomia funcional e administrativa e a iniciativa de sua proposta orçamentária dentro dos limites estabelecidos na lei de diretrizes orçamentárias e subordinação ao disposto no art. 99, § 2º"[44].

Para complementar a mudança, houve também a modificação do art. 168, que passou a ter a seguinte redação: "art. 168. Os recursos correspondentes às dotações orçamentárias compreendiam os créditos suplementares e especiais, destinados aos órgãos dos Poderes Legislativo e Judiciário, do Ministério Público e da Defensoria Pública, ser-lhes-ão entregues até o dia 20 de cada mês, em duodécimos, na forma da lei complementar a que se refere o art. 165, § 9º"[45]. Assim, foi dado um passo fundamental para a instituição, não vinculada mais ao Executivo, como se fosse uma Secretaria de Estado-membro, tratando-se de uma instituição completamente autônoma, para melhor defender os interesses dos judicialmente necessitados.

No Estatuto do Idoso, a Lei Federal nº 10.741, de 01.10.2003, foi feito menção à Defensoria Pública, quanto ao atendimento preferencial dos idosos, junto à Defensoria Pública da União, dos Estados-membros e do Distrito Federal e territórios, em relação aos serviços de Assistência Judiciária, como prevê o art. 71, § 3º: "a prioridade se estende aos processos e procedimentos na Administração Pública, empresas prestadoras de serviços públicos e instituições financeiras, ao atendimento preferencial junto à Defensoria Publica da União, dos Estados e do Distrito Federal em relação aos Serviços

44 MORAES, Alexandre de. (Org.). **Constituição da República Federativa do Brasil**. 29ª ed. São Paulo: Atlas, 2008, p. 151.

45 "Consequência da autonomia assegurada no parágrafo § 2º é outorgar às Defensorias Públicas Estaduais da iniciativa de sua proposta orçamentária" (BERMUDES, Sérgio. **A Reforma do Judiciário pela Emenda Constitucional nº 45.** Rio de Janeiro: Forense, 2005). O autor equivoca-se, porém, ao mencionar que a proposta da Defensoria Pública deve ser encaminhada pelo Judiciário ao Legislativo, quando deve ir ao Executivo, para a proposição de proposta orçamentária.

de Assistência Judiciária". Por outro lado, a Lei Federal nº 11.737, de 14.07.2008, alterou o art. 13, da Lei Federal nº 10.741, de 01.10.2003.

O Provimento nº 114, de 10.10.2006, do Conselho Federal da Ordem dos Advogados do Brasil, publicado DJ de 09.11.2006, dispõe sobre a advocacia pública e nela inclui os Defensores Públicos, com projeto e relatoria de seu então Presidente e autor da presente obra. Constou, no texto, o seguinte:

> "Art. 1º. A advocacia pública é exercida por advogado inscrito na OAB, que ocupe cargo ou emprego público ou de direção de órgão jurídico público, em atividade de representação judicial, de consultoria ou de orientação judicial e defesa dos necessitados. Art. 2º. Exercem atividades de advocacia pública, sujeitos ao presente provimento e ao regime legal a que estejam submetidos: I - os membros da Advocacia-Geral da União, da Procuradoria-Geral da Fazenda Nacional, da Procuradoria-Geral Federal, da Consultoria-Geral da União e da Procuradoria-Geral do Banco Central do Brasil; II - os membros das Defensorias Públicas da União, dos Estados e do Distrito Federal; III - os membros das Procuradorias e Consultorias Jurídicas dos Estados, do Distrito Federal e dos Municípios, e das respectivas entidades autárquicas e fundacionais; IV - os membros das Procuradorias e Consultorias Jurídicas junto aos órgãos legislativos federais, estaduais, distrital e municipais; V - aqueles que sejam estáveis em cargo de advogado, por força do art. 19 do ADCT. Art. 3º. O advogado público deve ter inscrição principal perante o Conselho Seccional da OAB em cujo território tenha lotação. Parágrafo único. O advogado público, em caso de transferência funcional ou remoção para território de outra Seccional, fica dispensado do pagamento da inscrição nesta, no ano em curso, desde que já tenha recolhido anuidade na Seccional em que esteja anteriormente inscrito. Art. 4º. A aprovação em concurso público de provas e de provas e títulos para cargo na advocacia pública não exime a aprovação em exame de ordem, para inscrição em Conselho Seccional da OAB onde tenha domicílio ou deva ser lotado. Art. 5º. É dever do advogado público a independência técnica, exercendo suas atividades de acordo com suas convicções profissionais e em estrita observância aos princípios constitucionais da administração pública. Art. 6º. REVOGADO PELO PROVIMENTO Nº 115/2007. Art. 7º. A aposentadoria do advogado público faz cessar o impedimento de que trata o art. 30, I, do EAOAB".

O Código de Processo Penal foi objeto de várias modificações, relativa à Defensoria Pública, com a necessidade de notificação de flagrante, em vinte e quatro horas. A Lei Federal nº 11.449, de 15.01.2007[46], dispõe que:

> "Art. 306. A prisão de qualquer pessoa e o local onde se encontre serão comunicados imediatamente ao juiz competente e à família do preso ou a pessoa por ele indicada. § 1º Dentro em 24h (vinte e quatro horas) depois da prisão, será

46 Súmula Vinculante 14, de 02.02.2009: "É direito do defensor, no interesse do representado, ter acesso amplo aos elementos de prova que, já documentados em procedimento investigatório realizado por órgão com competência de polícia judiciária, digam respeito ao exercício do direito de defesa".

> encaminhado ao juiz competente o auto de prisão em flagrante acompanhado de todas as oitivas colhidas e, caso o autuado não informe o nome de seu advogado, cópia integral para a Defensoria Pública. § 2º No mesmo prazo, será entregue ao preso, mediante recibo, a nota de culpa, assinada pela autoridade, com o motivo da prisão, o nome do condutor e o das testemunhas".

A Lei Federal nº 11.448, de 15.01.2007, modificou a ação civil pública, Lei Federal nº 7.347, de 24.07.1985, no art. 5º, para possibilitar a legitimidade ativa da Defensoria Pública. Não obstante, a Associação Nacional dos Membros do Ministério Público (CONAMP) ingressou com Ação Direta de Inconstitucionalidade, junto ao Supremo Tribunal Federal, ADI 3.943, pedindo a declaração de inconstitucionalidade da medida. A Ministra Cármen Lúcia Antunes é a relatora da matéria, ainda não julgada. Para Alexandre Freitas Câmara:

> "É preciso reconhecer que incumbe à Defensoria Pública, no plano dos processos que versam sobre interesses individuais, a defesa dos economicamente necessitados. Em outros termos, aqueles que não puderem arcar com o custo econômico de um processo sem sacrifício de seu próprio sustento e do de sua família fazem jus à assistência da Defensoria Pública"[47].

Em novembro de 2007, o Conselho Seccional do Estado do Rio de Janeiro da Ordem dos Advogados do Brasil, respondendo a solicitação da Associação dos Defensores do Estado do Rio de Janeiro (ADPERJ), ainda em 2008, por maioria de inscritos decidiram que os Defensores Públicos impedidos de exercer a advocacia, estão isentos de pagamento de anuidade. Em novembro de 2007, o Tribunal de Justiça do Estado do Maranhão, teve duas decisões históricas sobre a Defensoria Pública. Na primeira, suspendeu os artigos da Lei Estadual nº 8.599, de 2006, que subordinava a instituição ao Governador do Estado. Depois, na semana seguinte, suspendeu a votação do Orçamento de 2008, que tramitava na Assembleia Legislativa do Estado, para incluir a proposta orçamentária, para ter seu duodécimo, conforme voto do Relator Desembargador Jorge Rachid[48].

---

47 CÂMARA, Alexandre Freitas. **Legitimidade da Defensoria Pública para ajuizar Ação Civil Pública: um possível primeiro pequeno passo em direção a uma grande reforma.** *In*: SOUSA, José Augusto Garcia de (coord.). **A Defensoria Pública e os Processos Coletivos: comemorando a Lei Federal nº 11.448, de 15 de janeiro de 2007**. 2ª tir. Rio de Janeiro: Lúmen Júris, 2008, p. 46.

48 **Jorge Rachid** nasceu em 1954 em São Luís, Capital do Maranhão. Concluiu seus estudos nos Colégios Maristas e Liceu Maranhense, incluindo intercâmbio no Colégio Norte Americano New Haven High School, no Estado de Michigan, EUA, em 1972. Bacharelou-se em Direito na Universidade Federal do Maranhão, em 1977. Advogou na cidade de São Luís até 1991, quando foi nomeado Procurador-Geral do Estado pelo então Governador Edison Lobão. Tomou posse em sessão solene ocorrida, em 11 de

Por outro lado, a Lei Federal nº 11.719, de 20.06.2008, trata da defensoria dativa, no Código de Processo Penal, passando o art. 265, a ter a seguinte redação: "O defensor não poderá abandonar o processo senão por motivo imperioso, comunicado previamente o juiz, sob pena de multa de dez a cem salários mínimos, sem prejuízo das demais sanções cabíveis". Esta legislação também modificou a redação dos seus parágrafos:

> "Art. 265. ....
> § 1º A audiência poderá ser adiada se, por motivo justificado, o defensor não puder comparecer.
> § 2º Incumbe ao defensor provar o impedimento até a abertura da audiência. Não o fazendo, o juiz não determinará o adiamento de ato algum do processo, devendo nomear defensor substituto, ainda que provisoriamente ou só para o efeito do ato".

A Lei Federal nº 11.689, de 09.06.2008, alterou o Código de Processo Penal, Decreto-lei nº 3.689, de 03.10.1941, relativo ao Tribunal do Júri. Na disposição legal, foi previsto que a recusa ao serviço do júri, no art. 438, § 1º, do Código de Processo Penal, importa em serviço alternativo de caráter administrativo, assistencial, filantrópico ou produtivo, inclusive na Defensoria Pública. Depois prevê no art. 456, § 2º, do Código de Processo Penal, que se houver recusa legítima de prestação de julgamento, deve ser intimada a Defensoria Pública. A legislação acima, outrossim, tem várias disposições sobre defesa dativa.

O direito dos carentes terem acesso à justiça manifesta-se como fundamental e exigência premente, como forma de, sem assistencialismo primário, conceder de fato cidadania a estes desprovidos. No quadro institucional da atualidade, solução simples e eficiente é dotar a Defensoria Pública de instrumentos formais e materiais suficientes para que se possa assegurar aos carentes o direito à justiça e, via de consequência, ao mínimo existencial. A Defensoria Pública tem inúmeras dificuldades, pela falta do preenchimento dos cargos existentes e pela remuneração não condizente com o trabalho realizado por seus membros. Contudo, sua organização e funcionamento vêm obtendo constante desenvolvimento, não só no plano institucional como também na prestação de serviços à luta pela cidadania

novembro de 1992, compondo a partir de então o Tribunal de Justiça do Estado do Maranhão. Como magistrado, foi Vice-Presidente e Presidente, no ano de 1997. À frente da Corregedoria Geral da Justiça, no biênio 1998-9. Retornou à Presidência do Tribunal de Justiça do Estado do Maranhão, no biênio de 2000-1, dando continuidade aos projetos sociais iniciados.

civil e social, na efetivação do direito à Assistência Judiciária dos necessitados[49]. Pode, inclusive, ingressar com ação civil pública[50].

A Emenda Constitucional nº 69, de 29.03.2012, dispôs sobre a Defensoria Pública do Distrito Federal e a Defensoria Pública dos Territórios, abaixo:

> "Art. 1º Os arts. 21, 22 e 48 da Constituição Federal passam a vigorar com a seguinte redação:
>
> Art. 21. ....
>
> ....
>
> XIII - organizar e manter o Poder Judiciário, o Ministério Público do Distrito Federal e dos Territórios e a Defensoria Pública dos Territórios;
>
> ....
>
> Art. 22. ....
>
> ....
>
> XVII - organização judiciária, do Ministério Público do Distrito Federal e dos Territórios e da Defensoria Pública dos Territórios, bem como organização administrativa destes;
>
> ....
>
> Art. 48. ....
>
> ....
>
> IX - organização administrativa, judiciária, do Ministério Público e da Defensoria Pública da União e dos Territórios e organização judiciária e do Ministério Público do Distrito Federal;
>
> ....
>
> Art. 2º Sem prejuízo dos preceitos estabelecidos na Lei Orgânica do Distrito Federal, aplicam-se à Defensoria Pública do Distrito Federal os mesmos princípios e regras que, nos termos da Constituição Federal, regem as Defensorias Públicas dos Estados.
>
> Art. 3º O Congresso Nacional e a Câmara Legislativa do Distrito Federal, imediatamente após a promulgação desta Emenda Constitucional e de acordo com suas competências, instalarão comissões especiais destinadas a elaborar, em 60 (sessenta) dias, os projetos de lei necessários à adequação da legislação infraconstitucional à matéria nela tratada'".

A Emenda Constitucional nº 80, de 04.06.2014, dispôs sobre a Defensoria Pública, assim:

> "Da Defensoria Pública
>
> Art. 134. A Defensoria Pública é instituição permanente, essencial à função jurisdicional do Estado, incumbindo-lhe, como expressão e instrumento do re-

49 COSTA, Nelson Nery. **Defensoria Pública no Piauí: justiça, desenvolvimento e perspectiva.** *In*: **Revista de Direito da Defensoria Pública**. Rio de Janeiro: Defensoria Pública do Estado do Rio de Janeiro, 1995, ano 6, nº 7, p. 258.

50 GRINOVER, Ada Pelegrini. **Legitimidade da Defensoria Pública para Ação Civil Pública.** *In*: **Revista de Processo.** São Paulo: Revista dos Tribunais, nov./2008, nº 165/299, e **Doutrinas Essenciais: Direito Constitucional (Edições Especiais Revista dos Tribunais: 100 Anos)**. 2ª tir. São Paulo: Revista dos Tribunais, 2013, vol. IV, p. 1087.

> gime democrático, fundamentalmente, a orientação jurídica, a promoção dos direitos humanos e a defesa, em todos os graus, judicial e extrajudicial, dos direitos individuais e coletivos, de forma integral e gratuita, aos necessitados, na forma do inciso LXXIV do art. 5º desta Constituição Federal.
>
> ....
>
> § 4º São princípios institucionais da Defensoria Pública a unidade, a indivisibilidade e a independência funcional, aplicando-se também, no que couber, o disposto no art. 93 e no inciso II do art. 96 desta Constituição Federal.
>
> Art. 2º O Ato das Disposições Constitucionais Transitórias passa a vigorar acrescido do seguinte art. 98:
>
> Art. 98. O número de defensores públicos na unidade jurisdicional será proporcional à efetiva demanda pelo serviço da Defensoria Pública e à respectiva população.
>
> § 1º No prazo de 8 (oito) anos, a União, os Estados e o Distrito Federal deverão contar com defensores públicos em todas as unidades jurisdicionais, observado o disposto no caput deste artigo.
>
> § 2º Durante o decurso do prazo previsto no § 1º deste artigo, a lotação dos defensores públicos ocorrerá, prioritariamente, atendendo as regiões com maiores índices de exclusão social e adensamento populacional".

A Defensoria Pública é, hoje, serviço essencial à prestação jurisdicional do Estado, atuando ao lado daqueles destituídos de condições de contratarem advogados particulares, por ser serviço gratuito e eficiente. A Constituição de 1988, ao constitucionalizar a Defensoria Pública, assim, evita a impunidade, esclarece de seus direitos a população carente e permite o acesso à justiça de toda a população, concretizando deste modo o princípio constitucional da isonomia[51].

Por outro lado, o Ministro Gilmar Mendes, do Supremo Tribunal Federal, em 2020, como relator da ADI 4636, que discutiu a inconstitucionalidade da Lei Complementar Federal nº 132, de 07.10.2002, e afastou a inconstitucionalidade do dispositivo, ao destacar que o Defensor Público não precisa ser inscrito nos quadros da Ordem dos Advogados do Brasil para o exercício das atividades de Assistência Judiciária e seu mister.

A Defensoria Pública foi a que mais cresceu das instituições jurídicas brasileiras, com a força que a Constituição Federal deu-lhe com os art. 134, somada à disposição do art. 5º LXXIV e do art. 236, em que se consolidou como a instituição responsável pela assistência judiciária aos juridicamente pobres. Avançou mais, ainda, com a Emenda Constitucional nº 45, de 30.11.2004, com a autonomia financeira e orçamentária, elevada ao mesmo patamar do Ministério Público. Também cresceu a Defensoria Pública da União, cada dia mais interiorizada, e demais Defensorias Públicas Estaduais, hoje em todos os Estados-membros. No entanto, na medida em que cresceu

---

51 COSTA, Nelson Nery. **Manual do Defensor Público.** Rio de Janeiro: GZ, 2010, p. 45.

como aparelho judicial, em Defensores Públicos, em estrutura e em atribuições, aumentou seu serviço interno, o que acabou provocando a diminuição do vigor inicial da defesa do fraco e do pobre, assemelhando-se aos demais órgãos jurisdicionais e ao **Parquet**.

Capítulo XVII

NORMA CONSTITUCIONAL, INTERPRETAÇÃO E EFETIVIDADE

17.1. Noção de Constituição Política

A Constituição é a lei maior de um Estado, sendo, como o próprio nome indica, o que lhe constitui em termos político, social, econômico e cultural. Em geral, quando escrita e elaborada de forma democrática por uma Constituinte livremente eleita aparece como o retrato de dada sociedade e o compromisso desta com o Estado Democrático de Direito. A Constituição nasce das decisões dos representantes eleitos, pois nestes está depositada a soberania popular; ainda que se possa sancioná-la após a realização de um plebiscito específico, garantindo-lhe mais legitimidade.

A Constituição pode ter dois significados – um do ponto de vista material; outro, formal. No primeiro aspecto, trata-se do conjunto de disposições relativos à forma de governo ou à forma de estado, aos direitos humanos individuais e sociais e à maneira que deve ocorrer o exercício do poder. No aspecto formal, considera-se como Constituição as normas que são construídas por um Poder Constituinte e, depois, as Emendas à Constituição, também tendo esta natureza, distinguindo-se ambas da legislação ordinária. Como observou José Afonso da Silva,

> "a palavra abrange toda uma gradação de significados, desde o mais amplo possível – a Constituição em sentido etimológico [...] até este outro em que a expressão se delimita pelo adjetivo que a qualifica, a saber, a Constituição *política*, isto é, a Constituição do Estado [...]"[1].

O processo de constitucionalização foi adotado por quase a totalidade dos países, do final do século XVIII e ao longo do século XIX, na Europa e nas Américas, e, no século XX, na Ásia, África e Oceania. Passavam quase todos

---

1 "Mas esse aspecto, urge ainda distinguir no termo Constituição duas acepções. Omitidas, obscureceriam o entendimento dessa noção capital do Direito Público e da Ciência Política e que são respectivamente o conceito material e o conceito formal de que a Constituição se reveste" (BONAVIDES, Paulo. **Curso de Direito Constitucional**, *op. cit.*, p. 63).

os Estados a utilizarem uma Lei Maior, dita Constituição, que retirava sua validade diretamente da soberania popular e que se encontrava em posição hierárquica superior a qualquer outra norma em dado território estatal. Em inúmeros outros Estados houve Governos autoritários, monárquicos, totalitários ou ditatoriais, sem que houvesse manifestação popular livre, que alguns autores denominam de Carta, para lhe diferenciar da Constituição, de natureza livre e democrática. A força da Carta Constitucional resulta apenas do temor e da opressão, enquanto na Constituição houve um processo democrático de formação da vontade coletiva. Os eleitores podem conceder ao Poder Constituinte, hoje, a legitimidade para representá-los e tentar elaborar o melhor texto possível.

A Constituição, seja qual for sua origem, não é fácil de ser interpretada. Pode-se aplicar uma norma que não seja considerada constitucional, melhor dizendo, que não esteja baseada em um princípio constitucional e colida com outro princípio de modo a ferir o texto constitucional. Caso não haja o controle da constitucionalidade nos Poderes Executivo, Legislativo ou Judiciário, pode ser que o ato administrativo, o decreto normativo, a lei em sentido estrito ou a sentença judicial esteja em desacordo com a Constituição e, por isto, não tenha nenhuma validade e deva ser expurgado do ordenamento jurídico. Em tais momentos, precisa haver uma autoridade que tenha jurisdição sobre a matéria para verificar se o dispositivo se encontra conforme o texto constitucional, daí sendo chamado de controle da constitucionalidade das leis.

O ordenamento jurídico é fixado pelo Estado, através da Constituição formal e material, estabelecendo normas que dispõem sobre as situações ou as relações que resultem da convivência humana e de suas instituições de maneira hipotética e preventiva. Desse modo, ficam estabelecidos os direitos e os deveres das pessoas que devem ser respeitados no meio social. Para o exercício de tais direitos, não se pode aceitar que seja exercido de forma privada para evitar o caos e a perpetuação do conflito, de modo que o Estado estabelece a forma pela qual se reconhece o direito de cada um, através da aplicação da Constituição e da lei por meio da interpretação de servidores públicos especializados, os magistrados[2]. Por conta disto, no texto constitucional está previsto que a função jurisdicional, entendida como a competência que cabe ao Poder Público, entre suas atividades soberanas, a função de formular e fazer atuar a regra jurídica concreta. Disciplina as di-

2 "Desde que a natureza do Estado obrigou, se não à extinção, pelo menos à grande diminuição da possível justiça de mão própria, impor-se-lhe prover à distribuição dos julgamentos onde quer que se faça preciso restaurar o direito ferido" (PONTES DE MIRANDA. **Comentário ao Código de Processo Civil.** 4ª ed. Rio de Janeiro: Forense, tomo I, 1995, p. 77).

versas situações jurídicas possíveis, pelo menos em tese, e compor os conflitos de interesses dos líderes. Deve-se dizer que jurisdição vem de "**juris dictio**", que literalmente significa "dizer o direito".

A função de aplicar a lei nos casos concretos é exercida, igualmente, pelo Executivo e pelo Judiciário, mas são distintas as atuações. Em primeiro lugar, porque a autoridade administrativa se apresenta como parte nos processos administrativos que ela mesma aprecia; enquanto na função jurisdicional o magistrado age para tutelar interesse alheio, acima das partes. Em segundo, ao passo que no ato administrativo prevalece a vontade do Estado, no ato jurisdicional se manifesta o entendimento lógico do juízo. Em terceiro, a função jurisdicional exige um processo complexo, ao passo que em geral na função executiva existe apenas um procedimento administrativo[3]. Por fim, enquanto os atos administrativos são sempre revogáveis ou anuláveis, as decisões judiciais adquirem trânsito em julgado de forma a não poderem ser mais modificadas, salvo em algumas exceções.

Para Paolo Biscaretti di Ruffia, "a atividade jurisdicional, seria, por outro lado, também constitutiva e sub-rogatória, enquanto o Estado-Juiz se movimenta apenas porque aqueles que deveriam ser realizados espontaneamente determinados interesses, assim atuando a vontade da lei, não o fizeram, e porque os que visavam obter tal realização foram constrangidos, pela proibição de auto-defesa (afirmada por todas as modernas ordenações estatais), a dirigir-se ao magistrado (conforme os casos, com uma ação ou um recurso) para ver reconhecida suas próprias pretensões"[4]. Por conta disto, a função jurisdicional é dispositiva, ou seja, necessário se faz que o interessado manifeste seu desejo da atuação estatal, pois mesmo nas ações penais públicas existe a necessidade de provocação pelo Ministério Público.

A função jurisdicional é exercida nos casos concretos em que há conflito de interesses, lides ou litígios, dependendo da provocação do in-

3 "A distinção entre processo e procedimento está consolidada no Direito Processual, mas não se encontra uma distinção bem segura no Direito Administrativo. [...] nem sempre a distinção é nítida e certa, de modo que existe uma certa promiscuidade conceitual, [...]" (COSTA, Nelson Nery. **Processo Administrativo e Suas Espécies.** 4ª ed./2ª tir. Rio de Janeiro: Forense, 2005, p. 11).

4 "Baseando-se nessas premissas, pode-se afirmar que, enquanto *a função legislativa* predispõe uma *tutela geral e abstrata para todos os díspares interesses subsistentes* na comunidade *estatal,* e a *executiva* serve ao Estado *para perseguir os próprios interesses específicos* no âmbito das leis vigentes, a *jurisdicional* apresenta-se como uma atividade dirigida à *tutela concreta e individualizada de interesses alheios* insatisfeitos, mediante a comprovação definitiva (com a chamada *eficácia de coisa julgada*: ainda que seja limitadamente às partes em causa) e a consequente atuação da norma jurídica no caso concreto" (RUFFIA, Paolo Biscaretti di. **Direito Constitucional: instituições de direito público**, *op. cit.*, p. 420).

teressado, mesmo que seja um órgão público, não podendo ser exercido espontaneamente pelo Estado-Juiz, ainda que se amplie nos últimos tempos o princípio da oficialidade. Os conflitos de interesses são caracterizados como uma pretensão resistida. Pode haver conflito de interesse, sem resistência, quando uma parte acaba aquiescendo com a outra. Os bens e os direitos são limitados, de modo que com frequência existem disputas sobres os mesmos. Assim, existe conflito quando mais de um sujeito procura trazer para si um bem ou um direito sobre o qual outro tenha a mesma ideia. Para Francesco Carnelutti,

> "se o interesse significa uma situação favorável à satisfação de uma necessidade; se as necessidades do homem são ilimitadas, e se, pelo contrário, são limitados os bens, ou seja, a porção do mundo exterior apta a satisfazê-las, como correlativa à noção de interesse e à de bem aparecer a forma de solucionar o conflito de interesses. Surge conflito entre dois interesses quando a situação favorável à satisfação de uma necessidade excluir a situação favorável à satisfação de uma necessidade distinta"[5].

Para o exercício da vontade do Estado em que seja reconhecida a força da norma jurídica, este criou órgãos especializados com a missão de exercer a jurisdição, de forma a atuar quando houver conflito de interesse. Entre o pedido da parte e o provimento jurisdicional, é necessária a realização de diversos atos que formam o procedimento judicial, como a forma de agir em juízo, tendo como conteúdo sistemático o processo. Estabelece-se, então, uma relação jurídica de direito público, que gera direitos e obrigações entre o magistrado e as partes, com o objetivo de conseguir uma declaração ou a atuação da vontade concreta da lei, de modo a vincular o processo e seu procedimento em uma decisão definitiva que resolva o conflito de interesse.

17.2. Norma Constitucional e sua Dimensão

Ao longo dos séculos XIX e XX, chegando no século XXI, a Constituição passou a ser considerada a norma maior, contra qual nenhuma outra norma podia se sobrepujar em termos de força e de competência. O direito, para o positivismo jurídico, passou a ser definido como uma pirâmide escalonada, na qual, no ápice, encontrava-se a norma constitucional, da qual todas as demais tiravam sua legitimidade e sua legalidade. O direito passou a ser

5 "O conflito pode se dar em torno de toda classe de interesses: imediatos ou mediatos, individuais ou coletivos" (CARNELUTTI, Francesco. **Sistema de Direito Processual Civil: introdução e função do processo civil**. São Paulo: ClassicBook, vol. I, 2000, pp. 60-1).

entendido e estudado a partir da Constituição e a influência desta na legislação como um todo.

A norma constitucional, no entanto, sofre o desafio de não ser aplicada ou de ocorrer sua interpretação de forma equivocada. Ainda que possa parecer absurda esta afirmação, trata-se de situação corrente, em especial no direito brasileiro. Na Constituição de 1967, nada disto tinha importância, pois o texto era apenas uma declaração formal, mesmo porque o sistema democrático previsto não era praticado. Não obstante, com a Constituição de 1988 tudo mudou, pois passou esta a ser invocada em todas as esferas do Judiciário e, também, pela população que pouco a pouco começou a conhecer seus direitos e suas garantias.

O texto tem a pretensão de discutir a norma constitucional[6] e a forma pela qual é interpretada, assim como se tem efetividade junto ao Judiciário ou aos cidadãos. De início, pretende-se discutir a lei e sua interpretação, bem como a relação do ordenamento jurídico com a Constituição. Depois, vai se fazer o exame da hermenêutica, o estudo da aplicação, da integração e da interpretação do direito. Por fim, aborda-se a efetividade no direito brasileiro, em especial, da norma constitucional, no bojo da presente obra de direito constitucional.

17.3. Lei e seu Modo de Interpretação

A lei constitui-se na regra jurídica escrita, instituída através de processo legislativo previsto no texto constitucional, determinando o comportamento que o Estado e as pessoas físicas e jurídicas devem ter, permitindo-se tudo o que a norma não proíbe ou determina. Deriva do latim **lex**, de **legere**, tendo o sentido amplo de "o que está escrito". Existe opinião, ainda, de que derivaria de **ligare**, ligar, ou **eligere**, escolher. Nas Institutas de Justiniano, no século VI, consta como "**quod populus Romanus, senatore magistratu interrogante, veluti consule, consitutuebat**", significando "aquilo que o povo ordena e constitui". Deste modo, a lei é o preceito escrito, elaborado de forma solene pelas autoridades constituídas, decorrendo de um poder que recebe uma delegação popular.

A lei possui dois elementos essenciais – o conceito e a forma. Pelo primeiro, representa o pensamento alguma coisa sobre a qual dispõe, fixando uma reflexão jurídica com força normativa, não podendo ser desrespeitada. Pelo segundo, deve ser expressa de maneira clara e concisa em seu enuncia-

6 BARROSO, Luís Roberto. **Curso de Direito Constitucional Contemporâneo**. 5ª ed. São Paulo: Saraiva, 2016, pp. 232-3.

do, ou seja, existe uma fórmula para ser compreendida, acatada e aplicada. A norma legal, então, deve ter um conceito e uma forma determinada.

A lei pode ser considerada ainda no sentido material, quando representa uma regra abstrata e permanente tendo por conteúdo uma determinação jurídica, neste sentido abrangendo os atos infralegais, produzidos pelo Poder Executivo, como decretos, portarias, resoluções, instruções normativas e outros atos administrativos. Por outro lado, a lei no sentido formal é apenas aquela que passa por um processo legislativo, em geral previsto na Constituição, que lhe assegura validade e força para existir, a partir da tramitação em um órgão estatal, escolhidos seus integrantes livremente pelos cidadãos eleitores.

O objetivo da lei consiste na prescrição de uma norma de ordem pública ou privada, assegurando a ordem jurídica estabelecida e exigindo seu cumprimento. Por conseguinte, deve ser geral, abstrata e impositiva. No primeiro sentido, encontra-se expressa a ideia de que abrange a todas as pessoas físicas e jurídicas de um Estado que exerce seu poder sobre um determinado território. No segundo, indica-se que o preceito tem uma expressão técnica objetiva, sendo emanada como um conceito abstrato sem se referir a casos concretos. Por fim, tem a força para se impor às pessoas que não a podem desobedecer, sob pena de receberem uma sanção civil, penal, administrativa ou política.

17.4. Lei, Ordenamento Jurídico e Constituição

A lei é a norma que atende aos requisitos formais e às exigências constitucionais na sua produção e conteúdo. Os requisitos quanto à forma implicam que a mesma deva ser escrita e submetida a processo legislativo complexo, quanto à iniciativa, tramitação e votação no Legislativo, sanção ou veto do Executivo e publicação para o conhecimento geral nas publicações oficiais e, hoje, nos sites. Em relação ao conteúdo, deve ser dito que esta tem como característica a generalidade, a abstratividade, a imperatividade e a coercitibilidade, como visto acima.

A Constituição fixa o processo legislativo em seu texto, prevendo várias fases: a) iniciativa e apresentação do projeto; b) apreciação em comissões legislativas; c) discussão e aprovação em plenário, d) se houver, remessa a outra Casa Legislativa, para o mesmo processo anterior; e) sanção ou promulgação, bem como veto, com a apreciação deste posteriormente; f) publicação. A iniciativa, no texto constitucional brasileiro, pode ser do Executivo, do Judiciário, do Ministério Público e da Defensoria Pública, já em alguns Estados-membros, como no Estado do Mato Grosso, restrita a determinadas matérias de interesse especial, ou de qualquer parlamentar, com a apresentação do projeto de lei que se queira submeter ao Legislativo.

O projeto, antes de ir para o Plenário, passa por Comissões Temáticas conforme a pertinência e, por último, por Comissão que aprecia a constitucionalidade do mesmo. Com a concordância desta, é submetido ao Plenário do órgão legislativo, para discussão e votação, devendo ainda ser verificado o quórum para funcionamento deste. Depois, examina-se o quórum para aprovação do projeto, que varia conforme seja Emenda Constitucional, lei complementar ou lei ordinária. Após o exame pelo Legislativo, inclusive com a revisão do texto aprovado, este pode ser promulgado por este próprio Poder, conforme a natureza da norma, inclusive, se for texto constitucional, ou vai para o Executivo sancionar ou vetar, se lei. Caso seja sancionada, segue para sua publicação. Caso seja vetada, volta para o Legislativo que mantém o veto ou o derruba, através de maioria qualificada, sendo então promulgada a matéria que for aprovada e publicada.

Quanto ao conteúdo, a lei tem as seguintes características: a) generalidade; b) abstratividade; c) imperatividade; d) coercitibilidade. Esta deve ser geral, para todos os cidadãos sem discriminação ou especificação, tendo caráter abrangente e sem destinação a ninguém em especial. Por outro lado, a sua redação deve ser abstrata, construindo-se a norma com base em enunciado que seja expresso de modo objetivo e alheado de aspectos pessoais. A imperatividade resulta da força do Estado com base em sua soberania, ou seja, a superioridade sobre qualquer pessoa física ou jurídica em seu território, expresso na obrigação política que é o dever de se obedecer às leis. Por fim, a legislação pode ser imposta de forma coativa, se não for aceita pacificamente, inclusive com restrição da liberdade e uso da força física.

Além da lei em sentido material, existem outras normas jurídicas, como o direito costumeiro ou a jurisprudência, conforme os Estados estabeleçam suas regras legislativas. Na **Teoria Pura do Direito**, a norma jurídica possui duas partes, sendo a norma primária aquela que define um dever jurídico por conta de uma determinada situação de fato, ao passo que a secundária estabelece a sanção que deve ser aplicada conforme haja sua desobediência. Ao se estabelecer uma determinada conduta humana, assim se faz porque se considera importante para a sociedade. Porém, a característica principal da norma é o caráter coativo pelo qual se aplica uma sanção, caso haja sua desobediência.

Para Hans Kelsen[7], "como ordem coativa, o Direito distingue-se de outras ordens sociais. O momento coação, isto é, a circunstância de que o ato

7 **Hans Kelsen** (Praga, República Tcheca, 1881 – Berkeley, Estados Unidos, 1973) foi um jurista e filósofo tchecoslovaco e não austríaco, haja visto que nasceu em Praga, e até então pertencente a antiga Tchecoslováquia, considerado um dos mais importantes e influentes estudiosos do direito. Por volta de 1940, a reputação de Kelsen já estava bem estabelecida nos Estados Unidos por sua defesa da democracia e pela **Teoria Pura**

estatuído pela ordem como consequência de uma situação de fato considerada socialmente prejudicial deve ser executado mesmo contra a vontade da pessoa atingida e – em caso de resistência – mediante o emprego da força física, é o critério decisivo"[8]. Esta ordem jurídica determina as exigências sobre as quais ocorre a coação, como o uso da força física, protegendo os indivíduos da violência de outras pessoas, mas não a do Estado.

Na obra **Teoria do Ordenamento Jurídico**, Norberto Bobbio[9] considerou o conceito de norma jurídica com base apenas na força do conceito de direito. Para o autor, se é certo dizer que o ordenamento se torna jurídico quando se forma pelas regras quanto ao uso da força, amplo no começo e restrito nos tempos atuais, não se pode afirmar que um ordenamento jurídico é um conjunto de regras para o exercício da força. Afirmou, então, que:

> "As regras para o uso da força são, num ordenamento jurídico, aquela parte de regras que serve para organizar a sanção e, portanto, para tornar mais eficazes as normas de conduta e o próprio ordenamento em sua totalidade. O objetivo de todo legislador não é organizar a força, mas organizar a sociedade mediante a força"[10].

A norma jurídica não retira de si sua força, mas de um sistema unificado que abrange todas as normas. Este sistema se pretende como completo, sem lacuna ou contradições, sendo estes os problemas principais da aplicação do direito. Por lacuna, entende-se a ausência de norma jurídica sobre determinado caso, pois um ordenamento é completo quando o Estado-Juiz

---

do Direito (**Reine Rechtslehre**). A estatura acadêmica de Kelsen excedeu a teoria legal e alargou a filosofia política e teoria social. Sua influência abrange os campos da filosofia, ciência jurídica, a sociologia, a teoria da democracia e as relações internacionais.

8 KELSEN, Hans. **Teoria Pura do Direito**. 7ª ed. São Paulo: Martins Fontes, 2006, p. 37.

9 **Norberto Bobbio** (Turim, Itália, 1909 – 2004) foi um filósofo político, historiador do pensamento político, escritor e Senador Vitalício italiano. Conhecido por sua ampla capacidade de produzir escritos concisos, lógicos e, ainda assim, densos. Defensor da democracia social-liberal e do positivismo legal e crítico de Marx, do fascismo italiano, do bolchevismo e do Primeiro-Ministro Silvio Berlusconi. A mais recente bibliografia dos seus escritos enumera mais de dois mil títulos entre obras de ensaio, direito, ética, filosofia e peças de comentário político. Mas se há um traço comum que une esta vasta e diversificada obra intelectual é a postura do professor que procura de forma simples e intuitiva transmitir a quem o ouve as ideias matrizes de uma riquíssima história das ideias ocidentais e a perseverante defesa das regras do jogo democrático como indispensável à própria sobrevivência da democracia.

10 "As definições de Kelsen e Ross parecem limitativas também com respeito ao ordenamento jurídico tomado em seu conjunto, porque confundem a parte com o todo, o instrumento com o fim" (BOBBIO, Norberto. **Teoria do Ordenamento Jurídico**. Brasília: Universidade de Brasília/Polis, 1991, p. 70).

pode encontrar uma norma para regular o caso que se apresenta. Por antinomia, compreende-se a situação de normas incompatíveis entre si, sendo uma dificuldade tradicional frente à ideia de completude do direito, com a eliminação da situação inconveniente, consistindo na restrição do uso de uma das normas, ou de ambas, se for o caso. Numa Federação, isto é ainda mais grave e complexo, como no Brasil. Frente tais situação, precisa-se que o ordenamento apresente uma solução para resolver ambos os problemas.

A lei institui a ordem jurídica, fundamentada na regulamentação e estabelecida para desenvolver as relações dos homens na sociedade quanto a seus direitos e deveres. A norma legal, porém, nunca existe isolada, estando em um contexto de normas com relações particulares entre si, no que se chama de ordenamento jurídico. Este, se composto de mais de uma norma, resulta nos problemas que nasce da relação entre as diversas normas entre si. De um lado, a exigência de unidade e de coerência, para assegurar que o sistema não seja contraditório ou excludente. Por outro lado, a necessidade de se estabelecer o sentido correto da hierarquia que as normas têm entre si.

O positivismo jurídico de Hans Kelsen parte do pressuposto de que a solução melhor para colocar as normas jurídicas em um sistema resulta na coerência que estas devem ter, em um sistema escalonado com base em uma lei fundamental. Para ele, a norma jurídica não é um sistema de normas no mesmo plano, mas existem de modo hierárquico, com a unidade existindo em função da conexão de dependência entre ela e as outras normas. A norma fundamental – hipotética, nestes termos – é, portanto, o fundamento de validade último que constitui a unidade desta interconexão criadora[11].

Em obra mais madura, bem depois da publicação da **Teoria Pura do Direito**, disse Hans Kelsen que:

> "A análise do direito, que revela o caráter dinâmico desse sistema normativo e a função da norma fundamental, também expõe uma peculiaridade adicional do Direito: o Direito regula sua própria criação, na medida em que uma norma jurídica determina o modo em que outra norma é criada e também, até certo ponto, o conteúdo dessa norma. Como uma norma jurídica é válida por ser criada de um modo determinado por outra norma jurídica, esta é o fundamento de validade daquela. A relação entre a norma que regula a criação de outra norma e essa outra norma pode ser apresentada como uma relação de supra e infra-ordenação, que é uma figura espacial de linguagem. A norma que determina a criação de outra norma é a norma superior, e a norma criada segundo essa regulamentação é a inferior. A ordem jurídica, especialmente a ordem jurídica

11 KELSEN, Hans. **Teoria Pura do Direito**, *op. cit.*, p. 247.

> cuja personificação é o Estado, é, portanto, não um sistema de normas coordenadas entre si, que se acham, por assim dizer, lado a lado, no mesmo nível, mas uma hierarquia de diferentes níveis de normas"[12].

Do ponto de vista da ordem jurídica do Estado, a Constituição representa o mais alto escalão do direito positivo, entendida no sentido material de ser a norma jurídica positiva através da qual se regula a produção das normas jurídicas gerais. Distingue-se, deste modo, do sentido formal, pela qual se entende o documento designado como Constituição e que regula a produção de outras normas. Não só isto, dispõe também sobre outros assuntos importantes e preceitos, como as dificuldades impostas para sua mudança e a garantia de que esta seja obedecida e que não possa ser contrariada por normas inferiores.

A Constituição, para manter seu arquétipo de unidade e de pluralismo, apresenta-se como contrato, manifesto, programa ou Lei Maior. Neste aspecto, "a norma constitucional aparece como processo legislativo normal, mesmo que qualificado, que deve assegurar, procedimentalmente, que um projeto constitucional debatido decidido por maioria constitucional ou referendo, é ratificado e publicado. Com isso, a norma constitucional é introduzida, como legislação comum, na obra normativa democrática republicana e jurídica-estatal de trabalho legislativo"[13]. A Constituição regula de forma típica os direitos e as obrigações fundamentais da sociedade civil, a organização da comunidade política, os valores fundamentais e, por fim, as questões da validade, modificação e interpretação desta. Em geral, cria uma instância jurídica para a avaliação constitucional de atos dos Poderes Públicos, das leis em geral e das próprias decisões judiciais.

Apesar de a Constituição depender dos aspectos acima, não se restringe apenas a isto. É certo que existem vários aspectos a considerar, como moral, política, equidade, boa-fé, diligência e valor público, bom uso dos poderes discricionários, honra entre os partidos, educação política com respeito à vontade dos particulares, cortesia entre os Poderes Políticos, assim como cerimonial, etiqueta, prática e rotina, sem ser de natureza jurídica. Existe, ainda, um sentimento constitucional, de que disse Pablo Lucas Verdú, "a sensibilidade constitucional se expressa, seja como correção cons-

12 "A estrutura hierárquica da ordem jurídica de um Estado é, *grosso modo*, a seguinte: pressupondo-se a norma fundamental, a constituição é o nível mais alto dentro do Direito nacional. A Constituição é aqui compreendida não num sentido formal, mas material" (KELSEN, Hans. **Teoria Geral do Direito e do Estado**. São Paulo: Martins Fontes, 1992, pp. 129-30).

13 FRANKBERG, Günther. **A Gramática da Constituição e do Direito**. Belo Horizonte: Del Rey, 2007, p. 93.

titucional para cumprir as missões antes aludidas, seja como sentimento constitucional que fortifica a adesão dos cidadãos ao ordenamento constitucional estabelecido, à sua aplicação e ao seu desenvolvimento pelos operadores políticos"[14]. A Constituição é, assim, mais ampla do que o texto constitucional e sua gramática e tem maior importância no cotidiano da sociedade do século XXI.

17.5. Aplicação, Integração e Interpretação

A norma jurídica necessita transformar-se de abstração em realidade concreta, para assegurar o funcionamento do ordenamento jurídico. De início, presume-se que deva ocorrer espontaneamente, pela inércia natural das pessoas em relação à coisa pública ou pela convicção de que se cumpre às leis por ser o melhor e representar o dever político estabelecido. Por outro lado, caso o cumprimento não ocorra de forma espontânea, é necessário se recorrer aos Juízes e aos Tribunais para que a norma jurídica possa ser aplicada. A primeira providência é encontrar o ramo do direito que se relaciona com o problema da ausência de cumprimento da norma jurídica. Em seguida, verifica-se o preceito relacionado com o caso concreto, bem como sua especificidade. O conflito de interesse que resulta na lide em exame precisa ser observado quanto ao espaço, o que exige a verificação da autoridade ou órgão da qual emana a norma e de sua competência para isto, e quanto ao tempo, no exame de questões como da irretroatividade das leis. No exame da aplicação da lei, estuda-se o seguinte: a) o conteúdo e alcance da norma; b) o caso concreto e suas circunstâncias; c) a relação do preceito com o caso concreto[15].

A norma constitucional deve estabelecer sua força sobre todo o ordenamento jurídico e suas normas. Contudo, em especial em caso de nova Constituição ou de Emenda Constitucional, existe o problema da superve-

14 "Enquanto a correção constitucional atua para preservar as inter-relações institucionais e orgânicas, evitando ou pelo menos diminuindo os atritos e/ou enfrentamentos perigosos ou inconvenientes, versando, por isso, sobre o funcionamento regular e harmônico de toda a engrenagem estatal, o sentimento constitucional pode ajudar a legitima e a socializar esse funcionamento" (VERDÚ, Pablo Lucas. **O Sentimento Constitucional: aproximação ao estudo do sentir constitucional como modo de integração política.** Rio de Janeiro: Forense, 2006, p. 250).

15 "A Aplicação do Direito consiste no enquadrar um caso concreto em a norma jurídica adequada. Submete às prescrições da lei uma relação da vida real; procura e indica o dispositivo adaptável a um fato determinado. Por outras palavras: tem por objeto descobrir o modo e os meios de amparar juridicamente um interesse humano" (MAXIMILIANO, Carlos. **Hermenêutica e Aplicação do Direito.** 4ª ed. Rio de Janeiro: Freitas Bastos, 1947, p. 19).

niência destas normas e de sua relação com as demais normas ordinárias, a relação destas com as normas anteriores, a compatibilidade das normas com o texto constitucional e a consonância com o direito interno ou internacional. Em primeiro lugar, no caso de direito constitucional novo com o anterior, deve-se ter em mente que aquele revoga este numa renovação global. Não ocorre integralmente o mesmo quanto à Emenda Constitucional, que inclusive pode ser objeto de inconstitucionalidade conforme formulação do direito germânico e adotado pelo direito brasileiro, de acordo com jurisprudência do Supremo Tribunal Federal, no início do século XXI.

Outro problema relevante se refere à relação do direito constitucional novo com o direito ordinário anterior. Neste caso, não há revogação total, mas a superveniência da norma constitucional implica na recepção ou não do direito anterior. No direito brasileiro, a recepção consiste na integração do direito ordinário anterior, ao passo que no direito português tal expressão limita-se apenas à norma constitucional anterior, enquanto a novação se refere à norma ordinária. Porém, seja recepção ou novação, exige-se da norma ordinária a seguinte aplicação: a) a Constituição nova estabelece os novos princípios gerais de todos os ramos jurídicos; b) as normas jurídicas vigentes quando da entrada em vigor da Constituição nova precisam ser interpretadas para saber se subsistem ou não conforme esta; c) as normas jurídicas anteriores contrárias ao texto constitucional são revogadas. Se não for contrária à Constituição nova, a norma ordinária anterior permanece no ordenamento jurídico até ser revogado por nova norma. Se for contrária, considera-se que houve revogação, caducidade ou perda de eficácia.

A aplicação no território do Estado das normas constitucionais no espaço é o comum, mas tal não ocorre da mesma forma no estrangeiro, salvo no caso de execução de sentença, assim como norma de outro Estado pode ser executado no território do primeiro. Deste modo,

> "com efeito, a territorialidade da ordem jurídica de cada Estado diz apenas respeito à execução; não implica que o Direito do Estado somente regule factos ocorridos no seu território – pois pode regular também factos ocorridos e situações constituídas no estrangeiro; – nem sequer significa que, no território do Estado, o seu Direito seja o único Direito válido – pois outros Direitos podem igualmente nele valer e ter aplicação"[16].

16 "Assim como pode haver normas constitucionais de outros Estados aplicáveis em Portugal, também normas constitucionais portuguesas podem vir a ser aplicadas no estrangeiro e perante tribunais não portugueses" (MIRANDA, Jorge. **Manual de Direito Constitucional: constituição e inconstitucionalidade**. 3ª ed. Coimbra: Coimbra, tomo II, 1996, p. 303).

A integração do direito consiste em tornar integral a norma quando for defeituosa. Em tal situação, pode ocorrer três opções frente à lei omissa ou obscura: a) o Juiz deve declarar a parte carecedora de direito; b) o Juiz remete o caso à autoridade legislativa para que possa elaborar a norma aplicável; c) o Juiz julga o pedido com base nos recursos supletivos para o conhecimento do direito descrito na lei e aceitos pela doutrina. No Brasil, adota-se a última opção, de acordo com os arts. 4º e 5º, da Lei de Introdução ao Código Civil. Agora, por meio das alterações da Lei Federal nº 13.665, de 25.04.2018. Os principais recursos supletivos são a analogia, a equidade, a jurisprudência e os princípios gerais do direito. A analogia consiste na aplicação de um princípio jurídico que a lei estabeleça para um certo caso, em um outro não regulado, mas semelhante ao primeiro. A equidade vem a ser a obrigação do julgador apreciar o conflito de interesse, mesmo quando se defrontar com lacuna ou defeito da lei, adequando a lei às novas exigências das transformações políticas, sociais e econômicas, ainda que nem sempre possa a mesma ser aplicada[17].

A existência de uma norma, sendo aceita no meio social e aplicada nas decisões judiciais, depende da técnica utilizada pelo Legislativo na elaboração das leis, de um lado, e da interpretação correta do que este pretendia fixar como norma jurídica, do outro. A norma é uma proposição que se aplica a certo fato, dando a este caráter jurídico, com as consequências previstas. Cabe ao intérprete da lei encontrar o sentido correto do preceito e a relação deste com a vida real. Desse modo, interpretar não se limita apenas a tornar claro ao que era confuso, mas sim revelar a verdade e o sentido correto da norma, no caso concreto da lide.

A lei deve expressar um pensamento de maneira que seja válido como norma, de modo que quem interpreta precisa analisar o pensamento contido na norma, pesquisando-lhe o conteúdo e reconstruindo-lhe o sentido. De início, o intérprete precisa encontrar o ponto de vista do legislador. Para Friedrich von Savigny[18], ainda no começo do estudo científico do direito,

---

17 Limongi França chamou atenção para o problema, de outra forma, "observe-se, por fim, que, no direito positivo, há casos excepcionalmente impermeáveis à equidade" (FRANÇA, R. Limongi. **Hermenêutica Jurídica**. 3ª ed. São Paulo: Saraiva, 1994, p. 76).

18 **Friedrich Carl von Savigny** (Frankfurt am Main, Alemanha, 1779 – Berlim, 1861) foi um dos mais respeitados e influentes juristas alemães do século XIX. Maior nome da Escola Histórica do Direito, seu pensamento teve grande influência no direito alemão, bem como no direito dos países de tradição romano-germânica, especialmente no direito civil. Savigny foi responsável pela criação e pelo desenvolvimento do conceito de relação jurídica e de diversos conceitos relacionados, como o de fato jurídico, tendo seu método histórico influenciado, entre outros movimentos, a jurisprudência dos conceitos. Na política alemã, Savigny foi Ministro da Justiça, entre 1842 e 1848, tendo renunciado devido à revolução deste ano.

> "a lei deve ser objetiva, ou seja, deve se expressar diretamente. Por este motivo, todas as premissas da interpretação devem ser encontrar na própria lei ou em conhecimentos gerais (por exemplo, conhecimento da linguagem da época). A interpretação torna-se fácil se o intérprete se coloca no ponto de vista da lei, mas apenas se for possível conhecer esse ponto de vista por meio da própria lei. Fala-se, geralmente, que, na interpretação, tudo depende da intenção do legislador. Mas isso é meia verdade, porque depende da intenção do legislador desde que apareça na lei"[19].

A hermenêutica resulta de várias orientações dos juristas, quanto sua aplicação e a importância das espécies de interpretação. São três os sistemas de interpretação tradicionais: a) dogmático, exegético ou jurídico-tradicional; b) histórico-evolutivo; c) livre pesquisa ou livre criação do direito. O sistema dogmático parte de uma visão tradicional do direito, compreendendo a norma como base de sua própria explicação, com o intérprete limitando-se apenas em aplicá-la conforme a intenção do legislador. Depois, já com Savigny, apareceu o sistema histórico-evolutivo, visto acima, sendo apto a interpretar a norma conforme a sociedade sobre a qual vai ser aplicada, partindo de uma análise histórica. Por fim, a escola da livre formulação do direito, criada entre o final do século XIX e o início do século XX, afirmando-se como "livre direito", pois entende que existem outras fontes de direito e não somente a lei. Para esta escola, a atitude do intérprete resulta na atitude de criação do objeto que está sendo estudado.

As espécies de método de interpretação são: a) lógico; b) gramatical; c) histórico; f) sistemático. Deve-se ponderar, porém, que não se tratam de operações distintas, mas aplicadas em conjunto. O método lógico vem a ser aquele baseado no raciocínio silogista e na lógica[20]. O método gramatical faz a análise da linguagem utilizada e o sentido correto do preceito conforme o texto escrito. Por sua vez, o método histórico procura levantar as circunstâncias em que a norma foi produzida e qual o sentido atual conforme o desenvolvimento da sociedade. Por fim, o método sistemático, ou teleológico, é aquele que procura conhecer a lei de acordo com o ordenamento jurídi-

---

19 "A tarefa suprema da interpretação é a crítica superior, isto é, a restituição de sentido a um texto corrompido" (SAVIGNY, Friendrich Karl Von. **Metodologia Jurídica**. São Paulo: Rideel, 2005, p. 27).

20 "Uma opinião largamente difundida entende que entre o Direito e a Lógica – [...] – existe estreita relação e que uma propriedade específica do Direito é ser 'lógico', significando que as normas do Direito em suas relações recíprocas obedecem aos princípios da Lógica. Pressupõe-se que estes princípios, sobretudo o axioma da não contradição e a regra da conclusão, são aplicáveis às normas em geral e às normas jurídicas em particular" (KELSEN, Hans. **Manuscrito Direito e Lógica (9.6.1965)**. *In*: KELSEN, Hans, e KLUG, Ulrich. **Normas Jurídicas e Análise Lógica**. Rio de Janeiro: Forense, 1984, p. 60).

co como um todo, evitando seu exame isolado e desconexo com a demais legislação.

A interpretação dos contratos bilaterais ou negócios jurídicos também consiste em revelar os elementos que lhe dão suporte fático e permite-lhe ingressar no mundo jurídico. Podem se destacar três princípios essenciais para análise: a) princípio da integração; b) princípio da fixação genérica; c) princípio da classificação técnica. Pelo primeiro, é imprescindível a interpretação sistemática do conteúdo do contrato, examinando determinadas partes do conjunto e sua conexão com as outras partes. Pelo segundo, o intérprete precisa se fixar no texto, examinando os elementos gramaticais e a legislação relativa à matéria, inclusive com a aplicação dos usos e dos costumes. Pelo terceiro, o intérprete classifica o negócio jurídico de acordo com as consequências jurídicas que dele advém, com base na doutrina e na lei.

17.6. Efetividade no Direito Brasileiro

A noção de efetividade[21] encontra-se ligada ao que realmente existe, àquilo que é real, objetivo, verdadeiro e positivo. Trata-se de palavra que deriva de efeitos, do latim **effectivu**, do verbo **efficere**, ligado ao sentido de executar, cumprir, satisfazer ou acabar. Ou seja, relaciona-se ao que está sendo cumprido ou ao que se desenvolve no momento atual. Celebra-se a vitória da relação do tipo jurídico com a ação que lhe corresponde de maneira realista a um fato que ocorre no presente instante que se escreve esta frase.

A efetividade veio a ser uma palavra de ordem em favor de um direito real, que realmente fosse cumprido no dia a dia e não apenas nos momentos solenes. Passou a significar o direito que faz parte do cotidiano das pessoas que o aceitam e o cumprem. Se tal não for possível, que se discuta no Judiciário e esta estabeleça o verdadeiro e imponha o justo para o acatamento e a satisfação de todos. Por conseguinte, a efetividade no sentido jurídico quer dizer o direito que está sendo acatado pela sociedade e praticado e, em outro aspecto, se for discutido nos aparelhos judiciais, que estes sejam capazes de acatar o direito material em discussão e seja positivo para quem realmente o mereça.

Existem vários sentidos para a efetividade quando relacionada ao mundo jurídico, com seus diferentes pensamentos e suas diversas legisla-

---

21 "**Efetividade.** [De *efetivo* + *-(i)dade*] ***S. f.*** **1.** Qualidade de efetivo [...]. **Efetivo.** [Do lat. *effectivu.*] ***Adj.*** **1.** Que se manifesta por um efeito real; positivo [...] **2.** Permanente, estável, fixo: [...] **3.** Que merece confiança; seguro, firme: [...] **4.** O que existe realmente; [...]" (FERREIRA, Aurélio Buarque de Holanda, e outros. **Novo Aurélio Século XXI: o dicionário da língua portuguesa**. 3ª ed. Rio de Janeiro: Nova Fronteira, 1999, p. 720).

ções. Em geral, no Brasil, pode se estabelecer quatro noções principais, que estão constantemente postas à prova e que de fatos são reais: a) a efetividade do cargo público; b) a efetividade do processo judicial; c) a efetividade do direito ou da norma jurídica; d) a efetividade das normas constitucionais.

Em primeiro lugar, houve o conceito depois da Constituição de 1946 e da experiência anterior do Departamento de Administração do Serviço Público (DASP), por ter sido mais usual no direito administrativo, a efetividade aponta-se como qualidade do cargo público que passa a ser ocupado, designando todo funcionário ou função exercida em caráter permanente. Em tal sentido, opõe-se o servidor efetivo ao servidor interino ou ao servidor inativo. A efetividade constitui-se um atributo do cargo público, referente à forma de seu provimento por concurso público. Constitui-se em vínculo do servidor ao cargo ou emprego público, voltado para a titularidade deste como de provimento em caráter efetivo.

Em segundo lugar, existe o que passou a ser conhecido como efetividade do processo, como instrumento pelo qual se retiraria o processo de seus entraves e obstáculos para que passasse a ser o instrumento pelo qual o direito material apareceria. Deste modo, o processo para ser adequado deve ser efetivo. O processo que não viabilizar a tutela jurisdicional efetiva é um processo inadequado meramente burocrático, desprovido de utilidade. Para Deslomar Mendonça Júnior, a efetividade significa, portanto, a realização do direito, o desempenho concreto de sua função social[22].

O movimento pela efetividade do processo vem ganhando força, tendo efetuado várias reformas processuais civis, em 1994 e 1995, ao então Código de Processo Civil de 1973, pontuais e algumas experimentais, como o agravo de instrumento com efeito suspensivo, e em seguida, em 2005 e 2006, quanto ao cumprimento da sentença, dentre outras matérias, como o processo de execução. Depois, tudo foi a profundando com o Código de Processo Civil de 2015. Houve, também, a reforma processual penal, nos últimos anos.

Para Juvêncio Vasconcelos Viana, "efetividade do processo é a 'palavra de ordem' do movimento de reforma do Código de Processo Civil. O movimento de reforma do Código de Processo Civil vem, assim, ao encontro do 'drama' por que vêm passando, no Brasil, os consumidores do serviço jurisdicional. [...] Modernamente, os processualistas debruçam-se sobre o estudo dos obstáculos que se antepõem ao ingresso em juízo do cidadão, das causas que exsurgem e prejudicam a entrega eficiente da prestação ju-

22 "[...], a efetividade é um 'elemento', um componente do 'adequado processo', do 'justo processo'" (MENDONÇA JÚNIOR, Delosmar. **Princípios da Ampla Defesa e da Efetividade no Processo Civil Brasileiro.** São Paulo: Malheiros, 2001, p. 70).

risdicional. São os chamados 'óbices ilegítimos' à prestação da boa tutela jurisdicional"[23]. A efetividade do processo, então, nesta doutrina, significa a aptidão para eliminar insatisfações com o Judiciário e fazer cumprir o direito, também como meio de educação geral e meio de participação dos indivíduos nos destinos da sociedade.

Em terceiro, resta o exame da efetividade das normas jurídicas. A eficácia jurídica passa a se relacionar com a eficácia social, sendo que esta é quem determina de fato se uma determinada norma tem efetividade ou não, ou seja, caso se encontre aceita no meio social e que seja cumprida. Para Luís Roberto Barroso,

> "não mais a eficácia jurídica, como possibilidade da aplicação da norma, mas a eficácia social, os mecanismos para sua aplicação, para sua efetividade. [...] A efetividade significa, portanto, a realização do direito, o desempenho concreto de sua função social. Ela representa a materialização, no mundo dos fatos, dos preceitos legais e simbolizam a aproximação, tão íntima quanto possível, entre o dever-ser normativo e o ser da realidade social"[24].

Em quarto lugar, passou a existir no direito brasileiro, depois da Constituição de 1988, a preocupação com a efetividade das normas constitucionais. Em brilhante exposição, José Afonso da Silva passou a considerar três tipos de normas constitucionais: a) as normas constitucionais de eficácia plena e aplicabilidade imediata; b) as normas constitucionais de eficácia contida e aplicabilidade imediata, mas passíveis de restrição; c) as normas constitucionais de eficácia limitada ou reduzida, as normas definidoras de princípio instituidor e as definidoras de princípio programático, em geral dependente de integração infraconstitucional para terem plenos efeitos[25].

A efetividade das normas jurídicas depende, para sua aceitação social, de um sistema jurídico e de meios processuais que possam garantir de fato que, se houver algum desvio no sistema de aplicação do direito, seria pos-

---

23 "A efetividade, portanto, pode ser entendida como algo resultante do aspecto positivo da instrumentalidade" (VIANA, Juvêncio Vasconcelos. **Efetividade do Processo em Face da Fazenda Pública**. São Paulo: Dialética, 2003, pp. 17, 19 e 21).

24 "A efetividade das normas jurídicas resulta, comumente, do seu cumprimento espontâneo" (BARROSO, Luís Roberto. **O Direito Constitucional e a Efetividade de suas Normas.** 8ª ed. Rio de Janeiro: Renovar, 2006, pp. 82-3).

25 "A Constituição se preocupou com a questão em vários momentos. O primeiro em uma norma-síntese em que determina que *as normas definidoras dos direitos e garantias fundamentais têm aplicação imediata*. Não é, pois, só garantia dos direitos políticos, mas de todos os direitos fundamentais: individuais, coletivos, sociais, de nacionalidade e políticos. Essa declaração pura e simplesmente por si não bastaria se outros mecanismos não fossem previstos para torná-la eficiente" (SILVA, José Afonso da. **Curso de Direito Constitucional Positivo**, *op. cit.*, p. 108).

sível uma correção judicial. A efetividade das normas no meio social precisa ser concretizada com a crença que existe um sistema processual que vai efetivar o direito material e não seja apenas uma encenação teatral, em que ganharia o melhor ator. Nesse sentido, é importante que exista um Poder Judiciário com meios e condições para efetivar o direito, tornando-o real quando a ele se recorre.

A vigência da lei encontra-se relacionada com o sentido de que ela vincula o indivíduo a se conduzir do modo prescrito pela norma. O fundamento de validade da norma encontra-se, normalmente, na validade de outra norma, em geral a norma fundamental. O sistema de normas que se apresenta como uma ordem jurídica tem essencialmente um caráter dinâmico, de modo que uma norma jurídica não vale porque possui um determinado conteúdo, mas porque seu conteúdo pode ser deduzido por um raciocínio lógico da norma fundamental[26]. Uma norma é válida caso se encontre conforme as normas de produção do sistema normativo que faz parte, dependendo das normas superiores que disciplinam a própria produção de normas. Por conseguinte, as normas constitucionais são as que concedem competência legislativa para o direito em geral.

Por outro lado, a eficácia da norma consiste na conformidade da conduta dos destinatários ao modelo prescrito. É possível que uma norma não seja observada espontaneamente pelos destinatários da mesma, bem como os transgressores em geral não sejam alcançados pela sanção prevista na legislação. Todavia, para Hans Kelsen, "uma ordem jurídica não perde, porém, a sua validade pelo fato de uma norma jurídica singular perder a sua eficácia, isto é, pelo fato de ela não ser aplicada em geral ou em casos isolados. Uma ordem jurídica é considerada válida quando as suas normas são, numa consideração geral, eficazes, quer dizer, são de fato observadas e aplicadas"[27]. A eficácia, assim, pode ser uma condição de validade, mas não é esta mesma condição da outra.

---

26 **"Los sistemas normativos van cambiando a lo largo del tiempo. Se promulgam nuevas normas incompatibles o redudantes; se cambian las definiciones de los términos. A menudo se derogan cuerpos legislativos íntegros"** (NAVARRO, Pablo Eugenio. **La Eficacia del Derecho: una investigación sobre la existência y funcionamiento de los sistemas jurídicos**. Madrid: Centro de Estudios Constitucionales, 1990, p. 95).

27 "A modificação da norma fundamental segue-se à modificação dos fatos a serem interpretados como criação e aplicação de normas jurídicas válidas. [...] Uma Constituição é eficaz se as normas postas de conformidade com ela são, globalmente e em regra, aplicadas e observadas. [...] As leis ditadas sob a antiga Constituição e que não sejam recebidas já não são consideradas válida, os órgãos instituídos de acordo com a antiga Constituição já não são considerados competentes. [...] O princípio que aqui surge em aplicação é o chamado princípio da efetividade" (KELSEN, Hans. **Teoria Pura do Direito**, *op. cit.*, pp. 234-5).

A efetividade das normas constitucionais se relaciona com a probabilidade de que os Juízes as apliquem nas suas decisões. Não basta aí a validade conforme a norma superior, mas deve também resultar do grau de eficácia efetiva, de que seja aceita pela sociedade e de que os magistrados as apliquem quando se façam necessárias. Para se usar em um caso concreto norma, é necessário que se entenda seu significado e que a mesma seja interpretada. Para Giuseppe Lumia, "a interpretação jurídica consiste, portanto, no reconhecimento do significado da norma ou, como se diz, do seu 'alcance'; seu objetivo é remontar, através da enunciação da norma, à vontade daquele que a emanou ou do qual provem e, no caso da lei, à vontade do 'legislador', que pode ser tanto um monarca ou um déspota absoluto, quanto um parlamento"[28]. Para ele, a interpretação de uma norma é o pressuposto necessário, mas não suficiente para sua aplicação.

A função jurisdicional assim como a função administrativa determina ou define situações jurídicas individuais e coletivas. No primeiro momento, confunde-se com a Administração como forma de realizar o direito pela aplicação da lei no caso concreto. Não obstante, trata-se de matérias diferentes, porque cabe ao Juiz a última palavra sobre a interpretação e a forma de sua aplicação, exigindo modo e finalidade diverso do ato administrativo em geral, como já comentado. Quando há situações em que se recusa a obedecer à Constituição, impugnando-a como injusta, irregular ou não abranger seu caso, por violar seus direitos essenciais, vai se procurar em se resguardar quanto ao seu descumprimento. Para Miguel Seabra Fagundes:

> "O seu exercício pressupõe, assim, um conflito, uma controvérsia ou um obstáculo em torno da realização do direito e visa a removê-lo pela definitiva e obrigatória interpretação da lei"[29].

A norma constitucional deve ser observada em toda matéria que implique na interpretação do direito, em sentido amplo. Em primeiro lugar,

---

28 "Parece lícito concluir que, se todo processo interpretativo é sempre um fato técnico, porque requer o uso apropriado de técnicas hermenêuticas especiais, é também sempre um fato ideológico porque comporta uma escolha de valores" (LUMIA, Giuseppe. **Elementos de Teoria e Ideologia do Direito**. São Paulo: Martins Fontes, 2003, pp. 79, 82 e 83).

29 "Quando qualquer um, na coletividade, se opõe ao cumprimento da regra jurídica, obstinando-se em lhe recusar obediência, cria, com isso, um embaraço restaurando a ordem legal por meio de coação, que exerce sobre a vontade insubmissa, impondo-lhe obediência ao cânone legislativo, cuja inteligência fixa definitivamente" (SEABRA FAGUNDES, Miguel. **O Controle dos Atos Administrativos pelo Poder Judiciário**. 6ª ed. São Paulo: Saraiva, 1984, pp. 7-9).

como fonte primária, o texto da Constituição tem seus efeitos sobre todo o sistema jurídico e às normas jurídicas, com seus princípios e enunciados. Estas, assim, derivam sua competência da norma constitucional, que deve ser ampliada na interpretação e aplicação do direito comum, pois se trata da disposição que define o direito de cada Estado.

17.7. Efetividade da Norma Constitucional

Apesar de possuir caráter geral e abstrato, a norma jurídica abrange em tese a todos em todas as situações, mas isto se mostra impossível em algumas vezes. Para aplicar a lei no caso concreto, deve-se saber o verdadeiro sentido e nem sempre isto se apresenta de maneira clara. Quando existe um conflito de interesse que precisa ser dirimido pelo Estado-Juiz, cabe a este interpretar a legislação e aplicá-la no caso submetido a sua tutela. A interpretação constitui-se na maneira pela qual o órgão julgador procurar extrair o sentido do preceito em discussão, para o aplicar no caso concreto, conforme os fatos em exame.

A norma jurídica é definida dentro do contexto de um ordenamento coerente, unificado e complexo, com base em um sistema hierarquizado de normas, em que a lei fundamental, ou, em análise não-kelsiniana, em caso de movimento político ou social, assegura uma Constituição que cuida desta relação escalonada. Em tese, quanto a isto, não pode haver lacuna ou antinomia, pois mesmo que estas se apresentem, deve ser previsto um meio para suprimir a falta ou solucionar a controvérsia normativa. Inicialmente, uma instância jurídica que seja capaz de assegurar a superioridade constitucional. Depois, existem os meios jurídicos para solucionar os casos de lacuna do direito ou de antinomia, através da aplicação do direito e da interpretação do mesmo. Por fim, necessita que haja um sentimento constitucional além do aspecto positivo que seja capaz de cimentar a importância da norma constitucional e de legitimar todo o sistema jurídico, com a aceitação do mesmo pelos cidadãos.

A garantia da constitucionalidade, assim como da inconstitucionalidade, discute-se diante de órgãos do poder político ou, mediatamente, perante cada relação ou situação da vida subordina à Constituição. Significa que na relação ou na situação prevalece a norma constitucional que sobre ela incide, e não qualquer outra norma ou poder[30]. A garantia da constituciona-

30 "Não há meio de garantia, nem sistema de garantia no ordenamento jurídico de qualquer Estado à margem das concepções gerais que o informam e comandam. Não há garantia da constitucionalidade desprendida da respectiva Constituição – formal e material – ou incongruente com os seus princípios" (MIRANDA, Jorge. **Teoria do Estado e da Constituição**. Rio de Janeiro: Forense, 2002, p. 495).

lidade beneficia a Constituição como um todo, pois a inconstitucionalidade significa violação direta e específica de uma norma constitucional. É que seus efeitos transcendem ao problema e ameaçam a própria estabilidade constitucional e do ordenamento jurídico, de modo que é essencial assegurar a superioridade da Constitucional sobre qualquer outra norma.

A interpretação constitucional consiste no meio que procura esclarecer as normas da Constituição, sendo semelhante à interpretação do direito em geral[31]. Todavia, como esta registra os valores mais importantes para o meio social, em decorrência de emanar do Poder Constituinte, apresenta-se como lei suprema e superior a qualquer outra em dado território de Estado. Na interpretação de suas disposições se aprecia os valores que inspiraram o texto constitucional e os objetivos deste. Verifica-se o método sistemático, pois dele é o ponto de partida. Os princípios encontram-se no preâmbulo, nos capítulos relativos aos princípios e nos princípios espalhados ao longo do texto da Constituição.

A efetividade da norma constitucional é a forma de verificar se esta norma está sendo ou não aplicado nas decisões judiciais, além de haver sua aceitação social. É uma forma de analisar o direito e de examinar o grau de aplicação deste, não apenas nos aspectos quanto à validade e à eficácia, como também quanto à efetividade. Verifica-se, caso a norma constitucional encontre-se corretamente interpretada e aplicada com a força que exige do sistema normativo, para que tenha vida na sociedade e não seja tão somente mencionado formalmente. Consiste em instrumento capaz não de analisar a questão em especial, como também maneira de interpretar o sistema jurídico como um todo.

A efetividade da norma constitucional ocorre não só na sua aplicação nos órgãos jurisdicionais do Estado-Juiz, mas no conhecimento e prática da sociedade. No primeiro aspecto, a norma emanada da Constituição deve ser levada em conta, inicialmente, na análise de qualquer processo judicial ou administrativo. No segundo caso, a sociedade civil passa a cobrar a aplicação do texto constitucional, assim como o cidadão em suas relações jurídicas. Se ambas existirem, a norma constitucional tem verdadeira efetividade.

---

31 Ver: SIQUEIRA JR., Paulo Hamilton. **Justiça Constitucional.** *In*: **Revista do Instituto dos Advogados de São Paulo.** São Paulo: Revista dos Tribunais, 2014, nº 33/311, e **Doutrinas Essenciais: Direito Constitucional (Edições Especiais Revista dos Tribunais: 100 Anos).** São Paulo: Revista dos Tribunais, 2015, vol. VII, p. 1053.

Capítulo XVIII

CONTROLE DA CONSTITUCIONALIDADE DAS LEIS

18.1. Dimensão da Superioridade da Constituição

A legislação anterior complementar e ordinária que for compatível com o texto constitucional fica recepcionada, ou seja, convalidada para continuar a ter vigência e eficácia. As normas que forem incompatíveis não são recepcionadas e, assim, ficam fora do mundo jurídico, apenas como um registro histórico. Foi como Supremo Tribunal Federal decidiu sobre a Lei de Imprensa, Lei Federal nº 5.250, de 09.02.1967, que já considerou não recepcionada em seu todo, como comentado antes. Pode ser que o Administrador, ainda que queria aplicá-la, deve alegar a decisão, para excluir no mundo jurídico o ato administrativo questionado. Não se fala, aí, em inconstitucionalidade, porque sequer colide com a Constituição, já que não foi convalidada por ela, que lhe assegurasse a vigência e a eficácia[1].

Márcia Haydée Porto de Carvalho, sobre a eficácia das normas constitucionais, disse que:

> "Tem-se por objeto estudar as normas constitucionais do ponto de vista de sua eficácia, ou seja, da capacidade de produzir efeitos jurídicos concretos, e também de sua aplicabilidade, isto é, da possibilidade de ser aplicada, da submissão dos problemas práticos a essas normas. Eficácia e aplicabilidade são temas conexos porque se falta eficácia, não há aplicabilidade. A questão da eficácia e da aplicabilidade das normas constitucionais está intimamente ligada ao princípio da supremacia constitucional, segundo o qual a Constituição ocupa posição

1 Ver: CAMBI, Eduardo, e NASSIF, Diego. **Expansão da Jurisdição Constitucional e Separação de Poderes: uma análise sistêmica à luz da cidadania.** *In*: **Doutrinas Essenciais: Direito Constitucional (Edições Especiais Revista dos Tribunais: 100 Anos).** 2ª tir. São Paulo: Revista dos Tribunais, 2013, vol. VII, p. 1013.

> de superioridade hierárquica em relação às demais leis, e ao início da vigência do Texto Constitucional, a data a partir da qual ele foi promulgado, publicado e passou a existir juridicamente com força vinculante. O estudo dessa matéria, por outro lado, apresenta-se indispensável para a hermenêutica constitucional visto que para se obter noções completas sobre esta 'há a necessidade de se penetrar no terreno mais amplo da aplicação, por guardarem vários assuntos intima conexidade com um e outro departamento científico'. Assim, por exemplo, é essencial para o intérprete saber quando a norma constitucional é aplicável desde logo, independentemente de regulamentação ou quando necessita desta para poder ser aplicada"[2].

A ideia da superioridade da Constituição, bem como seu próprio processo de formação, não foi algo facilmente assimilável, em geral desagradando aos poderosos e aos ocupantes dos cargos executivos que passaram a ser tolhidos ao poder excessivo. A declaração da inconstitucionalidade das leis nasceu, em primeiro lugar, nos Estados Unidos, embora a Constituição de 1786 nada dissesse sobre a matéria. Não obstante, esta teria especial superioridade sobre toda e qualquer norma, ato ou decisão judicial, antes ou depois de sua promulgação. A doutrina da revisão judicial nasceu com o Juiz da Suprema Corte John Marshall, em decisão que reconheceu a superioridade constitucional, no célebre caso Marbury x Madison, em 1803, matéria já discutida.

Foi instituído o sistema de controle, por via de exceção ou controle incidental, porque a arguição formulada pela parte não era o objeto do pedido principal. A sentença devia reconhecer se a lei ou o ato administrativo estava ou não de acordo com o texto da constituição. Passou a existir, ainda, no século XX, o controle por via da ação ou o controle concentrado, no qual permitia o poder de agir para que um órgão que concentrasse competência para decidir uma matéria que questionasse de forma direta uma norma, apontando-a como inconstitucional. Existem, então, dois sistemas modelos, o primeiro, por via da exceção, ou controle incidental, e o outro, por via de ação direta, ou controle principal ou concentrado.

O sistema concentrado pode vigorar se tiver como pressuposto a superioridade constitucional sobre as demais normas jurídicas. Para Hans Kelsen:

> "A norma que regula a produção é a norma superior, a norma produzida segundo as determinações daquela é a norma inferior. A ordem jurídica não é um sistema de normas jurídicas ordenadas no mesmo plano, situadas umas ao lado das outras, mas é uma construção escalonada de diferentes camadas ou níveis de normas jurídicas. [...] A produção de normas gerais, regulada pela

2 CARVALHO, Márcia Haydée Porto. **Eficácia e Aplicabilidade das Normas Constitucionais.** *In*: ALVIM, Eduardo Arruda, LEITE, George Salomão, e STRECK, Lênio (coords.). **Curso de Direito Constitucional.** Florianópolis: Tirant le Blanch, 2018, p. 79.

> Constituição em sentido material, tem, dentro da ordem jurídica estadual moderna, o caráter de legislação. A sua regulamentação pela Constituição compreende a determinação do órgão ou dos órgãos que são dotados de competência para a produção de normas jurídicas gerais – leis e decretos"[3].

No controle judicial da constitucionalidade das leis é fundamental que se encontre sua força na própria definição de Constituição como norma superior, entendida como o conjunto de normas com os princípios fundamentais e os preceitos institucionais que servem de base à organização política social e econômica do Estado[4]. O exame da inconstitucionalidade significa uma solução técnica para resolver o problema da supremacia do direito sobre aquelas normas que transgridam os princípios expressos no texto constitucional. Na atualidade, é consenso a superioridade da Constituição sobre as demais normas internas, inclusive as leis e os decretos, sendo necessário a criação de mecanismo que possa assegurar esta noção, base do sistema constitucional moderno em qualquer país democrático[5].

George Salomão Leite e Fábio Bezerra dos Santos, sobre a hermenêutica constitucional, disseram que:

> "A cada instante devemos chamar a atenção para determinada distinções de índole conceitual. A *hermenêutica* não se confunde com a *interpretação constitucional*, embora não raros sejam aqueles que tendem a equiparar tais expressões. Por *hermenêutica constitucional* devemos entender a ciência ou a teoria da interpretação constitucional, cujo objeto consiste em estabelecer métodos e técnicas que possam conduzir o intérprete a realizar uma *interpretação constitucionalmente adequada*. *Interpretar* significa atribuir sentido às expressões que integram o direito positivo. Em um linguagem mais singela, a interpretação é o ato que emana do sujeito (intérprete) e que se concretiza no momento em que se constrói o significado de um enunciado normativo (artigo, inciso, parágrafo ou alínea)"[6].

Refletindo sobre o tema, o jurista alemão Konrad Hesse ressaltou a importância da força normativa da Constituição. Para ele, "não se deve esperar que as tensões entre ordenação constitucional e realidade política e

---

3 KELSEN, Hans. **Teoria Pura do Direito**, *op. cit.*, pp. 310-1.

4 CAVALCANTI, Themístocles Brandão. **Do Controle da Constitucionalidade**. Rio de Janeiro: Forense, 1966, p. 10.

5 Ver: MACIEL, Sérgio Luiz. **Controle de constitucionalidade e interpretação conforme a Constituição**. *In*: **Doutrinas Essenciais: Direito Constitucional (Edições Especiais Revista dos Tribunais: 100 Anos)**. 2ª tir. São Paulo: Revista dos Tribunais, 2013, vol. X, p. 417.

6 LEITE, George Salomão, e SANTOS, Fábio Bezerra dos. **Hermenêutica Constitucional**. *In*: ALVIM, Eduardo Arruda, LEITE, George Salomão, e STRECK, Lênio (coords.). **Curso de Direito Constitucional**. Florianópolis: Tirant le Blanch, 2018, p. 91.

social venha a deflagrar sério conflito. Não se poderia, todavia, prever o desfecho de tal embate, uma vez que os pressupostos asseguradores da força normativa da Constituição não foram plenamente satisfeitos. A resposta à indagação sobre se o futuro do nosso Estado é uma questão de poder ou um problema jurídico depende da preservação e do fortalecimento da força normativa da Constituição, bem como de seu pressuposto fundamental, a vontade de Constituição. Essa tarefa foi confiada a todos nós"[7]. A democracia moderna tem como principal sustentá-lo a força e o respeito que o texto constitucional inspira nas autoridades, nas instituições e nos cidadãos e o balizamento que dá ao ordenamento jurídico legal e administrativo.

18.2. Controle da Constitucionalidade das Leis

O primeiro comentário sobre a necessidade de se garantir a superioridade constitucional foi norte-americano. Alexander Hamilton, na obra conjunta **O Federalista**, composta de textos escritos em 1787 e em 1788, no **Artigo 78, Os Juízes como Guardiões da Constituição**, em que afirmou que:

> "Não há posição que se apoie em princípio mais claros que a de declarar nulo o ato de uma autoridade delegada, que não esteja afinada com as determinações de quem delegou essa autoridade. Consequentemente, não será válido qualquer ato legislativo contrário à Constituição. Negar tal evidência corresponde a afirmar que o representante é superior ao representado, que o escrevo é mais graduado que o senhor, que os delegados do povo estão acima do próprio povo, que aqueles que agem em razão de delegações de poderes, estão impossibilitados de fazer não apenas o que tais poderes não autorizam, mas, sobretudo o que eles proíbem"[8].

Pouco depois, em fevereiro de 1803, o Juiz John Marshall da Suprema Corte Norte-Americana deparou-se com o problema de decidir se o texto constitucional devia ser respeitado ou não, frente a um ato administrativo posterior. Estava defronte ao caso William Marbury x James Madison, de modo que passou a desenvolver o pensamento de Alexander Hamilton, apresentando a necessidade de se interpretar a lei no Judiciário de acordo com as disposições da Constituição escrita. Disse que a Constituição tinha uma autoridade com a força suficiente para se impor sobre a legislação ordinária, sem poder existir dissonância entre elas. Para ele, "**the powers os the legislature are defined and limited, and that those limits may not be mis-**

7 HESSE, Konrad. **A Força Normativa da Constituição**. Porto Alegre: Sergio Antonio Fabris, 1991, p. 32.

8 HAMILTON, A. **Os Juízes como Guardiões da Constituição.** *In*: HAMILTON, A., MADISON, James, e JAY, Jonh. **O Federalista.** Brasília: Universidade de Brasília, 1984, **Artigo 78**, pp. 577-8.

taken, or forgotten, the Constitution is written"[9]. A doutrina de Marshall fez com nascesse o controle difuso da constitucionalidade das leis, passando a ser uma obrigação do Juiz quando aplicasse o direito e houvesse necessidade de confrontar uma lei ordinária com os princípios e as disposições da Constituição, matéria adiante novamente discutida.

De outra forma, surgiu o controle político da constitucionalidade das leis, na França. A Constituição Francesa de 1791 não previu uma forma de resguardar seu texto do legislador ordinário, limitando-se a conclamar que fosse baseado na fidelidade. Na Constituição Francesa de 1793, procurou-se corrigir a fraqueza acima, com a criação de um **Grand Jury National**, com cento e oitenta membros, designados pela Assembleia, mas que não logrou êxito. Na Constituição Francesa de 1799, do Ano VIII, foi criado o Senado Conservador, que passou a exercer o controle político da constitucionalidade. Todavia, nasceu sem força e, em vez de proteger o texto constitucional, conspirou contra o mesmo[10].

Adiante, surgiu o controle da constitucionalidade das leis concentrados, na Constituição da Áustria de 1920, através do Anteprojeto de Constituição de Hans Kelsen. Contudo, um pouco antes, a Constituição Alemã de 1919, conhecida como Constituição de Weimar, em seu art. 108, previu a criação de uma Corte de Justiça do Estado, **Staatsgerichtshof**, para decidir sobre os litígios constitucionais. Na Constituição da Áustria de 1920 foi previsto o Tribunal de Justiça Constitucional, de modo que foi instituído o controle da constitucionalidade concentrado, com este tribunal assumindo as funções de intérprete constitucional. Por outro lado, a Constituição da Tchecoslováquia de 1920 ampliou a competência formal de Tribunal semelhante, mas este na realidade pouca atuação legislativa teve.

Bem observou José Alfredo de Oliveira Baracho, que "a determinação e o alcance das instituições constitucionais demandam muitos esclarecimentos, que ocorrem no momento em que tomamos as fórmulas consagradas pelos diversos sistemas que acolheram qualquer um dos tipos de controle. À primeira vista, a inconstitucionalidade decorre da violação das hierárquicas das normas jurídicas, tendo em vista que nem todas elas têm a mesma configuração na estrutura do sistema normativo. A compatibilidade entre as normas de escalões diferentes é decorrência lógica da própria existência do pluralismo normativo existente, que consagra uma variedade de instrumen-

9 **Cases Argued and Decide in the Supreme Court of Unide State**. New York: The Lawyers Co-Operative Publishing Company, 1901, book 2, p. 73, **apud**. HORTA, Raul Machado, **Direito Constitucional**, *op. cit.*, p. 130.

10 HORTA, Raul Machado. **Direito Constitucional**, *op. cit.*, p. 136.

tos legais, que nem sempre apresentam o mesmo nível de importância"[11]. A natureza das normas constitucionais repercute nos vários sistemas jurídicos, dando-lhes relevo no processo de integração, que decorre da pluralidade de atos legislativos, mas também com a existência de uma fórmula de identificar a hierarquia entre as normas, confirmando a superioridade do texto constitucional[12].

18.3. Controle Difuso de Constitucionalidade

O controle da constitucionalidade efetua uma verificação entre a norma constitucional e a norma ordinária, para poder aplicar o direito com correção. O controle por via de exceção, ou controle difuso, tem como característica que qualquer pessoa pode suscitar a questão prejudicial da constitucionalidade em uma demanda judicial, perante qualquer órgão do Poder Judiciário que a pode apreciar, inclusive o Juiz monocrático. Por outro lado, a discussão sobre o tema não é o objeto principal da lide, mas sim uma questão incidental. O controle por via de ação é exercido frente a casos concretos levados ao conhecimento dos magistrados para que possam decidir que disposição de aplica à lide – o decreto, a lei ou a Constituição.

O controle por via de exceção, ou controle incidental, tem como aspecto principal que qualquer pessoa que tenha uma pretensão resistida, o direito assegurado pela Constituição, pode levantar a questão prejudicial de constitucionalidade. Por outro lado, qualquer órgão do Judiciário, inclusive o Juiz singular, decide sobre a questão levantada como preliminar de apreciação. A discussão sobre a constitucionalidade não é o objeto principal da lide, mas que vem a ser levantada incidentalmente no processo. O Juiz pode, livremente, decidir sobra a inconstitucionalidade da lei ou do ato administrativo. Os Tribunais, porém, têm a competência para declararem a constitucionalidade ou não, apenas através do respectivo Plenário ou Órgão Especial, e, não, através de suas Câmaras, Turmas ou Seções.

Depois da Constituição dos Estados Unidos de 1786, a primeira que veio a ser escrita, começou a haver o problema em relação às leis posteriores e o texto constitucional, sobre qual norma teria validade, caso houvesse um conflito entre estas. Em 1803, coube à Suprema Corte, decidir a questão Marhall x Madison, caso que tornou o parâmetro para a definição do controle da constitucionalidade das leis, questão antes abordada.

---

11 BARACHO, José Alfredo de Oliveira. **Processo Constitucional**. Rio de Janeiro: Forense, 1984, p. 159.

12 BASTOS, Celso Ribeiro. **Controle de Constitucionalidade das Leis**. *In*: **Doutrinas Essenciais: Direito Constitucional (Edições Especiais Revista dos Tribunais: 100 Anos)**. 2ª tir. São Paulo: Revista dos Tribunais, 2013, vol. V, p. 111.

Nos últimos dias do Governo do Presidente John Adams[13], este nomeou diversas pessoas para os cargos de Juiz de Paz, mas acabou não dando posse por falta de tempo ou de interesse. No novo Governo de Thomas Jefferson, de partido diferente do antecessor, o Secretário de Estado James Madison, depois também Presidente e um dos autores de **O Federalista**, negou-se a dar posse a estes Juízes, por orientação daquele. William Marbury foi escolhido para o cargo de Juiz de Paz do Distrito de Colúmbia, onde ficava a Capital, depois de ter esta nomeação confirmada pelo Senado, seguindo as formalidades normais pelo Presidente anterior. William Marbury e mais alguns colegas ingressaram com um **writ of mandamus** na Suprema Corte, pedindo que houvesse a confirmação dos cargos e que lhes fosse dado posse.

John Marshall expôs à Suprema Corte, inicialmente, os seguintes pontos: a) tinha Marbury direito ao cargo de Juiz de Paz?; b) teria ele direito a uma proteção judicial se tivesse direito ao cargo?; c) qual o remédio jurídico para este direito?; d) o magistrado resolveu a questão entendendo que a Constituição era a lei superior e predominante, estando em um nível superior às leis ordinárias. O ato complexo da nomeação tinha se dado conforme o texto constitucional, de modo que um ato administrativo não lhe tirava a validade. Os Juízes que aplicam a regras aos casos particulares deviam expor e interpretar que a norma constitucional prevalecesse sobre qualquer lei ou decreto. Se uma lei estava em desacordo com a Constituição, o Tribunal ou Juiz determinava qual seria a regra para julgar o conflito, tendo que entender que a norma constitucional era superior a qualquer outra espécie legal.

O controle difuso nasceu, então, com a decisão acima da Suprema Corte dos Estados Unidos, sem que houvesse previsão expressa no texto da Constituição de 1786, com o caso Marbury x Madison, acima comentado.

13 **John Adams** (Braintree, Estados Unidos, 1735 – Quincy, Estados Unidos, 1826), foi o segundo Presidente dos Estados Unidos (1797–1801) e, anteriormente, primeiro Vice-Presidente dos Estados Unidos. Pai da Nação estadunidense, Adams foi estadista, diplomata e advogado importante no período da independência americana da Grã-Bretanha. De boa educação, Adams era um teórico político do Iluminismo que divulgou o republicanismo, tal como o conceito de um Governo central, e escreveu várias obras sobre as suas ideias, tanto em trabalhos publicados como em cartas para a sua esposa e conselheira Abigail Adams, e, também, à outros Pais da Nação. Adams começou a destacar-se nos primeiros tempos da Revolução Americana. Advogado e figura pública em Boston, como Delegado de Massachusetts no Congresso Continental, teve um papel importante em convencer o Congresso a declarar a independência. Ajudou Thomas Jefferson a elaborar a Declaração da Independência, em 1776, e foi um dos seus principais defensores junto do Congresso. A natureza revolucionária de Adams asseguraram duas presenças como Vice-Presidente de George Washington e a sua própria eleição em 1796 como o segundo Presidente do país.

Por este controle, a declaração de inconstitucionalidade de lei resultou da interpretação desta e do texto da Constituição, sendo exercido por Juízes nos processos submetidos a sua apreciação, como atividade jurisdicional, com o poder de controle pertencendo a todos os magistrados e Tribunais que exercessem este poder incidentalmente, tendo isto grande influência nos Estados latino-americanos.

O Juiz John Marshall e a Suprema Corte entenderam que o Judiciário possuía por missão atender à Constituição e segui-la e que esta era superior a qualquer resolução ordinária da legislatura, de modo que o texto constitucional devia prevalecer sobre a norma inferior. Se o raciocínio fosse o contrário, os Juízes e Tribunais deviam fechar os olhos para a Constituição e se limitar a seguir apenas a lei ordinária ou o ato normativo[14]. Foi esta uma das duas únicas declarações de inconstitucionalidades, na primeira metade do século XIX, sendo o modelo para o controle difuso da constitucionalidade das leis.

Themístocles Brandão Cavalcanti, examinando a matéria, afirmou que:

> "Se, pois, os tribunais têm por missão atender à Constituição e observá-la e se a Constituição é superior a qualquer resolução ordinária da legislatura, a Constituição, e nunca essa resolução ordinária, governará o caso a que ambas e aplicam. Aqueles, pois, que contestam o princípio de que a Constituição deve ser tida e havida no Tribunal como lei predominante, ficam reduzidos à necessidade de sustentar que os juízes e os tribunais devem fechar os olhos para a Constituição e só fitá-los na lei".

O autor acima trouxe, ainda, uma coletânea de críticas ao controle difuso da constitucionalidade, com base no jurista norte-americano Charles Evans Hughes, na obra **The Supreme Court of the United States**, em 1928, assim:

> "1 – que a Corte usurpou funções legislativa e executivas; 2 – que a Corte não tinha jurisdição no caso e não recorreu a formas processuais; 3 – que o fato de ser escrita a Constituição não bastaria para justificar a doutrina, porque em certo países não tem sido aplicada; 4 – que a Corte, na falta de texto expresso, deveria ter recorrido às partes e à elaboração da constituição na investigação das intenções dos constituintes"[15].

---

14 Themístocles Brandão Cavalcanti reproduziu, em parte, o voto do Juiz Marshall: "se uma lei está em oposição com a Constituição; se, aplicadas ambas a um caso particular, o Tribunal se veja na contingência de decidir a questão em conformidade da lei, desrespeitando a lei, o Tribunal deverá determinar qual destas regras em conflito regerá o caso. Esta é a verdadeira essência do Poder Judiciário" (CAVALCANTI, Themístocles Brandão. **Do Controle da Constitucionalidade.** Rio de Janeiro: Forense, 1966, p. 52).

15 HUGHES, Charles Evans. **The Supremes Court of the United States**. Washington: 1928, p. 87, **apud**, CAVALCANTI, Themístocles Brandão. **Do Controle da Constitucionalidade**. Rio de Janeiro: Forense, 1966, pp. 52-3.

Por conseguinte, no controle difuso da constitucionalidade todos os magistrados, dos Juízes aos Tribunais, até a Suprema Corte, podem discutir e interpretar o direito para verificar se a norma ordinária encontra-se de acordo com o texto constitucional. Ao aplicar no caso concreto, seja em qual instância for, o Judiciário exerce o controle constitucional difuso, e, assim, pacifica-se o direito infraconstitucional.

18.4. Controle Concentrado de Constitucionalidade

O controle pela via de ação ou controle principal fundamenta-se no sistema de controle concentrado, pelo qual um órgão fica encarregado de dizer se a norma é constitucional ou não. Esse sistema foi sugestão de Hans Kelsen, que elaborou o Anteprojeto da Constituição da Áustria de 1920, como já dito, que atribuiu tal competência a um único órgão judicial, a Corte Constitucional, **Verfassungsgerichtshof**, modelo que depois foi adotado por outros países. Houve uma segunda leva de Constituições europeias que estabeleceram o controle concentrado, no século XX, mas em geral convivendo com o controle difuso.

Pouco antes, a Constituição de Weimar de 1919, que teve como um dos Constituintes Max Weber, em art. 108, previu a criação da Corte de Justiça do Estado, **Staatsgerichtshof**, para decidir sobre os litígios constitucionais, de acordo com o processo, previsto no seu art. 19. A discussão do que seria entendido por litígios constitucionais fez com que o dispositivo perdesse força. Depois, a Constituição da Áustria de 1920 invocou, com a previsão de Tribunal de Justiça Constitucional, de modo que foi instituído o controle da constitucionalidade concentrado, com este Tribunal assumindo as funções de interprete constitucional e, depois, também de Tribunal de conflitos, tudo questão já abordada.

Em um segundo momento, o controle da constitucionalidade das leis por órgão de jurisdição especial, fruto dos regimes parlamentaristas, ressurgiu depois da II Guerra Mundicial, com novos modelos de controle concentrado. A Constituição da Itália de 1947 criou a **Corte Costituzionale**, que veio a ser o Tribunal para o exercício do controle concentrado, no seu art. 134, para "**controversie relative alla legittimità costituzionale delle leggi e delgi atti aventi forza di legge**". Os magistrados são escolhidos pelos três Poderes, em número igual, por doze anos, renovando-se parcialmente a Corte. Não obstante, admite a participação do Judiciário no controle da constitucionalidade, em regime de dupla competência.

A Lei Fundamental da Alemanha de 1949 atribuiu ao Tribunal Constitucional Federal, **Bundesverfassungsgerciht**, a solução de litígios de direito público, baseado na interpretação desse texto. Na verdade, sucedeu a Corte de Justiça do Estado da Constituição de Weimar de 1919, sendo então um Tribunal mais definido e com atribuições mais amplas. Está disposto, ainda, na Lei de Organização do Tribunal Constitucional Federal, de 12.03.1951, regulamentando os efeitos de suas decisões, que impliquem na nulidade parcial ou total da lei.

A Constituição de Portugal de 1976 trouxe como inovação diversos controles, como a fiscalização preventiva, a fiscalização judiciária e a fiscalização consultiva da constitucionalidade das leis. Na Reforma de 1986, foi mantido o controle, também agora como os órgãos de natureza constitucional. O Tribunal Constitucional tem competência para a fiscalização preventiva, a fiscalização concreta e a fiscalização abstrata da constitucionalidade das leis. Está composto de treze Juízes, sendo dez designados pela Assembleia da República e três escolhidos pelos próprios magistrados. A Lei Constitucional nº 1, de 08.07.1989, na Segunda Revisão Constitucional, alterou os dispositivos do art. 281, sem mudar sua essência.

Para J. J. Gomes Canotilho, analisando a Constituição de Portugal de 1976, "o Tribunal Constitucional, mesmo primariamente limitado ao controlo jurídico-constitucional das normas jurídicas, excluindo dos seus juízos valorações políticas ou apreciações de mérito político (a doutrina fala aqui do *princípio da autolimitação judicial ou judicial self restraint*), não se pode furtar à tarefa de **guardião da Constituição**, *apreciando a constitucionalidade da política normativamente incorporada em actos dos órgãos de soberania*. Por outras palavras: o Tribunal Constitucional assume, ele próprio, uma dimensão normativo-constitutiva do pluralístico plasmado na Constituição"[16]. Este foi resultado do experimento de Hans Kelsen, em 1920, atribuindo concentradamente o controle da Constituição a um órgão jurisdicional específico.

A Constituição da Espanha de 1978, em seu Título IX, tratou do Tribunal Constitucional, inspirando-se nos modelos anteriores europeus. O sistema espanhol consagrou o sistema misto de jurisdição concentrada e de jurisdição difusa, em caminho diverso das ideias de Hans Kelsen. O Tribunal Constitucional é composto de doze membros, todos nomeados pelo Rei, mediante indicações de quatro pela Câmara dos Deputados, quatro pelo

16 "Com a garantia da observância das normas constitucionais conexionam-se relevantíssimas questões político-constitucionais como: (1) defesa das minorias perante a omnipotência da maioria parlamento-governo; (2) primazia hierárquico-normativo da Constituição e do legislador constituinte perante a omnipotência da maioria parlamento-governo; (3) primazia do dogma tradicional da presunção de constitucionalidade dos actos legislativos; (4) legitimidade do desenvolvimento do próprio direito constitucional através da interpretação dada às normas da Constituição pelos juízes constitucionais" (CANOTILHO, J. J. Gomes. **Direito Constitucional e Teoria da Constituição.** Coimbra: Almedina, 2003, pp. 681-2).

Senado, dois pelo Conselho de Ministros e dois pelo Conselho Geral do Poder Judiciário, de acordo com seu art. 159. Tem como jurisdição principal, o recurso de inconstitucionalidade contra leis e disposição com força de lei, além de outras matérias, inclusive o recurso de amparo para proteger direito fundamental.

Ocorre o controle concentrado, o controle por via de ação ou o controle principal, quando um órgão específico julga a inconstitucionalidade da norma, através de um procedimento específico. Existem, na Constituição do Brasil de 1988, cinco procedimentos para o exercício do controle concentrado: a) ação direta de inconstitucionalidade; b) ação declaratória de constitucionalidade; c) ação de inconstitucionalidade por omissão; d) ação de inconstitucionalidade interventiva; e) arguição de descumprimento de preceito constitucional. Houve, então, além de outros controles de constitucionalidade, cinco instrumentos de controle concentrado, em que se discute a lei ou o decreto de forma abstrato.

A ação direta de inconstitucionalidade visa exclusivamente a apreciação da constitucionalidade ou não de uma lei ou administrativo, sendo este o traço fundamental, para seu determinado fim. O objetivo é a declaração de inconstitucionalidade, apenas em tese um caso concreto, pois tem natureza de discussão abstrata. Não se pode falar, pelo menos da fase de representação, de partes, mas apenas de interessados, sendo em geral parte o Procurador-Geral da República. A finalidade do processo de arguição de inconstitucionalidade está em apreciar a eficácia dos atos administrativos ou legislativos frente ao texto constitucional e, não, para apreciar direitos individuais ou direitos subjetivos frente a Constituição de 1988.

18.5. Controle Francês ou Político

Na França, que também muita contribuição deu ao processo de constitucionalização dos demais países, procurou encontrar um modo de controlar a constitucionalidade das leis frente aos textos constitucionais. Na Constituição Francesa de 1791, no Título III, Capítulo V, no art. 3º, estava disposto que "**les tribunaux ne peuvent ni s'immiscer dans l'exercice du prouvoir législatif, ni suspendre l'exécutivon des lois**". Esta disposição, evidentemente, criava problema quando uma lei ordinária se confrontasse com a disposição constitucional, não havendo ninguém para dizer o que se devia fazer em tal caso.

Na Constituição Francesa de 1793, procurou-se corrigir a fraqueza acima, com a criação de um **Grand Jury National**, com cento e oitenta membros, designados pela Assembleia, mas não se logrou êxito, pois quase não teve existência concreta, frente aos novos textos constitucionais franceses seguintes. Na Constituição Francesa de 1799, do Ano VIII, foi criado o

Senado Conservador, que passou a configurar o controle político da constitucionalidade, no art. 37, III, com oitenta membros inamovíveis, com idade mínima de quarenta anos, mas nasceu sem força e, em vez de proteger o texto constitucional, conspirou contra o mesmo, tudo já mencionado.

Depois, diversos textos constitucionais mantiveram o sistema francês, em especial a Corte de Cassação, no século XIX. No regime parlamentarista da III República Francesa, tentou-se implantar o controle judicial da constitucionalidade das leis, mas sem sucesso. Na Constituição Francesa de 1946, que instalou a IV República Francesa, o **Comité Constittutionnel** não anulava o texto inconstitucional votado pela Assembleia Nacional, mas suspendia simplesmente sua promulgação, que podia ocorrer mais tarde, depois de uma revisão constitucional, por exemplo. A Constituição Francesa de 1958, que instalou a V República, não abandonou a resistência ao controle judiciário, mantendo a tradição do direito público francês, inclusive diverso da fórmula em uso pelos Tribunais Constitucionais dos outros países europeus. Esta voltou ao modelo intermediário do Conselho Constitucional, em seu art. 56. O **Conseil Constittutionnel** compõe-se de nove membros, três escolhidos pelo Presidente da República, três pelo Presidente da Assembleia Nacional e três pelo Presidente do Senado, com mandato de nove anos. O Conselho Constitucional tem competência de controle das eleições, da regularidade dos referendos e do controle preventivo de constitucionalidade[17].

O controle preventivo ou controle político, adotado apenas na França, nasceu de uma Corte especial, com a função de verificar se a norma criada viola o texto constitucional e, às vezes, com outras atribuições. O controle preventivo atua sobre as disposições das leis orgânicas, antes de sua promulgação, e os regimentos das Assembleias Parlamentares, antes de sua publicação, devem ser submetidos ao Conselho Constituição, para se pronunciar sobre seus resultados, nos termos do art. 60, da Constituição Francesa de 1958.

Existe, ainda, no direito brasileiro, desde a Constituição de 1891, o controle preventivo. Em especial foi descrito na Constituição de 1988, no seu art. 66, § 1º, em que a Casa que tenha concluída a votação de projeto envia ao Presidente da República que, aquiescendo, o sanciona ou, se "considerar o projeto no todo ou em parte inconstitucional [...], vetá-lo-á total ou parcialmente, no prazo de quinze dias úteis, contados da data do recebimento, e comunicará, dentro de quarenta oito horas, ao Presidente do Senado Federal os motivos do veto". No § 4º, do mesmo artigo, o veto deve ser apreciado em sessão conjunta, dentro de trinta dias a contar de

17 HORTA, Raul Machado. **Direito Constitucional**, *op. cit.*, p. 191.

seu recebimento, só podendo ser rejeitado pelo voto da maioria absoluta dos Deputados e Senadores, em escrutínio secreto.

18.6. Primeira Fase do Controle no Brasil

No Brasil, não houve controle constitucional expresso na Constituição de 1824, pela força do Poder Moderador atribuído ao Imperador, bem como às demais competências do Executivo. Todavia, no Projeto de Antônio Carlos estava previsto o controle das leis, no seu art. 266. Tudo mudou com a República, por ação de Rui Barbosa, incluindo na Constituição de 1891 o controle judicial ou incidental no direito brasileiro, na disposição do art. 59, § 1º, "b", instrumento jurídico que permitia declarar a inconstitucionalidade de leis estaduais frente ao texto constitucional federal. Foi afirmado, assim, o controle por via de exceção, com base na tradição constitucional norte-americana, construída pela Suprema Corte e por todo o Judiciário. A Lei Federal nº 221, de 20.11.1894, em seu art. 13, § 10, atribuiu aos Tribunais autorização para não aplicar as leis inconstitucionais.

A Constituição de 1934, em seu art. 179, aprofundou o controle, fixando que "só por maioria absoluta de votos da totalidade dos seus juízes, poderão os tribunais declarar a inconstitucionalidade de lei ou de ato do poder público", disposição que passou a figurar na tradição constitucional brasileira. No Brasil, pela Constituição de 1934, juntamente com o controle por via de exceção ou incidental, foi instituído o controle por via de ação ou via principal, pelo qual se permitia que qualquer pessoa de direito público ou privado, individual ou coletivamente, pudesse formular arguição de inconstitucionalidade. Nesta Constituição também foi admitido a intervenção federal nos Estados-membros, quando lei ou ato violasse o texto constitucional federal. No art. 12, V, estava previsto que:

> "Art. 12. ....
>
> ....
>
> V. A União não intervirá em negócios peculiares aos Estados, salvo: [...] para assegurar a observância dos princípios constitucionais especificados nas letras "a" a "h" do art. 7º, nº I, e a execução das leis federais".

Na Constituição de 1934, encontrava-se previsto que competia aos Estados-membros decretar a Constituição e as leis por que deviam se reger, respeitados os seguintes princípios: "a) forma republicana representativa; b) independência e coordenação de poderes; c) temporariedade das funções eletivas, limitadas aos mesmos prazos dos cargos federais correspondentes; d) proibida a reeleição de Governadores de Estado e Prefeitos Municipais para o período imediato; e) autonomia dos Municípios; f) garantais do Poder Judiciário e do Ministério Público locais; g) prestação de contas da administração; h) possibilidade de reforma constitucional e competência do

Poder Legislativo pra decretá-la; i) representação das profissões". No § 2º, do art. 12, estava estabelecido, que, ocorrendo o disposto no inciso V, deste artigo:

> "Art. 12. ....
> ....
> § 2º ....
> V. a intervenção só se efetuará depois que a Corte Suprema, mediante provocação do Procurador Geral da República, tomar conhecimento da lei que a tenha decretado e lhe declarar a constitucionalidade".

No § 4º, do art. 12, constava ainda que "a intervenção não suspende senão a lei estadual que a tenha motivado, e só temporariamente interrompe o exercício das autoridades que lhe deram causa e cuja responsabilidade será promovida". No art. 45, de forma preventiva, o Presidente da República que julgasse um projeto de lei, no todo ou em parte, constitucional ou contrário ao interesse nacional, podia vetá-lo total ou parcialmente. O projeto voltava à Câmara dos Deputados para ser apreciado o veto, considerando-se aprovado se obtiver a maioria absoluta dos votos, sendo então submetida ao Senado Federal, para a mesma apreciação. Cabia ao Presidente da Câmara sua promulgação, se o Presidente da República não o fizesse, conforme o art. 46, da mesma Constituição.

Por sua vez, a Constituição de 1937, no **caput**, do art. 96, repetiu a redação anterior, mas acresceu-o de **parágrafo único**, dispondo que "no caso de ser declarada a inconstitucionalidade de uma lei que, a juízo do Presidente da República, seria necessária ao bem estar do povo, à promoção ou defesa de interesse nacional de alta monta, podendo o Presidente da República submetê-la novamente ao exame do Parlamento; se este a confirmar por dois terços de votos em cada uma das Câmaras, ficará sem efeito a decisão do Tribunal". Na Ditadura do Estado Novo, não existia nenhuma lei inconstitucional, ainda que o Executivo tivesse a competência para submetê-la ao crivo do Legislativo em quórum excepcional. No art. 9º, "e", previu que o Governo Federal pudesse intervir nos Estados-membros, mediante nomeação, pelo Presidente da República, de um Interventor, "para assegurar a execução dos seguintes princípios constitucionais: 1 – forma republicana e representação de governo; 2 – governo presidencial; 3 – direitos e garantias asseguradas na Constituição". Por outro lado, de caráter preventivo, conforme o § 1º, do art. 66, podia o Presidente da República vetar, no todo ou em parte, projeto de lei inconstitucional, devolvendo-o à Câmara dos Deputados para apreciar e decidir manter ou não o veto.

A Constituição de 1946 praticamente repetiu a redação do texto de 1934, fixando que "só pelo voto da maioria absoluta dos seus membros poderão os tribunais declarar a inconstitucionalidade de lei ou de ato do poder público". De qualquer maneira, ainda que de forma mais atenuado, passou a submeter esta decisão ao Legislativo, dispondo no art. 64, que "incumbe ao Senado Federal suspender a execução, no todo ou em parte, de lei ou decreto declarados inconstitucionais por decisão definitiva do Supremo Tribunal Federal". No art. 7º, VII, do mesmo texto, foi tratada da ação de constitucionalidade interventiva, para assegurar a observância dos princípios constitucionais. De acordo com o **parágrafo único** do art. 8º, o ato arguido de inconstitucionalidade devia ser submetido pelo Procurador-Geral da República ao exame do Supremo Tribunal Federal. Se este a declarasse, seria decretada a intervenção. Estava previsto, também, o controle prévio, conforme o § 1º, do art. 70, em que o Presidente da República podia vetar, no todo ou em parte, projeto de lei inconstitucional, devolvendo-o à Câmara para apreciar e decidir manter ou não o veto.

A Constituição de 1967, em seu art. 111, manteve o espírito da redação tradicional, estabelecendo que "somente pelo voto da maioria absoluta de seus membros, poderão os Tribunais declarar a inconstitucionalidade de lei ou ato do poder público", redação mantida pela Emenda Constitucional nº 1, de 17.10.1969, em seu art. 116. Continuou, ainda, no texto de 1967, no art. 45, IV, a atribuição do Senado Federal de "suspender a execução, no todo ou em parte, de lei ou decreto, declarados inconstitucionais por decisão definitiva do Supremo Tribunal Federal". Foi previsto na Constituição de 1967 a ação de inconstitucionalidade interventiva, no art. 10, VII, e suas alíneas. Por outro lado, o controle preventivo foi fixado no art. 62, § 1º, do referido texto constitucional. No entanto, por se tratar do Regime Militar, chamado de Estado Autoritário-Burocrático, a questão sobre a constitucionalidade das leis era mera formalidade, pois se tratava de uma Ditadura.

18.7. Segunda Fase do Controle no Brasil

A Constituição de 1988, em seu art. 97, manteve a tradição, voltando a estabelecer a regra do controle pela via incidental, fixando que "somente pelo voto da maioria absoluta de seus membros ou dos membros do respectivo órgão especial poderão os tribunais declarar a inconstitucionalidade de lei ou ato normativo do poder público". Foi disposto, ainda, no art. 52, X, que cabe ao Senado Federal suspender a execução, no todo ou em parte, de lei declarada inconstitucional por decisão definitiva do Supremo Tribunal Federal.

Deve-se destacar o recurso extraordinário, previsto no art. 102, III, da Constituição de 1988, como forma de controle incidental, que permite levar uma discussão de validade de dispositivo constitucional até o Supremo Tribunal Federal. Trata-se de importante recurso, admitido apenas para discutir a questão constitucional da demanda judicial. Está disposto, ainda, no art. 52, X, a competência do Senado Federal para "suspender a execução, no todo ou em parte, de lei declarada inconstitucional por decisão definitiva do Supremo Tribunal Federal". Não lhe cabe decidir sobre o julgamento, apenas lhe dar força **erga omnes**. Hoje, apenas uma formalidade, pois o próprio Tribunal acima dá este efeito.

Houve, porém, profunda novidade na Constituição de 1988, pois ao lado da via incidental de declaração de inconstitucionalidade, passou a oferecer o controle concentrado, atribuindo ao Supremo o processamento e o julgamento de ações diretas de questionassem a lei em relação ao texto constitucional. No **caput** do art. 102, consta que "compete ao Supremo Tribunal Federal, precipuamente, a guarda da Constituição". No art. 102, I, "a", foi instituída a ação direta de inconstitucionalidade de lei, matéria de competência originária dessa Corte. Depois, com a Emenda Constitucional nº 3, de 17.03.1993, foi introduzida a ação declaratória de constitucionalidade. Está fixado que compete ao Supremo processar e julgar, originariamente, a ação direta de inconstitucionalidade de lei ou ato normativo federal ou estadual e a ação declaratória de constitucionalidade de lei ou ato normativo federal.

Foi fixado, no art. 102, § 1º, que "a arguição de descumprimento de preceito fundamental, decorrente desta Constituição, será apreciada pelo Supremo Tribunal Federal, na forma da lei". Por outro lado, a Emenda Constitucional nº 3, de 17.3.1993, renumerou o **parágrafo único** para § 1º, ao passo que introduziu o § 2º, com a seguinte redação:

> "Art. 102. ....
>
> ....
>
> § 2º. As decisões definitivas de mérito, proferidas pelo Supremo Tribunal Federal, nas ações declaratórias de constitucionalidade de lei ou ato normativo federal, produzirão eficácia contra todos e efeito vinculante, relativamente aos demais órgãos do Poder Judiciário e ao Poder Executivo".

No art. 103, da Constituição de 1988, foram enumeradas as pessoas com legitimidade ativa para a ação direta de inconstitucionalidade, constando que:

> "Art. 103. Podem propor a ação de inconstitucionalidade: I – Presidente da República; II – a Mesa do Senado Federal; III – a Mesa da Câmara dos Deputados; IV – a Mesa de Assembleia Legislativa; V – o Governador do Estado; VI – o Procurador-Geral da República; VII – o Conselho Federal da Ordem dos Advogados do Brasil; VIII – partido político com representação no Congresso Nacional; IX – confederação sindical ou entidade de classe de âmbito nacional".

No § 1º, do artigo acima, consta que o Procurador-Geral da República deve ser ouvido nas ações de inconstitucionalidades, assim como em todos os processos de competência do Supremo Tribunal Federal. No § 2º, por sua vez, foi estabelecida a ação de inconstitucionalidade por omissão, quando não existe medida para tornar efetiva norma constitucional, pela qual se dá ciência ao poder competente para a adoção das providências necessárias e, em se tratando de órgão administrativo, para fazê-lo em trinta dias. Foi fixado, ainda, no § 3º, do art. 103, que quando o Supremo Tribunal apreciar a inconstitucionalidade, em tese, de norma legal ou ato normativo, cita, previamente, o Advogado-Geral da União, que defende o ato ou o texto impugnado.

A Emenda Constitucional nº 3, de 17.3.1993, além de alterar a alínea "a", do inciso I, do art. 102, da Constituição de 1988, acrescentou o § 4º, ao art. 103. Trata da ação declaratória de constitucionalidade, em mais uma novidade, agora dando importante instrumento ao Executivo, ao Legislativo e ao Ministério Público para discutir a constitucionalidade das leis. Foi fixado que esta ação pode ser proposta pelo Presidente da República, pela Mesa do Senado Federal, pela Mesa da Câmara dos Deputados ou pelo Procurador-Geral da República.

No art. 34, da Constituição de 1988, está fixado que a União não intervém nos Estados-membros, nem no Distrito Federal, salvo para "VII – assegurar a observância dos seguintes princípios constitucionais: a) forma republicana, sistema representativo e regime democrático; b) direitos da pessoa humana; c) autonomia municipal; d) prestação de contas da administração pública, direta e indireta". No art. 36 seguinte, no seu inciso III, dispõe que a decretação da intervenção depende de provimento, pelo Supremo Tribunal Federal, de representação do Procurador-Geral da República, na hipótese do art. 34, VII. Neste caso, por fim, no art. 36, § 3º, é dispensada a apreciação pelo Congresso Nacional ou pela Assembleia Legislativa do Estado-membro, com o decreto limitando-se a suspender a execução do ato impugnado, se esta medida basta para o restabelecimento da normalidade.

Existe, ainda, no direito brasileiro, o controle preventivo, em especial descrito na Constituição de 1988, no seu art. 66, § 1º, em que a Casa que tenha concluída a votação de projeto envia ao Presidente da República que, aquiescendo, o sanciona ou, se "considerar o projeto no todo ou em parte inconstitucional [...], vetá-lo-á total ou parcialmente, no prazo de quinze dias úteis, contados da data do recebimento, e comunicará, dentro de quarenta oito horas, ao Presidente do Senado Federal os motivos do veto". O veto deve ser apreciado em sessão conjunta, dentro de trinta dias a contar de seu recebimento, só podendo ser rejeitado pelo voto da maioria absoluta dos Deputados e dos Senadores, em escrutínio secreto, do Congresso Nacional.

O direito brasileiro acolheu os três sistemas de controle, tanto por via de exceção ou via incidental, conforme o art. 97, da Constituição de 1988, pelo recurso extraordinário, tratado no art. 102, III. Do mesmo jeito, pelo controle concentrado, através de ação direta, previsto no art. 102, I, e art.

103, do mesmo texto. E, também, o controle preventivo ou político, acima comentado. Pode-se dizer que o Brasil adotou um sistema misto, de características bem peculiares. É possível a modulação de efeito no recurso extraordinário, como já decidiu o Supremo Tribunal Federal[18].

Desse modo, o controle por via de ação, ou o controle principal, fundamenta-se no sistema de controle concentrado, pelo qual um órgão fica encarregado de dizer que aquela norma é constitucional ou não. Trata-se de herança viva de Hans Kelsen, que criou o sistema no Anteprojeto da Constituição da Áustria de 1920, criando a Corte Constitucional, informação já expressa. No Brasil, a via de ação pode ser considerada como instituída, com a Constituição de 1934, através da ação de inconstitucionalidade interventiva, quando lei ou ato administrativo de Estado-membro violasse o texto constitucional. No mesmo sentido foi assegurado o direito da União de intervir nos Estados-membros, na Constituição de 1946, bem como a Emenda Constitucional nº 16, de 28.11.1965, instituiu a ação de inconstitucionalidade interventiva. A Constituição de 1967 reproduzido pela Emenda Constitucional nº 1, de 17.10.1969, manteve a ação de inconstitucionalidade interventiva.

Existem, por conseguinte, cinco procedimentos de controle concentrado no Brasil: a) a ação direta de inconstitucionalidade (Adi); b) a ação declaratória de constitucionalidade; c) a ação de inconstitucionalidade por omissão; d) a ação de inconstitucionalidade interventiva; e) a arguição de descumprimento de preceito fundamental (ADPF). O primeiro se encontra fixado na alínea "a", do inciso I, do art. 102, da Constituição de 1988, fixando que compete ao Supremo Tribunal Federal processar e julgar, de forma originária, a ação direta de inconstitucionalidade. Tem legitimidade ativa para propor esta ação de controle concentrado as pessoas e as entidades mencionadas nos incisos do art. 103, do texto constitucional.

18 O Supremo Tribunal Federal entende que, excepcionalmente, admite-se, em caso de controle difuso de constitucionalidade, a modulação temporal dos efeitos da decisão proferida. Com o objetivo de seguir o mesmo modelo previsto no art. 27 da Lei Federal nº 9.868 de 1999, o STF decidiu que é necessário o quórum de dois terços para que ocorra a modulação de efeitos em sede de recurso extraordinário com repercussão geral reconhecida. Considerou-se que esta maioria qualificada seria necessária para conferir eficácia objetiva ao instrumento. É possível a modulação dos efeitos da decisão proferida em sede de controle incidental de constitucionalidade. STF. Plenário. RE 522897/RN, Rel. Min. Gilmar Mendes, julgado em 16/3/2017 (Info 857). Vale ressaltar que esse quórum de dois terços é para o caso de o Supremo Tribunal Federal declarar inconstitucional a lei ou ato normativo. É possível a modulação dos efeitos da decisão proferida **em sede de controle incidental de constitucionalidade**. STF. Plenário. RE 522897/RN, Rel. Min. Gilmar Mendes, julgado em 16/3/2017 (Info 857" (ABNC).

Na ação declaratória de constitucionalidade, também mencionada no art. 102, I, "a", a legitimidade se restringe ao Presidente da República, à Mesa do Senado Federal, à Mesa da Câmara dos Deputados ou ao Procurador-Geral da República, conforme o § 4º, do art. 103, tudo da Constituição de 1988. Esta foi instituída pela Emenda Constitucional nº 3, de 17.03.1993, alterando a alínea primeira e criando o outro parágrafo.

Na ação de inconstitucionalidade por omissão encontra-se tratada no § 2º, do art. 103, da Constituição Federal, resulta da inércia de se tomar "medida para tornar efetiva norma constitucional", dando-se ciência ao Poder competente para a adoção das providências necessárias e, em se tratando de órgão administrativo, para fazê-lo em trinta dias. Tem legitimidade ativa as pessoas e órgãos mencionados nos incisos do art. 103. A omissão implica em que se pode causar dano ao administrado, que tem a faculdade de exigir que o Supremo Tribunal Federal supra a ausência de norma, em matéria prevista em dispositivo constitucional de eficácia limitada. A omissão pode ser tanto pela não edição de norma, como também pela ausência de tomada de decisão, que tornem a norma constitucional efetivamente aplicada. Com a declaração de inconstitucionalidade por omissão, o que se pretende decidir é que seja expedida uma ordem para que a autoridade pública supra a omissão apontada. A recusa pode se configurar em crime de desobediência a ordem judicial, tipo previsto no art. 330, do Código Penal.

A ação de inconstitucionalidade interventiva encontra-se disposta no art. 34, VII e seus incisos, e o § 3º, do art. 36, tudo do texto constitucional. Há a representação do Procurador-Geral da República para o Supremo Tribunal Federal prover ou não, para o fim de assegurar a observância de princípios constitucionais essenciais, sendo dispensada a apreciação pelo Congresso Nacional ou pela Assembleia Legislativa. Pode-se limitar o decreto de intervenção do Presidente da República em "suspender a execução do ato impugnando, se essa medida bastar ao restabelecimento da normalidade". Por fim, existe a arguição de descumprimento de preceito fundamental, decorrente da Constituição, devendo ser apreciada na forma da lei, que vem a ser a Lei Federal nº 9.882, de 03.12.1999.

Na Constituição de 1988 existe, ainda, o controle incidental, previsto no art. 97, fixando que "somente pelo voto da maioria absoluta de seus membros ou dos membros do respectivo órgão especial poderão os tribunais declarar a inconstitucionalidade de lei ou ato normativo do poder público". Por outro lado, o recurso extraordinário, previsto no art. 102, III, para discutir a violação ao texto constitucional, indica que no dia a dia se aplica o controle difuso da constitucionalidade das leis[19]. Foi estabelecido,

19 TAVARES, André Ramos. **O Modelo Brasileiro de Controle Difuso-Concreto de Constitucionalidade das Leis e a Função do Senado Federal.** *In*: **Doutrinas Essenciais: Di-**

pela Constituição de 1988 um sistema misto, havendo tanto o controle difuso, como o controle concentrado de constitucionalidade e, até, o controle preventivo político. Pode-se dizer, então, que existe um complexo sistema brasileiro de controle de constitucionalidade, pois nele estão previstos o controle concentrado, o controle incidental e o controle preventivo.

Discutindo a questão, Rafael Thomaz Favetti disse que "se por um lado é possível sustentar que o modelo misto com enfoque no controle concentrado adotado pela Constituição de 1988 é antidemocrático, (no sentido de se eliminar a descentralização do Judiciário), por outro lado, seu caráter democrático é plenamente justificável, pois permite construir com mais eficiência a segurança jurídica necessária para se estabelecer valores contidos na Constituição da transição para democracia"[20]. Na verdade, o controle da constitucionalidade, no Brasil, é bem amplo e democrático. Aliás, talvez em razão deste fato, hoje é mais fácil modificar a Constituição de 1988, do que editar uma lei ou um decreto inconstitucional.

18.8. Declaração de Inconstitucionalidade das Leis

O controle por via de exceção ou controle incidental tem como característica que qualquer pessoa que tenha uma pretensão resistida, mas com o direito assegurado pela Constituição, pode levantar questão prejudicial de constitucionalidade. Por outro lado, qualquer órgão do Judiciário, inclusive o Juiz singular, decide sobre a questão levantada como preliminar de apreciação. A discussão sobre a constitucionalidade não é o objeto principal da lide, mas que vem a ser levantada incidentalmente no processo. O Juiz singular pode, livremente, decidir sobra a inconstitucionalidade da lei ou do ato administrativo. Os Tribunais, não obstante, têm competência para declararem a constitucionalidade ou não, apenas através do respectivo Plenário ou Órgão Especial, e não por meio de suas Câmaras, Turmas ou Seções. A Constituição de 1988, em seu art. 97, manteve a tradição, voltando a estabelecer a regra do controle pela via incidental, fixando que somente pelo voto da maioria absoluta de seus membros ou dos membros do respectivo Plenário ou Órgão Especial podem os Tribunais declarar a inconstitucionalidade de lei ou ato normativo do poder público.

Foi disposto, ainda, no art. 52, X, que cabe ao Senado Federal "suspender a execução, no todo ou em parte, de lei declarada inconstitucional por

reito Constitucional (Edições Especiais Revista dos Tribunais: 100 Anos). 2ª tir. São Paulo: Revista dos Tribunais, 2013, vol. V, p. 345.

20 FAVETTI, Rafael Thomas. **Controle de Constitucionalidade e Política Fiscal**. Porto Alegre: Sérgio Antonio Fabris, 2003, p. 94.

decisão definitiva do Supremo Tribunal Federal". Deve-se destacar o recurso extraordinário, previsto no art. 102, III, da Constituição de 1988, como forma de controle incidental, que permite levar uma discussão de validade de dispositivo constitucional até o Supremo Tribunal Federal, em decisão tomada por última ou única instância.

Existem já, sobre o controle difuso ou incidental, as seguintes decisões do Supremo Tribunal Federal:

> "CONTROLE INCIDENTE DE CONSTITUCIONALIDADE DE NORMAS – **RESERVA DE PLENÁRIO (CONST., ART. 97)** – INAPLICABILIDADE EM OUTROS TRIBUNAIS, QUANDO JÁ DECLARADA PELO SUPREMO TRIBUNAL, AINDA QUE INCIDENTEMENTE, A INCONSTITUCIONALIDADE DA NORMA QUESTIONADA – PRECEDENTES.
> 1. A reserva de plenário da declaração de inconstitucionalidade de lei ou ato normativo funda-se na presunção de constitucionalidade que os protege, somado a razões de segurança jurídica.
> 2. A decisão plenário do Supremo Tribunal, declaratória de inconstitucionalidade de norma, porque que incidente, sendo pressuposto necessário e suficiente a que o Senado lhe confira efeito erga omnes, elide a presunção de sua constitucionalidade: a partir daí, podem os órgãos parciais de outros tribunais acolhê-la para fundar a decisão de casos concretos ulteriores, prescindindo de submeter a questão de constitucionalidade ao próprio plenário (STF – RE 191.898-5 – Rel. Min. Sepúlveda Pertence – DJU 22.08.97)".

> "DIREITO CONSTITUCIONAL – CONTROLE DIFUSO DE CONSTITUCIONALIDADE – DECLARAÇÃO 'INCIDENTER TANTUM' – CF/88, ART. 97 – EXEGESE.
> Controle difuso de constitucionalidade de norma jurídica. Art. 97 da Constituição Federal. A declaração de inconstitucionalidade de norma jurídica *incidenter tantum*, e, portanto, por meio do controle difuso da constitucionalidade, é o pressuposto para o juiz, ou o Tribunal, no caso concreto, afastar a aplicação de norma tida como inconstitucional. Por isso, não se pode pretender, como o faz o acórdão recorrido, que não há declaração de inconstitucionalidade de uma norma jurídica *incidenter tantum* quando o acórdão não o declara inconstitucional, mas afasta a sua publicação, porque tida como inconstitucional. Ora, em se tratando de inconstitucionalidade de norma jurídica a ser declarada em controle difuso por Tribunal, só poderá declará-la, em face do disposto no art. 97 da Constituição, o Plenário dele ou seu Órgão Especial, onde este houver, pelo voto da maioria absoluta dos membros de um ou de outro. No caso, não se observou esse dispositivo constitucional. Recurso extraordinário conhecido e provido (AC un da 1ª T do STF – RE 179.170-5/CE – Rel. Min. Moreira Alves – j. 09.06.98 – DJU-e 1, 30.10.98, p. 15)".

A declaração de inconstitucionalidade da lei ou de ato normativo, pelo Código de Processo Civil de 2015, está tratada no art. 866. Arguida a inconstitucionalidade de lei ou de ato normativo do Poder Público, o relator, ouvido o Ministério Público, submete a questão à Turma ou à Câmara, a que tocar o conhecimento do processo. Se a alegação for rejeitada, prossegue o julgamento; se acolhida, deve ser submetida a questão ao Plenário do Tribunal ou ao Órgão Especial, onde houver. Os órgãos fracionários dos Tribunais não submetem ao Plenário ou ao Órgão Especial a arguição de inconstitucionalidade, quando já devem pronunciamento destes ou do Plenário do Supremo Tribunal Federal sobre a questão.

Pelo art. 868, da codificação processual civil, remetida cópia do acórdão a todos os Desembargadores, o Presidente do Tribunal designa a sessão de julgamento. O Ministério Público e as pessoas jurídicas de direito público responsáveis pela edição do ato questionado, se assim o requererem, podem manifestar-se no incidente de inconstitucionalidade, observados os prazos e as condições fixados no Regimento Interno do Tribunal. Os titulares do direito de propositura referidos no art. 103, da Constituição de 1988, podem manifestar-se, por escrito, sobre a questão constitucional objeto de apreciação, no prazo fixado pelo regimento interno, sendo-lhes assegurado o direito de apresentar memoriais ou de pedir a juntada de documentos. O relator, considerando a relevância da matéria e a representatividade dos postulantes, pode admitir, por despacho irrecorrível, a manifestação de outros órgãos ou entidades.

18.9. Controle Difuso no STF

O controle por via de exceção, ou o controle incidental, caracteriza-se por meio de qualquer pessoa que tenha uma pretensão resistida, mas possua direito assegurado pela Constituição, pode levantar a questão prejudicial de constitucionalidade. Qualquer órgão do Judiciário, inclusive o Juiz monocrático, pode decidir sobre a questão levantada. A discussão sobre a constitucionalidade não é o objeto principal da lide, levantada apenas incidentalmente no processo. O Juiz singular pode de forma livre decidir sobra a inconstitucionalidade da lei ou ato administrativo. Os Tribunais, porém, têm a competência para declarar a constitucionalidade através do respectivo Plenário ou Órgão Especial, excluindo suas Câmaras, Turmas ou Seções.

O recurso extraordinário é uma criação do direito brasileiro, ainda que influenciado pelo sistema norte-americano. Trata-se de um meio de impugnação de decisões judiciais, desfavoráveis, de única ou última instância, dirigida ao Supremo Tribunal Federal, em razão de violação de supremacia constitucional. O recurso extraordinário visa manter a unidade do direito brasileiro, com a supremacia do texto constitucional federal[21].

21 VIANNA, Ataliba. **O Recurso Extraordinário.** *In*: **Doutrinas Essenciais: Direito Constitucional (Edições Especiais Revista dos Tribunais: 100 Anos)**. 2ª tir. São Paulo: Revista dos Tribunais, 2013, vol. V, p. 573.

Na Constituição de 1824, que criou o Supremo Tribunal de Justiça, com competência para anular processos e sentenças que houvessem violado leis em causa cíveis, sendo o recurso chamado de revista. A Constituição de 1891 acabou com isto, criando o Supremo Tribunal Federal. O Decreto Federal nº 848, de 11.10.1890, que organizou a Justiça Federal, em seu art. 9º, **parágrafo único**, falou de "recurso", não havendo ainda o "extraordinário". Esta qualificação só veio com o Regimento Interno do Supremo Tribunal Federal, de 26.02.1891, no art. 19. Depois, a Lei Federal nº 221, de 20.11.1892, também sobre a Justiça Federal, empregou a palavra "recurso extraordinário", ainda que também que se referisse a "apelação" em outros artigos. O Decreto Federal nº 3.084, de 05.11.1899, utilizou o "recurso extraordinário". Este, porém, só foi consagrado com a Constituição de 1891, em seu art. 76. Depois, as Constituição de 1934, no art. 76, seguida pela Constituição de 1937, pela Constituição de 1946 e pela Constituição de 1967. A Constituição de 1988, no art. 102, III, manteve o recurso extraordinário, como forma de levantar a discussão incidental de constitucionalidade junto ao Supremo Tribunal Federal.

Por fim, compete ao Supremo Tribunal Federal, de acordo com o inciso III, do art. 102, do texto constitucional, julgar, mediante recurso extraordinário, as causas decididas em única ou última instância. Assim, ocorrem suas condições quando a decisão recorrida contrariar dispositivo desta Constituição, declarar a inconstitucionalidade de tratado ou lei federal ou julgar válida lei ou ato de Governo Estadual contestado em face da Constituição Federal[22].

A admissão de recurso extraordinário não é fácil, posto que o juízo de admissibilidade inicial venha a ser formulada pelo Presidente do Tribunal que teve a decisão recorrida. Este observa se houve pré-questionamento e repercussão geral, e se a matéria se enquadra nas alíneas do inciso III, do art. 102, do texto constitucional. Caso este negue o seguimento ao recurso extraordinário, cabe agravo de recurso extraordinário, que não pode ser obstado nesse Tribunal, devendo seguir adiante. Depois, no próprio Supremo Tribunal Federal, a matéria é suscetível de nova apreciação de admissibilidade, além da discussão do mérito e demais incidentes processuais. De modo geral, se admitido, no próprio corpo do agravo em recurso extraordinário pode ser discutido o mérito da demanda, sem precisar que o próprio recurso extraordinário suba à Corte Suprema.

---

22 RIBEIRO, Flávia Pereira. **A Repercussão Geral no Recurso Extraordinário.** *In*: **Doutrinas Essenciais: Direito Constitucional (Edições Especiais Revista dos Tribunais: 100 Anos)**. 2ª tir. São Paulo: Revista dos Tribunais, 2013, vol. X, p. 1023.

O recurso extraordinário e o recurso especial, este de competência do Superior Tribunal de Justiça, foram disciplinados pela Lei Federal nº 8.038, de 28.05.1990. Hoje, nos arts. 1.029 e seguintes, do Código de Processo Civil de 2015. O recurso extraordinário ou o especial possa ser interposto no prazo comum de quinze dias, perante o Presidente do Tribunal recorrido, devendo ser os dois recursos ao mesmo tempo, em petições distintas, se não se ingressar com apenas um deles. Precisa conter: a) a exposição do fato e do direito; b) a demonstração do cabimento do recurso interposto; c) as razões do pedido de reforma da decisão recorrida. Em relação a dissídio de jurisprudência, deve ter prova a divergência. Recebida a petição pela Secretaria do Tribunal, deve ser intimado o recorrido para contrarrazões em quinze dias úteis. Concluso, então, para admissão ou não, em cinco dias. Se recebido, apenas o é no efeito devolutivo.

Admitido o recurso, sobe os autos, primeiro, ao Superior Tribunal de Justiça e, se for o caso, o recurso extraordinário ao Supremo Tribunal Federal, pode naquele achar que existe questão prejudicial e remete-o ao Supremo. Denegado o recurso, cabe agravo do recurso, em cinco dias, para Supremo Tribunal Federal ou para o Superior Tribunal de Justiça. O agravo deve conter as determinações da legislação processual civil, o despacho agravado, a certidão de sua intimação e a procuração das partes, além do acórdão recorrido, a petição de interposição do recurso extraordinário ou especial e as contrarrazões, se houver. Se provido e os instrumento contiverem elementos suficientes, o relator determina a inclusão em pauta para apreciação logo do recurso, salvo se tiver recurso especial admitido e que deva ser julgado primeiro. Da decisão do relator que negar seguimento ou provimento ao agravo do recurso, cabe agravo para o órgão julgador, no prazo de cinco dias. O recurso especial, está disposto no art. 29, da lei acima, em especial; depois a Lei Federal nº 8.950, de 13.12.1994, inseriu no Código de Processo Civil de 1973, a matéria acima, nos arts. 536 a 546. Agora, no Código de Processo Civil de 2015, está no art. 1.036 e seguintes.

Disse José Afonso da Silva, em obra sobre o recurso extraordinário no direito brasileiro, que:

> "É um meio de impugnação de decisões judiciais, desfavoráveis, de única ou última instância, dirigido ao Supremo Tribunal Federal, por motivo de violação da supremacia constitucional [...]"[23].

Nesse sentido, veja-se as seguintes decisões sobre a admissão de recurso extraordinário, do Supremo Tribunal Federal, ainda do século passado:

23 SILVA, José Afonso. **Do Recurso Extraordinário no Direito Processual Brasileiro**. São Paulo: s/ed., 1963, pp. 22 e 208.

> "RECURSO EXTRAORDINÁRIO INADMITIDO – 1. Não cabe ver ofensa, por via reflexa, a normas constitucionais, aos fins do recurso extraordinário. 3. Se, para dar pela vulneração de regra constitucional, mister se faz, por primeiro, verificar da negativa de vigência de norma infraconstitucional, esta última é o que conta, para os efeitos do art. 102, II, a, da Lei Maior. 4. Falta de prequestionamento dos dispositivos constitucionais tidos como violados. 5. Agravo regimental desprovido[24]".
>
> "RECURSO EXTRAORDINÁRIO. Do despacho do relator que nega seguimento a recurso que contrarie súmula do Tribunal Regional Federal da 4ª Região cabe agravo regimental (art. 254, § 1º do regimento interno da referida Corte). Como no caso não foi interposto esse agravo, a decisão recorrida não é a de última instância, não preenchendo, assim, esse requisito de cabimento do recurso extraordinário (art. 102, III, da Constituição Federal). Recurso extraordinário não conhecido. Votação unânime. Resultado não conhecido[25]".

Diante da alta demanda dos recursos extraordinário e especial com o mesmo tema e idênticos fundamentos, o Código de Processo Civil de 2015 adotou um procedimento específico para os casos dessa natureza. Se, no Código de Processo Civil de 1973, os procedimentos que também visavam simplificar o julgamento desses recursos em repetição constavam em dispositivos separados para o recurso extraordinário e para o recurso especial, o Código de Processo Civil de 2015 unificou o procedimento dos dois recursos indistintamente em uma subseção específica, nos arts. 1.036 a 1.041.

O art. 1.036, do Código de Processo Civil de 2015 enuncia que o Presidente ou o Vice-Presidente do Tribunal de segundo grau, ao selecionar os recursos representativos da controvérsia que são encaminhados aos Tribunais Superiores, determina a suspensão do processamento de todos os processos pendentes, individuais ou coletivos, que tramitem no Estado-membro ou na Região, conforme o caso. O art. 1.037, por sua vez, determina que, selecionado o recurso repetitivo, o Ministro Relator do Superior Tribunal de Justiça ou do Supremo Tribunal Federal profere decisão de afetação, na qual deve: a) identificar precisamente a questão a ser submetida a julgamento; b) determinar a suspensão de procedimento de todos os processos pendentes, individuais ou coletivos, que versem sobre a questão.

A suspensão dá-se mesmo nas questões que ainda não foram sentenciadas, porque o julgamento a ser proferido tem efeito vinculante sobre todos os processos no território nacional, cabendo reclamação nos termos do art. 988, IV, do Código de Processo Civil de 2015, quando isso não for observado.

---

24 Supremo Tribunal Federal: AGRAV – 280194 – RJ – 2ª T – Rel. Min. Néri da Silveira. *In*: **DJU** 18.05.2001, p. 68.

25 Supremo Tribunal Federal: RECURSO EXTRAORDINÁRIO nº 1999961/Rio Grande do Sul, Rel. Moreira Alves. *In*: **DJU** de 18.04.1997, p. 13794.

A afetação, em breve descrição, é a decisão por meio da qual se estabelece que o julgamento, nos paradigmas escolhidos, deve ser feito de acordo com o procedimento do art. 1036, ou seja, com eficácia de recurso repetitivo e efeito vinculante sobre os demais julgamentos em todo o país, especificando-se a questão jurídica que vai ser examinada. É uma decisão de extrema importância, pois é ela que define aquilo que será o objeto de julgamento pelo Tribunal Superior e que deve posteriormente ser observado em todos os demais recursos e ações.

De acordo com o art. 1.039, § 9º do Código de Processo Civil de 2015, a parte pode requerer o prosseguimento do seu processo, caso fique demonstrada a distinção entre a questão jurídica objeto do julgamento repetitivo e a que se discute em seu processo. Segundo o art. 1.037, § 3º, da decisão que resolver tal requerimento cabe agravo de instrumento, se o processo estiver em primeiro grau, e agravo interno, se a decisão for do relator. Em seu § 4º, o mesmo dispositivo estabelece um prazo para o julgamento dos recursos afetados, o qual seja um ano, esse julgamento tem preferência em relação aos outros processos, com exceção aos que envolvem réu preso e os pedidos de **habeas corpus**.

A Lei Federal nº 13.256, de 04.02.2016, revogou o dispositivo do Código de Processo Civil de 2015 que previa a consequência advinda do não julgamento dos recursos afetados no prazo de um ano. Após esse prazo, a afetação e a suspensão cessavam automaticamente em todo o território nacional e os processos retomavam seu curso normal. Percebe-se que a revogação instituída por essa lei trouxe consequências negativas, pois permite que uma situação que deve ser necessariamente temporária, a suspensão dos processos, possa se tornar indefinida, com enorme prejuízo aos jurisdicionados.

A aplicação desse procedimento pretende evitar que os Tribunais Superiores tenham seu bom funcionamento ameaçado pela superlotação de demandas repetitivas, as quais ferem a celeridade do processo. Porém, esse mecanismo garante que as decisões, em múltiplas demandas da mesma matéria de direito, tenham decisões distintas, que podem causar insegurança jurídica, violando a efetividade do processo justo. Portanto, é perceptível o nobre objetivo de agilizar o julgamento nos Tribunais Superiores, porém, ainda é preciso diligência para que os processos sobrestados permaneçam nessa posição de forma indevida ou por mais tempo que o possível. É preciso também cuidado para que as decisões tomadas não sejam excessivamente genéricas, atentando-se às peculiaridades de cada processo e/ou jurisdicionado.

18.10. Controle Concentrado no STF

No Brasil, pela Constituição de 1934, juntamente com o controle por via de exceção ou via incidental, foi instituído o controle por via de ação, ou via principal, pelo qual se permitia que qualquer pessoa de direito público ou privado, individual ou coletivamente, pudesse formular arguição de inconstitucionalidade. Na Constituição de 1938 também foi admitido a intervenção federal nos Estados-membros, quando lei ou ato violasse o texto constitucional federal. No art. 12, V, está previsto que:

> "Art. 12. ....
>
> ....
>
> V. a União não intervirá em negócios peculiares aos Estados, salvo: [...] para assegurar a observância dos princípios constitucionais especificados nas letras "a" a "h" do art. 7º, nº I, e a execução das leis federais".

Na Constituição Federal de 1946, não houve dispositivo sobre a matéria, do mesmo modo que na Constituição de 1937. A ação direta de constitucionalidade foi introduzida pela Emenda Constitucional nº 16, de 26.11.1965, aperfeiçoando o controle concentrado e abstrato da norma, com a criação da ação direta de constitucionalidade ou de fiscalização de inconstitucionalidade por ação. A Lei Federal nº 5.778 de 16.05.1972 disciplinou a matéria, na época.

Ocorreu efetiva novidade na Constituição de 1988, ao lado da via incidental de declaração de inconstitucionalidade, passou a oferecer o controle concentrado, atribuindo ao Excelso Pretório o processamento e o julgamento de ações diretas de questionassem a lei em relação ao texto constitucional. No art. 102, **caput**, consta que "compete ao Supremo Tribunal Federal, precipuamente, a guarda da Constituição"[26]. No art. 102, I, "a", foi instituída a ação direta de inconstitucionalidade de lei, matéria de competência originária dessa Corte. Com a Emenda Constitucional nº 3, de 17.03.1993, introduziu-se a ação declaratória de constitucionalidade, estando fixado que compete ao Supremo processar e julgar, originariamente, a ação direta de inconstitucionalidade de lei ou ato normativo federal ou estadual e a ação declaratória de constitucionalidade de lei ou ato normativo federal.

---

26 "**Possibilidade de o STF modificar entendimento firmado em controle concentrado**. As decisões definitivas de mérito proferidas pelo STF em ADI e ADC produzem eficácia contra todos e efeito vinculante. Tais efeitos não vinculam, contudo, o próprio STF. Assim, se o STF decidiu, em uma ADI ou ADC, que determinada lei é CONSTITUCIONAL, a Corte poderá, mais tarde, mudar seu entendimento e decidir que esta mesma lei é INCONSTITUCIONAL por conta de mudanças no cenário jurídico, político, econômico ou social do país. Esta mudança de entendimento do STF sobre a constitucionalidade de uma norma pode ser decidida durante o julgamento de uma reclamação constitucional. Segundo o Min. Gilmar Mendes, é no juízo hermenêutico típico da reclamação (no "balançar de olhos" entre objeto e parâmetro da reclamação) que surgirá com maior nitidez a oportunidade para evolução interpretativa no controle de constitucionalidade. STF. Plenário. Rcl 4374/PE, rel. Min. Gilmar Mendes, 18/4/2013 (Info 702)" (ABNC).

Na Constituição de 1988, no art. 103, enumerou-se as pessoas com a legitimidade ativa para a ação direta de inconstitucionalidade[27]. Consta que podem propor a ação de inconstitucionalidade: a) o Presidente da República; b) a Mesa do Senado Federal; c) a Mesa da Câmara dos Deputados; d) a Mesa de Assembleia Legislativa; e) o Governador do Estado[28]; f) o Procurador-Geral da República; g) o Conselho Federal da Ordem dos Advogados do Brasil; h) o partido político com representação no Congresso Nacional; i) a confederação sindical ou a entidade de classe de âmbito nacional.

No § 1º, do artigo acima, consta que o Procurador-Geral da República deve ser ouvido nas ações de inconstitucionalidades, assim como em todos os processos de competência do Supremo Tribunal Federal. No § 2º, foi fixada a ação de inconstitucionalidade por omissão, quando não houve medida para tornar efetiva norma constitucional, pela qual se cientifica ao Poder competente para a adoção das providências necessárias e, em se tratando de órgão administrativo, para fazê-lo em trinta dias. Estabeleceu-se no § 3º, do art. 103, que quando o Supremo Tribunal Federal apreciar a inconstitucionalidade, em tese, de norma legal ou ato normativo, deve citar, previamente, o Advogado-Geral da União, que defende o ato ou o texto impugnado.

A Emenda Constitucional nº 3, de 17.03.1993, além de alterar a alínea "a", do inciso I, do art. 102, da Constituição de 1988, acrescentou o § 4º, ao

27 "**Procuração com poderes específicos para o ajuizamento de ADI** O advogado que assina a petição inicial da ação direta de inconstitucionalidade precisa de procuração com poderes específicos. **A procuração deve mencionar a lei ou ato normativo que será impugnado na ação.** Repetindo: não basta que a procuração autorize o ajuizamento de ADI, devendo indicar, de forma específica, o ato contra o qual se insurge. Caso esse requisito não seja cumprido, a ADI não será conhecida. **Vale ressaltar, contudo, que essa exigência constitui vício sanável e que é possível a sua regularização antes que seja reconhecida a carência da ação.** STF. Plenário. ADI 4409/SP, Rel. Min. Alexandre de Moraes, julgado em 6/6/2018 (Info 905)" (ABNC).

Petição inicial da ADI/ADC Se a petição inicial da ADI ou da ADC for assinada por advogado, deverá ser acompanhada de procuração. Exige-se que essa procuração tenha poderes especiais e indique, de forma específica, os atos normativos que serão objeto da ação STF. Plenário. ADI 4430/DF, rel. Min. Dias Toffoli, 27, 28 e 29/6/2012; ADI 4795 MC/DF, rel. Min. Dias Toffoli, 27, 28 e 29/6/2012 (Info 672)" (ABNC).

28 "**O Estado-membro não possui legitimidade para recorrer contra decisões proferidas em sede de controle concentrado de constitucionalidade** O Estado-membro não possui legitimidade para recorrer contra decisões proferidas em sede de controle concentrado de constitucionalidade, ainda que a **ADI tenha sido ajuizada pelo respectivo Governador**. A legitimidade para recorrer, nestes casos, é do próprio Governador (previsto como legitimado pelo art. 103 da CF/88). Os Estados-membros não se incluem no rol dos legitimados a agir como sujeitos processuais em sede de controle concentrado de constitucionalidade. STF. Plenário. ADI 4420 ED-AgR, Rel. Min. Roberto Barroso, julgado em 05/04/2018" (ABNC).

art. 103, tratando na ação declaratória de constitucionalidade, em mais uma novidade, agora dando importante instrumento ao Executivo, Legislativo e Ministério Público. Fixou-se que esta pode ser proposta pelo Presidente da República, pela Mesa do Senado Federal, pela Mesa da Câmara dos Deputados ou pelo Procurador-Geral da República, como já abordado.

18.11. Ação Direita de Inconstitucionalidade

A Constituição de 1946, não tratou sobre controle concentrado. A ação direta de constitucionalidade foi introduzida pela Emenda Constitucional nº 16, de 26.11.1965, a este texto constitucional, permitindo aperfeiçoar o controle concentrado e abstrato da norma, com a criação da ação direta de constitucionalidade ou fiscalização de inconstitucionalidade por ação. A Emenda Constitucional nº 1, de 17.10.1969, em art. 119, I, "b", dava atribuição ao Supremo Tribunal Federal para processar e julgar "a representação do Procurador-Geral da República por inconstitucionalidade ou para interpretação de lei ou ato normativo federal ou estadual". Foi chamada de "ação de interpretação", por alguns juristas. Deve-se observar que a causa de pedir é aberta, não estando vinculada aos ordenamentos jurídicos invocados pelo autor, como já decidiu o Supremo Tribunal Federal, na ADI 3796/PR, que teve como Relator o Ministro Gilmar Mendes[29].

Olavo Augusto Vianna Alves Ferreira e Juliano Taveira Bernardes, sobre a ação direta de inconstitucionalidade genérica, disseram que:

> "A ação direta de inconstitucionalidade (ADI) é o instrumento processual de controle abstrato de atos comissivos, no que se diferencia da ação direta de inconstitucionalidade por omissão (ADO). Também conhecida como ação direta de inconstitucionalidade "genérica", tem por finalidade zelar pela supremacia constitucional e, eventualmente, banir do ordenamento jurídico a lei ou o ato normativo federal, estadual ou distrital que apresentar inconstitucionalidade. Envolve, portanto, um processo de natureza "objetiva", pois destinado a garantir a própria higidez constitucional do sistema normativo, sem preocupações diretas em dirimir conflitos intersubjetivos de interesse. A competência é do Supremo Tribunal Federal, quando se trata de leis ou atos normativos *federais* ou *estaduais* que violarem a CF (art. 102, I, da CF). E será dos Tribunais de Justiça locais no caso de lei ou ato normativo *estadual* ou *municipal* que violarem as constituições estaduais (art. 125, § 2º, da CF). Por simetria, as leis e atos

29 "**Na ADI a causa de pedir é aberta** O STF, ao julgar as ações de controle abstrato de constitucionalidade, **não está vinculado aos fundamentos jurídicos invocados pelo autor.** Assim, pode-se dizer que na ADI, ADC e ADPF, a causa de pedir (causa petendi) é aberta. **Isso significa que todo e qualquer dispositivo da Constituição Federal ou do restante do bloco de constitucionalidade poderá ser utilizado pelo STF como fundamento jurídico para declarar uma lei ou ato normativo inconstitucional.** STF. Plenário. ADI 3796/PR, Rel. Min. Gilmar Mendes, julgado em 8/3/2017 (Info 856)" (ABNC).

> normativos *distritais*, mas somente os aprovados no exercício da competência estadual, podem ser impugnados pera o Supremo Tribunal Federal (ver Súmula 642 do STF). Também por simetria, o Tribunal de Justiça do Distrito Federal e Territórios tem competência para julgar ação direta de inconstitucionalidade contra quaisquer leis ou atos normativos distritais, quando alegada violação à respectiva Lei Orgânica do Distrito Federal"[30].

Compete ao Supremo Tribunal Federal, em especial, a guarda da Constituição, cabendo-lhe, então, processar e julgar, originariamente, a ação direta de inconstitucionalidade de lei ou ato normativo federal ou estadual e a ação declaratória de constitucionalidade de lei ou ato normativo federal, conforme o art. 102, I, "a", da Constituição de 1988. Esta disposição foi modificada pela Emenda Constitucional nº 3, de 17.03.1993, acrescentando esta última espécie de ação de inconstitucionalidade.

No art. 103, da Constituição de 1988, estão fixadas as pessoas com legitimidade ativa para a ação direta de inconstitucionalidade. Consta que podem propor a ação de inconstitucionalidade: a) o Presidente da República; b) a Mesa do Senado Federal; c) a Mesa da Câmara dos Deputados; d) a Mesa de Assembleia Legislativa; e) o Governador do Estado; f) o Procurador-Geral da República; g) o Conselho Federal da Ordem dos Advogados do Brasil; h) o partido político com representação no Congresso Nacional; i) a confederação sindical ou a entidade de classe de âmbito nacional.

Para Pinto Ferreira, quanto à ação direta de inconstitucionalidade, "o legislador constituinte emprestou significado especial a tal tipo de controle, dando-lhe amplitude e extensão que quase atinge a uma ação popular de inconstitucionalidade, sem exemplo nos demais sistemas constitucionais de controle, pela outorga de legitimação ativa a diversas entidades e pessoas para dela se utilizarem (CF, art. 103)"[31]. O procedimento estava previsto na Lei Federal nº 4.337, de 01.06.1964, Lei Federal nº 5.778, de 16.05.1972, e nos arts. 169 a 178, do Regimento Interno do Supremo Tribunal Federal, hoje no Código de Processo Civil de 2015, nos arts. 948 a 950.

O Supremo Tribunal Federal tem, hoje, farta jurisprudência sobre ação direta de inconstitucionalidade (ADI)[32].

---

30 FERREIRA, Olavo Augusto Vianna Alves, e BERNARDES, Juliano Taveira. **Ação Direta de Inconstitucionalidade Genérica.** *In*: ALVIM, Eduardo Arruda, LEITE, George Salomão, e STRECK, Lênio (coords.). **Curso de Direito Constitucional.** Florianópolis: Tirant le Blanch, 2018, p. 739.

31 PINTO FERREIRA. **Comentário à Constituição Brasileira.** São Paulo: Saraiva, 1989, 4º vol., p. 261.

32 "**Mesmo que uma lei seja fruto de acordo homologado judicialmente, ela poderá ser objeto de ADI, não havendo violação da coisa julgada material.** Foi proposta ADI **contra lei municipal. O TJ não conheceu da ação sob o argumen-**

No texto constitucional, no art. 103, § 1º, consta que o Procurador-

---

to de que a lei impugnada seria fruto de um acordo homologado judicialmente. Logo, não seria possível rediscutir a matéria por meio de ação direta de inconstitucionalidade, considerando que haveria violação à coisa julgada material. O STF concordou com essa conclusão? NÃO. **O fato de a lei ter sido aplicada em casos concretos, com decisões transitadas em julgado, em nada interfere na possibilidade dessa mesma norma ser analisada, abstratamente, em sede de ação direta de inconstitucionalidade**. Acordos homologados judicialmente jamais podem afastar o controle concentrado de constitucionalidade das leis. STF. 1ª Turma. RE 1186465 AgR/TO, Rel. Min. Alexandre de Moraes, julgado em 8/10/2019 (Info 955).

Vale ressaltar que é possível que o Poder Judiciário produza decisões que conflitem com a própria Constituição Federal, gerando a chamada coisa julgada inconstitucional, de modo que não apenas atos do Poder Legislativo têm o condão de ser declarados inconstitucionais. Assim, não pode prevalecer a afirmação do TJ no sentido de que a norma tida por viciada não pode ser objeto de ADI, pois se discute aqui a constitucionalidade da lei impugnada, e não o trânsito em julgado dos acordos homologados judicialmente:

a) CONTROLE DE CONSTITUCIONALIDADE É cabível ADI contra **decreto autônomo** que extingue colegiados da **Administração Pública** É cabível ADI contra decreto presidencial que, com fundamento no art. 84, VI, "a", da CF/88, extingue colegiados da Administração Pública federal. Isso porque se trata de decreto autônomo, que retira fundamento de validade diretamente da Constituição Federal e, portanto, é dotado de generalidade e abstração. STF. Plenário. ADI 6121 MC/DF, Rel. Min. Marco Aurélio, julgado em 12 e 13/6/2019 (Info 944);

b) ADI contra leis orçamentárias. É possível a impugnação, em sede de controle abstrato de constitucionalidade, **de leis orçamentárias**. Assim, é cabível a propositura de ADI contra lei orçamentária, lei de diretrizes orçamentárias e lei de abertura de crédito extraordinário. STF. Plenário. ADI 5449 MC-Referendo/RR, Rel. Min. Teori Zavascki, julgado em 10/3/2016 (Info 817).

Durante alguns anos o STF entendeu que a lei orçamentária e a lei de diretrizes orçamentárias (LDO) não poderiam ser objeto de ação direta de inconstitucionalidade. O argumento para isso era o de que tais leis possuíam efeitos concretos de forma que mais se pareceriam com um ato administrativo do que com uma lei. Este entendimento ainda vigora atualmente? NÃO;

Durante alguns anos o STF entendeu que a lei orçamentária e a lei de diretrizes orçamentárias (LDO) não poderiam ser objeto de ação direta de inconstitucionalidade. O argumento para isso era o de que tais leis possuíam efeitos concretos de forma que mais se pareceriam com um ato administrativo do que com uma lei. Este entendimento ainda vigora atualmente? NÃO.

Durante alguns anos o STF entendeu que a lei orçamentária e a lei de diretrizes orçamentárias (LDO) não poderiam ser objeto de ação direta de inconstitucionalidade. O argumento para isso era o de que tais leis possuíam efeitos concretos de forma que mais se pareceriam com um ato administrativo do que com uma lei. **Este entendimento ainda vigora atualmente? NÃO;**

c) ADI contra regimento interno de Assembleia Legislativa Dispositivo de Regimento **Interno de uma Assembleia Legislativa pode ser impugnado no STF por meio de ADI**, desde que possua caráter **normativo e autônomo**. É o caso,

Geral da República deve ser ouvido nas ações de inconstitucionalidades, assim como em todos os processos de competência do Supremo Tribunal Federal. Foi fixado, ainda, no § 3º, do art. 103, que quando o Supremo Tribunal Federal apreciar a inconstitucionalidade, em tese, de norma legal ou de ato normativo, cita, previamente, o Advogado-Geral da União, que deve defender o ato ou texto impugnado, como já dito. Por outro lado, os efeitos são vinculantes, **erga omnes**[33], salvo as alterações legais que o Poder Legislativo pode fazer.

---

por exemplo, de um artigo do **Regimento Interno que preveja o pagamento de remuneração aos Deputados Estaduais em virtude de convocação para sessão extraordinária.** STF. Plenário. ADI 4587/GO, Rel. Min. Ricardo Lewandowski, julgado em 22/5/2014 (Info 747);
d) ADI contra decisão administrativa de Tribunal de Justiça O Plenário do TJRN, em um processo administrativo envolvendo **dois servidores do Poder Judiciário, reconheceu que eles teriam direito a determinada gratificação e, além disso, estendeu esse mesmo benefício para todos os demais servidores do Tribunal que estivessem em situação análoga** O STF decidiu que essa decisão administrativa poderia ser objeto de ADI porque ela teve conteúdo normativo, com generalidade e abstração. Quanto ao mérito, o **STF decidiu que a decisão administrativa do TJ foi inconstitucional por violar a necessidade de lei para concessão da gratificação (art. 37, X)**, por **implicar em equiparação remuneratória entre os servidores** (art. 37, XIII) e por violar o entendimento exposto na Súmula 339 do STF (atual SV 37). STF. Plenário. ADI 3202/RN, rel. Min. Cármen Lúcia, julgado em 5/2/2014 (Info 734);
e) Não cabe ADI contra decreto regulamentar de lei. A Ação Direta de Inconstitucionalidade (ADI) é meio processual inadequado para o controle de decreto regulamentar de lei estadual. Seria possível a propositura de ADI se fosse um decreto autônomo. Mas sendo um decreto que apenas regulamenta a lei, não é hipótese de cabimento de ADI. STF. Plenário. ADI 4409/SP, Rel. Min. Alexandre de Moraes, julgado em 6/6/2018 (Info 905).
Um Decreto pode ser considerado ato normativo para os fins do art. 102, I, da CF/88? Um decreto pode ser objeto de ADI? Depende. • Decreto que apenas regulamenta uma lei: NÃO. Não cabe ADI contra decreto meramente regulamentar de lei. **Isso porque, neste caso, esse decreto terá natureza de ato secundário.** Nesse sentido: [...] Vocacionada ao controle da constitucionalidade das leis e atos normativos, a ação direta de inconstitucionalidade não constitui meio idôneo para impugnar a validade de ato regulamentar e secundário em face de legislação infraconstitucional. (...) STF. Plenário. ADI 4127 AgR, Rel. Min. Rosa Weber, julgado em 16/10/2014. • **Decreto autônomo: SIM. Cabe ADI contra decreto autônomo. O decreto autônomo possui "coeficiente mínimo de normatividade, generalidade e abstração"**, ou seja, ele retira seu fundamento de validade diretamente da Constituição Federal, não regulamentando nenhuma lei. Ele possui caráter essencialmente abstrato e primário" (ABNC).

33 **"As decisões definitivas de mérito proferidas pelo STF no julgamento de ADI, ADC ou ADPF possuem eficácia contra todos (erga omnes) e efeito vinculante** (§ 2º do

18.12. Ação Declaratória de Constitucionalidade

Com a Emenda Constitucional nº 3, de 17.03.1993, foi introduzida a ação declaratória de constitucionalidade, estando fixado que compete ao Supremo processar e julgar, originariamente, "a ação direta de inconstitucionalidade de lei ou ato normativo federal ou estadual e a ação declaratória de constitucionalidade de lei ou ato normativo federal"[34]. Observou Themístocles Cavalcante Brandão, que:

> "Tese da lei não tem, assim, sentido abstrato, significa apenas que está em causa não um ato que tenha dado execução ao preceito legal ou constitucional estadual, mas a própria tese da lei, esta sim, atinge a norma da Constituição Federal"[35].

A Emenda Constitucional acima, além de alterar a alínea "a", do inciso I, do art. 102, da Constituição de 1988, acrescentou o § 4º, ao art. 103, tratando na ação declaratória de constitucionalidade, em mais uma novidade, agora dando importante instrumento ao Executivo, Legislativo e Ministério Público, para discutirem a constitucionalidade das leis no palco ativo. Foi fixado que esta pode ser proposta pelo Presidente da República, pela Mesa do

---

art. 102 da CF/88). **O Poder Legislativo, em sua função típica de legislar, não fica vinculado.** Assim, o STF **não proíbe que o Poder Legislativo edite leis ou emendas constitucionais em sentido contrário ao que a Corte já decidiu.** Não existe uma vedação prévia a tais atos normativos. O legislador pode, por emenda constitucional ou lei ordinária, superar a jurisprudência. **Trata-se de uma reação legislativa à decisão da Corte Constitucional com o objetivo de reversão jurisprudencial.** No caso de reversão jurisprudencial (reação legislativa) proposta por meio de emenda constitucional, a invalidação somente ocorrerá nas restritas hipóteses de violação aos limites previstos no art. 60, e seus §§, da CF/88. Em suma, se o Congresso editar uma emenda constitucional buscando alterar a interpretação dada pelo STF para determinado tema, essa emenda somente poderá ser declarada inconstitucional se ofender uma cláusula pétrea ou o processo legislativo para edição de emendas. No caso de reversão jurisprudencial proposta por lei ordinária, a lei que frontalmente colidir com a jurisprudência do STF nasce com presunção relativa de inconstitucionalidade, de forma que caberá ao legislador o ônus de demonstrar, argumentativamente, que a correção do precedente se afigura legítima. Assim, para ser considerada válida, o Congresso Nacional deverá comprovar que as premissas fáticas e jurídicas sobre as quais se fundou a decisão do STF no passado não mais subsistem. **O Poder Legislativo promoverá verdadeira hipótese de mutação constitucional pela via legislativa.** STF. Plenário. ADI 5105/DF, Rel. Min. Luiz Fux, julgado em 1º/10/2015 (Info 801)" (ABNC).

---

34 ATALIBA, Geraldo. **Direito Processual Constitucional: ação declaratória de constitucionalidades.** *In*: **Doutrinas Essenciais: Direito Constitucional (Edições Especiais Revista dos Tribunais: 100 Anos).** 2ª tir. São Paulo: Revista dos Tribunais, 2013, vol. V, p. 975.

35 BRANDÃO, Themístocles Cavalcanti. **Do Controle de Constitucionalidade,** *op. cit.*, p. 107.

Senado Federal, pela Mesa da Câmara dos Deputados ou pelo Procurador-Geral da República. Deve existir, ainda, séria divergência jurisprudencial[36].

Por outro lado, disse Paulo Bonavides, que:

> "O sistema de controle por via de ação permite o controle da norma 'in abstrato' por meio de uma ação de inconstitucionalidade prevista formalmente no texto constitucional. Trata-se, como se vê, ao contrário da via de exceção, de um controle direto. Nesse caso, impugna-se perante determinado tribunal uma lei, que poderá perder sua validade constitucional e consequentemente ser anulada erga omnes (com relação a todos). Caracteriza-se esse processo pelo teor sumamente enérgico, pela sua agressividade e radicalismo, pela natureza fulminante da ação direta"[37].

A ação declaratória de constitucionalidade serviu, também, para que o Poder Executivo tivesse um instrumento para verificar o controle de constitucionalidade concentrado em favor de suas teses, ainda que exista outras autoridades e instituições com legitimidade ativa. Um dos requisitos da petição inicial é que se demonstre que existe controvérsia judicial relevante sobre a lei objeto da ação[38].

---

36 "**ADC:** constitucionalidade de uma lei ou ato normativo federal: garantir a segurança jurídica, **a despeito da presunção de constitucionalidade. Requisito especial**: séria divergência jurisprudencial.
Cumulação de ADI com ADC O legitimado poderá **ajuizar uma ação direta de inconstitucionalidade (ADI) requerendo a inconstitucionalidade do art. A da Lei B e, na mesma ação, pedir que o art. C seja declarado constitucional**? É possível, em uma mesma ação, cumular pedido típico de ADI com pedido típico de ADC? SIM. **O STF entendeu que é possível a cumulação de pedidos típicos de ADI e ADC em uma única demanda de controle concentrado.** A cumulação de ações, neste caso, além de ser possível, é recomendável para a promoção dos fins a que destinado o processo objetivo de fiscalização abstrata de constitucionalidade, destinado à defesa, em tese, da harmonia do sistema constitucional. **A cumulação objetiva permite o enfrentamento judicial coerente, célere e eficiente de questões minimamente relacionadas entre si.** Rejeitar a possibilidade de cumulação de ações, além de carecer de fundamento expresso na Lei 9.868/1999, traria como consequência apenas o fato de que o autor iria propor novamente a demanda, com pedido e fundamentação idênticos, ação que seria distribuída por prevenção. STF. Plenário. ADI 5316 MC/DF, Rel. Min. Luiz Fux, julgado em 21/5/2015 (Info 786)" (ABNC).

37 BONAVIDES, Paulo. **Curso de Direito Constitucional**. 9ª ed. São Paulo: Malheiros, 2000, p. 277.

38 "ADC e **controvérsia judicial relevante** A Lei 9.868/99, ao tratar sobre o procedimento da ADC, prevê, em seu art. 14, os requisitos da petição inicial. **Um desses requisitos exigidos é que se demonstre que existe controvérsia judicial relevante sobre a lei objeto da ação.** Em outras palavras, **só cabe ADC se houver uma divergência na jurisprudência sobre a constitucionalidade daquela lei, ou seja, é necessário que existam juízes ou Tribunais decidindo que aquela lei é inconstitucional. Se não existirem**

18.13. Ação de Inconstitucionalidade por Omissão

A **verfassungsbeschwerde** do direito constitucional alemão foi traduzido, em geral, como "recurso constitucional". Para determinados juristas, trata-se de "recurso constitucional contra a omissão do legislador" e, aí, influenciou a ação de inconstitucionalidade por omissão ou, até, o mandado de injunção, ambas as criações da Constituição de 1988. Está prevista, também, na Constituição de Portugal de 1976, no seu art. 283.

Paulo Hamilton Siqueira Jr., sobre a ação direta de inconstitucionalidade por omissão, disse que:

> "No século XXI se verificou a evolução da Jurisdição Constitucional. O direito processual constitucional regula a jurisdição constitucional, que é a própria garantia da Constituição. É um meio de controle. É um instrumento de controle político, visto que sua existência contribui para o aprimoramento da democracia. Dessa feita, a jurisdição constitucional tem por finalidade a regularidade da Constituição. A função precípua do Poder Judiciário é operar o sistema jurídico, interpretando e aplicando as normas abstratas ao caso concreto, parece lógico que os juízes, com o fito de controlar a validade do sistema jurídico, possuem competência de não aplicar ao caso concreto as leis inválidas e ainda suprir as lacunas do sistema jurídico"[39].

No § 2º, do art. 103, da Constituição de 1988, por sua vez, foi estabelecida a ação de inconstitucionalidade por omissão, quando não houve medida para tornar efetiva norma constitucional, pela qual se dá ciência ao Poder competente para a adoção das providências necessárias e, em se tra-

---

decisões contrárias à lei, não há razão para se propor a ADC. É possível que uma lei, dias após ser editada, já seja objeto de ADC? É possível preencher o requisito da 'controvérsia judicial relevante' com poucos dias de vigência do ato normativo? SIM. Mesmo a lei ou ato normativo possuindo pouco tempo de vigência, já é possível preencher o requisito da controvérsia judicial relevante se houver decisões julgando essa lei ou ato normativo inconstitucional. O STF decidiu que o requisito relativo à existência de controvérsia judicial relevante é qualitativo e não quantitativo. Em outras palavras, para verificar se existe a controvérsia não se examina apenas o número de decisões judiciais. Não é necessário que haja muitas decisões em sentido contrário à lei. Mesmo havendo ainda poucas decisões julgando inconstitucional a lei já pode ser possível o ajuizamento da ADC se o ato normativo impugnado for uma emenda constitucional (expressão mais elevada da vontade do parlamento brasileiro) ou mesmo em se tratando de lei se a matéria nela versada for relevante e houver risco de decisões contrárias à sua constitucionalidade se multiplicarem. STF. Plenário. ADI 5316 MC/DF, Rel. Min. Luiz Fux, julgado em 21/5/2015 (Info 786)" (ABNC).

39 SIQUEIRA JR., Paulo Hamilton. **Ação Direta de Inconstitucionalidade por Omissão.** *In*: ALVIM, Eduardo Arruda, LEITE, George Salomão, e STRECK, Lênio (coords.). **Curso de Direito Constitucional.** Florianópolis: Tirant le Blanch, 2018, p. 751.

tando de órgão administrativo, para fazê-lo em trinta dias. A ação de inconstitucionalidade por omissão resulta da inércia de se tomar "medida para tornar efetiva norma constitucional", dando-se ciência ao Poder competente para a adoção das providências necessárias e, em se tratando de órgão administrativo, para fazê-lo[40]. Tem legitimidade ativa as pessoas e órgãos mencionados nos incisos do art. 103, do texto constitucional.

A omissão implica em que se pode causar dano ao administrado, que tem a faculdade de exigir que o Supremo Tribunal Federal supra a ausência de norma, em matéria prevista em dispositivo constitucional de eficácia limitada. A omissão pode ser tanto pela não edição de norma, como também pela ausência de tomada de decisão, que tornem o dispositivo constitucional efetivamente aplicada. Com a declaração de inconstitucionalidade por omissão, o que se pretende decidir é que seja expedida uma ordem para que a autoridade pública supra a omissão apontada. A recusa pode se configurar em crime de desobediência a ordem judicial, no tipo previsto no art. 330, do Código Penal, como já dito.

Colheu-se a seguinte decisão, logo depois da Constituição de 1988, que inviabilizou bastante o uso da ação de inconstitucionalidade por omissão, assim:

> "AÇÃO DIRETA DE INCONSTITUCIONALIDADE POR OMISSÃO (Art. 103, PARÁGRAFO 2º CF). A ação direta de inconstitucionalidade por omissão, de que trata o parágrafo 2º do art. 103 da nova CF, não é de ser proposta para que seja praticado determinado ato administrativo em caso concreto, mas sim visa a que seja expedido ato normativo que se torne necessário para o cumprimento de preceito constitucional que, sem ele, não poderia ser aplicado"[41].

A ação de inconstitucionalidade por omissão, tratada acima, decorre da inércia do legislador. A identificação de uma lacuna oculta é feita quando, no momento de se instituir a Constituição, não existe ou não se pode prever a necessidade de regular normativamente uma situação determinada. A lacuna da lei é diferente do silêncio da lei, pois este tem a finalidade de não facultar a criação de determinados regimes ou de proibir certas práticas. Ela não objetiva a prática de determinado ato, concretamente, como no mandado de injunção, mas, sim, a expedição de ato normativo necessário

---

40 "**ADIN por omissão:** tornar efetivar norma constitucional. No caso de omissão legislativa, é comunicada a mor, sem a estipulação de prazo para elaboração da norma infraconstitucional. STF (ADIN 3682, 2007): estabeleceu o prazo de 18 meses para a LC sobre a incorporação, fusão e divisão do Município: "fixação de tempo razoável"" (ABNC).

41 Supremo Tribunal Federal: ADIN 19 – AL – TP – Rel. Min. Aldir Passarinho. *In*: DJU 14.04.1989.

para o cumprimento de preceito constitucional que, sem ele, não poderia ser aplicado[42].

18.14. Ação de Inconstitucionalidade Interventiva

Na Constituição de 1934, no art. 12, V, está previsto que "a União não intervirá em negócios peculiares aos Estados, salvo: [...] para assegurar a observância dos princípios constitucionais especificados nas letras "a" a "h" do art. 7º, nº I, e a execução das leis federais". Neste dispositivo estava previsto que competia aos Estados-membros decretar a Constituição e as leis por que se devam reger, respeitados os seguintes princípios:

> "Art. 12. ....
>
> ....
>
> V. ....
>
> a) forma republicana representativa; b) independência e coordenação de poderes; c) temporariedade das funções eletivas, limitadas aos mesmos prazos dos cargos federais correspondentes, e proibida a reeleição de Governadores e Prefeitos para o período imediato; d) autonomia dos Municípios; e) garantais do Poder Judiciário e do Ministério Público locais; f) prestação de contas da administração; g) possibilidade de reforma constitucional e competência do Poder Legislativo pra decretá-la; h) representação das profissões".

No § 2º, do art. 12, da Constituição acima, estava estabelecido que ocorrendo o disposto no inciso V, deste artigo, "a intervenção só se efetuará depois que a Corte Suprema, mediante provocação do Procurador Geral da República, tomar conhecimento da lei que a tenha decretado e lhe declarar a constitucionalidade". No § 4º, constou ainda que:

> "Art. 12. ....
>
> ....
>
> § 4º A intervenção não suspende senão a lei estadual que a tenha motivado, e só temporariamente interrompe o exercício das autoridades que lhe deram causa e cuja responsabilidade será promovida".

Por sua vez, a Constituição de 1937, no art. 9º, "e", previa que o Governo Federal poderia intervir nos Estados-membros, mediante nomeação, pelo Presidente da República, de um Interventor, "para assegurar a execução do seguinte princípios constitucionais: 1 – forma republicana e representação de governo; 2 – governo presidencial; 3 – direitos e garantias asseguradas na Constituição". A Constituição de 1946, no art. 7º, VII, do mesmo texto, foi tratada da ação de constitucionalidade interventiva, para assegurar a observância dos princípios constitucionais. De acordo com o **parágrafo único**,

42 MEIRELLES, Hely Lopes. **Direito Administrativo Brasileiro**, *op. cit.*, p. 618.

do art. 8º, o ato arguido de inconstitucionalidade devia ser submetido pelo Procurador-Geral da República ao exame do Supremo Tribunal Federal, e, se este a declarasse, seria decretada a intervenção. Na Constituição de 1967 continuou, ainda, no art. 45, IV, a atribuição do Senado Federal de suspender a execução, no todo ou em parte, de lei ou decreto, declarados inconstitucionais por decisão definitiva do Supremo Tribunal Federal.

A intervenção é a forma pela qual se assegura o primado da soberania nacional contra os atos desagregadores dos Estados-membros ou dos Municípios. No Estado Federal existem várias estruturas organizacionais, que precisam ser ordenadas segundo uma lógica de competência e responsabilidades. Deve-se zelar para que a ordem seja mantida e preservada, em função da harmonia e independência que se estabelece entre as Entidades Federadas.

Os Estados-membros têm a autonomia, mas esta se encontra condicionada aos preceitos constitucionais e federais e pela necessidade de reservar o Brasil unificado. Não podem, estes extrapolarem os limites de suas competências, sob pena de sofrerem a intervenção, que poderia ser enquadrada em determinada situação, prevista no art. 34, do texto constitucional. A intervenção é justamente o ato que um poder central interpõe, sobrepondo a soberania à autonomia de outra Entidade Federada. Trata-se de uma regra excepcional, mas que faz parte do princípio federativo, pois vem a ser ela que lhe dá sustentação política e executoriedade.

Olavo Augusto Vianna Alves Ferreira e Juliano Taveira Bernardes, sobre a ação direta interventiva, disseram que:

> "Trata-se de ação constitucional da competência do Supremo Tribunal Federal cujo objetivo é assegurar a observância, por parte dos Estados-membros e do Distrito Federal, dos seguintes princípios previstos no inciso VII do art. 34 da Constituição (com redação da EC/45/2004): (a) a forma republicana, sistema representativo e regime democrático; (b) os direitos da pessoa humana; (c) a autonomia municipal; (d) a prestação de contas da administração pública; e (e) a aplicação do mínimo exigido da receita resultante de impostos estaduais, compreendida e proveniente de transferências, na manutenção e desenvolvimento do ensino e nas ações e serviços públicos de saúde. Assim, a finalidade do instrumento processual é proteger o pacto federativo à luz dos chamados *princípios constitucionais sensíveis*, cuja violação acarreta a sanção mais grave existente no âmbito federativo, qual seja, a intervenção federal"[43].

43 FERREIRA, Olavo Augusto Vianna Alves, e BERNARDES, Juliano Taveira. **Ação Direta Interventiva**. *In*: ALVIM, Eduardo Arruda, LEITE, George Salomão, e STRECK, Lênio (coords.). **Curso de Direito Constitucional**. Florianópolis: Tirant le Blanch, 2018, p. 747.

O Supremo Tribunal Federal, na IF 1.917-AgR, tendo por Relator o Ministro Maurício Corrêa, entendeu que, para haver a intervenção, o descumprimento deve ser voluntário e intencional, o que não ocorre no caso de ausência do pagamento de precatório[44].

A ação de inconstitucionalidade interventiva ocorre nos casos de intervenção federal nos Estados-membros, fundamentada no art. 34, VII, e da intervenção estadual nos Municípios, no art. 36, III, do texto constitucional. Tem dupla finalidade, o primeiro de declarar judicialmente a inconstitucionalidade formal e material de norma impugnada, o segundo, a declaração política, de que haja a intervenção no Estado-membro ou no Distrito Federal, em razão do descumprimento de dispositivo constitucional. Do mesmo modo, o Estado-membro pode intervir no Município, conforme o art. 36, III.

Durante o Império, o Brasil era um Estado unitário descentralizado, com as Províncias tendo apenas alguns poderes, conforme o art. 165, da Constituição de 1824. A mudança foi efetuada no país, passando a se organizar como Estado Federado, com a Proclamação da República, em 1889, e a Constituição de 1891. Nesta, no art. 6º, estava garantida a autonomia estadual, mas previa a intervenção federal. Na Constituição de 1934, no art. 12, e na Constituição de 1937, no art. 9º, ampliaram os casos de intervenção. Na Constituição de 1946, no art. 7º, voltou a tratar a matéria da mesma forma, do mesmo modo que a Constituição de 1891.

A Constituição de 1988 diminuiu os casos de intervenção federal, mas a Emenda Constitucional nº 14, de 12.09.1996, acrescenta a alínea "e" ao inciso VII, do art. 34, da mesma. Por outro lado, a Emenda Constitucional n. 29, de 13.09.2000, acrescentou a alínea "c", ao inciso V, do art. 34, e modificou o inciso III, do art. 35, tudo deste texto constitucional, em processo de ampliação da competência da União para intervir nos Estados-membros e no Distrito Federal.

---

44 **"O descumprimento voluntário e intencional de decisão transitada em julgado configura pressuposto indispensável ao acolhimento do pedido de intervenção federal.** A ausência de voluntariedade em não pagar precatórios, consubstanciada na insuficiência de recursos para satisfazer os créditos contra a Fazenda Estadual no prazo previsto no § 1º do art. 100 da Constituição da República, não legitima a subtração temporária da autonomia estatal, mormente quando o ente público, apesar da exaustão do erário, vem sendo zeloso, na medida do possível, com suas obrigações derivadas de provimentos judiciais. Precedentes. (IF 1.917-AgR, Rel. Min. Presidente Maurício Corrêa, julgamento em 17-3-2004, Plenário, DJ de 3-8-2007.) No mesmo sentido: IF 4.640-AgR, Rel. Min. Presidente Cezar Peluso, julgamento em 29-3-2012, Plenário, DJE de 25-4-2012" (ABNC).

A intervenção federal deve ter um processo, que se compõe de quatro fases: a) a iniciativa; b) o judicial; c) o decreto interventivo; d) o controle político. Na ação de inconstitucionalidade interventiva, conforme o art. 36, III, a iniciativa é do Procurador-Geral da República. A fase judicial dá-se no Supremo Tribunal Federal, nos casos de ação interventiva. O decreto interventivo deve ser formalizado mediante o decreto do Presidente da República, conforme o art. 84, X, da Constituição de 1988, devendo especificar a amplitude, o prazo e as condições, no art. 36, § 1º, não estando submetida esta decisão ao Legislativo. O decreto, porém, pode se limitar "a suspender a execução do ato impugnado, se essa medida bastar ao restabelecimento da normalidade".

Colecionou-se, ainda do século passado, a seguinte decisão sobre a ação constitucional interventiva:

> "INTERVENÇÃO FEDERAL – DESOBEDIÊNCIA DE GOVERNADOR DE ESTADO, EM PROMOVER APOIOS À EXECUÇÃO DE DECISÃO JUDICIAL – HIPÓTESE DE INTERVENÇÃO AUTORIZADA PELO ART. 34, VI, DA CF – REQUISIÇÃO DO STJ. A REQUERIMENTO DE TJE POR TRATAR-SE DE MATÉRIA INFRACONSTITUCIONAL (ART. 19, i, DA LEI N. 8.038/90) – DECRETO DE INTERVENÇÃO QUE ESPECIFICARÁ A AMPLITUDE, PRAZO E CONDIÇÕES DE EXECUÇÃO (§ 1º DO ART. 36, DA CARTA MAGNA) [...]"[45].

O procedimento da intervenção federal está disposto na Lei Federal nº 8.038, de 28.05.1990, nos arts. 19 a 22, quanto aos incisos II e IV, do art. 36, da Constituição de 1988. De ofício, por Presidente do Tribunal de Justiça ou Tribunal Federal, para execução de ordem ou decisão judicial, em matéria de competência do Supremo Tribunal Federal e do Superior Tribunal de Justiça, de ofício para prover a execução de ordem do Superior Tribunal de Justiça e mediante representação do Procurador-Geral da República, quando se tratar de prover a execução de lei federal. O Presidente do Supremo, ao receber o pedido, toma providência para remover a causa do pedido ou manda arquivá-lo, se for infundado, cabendo agravo interno. É solicitada informação à autoridade estadual e, ouvido o Procuradoria-Geral da República, o pedido deve ser distribuído a relator, no art. 21. Julgado procedente, o Presidente do Superior Tribunal de Justiça comunica a decisão aos órgãos públicos interessados e requisita intervenção pelo Presidente da República, no art. 22.

18.15. Arguição de Descumprimento de Preceito Fundamental

Os preceitos fundamentais são expressos ou correspondem à essência da Constituição, abrangendo elementos não formalizados explicitamente.

45 Superior Tribunal de Justiça: Int. Fed. 001 – PR – C. Esp. – Rel Min. José Cândido. *In*: **DJU** 26.10.1992 (RJ, 186/134).

O descumprimento de preceito fundamental da Constituição, entendido conforme a postulado da unidade da Constituição, **einheit der Verfassung**, indica a essência do regime, podendo ser arguido e apreciado pela Suprema Corte. Disse José Adonis Callou de Araújo Sá que:

> "O instituto da arguição de descumprimento de preceito fundamental previsto na Constituição brasileira parece guardar similitude com a queixa constitucional do Direito alemão, bem com o recurso de amparo do Direito constitucional da Espanha"[46].

Foi fixado, no art. 102, § 1º, que "a arguição de descumprimento de preceito fundamental, decorrente desta Constituição, será apreciada pelo Supremo Tribunal Federal, na forma da lei"[47]. A arguição de descumprimento de preceito fundamental (ADPF) decorrente da Constituição deve ser apreciada pelo Supremo Tribunal Federal, na forma da Lei Federal nº 9.882, de 03.12.1999, na verdade tratando-se de nova forma de ação direta de inconstitucionalidade. A Lei Federal nº 9.882, de 03.12.1999, dispõe sobre como evitar ou reparar lesão a preceito fundamental, resultante de ato do Poder Público. Ocorre quando for relevante o fundamento da controvérsia sobre a constitucionalidade de lei ou o ato normativo federal, estadual, distrital ou municipal, inclusive anteriores à Constituição de 1988. É possível ingressar com arguição de descumprimento de preceito fundamental, contra lei cuja eficácia já foi exaurida, como decidiu o Supremo Tribunal Federal, na ADPF 77/DF, que teve como Relator o Ministro Dias Toffoli[48].

---

46 SÁ, José Adonis Callou de Araújo. **Ação Civil Pública e Controle de Constitucionalidade.** Belo Horizonte: Del Rey, 2002, p. 87.

47 BASTOS, Celso Ribeiro, e VARGAS, Alexis Gallas de Souza. **Arguição de Descumprimento de Preceito Constitucional.** *In*: **Doutrinas Essenciais: Direito Constitucional (Edições Especiais Revista dos Tribunais: 100 Anos)**. 2ª tir. São Paulo: Revista dos Tribunais, 2013, vol. V, p. 853.

48 "**ADPF. Princípio da subsidiariedade.** Legitimidade: art. 103. Objeto: i) lesão a preceito fundamental de ato ou omissão do poder Público; ii) ato incluído antes da CF: alcança leis municipais.

Dispositivo de lei cuja eficácia já foi exaurida. Cabe ADPF para declarar a constitucionalidade de dispositivo de lei cuja eficácia já foi exaurida. Dado o seu perfil subsidiário, a arguição de descumprimento de preceito fundamental se apresenta como medida processual mais adequada para afirmar a constitucionalidade do art. 38 da Lei nº 8.880/94, dispositivo de natureza transitória e de eficácia já exaurida que instrumentalizou a instituição do Plano Real. STF. Plenário. ADPF 77/DF, Rel. Min. Dias Toffoli, julgado em 16/5/2019 (Info 940).

- 1. AÇÃO OU ARGUIÇÃO DE DESCUMPRIMENTO DE PRECEITO FUNDAMENTAL - ADPF. **Procedimento adotado para decisão sobre requerimento de medida liminar.** (...). 2. **AÇÃO DIRETA DE INCONSTITUCIONALIDADE. Impropriedade da ação. Conversão em Arguição de Descumprimento de Preceito Fundamental - ADPF. Admissibilidade.** Sa-

Constou, ainda no século XX, na **Revista dos Tribunais**, que:

> "EMENTA: Agravo Regimental.
> É esta Corte incompetente para julgar originariamente mandado de segurança contra ato de Tribunal de Justiça, uma vez que essa hipótese não está prevista em qualquer das alíneas do inciso I do art. 102 da Constituição Federal, nem se enquadra na previsão do § 1º desse mesmo artigo, aliás, não é sequer auto-aplicável. Agravo a que se nega provimento"[49].

Sobre a arguição de descumprimento de preceito fundamental, Valéria Ribas do Nascimento disse que:

> "A arguição de descumprimento de preceito fundamental (ADPF) foi inserida no ordenamento brasileiro para complementar o sistema de controle de constitucionalidade, pois haviam algumas lacunas, onde não era possível ocorrer o controle concentrado de constitucionalidade, como por exemplo, o controle de leis municipais e de direito pré-constitucional. Além disso, surge para combater a chamada "guerra de liminares", uma vez que atualmente é possível suspender o andamento de processos ou efeitos de decisões judiciais que apresentem relação com a matéria objeto da arguição. Nesse sentido, esse trabalho visa apresentar a ADPF, desde sua origem e possíveis fontes inspiradoras, passando pelo objetivo ou finalidade do instituto, bem como, verificar quais os fundamentos constitucionais e legislativos guiam os intérpretes na aplicação da mesma. Também, aborda-se sobre os parâmetros para definição de *preceito fundamental* e quais os limites constitucionais e infraconstitucionais que podem delimitar a matéria, passando por sua natureza jurídica. É detalhada a análise em torno da lei regulamentadora da ADPF, lei n. 9.882/99, denominada lei da arguição (LA), onde consta sobre a legitimidade ativa, a possibilidade de cautelares e sobre o mérito das decisões. Observa-se que além da abordagem doutrinária constitucional e infraconstitucional, utilizam-se jurisprudências do Supremo Tribunal Federal (STF) a respeito do tema"[50].

Considera-se que o descumprimento de preceito fundamental integra o universo da inconstitucionalidade e que a ação de arguição caracteriza-se

tisfação de todos os requisitos exigidos à sua propositura. Pedido conhecido, em parte, como tal. Aplicação do princípio da fungibilidade. Precedente. É lícito conhecer de ação direta de inconstitucionalidade como arguição de descumprimento de preceito fundamental, quando coexistentes todos os requisitos de admissibilidade desta, em caso de inadmissibilidade daquela. [...]. AÇÃO DIRETA DE INCONSTITUCIONALIDADE. ADI 4163 SP (STF)" (ABNC).

49 Supremo Tribunal Federal: Ag.Reg.MS 22427-4/PA. Rel.: Min. Moreira Alves. Plenário. Decisão: 07.02.1996. *In*: **DJU** 15.03.1996, p. 7.205.

50 NASCIMENTO, Valéria Ribas do. **Da Arguição de Descumprimento de Prefeito Fundamental**. *In*: ALVIM, Eduardo Arruda, LEITE, George Salomão, e STRECK, Lênio (coords.). **Curso de Direito Constitucional**. Florianópolis: Tirant le Blanch, 2018, p. 773.

por realizar um processo do tipo objetivo, com a apreciação em tese do descumprimento, desvinculado de um caso concreto. Existe uma imprecisão de linguagem quando se refere a "declarar a inconstitucionalidade de lei ou ato normativo, no processo de descumprimento de preceito fundamental", uma vez que a arguição aprecia apenas o descumprimento de preceitos fundamentais e não qualquer inconstitucionalidade. Por conseguinte, o texto legal apresentou outra imprecisão ou deficiência linguística, no que tange à referência expressa apenas à lei ou ato normativo. Dá a entender que se omitiu que o art. 1º do mesmo diploma legal fala em descumprimento resultante de ato do Poder Público, o que abrange tanto os atos estatais normativos, como os não normativos. Por conseguinte, é possível uma interpretação normativa, com vistas a incluir os demais objetos da arguição ao amparo do dispositivo legal mencionado. É possível que seja celebrado um acordo no bojo de uma arguição de descumprimento de preceito fundamental, como já decidiu o Supremo Tribunal Federal, na ADPF 165/DF, tendo por Relator o Ministro Ricardo Lewandowski[51].

Desse modo, serve para identificar a natureza do processo da arguição de descumprimento de preceito fundamental não pelo texto do legislador ordinário e, sim, a atribuição constitucional – reparar a lesão a preceito fundamental decorrente da Constituição. Não se trata de instrumento para reparar direito amparado em preceito fundamental lesado, sendo esta a distinção que permite o correto enquadramento do instituto. Não há um direito subjetivo atribuído a ninguém, dentro do conceito que se tem de direito subjetivo, de pugnar a reparação de eventual lesão sofrida pela Constituição. Trata-se de um processo objetivo, justamente porque não existem partes, apenas partes funcionais. Não se cogita de litisconsórcio, assistência ou figuras afins, nem se deveria falar em terceiros interessados, com o aspecto dado pelo processo subjetivo, a supor um interesse jurídico em determinada demanda, pois não há demandas sem processo objetivo.

---

51 **"É possível que seja celebrado um acordo no bojo de uma arguição de descumprimento de preceito fundamental (ADPF).**

É possível a celebração de acordo num processo de índole objetiva, como a **ADPF, desde que fique demonstrado que há no feito um conflito intersubjetivo subjacente (implícito), que comporta solução por meio de autocomposição.** Vale ressaltar que, na homologação deste acordo, o STF não irá chancelar ou legitimar nenhuma das teses jurídicas defendidas pelas partes no processo. **O STF irá apenas homologar as disposições patrimoniais que forem combinadas e que estiverem dentro do âmbito da disponibilidade das partes. A homologação estará apenas resolvendo um incidente processual, com vistas a conferir maior efetividade à prestação jurisdicional.** STF. Plenário. ADPF 165/DF, Rel. Min. Ricardo Lewandowski, julgado em 1º/3/2018 (Info 892)" (ABNC).

18.16. Legislação de Controle da Constitucionalidade

A Lei Federal nº 9.868, de 10.11.1999, dispôs sobre o processo e julgamento da ação direta de inconstitucionalidade e da ação declaratória de constitucionalidade perante o Supremo Tribunal Federal. Foi alterada pela Lei Federal nº 12.063, de 27.10.2009[52]. Pelo art. 1°, essa lei dispõe sobre o processo e julgamento da ação direta de inconstitucionalidade e da ação declaratória de constitucionalidade perante o Supremo Tribunal Federal. Pelo art. 2º, podem propor a ação direta de inconstitucionalidade: a) o Presidente da República; b) a Mesa do Senado Federal; c) a Mesa da Câmara dos Deputados; d) a Mesa de Assembleia Legislativa ou a Mesa da Câmara Legislativa do Distrito Federal; e) o Governador de Estado ou o Governador do Distrito Federal; f) o Procurador-Geral da República; g) o Conselho Federal da Ordem dos Advogados do Brasil; h) o partido político com representação no Congresso Nacional; i) a confederação sindical ou a entidade de classe de âmbito nacional. Não estão previstos prazos em dobro para a Fazenda Pública[53].

A petição indica o dispositivo da lei ou do ato normativo impugnado e os fundamentos jurídicos do pedido em relação a cada uma das impugnações e o pedido, com suas especificações. A petição inicial, acompanhada de instrumento de procuração, quando subscrita por advogado, deve ser apresentada em duas vias, devendo conter cópias da lei ou do ato normativo impugnado e dos documentos necessários para comprovar a impugnação. A petição inicial inepta, não fundamentada e a manifestamente improcedente serão liminarmente indeferidas pelo relator. Cabe agravo interno da decisão que indeferir a petição inicial.

52 "Deveras, considerando os processos objetivos cuja finalidade mediata é a confrontação das leis e sua exegese em face da Constituição [...]" (FUX, Luiz. **Processo e Constituição.** *In*: FUX, Luiz (coord.). **Processo Constitucional.** Rio de Janeiro: Forense/GEN, 2013, p. 9.

53 "**Não se aplica ao processo objetivo de controle abstrato de constitucionalidade a norma que concede prazo em dobro à Fazenda Pública** Não se conta em dobro o prazo recursal para a Fazenda Pública em processo objetivo, mesmo que seja para interposição de recurso extraordinário em processo de fiscalização normativa abstrata. **Não há, nos processos de fiscalização normativa abstrata, a prerrogativa processual dos prazos em dobro. Não se aplica ao processo objetivo de controle abstrato de constitucionalidade a norma que concede prazo em dobro à Fazenda Pública**. Assim, por exemplo, a Fazenda Pública não possui prazo recursal em dobro no processo de controle concentrado de constitucionalidade, mesmo que seja para a interposição de recurso extraordinário. STF. Plenário. ADI 5814 MC-AgR-AgR/RR, Rel. Min. Roberto Barroso; ARE 830727 AgR/SC, Rel. para acórdão Min. Cármen Lúcia, julgados em 06/02/2019 (Info 929)" (ABNC).

Proposta a ação direta, não se admite desistência. O relator pede informações aos órgãos ou às autoridades das quais emanou a lei ou o ato normativo impugnado. As informações são prestadas no prazo de trinta dias contado do recebimento do pedido. Não se admite a intervenção de terceiros no processo de ação direta de inconstitucionalidade. O relator, considerando a relevância da matéria e a representatividade dos postulantes, pode, por despacho irrecorrível, admitir, observado o prazo fixado no parágrafo anterior, a manifestação de outros órgãos ou entidades.

Decorrido o prazo das informações, são ouvidos, sucessivamente, o Advogado-Geral da União e o Procurador-Geral da República, que devem manifestar-se, cada qual, no prazo de quinze dias. Vencidos os prazos do artigo anterior, o relator lança o relatório, com cópia a todos os Ministros, e pede dia para julgamento. Em caso de necessidade de esclarecimento de matéria ou circunstância de fato ou de notória insuficiência das informações existentes nos autos, pode o relator requisitar informações adicionais, designar perito ou comissão de peritos para que emita parecer sobre a questão. Pode, também, fixar data para, em audiência pública, ouvir depoimentos de pessoas com experiência e autoridade na matéria. O relator pode, ainda, solicitar informações aos Tribunais Superiores, aos Tribunais Federais e aos Tribunais Estaduais acerca da aplicação da norma impugnada no âmbito de sua jurisdição. As informações, as perícias e as audiências a que se referem os parágrafos antes são realizadas no prazo de trinta dias, contado da solicitação do relator.

Quanto à medida cautelar em ação direta de inconstitucionalidade, no art. 10, dispôs que salvo no período de recesso, a medida cautelar na ação direta deve ser concedida por decisão da maioria absoluta dos membros do Supremo Tribunal Federal, observado o disposto no art. 22. Deve ser após a audiência dos órgãos ou autoridades dos quais emanou a lei ou ato normativo impugnado, que devem pronunciar-se no prazo de cinco dias. O relator, julgando indispensável, ouve o Advogado-Geral da União e o Procurador-Geral da República, no prazo de três dias. No julgamento do pedido de medida cautelar, faculta-se a sustentação oral aos representantes judiciais do requerente e das autoridades ou órgãos responsáveis pela expedição do ato, na forma estabelecida no Regimento Interno do Tribunal.

Em caso de excepcional urgência, a Corte pode deferir a medida cautelar sem a audiência dos órgãos ou das autoridades das quais emanou a lei ou o ato normativo impugnado. Concedida a medida cautelar, o Supremo Tribunal Federal publica em seção especial do Diário Oficial da União e do Diário da Justiça da União a parte dispositiva da decisão, no prazo de dez dias. Devem solicitar as informações à autoridade da qual tiver emanado o ato, observando-se, no que couber, o procedimento estabelecido na Lei Federal nº 9.868, de 10.11.1999. A medida cautelar, dotada de eficácia contra todos, deve ser concedida, com efeito, **ex nunc**, salvo se o Supremo entender que deva conceder-lhe eficácia retroativa. A concessão da medida cautelar torna aplicável a legislação anterior acaso existente, salvo expressa manifestação em sentido contrário.

Pelo art. 12, havendo pedido de medida cautelar, o relator, em face da relevância da matéria e de seu especial significado para a ordem social e a segurança jurídica, pode, após a prestação das informações, no prazo de dez dias, e a manifestação do Advogado-Geral da União e do Procurador-Geral da República, sucessivamente, no prazo de cinco dias, submeter o processo diretamente ao Tribunal, que tem a faculdade de julgar definitivamente a ação.

Em relação à ação direta de inconstitucionalidade por omissão, podem propor a ação direta de inconstitucionalidade por omissão os legitimados à propositura da ação direta de inconstitucionalidade e da ação declaratória de constitucionalidade. A matéria foi incluída pela Lei Federal nº 12.063, de 27.10.2009. A petição indica a omissão inconstitucional total ou parcial quanto ao cumprimento de dever constitucional de legislar ou quanto à adoção de providência de índole administrativa e o pedido, com suas especificações. A petição inicial, acompanhada de instrumento de procuração, se for o caso, deve ser apresentada em duas vias, devendo conter as cópias dos documentos necessários para comprovar a alegação de omissão.

Aplicam-se ao procedimento da ação direta de inconstitucionalidade por omissão, no que couber, as disposições constantes da legislação acima. Os demais titulares referidos na legislação podem manifestar-se, por escrito, sobre o objeto da ação e pedir a juntada de documentos reputados úteis para o exame da matéria, no prazo das informações, bem como apresentar os memoriais. O relator pode solicitar a manifestação do Advogado-Geral da União, que encaminha-se no prazo de quinze dias. O Procurador-Geral da República, nas ações em que não for autor, tem vista do processo, por quinze dias, após o decurso do prazo para informações.

Em caso de excepcional urgência e relevância da matéria, o Supremo, por decisão da maioria absoluta de seus membros, pode conceder medida cautelar, após a audiência dos órgãos ou autoridades responsáveis pela omissão inconstitucional, que devem pronunciar-se no prazo de cinco dias. A medida cautelar pode consistir na suspensão da aplicação da lei ou do ato normativo questionado, no caso de omissão parcial, bem como na suspensão de processos judiciais ou de procedimentos administrativos, ou ainda em outra providência a ser fixada pelo Tribunal. O relator, julgando indispensável, ouve o Procurador-Geral da República, no prazo de três dias. No julgamento do pedido de medida cautelar, deve ser facultada sustentação oral aos representantes judiciais do requerente e das autoridades ou órgãos responsáveis pela omissão inconstitucional, na forma estabelecida no Regimento Interno do Tribunal.

Declarada a inconstitucionalidade por omissão, deve ser dada ciência ao Poder competente para a adoção das providências necessárias. Em caso de omissão imputável a órgão administrativo, as providências devem ser adotadas no prazo de trinta dias, ou em prazo razoável a ser estipulado excepcionalmente pelo Supremo Tribunal Federal, tendo em vista as circunstâncias específicas do caso e o interesse público envolvido. Aplica-se à decisão da ação direta de inconstitucionalidade por omissão, no que couber, o disposto na Lei Federal nº 12.063, de 27.10.2009.

Quanto à ação declaratória de constitucionalidade, podem propor a ação declaratória de constitucionalidade de lei ou ato normativo federal: a) o Presidente da República; b) a Mesa da Câmara dos Deputados; c) a Mesa do Senado Federal; d) o Procurador-Geral da República. A petição inicial indica o dispositivo da lei ou do ato normativo questionado e os fundamentos jurídicos do pedido, o pedido com suas especificações e a existência de controvérsia judicial relevante sobre a aplicação da disposição objeto da ação declaratória. A petição inicial, acompanhada de instrumento de procuração, quando subscrita por advogado, será apresentada em duas vias, devendo conter cópias do ato normativo questionado e dos documentos necessários para comprovar a procedência do pedido de declaração de constitucionalidade.

Decorrido o prazo acima, abre-se vista ao Procurador-Geral da República, que deve pronunciar-se no prazo de quinze dias. Vencido o prazo do artigo anterior, o relator lança o relatório, com cópia a todos os Ministros, e pede dia para julgamento. Em caso de necessidade de esclarecimento de matéria ou circunstância de fato ou de notória insuficiência das informações existentes nos autos, pode o relator requisitar informações adicionais, designar perito ou comissão de peritos para que emita parecer sobre a questão ou fixar data para, em audiência pública, ouvir depoimentos de pessoas com experiência e autoridade na matéria. O relator pode solicitar, ainda, informações aos Tribunais Superiores, aos Tribunais Regionais Federais e aos Tribunais de Justiça Estaduais acerca da aplicação da norma questionada no âmbito de sua jurisdição. As informações, as perícias e as audiências a que se referem disposições anteriores devem ser realizadas no prazo de trinta dias, contado da solicitação do relator.

O Supremo Tribunal Federal, por decisão da maioria absoluta de seus membros[54], pode deferir pedido de medida cautelar na ação declaratória

54 **"Exige-se quórum de MAIORIA ABSOLUTA dos membros do STF para modular os efeitos de decisão proferida em julgamento de recurso extraordinário repetitivo, com repercussão geral, no caso em que NÃO tenha havido declaração de inconstitucionalidade da lei ou ato normativo.** Qual é o quórum para que o STF, no julgamento de recurso extraordinário repetitivo, com repercussão geral reconhecida, faça a modula-

de constitucionalidade. Consiste na determinação de que os Juízes e os Tribunais suspendam o julgamento dos processos que envolvam a aplicação da lei ou do ato normativo objeto da ação até seu julgamento definitivo. Concedida a medida cautelar, o Supremo Tribunal Federal faz publicar em seção especial do Diário Oficial da União a parte dispositiva da decisão, no prazo de dez dias, devendo o Supremo proceder ao julgamento da ação no prazo de cento e oitenta dias, sob pena de perda de sua eficácia.

A decisão sobre a constitucionalidade ou a inconstitucionalidade da lei ou do ato normativo somente deve ser tomada se presentes na sessão pelo menos oito Ministros. Efetuado o julgamento, proclama-se a constitucionalidade ou a inconstitucionalidade da disposição ou da norma impugnada se num ou noutro sentido se tiverem manifestado pelo menos seis Ministros, quer se trate de ação direta de inconstitucionalidade ou de ação declaratória de constitucionalidade. Se não for alcançada a maioria necessária à declaração de constitucionalidade ou de inconstitucionalidade, estando ausentes Ministros em número que possa influir no julgamento, este deve ser suspenso a fim de aguardar-se o comparecimento dos Ministros ausentes, até que se atinja o número necessário para prolação da decisão num ou noutro sentido. Proclamada a constitucionalidade, julga-se improcedente a ação direta ou procedente eventual ação declaratória; e, proclamada a inconstitucionalidade, julga-se procedente a ação direta ou improcedente eventual ação declaratória.

Julgada a ação, faz-se a comunicação à autoridade ou ao órgão responsável pela expedição do ato. A decisão que declara a constitucionalidade ou a inconstitucionalidade da lei ou do ato normativo em ação direta ou em ação declaratória é irrecorrível, ressalvada a interposição de embargos declaratórios, não podendo, igualmente, ser objeto de ação rescisória.

Ao declarar a inconstitucionalidade de lei ou de ato normativo, e tendo em vista razões de segurança jurídica ou de excepcional interesse social, pode o Supremo Tribunal Federal, por maioria de dois terços de seus membros, restringir os efeitos daquela declaração ou decidir que ela só tenha eficácia a partir de seu trânsito em julgado ou de outro momento que venha a ser fixado. Dentro do prazo de dez dias após o trânsito em julgado da decisão, o Supremo Tribunal Federal faz publicar em seção especial do Diário da Justiça e do Diário Oficial da União a parte dispositiva do acórdão. A declaração de constitucionalidade ou de inconstitucionalidade, inclusive a

ção dos efeitos da decisão? • **Se o STF declarou a lei ou ato inconstitucional: 2/3 dos membros.** • **Se o STF não declarou a lei ou ato inconstitucional: maioria absoluta.** STF. Plenário. RE 638115 ED-ED/CE, Rel. Min. Gilmar Mendes, julgado em 18/12/2019 (Info 964)" (ABNC).

interpretação conforme a Constituição Federal e a declaração parcial de inconstitucionalidade sem redução de texto têm eficácia contra todos e efeito vinculante em relação aos órgãos do Poder Judiciário e à Administração Pública federal, estadual e municipal.

É possível o **amicus curiae** no controle concentrado do Supremo Tribunal Federal[55], que vem a ser pessoa, entidade ou órgão, com muito interesse em uma demanda jurídica, na qual se ingressa como terceiro, distinto dos litigantes originais, em nome de um interesse maior.

Apesar de não previsto expressamente na Constituição Federal, o Supremo Tribunal Federal tem suspensa a execução de processos que corram em outras instâncias, como o Incidente de Resolução de Demandas Repetitivas (IRDR). Para Antonio Augusto Pires Brandão, "a vinculação é mais uma faceta do devido processo legal e do princípio da legalidade, impedindo a divergência injusta entre decisões sobre a mesma situação concreta" (BRANDÃO, 2019: 89).

55 "Amicus curie: requisito: relevância da matéria e representativa do postulante.
- A decisão do relator que admite ou inadmite o ingresso do amicus curiae é irrecorrível. É irrecorrível a decisão denegatória de ingresso no feito como amicus curiae. Assim, tanto a decisão do Relator que ADMITE como a que INADMITE o ingresso do amicus curiae é irrecorrível. STF. Plenário. RE 602584 AgR/DF, rel. orig. Min. Marco Aurélio, red. p/ o ac. Min. Luiz Fux, julgado em 17/10/2018 (repercussão geral) (Info 920)" (ABNC).

Capítulo XIX

AÇÕES CONSTITUCIONAIS E PROCESSOS

19.1. Remédios Constitucionais Brasileiros

Os direitos de cidadania, assegurados pelos textos constitucionais, em geral, são as declarações que se não tiverem a força executiva nada podem ter de utilidade, além de uma bela citação. Em geral, quem nega à pessoa física ou jurídica direito vem a ser o Poder Público, seja de qual aspecto for, como administrado, usuário, cidadão ou homem ou mulher. As ações comuns não seriam aplicáveis em tais casos, com o controle do Poder Judiciário, sendo incompleta a solução do problema. Não daria satisfação aos interesses dos serviços administrados e não alcançaria muito atos violadores dos direitos individuais.

O **habeas corpus** foi admitido, no Brasil, ainda na fase do Reino Unido, pelo Decreto Real de 23.03.1821. A Constituição Imperial de 1824 não admitiu esse remédio de forma expressa, apenas implicitamente se o considerou aplicável nos processos criminais. Surgiu a ação sumária especial para anulação de atos administrativos, instituídos pelo art. 13, da Lei Federal nº 221, de 20.11.1894, que organizou a Justiça Federal e que depois foi adotada pelos Códigos de Processo Penais Estaduais. Este dispositivo, depois, veio a ser incorporado pela Consolidação das Leis da Justiça Federal de 1898. Não obstante, o Código de Processo Civil de 1939, Decreto-lei nº 1.608, de 18.09.1939, no seu art. 1º, fixou logo sua competência, só admitindo as ações e os procedimentos nele previsto, excluindo a ação sumária especial para anulação de atos administrativos do mundo jurídico. Por outro lado, o mandado de segurança e a ação popular apareceram depois, com a Constituição de 1934.

Disse Seabra Fagundes que "os remédios processuais específicos, ou seja, única e exclusivamente destinados a possibilitar o ajuizamento de relações jurídicas, pela Administração ou contra ela, sempre foram muito limitados no nosso direito. Compreendem o **habeas corpus**, o mandado de segurança, ação de desapropriação e a ação popular"[1]. Com a Constituição

1 FAGUNDES, Miguel Seabra. **O Controle dos Atos Administrativos pelo Poder Judiciário.** 6ª ed. São Paulo: Saraiva, 1984, pp. 200-1.

de 1988, deve-se incluir o mandado de segurança coletivo, o **habeas data**, o mandado de injunção e, um pouco antes, a ação civil pública, além da ação de desapropriação e o usucapião especial.

19.2. Desenvolvimento do Habeas Corpus

O **habeas corpus** surgiu com a Carta Magna de 15.06.1215[2], no seu capítulo XXIX, compromisso que os senhores feudais impuseram a João Sem Terra, que teve que aceitar os termos do contrato social que assinou, ainda que depois o desobedecesse[3]. Tratava-se do primeiro limite expresso ao poder de governar, em que se garantia o direito à liberdade de locomoção, princípio essencial da cidadania, frente às prisões ilegais. Depois, este

---

2 "Os princípios essenciais do *habeas corpus* vêm, na Inglaterra, do ano 1215. Foi no Capítulo 29 da 'Magna Charta libertatum' que se calcaram, através das idades, as demais conquistas do povo inglês para a garantia *prática, imediata e utilitária* da liberdade física" (PONTES DE MIRANDA. **História e Prática do Habeas-Corpus.** 2ª ed. Rio de Janeiro: José Konfino, 1951, p. 11).

3 "João, pela graça de Deus Rei da Inglaterra... aos seus arcebispos, bispos, abades, condes, barões... e a todos os seus leais súditos, saudações. Sabei todos que, por esta, temos a nossa presente Carta confirmada, para nós e para nossos herdeiros, eternamente: 1. Que a Igreja da Inglaterra será livre, e que terá invioláveis todos os seus direitos e liberdades... 2. Concedemos a todos os homens livres de nosso reino, a nós e aos nossos descendentes, para sempre, todas as liberdades abaixo descritas... 12. *Scutage* ou auxílio algum serão impostos, a não ser por consenso geral de nosso reino... 14. Para realização do conselho geral referente à contribuição de auxílio e *scutage*... determinaremos a convocação dos arcebispos, bispos, abades, condes e dos maiores barões do reino... e de todos os demais que nos apoiam como chefe... (Os cinco grupos aqui citados transformaram-se mais tarde, na Câmara dos Lordes). 15. Não concederemos a ninguém, no futuro, o direito de valer-se da ajuda de seus próprios locatários (não escravos), exceto para resgatar sua pessoa, fazer de seu filho mais velho um cavaleiro, e casar sua filha mais velha, sendo que, para isso, haverá apenas uma ajuda razoável... 17. Causas comuns não correrão pela nossa corte, mas serão tratadas em lugares fixados... 36. Nada, doravante, será dado ou tomado por mandado de inquisição, mas sim concedido livremente (isto é, pessoa alguma ficará presa, por muito tempo, sem julgamento)... 39. Nenhum homem livre será preso, encarcerado, despojado de seus bens, colocado fora da lei, banido, ou morto de qualquer maneira... a não ser pelo julgamento legal de seus pares (seus iguais em hierarquia) ou pela lei da terra. 40. Não venderemos a homem algum; não negaremos a homem algum a justiça ou o direito. 41. Todos os mercadores poderão, de maneira certa e segura, sair ou entrar na Inglaterra, e aqui permanecer, ou por aqui passar, tanto por terra como por água, para comprar ou vender... sem que lhes sejam cobrados impostos injustos... 60. Todos os costumes e liberdades acima referidos serão observados, tanto quanto a ele dizem respeito, no trato com seus dependentes, por todo o povo do nosso reino, leigo e religioso. Firmado pela nossa mão, na presença de testemunhas, no Bosque chamado Runnymede, aos 15 dias de junho, no 17º ano do meu reino" (DURANT, Will. **A Idade da Fé: a história da civilização.** Rio de Janeiro: Record, s/d., pp. 602-3).

instrumento encontrou novo aprimoramento com a **Petition of Rights**, em 07.06.1628, no reinado de Carlos II, no século XVII. Por fim, o **Habeas Corpus Act**, em 1816, na Grã-Bretanha, ampliou o campo de atuação da garantia ao direito à liberdade individual, consolidando a matéria no Judiciário britânico.

Esta salutar tradição britânica logo se espalhou pelos demais países, constituindo garantia importante em quase todas as Constituições do século XIX em diante. Encontra-se inclusive prevista na Declaração Universal dos Direitos do Homem, de 10.12.1948, em seu art. 8º. Diz a mesma que:

> "Art. 8º. Toda pessoa tem direito a um recurso efetivo ante os tribunais competentes que ampare contra atos violadores de seus direitos fundamentais, reconhecidos pela Constituição e pelas leis".

Trata-se de uma ação constitucional de aspecto penal e de procedimento especial, sem pagamento de custas, garantindo ao indivíduo a liberdade de ir e vir, em uma ordem dada por Juiz ou Tribunal ao coator, para que cesse a ameaça ou a violação dessa liberdade. Limita-se, hoje, apenas a garantir o direito de locomoção, não discutindo a prova ou o prazo para a obtenção de prova, dado seu caráter sumário. Não pode, assim, discutir a sentença transitada em julgado. Pode, todavia, ser usado para trancamento de ação penal, quando nela houver ilegalidade ou abuso do poder.

A legitimidade reside, apenas, na personalidade jurídica, sem exigir interesse especial, podendo ser interposto em favor de si próprio ou de terceiro, não necessitando de advogado para sua interposição, ainda que seja melhor um, melhor se for um Defensor Público. Tem a legitimidade passiva o coator, que pode ser o Delegado de Polícia, o Promotor de Justiça, o Juiz de Direito ou o Tribunal, quando estiver cometendo ilegalidade ou abuso de poder, restringindo a liberdade de outrem. O **habeas corpus** pode ser preventivo, no caso de salvo-conduto, ou liberatório, quando já estiver ocorrendo a violação. Pode ser concedida a liminar, desde que haja a possibilidade de dano irreparável e a plausibilidade do direito. Utiliza-se, também, nos casos de excesso de prazo. Encontra-se excluído, porém, nos casos de punições disciplinares militares, de acordo com o disposto no art. 142, § 2º, do texto constitucional.

Para Jacinto Nelson de Miranda Coutinho e Ana Maria Lumi Kamimura Murata, o **habeas corpus** trata-se de:

> "*Habeas corpus*, na primeira parte do século XIII, significava tão somente uma fórmula dentro do linguajar do processo civil inglês, a qual emanava uma ordem de submissão física do autor frente à Corte. Nos séculos seguintes, dentro do *Common Law*, passou-se a identificar o *habeas corpus* como um procedimento por meio do qual se apresentava o sujeito à Corte, para que essa analisasse o caso penal, decidindo sobre eventual prisão injusta, opressões ou detenções

> excessivamente prolongadas, como garantia da liberdade individual de locomoção. Esse instituto inglês foi transplantado às colônias da América do Norte e, posteriormente, trazido a documentos internacionais sobre direitos humanos e ordenamentos jurídicos de diversos países, inclusive no Brasil, como instrumento para se fazer cessar, de forma célere e eficaz, o constrangimento ilegal à liberdade ambulatória. É de se notar que o *habeas corpus*, concebido dentro do sistema acusatório, acabou encontrando seu espaço dentro do Direito brasileiro inquisitório por ter aptidão de solucionar, ainda que transitoriamente, alguns problemas sistêmicos existentes, operando como um instituto que freia exercício ilegítimo do poder e, consequentemente, um procedimento para afirmação do irredutível direito fundamental de liberdade do indivíduo. Todavia, tal incorporação não se deu sem consequências"[4].

O **habeas corpus** encontra-se no direito brasileiro, desde D. João VI, através do Decreto Real de 23.05.1821, assegurando esta garantia ao Brasil, então fazendo parte do Reino Unido de Portugal, Brasil e Algarve. Foi consolidado na Constituição de 1824, estando implícito, em seu art. 179, ainda que não formulado em seus inúmeros incisos, principalmente os formados por garantias contra a prisão arbitrária ou excessiva. Por conta disto, foi previsto seu procedimento no Código de Processo Criminal, Lei Imperial de 29.11.1832, alterada depois pela Lei Imperial nº 26, de 03.12.1841.

Surgiu, de forma expressa, na Constituição de 1891, em seu art. 72, § 22, que dispunha que "dar-se-á o **habeas corpus** sempre que o indivíduo sofrer ou se achar em iminente perigo de sofrer violência, ou coação, por ilegalidade, ou abuso de poder". Constou também da Constituição de 1934, em seu art. 113, nº 23, fixando que "dar-se-á *habeas corpus* sempre que alguém sofrer, ou se achar ameaçado de sofrer violência ou coação em sua liberdade, por ilegalidade ou abuso de poder. Nas transgressões disciplinares não cabe o *habeas corpus*". Ainda que ignorado na prática, dado ao autoritarismo do Estado Novo, constava na Constituição de 1937, no art. 122, nº 16. Nesta, vinha expresso que:

> "Art. 122. ....
> ....
> ....
> ....
> nº 16. Dar-se-á *habeas corpus* sempre que alguém sofrer ou se achar na iminência de sofrer violência ou coação ilegal, na sua liberdade de ir e vir, salvo nos casos de punição disciplinar".

---

4 COUTINHO, Jacinto Nelson de Miranda, e MURATA, Ana Maria Lumi Kamimura. **Habeas corpus.** *In*: ALVIM, Eduardo Arruda, LEITE, George Salomão, e STRECK, Lênio (coords.). **Curso de Direito Constitucional.** Florianópolis: Tirant le Blanch, 2018, p. 397.

Na Constituição de 1946, no art. 23, teve a seguinte redação: "dar-se-á *habeas corpus* sempre que alguém sofrer ou se achar ameaçado de sofrer violência ou coação em sua liberdade de locomoção, por ilegalidade ou abuso de poder. Nas transgressões disciplinares, não cabe o habeas corpus". Por sua vez, a Constituição de 1967, no art. 150, voltou a seguir a redação tradicional, dispondo que "dar-se-á habeas corpus sempre que alguém sofrer ou se achar ameaçado de sofrer violência ou coação em sua liberdade de locomoção, por ilegalidade ou abuso de poder. Nas transgressões disciplinares, não caberá *habeas corpus*". Esta redação foi repetida pela Emenda Constitucional nº 1, de 17.10.1969, no art. 153.

A Constituição de 1988, em seu art. 5º, LXVIII, passou a dispor sobre a matéria do seguinte modo: "conceder-se-á habeas corpus sempre que alguém sofrer ou se achar ameaçado de sofrer violência ou coação em sua liberdade de locomoção, por ilegalidade ou abuso de poder". Foi dito, ainda, no inciso LXXVII, que a ação de **habeas corpus** é gratuita, assim como também o **habeas data** e os atos necessários ao exercício da cidadania. Devem-se observar, ainda, as competências expressas para **habeas corpus**, em razão dos cargos que ocupam as autoridades coatoras.

Compete ao Supremo Tribunal Federal, em seu art. 102, I, "d", em matéria originária, "o habeas corpus, sendo paciente qualquer das pessoas referidas nas líneas anteriores; o mandado de segurança e o habeas data contra atos do Presidente da República, das Mesas da Câmara dos Deputados ou do Senado Federal, do Tribunal de Contas da União, do Procurador-Geral da República e do próprio Supremo Tribunal Federal". Cabe, ainda, como matéria recursal, no art. 102, II, "a", do texto constitucional, constando que lhe compete julgar, em grau de recurso, o **habeas corpus**, entre outras ações, decido em única instância pelos Tribunais Superiores, se denegatória a decisão.

Compete ao Superior Tribunal de Justiça, no art. 105, I, "c", processar e julgar, de forma originária, "os habeas corpus, quando o coator ou o paciente for quaisquer das pessoas mencionadas na alínea "a", ou quando o coator for Ministro de Estado, ressalvada a competência da Justiça Federal". Por outro lado, passou a sua atribuição a competência para julgar o recurso ordinário de **habeas corpus** decididos em única ou última instância pelos Tribunais Regionais Federais (TRF) ou pelos Tribunais de Justiça dos Estados-membros e do Distrito Federal e Territórios, quando a decisão for denegatória.

Compete aos Tribunais Regionais Federais, conforme o art. 108, I, "d", da Constituição de 1988, os **habeas corpus**, quando a autoridade coatora for Juiz Federal. De outra forma, cabe aos Juízes Federais, de acordo com o art. 109, VII, processar e julgar "os habeas corpus, em matéria criminal de sua competência ou quando o constrangimento provier de autoridade cujos atos não estejam diretamente sujeitos a outra jurisdição". Observe-se que cabe aos Tribunais de Justiça dos Estados-membros e do Distrito Federal julgar **habeas corpus** de determinadas autoridades estaduais. Aos Juízes de Direito compete processar e julgar os **habeas corpus** das autoridades não mencionadas no art. 109, VII, que fixa a atribuição da Justiça Estadual.

Trata-se o **habeas corpus** de ação constitucional de natureza penal e de procedimento especial, sem pagamento de custas, taxas, emolumentos ou honorários de sucumbência, garantindo ao indivíduo a liberdade de locomoção, em uma ordem dada por um Juiz ou Tribunal ao coator, para que cesse a ameaça ou a violação desta liberdade[5]. Limita-se, hoje, apenas a garantir o direito de locomoção, não discutindo a prova ou o prazo para a obtenção de prova, em razão de seu caráter sumário. Não deve, desse modo, discutir a sentença transitada em julgado. Contudo, é lhe é facultado ser utilizado para o fim de trancamento de ação penal e, em alguns casos, de inquérito policial, quando neste houver ilegalidade ou abuso de poder, como já comentado.

Entendeu Júlio Fabbrini Mirabete que:

> "O habeas corpus é uma garantia individual, ou seja, um remédio jurídico destinado a tutelar a liberdade física do indivíduo, a liberdade de ir, ficar e vir. Pode ser conceituado, pois, como o remédio judicial que tem por finalidade evitar ou fazer cessar a violência ou a coação à liberdade de locomoção decorrente de ilegalidade ou abuso de poder. Com ele se pode impugnar atos administrativos ou judiciário, inclusive a coisa julgada, e de particulares"[6].

A legitimidade ativa reside, apenas, na personalidade jurídica, sem exigir interesse especial, podendo ser interposto em favor de si próprio ou de terceiro, não necessitando de advogado para sua interposição. Dispõe o art. 654, do Código de Processo Penal de 1939, Decreto-lei nº 1.608, de 18.09.1939, que o **habeas corpus** pode ser impetrado por qualquer pessoa, em seu favor ou de outrem, como pelo Ministério Público. Pelo texto constitucional, trata-se de atributo da personalidade jurídica. Pode haver o pedido em favor de terceiro, com a presunção de concordância do paciente. Tem legitimidade passiva a autoridade coatora, que pode ser o Delegado de Política, o Promotor de Justiça ou o Juiz de Direito ou Federal, inclusive os respectivos Tribunais, quando cometerem a ilegalidade ou o abuso de poder, restringindo a liberdade de outrem. Estão previstas as autoridades coatoras no Código de Processo Penal de 1939, Decreto-lei nº 1.608, de

---

5 SIDOU, J. M. Othon. **Habeas Data, Mandado de Injunção, Habeas Corpus, Mandado de Segurança, Ação Popular: as garantia ativas dos direitos coletivos segundo a nova constituição.** 3ª ed. Rio de Janeiro: Forense, 1989, p. 457.

6 MIRABETE, Júlio Fabbrini. **Processo Penal.** 14ª ed. São Paulo: Atlas, 2003, p. 709.

18.09.1939, nos arts. 649, 650, § 1º, 653, 655, 660 e 665. As autoridades públicas, em geral, são da Polícia Judiciária, da magistratura ou do Ministério Público, podendo ser as autoridades coatoras, de acordo com o caso e a prova nos autos.

O **habeas corpus** pode ser liberatório ou repressivo, podendo ser de ofício de Juiz ou de Tribunal ou a pedido, sendo impetrado como se houvesse ameaça ao direito de locomoção. O **habeas corpus** preventivo, no caso de salvo-conduto, é impetrado quando houver apenas a ameaça de lesão; ao passo que o **habeas corpus** liberatório ocorre quando já estiver havendo a violação. O pedido de **habeas corpus**, como qualquer, está submetido às condições gerais de admissibilidade, devendo ter **legitimatio ad causam**, possibilidade jurídica e interesse de agir. Carecedor de ação, por impossibilidade, o paciente que, sem está preso, pede que seja apressado inquérito, ação penal ou julgamento, através de **habeas corpus**.

Dispõe o art. 648, do Código de Processo Penal, a respeito das hipóteses cabíveis do **habeas corpus**, sobre haver o constrangimento ilegal à liberdade de locomoção. A coação é considerada ilegal quando não houver "justa causa". Não se trata de saber se a coação é justa ou injusta, o que só se decide com a sentença, após regular instrução, mas apenas se o constrangimento está ou não conforme às leis.

O Juiz ou o Tribunal, dentro dos limites da sua jurisdição, faz passar a ordem de **habeas corpus** impetrada, nos casos em que tenha cabimento, seja qual for a autoridade coatora do art. 649, do Código de Processo Penal. A impetração, porém, deve ser apresentada perante a autoridade superior àquela de quem parte a coação, com o art. 650, § 1º, do mesmo diploma legal. A petição do **habeas corpus** por qualquer pessoa, em seu favor ou de outrem, bem como pelo Ministério Público, deve conter os requisitos previstos no art. 654, § 1º, do Código de Processo Penal. É exigido que o autor da petição, impetrante, conste o nome da pessoa que sofre ou está ameaçada de sofrer a violência ou a coação, que é chamado de paciente, e de quem exerce a violência, a coação ou a ameaça, a autoridade coatora. Precisa conter a petição a declaração da espécie de constrangimento ou, em caso de simples ameaça de coação, suas circunstâncias, causa, ilegalidades e outras informações. Deve conter a petição a assinatura do impetrante ou de alguém a rogo, quando não souber ou não puder escrever, e a designação das respectivas residências.

Apresentada a petição ao Juiz, pode ele rejeitar, liminarmente, se são preenchidos os requisitos extrínsecos previstos no art. 654, do Código de Processo Penal. Preenchidas as formalidades legais, o Juiz recebe a petição de **habeas corpus** e, se julgar necessário e estiver preso o paciente, manda que este lhe seja imediatamente apresentado em dia e hora que designar, no art. 656. O detentor do paciente deve declarar por ordem de quem está preso, no art. 658. Dispõe o art. 660 que, efetuadas as diligências, que podem ser requeridas ou as determinações de ofício, e interrogado o paciente, o Juiz decide, fundamentadamente, dentro de vinte e quatro horas. A autoridade coatora deve apresenta informações, capazes de esclarecer o alegado na impetração. Depois das informações, o Juiz profere a decisão, além de fundamentada, com a força do art. 83, IX, da Constituição de 1988, bem como aos requisitos do art. 381, do Código de Processo Penal. Deve-se mencionar que, no curso do processo, os Juízes e os Tribunais têm competência para expedir de ofício ordem de **habeas corpus** quando no curso de processo verificar que alguém sofre ou está na iminência de sofrer coação ilegal, no art. 654, § 2º, do mesmo Código.

Na sessão do julgamento do **habeas corpus** pelo Tribunal podem fazer sustentação oral o Ministério Público e o advogado habilitado do impetrante ou o paciente. A concessão da ordem, tratando-se de **habeas corpus** liberatório, implica seja o paciente posto em liberdade, salvo se por outro motivo deve ser mantido preso, no art. 660, § 1º, do Código de Processo Penal. Pode também, se repressivo, pedir o salvo conduto. Pode ser pedido o **habeas corpus** para discutir a nulidade de processo, conforme o art. 652, sendo a sentença declaratória desconstitutiva, ou constitutiva negativa. Há **habeas corpus**, ainda, para questionar a falta de justa causa para o inquérito policial ou a ação penal, sendo aí sentença terminativa de mérito, que não possibilita a instauração de outro procedimento ou de outro processo sobre o mesmo fato.

Pelo art. 581, X, do Código de Processo Penal, da decisão do Juiz que conceder ou negar a ordem de **habeas corpus** cabe recurso em sentido estrito, independentemente de recurso de ofício no caso de concessão, no art. 574, I, do mesmo diploma legal. O Ministério Público pode recorrer, se for dado o pedido, ou o paciente ou o impetrante, se não o for. Pode ser concedida a liminar, desde que não haja a possibilidade de dano irreparável e o direito seja plausível. Aplica-se, ainda, nos casos de excesso de prazo, em que se pode pedir a liberdade imediata, por excesso dos prazos legais. Encontram-se excluídos de **habeas corpus** os casos de punições disciplinares militares, de acordo com o art. 142, § 2º, da Constituição de 1988. Todavia, Juízes Auditores em caso de flagrantes constrangimentos, podem conceder **habeas corpus** aos militares das Forças Armadas ou aos policiais e aos bombeiros militares, no âmbito da Justiça Estadual.

19.3. Desenvolvimento do Mandado de Segurança Individual

Faz parte da história dos povos, desde o início da vida política, a luta incessante contra a arbitrariedade e o abuso do poder. O mandado de segurança, então, é a ação interposta por pessoa para assegurar um direito certo e incontestável, ameaçado ou violado por ato de autoridade, claramente inconstitucional e ilegal. Dispõe o texto constitucional que se deve conceder mandado de segurança para proteger direito líquido e certo, excluído o que se encontra protegido por **habeas corpus** ou **habeas data**, quando o responsável pela ilegalidade ou pelo abuso de poder for autoridade ou agente de pessoa jurídica no exercício de atribuições do Poder Público.

Nas Ordenações Filipinas, no Livro III, Título 78, § 5º, estava estabelecido que "se alguém se temer de outro que o queira ofender na pessoa, ou lhe queira, sem razão, ocupar e tomar suas coisas, poderá requerer ao juiz que assegure a ele e as suas coisas do outro que o quiser ofender". No Brasil, as questões envolvendo o particular e a Fazenda Pública resolviam-se nos Tribunais de Relação, através dos meios ordinários, até 22 de dezembro de 1761, quando se criou o Tesouro Geral e Real Erário. Este tinha jurisdição para dirimir em primeira e única instância as questões entre os particulares e o Fisco, mediante o Conselho da Fazenda. Esta situação permaneceu até 1831, quando se estabeleceu a competência para os Juízes Territoriais. A Lei Imperial nº 242, de 29.11.1841, determinou que fosse julgado no Juízo Privativo dos Feitos da Fazenda as causas cíveis de interesse da Fazenda Pública. No mesmo ano, o Conselho de Estado passou a resolver "os objetos administrativos", iniciando o contencioso administrativo, no Brasil, que não sobreviveu ao século XIX. Esteve previsto na Constituição de 1967, mas foi letra morta.

Na Constituição de 1891, extinguiu-se o contencioso administrativo, cabendo apenas ao Poder Judiciário conhecer e decidir as questões de natureza administrativa sem distinção. Por falta de meios próprios, foi célebre a construção doutrinária e processual de Rui Barbosa, utilizando os procedimentos possessórios, alegando a existência de posse de direitos pessoais. Apesar desta tese, a reação do Supremo Tribunal Federal quase sempre lhe foi favorável. No embate, todavia, nasceu a ação anulatória de atos da Administração, prevista no art. 13 da Lei Federal nº 221, de 20.11.1894, mas que acabou não vingando. Daí, passou-se a utilizar o **habeas corpus**, como meio para garantir os direitos individuais violados pela Administração, até que a Reforma Constitucional de 1926 impedisse tal prática, restringindo o **writ** à sua atuação própria.

Ensinou Castro Nunes que:

> "O mandado de segurança é sucedâneo do habeas corpus apenas do ponto de vista daquela adaptação jurisprudencial para suprir lacuna que ele veio preencher. Esses antecedentes servem para atestar, muito expressivamente, a sua necessidade como via de direito nas relações do particular com o Poder Público, às quais se estendia, na falta de outro meio legal, o habeas corpus. Criado, porém, o remédio judicial, separou-se este da sua matriz jurisprudencial, passou a instituto autônomo, guiando-se por princípios próprios e discipli-

> nado processualmente como ação cível, e com possibilidades maiores do que o habeas corpus ao tempo da jurisprudência extensiva, isto é, quando admitido para suprir a falta então existente de um meio adequado à pronta restauração ou premunição do direito. Definir o mandado de segurança por exclusão do habeas corpus trai o pensamento correspondência admitida ente aquele e a extensão jurisprudencial do habeas corpus, o que é verdade apenas em parte"[7].

A Constituição de 1934, em seu art. 113, nº 33, dispôs que "dar-se-á mandado de segurança para a defesa de direito, certo e incontestável, ameaçado ou violado por ato manifestamente inconstitucional ou ilegal de qualquer autoridade. O processo será o mesmo do habeas corpus, devendo ser sempre ouvida a pessoa de direito público interessada. O mandado não prejudica as ações petitórias competentes". No art. 76, 1, "h", indicava a competência do Supremo Tribunal Federal para julgar mandado de segurança, quando envolver determinadas autoridade, bem como no art. 76, 2, III, "c", em recurso ordinário as denegações de mandado de segurança de última ou única instância. Este remédio constitucional foi muito influenciado pelo **amparo** do México, introduzindo o mandado de segurança no direito brasileiro. Depois, o dispositivo constitucional foi disciplinado pela Lei Federal nº 191, de 16.01.1936, que deu meios para que esta ação se tornasse uma das mais populares do direito brasileiro.

A Constituição Federal de 1937, retrato do Estado Novo, não admitiu o novo remédio heroico. Contudo, o Decreto Federal nº 6, de 16.11.1937, reafirmou o mandado de segurança, embora introduzisse diversas restrições a sua prática. A matéria acabou sendo tratada no Código de Processo Penal de 1939, nos arts. 319 a 331.

A Constituição de 1946, em seu art. 141, § 24, fixou a matéria da seguinte forma – "para direito líquido e certo não amparado por **habeas corpus**, conceder-se-á mandado de segurança, seja qual for a autoridade responsável pela ilegalidade ou abuso do poder". Foi mencionada, ainda, a competência do Supremo Tribunal Federal, no art. 101, I, "i", para julgar originariamente mandado de segurança contra determinadas autoridades, e no art. 101, II, "a", para julgar o recurso ordinário quando este for denegado, em última ou única instância. Foi atribuindo, ainda, ao antigo Tribunal Federal de Recursos (TFR), a competência para julgar determinados mandados de segurança, e julgar em grau de recurso a denegação do mesmo em última e única instância, no art. 104, I, "b", e II, "b", respectivamente.

O mandado de segurança passou a ser tratado na Lei Federal nº 1.533, de 11.12.1951, com mais de meio século de existência, ainda sendo moderna

7 CASTRO NUNES. **Do Mandado de Segurança e de Outros Meios de Defesa contra Atos do Poder Público.** 4ª ed. Rio de Janeiro: Forense, 1954, p. 35.

e eficiente. Sofreu algumas pequenas modificações e acréscimos ao longo do tempo, devendo ser destacada a Lei Federal nº 4.348, de 26.6.1964, que tratou da suspensão de liminar ou segurança por Presidente de Tribunal **ad quem**, criando um novo tipo de recurso, de aspecto mais político do que jurídico. A Lei Federal nº 12.016, de 07.08.2009, acabou substituindo a legislação acima. A Constituição de 1967, em seu art. 150, § 21, confirmou o remédio com a seguinte redação – "conceder-se-á mandado de segurança, para proteger direito líquido e certo não amparado por *habeas corpus*, seja qual for a autoridade responsável pela ilegalidade ou abuso do poder", confirmado pela Emenda Constitucional nº 1, de 17.10.1969, em seu art. 153, § 21.

A Constituição de 1988, em art. 5º, LXIX, tratou o remédio constitucional nos seguintes termos – "conceder-se-á mandado de segurança para proteger direito líquido e certo, não amparado por habeas corpus ou habeas data, quando o responsável pela ilegalidade ou abuso de poder for autoridade pública ou agente de pessoa jurídica no exercício de atribuições do poder público". Em importante inovação, estabeleceu o mandado de segurança coletivo, no inciso LXX, "a" e "b", do mesmo artigo, adiante tratado. Dispôs sobre a competência do Supremo Tribunal Federal para julgar originariamente o mandado de segurança contra determinadas autoridades e para julgar em recurso ordinário a denegação do mesmo por Tribunal em última ou única instância, no art. 102, I, "d", e II, "a". No mesmo sentido, foi fixada a competência do Superior Tribunal de Justiça, no art. 105, I, "b", e II, "b", para mandado de segurança originário e recurso ordinário quando este negado em última ou única instância. Os Tribunais Regionais Federais (TRF), no art. 108, I, "c", e os Juízes Federais, no art. 109, VIII, também têm competência expressa para julgarem o mandado de segurança, restando ainda a competência implícita dos Tribunais de Justiça Estaduais e dos Juízes de Direito.

O mandado de segurança é a ação colocada à disposição de toda pessoa, física ou jurídica, para a defesa de direito individual líquido e certo, lesionado ou ameaçado de lesão, não amparado por habeas corpus ou habeas data, contra ato de autoridade pública. Tem a finalidade de invalidar os atos de autoridade, por ato ou omissão, que seja ilegal ou inconstitucional, bem como lesivo a direito líquido e certo. Não se aplica, assim, para questionar as leis e os decretos em tese, mas apenas os efeitos concretos que dos mesmos possa advir, lesionando ou ameaçando direito certo e provadamente inquestionável.

O mandado de segurança pode ser impetrado por qualquer pessoa, que esteja ameaçada em seu direito líquido e certo, inclusive quem indiretamente vier a ser ameaçado ou violado. Por outro lado, a legitimação passiva é da autoridade que pode rever o próprio ato, inclusive os dirigentes de autarquia, de fundação, de empresa pública, de sociedade de economia mista e de dirigentes de serviços delegados. Admite expressamente, inclusive, o instituto do litisconsórcio do Código de Processo Civil de 2015.

A expressão "direito líquido e certo", criada por Pedro Lessa[8], foi o objeto de muita discussão, mas hoje já está clareado o assunto, significando o direito de se encontrar provado de plano, sem necessidade de produção ou juntada de novas provas ou, mesmo, de que possa haver perícia. No entender de José de Moura Rocha:

> "Direito líquido e certo é, certamente, a expressão fundamental para o entendimento do mandado de segurança. É a expressão que resultou vitoriosa na sistemática do remédio heroico. A noção de 'direito líquido e certo' implica, obrigatoriamente, em serem os fatos controversos. Aí a razão de se exigir, desde logo, comprovados através de provados através de prova documental. Nada pode ser deixado a ser provado posteriormente"[9].

A competência judiciária para o mandado de segurança está assentada em dois princípios: a) a da qualificação da autoridade como federal ou local; b) o da hierarquia, isto é, da graduação hierárquica da autoridade, para o efeito da competência no mecanismo das instâncias em cada uma daquelas jurisdições. Deve-se observar que as mais altas autoridades têm foro privilegiado.

As partes no mandado de segurança são o impetrante, o titular do direito subjetivo próprio ameaçado ou lesado, inclusive o substituto processual, de um lado, do outro, o impetrado, a autoridade coatora. O impetrado é a autoridade coatora, pessoa física que ordena ou omite a prática do ato impugnado, sendo o executor o responsável pelo ato. Deve-se verificar que a autoridade coatora é aquela que pode desfazer ou renovar o ato impugnado, mas o Ente Federado ou a autoridade coatora encontra-se vinculado, devendo ser citado também.

O mandado de segurança foi o único caminho para se questionar o ato de autoridade, pois existem forte restrições à concessão de liminares ou de cautelares ou, ainda, antecipação de tutela, em demandas contra a Fazenda Pública, no art. 7º, da Lei Federal nº 1.533, de 31.12.1951, hoje revogada. Disse Celso Ribeiro Bastos que:

8 **Pedro Augusto Carneiro Lessa** (Serro, 1859 – Rio de Janeiro, 1921) foi professor, jurista, magistrado e político no Brasil.

9 ROCHA, José de Moura. **Mandado de Segurança: a defesa dos direitos individuais.** Rio de Janeiro: Aide, 1982, pp. 108-9.

> "A medida liminar é uma providência cautelar destinada a preserva a possibilidade de satisfação, pela sentença, do direito do impetrante. Em outras palavras, visa a impedir que o retardamento da decisão final venha a torná-la inócua, em razão da irreparabilidade do dano sofrido. [...] A liminar não envolve prejulgamento do mérito. É uma decisão autônoma, no sentido de que não vincula o juiz a mantê-la, posto que é precária, nem a permitir que ela influa na formulação do seu juízo por ocasião da sentença, que deverá ser prolatada com a mesma liberdade, tanto no caso de concessão quanto no de denegação de liminar"[10].

Lecionou Celso Agrícola Barbi sobre a natureza da sentença no mandando de segurança assim:

> "A natureza da sentença que julga o mandado de segurança é objeto de acentuada divergência entre os doutrinadores. Para Sebastião de Sousa, ela é constitutiva, limita-se a anular o ato ameaçador ou violador. Lopes da Costa entende que é constitutiva quando for para anulação do ato, mas mandamental quando tender a prestação, pois não é possível execução direta contra o Estado. Para Vitor Nunes Leal, somente poderá constitutiva ou condenatória, nunca declaratória. Luís Eulálio de Bueno Vidigal sustenta que pode a sentença nesses processos ser declaratória, condenatória ou constitutiva. Finalmente, Pontes de Miranda exclui a possibilidade de sentença condenatória e dá predominância ao efeito mandamental, podendo ainda existir efeito declaratório e efeito constitutivo"[11].

Por outro lado, também sobre a sentença no mandado de segurança, disse José Ribeiro Leitão que:

> "A sentença que julga procedente a ação (mérito) e a sentença que julga improcedente por inexistência de qualquer direito subjetivo do impetrante (mérito) fazem coisa julgada material e são oponíveis erga omnes: vale dizer, sobre o mesmo fundamento e objeto não se pode ajuizar outra ação, sob penda dos efeitos da 'exceptio rei judicatae' (art. 267, V; 468; 471, do Código de Processo Civil)"[12].

Não se aplica a condenação em honorários de sucumbência no mandado de segurança, havendo a condenação apenas em custas, sem a sucumbência em honorários advocatícios. O direito de requerer o mandado de segurança, extingue-se decorridos cento e vinte dias contados da ciência, pelo interessado do ato impugnado. Disse Sérgio Ferraz que:

---

10 BASTOS, Celso Ribeiro. **Do Mandado de Segurança**. 2ª ed. São Paulo: Saraiva, 1982, pp. 23-4.

11 BARBI, Celso Agrícola. **Do Mandado de Segurança**. 6ª ed. Rio de Janeiro: Forense, 1993, pp. 217-8.

12 LEITÃO, José Ribeiro. **Direito Processual Civil**. Rio de Janeiro: Forense, 1980, p. 466.

> "Como legitimação, e o interesse que ampara, são plúrimos (coletivo ou difuso), o 'dies a quo' do prazo decadencial situa-se no momento em que, comprovadamente, a infringência ou o abuso possam, efetivamente, ter sido alvos de ciência, pela impetrante"[13].

A Lei Federal nº 12.016, de 07.08.2009, disciplinou o mandado de segurança individual e o mandado de segurança coletivo[14]. Pelo art. 1º, deve-se conceder o mandado de segurança para proteger o direito líquido e certo, não amparado por **habeas corpus** ou **habeas data**, sempre que, ilegalmente ou com abuso de poder, qualquer pessoa física ou jurídica sofrer violação ou houver justo receio de sofrê-la por parte de autoridade, seja de que categoria for e sejam quais forem às funções que exerça.

Equiparam-se às autoridades os representantes ou os órgãos de partidos políticos e os administradores de entidades autárquicas, bem como os dirigentes de pessoas jurídicas ou as pessoas naturais no exercício de atribuições do Poder Público, somente no que disser respeito a essas atribuições. Considera-se federal a autoridade coatora se as consequências de ordem patrimonial do ato contra o qual se requer o mandado de segurança houver de ser suportadas pela União ou por entidade por ela controlada.

Não cabe o mandado de segurança contra os atos de gestão comercial praticados pelos administradores de empresas públicas, de sociedade de economia mista e de concessionárias de serviço público. Quando o direito ameaçado ou o violado couber a várias pessoas, qualquer delas pode requerer o mandado de segurança. Pelo art. 3º, da lei acima, o titular de direito líquido e certo decorrente de direito, em condições idênticas, de terceiro pode impetrar o mandado de segurança a favor do direito originário, se o seu titular não o fizer, no prazo de trinta dias, quando notificado judicialmente.

Pelo art. 4º, em caso de urgência, é permitido, observado os requisitos legais, impetrar o mandado de segurança por telegrama, radiograma, fax ou outro meio eletrônico de autenticidade comprovada. O Juiz, em caso de urgência, notifica a autoridade por telegrama, radiograma, rede social ou outro meio que assegure a autenticidade do documento e a imediata ciência pela autoridade. Em se tratando de documento eletrônico, precisam ser observadas as regras da Infraestrutura de Chaves Públicas Brasileira (ICP-

13 FERRAZ, Sérgio. Mandado de Segurança: (individual e coletivo) aspectos polêmicos. 2ª ed. São Paulo: Malheiros, 1993, p. 106.

14 WALD, Arnold. **A Nova Lei do Mandando de Segurança (Lei nº 12.016, de 07.08.2009).** *In*: **Doutrinas Essenciais: Direito Constitucional (Edições Especiais Revista dos Tribunais: 100 Anos).** 2ª tir. São Paulo: Revista dos Tribunais, 2013, vol. X, p. 1691.

Brasil). Porém, o texto original da petição deve ser apresentado nos cinco dias úteis seguintes.

Não se concede o mandado de segurança, pelo art. 5º, da legislação acima, quando se tratar de ato do qual caiba recurso administrativo com efeito suspensivo, independentemente de caução, de decisão judicial da qual caiba recurso com efeito suspensivo e de decisão judicial transitada em julgado.

Pelo art. 6º, da Lei Federal nº 12.016, de 07.08.2009, a petição inicial, que deve preencher os requisitos estabelecidos pela lei processual, é apresentada em duas vias com os documentos que instruírem a primeira reproduzidos na segunda e indica, além da autoridade coatora, a pessoa jurídica que esta integra, à qual se acha vinculada ou da qual exerce atribuições. O Juiz de Direito ou Federal ordena, preliminarmente, por ofício, a exibição desse documento em original ou em cópia autêntica e marca, para o cumprimento da ordem, o prazo de dez dias, no caso em que o documento necessário à prova do alegado se ache em repartição ou estabelecimento público ou em poder de autoridade que se recuse a fornecê-lo por certidão ou de terceiro. O escrivão extrai cópias do documento para juntá-las à segunda via da petição.

Se a autoridade que tiver procedido dessa maneira for a própria coatora, a ordem faz-se no próprio instrumento da notificação. Pelo § 3º, do art. 6º, considera-se a autoridade coatora aquela que tenha praticado o ato impugnado ou da qual emane a ordem para a sua prática. O pedido de mandado de segurança pode ser renovado dentro do prazo decadencial, se a decisão denegatória não lhe houver apreciado o mérito.

Pelo art. 7º, ao despachar a inicial, o Juiz ordena que:

> "Art. 7º. ....
>
> ....
>
> I - que se notifique o coator do conteúdo da petição inicial, enviando-lhe a segunda via apresentada com as cópias dos documentos, a fim de que, no prazo de dez dias, preste as informações; II - que se dê ciência do feito ao órgão de representação judicial da pessoa jurídica interessada, enviando-lhe cópia da inicial sem documentos, para que, querendo, ingresse no feito; III – que se suspenda o ato que deu motivo ao pedido, quando houver fundamento relevante e do ato impugnado puder resultar a ineficácia da medida, caso seja finalmente deferida, sendo facultado exigir do impetrante caução, fiança ou depósito, com o objetivo de assegurar o ressarcimento à pessoa jurídica".

A liminar deve ser para que se suspenda o ato que deu motivo ao pedido, quando houver fundamento relevante e do ato impugnado puder resultar a ineficácia da medida, caso seja finalmente deferida, sendo facultado exigir do impetrante a caução, a fiança ou o depósito, com o objetivo de assegurar o ressarcimento à pessoa jurídica. Da decisão do Juiz de primeiro grau que conceder ou denegar a liminar, cabe agravo de instrumento, observado o disposto no Código de Processo Civil de 2015.

Aluísio Gonçalves de Castro Mendes disse sobre a liminar no mandando de segurança que:

> "A norma contida no § 2º do art. 22 da Lei 12.016/2009 repete, basicamente, o comando contido no art. 2º da Lei 8.437/1992. Trata-se de previsão que deve ser devidamente interpretada em conformidade com o princípio da inafastabilidade da prestação jurisdicional. Isso porque a determinação deverá ser cumprida sempre que a medida judicial pretendida puder aguardar a manifestação da parte impetrada. Com a fixação de um prazo menor, de 72 horas, a realização do contraditório torna-se mais viável, pois a apreciação da medida não terá que aguardar o decurso do prazo de dez dias para a resposta a ser prestada pela autoridade dita coatora. Mas, por outro lado, ainda que mais exíguo o prazo, a medida liminar pode ser de tal modo urgente, que, que se deferida e implementada imediatamente, poderá ser inócua"[15].

Não deve ser concedida a medida liminar que tenha por objeto a compensação de créditos tributários, a entrega de mercadorias e bens provenientes do exterior, a reclassificação ou a equiparação de servidores públicos e a concessão de aumento ou a extensão de vantagens ou o pagamento de qualquer natureza. Os efeitos da medida liminar, salvo se revogada ou cassada, persistem até a prolação da sentença. Deferida a medida liminar, o processo deve ter prioridade para julgamento. As vedações relacionadas com a concessão de liminares previstas se estendem à tutela antecipada.

Pelo art. 8º, da legislação acima, deve ser decretada a perempção ou a caducidade da medida liminar **ex officio** ou a requerimento do Ministério Público quando, concedida a medida, o impetrante criar obstáculo ao normal andamento do processo ou deixar de promover, por mais de três dias úteis, os atos e as diligências que lhe cumprirem. As autoridades administrativas, no prazo de quarenta e oito horas da notificação da medida liminar, devem remeter ao Ministério Público ou órgão a que se acham subordinadas e ao Advogado-Geral da União ou a quem tiver a representação judicial da União, do Estado-membro, do Município ou da entidade apontada como coatora cópia autenticada do mandado notificatório. Deve haver, também, as indicações e os elementos outros necessários às providências a serem tomadas para a eventual suspensão da medida e a defesa do ato apontado como ilegal ou abusivo de poder.

---

15 MENDES, Aluísio Gonçalves de Castro. **Mandado de segurança**. *In*: ALVIM, Eduardo Arruda, LEITE, George Salomão, e STRECK, Lênio (coords.). **Curso de Direito Constitucional**. Florianópolis: Tirant le Blanch, 2018, p. 423.

Pelo art. 10, da Lei Federal nº 12.016, de 07.08.2009, a inicial deve ser desde logo indeferida, por decisão motivada, quando não for o caso de mandado de segurança ou lhe faltar algum dos requisitos legais ou quando decorrido o prazo legal para a impetração. Do indeferimento da inicial pelo Juiz de primeiro grau cabe a apelação e, quando a competência para o julgamento do mandado de segurança couber originariamente a um dos Tribunais, do ato do relator cabe o agravo de instrumento para o órgão competente do Tribunal que integre. O ingresso de litisconsorte ativo não deve ser admitido após o despacho da petição inicial.

Pelo art. 11, da lei acima, feitas as notificações, o serventuário em cujo Cartório ou Secretaria corra o feito junta aos autos cópia autêntica dos ofícios endereçados ao coator e ao órgão de representação judicial da pessoa jurídica interessada, bem como a prova da entrega a estes ou da sua recusa em aceitá-los ou dar recibo e, no caso do art. 4º, a comprovação da remessa. Findo o prazo a que se refere o inciso I do **caput** do art. 7º, o Juiz ouve o representante do Ministério Público, que deve opinar, dentro do prazo improrrogável de dez dias. Com ou sem o parecer do Ministério Público, os autos são conclusos ao magistrado para a decisão, a qual deve ser necessariamente proferida em trinta dias. Pelo art. 13, concedido o mandado, o Juiz transmite em ofício, por intermédio do oficial do juízo, ou pelo correio, mediante correspondência com aviso de recebimento, o inteiro teor da sentença à autoridade coatora e à pessoa jurídica interessada. Em caso de urgência, pode o magistrado observar o disposto no art. 4º, da lei acima.

Da sentença, denegando ou concedendo o mandado, cabe apelação, pelo art. 14, da Lei Federal nº 12.016, de 07.08.2009. Concedida a segurança, a sentença está sujeita obrigatoriamente ao duplo grau de jurisdição. Por outro lado, estende-se à autoridade coatora o direito de recorrer. A sentença que conceder o mandado de segurança pode ser executada provisoriamente, salvo nos casos em que for vedada a concessão da medida liminar. O pagamento de vencimentos e de vantagens pecuniárias assegurados em sentença concessiva de mandado de segurança a servidor público da Administração Direta ou autárquica federal, estadual e municipal somente deve ser efetuado relativamente às prestações que se vencerem a contar da data do ajuizamento da inicial.

Quando, a requerimento de pessoa jurídica de direito público interessada ou do Ministério Público e para evitar a grave lesão à ordem, à saúde, à segurança e à economia públicas, o Presidente do Tribunal ao qual couber o conhecimento do respectivo recurso suspender, em decisão fundamentada, a execução da liminar e da sentença. Desta decisão cabe agravo, sem efeito suspensivo, no prazo de cinco dias, que deve ser levado a julgamento na sessão seguinte à sua interposição. Indeferido o pedido de suspensão ou provido o agravo a que se refere o disposto acima, cabe novo pedido de suspensão ao Presidente do Tribunal competente para conhecer de eventual recurso especial ou extraordinário. É cabível também o pedido de suspensão, quando negado provimento a agravo de instrumento interposto contra a liminar a que se refere.

A interposição de agravo de instrumento contra a liminar concedida nas ações movidas contra o Poder Público e seus agentes não prejudica nem condiciona o julgamento do pedido de suspensão da liminar. Pelo § 4º, do art. 15, o Presidente do Tribunal pode conferir ao pedido efeito suspensivo liminar se constatar, em juízo prévio, a plausibilidade do direito invocado e a urgência na concessão da medida. As liminares cujo objeto seja idêntico podem ser suspensas em uma única decisão, podendo o Presidente do Tribunal estender os efeitos da suspensão a liminares supervenientes, mediante o simples aditamento do pedido original.

Pelo art. 16, nos casos de competência originária dos Tribunais, cabe ao relator a instrução do processo, sendo assegurada a defesa oral na sessão do julgamento. Da decisão do relator que conceder ou denegar a medida liminar cabe agravo ao órgão competente do Tribunal que integre. Nas decisões proferidas em mandado de segurança e nos respectivos recursos, quando não publicado no prazo de trinta dias, contado da data do julgamento, o acórdão deve ser substituído pelas respectivas notas taquigráficas, independentemente de revisão, pelo art. 17 da legislação comentada.

Pelo art. 18, da Lei Federal nº 12.016, de 07.08.2009, das decisões em mandado de segurança proferidas em única instância pelos Tribunais cabe o recurso especial e o extraordinário, nos casos legalmente previstos, e o recurso ordinário, quando a ordem for denegada. A sentença ou o acórdão que denegar o mandado de segurança, sem decidir o mérito, não impede que o impetrante, por ação própria, pleiteie os seus direitos e os respectivos efeitos patrimoniais.

Pelo art. 20, os processos de mandado de segurança e os respectivos recursos têm prioridade sobre todos os atos judiciais, salvo o **habeas corpus**. Na instância superior, devem ser levados a julgamento na primeira sessão que se seguir à data em que forem conclusos ao relator. O prazo para a conclusão dos autos não pode exceder de cinco dias. O direito de requerer o mandado de segurança extingue-se decorridos cento e vinte dias, contados da ciência, pelo interessado, do ato impugnado. Aplicam-se ao mandado de segurança, subsidiariamente, as disposições do Código de Processo Civil de 2015.

Pelo art. 25, não cabem, no processo de mandado de segurança, a interposição de embargos infringentes e a condenação ao pagamento dos honorários advocatícios, sem prejuízo da aplicação de sanções no caso de litigância de má-fé. Constitui o crime de desobediência, nos termos do art. 330, do Código Penal, o não cumprimento das decisões proferidas em mandado de segurança, sem o prejuízo das sanções administrativas e da aplicação da Lei Federal nº 1.079, de 10.04.1950, sobre os crimes de responsabilidade, quando cabíveis.

Os Regimentos Internos dos Tribunais e, no que couber, as leis de organização judiciária devem ser adaptadas às disposições dessa lei no prazo de cento e oitenta dias, contado da sua publicação, pelo art. 27, da lei acima, todos já tendo cumprido a determinação legal, portanto, prevista seu procedimento no mesmo.

O Supremo Tribunal Federal tem, na sua competência originária disposta no art. 102, I, "d", o ingresso do mandado de segurança, ao passo que na competência recursal ordinária, se denegatória a decisão de sua concessão, conforme o art. 102, II, e, ainda, extraordinariamente, de acordo com o art. 102, III, da Constituição Federal. No mesmo sentido, o Superior Tribunal de Justiça, no art. 105, I, "b", tem atribuição originária para aceitá-lo, do mesmo modo, possui competência para o recurso ordinário, art. 105, II, "b", quando o **writ** for julgado em Tribunal Regional Federal ou em Tribunal de Justiça, e ainda decidir os recursos especiais sobre a matéria. Os Tribunais Regionais Federais, no art. 108, têm competência para julgar mandado de segurança, assim como os Juízes Federais, no art. 109, VIII, tudo do texto constitucional federal. Do mesmo modo, os Tribunais de Justiça Estaduais e os Juízes de Direito.

O mandado de segurança, como foi dito acima, é uma ação constitucional civil, cujo o objeto é a proteção de direito líquido e certo, lesado ou ameaçado de lesão, por ato ou omissão de autoridade pública ou de agente de pessoa jurídica no exercício de atribuições do poder público. No passivo do **writ**, a autoridade coatora que pratica ou ordena concretamente a execução ou inexecução do ato impugnado deve ser responsabilizada pelos resultados de seu ato ou abuso no exercício da função administrativa, tendo competência para corrigir a ilegalidade praticada. Todavia, quem efetivamente suporta o ônus é a pessoa jurídica de direito público, que agora deve ser citada para fazer parte da demanda.

A Lei Federal nº 12.016, de 07.08.2009, trouxe algumas inovações em relação à Lei Federal nº 1.533, de 31.12.1951, como a pessoa jurídica de direito público ser citada como réu do processo, além da autoridade coatora, e não apenas como litisconsorte necessário passivo. Também se previu o processamento para os processos do mandado de segurança coletivo, uma novidade da Constituição de 1988. Trouxe ao texto, ainda, não mais por lei diversa, a questão da suspensão da liminar ou da segurança pelo Presidente do Tribunal **ad quem**. No entanto, as autoridades públicas continuam violando os direitos individuais, não aparados por **habeas corpus**, e o mandado de segurança continua amplamente utilizado para corrigir ou prevenir violação de direito líquido e certo, numa demonstração que seu efeito pedagógico ainda não se fez sentir, aproximando-se um século de sua existência.

19.4. Mandado de Segurança Coletivo

A Constituição de 1988, no art. 5º, inciso LXX, instituiu o mandado de segurança coletivo, que pode ser impetrado por partido político com representação no Congresso Nacional. Pode, ainda, ser interposto por organização sindical, entidade de classe ou associação legalmente constituída e em funcionamento há pelo menos um ano, em defesa dos interesses de seus membros ou associados. Mediante este novo procedimento, procurou-se facilitar o acesso ao juízo, permitindo que as pessoas jurídicas possam defender o interesse de seus membros ou associados, sem necessidade de mandado de segurança com litisconsórcio ativo. O procedimento era o mesmo do mandado de segurança individual, sendo utilizada a Lei Federal nº 1.533, de 31.12.1951, e a Lei Federal nº 4.348, de 26.06.1964, mas, agora, a Lei Federal nº 12.016, de 07.08.2009, trouxe as novas alterações quanto ao procedimento do mandado de segurança coletivo especificamente.

O mandado de segurança coletivo está disposto no art. 21 e seguintes, da Lei Federal nº 12.016, de 07.08.2009. Pode ser impetrado por partido político com representação no Congresso Nacional, na defesa de seus interesses legítimos relativos a seus integrantes ou à finalidade partidária, ou por organização sindical, entidade de classe ou associação legalmente constituída e em funcionamento há, pelo menos, um ano, em defesa de direitos líquidos e certos da totalidade, ou de parte, dos seus membros ou associados, na forma dos seus estatutos e desde que pertinentes às suas finalidades, dispensada, para tanto, a autorização especial.

Pelo **parágrafo único**, do art. 21, os direitos protegidos pelo mandado de segurança coletivo podem ser:

> "Art. 21. ....
> ....
> **Parágrafo único.** ....
> ....
> I - coletivos, assim entendidos, para efeito desta Lei, os transindividuais, de natureza indivisível, de que seja titular grupo ou categoria de pessoas ligadas entre si ou com a parte contrária por uma relação jurídica básica; II - individuais homogêneos, assim entendidos, para efeito desta Lei, os decorrentes de origem comum e da atividade ou situação específica da totalidade ou de parte dos associados ou membros do impetrante".

Pelo art. 22, da Lei Federal nº 12.016, de 07.08.2009, no mandado de segurança coletivo a sentença faz coisa julgada limitadamente aos membros do grupo ou de categoria substituídos pelo impetrante. O mandado de segurança coletivo não induz litispendência para as ações individuais, mas os efeitos da coisa julgada não beneficiam o impetrante a título individual se não requerer a desistência de seu mandado de segurança no prazo de trinta dias a contar da ciência comprovada da impetração da segurança coletiva. No mandado de segurança coletivo, a liminar só pode ser concedida após a audiência do representante judicial da pessoa jurídica de direito público, que deve se pronunciar no prazo de setenta e duas horas.

A Constituição de 1934, em seu art. 113, nº 33, dispunha que "dar-se-á mandado de segurança para a defesa de direito, certo e incontestável, ameaçado ou violado por ato manifestamente inconstitucional ou ilegal de qualquer autoridade". Em seguida, o dispositivo constitucional foi disciplinado pela Lei Federal nº 191, de 16.01.1936, que deu meios para que esta ação se tornasse uma das mais populares do direito brasileiro. A Constituição de 1937, porém, não admitiu o novo remédio heroico, mas o Decreto Federal nº 6, de 16.11.1937, reafirmou o mandado de segurança, A matéria acabou sendo tratada no Código de Processo Civil de 1939, nos arts. 319 a 331.

A Constituição de 1946, em seu art. 141, § 24, dispôs sobre a matéria, seguindo a redação tradicional. O mandado de segurança passou a ser tratado na Lei Federal nº 1.533, de 11.12.1951. A Constituição de 1967, em seu art. 150, § 21, confirmou o remédio constitucional, confirmado pela Emenda Constitucional nº 1, de 17.10.1969, em seu art. 153, § 21. Contudo, constava referência apenas ao mandado de segurança individual que, contudo, começava a ser utilizada para ações coletivas com inúmeros impetrantes, às vezes, na casa de milhares.

A Constituição de 1988, em importante inovação, estabeleceu o mandado de segurança coletivo, no inciso LXX, "a" e "b", do art. 5º, do seguinte modo – "o mandado de segurança coletivo pode ser impetrado por: [...] partido político com representação no Congresso Nacional; [...] organização sindical, entidade de classe ou associação legalmente constituída e em funcionamento há pelo menos um ano, em defesa dos interesses de seus membros ou associados". O mandado de segurança individual foi tratado no mesmo artigo, no inciso LXIX.

O mandado de segurança coletivo é um novo procedimento, que procura facilitar o acesso à justiça, permitindo que as associações e os sindicatos possam defender o interesse de seus membros ou associados, sem a necessidade de mandado de segurança individual com litisconsórcio ativo. Disse Hermes Zaneti Junior que:

> "A legitimação para agir nas ações coletivas granjeou, no Direito nacional, o interesse dos juristas – fora total negação de caracteres específicos de sua estrutura, por setores mais conservadores da doutrina – ensejando vasta produção intelectual"[16].

16 ZANETI JÚNIOR, Hermes. **Mandado de Segurança Coletivo: aspectos processuais controversos.** Porto Alegre: Sergio Antonio Fabris, 2001, pp. 100-1.

O procedimento do mandado de segurança coletivo era o mesmo do individual, sendo utilizada a Lei Federal nº 1.533, de 31.12.1951, bem como a Lei Federal nº 4.348, de 26.6.1964, dentre outras. No entanto, a Lei Federal nº 12.016, de 08.07.2009, passou a dispor sobre o mandado de segurança coletivo, especialmente nos arts. 21 e 22.

O mandado de segurança coletivo pode ser impetrado por partido político com representação no Congresso Nacional, na defesa de seus interesses legítimos relativos a seus integrantes ou à finalidade partidária, ou por organização sindical, entidade de classe ou associação legalmente constituída e em funcionamento há, pelo menos, um ano, em defesa de direitos líquidos e certos da totalidade, ou de parte, dos seus membros ou associados, na forma dos seus estatutos e desde que pertinentes às suas finalidades, dispensada, para tanto, autorização especial. Os direitos protegidos pelo mandado de segurança coletivo podem ser: a) coletivos, assim entendidos, para efeito dessa lei, os transindividuais, de natureza indivisível, de que seja titular grupo ou categoria de pessoas ligadas entre si ou com a parte contrária por uma relação jurídica básica; b) individuais homogêneos, assim entendidos, para efeito da legislação, os decorrentes de origem comum e da atividade ou situação específica da totalidade ou de parte dos associados ou membros do impetrante.

No mandado de segurança coletivo, a sentença faz coisa julgada limitadamente aos membros do grupo ou categoria substituídos pelo impetrante. O mandado de segurança coletivo não induz a litispendência para as ações individuais, mas os efeitos da coisa julgada não beneficiam o impetrante a título individual se não requerer a desistência de seu mandado de segurança no prazo de trinta dias a contar da ciência comprovada da impetração da segurança coletiva. No mandado de segurança coletivo, a liminar só pode ser concedida após a audiência do representante judicial da pessoa jurídica de direito público, que deve se pronunciar no prazo de setenta e duas horas.

19.5. Desenvolvimento da Ação Popular

A origem remota da ação popular se encontra no **right of petition**, da Carta Magna de 19.06.1215. Hoje, este direito se encontrava distribuído entre a ação popular e o direito de petição e de representação. A ação popular é de construção jurídica brasileira, ainda que com algumas influências externas. Foi prevista, inicialmente, na Constituição de 1934, no art. 113, nº 38, que dizia que "qualquer cidadão será parte legítima para pleitear a declaração de nulidade ou anulação dos atos lesivos ao patrimônio da União, dos Estados e dos Municípios". Foi excluída, porém, da Constituição de 1937, de caráter autoritário, que apenas serviu de cortina para um poder sem limites durante o Estado Novo.

Voltou a aparecer na Constituição de 1946, em seu art. 141, § 38, "qualquer cidadão será parte legítima para pleitear a anulação ou a declaração de atos lesivos patrimônio da União, dos Estados, dos Municípios, das entidades autárquicas e das sociedades de economia mista". O procedimento desta lei só veio a ser instituído, com a Lei Federal nº 4.717, de 29.06.1965, que se originou do Projeto Bilac Pinto e do Anteprojeto Hely Lopes Meirelles. Trata-se de importante instrumento da cidadania, visando criar as condições de se evitar a corrupção e a dilapidação do patrimônio público. A Constituição de 1967, no seu art. 150, § 31, dispunha que "qualquer cidadão será parte legítima para propor popular que vise a anular atos lesivos ao patrimônio de entidades públicas". A Emenda Constitucional nº 1, de 17.10.1969, em seu art. 153, § 31, manteve o dispositivo acima.

A Constituição de 1988, em seu art. 5º, inciso LXXIII, dispôs que "qualquer cidadão é parte legítima para propor ação popular que vise a anular ato lesivo ao patrimônio público ou de entidade de que o Estado participe, à moralidade administrativa, ao meio ambiente e ao patrimônio histórico e cultural, ficando o autor, salvo comprovada má-fé, isento de custas judiciais e do ônus da sucumbência". Assim, qualquer cidadão é a parte legítima para propor a ação popular que vise anular o ato lesivo ao patrimônio público ou de entidade de que o Poder Público participe, ampliando expressamente sua área de atuação, fazendo referência à moralidade administrativa, ao meio ambiente e ao patrimônio histórico e cultural.

A ação popular vem a ser uma ação de direito público subjetivo, através do qual qualquer cidadão pode obter a invalidação de atos ilegais e lesivos ao patrimônio público. Trata-se de instrumento que serve à proteção jurisdicional dos direitos difusos. Cabe, assim, contra os atos ilegais lesivos ao patrimônio público, sendo estes entendidos como nos casos de incompetência, de vício de forma, de ilegalidade do objeto, de inexistência de motivo e de desvio de finalidade. Os atos lesivos são os que desfalcam o Erário Público ou prejudicam a Administração ou, mesmo, ofendem bens ou valores artísticos, cívicos, culturais, ambientais ou históricos de comunidade[17]. O patrimônio público mencionado abrange não só os bens públicos econômicos ou pecuniários, mas com toda a abrangência acima. Verifica-se os pressupostos objetivos e subjetivos. Os objetivos devem ser fixados por atos ilegais e lesivos foram cometidos, enquanto os pressupostos subjetivos são a legitimação **ad causam** do povo.

17 ANDRADE, Marcelo Santiago de Pádua. **Ação Popular e Lesividade.** *In*: **Doutrinas Essenciais: Direito Constitucional (Edições Especiais Revista dos Tribunais: 100 Anos).** 2ª tir. São Paulo: Revista dos Tribunais, 2013, vol. X, p. 1773.

A legitimidade ativa é de "qualquer cidadão", ou seja, daquele que provar a cidadania, para ingressar em juízo, mediante a apresentação do título eleitoral ou do documento a ele correspondente. Como disse Miguel Seabra Fagundes,

> "qualquer cidadão é parte legítima para propor ação popular. O interesse à propositura **legitimatio ad processum**, individualizado na generalidade das ações, de sorte a competir com o próprio titular do direito material ou a terceiro referido expressamente em lei (substituto processual), tratando de **actio popularis**, compete a qualquer dos integrantes ativos da comunidade política (eleitor) que delibere investir-se em defensor da legalidade e da moralidade dos atos administrativo, ou de atos de pessoas privadas a esses outros equiparados"[18].

A legitimidade passiva é das pessoas públicas ou ocupantes de cargos nas mesmas, da União, dos Estados-membros, do Distrito Federal e dos Municípios, inclusive as autarquias, as fundações públicas, as empresas públicas, a sociedade de economia mista e os serviços delegados[19]. Deve-se verificar caso se trate de autoridade ou de bem federal, estadual, distrital ou municipal, para se poder fixar a competência.

O procedimento judicial está descrito no art. 7º, da Lei Federal nº 4.717, de 29.06.1965, com a petição sendo despachada para a citação, seguida de intimação do Ministério Público e a requisição de documentos a autoridade pública, se for necessário. Depois de efetivado o pedido inicial, com a citação da entidade e/ou a autoridade, bem como a intimação do Ministério Público, a requisição de documentos à entidade, a citação por edital dos beneficiários pelo ato impugnado e a concessão de liminar suspensivo do ato lesivo. Cabem várias disposições ao **Parquet**. Pode haver a publicação gratuita de editais, por três vezes, em órgão oficial. Pode ter sigilo, se for do interesse público. Deve haver a citação dos litisconsortes necessários, em especial dos beneficiários. Se o autor desistir, deve haver os editais para tanto. O prazo contestativo é de vinte dias, podendo ser pedido prorrogação em dobro, se depende de difícil prova documental. Haverá produção de prova testemunhal ou pericial, se for o caso.

José Ribeiro Leitão, sobre a sentença na ação popular, disse que:

> "A sentença que julga procedente a ação e desconstitui o ato malsinado é de natureza constitutiva com forte carga executória. Tem ela eficácia de coisa julgada material, oponível 'erga omnes', exceto no caso de haver sido a ação jul-

---

18 FAGUNDES, Miguel Seabra. **O Controle dos Atos Administrativos pelo Poder Judiciário**, *op. cit.*, pp. 315-6.

19 REIS, Maria Elisa Perrone dos. **Ação Popular: aspectos gerais e algumas questões processuais.** *In*: **Doutrinas Essenciais: Direito Constitucional (Edições Especiais Revista dos Tribunais: 100 Anos)**. 2ª tir. São Paulo: Revista dos Tribunais, 2013, vol. X, p. 1753.

gada improcedente por deficiência de prova. Nesta última hipótese, qualquer cidadão poderá intentar outra ação com idêntico fundamento, valendo-se de nova prova (art. 18)"[20].

A sentença, em quinze dias da audiência de instrução e julgamento, deve ser proferida. Pode ser concedida a liminar para suspender o ato. A sentença pode decretar a invalidade do ato e condenar ao pagamento de perdas e danos pelos responsáveis e beneficiários. A sentença que julga procedente a ação e desconstitui o ato lesivo tem natureza constitutiva negativa, com aspectos de executoriedade e de eficácia de coisa julgada material. Pode ser aplicado, subsidiariamente, os dispositivos do Código de Processo Civil de 2015. A sentença que julgar a lide temerária condena o autor ao pagamento do décuplo das custas processuais.

19.6. Inovação com o Habeas Data

Foi introduzido, pela Constituição de 1988, de novo remédio constitucional para a defesa de direito, que veio a ser o **habeas data**. Encontra-se disposto no inciso LXXII, do art. 5º, nos seguintes termos:

> "Art. 5º. ....
>
> ....
>
> LXXII. Conceder-se-á *habeas data*: a) para assegurar o conhecimento de informações relativas à pessoa do impetrante, constantes de registro ou bancos de dados de entidades governamentais ou de caráter público; b) para retificação de dados, quando não se prefira fazê-lo por processo sigiloso, judicial ou administrativo"[21].

O **habeas data** surgiu para ser o instrumento das pessoas que procuram os registros ou bancos de dados em entidades governamentais ou de caráter público, permitindo assegurar, ainda, a retificação de dados, quando não se preferir fazê-lo por processo sigiloso, judicial ou administrativo. Este instituto tem raízes no **Freedom of Information Act**, dos Estados Unidos, em 1974, depois modificado pelo **Freedom of Information Reform Act**, em 1978, que permite o acesso dos particulares às informações constantes nos registros públicos e particulares.

---

20 LEITÃO, José Ribeiro. **Direito Processual Civil**, *op. cit.*, pp. 485-6.

21 GARCIA, Maria. **Habeas Data: o direito à informação – o direito fundamental à intimidade, à vida privada, à honra e à imagem das pessoas. Um perfil constitucional.** *In*: **Revista de Direito Constitucional e Internacional**. São Paulo: Revista dos Tribunais, jul.-set./2001, nº 36/115, e **Doutrinas Essenciais: Direito Constitucional (Edições Especiais Revista dos Tribunais: 100 Anos)**. São Paulo: Revista dos Tribunais, 2015, vol. X, tomo II, p. 1715.

Para Celso Ribeiro Bastos, o **habeas data**:

> "É um instrumento jurídico que assegura o conhecimento dos registros e anotações concernentes à pessoa do impetrante, bem como serve para compelir à retificação destes dados. Esse instituto guarda semelhança com o mandado de segurança; contudo, tem objeto próprio e específico: compelir à Administração a desvendar os dados que possua a pessoa do impetrante e, eventualmente, retificá-los. O **habeas data** tem que ser utilizado com relação a registros sobre dados cujo conhecimento seja permitido à Administração, porque dados referentes à intimidade da pessoa são reservados pela Constituição e não há que se falar em retificação, mas em pura e simples supressão desses dados indevidos"[22].

O Supremo Tribunal Federal, no RE 673707/MG, com o Ministro Luiz Fux como Relator, entendeu que o **habeas data** pode ser ajuizado pelo contribuinte para acessar informações no sistema SINCOR da Receita Federal[23].

O **habeas data** destina-se, então, a assegurar a todas as pessoas o direito de solicitar a exibição de registros públicos e privados, nos quais constem seus dados pessoais, para que se possa deles conhecer e, se for o caso, pedir sua retificação. Trata-se de ação constitucional, de natureza cível, sempre que houver a negativa da via administrativa para se obter informações pessoais. Dispõe a Lei Federal nº 9.507, de 12.11.1997, com rito assemelhado ao mandado de segurança, sobre o direito de acesso à informação e disciplina o procedimento judicial do **habeas data**[24].

19.7. Inovação com o Mandado de Injunção

A Constituição de 1988, no art. 5º, LXXI, introduziu no direito brasileiro novo instrumento de defesa contra as omissões do Poder Público, na defesa

---

22 BASTOS, Celso Ribeiro. **Curso de Direito Administrativo**. São Paulo: Saraiva, 1994, p. 345.

23 "HABEAS DATA Possibilidade de se obter dados do contribuinte que constem nos sistemas dos órgãos fazendários. O habeas data é a garantia constitucional adequada para a obtenção dos dados concernentes ao pagamento de tributos do próprio contribuinte constantes dos sistemas informatizados de apoio à arrecadação dos órgãos da administração fazendária dos entes estatais. No caso concreto, o STF reconheceu que o contribuinte pode ajuizar habeas data para ter acesso às informações relacionadas consigo e que estejam presentes no sistema SINCOR da Receita Federal. O SINCOR (Sistema de Conta Corrente de Pessoa Jurídica) é um banco de dados da Receita Federal no qual ela armazena as informações sobre os débitos e créditos dos contribuintes pessoas jurídicas. A decisão foi tomada com base no SINCOR, mas seu raciocínio poderá ser aplicado para outros bancos de dados mantidos pelos órgãos fazendários. STF. Plenário. RE 673707/MG, Rel. Min. Luiz Fux, julgado em 17/6/2015 (repercussão geral) (Info 790)" (ABNC).

24 TALAMINI, Eduardo. **O Processo do Habeas Data: breve exame**. *In*: **Revista de Processo**. São Paulo: Revista dos Tribunais, jan.-mar./2001, nº 101/88, e **Doutrinas Essenciais: Direito Constitucional (Edições Especiais Revista dos Tribunais: 100 Anos)**. São Paulo: Revista dos Tribunais, 2015, vol. X, tomo II, p. 1737.

dos direitos contra a ilegalidade ou o abuso de direito. Dispõe o texto constitucional que "conceder-se-á mandado de injunção sempre que a falta de norma regulamentadora torne inviável o exercício dos direitos e liberdades constitucionais e das prerrogativas inerentes à nacionalidade, à soberania e à cidadania". Assemelha-se à ação direta de inconstitucionalidade por omissão, prevista no art. 103, § 2º, do texto constitucional, para evitar a falta de efetividade de dispositivo da Constituição.

A influência remota é do **writ of mandamus** norte-americano, utilizado quando a norma legal se mostra insuficiente ou incompleta para solucionar caso concreto na Justiça. Por conseguinte, concede-se o mandado de injunção sempre que a falta de norma reguladora torne inviável o exercício dos direitos e das liberdades constitucionais, bem como das prerrogativas inerentes a nacionalidade, soberania e cidadania[25]. Trata-se de ação constitucional, de caráter civil, com procedimento especial, que tem por objeto a supressão de omissão do Poder Público, para assegurar o exercício de direito, de liberdade ou de prerrogativa constitucional.

André Rufino Vale disse que:

> "O fato é que a necessidade de regulamentação do mandado de injunção sempre existiu e não pode ser confundida com a questão (discutida e superada) a respeito (auto) aplicabilidade da norma do art. 5º, inciso LXXI, da Constituição. Quando o STF enfrentou o tema e após longo e profundo debate decidiu que essa norma constitucional seria dotada de aplicabilidade imediata, independentemente de regulação em legislação ordinária – aplicando-se, no que fosse cabível, as normas do mandado de segurança –, não sugeriu, afirmou ou concluiu que não seria necessária a lei regulamentadora do mandado de injunção. A solução adotada pelo STF tornou possível a utilização imediata do mandado de injunção, sem que fosse preciso esperar por eventual e incerta regulamentação; mas não atestou a completa desnecessidade de uma futura lei ordinária para tratar do tema. Já em 1990, a Lei 8.038, em seu art. 24, prescreveu que no mandado de injunção deveriam ser observadas as normas do mandado de segurança, apenas 'enquanto não editada a legislação específica'. A Lei 13.300/2016 veio suprir essa lacuna até então existente quanto à regulamentação da ação constitucional do mandado de injunção, definindo uma série de normas importantes para o seu processo e julgamento"[26].

25 BARBI, Celso Agrícola. **Mandado de Injunção.** *In*: **Doutrinas Essenciais: Direito Constitucional (Edições Especiais Revista dos Tribunais: 100 Anos).** 2ª tir. São Paulo: Revista dos Tribunais, 2013, vol. V, p. 593.

26 VALE, André Rufino. **Mandado de Injunção.** *In*: ALVIM, Eduardo Arruda, LEITE, George Salomão, e STRECK, Lênio (coords.). **Curso de Direito Constitucional.** Florianópolis: Tirant le Blanch, 2018, p. 427.

De acordo com o art. 24, § 1º, da Lei Federal nº 8.038, de 28.5.1990, aplicou-se o procedimento do mandado de injunção, previsto antes o uso da Lei Federal nº 1.533, de 31.12.1951, hoje revogada. Ensinou J. M Othon Sidou que "não há impedimento na legitimação processual para impetrar o mandado de injunção, sendo facultado a brasileiros e estrangeiros residentes no Brasil, a quem entender que, por ausência de preceito regulamentador, não pode ter exercido, em seu favor direito ou liberdade constitucionalmente consagrada ou não pode desfrutar de prerrogativa inerente à nacionalidade, à soberania ou à cidadania"[27]. Na dependência do órgão público em que se faça aplicável o direito, a liberdade ou a prerrogativa, o sujeito passivo do mandado de injunção é a autoridade que responde pelo órgão. Por fim, veio a Lei Federal nº 13.300, de 23.06.2016, que dispôs sobre o mandando de injunção individual e coletivo.

19.8. Ação Civil Pública

As funções institucionais do Ministério Público estão previstas no art. 129, da Constituição de 1988. Trata-se de suas atividades típicas, como a promoção da ação penal pública, a promoção da ação civil pública, a fiscalização do cumprimento da lei no processo judicial e a defesa da ordem jurídica, do regime democrático e dos interesses sociais indisponíveis. Existem, ainda, as funções atípicas, fora da previsão constitucional, como o patrocínio do reclamante trabalhista, na Consolidação das Leis de Trabalho, no art. 477, § 3º, e no art. 17 da Lei Federal nº 5.584, de 26.07.1970, nos casos em que seja autorizado a prestar assistência judiciária supletiva, prevista no art. 22, XIII, da Lei Complementar Federal nº 40, de 14.12.1981, e a substituição processual do **revel ficto**. Há, ainda, o patrocínio dos interesses de menor como **custos legis**, nos processos em que haja uma pessoa jurídica de direito público.

Prevê o inciso III do art. 129, da Constituição Federal, que o Ministério Público pode promover o inquérito civil e a ação civil pública para a proteção do patrimônio público e social, do meio ambiente e de outros interesses difusos coletivos. O objetivo da ação civil pública é a defesa do meio ambiente, do consumidor, do patrimônio cultural e do patrimônio público. Trata-se de um instrumento processual ágil e eficiente, que permite a efetiva proteção dos interesses difusos. A matéria está disposta na Lei Federal nº 7.347, de 24.07.1985, na qual pode o Ministério Público propor a ação civil pública. O Juiz pode deferir ou não a liminar pedida e sua decisão visa

27 SIDOU, J. M. Othon. **Habeas Data, Mandado de Injunção, Habeas Corpus, Mandado de Segurança, Ação Popular: as garantias ativas dos direitos coletivos segundo a nova constituição**, *op. cit.*, p. 457.

condenar o réu a fazer ou prestar a obrigação devida, ou condená-lo a se abster de determinado comportamento ou, ainda, a pagar determinada importância. O inquérito civil público é o procedimento para apurar violação de direitos de fusos.

De acordo com a Lei Complementar Federal nº 80, de 12.01.1994, no art. 4º, VII, alterada pela Lei Complementar Federal nº 132, de 07.10.2009, está previsto que são funções institucionais da Defensoria Pública, dentre outras: "[...]VII – promover ação civil pública e todas as espécies de ações capazes de propiciar a adequada tutela dos direitos difusos, coletivos ou individuais homogêneos quando o resultado da demanda puder beneficiar grupo de pessoas hipossuficientes; [...]". A ação civil é aquela cujo procedimento é do direito processual e o direito substantivo esteja no direito civil e em suas espécies, direito de família, real, das obrigações, das sucessões e empresarial, além do direito do consumidor e do direito administrativo. A ação civil, desse modo, vem a ser o direito subjetivo que consiste no poder de produzir o evento a que encontra-se condicionada a função jurisdicional civil.

Para Piero Calamandrei:

> "Esta é uma consequência necessária da natureza disponível dos direitos privados. Atuar ou contradizer em juízo para tutela do próprio direito é um modo de dispor daquele direito: e é fácil, por conseguinte, compreender que, no campo do direito privado, a **legitimatio ad causam** deve estar necessariamente incluída naquela esfera de autonomia individual em que cabe o direito subjetivo, ou seja, que a legitimação irá pertencer de um modo exclusivo àquela mesma pessoa a que pertence de um modo exclusivo, o direito subjetivo substancial. Pode-se, então, estabelecer a respeito, esta regra geral: que quando se converte em juízo sobre uma relação de direito privado, a legitimação para atuar e para contradizer corresponde, respectivamente, ao sujeito ativo e ao sujeito passivo da relação substancial controvertida (legitimação normal)"[28].

A ação civil pública não foi mencionada na Constituição de 1967, nem na Emenda Constitucional nº 1, de 17.10.1969, mas também não se encontrava vedada. A Lei Federal nº 7.347, de 24.07.1985, permitiu que o Ministério Público propusesse a ação civil pública. A Constituição Federal, no art. 139, III, fixou que são funções institucionais do Ministério Público

---

28 "Mas este não é o sistema atual, no qual o juiz, para aceitar a demanda não pode se contentar em adquirir a certeza da existência objetiva real de uma relação concreta entre o fato específico afirmado e a norma jurídica invocada, senão que deve, também, exigir que a pessoa que pede a providência, e aquela a respeito da qual se pede, se encontrem, a *respeito daquele fato específico* numa tal situação individual que os faça aparecer como especialmente qualificados para afirmar e para contradizer a respeito da matéria" (CALAMANDREI, Piero. **Direito Processual Civil**. Campinas: Bookseller, 1999, vol. I, pp. 211-2).

promover a ação civil pública, para a proteção do patrimônio público e social, do meio ambiente e de outros interesses difusos e coletivos. Contudo, muitas vezes, há abuso por parte do Ministério Público[29].

Delosmar Mendonça Júnior, sobre a ação civil pública, disse que:

> "A ação civil pública é o principal instrumento de tutela coletiva de direitos (e interesses) materiais, servindo para a proteção de meio ambiente, patrimônio público consumo, patrimônio histórico e outros bens jurídicos de interesse da sociedade, com destaque atualmente o controle de juridicidade de políticas públicas. As necessidades de tutelas coletivas surgiram em decorrência das novas dimensões de direitos a partir do desenvolvimento industrial e tecnológico da humanidade. A contemporaneidade verifica a insuficiência da tradicional tutela de direitos individuais, predominantemente pelo ressarcimento em pecúnia. A cultura do exclusivo processo individual acabou. A ação civil pública integra as chamadas ações constitucionais, ao lado do mandado de segurança, da ação de improbidade e da ação popular, sendo objeto de estudo do Direito Processual Constitucional. A ação civil pública difere, em essência, do mandado de segurança individual por tutelar direitos coletivos. Em relação ao mandando de segurança coletivo, a ação civil pública é mais abrangente e dispõe de maior cognição. A ação de improbidade administrativa tem como principal escopo a aplicação de sanções aos agentes políticos ímprobos e a ação popular possui objeto mais restrito que a ação civil pública, havendo legitimidade ativa apenas ao cidadão. Em algumas situações pode haver superposição entre os mecanismos de tutela da ação civil e da ação popular. A ação civil pública é hoje a principal ferramenta de tutela coletiva do nosso ordenamento jurídico, adquirindo prestígio na comunidade jurídica e sendo de conhecimento da sociedade. O prestígio da ação civil pública decorre da presença marcante das necessidades de tutelas coletivas como resposta do Estado/jurisdição às demandas da população. Isto marca a passagem do Estado liberal para o Estado social. Acesso à justiça, na contemporaneidade, não se limita às resoluções de litígios individuais, na forma tradicional, mas exige tutelas adequadas que passam por métodos e técnicas voltadas para assuntos de interesse de toda a coletividade e questões que afetam muitos cidadãos ao mesmo tempo"[30].

O objetivo da ação civil pública é a defesa do meio ambiente, do consumidor, do patrimônio cultura e do patrimônio público. Trata-se de um instrumento processual ágil e eficiente, que permite a efetiva proteção dos interesses difusos. O Juiz pode deferir ou não a liminar pedida e sua decisão visa condenar ou não o réu a fazer ou prestar obrigação devida, ou

29 GRINOVER, Ada Pelegrini. **A Ação Civil Pública Refém do Autoritarismo.** *In*: **Doutrinas Essenciais: Direito Constitucional (Edições Especiais Revista dos Tribunais: 100 Anos)**. 2ª tir. São Paulo: Revista dos Tribunais, 2013, vol. X, p. 1803.

30 MENDONÇA JÚNIOR, Delosmar. **Ação Civil Pública.** *In*: ALVIM, Eduardo Arruda, LEITE, George Salomão, e STRECK, Lênio (coords.). **Curso de Direito Constitucional.** Florianópolis: Tirant le Blanch, 2018, p. 497.

condená-lo a se abster de determinado comportamento ou, ainda, a pagar determinada importância. Disse José Adonis Callou de Araújo Sá que:

> "Pode-se conceituar, assim, a ação civil pública como a ação civil proposta pelo Ministério público ou qualquer das demais entidades legitimadas, em defesa de quaisquer interesses difusos, coletivos ou individuais homogêneos"[31].

O rito adotado é: a) a petição inicial; b) a tutela antecipatória; c) a legitimidade ativa; d) a legitimação passiva; e) a tutela cautelar; f) o litisconsorte; g) a assistência. Disse Rodolfo de Camargo Mancuso que "da leitura conjunta dos arts. 11 e 13 da Lei nº 7.347/85 se extrai a conclusão de que a sentença na ação civil pública tem, precipuamente, natureza cominatória (= 'facere, non facere'). [...] Dissemos que precipuamente a natureza da sentença é cominatória, porque o objeto da ação civil pública é voltado para a tutela específica de um interesse metaindividual, e não para a obtenção de uma condenação pecuniária"[32]. Deve-se verificar, ainda, a coisa julgada, a responsabilidade civil e as sanções de natureza processual. Por fim, pode haver a tutela penal dos interesses difusos e o dever de informação.

19.9. Ação de Desapropriação Constitucional

A desapropriação vem a ser a intervenção na propriedade privada, com a transferência compulsória do domínio desta em favor do Poder Público. Trata-se de processo administrativo em que há a transferência compulsória da propriedade, sendo forma originária de aquisição desta. A União é competente para legislar sobre a desapropriação, mas os Estados-membros, o Distrito Federal e os Municípios são competentes para declararem a utilidade ou necessidade pública ou o interesse social do bem, para fins de desapropriação, em comum com a Entidade Federal. A declaração de utilidade pública ou de necessidade pública trata-se de ato administrativo, pelo qual o Poder Público manifesta seu interesse em adquirir, compulsoriamente, um bem determinado. É feita por lei ou por decreto, conforme disponha o texto constitucional ou a lei orgânica. Pode ser feita a imissão provisória de posse, que vem a ser a transferência provisória da posse do bem expropriado em favor do expropriante, no início da fase judicial, em que a Administração declare urgência e deposite o justo preço pelo bem, em dinheiro.

31 SÁ, José Adonis Callou de Araújo. **Ação Civil Pública e Controle de Constitucionalidade.** Belo Horizonte: Del Rey, 2002, p. 101.

32 MANCUSO, Rodolfo de Camargo. **Ação Civil Pública: em defesa do meio ambiente, do patrimônio cultural e dos consumidores.** 9ª ed. São Paulo: Revista dos Tribunais, 2004, p. 341.

A desapropriação pode ser por utilidade ou por necessidade pública. Ocorre a utilidade pública quando a utilização do bem é conveniente e vantajosa ao interesse coletivo, mas não constitui um imperativo determinante. Por outro lado, há necessidade pública quando o Poder Público está diante de um problema inadiável e premente, que não pode ser removido ou adiado, de modo que a única solução é incorporar ao domínio público o bem particular. Existe, ainda, a desapropriação por interesse social, que ocorre quando a Administração está frente a questões diretamente ligadas às classes sociais mais pobres.

Disse Diógenes Gaspar que desapropriação era:

> "O procedimento administrativo pelo qual o Estado, compulsoriamente, retira de alguém certo bem, por necessidade ou utilidade pública ou por interesse social e o adquire, originariamente, para si ou para outrem, mediante prévia e justa indenização, paga em dinheiro, salvo os caso que a própria Constituição enumera, e que o pagamento é feito com títulos da dívida pública ou da dívida agrária"[33].

A propriedade, instituto em que se tinha um domínio quase total sobre os bens, vem sofrendo restrições, como dispõe o art. 5º, XXIII, da Constituição de 1988. Em primeiro lugar, com as limitações administrativas, relativas ao zoneamento urbano. Existe, ainda, a possibilidade de desapropriação, tratada no art. 5º, XXIV, do seguinte modo:

> "Art. 5º. ....
>
> ....
>
> XXIV. A lei estabelecerá o procedimento para desapropriação por necessidade ou utilidade pública, ou por interesse social, mediante justa e prévia indenização em dinheiro, ressalvados os casos previstos nesta Constituição".

A desapropriação pode ser por necessidade ou por utilidade pública, tratada no Decreto-lei nº 3.365, de 21.6.1941, ainda em vigor. A desapropriação pode, ainda, por interesse social, sendo prevista na Lei Federal nº 4.132, de 10.9.1962. Nos dois institutos, conforme o dispositivo constitucional acima, com a prévia e justa indenização em dinheiro. A Constituição de 1988, em seu art. 182, § 3º, dispôs que "as desapropriações de imóveis urbanos serão feitas com prévia e justa indenização em dinheiro". Foi prevista, ainda, em caso de imóvel do solo urbano não edificado, subutilizado ou não utilizado, pode o Município exigir do proprietário que promova seu adequado aproveitamento. Caso não o faça, pode ser penalizado, conforme o art. 182, § 4º, III.

---

33 GASPARINI, Diógenes. **Direito Administrativo**, *op. cit.*, p. 435.

A desapropriação por interesse social, para fins de reforma agrária, está no art. 184, da Constituição de 1988, para "imóvel rural que não esteja cumprindo sua função social, mediante prévia e justa indenização em títulos da dívida agrária, com cláusula de preservação do valor real, resgatáveis no prazo de até 20 anos, a partir do segundo ano de sua emissão, e cuja utilização será definida em lei". São insuscetíveis de desapropriação, os imóveis previstos no art. 185. A função social é cumprida quando, está conforme o art. 186 do texto constitucional. A reforma agrária apareceu apenas na Constituição de 1967, no art. 157, parágrafos 1º ao 6º. A Constituição de 1988 previu o confisco, no art. 243. Observou Celso Antonio Bandeira de Mello que:

> "O fundamento político da desapropriação é a supremacia do interesse coletivo sobre o individual, quando incompatíveis. O fundamento jurídico teórico consiste na tradução dentro do ordenamento normativo dos princípios políticos acolhidos no sistema. Corresponde à ideia do domínio eminente de que dispõe o Estado sobre todos os bens existentes em seu território"[34].

A desapropriação tem duas fases, a declaratória e a executória, e, esta, duas outras fases, a administrativa e a judicial. Na primeira, a declaração de utilidade ou de necessidade pública, por lei ou o decreto, já produz efeitos, inclusive o direito de penetrar no imóvel. Depois, vem a fase executória administrativa, onde pode acontecer a anuência do expropriado e a efetivação da desapropriação. Esse procedimento compreende duas fases: a) declaratória; b) executória, abrangendo, esta última, uma fase administrativa e uma judicial[35].

O procedimento judicial está nos arts. 14 a 30, do Decreto-lei nº 3.365, de 21.06.1941. O sujeito ativo e o sujeito passivo estão, no art. 2º da legislação. Existem ainda os pressupostos iniciais. O objeto da desapropriação está também no art. 2º. A indenização é o valor do bem expropriado, dos lucros cessantes e dos danos emergentes e os juros compensatórios, os juros moratórios, os honorários advocatícios, as custas e as despesa e a correção e a despesa com desmonte, no art. 15, **parágrafo único**. Pode, ainda, haver a imissão provisória de posse, no art. 15.

Quanto à sentença, na ação de desapropriação, disse Kiyoshi Hara que:

> "O importante é que o expropriante, tão logo cumpra a obrigação que lhe foi imposta, requeira a prolação da decisão final. Proferida esta, encerrado estará o processo desapropriação, descabendo qualquer pedido de cálculo comple-

---

34 MELLO, Celso Antônio Bandeira de. **Curso de Direito Administrativo**, *op. cit.*, pp. 370-90.

35 PIETRO, Maria Sylvia Zanella di. **Direito Administrativo**, *op. cit.*, pp. 133-154.

> mentar desta ou daquela verba, principalmente, se o expropriado levantou indenização depositada sem nada ressalvar"[36].

Pode haver, ainda, a desapropriação para fins de reforma agrária, quando há prévia e justa indenização em títulos da dívida agrária, com a cláusula de preservação do valor real, resgatáveis no prazo de até vinte anos, a partir do segundo ano de sua emissão. Encontra-se prevista nos arts. 184 a 186, da Constituição de 1988, bem como no Decreto-lei nº 554, de 25.04.1969. Está também disposta nos arts. 18 a 23, do Estatuto da Terra, que definiu os casos de interesse social para fins de reforma agrária, em seu art. 18. Os princípios da política agrícola encontram-se na Lei Federal nº 8.174, de 30.01.1991. Por outro lado, a regulamentação da Reforma Agrária foi prevista na Lei Federal nº 8.629, de 25.02.1993. Por fim, o Fundo de Terras e da Reforma Agrária foi tratado, na Lei Complementar Federal nº 93, de 04.02.1998.

A questão da reforma agrária não constou nas Constituições Brasileiras, de 1824 a 1946. Na verdade, o tema era tabu, pois as elites brasileiras não admitiam a possibilidade, pois estava assentado o poder nos latifundiários e no **coronelismo**. A Constituição de 1967, não obstante sua origem autoritária, foi a que primeiro tratou do tema, no art. 157, parágrafos 1º a 6º, depois o art. 161, da sua Emenda Constitucional nº 1, de 17.10.1969. A Constituição de 1988 foi mais generosa e tratou do tema em um capítulo, com diversas disposições sobre a matéria. O Brasil ainda não implementou em definitivo sua reforma agrária e, enquanto não o fizer, vai ser privado do verdadeiro capitalismo, aquele que permite às pessoas serem proprietárias. Os Estados Unidos e a Europa fizeram suas reformas agrárias, ainda no século XIX. O Brasil já está, no século XXI, sem pressa ainda de resolver tão grave problema, não só quanto à questão social, mas também quanto ao problema fundiário, à produção agrícola e à expansão do mercado consumidor.

Fixou o Código Civil de 2002, no art. 1.239, que aquele que, não sendo proprietário de imóvel rural ou urbano, possua como sua, por cinco anos, ininterruptos, sem oposição, a área de terra em zona rural não superior a cinquenta hectares, tornando-a produtiva por seu trabalho ou de sua família, tendo nela sua moradia, adquire-lhe a propriedade por usucapião. O Supremo Tribunal Federal entende que o princípio constitucional da justa indenização, assim a questão da preservação do valor real dos Títulos da Dívida Agrária (TDA), como a da chamada isenção tributária prevista no art. 184, § 5º, da Constituição Federal. No caso, a imunidade reconhecida não beneficia o expropriado, mas a terceiros, portadores adquirentes daqueles títulos.

36 HARADA, Kiyoshi. **Desapropriação: doutrina e prática.** 4ª ed. São Paulo: Atlas, 2002, p. 148.

Está previsto no § 1º do art. 184, da Constituição de 1988, que as benfeitorias úteis e as necessárias devem ser indenizadas em dinheiro. Pode-se indenizar a terra nua, com os títulos da dívida agrária, resgatáveis em vinte anos, mas as benfeitorias nela existentes precisam ser indenizadas através de pecúnia. As benfeitorias são obras ou despesas feitas em bem imóvel para conservá-lo, melhorá-lo ou, até, embelezá-lo. As benfeitorias úteis e as necessárias devem ser indenizadas em dinheiro, como já dispunha o art. 63, do Código Civil de 1916, agora no art. 96, do Código Civil de 2002.

Deve-se observar que o § 2º do art. 184, da Constituição Federal, fixou que o decreto que declarar o imóvel como de interesse social, para fins de reforma agrária, autoriza a União a propor a ação de desapropriação. A ação de desapropriação é o procedimento judicial especial, que permite a imissão na posse e a discussão apenas do conteúdo econômico do bem desapropriado. Deve haver, porém, a declaração prévia de interesse social na área, ainda que já seja assegurado o direito de propor a demanda judicial. No parágrafo seguinte, está previsto que cabe à lei complementar estabelecer o procedimento contraditório especial, de rito sumário, para o processo judicial de desapropriação, sendo esta a Lei Complementar Federal nº 76, de 06.07.1993, alterada pela Lei Complementar Federal nº 88, de 23.12.1996, e outras.

No § 4º do art. 184, da Constituição de 1988, encontrava-se previsto que o orçamento deva fixar anualmente o volume total de títulos da dívida agrária, assim como o montante de recursos para atender ao programa de reforma agrária no exercício. Precisa estar previsto para evitar que a União acabe esquecendo-se de suas responsabilidades de resgatar os mesmos, como já ocorreu com outros títulos, no ano de 1967. Por fim, de acordo com o § 5º do mesmo artigo, devem ser isentas de impostos federais, estaduais e municipais as operações de transferência de imóveis desapropriados para fins de reforma agrária. A expressão adequada deveria ser imunidade, por isenção ser definida em lei, quando se manifesta no texto constitucional.

A reforma agrária deve ser feita de forma inteligente e, não, apenas fracionando a terra. Precisa-se oferecer condições, depois do assentamento, para que as propriedades tenham sucesso e os empreendimentos deem resultado positivo. O Estatuto da Terra, Lei Federal nº 4.504, de 30.11.1964, em seu art. 19, § 3º, previa isenção à desapropriação. Estavam isentos os imóveis rurais que: a) não excedessem em três vezes o módulo de propriedade; b) os imóveis rurais explorados racionalmente, através de empresas rurais; c) os imóveis com projetos aprovados no Instituto Nacional de Colonização e Reforma Agrária (INCRA), ainda não classificados como empresa rural.

De acordo com o art. 185, da Constituição de 1988, são insuscetíveis de desapropriação para fins de reforma agrária a pequena e média propriedade rural, assim definida em lei, desde que seu proprietário não possua outra propriedade produtiva. A pequena e a média propriedades rurais, que devem ser definidas em lei, têm como exigência constitucional que o seu proprietário não possua outro imóvel rural. Trata-se de disposição para evitar a especulação e a fraude. Não interessa, também, o fracionamento em demasia das propriedades, pois acaba resultando na perda do seu valor econômico.

A propriedade produtiva, para fins de reforma agrária, é aquela que, explorada econômica e racionalmente, atinge, simultaneamente, graus de utilização da terra e de eficiência na exploração, de acordo com índices de órgão federal competente, nos termos do art. 6º, da Lei Federal nº 8.629, de 25.02.1993. A exploração deve ocorrer através de uma empresa rural, que vem a ser aquela que aplica capital e trabalho em uma atividade agrária de natureza permanente, com o fim racional de obter lucro. Trata-se, então, de uma pessoa jurídica de direito privado. O **parágrafo único**, do art. 185, dispõe que a lei deve garantir tratamento especial à propriedade produtiva, bem como tem a responsabilidade de fixar as normas para o cumprimento dos requisitos relativos à sua função social. A função social da propriedade produtiva está especificada, no art. 186 do texto constitucional.

Trata o art. 186, da Constituição Federal, da função social, que deve ser cumprida quando a propriedade rural atende simultaneamente, segundo os critérios e os graus de exigência estabelecidos em lei, a quatro requisitos constitucionais. É necessário constar, como característica da função social da propriedade produtiva: a) seu aproveitamento racional e adequado; b) a utilização adequada dos recursos naturais disponíveis e a preservação do meio ambiente; c) a observância das disposições que regulam as relações de trabalho; d) a exploração que favoreça o bem-estar dos proprietários e dos trabalhadores.

Estabelece o Código Civil de 2002, em seu art. 1.228, § 1º, que o direito de propriedade deve ser exercido em consonância com as suas finalidades econômicas e sociais e de modo que sejam preservadas, de conformidade com o estabelecido em lei especial, a flora, a fauna, as belezas naturais, o equilíbrio ecológico e o patrimônio histórico e artístico, bem como evitada a poluição do ar e das águas. O aproveitamento racional e adequado da propriedade rural ocorre quando se utilizam as práticas modernas, com a aplicação de tecnologia, resultante das experiências científicas. É preciso desenvolver os grãos ou as mudas, bem como as formas de correção do solo e o plantio e o manejo adequado. A ocorrência de monocultura precisa ser combatida e estimulada a diversidade de culturas, de acordo com as necessidades do mercado mundial e local. Deve ser respeitada, na utilização adequada dos recursos naturais disponíveis, a preservação do meio ambiente.

Dispõe o inciso III do art. 186, da Constituição Federal, que devem ser observadas as disposições que regulam as relações de trabalho. O trabalhador rural é conhecido por rurícola e sobre ele se abate o sistema de exploração, através do subemprego ou, até, da escravidão. Deve o empresário, então, respeitar as normas trabalhistas e pagar o salário, as horas extras, as ferias, o décimo-terceiro e a seguridade social, além de observar as disposições quanto à saúde, à higiene e à segurança. Por fim, precisa a propriedade produtiva, para cumprir sua função social, realizar a exploração da propriedade rural, visando favorecer o bem-estar dos proprietários e dos trabalhadores.

De acordo com o art. 182, da Constituição de 1988, a política de desenvolvimento urbano deve ser executada pelo Poder Público Municipal, de acordo com as diretrizes gerais fixadas em lei formal. Deve ter por objetivo, ainda, ordenar o pleno desenvolvimento das funções sociais da cidade e garantir o bem-estar de seus habitantes. Cabe ao direito urbanístico tratar do uso do solo nas cidades, sendo produto das transformações sociais que ocorreram ao longo do século XX e continuou no século XXI. Em que pese alguns doutrinadores pretenderem limitar ao âmbito restrito das normas edilícias, deve-se afirmar como finalidade precípua deste ramo do direito a adequação do uso da propriedade, pelo particular, ao cumprimento de sua função social. Existem dois aspectos a considerar: a) o direito urbanístico trata do conjunto de normas jurídicas reguladoras da atividade do Poder Público, destinadas a ordenar os espaços habitáveis; b) ao conjunto de normas jurídicas reguladoras da atividade urbanística. Pode ser, também, uma ciência que busca o conhecimento sistematizado relativo às normas e disposições sobre a atividade urbanística no Brasil.

A primeira disposição sobre a matéria, tratando da usucapião urbana, apareceu na Constituição de 1934, no art. 125. Na Constituição de 1937, este dispositivo anterior foi novamente citado, como o art. 148 deste texto. Foi editado o Decreto Federal nº 25, de 30.11.1937, que tratou da proteção ao patrimônio histórico-cultural. Depois, o Decreto-lei nº 58, de 10.12.1937, estabeleceu normas sobre parcelamento do solo urbano, ao passo que o Decreto-lei nº 3.365, de 21.06.1941, que cuidou da desapropriação por utilidade ou por necessidade pública. No mesmo sentido dos textos constitucionais anteriores, a Constituição de 1946, em art. 156, § 3º, tratou da usucapião urbana especial. A Constituição de 1988 deu especial relevo à matéria, tratando dela na competência da União para: a) dispor sobre as diretrizes do desenvolvimento urbano, no art. 21, XX e no art. 182; b) a preservação ambiental, no arts. 23, III, IV, VI e VII, 24, VII e VIII, e 225; c) os planos urbanísticos, no art. 21, IX, art. 30 e art. 182; d) sobre a função urbanística da propriedade urbana. Compete à União instituir diretrizes para o desenvolvimento urbano, inclusive habitação, saneamento básico e transporte público, conforme o art. 20, XX, e ao Município a política de desenvolvimento urbano, prevista no art. 182, tudo do texto constitucional.

Cabe ao Município, então, promover o adequado ordenamento territorial, através do planejamento e controle do uso, do parcelamento, do funcionamento e da ocupação do solo urbano. Este tem a atribuição de restringir o domínio privado da propriedade para compatibilizá-la com suas funções sociais. As limitações administrativas correspondem à obrigação de não fazer, de suportar ou de fazer. Distinguem-se estas do direito de vizinhança, porque este foi estabelecido por lei civil, para a proteção da propriedade privada. Aquelas, ao contrário, são as normas para a segurança, o sossego e a saúde dos que nela habitam, em prol de toda a comunidade urbana.

As limitações ao uso da propriedade privada devem ser expressas em lei ou regulamento, por ser matéria de direito público, sendo o ato vinculado. O poder de polícia do Município permite-lhe fiscalizar ou exigir determinado comportamento do particular. A licença é o meio pelo qual a Administração outorga ao administrado o direito de realizar determinadas atividades que, sem ela, lhe seriam proibidas. Estando de acordo com os requisitos legais, deve o Poder Público conceder a licença, sob a pena de estar cometendo uma ilegalidade. A autorização, por outro lado, deve ser entendida como ato administrativo discricionário, pelo qual o Poder Público outorga ao administrado, que para tanto solicita, com o direito de realizar determinadas atividades que, sem ela, ser-lhe-iam vedadas. O direito concedido, então, tem natureza precária. O art. 182, foi regulamentado, pela Lei Federal nº 10.257, de 10.07.2001, que estabelece as diretrizes gerais da política urbana, sendo conhecido como Estatuto da Cidade. O mercado imobiliário está tratado na Lei Federal nº 10.931, de 02.08.2004. E, agora, a Lei Federal nº 13.465, de 11.07.2017, chamada de Lei do Puxadinho, também da regularização de sua situação de imóveis em situação jurídica confusa.

Prevê o § 3º, do art. 182, que as desapropriações de imóveis urbanos devem ser feitas com a prévia e justa indenização em dinheiro. A desapropriação é a intervenção na propriedade privada, com a transferência compulsória do domínio desta em favor do Poder Público. Trata-se de processo administrativo, em que há a transferência compulsória da propriedade, forma originária de aquisição desta. A União é competente para legislar sobre a desapropriação, mas os Estados-membros, o Distrito Federal e os Municípios são também competentes para declararem a utilidade ou a necessidade pública ou o interesse social do bem, para fins de desapropriação, em competência comum com a Entidade Federal. A declaração de utilidade pública ou de necessidade pública é o ato administrativo pelo qual o Poder Público manifesta seu interesse em adquirir, compulsoriamente, um bem determinado. É feita por lei ou por decreto, conforme diga o texto constitucional ou a lei orgânica.

Pode ser feita a imissão provisória de posse, que vem a ser a transferência provisória da posse do bem expropriado em favor do expropriante, já no início da fase judicial, em que a Administração declara urgência e deposita o justo preço pelo bem em dinheiro. A desapropriação pode ser por utilidade ou por necessidade pública, sendo regulamentada pelo Decreto-lei nº 3.365, de 21.06.1941, modificado em parte pela Lei Federal nº 6.602, de 07.12.1978, e pela Lei Federal nº 9.785, de 29.01.1999. Ocorre a utilidade pública, prevista no art. 5º, do Decreto-lei acima, quando a utilização do bem é conveniente e vantajosa ao interesse coletivo, mas não constitui um imperativo determinante. Por outro lado, há a necessidade pública quando o Poder Público está diante de um problema inadiável e premente, que não pode ser removido ou adiado, de modo que a única solução é incorporar ao domínio público o bem particular. Existe, ainda, a desapropriação por interesse social, que ocorre quando a Administração encontra-se frente a questões diretamente ligadas às classes sociais mais pobres. Cabe ao Poder Público propiciar melhores condições de vida e maior distribuição de renda para reduzir a desigualdade social. Está prevista na Lei Federal nº 4.132, de 10.09.1962, no seu art. 2º, que depois foi alterado pelo art. 31, da Lei Federal nº 6.513, de 20.12.1977, e outras modificações posteriores.

De acordo com o § 4º do art. 182, do texto constitucional, está facultado ao Poder Público municipal, mediante lei específica, para área incluída no plano diretor, exigir, nos termos da lei federal, do proprietário do solo urbano não edificado, subtilizado ou não utilizado, que promova seu adequado aproveitamento. Pode haver as seguintes penas, sucessivamente: a) de parcelamento ou edificação compulsórios; b) de imposto sobre a propriedade predial e territorial urbana progressivo no tempo; c) de desapropriação com pagamento mediante títulos da dívida pública, com prazo de resgate de até dez anos. Dispõe o § 3º do art. 1.228, do Código Civil de 2002, que o proprietário pode ser privado da coisa, nos casos de desapropriação, por necessidade ou utilidade política ou interesse social, bem como no de requisição, em caso de perigo público iminente.

O parcelamento ou a edificação compulsória vem a ser a pena, prevista também em lei municipal, em que o proprietário do terreno ou do edifício, recebe a determinação de que proceda ao parcelamento de sua área. Trata-se de uma pena contra a especulação imobiliária, que obstáculos quanto à aquisição de propriedade traz aos mais pobres. Isto cria dificuldades para o Município, tornando mais caros os serviços públicos municipais, pois a cidade vai ampliando sua zona urbana, com as áreas não utilizadas ou subtilizadas. O imposto sobre a propriedade predial e territorial urbana progressivo no tempo significa que, com o passar do tempo, as alíquotas vão ficando cada vez mais elevadas, o que estimula a divisão do imóvel, com o seu loteamento ou parcelamento, conforme o caso. Pode ocorrer, ao contrário, que a incidência tributária seja tão elevada que dificulte a aquisição de imóveis.

Por fim, foi prevista a desapropriação com pagamento mediante títulos da dívida pública de emissão previamente aprovada pelo Senado Federal, com prazo de resgate de até dez anos, em parcelas anuais, iguais e sucessivas, assegurado o valor real da indenização e os juros legais. A desapropriação é a intervenção na propriedade privada, com a transferência compulsória do domínio desta em favor do Poder Público. Trata-se de processo administrativo em que há a transferência compulsória da propriedade, sendo a forma originária de aquisição desta. A União é competente para legislar sobre desapropriação, mas os Estados-membros, Distrito Federal e Municípios são competentes para declarar a utilidade ou necessidade pública ou o interesse social do bem, para fins de desapropriação, em comum com a Entidade Federal. Pode haver a desapropriação para fins urbanísticos, em que se deve ser observado que esta não se caracteriza pelo emprego da desapropriação clássica, com o fim especial da ordenação urbana, mas com a peculiaridade da necessidade de intervenção no meio urbano. Encontra-se disciplinada no art. 182, § 4º, III, do texto constitucional.

O direito à propriedade está assegurado na Constituição, desde o texto de 1824, de caráter inicial quase ilimitado. A Constituição de 1934, no art. 113, 17, dispôs que "a desapropriação por necessidade ou utilidade pública far-se-á nos termos da lei, mediante prévia e justa indenização". A Constituição de 1937, no art. 122, 14, fixou que o direito à propriedade tem como limite a desapropriação por necessidade ou utilidade pública, mediante indenização prévia. Por outro lado, o seu conteúdo e os seus limites serão os definidos nas leis que lhe regularem o exercício. A Constituição de 1946, no art. 141, § 16, estabeleceu que "é garantido o direito de propriedade, salvo o caso de desapropriação por necessidade ou utilidade pública, ou por interesse social, mediante prévia e justa indenização em dinheiro". No mesmo sentido, a Constituição de 1967, no art. 150, § 22, garantiu a propriedade, limitada pela desapropria por necessidade ou utilidade pública, ou por interesse social, mediante prévia e justa indenização em dinheiro. Foi prevista, ainda, a desapropriação para fins de reforma agrária, no art. 157, VI, § 1º. A Emenda Constitucional nº 1, de 17.10.1969, no art. 160, III, já na mesma linha.

O Código Civil de 2002, Lei nº 10.406, de 10.01.2002, no seu art. 1.128, manteve o conceito clássico da propriedade entendendo que "o proprietário tem a faculdade de usar, gozar e dispor da coisa, e o direito de revê-la do poder de quem quer que injustamente a possua ou detenha". Não obstante, o direito à propriedade deve ser exercido em consonância com as suas finalidades econômicas e sociais e de modo que sejam preservados, de conformidade com o estabelecido em lei especial, a flora, a fauna, as belezas naturais, o equilíbrio ecológico e o patrimônio histórico e artístico, bem como evitada a poluição das águas.

A desapropriação indireta "trata-se, pois, de apossamento de determinado bem, por parte da Administração, ou de quem lhe faça às vezes, sem a anuência do seu proprietário ou legítimo titular, e sem as cautelas do devido processo legal"[37]. A declaração de utilidade ou de necessidade pública é o ato administrativo pelo qual o Poder Público manifesta o interesse de adquirir, compulsoriamente, um bem determinado, submetendo-o ao seu domínio. É feita por lei ou decreto, conforme oriunda do Legislativo ou do Executivo[38].

19.10. Ação de Usucapião Especial

De acordo com o art. 183, da Constituição de 1988, aquele que possuir como sua área urbana de até duzentos e cinquenta metros quadrados, por cinco anos, ininterruptamente e sem oposição, utilizando-a para sua moradia ou de sua família, pode adquirir-lhe o domínio, desde que não seja proprietário de outro imóvel urbano ou rural. Trata-se de usucapião, que é a forma de domínio originário, em decorrência de justo título e boa-fé, bem como a posse do imóvel sem interrupção. Estava disposto nos arts. 550 e 551, do Código Civil de 1916, sendo agora tratada nos arts. 1.238 a 1.244, do Código Civil de 2002, Lei Federal nº 10.406, de 10.01.2002.

Prevê o § 1º do artigo 183, da Constituição de 1988, que o título de domínio e a concessão de uso são conferidos ao homem ou à mulher, ou a ambos, independentemente do estado civil. A concessão de uso é o contrato administrativo, através do qual a Administração faculta ao particular o uso exclusivo de determinado bem público, para que o utilize de acordo com sua destinação específica. Tem caráter contratual e estável, realizado **intuitu personae**, conferindo ao titular da concessão um direito pessoal, intransferível para terceiros, a não ser que haja autorização pública. Pode ser oneroso ou gratuito, por tempo determinado ou indeterminado, inclusive admitindo as cláusulas exorbitantes, pois deve prevalecer o interesse público. O § 1º do art. 183, da Constituição Federal, está disposto na Medida Provisória nº 2.220, de 04.09.2001, enquanto o § 2º dispõe que o direito à usucapião **pro labore** não deve ser reconhecido ao mesmo possuidor mais de uma vez.

Dispõe o § 3º do art. 183, da Constituição de 1988, que os imóveis públicos não são adquiridos por usucapião. Esta disposição foi repetida, no **parágrafo único** do art. 191, tudo do texto constitucional. A Súmula do Supremo Tribunal Federal nº 340 já dispôs que "desde a vigência do Código

---

37 PESSOA, Robertônio Santos. **Curso de Direito Administrativo Moderno.** 2ª ed. Rio de Janeiro: Forense, 2003, p. 560.

38 COSTA, Nelson Nery. **Processo Administrativo e Suas Espécies.** 4ª ed./3ª tir. Rio de Janeiro: Forense, 2007, p. 100.

Civil, os bens dominicais, como os demais bens públicos, não podem ser adquiridos por usucapião". O art. 183, assim como o 182, tudo do texto constitucional, foi regulamentado pela Lei Federal nº 10.257, de 10.07.2001, na disposição chamada de Estatuto da Cidade.

Dispõe o art. 191, do texto constitucional, que aquele que, não sendo proprietário de imóvel rural ou urbano, possua como seu, por cinco anos ininterruptos, sem oposição, de terra, em zona rural, não superior a cinquenta hectares, tornando-a produtiva por seu trabalho ou de sua família, tendo nela sua moradia, pode lhe adquirir a propriedade. Trata-se, como se vê, de forma de aquisição originária de bens por usucapião.

Lucas Abreu Barroso disse que:

> "O art. 91, **caput**, da Constituição Federal assim disciplinou acerca do tema: 'Aquele que, não sendo proprietário de imóvel rural ou urbano, possua como seu, por cinco anos ininterruptos, sem oposição, área de terra, em zona rural, não superior a cinquenta hectares, tornando-a produtiva por seu trabalho ou de sua família, tendo nela sua moradia, adquirir-lhe-á a propriedade'. Quase uma década e meia depois, sem nenhuma razão lógica, a não a ser persistência de um pretenso ideário de completude, o Código Civil de 2002 repetiu disposição constitucional no art. 1.239: 'Aquele que, não sendo proprietário de imóvel rural ou urbano, possua como sua, por cinco anos ininterruptos, sem oposição, área de terra em zona rural não superior a cinquenta hectares, tornando-a produtiva por seu trabalho ou de sua família, tendo nela sua moradia, adquirir-lhe-á a propriedade'. Consubstancia o instituto em tela modalidade de usucapião que tem sido submetida a nomenclaturas diversas: usucapião constitucional, usucapião pró-labore, usucapião especial e usucapião agrário. Mas trata-se por certo daquela mesma modalidade introduzida pela Constituição de 1934 (art. 125), mantida pela Constituição de 1937 (art. 148) e pela Constituição de 1946 (art. 156, § 3º), prevista pelo Estatuto da Terra (art. 98) e, mais tarde, ampliada pela Lei n. 6.969/1981, inclusive procedimentalmente"[39].

A usucapião é a forma de adquirir domínio sobre qualquer bem, atuando como particular, durante um prazo determinado, sem oposição qualquer, desde que tenha boa-fé. De acordo com o art. 550, do Código Civil de 1916, a usucapião extraordinária, no qual não existia exigência de relação entre o primitivo proprietário e o possuidor, requer a posse de vinte anos. Havia, ainda, a usucapião ordinária, tratado no art. 551, do mesmo Código, com o prazo de posse de dez ou quinze anos. Podiam ser, ambos, também possíveis para bens móveis. Agora, a matéria está no art. 1.238, do Código Civil de 2002. Está previsto, ainda, a usucapião especial, da Lei Federal nº

39 BARROSO, Lucas Alves. **Da Política Agrícola e Fundiária e da Reforma.** *In*: ALVIM, Eduardo Arruda, LEITE, George Salomão, e STRECK, Lênio (coords.). **Curso de Direito Constitucional**. Florianópolis: Tirant le Blanch, 2018, p. 999.

6.969, de 10.12.1981, que beneficia pessoa não proprietária rural, ou urbana, sendo uma medida de correção do modelo fundiário.

Encontra-se tratado, ainda, na Constituição de 1988, disposta a matéria desde a Constituição de 1934. Para tanto, move-se uma ação judicial, com rito previsto nos arts. 941 a 945, do Código de Processo Civil, agora no Código de Processo Civil de 2015, no art. 1.071. De acordo com o **parágrafo único**, do art. 191, do texto constitucional, os imóveis públicos rurais não são adquiridos por usucapião. Repete, assim, o disposto no art. 183, § 3º, da Constituição Federal, que trata dos imóveis públicos urbanos. Dispõe o art. 1.240, do Código Civil de 2002, que aquele que possuir, como sua, a área urbana de até duzentos e cinquenta hectares, tornando-a produtiva por seu trabalho e de sua família, tendo nela sua moradia, adquirir-lhe a propriedade. Dá-se o que se chama usucapião urbano.

Capítulo XX

ADMINISTRAÇÃO PÚBLICA E SERVIDOR

20.1. Administração Pública e sua Atuação

O Estado manifesta-se para o cidadão como uma entidade superiora e opressiva, que exterioriza sua majestade e seu prestígio através de enormes e reluzentes edifícios, onde trabalham os servidores públicos. A burocracia e os seus mistérios habitam esses corredores escuros e em labirinto, cuja atmosfera foi bem descrita nas obras **O Castelo** e **O Processo**, do tcheco Franz Kafka, como algo impenetrável, indecifrável e impossível. Em geral, o usuário de serviço público tem um temor reverencial em relação às atribuições concedidas à Administração.

Ao mesmo tempo em que o cidadão utiliza os serviços públicos, como trafegar por uma rodovia federal, como ter um filho estudando em um colégio da rede estadual ou como pedir autorização para instalar uma banca de revista em uma praça municipal, ele estabelece uma relação jurídica[1] com o Poder Público. As relações que a Administração mantém consigo mesma, com outras instituições públicas ou com os administrados exteriorizam-se através de uma sucessão de atos que, devidamente registrados e organizados, formam o processo administrativo.

O Estado se relaciona com o cidadão dizendo-lhe "sim", quando lhe assegura um direito; ou "não", quando lhe nega um pedido ou lhe aplica uma sanção por prática de um ato ilícito. Esse relacionamento é documentado

1 Relações jurídicas, no conceito clássico de Hermes Lima (**Introdução à Ciência do Direito**. 25ª ed. Rio de Janeiro: Freitas Bastos, 1977, pp. 58-9): "são relações da vida social, entre pessoas consideradas sujeitas de direito, e cujos efeitos a lei garante. [...] Desse modo, tal como a norma, a relação jurídica é heterônoma, bilateral, externa e coercitiva. Heterônoma porque se impõe às partes em virtude da lei, ainda que decorra da vontade dos interessados, pois, uma vez constituída, passa a ser obrigatória; bilateral porque de um lado é externa porque depende da adequação objetiva da conduta ao fim colimado na relação e não da intenção que inspirou o comportamento; é coercitiva porque produz efeitos mesmos contra a vontade dos interessados".

através de atos que, encadeados, constitui o processo administrativo, a forma pela qual a Administração disciplina e controla tal relação. Existe sempre a ideia de um encadeamento de atos preparatórios para uma decisão final por onde o Poder Público vai exercer o seu poder, o **ius imperium**, a supremacia que faz com que seja superior a qualquer outra pessoa, natural ou jurídica, dentro do território que administra.

O processo[2], pois, carrega a noção de marcha para a frente, de avanço, de progresso e de desenvolvimento, ainda que nem sempre isso ocorra ou, quando ocorre, passou-se um longo lapso de tempo. A ideia de processo está veiculada aos atos preparatórios, instrutórios e decisórios, para que a Administração tenha uma decisão qualquer, ou apenas como modo de tramitação de papéis públicos. Pela lógica, então, o processo administrativo deveria ser movimentado com rapidez e eficiência, ainda que normalmente aconteça o contrário.

O processo, em sentido mais técnico, compreende os instrumentos formais de que se utilizam os Poderes Políticos para exercerem suas respectivas competências. Assim sucede com o Judiciário, o Legislativo ou o Executivo, que, mesmo tendo conteúdos e formas próprias, possuem uma única fonte de competência, a Constituição de 1988, de maneira que o movimento dos atos jurídicos, legislativos ou administrativos ocorram sempre como um processo. Não obstante, cada um dos Poderes acima se encontra submetido a princípios especiais, ritos determinados e modalidades específicas relativas às competências que exercem. Portanto, os processos judicial, legislativo e administrativo, ainda que distintos, possuem semelhanças, princípios idênticos e normas constitucionais comuns, através das quais se permite apontar uma unidade teórica quanto ao processo[3].

Distingue-se, de início, o processo legislativo[4], pelo qual o Estado elabora a lei, do processo administrativo, feito pelo qual o Estado aplica a lei.

---

2 "**Processo.** [Do lat. **processu**] S.m. 1. Ato de proceder, de ir para diante; seguimento, curso, marcha. (...) 5. **Jur.** Atividade por meio da qual se exerce concretamente, em relação a determinado caso, a função jurisdicional, e que é instrumento de composição das lides. 6. **Jur.** Pleito judicial, litígio. 7. **Jur.** Conjunto de peças que documentam o exercício da atividade jurisdicional em um caso concreto, autos: **a leitura do processo**" (FERREIRA, Aurélio Buarque de Holanda. **Novo Dicionário da Língua Portuguesa.** 1ª ed. São Paulo: Editora Nova Fronteira, s.d., 14ª imp., p. 1140).

3 Maria Sylvia Zanella di Pietro (**Direito Administrativo**, *op. cit.*, p. 343), observou que "todos eles obedecem, pelo menos, aos princípios da competência, da formalidade, da predominância do interesse público sobre o particular, o que permite falar na existência de uma teoria geral do processo", destacando a existência de um liame comum entre o processo legislativo, judicial e administrativo.

4 "Entendemos que o Processo Legislativo, tal como o enfoca a Constituição vigente, se cristaliza na prática encadeada de atos que têm por objeto elaborar, alterar, modificar ou revogar, no todo ou em parte, as normas de conduta social obrigatórias", como

Com aquele se procura instituir uma norma, de comando geral e abstrato, a que todos os cidadãos têm o dever de obedecer, enquanto neste se vai verificar, em caso concreto, se foi exercida determinada conduta conforme o ditame legal. Todavia, este último conceito se aplica tanto ao processo administrativo quanto ao judicial.

Quanto à aplicação da lei, ainda que aparentemente semelhante, observou-se a distinção nítida em razão das incumbências e naturezas do Poder Executivo e do Judiciário. O processo judicial[5] é instaurado através da provocação de uma das partes, o autor, que, tendo conflito com a outra parte, o réu, precisa de que o Estado dirime a dúvida de forma definitiva, através de uma sentença, mediante a atuação de um magistrado ou de um Tribunal, sendo preservada uma simetria entre os litigantes. O processo administrativo pode ser instaurado através da provocação do interessado ou por ato da própria Administração, que acumula a função de acusar com a de decidir, caracterizando uma assimetria na relação jurídica. Em razão disso, de modo geral, esse processo é gratuito, além das suas decisões não terem força de coisa julgada. Tal ocorre em razão da competência depositada nas mãos do Poder Público, de modo que, para contrabalançar-se a situação, ao cidadão deve ser assegurado o direito ao contraditório e à ampla defesa, sem restrições ou sem opor dificuldades formais e materiais[6].

Ainda que haja semelhanças e princípios comuns entre os processos legislativos, judiciais e administrativos, cada um tem características específicas que resultam em ritos próprios e especiais. A frequência com que ocorre o processo administrativo, em maior quantidade do que o próprio processo judicial, não justifica mais a relativa indiferença da doutrina e dos legisladores sobre esse instituto. As reflexões feitas ao longo destas páginas,

expôs Dagoberto Liberato Cantizano (**O Processo Legislativo nas Constituições Brasileiras e no Direito Comparado**. Rio de Janeiro: Forense, 1985, p. 120). O processo legislativo compreende a elaboração de emendas à Constituição, leis complementares, leis ordinárias, leis delegadas, decretos legislativos e resoluções, previstas nos incisos do art. 59, da Constituição Federal.

5 "Processo, assim, é meio de que se vale o Estado para exercer sua função jurisdicional, isto é, para resolução das lides e, em consequência, das pretensões. Processo é o instrumento da jurisdição. Como operação, o processo se desenvolve numa série de atos. Atos dos órgãos jurisdicionais, atos dos sujeitos da lide e até mesmo de terceiras pessoas interessadas. Uma série de atos obedece a uma certa ordem, tendo em vista o fim a que visam. Processo, assim, é a disciplina dos atos coordenadores, tendentes ao fim a que visam" (SANTOS, Moacyr Amaral. **Primeiras Linhas de Direito Processual Civil**. 7ª ed. São Paulo: Saraiva, 1980, 1º vol., pp. 274-5).

6 Súmula Vinculante 21, de 29.10.2009: "É inconstitucional a exigência de depósito ou arrolamento prévios de dinheiro ou bens para admissibilidade de recurso administrativo".

tem a pretensão de distinguir as características, os princípios, as fases e as espécies do processo administrativo, além de destacar sua importância para a Administração Pública e para a vida da sociedade.

20.2. Princípios da Administração Pública

A República Federativa Brasil compreende a União, os Estados-membros, o Distrito Federal e os Municípios em uma Federação. Portanto, existem diversas pessoas jurídicas de direito público, no plano federativo. Por outro lado, as Entidades Federadas acima mencionadas são constituídas de Poderes Políticos – Executivo, Legislativo e Judiciário –, com os Municípios apenas tendo os dois primeiros. O Poder Público, por conseguinte, é amplo e diverso. Entre os Poderes, o que vem a ser mais visível é o Executivo. Concentra-se neste a maior parte dos prédios públicos, possuiu quase a totalidade dos servidores públicos, arrecada a receita pública e tem as forças de segurança sob sua tutela. A Administração Pública pode, por outro lado, ser Direta ou Indireta, com diversas pessoas jurídicas dela fazendo parte.

O Executivo tem a responsabilidade política, através dos atos do Presidente da República, do Governador do Estado ou do Prefeito Municipal, pois também representam a Administração. É esta que aparece para o público, através das escolas, dos hospitais públicos, da segurança pública e dos serviços de utilidade pública, dentre outros, onde se concentram a grande maioria dos servidores públicos. A Administração, então, é a estrutura na qual se prestam os serviços públicos pelo Poder Público, estando no âmbito do Executivo.

No início, nos séculos XVI e XVII, na Europa Ocidental, as atividades estatais limitavam-se à defesa externa, à prestação de uma justiça uniforme, à garantia de uma moeda e da segurança pública e à concessão de títulos e benefícios. Havia, ainda, algumas atividades de monopólio econômico sob a tutela pública, como o comércio de determinados produtos ou a exploração de certas Colônias. No século XVIII, começaram a surgir alguns serviços públicos prestados diretamente à comunidade, como a iluminação a gás ou as linhas de transporte terrestre, fluvial e marítimo, de mercadoria ou pessoas. No século XIX, com a pressão dos sindicatos e dos movimentos sociais, passou o Estado a se encarregar de alguns serviços de natureza social, como a educação, a saúde e o sistema de aposentadoria, sendo tal considerado um salário indireto, pago pelo Poder Público para pacificar o conflito social. Por fim, no século XX, coube à Administração uma série de serviços, que antes eram estritamente privados, como a exploração econômica do petróleo ou o desenvolvimento da ciência, além do que já lhe pertencia anteriormente. Agora, no século XXI, há o questionamento, dentro dos Estados Democráticos Liberais, se é melhor ampliar os serviços e as políticas públicas ou diminuí-los, ainda sem uma resposta definitiva.

Se antes era possível a ampliação das atividades públicas, caracterizadas pela superioridade da Administração frente aos particulares, houve uma proliferação de atividades monopolistas, que passaram a ser caracterizadas como serviços públicos. Contudo, desde o último quarto do século XX, passou-se a criticar o gigantismo do Poder Público e a ampliação dos serviços públicos. Na verdade, procurava-se um conceito que pudesse limitar a atividade estatal a certas atuações que realmente interessassem à coletividade como um todo, e não a interesses individuais localizados. Em geral, as tentativas de limitar a Administração quase sempre resultaram na formação de uma comissão de estudo, que, por si só, já ampliava o espaço estatal.

A Administração Pública compreende, assim, os órgãos, as pessoas e os bens que a compõem. Esta pode ser direta ou indireta. Foi excluída do **caput**, do art. 37, a expressão fundacional, relativa às fundações públicas que, na verdade, confundem-se hoje com as autarquias e, por conseguinte, integram o gênero Administração Indireta. A Administração Direta constitui-se na instituição integrada pelos órgãos administrativos do Poder Executivo, como os Ministérios ou as Secretarias Estaduais, Distritais ou Municipais. A personalidade jurídica é única, da União, dos Estados-membros, do Distrito Federal ou dos Municípios, que representam respectivamente os seus órgãos e os do Legislativo, do Judiciário, do Tribunal de Contas, do Ministério Público e da Defensoria Pública, mas com eles não se confundem. Existem órgãos administrativos nestes, que exercem funções equivalentes às do Executivo, mas apenas para possibilitar o exercício das suas funções próprias. A Administração Direta compreende os órgãos representados pelas pessoas jurídicas de direito público, com soberania ou autonomia, excluídos os órgãos políticos do Executivo, bem como do Legislativo, do Judiciário, do Tribunal de Contas, do Ministério Público e da Defensoria Pública.

A Administração Indireta resultou do movimento político de ampliação do espaço estatal, do final do século XIX ao século XXI. Este processo ficou conhecido por descentralização, que significava a atribuição de competência para executar determinado serviço público por outra pessoa jurídica que não fosse a própria Administração Direta. Existia, assim, a transferência da titularidade e da execução do serviço para uma pessoa jurídica de direito público, criada por lei para tal fim, como a autarquia ou a fundação pública. Podia, ainda, haver a transferência apenas da execução do serviço, através de delegação, em que as atividades econômicas eram assumidas pelas concessionárias, pelas permissionárias ou pelas autorizadas. O desempenho podia ser cometido, também, a uma pessoa jurídica de direito público, instituída também por lei, no caso de empresa pública ou de sociedade de economia mista, ou a uma pessoa jurídica de direito privado, criada e administrada por particulares, mas com delegação pública.

Foram fixados, no **caput** do art. 37, da Constituição de 1988, ainda, os princípios administrativos constitucionais de legalidade, de impessoalidade, de moralidade, de publicidade e de eficiência[7]. A lei é a base dos atos administrativos, de modo que não só ampara o particular, como também serve ao interesse público na defesa da norma positiva, visando-lhe garantir um caráter imparcial. Assim, todo processo administrativo deve ser fundamentado numa norma legal específica, para lhe garantir a legalidade objetiva, sob pena de invalidade. O princípio da legalidade significa a sujeição e a subordinação do comportamento às normas e prescrições editadas através do processo legislativo. O princípio da reserva legal decorre deste outro, de que a atuação das pessoas está subordinada à lei, de modo que determinadas matérias só podem ser normatizadas mediante a lei formal que tramite de acordo com o processo legislativo, previsto na Constituição.

A impessoalidade consiste na orientação obrigatória que a Administração deve ter quanto ao interesse público, afastadas todas e quaisquer inclinações ou interesses pessoais. Deve haver a demonstração entre a finalidade buscada pelo legislador e os princípios do sistema legal, sob pena de ser declarada a inconstitucionalidade da norma. Decorre daí, que a expressão impessoalidade guarda relação com o princípio da finalidade, pelo qual os poderes da Administração devem se voltar para as reais finalidades públicas.

A noção de moralidade teve responsabilidade da doutrina francesa, entendendo-a como o conjunto de regras de condutas tiradas da disciplina interior da Administração. Reconhece-a como uma instituição finalisticamente orientada, no sentido de que os seus agentes, além de estarem submetidos à forma da lei, devem ter uma conduta profissional dentro dos padrões morais correntes. A moralidade administrativa está relacionada com a finalidade publica e, por conseguinte, não basta se observar os aspectos de lei formal, mas também se no ato ou processo administrativo existe um compromisso com a honestidade e com o interesse público[8].

7 GONÇALVES, Francysco Pablo Feitosa. **Os Princípios Gerais da Administração Pública e o Neoconstitucionalismo: até onde a adesão à doutrina alienígena é válida?** *In*: **Revista dos Tribunais**. São Paulo: Revista dos Tribunais, ago./2011, nº 910/21-42, e **Doutrinas Essenciais: Direito Constitucional (Edições Especiais Revista dos Tribunais: 100 Anos)**. São Paulo: Revista dos Tribunais, 2015, vol. VII, p. 663.

8 Súmula Vinculante 13, de 21.08.2008: "A nomeação de cônjuge, companheiro ou parente em linha reta, colateral ou por afinidade, até o terceiro grau, inclusive, da autoridade nomeante ou de servidor da mesma pessoa jurídica investido em cargo de direção, chefia ou assessoramento, para o exercício de cargo em comissão ou de confiança ou, ainda, de função gratificada na administração pública direta e indireta em qualquer dos Poderes da União, dos Estados, do Distrito Federal e dos Municípios, compreendido o ajuste mediante designações recíprocas, viola a Constituição Federal".

Está previsto, ainda, o princípio da publicidade, de modo a expor o controle dos administrados ao público em geral. O interessado deve ter acesso ao processo, o que significa ser citado ou intimado de todos os atos processuais. Pode examinar e fazer as anotações do que entender de seu interesse, permitindo-se, inclusive, ter acesso às informações, desde que não esteja protegido pelo sigilo, hipóteses dos incisos XXXIII e LX do art. 5º, do texto constitucional. É certo que esse direito de acesso à informação afronta garantia constitucional e pode ser excepcionado, instaurando-se a sua tramitação de forma sigilosa. Isso ocorre quando do processo possam constar dados atinentes à intimidade da pessoa, proteção consagrada pelo texto constitucional.

Foi introduzido, no **caput** do art. 37, pela Emenda Constitucional nº 19, de 04.06.1998, na Reforma Administrativa, o princípio da eficiência, que pode ser entendido como o dever imposto a todo agente público de efetuar suas atribuições com presteza, perfeição e rendimento funcional. Trata-se de princípio novo, instituído para que a Administração Pública possa melhorar sua prestação de serviço e permitir que o usuário não seja eternamente sujeito a todos os desconfortos na prestação de serviço. O Conselho Nacional de Justiça, com a edição da Resolução do CNJ nº 7, de 18.10.2006, disciplinou o exercício de cargos, de empregos e de funções por parentes, cônjuges e companheiros de magistrados e servidores investidos em cargos de direção e assessoramento, no âmbito dos órgãos do Poder Judiciário, em importante etapa da luta contra o nepotismo, no Brasil.

20.3. Cargo no Serviço Público

São os servidores públicos, em sentido amplo, as pessoas físicas que prestam serviços a Administração Direta e às entidades da Administração Indireta com vínculo empregatício e mediante remuneração paga pelos cofres públicos. Compreendem em primeiro lugar os funcionários propriamente ditos, sujeitos ao regime estatutário e ocupantes de cargos públicos. Mantém-se essa terminologia, para fins doutrinários, porém a Constituição de 1988 fala em servidor público. Em segundo lugar, os empregados públicos, contratados sob o regime da legislação trabalhista e ocupantes de emprego público. Por fim, os servidores temporários contratados por tempo determinado para atender a necessidade temporária de excepcional interesse público, conforme o art. 37, IX, da Constituição Federal, exercendo função sem estarem vinculados a cargo ou emprego público ou ocupante de cargo em comissão.

A Constituição de 1988 utiliza indistintamente a expressão servidor público, tanto como gênero, quanto como espécie. Celso Antônio Bandeira de Mello, ao analisar a questão, afirmou que:

> "Servidor público, como se pode depreender da Lei Maior, é a designação genérica ali utilizada para englobar, de modo abrangente, todos aqueles que mantêm vínculos de trabalho profissional com as entidades governamentais, integrados em cargos ou empregos de quaisquer delas. [...] Servidores públicos civis são os servidores públicos (civis) da administração direta, das autarquias e das fundações públicas ocupantes de cargos públicos; excluindo, pois, os servidores empregados, isto é, os que a elas estejam vinculados por contrato, bem como os servidores das empresas públicas, sociedades de economia mista e das fundações de direito privado acaso instituídas pelo Poder Público, pois todos são, igualmente, empregados, isto é, não titularizam cargos públicos. [...] A Constituição brasileira, em diversas passagens, refere-se tanto a cargos, quanto a empregos públicos, pois, a previsão de servidores públicos titulares de cargos e servidores ocupantes de empregos, o que configura uma bifurcação fundamental"[9].

A obrigatoriedade do regime jurídico único, antes previsto no **caput** do art. 39 da Constituição Federal, foi suprimida pela Emenda Constitucional nº 19, de 04.06.1998, ficando às Entidades Federadas a faculdade de escolher a melhor forma de organizar seus servidores. Pode ser mantido o regime estatutário, ser instituído o regime celetista ou, até, prever a convivência dos dois sistemas. Para os Estados-membros e os Municípios é muito mais adequado o regime estatutário, de servidores públicos estrito senso, de regime jurídico único e de Regime Próprio de Previdência Social (RPPS).

Os cargos, os empregos e as funções públicas são acessíveis aos brasileiros, que atendam aos requisitos previstos em lei, depois da Emenda Constitucional de nº 19, de 04.06.1998, aos estrangeiros. A investidura em cargos ou em empregos depende de aprovação prévia em concurso público de prova ou de provas e títulos, exigência de acordo com a natureza e a complexidade do cargo ou emprego. O prazo de validade é de dois anos, prorrogável uma vez por igual período. Durante o prazo improrrogável previsto no edital do concurso, aquele que foi aprovado deve ter prioridade sobre os novos concursados para assumir o cargo ou o emprego na carreira. A lei deve reservar o percentual dos cargos e de empregos públicos para as pessoas portadoras de deficiência e definir os critérios de sua admissão.

Não é exigida a aprovação prévia em concurso público de provas ou de provas e títulos para a nomeação para cargo em comissão, desde que declarado de livre nomeação e exoneração, por lei. Observe-se que as funções de confiança devem ser exercidas exclusivamente por servidores ocupantes de cargo efetivo e os cargos em comissão destinam-se apenas às atribuições de direção, chefia e assessoramento, de acordo com a nova redação do inciso V do art. 37, da Constituição de 1988, dada pela Emenda Constitucional nº

9 BANDEIRA DE MELLO, Celso Antônio. **Curso de Direito Administrativo**, *op. cit.*, pp. 125-6.

19, de 04.06.1998. Podem ser previstos em lei os casos de contratação por tempo determinado para atender a necessidade temporária de excepcional interesse público. Continua assegurado ao servidor público civil, o direito à livre associação sindical, bem como o direito de greve, que deve ser exercido nos termos e nos limites definidos em lei específica e, não mais, em lei complementar.

A Emenda Constitucional nº 19, de 04.06.1998, que aprovou a Reforma Administrativa, trouxe diversas modificações quanto à remuneração dos servidores públicos civis, inclusive os municipais. A remuneração destes servidores somente pode ser fixada ou alterada por lei específica, com iniciativa do respectivo Poder Político. Passou a constar no inciso X do art. 37 do texto constitucional revisão geral anual, sempre na mesma data e sem distinção de índices. Foi fixado, ainda, como limite máximo para a remuneração dos servidores ou os proventos e pensões, na Entidade Federada, o subsídio dos membros da Câmara ou do Prefeito Municipal, e no Estado-membro, dos membros da Assembleia Legislativa e do Governador do Estado, limitados estes ao subsídio mensal, em espécie, dos Ministros do Supremo Tribunal Federal. Continua sendo vetado que os vencimentos dos cargos da Câmara Municipal possam ser superiores aos pagos pela Prefeitura, conforme o art. 37, XII, Constituição Federal.

Foi vetada, ainda, de forma mais expressa, a vinculação ou equiparação de "quaisquer espécies remuneratórias" para efeito de remuneração de pessoal do serviço público, ampliando o alcance do dispositivo e removendo a referência feita ao art. 39, § 1º, da Carta Magna. Reforçou-se, ainda, a restrição a que os acréscimos pecuniários percebidos pudessem servir para computar ou acumular para fins de concessão de acréscimos ulteriores, art. 37, XIV, da Constituição de 1988. Manteve-se a irredutibilidade dos vencimentos dos cargos e dos empregos públicos, mas com a observância de limite máximo que vem a ser o subsídio do Ministro do Supremo Tribunal Federal. Do mesmo modo, continua sendo prevista a acumulação remunerada de cargos públicos, quando houver compatibilidade, de dois cargos de professor, de um cargo de professor com outro técnico ou científico e de dois cargos privativos de médicos, desde que o total não ultrapasse o subsídio acima mencionado, art. 37, XVII, da Constituição Federal. A proibição de acumular se estende às autarquias, fundações, empresas públicas, sociedade de economia mista e suas subsidiárias e sociedades controladas.

A Emenda Constitucional nº 19, de 04.06.1998, incluiu no art. 37 três novos parágrafos, que tratam: a) dos requisitos e das restrições dos ocupantes de cargos ou emprego da Administração Direta e Indireta, que tenham acesso a informações privilegiadas, no § 7º; b) da autonomia gerencial, orçamentária e financeira dos órgãos e entidades, ampliadas, mediante contrato, no § 8º; c) do limite da remuneração vinculada ao subsídio de

Ministro do Supremo Tribunal Federal, aplicando-se às empresas públicas e às sociedades de economia mista, e suas subsidiárias, que receberem recursos da Administração para pagamento de despesas de pessoal ou de custeio em geral, no § 9º.

A Lei Complementar Federal nº 82, de 27.03.1995, disciplinou os limites das despesas com o funcionalismo público, fixando para a União cinquenta por cento, para os Estados-membros, para o Distrito Federal e para os Municípios sessenta por cento das receitas correntes, de acordo com o art. 1º, III. Hoje, sessenta e cinco por cento. A Lei de Responsabilidade Fiscal, Lei Complementar Federal nº 101, de 04.05.2000, dispõe sobre o limite acima.

As regras referentes ao servidor público em exercício de mandato eletivo, previsto no art. 38 e seus incisos, foram modificadas apenas quanto ao **caput** do artigo, que limitou as garantias apenas aos servidores da Administração Direta e autárquica e fundacional, excluindo os empregados públicos. Investido no mandato do Chefe do Executivo, deve ser afastado do cargo, do emprego ou da função, sendo-lhe facultado optar pela sua remuneração, investido no mandato do parlamentar. Havendo compatibilidade de horários, no caso do Vereador, percebe as vantagens de seu cargo, emprego ou função, sem prejuízo da remuneração do cargo eletivo, e, não havendo compatibilidade, deve ser aplicada a opção pela remuneração. Antes, a expressão vencimento correspondia ao básico recebido pelo servidor e vencimentos, os acrescidos das vantagens. Agora, com a Emenda Constitucional nº 19, de 04.06.1998, o básico é o subsídio e os vencimentos vêm a ser a soma destes com seus acréscimos, nos termos do inciso XV do art. 37, do texto constitucional.

Os servidores "profissionais de educação escolar básica" são classificados como: a) os professores habilitados em nível médio ou superior para a docência na educação infantil e nos ensinos fundamental e médio; b) os trabalhadores em educação, portadores de diploma de pedagogia, com habilitação em administração, planejamento, supervisão, inspeção e orientação educacional, bem como com títulos de mestrado ou doutorado nas mesmas áreas; c) os trabalhadores em educação, portadores de diploma de curso técnico ou superior em área pedagógica ou afim, conforme o art. 61, da Lei Federal nº 9.394, de 20.12.1996, modificado pela Lei Federal nº 12.014, de 06.08.2009.

O concurso público é o processo pelo qual a Administração Direta e Indireta, tem para a gestão de seu quadro de pessoal e de escolha do futuro servidor na busca do melhor candidato, para o preenchimento de cargo ou de emprego público. Este deve estar sem o respectivo titular ou em estado de vacância. Assim, o concurso deve ser aberto apenas se existir cargo ou emprego vago, tendo em vista que só o interesse público pode motivar o preenchimento desses.

O concurso é o meio técnico colocado "[...] à disposição da Administração para obter-se moralidade, eficiência e aperfeiçoamento do serviço público e, ao mesmo tempo, propiciar igual oportunidade a todos os interessados que atendam aos requisitos da lei", no entender de Hely Lopes Meirelles[10]. Logo depois, admite que os concursos não têm forma ou procedimentos estabelecidos na Constituição, mas é de toda conveniência que sejam precedidos de uma regulamentação legal ou administrativa, amplamente divulgada, para que os candidatos se inteirem de suas bases e matérias exigidas.

O concurso público vem a ser o procedimento posto à disposição da Administração Pública Direta e Indireta, de qualquer nível de governo, para a seleção do melhor futuro servidor. Trata-se de um processo competitivo, onde os cargos são disputados pelos vários candidatos, avaliados através de provas ou provas e títulos. O concurso público não é indicado como um processo, admitindo-se, no máximo, ser um procedimento, tendo em vista ocorrer uma sucessão de atos administrativos. Contudo, é visível que se trata de um processo administrativo, não só no aspecto procedimental, mas também sendo exigido o devido processo legal.

Os candidatos aos cargos vagos são particulares que participam de um certame, com o fim de se escolher os mais aptos para integrarem os quadros de pessoal da Administração, onde lhes devem ser assegurados os princípios civis e as garantias constitucionais, especialmente o direito à ampla defesa e ao contraditório. O preceito contido no inciso LV do art. 5º, da Constituição de 1988, assegura tais direitos, bem como o de recorrer administrativamente, sem maiores empecilhos, bem como o de se exigir depósitos de valores como garantia recursal.

O concurso público é preceito constitucional, disposto nos incisos II e III do art. 37 da Lei Superior, modificados pela Emenda Constitucional nº 19, de 04.06.1998. Está disposto que "a investidura em cargo ou emprego público depende de aprovação prévia em concurso público de provas ou de provas e títulos, de acordo com a natureza e a complexidade do cargo ou emprego, na forma prevista em lei, ressalvadas as nomeações para cargo em comissão declarado em lei de livre nomeação"[11]. E, logo depois, que "o

---

10 Vai mais longe o grande mestre ao afirmar que: "Pelo concurso afastam-se, pois, os ineptos e os paniguados, que costumam abarrotar as repartições num espetáculo degradante de protecionismo e falta de escrúpulo de políticos que se alçam e se mantêm no poder leiloando empregos públicos" (MEIRELLES, Hely Lopes. **Direito Administrativo Brasileiro**, *op. cit.*, pp. 440-1).

11 Súmula Vinculante 43, de 08.04.2015: "É inconstitucional toda modalidade de provimento que propicie ao servidor investir-se, sem prévia aprovação em concurso público destinado ao seu provimento, em cargo que não integra a carreira na qual anteriormente investido".

prazo de validade do concurso público será de até dois anos, prorrogável uma vez, por igual período". Por fim, peremptoriamente, o § 2º do referido art. 37 dispõe que a não observância do disposto nos incisos II e III, implica a nulidade do ato e a punição da autoridade responsável, nos termos da lei.

Dispõe sobre a matéria, no plano federal, a Lei Federal nº 8.112, de 11.12.1990, que instituiu o regime jurídico único e o estatuto dos servidores públicos civis da União. Consta, inicialmente, no seu art. 11, que o concurso é de provas ou de provas e títulos, podendo ser realizado em duas etapas, conforme dispuserem a lei e o regulamento do respectivo plano de carreira. Evidencia-as que não existe uma norma geral de concurso público, nem a disposição federal obriga os Estados-membros, o Distrito Federal e o Município, mas a Lei Federal nº 8.112, de 11.12.1990, sem dúvida, serviu de base para as legislações estaduais, distritais e municipais sobre os servidores públicos. Trata-se de um processo administrativo que tem suas regras e objetivos definidos a cada certame, de acordo com as exigências técnicas de cada cargo a ser preenchido. Os atos administrativos do processo são efetuados por agentes públicos, através de bancas ou de comissões examinadoras, constituídas regularmente com outros servidores públicos capazes e de comprovada honestidade. Diversas decisões são recorríveis, desde a rejeição da inscrição até o reexame de provas, especialmente as escritas, ainda que as orais passem a ser cada dia mais gravadas para serem suscetíveis de reapreciação, inclusive o exame psicotécnico exigido[12].

O concurso público pode ser de provas e de provas ou títulos, de acordo com o que dispuser a lei, regulamento ou edital. Não é mais possível concurso apenas de título, como existia no passado. As bancas ou comissões examinadoras devem ser constituídas de servidores públicos efetivos, para garantir a independência de julgamento de seus membros. Por outro lado, é aconselhável que não se coloque servidor de cargo inferior ao que está sendo preenchido pelo concurso, em razão da deficiência técnica do possível membro. A jurisprudência consolidou decisões no sentido de que seja vedada a concessão de vantagens ou privilégios iniciais a candidatos ou categoria de candidatos, por qualquer que seja a motivação. Na verdade, se de outra forma não fosse, haveria violação do princípio da isonomia[13].

---

12 Súmula Vinculante 44, de 08.04.2015: "Só por lei se pode sujeitar a exame psicotécnico a habilitação de candidato a cargo público".

13 "Os concursos públicos devem dispensar tratamento impessoal e igualitário dos interessados. Sem isto ficariam fraudadas suas finalidades. Logo, são inválidas disposições capazes de desvirtuar a objetividade ou o controle destes certames. E o que, injuridicamente, tem ocorrido com a introdução de 'exames psicotécnicos' destinados a excluir liminarmente candidatos que não se enquadrem em pretenso 'perfil psicológico', decidido pelos promotores do certame como sendo o 'adequado' para os futuros

Os critérios do certame são fixados autonomamente pela Administração, por não existir uma regra geral. Isso é correto, no sentido de que cada cargo precisa ter suas especificidades verificadas e julgadas e, como são inúmeras, não resta outra alternativa que não seja a ausência de um parâmetro geral. Não obstante, pouco a pouco começa a se formar uma unidade em torno do processo administrativo de concurso público para preenchimento de cargos públicos, no sentido de que algumas regras devem ser predefinidas. Por exemplo, pode a municipalidade livremente dispor sobre os critérios de aferição de conhecimento, mas deve assegurar igualdade de condições para todos os candidatos, do mesmo no Estado-membro, no Distrito Federal e no Município.

Percebe-se, então, que existem quatro fases no concurso público: a) a fase de edital; b) de habilitação; c) de julgamento; d) de homologação. Guarda evidente relação com as fases da licitação, dada a natureza jurídica análoga dos dois processos. Na abertura ocorre a publicação de edital, que contém os requisitos dos candidatos, as regras e procedimentos do certame e os critérios de verificação. É fase fundamental do concurso em razão de em geral não haver lei ou regulamento prévio sobre o procedimento adotado e as matérias que nele devem constar. Se não houver anuência em relação a esse, deve-se impugná-lo. Logo depois, averígua-se se os candidatos estão aptos para participarem do concurso, possuindo as habilitações e os domínios técnicos exigidos, através da habilitação. Hoje esta fase ocorre depois do julgamento e antes da homologação, fiando-se apenas na declaração do candidato, sob as penas da lei.

O julgamento ocorre depois da realização das provas, que podem ser de conhecimentos gerais ou específicos ou de simples habilidade. As provas podem ser, ainda, escritas ou orais. Além das provas, pode ser exigida a avaliação de títulos, que variam de acordo com o interesse do preenchimento dos cargos ou empregos. Para os cargos de maior relevância, a titulação é um indicativo seguro do maior amadurecimento técnico e pessoal dos candidatos. Não existe a fase de adjudicação, propriamente dita, ainda que seja assegurada ao primeiro colocado e aos demais em ordem decrescente de pontuação a expectativa de serem chamados para preencherem os cargos e os empregos vagos, de acordo com a classificação. Atualmente, na verdade, entende-se que o candidato aprovado tem direito às vagas oferecidas no edital. Por fim, o concurso público de provas ou de provas e títulos precisa ser homologado pela autoridade competente, com o fim de preparar o candidato para os passos seguintes.

ocupantes do cargo ou do emprego" (BANDEIRA DE MELLO, Celso Antônio. **Curso de Direito Administrativo**, *op. cit.*, p. 134).

Logo após a homologação, com a devida publicidade e sem nenhum recurso administrativo a dirimir, deve-se dar andamento ao processo de acessibilidade dos cargos públicos, com a nomeação do candidato. Esse ato administrativo, que também exige publicação, é seguido da posse, que se trata da investidura do servidor no cargo e, em consequência, o exercício do cargo. Deste momento em diante, ainda que exista o estágio probatório, o candidato passou a ser servidor público, para o desempenho de suas funções legais e regulamentares.

Estão previstos os cargos temporários, como o de professor substituto nas universidades públicas, escolhido por meio de processo seletivo simplificado. Nas atividades meio, aumenta a terceirização e os empregados terceirizados acabam ingressando por meio de empresa de mão de obra e, assim, burlava o princípio da exigência do concurso público.

20.4. Remuneração e Subsídio do Servidor

A Emenda Constitucional nº 19, de 04.06.1998, que aprovou a Reforma Administrativa, trouxe diversas modificações quanto à remuneração dos servidores públicos civis, modificando os incisos X, XI, XIII, XIV e XV, do art. 37. A remuneração e o subsídio destes servidores somente podem ser fixados ou alterados por lei específica, de iniciativa do respectivo Executivo a que estejam vinculados[14]. Foi instituído o subsídio, disciplinado no art. 39, § 4º. Manteve-se a exigência de revisão geral anual[15], sempre na mesma data e sem distinção de índices[16].

Foi fixado, ainda, no inciso XI do art. 37, da Constituição de 1988, como limite máximo para a remuneração dos servidores ou para os proventos e pensões, nas Entidades Federadas, o subsídio do membro do Poder Legislativo ou do Chefe do Executivo, limitados todos pelo subsídio mensal, em espécie, dos Ministros do Supremo Tribunal Federal. Estes, quando servem no Tribunal Superior Eleitoral, têm direito a uma vantagem, restando então saber qual é o verdadeiro limite – se apenas o subsídio do Excelso Pretório ou este acrescido pela vantagem da Justiça Eleitoral. A questão,

---

14 Súmula Vinculante 16, de 25.06.2009: "Os artigos 7º, IV, e 39, § 3º (redação da EC 19/98), da Constituição, referem-se ao total da remuneração percebida pelo servidor público".

15 Súmula Vinculante 42, de 11.03.2015: "É inconstitucional a vinculação do reajuste de vencimentos de servidores estaduais ou municipais a índices federais de correção monetária".

16 Súmula Vinculante 4, de 30.04.2008: "Salvo nos casos previstos na Constituição, o salário mínimo não pode ser usado como indexador de base de cálculo de vantagem de servidor público ou de empregado, nem ser substituído por decisão judicial".

aparentemente simples, tem feito com que até hoje não haja a definição do limite preciso. O disposto no inciso XI do art. 37, da Constituição Federal, aplica-se às empresas públicas e às sociedades de economia mista e suas subsidiárias, que recebem recursos da União, dos Estados-membros, do Distrito Federal ou dos Municípios, de acordo com o § 9º do art. 37. Além disso, os Tribunais, os Ministérios Públicos e as Defensorias Públicas têm criados várias vantagens, ditas indenizatórias, como vantagens, além do subsídio.

O inciso XI do art. 37, sofreu alterações, pela Emenda Constitucional nº 41, de 19.12.2003, pelo texto anterior:

> "Art. 37. ....
>
> ....
>
> XI – a remuneração e o subsídio dos ocupantes de cargos, funções e empregos públicos da administração direta, autárquica e fundacional, dos membros de qualquer dos Poderes da União, dos Estados, do Distrito Federal e dos Municípios, dos detentores de mandato eletivo e dos demais agentes políticos e os proventos, pensões ou outra espécie remuneratória, percebidos cumulativamente ou não, incluídas as vantagens pessoais ou de qualquer outra natureza, não poderão exceder o subsídio mensal, em espécie, dos Ministros do Supremo Tribunal Federal".

Na vigência da redação primitiva do inciso XI, a jurisprudência do Supremo Tribunal Federal entendeu que o teto: a) alcançava os servidores inativos; b) repercutia no cálculo dos proventos da aposentadoria; c) não compreendia as vantagens de caráter pessoal, que agora se incluem no teto; d) abarcava as vantagens percebidas em razão do cargo; e) era norma auto-aplicável, não dependendo de regulamentação; f) em se tratando de servidores do Poder Executivo é "o limite constitucional dos seus vencimentos e proventos é a remuneração em espécie dos Ministros de Estado, não a dos Ministros do Supremo Tribunal Federal; e a eventual diferença entre a dos primeiros e a dos últimos – contrariando a regra da equivalência dos tetos –, configuraria inconstitucionalidade por omissão relativa, que não admite suprimento judicial"; g) afere-se em razão da "remuneração dos Ministros de Estado, atribuída ao cargo por decreto legislativo, na Constituição Federal, art. 49, VIII, não a que, mediante opção, perceba efetivamente algum de seus titulares, em razão de ser parlamentar ou servidor público"; h) quanto aos servidores estaduais, deve ser observada a restrição imposta pelo § 2º do art. 27, na redação dada pela Emenda nº 1, de 31.03.1992, que limitou a remuneração dos Deputados Estaduais a, no máximo, setenta e cinco por cento, da estabelecido, em espécie, para os Deputados Federais, que o Plenário do STF tem por aplicável aos Desembargadores, em razão do princípio da equivalência, na Constituição Federal, art. 37, XI, do limite de remuneração inscrito na Emenda Constitucional nº 1, de 31.01.1992; i) somente podia ser fixado por lei formal, e não por decreto; j) que o dispositivo previa dois limites máximos a considerar na implementação do sistema, o primeiro, já predeterminado pela Constituição, para cada Poder, o segundo, a ser fixado em lei da União e de cada unidade federada, contido, porém, pela observância do primeiro, mas ao qual pode ser inferior, excetuadas apenas as hipóteses de teto diverso estabelecidas na própria Constituição de 1988, nos arts. 27, § 2º, e 93, V[17].

20.5. Servidores Públicos Brasileiros

As regras referentes ao servidor público em exercício de mandato eletivo foram modificadas pela Emenda Constitucional nº 19, de 04.06.1998, apenas quanto ao **caput**, que passou a limitar as garantias apenas aos servidores da Administração Direta, autárquica e fundacional, excluídos os empregados públicos. Tratando-se de mandato eletivo federal, estadual ou distrital, devem ficar afastados de seu cargo, emprego ou função. Investido no mandato de Chefe de Executivo, deve ser afastado do cargo, emprego ou função, sendo-lhe facultado optar pela sua remuneração. Investido no mandato de Vereador, havendo compatibilidade de horários, pode perceber as vantagens de seu cargo, emprego ou função, sem prejuízo da remuneração do cargo eletivo, e, não havendo, deve ser aplicada a opção pela remuneração, o que não ocorre com os Parlamentares Federais e Estaduais.

A Constituição de 1988 utiliza indistintamente a expressão servidor público, tanto como gênero quanto como espécie. O servidor público pode ser entendido como aquele que mantém vínculo de trabalho profissional com as entidades governamentais, integrados em cargos ou empregos de quaisquer delas. Os servidores públicos civis integram a Administração Direta e autárquica ou fundacional, excluídos, pois, os servidores empregados, ou seja, aqueles que estão vinculados por contrato de trabalho, integrando as empresas públicas, as sociedades de economia mista e as fundações de direito privado instituídas pelo Poder Público. Por conseguinte, o servidor público é o gênero, do qual o servidor público civil é a espécie, assim como o servidor militar constitui-se em outra espécie, por exemplo.

A obrigatoriedade do regime jurídico único, inovação da Constituição de 1988, constante do **caput** do art. 39, foi suprimida pela Emenda Constitucional nº 19, de 04.06.1998, ficando às Entidades Federadas a faculdade de escolher a melhor forma de organizar seus serviços. Pode ser mantido o regime estatutário, instituído o regime celetista ou, até, a convi-

17 Súmula Vinculante 37, de 16.10.2014: "Não cabe ao Poder Judiciário, que não tem função legislativa, aumentar vencimentos de servidores públicos sob o fundamento de isonomia".

vência dos dois sistemas. Agora, com a ampla terceirização das atividades meio. O art. 39 e seus parágrafos foram todos modificados pela Emenda Constitucional nº 19, de 04.06.1998.

O regime jurídico único da União foi estabelecido, pela Lei Federal nº 8.112, de 11.12.1990. A Lei Federal nº 8.027, de 12.04.1990, dispôs sobre normas de conduta dos servidores públicos civis da União e de suas autarquias e fundações públicas. Por fim, a Lei Federal nº 8.026, de 12.04.1990, dispôs sobre a aplicação de pena de demissão a servidor público federal. Foi revogado, ainda, o antigo § 1º do art. 39, do texto constitucional, pela Reforma Administrativa, que possibilitava a isonomia de vencimentos entre cargos de atribuições iguais ou assemelhados do mesmo poder ou entre servidores dos Poderes Executivo, Legislativo e Judiciário. Este dispositivo foi objeto da Lei Federal nº 8.448, de 27.07.1992, e da Lei Federal nº 8.852, de 04.02.1999.

O regime jurídico único foi substituído pela obrigatoriedade da União, dos Estados-membros, do Distrito Federal e dos Municípios instituírem Conselho de Política de Administração e remuneração de pessoal, composto por servidores designados pelos Poderes Políticos, art. 39, **caput**, da Constituição de 1988. Este deve fixar os padrões de vencimentos e dos demais componentes do sistema remuneratório, observados: a) a natureza, o grau de responsabilidade e a complexidade dos cargos componentes de cada carreira; b) os requisitos para a investidura; c) as peculiaridades dos cargos. Essa política deve seguir, ainda, o princípio da isonomia, para que não haja diferenciações em razão de sexo, de religião, de raça, de convicções política, de filosófica ou de classe social. Foi previsto, ainda, que as Entidades Federadas mantenham Escolas de Governo, para a formação e o aperfeiçoamento dos servidores públicos, sendo a participação nestas, um dos requisitos para a promoção na carreira, podendo, para tanto, ser celebrados convênios ou contratos entre esses.

Os servidores públicos civis têm assegurados os seguintes direitos sociais, previstos no art. 7º do texto constitucional: a) salário mínimo, fixado em lei, em geral no 1º dia de maio de cada ano, nacionalmente unificado, capaz de atender as suas necessidades vitais básicas e as de sua família com moradia, alimentação, educação, saúde, lazer, vestuário, higiene, transporte e previdência social, com reajustes periódicos que lhe preservem o poder aquisitivo (IV); b) garantia de salário, nunca inferior ao mínimo, para os que percebem remuneração variável (VII); c) décimo terceiro salário, com base na remuneração integral ou no valor da aposentadoria (VIII); d) remuneração do trabalho noturno superior ao diurno (IX); e) salário-família pago em razão do dependente do trabalho de baixa renda (XII); f) duração do trabalho normal não superior a oito horas diárias e quarenta e quatro semanais, facultada a compensação de horários e a redução da jornada mediante acordo ou convenção coletiva de trabalho (XIII); g) repouso semanal remunerado, preferencialmente aos domingos (XV); h) remuneração do serviço extraordinário superior, no mínimo, em cinquenta por cento à do normal (XVI); i) gozo de férias anuais remuneradas com, pelo menos, no mínimo, em um terço a mais do normal (XVII); j) licença-gestante, sem prejuízo do emprego e do salário, com duração de cento e vinte dias (XVIII); k) licença-paternidade (XIX); l) proteção do mercado de trabalho da mulher, mediante incentivos específicos (XX); m) redução dos riscos inerentes ao trabalho, por meio de normas de saúde, higiene e segurança (XXII); n) proibição de diferença de salário, de exercício de funções e de critérios de admissão por motivo de sexo, idade, cor ou estado civil (XXX).

O § 4º, do art. 39, introduzido pela Emenda Constitucional nº 19, 04.06.1998, determinou que os agentes políticos, entendidos como os membros de Poder, o detentor de mandato eletivo, os Ministros de Estados e os Secretários Estaduais e Municipais, sejam remunerados através de subsídio. Este é fixado em parcela única, vedado o acréscimo de qualquer gratificação, adicional, abono, prêmio, verba de representação ou outra espécie remuneratória. Desse modo, o subsídio deve ser entendido como a única remuneração a ser recebida por agente público civil, vedado o acréscimo de quaisquer outras parcelas. A Reforma Administrativa de 1998 modificou, ainda, diversos dispositivos, relativos à nova forma de remuneração. Assim, devem ser remunerados através de subsídio: a) os Deputados Federais e os Senadores, no art. 49, VII, da Constituição Federal; b) o Presidente e o Vice-Presidente da República, no art. 49, VIII; c) os Ministros do Supremo Tribunal Federal, do Superior Tribunal de Justiça e dos demais Tribunais Superiores, nos arts. 48, XV, e 93, V, da Constituição Federal; d) os Ministros de Estado, no art. 49, VIII; e) os Deputados Estaduais, no art. 27, § 2º, da Constituição Federal; f) o Governador do Estado, o Vice-Governador e os Secretários Estaduais, no art. 28, § 2º, da Constituição Federal; g) os Vereadores, nos arts. 29, VI e VII, e 29-A; h) o Prefeito, o Vice-Prefeito e os Secretários Municipais, no art. 29, V; i) os membros dos Ministérios Públicos Federal e Estadual, no art. 128, § 5º, I, "c"; j) os advogados públicos e os Defensores Públicos Federais e Estaduais, no art. 135. É facultativo, ainda, que os demais servidores públicos organizados em carreira possam ser remunerados através de subsídio, conforme o art. 39, § 8º, da Constituição Federal.

As leis federal, estadual, distrital e municipal podem estabelecer a relação entre a maior e a menor remuneração dos servidores públicos, observado que não podem exceder o subsídio mensal, em espécie, dos Ministros do Supremo Tribunal Federal. Os Poderes Políticos devem publicar, anualmente, os valores do subsídio e da remuneração dos cargos e empregos públicos. Lei federal, estadual, distrital ou municipal deve disciplinar a aplicação de recursos orçamentários resultante da economia com despesas correntes em órgãos da Administração Direta e das autarquias e fundações, para que sejam aplicados no desenvolvimento de programas de qualidade e produtividade, treinamento e desenvolvimento, modernização, reaparelhamento e racionalização do serviço público. Pode ser, ainda, que tais recursos, provenientes da economia com as despesas correntes, destinem-se a remunerar os servidores públicos sob a forma de adicional ou prêmio de produtividade, de acordo com o art. 39, § 7º, parte final, da Constituição de 1988.

20.6. Previdência dos Servidores Públicos

A Emenda Constitucional nº 20, de 15.12.1998, a Reforma da Previdência Social, modificou totalmente o art. 40 do texto constitucional. As regras anteriores permitiam que o servidor público civil se aposentasse: a) por invalidez permanente, com proventos integrais em casos de acidente em serviço, moléstia profissional ou doença grave, contagiosa ou incurável; b) compulsoriamente, aos setenta anos, com proventos proporcionais; c) voluntariamente, aos trinta e cinco anos de serviço, se homem, e aos trinta, se mulher, com proventos integrais; d) com cinco anos a menos, se no efetivo exercício em funções de magistério; e) aos trinta anos de serviço, se homem, e aos vinte e cinco, se mulher, com proventos proporcionais; f) aos sessenta e cinco anos, se homem, e aos sessenta, se mulher, com proventos proporcionais.

Depois foi assegurado aos servidores públicos civis da União, dos Estados-membros, do Distrito Federal e dos Municípios, incluídas suas autarquias e fundações, apenas o regime de caráter contributivo, que deve ter critério que preserve o equilíbrio financeiro e atuarial. Passou-se, então, às seguintes condições gerais de aposentadoria, art. 40, § 1º, da Constituição de 1988: a) por invalidez permanente, com os proventos proporcionais ao tempo de contribuição, exceto se decorrente de acidente de serviço, moléstia profissional ou doença grave, contagiosa ou incurável; b) compulsoriamente, aos setenta anos de idade, com proventos proporcionais; c) voluntariamente, desde que com tempo mínimo de dez anos de efetivo exercício no serviço público e cinco anos no cargo efetivo em que se deve dar a aposentadoria, com sessenta anos de idade e trinta e cinco de contribuição, se homem, e cinquenta e cinco e trinta anos de contribuição, se mulher; d) sessenta e cinco anos de idade, se homem, e sessenta e dois, se mulher, com proventos proporcionais. Aos professores que comprovassem exclusivamente tempo de efetivo exercício das funções de magistério na educação infantil e no ensino fundamental e médio, as exigências do art. 40, § 1º, III, "a", do texto constitucional, foram reduzidas em cinco anos, no art. 40, § 5º, da Constituição Federal. O § 1º do art. 40, da Constituição de 1988, foi alterado pela Emenda Constitucional nº 41, de 19.12.2003, havendo o acréscimo da referência ao § 17 do mesmo artigo. Agora, estas condições foram alteradas pela Emenda Constitucional nº 103, de 12.11.2019, adiante comentada.

Foi previsto que os proventos de aposentadoria e as pensões, quando forem concedidos, não podem exceder a remuneração do servidor, no cargo efetivo em que se deu a aposentadoria ou que serviu de referência para a concessão da pensão, conforme o art. 40, § 2º, da Constituição Federal. Por outro lado, os proventos de aposentadoria, quando de sua concessão, devem ser calculados com base na remuneração do servidor que serviu como fato gerador de contribuição, conforme a Emenda Constitucional nº 41, de 19.12.2003, no art. 40, § 3º, da Constituição de 1988. Assim, deve ser vedada a adoção de requisitos e de critérios diferenciados de concessão de aposentadoria aos abrangidos pelo regime previsto no art. 40, salvo os casos de portadores de deficiência, aos que exerçam atividades de risco e aqueles cujas atividades sejam exercidas sob condições especiais que prejudiquem a saúde ou a integridade física, no art. 40, § 4º, da Constituição Federal, com a redação da Emenda Constitucional nº 47, de 05.07.2005. Encontra-se vedada, ainda, a percepção de mais de uma aposentadoria à conta do regime de previdência de servidor público civil[18], exceto nos casos de aposentadorias decorrentes dos cargos acumuláveis, previstos no inciso XVI do art. 37 e no art. 40, § 6º, da Constituição de 1988.

A concessão do benefício de pensão por morte deve ser igual, em primeiro lugar, ao valor da totalidade dos proventos do servidor falecido, até o limite máximo previsto na regra do art. 201, da Constituição Federal, acrescido de setenta por cento da parcela excedente a este limite, se aposentado à data do óbito, ou, sem segundo lugar, ao valor da totalidade da remuneração do servidor no cargo efetivo em que se deu a morte, até o limite acima tratado, também acrescido de setenta por cento da parcela excedente a este limite, caso em atividade na data do falecimento. Foi assegurado o reajustamento dos benefícios pelo valor real, para preservá-lo, conforme critérios tratados em lei. Os parágrafos 7º e 8º foram alterados, pela Emenda Constitucional nº 41, de 19.12.2003.

O tempo de contribuição dos servidores federais, estaduais ou municipais conta-se para efeito de aposentadoria ou para efeito de disponibilidade, no art. 40, § 9º. A lei não pode estabelecer qualquer forma de contagem de tempo de contribuição fictício, previsto no § 10 do art. 40, do texto constitucional, observando que o art. 4º da Emenda Constitucional

18 Súmula Vinculante 33, de 09.04.2014: "Aplicam-se ao servidor público, no que couber, as regras do regime geral da previdência social sobre aposentadoria especial de que trata o artigo 40, § 4º, inciso III da Constituição Federal, até a edição de lei complementar específica".

nº 20, de 15.12.1998, dispõe que o tempo de serviço considerado pela legislação vigente para efeito de aposentadoria, cumprido até que lei discipline a matéria, seja contado como tempo de contribuição. A soma total dos proventos de inatividade, inclusive quando for possível a acumulação remunerada de cargos ou empregos, não podem ultrapassar o subsídio, em espécie, do Ministro do Supremo Tribunal Federal, no art. 40, § 11, da Constituição de 1988.

Devem ser observados, além do critério do regime de previdência dos servidores públicos titulares, os requisitos e critérios fixados para o Regime Geral de Previdência Social (RGPS), no que couber, conforme o art. 40, § 12, da Constituição Federal, que rege o servidor ocupante de cargo demissível **ad nutum**, no art. 40, § 13. A União, os Estados-membros, o Distrito Federal e os Municípios podem, caso instituam regime de previdência complementar para os seus respectivos titulares de cargo efetivo, fixar para estes o limite máximo estabelecido para os benefícios do Regime Geral de Previdência Social (RGPS), atualmente de dez salários mínimos, no art. 40, § 14, que deve ser fixado através de lei, observado o art. 202 do texto constitucional, no art. 40, § 15. Aos servidores públicos assegura-se a prévia e expressa opção pelo regime de previdência complementar, até a data do ato de instituição do correspondente regime, no art. 40, § 16, da Constituição de 1988.

A Emenda Constitucional nº 20, de 15.12.1998, no seu art. 8º, estabeleceu o direito à aposentadoria voluntária, com proventos calculados de acordo com o § 3º do art. 40, do texto constitucional, com base na remuneração do servidor no cargo efetivo em que se der a aposentadoria, correspondendo à totalidade da remuneração, àqueles que tivessem ingressado regularmente em cargo efetivo da Administração Direta, autárquica e fundacional, até a data de sua publicação[19].

A Emenda Constitucional nº 41, de 19.12.2003, alterou o art. 40, da Constituição de 1988, em seus parágrafos 3º, 7º, 8º e 15, restringindo ainda mais os direitos de aposentadoria e pensão dos servidores públicos, já vítimas pelas Emendas Constitucionais nºs 3, de 17.03.1993, e 20, de 4.6.1998. Esta, inclusive, já tinha modificado o § 3º original e, acrescido ao art. 40, os parágrafos 7º ao 16. Procurou-se, em 2003, acabar com a equivalência entre a remuneração e os proventos de aposentadoria e pensões do servidor. Do § 3º, que tratava do limite máximo da remuneração, passou-se a um regime que trata das remunerações utilizadas como base para as contribuições. Por outro lado, no § 7º, em que a concessão do benefício da pensão por morte devia ser igual ao valor dos proventos do servidor falecido ou ao

19 Súmula Vinculante 55, de 17.03.2016: "O direito ao auxílio-alimentação não se estende aos servidores inativos".

valor dos proventos a que teria direito, passou-se a ser o valor da totalidade dos proventos ou remuneração, conforme o caso, acrescido de setenta por cento da parcela excedente a este limite. Por fim, no § 15, que dispunha sobre as normas gerais para a instituição de regime de previdência complementar, passou-se a dispor que devia ser feito por intermédio de entidades fechadas de previdência complementar de natureza pública, que oferecem os planos de benefícios somente na modalidade de contribuição definida. A Emenda Constitucional nº 47, de 05.07.2005, modificou o § 4º do art. 40, do texto constitucional.

Os parágrafos 17, 18, 19 e 20 foram acrescidos ao art. 40, da Constituição de 1988, pela Emenda Constitucional nº 41, de 19.12.2003, depois de o mesmo artigo já ter sido acrescido os parágrafos 7º ao 16, pela Emenda Constitucional nº 20, de 04.06.1998, em mais uma tentativa de diminuir as vantagens que os servidores públicos têm em suas aposentadorias em relação ao Regime Geral de Previdência Social (RGPS). Não houve nenhuma vantagem para estes, mesmo no abono de permanência, previsto no § 19, que simplesmente estimula o servidor público a não se aposentar de forma voluntária. A Emenda Constitucional nº 41, de 19.12.2003, por outro lado, trouxe inúmeras regras de transição, que foram fixadas nos arts. 2º ao 10, inclusive revogando disposições transitórias previstas na Emenda Constitucional nº 20, de 04.06.1998. A Emenda Constitucional nº 47, de 05.07.2005, inseriu o § 21 do art. 40, do texto constitucional. Dispôs que a contribuição sobre os proventos de aposentadorias e pensões incidirá apenas sobre as parcelas que superem o dobro do limite máximo estabelecido para os benefícios do Regime Geral de Previdência Social (RGPS), quando o beneficiário for portador de doença incapacitante.

A Emenda Constitucional nº 70, de 29.03.2012, tratou dos proventos dos aposentados por invalidez dos servidores públicos federais assim:

> "Art. 1º A Emenda Constitucional nº 41, de 19 de dezembro de 2003, passa a vigorar acrescida do seguinte art. 6º-A:
> 'Art. 6º-A. O servidor da União, dos Estados, do Distrito Federal e dos Municípios, incluídas suas autarquias e fundações, que tenha ingressado no serviço público até a data de publicação desta Emenda Constitucional e que tenha se aposentado ou venha a se aposentar por invalidez permanente, com fundamento no inciso I do § 1º do art. 40 da Constituição Federal, tem direito a proventos de aposentadoria calculados com base na remuneração do cargo efetivo em que se der a aposentadoria, na forma da lei, não sendo aplicáveis as disposições constantes dos §§ 3º, 8º e 17 do art. 40 da Constituição Federal.
> Parágrafo único. Aplica-se ao valor dos proventos de aposentadorias concedidas com base no caput o disposto no art. 7º desta Emenda Constitucional, observando-se igual critério de revisão às pensões derivadas dos proventos desses servidores'.

> Art. 2º A União, os Estados, o Distrito Federal e os Municípios, assim como as respectivas autarquias e fundações, procederão, no prazo de 180 (cento e oitenta) dias da entrada em vigor desta Emenda Constitucional, à revisão das aposentadorias, e das pensões delas decorrentes, concedidas a partir de 1º de janeiro de 2004, com base na redação dada ao § 1º do art. 40 da Constituição Federal pela Emenda Constitucional nº 20, de 15 de dezembro de 1998, com efeitos financeiros a partir da data de promulgação desta Emenda Constitucional'".

Depois de muita pressão do Governo, dos empresários e dos meios de comunicações, foi aprovada mais uma Reforma da Previdência Social, sendo tido que resolveria todos os problemas do Brasil, o que era uma falácia, apesar da necessidade de algumas modificações, em especial para maior expectativa de vida da população nacional. A Emenda Constitucional nº 103, de 12.11.2019, alterou o sistema de previdência social e estabeleceu regras de transição e disposições transitórias. As Mesas da Câmara dos Deputados e do Senado Federal, nos termos do § 3º do art. 60 da Constituição Federal, promulgaram a seguinte Emenda ao texto constitucional:

> "Art. 1º A Constituição Federal passa a vigorar com as seguintes alterações:
> 'Art. 22. ....
> ....
> XXI - normas gerais de organização, efetivos, material bélico, garantias, convocação, mobilização, inatividades e pensões das polícias militares e dos corpos de bombeiros militares'".

No art. 37, do texto constitucional, foram acrescidos os parágrafos 13,14 e 15. Pelo primeiro, o servidor público titular de cargo efetivo pode ser readaptado para exercício de cargo cujas atribuições e responsabilidades sejam compatíveis com a limitação que tenha sofrido em sua capacidade física ou mental. Enquanto permanecer nesta condição, desde que possua a habilitação e o nível de escolaridade exigidos para o cargo de destino, mantem-se a remuneração do cargo de origem. A aposentadoria concedida com a utilização de tempo de contribuição decorrente de cargo, emprego ou função pública, inclusive do Regime Geral de Previdência Social (RGPS), acarreta o rompimento do vínculo que gerou o referido tempo de contribuição. Pelo § 15, do art. 37, com nova redação, é vedada a complementação de aposentadorias de servidores públicos e de pensões por morte a seus dependentes que não seja decorrente do disposto nos parágrafos 14 a 16 do art. 40 ou que não seja prevista em lei que extinga Regime Próprio de Previdência Social (RPPS). No art. 39, conforme a Emenda Constitucional Federal nº 103, de 12.11.2019, foi acrescentado o § 9º, em que é vedada a incorporação de vantagens de caráter temporário ou vinculadas ao exercício de função de confiança ou de cargo em comissão à remuneração do cargo efetivo.

Mais amplas e conceituais foram as alterações do art. 40, da Constituição de 1988, a começar no **caput** – "art. 40. O regime próprio de previdência social dos servidores titulares de cargos efetivos tem caráter contributivo e solidário, mediante contribuição do respectivo ente federativo, de servidores ativos, de aposentados e de pensionistas, observados critérios que preservem o equilíbrio financeiro e atuarial". Pelo § 1º, o servidor abrangido por regime próprio de previdência social deve ser aposentado: "I - por incapacidade permanente para o trabalho, no cargo em que estiver investido, quando insuscetível de readaptação, hipótese em que será obrigatória a realização de avaliações periódicas para verificação da continuidade das condições que ensejaram a concessão da aposentadoria, na forma de lei do respectivo ente federativo; [...]; III - no âmbito da União, aos 62 (sessenta e dois) anos de idade, se mulher, e aos 65 (sessenta e cinco) anos de idade, se homem, e, no âmbito dos Estados, do Distrito Federal e dos Municípios, na idade mínima estabelecida mediante emenda às respectivas Constituições e Leis Orgânicas, observados o tempo de contribuição e os demais requisitos estabelecidos em lei complementar do respectivo ente federativo". Pelo § 2º, os proventos de aposentadoria não podem ser inferiores ao valor mínimo a que se refere o § 2º do art. 201 ou superiores ao limite máximo estabelecido para o Regime Geral de Previdência Social (RGPS), observado o disposto nos parágrafos 14 a 16, tudo da Constituição Federal. As regras para cálculo de proventos de aposentadoria são disciplinadas em lei do respectivo Ente Federativo.

Pelo § 4º, do art. 40, do texto constitucional, é vedada a adoção de requisitos ou critérios diferenciados para concessão de benefícios em regime próprio de previdência social, ressalvado o disposto nos parágrafos 4º-A, 4º-B, 4º-C e 5º, do mesmo art. 40. Podem ser estabelecidos, por lei complementar do respectivo Ente Federativo, idade e tempo de contribuição diferenciados para aposentadoria de servidores com deficiência, previamente submetidos a avaliação biopsicossocial realizada por equipe multiprofissional e interdisciplinar. Por outro lado, podem ser estabelecidos por lei complementar do respectivo Ente Federativo a idade e o tempo de contribuição diferenciados para a aposentadoria de ocupantes do cargo de agente penitenciário, de agente socioeducativo ou de policial dos órgãos de que tratam o inciso IV do **caput** do art. 51, o inciso XIII do **caput** do art. 52 e os incisos I a IV do **caput** do art. 144, tudo da Constituição de 1988. Por fim, podem ser estabelecidos por lei complementar do respectivo Ente Federativo a idade e o tempo de contribuição diferenciados para aposentadoria de servidores cujas atividades sejam exercidas com efetiva exposição a agentes químicos, físicos e biológicos prejudiciais à saúde, ou associação desses agentes, vedada a caracterização por categoria profissional ou ocupação.

Pelo § 5º, do art. 40, do texto constitucional, os ocupantes do cargo de professor tem a idade mínima reduzida em cinco anos em relação às idades decorrentes da aplicação do disposto no inciso III do § 1º, desde que comprovem tempo de efetivo exercício das funções de magistério na educação infantil e no ensino fundamental e médio fixado em lei complementar do respectivo Ente Federativo. Ressalvadas as aposentadorias decorrentes dos cargos acumuláveis na forma da Constituição Federal, é vedada a percepção de mais de uma aposentadoria à conta de Regime Próprio de Previdência Social (RPPS), aplicando-se outras vedações, regras e condições para a acumulação de benefícios previdenciários estabelecidas no Regime Geral de Previdência Social (RGPS). Observado o disposto no § 2º, do art. 201, quando se tratar da única fonte de renda formal auferida pelo dependente, o benefício de pensão por morte deve ser concedido nos termos de lei do respectivo Ente Federativo, a qual trata de forma diferenciada a hipótese de morte dos servidores de que trata o § 4º-B decorrente de agressão sofrida no exercício ou em razão da função. Pelo § 9º, o tempo de contribuição federal, estadual, distrital ou municipal deve ser contado para fins de aposentadoria, observado o disposto nos parágrafos 9º e 9º-A, do art. 201, e o tempo de serviço correspondente deve ser contado para fins de disponibilidade.

Pelo § 12, do art. 40, além do disposto neste artigo, são observados, em Regime Próprio de Previdência Social (RPPS), no que couber, os requisitos e os critérios fixados para o Regime Geral de Previdência Social (RGPS). Aplica-se ao agente público ocupante, exclusivamente, de cargo em comissão declarado em lei de livre nomeação e exoneração, de outro cargo temporário, inclusive mandato eletivo, ou de emprego público, o Regime Geral de Previdência Social (RGPS). A União, os Estados-membros, o Distrito Federal e os Municípios devem instituir, por lei de iniciativa do respectivo Poder Executivo, regime de previdência complementar para servidores públicos ocupantes de cargo efetivo. Deve observar o limite máximo dos benefícios do Regime Geral de Previdência Social (RGPS) para o valor das aposentadorias e das pensões em regime próprio de previdência social, ressalvado o disposto no § 16, do art. 40, da Constituição Federal. O Regime de Previdência Complementar de que trata o § 14 deve oferecer plano de benefícios somente na modalidade contribuição definida, observa o disposto, no art. 202, e efetivado por intermédio de entidade fechada de previdência complementar ou de entidade aberta de previdência complementar.

Pelo § 19, do art. 40, observados os critérios a serem estabelecidos em lei do respectivo Ente Federativo, o servidor titular de cargo efetivo que tenha completado as exigências para a aposentadoria voluntária e que opte por permanecer em atividade pode fazer jus a um abono de permanência equivalente, no máximo, ao valor da sua contribuição previdenciária, até completar a idade para aposentadoria compulsória, já comentado. É vedada a existência de mais de um Regime Próprio de Previdência Social (RPPS) e de mais de um órgão ou entidade gestora desse regime em cada Ente Federativo, abrangidos todos os poderes, órgãos e entidades autárquicas e fundacionais, que devem ser responsáveis pelo seu financiamento, observados os critérios, os parâmetros e a natureza jurídica definidos na lei complementar de que trata o § 22, do mesmo artigo.

Pelo § 22, do art. 40, da Constituição Federal, é vedada a instituição de novos Regimes Próprios de Previdência Social (RPPS), aparentemente inconstitucional por ferir o princípio federativo, a lei complementar federal deve estabelecer, para os que já existam, as normas gerais de organização, de funcionamento e de responsabilidade em sua gestão, dispondo, entre outros aspectos, sobre:

> "Art. 40. ....
> ....
> ....
> ....
> § 22. ....
> ....
> I - requisitos para sua extinção e consequente migração para o Regime Geral de Previdência Social; II - modelo de arrecadação, de aplicação e de utilização dos recursos; III - fiscalização pela União e controle externo e social; IV - definição de equilíbrio financeiro e atuarial; V - condições para instituição do fundo com finalidade previdenciária de que trata o art. 249 e para vinculação a ele dos recursos provenientes de contribuições e dos bens, direitos e ativos de qualquer natureza; VI - mecanismos de equacionamento do **déficit** atuarial; VII - estruturação do órgão ou entidade gestora do regime, observados os princípios relacionados com governança, controle interno e transparência; VIII - condições e hipóteses para responsabilização daqueles que desempenhem atribuições relacionadas, direta ou indiretamente, com a gestão do regime; IX - condições para adesão a consórcio público; X - parâmetros para apuração da base de cálculo e definição de alíquota de contribuições ordinárias e extraordinárias".

A Emenda Constitucional nº 103, de 12.11.2019, ainda que voltada para o Regime Geral de Previdência Social (RGPS), trouxe diversas normas para o Regime Próprio de Previdência Social (RPPS), em última análise, dificultando a aposentadoria dos servidores públicos civis.

20.7. Estabilidade do Servidor Público

A estabilidade do servidor público civil é a garantia contra as perseguições políticas ou pessoais. A Emenda Constitucional nº 19, de 04.06.1998, modificou totalmente o artigo, em especial ampliando o estágio probatório de dois para três anos, como consta do **caput** do art. 41. São requisitos para a aquisição de estabilidade: a) a nomeação para cargo de provimento efetivo em virtude de concurso público; b) o efetivo exercício de três anos; c) a avaliação especial e obrigatória de desempenho por comissão instituída para essa finalidade, observado o art. 247 da Constituição de 1988, introduzido pela referida Emenda. O servidor só perde o cargo em virtude de sentença transitada em julgado; mediante processo administrativo que lhe assegure ampla defesa, nos termos do inciso LV do art. 5º do texto constitucional; e procedimento de avaliação periódica de desempenho. Há um esforço para responsabilizar o servidor público por todas as mazelas do Estado, no Brasil, e o desejo de liquidar a estabilidade, como um mal, quando é um bem para dar garantia que o servidor público não seja submisso ao Chefe do seu Poder Público, em 2021. No art. 169, § 4º, em mudança introduzida pela citada Emenda, pode resultar em demissão, caso se ultrapasse o limite de despesas previstas no § 3º, desse dispositivo, sendo-lhe assegurado direito à indenização correspondente a um mês de remuneração por ano de serviço.

Em relação ao art. 40, § 1º, da Constituição Federal, ver o art. 247 do texto constitucional. A demissão do servidor, se for invalidada por sentença judicial, implica sua reintegração, com o eventual ocupante da vaga, se estável, reconduzido ao cargo de origem, sem direito à indenização, aproveitado em outro cargo ou posto em disponibilidade com remuneração proporcional, no art. 40, § 2º, da Constituição de 1988. A disponibilidade pode ocorrer, ainda, caso seja extinto o cargo ou declarada sua desnecessidade, com as mesmas condições anteriores, no art. 40, § 3º. A condição para a aquisição de estabilidade depende da avaliação especial de desempenho por comissão instituída para essa finalidade, observado o disposto no art. 247, do texto constitucional, e no art. 28, da Emenda Constitucional nº 19, de 04.06.1998.

20.8. Servidor Público Militar

A Emenda Constitucional nº 18, de 05.02.1998, modificou a redação da Seção III do Capítulo VIII do Título III do texto constitucional, que passou a ser denominado Dos Militares dos Estados, do Distrito Federal e dos Territórios, também modificando o art. 42. Os militares, então, passaram a ser tratados de forma diversa – aqueles do âmbito estadual e distrital estão nesse dispositivo, ao passo que os integrantes das Forças Armadas foram disciplinados no art. 142. Foi acertada a divisão, posto que se tratava de atividades e pessoas diversas, pois enquanto as Forças Armadas têm por base a conscrição militar e a defesa externa, os policiais e bombeiros militares ingressam por concurso público e encarregam-se da segurança interna.

São os militares dos Estados-membros, do Distrito Federal e dos Territórios os integrantes das Polícias Militares e dos Corpos de Bombeiros

Militares, instituições organizadas com base na hierarquia e na disciplina. Cabe à lei federal dispor sobre alistamento eleitoral, no art. 14, § 8º, da Constituição Federal; tempo de serviço para aposentadoria, no art. 40, § 9º; impossibilidade de **habeas corpus** para punições disciplinares, no art. 142, § 2º, e disposições gerais sobre militares, no art. 142, § 3º. Lei estadual deve dispor sobre os limites de idade, a estabilidade, os direitos e deveres, a remuneração, as prerrogativas e as situações especiais de militares estaduais, no art. 142, § 3º, X, da Constituição de 1988. Aplicam-se a estes militares as regras do art. 40, parágrafos 7º e 8º, do texto constitucional, que tratam da pensão por morte e dos proventos de aposentadoria. A Emenda Constitucional nº 20, de 15.12.1998, efetuou pequenas modificações nos parágrafos do art. 142, da Constituição Federal. O dispositivo foi alterado pela Emenda Constitucional nº 41, de 19.12.2003. A Emenda Constitucional nº 103, de 12.11.2019, tratou da previdência dos servidores da Polícia Militar e do Corpo de Bombeiro Militar.

20.9. Responsabilidade do Estado no Brasil

A responsabilidade civil é a sanção imposta pelo direito ao autor de um ato que lesionou a ordem jurídica. A pessoa que cometeu a lesão deve ser chamada para responder pelo fato de forma civil, penal ou administrativa. A responsabilidade civil implica a reparação econômica da vítima, por ter sido lesionada. O Poder Público, no exercício de suas funções, também pode praticar uma lesão contra um administrado e, por conseguinte, responder patrimonialmente pelo dano. No início do Estado Nacional, a Administração Pública não era suscetível de ser responsabilizado. Depois, pouco a pouco, passou-se a considerar possível a responsabilidade, desde que houvesse os pressupostos da culpa, ou seja, fosse demonstrado que o agente público agiu com negligência, imperícia ou imprudência.

A responsabilidade estatal moderna surgiu, apenas, no final do século XIX, na França, no famoso Caso Blanco, em que um vagão de um estabelecimento industrial público lesionou uma criança. O Conselho de Estado afirmou a responsabilidade do Poder Público de modo diferente da responsabilidade civil privada, em que já não era necessário examinar a culpa. Esta passou a ser do serviço, ainda que tenha sido cometido por um agente individualmente, sendo tal situação irrelevante para que houvesse o ressarcimento patrimonial. A teoria do risco é a da responsabilidade objetiva, ou seja, a Administração deve reparar o dano causado por agente seu, independentemente de ter havido culpa ou não. Assim, todo dano repara-se por quem assume o risco de efetuar uma atividade, do qual pode resultar um dano. Deve haver a indenização porque o Poder Público praticou um ato ilícito, em primeiro lugar. Depois, o ato foi injusto, apesar de resultado de uma atuação legal.

A Administração, com a teoria do risco, responde por qualquer ato que provocar um dano por agente seu, posição reafirmada com a redação do § 6º do art. 37, da Constituição de 1988, extensiva tanto às pessoas jurídicas de direito público, como às de direito privado prestadoras de serviços públicos. Foi assegurado ao Poder Público, todavia, o direito de regresso contra o agente responsável pela lesão, nos casos de dolo ou de culpa. A ação regressiva está tratada da União contra seus agentes, na Lei Federal nº 4.619, de 28.04.1965. A responsabilidade civil vem a ser a sanção imposta pelo direito ao autor de um ato que lesionou a ordem jurídica. A responsabilidade civil implica na reparação econômica da vítima, por ter sido lesionada. O Poder Público, no exercício de suas funções, também pode praticar uma lesão contra um administrado e, por conseguinte, responder patrimonialmente pelo dano.

No século XVI, como há dito, o Poder Público não era suscetível de ser responsabilizado. Passou-se a considerar possível a responsabilidade, desde que houvesse os pressupostos da culpa, ou seja, fosse demonstrado que o agente público agiu por negligência, imperícia ou imprudência. A teoria da culpa ainda estava no Código Civil de 1916, que não foi mais recepcionado pela Constituição de 1946, no art. 94, e pela Constituição de 1967, no art. 105, que seguiram a teoria do risco. O Código Civil de 2002, Lei Federal nº 10.406, de 10.01.2002, em seu art. 927, **parágrafo único**, adere à teoria do risco. Pela teoria do risco administrativo cabe a indenização ao lesionado por ato danoso praticado pelos agentes públicos, independente da existência de dolo ou de culpa[20].

O Estado, com a teoria do risco, responde por qualquer ato que provocar um dano por agente seu, posição reafirmada com a redação do § 6º do art. 37, da Constituição Federal, tanto as pessoas jurídicas de direito público como as de direito privado prestadoras de serviços públicos. Foi assegurado ao Poder Público, todavia, o direito de regresso contra o agente responsável pela lesão, nos casos de dolo ou de culpa[21], como já mencionado.

20.10. Aspectos do Processo Administrativo

O processo não só tem o sentido de encadeamento dos atos em si, mas também das condições para que os mesmos façam com que a Administração

20 "Havendo o elemento subjetivo do dolo ou culpa, caberá a ação de regresso em face do agente público causador do mesmo" (SLAIBI FILHO, Nagib. **Direito Constitucional**. 2ª ed. Rio de Janeiro: Forense, 2006, p. 607).

21 "Deste modo, se o particular promover a ação para responsabilização apenas do Estado, caberá a este o dever-poder de promover a ação regressiva contra o agente estatal cuja conduta gerou a condenação" (JUSTEN FILHO, Marçal. **Curso de Direito Administrativo**. São Paulo: Saraiva, 2005, p. 812).

tome uma decisão qualquer. O processo administrativo, então, visa a um resultado, a uma decisão de parte do Poder Público. Não se pode confundir o conceito de processo com o de procedimento, pois o primeiro é considerado como o conjunto de atos coordenados para a obtenção de decisão sobre uma controvérsia determinada no âmbito administrativo, enquanto o segundo trata do modo de realização do processo, o rito processual[22]. O processo pode ser realizado através de diferentes procedimentos, de acordo com a natureza da questão a decidir ou com o objetivo da decisão. Desse modo, o processo vem a ser o ordenamento de tais atos para a solução de uma controvérsia, enquanto que o procedimento seria o modo determinado do ordenamento de tais atos. Hely Lopes Meirelles, analisando o problema, afirmava que, apesar de tecnicamente ser correto chamar procedimento administrativo, mas pela prática, de processo administrativo[23].

Outros autores não fazem a concessão acima, considerando como válida apenas a expressão procedimento, não se referindo a processo, a não ser como contendo a ideia de movimento. Para Oswaldo Aranha Bandeira de Mello, "o procedimento compreende várias manifestações de vontade sucessivas, de diferentes órgãos administrativos, exteriorizando atos jurídicos autônomos, que constituem etapas a antecederem a manifestação de vontade, consubstanciada no ato jurídico final, a que se ligam"[24]. Seguindo a

---

22 O conceito de processo judicial, de modo geral, é definido em relação ao procedimento judicial. Para CINTRA, GRINOVER e DINAMARCO (**Teoria Geral do Processo**. São Paulo: Revista dos Tribunais, 1988, p. 247): "o processo, então, pode ser encarado sob o aspecto dos atos que lhe dão corpo e das relações entre eles e igualmente sob o aspecto das relações entre os seus sujeitos. O procedimento é, assim, apenas o meio extrínseco pelo qual se instaura, se desenvolve e termina o processo; é a manifestação extrínseca do processo". No mesmo caminho estava Humberto Teodoro Júnior (**Curso de Direito Processual Civil**. 10ª ed. Rio de Janeiro: Forense, 1993, vol. I, p. 43), ao afirmar que: "processo e procedimento são conceitos diversos e que os processualistas não confundem. **Processo**, como já afirmamos, é o **método,** isto é, o **sistema** de compor a lide em juízo através de uma relação jurídicas vinculativa de direito público, enquanto **procedimento** é a forma material com que o processo se realiza em cada caso concreto".

23 "Para evitar divergência terminológica entre a teoria e a prática, continuaremos a chamar de processo administrativo o que, no rigor da doutrina, seria procedimento administrativo" (MEIRELLES, Hely Lopes. **Direito Administrativo Brasileiro**, *op. cit.*, p. 587).

24 BANDEIRA DE MELO, Oswaldo Aranha (**Princípios Gerais de Direito Administrativo**. 2ª ed. Rio de Janeiro: Forense, 1975, vol. I, p. 536) observou, ainda, que os atos jurídicos, constituindo etapas a antecederem a manifestação de vontade, consubstanciam-se no ato jurídico final, sendo que "aqueles atos perfazem o ciclo para a prática deste. Por isso se chamam atos preparatórios. São pressupostos do ato jurídico conclusivo. Aliás, após este, pode, ainda, continuar o procedimento, com os atos jurídicos complementares".

mesma seara, Celso Antônio Bandeira de Mello entendeu que procedimento administrativo:

> "É uma sucessão itinerária e encadeada de atos administrativos tendendo todos a um resultado final e conclusivo"[25].

Ao refletir sobre o debate acima, Celso Ribeiro Bastos, apesar de considerar o procedimento administrativo não apenas o mero existir de um conjunto de atos administrativos, mas também o nexo lógico que os une tornando cada um deles uma peça necessária para o ato final. Ele admitia que: "é preciso reconhecer que a Administração pratica também atos processuais e, mais do que isso, ela vê-se forçada em determinadas circunstâncias somente a girar debaixo da instauração de um processo, cujo andamento não fica ao seu talante, mas que tem que respeitar determinadas formalidades e sequências previstas na lei"[26]. Para ele, no entanto, nem todo o processo tem um procedimento, mas o procedimento só pode existir no bojo de um processo administrativo. Este serve para designar a ampla gama que pode assumir a autuação das matérias administrativas que encerrem um litígio entre a Administração e o administrado ou o servidor, devendo haver uma controvérsia jurídica. Quando há apenas a tramitação sem impugnação de uma matéria, cujo interesse se exaure dentro da própria Administração, existe apenas o procedimento.

O processo visa atingir um objetivo, em especial uma decisão, e, para se chegar à mesma, deve a sucessão de atos seguir uma forma, um rito, que precisa ser previsto previamente, para que os administrados ou os servidores públicos tenham assegurado o direito ao contraditório e a ampla defesa. O processo é o conjunto ordenado de atos que manifestam as funções públicas, enquanto o procedimento vem a ser o rito pelo qual se desenvolve o processo. Pode-se afirmar, por conseguinte, que o processo seria o método; e o procedimento, a técnica isto é a melhor forma de se levar a contento o disposto no processo.

Por outro lado, o procedimento é entendido como a série de formalidades que devem ser observadas para a execução dos atos administrativos, manifestados dentro de um processo administrativo. Contudo, nem sempre

---

25 BANDEIRA DE MELO, Celso Antônio (**Curso de Direito Administrativo**, *op. cit.*, pp. 212-3) concluiu que "daí a figura do procedimento administrativo, isto é, a noção de procedimento administrativo, que, justamente, reporta-se a estas hipóteses em que os resultados pretendidos são alcançados por via de um conjunto de atos encadeados em sucessão itinerária até desembocarem no ato final".

26 BASTOS, Celso Ribeiro (**Curso de Direito Administrativo**, *op. cit.*, pp. 331-3) afirmou que "o verdadeiro processo administrativo [é] aquele que tem dentro de si uma carga de litigiosidade e que se submete em consequência a um procedimento específico".

a lei estabelece os procedimentos a serem observados necessariamente pela Administração, havendo certa discricionariedade quanto à escolha da forma de atingirem-se os objetivos colimados, ainda que se passe a questionar tal poder em virtude do princípio da reserva legal. Em outras hipóteses, a lei estabelece uma sucessão de atos preparatórios que devem obrigatoriamente preceder a prática do ato final; em tais casos, existe o procedimento, cuja inobservância gera a ilegalidade da decisão da Administração. Em regra, o procedimento é imposto com maior rigidez quando está envolvido não só o interesse público, mas também os direitos dos administrados, como ocorre nas licitações e nos concursos públicos ou, então, no processo administrativo disciplinar.

Todavia, tendo em vista os atos administrativos terem que observar os princípios constitucionais da legalidade, da impessoalidade, da moralidade, da publicidade, do contraditório e da ampla defesa, dentre outros, é essencial que haja em todos os processos administrativos um rito pré-determinado, para evitar-se à violação ao devido processo legal. Na verdade, com o advento da Lei Federal nº 8.112, de 11.12.1990, que instituiu o regime jurídico único dos servidores públicos civis federais e novo processo disciplinar, cresce a tendência de que todos esses processos tenham um procedimento certo e formal, que respeite o interesse público e as garantias constitucionais[27].

A distinção entre o processo e o procedimento está consolidada no direito processual, mas não encontra uma distinção bem segura no direito administrativo. Na verdade, entende-se que haveria o processo, juntamente com um determinado procedimento, quando estariam presentes os interesses dos administrados e dos servidores públicos, enquanto ocorreria apenas procedimento se tais interesses não estivessem presentes. Apesar de tal entendimento, nem sempre a distinção é nítida e certa, de modo que existe uma certa promiscuidade conceitual, como admitiu o próprio Hely Lopes Meirelles, ao dizer que, apesar de equivocado, utilizava a expressão processo, quando existiria apenas procedimento. Observou com precisão Odete Medauar que a resistência ao uso do vocábulo processo no Direito Administrativo se deve ao receio de confusão com o processo judicial. No entanto, apesar do uso difundido de procedimento, melhor seria utilizar-se a expressão processo administrativo[28].

---

27 Súmula Vinculante 5, de 07.05.2008: "A falta de defesa técnica por advogado no processo administrativo disciplinar não ofende a Constituição".

28 Para ODETE MEDAUAR (**A Processualidade no Direito Administrativo**. São Paulo: Revista dos Tribunais, 1993, pp. 41-2) "utilizar a expressão "processo administrativo" significa, portanto, afirmar que o procedimento com participação dos interessados em contraditório, ou seja, o verdadeiro processo, ocorre também no âmbito da Adminis-

Diante da inexistência de uma definição clara e definitiva entre os conceitos de processo e de procedimento, para o direito administrativo é irrelevante tal distinção. Na verdade, no processo estariam presentes as regras do **due process of law**[29], enquanto no procedimento não haveria essa exigência, por nem sempre estarem presentes os interesses dos administrados e dos servidores públicos. Todavia, o interesse público exige determinada formalidade e que haja a transparência administrativa para que os administrados, sem estarem preocupados com seus direitos individuais, tenham difusamente interesse em determinado andamento na gestão da coisa pública. Para assegurar-se que a Administração se ponha de acordo com os princípios públicos gerais, previstos no **caput** do art. 37, da Constituição de 1988, além de outros previstos no art. 5º e em outros dispositivos constitucionais, todo procedimento administrativo é o rito determinando processo administrativo[30]. Não deve haver a distinção conceitual para o direito administrativo por ser irrelevante e por violar os princípios constitucionais.

---

tração Pública. E todos os elementos do núcleo comum da processualidade podem ser detectados no processo administrativo, assim: a) os elementos **in fieri** e pertinência ao exercício do poder estão presentes, pois o processo administrativo representa a transformação de poderes administrativos em atos; b) o processo administrativo implica sucessão encadeada e necessária de atos; c) é figura jurídica deveras do ato; quer dizer, o estudo do processo administrativo não se confunde com o estudo do ato administrativo; d) o processo administrativo mantém correlação com o ato final em que desemboca; e) há um resultado unitário a que se direcionam as atuações interligadas dos sujeitos em simetria de poderes, faculdades, deveres e ônus, portanto em esquema de contraditório".

29 A cláusula do **due process of law** teve como origem o art. 39, da Magna Carta de 19.06.1215, na Inglaterra (Grã-Bretanha), que dizia que: **"No free man shall be taken or imprisioned or disseised or outlawed or exiladed or in any way destroyed, nor will we go upon him, nor will we send upon him, except by legal judgement of his peers or by the law of the land"**.

30 FIGUEIREDO, Lúcia Valle. (**Os Princípios Constitucionais do Processo**. *In*: **Revista Trimestral de Direito Público**. São Paulo: Malheiros, 1993, nº 2, p. 258) observou que: "inicialmente, os processualistas entediam como cumprido o **due process of law** quando fosse cumprido o **due procedure process of law**. Quer dizer, o procedimento do devido processo legal. Cumprido o então procedimento, estaria cumprido o **due process of law**. Atualmente já não mais assim porque, conforme já disse, quando o **due process of law** passa a ter um conteúdo material e não mais apenas formal – quer dizer, ele tem um duplo conteúdo e nós vamos ver que, em alguns princípios processuais, ele aparece com duplo conteúdo, com um conteúdo substancial e com um conteúdo formal – os processualistas da atualidade entendem, no **due process of law**, está contido esse conteúdo material. Só será **due process of law** aquela lei e assim poderá ser aplicada pelo Magistrado – que não agredir, que não entrar em confronto, que não entrar em testilha com a Constituição, com os valores fundamentais consagrados na Constituição".

20.11. Aspectos do Processo de Licitação

O processo administrativo de gestão é aquele em que a Administração desenvolve suas atividades típicas, dirigindo, segundo o interesse público e as disposições legais, os serviços públicos. Há neste processo a coleta de dados e informações essenciais à tomada de determinada decisão administrativa. Não se encontra voltado apenas ao reconhecimento de direito do administrado ou do servidor público, ainda que estes possam ter a iniciativa de provocá-lo, uma vez que o resultado final pode repercutir em seus direitos.

O processo administrativo de gestão é exatamente o instrumento pelo qual a Administração verifica uma situação, qualificação ou condição para assegurar um direito ou proceder a um negócio jurídico. O pressuposto principal é o interesse público, que deve nortear o agir administrativo. Entendeu-se que esta modalidade abrangia a licitação e os concursos públicos[31]. O processo administrativo de gestão, de modo geral, preparava a Administração para a edição um ato administrativo final, a partir da sucessão dos atos preparatórios, desenvolvidos ao longo do processo.

Existe um determinado direito que, para ser reconhecido, é necessário que a Administração faça uma aferição para identificar se o administrado ou o servidor público se encontram na situação fática prevista no tipo legal. Nesse sentido está a licitação, o processo administrativo pelo qual se procura qualificar as propostas dos licitantes para que a melhor possa ser a ganhadora de certame e contrate com o Poder Público. No mesmo contexto encontra-se o concurso público de provas ou de provas e títulos para preenchimento de cargo público, onde também existe uma seleção para identificar os candidatos aptos a desempenharem as funções públicas determinadas. Por fim, para o reconhecimento de direito à aposentadoria ou à pensão, também se faria uma qualificação do requerente, com o fim de identificar se realmente tem o direito que pleiteia.

A licitação é o processo pelo qual a Administração seleciona as melhores propostas para obras ou para serviços de seu interesse. Na verdade, trata-se da institucionalização de uma conduta corrente entre os particulares, de verificarem a melhor proposta para um determinado processo, que muitas vezes implica pesquisa de preço e comparações entre os mesmos. A licitação é o meio pelo qual o Poder Público seleciona a proposta mais vantajosa, havendo a verificação do que foi apresentado, para que se possa atender ao que se pretende, mediante critérios estabelecidos previamente[32].

31 CASTRO, José Nilo de. **Julgamento das Contas Municipais**. Belo Horizonte: Del Rey, 1995, p. 34.

32 "A seleção dessa melhor proposta, feita segundo critérios objetivos previamente estabelecidos, ocorre entre as apresentadas por interessados que pretendem contratar

O objetivo do Poder Público é efetuar um determinado contrato, sendo a licitação o processo pela qual se examina a melhor proposta para os interesses da Administração. Ao se mencionar processo administrativo, faz-se tendo em vista se tratar de uma série de atos preparatórios para a edição de um ato final. Em que pese preferir a expressão procedimento, Maria Sylvia Zanella di Pietro analisou adequadamente o problema ao concluir que a licitação é um procedimento integrado por atos e fatos da Administração e atos e fatos do licitante, todos contribuindo para formar a vontade expressa no contrato[33].

Hely Lopes Meirelles conceituou a licitação como: "O procedimento administrativo mediante o qual a Administração Pública seleciona a proposta mais vantajosa para o contrato de seu interesse[34]. No mesmo sentido entende Celso Antônio Bandeira de Mello, para quem[35] a licitação é o procedimento administrativo pelo qual uma pessoa governamental, pretendendo alienar, adquirir ou locar bens, realizar obras ou serviços, segundo condições por ela estipuladas previamente, convoca interessados na apresentação de propostas, a fim de selecionar a que se revele mais conveniente em função de parâmetros antecipadamente estabelecidos e divulgados".

Na verdade, o conceito tem que ter a noção de que se trata de um processo administrativo, pelo qual o Poder Público verifica qual a proposta mais conveniente para si, com base no interesse público, para o fim de formular contrato para a execução de serviço ou obra pública, através de concessão ou permissão. A licitação tem duas finalidades, sendo a primeira a aperfeiçoar a gestão da coisa pública, verificando e escolhendo a proposta mais adequada ao interesse da Administração e, a segunda, de oferecer igual oportunidade aos que desejam contratar com esta.

---

com a entidade obrigada a licitar e que atenderam ao seu chamamento, promovido mediante instrumento convocatório disciplinado de todo o procedimento, denominado, por alguns, lei interna da licitação" (GASPARINI, Diógenes. **Direito Administrativo**, *op. cit.*, p. 285).

---

33 PIETRO, Maria Sylvia Zanella Di (**Direito Administrativo**, *op. cit.*, p. 228) mencionou o procedimento administrativo, com a participação do licitante, "por parte da Administração, o edital ou convite, o recebimento das propostas, a habilitação, a classificação, a adjudicação, além de outros atos intermediários ou posteriores, com o julgamento de recursos interpostos pelos interessados, a revogação, a anulação, os projetos, as publicações, anúncios, atas etc. Por parte do particular, a retirada do edital, a proposta, a desistência, a prestação de garantia, a apresentação de recursos, as impugnações".

34 MEIRELLES, Hely Lopes. **Direito Administrativo Brasileiro**, *op. cit.*, p. 257.

35 BANDEIRA DE MELLO, Celso Antônio. **Curso de Direito Administrativo**, *op. cit.*, p. 243.

A licitação decorre de três requisitos fundamentais – uma restrição para a Administração na escolha de seus fornecedores, o direito de todos ao fornecimento em igualdade de condições e a necessidade da escolha daquela que em melhores condições oferece o serviço ou obra ao Estado[36].

A Constituição de 1988 não trouxe muitas inovações à matéria, mas lhe deu expressivo destaque, tornando-a obrigatória para os diversos órgão e entidades da Administração, direta e indireta. Dispõe o inciso XXI, do art. 37, do texto constitucional, que "ressalvados os casos especificados na legislação, as obras, serviços, compras e alienações serão contratados mediante processo de licitação pública que assegure igualdade de condições todos os concorrentes, com cláusulas que estabeleçam obrigações de pagamento, mantidas as condições efetivas da proposta, nos termos da lei, o qual somente permitirá as exigências de qualificação técnica e econômica indispensáveis à garantia do cumprimento das obrigações". Por outro lado, a prestação de serviço público, de acordo com o **caput** do art. 175, da Constituição Federal, deve ser feito diretamente ou sob o regime de concessão ou permissão, sempre através de licitação.

A licitação, atualmente, está disciplinada pela Lei Federal nº 8.666, de 21.06.1993, com as modificações introduzidas pela Lei Federal nº 8.883, de 08.06.1994, e outros dispositivos legais. Foram fixadas, de acordo com o art. 1º, "normas gerais sobre licitações e contratos administrativos pertinentes a obras, serviços, inclusive de publicidade, compras, alienações e locações no âmbito dos Poderes da União, dos Estados, do Distrito Federal e dos Municípios". Estão subordinados, ainda, além dos órgãos da Administração Direta, os fundos especiais, as autarquias, as fundações públicas, as empresas públicas, as sociedades de economia mista e as demais entidades controladas pelo Poder Público.

A Lei Federal nº 8.987, de 13.02.1995, dispôs sobre o regime de concessão e de permissão de serviços e obras públicas. Por outro lado, a Lei Federal nº 9.074, de 07.07.1995 incluiu entre estes serviços e obras as vias federais, exploração de obras ou serviços federais de barragens, contenções, eclusas, diques e irrigações. E, também, as estações aduaneiras e outros terminais alfandegados de uso públicos, não instalados em área de porto ou aeroporto, todos precedidos ou não de obras públicas. Os princípios básicos da licitação estão dispostos no art. 3º, da Lei Federal nº 8.666,

36 Themístocles Brandão Cavalcanti (**Teoria dos Atos Administrativos**. São Paulo: Revista dos Tribunais, 1973, p. 266) entende que a licitação é o regime que "melhores condições oferecem para satisfação das necessidades do Estado. É o principal, aliás, consagrado pelas nossas leis e praxes administrativas. O regime da licitação não exclui, porém, o exercício de um certo poder da Administração na escolha, no critério das diversas ofertas, respeitados os princípios legais".

de 21.06.1993, como "da legalidade, da impessoalidade, da moralidade, da igualdade, da publicidade, da probidade, da igualdade, da publicidade, da probidade administração, da vinculação ao instrumento convocatório, do julgamento objetivo e dos que lhes são correlatos". Acrescentar-se-iam, ainda, os princípios da garantia à ampla defesa e ao contraditório, do sigilo na apresentação da proposta e da adjudicação compulsória.

O processo administrativo tem que estar fundamentado numa norma legal específica para garantir-lhe a legalidade objetiva. Distingue-se o princípio da legalidade, que significa a sujeição e a subordinação do comportamento às normas e as prescrições editadas através do processo legislativo, do princípio da reserva legal que decorre desse outro. A atuação das pessoas está subordinada à lei, de modo que determinadas matérias só podem ser normatizadas mediante lei formal. O princípio da impessoalidade vem a ser a orientação obrigatória que a Administração deve ter em nome do interesse público, afastadas todas e quaisquer inclinações ou interesses pessoais. A moralidade administrativa deve estar relacionada com a finalidade pública e, por conseguinte, não basta observarem-se os aspectos da lei formal, mas também se no processo administrativo existe um compromisso com a honestidade e com o interesse público. O princípio da isonomia aplicado no processo administrativo implica como a Administração deve atuar, considerando que a lei é igual para todos os administrados, não podendo ser impedida a participação do que tem condição de oferecer uma proposta efetivamente vantajosa para o órgão público.

O processo administrativo de licitação tem que seguir o princípio da publicidade, de modo a expor ao controle dos administrados a atuação pública. O interessado deve ter acesso ao processo, o que significa poder examinar e fazer anotações do que entender de seu interesse. A probidade administrativa consiste no dever do administrador público de se comportar conforme o interesse público. A vinculação ao instrumento convocatório está relacionada com a máxima "o edital é a lei entre os licitantes", de modo que a segurança dos outros princípios depende de que se mantenha este, que dá garantia a todos os participantes do certame. O julgamento objetivo é o que se fundamente no critério indicado no edital e nos termos específicos da proposta, que visa afastar a discricionariedade na escolha das propostas.

A garantia de ampla defesa é entendida como a oportunidade de se contestar a acusação, produzir provas de seu direito, acompanhar os atos de instrução e a utilização dos recursos cabíveis. O sigilo na apresentação das propostas é a consequência da igualdade entre os licitantes, para serem resguardadas todas as propostas, não podendo haver abertura antecipada, sob pena de anulação. O princípio da adjudicação compulsório ao vencedor veda que a Administração, concluído o processo licitatório, entregue o seu objeto a outro que não o vencedor do certame[37].

A licitação é a regra, mas existem situações em que a Administração não a realiza, por assim ser mais racional e interessante para esta. Trata-se da dispensa, da dispensabilidade e da inexigibilidade de licitação. Tais casos devem ser necessariamente justificados, bem como precisa ser instruído com elementos que demonstrem a razão para a exceção. No entender de Lúcia Valle Figueiredo e Sérgio Ferraz, existe dispensa quando ocorrem, em casos concretos, circunstâncias especiais, previstas em lei, que facultam que não seja realizada a licitação, que antes era princípio imprescindível. No entanto, há inexigibilidade quando ocorrem, em casos concretos, circunstâncias especiais, de fato ou de direito, previstas em lei, as quais, porque inviabilizadoras de competição, afastam peremptoriamente a licitação[38].

A licitação dispensada é a que a própria lei de licitações declarou assim, nos casos de dação em pagamento, de investidura, de venda de ações ou títulos e, condicionada a determinados requisitos, de doação e de permuta, ainda que seja exigível na doação com encargos. Foi dispensada, ainda, a venda de bens produzidos ou comercializados por órgãos ou entidade da Administração Pública, bem como a venda de materiais e de equipamentos inservíveis a outros órgãos públicos.

Por outro lado, a inexigibilidade de licitação ocorre quando não há possibilidade jurídica de certame entre contratantes, em razão da natureza específica do negócio, em razões dos objetivos do Poder Público. Não é exigível processo licitatório para: a) o produtor ou o vendedor exclusivo de materiais, equipamento ou gêneros; b) os serviços técnicos profissionais, com notória especialização; c) a contratação de artista.

A nova Lei de Licitações e Contratação, sancionada no dia 1º de abril de 2021, torna-se, por fim, realidade na nova gestão pública brasileira. O novo marco legal substitui a Lei de Licitações, Lei Federal nº 8.666, de 21.06.1993; a Lei do Pregão, Lei Federal nº 10.520, de 17.07.2002; A Lei do Regime Diferenciado de Contratações (RDC), Lei Federal nº 12.462, de 04.08.2011, além de agregar temas relacionados. Nos próximos dois anos, os órgãos públicos podem optar entre utilizar as normas antigas ou a nova lei. Ao final do biênio, ela passa a ser obrigatória para todos as entidades públicas.

---

37 "Advirta-se, porém, que o direito do vencedor limita-se à adjudicação, ou seja, à atribuição a ele do objeto da licitação, e não contrato imediato" (MEIRELLES, Hely Lopes. **Direito Administrativo Brasileiro**, *op. cit.*, p. 251).

38 FIGUEIREDO, Lúcia Valle e FERRAZ, Sérgio. **Dispensa e Inexigibilidade de Licitação**. São Paulo: Revista dos Tribunais, 1992, p. 33.

A Comissão Especial apresentou uma proposta de lei, gerando assim o Projeto de Lei do Senado nº 559/2013. Como Casa iniciadora do processo legislativo, o Plenário do Senado Federal deliberou pela primeira vez acerca da proposta da comissão, em dezembro de 2016, e aprovou-a com algumas alterações. Em seguida, o texto foi remetido para a Câmara dos Deputados, onde foi apensado a um outro projeto antigo, motivo pelo qual tramitou nesta última casa sob o registro de Projeto de Lei nº 1.292/1995. No segundo semestre de 2019, a Câmara aprovou esse projeto, mas com significativas modificações. Por conseguinte, o texto voltou ao Senado, onde recebeu o tombo de Projeto de Lei Federal nº 4.253/2020, que foi diretamente submetido ao Plenário desta última casa e aprovado. Na ocasião, o Senado Federal acatou as alterações ocorridas na Câmara dos Deputados com algumas ressalvas.

A Lei Federal nº 14.133, de 01.04.2021 cria regras para União, Estados-membros, Distrito Federal e Municípios e prevê cinco modalidades de licitação: a) a concorrência; b) o concurso; c) o leilão; d) o pregão; e) o diálogo competitivo. A última é a grande novidade, inspirado no modelo europeu, o diálogo competitivo caracteriza-se por permitir negociações com potenciais competidores previamente selecionados por critérios objetivos. Em relação aos critérios de julgamento, o normativo dispõe sobre: a) o menor preço ou o maior desconto; b) a melhor técnica ou o conteúdo artístico; c) a técnica; e) o preço; f) o maior retorno econômico; g) o maior lance.

A nova Lei de Licitações e Contratação estabelece, ainda, um título inteiro para tratar das irregularidades, como a inclusão no Código Penal de um capítulo específico para tratar dos crimes em licitações e em contratos administrativos, prevendo penas para quem admitir, possibilitar ou der causa à contratação direta fora das hipóteses previstas em lei.

São as seguintes bases que passam a constar, expressamente, no texto legal, as diretrizes da segregação de funções, do qual veda a designação do mesmo agente público para atuação simultânea em funções mais suscetíveis a riscos. É para reduzir a possibilidade de ocultação de erros e de ocorrência de fraudes na respectiva contratação e do planejamento, a partir de documentos de formalização de demandas. Os órgãos responsáveis pelo planejamento de cada Entidade Federativa podem, na forma de regulamento, elaborar o plano de contratações anual. Isto tem o objetivo de racionalizar as contratações dos órgãos e das instituições sob sua competência, garantir o alinhamento com o seu planejamento estratégico e subsidiar a elaboração das respectivas leis orçamentárias.

Precisa-se observar, ainda, a Lei de Introdução às Normas do Direito Brasileiro. Na aplicação da nova Lei de Licitação e Contratação devem ser observadas as disposições do Decreto-lei nº 4.657/1942, alterado pela Lei Federal nº 13.655, de 25.04.2018. Uma de suas disposições, a título de exemplo, fixa que nas esferas administrativa, controladora e judicial, não se decide com base em valores jurídicos abstratos sem que sejam consideradas as consequências práticas da decisão.

São procedimentos auxiliares os seguintes: a) o credenciamento; b) a pré-qualificação; c) o procedimento de manifestação de interesse; d) o sistema de registro de preços; e) o registro cadastral. Os critérios de julgamento, como dito acima, são: a) o menor preço; b) o maior desconto; c) a melhor técnica ou conteúdo artístico; d) a técnica e) o preço; f) o maior lance, no caso de leilão; g) o maior retorno econômico. Este é utilizado exclusivamente para a celebração de contrato de eficiência, o qual considera a maior economia para a administração, sendo a remuneração fixada em percentual que incida de forma proporcional à economia efetivamente obtida na execução do contrato.

O modo de disputa pode ser, isolada ou conjuntamente, os seguintes: a) aberto, hipótese em que os licitantes apresentam suas propostas por meio de lances públicos e sucessivos, crescentes ou decrescentes; b) fechado, hipótese em que as propostas permanecem em sigilo até a data e hora designadas para sua divulgação.

A Lei Federal nº 14.133, de 01.04.2021 vem, como adiantado antes, com o intuito de revogar a Lei Federal nº 8.666/1993, a Lei do Pregão, Lei Federal n° 10.520, de 17.07.2002, e a Lei do Regime Diferenciado de Contratações Públicas (RDC), Lei Federal nº 12.462, de 04.08.2011. Porém, inicialmente, o texto da nova lei deve ter um período de convivência de dois anos com essas normas. É que o art. 191 do projeto prevê que a vigência do novo diploma iniciaria-se com a sua publicação, mas, durante os dois anos seguintes, ainda vigorariam também a Lei Federal nº 8.666/1993, a Lei do Pregão e a Lei do RDC. Cabe ao órgão ou entidade licitante escolher se seguiria o novo ou o velho regime, conforme o § 2º do art. 191, da Lei Federal nº 14.133, de 01.04.2021.

O regime de contratação pública versado no texto em estudo é o das entidades de direito público nacionais, que são a Administração direta, autárquica e fundacional de todas as esferas da Federação – federal, estadual, distrital e municipal. Excluem-se desse sistema as empresas estatais – as empresas públicas e as sociedades de economia mista –, que se submetem à Lei Federal nº 13.303. de 30.06.2016, conforme determinar o art. 173, § 1º, da Constituição Federal, adiante discutida.

Observa-se, então, dezenove aspectos relevantes para exame da nova Lei de Licitação e Contratação, os seguintes: a) a integração de elementos de governança à legislação de contratação pública; b) a contratação eletrônica; c) o princípio da virtualização dos atos de licitação; d) o orçamento sigiloso; e) as modalidades de licitação; f) os critérios de julgamento da proposta; g) os instrumentos auxiliares de licitação e de contratações; h) a modalidade de disputa; i) as contratação integrada e semi-integrada; j) a gestão contratual; k) o estudo técnico preliminar; l) a vigência contratual; m) o estudo técnico preliminar; n) o **Building Information Modelling** – BIM; o) a exigibilidade de proposta; p) o contrato de eficiência; q) o objeto de contratação; r) a inexigibilidade de licitação; s) a licitação das empresas estatais.

O aspecto inicial que chama a atenção no projeto é a integração de elementos de gestão pública gerenciais às normas de licitação e de contrato. São diversos os instrumentos de governança incluídos pela lei no procedimento de contratação. De início, merece destaque pontos ligados à profissionalização, como a criação da figura do agente de contratação, no art. 8º, e a exigência de promoção da gestão por competências na designação de agentes públicos para trabalhar na área de licitação e contrato, no art. 7º. Observa-se a manutenção do pregoeiro como o responsável pela condução dos certames na modalidade pregão, no art. 8º, § 5º, da Lei Federal nº 14.133, de 01.04.2021.

A Lei de Licitação e Contratação também incorpora à legislação ferramentas voltadas ao planejamento da contratação, a exemplo do plano de contratações anual, no art. 12, ferramenta fundamental para imprimir uma maior qualidade aos processos de licitação. Outro instrumento previsto é a gestão de riscos, no **parágrafo único** do art. 11, com a expressa possibilidade de adoção da matriz de riscos, no art. 22. Esta é ferramenta obrigatória nos casos de obras e de serviços de grande vulto, contratos com regime de contratação integrada ou semi-integrada, no § 3º do art. 22, tudo da lei acima.

A nova legislação envolve, ainda, a alta Administração no processo de contratação pública, comprometendo os dirigentes do órgão ou entidade com os objetivos do certame. É da responsabilidade da alta direção a governança das contratações e a implementação de processos e de estruturas voltadas para a avaliação, o direcionamento e o monitoramento dos processos de licitação em relação aos seus objetivos.

A regra para todos os procedimentos de contratação passa a ser a contratação eletrônica. Nos termos do § 2º do art. 17, "as licitações serão realizadas preferencialmente sob a forma eletrônica". Chama atenção que, caso o projeto venha a se tornar lei, todas as modalidades de licitação podem ser realizadas na forma eletrônica. Quanto ao uso da forma presencial, a lei não traz nenhuma condição específica, exigindo apenas que o gestor exponha no processo o motivo da sua opção e que registre a sessão pública em ata e grave o referido ato com a utilização de recursos tecnológicos de áudio e vídeo, nos § 2º e § 5º do art. 17, da Lei Federal nº 14.133, de 01.04.2021.

O princípio da virtualização dos atos da licitação, determina que "os atos serão preferencialmente digitais, de forma a permitir que sejam produzidos, comunicados, armazenados e validados por meio eletrônico", no art. 12, inciso VI. Assim, na nova legislação os atos praticados de forma física devem ser evitados, ainda que venham a ser digitalizados posteriormente. O sistema no qual se processa uma concorrência, por exemplo, deve estar adaptado para receber pedidos de esclarecimento e de impugnação ao edital e aos recursos. Não é admissível que tais atos sejam interpostos por forma física para serem digitalizados e, depois, inseridos no sistema.

Em relevante ponto, no sentido da virtualização do procedimento, foi a criação do Portal Nacional de Contratações Públicas (PNCP), que teve a missão de divulgar todas as licitações dos órgãos e entidades da Administração direta, autárquica e fundacional da União, dos Estados-membros, do Distrito Federal e dos Municípios. A ideia é que o PNCP transforme-se, inclusive, em uma plataforma de realização das licitações, cuja adesão deve ser conforme, conforme o art. 174, da lei acima.

A nova Lei de Licitação e Contratação revogou a Lei do RDC, mas incorporou ao regime geral de contratação uma série de institutos previstos no Regime Diferenciado de Contratações Públicas, como o orçamento sigiloso. O art. 18, inciso IV, obriga a Administração licitante a elaborar, na fase preparatória do certame, o orçamento estimado com a composição dos preços utilizados para a sua formação. Entretanto, tal orçamento pode, mediante justificativa da autoridade contratante, ser mantido em sigilo até que se conclua a fase de julgamento das propostas, no art. 24. Se for necessário para a elaboração das propostas, a Administração deve divulgar o detalhamento dos quantitativos.

Além disso, se a licitação for julgada pelo critério de maior desconto, o preço estimado ou o máximo aceitável deve necessariamente constar do edital. É que, nesses casos, a publicação do valor de referência da Administração mostra-se essencial para que os proponentes ofereçam seus descontos. O texto obriga a Administração licitante a fornecer o orçamento base da contratação, ainda que declarado sigiloso, a qualquer momento para os órgãos de controle interno e externo, com os tribunais de Contas. Trata-se de uma relevante ferramenta para a Administração, pois a depender do mercado, a divulgação do orçamento estimado no momento da licitação acarreta o efeito âncora, elevando os preços das propostas ao mais próximo possível do valor máximo admitido pela Administração.

A título de observação inicial acerca do tratamento das licitações na Lei Federal n° 14.133, de 01.04.2021, observe-se que, embora de forma muito tímida, a legislação procura superar, em alguns momentos, a rigidez procedimental contida na Lei Federal nº 8.666, de 21.06.1993. Por exemplo, no art. 12, inciso III, da nova lei, prevê que: "o desatendimento de exigências meramente formais que não comprometam a aferição da qualificação do licitante ou a compreensão do conteúdo de sua proposta não importará seu afastamento da licitação ou a invalidação do processo". O dispositivo resulta na previsão do princípio do formalismo moderado, que empresta às formas legais de prática dos atos uma compreensão instrumental.

O procedimento da licitação, em qualquer das suas modalidades, engloba no projeto uma série de fases, conforme o art. 17, da legislação acima, que devem ocorrer na seguinte sequência: a) a fase preparatória; b) a divulgação do edital de licitação; c) a apresentação de propostas e lances, nos casos em que há lances; d) o julgamento; e) a habilitação; f) a fase recursal; g) a homologação.

A nova Lei de Licitação e Contratação traz para todas as demais modalidades de licitação a inversão das fases de julgamento e habilitação presente no pregão e no RDC. Todas as modalidades passam a ser processadas com o julgamento antes da habilitação, pelo que apenas fica habilitado o vencedor do certame. Ressalva-se o fato de a legislação admitir, mediante exposição das vantagens, a realização da habilitação antes das fases de apresentação das propostas e lances e de julgamento, no art. 17, § 1º, da Lei Federal nº 14.133, de 01.04.2021.

A modalidade de licitação no direito brasileiro significa a marcha do procedimento pelo qual é escolhido o contratado. Existem procedimentos diversos para licitar os contratos a serem firmados pela Administração, correspondendo cada um deles a uma modalidade de licitação. Essa variedade existe em razão das diversas espécies de contratos celebrados pelo Poder Público, pelo que se cobra uma adequação entre o procedimento de adjudicação e o objeto a ser contratado.

O art. 28, da Lei Federal nº 14.133, de 01.04.2021, novamente enumerados, prevê as seguintes modalidades de licitação: a) o pregão; b) a concorrência; c) o concurso; d) o leilão; e) o diálogo competitivo. A tomada de preços e o convite não constam na legislação. Todavia, no RDC, considerado atualmente como uma modalidade licitatória, deixa de existir como tal. Contudo, muitas das práticas desse regime diferenciado tiveram a sua aplicação facultada nas modalidades previstas no projeto, como o orçamento sigiloso, como a contratação integrada, como o critério de julgamento de maior retorno econômico, como os modos de disputa aberto e fechado e como outros. A novidade foi o diálogo competitivo, pois as demais modalidades previstas na lei acima em comento já existiam no regime licitatório brasileiro.

Continua valendo a regra que proíbe a criação de outras modalidades de licitação, além daquelas previstas na Lei Federal n° 14.133, de 01.04.2021, assim como a que impede a combinação das modalidades entre si, no art. 28, § 2º. Essas proibições valem apenas para o nível infralegal das normas e para as leis estaduais, distritais e municipais, pois as leis federais podem vir a criar novas modalidades. A previsão dessa regra consagra o entendimento vigente de que modalidade é matéria típica de norma geral de licitação e contratação, nos termos do seu art. 22, XXVII, da Constituição de 1988, e, por isso, só pode ser tratada por lei federal.

As modalidades previstas na Lei Federal nº 14.133, de 01.04.2021 são aplicáveis nas seguintes situações: a) a concorrência, no art. 6º, XXXVIII combinado com o art. 29, que é a contratação de serviço técnicos especializados de natureza predominante intelectual, obras e serviços de natureza predominante intelectual, obras e serviços de engenharia e arquitetura e a contratação de bens e demais serviços considerados especiais; b) o concurso, no art. 6º, XXXIX, que vem a ser a escolha de trabalho técnico, científico ou artístico; c) o leilão, no art. 6º, XL, que é a alienação de bens imóveis ou de bens móveis inservíveis ou legalmente apreendidos; d) o pregão, no art. 6°, XLI; combinado com o art. 29, obrigatoriamente, que é contratação de bens e serviços comuns, assim considerados aqueles que possuam padrões de desempenho e qualidade aptos a serem objetivamente definidos no edital por meio de especificações usuais no mercado; porém, o pregão não pode ser utilizado para licitar obras de engenharia; e) o diálogo competitivo, no art. 6º, XLII, combinado com o art. 32, que se trata das contratações cujo objeto é complexo a ponto de a Administração necessitar da colaboração do mercado para desenvolver as alternativas capazes de atender a necessidade/utilidade pública a ser suprida com o contrato.

Por disposição expressa da nova lei, o pregão e a concorrência "seguem o rito procedimental comum", no art. 29, ou seja, têm exatamente o mesmo procedimento. A diferença entre um e outro encontra-se somente no critério de julgamento das propostas. No pregão, são aplicáveis apenas os critérios de menor preço ou de maior desconto, no art. 6º, XLI, ao passo que na concorrência as propostas podem ser julgadas com base nos critérios de menor preço, maior desconto, melhor técnica ou conteúdo artístico, técnica e preço e maior retorno econômico, conforme o art. 6º, XXXVIII, da Lei Federal nº 14.133, de 01.04.2021.

Anote-se que o pregão passa a ser legalmente obrigatório para bens e serviços comuns, no art. 6º, XLI, da legislação acima. Sob a Lei Federal nº 10.520, de 17.07.2002, o uso do pregão para licitação de bem e serviço comum era uma só, no art. 1º da Lei do Pregão. No plano federal, por exemplo, a obrigatoriedade do pregão decorreu dos regulamentos. É possível dizer que o pregão cresce na sistemática da lei. Em especial, porque a concorrência foi apregoada, já que incorporou a si as características do pregão. Na sistemática da nova lei nascente, a concorrência é um pregão com a possibilidade do uso dos demais critérios de julgamento das propostas.

O concurso e o leilão permanecem basicamente com as mesmas configurações que possuem na Lei Federal nº 8.666/1993. Quanto ao leilão, a Lei Federal nº 14.133, de 01.04.2021, remete para regulamento as normas sobre seus "procedimentos operacionais", no seu art. 31.

A novidade foi o diálogo competitivo, cujo escopo consistia na adjudicação de contratos dotados de complexidade técnica, jurídica ou financeira. Trata-se de um instituto oriundo do direito europeu cujo foco inicial fora incentivar os países da União Europeia a promoverem parcerias público-privadas – as PPP's. A ideia nessa modalidade de licitação é a de que o setor privado pode contribuir para as soluções públicas. Decorre de situações nas quais o Poder Público sabe da sua necessidade, mas não sabe como supri-la. No diálogo competitivo, o objeto da contratação é concebido no curso da licitação.

A peculiaridade desse procedimento é que, antes do julgamento das propostas, há uma etapa de qualificação técnica e econômico-financeira e outra de diálogo com os candidatos. A qualificação e julgamento das propostas pouco se diferem do que existe na concorrência na forma como regulada hoje, sendo a fase de qualificação, assim, equivalente à habilitação técnica e econômico-financeira. Na fase do diálogo, cada candidato apresenta a sua solução à Administração Pública. Repare-se que se trata de diálogo mesmo, pois cada licitante apresenta sua proposta de objeto do contrato de maneira individualizada para a Administração. Escolhida a solução, parte-se para o julgamento das propostas, que deve ocorrer de acordo com um dos critérios de julgamento previstos na nova Lei de Licitação e Contratação. A modalidade é apta para casos complexos, sendo, por isso, de aplicação restrita. Na Europa, poucos são os países que se valem dessa espécie de procedimento, apesar de o terem positivado no seu direito interno, mas sendo bastante utilizado no Reino Unido e na França.

A Lei Federal n° 14.133, de 01.04.2021 abandona o termo tipo de licitação utilizado pelo art. 45, § 1º, da Lei Federal nº 8.666, de 21.06.1993, referindo-se aos critérios de julgamento das propostas em diversos dispositivos, especialmente no seu art. 33. Como uma decorrência lógica dos princípios constitucionais da igualdade e da impessoalidade, art. 5º, combinado com o art. 37, XXI, todos da Constituição Federal, o art. 5º, da Lei Federal 14.133, de 01.04.2021, mantém de forma expressa o princípio do julgamento objetivo. Ainda que se entenda que esta legislação trouxe maior discricionariedade ao gestor público na definição dos critérios de seleção do contratante, é preciso sempre ter em conta que essa discricionariedade deve ser exercida de maneira impessoal, de modo que os parâmetros utilizados para aferir a melhor proposta devem ser objetivos e funcionais.

De acordo com o art. 33 do texto em estudo, já indicados antes, as propostas são julgadas com base nos seguintes critérios: a) o menor preço; b) a maior desconto; c) a melhor técnica ou conteúdo artístico; d) a técnica e preço; e) o maior lance, no caso de leilão; f) o maior retorno econômico. A grande novidade é o critério de maior retorno econômico. Esse consiste em um tipo de licitação exclusivo para licitações cujo objeto seja um contrato de eficiência, no art. 6º, LIII da legislação comentada. Nos contratos de eficiência, o que se pretende não é a obra, o serviço ou o bem em si, mas sim o resultado econômico mais vantajoso decorrente de uma dessas prestações motivo pelo qual a melhor proposta nessa espécie de ajuste, aquela que ofereça um maior retorno econômico.

Os critérios de julgamento das propostas previstos na Lei Federal nº 14.133, de 01.04.2021 aplicáveis em cada uma das modalidades de licitação são os seguintes: a) a concorrência, no art. 6° XXXVIII combinado com o art. 29, o menor preço, a melhor técnica ou o conteúdo artístico, a técnica e preço, o maior retorno econômico, e o maior desconto; b) o concurso, no art. 5º, XXXIX, a melhor técnica ou o conteúdo artístico; c) o leilão, no art. 5º, XL, o maior lance; d) o pregão, no art. 5º XLI, combinado com o art. 28, o menor preço, e o maior desconto; e) o diálogo competitivo, no art. 5º XLI, combinado com o art. 29, o menor preço, o maior desconto, a melhor técnica artístico, a técnica e o preço e o maior retorno econômico.

A Lei Federal nº 14.133, de 01.04.2021 classifica alguns procedimentos antes conhecidos das contratações governamentais brasileiras como instrumentos auxiliares. No art. 77, são eles: a) o credenciamento; b) a pré-qualificação; c) o procedimento de manifestação de interesse; d) o sistema de registro de preço; e) o registro cadastral. Exceto o procedimento de manifestação de interesse, os demais instrumentos auxiliares encontram-se, ainda que em nível infralegal, no ordenamento jurídico pátrio vigente.

O credenciamento, no art. 78, da Lei Federal nº 14.133, de 01.04.2021, é uma importante ferramenta para contratações por inexigibilidade. Trata-se de uma maneira de se operacionalizar uma contratação por inexigibilidade, nas seguintes situações: a) a necessidade de contratação simultânea, paralela e não excludente, de mais de um dos agentes do mercado; b) os casos em que o contratante é o Poder Público, mas o usuário do serviço vem a ser um terceiro, a quem cabe a seleção do prestador; c) as situações de mercados fluídos, nos quais a variação dos preços praticados motra-se frequente a ponto de inviabilizar a realização de licitação.

São suas principais características: a) o número ilimitado de credenciados; b) o tratamento isonômico entre os credenciados; c) o preço fixado pela Administração, nas hipóteses do parágrafo anterior; d) a publicidade por meio de instrumento de chamamento público; e) a possibilidade permanente de inclusão de novos credenciados.

A pré-qualificação está, atualmente, prevista no art. 114, da Lei Federal nº 8.666, de 21.06.1993. No regime, é possível pré-qualificar apenas licitantes, não abrangendo produtos. Nos termos da Lei Federal nº 8.666, de 21.06.1993, só é possível fazer pré-qualificação na modalidade concorrência e nos casos em que a análise da capacidade técnica dos licitantes demande um maior trabalho por parte da Administração. Outro aspecto relevante da pré-qualificação, nos moldes da Lei Federal nº 8.666/1993, é que ela não admite que a Administração restrinja o futuro certame aos licitantes pré-qualificados.

A Lei Federal nº 14.133, de 01.04.2021 adota a pré-qualificação de maneira semelhante à do RDC e à da Lei das Estatais, a Lei Federal nº 13.303, de 30.06.2016. Ou seja, se comparada com o modelo da Lei Federal nº 8.666, de 30.06.1993, a pré-qualificação da nova Lei de Licitação e Contratação vai mais longe. A recém-legislação permite a pré-qualificação de licitantes e de bens para fins de licitação processada em qualquer uma das suas modalidades previstas, no seu art. 79. É um procedimento prévio à licitação cujo objetivo antecipa a verificação dos requisitos exigidos pela Administração referentes à qualificação do licitante ou do seu produto.

Houve a possibilidade de restringir a participação no certame àqueles que foram pré-qualificados, no § 10, do art. 79, da Lei Federal nº 14.133, de 01.04.2021. Essa é uma regra fundamental para o sucesso da pré-qualificação, pois sua grande vantagem consiste na antecipação de fases da licitação. Caso se admita a participação de concorrentes não pré-qualificados, pouco proveito se tirar do instituto. Tal por dois motivos: a) a repetição na licitação de atos já praticados na pré-qualificação; b) o esvaziamento da pré-qualificação, tendo em vista que ela não oferece vantagem alguma ao empresário.

A grande novidade nesse campo dos instrumentos auxiliares é o procedimento de manifestação de interesse (PMI), no art. 80. Apesar de já existir no Brasil, o PMI vigora em solo pátrio de modo limitado. A relevância deve-se ao fato de que umas das maiores dificuldades da Administração Pública nas licitações é suprir a carência de informação acerca das soluções práticas e dos preços existentes no mercado. Para resolver essa assimetria de informação, o ordenamento jurídico de diversos países tem colocado à disposição das autoridades contratantes uma espécie de procedimento prévio à publicação do certame, cujo objeto compreende a coleta de informações acerca das soluções oferecidas pelo mercado para as necessidades públicas. Sobre o PMI, é possível dizer, conforme o art. 80, que: a) é uma solicitação à iniciativa privada de realização de estudos e projetos para soluções da Administração Pública; b) tem o objetivo de suprir a assimetria de informação entre a Administração e o mercado; c) trata-se de uma etapa que antecede a licitação.

O Sistema de Registro de Preço (SRP) também é uma das espécies de instrumentos auxiliares. A regulamentação da lei avança em relação a esse instituto porque traz ao nível da lei uma série de questões que antes eram tratadas apenas em regulamento, a exemplo da possibilidade de adesão, no § 2º do art. 85. Além disso, a Lei Federal nº 14.133, de 01.04.2021 avançou, por exemplo, pois prevê: a) o uso de registro de preço para obras, no art.

81, § 5º; b) a possibilidade de vigência da ata por até dois anos, no art. 83; c) e admitir o SRP para hipóteses de contratação direta, no § 6º do art. 81.

O registro cadastral também é uma relevante ferramenta que pode comportar um sistema de reputação capaz de conferir incentivos aos bons contratados, no art. 86, da legislação acima.

A lei admite que a licitação possa ser disputada de dois modos, o aberto e o fechado, no art. 55 da lei Federal nº 14.133, de 01.04.2021. No primeiro, os licitantes apresentam suas propostas por meio de lances públicos e sucessivos; no segundo, as propostas apresentadas pelos licitantes são sigilosas até o momento definido no edital para a divulgação. Ou seja, neste último caso, os licitantes não conhecem as propostas e os lances dos seus concorrentes.

A legislação ofereceu ao gestor público a possibilidade de aplicar um modo ou outro, inclusive com a possibilidade de combinação entre ambos, de acordo com a realidade do certame. Contudo, há casos em que um desses modos é obrigatório. Nas licitações de menor preço ou de maior desconto, encontra-se vedada a utilização do modo fechado de maneira isolada, aceitando-se apenas que o gestor misture no curso do procedimento os modos aberto e fechado, no art. 55, § 1º. Nas licitações cujo critério for técnica e preço, não é possível o uso do modo aberto, no art. 55, § 2º, da legislação comentada.

Na Lei Federal nº 14.133, de 01.04.2021 também há mudanças substanciais relativas ao regime de execução dos contratos. Algumas dessas são transpostas do RDC, como o caso dos regimes de execução contratual de contratação integrada, que foi acrescido no projeto da nova lei, ainda, do regime de contratação semi-integrada. Trata-se de regimes voltados para a contratação de obras e de serviços de engenharia. Na contratação integrada, fazem parte de um único contrato a elaboração dos projetos básico e executivo, a execução da obra ou serviço e o fornecimento dos bens ou a prestação dos serviços especiais indispensáveis para a realização da obra ou serviço contratado, no art. 6º, XXXII, da lei mencionada.

No caso da semi-integrada, exclui-se somente o contrato de execução da obra ou serviço de engenharia a elaboração do projeto. Resta a cargo do executor da obra ou serviço de engenharia a elaboração do projeto executivo, a execução da obra ou serviço de engenharia e o fornecimento dos bens e a prestação dos serviços especiais indispensáveis para a consecução do objeto contratado, no art. 6º, XXXIII, da Lei Federal n° 14.133, de 01.04.2021. Ambos os regimes são instrumentos modernos, na medida em que se aproximam do modelo no qual se busca a solução para as necessidades públicas, e não um objeto em si. Assim, há uma tendência de se retirar do mercado soluções avançadas e baratas.

Em regra, o projeto continua a prever que a exigência de garantia contratual é uma opção do gestor público, no art. 95. Se decidir pela exigência, cabe ao contratado escolher entre as opções de caução em dinheiro ou em títulos da dívida pública, seguro-garantia ou fiança bancária, no § 1º do art. 95, da Lei de Licitação e Contratação.

A grande novidade encontra-se no art. 101, da Lei Federal nº 14.133, de 01.04.2021, que consiste na possibilidade de o edital exigir como garantia de contratos de obras e serviços de engenharia o seguro-garantia, estabelecendo que, em caso de inadimplemento contratual, cabe à seguradora concluir o objeto contratado. É uma prática internacionalmente conhecida como **step in right**, cujo sentido implica em impor ao segurador a assunção da obrigação de entrega da obra ou serviço no caso de o contratado falhar. Consiste em importante inovação, na medida em que é difícil licitar obra e serviço de engenharia com execução incompleta. Todavia, mostra-se ferramenta que, com certeza, representa um custo considerável para a contratação, motivo pelo qual deve ser utilizada apenas nos casos em que o risco de inadimplemento seja significativo ou represente dificuldades para a continuação do objeto contratual.

Destaca-se, também, o tratamento da duração dos contratos na nova Lei de Licitação e Contratação. De início, a Lei Federal nº 14.133, de 01.04.2021 estabelece que a duração dos contratos deve ser definida no respectivo instrumento convocatório, observando-se a disponibilidade orçamentária no momento da contratação e a cada exercício financeiro, no seu art. 104.

O art. 105, da mesma legislação, admite a assinatura de ajustes com vigência inicial de até cinco anos para a contratação de serviço ou fornecimento considerados contínuos, desde que seja atestada a maior vantajosidade econômica da contratação nesses termos. A nova Lei de Licitação e Contratação avança ao admitir a possibilidade de contratação de fornecimento – aquisição –, por prazo que supere a vigência do crédito orçamentário. Tanto no caso de serviço como no de compra de bens, o prazo inicial contratado pode ser de cinco anos, que são prorrogáveis por mais cinco anos, totalizando uma duração contratual de dez anos. Existe a expressa possibilidade de duração contratual por prazo indeterminado nos casos de contratos em que a Administração for usuária de serviço público em regime de monopólio, no art. 108, da legislação acima.

A nova Lei de Licitações e Contratação estabelece, também, um título inteiro para tratar das irregularidades, como a inclusão no Código Penal de um capítulo específico para tratar dos crimes em licitações e contratos administrativos, prevendo penas para quem admitir, possibilitar ou der causa à contratação direta fora das hipóteses previstas em lei, já indicado antes.

São as seguintes diretrizes que passam a constar, expressamente, no texto legal, as diretrizes da segregação de funções, do qual veda a designação do mesmo agente público para atuação simultânea em funções mais suscetíveis a riscos. Tal foi para diminuir a possibilidade de ocultação de erros e de ocorrência de fraudes na respectiva contratação e do planejamento, a partir de documentos de formalização de demandas. Os órgãos responsáveis pelo planejamento de cada Entidade Federativa podem, na forma de regulamento, elaborar plano de contratações anual, com o objetivo de racionalizar as contratações dos órgãos e entidades sob sua competência, garantir o alinhamento com o seu planejamento estratégico e subsidiar a elaboração das respectivas leis orçamentárias.

O modo de disputa pode ser, isolada ou conjuntamente: a) o aberto, hipótese em que os licitantes apresentam suas propostas por meio de lances públicos e sucessivos, crescentes ou decrescentes; b) o fechado, hipótese em que as propostas permanecem em sigilo até a data e hora designadas para sua divulgação.

As obras, os serviços, as locações e o fornecimentos de grande vulto são aqueles cujo valor estimado supere a cifra de R$ 200.000.000,00 (duzentos milhões de reais), que devem ter tratamento diferenciado, conforme a Lei de Licitação e Contratação.

O estudo técnico preliminar consiste em instrumento obrigatório, o qual deve evidenciar o problema a ser resolvido e a sua melhor solução, de modo a permitir a avaliação da viabilidade técnica e econômica da contratação, servindo de base para a elaboração do anteprojeto, do projeto básico e do termo de referência.

Deve ser elaborado pela Administração Pública e adotado, quando o regime de execução indireta de obras e serviços de engenharia for o de contratação integrada esta consiste em peça técnica contendo todos os subsídios necessários à elaboração dos projetos básico e executivo a cargo do vencedor da disputa.

O **Building Information Modelling** (BIM) consiste nas licitações de obras e de serviços de engenharia e arquitetura, sempre que adequada ao objeto da licitação, deve ser preferencialmente adotada a Modelagem da Informação da Construção, **Building Information Modelling** (BIM), ou tecnologias e processos integrados similares ou mais avançados que venham a substituí-la. Registre-se a existência do Decreto Federal nº 10.306/2020, que estabelece sobre a utilização do BIM na execução direta ou indireta de obras e serviços de engenharia realizada pelos órgãos e pelas entidades da Administração Pública Federal. Isto no âmbito da Estratégia Nacional de Disseminação do **Building Information Modelling** (Estratégia BIM BR), instituída pelo Decreto Federal nº 9.983/2019.

A contratação integrada é o regime de contratação de obras e de serviços de engenharia em que o contratado passa a ser o responsável por elaborar e desenvolver os projetos básico e executivo, executar obras e serviços de engenharia, fornecer bens ou prestar serviços especiais e realizar montagem, teste, pré-operação e as demais operações necessárias e suficientes para a entrega final do objeto.

Por outro lado, a contratação semi-integrada é o regime de contratação de obras e serviços de engenharia em que o contratado vem a ser o responsável por elaborar e desenvolver o projeto executivo, executar as obras e os serviços de engenharia, fornecer os bens ou prestar os serviços especiais e realizara a montagem, o teste, a pré-operação e as demais operações necessárias e suficientes para a entrega final do objeto.

A exequibilidade da proposta consiste em, no caso de obras e serviços de engenharia, serem consideradas inexequíveis as propostas cujos valores forem inferiores a setenta e cinco por cento do valor orçado pela Administração.

O contrato de eficiência trata-se de contrato cujo objeto consiste na prestação de serviços, o qual pode incluir a realização de obras e o fornecimento de bens, com o objetivo de proporcionar economia ao contratante, na forma de redução de despesas correntes, remunerando o contratado com base em percentual da economia gerada.

O agente de contratação, a comissão de contratação e o pregoeiro são os responsáveis pela condução do procedimento licitatório, definindo, o novo marco legal, as situações em que cada um atua. As regras relativas à atuação desses agentes são estabelecidas em regulamento, devendo ser prevista a possibilidade de contarem com o apoio dos órgãos de assessoramento jurídico e de controle interno para o desempenho das funções essenciais à execução do novo marco legal.

A pesquisa de preços e o novo marco legal das licitações define os parâmetros para a realização da pesquisa de preços praticados no mercado, inclusive nas hipóteses de inexigibilidade de licitação.

De acordo com o art. 74, da Lei Federal nº 14.133, de 01.04.2021, é inexigível a licitação quando houver inviabilidade de competição, em especial nos casos de: "III – contratação dos seguintes serviços técnicos especializados de natureza predominantemente intelectual com profissionais ou empresas de notória especialização, vedada a inexigibilidade para serviços de publicidade e divulgação: a) estudos técnicos, planejamentos, projetos básicos ou projetos executivos; b) pareceres, perícias e avaliações em geral; c) assessorias ou consultorias técnicas e auditorias financeiras ou tributárias; [...] e) patrocínio ou defesa de causas judiciais ou administrativas; [...]".

O § 3º desse artigo estabelece que a notória especialização do profissional ou da empresa é demonstrada pela especialidade no campo de atuação que vai decorrer de desempenho anterior, de estudos, de experiência, de publicações, de organização, de aparelhamento, de equipe técnica ou de outros requisitos relacionados com suas atividades. Isto para inferir se o seu trabalho é essencial e o reconhecidamente adequado à plena satisfação do objeto do contrato. A lei, também, deixa assentado que nessas contratações é vedada a subcontratação de empresas ou a atuação de profissionais distintos daqueles que tenham justificado a inexigibilidade, no art. 74, § 4º, da legislação acima.

A nova lei excluiu da hipótese de incidência da inexigibilidade de licitação, a necessidade de demonstração de que o serviço deva possuir natureza singular, atenuando as interpretações equivocadas com relação a aplicação dessa expressão, que passou a ser considerada como algo raro e exclusivo.

A retirada da singularidade como elemento essencial para efeito de enquadramento na hipótese de inexigibilidade de licitação não pode ser desconsiderada pelos aplicadores do direito. O legislador infralegal teve o firme propósito de deixar claro que o serviço não precisa ser único, tampouco complexo ou exclusivo, mas, sim, que ele demanda do seu executor conhecimento, habilidade e aptidão específica, adequada e, de plano, comprovável.

Segundo voto da lavra do Ministro Dias Toffoli, no Recurso Extraordinário n° 656.558, a Administração Pública pode contratar advogados sem licitação, quando houver real necessidade e nenhum impedimento legal, mesmo se tiver procuradores concursados. O Ministro Dias Tóffoli já se manifestou sobre o tema, pontuando que serviços singulares são aqueles que demandam "primor técnico diferenciado, detido por pequena ou individualizada parcela de pessoas, as quais imprimem neles características diferenciadas e pessoais. Trata-se de serviços cuja especialização requer aporte subjetivo, o denominado 'toque do especialista', distinto de um para outro, o qual os qualifica como singular, tendo em vista a inviabilidade de comparar com objetividade a técnica pessoal, a subjetividade, a particular experiência de cada qual dos ditos especialistas, falecendo a possibilidade de competição".

Quanto aos serviços jurídicos, outra não deve ser a orientação, devendo qualquer outra interpretação ser combatida com veemência. Não há dúvidas de que a contratação de serviços jurídicos pode e deve ser enquadrada como inexigibilidade por inviabilidade de competição. Em tese, podem haver dois ou mais juristas tão qualificados quanto para a pretendida solução, não sendo possível compará-los, seja em razão do preço do serviço ou em razão de técnica.

Assim, como estabelecer a competição se cada advogado tem sua habilidade e destreza técnica próprias? Do mesmo modo, como comparar a natureza do trabalho por eles prestado, dada a subjetividade do objeto? É claro que o êxito de um processo judicial ou administrativo depende da condução do seu patrocinador, e não apenas do valor proposto. Por conseguinte, a confiança na qualidade da execução do serviço também exterioriza a dificuldade de estabelecer critérios objetivados de escolha, elemento essencial para justificar a licitação. A Lei Federal nº 14.039, de 17.08.2020 estabeleceu a inexigibilidade de contratação de advogados, pacificando em definitivo a matéria.

Outro elemento a fortalecer a tese de inviabilidade de competição da contratação de serviços jurídicos e que não pode ser desconsiderado diz respeito ao requisito confiança, que é premissa atrelada a escolha do prestador de serviço para se buscar o que é melhor para o poder público. O Supremo Tribunal Federal também considera a confiança um elemento impactante para caracterização da inviabilidade.

Mais outro ponto caracterizador da inviabilidade de licitação diz respeito a segurança quanto à sua boa execução, questão não mensurável, a ratificar a impossibilidade de competição e sepultar qualquer dúvida quanto à legalidade do enquadramento dos serviços advocatícios na hipótese de inexigibilidade.

Superada a questão da exigência da demonstração da singularidade do serviço como elemento caracterizador da contratação direta por inexigibilidade de licitação, faz-se importante destacar que a nova lei fez referência, no seu art. 8º, § 4º, acerca da possibilidade de contratação de empresa ou profissional especializado, por prazo determinado, para assessorar os agentes públicos responsáveis pela condução da licitação. Isto quando envolver bens ou serviços especiais cujo objeto não seja rotineiramente contratado pela Administração.

Outra situação que desponta, ainda, diz respeito à retração econômica, à crise fiscal e à reforma da previdência social, que acabaram comprometendo a estrutura das procuradorias e contratação de novos servidores e realização de concursos, gerando exiguidade de pessoal para execução das atividades próprias da área e necessidade de apoio de consultoria jurídica. Por outro lado, não se pode também desconsiderar as diversidades regionais e sobretudo municipais em um país de dimensões continentais, com mais de cinco mil e quinhentos Municípios com realidades tão distintas, submetidos de igual modo a uma mesma lei de aplicação nacional.

É importante alertar que esse novo olhar para as contratações diretas como instrumento de aperfeiçoamento dos resultados das contratações públicas deve ser considerado e aplicado na análise perceptiva dos órgãos de controle evitando que esse tipo de contratação gere insegurança aos gestores públicos. Estes têm medo de adotar medidas que possam gerar consequências gravosas no âmbito administrativo e judicial, tais como os processos administrativos e as ações de improbidade administrativa.

Antes da nova Lei de Licitação e Contratação, em 30 de junho de 2016, foi sancionada a Lei Federal nº 13.303, de 30.06.2016, que estabeleceu o estatuto jurídico das empresas públicas, sociedades de economia mista e de suas subsidiárias as estatais. Apelidada no Senado Federal como Lei de Responsabilidade das Estatais, mas foi conhecida como Lei das Estatais. Esta recebeu grande atenção da mídia ao estabelecer critérios para nomeação dos dirigentes das estatais.

A legislação ainda trata de outro tema de grande relevância – a regulamentação das licitações e contratações das estatais. Dezoito anos após a Emenda Constitucional nº 19/1998, que estabeleceu a necessidade de um estatuto, a Lei Federal nº 13.303/2016 definiu a regras, resolvendo grandes impasses quanto a esses procedimentos.

A Lei das Estatais, ao regulamentar os procedimentos licitatórios trouxe apenas algumas inovações, quando comparadas com as atuais normas existentes para a Administração Pública direta. Inclusive, a maior parte dos dispositivos consiste em nada mais do que melhoras de interpretação, em conformidade com a doutrina e jurisprudência sobre o tema. Por um lado, não trouxe grandes desafios na sua aplicação aos gestores que aplicavam a Lei Federal nº 8.666, 21.06.1993. Porém, deixam de inovar justamente para as empresas que precisavam de metodologias mais céleres e eficientes para competir com o mercado privado, por exemplo.

Entre as principais alterações trazidas pela Lei das Estatais está a inclusão das novidades do Regime Diferenciado de Contratação (RDC). Desse modo, aplicam-se as estatais: a) os modos de disputa aberto, fechado e misto, no seu art. 52; b) a inversão de fases como regra, no seu art. 51; c) os critérios de julgamento "maior retorno econômico", "melhor conteúdo artístico" e "melhor destinação de bens alienados", no seu art. 54; d) a polêmica "contratação integrada" no seu art. 42, VI; e) a pré-qualificação permanente de fornecedores e produtos, no art. 64, da Lei Federal nº 13.303, de 30.06.2016.

Tal medida vai de encontro a tese de que a utilização das regras do RDC seria específica para situações particularidades, tendo em vista que na Lei das Estatais, sua utilização se dá de modo irrestrito. Apesar dos grandes avanços que o RDC tem representado, a norma ao incorporá-lo deixou de abordar as fraquezas que vem identificadas pela doutrina.

Merece destaque a questão da contratação direta. Tanto as hipóteses de dispensa de licitação, quanto as hipóteses de inexigibilidade são, de modo geral, redações mais claras das regras previstas na Lei Federal nº 8.666/1993. A perceptível redução do número de hipóteses de dispensa se adequa ao entendimento doutrinário, ao excluir aquelas inaplicáveis às estatais, como por exemplo, aquelas relativas às Forças Armadas.

Na inexigibilidade, destaca-se a supressão da singularidade como a condição para contratação do notório especialista. Na Lei Federal nº 8.666, de 30.06.1993, agora alterada pela Lei Federal nº 14.133, de 01.04.2021, para a contratação de especialista exigia-se que tanto a notoriedade deste, quanto a singularidade do objeto. Para as estatais, a partir de agora, basta que o serviço se enquadre entre algum daqueles trazidos no inciso II do art. 30, da Lei Federal nº 13.303/2016.

De igual relevância, foi a atualização dos preços para a hipótese de dispensa de licitação nas contratações de "pequenos valores". Seguindo a linha dos projetos em trâmite no Congresso Nacional, os valores que na Lei Federal nº 8.666/1993 cingiam-se em quinze mil reais, para obras e serviços de engenharia, e oito mil reais nos demais casos, foi majorado para cem mil e cinquenta mil, respectivamente, pela Lei Federal nº 13.303, de 30.06.2016.

Os prazos contratuais, na Lei Federal nº 8.666, de 21.06.1993, sempre foram alvos de debates e críticas. A limitação dos contratos ao exercício financeiro, apesar de compatível com as leis orçamentárias, não se constituem a praxe da Administração Pública. As hipóteses de prorrogação de contratos até sessenta meses também são, de certo modo, restritas, dificultando projetos, em médio prazo, na Administração Pública.

A Lei das Estatais, desse modo, trouxe paradigma diverso a vigência dos contratos, limitando-os à cinco anos, permitido prazo superior caso: a) os projetos estejam contemplados no plano de negócios e investimentos da empresa pública ou da sociedade de economia mista; b) a pactuação por prazo superior a cinco anos seja prática rotineira de mercado e a imposição de prazo menor inviabilize ou onere excessivamente a realização do negócio.

Apesar de trazer grandes avanços, a Lei das Estatais apresenta alguns pontos que merecem aperfeiçoamento. Na construção de seus dispositivos afetos às modalidades de licitação, a Lei Federal nº 13.303/2016 permite a utilização do modo de disputa o aberto, o fechado ou o misto, nos moldes do RDC, mas determina o uso do pregão como modalidade preferencial. Utilizar o pregão não é compatível com os modos de disputa do RDC, o que traz ao dispositivo uma inviabilidade lógica na sua utilização.

Do mesmo modo, considera-se uma omissão grave da Lei Federal nº 13.303, de 21.06.2016 deixar de regulamentar os procedimentos afetos ao desempenho de atividades comerciais, em competição com a iniciativa privada. Quando a estatal pratica atos de contratação em atividades em que há competição com o privado, seguir os procedimentos burocráticos da licitação lhe traria desvantagens. Considere, por exemplo, em um ambiente concorrencial publicar o projeto básico detalhando o segredo do futuro objeto. Por outro lado, nem tudo que se compra afeta uma atividade concorrencial.

A Lei Federal nº 14.133, de 01.04.2021 trouxe inovações no processo de licitação e de contrato público, especialmente com a influência europeia em algumas das inovações legislativas. Ainda vai se ver se as novidades trazidas pela nova legislação vão vingar, como o diálogo competitivo, o **Building Information Modelling** (BIM) e o Portal Nacional de Contratação Pública (PNCP). Porém, a nova Lei de Licitação e Contratação representa um avanço na melhoria da gestão pública no Brasil.

Capítulo XXI

DEFESA DO ESTADO NA CONSTITUIÇÃO

Sumário: 21.1. Estado de Defesa Brasileiro; **21.2.** Estado de Sítio e de Defesa; **21.3.** Forças Armadas Brasileiras; **21.4.** Serviço Militar Brasileiro; **21.5.** Segurança Pública Brasileira; **21.6.** Polícia Federal e suas Congêneres; **21.7.** Polícia Judiciária Brasileira; **21.8.** Polícia Militar e Corpo de Bombeiro Militar; **21.9.** Guarda Municipal no Brasil.

21.1. Estado de Defesa Brasileiro

Existe a compreensão de que o Estado, quando se constitui como Estado Democrático de Direito, deve ter mecanismos de defesa contra as perturbações da ordem pública. Não pode o Poder Público ficar inerte frente às ações que procurem depor o Governo e instaurar, se for o caso, um novo regime político. O direito do Governo de se defender e procurar estabelecer os limites à atuação da sociedade civil e dos indivíduos nasceu com a própria implantação dos regimes democráticos liberais.

Existem, assim, três formas de responder às crises políticas, que ameaçam desestabilizar a própria ordem estatal. Pode-se responder com: a) o sistema anglo-americano da lei marcial, **Martial Law**; b) o sistema de influência francesa do estado de sítio, **état de siège**; c) o sistema de suspensão do texto constitucional. O sistema que prevalece nos Estados Unidos e na Grã-Bretanha é o da **Martial Law**, que tem como origem remota a **Riot Act**, em 1614, no segundo. Constituiu-se, assim, na primeira norma sobre a perturbação ou sobre o motim, em que tipificava como felonia a desobediência à ordem pública, em que as autoridades ficavam imunes dos excessos praticados pela repressão. A legislação foi criada em resposta ao movimento popular **food riots**, análogo ao que ocorria na França, com os **nupieds**. Depois, veio a **Martial Law** inglesa, que sujeitava a população civil às **commissions** militares. Da reação ao arbítrio nasceu então a **Petition of Rights**, em 1628, que abriu o caminho para a Primeira e a Segunda Revolução Inglesa, do século XVII, de caráter liberal e democrático.

Na França, o Decreto de 10.07.1791 estabeleceu três situações possíveis no âmbito do controle social pelo Poder Público. Em primeiro lugar, o estado de paz, com a população civil e militar estando tranquilas; depois, o estado de guerra, em que as autoridades civis eram subordinadas às autoridades militares; e, ainda, o estado de sítio. Neste, que criava um novo sistema, havia a transferência da competência civil para a militar, quando uma cidade estava ameaçada de invasão por um Estado estrangeiro. O sistema francês modificou-se, com a inspiração britânica, implantando a **Loi Martiale**, de 21.10.1791, de competência da Assembleia Nacional, que permitia a utilização das forças armadas contra os cidadãos nacionais. Por fim, foi criado o sistema, também na França, na sua Constituição de 1799, que implicava a **suspension** da própria Constituição e das garantias e direitos fundamentais dos cidadãos, que assegurou o Governo a Napoleão Bonaparte, no mesmo ano.

O estado de sítio tem previsão constitucional, desde 1891, já fazendo parte de nossas instituições. Não obstante, o estado de defesa surgiu agora, com a Constituição de 1988. Por ele, o Presidente da República pode decretar o estado de defesa para preservar ou prontamente restabelecer, em locais restritos e determinados, a ordem pública ou a paz social ameaçadas por grave e iminente instabilidade institucional ou atingidas por calamidades de grandes proporções na natureza. Deve ser ouvido o Conselho da República, previsto nos arts. 89 e 90, da Constituição de 1988, sendo um órgão superior de consulta, com competência não só para tratar do estado de defesa, mas também do estado de sítio, da intervenção e, ainda, das questões relevantes à estabilidade das instituições democráticas.

É necessária a consulta do Conselho de Defesa Nacional, tratado no art. 91, da Constituição Federal, que tem uma composição mais técnica e de maioria ligada ao Executivo, ao contrário do outro Conselho, mais influenciado pelo Legislativo. No estado de defesa existe, em primeiro lugar, o poder de atuar preventivamente ou de procurar restaurar a normalidade perdida. Deve ocorrer em locais "restritos e determinados", não tendo a amplitude do estado de sítio. Quando estiver para ocorrer uma instabilidade nas instituições públicas e houver o desconhecimento da autoridade política ou, por fato natural, se manifestar uma calamidade de grandes proporções na natureza, em que precise ser restaurada a ordem pública.

O estado de defesa deve ser aplicado num prazo determinado, podendo ser de sessenta dias, mas em geral deve ser aplicado para trinta dias, com o mesmo prazo de prorrogação. De acordo com o § I º do art. 136, da Constituição de 1988, o decreto que instituir o estado de defesa determina o tempo de sua duração, dizendo as áreas a serem abrangidas, bem como indicando, nos termos e limites da lei, as medidas coercitivas a vigorarem. É possível, assim, que haja a violação dos direitos fundamentais dos cidadãos, por um período de tempo determinado.

Podem haver as seguintes medidas coercitivas: a) as restrições aos direitos de reunião, ainda que exercida no seio das associações; b) as restrições ao direito do sigilo de correspondência; c) as restrições ao direito do sigilo de comunicação telegráfica, telefônica e online. Pode haver, ainda, a ocupação e o uso temporário de bens e serviços públicos, na hipótese de calamidade pública, respondendo à União pelos danos e custos decorrentes, em decorrência de perturbação da ordem pública ou de calamidade de grande proporção. Desse modo, de acordo com o § 2º do artigo acima, o tempo de duração do estado de defesa não deve ser superior a trinta dias, podendo ser prorrogado uma vez, por igual período, se persistirem as razões que justificaram a sua decretação. Caso seja insuficiente a medida, deve se aplicar o estado de sítio, de acordo com o art. 137, I, segunda parte, da Constituição de 1988.

Está previsto que na vigência do estado de defesa, de acordo com o § 3º do art. 136, da Constituição Federal, que a prisão por crime contra o Estado, determinada pelo executor da medida, tem que ser por este comunicada imediatamente ao Juiz competente. Este pode relaxar, se não for legal, facultado ao preso requerer exame de corpo de delito à autoridade policial. Por outro lado, a comunicação precisa ser acompanhada de declaração, pela autoridade, do estado físico e mental do detido no momento de sua autuação. Foi fixado, também, um prazo de duração, com a prisão ou detenção de qualquer pessoa não podendo ser superior a dez dias, salvo quando autorizada pelo Poder Judiciário. Por fim, para evitar abusos e maus-tratos, é vedada a incomunicabilidade do preso.

O decreto de declaração do estado de defesa origina-se da vontade de uma pessoa só, o Presidente da República, ainda que este deva ouvir o Conselho da República e o Conselho de Segurança Nacional. Assim, para que o sistema de freios e contrapesos possa funcionar, sem que o Executivo intimide o Legislativo ou o Judiciário, a medida que institui o estado de defesa deve ser submetida ao Congresso Nacional, em virtude de ter caráter eletivo. Assim, prevê o art. 136, § 4º, da Constituição Federal, que, caso seja decretado o estado de defesa ou sua prorrogação, o Presidente da República, dentro de vinte e quatro horas, submete o ato com a respectiva justificação ao Congresso Nacional, que tem competência para referendar ou não a medida, conforme o art. 49, IV, da Constituição Federal, decidindo por maioria absoluta dos seus membros.

Se, por acaso, o Congresso Nacional estiver em recesso, deve ser convocado, extraordinariamente, no prazo de cinco dias, para apreciar a medida e decidir sobre a declaração do estado de defesa. De acordo com o § 6º do art. 136, da Constituição de 1988, o Congresso Nacional tem prazo para apreciar o decreto, sendo este de dez dias contados de seu recebimento. Para evitar os excessos do Executivo, o Legislativo deve continuar funcionando enquanto vigorar o estado de defesa. Pode ser, todavia, que a decisão do Congresso seja pela rejeição da medida, quando então cessa imediatamente o estado de defesa. Trata-se de prova vigorosa do sistema de freios e contrapesos, com o Congresso Nacional tendo competência para decidir sobre uma decisão grave do Presidente da República, inclusive contrapondo-se a ele, se for o caso.

21.2. Estado de Sítio e de Defesa

Os instrumentos de defesa da ordem pública são o estado de defesa, mais brando, e o estado de sítio, utilizado em momentos de maior gravidade ou da própria ineficiência do outro. O Presidente da República pode, ouvido o Conselho da República e o Conselho de Defesa Nacional, solicitar ao Congresso Nacional a autorização para decretar o estado de sítio. É aplicável o estado de sítio em quatro circunstâncias. Em primeiro lugar, encontra-se prevista para os casos de comoção grave de repercussão nacional ou de ocorrência de fatos que comprovem a ineficácia de medida tomada durante o estado de defesa. Tanto pode ocorrer uma perturbação grave, que não se limite a determinado Estado-membro ou Região, mas a todo o Brasil ou, ainda, a ineficiência da decretação de estado de defesa numa circunstância anterior, sem que tenha surtido efeito. Por outro lado, em caso de conflito armado com país estrangeiro, de acordo com o inciso II do art. 137, pode ser implantado o estado de sítio em caso de declaração de estado de guerra ou de resposta a agressão armada estrangeira.

A matéria encontra-se tratada nas Constituições Brasileiras, desde o texto de 1824, em seu art. 134, n°s 34 e 35. O estado de sítio também estava previsto na Constituição de 1891 (arts. 34, XXI, 48, XV e 80), de 1934 (art. 175), de 1937 (art. 73), de 1946 (art. 206) e de 1967 (art. 152), mas em sua Emenda Constitucional nº 1, de 17.10.1969, apareceu como art. 155. A Constituição de 1988 voltou a tratar do estado de sítio, nos arts. 137, 138 e 139, mas instituiu um novo regime, o estado de defesa, previsto no art. 136, de natureza mais branda e de aplicação mais usual.

Olavo Augusto Vianna Alves Ferreira, sobre o estado de sítio, disse que:

> "O estado de sítio consiste em medida excepcional, temporária, decreta pelo Presidente da República, após autorização do Congresso Nacional, nas hipóteses de (i) comoção grave de repercussão nacional ou ocorrência de fatos que comprovem a ineficácia de medida tomada durante o estado de defesa; ou (ii) declaração de estado de guerra ou resposta a agressão armada estrangeira. Sua decretação acarreta a possiblidade da restrição de direitos e garantias fundamentais, conforme verificaremos oportunamente. Assim como o estado de defesa, o estado de sítio também pode ser repressivo ou preventivo. A Lei Maior previu o estado de sítio repressivo nas hipóteses de comoção grave, declaração de guerra, resposta a agressão armada estrangeira e ocorrência de fatos que comprovem a ineficácia de medida tomada durante o estado de defesa repressivo. Há estado de sítio preventivo na hipótese de ocorrência de fatos que comprovem a ineficácia de medida tomada durante o estado de defesa preventivo. Trata-se da única modalidade de estado de sítio preventivo admitida pelo ordenamento constitucional. Caso exista necessidade de preservação da ordem em razão de comoção grave de repercussão nacional ou declaração de guerra ou agressão armada estrangeira, cabível a

> decretação de estado de defesa, e, somente se se demonstrarem ineficazes as medidas empregadas naquela modalidade é que será cabível a decretação do estado de sítio"[1].

De acordo com o **parágrafo único** do art. 137, do texto constitucional, o Presidente da República, ao solicitar autorização para decretar o estado de sítio ou sua prorrogação, deve relatar os motivos determinantes do pedido, sendo essenciais a fundamentação e a determinação do interesse público nele contido. Cabe ao Congresso Nacional, então, decidir por maioria absoluta dos seus membros, em razão da gravidade da matéria discutida. O tempo de duração do estado de sítio deve ser previsto, em caso de comoção grave de repercussão nacional ou de ocorrência de fatos que indiquem a ineficácia tomada durante o estado de defesa. Contudo, não existe tal previsão quando for o caso de declaração de estado de guerra ou de resposta a agressão armada estrangeira. Por outro lado, deve haver uma definição dos instrumentos a serem adotados para a prática do estado de sítio. Deve o decreto do estado de sítio indicar sua duração, bem como as normas necessárias à sua execução e as garantias constitucionais que devem ficar suspensas. Depois de publicado o decreto, o Presidente da República deve designar o Executor das medidas específicas e as áreas abrangidas. Foi instituída, assim, a figura do Executor do estado de sítio.

De acordo com o § 1º do art. 139, da Constituição de 1988, o estado de sítio, no caso de comoção grave de repercussão nacional ou de ocorrência de fatos que indiquem a ineficácia tomada durante o estado de defesa, não pode ser decretado por mais de trinta dias, nem prorrogado, de cada vez, por prazo superior. Por outro lado, no caso de declaração de estado de guerra ou de resposta a agressão armada estrangeira, pode ser decretado por todo o tempo em que perdurar a guerra ou a agressão armada estrangeira.

Está previsto, também, o sistema de freios e contrapesos, com o controle da decretação do estado de sítio pelo Executivo, através do Legislativo. Prevê o art. 139, § 2º, da Constituição de 1988, que solicitada autorização para decretar o estado de sítio durante o recesso parlamentar, o Presidente do Senado Federal. Este, de imediato, deve convocar extraordinariamente o Congresso Nacional para se reunir, dentro de cinco dias, a fim de apreciar o ato e decidir por maioria absoluta de seus membros, previsto no art. 49, IV, da Constituição Federal. Depois de decretado o estado de sítio, o Congresso Nacional permanece em funcionamento até o término das medidas coercitivas, para evitar que sejam cometidos abusos.

1 FERREIRA, Olavo Augusto Viana Alves. **Estado de Sítio**. *In*: ALVIM, Eduardo Arruda, LEITE, George Salomão, e STRECK, Lênio (coords.). **Curso de Direito Constitucional**. Florianópolis: Tirant le Blanch, 2018, p. 833.

Dispõe o art. 139, da Constituição de 1988, sobre os direitos que podem ser restringidos durante o estado de sítio. Desse modo, apenas alguns destes direitos podem sofrer a suspensão de sua eficácia. Em razão de estado de natureza estatal, em que este precisa ser centralizado, para enfrentar um mal maior, seja externo ou interno, mesmo quanto se deve ter o cuidado de não servir para se dar golpe de estado. No estado de defesa, existe a restrição ao direito do sigilo de correspondência, tratado no art. 136, § 1º, I, "b", da Constituição Federal. No estado de sítio estão previstas sete restrições, se decretado em razão de situação interna que ameaça a ordem pública, quando houver o fundamento do art. 137, I, da Constituição Federal. Só podem ser tomadas as seguintes medidas: a) a obrigação de permanência em localidade determinada; b) a detenção em edifício não destinado a acusados ou condenados por crimes comuns; c) as restrições relativas à inviolabilidade da correspondência, ao sigilo das comunicações, à prestação de informações e à liberdade de imprensa, radiodifusão e televisão, na forma da lei; d) a suspensão da liberdade de reunião; e) a busca e apreensão em domicílio; f) a intervenção nas empresas de serviços públicos; g) a requisição de bens.

A obrigação de permanência em localidade determinada trata-se da restrição a direito essencial, à liberdade de ir e vir ou liberdade de locomoção. Esta vem a ser garantida pelo inciso XV do art. 5º da Constituição de 1988, que diz expressamente que é livre a locomoção no território nacional em tempo de paz, podendo qualquer pessoa nele entrar, permanecer ou dele sair com seus bens, de acordo com a lei. Não se aplica aqui o **habeas corpus**, porque a restrição limita-se à locomoção, com a pessoa se recolhendo à sua residência e nela permanecendo enquanto estiver em vigência o estado de sítio. Encontra-se prevista, também, a detenção em edifício não destinado a acusados ou condenados por crimes comuns. As pessoas são presas por razões políticas ou prática de terrorismo, não se classificando na mesma situação de presos comuns, que se encontram presos por razão de violação à legislação penal.

No estado de defesa, de acordo com o art. 136, I, "b" e "c", da Constituição Federal, estão previstas as restrições ao direito à privacidade, em especial às relativas à inviolabilidade de correspondência, mas o disposto no inciso III do art. 139, da Constituição de 1988, implica maiores restrições. Estão previstas as restrições relativas à inviolabilidade da correspondência, ao sigilo das comunicações, à prestação de informações e à liberdade de imprensa, radiodifusão e televisão, na forma que a legislação específica dispuser. A inviolabilidade da correspondência é direito previsto no inciso XII do art. 5º, da Constituição Federal, juntamente com a inviolabilidade ao sigilo da comunicação. A liberdade de informação e de imprensa encontra-se tratado novamente, no inciso XIV do mesmo artigo.

Olavo Augusto Vianna Alves Ferreira, novamente, sobre o estado de defesa disse que:

> "O estado de defesa consiste em medida excepcional decretada pelo Presidente da República, após manifestação do Conselho de Defesa e do Conselho da República, para preservar ou prontamente restabelecer, em locais restritos e determinados, a ordem pública ou paz social, ameaçadas por grave e iminente instabilidade institucional, ou atingidas por calamidades de grandes proporções na natureza. Após a sua decretação, o Presidente da República submeterá o ato declaratório, devidamente justificado, ao Congresso, que o apreciará, por maioria absoluta, nos termos do artigo 136, parágrafo 4º, da Constituição Federal, podendo suspendê-lo (artigo 49, IV, da Constituição Federal). Temos na Constituição vigente duas modalidades de estado de defesa, quanto à finalidade: preventivo e repressivo. O primeiro é decretado buscando preservar a ordem pública ou a paz social ameaçadas por grave e iminente instabilidade institucional ou atingidas por calamidades de grandes proporções na natureza, enquanto o segundo é declarado visando prontamente restabelecer quaisquer dessas hipóteses. Tal classificação não tem repercussão prática, razão pela qual não aprofundaremos a abordagem da mesma"[2].

No estado de sítio, também se pode suspender a liberdade de reunião, direito que se encontra assegurado no art. 5º, XVI, da Constituição de 1988. Neste, está previsto que todos podem reunir-se pacificamente, sem armas, em locais abertos ao público, independentemente de autorização, desde que não frustrem outra reunião anteriormente convocada para a mesma localidade, sendo apenas exigido prévio aviso à autoridade competente. A aglomeração de pessoas, para os fins previstos no estado de sítio, evidentemente pode resultar em conflito e confronto, não colaborando para o restabelecimento da ordem pública.

Direito essencial, previsto no inciso XI do art. 5º, do texto constitucional, trata da inviolabilidade do lar. Assim, encontra-se disposto que a casa é asilo inviolável do indivíduo, ninguém nela podendo penetrar sem consentimento do morador, salvo em caso de flagrante delito ou desastre, ou para prestar socorro, ou durante o dia, por determinação judicial. Encontra-se tratado no art. 139, V, da Constituição de 1988, que pode ser permitida, pela autoridade executante do estado de sítio, a busca e a apreensão em domicílio, sem ordem judicial.

Pode ocorrer, para melhor funcionar a economia, que haja a intervenção nas empresas prestadoras de serviços públicos. Os serviços podem ser públicos, quando, por sua essencialidade, são executados pela própria

2 FERREIRA, Olavo Augusto Viana Alves, e BERNARDES, Juliano Taveira. **Estado de Defesa**. *In*: ALVIM, Eduardo Arruda, LEITE, George Salomão, e STRECK, Lênio (coords.). **Curso de Direito Constitucional**. Florianópolis: Tirant le Blanch, 2018, p. 825.

Administração ou, ainda, serviços de utilidade pública, em que há predomínio do interesse público, mas não que lhe seja essencial, como o transporte público. Os serviços de utilidade pública podem ser permitidos ou concedidos, sempre através de licitação, previsto o regime das empresas concessionárias e permissionárias de serviço público, bem como o caráter especial de seu contrato e de sua prorrogação. Deve-se ver, ainda, os direitos dos usuários, política tarifária e a obrigação de manter o serviço adequado. Por conseguinte, o serviço é originalmente público, apenas permitido ou concedido para empresa privada, em serviços que permitem o funcionamento da economia e da vida em sociedade, como a distribuição de energia e de água, o transporte público, a telefonia e outros meios de comunicação.

A Administração tem o direito normalmente, desde que respeite o princípio da legalidade e do interesse público, e a competência para limitar a propriedade. Existem várias formas de tal ocorrer, sendo uma delas a requisição de bens. Esta ocorre, em especial, no estado de sítio, previsto no inciso VII do art. 139, do texto constitucional. Dispôs o **parágrafo único**, do artigo acima, que não se inclui nas restrições previstas no inciso III, que trata da restrição à inviolabilidade da correspondência, das comunicações, bem como à liberdade de imprensa e ao direito conexo de se eximir de prestar informações. Todavia, tal restrição não atinge o direito de difusão de pronunciamentos de parlamentares efetuados em suas Casas Legislativas, desde que liberada pela respectiva Mesa. Trata-se de uma das formas de contrabalançar o poder que o Executivo passa a ter no exercício do estado de sítio.

A Mesa do Congresso Nacional, ouvidos os líderes partidários, de acordo com o seu art. 140, deve designar Comissão, composta por cinco de seus membros, para acompanhar e fiscalizar a execução das medidas referentes ao estado de defesa e ao estado de sítio. Existem várias Comissões, previstas na Constituição de 1988, como as Comissões Permanentes e Temporárias, as Comissões Parlamentares de Inquérito (CPI) e Comissão Representativa do Congresso Nacional. Aqui está previsto, quando da decretação do estado de defesa e de sítio, que o Congresso Nacional deve apreciar a decretação, inclusive deve ser convocado para tanto, se estiver em recesso. Precisa observar, ainda, que durante o estado de defesa e o estado de sítio não pode a Constituição ser emendada, de acordo com o art. 60, § 1º, da Constituição Federal. A matéria encontra-se versada nas Constituições, desde o texto constitucional de 1934, em seu art. 175, § 4º; de 1937, no seu art. 166; de 1946, no seu art. 211; e, também, na Constituição de 1967, no seu art. 152, § 3º, mas que na sua Emenda Constitucional nº 1, de 17.10.1969, apareceu como o art. 158.

O estado de defesa e o estado de sítio podem cessar pelo fim do prazo previsto, conforme os arts. 136 e 137, da Constituição de 1988, respectivamente, ou pela resolução do problema. Quando cessar o estado de defesa ou o estado de sítio, também devem findar os seus efeitos, já que não há mais nada que a restrição dos direitos essenciais encontre justificativa. Contudo, os excessos que possam ter sido cometidos pelos executores da medida podem ser responsabilizados pelos ilícitos cometidos por seus executores ou agentes. As restrições aos direitos não devem implicar a suspensão da tutela jurisdicional, pois nada diz expressamente a Constituição de 1988, de modo que mesmo durante a vigência dos estados acima, deve ser garantido o acesso ao Judiciário, para evitar que maiores males sejam cometidos a uma população indefesa. Dispõe o **parágrafo único** do art. 141, do texto constitucional, que assim que cessar o estado de defesa ou o estado de sítio, as medidas aplicadas em sua vigência devem ser relatadas pelo Presidente da República, em mensagem ao Congresso Nacional, com especificação e justificação das providências adotadas, com relação nominal dos atingidos, bem como indicando as restrições aplicadas.

21.3. Forças Armadas Brasileiras

A questão relativa à segurança dos países sempre foi a fonte de preocupação principal dos mesmos. A soberania implica na superioridade interna sobre qualquer pessoa ou instituição e, no plano externo, igualdade com os outros Estados Nacionais. As primeiras disposições legais sobre o Poder Público nasceram das matérias sobre competência militar. As primeiras **Bills of Rights** britânicas e norte-americanas surgiram, no século XVII, sobre a necessidade da convocação militar e do direito do Rei ou do Presidente da República de assim o fazer, desde que com autorização do Legislativo.

As Forças Armadas têm a incumbência principal de defender o território do Estado contra as forças militares do estrangeiro. Trata-se, na verdade, da legítima defesa estatal, em que um país pode se defender militarmente do outro, inclusive o atacando, caso se sinta intimidado ou às vésperas de uma invasão. As Forças Armadas são integradas pela Marinha, a mais antiga, pelo Exército e, depois da Década de Trinta do século passado, pela Aeronáutica. As duas primeiras, não obstante, fazem parte há muito tempo da tradição nacional, pois foram herdadas de Portugal, protegendo o território nacional contra as invasões externas, os conflitos internos e o separatismo, conseguindo manter a América Portuguesa intacta para o Brasil.

Quando da independência, existia o plano português de conceder a independência para o antigo Estado do Brasil, que excluía a Região Amazônica, mantendo para si o chamado Estado do Grão-Pará e Maranhão, com a parte ocidental brasileira a partir do Piauí. Ficara aquartelada com importante força, na então Capital deste, Oeiras, o Major Fidié[3], sobrinho do Rei Dom João VI, e primo do Imperador Dom Pedro I, depois deste proclamar a independência, em 7 de setembro de 1822. Na Batalha do Jenipapo, em 13 de março de 1823, próximo de Campo Maior, o exército poderoso que comandava foi combatido por uma força que unia piauienses, cearenses e maranhenses, resultando na fuga do exército português para o Maranhão, acabando por capitular em Caxias, no mesmo ano[4]. A atuação foi fundamental para manter o Brasil unido e a integralidade do seu território.

As Forças Armadas são integradas, atualmente, pela Marinha, pelo Exército e pela Aeronáutica, sendo instituições nacionais permanentes e regulares, organizadas com base na hierarquia e na disciplina, sob a autoridade suprema do Presidente da República. Tratam-se, assim, de instituições permanentes, ainda que suas forças possam ser reforçadas pela convocação militar, mas nunca podem ter caráter temporário. Por outro lado, a base da organização militar está assentada nos princípios da hierarquia e na disciplina, sendo que pelo primeiro existe um sistema de graduação, em que o superior hierárquico dá ordem para o inferior, para que o organismo funcione, em duas diversas partes, sempre comandadas por um superior. A disciplina implica que deva haver um comportamento rígido e dirigido de forma hierarquizado.

O Presidente da República vem a ser o Comandante Supremo das Forças Armadas, com poderes para promover seus oficiais e nomeá-los para os cargos que lhes são privativos, de acordo com o inciso XII do art. 84, da Constituição de 1988. As Forças Armadas destinam-se à defesa da pátria, à garantia dos Poderes Constitucionais e, por iniciativa de quaisquer destes, da lei e da ordem. A instituição tem a missão especial de efetuar a defesa contra qualquer ataque externo e, se for necessário, à ordem interna,

---

3 "FIDIÉ, João José da Cunha - n. fim do século XVIII, f. 1856 - Lisboa. Tenente-general do exército português. Cadete (1809). Esteve nas batalhas de Bussaco, albueta, Vitória, Nivela, Nive e Tolosa, sendo gravemente ferido em Olivença. Serviu na guarnição do Rio de Janeiro, como tte. (1817) e cap. de granadeiros (1818) e na guarnição da Ilha da Madeira (1819/20), sgt.-mor (já em 1821/2). Ajudante de ordens do governador das armas da província do Piauí. Nomeado por C.R. de 9-12-1822, como cmte. das armas da província, tomou posse em 9-8-1822. Destituído pela junta de governo a 24-1-1823, permaneceu, entretanto, à frente de suas tropas até meados de abril de 1823. Fez a guerra da independência do Piauí. 1º cmte. do Real Colégio Militar de Lisboa (1825/48), subdiretor do arsenal do exército libertador do Porto. Comendador da Ordem Aviz. Publicou: 'Vária fortuna de Um Soldado Português' (Lisboa-1850, reeditado pelo governo do Piauí em 1942)" (BASTOS, Cláudio. **Dicionário Histórico e Geográfico do Estado do Piauí**, *op. cit.*, p. 219).

4 COSTA, Nelson Nery. **História Piauiense: aventura, sonho e cultura**. Teresina: Academia Piauiense de Letras, 2018, Coleção 100Anos nº 5, p. 363.

por solicitação do Executivo, no qual o Presidente da República é o Chefe Supremo, ou do Legislativo e do Judiciário.

Em 2020, o Ministro Luiz Fux deferiu medida liminar na ADI 6457, do Partido Democrático Trabalhista (PDT), para definir o papel das Forças Armadas, por conta do art. 142, da Constituição de 1988. O relator deferiu liminar para, de antemão, afastar o papel do Poder Moderador das instituições militares, posto que tal poder não existe mais. As Forças Armadas são órgão do Estado e não devem envolver-se na política ou na disputa entre Poderes Políticos.

A matéria foi tratada nos textos constitucionais desde a Constituição de 1824, que lhe deu um capítulo e seis artigos, que vão do art. 145 ao art. 150. Depois, a Constituição de 1891 não lhe deu um capítulo especial, mas lhe tratou em diversos artigos, como art. 14, art. 34, n^{os} arts. 17 e 18; art. 48, n^{os} arts. 3, 4 e 5; art. 73; art. 74; art. 76; art. 77 e art. 78. A Constituição de 1934 tratou das Forças Armadas no Título VI, Da Segurança Nacional, bem como no art. 162. A Constituição de 1937 desdobrou a matéria em dois capítulos, um sobre os Militares da Terra e do Mar, art. 160, e outro Da Segurança Nacional. Por outro lado, a Constituição de 1946 reaglutinou a matéria, no Título VII, arts. 176 a 183. A Constituição de 1967 e a sua Emenda Constitucional nº 1, de 17.10.1969, voltaram ao sistema anterior, que desdobrava a matéria em dois capítulos, um sobre as Forças Armadas e outro sobre a segurança do Estado.

A Constituição de 1988 tratou tudo no Título V, Da Defesa do Estado e das Instituições Democráticas, dividido pelo Capítulo I, Do Estado de Defesa e do Estado de Sítio, que enfrentou o tema nos arts. 136 e 137, respectivamente. O Capítulo II, desse Título, versa sobre as Forças Armadas. Foi introduzido, ainda, como novidade, um capítulo para tratar Da Segurança Pública. A organização, o preparo e o emprego das Forças Armadas, de acordo com a exigência do § 1º do art. 142, estão dispostos, na Lei Complementar Federal nº 69, de 23.07.1991.

Deve-se observar que o **habeas corpus** trata-se de uma ação constitucional de aspecto penal e de procedimento especial, sem pagamento de custas, garantindo ao indivíduo a liberdade de ir e vir, em uma ordem dada por Juiz ou Tribunal ao coator, para que cesse a ameaça ou violação dessa liberdade. Limita-se apenas, hoje, a garantir o direito de locomoção, não discutindo a prova ou o prazo para a obtenção de prova, dado seu caráter sumário. Não pode, assim, discutir sentença transitada em julgado. A legitimidade reside, apenas, na personalidade jurídica, sem exigir interesse especial, podendo ser interposto em favor de si próprio ou de terceiro, não necessitando de advogado para sua interposição. Tem legitimidade passiva o coator, que pode ser Delegado de Polícia, Promotor, Juiz de Direito ou Tribunal, quando estiver cometendo ilegalidade ou abuso de poder, restringindo a liberdade de outrem. Pode ser preventivo, no caso de salvo-conduto, ou liberatório, quando já estiver ocorrendo a violação. Pode ser concedida liminar, desde que haja a possibilidade de dano irreparável e a plausibilidade do direito. Utiliza-se, também, nos casos de excesso de prazo. Encontra-se excluído, nos casos de punições disciplinares militares, de acordo com o disposto no art. 142, § 2º, do texto constitucional. A pena disciplinar tem o prazo máximo de trinta dias, de modo que neste período a tutela jurisdicional está excluída por disposição expressa do texto constitucional. Trata-se, na verdade, da forma pela qual se possa garantir a hierarquia e a disciplina, essenciais para as instituições militares.

Dispõe o § 3º do art. 142, da Constituição de 1988, acrescentado pela Emenda Constitucional nº 18, de 05.02.1998, que os membros das Forças Armadas são denominados militares, dispondo ainda sobre a criação do Ministério da Defesa e a extinção dos antigos Ministérios da Marinha, do Exército e da Aeronáutica, símbolo do antigo Regime Militar, implantado em 1964. Está previsto, então, que além das disposições fixadas em lei, existem outras normas sobre a matéria. A Lei Complementar Federal nº 97, de 09.06.1999, dispôs sobre as normas gerais para a organização, o preparo e o emprego das Forças Armadas, sendo esta modificada pela Lei Complementar Federal nº 136, de 25.08.2020, para criar o Estado-Maior Conjunto das Forças Armadas e disciplinar as atribuições do Ministro de Estado da Defesa. Por outro lado, o Decreto Federal nº 7.276, de 25.08.2010, aprovou a Estrutura Militar de Defesa. Agora, perigosamente, os oficiais do Exército Nacional, ativos e inativos, ocuparam cargos relevantes, inclusive dos Ministérios civis, desde o início do mandato do Presidente da República, empossado em 1º de janeiro de 2019, Jair Bolsonaro.

O Presidente da República, de acordo com o art. 84, XIII, da Constituição de 1988, segunda parte, tem a competência para promover seus oficiais-generais e nomeá-los para os cargos que lhes são privativos. Desse modo, as patentes, com as prerrogativas, direitos e deveres a elas inerentes, são conferidas pelo Chefe do Executivo Federal e asseguradas em plenitude aos oficiais da ativa, da reserva ou reformados, sendo-lhes privativos os títulos e postos militares e, juntamente com os demais membros, o uso dos uniformes das Forças Armadas, art. 142, § 3º, I, da Constituição de 1988.

Observa-se que o militar em atividade, que tomar posse em cargo ou emprego público civil permanente, deve ser transferido para a reserva, nos termos da lei. Trata-se de evitar que os ocupantes da carreira militar sejam influenciados pelos cargos civis e haja rígida separação entre eles, como dispõe o inciso II do § 3º do art. 142, da Constituição Federal. Por outro lado, pelo inciso seguinte, o militar da ativa que, de acordo com a lei, tomar posse em cargo, emprego ou função pública civil temporária, não eletiva, ainda que da administração indireta, deve ficar agregado ao respectivo quadro.

Depois de agregado, somente pode, enquanto permanecer nessa situação, ser promovido por antiguidade. Conta-se-lhe o tempo de serviço apenas para aquela promoção e transferência para a reserva, sendo, depois de dois anos de afastamento, contínuos ou não, transferido em definitivo para a reserva.

Os militares são servidores diferentes, de modo que o direito que os servidores civis têm, de sindicalização e de greve, previstos nos incisos VI e VII do art. 37, respectivamente, lhes são vetados, conforme o art. 142, § 3º, IV. Do mesmo jeito, o militar, enquanto em serviço ativo, não pode estar filiado a partidos políticos. Por outro lado, não podem os conscritos sequer exercer o direito de voto, conforme o art. 14, § 2º, tudo do texto constitucional.

Os oficiais militares têm estabilidade especial, com estes só perdendo os postos e as patentes se forem julgados indignos do oficialato ou com ele incompatível, por decisão de tribunal militar de caráter permanente, em tempo de paz, ou de Tribunal especial, em tempo de guerra. Trata-se de uma forma de lhes assegurar a tranquilidade que o cargo exige. Por outro lado, de acordo com o inciso VII do § 3º do art. 142, o oficial condenado na Justiça Comum ou Militar a pena privativa de liberdade superior a dois anos, por sentença transitada em julgado, deve ser submetido ao julgamento previsto no inciso anterior, para apreciar se é digno ou não do oficialato ou com ele compatível.

Devem ser aplicadas aos militares diversas disposições previstas no art. 7º do texto constitucional, como: a) o décimo terceiro salário (VIII); b) o salário-família (XII); c) a remuneração do serviço extraordinário superior, no mínimo, em cinquenta por cento à do normal (XVI); d) a licença-gestante (XVIII), agora de cento e oitenta dias; e) a licença-paternidade (XIX); f) a assistência gratuita em creches, desde o nascimento dos filhos até cinco anos (XXV). Por outro lado, também lhe foram asseguradas algumas disposições do art. 37, como: a) a remuneração não superior ao subsídio mensal, em espécie, dos Ministros do Supremo Tribunal Federal (XI); b) a vedação à vinculação ou equiparação de quaisquer espécies remuneratórias (XIII); c) os acréscimos pecuniários percebidos não podem ser acumulados para fim de concessão de acréscimos posteriores (XIV); d) o soldo irredutível (XV).

Por fim, conforme o inciso X do § 3º do art. 142 da Constituição de 1988, a lei deve dispor sobre o ingresso nas Forças Armadas, os limites de idade, a estabilidade e outras condições de transferência do militar para a inatividade, os direitos, os deveres, a remuneração, as prerrogativas e outras situações especiais dos militares, consideradas as peculiaridades de suas atividades, inclusive aquelas cumpridas por força de compromissos internacionais e de guerra. O inciso IX do § 3º, do art. 142, foi revogado pela Emenda Constitucional nº 41, de 19.12.2003.

A Emenda Constitucional nº 77, de 11.02.2014, dispõe sobre os profissionais de saúde da Força Armada, abaixo:

> "Artigo único. Os incisos II, III e VIII do § 3º do art. 142 da Constituição Federal passam a vigorar com as seguintes alterações:
> 'Art. 142. ....
> ....
> § 3º..
> ....
> II - o militar em atividade que tomar posse em cargo ou emprego público civil permanente, ressalvada a hipótese prevista no art. 37, inciso XVI, alínea 'c', será transferido para a reserva, nos termos da lei;
> III - o militar da ativa que, de acordo com a lei, tomar posse em cargo, emprego ou função pública civil temporária, não eletiva, ainda que da administração indireta, ressalvada a hipótese prevista no art. 37, inciso XVI, alínea 'c', ficará agregado ao respectivo quadro e somente poderá, enquanto permanecer nessa situação, ser promovido por antiguidade, contando-se-lhe o tempo de serviço apenas para aquela promoção e transferência para a reserva, sendo depois de dois anos de afastamento, contínuos ou não, transferido para a reserva, nos termos da lei;
> ....
> VIII - aplica-se aos militares o disposto no art. 7º, incisos VIII, XII, XVII, XVIII, XIX e XXV, e no art. 37, incisos XI, XIII, XIV e XV, bem como, na forma da lei e com prevalência da atividade militar, no art. 37, inciso XVI, alínea 'c''".

A Reforma da Previdência dos Militares foi apresentada, em março de 2019, pelo Governo Federal, um mês após a equipe econômica entregar ao Congresso Nacional a Reforma da Previdência que atingiu o Regime Geral de Previdência Social (RGPS) e, em parte, os Regimes Próprios de Previdência Social (RPPS) e também os servidores federais civis. O texto original dizia respeito apenas às Forças Armadas. Após pressões das categorias, policiais militares e bombeiros estaduais também foram incluídos nas regras, que foi a principal mudança proposta pelos parlamentares durante a tramitação do texto. O tempo de serviço para entrar na reserva deve ser de trinta e cinco anos e a alíquota de contribuição de militares ativos e inativos passou de sete e meio por cento para dez e meio por cento, por força da Lei Federal nº 13.954, de 16.12.2019.

As Forças Armadas foram desenhadas para ser o instrumento militar responsável pela defesa do Brasil, sendo constituído pela Marinha do Brasil, pelo Exército Brasileiro e pela Força Aérea Brasileira. São típicas instituições militares nacionais permanentes e regulares, organizadas sob a égide da hierarquia e da disciplina, atuando sob a autoridade suprema do Presidente da República, que é seu Comandante-em-Chefe. Têm como funções: a) assegurar a integridade do território nacional; b) defender os interesses e os recursos naturais, industriais e tecnológicos brasileiros; c) proteger os cidadãos e os bens do país; d) garantir a soberania da República Federativa do

Brasil. Possui, ainda, a missão de garantir os Poderes Constitucionais constituídos e, por iniciativa dos mesmos, atuar na garantia da lei e da ordem pública e, por tempo delimitado, preservar o exercício da soberania do Estado e a indissolubilidade da Federação.

As Forças Armadas agem sob a direção superior do Ministério da Defesa, que tem a incumbência de orientar, supervisionar e coordenar as atividades desenvolvidas por essas instituições. Em ações conjuntas, atuam sob a coordenação do Estado-Maior Conjunto das Forças Armadas, que vem a ser o órgão responsável pelo assessoramento do Ministro da Defesa em operações e em exercícios militares conjuntos e na atuação de forças nacionais em operações de paz. Compete ao Estado-Maior coordenar os programas de interoperabilidade entre as Forças Singulares, a fim de melhorar os meios militares na defesa do país, na segurança de fronteiras e em operações humanitárias e de resgate. Cada um dos três Comandos Militares, da Marinha, do Exército e da Força Aérea, deve desempenhar as funções específicas na defesa da integridade territorial e dos interesses do Brasil.

21.4. Serviço Militar Brasileiro

O serviço militar tem natureza obrigatória, abrangendo todos os brasileiros, natos ou naturalizados. O período de duração, em tempo de paz, é de doze meses, mas que pode ser ampliado em caso de guerra, de acordo com a necessidade e os interesses da defesa nacional. O ingresso ocorre através de incorporação, matrícula ou nomeação de todos os brasileiros que estejam de acordo com os requisitos legais, no art. 142, § 3º, I, da Constituição de 1988. O serviço militar pode ser obrigatório ou voluntário[5]. O serviço militar é obrigatório nos termos da lei, sendo que a legislação do serviço militar está contida na Lei Federal nº 4.375, de 17.08.1964, e seu regulamento encontra-se no Decreto Federal nº 57.654, de 20.01.1966. A Portaria nº 153, de 25.03.1998, do Ministério do Exército, dispôs sobre o serviço militar temporário em tempo de paz, para reservistas ou dispensados de incorporações e mulheres, que tenham habilitações profissionais de interesse do Exército.

A objeção de consciência consiste em recusar a convocação militar, com base no art. 5º, VIII, da Constituição Federal. A Constituição de 1988 previu a situação que permite o serviço alternativo, para aqueles que aleguem crença religiosa ou de convicção filosófica ou política para se eximir da conscrição militar. Dispõe o § 1º do art. 142, da Constituição Federal, que

5 Súmula Vinculante 6, de 07.05.2008: "Não viola a Constituição o estabelecimento de remuneração inferior ao salário mínimo para as praças prestadoras de serviço militar inicial".

às Forças Armadas compete, na forma da lei, atribuir serviço alternativo aos que, em tempo de paz, após alistados, alegarem imperativo de consciência. Entende-se como tal o decorrente de crença religiosa ou de convicção filosófica ou política, para se eximir de atividade de caráter essencialmente militar. Este parágrafo e o seguinte estão regulamentados, pela Lei Federal nº 8.239, de 04.10.1991. Deve-se observar, porém, que, de acordo com o § 2º do art. 142, da Constituição Federal, as mulheres e os eclesiásticos ficam isentos do serviço militar obrigatório em tempo de paz, sujeitos, porém, a outros encargos que a lei lhes atribuir.

21.5. Segurança Pública Brasileira

A palavra polícia origina-se do termo grego **politeia**, através do termo latim **politia**, que tem o sentido de administração política. Depois, a expressão restringiu-se ao sentido de preservação da ordem e da segurança pública. O poder de polícia conceituado no art. 78, do Código Tributário Nacional, Lei Federal nº 5.172, de 25.10.1966, dispõe que o mesmo significa "atividade da administração pública que, limitando ou disciplinando direito, interesse ou liberdade, regula a prática de ato ou abstenção de fato, em razão de interesse público concernente à segurança, à higiene, à ordem, aos costumes, à disciplina da produção e do mercado, ao exercício de atividade econômica dependente da concessão ou autorização do Poder Público, à tranquilidade pública ou ao respeito à propriedade e aos direitos individuais coletivos". Trata-se, então, de toda restrição a direito individual ou social, em prol do bem comum ou do interesse da maioria. Dentro do âmbito da política está a questão da segurança pública, pois esta é o maior fundamento para que as pessoas resolvam abrir mão de seus direitos, em favor da coletividade.

A segurança pública foi tratada nas Constituições, desde 1934 (art. 5º, V), sendo mantida nas Constituições de 1937 (art. 15, IV), de 1946 (art. 5º, IV) e de 1967 (art. 8º, VII), mas que na sua Emenda Constitucional nº 1, de 17.10.1969, aparece como art. 8º, VIII. A Constituição de 1988 também dispôs sobre a matéria, Da Segurança Pública, no seu art. 144. Cada vez aumenta a pressão para se resolver a questão da segurança pública, pois o Brasil já tem índices alarmantes de homicídios, mais de sessenta mil por ano, número de país em guerra.

A segurança pública é dever público e direito e responsabilidade de todos, de modo que se trata de uma moeda de duas faces, com a responsabilidade sendo compartilhada por diversos setores. Deve ser exercida para a preservação da ordem pública e da incolumidade das pessoas e do patrimônio e, no Brasil, manifesta-se através de diversos órgãos. A função foi atribuída à Polícia Federal, à Polícia Rodoviária Federal, à Polícia Ferroviária

Federal, às Polícias Civis, às Polícias Militares e aos Corpos de Bombeiros Militares, estes últimos em cada Estado-membro e no Distrito Federal, além das Guardas Municipais.

21.6. Polícia Federal e suas Congêneres

A Polícia Federal veio a ser o primeiro órgão que teve por função a segurança pública. A função que lhe cabe é a de cuidar, em especial, do combate ao crime que afete todo o território nacional ou mais de um Estado-membro. Cuida de reprimir o crime na fronteira, de contrabando, ou, no âmbito interno, de combate ao narcotráfico, aos crimes fiscais federais e aos crimes contra a natureza, dentre outros. É uma instituição do Estado e, não, de Governo.

Foi modificado o § 1º do art. 144, da Constituição de 1988, pela Emenda Constitucional nº 19, de 04.06.1998, acrescentando-se que se trata de instituição mantida pela União. Dispõe que a Polícia Federal deve ser instituída por lei, como órgão permanente, organizado e mantido pela União e estruturado em carreira. A Polícia Federal veio a ser o primeiro órgão que teve por função a segurança pública. A função que lhe coube foi a de cuidar, em especial, do combate ao crime que afete todo o território nacional ou mais de um Estado-membro. Cuida de reprimir o crime na fronteira, de contrabando, ou no âmbito interno, de combate ao narcotráfico, aos crimes fiscais federais e aos crimes contra a natureza, dentre outros.

A Polícia Federal destina-se, em primeiro lugar, a apurar infrações penais contra a ordem política e social ou em detrimento de bens, serviços e interesses da União ou de suas entidades autárquicas e empresas públicas, assim como outras infrações cuja prática tenha repercussão interestadual ou internacional e exija repressão uniforme, segundo se dispuser em lei. Cabe-lhe, ainda, prevenir e reprimir o tráfico ilícito de entorpecentes e drogas afins, o contrabando e o descaminho, sem prejuízo da ação fazendária e de outros órgãos públicos nas respectivas áreas de competência. O contrabando e o descaminho estão dispostos, no Decreto Federal nº 2.730, de 10.8.1998. O Decreto Federal nº 2.781, de 14.09.1998, tratou do Programa Nacional de Combate ao Contrabando e ao Descaminho. Por outro lado, compete-lhe exercer as funções de polícia marítima, aeroportuária e de fronteiras, sendo que a Emenda Constitucional nº 19, de 04.06.1998, modificou a expressão "aérea", por "aeroportuária". Por fim, tem a missão de exercer, com exclusividade, as funções de Polícia Judiciária da União.

Por sua vez, a Polícia Rodoviária Federal tem a missão de manter a ordem pública e o respeito às leis do trânsito nas rodovias federais. Trata-se de um misto de polícia civil e militar, vez que atua como se fosse um corpo militar, mas desempenha função civil de segurança, quando fiscaliza as estradas da União. Pode, inclusive, auxiliar a Polícia Federal, no combate ao narcotráfico, e atividades análogas. Está tratada, no Decreto Federal nº 1.655, de 03.10.1995.

Dispõe o § 2º do art. 144, da Constituição Federal, que a Polícia Rodoviária Federal é órgão permanente, organizado e mantido pela União e estruturado em carreira. A Polícia Rodoviária Federal tem a missão de manter a ordem pública e o respeito às leis do trânsito, nas rodovias federais. Trata-se de um misto de polícia civil e militar, vez que atua como se fosse um corpo militar, mas desempenha função civil de segurança, quando vigia as estradas da União. Pode, inclusive, auxiliar a polícia federal, no combate ao narcotráfico e atividades análogas. Destina-se, na forma da lei, ao patrulhamento ostensivo das rodovias federais, de acordo com a Emenda Constitucional nº 19, de 04.06.1998.

A Polícia Ferroviária Federal tem a missão de manter a ordem pública e o respeito às leis nas ferrovias federais. Trata-se de um misto de Polícia Civil e Militar, vez que atua como se fosse um corpo militar, mas desempenha função civil de segurança, quando vigia as estradas de ferro da União. Pode, inclusive, auxiliar a Polícia Federal, no combate ao narcotráfico, e a outras atividades. Atualmente, não existe policiais ferroviários federais em atividade. As linhas de trens federais foram privatizadas, daí a ausência destes policiais.

Encontra-se previsto, ainda, no § 9º do art. 144, da Constituição de 1988, que a remuneração dos servidores policiais integrantes dos órgãos relacionados deve ser fixada na forma do § 4º do art. 39, de modo que podem ser remunerados através de subsídio, em razão de acréscimo introduzido pela Emenda Constitucional nº 19, de 04.06.1998, que revogou o disposto no art. 241, nas Disposições Gerais, que passou a ter matéria completamente diferente. O cuidado vem da preocupação com a relevante missão de conferir segurança à sociedade.

Em 2020, o Presidente da República demitiu o Diretor Geral da Polícia Federal, contra a vontade do Ministro da Justiça, que acabou se demitindo, mas disse que nem um governante do Partido dos Trabalhadores tal, tinha ocorrido, com o Chefe de Estado querendo relatórios das investigações da instituição. Medida cautelar deferida pelo Ministro Alexandre de Moraes, impediu que o Presidente da República nomeasse o Diretor Geral da Polícia Federal um amigo de sua família, em 25 de abril de 2020, no MS 37097.

21.7. Polícia Judiciária Brasileira

Dispõe o art. 144, § 4º, da Constituição de 1988, que as polícias civis devem ser dirigidas por delegados de polícia de carreira. Incumbem-lhes, ressalvada a competência da União, as funções de Polícia Judiciária e a apuração de infrações penais, exceto os militares. A polícia civil tem a função de Polícia Judiciária, a quem cabe a responsabilidade de conduzir os inquéritos policiais, previsto no Código de Processo Penal, no art. 4º e seguintes, bem como de realizar as diligências e as investigações para a elucidação dos crimes. Os Estados-membros, o Distrito Federal e Territórios, cada um, têm sua Polícia Judiciária, ou Polícia Civil, sendo que a responsabilidade dos dois últimos é da União. É constituída de Delegados, de Agentes e de Peritos. O Supremo Tribunal Federal entendeu que só é possível instaurar inquérito se houver averiguação sumária e verossimilhança[6], como disse o Ministro Celso de Melo.

Orlando Soares, sobre a Polícia Judiciária, disse que:

> "A Polícia Civil – em oposição à Polícia Militar –, composta de um conjunto de órgãos governamentais e serviços especializados, compete o cumprimento das prescrições estabelecidas por lei, para a manutenção da ordem pública, quer preventivamente, quer de maneira curativa, isto é, atuando os seus agentes no sentido da repressão à criminalidade, na tarefa de persecução penal, exercendo as funções de Polícia Judiciária, em colaboração com o Poder Judiciário (art. 4º do Código de Processo Penal de 1941)"[7].

As polícias civis têm a função de Polícia Judiciária, a quem cabe a responsabilidade de conduzir os inquéritos policiais, previstos no Código de Processo Penal, nos arts. 4º e seguintes, bem como de realizar as diligências e as investigações para a elucidação dos crimes. Os Estados-membros, o Distrito Federal e os Territórios, cada um, têm sua Polícia Civil, sendo que a responsabilidade dos dois últimos é da União. Nos seus quadros, Delegados e Agentes, com respectivas carreiras, além dos diversos Peritos.

21.8. Polícia Militar e Corpo de Bombeiro Militar

De acordo com o § 5º do art. 144, da Constituição Federal, às Polícias Militares cabem a polícia ostensiva e a preservação da ordem pública. Aos Corpos de Bombeiros Militares, além das atribuições definidas em lei, incumbe a execução de atividades de defesa civil. Possuem uma estrutura militar com base na hierarquia e na disciplina. Trata-se de corpos passíveis de incorporação pelas Forças Armadas, em razão de suas semelhanças, em casos de guerra. Hoje, podem as duas instituições estar num mesmo corpo, organizadas de forma paralela, mas unidas, apesar de em corpos separados.

---

6 "**Delação anônima: só é possível instaurar inquérito policial se houver averiguação sumária e verossimilhança** (Inq. 1957, Celso de Mello)" (ABNC).

7 SOARES, Orlando. **Comentários à Constituição da República Federativa do Brasil**, *op. cit.*, p. 537.

No parágrafo seguinte, está previsto que as Polícias Militares e os Corpos de Bombeiros Militares são forças auxiliares e reserva do Exército, subordinando-se, juntamente com as polícias civis, aos Governadores dos Estados, do Distrito Federal e dos Territórios.

A lei deve disciplinar a organização e o funcionamento dos órgãos responsáveis pela segurança pública, de maneira a garantir a eficiência de suas atividades, de acordo com o § 7º do art. 144, do texto constitucional. O Conselho Nacional de Segurança Pública (CONASP) encontra-se disposto no Decreto Federal nº 2.169, de 04.03.1997, com a função acima.

As Polícias Militares e os Corpos de Bombeiros Militares existem, também, em cada Estado-membro, Distrito Federal ou Território. Possuem uma estrutura militar, com base na hierarquia e na disciplina. Trata-se de corpos passíveis de incorporação pelas Forças Armadas, em razão de suas semelhanças, em casos de guerra. Hoje, podem as duas instituições estar num mesmo corpo, organizadas de forma paralela, mas unidas, como também em corpos separados, que é atual tendência, separando a Polícia Militar do Corpo de Bombeiro Militar.

21.9. Guarda Municipal no Brasil

Por fim, está previsto no § 8º do art. 144, da Constituição de 1988, que os Municípios podem constituir Guardas Municipais, destinadas à proteção de seus bens, serviços e instalações, conforme dispuser a lei local. Pode ser incluída em sua competência a segurança do seu patrimônio, como praças e ruas, bem como dos prédios próprios, em que se encontrem seus serviços, desde os administrativos e burocráticos, como também os relativos à saúde e à educação. Em 2018, o Supremo Tribunal Federal, em medida cautelar na ADI 5948, decidiu que a Guarda Municipal, em Município com mais de cinquenta mil habitantes, pode andar armada.

A Emenda Constitucional nº 82, de 16.07.2014, tratou de disciplinar a segurança viária, assim:

> "Art. 1º O art. 144 da Constituição Federal passa a vigorar acrescido do seguinte § 10:
>
> 'Art. 144. ....
>
> ....
>
> § 10. A segurança viária, exercida para a preservação da ordem pública e da incolumidade das pessoas e do seu patrimônio nas vias públicas:
>
> I - compreende a educação, engenharia e fiscalização de trânsito, além de outras atividades previstas em lei, que assegurem ao cidadão o direito à mobilidade urbana eficiente; e
>
> II - compete, no âmbito dos Estados, do Distrito Federal e dos Municípios, aos respectivos órgãos ou entidades executivos e seus agentes de trânsito, estruturados em Carreira, na forma da lei'".

Os Municípios, pelo art. 144, § 8º, podem criar Guardas Municipais destinadas à proteção de seus bens, serviços e instalações, conforme dispuser a lei, mas também a polícia de trânsito, a polícia sanitária e a polícia urbanística. Serve para a vigilância do patrimônio municipal próprio, como sede, escolas e postos de saúde, como também as vias públicas, inclusive a fiscalização de estacionamento e da sinalização. Não se confundem suas atribuições com a Polícia Militar, de repressão ao crime e aos tumultos, nem com a Polícia Judiciária, para a investigação e para a realização de inquérito criminal, que são do Estado-membro e têm competência constitucional também definida. Todavia, nos grandes centros, a Guarda Municipal passou também a responder, em parte, ao policiamento ostensivo, com função subsidiária à Polícia Militar, sem poder lavrar flagrante delito[8].

8 "Assim, por exemplo, os componentes das guardas municipais não dispõem de poderes processantes, ou seja, instaurar inquérito criminal, lavrar auto de prisão em flagrante, mas podem dar voz de prisão, a quem estiver cometendo contravenção penal ou crime, conduzindo o agente à presença da autoridade policial, para os devidos fins legais, providência essa que aliás o Código de Processo Penal autoriza a qualquer cidadão (art. 301)" (SOARES, Orlando. **Comentários à Constituição da República Federativo do Brasil**, *op. cit.*, p. 540).

Capítulo XXII

ORÇAMENTO, CONTROLE E TRIBUNAL DE CONTAS

22.1. Orçamentos Públicos Brasileiros

Está previsto no art. 165, da Constituição de 1988, que as leis de iniciativa do Poder Executivo devem estabelecer o plano plurianual, as diretrizes orçamentárias e os orçamentos anuais[1]. Trata a matéria do orçamento, que é a regulamentação de sua atividade financeira. O Poder Público procura, através do método das partidas dobradas, equilibrar a receita e a despesa nas contas públicas. A Constituição de 1891 já fazia referência ao orçamento, em seu art. 172. Não obstante, a questão do orçamento passou a ser tratada, de forma mais técnica, na Constituição de 1967, em seu art. 63, **parágrafo único**, e no art. 64, e também na Emenda Constitucional nº 1, de 17.10.1969.

A matéria está disciplinada na Lei Federal nº 4.320, de 17.03.1964. A receita pública compreende os ingressos financeiros e patrimoniais, sendo decorrentes da utilização do patrimônio público ou da prestação de serviços de utilidade pública, quanto à receita pública originária. Pode ser, também, receita pública derivada, obtida através de tributos de caráter coercitivo, compreendendo os impostos, as taxas e as contribuições de melhoria. A receita corrente vem a ser a receita tributária, de contribuição, patrimonial, agropecuária, industrial, de serviços e de outras pessoas de direito público ou privado, quando destinada a atender despesas classificáveis em despesas correntes. A receita de capital é a proveniente: a) da realização de recursos financeiros oriundos da constituição da dívida; b) da conversão, em espécie, de bens e direitos; c) dos recursos recebidos de outras pessoas de direito público, ou privado, destinados a atender despesas classificáveis em despesas de capital; d) do superávit do orçamento corrente.

---

1 DALLARI, Adilson Abreu. **Constituição e Orçamento.** *In*: **Revista de Direito Constitucional e Internacional.** São Paulo: Revista dos Tribunais, abr.-jun./1996, nº 15/18, e **Doutrinas Essenciais: Direito Constitucional (Edições Especiais Revista dos Tribunais: 100 Anos).** 2ª tir. São Paulo: Revista dos Tribunais, 2013, vol. VI, p. 25.

A despesa pública pode ser a despesa corrente, que compreende as despesas de custeio e a transferência corrente e, ainda, as despesas de capital, constituídas de investimentos, inversões financeiras e transferências de capital. As despesas de custeio são as dotações para a manutenção de serviços criados, inclusive os destinados a atender as obras de conservação e adaptação de bens imóveis. As transferências correntes são as dotações para despesas que não correspondam a contraprestações diretas em bens ou serviços, inclusive para contribuições e subvenções destinadas a atender à manutenção de outras entidades de direito público ou privado. As subvenções são dotações destinadas a cobrir despesas de custeio de entidades beneficentes.

Os investimentos são as dotações para o planejamento e a execução de obras, inclusive as destinadas à aquisição de imóveis considerados necessários à realização destas, bem como os programas especiais de trabalho, a aquisição de instalações, de equipamentos e de material permanente e a constituição ou o aumento do capital de empresas que não sejam de caráter comercial ou financeiro. As inversões financeiras são as dotações destinadas à aquisição de imóveis, ou de empresas ou de entidades de qualquer espécie, já constituídas, quando a operação não importe aumento de capital. São dotações assim também a constituição ou o aumento de capital de entidades ou empresas que visem a objetivos comerciais ou financeiros, inclusive operações bancárias ou de seguros. Por fim, as transferências de capital vêm a ser as dotações para os investimentos ou as inversões financeiras que outras pessoas de direito público ou privado devam realizar, independentemente de contraprestação direta em bens ou serviços. Constitui-se essas transferências ou auxílios ou contribuições, segundo derivem diretamente da lei de orçamento ou de lei especial anterior, bem como as dotações para amortização da dívida pública.

O empenho está definido como o ato emanado de autoridade competente que cria para Administração a obrigação de pagamento, pendente ou não de implemento de condição, não podendo exceder o limite dos créditos concedidos e vedando a realização de despesas sem prévio empenho. Todavia, a liquidação é a verificação do direito adquirido pelo credor, tendo por base os títulos e os documentos comprobatórios do respectivo crédito. O suprimento constitui-se na identificação do crédito para pagamento da despesa. Este é o último estágio da realização da despesa, o momento em que se exaure a dívida, podendo ser feita por tesouraria ou pagadoria regularmente instituída, por estabelecimentos bancários credenciados e, em casos excepcionais, por meio de adiantamento. Em breve, pode ser online.

O plano plurianual deve estabelecer, de forma regionalizada, as diretrizes, os objetivos e as metas da Administração Pública Federal para as despesas de capital e outras delas decorrentes e para as relativas aos programas de duração continuada, estando previsto no art. 165, I, e § 1º, da Constituição de 1988. As diretrizes orçamentárias compreendem as metas e as prioridades da Administração Pública, incluindo as despesas de capital para o exercício financeiro subsequente, orientando a elaboração da lei orçamentária anual. Dispõe sobre as alterações na legislação tributária e estabelecendo a política de aplicação das agências financeiras oficiais de fomento. Por fim, os orçamentos anuais são as leis de meio, de natureza complexa, com base no princípio da anualidade, especialização dos créditos e universalidade.

Dispõe o § 1º do art. 165, da Constituição de 1988, que a lei que instituir o plano plurianual deve estabelecer, de forma regionalizada, as diretrizes, os objetivos e as metas da Administração Federal para as despesas de capital e outras delas decorrentes e para as relativas aos programas de duração continuada, estando previsto no inciso I do art. 165, também do texto constitucional. O princípio da unidade também faz parte da tradição da concepção clássica do orçamento, pelo qual este era uno, devendo haver apenas um orçamento, em que as contas se abateriam de forma unificada. Hoje, o conceito mudou, representando não mais a unificação numérica, mas a unidade de orientação política dos orçamentos.

O § 2º do art. 165, da Constituição Federal, trata da lei de diretrizes orçamentárias, prevista no inciso II deste artigo. A lei deve compreender as metas e as prioridades da Administração Federal, incluindo as despesas de capital para o exercício financeiro subsequente. Deve esta orientar a elaboração da lei orçamentária anual, dispor sobre as alterações na legislação tributária e estabelecer a política de aplicação das agências financeiras oficiais de fomento. Deve-se observar o art. 165, § 3º, do texto constitucional, pelo qual o Poder Executivo deve publicar, até trinta dias após o encerramento de cada bimestre, relatório resumido da execução orçamentária. Os orçamentos anuais são as leis de meio, de natureza complexa, com base no princípio na anualidade, na especialização dos créditos e na universalidade.

Foi fixado, ainda, pelo § 4º do art. 165, da Constituição de 1988, que os planos e os programas nacionais, regionais e setoriais previstos, devem ser elaborados em consonância com o plano plurianual e apreciados pelo Congresso Nacional. Trata-se de uma maneira de se dar segurança e de coordenação à aplicação de recursos públicos, baseado nos princípios orçamentários. Estes princípios são da exclusividade, princípio da programação, princípio do equilíbrio orçamentário, princípio da anualidade, princípio da unidade, princípio da universalidade ou da globalização e princípio da legalidade.

As leis orçamentárias anuais são as leis de meio, de natureza complexa, com base no princípio na anualidade, especialização dos créditos e universalidade. De acordo com o § 5º do art. 165, da Constituição de 1988, a lei orçamentária anual deve compreender três orçamentos. O orçamento fiscal se refere aos Poderes da União, seus fundos, órgãos e entidades da Administração Direta e Indireta, inclusive as fundações instituídas e mantidas pelo Poder Público. O outro é o orçamento de investimento das empresas, naquelas em que a União, direta ou indiretamente, detenha a maioria do capital social com direito a voto. Por fim, existe o orçamento da seguridade social, que abrange todas as entidades e órgãos a ela vinculados, da Administração Direta ou Indireta, bem como os fundos e as fundações instituídos e mantidos pelo Poder Público. O princípio da universalidade ou da globalização implica na exigência de que todas as rendas e as despesas dos Poderes, dos fundos e dos órgãos da Administração Direta e Indireta devem estar incluídas, com os valores que apresentarem despesa e receita.

Já não existe tanta preocupação com o aspecto formal do princípio, mas se exige que haja uma universalidade dos elementos orçamentários, de forma global, surgindo daí o princípio da globalização orçamentária. Encontra-se este tratado, neste sentido, no art. 165, § 5º, da Constituição de 1988, que prevê três orçamentos, todos organizados entre si: a) o orçamento fiscal referente aos Poderes da União, seus fundos, órgãos e entidades da Administração Direta e Indireta, inclusive as fundações públicas; b) o orçamento de investimentos das empresas paraestatais, em que a União detenha a maioria do capital social com direito a voto, ainda que de forma indireta; c) o orçamento da seguridade social.

O § 6º do art. 165, do texto constitucional, dispõe que o projeto de lei orçamentária deve ser acompanhado de demonstrativo regionalizado do efeito, sobre as receitas e despesas, decorrente de isenções, anistias, remissões, subsídios e benefícios de natureza financeira, tributária e creditícia. Prevê o § 7º do art. 165, da Constituição de 1988, que o orçamento fiscal se refere aos Poderes da União, seus fundos, órgãos e entidades da Administração Direta e Indireta, inclusive as fundações instituídas e mantidas pelo Poder Público. Inclui o orçamento de investimento das empresas, aquelas em que a União, direta ou indiretamente, detenha a maioria do capital social com direito a voto. Esses orçamentos devem ser compatibilizados com o plano plurianual, tendo entre suas funções a de reduzir as desigualdades inter regionais, de acordo com o critério populacional. A lei orçamentária anual não pode conter dispositivo estranho à previsão da receita e à fixação da despesa, não se incluindo na proibição a autorização para a abertura de créditos suplementares e a contratação de operações de crédito, ainda que por antecipação de receita, de acordo com o § 8º do art. 165, do texto constitucional.

Por fim, de acordo com o § 9º do art. 165, da Constituição de 1988, está disposto que cabe à lei complementar, aprovada com o quórum qualificado da maioria dos membros da Casa Legislativa, dispor sobre o exercício financeiro, a vigência, os prazos, a elaboração e a organização do plano plurianual, da lei de diretrizes orçamentárias e da lei orçamentária anual. No mesmo sentido, estabelece normas de gestão financeira e patrimonial da Administração Direta e Indireta, bem como as condições para a instituição e o funcionamento de fundos. O princípio da anualidade decorre do próprio fato do orçamento ser uma previsão, uma programação de atividades e dos projetos futuros, por um período determinado. O orçamento, em geral, tem período anual de vigência. O art. 165, § 9º, I, da Constituição de 1988, estabelece que lei complementar deve dispor sobre o exercício financeiro, que atualmente vem a ser a Lei Federal nº 4.320, de 17.03.1964. Esta fixa o período de 1º de janeiro a 31 de dezembro, coincidindo com o ano civil, ainda que não haja esta obrigatoriedade.

O orçamento, a lei das diretrizes orçamentárias e o plano plurianual são instrumentos de elaboração, de avaliação e de aprovação de planos e programas de obras, de serviços e de encargos da Administração, em que são fixadas as despesas e estimadas as receitas, de cada exercício financeiro. Estas devem basear-se nos princípios orçamentários dispostos na Constituição de 1988. São estes o princípio da exclusividade, o princípio da programação, o princípio do equilíbrio orçamentário, o princípio da anualidade, o princípio da unidade, o princípio da universalidade ou da globalização e o princípio da legalidade, como já dito.

O princípio da exclusividade é aquele que veda que a lei orçamentária contenha dispositivos estranhos à fixação da despesa e à previsão da receita. Não impede, porém, a autorização para a abertura de crédito suplementar, nem a contratação de operações de crédito, ainda que por antecipação da receita. Está previsto no § 8º do art. 165, da Constituição de 1988, que a lei orçamentária anual não contem dispositivo estranho à previsão da receita e à fixação da despesa, não se incluindo na proibição a autorização para abertura de créditos suplementares e a contratação de operações de crédito, ainda que por antecipação de receita, nos termos da lei.

Pelo princípio da programação orçamentária, o orçamento precisa ter conteúdo e forma de programa, com apresentação de objetivos e de estudos das propostas. Encontra-se disposto no art. 165, § 4º, da Constituição Federal, que os planos e os programas nacionais, regionais e setoriais previstos, na Constituição de 1988, são elaborados em consonância com o plano plurianual e apreciados pelo Congresso Nacional. O art. 48, II, do texto constitucional, dispõe que o plano plurianual, as diretrizes orçamentárias, o orçamento anual, as operações de crédito, a dívida pública e as emissões de curso forçado são matérias de lei formal, com discussão e com aprovação no Congresso Nacional, complementadas com a sanção do Presidente da República.

O princípio do equilíbrio orçamentário trata-se do mais tradicional princípio das finanças clássicas. Por este, deve haver um equilíbrio no orçamento e nos planos, em que as despesas fixadas sejam iguais às previsões de receita. Estava previsto, ainda, na Constituição de 1967, no seu art. 66, § 3º, mas foi extinto pela Emenda Constitucional nº 1, de 17.10.1969. Não foi, também, objeto de disposição da Constituição de 1988, em razão de se tratar de um conceito liberal já desaparecido. Os arts. 48, II, 165, II, § 2º, e 166, do texto constitucional, tratam da orçamentária anual.

O princípio da unidade também faz parte da tradição da teoria clássica do orçamento, pelo qual este era uno, devendo haver apenas um orçamento, em que as contas se abateriam de forma unificada. O conceito mudou, representando não mais a unificação numérica, mas a unidade de orientação política dos orçamentos. Neste sentido, dispõem os parágrafos 1º e 2º do art. 165, da Constituição Federal. No § 1º, está estabelecido o Plano Plurianual, com objetivos e metas da Administração Pública, em especial para os programas de duração continuada. Por outro lado, o segundo parágrafo trata da lei de diretrizes orçamentárias, fixando as metas e as prioridades da Administração Federal, bem como orienta a lei orçamentária anual.

O princípio da universalidade, ou da globalização, implica na exigência de que todas as rendas e as despesas dos Poderes Políticos, fundos, órgãos da Administração Direta e Indireta devem estar incluídas, com os valores que apresentarem de despesa e de receita. Não existe tanta preocupação com o aspecto formal do princípio, mas se exige que haja uma universalidade dos elementos orçamentários, de forma global, surgindo daí o princípio da globalização orçamentária. Encontra-se tratado, neste sentido, no art. 165, § 5º, da Constituição de 1988, como já dito, que prevê três orçamentos, todos organizados entre si: a) o orçamento fiscal referente aos Poderes da União, seus fundos, os órgãos e as entidades da Administração Direta e Indireta, inclusive as fundações públicas; b) o orçamento de investimentos das empresas paraestatais, em que a União detenha a maioria do capital social com direito a voto, ainda que de forma indireta; c) o orçamento da seguridade social.

O princípio da legalidade é fundamental para o Estado Democrático de Direito, porque contempla as duas vertentes do problema – de um lado o Poder Público, que quer o reconhecimento de sua competência e a executoriedade de suas decisões; do outro, estão os cidadãos, que pretendem assegurar diversas garantias processuais para fazer frente ao arbítrio estatal. A lei, então, representa a vontade do Poder Político que, assim, traduz a vontade geral. Na sua formação, antes ou durante o processo legislativo, a lei tem forte conteúdo político e social, sendo em geral discutida e objeto de lutas e de embates. Quando ela surge desse processo, sendo sancionada ou promulgada e, depois, publicada em órgão oficial, assume seu verdadeiro aspecto jurídico, de norma coercitiva, abstrata e geral, não específica de ninguém, mas de todos os cidadãos. Em relação ao orçamento, este princípio implica que toda matéria orçamentária deve estar de acordo com a exigência de lei em sentido formal, discutida e aprovada no Congresso Nacional e sancionada pelo Presidente da República. Existe a previsão expressa de lei em diversos dispositivos da Constituição de 1988, como nos arts. 48, II, 166 e 167, com seus incisos I, III, V, VI e IX.

O princípio da não vinculação resulta na não afetação da receita, sendo tratado no art. 167, IV, da Constituição de 1988, que disciplina a vedação à vinculação de receita de impostos a órgãos, fundo ou despesa. Precisa-se ressalvar a repartição do produto da arrecadação dos impostos com os Estados-membros, o Distrito Federal e os Municípios, bem como os recursos para a educação e para a saúde e as garantias às operações de crédito por antecipação de receita. O princípio da quantificação dos créditos orçamentários implica quantificar o que a Administração encontra-se autorizada a gastar, mas está vedada a concessão ou a utilização de créditos ilimitados, tratados no art. 167, VIII, da Constituição Federal. Não se pode conceder crédito ilimitado porque não pode assegurar receita ilimitada. Trata-se de uma limitação óbvia. Os projetos de lei relativos ao plano plurianual, às diretrizes orçamentárias, ao orçamento anual e aos créditos adicionais devem ser apreciados pelas duas Casas do Congresso Nacional, na forma do regimento comum.

Instituiu o § 1º do art. 166, da Constituição de 1988, uma Comissão Mista, de caráter permanente, com a função de efetuar o exame dos projetos e apreciar as emendas, integrada por Senadores e Deputados Federais. A matéria está disposta na Resolução do Congresso Nacional nº 2, de 14.09.1995. Cabe a essa Comissão Mista a atribuição de examinar e de emitir parecer sobre os projetos referidos no artigo sobre as contas apresentadas anualmente pelo Presidente da República. Compete-lhe, ainda, examinar e emitir parecer sobre os planos e os programas nacionais, regionais e setoriais previstos nesta Constituição. Exerce o acompanhamento e a fiscalização orçamentária, sem prejuízo da atuação das demais comissões do Congresso Nacional de suas Casas, criadas de acordo com o art. 58, do texto constitucional.

A Comissão Mista Permanente tem como atribuição, ainda, emitir parecer e examinar as emendas, de acordo com o Regimento Interno, no Plenário das duas Casas Legislativas. De acordo com o § 2º do art. 166, da Constituição Federal, as emendas devem ser apresentadas perante esta Comissão Mista, que ainda tem a competência de examiná-las e emitir parecer sobre a matéria, questão novamente discutida adiante.

Dispõe o § 3º do art. 166, do texto constitucional, sobre a limitação ao poder de emendar o projeto de lei orçamentária. As emendas ao projeto de lei do orçamento anual, ou aos projetos que o modifiquem, apenas podem ser aprovadas caso sejam compatíveis com o plano plurianual e com a lei de diretrizes orçamentárias. Deve, ainda, indicar os recursos necessários, admitido apenas os provenientes de anulação de despesas. Exclui-se as que incidam sobre as dotações, para pessoal e seus encargos, sobre o serviço da dívida e sobre as transferências tributárias constitucionais para os Estados-membros, os Municípios e o Distrito Federal. Por fim, devem ser relacionadas com a correção de erros ou omissões ou com os dispositivos do texto do projeto de lei.

O princípio da globalização faz com que todas as matérias que tratam da questão orçamentária devam estar concatenadas e em harmonia. Prevê, então, o § 4º, do art. 166, da Constituição de 1988, que as emendas ao projeto de lei de diretrizes orçamentárias não podem ser aprovadas quando incompatíveis com o plano plurianual, para que haja unidade e universalidade no mesmo. Dispõe o § 5º do art. 166, da Constituição Federal, que o Presidente da República pode enviar mensagem ao Congresso Nacional para propor modificação nos projetos a que se refere esse artigo enquanto não iniciada a votação na Comissão Mista Permanente, da parte cuja alteração é proposta. Foi atribuída a esta Comissão a competência de examinar e emitir parecer sobre os projetos, bem como os planos e os programas nacionais. Salvo se já tiver iniciada a votação do projeto, com suas emendas, foi atribuída ao Executivo a possibilidade de modificar os projetos.

Trata o art. 166, § 6º, do texto constitucional, que os projetos de lei do plano plurianual, das diretrizes orçamentárias e do orçamento anual devem ser enviados pelo Presidente da República ao Congresso Nacional, nos termos da lei complementar, a que se refere o art. 165, § 9º, hoje a Lei Federal nº 4.320, de 17.03.1964, que foi recepcionada como lei complementar. O princípio da legalidade é fundamental para o Estado de Direito. A lei, então, representa a vontade estatal que, hipoteticamente, traduz a vontade geral. Na sua formação, antes ou durante o processo legislativo, a lei possui forte conteúdo político e social, sendo em geral discutida e objeto de lutas e de conflitos. Quando ela emerge desse processo, sendo sancionada ou promulgada e, depois, publicada em órgão oficial, assume seu verdadeiro aspecto jurídico, de norma geral e abstrata, não específica de ninguém, mas de todos os cidadãos. Em relação ao orçamento, este princípio implica que toda a matéria orçamentária está de acordo com a exigência de lei em sentido formal, discutida e aprovada no Congresso Nacional e sancionada pelo Presidente da República.

Dispõe o § 7º do art. 166, da Constituição de 1988, que se aplicam aos projetos mencionados, no que não contrariar o disposto na Seção II, Dos Orçamentos, as demais normas relativas ao processo legislativo. O processo de deliberação se desenvolve de acordo com cada Legislativo. Depois de ocorrer a iniciativa, os projetos de lei vão para as Comissões Técnicas, para serem objeto de estudos ou de emendas. São dirigidas, então, para o Plenário, onde ocorre uma discussão global sobre o projeto, examinando-se os artigos e as emendas propostas para, finalmente, ocorrer a votação. Após encerrada a discussão, passa-se à votação do projeto. O modo pelo qual se dá a votação deve ser previsto no Regimento Interno, podendo ser ostensivo, subdividido em simbólico e nominal e, ainda, ser secreto. A votação simbólica ocorre quando os Parlamentares favoráveis permanecem sentados, enquanto os opositores devem se levantar. Na votação nominal, os parlamentares respondem sim ou não ao projeto, à medida que vão sendo chamados pelo seu nome. A votação secreta opera-se por meio de cédulas, que são colocadas em urnas, postas em cabine indevassável ou, atualmente, por meio de voto eletrônico.

Observe-se que cada tipo de lei exige um **quorum** determinado. Após ser aprovada a redação final, na Casa Legislativa, o projeto vai ao Presidente da República, que dispõe de quinze dias úteis, a contar do recebimento, para aprová-lo ou rejeitá-lo. O Chefe do Executivo pode manifestar sua vontade por escrito, quando a sanção deve ser expressa, ou pelo silêncio, quando se considera tácita. Caso não concorde com os termos do projeto aprovado ou de algumas de suas disposições, pode o Presidente da República vetar total ou parcialmente o projeto no prazo de iguais quinze dias. O veto é absoluto quando ataca todo o projeto, ou parcial, quando se limita a alguns dispositivos, que deve abranger texto integral de artigo, de parágrafo, de inciso ou de alínea. O veto vem a ser apreciado dentro de trinta dias a contar de seu recebimento, só podendo ser rejeitado pelo voto da maioria absoluta dos parlamentares, quando cabe ao Presidente da Casa a promulgação da lei. A promulgação é o ato que transforma o projeto em lei, passando a ter número e data determinada, confundindo-se esta com a própria sanção. Todavia, são diferentes, pois aquela deve ser essencial para o nascimento da lei, mas esta é, até, dispensável. Depois, para ter eficácia, deve a lei ser publicada, para o público em geral dela tomar conhecimento. É imprescindível que as leis sejam publicadas no Diário Oficial da União ou em órgão equivalente dos Estados-membros, Distrito Federal e Municípios.

Trata o § 8º do art. 166, da Constituição de 1988, de que os recursos, em decorrência de veto, emenda ou rejeição do projeto de lei orçamentária anual, ficam sem despesas correspondentes. Podem, então, ser utilizados conforme o caso, mediante créditos especiais ou suplementares, com prévia e específica autorização legislativa.

Estão dispostas no art. 167, da Constituição de 1988, as vedações que existem em matéria orçamentária. No sistema constitucional anterior, no art. 61, da Constituição de 1967, com sua Emenda Constitucional nº 1, de 17.10.1969, a disposição era mais flexível, permitido maior elasticidade na hora de se tomar decisões administrativas e orçamentárias. Foram diversas as proposições que procuraram limitar a discricionariedade existente. Prevê o inciso I do art. 167, do texto constitucional, sobre o início de programas ou projetos não incluídos na lei orçamentária anual. Existe, então, a submissão ao princípio da legalidade.

Dispõe o inciso II do art. 167, do texto constitucional, que está vedada a realização de despesas ou a assunção de obrigações diretas que excedam os créditos orçamentários ou os adicionais. Trata-se de medida com base também no princípio da quantificação, que prevê que as despesas estejam previamente aprovadas, bem como haja limitação às despesas públicas. Fixa o inciso III do art. 167, da Constituição de 1988, que é vedada a realização de operações de créditos que excedam o montante das despesas de capital, ressalvadas as autorizadas mediante créditos suplementares ou especiais com finalidade precisa, aprovados pelo Poder Legislativo por maioria absoluta. Existe, então, a previsão do princípio da reserva legal. Este é fundamental para o Estado Democrático de Direito, porque é o Poder Público quem quer o reconhecimento de sua competência e a executoriedade de suas decisões.

Prevê o inciso IV do art. 167, da Constituição Federal, que o princípio da não vinculação implica a não afetação da receita, que disciplina a vedação à vinculação de receita de impostos a órgãos, fundo ou despesa, ressalvada a repartição do produto da arrecadação dos impostos com os Estados-membros, o Distrito Federal e os Municípios, bem como os recursos para a educação, a saúde e as garantias às operações de crédito por antecipação de receita. Desse modo, está vedada a vinculação de receita de impostos a órgão, a fundo ou a despesa, ressalvadas a repartição do produto da arrecadação dos impostos aos Entes Federados, a destinação de recursos para a manutenção e o desenvolvimento do ensino, como determinado pelo art. 212, do texto constitucional. Do mesmo jeito, a prestação de garantias às operações de crédito por antecipação de receita, previstas no art. 165, § 8º, da Constituição Federal, bem assim o disposto no § 4º deste artigo. A redação atual foi dada pela Emenda Constitucional nº 3, de 17.03.1993, dispondo a redação anterior que:

> "Art. 212. ....
> ....
> ....
> ....
> § 4º. A vinculação de receita de impostos a órgão, fundo ou despesa, ressalvadas a repartição do produto da arrecadação dos impostos a que se referem os arts. 158 e 159, a destinação de recursos para a manutenção e desenvolvimento do ensino, como determinado pelo art. 212, e a prestação de garantias às operações de crédito por antecipação de receita, previstas no art. 165, § 8º".

O art. 167, em seu inciso IV, foi modificado pela Emenda Constitucional nº 42, de 19.12.2003, que tinha o texto seguinte:

> "Art. 167. ....
>
> ....
>
> ....
>
> ....
>
> IV – a vinculação de receita de impostos a órgãos, fundo ou despesa, ressalvadas a repartição do produto da arrecadação dos impostos a que se referem os arts. 158 e 159, a destinação de recursos para as ações e serviços públicos de saúde e para manutenção e desenvolvimento do ensino, como determinado, respectivamente, pelos arts. 198, § 2º, e 212, e a prestação de garantias às operações de crédito por antecipação de receita, previstas no art. 165, § 8º, bem como o disposto no § 4º deste artigo".

Dispõe o inciso V, do art. 167, que está vedado a abertura de crédito suplementar ou especial sem a prévia autorização legislativa e sem a indicação dos recursos correspondentes. Deve haver uma lei, em sentido formal, que permita a abertura destes créditos. O princípio da legalidade é fundamental para o direito, porque permite que o Poder Público tenha o reconhecimento de sua competência e a executoriedade de suas decisões. Prevê o inciso VI do art. 167, do texto constitucional, que estão vedados a transposição, o remanejamento ou a transferência de recursos de uma categoria de programação para outra ou de um órgão para outro, sem a prévia autorização legislativa. Existe, então, a exigência da reserva legal para tratar da matéria. O princípio da legalidade é fundamental para definir as relações jurídicas, como já dito.

Trata o inciso VII do art. 167, da Constituição de 1988, que deve ser observado o princípio da quantificação dos créditos orçamentários, implicando em quantificar o que a Administração se encontra autorizada a gastar, mas está vedada a concessão ou a utilização de créditos ilimitados. Não se pode o conceder crédito ilimitado porque não se pode garantir a receita ilimitada. Assim, está vedada a concessão ou a utilização de créditos ilimitados. O art. 167, VIII, da Constituição Federal, dispõe que é vedada a utilização, sem autorização legislativa específica, de recursos do orçamento fiscal e da seguridade social para suprir a necessidade ou cobrir o déficit de empresa, fundações e fundos, inclusive dos mencionados no art. 165, § 5º, do texto constitucional. Deve ser respeitado o princípio da reserva legal, que exige lei no sentido formal para tratar de matéria de maior relevância, como é a questão orçamentária.

Dispõe o inciso IX do art. 167, do texto constitucional, que se encontra vetada a instituição de fundos de qualquer natureza, sem a prévia autorização legislativa. A matéria, por conseguinte, para ser aprovada depende de lei formal. O inciso X do art. 167, da Constituição de 1988, foi acrescentado pela Emenda Constitucional nº 19, de 04.06.1998, que tratou da Reforma Administrativa. Está fixado, então, que se encontra vetada a transferência voluntária de recursos e a concessão de empréstimos, inclusive por antecipação de receita, pelos Governos Federal e Estaduais e suas instituições financeiras, para pagamento de despesas com pessoal ativo, inativo e pensionista dos Estados-membros, do Distrito Federal e dos Municípios.

Por fim, o inciso XI do art. 167, do texto constitucional, foi acrescentado pela Emenda Constitucional nº 20, de 15.12.1998, que tratou da Reforma da Previdência. Dispõe o inciso que se encontra vetada a utilização dos recursos provenientes das contribuições sociais de que trata o art. 195, I, "a", e II, da Constituição de 1988, para a realização de despesas distintas do pagamento de benefícios do Regime Geral de Previdência Social (RGPS). Este, de acordo com o art. 201, dispõe que a previdência social deve se organizar sob a forma de regime geral, de caráter contributivo e de filiação obrigatória, observados os critérios que preservem o equilíbrio financeiro e atuarial.

Estabelece o § 1º do art. 167, da Constituição de 1988, que nenhum investimento, cuja execução ultrapasse um exercício financeiro, pode ser iniciado sem a prévia inclusão no plano plurianual, ou sem lei que autorize a inclusão, sob pena de crime de responsabilidade. Aqui, também, deve-se seguir o princípio da reserva legal, que exige lei em sentido formal para aprovar o orçamento e suas leis conexas. No mesmo sentido, trata o § 2º do art. 167, do texto constitucional, que os créditos especiais e extraordinários devem ter vigência no exercício financeiro em que forem autorizados. Este, por força da Lei Federal nº 4.320, de 17.03.1964, é de 1º de janeiro a 31 de dezembro do mesmo ano. A regra pode ser excepcionada, se o ato de autorização for promulgado nos últimos quatro meses daquele exercício, caso em que, reabertos nos limites de seus saldos, precisam ser incorporados ao orçamento do exercício financeiro subsequente.

Trata o § 3º do art. 167, da Constituição Federal, da abertura de crédito extraordinário, que apenas pode ser admitida para atender a despesas imprevisíveis e urgentes, como as decorrentes de guerra, de comoção interna ou de calamidade pública, observado o disposto no art. 62, da Constituição de 1988, que trata das condições para que o Presidente da República possa adotar medidas provisórias, sempre que houver caso de relevância e urgência. A Emenda Constitucional nº 32, de 11.09.2001, modificou este artigo, que trata das medidas provisórias. Foi acrescentado, pela Emenda Constitucional nº 3, de 18.03.1993, o § 4º do art. 167 da Constituição Federal, que dispõe sobre a permissão da vinculação de receitas próprias geradas pelos impostos a que se referem os arts. 155 e 156, e dos recursos de que tratam os arts. 157, 158 e 159, I, "a" e "b", e II, tudo do texto constitucional, para a prestação de garantia ou contra garantia à União e para pagamento de débitos para com esta.

Dispõe o art. 168, da Constituição de 1988, que os recursos correspondentes às dotações orçamentárias, compreendidos os créditos suplementares e especiais, destinados aos órgãos dos Poderes Legislativo e Judiciário, do Ministério Público e da Defensoria Pública, devem ser entregues até o dia vinte de cada mês. Estabeleceu-se que a disposição deve encontrar-se prevista em lei complementar, a que se refere o art. 165, § 9º, do texto constitucional, que é a Lei Federal nº 4.320, de 17.03.1964. Trata este dispositivo da forma de materializar o art. 2º, do texto constitucional, que prevê os Poderes Políticos, independentes e harmônicos entre si. Contudo, tem o Executivo a força pública e o recebimento das receitas, estando em superioridade em relação aos outros. Para restringir a inferioridade, exige-se que o Poder Executivo faça a entrega de repasses, até o dia vinte de cada mês, aos demais Poderes e ao Ministério Público, ao Tribunal de Contas e à Defensoria Pública, que têm autonomia orçamentária. Deve-se observar, porém, que está implícito que os Poderes mencionados têm direito ao duodécimo mensal, para fazer frente à previsão anual, dividida em doze meses. Não pode ocorrer é o Legislativo, o Judiciário e o Ministério Público receberem as doze duodécimas e, no final do ano, pedirem mais uma parcela para pagar o décimo terceiro salário. Este já deve estar previsto nos repasses dos duodécimos.

Por sua vez, a Emenda Constitucional nº 45, de 08.12.2004, modificou o art. 168, do texto constitucional, para inserir a Defensoria Pública dentre as instituições que passam a receber duodécimos, até o dia vinte de cada mês, junto com os Poderes Legislativo e Judiciário e do Ministério Público. Esta, também, alterou o **parágrafo único** do art. 134, da Constituição Federal, acrescentando ao artigo acima, o § 2º, que deu outra dimensão às Defensorias Públicas Estaduais. Foi assegurada a autonomia funcional e administrativa e a iniciativa de sua proposta orçamentária, dentro dos limites estabelecidos na lei de diretrizes orçamentárias e subordinação ao disposto no art. 99, § 2°, que prevê o encaminhamento da proposta pela própria instituição ao Poder Executivo.

22.2. Controle da Administração Pública

O processo administrativo de controle, também chamado de determinação ou de verificação, permite que a Administração controle, determine ou verifique o comportamento e a situação dos administrados ou de servidores e que declare a sua regularidade ou irregularidade, de acordo com a legislação pertinente. Esses processos, de modo geral, têm rito próprio e, se for encontrada alguma irregularidade punível, existe o direito de defesa ao interessado, como a garantia do contraditório. Se regular o comportamento ou a situação de controle, o processo é encerrado com o arquivamento dos respectivos autos. Se irregular, instaura-se um processo punição ou, então, as medidas civis e criminais devidas.

A decisão final em tal processo é vinculante para a Administração e o controlado, ainda que não seja auto-executável. Assim, depende da instauração de outro processo administrativo, punitivo ou disciplinar, ou mesmo ação de responsabilidade civil ou ação penal, ou, por fim, do pronunciamento executório de outro Poder Político, como ocorre no caso da manifestação prévia do Tribunal de Contas, frente ao julgamento das contas pelo Legislativo.

O processo de controle não deve ser confundido com o processo de punição, porque neste se apura um fato e se aplica a sanção adequada, enquanto naquele apenas se averigua a situação ou a conduta do órgão, do agente ou do administrado para se proclamar um resultado para efeitos futuros. Podem ser exemplificados como processos administrativos de controle a tomada e prestação de contas, bem como o controle da engenharia, da arquitetura e da agronomia. O lançamento tributário e a consulta fiscal são espécies de modalidades no processo administrativo de controle.

A ideia da criação de um Tribunal de Contas, no Brasil, surgiu em 1826, através de um projeto apresentado no Senado, por dentre outros, por José Inácio Borges[2], que instituía o Tribunal de Revisão de Contas. Contudo, a proposição foi questionada por Manuel Jacinto Nogueira da Gama[3], então Conde e depois Marquês de Baependi, considerando apenas que haveria o aumento das despesas com os funcionários do órgão. Outras tentativas foram feitas, mas nenhuma vingou.

Melhor sorte teve o Projeto de Rui Barbosa, então Ministro da Fazenda, que foi adotado pelo Governo Provisório, instituindo o Tribunal de Contas, através do Decreto-lei nº 966-A de 07.11.1890[4]. Logo após, a Constituição

---

2 **José Inácio Borges** (Recife, 1770 – 1838) foi militar e político brasileiro, exercendo o cargo de Ministro da Fazenda do Império e dos Estrangeiros, além de Senador de 1826 a 1838.

3 **Manuel Jacinto Nogueira da Gama** (São João Del-Rei, 1765 – Rio de Janeiro, 1897) foi professor, com doutorado em Coimbra, militar e político.

4 Argumentava Rui Barbosa, na justificativa do projeto de lei, que: "é o sistema de contabilidade orçamentária defeituoso no seu mecanismo e fraco na sua execução. O Governo Provisório reconheceu a urgência inevitável de reorganizá-lo; e acredita haver lançado o fundamento para essa reforma radical com a criação de um Tribunal de Contas, corpo de magistratura intermediária à administração e à legislatura, que, colocado em posição autônoma, com atribuição de revisão e julgamento, cercado de garantias contra quaisquer ameaças, possa exercer as suas funções vitais ao organismo constitucional", com o fim de que houvesse "entre o Poder que autoriza periodicamente a despesa e o Poder que quotidianamente a executa um mediador independente, auxi-

de 1891, no seu art. 89, deu ao Tribunal de Contas status constitucional, estabelecendo que "é instituído um tribunal de contas para liquidar as contas da receita e despesa e verificar a sua legalidade, antes de serem prestadas ao Congresso. Os membros deste tribunal serão nomeados pelo Presidente da República com aprovação do Senado, e somente perderão os seus lugares por sentença". Em que pese a influência norte-americana nesse texto constitucional, os Constituintes de 1891 optaram pela influência europeia, criando um Tribunal de Contas para fiscalizar as contas públicas.

O Tribunal de Contas da União teve o seu primeiro regulamento provisório, mediante o Decreto Federal nº 1.166, de 17.12.1892, relativa à execução da Lei Federal nº 23, de 30.10.1891. Depois, surgiu a Lei Federal nº 393, de 08.10.1896. O Tribunal de Contas era apenas um órgão auxiliar do Congresso Nacional, que liquidava as contas de receita e de despesa, apreciando a sua legitimidade, e, em seguida, que as encaminhava ao Congresso Nacional. Havia, então, uma dúvida sobre a natureza do órgão, se meramente administrativa ou se tinha força jurisdicional.

A Constituição de 1934 não resolveu a discussão, dando ao Tribunal de Contas um caráter híbrido, de órgão do Legislativo e do Judiciário, dispondo em seu art. 99, que "é mantido o Tribunal de Contas, que, diretamente, ou por delegações organizadas de acordo com a Lei, acompanhará a execução orçamentária e julgará as contas dos responsáveis por dinheiro ou bens públicos". A Constituição de 1937 o localizou na parte dedicada ao Poder Judiciário, no seu art. 114, sem qualquer avanço no desenvolvimento do conceito de instituição.

A Constituição de 1946, por outro lado, colocou o Tribunal de Constas como órgão auxiliar do Poder Legislativo, na seção relativa ao Orçamento, mas utilizaram as expressões julgar as contas e julgar da legalidade dos contratos e das aposentadorias, reformas e pensões. Foi fixada esta tendência, com a Constituição de 1967, que a colocou órgão no capítulo referente ao Poder Legislativo, na seção referente à Fiscalização Financeira e Orçamentária, situação mantida pela Constituição de 1988, nos seus arts. 71 e 73. O Tribunal de Contas, na Constituição Federal, encontra-se disposto no capítulo que trata do Poder Legislativo, como órgão auxiliar, com a função de julgar contas, sem que se caracterize como órgão do Poder Judiciário[5].

---

liar de um e outro, que, comunicando com a Legislatura e intervindo na Administração, seja não só o vigia, como mão forte da primeira contra a segunda, obstante a perpetração das infrações orçamentárias por um veto oportuno aos atos do Executivo, que, direta, próxima ou remotamente, discrepem da linha rigorosa das leis de finanças".

5 "O sistema italiano determina o controle prévio, enquanto o sistema francês estabelece o controle **a posteriori** (e neste caso muitas vezes inútil), ao passo que finalmente o

O caráter eclético que lhe é peculiar origina-se da influência da legislação belga, francesa e italiana.

Para Eduardo Lobo Botelho Gualazzi, "pode-se definir Tribunal de Contas, no Brasil, como o órgão administrativo parajudicial, funcionalmente autônomo, cuja função consiste em exercer, de ofício, o controle externo, fático e jurídico, sobre a execução financeiro-orçamentária, em face dos três Poderes do Estado, sem a definitividade jurisdicional"[6]. Na verdade, a peculiaridade que esse órgão assumiu no Brasil, ora como órgão jurisdicional, ora como órgão auxiliar do Poder Legislativo, ora como instituição autônoma, retrata a multiplicidade de seus aspectos e de suas características. Não obstante, a propalada autonomia tem limites, como já decidiu o Supremo Tribunal Federal, reconhecendo que as contas do Tribunal de Contas podem ser apreciadas pelo Poder Legislativo[7].

As funções do Tribunal de Contas estão enumeradas, no art. 71, da Constituição Federal, do seguinte modo:

> "Art. 71. ....
> I - apreciar as contas prestadas anualmente pelo Presidente da República, mediante parecer prévio que deverá ser elaborado em sessenta dias a contar de seu recebimento; II - julgar as contas dos administradores e demais responsáveis por dinheiro, bens e valores públicos da administração direta e indireta, incluídas as fundações e sociedades instituídas e mantidas pelo Poder Público federal, e as contas daqueles que derem causa a perda, extravio ou outras irregularidades de que resulte prejuízo ao erário público; III - apreciar, para fins de registro, a legalidade dos atos de admissão de pessoal, a qualquer título, na

---

sistema belga preceitua o controle prévio não atinente ao empenho da despesa, especialmente não apresentando a recusa um caráter proibitivo (na hipótese, o Ministério pode concordar, assim também procedendo a Corte, autorizando a despesa sob reserva). No Brasil, a técnica atual admite orientação eclética, permitindo que qualquer ato de administração pública de que resulte obrigação de pagamento pelo Tesouro Nacional ou por conta deste esteja sujeito a registro no Tribunal de Contas. O registro será prévio ou **a posteriori**, dependendo, porém, da lei. Destarte, o sistema brasileiro acolhe como regra o registro prévio, porém é possível ainda o registro **a posteriori**, quando a legislação ordinária o estabelecer, sem ferir a Constituição que o possibilita" (PINTO FERREIRA. **Comentários à Constituição Brasileira**, *op. cit.*, 3º vol., p. 411).

6 Eduardo Lobo Botelho Gualazzi, **Regime Jurídico dos Tribunais de Contas**, São Paulo: Revista dos Tribunais, 1992, p. 187.

7 O Supremo Tribunal Federal pronunciou-se afirmando que "não obstante o relevante papel do Tribunal de Contas, no controle financeiro e orçamentário como órgão eminentemente técnico, nada impede que o Poder Legislativo, exercitando o controle externo, aprecie as contas daquele que, no particular, situa-se como órgão auxiliar" (**Revista Trimestral de Jurisprudência (RTJ)**, nº 110, Rep. 037-RJ, julgada em 27.04.1977, p. 476).

> administração direta e indireta, incluídas as fundações instituídas e mantidas pelo Poder Público, excetuadas as nomeações para cargos de provimento em comissão, bem como a das concessões de aposentadorias, reformas e pensões, ressalvadas as melhorias posteriores que não alterem o fundamento legal do ato concessório; IV - realizar, por iniciativa própria, da Câmara dos Deputados, do Senado Federal, de Comissão técnica ou de inquérito, inspeções e auditoria de natureza contábil, financeira, orçamentária, operacional e patrimonial, nas unidades administrativas dos Poderes Legislativo, Executivo e Judiciário, e demais entidades referidas no inciso II; V - fiscalizar as contas nacionais das empresas supranacionais de cujo capital social a União participe, de forma direta ou indireta, nos termos do tratado constitutivo; VI - fiscalizar a aplicação de quaisquer recursos repassados pela União mediante convênio, acordo, ajuste ou outros instrumento congêneres, a Estado, ao Distrito Federal ou a Município; VII - prestar informações solicitadas pelo Congresso Nacional, por qualquer de suas Casas, ou por qualquer das respectivas Comissões, sobre a fiscalização contábil, financeira, orçamentária, operacional e patrimonial e sobre resultados de auditorias e inspeções realizadas; VIII - aplicar aos responsáveis, em caso de ilegalidade de despesa ou irregularidade de contas, as sanções previstas em lei, que estabelecerá, entre outra cominações, multa proporcional a dano causado ao erário; IX - assinar prazo para que o órgão ou entidade adote as providências necessárias ao exato cumprimento a lei, se verificada ilegalidade; X - sustar, se não atendido, a execução do ato impugnado, comunicando a decisão à Câmara dos Deputados e ao Senado Federal; XI - representar ao Poder competente sobre irregularidades ou abusos apurados".

Apreciar as contas não se trata de julgar o responsável pelas contas, apenas as fiscalizar, analisando se estão de acordo com as normas legais e se foram aplicadas devidamente. O relatório do Tribunal de Contas, depois de receber as contas do Chefe do Executivo, deve ser amplo e minucioso, abrangendo todo o exercício encerrado. O Tribunal de Contas tem, então, o prazo de sessenta dias, a contar de seu recebimento, para apreciar as contas prestadas anualmente pela Administração, mediante parecer prévio, prazo este curto para Celso Antônio Bandeira de Mello[8].

Em que pese o texto constitucional ter utilizado a expressão julgar as contas ou, ainda, julgar das contas, deve-se crer que tais expressões não indicam que o Tribunal de Contas ou o Poder Legislativo passou a exercer

---

8 "**Contas do Presidente** são, além dos documentos relativos à gestão anual que este é obrigado a exibir (balanços, demonstrativos e anexos previstos no art. 101 da Lei nº 4.320, de 17.3.64) para análise meramente dos aspectos formais, as que concernem aos atos (ou indevidas omissões) próprios e específicos do Chefe do Poder Executivo, de responsabilidade pessoal dele, vale dizer, que lhe sejam direta e pessoalmente imputáveis e que, estas, sim, terão de passar por um crivo substancial. Por isso, é curto o prazo de que dispõe o Tribunal de Contas para apreciá-las, tanto quanto o é o do Congresso Nacional para aprová-las ou rejeitá-las" (BANDEIRA DE MELLO, Celso Antônio. **Curso de Direito Administrativo**, *op. cit.*, p. 114).

atividades judicantes. Julgar as contas, no caso, vem a ser examiná-las, conferir-lhes a exatidão e averiguar se foram elaboradas de acordo com a lei. Trata-se, na verdade, de um processo administrativo de controle, com as fases que lhe são peculiares, mas sem força jurisdicional[9].

Por outro lado, ao analisar a eficácia das decisões dos Tribunais de Contas, A. J. Ferreira Custódio concluiu que:

> "a) os Tribunais de Contas não são órgãos do Poder Judiciário; são órgãos auxiliares do Poder Legislativo, dotados de atribuições constitucionais específicas; b) suas decisões, portanto, não são de natureza jurisdicional; revestem-se de natureza administrativa, sendo obrigatórias para a administração pública, que lhe deve dar integral cumprimento; todavia, são passíveis de revisão pelo Poder Judiciário, ao qual competem o controle e a tutela jurisdicional"[10].

O Tribunal de Contas, ao julgar as contas, nada mais está fazendo do que apreciar se as mesmas estão, administrativamente, de acordo com as exigências legais e conforme os cálculos matemáticos e contábeis efetuados. Foge-lhe competência para inspecionar a conveniência ou a oportunidade dos gastos públicos ou avaliar o mérito das despesas[11]. Não existe, assim, nenhuma natureza jurisdicional, trata-se de julgamento administrativo, que serve apenas de escopo para o julgamento político do Poder Legislativo ou para o julgamento jurisdicional do Poder Judiciário.

O caráter de julgamento administrativo implica em que devam ser garantidos ao órgão que tenham suas contas apreciadas, bem como aos gestores da coisa pública, os direitos ao devido processo legal, especialmente a ampla defesa e o contraditório, além dos preceitos de legalidade, de im-

---

9 Para J. CRETELLA JÚNIOR (**Comentários à Constituição de 1988**, *op. cit.*, vol. V, pp. 2797-8), a expressão "julgar as contas" vem a ser peça de natureza administrativa, jamais de natureza judicante. Trata-se de função matemática, contábil, não de função jurisdicional. O Tribunal 'julga as contas', não julga 'os responsáveis'. A decisão do Tribunal de Contas, de qualquer esfera (da União, dos Estados-membros, do Distrito Federal ou dos Municípios) diz respeito à regularidade intrínseca da conta, não sobre a responsabilidade do exator ou pagador, nem mesmo sobre a imputação dessa responsabilidade. Estatui somente sobre a existência material do fato, delituoso ou não, fornecendo à justiça, que vai mais tarde julgar o responsável, base concreta para o exercício da função judicante.

10 CUSTÓDIO, A. J. Ferreira. **Eficácia das Decisões dos Tribunais de Contas.** *In*: **Revista de Direito Administrativo.** Rio de Janeiro: Renovar/Fundação Getúlio Vargas, jul/set. de 1991, nº 185, p. 75.

11 "A nosso ver, não se pode cogitar de apreciação do mérito das contas, isto é, de sua conveniência e oportunidade, por ser privativa da autoridade detentora do poder legal de decidir a respeito da aplicação dos recursos públicos" (MEDAUAR, Odete. **Controle da Administração Pública**, *op. cit.*, p. 137).

pessoalidade, de moralidade e de publicidade. Não se há de admitir que o julgamento administrativo seja feito sem a notificação do Chefe do Poder Executivo que tenha suas contas apreciadas, por via postal ou por publicação na imprensa oficial, como ocorre em leis orgânicas dos Tribunais de Contas dos Estados-membros e dos Municípios, pois, do contrário, estaria cerceando a defesa deste, cuja amplitude está assegurada pelo inciso LV, do art. 5º, da Constituição Federal.

22.3. Fiscalização da Administração Pública

A Administração Pública tem como um dos seus mais relevantes princípios aquele que determina que esta se subordine à lei e ao princípio da legalidade. Por ele, o Poder Público deve respeitar as disposições legais, devendo seus agentes ter eles como parâmetro na produção de atos administrativos as disposições legais, sejam estes discricionários ou vinculados. O exame dos atos produzidos pela Administração, para averiguar se os mesmos estão de acordo com os preceitos constitucionais e com as leis em vigor, é chamado de controle da Administração.

Estão sujeitos ao controle não só os órgãos do Executivo, mas também os Poderes Legislativo e Judiciário, o Ministério Público e a Defensoria Pública. A função de fiscalização surgiu com a constitucionalização do Estado de Direito. A finalidade deste controle é para garantir que os agentes públicos atuem de acordo com os princípios administrativos vigentes, em especial, da legalidade, da impessoalidade, da moralidade, da publicidade, da eficiência e da economicidade, bem como as questões relativas à atuação concreta dos órgãos públicos.

O controle externo é exercido pelo Legislativo sobre a Administração, compreendendo o exame das contas de seus órgãos. Dispõe o art. 70 que a fiscalização contábil, financeira, orçamentária, operacional e patrimonial da União e das entidades da Administração Direta e Indireta, quanto à legalidade, legitimidade, economicidade, aplicação das subvenções e renúncia de receitas, deve ser exercida pelo Congresso Nacional, mediante controle externo, bem como pelo sistema de controle interno de cada Poder Político.

A matéria foi tratada nas Constituições apenas a partir do texto constitucional de 1967, em seu art. 71, mas que, na sua Emenda Constitucional nº 1, de 17.10.1969, apareceu como art. 70. Pelo **parágrafo único** do art. 70, da Constituição de 1988, deve prestar contas qualquer pessoa física ou jurídica, pública ou privada, que utilize, arrecade, guarde, gerencie ou administre dinheiros, bens e valores públicos ou pelos quais a União responda, ou que, em nome desta, assuma obrigações de natureza pecuniária. Este dispositivo foi modificado pela Emenda Constitucional nº 19, de 04.06.1998, que obrigou à prestação de contas também às entidades privadas que receberam recursos públicos, que antes não estavam sujeitas a tanto.

22.4. Controle Externo no Brasil

Em virtude da amplitude da atuação do Estado, nos dias de hoje, cabe cada vez mais ao Parlamento a função de controle sobre aquele e suas atividades burocráticas. É constante a vontade autoritária governamental, posto que julga não ter limites sua competência, sendo aí um espaço fundamental para os parlamentares atuarem. Não pode o Legislativo se limitar à fase legislativa, posto que esta se encontra cada vez mais restrita, vez que a atividade de controle de apresenta como fundamental para o sistema de equilíbrio dos Poderes Políticos, assegurando assim o regime democrático.

Compete ao Tribunal de Contas da União, no âmbito de sua competência, o poder regulamentar, podendo, em consequência, expedir atos e instruções normativas sobre matérias de sua atribuição e sobre a organização dos processos que lhe devam ser submetidos, obrigando ao seu cumprimento sob pena de responsabilidade. Por outro lado, diante da omissão no dever de prestar contas, da não comprovação da aplicação dos recursos repassados pela União, da ocorrência de desfalque ou desvio de dinheiro, bens ou valores públicos, ou ainda na prática de ato ilegal, ilegítimo ou antieconômico de que resulte dano ao Erário Público. A autoridade administrativa competente, sob pena de responsabilidade solidária, deve imediatamente adotar as providências, com vistas à instauração da tomada de contas especial para apuração dos fatos, identificação dos responsáveis e quantificação do dano. Caso não sejam atendidas as providências requeridas, o Tribunal de Contas deve determinar a instauração da tomada de contas especiais, fixando prazo para o cumprimento dessa decisão.

Integram a tomada ou a prestação de contas, inclusive a tomada de contas especial, o seguinte: a) o relatório de gestão; b) o relatório do tomador de contas, quando couber; c) o relatório e certificado de auditoria, com o parecer do dirigente do órgão de controle interno que consignar qualquer irregularidade constatada, indicando as medidas adotadas para corrigir as falhas encontradas; d) o pronunciamento de Ministro de Estado ou de autoridade de nível hierárquico equivalente. Devem, também, conter as demonstrações financeiras, bem como outros demonstrativos especificados que evidenciam a boa e regular aplicação dos recursos públicos.

A decisão em processo de tomada ou prestação de contas pode ser preliminar, definitiva ou terminativa. Preliminar, quando a decisão pela qual o relator ou o Tribunal, antes de pronunciar-se quanto ao mérito das contas, resolve sobrestar o julgamento, ordenando a citação ou a audiência dos responsáveis ou, ainda, determinando outras diligências necessárias ao saneamento do processo. A decisão definitiva é aquela pela qual o Tribunal de Contas da União julga as contas regulares, regulares com ressalva ou irregulares. Por fim, terminativa é a decisão pela qual o Tribunal ordena o trancamento das contas que forem consideradas liquidadas.

As contas são julgadas regulares quando expressarem, de forma clara e objetiva, a exatidão dos demonstrativos contábeis, a legalidade, a legitimidade e a economicidade dos atos de gestão dos responsáveis. Quando julgar as contas regulares, o Tribunal de Contas da União dá quitação plena aos responsáveis. Por outro lado, deve ser considerada regular com ressalva a decisão quando evidenciar impropriedade ou qualquer outra falta de natureza formal que não resulte dano ao Erário Público. Quando julgar as contas regulares com ressalva, o Tribunal de Contas da União dá quitação ao responsável e lhe determina, ou a quem o tenha sucedido, a adoção de medidas necessárias à correção das impropriedades ou faltas identificáveis, de modo a prevenir a ocorrência de outras semelhantes.

São julgadas irregulares, quando: a) comprovada omissão no dever de prestar contas; b) prática de ato de gestão ilegal, ilegítimo, antieconômico, ou infração à norma legal ou regulamentar de natureza contábil, financeira, orçamentária operacional ou patrimonial; c) dano ao Erário Público decorrente de gestão ilegítima ou antieconômica; d) desfalque ou desvio de dinheiro, bens ou valores públicos. Pode também ser assim julgado no caso de reincidência ou descumprimento de determinação de que os responsáveis tenham tido ciência, em processo de tomada ou de prestação de contas. Ao assim julgar, o Tribunal de Contas da União fixa a responsabilidade solidária do agente público que praticou o ato irregular e do terceiro que tenham concorrido para o dano e apurado. Determina, ainda, o pagamento da dívida atualizada monetariamente, acrescido dos juros de mora devidos, podendo aplicar multa, sendo este instrumento considerado título executivo fiscal. Existem, ainda, as contas iliquidáveis, quando caso fortuito ou de força maior, alheio à vontade dos responsáveis tornar materialmente impossível o julgamento do mérito, com o trancamento do processo, que prescreve em cinco anos.

Cabem recursos das decisões proferidas em processo de tomada ou de prestação de contas, podendo ser de reconsideração, embargos de declaração e revisão. Os recursos fora do prazo não são conhecidos. O recurso de reconsideração tem efeito suspensivo e deve ser apreciado por quem houver proferida a decisão recorrida, podendo ser formulado apenas uma vez. Cabem embargos de declaração para corrigir obscuridade, omissão ou contradição da decisão recorrida. Das decisões definitivas cabe recurso de revisão ao Plenário do Tribunal de Contas da União, sem efeito suspensivo, interposto por escrito, uma só vez, pelo responsável, seus sucessores, ou pelo Ministério Público de Contas.

Trata o art. 71, da Constituição de 1988, do controle externo que está a cargo do Congresso Nacional, exercido com o auxílio do Tribunal de Contas da União. Compete a este diversas obrigações, em especial apreciar as contas prestadas anualmente pelo Presidente da República, mediante parecer prévio, que deve ser elaborado em sessenta dias a contar de seu recebimento. Não se trata do julgamento das contas, pois esta atribuição é exercida exclusivamente pelo Congresso Nacional, de acordo com o inciso IX do art. 49, do texto consitucional.

Em relação às contas dos administradores e demais responsáveis por dinheiros, bens e valores públicos da Administração Direta e Indireta, incluídas as fundações e as sociedades instituídas e mantidas pelo Poder Público Federal, e às contas daqueles que derem causa a perda, extravio ou outra irregularidade de que resulte prejuízo ao Erário Público, cabe ao Tribunal de Contas da União julgá-las. Por outro lado, no âmbito dos servidores públicos, compete ao Tribunal de Contas da União apreciar, para fins de registro, a legalidade dos atos de admissão de pessoal, a qualquer título, na Administração Direta e Indireta, incluídas as fundações, exceto os cargos em comissão, bem como a das concessões de aposentadorias, de reformas e de pensões, de acordo com o art. 71, III, da Constituição de 1988.

Compete-lhe, ainda, realizar inspeções e auditorias de natureza contábil, financeira, orçamentária, operacional e patrimonial, nas unidades administrativas dos Poderes Legislativo, Executivo e Judiciário, e demais entidades públicas. Deve fiscalizar as contas nacionais das empresas supranacionais de cujo capital social a União participe, nos termos do inciso V do art. 71, da Constituição de 1988. Cabe-lhe, também, fiscalizar a aplicação de quaisquer recursos repassados pela União a Estado-membro, a Distrito Federal ou a Município.

Cabe ao Tribunal de Contas da União prestar as informações solicitadas pelo Congresso Nacional, por qualquer de suas Casas, ou por qualquer das respectivas Comissões, sobre a matéria de sua competência e sobre resultados de auditorias e inspeções. Foi-lhe assegurado, ainda, o poder de punir, aplicando aos responsáveis, em caso de ilegalidade de despesa ou regularidade de contas, as sanções, inclusive a multa proporcional ao dano causado ao Erário, conforme o inciso VIII do art. 71, da Constituição de 1988. Pode, ainda, assinar prazo para que o órgão ou a entidade adote as providências necessárias ao exato cumprimento da lei, bem como sustar, se não atendido, a execução do ato impugnado, comunicando a decisão ao Poder Legislativo. Por fim, cabe-lhe representar ao Poder Político competente sobre as irregularidades ou os abusos apurados.

No caso de contrato, o ato de sustação deve ser adotado diretamente pelo Congresso Nacional, que solicita, de imediato, ao Poder Executivo as medidas cabíveis. Caso o Congresso Nacional ou o Poder Executivo, no prazo de noventa dias, não efetivar as medidas previstas no parágrafo anterior, o Tribunal de Contas da União precisa decidir sobre o problema. Por outro lado, as decisões do Tribunal de que resultem imputação de débito ou multa tem eficácia de título executivo, podendo ser cobrados através de Execução Fiscal, pela Lei Federal nº 6.830, de 22.09.1980. Deve esse Tribunal encaminhar ao Congresso Nacional, trimestral e anualmente, relatório de suas atividades, de acordo com o § 4º do art. 71, do texto constitucional. O Tribunal de Contas da União está disciplinado na Lei Federal nº 8.443, de 16.07.1992.

22.5. Comissão Mista no Legislativo

Cabe a uma Comissão Mista Permanente de Senadores e Deputados Federais, de acordo com o art. 166, § 1º, examinar e emitir parecer sobre os projetos de lei relativos ao plano plurianual, às diretrizes orçamentárias, ao orçamento anual e aos créditos adicionais, bem como sobre as contas apresentadas anualmente pelo Presidente da República. Pode, ainda, examinar e emitir parecer sobre os planos e os programas nacionais, regionais e setoriais, assim como exercer o acompanhamento e a fiscalização orçamentária, como já dito.

Trata o art. 72, da Constituição de 1988, então, da Comissão Mista Permanente, que diante de indícios de despesas não autorizadas, ainda que sob a forma de investimentos não programados ou de subsídios não aprovados, pode solicitar à autoridade governamental responsável que, no prazo de cinco dias, preste os esclarecimentos necessários. Caso não sejam prestados os esclarecimentos, ou considerados estes insuficientes, a Comissão deve pedir ao Tribunal de Contas da União, pronunciamento conclusivo sobre a matéria, no prazo de trinta dias. Por outro lado, entendendo o Tribunal irregular a despesa, a Comissão Mista, se julgar que o gasto possa causar dano irreparável ou grave lesão à economia pública, propõe ao Congresso Nacional sua sustação, conforme o § 2º do art. 72, da Constituição de 1988.

A Emenda Constitucional nº 86, de 17.03.2015, tornou obrigatória a execução da programação orçamentária específica, assim:

> "Art. 1º Os arts. 165, 166 e 198 da Constituição Federal passam a vigorar com as seguintes alterações:
>
> 'Art. 165. ....
>
> ....
>
> § 9º..
>
> ....
>
> III - dispor sobre critérios para a execução equitativa, além de procedimentos que serão adotados quando houver impedimentos legais e técnicos, cumprimento de restos a pagar e limitação das programações de caráter obrigatório, para a realização do disposto no § 11 do art. 166'. (NR)

'Art. 166. ....

....

§ 9º As emendas individuais ao projeto de lei orçamentária serão aprovadas no limite de 1,2% (um inteiro e dois décimos por cento) da receita corrente líquida prevista no projeto encaminhado pelo Poder Executivo, sendo que a metade deste percentual será destinada a ações e serviços públicos de saúde.

§ 10. A execução do montante destinado a ações e serviços públicos de saúde previsto no § 9º, inclusive custeio, será computada para fins do cumprimento do inciso I do § 2º do art. 198, vedada a destinação para pagamento de pessoal ou encargos sociais.

§ 11. É obrigatória a execução orçamentária e financeira das programações a que se refere o § 9º deste artigo, em montante correspondente a 1,2% (um inteiro e dois décimos por cento) da receita corrente líquida realizada no exercício anterior, conforme os critérios para a execução equitativa da programação definidos na lei complementar prevista no § 9º do art. 165.

§ 12. As programações orçamentárias previstas no § 9º deste artigo não serão de execução obrigatória nos casos dos impedimentos de ordem técnica.

§ 13. Quando a transferência obrigatória da União, para a execução da programação prevista no §11 deste artigo, for destinada a Estados, ao Distrito Federal e a Municípios, independerá da adimplência do ente federativo destinatário e não integrará a base de cálculo da receita corrente líquida para fins de aplicação dos limites de despesa de pessoal de que trata o caput do art. 169.

§ 14. No caso de impedimento de ordem técnica, no empenho de despesa que integre a programação, na forma do § 11 deste artigo, serão adotadas as seguintes medidas:

I - até 120 (cento e vinte) dias após a publicação da lei orçamentária, o Poder Executivo, o Poder Legislativo, o Poder Judiciário, o Ministério Público e a Defensoria Pública enviarão ao Poder Legislativo as justificativas do impedimento;

II - até 30 (trinta) dias após o término do prazo previsto no inciso I, o Poder Legislativo indicará ao Poder Executivo o remanejamento da programação cujo impedimento seja insuperável;

III - até 30 de setembro ou até 30 (trinta) dias após o prazo previsto no inciso II, o Poder Executivo encaminhará projeto de lei sobre o remanejamento da programação cujo impedimento seja insuperável;

IV - se, até 20 de novembro ou até 30 (trinta) dias após o término do prazo previsto no inciso III, o Congresso Nacional não deliberar sobre o projeto, o remanejamento será implementado por ato do Poder Executivo, nos termos previstos na lei orçamentária.

§ 15. Após o prazo previsto no inciso IV do § 14, as programações orçamentárias previstas no § 11 não serão de execução obrigatória nos casos dos impedimentos justificados na notificação prevista no inciso I do § 14.

§ 16. Os restos a pagar poderão ser considerados para fins de cumprimento da execução financeira prevista no § 11 deste artigo, até o limite de 0,6% (seis décimos por cento) da receita corrente líquida realizada no exercício anterior.

§ 17. Se for verificado que a reestimativa da receita e da despesa poderá resultar no não cumprimento da meta de resultado fiscal estabelecida na lei de diretrizes orçamentárias, o montante previsto no § 11 deste artigo poderá ser reduzido em até a mesma proporção da limitação incidente sobre o conjunto das despesas discricionárias.

§ 18. Considera-se equitativa a execução das programações de caráter obrigatório que atenda de forma igualitária e impessoal às emendas apresentadas, independentemente da autoria'. (NR)

'Art. 198. ....

....

§ 2º ....

I - no caso da União, a receita corrente líquida do respectivo exercício financeiro, não podendo ser inferior a 15% (quinze por cento);

....

§ 3º ....

I - os percentuais de que tratam os incisos II e III do § 2º;

....

IV - (revogado).

....,

(NR)

[...]

Art. 3º As despesas com ações e serviços públicos de saúde custeados com a parcela da União oriunda da participação no resultado ou da compensação financeira pela exploração de petróleo e gás natural, de que trata o § 1º do art. 20 da Constituição Federal, serão computadas para fins de cumprimento do disposto no inciso I do § 2º do art. 198 da Constituição Federal'".

A Comissão Mista de Planos, Orçamentos Públicos e Fiscalização (CMO) foi criada, pela Constituição de 1988, no art. 166, § 1º, composta de oitenta e quatro membros titulares, sendo sessenta e três Deputados Federais e vinte e um Senadores da República, com igual número de suplentes. Essa Comissão Mista possui por atribuição: a) elaborar planos e programas nacionais, regionais e setoriais, previstos no art.166, § 1º, I, da Constituição Federal; b) fiscalizar as contas prestadas pelos poderes da República nos termos do caput e do § 2º do art. 56, da Lei Complementar Federal nº 101, 04.05.2000, a Lei de Responsabilidade Fiscal (LRF); c) elaborar projetos de lei relativos ao plano plurianual, às diretrizes orçamentárias, ao orçamento anual e aos créditos adicionais, suplementar e especial; d) aprovar os créditos extraordinários, créditos adicionais, encaminhados ao Congresso Nacional através de Medidas Provisórias; e) elaborar os avisos do Congresso Nacional que tratam de subtítulos relativos a obras e serviços com indícios de irregularidades graves informados pelo Tribunal de Contas da União; f) preparar os relatórios pertinentes ao acompanhamento e à fiscalização da execução orçamentária e financeira, nos termos dos arts. 70 a 72 e 166, § 1º, II, da Constituição Federal; g) redigir os relatórios de gestão fiscal, previstos no art. 54, da Lei de Responsabilidade Fiscal e na lei de diretrizes orçamentárias; h) escrever os relatórios referentes aos atos de limitação de empenho e de movimentação financeira, nos termos do art. 9º, da Lei Complementar Federal nº 101, de 04.05.2000; receber as informações prestadas pelo Poder Executivo ao Congresso Nacional, nos termos dos parágrafos 4º e 5º do art. 9º, da Lei de Responsabilidade Fiscal; i) demais atribuições constitucionais e legais.

22.6. Tribunal de Contas da União

A ideia da criação de um Tribunal de Contas no Brasil surgiu em 1826, através de um projeto apresentado no Senado do Império, que instituía o Tribunal de Revisão de Contas. Não obstante, a proposição foi questionada, considerando apenas que haveria o aumento de despesas, com os funcionários do órgão. Foram feitas outras tentativas, mas nenhuma vingou. Teve melhor sorte o projeto de Rui Barbosa, então Ministro da Fazenda, que foi adotado pelo Governo Provisório, instituindo o Tribunal de Contas, através do Decreto-lei nº 966-A, de 07.11.1890. Logo após, a Constituição de 1891, no seu art. 89, deu ao Tribunal status constitucional, estabelecendo que "é instituído um tribunal de contas para liquidar as contas da receita e despesa e verificar a sua legalidade, antes de serem prestadas ao Congresso". Os membros deste Tribunal eram nomeados pelo Presidente da República com aprovação do Senado, e somente perderiam os seus lugares por sentença. Em que pese a influência norte-americana nesse texto constitucional, os constituintes de 1891 optaram pela influência europeia, criando um Tribunal de Contas, em vez de controle difuso.

O Tribunal de Contas da União teve o seu primeiro regulamento provisório mediante o Decreto Federal nº 1.166, de 17.12.1892, relativo à execução da Lei Federal nº 23, de 30.10.1891. Depois, surgiu a Lei Federal nº 393, de 08.10.1896. O Tribunal de Contas era apenas um órgão auxiliar do Congresso Nacional, liquidava as contas e despesas, apreciando a sua legitimidade e, em seguida, encaminhava-as ao Congresso Nacional. Havia, então, uma dúvida sobre a natureza do órgão, se meramente administrativa ou se tinha força jurisdicional, como já dito antes.

A Constituição de 1934 não resolveu a discussão, dando ao Tribunal de Contas um caráter híbrido, de órgão do Legislativo e do Judiciário, em seu art. 99. Por outro lado, a Constituição de 1937 o colocou na parte dedicada ao Poder Judiciário, no seu art. 114, sem qualquer avanço no desenvolvimento do seu conceito da instituição. A Constituição de 1946 pôs o Tribunal de Contas como órgão auxiliar do Poder Legislativo, na seção relativa ao orçamento, mas utilizou a expressão "julgar as contas" e "julgar a legalidade". Foi fixada esta tendência com a Constituição de 1967, que o localizou no capítulo relativo ao Legislativo, na seção relativa à fiscalização financeira e orçamentária, situação mantida pela Constituição de 1988.

Maria Marconiete Fernandes Pereira disse que:

> "O controle da Administração Pública é aquele revestido do poder de fiscalização e inspeções, espécies de controle, exercem sobre as entidades e órgãos, e, sobre qualquer pessoa física ou jurídica, pública ou privada, que utilize, arrecade, guarde, gerencie ou administre dinheiros, bens e valores públicos, com a finalidade de garantir a legalidade e a conformidade de seu desempenho em conformidade com os princípios constitucionais. O normativo constitucional submete a Administração Pública ao sistema de controle interno e do controle externo. O sistema de controle interno possui a prerrogativa da gestão da contábil, orçamentária, financeira, patrimonial e operacional nos Poderes Executivo, Legislativo e Judiciário, além do poder-dever de apoiar o controle externo no exercício de sua missão institucional. O controle externo, segundo Marçal Justen Filho, é o dever-poder atribuído constitucionalmente e instituído por lei como competência específica de certos Poderes e órgãos, tendo por objeto identificar e prevenir defeitos ou aperfeiçoar a atividade administrativa, promovendo as medidas necessárias para tanto. O controle externo é o objeto desse estudo, a cargo do Congresso Nacional, especificamente a instituição que exerce o papel de controle material, em decorrência de suas competências que lhe foram constitucionalmente atribuídas, o Tribunal de Contas"[12].

O Tribunal de Contas encontra-se disposto como órgão auxiliar do Poder Legislativo, com a função de julgar contas, sem que possa ser caracterizado como órgão jurisdicional. O caráter eclético, que lhe é peculiar, origina-se da influência belga. Na verdade, é um órgão administrativo, com funcionamento autônomo, cuja função consiste em exercer, de ofício, o controle externo, fático e jurídico, sobre a execução financeira-orçamentária, em face dos três Poderes Políticos, sem ter caráter jurídico. O Tribunal de Contas da União pressupõe o poder geral de controle, como o Supremo Tribunal Federal entendeu no MS 35038 AgR/DF, tendo por Relatora a Ministra Rosa Weber[13].

---

12 PEREIRA, Maria Marconiete Fernandes. **Do Tribunal de Contas.** *In*: ALVIM, Eduardo Arruda, LEITE, George Salomão, e STRECK, Lênio (coords.). **Curso de Direito Constitucional.** Florianópolis: Tirant le Blanch, 2018, p. 669.

13 "**TCU pressupõem a outorga de poder geral de cautela àquele órgão.** Ambas as prerrogativas conduzem ao reconhecimento da legitimidade do ato impugnado e afastam a configuração de ilegalidade ou de abuso de poder. Como o TCU pode determinar que o BNDES anule o contrato de confissão de dívida, **isso significa que o TCU também possui o poder geral de cautela de impor a suspensão dos repasses mensais decorrentes dessa avença, como forma de assegurar o próprio resultado útil da futura manifestação da Corte de Contas.** Em suma: **TCU possui a competência para determinar que empresa pública federal (BNDES) suspenda pagamentos que estão sendo realizados com base em contrato de confissão de dívida cuja regularidade está sendo apurada em tomada de contas.** STF. 1ª Turma. MS 35038 AgR/DF, Rel. Min. Rosa Weber, julgado em 12/11/2019 (Info 959)" (ABNC).

O processo administrativo deve assegurar o contraditório e a ampla defesa[14].

O Tribunal de Contas da União, de acordo com o art. 73, deve ser integrado por nove Ministros, tem sede no Distrito Federal, quadro próprio de pessoal e jurisdição em todo o território nacional, exercendo, no que couber, as atribuições previstas no art. 96. A Lei Federal nº 8.443, de 16.07.1992, dispõe sobre a Lei Orgânica do Tribunal de Contas da União. Por sua vez, o Regimento Interno do Tribunal de Contas da União foi aprovado pela Resolução do TCU nº 15, de 15.06.1993.

Disse Paulo Soares Burgarin, sobre o Tribunal de Contas da União, que:

> "A Constituição de 1988, neste diapasão, preocupou-se em ampliar e aprofundar o alcance da atuação do controle externo, prevendo que a ele se submetem não apenas a Administração Direta mas também a Indireta e qualquer pessoa física ou jurídica, pública ou privada, que utilize, arrecade, guarde, gerencie ou administre dinheiros, bens e valores públicos ou pelos quais a União responda, ou que, em nome desta, assuma obrigações de natureza pecuniária, nos termos do parágrafo único do art. 70, com a redação dada pela Emenda Constitucional nº 19/98. No entanto, não se insere na jurisdição do TCU o particular que causa dano ao erário em decorrência do descumprimento de cláusula contratual legitimamente acordada, sem que tenha havido o concurso de agente público na prática do ato irregular. É o caso do correntista que deixa de pagar empréstimo contraído junto a alguma instituição financeira oficial. Nessas situações compete ao Tribunal verificar se a entidade estatal adotou as devidas providências para recuperar os prejuízos causados pelo particular. Não possui, entretanto, jurisdição diretamente sobre o particular, pois tal competência não lhe foi delegada pelo Texto Constitucional"[15].

Os Ministros do Tribunal de Contas da União devem ser: a) brasileiros com mais de trinta e cinco e menos de sessenta e cinco anos de idade; b) idoneidade moral e reputação ilibada; c) notórios conhecimentos jurídicos, contábeis, econômicos e financeiros ou de administração pública; d) mais de dez anos de exercício de função ou de efetiva atividade profissional que exija os conhecimentos mencionados no inciso anterior, conforme o Decreto Legislativo nº 6, de 22.04.1993.

---

14 Súmula Vinculante 3, de 30.05.2007: "Nos processos perante o Tribunal de Contas da União asseguram-se o contraditório e a ampla defesa quando da decisão puder resultar anulação ou revogação de ato administrativo que beneficie o interessado, excetuada a apreciação da legalidade do ato de concessão inicial de aposentadoria, reforma e pensão".

15 BUGARIN, Paulo Soares. **O Princípio Constitucional da Economicidade**. Belo Horizonte: Fórum, 2011, p. 65.

Na escolha dos Ministros do Tribunal de Contas da União, de acordo com o § 2º, deve um terço deles ser feita pelo Presidente da República, com aprovação do Senado Federal, sendo dois alternadamente dentre auditores e membros do Ministério Público junto ao Tribunal, indicados em lista tríplice pelo Tribunal, segundo os critérios de antiguidade e merecimento, em ato composto, previsto no art. 52, III, "b", bem como no art. 84, XV, ambos do texto constitucional. Por outro lado, os outros dois terços são escolhidos pelo Congresso Nacional, isoladamente, conforme o inciso XIII do art. 49.

De acordo com o § 3º do art. 73, da Constituição de 1988, os Ministros do Tribunal de Contas da União devem ter as mesmas garantias, prerrogativas, impedimentos, vencimentos e vantagens dos Ministros do Superior Tribunal de Justiça. São, dessa forma, vitalícios, inamovíveis e seus subsídios não podem ser reduzidos, mas lhes é vedado, sob pena de perda do cargo, exercer outro cargo ou função, salvo de magistério. Não podem, também, receber a qualquer título ou pretexto custa ou participação em processos sujeitos a seus despachos ou julgamentos ou, ainda, dedicar-se à atividade político-partidária.

Aplicam-se-lhes, quanto à aposentadoria e pensão, as normas constantes do art. 40, modificado pela Emenda Constitucional nº 20, de 15.12.1998, que antes apenas dizia que somente poderiam aposentar-se com as vantagens do cargo quando o tivessem exercido efetivamente por mais de cinco anos. Agora, com as regras da Emenda Constitucional nº 103, de 12.11.2019. O Auditor, quando em substituição a Ministro, deve ter as mesmas garantias e impedimentos do titular e, quando no exercício das demais atribuições da judicatura, as de Juiz de Tribunal Regional Federal, nos termos do § 4º do art. 73, do texto constitucional.

22.7. Tribunal de Contas dos Estados-membros e dos Municípios

A Constituição Federal não prevê, diretamente, a criação de Tribunais de Contas nos Estados-membros, fazendo-o indiretamente nos seus arts. 31 e 75. Contudo, é obrigatória a instituição de Tribunais de Contas pelos Estados-membros para auxiliar o controle externo da Administração Direta e Indireta Estadual, de competência da respectiva Assembleia Legislativa. Estes devem ser integrados por apenas sete Conselheiros, independente do número de habitantes dos Estados. Cabe às Constituições Estaduais disporem sobre a matéria, com base nos princípios gerais elencados nos arts. 71 e 73, do texto constitucional, aplicando, no que couber "à organização, composição e fiscalização dos Tribunais de Contas dos Estados-membros e do Distrito Federal". Em que pese a Lei Federal nº 8.443, de 16.07.1992, ter influenciado diversas leis orgânicas dos Tribunais de Contas dos Estados-membros, as principais garantias do devido processo legal, em especial o direito ao contraditório e à ampla defesa, bem como a publicidade, não foram completamente asseguradas nas leis estaduais. O Supremo Tribunal Federal decidiu, na ADI 5323/RN, tendo por Relatora a Ministra Rosa Weber, que o Tribunal de Contas dos Estados-membros tem reserva de iniciativa de lei sobre sua organização e funcionamento[16].

Nos Municípios, a fiscalização, mediante controle externo, deve ser exercida pela Câmara Municipal e pelos sistemas de controle interno do Poder Executivo Municipal, na forma da lei. O controle das contas dos Municípios dá-se pelo Poder Legislativo Municipal, auxiliados pelos "Tribunais de Contas dos Estados ou do Município ou dos Conselhos ou Tribunais de Contas dos Municípios, onde houver". Não obstante, está vedada "a criação de Tribunais, Conselhos ou órgãos de Contas Municipais", previsto no § 4º, do art. 31, da Constituição Federal. Tal dispositivo deve ser entendido que o controle das contas municipais deva ser feito pelo Tribunal de Contas do Estado, todavia, sejam mantidos os Tribunais de Contas dos Municípios já instituídos antes da atual Constituição[17], caso que ocorre apenas nos Municípios de São Paulo e Rio de Janeiro. Na Bahia, no Goiás e no Ceará, dentre outros, existem Tribunais de Contas do Estado-membro exclusivo para as contas municipais. O controle externo das contas municipais não deve incluir o julgamento das Contas das Câmaras dos Municípios, pois é este o Poder que deve, em última análise, julgar as contas municipais. Fazer esse controle por meio de Tribunal de Contas atentam contra o princípio federativo, previstos nos **caputs** dos arts. 1º e 18, da Constituição de 1988.

O parecer prévio, emitido pelo órgão competente sobre as contas que o Governador do Estado e que o Prefeito Municipal deve anualmente prestar, só deixar de prevalecer por decisão de dois terços dos membros da, respectivamente, Assembleia Legislativa do Estado-membro e da Câmara Municipal.

---

16 "É **inconstitucional lei estadual ou emenda à Constituição do Estado, de iniciativa parlamentar**, que trate sobre organização ou funcionamento do **TCE**. Os **Tribunais de Contas possuem reserva de iniciativa (competência privativa) para deflagrar o processo legislativo que tenha por objeto alterar a sua organização ou o seu funcionamento (art. 96, II c/c arts. 73 e 75 da CF/88)**. Trata-se de uma prerrogativa que decorre da independência e autonomia asseguradas às Cortes de Contas. Assim, é inconstitucional lei estadual ou mesmo emenda à Constituição do Estado, de iniciativa parlamentar, **que trate sobre organização ou funcionamento do TCE.** A promulgação de emenda à Constituição Estadual não constitui meio apto para contornar (burlar) a cláusula de iniciativa reservada. STF. Plenário. ADI 5323/RN, Rel. Min. Rosa Weber, julgado em 11/4/2019 (Info 937)" (ABNC).

17 FIGUEIREDO, Lúcia Valle. **Tribunais de Contas Municipais.** *In*: **Revista de Direito Público.** São Paulo: Revista dos Tribunais, abr.-jun./1982, nº 62/101, e **Doutrinas Essenciais: Direito Constitucional (Edições Especiais Revista dos Tribunais: 100 Anos).** 2ª tir. São Paulo: Revista dos Tribunais, 2013, vol. III, p. 1123.

Por outro lado, as contas dos Entes Federativos ficam anualmente, durante sessenta dias, à disposição de qualquer contribuinte, para exame e apreciação, o qual pode questionar-lhe a legalidade, assegurando o direito de denúncia.

22.8. Controle Interno no Brasil

Além do controle externo, exercido pelo Legislativo, com auxílio do Tribunal de Contas da União, está previsto no art. 74, da Constituição de 1988, que os Poderes Executivo, Legislativo e Judiciário mantêm, de forma integrada, sistema de controle interno. Estes dois últimos têm a autonomia financeira, de modo que precisam controlar as próprias finanças, bem como a execução orçamentária. O controle interno tem a finalidade, inicial, de avaliar o cumprimento das metas previstas no plano plurianual, a execução dos programas de governo e dos orçamentos da União. Destina-se, também, a comprovar a legalidade e a avaliar os resultados, quanto à eficácia e eficiência, da gestão orçamentária, financeira e patrimonial nos órgãos e entidades da Administração Federal, bem como da aplicação de recursos públicos por entidades de direito privado. Cabe-lhe exercer o controle das operações de crédito, avais e garantias, bem como dos direitos e dos haveres da União. Por fim, serve para apoiar o controle externo no exercício de sua missão institucional. De acordo com o § 1º do art. 74, da Constituição de 1988, os responsáveis pelo controle interno, ao tomarem conhecimento de qualquer irregularidade ou ilegalidade, dela dão ciência ao Tribunal de Contas da União, sob pena de responsabilidade solidária.

O direito de denúncia foi atribuído a qualquer cidadão, partido político, associação ou sindicato, que são parte legítima para denunciar irregularidades ou ilegalidades perante o Tribunal de Contas da União. A Constituição de 1988 não tratou expressamente do direito de representação, no art. 5º, XXXIV, "a". Todavia, no § 2º do art. 74, está garantido que qualquer cidadão, partido político, associação ou sindicato pode ser parte legítima para denunciar irregularidade ou ilegalidade perante o Tribunal de Contas da União. O direito de denúncia se encontra previsto nos arts. 53 e 54, da Lei Federal nº 8.443, de 16.07.1993, a Lei Orgânica do Tribunal de Contas da União, que dispõe que qualquer cidadão pode denunciar, além de requerer certidão dos despachos e fatos apurados. No início, a denúncia tem caráter sigiloso, para resguardar direitos e garantias individuais, até a decisão definitiva, que deve observar a publicidade devida.

22.9. Responsabilidade Fiscal no Brasil

A Lei Complementar Federal nº 101, de 04.05.2000, estabelece normas de finanças públicas voltadas para a responsabilidade na gestão fiscal[18], com amparo no Capítulo II, Das Finanças Públicas, do Título VI, Da Tributação e do Orçamento, da Constituição Federal. A responsabilidade na gestão fiscal pressupõe a ação planejada e transparente, em que se previnem riscos e corrigem desvios capazes de afetar o equilíbrio das contas públicas, através do cumprimento de metas de resultados entre receitas e despesas, no art. 1º, da Lei de Responsabilidade Fiscal[19]. No mesmo sentido, deve haver a obediência no que tange à renúncia de receita, à geração de despesas com pessoal, da seguridade social e outras, às dívidas consolidadas e mobiliárias, às operações de crédito, inclusive por antecipação de receita, concessão de garantia e à inscrição em restos a pagar.

As disposições desta Lei Complementar Federal nº 101, de 04.05.2000, obrigam a União, os Estados-membros, o Distrito Federal e os Municípios. Nas referências à União, aos Estados-membros, ao Distrito Federal e aos Municípios, estão compreendidos o Poder Executivo, o Poder Legislativo, neste abrangidos os Tribunais de Contas, o Poder Judiciário, o Ministério Público e a Defensoria Pública; bem como as respectivas Administração Direta, fundos, autarquias, fundações e empresas estatais dependentes. A Estados-membros entende-se considerado o Distrito Federal. A Tribunais de Contas estão incluídos o Tribunal de Contas da União (TCU), Tribunal de Contas do Estado-membro e, quando houver, Tribunal de Contas dos Municípios[20].

Deve ser entendido como Entidade da Federação, a União, cada Estado-membro, o Distrito Federal e cada Município[21]. Entende-se também a em-

18 HARADA, Kiyoshi. **Comentários à Lei de Responsabilidade Fiscal.** *In*: MARTINS, Yves Gandra da Silva, e BRITO, Edvaldo. **Doutrinas Essenciais: Direito Tributário (Edições Especiais Revista dos Tribunais)**. 2ª ed. São Paulo: Revista dos Tribunais, 2014, vol. I, p. 1153.

19 "Na presente Lei Complementar ora em questão, se bem analisadas as suas peculiaridades, podemos constatar que, em alguns de seus dispositivos, existem sérios indícios de que a mesma transcende as características de uma norma geral" (SILVA, Edson Jacinto da. **O Município na Lei de Responsabilidade Fiscal.** Leme: Editora de Direito, 2000, p. 23).

20 "Na análise textual da LRF, Lei nacional, que deveria conter só normas gerais, consoante a CR, infere-se constatação inequívoca e desastrosa: a existência continuada de subalternidade da autonomia estadual e municipal à União, o que desserve ao nosso Federalismo. [...] É que as medidas boas nem sempre vêm completamente boas nem sempre são completamente boas" (CASTRO, José Nilo. **Responsabilidade Fiscal nos Municípios.** Belo Horizonte: Editora Del Rey, 2001, pp. 28-9).

21 "No que diz respeito ao núcleo da federação, inclusive brasileira, é preciso ressaltar que este está exatamente na *descentralização* política que implica a *partilha* ou *divisão* da competência entre os diversos entes participantes do respectivo pacto" (MOTTA, Carlos Pintos Coelho e outros (orgs.). **Responsabilidade Fiscal: Lei Complementar 101 de 04.05.2000.** Belo Horizonte: Del Rey, 2000, p. 69).

presa controlada com a sociedade cuja maioria do capital social com direito a voto pertença, direta ou indiretamente, a Ente da Federação. Entende-se a empresa estatal dependente e empresa controlada que receba do Ente controlador recursos financeiros para pagamento de despesas com pessoal ou de custeio em geral ou de capital, excluídos, no último caso, aqueles provenientes de aumento de participação acionária. O sentido de receita corrente líquida é o somatório das receitas tributárias, de contribuições patrimoniais, industriais, agropecuárias, de serviços, transferências correntes e outras receitas também correntes.

Porém, deve deduzir na União, os valores transferidos aos Estados-membros e Municípios por determinação constitucional ou legal, e as contribuições mencionadas no art. 239, da Constituição de 1988. Nos Estados-membros, as parcelas entregues aos Municípios por determinação constitucional; na União, nos Estados-membros e nos Municípios, a contribuição dos servidores para o custeio do seu sistema de previdência e assistência social e as receitas provenientes da compensação financeira citada no § 9º do art. 201, da Constituição de 1988. São computados no cálculo da receita corrente líquida os valores pagos e recebidos em decorrência da Lei Complementar Federal nº 87, de 13.09.1996, e do fundo previsto pelo art. 60 do Ato das Disposições Constitucionais Transitórias. A receita corrente líquida deve ser apurada somando-se as receitas arrecadadas no mês em referência e nos onze anteriores, excluídas as duplicidades.

As leis de diretrizes orçamentárias precisam atender o disposto no § 2º do art. 165, da Constituição Federal, e devem dispor também sobre: a) o equilíbrio entre receitas e despesas; b) os critérios e forma de limitação de empenho, a ser efetivada nas hipóteses previstas na alínea "b" do inciso II deste artigo, no art. 9º e no inciso II do § 1º do art. 31, tudo da Lei Complementar Federal nº 101, de 04.05.2000; c) as normas relativas ao controle de custos e à avaliação dos resultados dos programas financiados com recursos dos orçamentos; d) as demais condições e exigências para transferências de recursos a entidades públicas e privadas.

Integra o projeto de lei de diretrizes orçamentárias o Anexo de Metas Fiscais, em que são estabelecidas as metas anuais, em valores correntes e constantes, relativas a receitas, a despesas e a resultados. O anexo deve conter, ainda: a) a avaliação do cumprimento das metas relativas ao ano anterior; b) o demonstrativo das metas anuais, instruído com memória e metodologia de cálculo que justifiquem os resultados pretendidos, comparando-as com as fixadas nos três exercícios anteriores, e evidenciando a consistência delas com as premissas e os objetivos da política econômica nacional; c) a evolução do patrimônio líquido, também nos últimos três exercícios, destacando a origem e a aplicação dos recursos obtidos com a alienação de ativos; d) a avaliação da situação financeira e atuarial; e) dos

Regimes Geral de Previdência Social (RGPS) e próprio dos servidores públicos (RPPS) e do Fundo de Amparo ao Trabalhador; f) dos demais fundos públicos e programas estatais de natureza atuarial; g) o demonstrativo da estimativa e compensação da renúncia de receita e da margem de expansão das despesas obrigatórias de caráter continuado. As leis de diretrizes orçamentárias contêm Anexos de Riscos Fiscais, onde são avaliados os passivos contingentes e outros riscos capazes de afetar as contas públicas, informando as providências a serem tomadas, caso se concretizem. A mensagem que encaminha o projeto da União apresenta, em anexo específico, os objetivos das políticas monetária, creditícia e cambial, bem como os parâmetros e as projeções para seus principais agregados e variáveis, e ainda as metas de inflação, para o exercício subsequente.

Os projetos de leis orçamentárias anuais, de acordo com o art. 5º, da Lei Complementar Federal nº 101, de 04.05.2000, devem ser elaborados de forma compatível com o Plano Plurianual, com a lei de diretrizes orçamentárias e com as normas desta lei complementar. Contém, em anexo, o demonstrativo da compatibilidade da programação dos orçamentos com os objetivos e as metas constantes do documento de que trata o § 1º do art. 4º, dessa lei complementar. É acompanhado do documento a que se refere o § 6º do art. 165, da Constituição de 1988, bem como das medidas de compensação de renúncias de receitas e ao aumento de despesas obrigatórias de caráter continuado. Precisa conter a reserva de contingência, cuja forma de utilização e montante, definido com base na receita corrente líquida, são estabelecidos na lei de diretrizes orçamentárias, destinada a atendimento de passivos contingentes e outros riscos e eventos fiscais imprevistos. Todas as despesas relativas à dívida pública, mobiliária ou contratual, e as receitas que as atendem, devem constar das leis orçamentárias anuais.

O refinanciamento da dívida pública deve constar separadamente nas leis orçamentárias e nas leis de crédito adicional. A atualização monetária do principal da dívida mobiliária refinanciada não pode superar a variação do índice de preços previsto na lei de diretrizes orçamentárias, ou em legislação específica. É vedado consignar na lei orçamentária crédito com finalidade imprecisa ou com dotação ilimitada. As leis orçamentárias não consignam dotação para investimento com duração superior a um exercício financeiro que não esteja previsto no plano plurianual ou em lei que autorize a sua inclusão, conforme disposto no § 1º do art. 167, da Constituição de 1988. Integram as despesas da União, e são incluídas nas leis orçamentárias, as do Banco Central do Brasil relativas a pessoais e a encargos sociais, o custeio administrativo, inclusive os destinados a benefícios e a assistência aos servidores e a investimentos. Constituem requisitos essenciais da responsabilidade na gestão fiscal a instituição, a previsão e a efetiva arrecadação de todos os tributos da competência constitucional do ente da Federação.

É vedada a realização de transferências voluntárias para o ente que não observe o disposto, no que se refere aos impostos.

As previsões de receita observam as normas técnicas e legais, consideram os efeitos das alterações na legislação, da variação do índice de preços, do crescimento econômico ou de qualquer outro fator relevante. São acompanhadas ainda de demonstrativo de sua evolução nos últimos três anos, da projeção para os dois seguintes àquele a que se referirem, e da metodologia de cálculo e premissas utilizadas, no art. 12, da Lei de Responsabilidade Fiscal. A reestimativa de receita por parte do Poder Legislativo só é admitida se comprovado o erro ou a omissão de ordem técnica ou legal. O montante previsto para as receitas de operações de crédito não pode ser superior ao das despesas de capital constantes do projeto de lei orçamentária. O Poder Executivo de cada Entidade Federada coloca à disposição dos demais Poderes e do Ministério Público, no mínimo trinta dias antes do prazo final para encaminhamento de suas propostas orçamentárias, os estudos e as estimativas das receitas para o exercício subsequente, inclusive da corrente líquida, e as respectivas memórias de cálculo.

No prazo previsto no art. 8º, da Lei Complementar Federal nº 101, de 04.05.2000, as receitas previstas devem ser desdobradas, pelo Poder Executivo, em metas bimestrais de arrecadação, com a especificação, em separado, quando cabível, das medidas de combate à evasão e à sonegação, da quantidade e dos valores de ações ajuizadas para cobrança da dívida ativa, bem como da evolução do montante dos créditos tributários passíveis de cobrança administrativa.

A concessão ou a ampliação de incentivo ou o benefício de natureza tributária, da qual decorre renúncia de receita, deve estar acompanhada de estimativa do impacto orçamentário-financeiro no exercício em que deva iniciar sua vigência e nos dois seguintes. Precisa, ainda, atender ao disposto na lei de diretrizes orçamentárias e a pelo menos uma das seguintes condições demonstradas pelo proponente de que a renúncia foi considerada na estimativa de receita da lei orçamentária, e de que não afeta as metas de resultados fiscais previstas no anexo próprio da lei de diretrizes orçamentárias. Deve estar acompanhada de medidas de compensação, por meio do aumento de receita, proveniente da elevação de alíquotas, da ampliação da base de cálculo e da majoração ou criação de tributo ou contribuição, no art. 14, da Lei de Responsabilidade Fiscal.

A renúncia compreende a anistia, a remissão, o subsídio, o crédito presumido, a concessão de isenção em caráter não geral, a alteração de alíquota ou a modificação de base de cálculo que implique redução discriminada de tributos ou contribuições, e outros benefícios que correspondam a tratamento diferenciado. Se o ato de concessão ou de ampliação do incentivo ou benefício decorre da condição contida, o benefício só entra em vigor quando implementadas as medidas referidas no mencionado inciso. O disposto não se aplica às alíquotas dos impostos nos incisos I, II, IV e V do art. 153, da Constituição de 1988, na forma do seu § 1º, ao cancelamento de débito cujo montante seja inferior ao dos respectivos custos de cobrança.

A criação, a expansão ou o aperfeiçoamento de ação governamental que acarrete o aumento da despesa é acompanhado de estimativa do impacto orçamentário-financeiro no exercício em que deva entrar em vigor e nos dois subsequentes. Precisa haver a declaração do ordenador da despesa de que o aumento tem adequação orçamentária e financeira com a lei orçamentária anual e compatibilidade com o plano plurianual e com a lei de diretrizes orçamentárias.

Considera-se adequada com a lei orçamentária anual a despesa objeto de dotação específica e suficiente, ou que esteja abrangida por crédito genérico, de forma que somadas todas as despesas da mesma espécie, realizadas e a realizar, previstas no programa de trabalho, não sejam ultrapassados os com limites estabelecidos para o exercício. Deve ser compatível com o plano plurianual e com a lei de diretrizes orçamentárias, a despesa que se conforme com as diretrizes, os objetivos, as prioridades e as metas previstos nesses instrumentos e não infrinja qualquer de suas disposições. A despesa é considerada irrelevante, nos termos em que dispuser a lei de diretrizes orçamentárias. As normas do **caput** do art. 16, da Lei Complementar Federal nº 101, de 04.05.2000, constituem as condições prévias para o empenho e a licitação de serviços, os fornecidos de bens ou a execução de obras, bem como a desapropriação de imóveis urbanos a que se refere o § 3º do art. 182, da Constituição de 1988.

É considerada obrigatória de caráter continuado a despesa corrente derivada de lei, a medida provisória ou o ato administrativo normativo que fixem para o ente a obrigação legal de sua execução por um período superior a dois exercícios. Os atos que criarem ou que aumentarem despesa devem ser instruídos com a estimativa prevista no inciso I do art. 16, da Lei Complementar Federal nº 101, de 04.05.2000, e demonstrar a origem dos recursos para seu custeio. Para efeito do atendimento, o ato acompanhado de comprovação de que a despesa criada ou aumentada não afeta as metas de resultados fiscais previstas no anexo dessa lei. Devendo seus efeitos financeiros, nos períodos seguintes, ser compensados pelo aumento permanente de receita ou pela redução permanente de despesas.

Considera-se o aumento permanente de receita o proveniente da elevação de alíquotas, da ampliação da base de cálculo, da majoração ou da criação de tributo ou contribuição. A comprovação referida, apresentada pelo proponente, contém as premissas e as metodologias de cálculo utilizadas, sem prejuízo do exame de compatibilidade da despesa com as demais normas do plano plurianual e da lei de diretrizes orçamentárias. A despesa não é executada antes da implementação das medidas que integram o instrumento que a criar ou aumentar. O disposto não se aplica às despesas destinadas ao serviço da dívida nem ao reajustamento de remuneração de pessoal de que trata o inciso X do art. 37, da Constituição de 1988. Considera-se aumento de despesa a prorrogação daquela criada por prazo determinado.

Os limites para as despesas com pessoal do Poder Judiciário, a cargo da União por força do inciso XIII do art. 21, da Constituição de 1988, são estabelecidos mediante a aplicação da regra anterior. Nos Estados-membros em que houver Tribunal de Contas dos Municípios, os percentuais definidos nas alíneas "a" e "c" do inciso II do **caput** do art. 20, da Lei Complementar Federal nº 101, de 04.05.2000, são respectivamente acrescidos e reduzidos em quatro décimos por cento. Para os fins previstos no art. 168, da Constituição de 1988, a entrega dos recursos financeiros correspondentes à despesa total com pessoal por Poder Político e órgão resulta da aplicação dos percentuais definidos, ou aqueles fixados na lei de diretrizes orçamentárias.

É nulo de pleno direito o ato que provoque aumento da despesa com pessoal e não atenda às exigências dos arts. 16 e 17, da lei complementar acima, e o disposto no inciso XIII do art. 37 e no § 1º do art. 169, da Constituição Federal, o limite legal de comprometimento aplicado às despesas com pessoal inativo. É nulo de pleno direito o ato de que resulte aumento da despesa com pessoal expedido nos cento e oitenta dias anteriores ao final do mandato do titular do respectivo Poder ou órgão citado no art. 20, da referida lei complementar.

Nenhum benefício ou serviço relativo à seguridade social pode ser criado, majorado ou estendido sem a indicação da fonte de custeio total, nos termos do § 5º do art. 195, da Constituição de 1988, atendidas ainda as exigências do art. 17, da Lei Complementar nº 101, de 04.05.2000. É dispensado da compensação o aumento de despesa decorrente de concessão de benefício a quem satisfaça as condições de habilitação prevista na legislação pertinente, expansão quantitativa do atendimento e dos serviços prestados, reajustamento de valor do benefício ou serviço, a fim de preservar o seu valor real. A disposição aplica-se a benefício ou a serviço de saúde, de previdência e de assistência social, inclusive os destinados aos servidores públicos e militares, ativos e inativos, e aos pensionistas.

22.10. Despesas com Servidor Público

A despesa com pessoal ativo e inativo da União, dos Estados-membros, do Distrito Federal e dos Municípios não pode exceder os limites estabelecidos em lei complementar. Esta medida destina-se a evitar que a Administração seja apenas um órgão com a missão de pagar a folha de pagamento, sem quaisquer investimentos em obras ou serviços. Assim, passou--se a exigir um limite com os gastos com pessoal. A Emenda Constitucional nº 19, de 04.06.1998, que tratou da Reforma Administrativa, deu nova redação ao art. 169, que antes dispunha apenas que: "art. 169. A despesa com pessoal ativo e inativo da União, dos Estados, do Distrito Federal e dos Municípios não poderá exceder os limites estabelecidos em lei complementar". Por outro lado, a concessão de qualquer vantagem ou o aumento de remuneração, a criação de cargos ou a alteração de estrutura de carreiras, bem como a admissão de pessoal, a qualquer título, pelos órgãos e pelas entidades da Administração Direta ou Indireta, inclusive fundações instituídas e mantidas pelo Poder Público, só podem ser feitas: a) se houver prévia dotação orçamentária suficiente para atender as projeções de despesa de pessoal e aos acréscimos dela decorrentes; b) se houver autorização específica na lei de diretrizes orçamentárias, ressalvadas as empresas públicas e as sociedades de economia mista. Atualmente, os limites de despesas com os servidores públicos estão previstos, na Lei Complementar Federal nº 82, de 27.03.1995.

O § 1º do art. 169, da Constituição de 1988, prevê que a concessão de qualquer vantagem ou o aumento de remuneração, a criação de cargos, de empregos e de funções ou a alteração de estrutura de carreiras, bem como a admissão ou a contratação de pessoal, a qualquer título, pelos órgãos e entidades da Administração Direta ou Indireta, inclusive fundações instituídas e mantidas pelo Poder Público, só podem ser feitas observando determinados critérios. Em primeiro lugar, exige-se a previsão orçamentária no princípio da anualidade, que já não prevalece mais para o direito tributário. Só pode haver a concessão acima se houver a prévia dotação orçamentária suficiente para atender às projeções de despesa de pessoal e aos acréscimos dela decorrentes. Vai mais longe ainda a exigência, pois deve haver a autorização específica na lei de diretrizes orçamentárias, ressalvadas as empresas públicas e as sociedades de economia mista.

Trata o § 2º do art. 169, da Constituição de 1988, que, decorrido o prazo estabelecido na lei complementar, para a adaptação aos parâmetros ali previstos, devem ser imediatamente suspensos todos os repasses de verbas federais ou estaduais aos Estados-membros, ao Distrito Federal e aos Municípios que não observarem os referidos limites. A Lei Federal nº 4.320, de 17.03.1964, foi recepcionada pela Constituição de 1988, com força de lei complementar, como já dito. O § 3º do art. 169, do texto constitucional, dispõe que para o cumprimento dos limites estabelecidos com base neste artigo, durante o prazo fixado na lei complementar, a União, os Estados-membros, o Distrito Federal e os Municípios devem adotar algumas providências. Em primeiro lugar, devem reduzir em pelo menos vinte por cento as despesas com os cargos em comissão e as funções de confiança. Em segundo lugar, prevê a exoneração dos servidores não estáveis. Consideramse servidores não estáveis, para os fins deste inciso, aqueles admitidos na administração direta, autárquica e fundacional sem concurso público de provas ou de provas e títulos, após o dia 5 de outubro de 1983.

Trata o § 4º do art. 169, do texto constitucional, de que se as medidas adotadas com base no parágrafo anterior não forem suficientes para assegurar o cumprimento da determinação da lei complementar referida, o servidor estável pode perder o cargo, desde que ato normativo motivado de cada um dos Poderes especifique a atividade funcional, o órgão ou unidade administrativa objeto da redução de pessoal. O servidor que perder o cargo faz jus à indenização correspondente a um mês de remuneração por ano de serviço. O § 6º do art. 167, da Constituição de 1988, fixa que o cargo objeto da redução prevista deve ser considerado extinto, vedada a criação de cargo, de emprego ou de função com atribuições iguais ou assemelhadas pelo prazo de quatro anos. Está disposto que lei federal dispõe sobre as normas gerais a serem obedecidas na efetivação do disposto no § 4º tudo do art. 169, do texto constitucional. A matéria também está tratada no art. 247, da Constituição Federal, que estabelece que a lei referida no § 7º, do referido art. 169, serve para os critérios e para as garantias especiais para a perda do cargo pelo servidor público estável que, em decorrência das atribuições de seu cargo efetivo, desenvolva atividade exclusivamente estatal.

Capítulo XXIII

SISTEMA TRIBUTÁRIO NACIONAL E IMPOSTOS

23.1. Sistema Tributário Nacional

O Estado, como o próprio Poder Público, é o responsável por sua Administração, em razão de sua autonomia em matéria de seu interesse, mas esta só se efetiva se houver a concessão de poder para ter suas rendas, independentemente de outras Entidades Federadas. O poder para arrecadar suas receitas e aplicar suas rendas, conforme os respectivos orçamentos constituem-se a autonomia financeira do Estado-membro, do Distrito Federal e dos Municípios. O Estado não encontra outras limitações, além dos princípios e das vedações constantes na Constituição Federal[1]. O Poder Público, em determinadas circunstâncias, consegue seus recursos tal como as pessoas jurídicas de direito privado, através da exploração econômica do seu patrimônio ou do monopólio dos seus serviços públicos. Não obstante, cada vez mais, os órgãos estatais vêm se afastando das atividades industriais e produtivas, para se concentrar em atividades mais nitidamente públicas.

Os recursos obtidos pelo Estado, de uma ou de outra forma, denominam-se receita pública. Esta, quando a receita vem da exploração econômica do patrimônio público, conceitua-se como receita originária. É a mesma obtida, em primeiro lugar, através do preço quase privado, que são cobranças pelas atividades industriais ou comerciais, procurando obter lucro de seus bens. Em segundo, mediante o preço público, que vem a ser as cobranças justificadas por uma atividade estatal movimentada pela manifestação do interesse privado, mas com interesse público secundário[2]. Ocorre, em geral, quando há monopólio da atividade estatal ou da exploração de servi-

1 Ver: LOUREIRO, Raul R. **A Inconstitucionalidade da Lei Tributária.** *In*: MARTINS, Yves Gandra da Silva, e BRITO, Edvaldo. **Doutrinas Essenciais: Direito Tributário (Edições Especiais Revista dos Tribunais)**. 2ª ed. São Paulo: Revista dos Tribunais, 2014, vol. I, p. 425.

2 "O Estado desenvolve uma atividade tipicamente privada, mas com a reserva para si, com exclusividade, desta atividade, eliminando a concorrência dos particulares" (FANUCCHI, Fábio. **Curso de Direito Tributário Brasileiro.** 4ª ed. São Paulo: Resenha Tributária/IBET, 1979, pp. 38-9).

ço público, sendo cobrado através de tarifa, como acontece com a distribuição de água ou de energia.

A receita resultante da manifestação do **ius imperium**, da força impositiva estatal, denomina-se receita derivada[3]. Os recursos financeiros da Administração têm origem no patrimônio dos particulares, através da apropriação de parte do mesmo por sua Receita Pública. Trata-se, em especial, do tributo, que "é toda prestação pecuniária compulsória, em moeda ou cujo valor nela se possa exprimir, que não constitua sanção de ato ilícito, instituída em lei e cobrada mediante atividade administrativa plenamente vinculada", no art. 3º do Código Tributário Nacional, Lei Federal nº 5.172, de 25.10.1966, recepcionada como lei complementar.

Hugo de Brito Machado Segundo disse que:

> "Reconheça-se, porém, que se por um lado o tributo sempre esteve presente nas sociedades humanas, de modo a dar origem ao ditado segundo o qual 'nada no mundo é tão certo quanto a morte e os impostos', o mesmo não pode ser dito de um sistema de normas dedicado a disciplinar sua cobrança, notadamente se se estiver cogitando de um sistema ao qual *aqueles que cobram* o tributo se devem submeter. Ou seja: tributos sempre foram exigidos, independentemente de normas que o estabeleçam, as quais não surgiram, historicamente, para 'viabilizar' a cobrança, mas para limitá-la, ou conformá-la. Essa é a função do sistema tributário nacional. Aliás, a necessidade de normas às quais se submetem também governantes e legisladores deu origem às Constituições e aos catálogos de direitos fundamentais que nelas se acham consagrados e que se espraiaram para a proteção de outras liberdades e valores humanos"[4].

A primeira parte do conceito, que trata da prestação pecuniária compulsória, deve ser entendida como o comportamento obrigatório de uma prestação em dinheiro, afastando a possibilidade de ato voluntário. Quando trata da moeda ou cujo valor nela se possa exprimir quer dizer que a prestação do tributo deve se dar através da moeda corrente do Brasil, mas pode também ser satisfeita através de bem ou de direito diverso, que possa exprimir a moeda. Exclui-se, ainda, o fato com feição de ilicitude, quando fala que não constitua sanção de ato ilícito, afastando aí as multas administrativas e as penais.

Deve ser instituída em lei, para que o tributo só possa ser exigido legitimamente, movendo a necessidade de se elaborar norma em sentido for-

3 OLIVEIRA, Regis Fernandes de. **Receitas Públicas Tributárias.** *In*: MARTINS, Yves Gandra da Silva, e BRITO, Edvaldo. **Doutrinas Essenciais: Direito Tributário (Edições Especiais Revista dos Tribunais).** 2ª ed. São Paulo: Revista dos Tribunais, 2014, vol. I, p. 431.

4 MACHADO SEGUNDO, Hugo de Brito. **Sistema Tributário Nacional.** *In*: ALVIM, Eduardo Arruda, LEITE, George Salomão, e STRECK, Lênio (coords.). **Curso de Direito Constitucional.** Florianópolis: Tirant le Blanch, 2018, p. 847.

mal, isto é, aquela aprovada pelo Poder Legislativo e sancionada pelo Poder Executivo. Afastam também tal expressão os fatos relativos às obrigações convencionais, quando existe convergência de vontades. Previu-se, por fim, que seja cobrada mediante atividade administrativa plenamente vinculada, de modo que a obrigação tributária surge da ocorrência do fato gerador, devendo ser declarada formalmente existente através do lançamento fiscal. A expressão comporta a noção, ainda, de que a Administração Tributária deve se limitar às disposições legais, não havendo margem para atos discricionários, ainda que na análise do fato gerador possa haver certo grau de subjetividade[5].

Os tributos podem ser classificados[6] como os impostos, as taxas e as contribuições de melhoria[7], de acordo com o art. 145, da Carta Magna. A União pode cobrar as várias contribuições previdenciárias para o Regime Geral de Previdência Social (RGPS), as contribuições sociais para fins econômicos e de categoria profissional e os empréstimos compulsórios. O Estado-membro, o Distrito Federal e o Município podem, ainda, "instituir contribuição, cobrada de seus servidores, para o custeio, em benefício destes, de sistemas de previdência e assistência social", art. 149, § 1º, bem como às municipalidades, a contribuição de custeio da iluminação pública, no art. 149-A, da Constituição Federal.

O imposto vem a ser a mais importante espécie do gênero tributo, estando definido legalmente no art. 16, do Código Tributário Nacional, como "tributo cuja obrigação tem por fato gerador uma situação independente de qualquer atividade estatal específica, relativa ao contribuinte". Por esta definição, o contribuinte recolhe o imposto, mas não recebe nenhuma contraprestação direta e imediata, sendo essa a sua principal característica, que o distingue das outras espécies. Por outro lado, constituiu-se na principal fonte de recursos do Poder Público, inclusive da União, dos Estados-membros, do Distrito Federal e dos Municípios.

---

5 "Se é verdade que atos importantes do procedimento de arrecadação tributária pertencem à classe dos vinculados, outros muitos existem, dentro da mesma atividade, em que o administrador está autorizado, pela lei, a integrar com sua vontade ou juízo a norma jurídica, diante do caso concreto, operando com critérios subjetivos próprios, a fim de dar satisfação aos objetivos consagrados no sistema legal" (CARVALHO, Paulo de Barros. **Curso de Direito Tributário.** 5ª ed. São Paulo: Saraiva, 1991, p. 23).

6 COELHO, Werner Nabiça. **Classificação dos Tipos Tributários.** *In:* MARTINS, Yves Gandra da Silva, e BRITO, Edvaldo. **Doutrinas Essenciais: Direito Tributário (Edições Especiais Revistas dos Tribunais).** 2ª ed. São Paulo: Revista dos Tribunais, 2014, vol. I, p. 669.

7 CHAVES, Antônio. **Contribuição de Melhoria.** *In*: MARTINS, Yves Gandra da Silva, e BRITO, Edvaldo. **Doutrinas Essenciais: Direito Tributário (Edições Especiais Revista dos Tribunais).** 2ª ed. São Paulo: Revista dos Tribunais, 2014, vol. VI, p. 157.

Os impostos podem ser: a) adicionais, quando seu fato gerador é representado pelo pagamento de outro imposto; b) diretos, quando uma só pessoa é contribuinte de fato e de direito, isto é, arca com o ônus e vem a ser o responsável pelas obrigações tributárias; c) indiretos, quando existe uma pessoa que contribui e outra que deve cumprir as obrigações relativas ao controle, arrecadação e recolhimento. Podem ser classificados, também, em: a) fixos, quando determinado o seu **quantum** em quantia certa, sem necessidade de cálculos; b) proporcionais, quando estabelecido em porcentagem incidente sobre o valor da matéria tributável. É progressivo, se as alíquotas são fixadas em porcentagens variáveis e crescentes, e regressivos, se em porcentagens variáveis e decrescentes. Por fim, classificam-se em: a) reais, quando não levam em consideração a condição inerente ao contribuinte; b) pessoais são aqueles que estabelecem diferenças tributárias em razão de condições particulares do contribuinte.

A taxa[8], em geral, é periódica, estando definida no inciso II do art. 145, da Constituição de 1988, que seguiu a definição do art. 77, do Código Tributário Nacional, como o tributo cobrado "em razão do exercício do poder de polícia ou pela utilização efetiva ou potencial, de serviços públicos específicos e divisíveis, prestados ao contribuinte ou postos a sua disposição". A taxa pode ser cobrada pelo exercício do poder de polícia, que se encontra conceituada pelo art. 78, do Código Tributário Nacional, como as de publicidade em logradouro público, a de licença em geral, inclusive sobre o lixo[9]. Em tal situação, a Fazenda Pública faz certas concessões ao sujeito passivo, permitindo-lhe que exerça um direito determinado. A cobrança da taxa pode se justificar pela prestação de serviço público, como ocorre quando da imposição de taxa de expediente para a tramitação de determinado processo administrativo fiscal[10].

---

8 COSTA, Alcides Jorge. **O Conceito de Tributo, Imposto e Taxa.** *In*: MARTINS, Yves Gandra da Silva, e BRITO, Edvaldo. **Doutrinas Essenciais: Direito Tributário (Edições Especiais Revista dos Tribunais)**. 2ª ed. São Paulo: Revista dos Tribunais, 2014, vol. VI, p. 25.

9 Súmula Vinculante 19, de 29.10.2009: "A taxa cobrada exclusivamente em razão dos serviços públicos de coleta, remoção e tratamento ou destinação de lixo ou resíduos provenientes de imóveis, não viola o artigo 145, II, da Constituição Federal".

10 "Processo administrativo é o conjunto de atos administrativos, produzidos por instituições públicas ou de utilidade pública, com competência expressa, respaldados em interesse público, que são registrados e anotados em documentos que formam peças administrativas, disciplinando a relação jurídica entre a Administração e os administrados, os servidores públicos ou outros órgãos públicos. [...] A administração tributária, além dos processos de isenção, de lançamento e de expediente, conhece dois tipos principais de procedimentos: um, de natureza litigiosa, e outro, de natureza não litigiosa. No primeiro, o lançamento é acompanhado de multa ou de outra penalidade tributária, sendo de pronto estabelecido o contraditório. No segundo, o contribuinte

A contribuição de melhoria vem a ser o tributo cobrado e instituído para fazer face ao custo de obras públicas de que decorra valorização imobiliária, de acordo com o disposto no art. 81, do Código Tributário Nacional, posto que a Constituição Federal, no inciso III do art. 145, limitou-se a informar que o mesmo decorre de obras públicas. A justificativa da cobrança se encontra no fato de que uma obra pública nova realizada pelo Poder Público e que resulta em valorização imobiliária, obriga o contribuinte a responder pela tributação do acréscimo patrimonial. Trata-se de tributo muito importante para a Fazenda Pública, mas que lamentavelmente, no Brasil, não encontrou respaldo e interesse para sua efetiva cobrança.

Existem limites ao poder de tributar da Fazenda Pública que são os princípios e as limitações, que restringem a atuação estatal e asseguram as garantias individuais e sociais dos contribuintes. Podem ser, também, as imunidades, que são verdadeiras vedações à imposição de tributos. O princípio da legalidade, conforme o art. 150, I, da Constituição de 1988, que exige lei em sentido formal para a criação de tributo, e o da isonomia, art. 150, II, da Constituição Federal, que assegura a igualdade jurídica, constitui-se em dois dos mais importantes. Estão previstos, ainda, o princípio da irretroatividade da lei, no art. 150, III, "a", e o da anterioridade, no art. 150, III, "b", pelo qual o tributo só pode ser cobrado se aprovado no exercício financeiro anterior. Existem, ainda, os princípios da uniformização da tributação, no art. 151, I; da liberdade de trânsito, no art. 150, V; da proteção jurisdicional, no art. 5º, XXXV; e da vedação do confisco, no art. 150, IV.

As imunidades são relativas ao patrimônio, renda ou serviços entre União, Estados-membros, Distrito Federal e Municípios; templo de qualquer culto; patrimônio, renda ou serviços dos partidos políticos, entidades sindicais dos trabalhadores, das instituições de educação e de assistência social, no art. 150, VI, "a", "b" e "c", da Constituição de 1988. Existem, ainda, as vedações à União de tributar renda das obrigações da dívida pública dos Estados-membros, do Distrito Federal e dos Municípios; bem como a remuneração e proventos dos seus agentes públicos, no art. 151, II, da Constituição Federal;

---

dirige-se espontaneamente à autoridade administrativa, visando aclarar dúvida com relação à legislação, tendo como condição que aquele não esteja em litígio com a Administração com relação à matéria objeto da consulta. Encontram-se, assim, no processo fiscal todas as modalidades de processo administrativo: de expediente, as simples autuações que tramitam pelos órgãos e repartições tributantes para cadastramento, notificação do contribuinte e demais atos complementares; de outorga, nos casos de processo de isenção; de controle, compreendendo os processos de lançamento e de consulta; e de punição, quando se tratar de processos por infração tributária. Por outro lado, por aproximação, nesta modalidade já vem analisado o processo administrativo previdenciário" (COSTA, Nelson Nery. **Processo Administrativo e suas Espécies**, *op. cit.*, pp. 8 e 230).

e, ainda, instituir isenções de tributos de competência dessas pessoas jurídicas de direito público, no art. 151, III, da Constituição Federal.

23.2. Princípios Gerais Tributários

O Poder Público, para o exercício das funções administrativas que lhe foram atribuídas, executa suas atividades com o uso de suas rendas. O poder de arrecadar os tributos e de aplicar as rendas, de acordo com o orçamento anual, trata-se da competência financeira que, no aspecto de arrecadação fiscal, vem a ser a competência tributária. Pode a Entidade Federada instituir tributo, através de lei, mas não pode cobrá-lo no próprio exercício em que esta foi fixada. É uma segurança a mais para o contribuinte, que arca com todo o ônus fiscal.

O Poder Público, para realizar seus encargos, construir as obras, manter seu aparelho burocrático e ainda exercer seus serviços, precisa de recursos, que vai buscar no setor privado. Os recursos podem ser originários, quando resultarem de atividades econômicas desenvolvidas por estabelecimentos públicos. Os recursos originários podem ser os preços quase privados, quando se originaram de lucros em atividades de natureza privada, como a distribuição de combustível. Podem ser, também, os preços públicos, quando resultados de atividade de natureza privada, mas submetido ao poder público por meio de monopólio, como a energia nuclear, ou os preços de serviços de utilidade pública. É conhecida pelo nome de tarifa, como a passagem de transporte público terrestre ou aéreo.

A receita pode ter natureza compulsória, conhecida como o recurso derivado, porque obtida pelo exercício do **ius imperium**, o poder da soberania estatal. A receita desse modo obtida é o tributo, que se encontra conceituado no art. 3º, do Código Tributário Nacional, como "toda prestação compulsória, em moeda ou cujo valor nela se possa exprimir, que não constitua sanção de ato ilícito, instituído em lei e cobrado mediante atividade administrativa plenamente vinculada". Tem como característica ser uma prestação de natureza obrigatória, onde não se discute se há interesse ou não em pagá-la, não podendo resultar de sanção de ato ilícito. Deve, expressamente, ser criada por lei, não se admitindo outro modo de instituição. A União, os Estados-membros, o Distrito Federal e os Municípios podem estabelecer tributos, de acordo com o art. 145, da Constituição Federal. Estes podem ser os impostos, as taxas e as contribuições de melhoria.

O sistema tributário nacional foi tratado nas Constituições[11], desde o texto de 1824, nos arts. 170 a 172. Constou, também, na Constituição

11 Ver: BORGES, José Souto Maior. **Hermenêutica Histórica do Direito Tributário.** *In*: MARTINS, Yves Gandra da Silva, e BRITO, Edvaldo. **Doutrinas Essenciais: Direito Tribu-**

de 1891, nos arts. 7º e 9º; de 1934, nos arts. 14 e 15; de 1937, nos arts. 20, 23 e 28; de 1946, nos arts. 15, 16 e 29; e de 1967, que na sua Emenda Constitucional nº 1, de 17.10.1969, apareceu nos arts. 18 a 26. Na Constituição de 1988, passou a ser o Capítulo I, Do Sistema Tributário Nacional, do Título VI, Da Tributação e do Orçamento, nos arts. 145 a 162. O imposto vem a ser o tributo cuja obrigação tem por fato gerador uma situação independente de qualquer atividade estatal específica relativa ao contribuinte, como dispõe o art. 16, do Código Tributário Nacional. A União, os Estados-membros, o Distrito Federal e os Municípios têm competências específicas para instituir os impostos, com a primeira tendo competência residual, de acordo com o disposto no art. 145, I, da Constituição Federal. A sua característica mais marcante, então, é a desvinculação com qualquer obra ou serviço público.

De acordo com suas características, o imposto pode ser fixo, quando o valor independe de cálculo, ou percentual, quando incide sobre um valor determinado em termos de porcentagens, e, ainda, adicional, quando o fato gerador é outro tributo. Pode, ainda, ser direto, quando o contribuinte que de fato paga o tributo também o recolhe, ou indireto, quando existe um contribuinte de fato e outro de direito. Quanto à alíquota, pode ser: a) proporcional, quando a alíquota varia conforme a base de cálculo; b) progressivo, quando a alíquota aumenta conforme se eleva a base de cálculo; c) regressivo, quando esta diminui conforme o valor sobre o qual vai incidir. Por fim, pode ser real, quando independe da capacidade de contribuição ou, ainda, pessoal, quando depende da situação deste, como já dito.

As taxas são cobradas em razão do exercício do poder de polícia ou pela utilização, efetiva ou potencial, de serviços públicos específicos e divisíveis, prestados ao contribuinte ou postos à sua disposição[12] [13]. Trata-se, praticamente, do mesmo dispositivo contido no art. 77, do Código Tributário Nacional, que disse que: art. 77. As taxas cobradas pela União, pelos Estados-membros, pelo Distrito Federal ou pelos Municípios, no âmbito de suas respectivas atribuições, têm como fato gerador o exercício regular do poder de polícia, ou a utilização efetiva ou potencial, de serviço público específico e divisível, prestado ao contribuinte ou posto a sua disposição".

---

tário (Edições Especiais Revista dos Tribunais). 2ª ed. São Paulo: Revista dos Tribunais, 2014, vol. I, p. 282.

---

12 Súmula Vinculante 29, de 03.02.2010: "É constitucional a adoção, no cálculo do valor de taxa, de um ou mais elementos da base de cálculo própria de determinado imposto, desde que não haja integral identidade entre uma base e outra".

13 Súmula Vinculante 41, de 11.03.2015: "O serviço de iluminação pública não pode ser remunerado mediante taxa".

Existem, então, duas situações para a cobrança das taxas – o exercício regular do poder de polícia ou, então, a utilização de serviço público específico ou divisível, ainda que prestada efetiva ou potencialmente.

Existe, ainda, a contribuição de melhoria, decorrente de obras públicas. Dispõe o art. 81, do Código Tributário Nacional, que a contribuição de melhoria cobrada pela União, pelos Estados, pelo Distrito Federal ou pelos Municípios, no âmbito de suas respectivas atribuições, é instituída para fazer face ao custo de obras públicas de que decorra valorização imobiliária, tendo como limite total a despesa realizada e como limite individual o acréscimo de valor que da obra resultar para cada imóvel beneficiado. Em razão da dificuldade de se averiguar a valorização do imóvel, por conta de seu caráter subjetivo, esse tributo vem sendo pouco utilizado no Brasil, não obstante a mudança efetuada pelo art. 145, III, do texto constitucional, que procurou fugir às restrições do Código Tributário Nacional. O Decreto-lei nº 195, de 24.02.1967, versou sobre as contribuições de melhoria.

Dispõe o § 1º do art. 145, da Constituição de 1988, que, sempre que possível, os impostos devem ter caráter pessoal e ser graduados segundo a capacidade econômica do contribuinte[14], ou seja, trata-se de um imposto pessoal e progressivo. Fica facultada à Administração Tributária a competência para conferir efetividade a esses objetivos, identificar, respeitados os direitos individuais e nos termos da lei, o patrimônio, os rendimentos e as atividades econômicas do contribuinte. Por fim, deve-se observar que as taxas não podem ter base de cálculo própria de impostos, nos termos do § 2º do art. 145, do texto constitucional.

Cabe à lei complementar dispor sobre as diversas matérias de direito tributário. Deve-se entender que a lei complementar é a espécie legal em que se exige **quorum** qualificado, da maioria absoluta, podendo ser veiculadora de normas intermediárias entre a Constituição e a legislação ordinária, sobre os dispositivos específicos, que exigem um consenso maior ou uma maioria sólida para a sua aprovação. A Constituição de 1946 foi omissa quanto à matéria, como tinham sido as outras. Foi a Emenda Constitucional nº 18, de 01.12.1965, que instituiu um sistema tributário racional para o Brasil. Logo depois, veio o Código Tributário Nacional, Lei Federal nº 5.172, de 25.10.1966, que foi recepcionada pela Constituição de 1967 e sua Emenda Constitucional nº 1, de 17.10.1969. Promulgou-se a Constituição de 1988 e, igualmente, foi recepcionada a lei acima, com força de lei com-

14 MARTINS, Yves Gandra da Silva. **O Princípio da Isonomia em Matéria Tributária.** *In*: MARTINS, Yves Gandra da Silva, e BRITO, Edvaldo. **Doutrinas Essenciais: Direito Tributário (Edições Especiais Revista dos Tribunais).** 2ª ed. São Paulo: Revista dos Tribunais, 2014, vol. II, p. 367.

plementar, pois este é o instrumento atual para dispor sobre a matéria. A vigência do novo Sistema Tributário Nacional foi tratada no art. 34, do Ato das Disposições Constitucionais Transitórias.

Trata o inciso I, do art. 146, que a lei complementar acima referida pode dispor sobre conflitos de competência, em matéria tributária, entre a União, os Estados-membros, o Distrito Federal e os Municípios. O Sistema Tributário Nacional respeita o princípio federativo, previsto no art. 1º e no art. 18, em que está afirmado que a República Federativa do Brasil é formada pela união indissolúvel dos Estados-membros, do Distrito Federal e dos Municípios, além da União Federal. Coube a soberania à União, como fundamento da soberania, esta entendida como a qualidade que permite a um país se afirmar como igual aos outros Estados e superior a qualquer pessoa física ou jurídica no interior do seu território. Aos Estados-membros, ao Distrito Federal e aos Municípios assegurou-se a autonomia, como a capacidade de dispor sobre diversas competências, inclusive a decisiva para assegurar tal direito, que é a autonomia financeira. Por esta, podem impor tributo e arrecadá-lo no âmbito do seu respectivo território. A definição da competência privativa de cada entidade da Federação Brasileira é fundamental para evitar o conflito que pode ocorrer, com resultados negativos para todo o Sistema Tributário Nacional, que deve funcionar harmonicamente e com o mínimo de contencioso.

Dispõe o inciso II, do artigo acima, sobre a competência da lei complementar para regular as limitações constitucionais ao poder de tributar[15]. As alíneas do inciso VI do art. 150, da Constituição de 1988. Fixa a vedação da União, dos Estados-membros, do Distrito Federal e dos Municípios para instituir imposto sobre diversas áreas, como: a) a relação entre estas entidades da Federação; b) a religião; c) as entidades que prestem serviços à sociedade, como os partidos políticos, os sindicatos e as instituições de assistência social; d) a comunicação impressa e a cultura[16]. A matéria se encontra hoje tratada no art. 9º, do Código Tributário Nacional, que, apesar de anterior ao atual texto constitucional, tem a mesma imunidade prevista na Constituição de 1988, em razão de ambas estarem ainda sob a influência da Emenda Constitucional nº 15, de 01.12.1965, que delineou as premissas do atual Sistema Tributário Nacional.

15 Súmula Vinculante 50, de 17.06.2015: "Norma legal que altera o prazo de recolhimento de obrigação tributária não se sujeita ao princípio da anterioridade".

16 Súmula Vinculante 57, de 15.04.2020: "A imunidade tributária constante do art. 150, VI, d, da CF/88 aplica-se à importação e comercialização, no mercado interno, do livro eletrônico (e-book) e dos suportes exclusivamente utilizados para fixá-los, como leitores de livros eletrônicos (e-readers), ainda que possuam funcionalidades acessórias".

Por se tratar de imunidade prevista no texto constitucional, não existe autoridade para extinguir a garantia. Pode-se, apenas, suspender a imunidade, caso a situação do possível contribuinte for uma daquelas previstas nos incisos e alíneas do art. 150, do texto constitucional. O Código Tributário Nacional, em seu art. 14, trata da matéria. Em primeiro lugar, estabelece que a imunidade prevista no atual art. 150, VI, "c", da Constituição Federal, quanto ao patrimônio, à renda ou aos serviços de partidos políticos e de instituições de educação ou de assistência social, está condicionada a algumas regras. Dispõe o art. 14, I, acima mencionado que fica vedado às instituições que gozem de imunidade:

> "Art. 14. ....
> I – não distribuírem qualquer parcela de seu patrimônio ou de sua renda, a título de lucro ou participação no seu resultado; II – aplicarem integralmente, no País, os seus recursos na manutenção dos seus objetivos institucionais; III – manterem escrituração de suas receitas e despesas em livros revestidos de formalidades capazes de assegurar sua exatidão".

Está previsto, ainda, que a "autoridade" pode suspender a aplicação do benefício. Em geral, é o Delegado da Receita do Brasil, o Secretário de Estado-membro ou Distrital da Fazenda ou o Secretário de Finanças do Município. Encontra-se ainda a disposição do § 2º art. 146, que diz que os serviços tratados devem ser relacionados com os objetivos institucionais da entidade. Diversas leis ordinárias, recentes, tratam do procedimento a ser aplicado pelo art. 14, do Código Tributário Nacional, que é o de suspender a entidade beneficiada pela imunidade constitucional. Na verdade, como o inciso II, do art. 146, estabelece que apenas lei complementar pode versar sobre ela, e não leis ordinárias. Como foi feito, caracteriza-se violação clara da imunidade prevista na Constituição de 1988, em seu art. 150, VI, "c".

O inciso III do art. 146 dispõe que a lei complementar deve estabelecer normas gerais em matéria de legislação tributária. Foi fixado que é de competência de lei complementar: a) a definição de tributos e de suas espécies; b) em relação aos impostos discriminados na Constituição; c) estabelecer os respectivos fatos geradores, bases de cálculo e contribuintes; d) a obrigação, o lançamento, o crédito, a prescrição e a decadência tributários; e) adequado tratamento tributário ao ato cooperativo praticado pelas sociedades cooperativas.

O Código Tributário Nacional deve dispor, então, sobre a definição de tributos e de suas espécies, como impostos, taxas e contribuições de melhoria, bem como a relação aos impostos discriminados na Constituição, de acordo com a alínea "a", do inciso III, do art. 146. A competência para impor tributo implica na definição dos respectivos fatos geradores, das bases de cálculo e dos contribuintes. O fato gerador deve ser entendido como dispõe o art. 114, do Código Tributário Nacional, como "a situação definida em lei como necessária e suficiente para a sua ocorrência". Existem, assim, no conceito de fato gerador, dois aspectos – o primeiro, que vem a ser a tipificação efetuada pela Constituição e pela lei, para definir uma situação ou pessoa que deve recolher determinado tributo; o segundo aspecto está relacionado com a configuração do fato jurídico real, que se encontra descrito na lei, como o fato gerador da obrigação tributária.

A base de cálculo do tributo constitui-se na expressão numérica sobre a qual vai incidir a alíquota, de forma a estabelecer o **quantum** do imposto a ser recolhido. A alíquota, que é o percentual previsto para o tributo, vai incidir na base de cálculo, para da operação se extrair o valor do tributo devido. O contribuinte é a pessoa física ou jurídica que deve satisfazer a Fazenda Pública quanto à obrigação principal e às penalidades pecuniárias previstas na lei. O sujeito passivo da obrigação acessória é a pessoa obrigada às prestações, que constituem o seu objeto principal.

Encontra-se previsto, também, que a lei complementar trate da matéria, como a obrigação, o lançamento, o crédito, a prescrição e a decadência tributários[17], em situação prevista na alínea "b" do inciso III, do art. 146. O início da obrigação tributária não nasce com a criação da lei, que apenas tipifica os fatos geradores, mas sim com a ocorrência do fato material, que está previsto no tipo determinado. A obrigação é a relação jurídica pela qual um sujeito ativo pode exigir de um sujeito passivo uma prestação que lhe satisfaça. A obrigação tributária é a relação jurídica que permite à União, aos Estados-membros, ao Distrito Federal e aos Municípios exigirem dos sujeitos passivos, contribuintes que estejam previstos para o pagamento do tributo, a obrigação principal. Esta se constitui na obrigação de dar, de levar pecúnia aos cofres públicos, ao passo que a obrigação acessória é a obrigação de fazer, de suportar e de não fazer, para que o sujeito ativo tenha as informações necessárias para saber o valor do tributo devido, de acordo com o art. 122, tudo do Código Tributário Nacional.

Trata, também, do crédito tributário, que é a situação em que ocorre um fato gerador que esteja de acordo com o tipo legal, surgindo aí a obrigação tributária, ainda ilíquida e incerta. Num momento depois, que pode ser de frações de segundo ou em tempo bem maior, surge o crédito tributário, caracterizado por um lançamento efetuado, com a função de constituir a

---

17 COSTA, Alcides Jorge. **Decadência, Prescrição e Prescrição Intercorrente em Matéria Tributária.** *In*: MARTINS, Yves Gandra da Silva, e BRITO, Edvaldo. **Doutrinas Essenciais: Direito Tributário (Edições Especiais Revista dos Tribunais).** 2ª ed. São Paulo: Revista dos Tribunais, 2014, vol. I, p. 877.

obrigação tributária. O crédito tributário está tratado nos arts. 139 e seguintes, do Código Tributário Nacional[18].

O lançamento, nos termos do art. 142, do Código Tributário Nacional, encontra-se descrito como o "procedimento administrativo, tendente a verificar a ocorrência do fato gerador da obrigação correspondente, determinar a matéria tributável, calcular o montante do tributo devido e identificar o sujeito passivo e, sendo o caso, propor a aplicação de penalidade cabível"[19]. O lançamento pode ser unilateral, quando o sujeito ativo verifica a ocorrência da obrigação tributária e faz o lançamento, tratado no art. 147, do Código Tributário Nacional. No art. 149, do mesmo diploma legal, está previsto o lançamento por declaração, quando o sujeito ativo recebe a declaração do sujeito passivo ou terceiro, que será necessária para se fazer o lançamento. Por fim, no art. 150, da disposição acima, encontra-se tratado o lançamento por homologação, quando o sujeito passivo antecipa-se ao sujeito ativo, fazendo os cálculos e recolhendo o tributo.

A prescrição e a decadência são formas bem definidas para o direito tributário, muito mais do que no direito civil, de onde são conceitos originados. O lançamento, que caracteriza a constituição da obrigação tributária em crédito tributário, líquido e certo, portanto exigível do contribuinte, pode ser excluído, suspenso ou extinto. Dentre as causas de extinção do crédito tributário, previsto no art. 156, V, do Código Tributário Nacional, estão a prescrição e a decadência. A prescrição é entendida como a falência do direito de cobrar o crédito tributário, podendo ser interrompida, estando prevista no art. 173, do Código Tributário Nacional. A decadência é a falência do direito de constituir o crédito tributário, não podendo ser interrompida, estando no art. 174, do mesmo diploma legal. A decadência ocorre no prazo entre a ocorrência do fato gerador que constitui a obrigação tributária. Por fim, trata a alínea "c" do inciso III do art. 145, do texto constitucional, que lei complementar deve dar o adequado tratamento tributário ao ato cooperativo praticado pelas sociedades cooperativas. Trata-se de uma forma de valorizar estas instituições e incentivar suas criações.

Previu a Emenda Constitucional nº 45, de 08.12.2004, o inciso III, "d", do art. 146, do texto constitucional. Por este, foi disposta a definição de tratamento diferenciado e favorecido para as microempresas e para as

---

18 Súmula Vinculante 28, de 03.02.2020: "É inconstitucional a exigência de depósito prévio como requisito de admissibilidade de ação judicial na qual se pretenda discutir a exigibilidade de crédito tributário".

19 Súmula Vinculante 24, de 02.12.2009: "Não se tipifica crime material contra a ordem tributária, previsto no art. 1º, incisos I a IV, da Lei nº 8.137/90, antes do lançamento definitivo do tributo".

empresas de pequeno porte. Incluiu-se também regimes especiais ou simplificados no caso do imposto previsto no art. 155, II, das contribuições previstas no art. 195, I, e parágrafos 12 e 13, e da contribuição a que se refere o art. 239, tudo do texto constitucional. A Emenda acima, por sua vez, dispôs, sobre a matéria, no **parágrafo único**, do art. 146, da Constituição de 1988, que prevê lei complementar. Por este, também pode instituir um regime único de arrecadação dos impostos e contribuições da União, dos Estados-membros, do Distrito Federal e dos Municípios. É importante observar que: a) é opcional para o contribuinte; b) podem ser estabelecidas condições de enquadramento diferenciadas por Estado; c) o recolhimento é unificado e centralizado e a distribuição da parcela de recursos pertencentes aos respectivos entes federados será imediata, vedada qualquer retenção ou condicionamento; d) a arrecadação, a fiscalização e a cobrança podem ser compartilhadas pelos entes federados, adotado cadastro nacional único de contribuintes, como no caso de cobrança do simples nacional. O texto constitucional foi acrescido ao art. 146-A, pela Emenda Constitucional nº 42, de 19.12.2003, que alterou o Sistema Tributário Nacional, relativo à ocorrência entre as empresas privadas.

Foram fixadas pelo art. 147, da Constituição de 1988, as situações em que se define a quem cabem determinados tributos de entidades da Federação que não tenham autonomia tributária, para instituir e arrecadar tributo. Ficou definido que cabem à União os impostos estaduais, que tenha a ocorrência do fato gerador e o lançamento para a constituição de crédito tributário em Território Federal. Caso este Território não seja dividido em municípios, cumulativamente, compete à União instituir e arrecadar os impostos municipais. Atualmente, no século XXI, não existem Territórios Federais, ainda que tramitem no Congresso Nacional propostas de Emendas Constitucionais, prevendo o desmembramento de Estados-membros e a criação de Territórios na Região Norte, em especial.

Foi fixado, também, que compete ao Distrito Federal, além dos tributos dos Estados-membros a que se equivale, os impostos municipais. Assim, o Distrito Federal, de forma **sui generis**, acumula os tributos estaduais, previstos no art. 155, e os municipais, tratados no art. 156, sem necessidade daqueles haver a repartição de tributos estaduais, previstos nos incisos III e IV e do art. 158, tudo do texto constitucional.

Trata-se da questão do empréstimo compulsório no art. 148, da Constituição Federal. É matéria polêmica em diversas questões. Cabe à União, mediante lei complementar, o poder de instituir empréstimos compulsórios. Estão previstas, no art. 145, da Constituição Federal, as formas clássicas de tributos – os impostos, as taxas e as contribuições de melhoria. Não foi aí mencionado o empréstimo compulsório, nem as contribuições sociais ou as contribuições para a seguridade social. O empréstimo compulsório tem as características de mútuo, só que realizado de forma compulsória. Apesar do seu aspecto **sui generis**, a compulsoriedade lhe dá a dimensão de tributo, ainda que um pouco diferente. A Fazenda Pública tira dois proveitos do empréstimo compulsório – o primeiro é a disponibilidade imediata de recursos que, de outra forma, demoraria muito a ser adquirido; o outro decorre de se tratar de um mútuo em que existe apenas a restituição, sem o recolhimento dos juros legais. Todavia, se a Fazenda Pública fosse tomar o dinheiro no mercado financeiro, pagaria um valor maior do que sob a forma compulsória.

A natureza jurídica do empréstimo compulsório é expressa nas teorias unilaterais, bilaterais e mistas. Por esta teoria, o empréstimo compulsório é uma espécie de imposto. As teorias bilaterais entendem que o empréstimo compulsório é um contrato de adesão, contrato coletivo, mútuo de direito público ou depósito de direito público. Por sua vez, as teorias unilaterais afirmam que pode ser requisição pecuniária ou modalidade de tributo. Não há traço contratual no empréstimo compulsório, de modo que não há uma relação bilateral. A relação é unicamente unilateral, e não apenas uma requisição pecuniária, com base no **ius imperium** geral.

Trata-se, na verdade de um novo tributo, posto que existe a fixação de uma obrigação tributária, pela qual implica a obrigação do contribuinte de recolher a pecúnia aos cofres públicos. Não está o empréstimo compulsório descrito no art. 145, da Constituição Federal, mas se encontra na Seção I, Dos Princípios Gerais, do Capítulo I, Do Sistema Tributário Nacional. Não se encontra em nenhum outro lugar do texto constitucional, mas naquele que trata dos tributos, sendo esta sua natureza jurídica. No mesmo sentido, o empréstimo compulsório consta do art. 15, do Código Tributário Nacional, ainda de 1966, anterior, portanto às Constituições de 1967 e de 1988. Estas trataram a questão da mesma forma que a Lei Federal nº 5.172, de 25.10.1966, que foi recepcionada como lei complementar pelos dois textos constitucionais mencionados, dispondo sobre a matéria, como já dito.

Na Constituição de 1988, no art. 148, estão previstas diversas formas de se instituir empréstimo compulsório. Pode ser aplicado em casos de calamidade pública, de guerra externa ou sua iminência e, ainda, de investimento público. Trata o inciso I, do artigo acima, da instituição do empréstimo compulsório para atender a despesas extraordinárias, decorrentes de calamidade pública, de guerra externa ou sua iminência. Este dispositivo contém os dois primeiros incisos do art. 15, do Código Tributário Nacional, que dispõe sobre a competência da União para instituir empréstimo compulsório – nos casos de guerra externa, ou sua iminência; calamidade pública que exija auxílio federal impossível de atender com os recursos orçamentários disponíveis. O inciso III do art. 15, do Código Tributário Nacional, tratava da instituição do empréstimo compulsório no caso de conjuntura que exija a absorção temporária de poder aquisitivo.

A previsão acima permitiu que houvesse a edição de diversas leis estabelecendo empréstimo compulsório sobre operações, como a aquisição de veículos automotores, gasolina ou viagens ao exterior. Em nenhuma destas situações houve a devolução do valor do empréstimo compulsório, em verdadeiro confisco. Atualmente, o inciso II, do art. 148, da Constituição de 1988, trata da situação da necessidade de investimento público de caráter urgente e de relevante interesse nacional, observado o princípio da anterioridade. Houve, então, uma modificação de situações mais genéricas e subjetivas da "conjuntura que exija a absorção temporária de poder aquisitivo", para a situação mais concreta e objetiva do "investimento público".

Por fim, o **parágrafo único** do art. 148, da Constituição de 1988, estabelece que a aplicação dos recursos provenientes de empréstimo compulsório deve ser vinculada à despesa que fundamentou sua instituição. Com este dispositivo foram fixados, então, três modificações no empréstimo compulsório, para torná-lo mais assimilável pelos contribuintes. Em primeiro lugar, deve ser efetuado através de lei complementar. Precisa-se entender que a lei complementar é a espécie legal em que se exige **quorum** qualificado, de maioria absoluta, podendo ser veiculadora de normas intermediárias entre a Constituição e a legislação ordinária, sobre dispositivos específicos, que exigem um consenso maior ou uma maioria sólida para a sua aprovação. Em segundo lugar, já não pode ser instituído o empréstimo compulsório apenas em decorrência da "conjuntura nacional", mas de situação bem definida, em que os recursos são destinados à calamidade pública, guerra externa ou investimento público. Em terceiro lugar, os recursos provenientes de empréstimo compulsório têm uma destinação orçamentária específica, que não pode ser desviada.

Fixou-se, pelo art. 149, da Constituição Federal, a possibilidade de se instituir três espécies de contribuição, duas cabendo a órgãos federais, tendo como fato gerador a intervenção no domínio econômico e do interesse das categorias profissionais ou econômicas. A outra cabe aos Estados-membros, ao Distrito Federal e aos Municípios, tendo como fato gerador o custeio de sistema de previdência e assistência social, em benefício dos seus servidores públicos, ou seja, ao Regime Próprio de Previdência Social (RPPS).

A contribuição social é um tributo especial, em virtude da não previsão no art. 145, da Constituição de 1988, e vinculado, no sentido de relacionar a incidência do fato gerador com a atividade estatal. Apresenta benefícios para os trabalhadores da atividade sujeita à cobrança da contribuição social e para a própria empresa que suporta o ônus da contribuição. A contribuição social acaba trazendo melhorias para as empresas, com maior capacitação de sua mão de obra para os trabalhadores, que se especializam e valorizam seu trabalho. Também a sociedade como um todo é beneficiada, em razão da melhoria do grau de educação de sua gente. Por outro lado, ocorre o trabalho de educação e da assistência social para os trabalhadores dos diferentes setores da economia, em especial para a educação de conhecimentos técnicos, relativos ao desenvolvimento de tecnologia e da pesquisa no mundo.

Tratam-se as contribuições sociais das antigas contribuições parafiscais, que eram as contribuições do gênero tributo, amparadas no poder que a Fazenda Pública tem de intervir no domínio econômico, permitindo o recolhimento de contribuição para associações profissionais e satisfazendo o sistema previdenciário. De sua competência original asseguraram-se as contribuições sociais, previstas no art. 149, da Constituição de 1988, bem como as contribuições para a seguridade social, previstas no art. 195, da Constituição Federal, estas para o custeio do Regime Geral de Previdência Social (RGPS). Acresceu-se, ainda, a possibilidade de os Estados-membros, Distrito Federal e Municípios instituírem contribuição para seus servidores, para constituir instituto de previdência e assistência social. Deve-se mencionar, ainda, que existem outras contribuições, como as contribuições para os sindicatos, prevista no art. 8º, IV, da Constituição de 1988. Contudo, com a Reforma Trabalhista, em 2017, deixou a contribuição sindical de ser obrigatória, sendo facultativa, perdendo aí a natureza tributária. Existe tanto a contribuição de categoria profissional, descontada dos associados em folha, para o custeio do sistema confederativo de representação profissional, como a contribuição prevista em lei, para toda a categoria profissional, sem distinção, o antigo imposto sindical.

Compete, exclusivamente, à União instituir as contribuições sociais, de intervenção no domínio econômico e de interesse das categorias profissionais ou econômicas, como instrumento de sua atuação nas respectivas áreas. Criou-se, assim, a possibilidade da União intervir no domínio econômico, para que a limitação ao direito de propriedade de algumas resultasse em benefício dos demais. Criaram-se contribuições para financiar instituições como o Serviço Nacional de Aprendizagem Industrial (SENAI), o Serviço Nacional de Aprendizagem Comercial (SENAC) e o Serviço Nacional de Aprendizagem Rural (SENAR), dentro de outros. Estes devolvem à sociedade o benefício, através da realização de cursos de especialização técnica, bem como de assessoria para a abertura de negócios e atividades econômicas. No entanto, cada vez mais se questiona a real utilidade de tais instituições, em boa parte dirigida por empresários falidos e que praticam o nepotismo e, em alguns casos, a malversação de tais recursos.

Possibilitou-se, ainda, a instituição de contribuição social de interesse das categorias profissionais ou econômicas. Assegurou-se à União a competência para legislar sobre as condições para o exercício das profissões, previsto no art. 22, XVI, segunda parte, da Constituição Federal. O sistema que exerce o controle do exercício profissional é feito por Conselhos Profissionais, como o Conselho Federal de Medicina (CFM), o Conselho Federal de Engenharia (CREA), dentre outros, com caráter de autarquia especial. Existem outros, como a Ordem dos Advogados do Brasil, que foi definida como um serviço público federal, dotada de personalidade jurídica e forma federativa, de acordo com o art. 44, da Lei Federal nº 8.906, de 04.07.1994. Para alguns juristas, trata-se de um serviço público não-governamental, daí não poder ser fiscalizado pelo Tribunal de Contas da União, que tem outro entendimento. A Ementa Constitucional nº 33, de 11.12.2001, acrescentou o § 2º ao art. 149, renumerando o **parágrafo único** para § 1º.

Encontra-se previsto que a contribuição social está condicionada às regras prevista em lei complementar para estabelecer as normas gerais de legislação tributária, sendo esta legislação o Código Tributário Nacional, que foi recepcionado como esta espécie de norma, tratada no art. 146, III, da Constituição de 1988. Por outro lado, encontra-se previsto que deve ser instituído através de lei, conforme o art. 150, I, da Constituição Federal, bem como prevalecem os princípios da anterioridade, tratados no inciso III deste artigo da Constituição. Não podem ser exigidos noventa dias depois da data da publicação da lei, conforme o art. 195, § 6º, da Constituição Federal, relativamente às contribuições a que alude o dispositivo.

Por fim, de acordo com o § 1º do art. 149, da Constituição de 1988, atribuiu-se competência aos Estados-membros, ao Distrito Federal e aos Municípios para instituir contribuição, cobrada de seus servidores, para o custeio, em benefício destes, de sistemas de previdência e assistência social. Desse modo, estas Entidades da Federação passaram a ter competência para criarem institutos de previdência e de assistência dos servidores públicos federais, distritais ou municipais, conforme o caso, para os sem Regime Próprio de Previdência Social (RPPS), agora com as limitações da Emenda Constitucional nº 103, de 12.11.2019.

A Emenda Constitucional nº 33, de 11.12.2001, introduziu três parágrafos ao art. 149, da Constituição de 1988. As contribuições sociais e as contribuições de intervenção no domínio econômico passam a ter definida: a) a não incidência em receita decorrente de exportação; b) a incidência sobre a importação de petróleo e seus derivados, gás natural e seus derivados e álcool combustível; c) os critérios das alíquotas, **ad valorum** e específica, conforme o § 2º do art. 149, da Constituição de 1988. Foi tratada, ainda, da equiparação, no § 3º desse artigo, bem como da hipótese de incidência uma única vez, no § 4º. O acréscimo ao art. 149, do texto constitucional, decorreu da instituição da contribuição de intervenção no domínio econômico relativa às atividades de comercialização de petróleo e seus derivados, gás natural e seus derivados e álcool combustível, previstas no § 4º do art. 177, da Constituição Federal, também acrescido pela Emenda Constitucional acima.

A Emenda Constitucional nº 39, de 19.12.2002, institui novo artigo, numerando-o como o art. 149-A. Trata-se de mais uma tentativa de ampliar a competência tributária no Brasil, no caso dos Municípios. O art. 149, do texto constitucional, dispõe sobre as contribuições sociais, para os Estados-membros, o Distrito Federal e os Municípios, para o critério do sistema previdenciário e assistência social em benefício dos seus servidores. A iluminação pública era cobrada por taxa, competência tributária alegada com base no art. 145, III, para fixação de taxa, o Município e o Distrito Federal instituíram lei sobre a matéria, ou até inserindo em Código Tributário Municipal. Contudo, a matéria mereceu repúdio em decisão judicial sobre este tributo, que não se enquadrava no conceito de taxa. Veio assim tentar pacificar a matéria, ainda que a aplicação da contribuição amplie a participação do Poder Público no Produto Interno Bruto (PIB) brasileiro.

A Emenda Constitucional nº 39, de 19.12.2002, acresceu ao texto constitucional o art. 149-A, que permitiu aos Municípios e o Distrito Federal instituir contribuição, na forma das respectivas leis, para o custeio do serviço de iluminação pública, tendo em vista que a jurisprudência vinha se consolidando para não aceitar a cobrança através de taxas. Foi facultada a cobrança da contribuição na fatura de consumo de energia elétrica. A Emenda Constitucional nº 41, de 19.12.2003, alterou o § 1º do art. 149, do texto constitucional. Em primeiro lugar, separou o sistema de previdência do sistema de assistência social, eliminando este do parágrafo acima. Em segundo, fixou que se trata de regime previdenciário previsto no art. 40, da Constituição Federal, no caso, o Regime Próprio de Previdência Social (RPPS), com alíquota não podendo ser inferior à contribuição dos servidores titulares de cargos efetivos da União. A Emenda Constitucional nº 42, de 19.12.2003, por sua vez, modificou o inciso II do § 2º do art. 149, da Constituição Federal. Na redação anterior, dada pela Emenda Constitucional nº 33, de 11.12.2001, previa as contribuições sociais e as de intervenção no domínio econômico, que poderiam incidir apenas sobre a importação de petróleo e seus derivados, gás natural e seus derivados e álcool combustível. Agora, com a alteração de 2003, passou a incidir sobre qualquer importação de produtos estrangeiros ou serviços.

Ao se dizer que os princípios do direito privado se aplicam para a pesquisa da definição de institutos desse ramo do direito, o dispositivo, obviamente, não disciplina a interpretação, no campo do direito privado, dos institutos desse direito. Por conseguinte, o que a legislação acima pretende dizer significa que os institutos de direito privado devem ter sua definição, seu conteúdo e seu alcance pesquisados com o instrumental técnico fornecido pelo direito privado. Não é para os efeitos privados, o que seria óbvio e não precisaria, nem caberia ser dito pelo Código Tributário Nacional, mas para os efeitos tributários.

Os princípios gerais do direito tributário constituem as regras expressas de natureza constitucional, da mesma forma que os princípios gerais de direito público. Não se pode dizer de sua aplicação de forma supletiva, e dizer, como uso subsidiário do princípio para preenchimento de eventual lacuna. Ao contrário, tais princípios integram-se em um sistema, ou melhor, constituem o próprio pilar do Sistema Tributário Nacional. Os princípios gerais de direito tributário constituem a primeira base do método sistemático pela qual os pontos silentes, obscuros ou contraditórios duma lei ou imposto, talvez do tributo, completam-se, esclarecem-se ou se corrigem pelas leis de outros tributos ou pelas regras básicas, do Código Tributário Nacional.

23.3. Limitação ao Poder de Tributar

A competência que é atribuída ao Poder Público para instituir e arrecadar tributos tem como contrapartida a existência de barreiras a esta competência, em que se fixam limites constitucionais ao exercício do poder de tributar. As vedações a este poder são restrições de ordem geral, ou especial, cerceando a competência legal das Entidades da Federação Brasileira. Trata-se a imunidade[20] de uma forma de não incidência, vedando a imposição de quaisquer tributos sobre o fato econômico, por determinação da Constituição, que diz expressamente o que quer. Existem, então, em relação à União, aos Estados-membros, ao Distrito Federal e aos Municípios, diversos limites ao poder de tributar, expressos no texto constitucional, sem o prejuízo de outras garantias asseguradas ao contribuinte.

Os princípios e as limitações ao poder de tributar são enunciados que restringem a incidência de tributos, do ponto de vista do Poder Público, e que asseguram as garantias e os direitos individuais, do ponto de vista do contribuinte. As imunidades constitucionais podem versar sobre verdadeiras vedações, sobre os direitos e as garantias individuais e sobre as relações jurídicas de direito público.

Sobre as imunidades tributárias, Sacha Calmon Navarro Coelho disse que:

> "Cabe à Carta Magna estabelecer a competência tributária das pessoas políticas, definindo-lhe o alcance e limite. Nos países que adotam constituições rígidas, como o Brasil, a imunidade, limitação constitucional ao poder de tribu-

20 RAMOS FILHO, Carlos Alberto de Moraes. **A Natureza Jurídica das Imunidades Tributárias.** *In*: MARTINS, Yves Gandra da Silva, e BRITO, Edvaldo. **Doutrinas Essenciais: Direito Tributário (Edições Especiais Revista dos Tribunais).** 2ª ed. São Paulo: Revista dos Tribunais, 2014, vol. II, p. 461.

> tar, delimita o campo tributável posto à disposição do ente tributante. A imunidade é congênita à Constituição, sua sede é inelutavelmente constitucional. Costuma-se dizer que a imunidade é um *prius* em relação ao exercício da competência tributária, e a isenção, um *posterius*. Ao tracejar o espaço fático sobre o qual pode o legislador infraconstitucional atuar, o constituinte previamente o delimita, separando as áreas de incidência e as que lhe são vedadas. O espaço fático posto à disposição do legislador infraconstitucional resulta das determinações genérica dos fatos jurígenos (áreas de incidência). As áreas vedadas à tributação decorrem de proibições constitucionais expressas (imunidades) ou de implícitas exclusões (toda porção fática que não se contiver nos lindes da descrição legislativa do 'fato gerador' é intributável à falta de previsão legal. As imunidades alcançam as situações que normalmente – não fosse a previsão expressa de intributabilidade – estariam conceitualmente incluídas no desenho do fato jurígeno tributário. Por isso mesmo são vistas e confundidas as imunidades com um dos seus efeitos: o de limitar o poder de tributar"[21].

A questão das limitações ao poder de tributar foi matéria não abordada, pela Constituição de 1824. Não obstante, alguns dispositivos da Constituição de 1891 passaram a tratar do assunto, nos arts. 8º, 11 e 66, sem ter qualquer unidade de procedimento quanto às limitações constitucionais. A Constituição de 1934, em seu art. 17, IX, também trouxe previsão sobre a vedação ao poder de tributar, quanto ao direito de livre circulação de bens e de pessoas, no que foi seguido pela de 1937, em seu art. 25. A Constituição de 1946, em seu art. 31, com cinco incisos, um deles com três alíneas, começou a delinear o tratamento constitucional que o Brasil passou a adotar, desde então.

Foi previsto, pela primeira vez, a questão específica da imunidade constitucional de proibição de: "V – lançar tributo sobre: [...]; b) templos de qualquer culto, bens de partidos políticos, instituições de educação e de assistência social, desde que as suas rendas sejam aplicadas integralmente no país para os respectivos fins", no texto constitucional de 1946. Instituiu-se a imunidade e, ao mesmo tempo, a condicionou a um fim determinado. A Constituição de 1967, em seu art. 20, III, "b", dispunha que: "Art. 20. É vedado à União, aos Estados, ao Distrito Federal e aos Municípios: [...]; III – criar impostos sobre: [...]; b) patrimônio, a renda ou os serviços de partidos políticos e de instituições de educação ou de assistência social, observados os requisitos fixados em lei", no que foi seguido pelo art. 19, III, "c", da sua Emenda Constitucional nº 1, de 17.10.1969. A Constituição de 1988 seguiu a mesma direção dos textos constitucionais anteriores, no art. 150.

---

21 COELHO, Sacha Calmon Navarro. **Imunidades Tributárias.** *In*: ALVIM, Eduardo Arruda, LEITE, George Salomão, e STRECK, Lênio (coords.). **Curso de Direito Constitucional**. Florianópolis: Tirant le Blanch, 2018, p. 875.

Dispõe o inciso I do art. 150, da Constituição de 1988, que é vedado à União, aos Estados-membros, ao Distrito Federal e aos Municípios exigir ou aumentar tributo sem lei que o estabeleça. Este dispositivo já foi tratado no art. 5º, II, da Constituição Federal, que dispôs que ninguém é obrigado a fazer nada, senão em virtude de dispositivo legal. O princípio da legalidade vem a ser fundamental para o Estado Democrático de Direito, porque contempla as duas vertentes do problema – de um lado, o Poder Público, que quer o reconhecimento de sua competência e a executoriedade de suas decisões; do outro lado estão os cidadãos, que pretendem assegurar diversas garantias processuais, para fazer frente ao arbítrio estatal. A lei, então, representa a vontade estatal que, assim, traduzem a vontade geral. Na sua formação, antes ou durante o processo legislativo, a lei tem forte conteúdo político e social, sendo em geral discutida e objeto de lutas e embates. Quando ela emerge desse processo, sendo sancionada ou promulgada e, depois, publicada em órgão oficial, assume seu verdadeiro aspecto jurídico, de norma geral e abstrata, não específica a ninguém, mas relativa a todos os cidadãos.

A legalidade tem como aspecto marcante, em primeiro lugar, uma certa hierarquia entre os dispositivos legais. Existe hierarquia entre a Constituição Federal e as Emendas Constitucionais, que podem ser consideradas inconstitucionais. E entre estas e as leis complementares, as leis ordinárias, as medidas provisórias, as leis delegadas, os decretos legislativos e as resoluções, que estão no mesmo plano, apenas o texto constitucional indica a competência de cada uma. Ocorre a exigência de **quorum** especial para as leis complementares, como a maioria absoluta, mas isto não lhes faz superiores às leis ordinárias. Por outro lado, os demais dispositivos têm destinação constitucional específica e a ela deve se restringir.

Existem, ainda, as chamadas leis em sentido material, que podem ser os tratados, as convenções, os decretos e as normas complementares. De acordo com nossa tradição, os tratados e as convenções necessitam da aprovação do Congresso Nacional, no art. 49, I, da Constituição de 1988, para só aí passarem a ter validade no território brasileiro. Os decretos, principalmente quando tratam de regulamentos de tributos, e também quando versam sobre processo administrativo e outras normas que impliquem na restrição de direitos individuais e coletivos, tendo maior elasticidade em restringir a explicação da lei, quase criando direito.

Apesar de estar expresso que só a lei em sentido estrito tem competência infralegal para criar, modificar ou extinguir direito, ainda assim, através de diversos atos infralegais, tenta-se mudar esta assertiva. É mais complicado, ainda, em relação às normas complementares. No dia a dia, principalmente em matéria financeira e tributária, a Administração tende a expedir portarias, circulares, resoluções, ofícios e outros atos administrativos para explicar o direito. Ocorre, porém, que constantemente se cria, modifica e extingue direito, sem a garantia constitucional da exigência de lei em sentido formal, em que seja observado o processo legislativo constitucional. O cidadão deve, então, ter muito cuidado para não ser espoliado em seus direitos, em razão da normatização exacerbada do Poder Público.

É interessante observar como, no direito tributário e no direito bancário, os fatos econômicos precederam aos fatos jurídicos, havendo certa letargia em aqueles serem de imediato traduzido por esses. Determinadas operações bancárias, nem sempre produzidas em um contrato formal, existem no mundo econômico e social, sem estar vertidas em um texto legal que as discipline. O mesmo se dá quando a Receita Pública tenta enquadrar certa transação comercial, como um determinado fato gerador, descrito anteriormente ao mesmo, nem sempre conseguido, por se tratar de fato novo e independente do anterior, com premissas específicas. A ineficiência do processo legislativo, como meio de prover o mundo jurídico de boas normas, não pode justificar a procura constante da Administração de ignorar a lei e passar a criar direito, com seu arsenal de atos administrativos. Dispôs sobre a matéria a Constituição de 1946, no art. 141, § 34, e de 1967, no art. 150, § 29, passando para a Emenda Constitucional nº 1, de 17.10.1969, nos arts. 19, I, e 153, § 29.

A igualdade perante a lei veio expressa no **caput** do art. 5º, da Constituição de 1988, como testemunha de que o Estado ora constituído tem como premissa a tradicional linguagem liberal. Dada a relevância do tema, não é o inciso I do mesmo artigo, da Constituição Federal, uma redundância, mas uma reafirmação do princípio da igualdade, como o primeiro dentre todos, para que os cidadãos possam efetivar sua cidadania. Para muitos, pode ser considerado insuficiente a igualdade formal, pois ela asseguraria apenas tratamento igual perante a lei, sem garantir melhores condições sociais. O princípio da isonomia traduz-se no sentido de que a lei é igual para todos ou, pelo menos, há igualdade jurídica para os iguais, não levando em consideração os aspectos sociais da igualdade. Dispôs sobre o princípio da isonomia, no sistema tributário, a Constituição de 1824 (art. 179, nº 13), bem como as Constituições de 1891 (art. 71, § 2º), de 1934 (art. 113, nº 1), de 1937 (art. 122, nº 1), de 1946 (art. 141, § 1º) e de 1967 (art. 150, § 1º), e na sua Emenda Constitucional nº 1, de 17.10.1969 (art. 153, § 1º).

Fixou-se, no art. 150, II, da Constituição de 1988, que é vedado à União, aos Estados-membros, ao Distrito Federal e aos Municípios instituir tratamento desigual entre contribuintes que se encontrem em situação equivalente. Proíbe qualquer distinção em razão da ocupação profissional ou função por eles exercida, independentemente da denominação jurídica dos rendimentos, títulos ou direitos. Trata-se de uma isonomia diversa da descrita como regra geral, no **caput** e inciso I, do art. 5º, da Constituição

Federal. Ao mesmo tempo veda o tratamento desigual para contribuintes em igualdade de condições, permitindo que se dê tratamento desigual para os contribuintes que se encontrem em situação de desigualdade. Nasce daí o direito de aplicar alíquotas progressivas ou regressivas, como a forma de criar as situações diferentes para quem deve ser tratado de forma diversa. Existe, com ele, o princípio da capacidade contributiva, que implica na obrigação de quem tem ou recebe mais contribuir com maiores valores.

Trata o inciso III do art. 150, da Constituição de 1988, da vedação à cobrança de tributos em relação a fatos geradores ocorridos antes do início da vigência da lei que os houver instituído ou aumentado, bem como no mesmo exercício financeiro em que haja sido publicada a lei que os instituiu ou aumentou. Trata-se de limitações para o fim de evitar que o contribuinte seja surpreendido com a instituição de fatos geradores de operações pretéritas ou fora do exercício fiscal. O princípio da irretroatividade, previsto no art. 150, III, "a", da Constituição Federal, é o que veda a União, os Estados-membros, o Distrito Federal e os Municípios tributarem fatos geradores ocorridos antes do início da vigência da lei que os houver instituído ou aumentado. Trata-se de meio técnico para impedir a insegurança da ordem jurídica. Assim, não pode a Fazenda Pública cobrar tributos em relação a fato ocorrido antes da vigência da lei que dispor sobre a matéria.

O princípio da anterioridade vem a ser aquele que veda a criação ou o aumento de tributo, no mesmo exercício financeiro em que haja sido publicada a lei que os instituiu ou aumentou, de acordo com a alínea "b" do inciso III do art. 150, da Constituição de 1988. Este princípio determina que nenhum tributo, como regra geral, possa ser cobrado em cada exercício sem que a lei que o houver instituído ou aumentado esteja em vigor antes do exercício fiscal. No sistema tributário, anterior às Constituições de 1967 e de 1988, o princípio da anualidade prevalecia, sendo então exigido não só anterioridade ao exercício fiscal, mas a prévia autorização orçamentária, o que protegia ainda mais o contribuinte. Dispõe o § 1º do art. 150, da Constituição Federal, sobre o princípio da anterioridade, não se aplicando seus efeitos em relação: a) ao imposto sobre importações, art. 153, I, da Constituição de 1988; b) ao imposto sobre exportação, art. 153, II; c) ao imposto sobre produtos industrializados, art. 153, IV; d) aos impostos sobre operações financeiras, art. 153, V; e) aos impostos extraordinários de guerra externa, art. 154, II. A Emenda Constitucional nº 42, de 19.12.2003, acrescentou a alínea "c" ao inciso III do art. 150, da Constituição Federal, prevendo que os tributos só podem ser cobrados depois de decorridos noventa dias da data em que foi publicada a lei que os aumentou ou instituiu, observado o princípio da anterioridade. Foi modificado também, pela Emenda Constitucional acima, o § 1º, do mesmo artigo.

Dispõe o inciso IV do art. 150, da Constituição de 1988, sobre a vedação de se utilizar o tributo com efeito de confisco. A palavra confisco vem do latim **confiscatio**, de **confiscare**, ou seja, o ato de apreender ou adjudicar à Fazenda Pública bens privados sem decisão judicial ou administrativa. As Ordenações Filipinas, em 1603, que foram recepcionadas no início do Império, previam o confisco como a punição a certos delitos, como os crimes de lesa-majestade. A Constituição de 1891 nada dispôs sobre a matéria e a Constituição de 1934 a proibia expressamente, tradição que foi mantida pelos outros textos constitucionais. Hoje, o conceito de confisco é mais amplo, pois a ele se aplica a noção de que a Fazenda Pública não pode retirar do contribuinte a capacidade de se sustentar ou de desenvolver suas atividades, violando também o princípio da boa-fé e o princípio da razoabilidade.

Estabelece o inciso V do art. 150, da Constituição Federal, a vedação de estabelecer as limitações ao tráfego de pessoas ou bens, por meio de tributos interestaduais ou intermunicipais. Ficou, ainda, ressalvada a cobrança de pedágio pela utilização de vias conservadas pelo Poder Público. Trata-se do princípio do livre trânsito, decorrente de que o Brasil é uma Federação e os Estados-membros, o Distrito Federal e os Municípios têm apenas autonomia, e não soberania, para estabelecer política de fronteira. Por outro lado, evita, a princípio, as guerras fiscais entre as Entidades Federadas.

A Constituição de 1946, em seu art. 27, já dispunha no mesmo sentido e fazia as mesmas referências à cobrança de pedágio, que era tratado como taxa de pedágio. A Emenda Constitucional nº 18, de 01.12.1965, extinguiu este dispositivo. Depois, a Constituição de 1967, em seu art. 20, III, voltou a tratar do tema, mas fazendo referência apenas a pedágio. Este, atualmente, pode ser entendido como um preço público cobrado pela utilização de via de transporte terrestre, como uma estrada, ponte ou túnel. Não se trata, portanto, de um tributo, pois é colocado como receita originária.

O inciso VI do art. 150, da Constituição de 1988, dispõe sobre a vedação à União, Estados-membros, Distrito Federal e Municípios de instituírem impostos sobre determinadas pessoas jurídicas, atividades ou mercadorias. Trata-se do princípio da imunidade. Vem a ser instituição que nasceu no direito romano e foi adaptada, na Idade Média, como **immunitas**. Por ela, a residência ou as possessões de um indivíduo ou de uma coletividade ficavam isentas dos poderes fiscais, militares e judiciais, feitos pela autoridade de um determinado território. No feudalismo europeu, foi atribuído a este instituto o caráter de permitir que algumas pessoas ou cidades recebessem imunidades e ficassem livres da tutela de um senhor feudal ou do próprio monarca. A imunidade, atualmente, refere-se à limitação de tributar, por disposição expressa do texto constitucional. Trata-se, na verdade, de uma não incidência prevista expressamente na Constituição.

Dispõe a alínea "a" do inciso VI do art. 150, da Constituição de 1988, sobre a imunidade do patrimônio, renda ou serviços da União, dos Estados-membros, do Distrito Federal e dos Municípios, uns dos outros. Esta vedação é extensiva às autarquias e às fundações instituídas e mantidas pelo Poder Público, no que se refere ao patrimônio, à renda e aos serviços, vinculados a suas finalidades essenciais ou as delas decorrentes. Por outro lado, as vedações não se aplicam ao patrimônio, à renda e aos serviços, relacionados com a exploração de atividades econômicas regidas pelas normas aplicáveis a empreendimentos privados. No mesmo sentido, não exonera o promitente comprador da obrigação de pagar imposto relativamente ao bem imóvel. É de uma forma de proteger o domínio público, contra a cobrança de tributos.

A cobrança de tributos de uma pessoa jurídica de direito público por outra pode, inclusive, levar a um conflito com sérias consequências para a Federação. A expressão patrimônio designa um complexo de bens, materiais ou não, direitos, ações, posse e tudo o que mais que pertença a uma pessoa física ou jurídica e seja suscetível de apreciação econômica. A palavra renda vem a ser o resultado de quantias recebidas em razão de produção ou venda de mercadoria ou prestação de serviço, bem como de resultado de aplicação financeira e, ainda, de locação ou arrendamento de bens. Por fim, os serviços têm o sentido de produção da atividade humana que, mesmo sem ser uma mercadoria, satisfaz a uma necessidade social ou econômica.

Fixa a alínea "b" do inciso VI do art. 150, do texto constitucional, a imunidade tributária sobre os templos de qualquer culto, de modo que a União, os Estados-membros, o Distrito Federal e os Municípios não podem cobrar sobre as atividades e o patrimônio das entidades religiosas. Deve-se fazer a ressalva que as vedações expressas neste dispositivo compreendem somente o patrimônio, a renda e os serviços relacionados com as finalidades essenciais das entidades nelas mencionadas. Infelizmente, existe uma febre de igrejas neopentecostais, a maioria séria, mas algumas como forma de lavar dinheiro e de sonegar tributos.

O art. 150, VI, "c", da Constituição de 1988, trata da imunidade de que a União, os Estados-membros, o Distrito Federal e os Municípios devem observar, em especial sobre o patrimônio, a renda ou os serviços dos partidos políticos, inclusive suas fundações, das entidades sindicais dos trabalhadores, das instituições de educação e de assistência social, sem fins lucrativos, atendidos os requisitos da lei. As vedações expressas compreendem somente o patrimônio, a renda e os serviços, relacionados com as finalidades essenciais das entidades nelas mencionadas. Observe-se observar que a palavra patrimônio designa um complexo de bens materiais ou não, de direitos, de ações, de posse e de tudo o que mais que pertença a uma pessoa física ou jurídica e seja suscetível de apreciação econômica.

A palavra renda vem a ser o resultado de quantias recebidas em razão de produção ou venda de mercadoria ou prestação de serviço, bem como de resultado de aplicação financeira e, ainda, de locação ou arrendamento de bens. Por fim, os serviços têm o sentido de produção da atividade humana que, mesmo sem ser uma mercadoria, satisfaz a uma necessidade. Os partidos políticos são pessoas jurídicas de direito público, conforme o art. 132, da Lei Federal nº 1.164, de 24.07.1950. Hoje, têm autonomia e são criados de acordo com a lei civil, mas devem ter os estatutos registrados junto ao Tribunal Superior Eleitoral (TSE), além de receberem recursos do fundo partidário e acesso gratuito ao rádio e à televisão, de acordo com os parágrafos 1º, 2º e 3º do art. 17, da Constituição Federal. Os partidos políticos, em geral, criam fundações para melhor desenvolver seu ideário político e estas também são beneficiadas pela imunidade. Hoje, no século XXI, existe uma febre de criação de partidos políticos, a maioria sem identidade ideológica, com o único propósito de receber recursos públicos eleitorais. As entidades sindicais, como sindicatos, federações e confederações, também são beneficiadas pela imunidade, em razão de prestarem serviços aos trabalhadores e aos empresários, de caráter privado, mas de responsabilidade pública, por sua repercussão social.

Estão previstos, ainda, como beneficiadas da imunidade constitucional, as instituições de educação e de assistência social sem fins lucrativos. Na verdade, existe o reconhecimento da incapacidade do Poder Público em prover todas as necessidades sociais, exigindo a colaboração de entidades privadas, em duas das maiores responsabilidades públicas, a educação e a saúde. Nesta, em especial, os hospitais públicos são insuficientes para atender ao Sistema Único de Saúde (SUS), daí a necessidade de instituições filantrópicas, como as Santas Casas e semelhantes. Por se tratar de imunidade prevista no texto constitucional, não existe autoridade para extinguir a garantia. Pode-se, apenas, suspender a imunidade, se a situação do possível contribuinte for uma daquelas prevista nos incisos e alíneas do art. 150 do texto constitucional. O Código Tributário Nacional, no art. 14, trata da matéria. Em primeiro lugar, estabelece que a imunidade prevista no atual art. 150, VI, "c", sobre o patrimônio, a renda ou os serviços de partidos políticos e de instituições de educação ou assistência social está condicionada a algumas regras. Dispõe o art. 14, acima mencionado, acerca da vedação às instituições que:

> "Art. 14. ....
> I – não distribuírem qualquer parcela de seu patrimônio ou de suas rendas, a título de lucro ou participação no seu resultado; II – aplicarem integralmente, no País, os seus recursos na manutenção dos seus objetivos institucionais; III – manterem escrituração de suas receitas e despesas em livros revestidos de formalidades capazes de assegurar sua exatidão".

Está previsto, ainda, que a autoridade pode suspender a aplicação do benefício, que vem a ser o Delegado da Receita do Brasil. Encontra-se ainda a disposição do § 2º, que diz que os serviços tratados devem ser relacionados com os objetivos institucionais da entidade. Agora, tratou-se de procedimento a ser aplicado pelo art. 14, do Código Tributário Nacional, que é o de suspender a entidade beneficiada pela imunidade constitucional. Na verdade, como o inciso II do art. 146 estabelece, apenas a lei complementar pode tratar da matéria, e não a lei ordinária, como foi feito, caracterizando violação clara da imunidade prevista na Constituição de 1988, em seu art. 150, VI, "c".

Trata a alínea "d" do inciso VI do art. 150, da Constituição de 1988, que a União, os Estados-membros, o Distrito Federal e os Municípios estão proibidos de cobrar tributos de livros, de jornais, de periódicos e de papel destinado à sua impressão. Surgiu este dispositivo na Constituição de 1946, no art. 31, V, como forma de desenvolver a imprensa e permitir a cultura e a educação no Brasil que, até hoje, ainda tem um índice de analfabetismo preocupante. A imunidade é objetiva porque não incide sobre o importador, mas sobre os bens por ele importado.

A Emenda Constitucional nº 75, de 15.10.2013, tratou da imunidade tributária sobre os fonogramas e videofonogramas, do seguinte modo:

> "Art. 1º O inciso VI do art. 150 da Constituição Federal passa a vigorar acrescido da seguinte alínea e:
>
> 'Art. 150..
>
> ....
>
> VI - ....
>
> ....
>
> e) fonogramas e videofonogramas musicais produzidos no Brasil contendo obras musicais ou literomusicais de autores brasileiros e/ou obras em geral interpretadas por artistas brasileiros bem como os suportes materiais ou arquivos digitais que os contenham, salvo na etapa de replicação industrial de mídias ópticas de leitura a laser'".

Fixou o § 1º do art. 150, da Constituição de 1988, que a vedação do inciso III, "b", do mesmo dispositivo não se aplica aos impostos previstos no art. 153, I, II, IV e V, e no art. 154, II, tudo do texto constitucional. O princípio da anterioridade vem a ser aquele que veda a criação ou o aumento de tributo, no mesmo exercício financeiro em que haja sido publicada a lei que os instituiu ou aumentou, de acordo com a alínea "b" do inciso III do art. 150, da Constituição de 1988. Este princípio determina que nenhum tributo, como regra geral, possa ser cobrado em cada exercício sem que a lei que o houver instituído ou aumento esteja em vigor antes do exercício fiscal.

Trata o § 2º do art. 150, da Constituição Federal, da imunidade tributária do patrimônio, da renda ou dos serviços da União, dos Estados-membros, do Distrito Federal e dos Municípios, uns dos outros. A vedação é extensiva às autarquias e às fundações instituídas e mantidas pelo Poder Público, no que se refere tão-somente ao patrimônio, à renda e aos serviços vinculados às suas finalidades essenciais ou as delas decorrentes. Por outro lado, está estabelecido, no parágrafo seguinte, que as vedações se aplicam ao patrimônio, à renda e aos serviços, relacionados com a exploração de atividades econômicas regidas pelas normas aplicáveis a empreendimentos privados, ou em que haja contraprestação ou pagamento de preços ou tarifas pelo usuário. No mesmo sentido, não exonera o promitente-comprador da obrigação de pagar imposto relativamente ao bem imóvel.

Deve-se observar no § 4º do art. 150, da Constituição de 1988, que as vedações relativas à imunidade tributária sobre os templos de qualquer culto implicam que a União, os Estados-membros, o Distrito Federal e os Municípios não podem cobrar sobre as atividades e sobre o patrimônio de entidades religiosas. No mesmo sentido, existe a imunidade do patrimônio, da renda ou dos serviços dos partidos políticos, inclusive suas fundações, das entidades sindicais dos trabalhadores, das instituições de educação e de assistência social, sem fins lucrativos, atendidos os requisitos da lei. As vedações expressas compreendem somente o patrimônio, a renda e os serviços relacionados com as finalidades essenciais dos templos e das profissões religiosas.

Está previsto no § 5º do art. 150, da Constituição de 1988, que a lei deve determinar as medidas para que os consumidores sejam esclarecidos acerca dos impostos que incidam sobre mercadorias e serviços. Dispõe o art. 5º, XXXII, da Constituição Federal, que o Estado deve promover a defesa do consumidor, bem como o art. 170, V, afirma como princípio da ordem econômica a defesa do mesmo. Os impostos acima referidos devem ser: a) o imposto sobre produção industrial, no art. 153, IV; b) o imposto sobre operações financeiras, no art. 153, V; c) o imposto sobre a circulação de mercadoria e a prestação de serviços, no art. 155, II; d) o imposto sobre serviços, no art. 156, III, no qual os consumidores devem ser esclarecidos da incidência do tributo no valor da mercadoria ou do serviço.

Fixou o art. 150, § 6º, da Constituição de 1988, que qualquer subsídio ou isenção, redução de base de cálculo, concessão de crédito presumido, anistia ou remissão, relativos a impostos, taxas ou contribuições, apenas pode ser concedido mediante lei específica, federal, estadual, distrital ou municipal. Esta deve regular exclusivamente as matérias acima enumeradas ou o correspondente a tributo ou a contribuição, sem prejuízo do disposto no art. 155, § 2º, XII, "g", da Constituição Federal. O subsídio vem a ser o auxílio prestado pelo Poder Público para o desempenho de determina atividade econômica ou social. A isenção é causa de exclusão do crédito tributário, sendo fixado por lei, ocorrendo antes da formação do fato gerador. A anistia é lei que também prevê a exclusão do crédito tributário, mas que ocorre depois da formação do fato gerador.

O § 7º do art. 150, da Constituição Federal, foi acrescentado pela Emenda Constitucional nº 3, de 17.03.1993, passando a dispor que a lei pode atribuir a sujeito passivo de obrigação tributária a condição de responsável pelo pagamento de imposto ou contribuição. O fato gerador deve ocorrer posteriormente, assegurada a imediata e preferencial restituição da quantia paga, caso não se realize o fato gerador presumido. A substituição tributária é o instituto pelo qual o responsável pelo recolhimento de tributo, no qual haja uma cadeia produtiva ou de comercialização, vem a ser o produtor inicial, que já recolhe o tributo dos contribuintes que o devem de fato. Foi instituído para resolver um problema que o imposto sobre a circulação de mercadoria e a prestação de serviços, no art. 155, II, da Constituição Federal, vinha sofrendo, em razão da previsão do referido dispositivo no Convênio do ICMS nº 66, de 14.12.1988, que passou a dispor sobre normas gerais deste imposto. Em razão do questionamento, de ausência de previsão constitucional sobre a matéria, foi estabelecido o dispositivo. Hoje, já passou a ser utilizado em outros tributos, como o COFINS, para algumas atividades. Está colocado, indevidamente, nas limitações ao poder de tributar. Na verdade, vem a ser instrumento que aumenta a arrecadação, inclusive desvirtuando um tributo, como o imposto sobre a circulação de mercadoria e a prestação de serviços (ICMS). Este, como o próprio nome já diz, tem o fato gerador quando existir a circulação de mercadoria ou a prestação de serviços, jamais antes, como o dispositivo em análise permite concluir.

Estabeleceram-se, no art. 151, da Constituição de 1988, vedações específicas para a União. Trata-se de limitação em relação aos Estados-membros, Distrito Federal e Municípios, e não em benefício dos contribuintes. A Constituição Federal operou uma nova redistribuição da receita tributária, em favor destes contra aquele. Apesar da crítica que se faz, foi positivo no sentido de permitir que as entidades da Federação pudessem ter, de fato, a autonomia tributária e, em consequência, a autonomia administrativa real. No primeiro momento, pode haver desperdício, mas, a médio e a longo prazo, é positiva a descentralização em um país que tem a tradição centralizadora do Brasil. Por outro lado, em razão da repartição da receita tributária, a União vem procurando instituir novos tributos que evitem a divisão desta receita, em seu favor. Por conta disto, foram instituídos o COFINS e a contribuição sobre movimentação financeira (CPMF), está já extinta.

Dispõe o inciso I do art. 151, da Constituição de 1988, que a União está vedada de instituir tributo que não seja uniforme em todo o território nacional ou que implique distinção ou preferência em relação ao Estado-membro, ao Distrito Federal ou ao Município, em detrimento de outro. Por outro lado, admite-se a concessão de incentivos fiscais destinados a promover o equilíbrio do desenvolvimento socioeconômico entre as diferentes regiões do Brasil. O princípio da uniformidade de tributação resulta em princípio que procura assegurar a manutenção da Federação, evitando as guerras fiscais entre os Estados-membros e entre os Municípios. Por outro lado, é garantia, para o contribuinte, que não vai se deparar com um sistema tributário caótico e não disciplinado. Trata-se de dispositivo presente na Constituição de 1891, no art. 7º, § 2º, que foi repetido pelas Constituições de 1934, no art. 18; de 1937, no art. 34; de 1946, com a redação da Emenda Constitucional nº 18, de 1965, no art. 3º, I; e de 1967, e da Emenda Constitucional nº 1, de 17.10.1969.

Trata o inciso I do art. 151, da Constituição de 1988, da questão da concessão de incentivos fiscais destinados a promover o equilíbrio no desenvolvimento socioeconômico entre as diferentes regiões do Brasil. Os incentivos fiscais são medidas impostas pelo Poder Público, que excluem total ou parcialmente o crédito tributário da União, em favor do desenvolvimento de região ou setor de atividade de contribuintes. Vem a ser estímulos concedidos aos contribuintes no plano da tributação. Trata-se de mecanismo de macroeconomia, para que as regiões mais carentes do Brasil possam ampliar o seu desenvolvimento e modificar o panorama de sua produção. O Ato das Disposições Constitucionais Transitórias, em seu art. 41, dispõe sobre realizações de incentivos fiscais, da União, dos Estados-membros, do Distrito Federal e dos Municípios. Em seu art. 40, trata dos incentivos fiscais previstos para a Zona Franca de Manaus, sempre ampliado seu prazo de vigência. Existe, hoje, muita discussão sobre a matéria e uma vontade explícita dos Estados-membros do Sudeste e do Sul do Brasil em extinguirem tal privilégio, porque resulta em uma fuga de capitais para as regiões mais periféricas, como o Centro-Oeste, o Norte e o Nordeste.

As Zonas de Processamento de Exportação (ZPE) caracterizam-se como áreas de livre comércio com o exterior, destinada a instalação de empresas voltadas para a produção de bens para a exportação, como no Município de Parnaíba, no Piauí. Foram previstas, ainda, pelo Decreto-lei nº 2.452, de 29.07.1988, mas agora pela Lei Federal nº 11.508, de 20.07.2007. Por outro lado, a visão econômica conhecida por neoliberalismo entende isto como uma evasão fiscal e condena sua manutenção.

Dispõe o inciso II do art. 151, da Constituição de 1988, que a União está vedada de tributar a renda das obrigações da dívida pública dos Estados-membros, do Distrito Federal e dos Municípios, bem como a remuneração e os proventos dos respectivos agentes públicos, em níveis superiores aos que fixar para suas obrigações e para seus agentes. Não pode, então, ser cobrada a renda das obrigações da dívida pública das Entidades da Federação. A palavra renda vem a ser o resultado de quantias recebidas em razão de produção ou venda de mercadoria ou prestação de serviço, bem como de resultado de aplicação financeira e, ainda, de locação ou arrendamento de bens. As obrigações da dívida pública são emitidas pelos Estados-membros, Distrito Federal e Municípios. Dependem estas de autorização do Senado Federal, de acordo com o art. 52, VI a IX, da Constituição Federal. Por outro lado, também não se pode cobrar a remuneração e os proventos dos servidores públicos de forma diferenciada ao que cobra dos seus próprios agentes públicos.

Por fim, o inciso III do art. 151, do texto constitucional, estabeleceu que a União não pode instituir isenções de tributos da competência dos Estados-membros, do Distrito Federal ou dos Municípios. No sistema constitucional anterior, era possível a concessão de isenção de tributos estaduais e municipais pela União, em suas obras públicas.

Dispôs o art. 152, da Constituição de 1988, sobre uma vedação geral que impede os Estados-membros, o Distrito Federal e os Municípios de estabelecerem diferença tributária entre os bens e os serviços, de qualquer natureza, em razão de sua procedência ou destino. Trata-se de limitação ao poder de tributar que beneficia o contribuinte, que não vai ser discriminado pela atividade e produção que desenvolve. Destina-se a evitar que os interesses regionais ou locais sobreponham-se aos interesses nacionais. Foi prevista, na Constituição de 1946, no art. 32, e na sua Emenda Constitucional nº 18, de 01.12.1965, no art. 3º, II, bem como mantida na Constituição de 1967, no art. 21, III, e na sua Emenda Constitucional nº 1, de 17.10.1969, no art. 20, III.

23.4. Impostos da União Federal

O Poder Público deve possuir os meios pecuniários necessários para a realização de obras e de prestação de seus serviços. Precisa de receita que lhe possibilite a cobertura de suas despesas, mantendo o equilíbrio de suas contas, em especial, arrecadando tributos, pois a eles se pode impor coercitivamente. No sistema federal, a competência é distribuída entre a União, os Estados-membros, o Distrito Federal e os Municípios. A Constituição, em relação às outras atribuições, distribui a competência expressa à União e aos Municípios, cabendo aos Estados-membros a competência remanescente. No Sistema Tributário Nacional, porém, cada entidade federativa tem indicada expressamente seus impostos.

O imposto vem a ser o tributo cuja obrigação tem por fato gerador uma situação independente de qualquer atividade estatal específica, relativa ao contribuinte, como dispõe o art. 16, do Código Tributário Nacional. A sua característica mais marcante, então, é a desvinculação com qualquer obra ou serviço público. De acordo com suas características, pode ser fixo, quando o valor independe de cálculo, ou percentual, quando incide sobre um valor determinado em termos de porcentagens, e, ainda, adicional, quando o fato gerador é outro tributo. Pode, ainda, ser direto, quando o contribuinte que de fato paga o tributo, também o recolhe, ou indireto, quando existe um contribuinte de fato e outro de direito. Quanto à alíquota, pode ser proporcional, quando a percentual varia conforme a base de cálculo, progressiva, quando aumenta conforme se eleva a base de cálculo, e, ainda, regressiva, quando diminui conforme o valor sobre o qual vai incidir. Por fim, pode ser real, quando independe da capacidade de contribuição ou, ainda, pessoal, quando depende da situação do contribuinte, como já mencionado.

Compete à União instituir impostos sobre: a) a importação de produtos estrangeiros; b) a exportação, para o exterior, de produtos nacionais ou nacionalizados; c) a renda e proventos de qualquer natureza; d) os produtos industrializados; e) as operações de crédito, câmbio e seguro, ou relativa a títulos ou valores mobiliários; f) a propriedade territorial rural; g) as grandes fortunas. O poder de tributar federal, com competência expressa, é importante porque as despesas são maiores, posto que à União cabe a responsabilidade sobre a soberania. Na Constituição de 1824, a competência do Governo Imperial de dispor sobre impostos estava nos arts. 15, § 8º, 30, § 1º, 170, 171 e 172.

Todavia, a competência tributária da União, no sistema federativo, foi tratada nas Constituições, desde o texto constitucional republicano de 1891, em seu art. 7º, nº 1. Depois, foi mantida nas Constituições de 1934, em seu art. 6º, I, "a", bem como nas de 1937, em seu art. 20, I. Na Constituição de 1946, foi exposta no art. 15, I, bem como em sua Emenda Constitucional nº 18, de 01.12.1965. Foi tratado, também, na Constituição de 1967, em seu art. 22, I, mas que na sua Emenda Constitucional nº 1, de 17.10.1969, apareceu como o art. 21, I. A Constituição de 1988 fixou a matéria nos arts. 153 e 154 e, com o sistema de repartição de tributos, permitiu que os Estados-membros, o Distrito Federal e os Municípios recebessem mais tributos do que nos sistemas constitucionais anteriores. A maioria dos impostos seguiu os impostos federais. Por outro lado, passou a integrar o imposto estadual sobre as operações relativas à circulação de mercadoria e de prestação de serviços (ICMS), no art. 155, II, da Constituição de 1988, a competência estadual e distrital.

A Constituição de 1988 sofreu diversas alterações, sempre no sentido de ampliar a receita originária da União, como: a) a Emenda Constitucional nº 3, de 17.03.1993, que extinguiu impostos estaduais e municipais; b) a Emenda Constitucional nº 10, de 04.03.1996, que instituiu o Fundo Social de Emergência (FSE); c) a Emenda Constitucional nº 12, de 15.08.1996, que instituiu a contribuição provisória sobre a movimentação ou transmissão de valores de crédito e direito de entrega financeira; d) a Emenda Constitucional nº 17, de 22.11.1997, que alterou o Fundo Social de

Emergência; e) a Emenda Constitucional nº 21, de 18.3.1999, que tratou da alíquota da contribuição provisória sobre movimentação financeira (CPMF); f) a Emenda Constitucional nº 27, de 21.03.2000, sobre a vinculação de arrecadação de impostos e contribuições sociais da União; g) a Emenda Constitucional nº 29, de 13.09.2000, sobre a vinculação de recursos à saúde; h) a Emenda Constitucional nº 31, de 14.09.2000, sobre a criação do Fundo de Combate e Erradicação da Pobreza e alteração da alíquota de contribuição social sobre a movimentação financeira (CPMF); i) a Emenda Constitucional nº 32, de 11.09.2001, sobre a mesma matéria, com nova prorrogação da constituição social sobre a movimentação financeira; j) a Emenda Constitucional nº 33, de 11.12.2001, que alterou o art. 149; k) a Emenda Constitucional nº 39, de 19.12.2002, que acrescentou o art. 149-A; l) a Emenda Constitucional nº 41, de 19.12.2003, que novamente alterou o art. 149; m) a Emenda Constitucional nº 42, de 19.12.2003, que alterou o Sistema Tributário Nacional; n) a Emenda Constitucional nº 44, de 30.06.2004, que novamente alterou o Sistema Tributário Nacional; o) a Emenda Constitucional nº 55, de 20.09.2007, que alterou o art. 159; p) a Emenda Constitucional nº 75, de 15.10.2013, que tratou sobre a imunidade tributária; q) a Emenda Constitucional nº 84, de 02.12.2014, que novamente alterou o art. 159; r) a Emenda Constitucional nº 87, de 16.04.2015, que outra vez alterou o art. 155.

Dispõe o inciso I do art. 153, da Constituição de 1988, sobre o imposto relativo ao comércio exterior da perspectiva da importação. Este imposto já estava previsto desde a Constituição de 1891, com a competência sendo sempre da União. O fato gerador é a entrada de produtos estrangeiros no território nacional, de acordo com o art. 19, do Código Tributário Nacional. A base de cálculo pode ser: a) a unidade de medida adotada pela lei tributária, quando a alíquota for específica; b) o preço normal que o produto ou seu similar alcançaria, ao tempo da importação, para a entrega no lugar de entrada do produto, quando a alíquota for **ad valorem**; c) o preço da arrematação, quando se trata de produto apreendido ou abandonado, levado a leilão. O contribuinte vem a ser o importador ou o a ele equiparado, e o arrematante, quando se tratar de produto apreendido ou abandonado. O lançamento, conforme o caso, pode ser por homologação, de ofício ou por declaração. Está tratado nos arts. 19 a 22, do Código Tributário Nacional.

O imposto sobre a importação[22] tem a natureza extrafiscal, porque vem a ser um dos instrumento da política de comércio exterior e, também,

22 BORGES NETTO, André L. **Imposto de Importação – Abusividade da Elevação de sua Alíquota (Inconstitucionalidade do Decreto nº 1.427/1995)**. *In*: MARTINS, Yves Gandra da Silva, e BRITO, Edvaldo. **Doutrinas Essenciais: Direito Tributário (Edições Especiais Revista dos Tribunais)**. 2ª ed. São Paulo: Revista dos Tribunais, 2014, vol. III, p. 37.

da própria política econômica. Na primeira metade do século XX, foi utilizado pelo Brasil como um instrumento de sua política industrial no modelo econômico conhecido por substituição de importações, em que se tirou recursos dos importadores e os transferiu para o setor secundário. No século XXI, é usado apenas como estímulo à importação de bens de capitais e aos insumos não produzidos no Brasil.

A competência da União para instituir o imposto sobre a importação de produtos estrangeiros é consequência da própria política desta em relação às suas fronteiras e à política econômica. É facultado ao Poder Executivo alterar as alíquotas, atendidas as condições e os limites estabelecidos em lei. Dispõe o § 1º do art. 150 da Constituição de 1988, sobre o princípio da anterioridade, que o mesmo não se aplica ao imposto sobre as importações, no art. 153, I, da Constituição Federal, ao imposto sobre exportação, no art. 153, II, ao imposto sobre produtos industrializados, no art. 153, IV, ao imposto sobre operações financeiras, no art. 153, V, e aos impostos extraordinários de guerra externa, no art. 154, II.

Estabelece o inciso II do art. 153, da Constituição de 1988, o imposto relativo ao comércio exterior da perspectiva da exportação. Este imposto, na Constituição de 1891, fazia parte da competência tributária dos Estados-membros e do Distrito Federal. Estes podiam cobrar a alíquota máxima de cinco por cento sobre o valor do bem exportado, situação que se manteve nas Constituições de 1934, de 1937 e de 1946. A Emenda Constitucional nº 18, de 01.12.1965, à Constituição de 1946, modificou esta situação, transferindo o imposto para a competência federal, no que foi seguido pela Constituição de 1967, no art. 22, II, na sua Emenda Constitucional nº 1, de 17.10.1969, no art. 21, II, e também na Constituição de 1988.

O fato gerador do imposto previsto no art. 23, do Código Tributário Nacional, é relativo à exportação para o estrangeiro de produtos nacionais ou nacionalizados, quando de sua saída do território nacional. A base de cálculo é a unidade de medida adotada, quando a alíquota for específica, e o preço normal que o produto ou similar alcançaria ao tempo da exportação, em uma venda em condições de livre concorrência, quando a alíquota for **ad valorem**. O contribuinte vem a ser o exportador ou a quem a lei a ele equiparar. O lançamento é por declaração ou de ofício. Está tratado nos arts. 23 a 28, do Código Tributário Nacional, e no Decreto-lei nº 1.578, de 11.10.1977, dentre outros dispositivos.

O imposto sobre a exportação também se trata de um tributo extrafiscal, no sentido de que sua cobrança depende da política econômica que o Governo Federal adotar. No século XXI, o comércio exterior vem sendo cada vez mais importante e o Brasil procura assegurar os recursos ampliando suas exportações, em especial de produtos que tenham alto valor agregado. Procura afastar-se de sua inserção mundial como mercado exportador de produtos primários, sejam agrícolas, pecuários ou minerais. Contudo, o setor de alimentos vai ser extremamente importante no atual século, em razão do aumento da população e da escassez de áreas produtivas, problemas que o país ainda não tem.

A União tem competência, então, para instituir e dispor sobre o imposto sobre a exportação para o exterior de produtos nacionais ou nacionalização. É facultado ao Poder Executivo, atendidas as condições e os limites estabelecidos em lei, alterar as alíquotas. Dispõe o § 1º do art. 150, da Constituição de 1988, sobre o princípio da anterioridade, não se aplicando seus princípios ao imposto sobre exportações, no art. 153, II, da Constituição Federal.

Dispõe o inciso III do art. 153, da Constituição de 1988, sobre a competência federal para instituir e dispor sobre o imposto sobre a renda e os proventos de qualquer natureza[23]. Trata-se do imposto mais importante do nosso sistema tributário, pela sua abrangência quanto aos contribuintes. Este imposto encontra-se no nosso Sistema Tributário Nacional desde a Lei Federal nº 4.625, de 31.12.1922, quando era de competência concorrente da União e dos Estados-membros. Passou à exclusiva competência da União com a Constituição de 1934, em seu art. 6º, I, "c", no que foi seguida pela Constituição de 1937, no art. 20, "c"; de 1946, no art. 15, IV, de 1967, no art. 22, IV, e na sua Emenda Constitucional nº 1, de 17.10.1969, no art. 21, IV. Está tratado nos arts. 43 a 45, do Código Tributário Nacional.

O fato gerador é a aquisição de disponibilidade econômica ou jurídica de renda, assim entendido como o produto do capital, do trabalho ou da combinação de ambos, e de proventos de qualquer natureza, compreendidos os acréscimos patrimoniais não dispostos na situação anterior, de acordo com o art. 43, do Código Tributário Nacional. A disponibilidade econômica[24] é a renda já percebida ou adquirida, comparando-a com o fruto já colhido do direito civil, ao passo que a disponibilidade jurídica é a renda produzida, mas ainda não percebida, correspondendo ao fruto não colhido.

A base de cálculo do imposto, de acordo com o art. 43, do Código Tributário Nacional, é o montante real, arbitrado ou presumido. O lucro real vem a ser o lucro líquido determinado pela escrituração contábil, de todas as receitas e custos e despesas, fixada na legislação tributária a forma pela qual se calcula o valor devido. É a forma tradicional de tributação das pes-

---

23 NOGUEIRA, Ruy Barbosa. **Imposto de Renda.** *In*: MARTINS, Yves Gandra da Silva, e BRITO, Edvaldo. **Doutrinas Essenciais: Direito Tributário (Edições Especiais Revista dos Tribunais)**. 2ª ed. São Paulo: Revista dos Tribunais, 2014, vol. III, p. 673. . . .

24 BRITO, Edvaldo. **Imposto de Renda.** *In:* MARTINS, Yves Gandra da Silva, e BRITO, Edvaldo. **Doutrinas Essenciais: Direito Tributário (Edições Especiais Revistas dos Tribunais)**. 2ª ed. São Paulo: Revista dos Tribunais, 2014, vol. III, p. 259.

soas jurídicas, principalmente as que têm maior receita. O lucro presumido é determinado pela aplicação de coeficiente definido legalmente, sobre a receita bruta mensal, de acordo com a natureza da atividade. Aplica-se às firmas individuais ou às pessoas jurídicas cuja receita bruta esteja em determinado limite e preencham as exigências legais, ficando dispensadas da escrituração contábil, como no caso do SIMPLES. O lucro arbitrado é o meio utilizado quando não há outra forma de tributar a renda das pessoas jurídicas que não apurem através de escrituração contábil ou quando o contribuinte se recusa a apresentar à autoridade fiscal os livros ou os documentos de sua escrituração.

O contribuinte é o titular de disponibilidade de renda, entendida como produto do capital, do trabalho ou de combinação de ambos, ou, ainda, como proventos de qualquer natureza, entendido como os acréscimos patrimoniais não compreendidos na renda. O contribuinte pode ser pessoa jurídica, no caso do Imposto de Renda Pessoa Jurídica (IRPJ), que é definido conforme se aplique a forma de apuração, podendo ser por lucro real, lucro presumido ou lucro arbitrado conforme o caso. O contribuinte pode, também, ser pessoa física, no caso de Imposto de Renda Pessoa Física (IRPF), havendo para esta o recolhimento na fonte, do responsável pelo pagamento. A pessoa física está sujeita, ainda, ao chamado carnê-leão, que vem a ser o ajuste mensal pelo recebimento de locações ou por outros haveres mensais. A pessoa física faz, ainda, o reajuste anual, com declaração que tem se afirmado em 30 de abril, de cada ano, já havendo um bom tempo que não se tem a prorrogação desta data. Em 2020, por conta da pandemia da Covid-19, foi adiada para 30 de junho, excepcionalmente.

O contribuinte do tributo é o titular da disponibilidade de renda ou proventos de qualquer natureza. Pode ser pessoa física ou jurídica. Está prevista, ainda, a responsabilidade fiscal sobre a fonte pagadora da renda ou dos proventos, cuja retenção ou recolhimento lhe caibam. O lançamento é por declaração, que vem a ser aquele em que o próprio contribuinte calcula e presta conta deste cálculo por meio de declaração anual ou mensal. Por outro lado, é por homologação quando se trata de recolhimento na fonte. Está previsto nos arts. 43 a 45, do Código Tributário Nacional. Na verdade, quase todo ano existe uma nova lei sobre a matéria.

É imposto direto e pessoal aquele que incide sobre a renda e aos proventos de qualquer natureza. Deve ser informado pelos critérios da generalidade, da universalidade e da progressividade. O princípio da generalidade é aquele pelo qual todos os que auferirem rendas ficam sujeitos à tributação, sendo uma extensão do princípio da isonomia. O princípio da universalidade vem a ser aquele pelo qual não há privilégio na tributação de renda, salvo as imunidades previstas no art. 150, VI, da Constituição de 1988. Por fim, a progressividade é aquele princípio pelo qual a alíquota é ampliada à medida que aumenta a renda adquirida, elevando o imposto devido.

Dispõe o inciso IV do art. 153, da Constituição de 1988, que cabe à União instituir imposto sobre produtos industrializados (IPI)[25]. Este tributo surgiu com a Emenda Constitucional nº 18, de 01.12.1965, no seu art. 11, à Constituição de 1946, substituindo o antigo imposto sobre consumo. A Constituição de 1967, em seu art. 22, V, bem como a Emenda Constitucional nº 1, de 17.10.1969, no art. 21, V, trataram da matéria, no que foram seguidos pela Constituição de 1988. O Decreto-lei nº 34, de 18.11.1966, dispôs sobre a matéria, modificando a Lei Federal nº 4.502, de 30.11.1964. O Código Tributário Nacional dispõe sobre o imposto, nos arts. 46 a 51.

O fato gerador é, de acordo com o art. 46, do Código Tributário Nacional, assim: a) quando de procedência estrangeira, o seu desembaraço aduaneiro; b) quando se considera contribuinte autônomo, a saída dos estabelecimentos; c) quando apreendido ou abandonado e levado a leilão, a sua arrematação. Considera-se industrialização as operações que impliquem na transformação, no beneficiamento, na montagem, no acondicionamento ou na renovação[26]. A transformação vem a ser a operação que, exercida sob a matéria-prima ou o produto intermediário, resulta na obtenção de espécie nova. Trata-se o beneficiamento da modificação, do aperfeiçoamento ou de qualquer outra forma de alteração do funcionamento, da utilização, do acabamento ou da aparência do produto. É a montagem a operação em que se reúnem os produtos, as partes ou as peças de que resulte um novo produto ou unidade autônoma, ainda que sob a mesma classificação fiscal. Por outro lado, o acondicionamento ou o recondicionamento é a nova apresentação do produto pela colocação de embalagens, mesmo que substitutiva da original, exceto se a embalagem posta se destina apenas ao transporte da mercadoria. Por fim, a renovação ou recondicionamento é a operação que, exercida sobre produto usado ou parte remanescente do produto inutilizado ou determinado, o renova ou o restaura para utilização.

A base de cálculo do imposto é o preço normal, quando do desembaraço aduaneiro, acrescido de imposto sobre importação, taxas para entrada no Brasil, e os encargos cambiais efetivamente pagos pelo importador. A

25 PAES, P. B. Tavares. **O Imposto sobre Produtos Industrializados.** *In:* MARTINS, Yves Gandra da Silva, e BRITO, Edvaldo. **Doutrinas Essenciais: Direito Tributário (Edições Especiais Revistas dos Tribunais)**. 2ª ed. São Paulo: Revista dos Tribunais, 2014, vol. III, p. 925.

26 ATALIBA, Geraldo. **Imposto sobre Produtos Industrializados e sua Hipótese de Incidência.** *In:* MARTINS, Yves Gandra da Silva, e BRITO, Edvaldo. **Doutrinas Essenciais: Direito Tributário (Edições Especiais Revistas dos Tribunais)**. 2ª ed. São Paulo: Revista dos Tribunais, 2014, vol. III, p. 849.

base de cálculo é, ainda, no caso de contribuinte autônomo, o valor da operação de que decorre a saída da mercadoria ou, na falta de tal valor, o preço corrente da mercadoria ou sua similar, no mercado atacadista da praça do remetente. Aplicam-se várias alíquotas, em razão de sua característica também de imposto extrafiscal. O contribuinte é o importador ou a quem for a ele equiparado, o industrial ou a quem for a ele equiparado, o comerciante de produtos sujeitos ao imposto que os forneça aos industriais e, ainda, o arrematante de produtos apreendidos ou abandonados. O lançamento é feito por homologação. O lançamento por homologação ocorre quando o sujeito passivo antecipa-se ao sujeito ativo, fazendo os cálculos e recolhendo o tributo.

Trata-se de imposto que é real, indireto, seletivo e não cumulativo. Vem a ser real porque grava os produtos industrializados. É indireto porque permite aos estabelecimentos industriais ou a eles equiparados transferirem o encargo tributário para os contribuintes de fato. Por outro lado, a seletividade implica em alíquotas diferenciadas para várias espécies de mercadorias, inclusive aplicando-se alíquota zero em determinadas circunstâncias. É não cumulativo porque só permite que o imposto incida sobre o que for adicionado ao preço da operação, permitindo se abater o imposto pago quanto aos componentes do produto em cada operação[27].

É facultado ao Poder Executivo, atendidas as condições e os limites estabelecidos em lei, alterar as alíquotas do imposto sobre produtos industrializados. Vem a ser seletivo, em função da essencialidade do produto. Caracteriza-se, também, como não cumulativo, compensando-se o que for devido em cada operação com o montante cobrado nas anteriores. Por outro lado, não incide sobre produtos industrializados destinados ao exterior. Dispõe o § 1º, do art. 150, da Constituição de 1988, sobre o princípio da anterioridade, não se aplicando seus princípios: o imposto sobre produtos industrializados, no art. 153, IV, da Constituição Federal. De acordo com o § 5º, do art. 153, da Constituição Federal, a lei deve determinar as medidas para que os consumidores sejam esclarecidos acerca dos impostos que incidam sobre as mercadorias e serviços.

Dispõe o inciso V do art. 153, da Constituição de 1988, sobre o imposto sobre as operações financeiras, ou o IOF ou ISOF. Estas operações abrangem as operações de crédito, de câmbio e de seguro, ou relativas a títulos ou valores mobiliários. Este imposto surgiu com a Emenda Constitucional nº 18, de 01.12.1965, à Constituição de 1946. Ele abrangia o antigo imposto sobre

27 Súmula Vinculante 58, de 27.04.2020: "Inexiste direito a crédito presumido de IPI relativamente à entrada de insumos isentos, sujeitos à alíquota zero ou não tributáveis, o que não contraria o princípio da não cumulatividade".

o selo, bem como algumas hipóteses do antigo imposto sobre a transmissão **causa mortis** e, também, do antigo imposto sobre as indústrias e as profissões. A Constituição de 1967, em seu art. 22, VI, tratou da matéria, no que foi seguida pela sua Emenda Constitucional nº 1, de 17.10.1969, em seu art. 21, VI. Encontra-se fixado na Lei Federal nº 5.143, de 20.10.1966, e em suas modificações posteriores.

O fato gerador do imposto sobre as operações financeiras é, quanto às operações de crédito, a sua efetivação pela entrega total ou parcial do montante ou do valor que constitua o objeto da obrigação, ou sua colocação à disposição do interessado. Quanto às operações de câmbio, o fato gerador vem a ser a sua efetivação pela entrega de moeda nacional ou estrangeira, ou de documento que a represente, ou sua colocação à disposição do interessado, em montante equivalente à moeda estrangeira ou nacional entregue ou posta à disposição. Quanto às operações de seguro, trata-se o fato gerador da sua efetivação pela emissão da apólice ou do documento equivalente, ou recebimento do prêmio, na forma da lei aplicável à hipótese. Por fim, quanto às operações relativas a títulos e a valores mobiliários, a emissão, a transmissão, a pagamento ou a resgate destes, de acordo com a lei aplicável.

A base de cálculo, previsto no art. 63, do Código Tributário Nacional, pode ser: a) quanto às operações de crédito, o montante da obrigação, compreendendo o principal e os juros; b) quanto às operações de câmbio, o respectivo montante em moeda nacional, recebido, entregue ou posto à disposição; c) quanto às operações de seguro, o montante do prêmio. Quanto às operações relativas a títulos e a valores mobiliários, o contribuinte paga, na emissão, o valor nominal mais o ágio, se se houver; na transmissão, o preço ou o valor nominal ou o valor da cotação em bolsa, como determinar a lei; e, no pagamento ou resgate, o preço. O contribuinte vem a ser qualquer das partes na operação tributária, quando ocorrer operações de crédito, câmbio, seguro ou valores mobiliários. O lançamento é feito por homologação, quando o sujeito passivo antecipa-se ao sujeito ativo, fazendo os cálculos e recolhendo o tributo. Trata-se de imposto que, cada vez mais, assume papel na política tributária, porque é facilmente cobrado e permite elevada arrecadação. Por outro lado, além do caráter fiscal, também tem aspecto extrafiscal, porque permite que o Governo Federal tenha um importante instrumento da política econômica e financeira.

O imposto sobre as operações de crédito, de câmbio e de seguro, ou relativas a títulos ou valores mobiliários, faculta ao Poder Executivo, atendidas as condições e os limites estabelecidos em lei, alterar livremente as alíquotas. De acordo com o § 5º do art. 153, da Constituição de 1988, o ouro, quando definido em lei como ativo financeiro ou instrumento cambial, sujeita-se exclusivamente à incidência do imposto sobre as operações financeiras, devido na operação de origem. A alíquota mínima deve ser de um por cento, assegurada a transferência do montante da arrecadação nos seguintes termos: a) trinta por cento para o Estado-membro, o Distrito Federal ou o Território, conforme a origem; b) setenta por cento para o Município de origem.

Dispõe o inciso VI do art. 153, da Constituição de 1988, que cabe à União instituir o imposto sobre a propriedade territorial rural (ITR)[28]. A Constituição de 1891 tratou da matéria em seu art. 9º, 2º, no que foi seguido pelas Constituições de 1934, no art. 8º, I, "a", e de 1937, no art. 23, I, "a". A Constituição de 1946, em seu art. 19, I, atribuía a sua competência aos Estados-membros e ao Distrito Federal. Não obstante, a Emenda Constitucional nº 5, de 21.11.1961, passou sua competência aos Municípios, depois, porém, com a Emenda Constitucional nº 10, de 09.11.1964, destinou à União a sua competência. A Constituição de 1967, no art. 22, III, e sua Emenda Constitucional nº 1, de 17.10.1969, no art. 21, III, seguiram a mesma orientação, assim como a Constituição de 1988. O imposto sobre a propriedade territorial rural está disposto nos arts. 29 a 31, do Código Tributário Nacional. A Lei Federal nº 6.746, de 10.12.1979, tratou das alíquotas do imposto, em função do número de módulos fiscais do imóvel e nos termos das tabelas prevista nestes dispositivos.

O fato gerador do imposto sobre a propriedade territorial rural encontra-se previsto no art. 29, do Código Tributário Nacional. Tratam-se da propriedade, do domínio útil ou a posse de bem imóvel por natureza ou por acessão física, como definido na lei civil, localizado fora da zona urbana do Município os fatos geradores do referido tributo. A base de cálculo do imposto vem a ser o valor fundiário, apurado pela Administração Federal. O contribuinte é o proprietário do imóvel, o titular de seu domínio útil, ou de seu possuidor a qualquer título. O possuidor indireto, no caso da locação de imóvel, também está obrigado ao pagamento do imposto.

Trata-se de imposto que leva poucos recursos à Receita do Brasil. Atualmente, tem o fato de colaborar com o processo de reforma agrária, que lentamente o Governo Federal vem empreendendo, porque se aplica nele as alíquotas regressivas. Em razão da área e da falta de aproveitamento do imóvel, é possível se aplicar alíquotas mais elevadas para tais situações. Todavia, a alíquota pode regredir em razão do número de módulos rurais e do aproveitamento da propriedade, inclusive com o respeito às áreas

---

28 GONÇALVES, Francysco Pablo Feitosa. **Aspectos da Tributação Fundiária Brasileira: história, conceito, competência e capacidade no Imposto Territorial Rural.** *In:* MARTINS, Yves Gandra da Silva, e BRITO, Edvaldo. **Doutrinas Essenciais: Direito Tributário (Edições Especiais Revistas dos Tribunais).** 2ª ed. São Paulo: Revista dos Tribunais, 2014, vol. III, p. 1047.

verdes. Existe um sistema responsável pelo cadastramento de imóveis rurais em todo o Brasil, de acordo com o art. 46, da Lei Federal nº 4.504, de 30.11.1964, o Estatuto da Terra.

O imposto sobre a propriedade territorial rural, de acordo com o § 4º do art. 153, da Constituição Federal, deve ter suas alíquotas fixadas de forma a desestimular a manutenção de propriedades improdutivas. E não incide sobre as pequenas glebas rurais, definidas em lei, quando as explore, só ou com sua família, o proprietário que não possuir outro imóvel. A Lei Federal nº 9.393, de 19.12.1996, dispõe, atualmente, sobre o imposto sobre a propriedade territorial rural, que o ajustou mais à política de reforma agrária.

Dispõe o inciso VII do art. 153, da Constituição de 1988, sobre a competência da União para instituir o imposto sobre as grandes fortunas, de acordo com lei complementar, ainda não editada. Trata-se de um imposto novo, sem qualquer previsão constitucional anterior. Esta imposição destina-se a pessoas realmente ricas, que têm um patrimônio extraordinário e que se beneficiam dos serviços públicos, de forma a excluir a classe média e a classe dos trabalhadores urbanos ou rurais. O imposto sobre as grandes fortunas está previsto na legislação de países europeus, como a Alemanha, a Áustria, a Bélgica, a Espanha, a Holanda, a Suécia e outros mais. Existe uma crítica, nestes países, de que o imposto arrecada pouco e estimula a imigração dos contribuintes para os paraísos fiscais. No Brasil, apesar do projeto de lei já apresentado, até agora não se demonstrou a vontade de se implementar tal tributo, ficando a dúvida se algum dia vai ser disciplinado.

A Emenda Constitucional nº 3, de 17.03.1993, dentre outras mudanças efetuadas no Sistema Tributário Nacional, permitiu que a União pudesse instituir, nos termos de lei complementar, com vigência até 31 de dezembro de 1994, o imposto sobre movimentação ou transmissão de valores e de créditos e direitos de natureza financeira. A alíquota do novo imposto não excederia a vinte e cinco décimos por cento, facultado ao Poder Executivo reduzi-la ou restabelecê-la, total ou parcialmente nas condições e limites fixados em lei. Ao novo imposto não se aplicava o art. 150, III, "b", o princípio da anterioridade, e o inciso VI, que trata das vedações constitucionais ao poder de tributar. O produto da arrecadação desse imposto se encontrava sujeito a qualquer modalidade de repartição com outra entidade federada. Depois, este imposto foi transformado em contribuição sobre a movimentação financeira (CPMF), em razão de diversos questionamentos sobre a natureza de imposto, pelo qual o tributo foi criado inicialmente, hoje ambos extintos.

O princípio da anterioridade vem a ser a limitação ao poder de tributar de se cobrar tributos no mesmo exercício financeiro em que haja sido publicada a lei que os instituiu ou aumentou, de acordo com o art. 150,

III, "b", da Constituição de 1988, não se aplicando seus princípios a alguns impostos, como dispõe o § 1º deste mesmo artigo. O § 1º do art. 153, da Constituição Federal, dispõe que o imposto sobre importações, no art. 153, I; o imposto sobre exportação, no art. 153, II; o imposto sobre produtos industrializados, no art. 153, IV; e o imposto sobre operações financeiras, no art. 153, V, todos da Constituição Federal, não estão sujeitos ao princípio da anterioridade, como já explicitado. Assim, está disposto que fica facultado ao Poder Executivo, atendidas as condições e os limites estabelecidos em lei, alterar as alíquotas dos impostos enumerados nos incisos I, II, IV e V do art. 153, do texto constitucional.

Trata o § 2º do art. 153, da Constituição de 1988, de que o imposto sobre a renda e os proventos de qualquer natureza tem como o fato gerador a aquisição de disponibilidade econômica ou jurídica de renda, assim entendida como o produto do capital, do trabalho ou da combinação de ambos, e de proventos de qualquer natureza, também entendidos como os acréscimos patrimoniais não compreendidos na situação anterior. Este tributo encontra-se previsto no art. 153, III, do texto constitucional, e nos arts. 43 a 45, do Código Tributário Nacional. De acordo com o inciso I do § 2º, o imposto sobre a renda e os proventos de qualquer natureza deve observar os princípios da generalidade, da universalidade e da progressividade.

O princípio da generalidade é aquele pelo qual todos os que auferirem rendas ficam sujeitos à tributação, sendo uma extensão do princípio da isonomia. O princípio da universalidade vem a ser aquele pelo qual não há privilégio na tributação de renda, salvo as imunidades previstas no art. 150, VI, da Constituição de 1988. Por fim, a progressividade é aquele princípio pelo qual a alíquota é ampliada à medida que aumenta a renda adquirida, elevando o imposto devido. O inciso II do § 2º do art. 153, da Constituição Federal, foi revogado pela Emenda Constitucional nº 20, de 15.12.1998, com a redação anterior dizendo que:

> "Art. 153. ....
> II – não incidirá, nos termos e limites fixados em lei, sobre rendimentos provenientes de aposentadoria e pensão, pagos pela previdência social da União, dos Estados, do Distrito Federal e dos Municípios, a pessoa com idade superior a 65 anos, cuja renda total seja constituída, exclusivamente, de rendimentos do Trabalho".

Trata o § 3º do art. 153, da Constituição de 1988, do imposto sobre a propriedade industrial (IPI). O fato gerador, de acordo com o art. 46, do Código Tributário Nacional, ocorre: a) quando de procedência estrangeira, o seu desembaraço aduaneiro; b) quando se considera contribuinte autônomo, a saída dos estabelecimentos; c) quando apreendido ou abandonado e levado a leilão, a sua arrematação. Considera-se a industrialização a operação que implique na transformação, no beneficiamento, na montagem, no acondicionamento e na renovação. Está previsto que o imposto referido deva ser seletivo, em função da essencialidade do produto, e deve ser não cumulativo, compensando-se o que for devido em cada operação com o montante cobrado nas anteriores.

Por outro lado, significa a seletividade que as alíquotas diferenciadas podem ser usadas para várias espécies de mercadoria, inclusive se aplicando alíquota zero em determinadas circunstâncias. É não cumulativo porque só permite que o imposto incida sobre o que for adicionado ao preço da operação, permitindo se abater os impostos pagos nos componentes do produto em cada operação. Foi previsto, ainda, um caso não incidência constitucional, na verdade uma vedação ao poder de tributar, que está previsto no inciso III do art. 153, da Constituição de 1988, que dispõe que não deve incidir sobre os produtos industrializados destinados ao exterior, como forma de estimular as exportações de produtos com alto valor agregado. A Emenda Constitucional nº 42, de 19.12.2003, alterou o inciso IV do § 3º do art. 153, do texto constitucional.

Dispõe o § 4º do art. 153, da Constituição de 1988, que o imposto sobre a propriedade territorial rural (ITR) deve ter suas alíquotas fixadas de forma a desestimular a manutenção de propriedades improdutivas e não devem incidir sobre pequenas glebas rurais, quando as explore, só ou com sua família, o proprietário que não possua outro imóvel, de acordo com definição legal. O fato gerador do imposto sobre a propriedade territorial rural encontra-se previsto no art. 29, do Código Tributário Nacional. Tratam-se da propriedade, do domínio útil ou da posse de bem imóvel por natureza ou por acessão física, como definido na lei civil, localizado fora da zona urbana do Município os fatos geradores do referido tributo. A base de cálculo do imposto consiste no valor fundiário, apurado pela Administração Federal. O contribuinte é o proprietário do imóvel, o titular de seu domínio útil ou de seu possuidor a qualquer título. O § 4º do art. 153 do texto constitucional foi modificado pela Emenda Constitucional nº 42, de 19.12.2003, para dispor que o imposto sobre propriedade territorial rural pode ser cobrado e fiscalizado pelos Municípios que fizerem tal opção, desde que não haja a renúncia fiscal ou a redução do imposto. Para tanto, existem várias exigências, como auditores fiscais concursados, dentre outras.

O imposto sobre as operações de crédito, câmbio e seguro, ou relativas a títulos ou valores mobiliários está tratado no art. 153, VI, da Constituição de 1988. A base de cálculo, então, pode ser: a) quanto às operações de crédito, o montante da obrigação, compreendendo o principal e os juros; b) quanto às operações de câmbio, o respectivo montante em moeda nacional, recebido, entregue ou posto à disposição; c) quanto às operações de seguro, o montante do prêmio. O quanto às operações relativas a títulos e valores mobiliários contribuinte é: a) na emissão, o valor nominal mais o ágio se houver; b) na transmissão, o preço ou o valor nominal ou o valor da cotação em bolsa, como determinar a lei; c) no pagamento ou resgate, o preço. Encontra-se fixado no § 5º do art. 153 que o ouro, quando definido em lei como ativo financeiro ou instrumento cambial, sujeita-se exclusivamente à incidência do imposto sobre operações financeiras devido na operação de origem. Por outro lado, está fixado que a alíquota mínima deve ser de um por cento.

De acordo com o art. 154, do texto constitucional, a União tem competência para criar novos tributos, sendo esta uma competência impositiva federal. Pode, então, instituir novo imposto ou, ainda, impostos extraordinários de guerra. Prevê o inciso I do art. 154, da Constituição de 1988, que a União pode instituir novos impostos. Deve, no entanto, fazê-lo através de lei complementar, entendida esta como aquela resultante do processo legislativo em que se exige para sua aprovação **quorum** de maioria absoluta dos integrantes de cada Casa Legislativa, no Congresso Nacional. Contudo, os impostos não devem ser previstos no art. 153, da Constituição Federal, sendo esta a primeira condição. Por outro lado, os novos impostos devem ser não cumulativos, ou seja, só permitem que os impostos incidam sobre o que for adicionado ao preço da operação, permitindo-se abater o imposto pago nos componentes do produto em cada operação.

Não devem os novos impostos ter fato gerador ou base de cálculo próprios dos discriminados na Constituição, excluindo a bitributação, que vem a ser a incidência de dois tributos sobre o mesmo fato gerador. A bitributação pode ser entre dois impostos, um da União e outro dos Estados-membros, ou da União e outro dos Municípios ou, ainda, um dos Estados-membros e outro dos Municípios, sem que haja competência concorrente. Pode ser, também, entre um imposto da União e uma taxa do Estado-membro ou do Município, caso em que deve se verificar a competência federal. Pode ser o contrário, taxa da União e imposto dos Estados-membros ou dos Municípios, em que se apura a competência destes últimos. Por outro lado, pode ser o imposto dos Estados-membros e a taxa dos Municípios, verificando-se a competência estadual para o imposto. Observe-se, ainda, a bitributação entre o imposto do Município e a taxa dos Estados-membros, em que se examina a competência municipal. Por fim, ocorre a bitributação entre as taxas da União, dos Estados-membros e dos Municípios, em que se verifica a competência para o poder de polícia ou a prestação de serviço público.

Dispõe o inciso II do art. 154, da Constituição de 1988, que, na iminência ou no caso de guerra externa, a União pode instituir impostos extraordinários, compreendidos ou não em sua competência tributária, os quais serão suprimidos, gradativamente, cessadas as causas de sua criação. Trata-se de uma situação excepcional, em que todos devem contribuir para que o Brasil possa se defender ou, preventivamente, atacar outro país. É um esforço coletivo, com base no estado de necessidade estatal, em que pode se defender e exigir de todos a colaboração para enfrentar o problema. Cabe a competência à União, em função desta deter a soberania e, consequentemente, a competência sobre declarar a guerra e celebrar a paz, conforme o inciso II do art. 21, da Constituição Federal. Está previsto, no dispositivo, que pode incidir esse imposto extraordinário com base em fatos geradores de impostos estaduais e municipais. Dispõe, ainda, o § 1º do art. 150, da Constituição de 1988, sobre o princípio da anterioridade, e que o mesmo não se aplica aos impostos extraordinários de guerra externa.

23.5. Impostos Estadual e Distrital

O Poder Público deve possuir meios pecuniários necessários para a realização de obras e a prestação de seus serviços. Precisa de receita que lhe possibilite a cobertura de suas despesas, mantendo o equilíbrio de suas contas, em especial arrecadando tributos, pois lhes pode impor coercitivamente. No sistema federal, a competência é distribuída entre a União, os Estados-membros, o Distrito Federal e os Municípios. A Constituição de 1988, em relação às outras atribuições, atribui a competência expressa à União e aos Municípios, cabendo aos Estados-membros a competência remanescente. No Sistema Tributário Nacional, não, com cada Entidade Federativa tendo expressamente indicado seus impostos.

A competência tributária dos Estados-membros e do Distrito Federal foi tratada, inicialmente, na Constituição de 1891, em seu art. 9º, nº 3. Depois, voltou a ser versada a matéria na Constituição de 1934, em seu art. 8º, I, "b" e "c", e na Constituição de 1937, no art. 23, I, "b" e "c". Na Constituição de 1946, em seu art. 19, II e III, foi a matéria tratada, mas sofreu as modificações do art. 9º, da Emenda Constitucional nº 18, de 1.12.1965. Esta reforma tributária foi seguida pela Constituição de 1967, em seu art. 24, I, e também na sua Emenda Constitucional nº 1, de 17.10.1969, em que aparece como o art. 23, I.

A Constituição de 1988 também dispôs sobre o problema, favorecendo os Estados-membros e o Distrito Federal. Diversos impostos federais passaram a fazer parte dos fatos geradores do imposto sobre a circulação de mercadoria e prestação de serviços (ICMS), tratado no art. 155, II, da Constituição Federal, como os extintos impostos sobre serviços de transporte e de comunicação, imposto único sobre energia elétrica, imposto único sobre minerais e imposto único sobre combustíveis e lubrificantes, previstos na Constituição de 1967. No novo imposto foi mantida a competência sobre os fatos geradores do extinto imposto sobre a circulação de mercadoria (ICM).

Por outro lado, na Constituição de 1967 cabia aos Estados-membros o imposto sobre transmissão de bens imóveis por natureza ou acessão física e direitos reais sobre bens imóveis, que pela Constituição de 1988 foi transformado em dois. O primeiro, o imposto sobre transmissão **causa mortis** e doação de quaisquer bens ou direitos[29], previsto no art. 155, I, da Constituição de 1988, continuou de competência estadual. O segundo, o imposto sobre transmissão **inter vivos** de bens imóveis e direitos sobre bens imóveis, tratado no art. 152, II, da Constituição Federal, passou a ser de competência municipal.

O **caput** do art. 155, da Constituição de 1988, foi modificado pela Emenda Constitucional nº 3, de 17.03.1993, tendo a redação original disposto que "compete aos Estados e ao Distrito Federal instituir", sendo acrescentada a expressão "impostos sobre". Na verdade, a Constituição previa, no inciso I do art. 155, da Constituição Federal, os três impostos estaduais, que apenas deixaram de ser alíneas e passaram a incisos, na mesma ordem original. Ocorre que a Emenda Constitucional nº 3, de 17.03.1993, também extinguiu o antigo inciso II do art. 155, que dispunha sobre "um adicional de até 5% do que for pago à União por pessoas físicas ou jurídicas domiciliadas nos respectivos territórios, a título do imposto sobre a renda e proventos de qualquer natureza". Foi muito questionado este tributo, afirmando-se que não tinha a natureza de uma alíquota adicional, mas sim que era um novo imposto e que tinha o mesmo fato gerador do imposto sobre a renda e os proventos de qualquer natureza federal e se caracterizava por ser uma manifestação de bitributação, o que provocou a sua extinção.

Dispõe o inciso I do art. 155, da Constituição Federal, que compete aos Estados-membros e ao Distrito Federal, como manifestação da autonomia tributária, a competência para instituir imposto sobre transmissão **causa mortis** e doação, de quaisquer bens ou direitos. É chamado, também, de imposto de sucessão ou herança. A Constituição de 1824 não dispôs sobre a matéria, mas a Lei Imperial de 12.08.1834 fez algumas modificações a este texto constitucional, fixando a matéria, por não se tratar de uma constituição rígida ou semi-rígida. Era suscetível de alteração sem a necessidade de Emenda Constitucional, com seu processo legislativo especial. A Constituição de 1891, em seu art. 8º, nº 3, tratou do imposto sobre transmissão de propriedade de competência estadual. Esta competência se manteve na Constituição de 1934, que previa no art. 8º, I, "b", a atribuição de criar imposto sobre transmissão de propriedade **causa mortis**, e, na alínea "c", deste dispositivo constitucional, o imposto sobre transmissão de propriedade imobiliária **inter vivos**, inclusive a sua incorporação ao capital de

29 PIRAÍNO, Adriana. **O Imposto sobre Transmissão de Bens *Causa Mortis*.** *In:* MARTINS, Yves Gandra da Silva, e BRITO, Edvaldo. **Doutrinas Essenciais: Direito Tributário (Edições Especiais Revistas dos Tribunais)**. 2ª ed. São Paulo: Revista dos Tribunais, 2014, vol. IV, p. 25.

sociedade. A Constituição de 1937 manteve esta situação, no seu art. 23, I, "b" e "c", no que foi seguida pela Constituição de 1946, no seu art. 19, II e III.

A Emenda Constitucional nº 5, de 21.11.1961, modificou o Sistema Tributário Nacional, atribuindo aos Estados-membros a competência para decretar imposto sobre a transmissão **causa mortis**, e aos Municípios a competência para instituir o imposto sobre a transmissão de propriedade imóvel **inter vivos**. Na Constituição de 1967, cabia aos Estados-membros o imposto sobre a transmissão de bens imóveis por natureza ou acessão física e direitos reais sobre bens imóveis, o que não foi modificado pela sua Emenda Constitucional nº 1, de 17.10.1969, voltando a ter exclusividade na competência de imposto sobre a transmissão. Contudo, verificando que a base do imposto de transmissão **inter vivos** é a mesma do imposto sobre a propriedade predial e territorial urbana (IPTU), a Constituição de 1988 transformou em dois novos impostos a competência estadual unificada da Constituição de 1967. O primeiro, o imposto sobre transmissão **causa mortis** e a doação de quaisquer bens ou direitos, previsto no art. 155, I, da Constituição de 1988, continuou de competência estadual.

O segundo, o imposto sobre transmissão **inter vivos** de bens imóveis e direitos sobre bens imóveis, tratado no art. 152, II, da Constituição de 1988, passou a ser de competência municipal. O fato gerador está no art. 35, I e III, do Código Tributário Nacional, que dispõe que o mesmo vem da transmissão, a qualquer título, da propriedade ou do domínio útil de bens imóveis por natureza ou por acessão física, como definido em lei civil, bem como a cessão destes direitos. A base de cálculo do imposto é o valor venal dos bens ou dos direitos transmitidos. Previa que a alíquota não poderia ultrapassar o limite fixado pelo Senado Federal. O contribuinte é qualquer das partes na operação tributada. A Constituição de 1988 previu como competência, dos Estados-membros e do Distrito Federal, instituir imposto sobre transmissão **causa mortis** e doação, de quaisquer bens ou direitos. É um imposto direto, proporcional e real. Vem a ser direto porque o ônus do tributo vai recair sobre o contribuinte de direito, o responsável pela transmissão. Mostra-se proporcional porque está relacionado por um percentual. Trata-se de imposto real porque se refere a determinado bem ou direito, não a pessoas físicas ou jurídicas.

Os Estados-membros e o Distrito Federal têm competência para dispor sobre o imposto e podem tratar da questão do fato gerador, base de cálculo, contribuinte e alíquota, esta limitada por resolução do Senado Federal. O imposto sobre transmissão **causa mortis** e doação, de quaisquer bens ou direitos, de acordo com o § 1º do art. 155, da Constituição de 1988, tem sua competência definida do seguinte modo: a) relativamente a bens imóveis e respectivos direitos, compete ao Estado-membro da situação do bem, ou ao Distrito Federal; b) relativamente a bens móveis, títulos e créditos, compete ao Estado-membro onde se processar o inventário ou arrolamento, ou tiver domicílio o doador, ou ao Distrito Federal. Deve ter a competência, ainda, para que sua instituição seja regulada por lei complementar, do seguinte modo: a) se o doador tiver domicílio ou residência no exterior; b) se o **de cujus** possuía bens, era residente ou domiciliado ou teve seu inventário processado no exterior. Deve observar, ainda, que o inciso IV do § 1º do art. 155, da Constituição de 1988, tem suas alíquotas máximas fixadas pelo Senado Federal, apesar de não constar da previsão dos incisos do art. 52, da Constituição de 1988[30].

Estabelece o inciso II, do art. 155, da Constituição de 1988, que cabe aos Estados-membros e ao Distrito Federal instituírem imposto sobre as operações relativas à circulação de mercadoria e à prestação de serviço de transporte e de comunicação (ICMS)[31]. Este tributo, originalmente o imposto sobre operações relativas à circulação de mercadorias (ICM), teve seu fato gerador ampliado, agregando diversos fatos geradores de imposto de competência federal. Houve, como isto, um fortalecimento dos Estados-membros e do Distrito Federal, que passaram a ter um tributo com enorme potencial de tributação e de recebimento de créditos tributários.

A Constituição de 1891 tratou da competência dos Estados-membros, no art. 9º, nº 4, para decretar imposto sobre indústrias e profissões, com fatos geradores associados ao imposto sobre operações relativas a circulação de mercadoria e a prestação de serviços de transporte e de comunicações. A Constituição de 1934, em seu art. 8º, "d" e "e", trata da competência estadual para instituir o imposto sobre o consumo de combustíveis de motor de explosão e sobre as vendas e consignações efetuadas por comerciantes e produtores, inclusive os industriais, ficando isenta a primeira operação do pequeno produtor, como tal definido em lei estadual. A Constituição de 1937, em seu art. 23, "d", atribuiu aos Estados-membros apenas o imposto sobre vendas e consignações efetuadas por comerciantes e produtores, isenta primeira operação nas mesmas condições anteriores, no que foi seguido pela Constituição de 1946, em seu art. 19, IV.

A Emenda Constitucional nº 5, de 21.11.1961, atribuiu aos Estados-membros a competência para instituir os impostos sobre as vendas e as consignações, também já previsto anteriormente. A Constituição de 1967,

---

30 As Súmulas do Supremo Tribunal Federal nºs 112 e 590 dispõem sobre a matéria, dentre outras.

31 AMARAL, Cyro Galvão do. **O ICMS por Dentro**. *In:* MARTINS, Yves Gandra da Silva, e BRITO, Edvaldo. **Doutrinas Essenciais: Direito Tributário (Edições Especiais Revistas dos Tribunais)**. 2ª ed. São Paulo: Revista dos Tribunais, 2014, vol. IV, p. 425.

porém, instituiu o imposto sobre operações relativas à circulação de mercadoria (ICM), inclusive sobre lubrificantes e combustíveis líquidos, no seu art. 24, II. A Emenda Constitucional nº 1, de 17.10.1969, alterou a disposição, passando aos Estados-membros e ao Distrito Federal apenas o imposto sobre operações relativas à circulação de mercadoria (ICM), excluindo os lubrificantes e combustíveis líquidos, que passaram a tributo federal. O Decreto-lei nº 406, de 31.12.1968, dispôs sobre as normas gerais do imposto sobre a circulação de mercadoria (ICM). A Lei Complementar Federal nº 24, de 07.01.1975, estabeleceu os convênios para a concessão de isenção do imposto sobre operações relativas à circulação de mercadoria e à prestação de serviços de transporte e comunicação.

A Constituição de 1988 fez com que diversos impostos federais passassem a fazer parte dos fatos geradores do imposto sobre operações relativas à circulação de mercadoria e à prestação de serviços (ICMS), tratado no art. 155, II. Assim ocorreu com o extinto imposto sobre serviços de transporte e de comunicação, o imposto único sobre energia elétrica, o imposto único sobre minerais e o imposto único sobre combustíveis e lubrificantes, previstos na Constituição de 1967. Ao novo imposto, foi mantida a competência sobre os fatos geradores do extinto imposto sobre operações relativas à circulação de mercadoria (ICM). A matéria, inicialmente, foi tratada no Convênio do ICM nº 66, de 14.12.1988, que dispôs sobre as normas gerais do imposto sobre a circulação de mercadoria e a prestação de serviços de transporte e de comunicações. O art. 34, § 8º, do Ato das Disposições Constitucionais Transitórias, assegurou esta competência, vez que a disposição sobre o ICM era insuficiente para tratar do novo imposto, o ICMS. Depois de muita discussão na Justiça, questionando-se dispositivos instituídos pelo Convênio do ICM nº 66, de 14.12.1988, foi aprovada a Lei Complementar Federal nº 92, de 23.12.1997, que é a norma geral sobre o imposto sobre as operações relativas à circulação de mercadoria e à prestação de serviços de transporte e de comunicação (ICMS).

O fato gerador vem a ser a saída de mercadoria de estabelecimento de contribuinte, comerciante, industrial ou produtor, bem como a entrada de mercadoria importada do exterior ou importada e apreendida, que já era de competência do ICM, apenas não incluídos os minerais, a energia elétrica, os combustíveis e os lubrificantes, que passaram a ser fato gerador do ICMS. Foi atribuído, ainda, como fato gerador, o fornecimento de alimentos e de bebidas em bares e restaurantes, as mercadorias com prestação de serviço fora da lista do imposto sobre serviços dos Municípios, as mercadorias com prestação de serviço dentro da lista deste imposto municipal, bem como a prestação de serviços sobre o transporte e sobre as comunicações. As comunicações devem ser entendidas como transmissão de mensagens, de uma pessoa para outra. Já o transporte é relativo a produtos e pessoas.

A base de cálculo[32] é o valor da circulação de mercadoria e da prestação de serviço de transporte e de comunicação. O contribuinte é o comerciante, o produtor, o industrial e o partido de servidores. Não obstante, trata-se de um imposto indireto, de modo que o ônus sobre o tributo vai recair sobre o consumidor final, mas que não é o contribuinte do mesmo. O lançamento é feito por homologação, quando o sujeito passivo antecipa-se ao sujeito ativo, fazendo os cálculos e recolhendo o tributo, que tem o prazo de cinco anos para ser homologado.

Trata-se de imposto que passou a ser essencial para os Estados-membros e para o Distrito Federal por sua natureza fiscal. Na verdade, desde a Constituição de 1988, os Estados-membros, pouco a pouco, vêm aumentando a alíquota e a incidência do imposto sobre a circulação de mercadoria e a prestação de serviços de transporte e de comunicação. O ICMS, apesar de sua recente criação, já nasceu velho, porque foi amoldado ao extinto ICM. Trata-se de um imposto não cumulativo, mas que tem reflexos negativos na cadeira de transmissão de mercadoria e serviços, por gerar uma carga tributária elevada e com prazos curtos para sua arrecadação. Na verdade, o ônus do tributo é suportado pelo contribuinte final, cabendo ao comerciante, ao industrial e ao produtor apenas recolher o valor do imposto. Defende-se sua substituição pelo imposto sobre valor agregado (IVA).

Cabem aos Estados-membros e ao Distrito Federal a cobrança do imposto sobre as operações relativas à circulação de mercadorias e sobre as prestações de serviços de transporte interestadual e intermunicipal e de comunicação, ainda que as operações e as prestações se iniciem no exterior. O § 2º do art. 155, da Constituição de 1988, exige que o ICMS seja não cumulativo, compensando-se o que for devido em cada operação relativa à circulação de mercadorias ou prestação de serviços com o montante cobrado nas anteriores pelo mesmo ou outro Estado-membro ou pelo Distrito Federal. A isenção ou não incidência, salvo determinação em contrário da legislação, não implica em crédito para a compensação com o montante devido nas operações ou prestações seguintes; nem acarreta a anulação do crédito relativo às operações anteriores. O ICMS pode ser seletivo, em função da essencialidade das mercadorias e dos serviços. Significa a seletividade que se aplicam alíquotas diferenciadas para várias espécies de mercadoria, em razão da sua importância social.

É facultada ao Senado Federal a competência para estabelecer as alíquotas mínimas nas operações internas, mediante resolução de iniciativa

32 GRECO, Marco Aurélio. **ICMS – Base de Cálculo.** *In:* MARTINS, Yves Gandra da Silva, e BRITO, Edvaldo. **Doutrinas Essenciais: Direito Tributário (Edições Especiais Revistas dos Tribunais)**. 2ª ed. São Paulo: Revista dos Tribunais, 2014, vol. IV, p. 829.

de um terço e aprovada pela maioria absoluta de seus membros. Serve para fixar as alíquotas máximas nas mesmas operações para resolver conflito específico que envolva interesse de Estados-membros, mediante resolução de iniciativa da maioria absoluta e aprovada por dois terços de seus integrantes. Esta competência não está prevista nos incisos do art. 49, da Constituição de 1988, mas foi atribuída à Casa Legislativa da Federação, que o fixa através de suas resoluções. Por outro lado, salvo a deliberação em contrário dos Estados-membros e do Distrito Federal, nos termos do disposto no art. 155, § 2º, XII, "g", da Constituição Federal, as alíquotas internas, nas operações relativas à circulação de mercadorias e nas prestações de serviços, não podem ser inferiores às previstas para as operações interestaduais[33]. Deve-se observar, ainda, que em relação às operações e prestações que destinem bens e serviços a consumidor final localizado em outro Estado-membro, adota-se a alíquota interestadual quando o destinatário for contribuinte do imposto; e a alíquota interna, quando o destinatário não for contribuinte dele. Na hipótese anterior, compete ao Estado-membro da localização do destinatário o imposto correspondente à diferença entre a alíquota interna e a interestadual. É muito comum usar da substituição tributária tem os problemas relativos à base de cálculo[34].

Foi fixada, ainda, a incidência do ICMS sobre a entrada de mercadoria importada do exterior, quando se tratar de bem destinado a consumo ou a ativo fixo do estabelecimento. No serviço prestado no exterior, cabe o imposto ao Estado-membro onde estiver situado o estabelecimento destinatário da mercadoria ou do serviço. No mesmo sentido, fixou-se que a incidência sobre o valor total da operação, quando as mercadorias forem fornecidas, com os serviços não compreendidos na competência tributária dos Municípios quanto ao imposto sobre serviços de qualquer natureza (ISS).

Está previsto, também, no texto constitucional, que não incide o ICMS sobre as operações que destinem ao exterior produtos industrializados, excluídos os semi-elaborados definidos em lei complementar[35]. No mesmo sentido, as operações destinam-se a outros Estados petróleo, inclusive lubrificantes, combustíveis líquidos e gasosos dele derivados, e energia elétrica. A Lei Complementar Federal nº 65, de 15.04.1991, definiu os pro-

33 Súmula Vinculante 32, de 16.02.2011: "O ICMS não incide sobre alienação de salvados de sinistro pelas seguradoras".

34 MELO, Augusto Carlos Cavalcante. **A Base de Cálculo do ICMS na Substituição Tributária.** *In:* MARTINS, Yves Gandra da Silva, e BRITO, Edvaldo. **Doutrinas Essenciais: Direito Tributário (Edições Especiais Revistas dos Tribunais)**. 2ª ed. São Paulo: Revista dos Tribunais, 2014, vol. IV, p. 247.

35 Súmula Vinculante 48, de 27.05.2015: "Na entrada de mercadoria importada do exterior, é legítima a cobrança do ICMS por ocasião do desembaraço aduaneiro".

dutos semielaborados que podem ser tributados pelos Estados-membros e Distrito Federal, quando de sua exportação para o exterior.

Não incide o ICMS sobre operações com ouro, nas hipóteses definidas no art. 153, § 5º, XI, da Constituição de 1988. O ouro, quando definido em lei como ativo financeiro ou instrumento cambial, sujeita-se exclusivamente à incidência do imposto sobre operações financeiras, tratada no art. 155, V, da Constituição, devido na operação de origem. Por outro lado, está fixado que a alíquota mínima deve ser de um por cento. O produto desta receita deve, então, assegurar a transferência do montante da arrecadação nos seguintes termos: a) trinta por cento para o Estado-membro, o Distrito Federal ou o Território, conforme a origem; b) setenta por cento para o Município de origem. Observe-se, ainda, que não compreende, em sua base de cálculo, o montante do imposto sobre os produtos industrializados, quando a operação, realizada entre contribuintes e relativa a produto destinado à industrialização ou à comercialização, configure fato gerador dos dois impostos.

Cabe à lei complementar relevantes matérias sobre o imposto sobre a circulação de mercadoria e a prestação de serviços de transportes e de comunicação. Esta deve: a) definir seus contribuintes; b) dispor sobre substituição tributária; c) disciplinar o regime de compensação do imposto; d) fixar, para efeito de sua cobrança e definição do estabelecimento responsável, o local das operações relativas a circulação de mercadorias das prestações de serviços; e) excluir da incidência do imposto, nas exportações para o exterior, de serviços e outros produtos semi-elaborados, quando de exportação; f) prever os casos de manutenção de crédito, relativamente a remessa para outro Estado-membro e a exportação para o exterior, de serviços e de mercadorias; g) regular a forma como, mediante deliberação dos Estados-membros e do Distrito Federal, as isenções, os incentivos e os benefícios fiscais são concedidos e revogados. A Lei Complementar Federal nº 92, de 23.12.1997, passou a dispor sobre as normas gerais do ICMS, em substituição ao Convênio do ICM nº 66, de 14.12.1988, possibilidade admitida pelo art. 32, § 8º, do Ato das Disposições Constitucionais Transitórias, como já dito.

A lei deve determinar as medidas para que os consumidores sejam esclarecidos acerca dos impostos que incidam sobre mercadorias e serviços, no art. 150, § 5º, da Constituição de 1988. A Lei Complementar Federal nº 87, de 13.09.1996, chamada Lei Kandir, trata da desoneração do ICMS nas exportações, depois modificada em parte pela Lei Complementar nº 123, de 14.12.2006, problema até hoje não resolvido, nem no Judiciário, nem no Legislativo Federal.

A Emenda Constitucional nº 87, de 16.04.2015, tratou da sistemática da cobrança do ICMS, abaixo:

"Art. 1º Os incisos VII e VIII do § 2º do art. 155 da Constituição Federal passam a vigorar com as seguintes alterações:

'Art. 155..

....

§ 2º...

....

VII - nas operações e prestações que destinem bens e serviços a consumidor final, contribuinte ou não do imposto, localizado em outro Estado, adotar-se-á a alíquota interestadual e caberá ao Estado de localização do destinatário o imposto correspondente à diferença entre a alíquota interna do Estado destinatário e a alíquota interestadual;

a) (revogada);

b) (revogada);

VIII - a responsabilidade pelo recolhimento do imposto correspondente à diferença entre a alíquota interna e a interestadual de que trata o inciso VII será atribuída:

a) ao destinatário, quando este for contribuinte do imposto;

b) ao remetente, quando o destinatário não for contribuinte do imposto;

....' (NR)

Art. 2º O Ato das Disposições Constitucionais Transitórias passa a vigorar acrescido do seguinte art. 99:

'Art. 99. Para efeito do disposto no inciso VII do § 2º do art. 155, no caso de operações e prestações que destinem bens e serviços a consumidor final não contribuinte localizado em outro Estado, o imposto correspondente à diferença entre a alíquota interna e a interestadual será partilhado entre os Estados de origem e de destino, na seguinte proporção:

I - para o ano de 2015: 20% (vinte por cento) para o Estado de destino e 80% (oitenta por cento) para o Estado de origem;

II - para o ano de 2016: 40% (quarenta por cento) para o Estado de destino e 60% (sessenta por cento) para o Estado de origem;

III - para o ano de 2017: 60% (sessenta por cento) para o Estado de destino e 40% (quarenta por cento) para o Estado de origem;

IV - para o ano de 2018: 80% (oitenta por cento) para o Estado de destino e 20% (vinte por cento) para o Estado de origem;

V - a partir do ano de 2019: 100% (cem por cento) para o Estado de destino'".

Dispõe o inciso III do art. 155, da Constituição de 1988, sobre o imposto sobre a propriedade de veículos automotores (IPVA)[36]. A Constituição de 1967 nada dispôs sobre a matéria, nem a sua Emenda Constitucional nº 1, de 17.10.1969. Todavia, a Emenda Constitucional nº 27, de 28.11.1985, afirmou que competia aos Estados-membros e ao Distrito Federal instituir o imposto sobre a propriedade de veículos automotores (IPVA), vedada a cobrança de impostos ou taxas incidentes sobre a utilização de veículos. A

36 SILVA, Paulo Roberto Coimbra. **IPVA – Critério Subjetivo de seu Comando Normativo.** *In:* MARTINS, Yves Gandra da Silva, e BRITO, Edvaldo. **Doutrinas Essenciais: Direito Tributário (Edições Especiais Revistas dos Tribunais).** 2ª ed. São Paulo: Revista dos Tribunais, 2014, vol. IV, p. 1085.

instituição de tal imposto passou a excluir do sistema tributário nacional a taxa rodoviária única, cobrada pela União. Depois, a Constituição de 1988 confirmou a competência estadual para o imposto, que dispõe com suas leis sobre a matéria.

O fato gerador é a propriedade de veículos automotores registrados e licenciados em cada Estado-membro ou no Distrito Federal. O fato gerador ocorre no primeiro dia de cada ano, em relação aos veículos licenciados nos anos anteriores, e, ainda, na data de aquisição do veículo, quando se tratar de veículo nacional novo. Trata-se de fato gerador, também: a) quando o veículo perde o benefício da isenção, imunidade ou não incidência; b) quando do desembaraço aduaneiro, nas importações por consumidor final; c) na data de aquisição por consumidor final, quando importado por empresa; d) no momento da incorporação ao ativo permanente da empresa importadora. A base de cálculo para veículos novos é o valor venal da nota fiscal ou o documento que represente a transmissão da propriedade; para veículos usados é o valor usual do mercado; e, na importação, o valor do documento que a caracteriza. O consumidor é o proprietário do veículo automotor. O lançamento é de ofício, efetuado pela Receita Estadual, com informação do Departamento Estadual de Trânsito (Detran).

No que toca ao imposto sobre a transmissão **causa mortis** e a doação, de quaisquer bens ou direitos, previsto no inciso I do art. 153, da Constituição de 1988, o fato gerador deste imposto está no art. 35, I e III, do Código Tributário Nacional, que dispõe que o mesmo vem da transmissão, a qualquer título, da propriedade ou do domínio útil de bens imóveis por natureza ou por acessão física, como definido em lei civil, bem como a cessão destes direitos. A base de cálculo do imposto é o valor venal dos bens ou direitos transmitidos. No § 1º do art. 153 está disposto que o tributo compete ao Estado-membro da situação do bem, ou ao Distrito Federal, relativamente a bens imóveis e respectivos direitos, compete ao Estado-membro da situação do bem, ou ao Distrito Federal. Em relação aos bens móveis, aos títulos e aos créditos, compete ao Estado-membro onde se processar o inventário ou o arrolamento, ou tiver domicílio o doador, ou ao Distrito Federal. Lei complementar federal deve dispor sobre a competência dos Estados-membros e do Distrito Federal, nos casos do doador ter domicílio ou residência no exterior; ou no caso do **de cujus** possuir bens, sendo residente ou domiciliado ou tendo seu inventário processado no exterior. Por fim, está fixado que, através de resolução, o Senado Federal deve dispor sobre as alíquotas máximas do imposto sobre a transmissão **causa mortis** e a doação de quaisquer bens ou direitos.

Trata o § 2º do art. 155, da Constituição de 1988, sobre o imposto sobre as operações relativas à circulação de mercadoria e sobre a prestação de serviços de transporte interestadual e intermunicipal e de comunicação, ainda que as operações e as prestações se iniciem no exterior. O fato gerador deste imposto vem a ser a saída de mercadoria de estabelecimento de contribuinte, comerciante, industrial ou produtor, bem como a entrada de mercadoria importada do exterior ou importada e apreendida. Foi atribuído, ainda, como fato gerador, o fornecimento de alimentos e bebidas em bares e restaurantes, as mercadorias com prestação de serviço fora da lista do imposto sobre serviços dos Municípios, as mercadorias com prestação de serviço dentro da lista deste imposto municipal, bem como a prestação de serviços sobre transporte e comunicações.

As comunicações devem ser entendidas como a transmissão de mensagens de uma pessoa para outra, ainda que iniciadas no exterior. O transporte interestadual e intermunicipal é relativo a produtos e pessoas. O ICMS deve atender ao princípio da não cumulatividade, compensando-se o que for devido em cada operação relativa à circulação de mercadorias ou à prestação de serviços com o montante cobrado nas anteriores pelo mesmo ou outro Estado-membro ou pelo Distrito Federal. Prevê, ainda, que a isenção ou a não incidência não implica crédito para compensação com o montante devido nas operações ou prestações seguintes, bem como acarreta a anulação do crédito relativo às operações anteriores. Por outro lado, pode ser seletivo, em função da essencialidade das mercadorias e dos serviços.

De iniciativa do Presidente da República ou de um terço dos Senadores, aprovada pela maioria absoluta de seus membros, resolução do Senado Federal deve estabelecer as alíquotas aplicáveis às operações e às prestações, interestaduais e de exportação. Foi facultado ao Senado Federal, ainda, estabelecer as alíquotas mínimas nas operações internas, mediante resolução de iniciativa de um terço e aprovada pela maioria absoluta de seus membros. Cabe-lhe, ainda, fixar as alíquotas máximas nas mesmas operações para resolver o conflito específico que envolva interesse de Estados-membros, mediante a resolução de iniciativa da maioria absoluta e aprovada por dois terços de seus membros.

As alíquotas internas nas operações relativas à circulação de mercadorias e nas prestações de serviços não podem ser inferiores às previstas para as operações interestaduais, salvo deliberação em contrário dos Estados-membros e do Distrito Federal, quando tratar de isenções, incentivos e benefícios fiscais. Em relação às operações e às prestações que destinem bens e serviços a consumidor final localizado em outro Estado-membro, deve-se adotar: a) a alíquota interestadual, quando o destinatário for contribuinte do imposto; b) a alíquota interna, quando o destinatário não for contribuinte dele. Nesta hipótese, cabe ao Estado-membro da localização do destinatário o imposto correspondente à diferença entre a alíquota interna e a interestadual. Está prevista sua incidência, também, sobre a entrada de mercadoria importada do exterior, ainda quando se tratar de bem destinado a consumo ou ativo fixo do estabelecimento, assim como sobre serviço prestado no exterior. Cabe o imposto ao Estado-membro onde estiver situado o estabelecimento destinatário da mercadoria ou do serviço. Incide, ainda, sobre o valor total da operação, quando mercadorias forem fornecidas com os serviços não compreendidos na competência tributária dos Municípios, como já dito.

Por outro lado, não deve incidir alíquota sobre as operações que destinem ao exterior os produtos industrializados, excluídos os semi-elaborados definidos em lei complementar. A Lei Complementar Federal nº 65, de 15.04.1991, define os produtos semielaborados que podem ser tributados pelos Estados-membros e Distrito Federal, quando de sua exportação para o exterior. Não deve incidir, também, nas operações que destinem a outros Estados-membros o petróleo, inclusive os lubrificantes e os combustíveis líquidos e gasosos dele derivados, e a energia elétrica. Por fim, está prevista a não incidência sobre o ouro. O ouro, quando definido em lei como ativo financeiro ou instrumento cambial, sujeita-se exclusivamente à incidência do imposto sobre operações financeiras, tratada no art. 155, V, da Constituição Federal, devido na operação de origem. Por outro lado, está fixado que a alíquota mínima deve ser de um por cento. A Lei Federal nº 7.766, de 14.04.1989, dispõe sobre o ouro, o ativo financeiro e seu tratamento tributário. No mesmo sentido, não compreende, em sua base de cálculo, o montante do imposto sobre produtos industrializados, quando a operação, realizada entre contribuintes e relativa a produto destinado à industrialização ou à comercialização, configure fato gerador dos dois impostos.

Cabe à lei complementar, de acordo com o inciso XII do § 2º do art. 155, da Constituição de 1988, estabelecer o seguinte: a) definir seus contribuintes; b) dispor sobre substituição tributária; c) disciplinar o regime de compensação do imposto; d) fixar, para efeito de sua cobrança e definição do estabelecimento responsável, o local das operações relativas à circulação de mercadorias das prestações de serviços; e) excluir da incidência do imposto, nas exportações para o exterior, de serviços e outros produtos além dos mencionados no inciso sobre operações que se destinem ao exterior os produtos industrializados, excluídos os semielaborados; f) prever os casos de manutenção de crédito, relativamente à remessa para outro Estado-membro e exportação para o exterior, de serviços e de mercadorias; g) regular a forma como, mediante deliberação dos Estados-membros e do Distrito Federal, as isenções, os incentivos e os benefícios fiscais serão concedidos e revogados.

Enquanto não entrar em vigor a lei complementar de que trata o § 2º, XII, "h", do art. 155 da Constituição de 1988, os Estados-membros e o Distrito Federal, mediante convênio, fixarão normas para regular provisoriamente a matéria. A Emenda Constitucional nº 42, de 19.12.2003, alterou a alínea "a", do § 2º do art. 155 da Constituição Federal, bem como a este artigo acrescentou a alínea "d", que não havia no texto anterior. Foi fixado, no § 3º do art. 155 da Constituição Federal que, à exceção do ICMS, do imposto sobre importação e exportação, art. 53, I e II e do imposto sobre serviços, art. 156, III, da Constituição de 1988, nenhum outro imposto pode incidir sobre operações relativas a energia elétrica, os serviços de telecomunicações, os derivados de petróleo, os combustíveis e os minerais do Brasil. A nova redação foi dada pela Emenda Constitucional nº 3, de 17.03.1993, que tinha o seguinte texto:

> "Art. 155. ....
>
> ....
>
> § 3º À exceção dos impostos de que tratam o inciso I, *b*, do **caput** deste artigo e os arts. 153, I e II, e 156, III, nenhum outro tributo incidirá sobre operações relativas a energia elétrica, combustíveis líquidos e gasosos, lubrificantes e minerais do País".

A Emenda Constitucional nº 33, de 11.12.2001, alterou a alínea "a" do inciso IX do § 2º do art. 155 da Constituição de 1988. As alíneas "h" e "i" do inciso XII do mesmo parágrafo e artigo foram também acréscimos ao dispositivo acima. Do mesmo modo, houve a alteração do § 3º do art. 155, bem como a acréscimo dos parágrafos 4º e 5º. As modificações ao art. 155, do texto constitucional, decorreram da instituição da contribuição de intervenção no domínio econômico relativos às atividades de comercialização de petróleo e seus derivados, gás natural e seus derivados e álcool combustível, prevista no § 4º do art. 177, da Constituição Federal, também acrescido pela Emenda Constitucional acima. A Emenda Constitucional nº 42, de 19.12.2004, acrescentou o § 6º, com seus dois incisos, ao art. 155, da Constituição de 1988, tratando do imposto sobre a propriedade de veículos automotores, com o Senado Federal fixando suas alíquotas mínimas, por resolução, e estas podem ser diferenciadas em função do tipo de utilização.

23.6. Impostos Municipais no Brasil

O Poder Público deve possuir meios pecuniários necessários para a realização de obras e a prestação de seus serviços. Assim, precisa de receita que lhe possibilite a cobertura de suas despesas, mantendo o equilíbrio de suas contas, em especial arrecadando tributos, pois lhes pode impor coercitivamente. No sistema federal, a competência é distribuída entre a União, os Estados-membros, o Distrito Federal e os Municípios. A Constituição de 1988, em relação às outras competências, distribui a competência expressa à União e aos Municípios, cabendo aos Estados a competência remanescente. No Sistema Tributário Nacional, não, com cada Entidade Federativa expressamente indicando seus impostos, como já explicado.

O imposto é o tributo cuja obrigação tem por fato gerador uma situação independente de qualquer atividade estatal específica, relativa ao contribuinte, como dispõe o art. 16, do Código Tributário Nacional. A sua característica mais marcante, então, é a desvinculação com qualquer obra ou serviço público. De acordo com suas características, pode ser fixo, quando o valor independe de cálculo, ou percentual, quando incide sobre um valor determinado em termos de porcentagens, e, ainda, adicional, quando o fato gerador é outro tributo. Pode, ainda, ser direto, quando o contribuinte que de fato paga o tributo também o recolhe, ou indireto, quando existe um contribuinte de fato e outro de direito. Quanto à alíquota, pode ser proporcional, quando o percentual varia conforme a base de cálculo, progressiva, quando aumenta conforme se eleva a base de cálculo, e, ainda, regressiva, quando diminui conforme o valor sobre o qual vai incidir. Ele pode ser real, quando independe da capacidade de contribuição ou, ainda, pessoal, quando depende da situação do contribuinte, como já dito.

Dispõe o art. 156, da Constituição de 1988, sobre a competência dos Municípios para instituir impostos, do mesmo modo que o art. 145 também incluiu em sua competência a instituição de taxas e de contribuições de melhoria. No Brasil, na Constituição de 1824 não havia referência aos tributos municipais, ao passo que a Lei Imperial de 01.10.1828 remetia ao Conselho Geral da Província, em seu art. 77. Estabeleceu "os meios de aumentar suas rendas, como a necessidade, ou utilidade de fazer delas alguma extraordinária aplicação", cabendo às Câmaras apenas a competência para o pedido. A Lei Imperial nº 16, de 12.08.1834, determinava a competência para legislar sobre a fixação das despesas municipais e dos impostos para elas necessárias, em momento de centralização política.

A competência dos Estados-membros para instituir os impostos foi tratada na Constituição de 1891, que aceitou o critério de discriminação de renda, em seus arts. 7º e 9º, ainda que não fossem fixados impostos para os Municípios, mas lhes foi assegurada autonomia para seu peculiar interesse, no seu art. 68. A Constituição de 1934, em seu art. 13, § 2º, fixou aos Municípios a competência para instituir os impostos de licenças, os impostos predial e territorial urbano, o imposto cedular sobre a renda de imóveis rurais e as taxas sobre os serviços municipais. A Constituição de 1937, em seu art. 28, apenas retirou da competência municipal o imposto cedular sobre a renda de imóveis rurais, mantendo os demais da Constituição anterior. Cabiam ao Município, pela Constituição de 1946, no seu art. 29, os impostos predial e territorial urbano, de licença, de indústrias e profissões, sobre diversões públicas, sobre atos de sua economia ou assuntos de sua competência, além de taxas e de outras rendas que possam provir do exercício de suas atribuições ou assuntos de sua competência.

A Emenda Constitucional nº 18, de 01.12.1965, procedeu a uma autêntica reforma tributária, mudando a forma do fato gerador, descrito então com melhor técnica jurídica. Cabia ao Município: a) o imposto sobre a propriedade predial e territorial urbana, no art. 10; b) o imposto sobre serviços de qualquer natureza, no art. 15; c) as taxas, no art. 18; d) a contribuição de melhoria, no art. 19; e) o adicional de até trinta por cento do imposto sobre as operações relativas à circulação de mercadoria (ICM), no art. 20, I. Este sistema foi mantido pela Constituição de 1967, nos arts. 19, 25, 26 e 28, bem como em sua Emenda Constitucional nº 1, de 17.10.1969, arts. 18, 24, 25, II, e 26. Foi-lhe também assegurada participação na receita dos impostos federais sobre os lubrificantes e os combustíveis líquidos e gasosos, sobre a energia elétrica e sobre os minerais.

A Constituição de 1988 atribuiu ao Município competência para instituir o imposto sobre a propriedade predial e territorial urbana, o imposto sobre a transmissão **inter vivos**, a qualquer título, de bens imóveis e de direitos reais sobre imóveis, o imposto sobre serviços de qualquer natureza e o imposto sobre venda de combustível líquidos e gasosos. O inciso III do art. 156 da Constituição Federal, foi revogado pela Emenda Constitucional nº 3, de 17.03.1993, que tinha a seguinte redação: "Art. 156. Compete aos Municípios instituir impostos sobre: "[...] III – vendas a varejo de combustíveis líquidos e gasosos, exceto óleo diesel". O inciso IV, que tratava do imposto sobre serviços de qualquer natureza, passou a ser o inciso III, com a revogação do anterior, bem como a retificação dos dispositivos que faziam referência à matéria. A Emenda Constitucional nº 29, de 13.09.2000, modificou o § 1º, do art. 156, facilitando a instituição da progressividade no imposto sobre a propriedade predial e territorial urbana.

Dispõe o inciso I do art. 156, da Constituição de 1988, que cabe aos Municípios instituir os impostos sobre a propriedade predial e territorial urbana (IPTU)[37]. A Constituição de 1946, no art. 29, I, pela primeira vez, dispôs sobre o tributo, desde sempre de competência municipal, situação confirmada pela Constituição de 1967, no art. 25, I, e sua Emenda Constitucional nº 1, de 17.10.1969, no art. 24, I. O Código Tributário Nacional dispôs sobre o imposto nos arts. 32 a 34. A Constituição manteve a tradição e o elegeu como o primeiro de seus impostos, por estar afeto especialmente ao Município, pois é nele que as pessoas moram, e não em um Estado-membro ou no Brasil. As pessoas residem e constroem nas cidades, sendo então este imposto uma competência sua.

---

37 MIRANDA, João Damasceno Borges. **A Regra Matriz do IPTU e sua Constitucionalidade.** *In:* MARTINS, Yves Gandra da Silva, e BRITO, Edvaldo. **Doutrinas Essenciais: Direito Tributário (Edições Especiais Revistas dos Tribunais)**. 2ª ed. São Paulo: Revista dos Tribunais, 2014, vol. V, p. 77.

O fato gerador é a propriedade, o domínio útil ou a posse de bem imóvel por natureza ou por acessão física, como definido em lei civil, localizado na zona urbana, de acordo com o art. 32, do Código Tributário Nacional. A base de cálculo vem a ser o valor venal do imóvel, não se considerando o valor dos bens móveis mantidos em caráter permanente ou temporário no imóvel, para efeito de sua utilização, aforamento ou comodidade. O contribuinte é o proprietário do imóvel, o titular do seu domínio útil ou o seu possuidor a qualquer título, podendo ser pessoa física ou jurídica, inclusive as pessoas jurídicas de direito público[38]. As alíquotas do IPTU são fixadas em lei municipal, apenas admitindo o texto constitucional que estas sejam progressivas, de forma a assegurar o cumprimento da função social da propriedade, em seu art. 156, § 1º. A progressividade do IPTU, para o qual Supremo Tribunal Federal entendia como necessária a edição de lei complementar, decorreu de modificação no texto constitucional, que passou a permitir a edição de leis municipais tratando das alíquotas progressivas do imposto.

O lançamento do imposto sobre propriedade predial e territorial urbana é direto, sendo remetido ao contribuinte já com o valor a ser pago e com a data de pagamento. Trata-se de imposto real, direto e, agora, proporcional. O IPTU é importante fonte de recurso para o Município, além de constituir instrumento da política urbana, porque permite a existência de um cadastro com todos os imóveis prediais e territoriais da cidade.

O imposto sobre a propriedade predial e territorial urbana, com o fixado no original § 1º do art. 156, da Constituição de 1988, dispõe que "o imposto previsto no inciso I poderá ser progressivo, nos termos de lei municipal, de forma a assegurar o cumprimento da função social da propriedade". A Emenda Constitucional nº 29, de 13.09.2000, em seu art. 3º, modificou o § 1º do art. 156, do texto constitucional, adicionando-lhe ainda dois incisos. Agora, existe a ressalva da progressividade no tempo[39], prevista no art. 182, § 4º, II, diferente da tratada no § 1º do art. 156, da Constituição Federal, que pode ser progressiva em razão do valor do imóvel e, ainda, ter alíquotas diferentes, de acordo com a locação e o uso do imóvel. No Brasil, sempre se resolvem as questões com o aumento da tributação, como foi feito sorrateiramente por esta Emenda Constitucional, que veio para tratar de questões fiscais e orçamentárias de modo geral e, não, de um impos-

38 Súmula Vinculante 52, de 18.06.2015: "Ainda quando alugado a terceiros, permanece imune ao IPTU o imóvel pertencente a qualquer das entidades referidas pelo art. 150, VI, "c", da Constituição Federal, desde que o valor dos aluguéis seja aplicado nas atividades para as quais tais entidades foram constituídas".

39 HARADA, Kyoshi. **A Progressividade do IPTU**. *In:* MARTINS, Yves Gandra da Silva, e BRITO, Edvaldo. **Doutrinas Essenciais: Direito Tributário (Edições Especiais Revistas dos Tribunais)**. 2ª ed. São Paulo: Revista dos Tribunais, 2014, vol. V, p. 99.

to municipal. Pode-se afirmar que, com tal modificação, consagrou-se nos Municípios o princípio da capacidade contributiva, mas, na verdade, está se permitindo que o princípio da isonomia seja completamente pisoteado.

Dispõe o inciso II do art. 156, da Constituição de 1988, que cabe aos Municípios o poder de tributar a transmissão de bens imóveis e direitos reais **inter vivos**. É chamado, também, de imposto de sucessão ou herança. A Constituição de 1824 não dispôs sobre a matéria, mas a Lei Imperial de 12.08.1834 fez algumas modificações a este texto constitucional, dispondo sobre a matéria, por se tratar de uma Constituição flexível. A Constituição de 1891, em seu art. 8º, nº 3, tratou do imposto sobre a transmissão de propriedade, de competência estadual. Esta competência se manteve na Constituição de 1934, que previa, no art. 8º, I, "b", da Constituição Federal, a atribuição de criar o imposto sobre a transmissão de propriedade **causa mortis**, e, na alínea "c" deste dispositivo constitucional, o imposto sobre a transmissão de propriedade imobiliária **inter vivos**, inclusive a sua incorporação ao capital de sociedade. A Constituição de 1937 manteve esta situação, no seu art. 23, I, "b" e "c', no que foi seguida pela Constituição de 1946, no seu art. 19, II e III.

A Emenda Constitucional nº 5, de 21.11.1961, modificou o Sistema Tributário Nacional, atribuindo aos Estados-membros a competência para decretar imposto sobre a transmissão **causa mortis** e aos Municípios a competência para instituir o imposto sobre a transmissão de propriedade imóvel **inter vivos**. Na Constituição de 1967, cabia aos Estados-membros o imposto sobre a transmissão de bens imóveis por natureza ou a acessão física e os direitos reais sobre bens imóveis, que não foi modificado com a sua Emenda Constitucional nº 1, de 17.10.1969, voltando a ter exclusividade na competência de imposto sobre a transmissão. Contudo, verificando que a base do imposto de transmissão **inter vivos** é a mesma do imposto sobre a propriedade predial e territorial urbana, a Constituição de 1988 transformou em dois novos impostos a competência estadual unificada da Constituição de 1967. O primeiro, o imposto sobre a transmissão **causa mortis** e a doação de quaisquer bens ou direitos, previsto no art. 155, I, da Constituição Federal, continuou de competência estadual. O segundo, o imposto sobre a transmissão **inter vivos** de bens imóveis e de direitos sobre os bens imóveis (ITBI), tratado no art. 152, II, da Constituição de 1988, passou a ser de competência municipal.

O fato gerador são as transmissões **inter vivos**: a) a qualquer título, por ato oneroso, de bens imóveis, por natureza ou por acessão física e de direito reais sobre os bens imóveis, exceto os de garantia e as servidões; b) a cessão, por ato oneroso, de direitos relativos à aquisição de bens imóveis. A base de cálculo é o valor venal dos bens ou dos direitos transmitidos. Os contribuintes são, em geral, os adquirentes dos bens ou direitos transmitidos e os cedentes, nas cessões de direitos decorrentes de compromissos de compra e venda. As alíquotas variam conforme as legislações municipais, sendo questionada sua progressividade, admitida apenas para o IPTU. No entanto, este tem profunda relação com o outro, pois ambos tratam dos imóveis prediais e territoriais urbanos, um pela propriedade e o outro pela transmissão. O cadastro do IPTU, então, serve também para o imposto de transmissão **inter vivos** (ITBI).

Coube aos Municípios, como ocorrera com a Emenda Constitucional nº 5, de 21.11.1961, instituir o imposto sobre a transmissão **inter vivos**, a qualquer título, por ato oneroso, de bens imóveis, por natureza ou acessão física, e de direitos reais sobre os imóveis, exceto os de garantia, bem como a cessão de direitos e sua aquisição. Dispõe o § 2º I do art. 156, da Constituição de 1988, que neste imposto, inicialmente, não incide sobre a transmissão de bens ou direitos incorporados ao patrimônio de pessoa jurídica em realização de capital, nem sobre a transmissão de bens ou direitos decorrentes de fusão, de incorporação, de cisão ou de extinção de pessoa jurídica. Pode incidir se, nesses casos, a atividade preponderante do adquirente for a compra e venda desses bens ou direitos, a locação de bens imóveis ou o arrendamento mercantil. Por outro lado, no inciso II deste artigo compete o imposto ao Município da situação do bem.

Dispõe o inciso III do art. 156, da Constituição de 1988, sobre a competência dos Municípios para instituir o imposto sobre os serviços de qualquer natureza (ISS). A Constituição de 1891 nada dispôs sobre os tributos municipais, apenas lhe dando autonomia, no seu art. 68. A Constituição de 1934, em seu art. 13, § 2º, III, coube ao Município a competência para decretar o imposto sobre as diversões públicas, que se encontra hoje na lista de serviços do ISS. A Constituição de 1937, em seu art. 28, III, e a Constituição de 1946, em seu art. 29, IV, limitou-se apenas a mencionar esse imposto. Durante este período, o tributo mais similar ao imposto sobre serviços era o imposto sobre indústrias e profissões, de competência dos Estados-membros, tratado nas Constituições de 1934, no art. 8º, "g", e de 1937, no art. 23, I, "f".

A Constituição de 1946, porém, em seu art. 19, III, atribuiu o imposto sobre as indústrias e as profissões aos Municípios. A Emenda Constitucional nº 18, de 1º.12.1965, reformou o Sistema Tributário Nacional, extinto este imposto e criado o imposto sobre os serviços de qualquer natureza. Não estava presente no Código Tributário Nacional, de 1966, sendo tratado no Decreto-lei nº 406, de 30.12.1968, no seu art. 8º, que foi recepcionado pela Constituição de 1988. A lista, contendo relação com cem serviços, foi aprovada pela Lei Complementar Federal nº 56, de 15.12.1987, por voto de liderança, o que suscitou discussão nos Tribunais, mas acabou sendo reconhecida sua vigência e eficácia. Agora, a matéria está na Lei Complementar Federal nº 87, de 13.09.1996. Pela Emenda Constitucional nº 3, de 17.03.1993, passou de inciso IV para inciso III do art. 156, da Constituição de 1988.

O fato gerador é a prestação, por empresa ou profissional autônomo, com ou sem estabelecimento fixo, de serviço constante em lista, nos termos da Lei Complementar Federal nº 87, de 13.09.1996[40]. A base de cálculo pode ser o preço do serviço. O imposto é calculado, por meio de alíquotas fixas ou variáveis, em função da natureza do mesmo ou de outros fatores pertinentes[41], nestes não compreendida a importância paga a título de remuneração do próprio trabalho. No caso de execução, por administração, empreitada ou subempreitada, de construção civil e, ainda, de demolição, do preço devem ser deduzidas as parcelas correspondentes ao valor dos materiais fornecidos pelo prestador do serviço e ao valor das subempreitadas já tributadas.

Os contribuintes do ISS são os prestadores de serviços, não se considerando como tais os que prestem serviços com relação de emprego, os trabalhadores avulsos, os diretores e os membros de conselho consultivo ou fiscal de sociedade. Por outro lado, o local da prestação do serviço é, no caso geral, o local do estabelecimento prestador ou, na falta de estabelecimento, o do domicílio do prestador. No caso da construção civil, inclusive outras que lhe são espécies, como as obras hidráulicas, os projetos, as estradas e as obras de arte, o local onde se efetuar a prestação do serviço. Trata-se de imposto importante porque permite que o Município possa arrecadar um valor elevado, em especial em Municípios com atividades econômicas de porte médio ou grande. A incidência do ISS sobre a sociedade civil de prestadores de serviço não pode ser sobre a alíquota incidindo sobre o valor do serviço, mas sim deve ser cobrado **per capita**. Contudo, não pode haver a progressividade na cobrança por profissional de prestação de serviço.

Cabe aos Municípios instituir o imposto sobre os serviços de qualquer natureza, não compreendidos no ICMS, art. 155, II, da Constituição de 1988, devendo ser definidos em lei complementar. O § 3º do art. 156 teve a redação, da Emenda Constitucional nº 3, de 17.03.1993. Em relação ao imposto sobre os serviços, cabe à lei complementar, em primeiro lugar, fixar as suas alíquotas máximas e, em segundo, excluir da sua incidência exportações de serviços para o exterior. O § 5º do art. 150, da Constituição Federal, dispõe que a lei deve determinar as medidas para que os consumidores sejam esclarecidos acerca dos impostos que incidam sobre mercadorias e servi-

40 Súmula Vinculante 31, de 04.02.2018: "É inconstitucional a incidência do Imposto sobre Serviços de Qualquer Natureza – ISS sobre operações de locação de bens móveis".

41 ROSSI, Carlos Alberto Del Papa. **ISS – Base de Cálculo**. *In:* MARTINS, Yves Gandra da Silva, e BRITO, Edvaldo. **Doutrinas Essenciais: Direito Tributário (Edições Especiais Revistas dos Tribunais)**. 2ª ed. São Paulo: Revista dos Tribunais, 2014, vol. V, p. 251.

ços. O inciso IV do art. 156 foi revogado, pela Emenda Constitucional nº 3, de 17.03.1993, quando extinguiu o inciso III, que tratava do imposto sobre vendas a varejo de combustíveis líquidos e gasosos, exceto óleo diesel. O imposto sobre os serviços passou para o inciso III, quando antes era o IV, do referido artigo constitucional. O inciso III, do art. 156, da Constituição de 1988, foi extinto e substituído pelo texto do inciso IV, do mesmo artigo, com algumas adaptações, excluindo apenas as referências ao antigo imposto sobre venda a varejo de combustíveis.

O fato gerador do imposto sobre a propriedade predial e territorial urbana (IPTU) vem a ser a propriedade, tratado no art. 156, I, da Constituição de 1988, o domínio útil ou a posse de bem imóvel por natureza ou por acessão física. Deve ser definido em lei civil, localizado na zona urbana, de acordo com o art. 32, do Código Tributário Nacional. A base de cálculo vem a ser o valor venal do imóvel, não se considerando o valor dos bens móveis mantidos em caráter permanente do temporário no imóvel, para efeito de sua utilização, aforamento ou comodato. O contribuinte é o proprietário do imóvel, o titular do seu domínio útil ou o seu possuidor a qualquer título, podendo ser a pessoa física ou jurídica. As alíquotas do IPTU são fixadas em lei municipal, apenas admitindo o texto constitucional que estas podem ser progressivas, de forma a assegurar o cumprimento da função social da propriedade, no art. 156, § 1º. A progressividade do IPTU, que o Supremo Tribunal Federal entendia como necessária à edição de lei complementar, decorreu de modificação no texto constitucional, que passou a permitir a edição de leis municipais, tratando das alíquotas progressivas do imposto, pela Emenda Constitucional nº 29, de 13.09.2000.

O imposto sobre a transmissão **inter vivos** de bens imóveis e direitos sobre bens imóveis (ITBI) é tratado no art. 152, II, da Constituição de 1988, de competência municipal[42]. O fato gerador vem a ser: a) as transmissões **inter vivos**, a qualquer título, por ato oneroso, de bens imóveis, por natureza ou acessão física e de direitos reais sobre bens imóveis, exceto os de garantia e as servidões; b) a cessão, por ato oneroso, de direitos relativos à aquisição de bens imóveis. O imposto sobre a transmissão **inter vivos**, de acordo com o § 2º do art. 156, da Constituição Federal, não incide sobre a transmissão de bens ou direitos incorporados ao patrimônio de pessoa jurídica em realização de capital. Também não cabe sobre a transmissão de bens ou de direitos decorrentes de fusão, de incorporação, de cisão ou de extinção de pessoa jurídica, salvo se, nesses casos, a atividade preponde-

42 HARADA, Kiyoshi. **Imposto sobre Transmissão de Bens Imóveis.** *In:* MARTINS, Yves Gandra da Silva, e BRITO, Edvaldo. **Doutrinas Essenciais: Direito Tributário (Edições Especiais Revistas dos Tribunais).** 2ª ed. São Paulo: Revista dos Tribunais, 2014, vol. V, p. 511.

rante do adquirente for a compra e venda desses bens ou direitos, locação de bens imóveis ou arrendamento mercantil. Foi fixado, ainda, no inciso II do § 2º do mesmo artigo, que compete o imposto sobre transmissão **inter vivos** ao Município da situação do bem.

O fato gerador é a prestação, por empresa ou por profissional autônomo, com ou sem estabelecimento fixo, de serviço constante em lista, nos termos do art. 8º, do Decreto-lei nº 406, de 30.12.1968, fixado pela Lei Complementar Federal nº 56, de 15.12.1987. Agora pela Lei Complementar Federal nº 87, de 13.09.1996, a disposição definitiva sobre matéria do imposto sobre os serviços de qualquer natureza. A base de cálculo pode ser o preço do serviço. O imposto é calculado, por meio de alíquotas fixas ou variáveis, em função da natureza do mesmo ou de outros fatores pertinentes, nestes não compreendida a importância paga a título de remuneração do próprio trabalho. No caso de execução, por administração, empreitada ou subempreitada, de construção civil e, ainda, de demolição, o preço deve ser deduzido das parcelas correspondentes ao valor dos materiais fornecidos pelo prestador do serviço e ao valor das subempreitadas já tributadas. Os contribuintes do ISS são os prestadores de serviços, não se considerando como tais os que prestem serviços com relação de emprego, os trabalhadores avulsos, os diretores e membros de conselho consultivo ou fiscal de sociedade. Por outro lado, o local da prestação do serviço é, no caso geral, o local do estabelecimento prestador ou, na falta de estabelecimento, o local do domicílio do prestador. No caso da construção civil, o local onde se efetuar a prestação do serviço[43].

O inciso IV do art. 156, da Constituição de 1988, foi revogado pela Emenda Constitucional nº 3, de 17.03.1993, quando extinguiu o inciso III, que tratava do imposto sobre vendas a varejo de combustíveis líquidos e gasosos, exceto óleo diesel. O imposto sobre serviços passou para o inciso III, quando antes era o IV, do referido artigo constitucional. O § 3º do art. 156, da Constituição Federal, foi extinto e substituído pelo texto do § 4º do mesmo artigo, com algumas adaptações, excluindo apenas a referência ao antigo imposto sobre venda a varejo de combustíveis. Assim, atualmente, o § 3º dispõe que cabe à lei complementar fixar as suas alíquotas máximas. Também não foi editada lei complementar que trata de excluir da sua incidência as exportações de serviços para o exterior, no inciso II do § 3º desse artigo. A Emenda Constitucional nº 37, de 12.06.2002, inseriu inciso III ao § 3º, regulando a forma e as condições como isenções, incentivos e benefícios

43 Ver: BRITO, Edvaldo. **ISS: Local da Prestação de Serviço e Isenção.** *In:* MARTINS, Yves Gandra da Silva, e BRITO, Edvaldo. **Doutrinas Essenciais: Direito Tributário (Edições Especiais Revistas dos Tribunais)**. 2ª ed. São Paulo: Revista dos Tribunais, 2014, vol. V, p. 287.

fiscais são concedidos e revogados. A Lei Complementar Federal nº 87, de 13.09.1996, passou a tratar do imposto sobre serviços de qualquer natureza, inclusive estabelecendo a nova lista de serviços.

Para os fins do disposto nessa legislação, conforme § 4º do art. 6º, da Lei Federal nº 7.999, de 28.12.1989, que trata da Contribuição Financeira pela Exploração Mineral (CFEM), considera-se: a) bem mineral, a substância mineral já lavrada após a conclusão de seu beneficiamento, quando for o caso; b) beneficiamento, as operações que objetivem o tratamento do minério, tais como processos realizados por fragmentação, pulverização, classificação, concentração, separação magnética, flotação, homogeneização, aglomeração, aglutinação, briquetagem, nodulação, pelotização, ativação e desaguamento, além de secagem, desidratação, filtragem e levigação, ainda que exijam adição ou retirada de outras substâncias; c) consumo, a utilização de bem mineral, a qualquer título, pelo detentor ou arrendatário do direito minerário, assim como pela empresa controladora, controlada ou coligada, em processo que importe na obtenção de nova espécie. Os rejeitos e os estéreis decorrentes da exploração de áreas objeto de direitos minerários que possibilitem a lavra, na hipótese de alienação ou consumo, devem ser considerados como bem mineral para fins de recolhimento da CFEM. No caso de rejeitos e de estéreis de minerais associados utilizados em outras cadeias produtivas, há uma redução de alíquota da CFEM de cinquenta por cento.

A distribuição da compensação financeira referida no **caput** do artigo acima, conforme § 2º, é feita de acordo com os seguintes percentuais e critérios: "[...] e) 15% (quinze por cento) para o Distrito Federal e os Estados onde ocorrer a produção; f) 60% (sessenta por cento) para o Distrito Federal e os Municípios onde ocorrer a produção; g) 15% (quinze por cento) para o Distrito Federal e os Municípios, quando afetados pela atividade de mineração e a produção não ocorrer em seus territórios, nas seguintes situações: 1) cortados pelas infraestruturas utilizadas para o transporte ferroviário ou dutoviário de substâncias minerais; 2) afetados pelas operações portuárias e de embarque e desembarque de substâncias minerais; 3) onde se localizem as pilhas de estéril, as barragens de rejeitos e as instalações de beneficiamento de substâncias minerais, bem como as demais instalações previstas no plano de aproveitamento econômico". O Supremo Tribunal Federal, na ADI 4846/DF, tendo por Relator o Ministro Edson Fachin, entendeu que a distribuição de recursos vai se dar entre todos os Municípios de respectivo Estado-membro e não apenas para os Municípios onde há a exploração desses recursos naturais[44].

---

44 "De acordo com esse dispositivo, **esses 25% seriam divididos entre todos os Municípios do respectivo Estado (e não apenas entre os Municípios onde há exploração**

A Lei Federal nº 8.001, de 13.03.1990, passou a vigorar com as alterações conforme a Lei Federal nº 13.540, de 18.12.2017. A legislação dispõe que as alíquotas da Compensação Financeira pela Exploração de Recursos Minerais (CFEM) são aquelas constantes no Anexo da lei acima, observado o limite de quatro por cento. Estes incidem: a) na venda, sobre a receita bruta da venda, deduzidos os tributos incidentes sobre sua comercialização; b) no consumo, sobre a receita bruta calculada, considerado o preço corrente do bem mineral, ou de seu similar, no mercado local, regional, nacional ou internacional, conforme o caso, ou o valor de referência, definido a partir do valor do produto final obtido após a conclusão do respectivo processo de beneficiamento; c) nas exportações, sobre a receita calculada, considerada como base de cálculo, no mínimo, o preço parâmetro definido pela Secretaria da Receita Federal do Brasil do Ministério da Fazenda, com fundamento no art. 19-A, da Lei Federal nº 9.430, de 27.12.1996, e na legislação complementar. Na hipótese de inexistência do preço parâmetro, é considerado o valor de referência, observado o disposto nos parágrafos 10 e 14, do artigo acima, na hipótese de bem mineral adquirido em hasta pública, sobre o valor de arrematação ou na hipótese de extração sob o re-

---

desses recursos naturais. Para o STF, essa previsão é constitucional e está em harmonia com o § 1º do art. 20 da CF/88. STF. Plenário. ADI 4846/ES, Rel. Min. Edson Fachin, julgado em 9/10/2019 (Info 955). Comentário: Assim, o poder constituinte optou por denominar os **royalties como "participação no resultado" e "compensação financeira pela exploração de recursos naturais"**. Essa segunda modalidade (compensação financeira) possui natureza jurídica de **receita transferida não tributária** de cunho originário, isto é, **decorrente da exploração do próprio patrimônio**. As **receitas de royalties** são **receitas originárias da União**, tendo em vista a propriedade **federal dos recursos minerais, e obrigatoriamente transferidas aos Estados-membros e Municípios por força do § 1º do art. 20 da CF/88. Receitas de royalties são receitas originárias da União.** As receitas de royalties são receitas originárias da União, tendo em vista a propriedade federal dos recursos minerais, e obrigatoriamente transferidas aos Estados-membros e Municípios por força do § 1º do art. 20 da CF/88. **Assim, para o Min. Edson Fachin, os royalties não são receitas originárias dos Estados-membros e dos Municípios.** Dessa forma, o art. 9º da Lei nº 7.990/89 não violou o pacto federativo nem a autonomia dos Estados-membros porque essa Lei não tratou sobre repasse de receitas originárias dos Estados, mas sim sobre receitas originárias da União. **Obs: no julgamento da ADI 4606, o Ministro Alexandre de Moraes defendeu posição em sentido contrário. No entanto, para ele, mesmo sendo receitas originárias dos Estados e Municípios, o tema deve ser tratado por meio de lei federal.** Votos dos demais Ministros A maioria dos Ministros seguiu o voto do Ministro Relator Edson Fachin. Ficou vencido o Ministro Marco Aurélio, para quem a lei federal não poderia definir a distribuição do resultado da exploração de petróleo aos municípios, tendo em vista a autonomia normativa dos Estados. O Presidente do STF, Ministro Dias Toffoli, e os Ministros Alexandre de Moraes e Luís Roberto Barroso acompanharam o Relator, com ressalvas de entendimento em relação à titularidade dos royalties" (ABNC).

gime de permissão de lavra garimpeira, sobre o valor da primeira aquisição do bem mineral.

23.7. Repartição da Receita Tributária

Foi fixado, pelo art. 157, da Constituição de 1988, que pertencem aos Estados-membros e ao Distrito Federal parte das receitas de impostos federais, como uma forma de melhor distribuir a receita tributária. Dispõe o inciso III do art. 153, da Constituição Federal, sobre a competência federal para instituir e dispor sobre o imposto sobre a renda e os proventos de qualquer natureza. Trata-se do imposto mais importante do nosso sistema tributário, pela sua abrangência quanto aos contribuintes. Está tratado nos arts. 43 a 45, do Código Tributário Nacional. O fato gerador é a aquisição de disponibilidade econômica ou jurídica, de renda, assim entendido como o produto do capital, do trabalho ou da combinação de ambos, e de proventos de qualquer natureza, assim entendidos os acréscimos patrimoniais não compreendidos na situação anterior, de acordo com o art. 43, do Código Tributário Nacional. A disponibilidade econômica é a renda já percebida ou adquirida, comparando-se com o fruto já utilizado do direito civil, ao passo que a disponibilidade jurídica é a renda produzida, mas ainda não percebida, correspondendo ao fruto não colhido. O inciso I, do art. 157, indica que o produto da arrecadação do imposto da União sobre renda e proventos de qualquer natureza, incidente na fonte, sobre rendimentos pagos, qualquer título, por eles, suas autarquias e pelas fundações que instituírem mantiverem, pertencem aos Estados-membros e ao Distrito Federal.

De acordo com o art. 154, da Constituição de 1988, a União pode instituir novos tributos, sendo esta uma competência impositiva federal. Pode, então, instituir novo imposto ou, ainda, impostos extraordinários de guerra. Prevê o inciso I, do art. 154, da Constituição Federal, que a União pode instituir novos impostos. Deve, no entanto, fazê-lo através de lei complementar, entendida esta como aquela resultante do processo legislativo em que se exige para sua aprovação quórum de maioria absoluta dos integrantes de cada Casa Legislativa, no Congresso Nacional. Não obstante, os impostos não devem ser previstos no art. 153, da Constituição de 1988, sendo esta a primeira condição. Por outro lado, os novos impostos devem ser não cumulativos, ou seja, só permitem que os impostos incidam sobre o que for adicionado ao preço da operação, possibilitando-se abater o imposto pagos nos componentes do produto em cada operação.

Dispõe o inciso II do art. 157, da Constituição de 1988, que vinte por cento do produto da arrecadação do imposto que a União instituir no exercício da competência que lhe é atribuída pelo art. 154, I, também do texto constitucional. O art. 72, § 3º, do Ato das Disposições Constitucionais

Transitórias, trata da matéria acima. A repartição de impostos federais em favor dos Estados-membros e do Distrito Federal foi feita no art. 23, parágrafos 1º e 8º, da Emenda Constitucional nº 18, de 01.12.1965. Depois, a Constituição de 1967, em seu art. 26, bem como sua Emenda Constitucional nº 1, de 17.10.1969, no art. 25. Na Constituição de 1988, a matéria mereceu destaque, com a Seção VI, Da Repartição das Receitas Tributárias, nos arts. 157 a 162.

Foi fixado que os impostos previstos no art. 156, da Constituição de 1988, o imposto sobre a propriedade predial e territorial urbana, o imposto sobre a transmissão **inter vivos** e o imposto sobre os serviços, pertencem aos Municípios, que também pode fixar taxas e contribuições de melhoria, tratadas no art. 145, do texto constitucional. Todavia, também os Municípios recebem receitas oriundas de outros impostos, federais e estaduais, do que trata o art. 158, da Constituição Federal, bem como da alínea "b" do inciso I do art. 159.

Em relação ao inciso I do art. 158, da Constituição Federal, o produto da arrecadação do imposto da União sobre renda e proventos de qualquer natureza, incidente na fonte, sobre rendimentos pagos, a qualquer título, por eles, suas autarquias e pelas fundações que mantiverem.

Dispõe o inciso II do art. 158, da Constituição de 1988, que cinquenta por cento do produto da arrecadação do imposto da União sobre a propriedade territorial rural, deve ser do Município em que os imóveis estiverem situados[45]. A Emenda Constitucional nº 10, de 09.11.1964, destinou à União a sua competência. A Constituição de 1967, no art. 22, III, e sua Emenda Constitucional nº 1, de 17.10.1969, no art. 21, III, seguiram a mesma orientação, assim como a Constituição de 1988. O imposto sobre a propriedade territorial rural está disposto nos arts. 29 a 31 do Código Tributário Nacional. A Lei Federal nº 6.746, de 10.12.1979, e o Decreto Federal nº 84.686, de 06.05.1980, trataram da alíquota do imposto, em função do número de módulos fiscais do imóvel e nos termos das tabelas tratadas nestes dispositivos.

O fato gerador do imposto sobre a propriedade territorial rural está previsto no art. 29, do Código Tributário Nacional. Tratou-se da propriedade, do domínio útil ou da posse de bem imóvel por natureza ou por acessão física, como definido na lei civil, localizados fora da zona urbana do Município os fatos geradores do referido tributo. A base de cálculo do imposto vem a ser o valor fundiário, apurado pela Administração Federal. O contribuinte é

45 Ver: FERREIRA FILHO, Manoel Gonçalves. **Participação do Município na Arrecadação da União e do Estado.** *In*: **Revista de Direito Público.** São Paulo: Revista dos Tribunais, jul.-set./1969, nº 9/145, e **Doutrinas Essenciais: Direito Constitucional (Edições Especiais Revista dos Tribunais: 100 Anos)**. 2ª tir. São Paulo: Revista dos Tribunais, 2013, vol. III, p. 1141.

o proprietário do imóvel, o titular de seu domínio útil, ou de seu possuidor a qualquer título. O possuidor indireto, no caso da locação de imóvel, também está obrigado ao pagamento do imposto. Trata-se de imposto que leva poucos recursos à Receita do Brasil. Atualmente, tem o fato de colaborar com o processo de reforma agrária, que lentamente o Governo Federal vem empreendendo, mas que a partir de 2019, cessou quase por completo.

A Emenda Constitucional nº 42, de 19.12.2003, alterou o inciso II do art. 158, do texto constitucional. O produto da arrecadação do imposto sobre a propriedade territorial rural, previsto no art. 153, VI, da Constituição de 1988, que cabia igualmente à União e aos Municípios, pode ser exclusivamente destes, caso façam a opção de cobrar e fiscalizar, não podendo reduzir o imposto ou fazer qualquer outra forma de renúncia fiscal.

Dispõe o inciso III do art. 158 que cabe aos Municípios cinquenta por cento do produto da arrecadação do imposto sobre a propriedade de veículos automotores (IPVA) licenciados em seus territórios. A Emenda Constitucional nº 27, de 28.11.1985, dispôs que competia aos Estados-membros e ao Distrito Federal instituir o imposto sobre a propriedade de veículos automotores, vedada a cobrança de impostos ou taxa incidentes sobre a utilização de veículos. Depois, a Constituição de 1988 confirmou a competência estadual para o imposto, que dispõe com suas leis sobre a matéria. O fato gerador é a propriedade de veículos automotores registrados e licenciados em cada Estado-membro ou no Distrito Federal. O fato gerador ocorre, no primeiro dia de cada ano, em relação aos veículos licenciados nos anos anteriores; e, ainda, na data de aquisição do veículo, quando se tratar de veículo nacional novo. Trata-se de fato gerador, também: a) quando o veículo perde o benefício da isenção, imunidade ou não incidência; b) quando do desembaraço aduaneiro, nas importações por consumidor final; c) na data de aquisição por consumidor final, quando importado por empresa; d) no momento da incorporação ao ativo permanente da empresa importadora.

Dispôs o inciso IV do art. 158, da Constituição de 1988, que vinte e cinco por cento do produto da arrecadação do imposto do Estado-membro sobre operações relativas à circulação de mercadorias e sobre prestações de serviços de transporte interestadual e intermunicipal e de comunicação pertencem aos municípios. O ICMS está tratado no inciso II, do art. 155, da Constituição Federal. A Lei Complementar Federal nº 92, de 23.12.1997, vem a ser a norma geral sobre o imposto sobre operações relativas à circulação de mercadoria e a prestação de serviços de transporte e de comunicação. O fato gerador é a saída de mercadoria de estabelecimento de contribuinte, de comerciante, de industrial ou de produtor. Também é fato gerador a entrada de mercadoria importada do exterior ou importada e apreendida, que já era de competência do ICM, apenas não incluído minerais, energia elétrica e combustíveis e lubrificantes, que passaram a ser fato gerador do ICMS. Trata-se o fato gerador do fornecimento de alimentos e bebidas em bares e restaurantes, mercadorias com a prestação de serviço fora da lista do imposto sobre serviços dos Municípios, mercadorias com prestação de serviço dentro da lista deste imposto municipal, bem como a prestação de serviços sobre transporte e sobre comunicações. As comunicações devem ser entendidas como a transmissão de mensagens, de uma pessoa para outra; por outro lado, o transporte é relativo a produtos e pessoas.

Dispõe, ainda, o **parágrafo único** do art. 158, da Constituição de 1988, que as parcelas de receita pertencentes aos Municípios, do ICMS, devem ser creditadas conforme três quartos, no mínimo, na proporção do valor adicionado nas operações relativas à circulação de mercadorias e nas prestações de serviços, realizadas em seus territórios e um quarto de competência estadual sua fixação. A Lei Complementar Federal nº 63, de 11.01.1990, dispôs sobre a forma de distribuir e calcular o valor adicionado. Por outro lado, pode ser de até um quarto, de acordo com o que dispuser lei estadual ou, no caso dos Territórios, lei federal.

Dispõe o art. 159, da Constituição de 1988, que a União deve entregar a receita de um fundo constituído pela receita do imposto sobre a renda e os proventos de qualquer natureza e do imposto sobre os produtos industrializados, dois dos mais importantes impostos federais, no seu inciso I, bem como o produto do IPI, sobre produtos industrializados para exportação, tratado no inciso II. O fundo previsto no inciso I do art. 159, da Constituição Federal, dispõe que dele fazem parte o imposto sobre renda e proventos de qualquer natureza e o imposto sobre produtos industrializados. Dispõe o inciso III do art. 153, da Constituição de 1988, sobre a competência federal para instituir e dispor sobre o imposto sobre a renda e proventos de qualquer natureza.

O fato gerador é a aquisição de disponibilidade econômica ou jurídica, de renda, entendida como o produto do capital, do trabalho ou da combinação de ambos, e de proventos de qualquer natureza, assim entendido os acréscimos patrimoniais não compreendidos na situação anterior, de acordo com o art. 43, do Código Tributário Nacional. A disponibilidade econômica é a renda percebida ou adquirida, comparando-se com o fruto já colhido do direito civil, ao passo que a disponibilidade jurídica é a renda produzida, mas ainda não percebida, correspondendo ao fruto não colhido, como já explicado.

Trata o inciso IV do art. 153, da Constituição Federal, do imposto sobre os produtos industrializados (IPI). O fato gerador deste imposto, de acordo com o art. 46, do Código Tributário Nacional, deve ser: a) quando de procedência estrangeira, o seu desembaraço aduaneiro; b) quando se considera contribuinte autônomo, a saída dos estabelecimentos; c) quando apreendido ou abandonado e levado a leilão, a sua arrematação. Considera-se industrialização a operação que implique em transformação, em beneficiamento, em montagem, em acondicionamento e em renovação.

Foi constituído um fundo, com o montante da arrecadação do imposto sobre a renda e proventos de qualquer natureza e o imposto sobre produtos industrializados. Foi determinado, então, que a União deve entregar do produto da arrecadação dos impostos sobre a renda e os proventos de qualquer natureza e sobre os produtos industrializados, quarenta e sete por cento. Cabe, inicialmente, vinte e um e meio por cento ao Fundo de Participação dos Estados e do Distrito Federal (FPE), tratado na Lei Complementar Federal nº 62, de 28.12.1989. Por outro lado, foi destinado vinte e dois e meio por cento ao Fundo de Participação dos Municípios (FPM), disposto na Lei Complementar Federal nº 91, de 22.12.1997, sobre o coeficiente dos Municípios no seu Fundo de Participação. Foi estabelecido, ainda, um por cento para o primeiro decênio de dezembro de cada ano, por meio da Emenda Constitucional nº 55, de 20.09.2007.

A Emenda Constitucional nº 84, de 02.12.2014, dispõe sobre o aumento do percentual do Fundo de Participação dos Municípios, assim:

> "Art. 1º O art. 159 da Constituição Federal passa a vigorar com a seguinte redação:
>
> 'Art. 159. ....
>
> I - do produto da arrecadação dos impostos sobre renda e proventos de qualquer natureza e sobre produtos industrializados, 49% (quarenta e nove por cento), na seguinte forma:
>
> ....
>
> e) 1% (um por cento) ao Fundo de Participação dos Municípios, que será entregue no primeiro decêndio do mês de julho de cada ano;
>
> ....
>
> Art. 2º Para os fins do disposto na alínea "e" do inciso I do caput do art. 159 da Constituição Federal, a União entregará ao Fundo de Participação dos Municípios o percentual de 0,5% (cinco décimos por cento) do produto da arrecadação dos impostos sobre renda e proventos de qualquer natureza e sobre produtos industrializados no primeiro exercício em que esta Emenda Constitucional gerar efeitos financeiros, acrescentando-se 0,5% (cinco décimos por cento) a cada exercício, até que se alcance o percentual de 1% (um por cento)'".

Por fim, foi destinado três por cento para aplicação em programas de financiamento ao setor produtivo das Regiões Norte, Nordeste e Centro-Oeste, através de suas instituições financeiras de caráter regional, de acordo com os planos regionais de desenvolvimento, ficando assegurada ao semi-árido do Nordeste a metade. Existe o Banco da Amazônia S/A (BASA), o Banco do Nordeste do Brasil S/A (BNB) e não foi criado o Banco de Desenvolvimento do Centro-Oeste S/A, em desacordo com o art. 31, § 11, do Ato das Disposições Constitucionais Transitórias. A atribuição é exercida pelo Banco do Brasil S/A. Os recursos destinados às Regiões foram tratados na forma em que a lei estabelecer, que vem a ser a Lei Federal nº 7.827, de 27.9.1989. A matéria também está tratada no art. 72, parágrafos 2º e 4º, do Ato das Disposições Constitucionais Transitórias. Deve-se observar o que dispõe o § 1º do art. 159, da Constituição de 1988, que, para efeito de cálculo da entrega, a ser efetuada de acordo com o previsto no inciso I, se exclui a parcela da arrecadação do imposto sobre a renda e os proventos de qualquer natureza pertencente aos Estados-membros, ao Distrito Federal e aos Municípios, nos termos do disposto nos arts. 157, I, e 158, I, tudo do texto constitucional.

Pelo Fundo de Estabilização Fiscal, a União passou a ter de repassar aos Municípios, do produto da arrecadação do imposto sobre a renda e os proventos de qualquer natureza, excluída parcela deste imposto recolhido na fonte retido pela própria União, os seguintes percentuais: a) 1,56%, no período da 01.07.1997 a 31.12.1997; b) 1,875%, no período de 01.01.1998 a 31.12.1998; c) 2,5%, no período de 01.01.1999 a 31.12.1999. Estes prazos, inclusive, venceram. O repasse dos recursos devia obedecer à mesma periodicidade e aos mesmos critérios de repartição e normas adotadas no Fundo de Participação dos Municípios (FPM), observando-se sempre o disposto no art. 160 da Constituição Federal. A mudança foi efetuada pela Emenda Constitucional nº 17, de 22.11.1997. A Emenda Constitucional nº 55, de 20.09.2007, aumentou o Fundo de Participação dos Municípios (FPM), passando os repasses do imposto sobre a renda e os proventos e o imposto sobre a propriedade industrial de quarenta e sete por cento para quarenta e oito por cento. Foi previsto a alíquota de um por cento para ser entregue a esse fundo, no primeiro decênio do mês de dezembro, para fazer frentes aos gastos com o décimo terceiro salário dos servidores públicos municipais, sempre motivo de preocupação e dificuldades para os Prefeitos Municipais.

Trata o inciso IV, do art. 153, da Constituição Federal, do imposto sobre os produtos industrializados (IPI). O fato gerador deste imposto, de acordo com o art. 46, do Código Tributário Nacional: a) quando de procedência estrangeira, o seu desembaraço aduaneiro; b) quando se considera contribuinte autônomo, a saída dos estabelecimentos; c) quando apreendido ou abandonado e levado a leilão, a sua arrematação. Considera-se como industrialização as operações que impliquem transformação, beneficiamento, montagem, acondicionamento e renovação, como já dito. Dispõe o inciso II do art. 159 da Constituição de 1988 que do produto da arrecadação do imposto sobre produtos industrializados, dez por cento devem ser entregues aos Estados-membros e ao Distrito Federal, proporcionalmente ao valor das respectivas exportações de produtos industrializados. A participação dos Estados-membros e do Distrito Federal no IPI para exportação está disposta na Lei Complementar Federal nº 61, de 26.12.1989. A matéria também foi disposta no art. 60, § 2º, do Ato das Disposições Constitucionais Transitórias.

A Emenda Constitucional nº 42, de 19.12.2003, acresceu o inciso III ao art. 159 do texto constitucional. Foi instituída contribuição de intervenção no domínio econômico relativa às atividades de importação ou comercialização de petróleo e seus derivados, gás natural e seus derivados e álcool combustível, pela Emenda Constitucional nº 33, de 11.12.2001. Depois, em 2003, um quarto da arrecadação passou para os Estados-membros e o Distrito Federal, que foi a conta que os Governadores de Estado passaram à União, em razão do apoio à aprovação da Emenda desta data.

De acordo com § 1º do art. 159, para efeito de cálculo da entrega, a ser efetuado de acordo com o previsto no fundo constituído pela receita do imposto sobre a renda e os proventos de qualquer natureza e o imposto sobre os produtos industrializados, deve se excluir a parcela da arrecadação do imposto de renda e proventos de qualquer natureza pertencente aos Estados-membros, ao Distrito Federal e aos Municípios, nos termos do disposto nos arts. 157, I, e 158, I, do texto constitucional. Dispõe o inciso II do art. 159, da Constituição Federal, que do produto da arrecadação do imposto sobre os produtos industrializados, dez por cento deve ser entregues aos Estados-membros e ao Distrito Federal, proporcionalmente ao valor das respectivas exportações de produtos industrializados. Pelo § 2º, do mesmo artigo, foi fixado que a nenhuma unidade federada pode ser destinada parcela superior a vinte por cento do montante a que se refere ao inciso II, do mesmo. Deve o eventual excedente ser distribuído entre os demais participantes, mantido, em relação a esses, o critério de partilha nele estabelecido. A participação dos Estados-membros e do Distrito Federal, no IPI para exportação, encontra-se disposta na Lei Complementar Federal nº 61, de 26.12.1989.

Foi fixado pelo § 3º do art. 159, da Constituição de 1988, que os Estados-membros devem entregar, aos respectivos Municípios, vinte e cinco por cento dos recursos que receberem, nos termos do cálculo de dez por cento da receita do imposto sobre os produtos industrializados para exportação, observados os critérios estabelecidos no art. 158, **parágrafo único**, I e II, do texto constitucional. A Emenda Constitucional nº 42, de 19.12.2003, acresceu o § 4º ao art. 159, do texto constitucional. Foi previsto que da participação que os Estados-membros vão ter na contribuição de intervenção no domínio econômico, relativa às atividades de importação ou comercialização de petróleo e seus derivados, gás natural e seus derivados e álcool combustível, instituída pela Emenda Constitucional nº 33, de 11.12.2001, por sua vez, um quarto deve ser destinado a seus Municípios. Deve-se observar que, pelo inciso III do art. 159, da Constituição Federal, os Estados-membros e o Distrito Federal possuem também um quarto da receita da contribuição criada em favor da União.

É vedada a retenção ou qualquer restrição à entrega e ao emprego dos recursos atribuídos, nesta seção, aos Estados-membros, ao Distrito Federal e aos Municípios, neles compreendidos adicionais e acréscimos relativos a impostos. O problema que gerou este dispositivo foi o fato de que as Entidades Federadas que tinham recursos a repassar acabaram ficando com o que haviam de distribuir. Trata-se de um instrumento que os Municípios passam a ter contra qualquer arbítrio da União ou dos Estados-membros, e destes contra o Governo Federal. No **parágrafo único**, do art. 160, da Constituição Federal, a vedação prevista neste artigo não impede que a União e os Estados-membros condicionem a entrega de recursos ao pagamento de seus créditos, inclusive de suas autarquias. Esta redação foi dada pela Emenda Constitucional nº 3, de 17.03.1993, com a redação anterior dispondo que: "**Parágrafo único**. Essa vedação não impede a União de condicionar a entrega de recursos ao pagamento de seus créditos".

Foi fixado, pelo art. 161, da Constituição de 1988, que cabe à lei complementar dispor sobre as transferências, tratando-se de norma que precisa de aprovação pela maioria absoluta dos membros da Casa Legislativa em tramitação. Em primeiro lugar, foi disposto que lei complementar deve definir o valor adicionado para fins do disposto na distribuição de três quartos do que for arrecadado, com base em vinte e cinco por cento da arrecadação do imposto sobre as operações relativas à circulação de mercadoria e a prestação de serviços de transporte e de comunicação, o ICMS. A Lei Complementar Federal nº 63, de 11.01.1990, dispôs sobre a matéria, como já mencionado.

O inciso II do art. 161, da Constituição de 1988, estabelece que deve haver lei complementar federal para estabelecer as normas sobre a entrega dos recursos, de que trata o fundo, com a receita do imposto sobre a renda e os proventos de qualquer natureza e do imposto sobre os produtos industrializados, objetivando promover o equilíbrio socioeconômico os Estados-membros e entre os Municípios. Foi fixado, no **parágrafo único**, que o Tribunal de Contas da União (TCU) deve efetuar o cálculo das quotas referentes aos fundos de participação, com base em dados fornecidos pelo Instituto Brasileiro de Geografia e Estatística (IBGE). Por fim, o inciso III do art. 161, da Constituição Federal, fixa que cabe a lei complementar dispor sobre o acompanhamento, pelos beneficiários, do cálculo das quotas e da liberação das participações previstas nos arts. 157, 158 e 159, do texto constitucional. Foi instituído, desse modo, um dispositivo expresso sobre a matéria.

A União, os Estados-membros, o Distrito Federal e os Municípios devem divulgar, até o último dia do mês subseqüente ao da arrecadação, os montantes de cada um dos tributos arrecadados, os recursos recebidos, os valores de origem tributária entregues e a entregar e a expressão numérica dos critérios de rateio. Em relação ao Município, deve ser para que informe o quanto arrecadou de imposto sobre renda e proventos de qualquer natureza, que lhe é receita. De acordo com o **parágrafo único** do art. 162, da Constituição de 1988, os dados divulgados pela União devem ser discriminados por Estado-membro e por Município, naquilo que deve repartir com estes. Do mesmo modo, os dados divulgados pelos Estados-membros devem discriminados por Município do seu território.

Capítulo XXIV

ORDEM ECONÔMICA

24.1. Ordem Econômica no Brasil

A ordem econômica[1] foi fixada no **caput**, do art. 170, da Constituição de 1988, como fundada na valorização do trabalho humano e na livre iniciativa, tendo por fim assegurar a todos existência digna, conforme os ditames da justiça social. Devem então ser observados os princípios: a) da soberania nacional; b) da propriedade privada; c) da função social da propriedade; d) da livre concorrência[2]; e) da defesa do consumidor; f) da defesa do meio ambiente; g) da redução das desigualdades regionais e sociais; h) da busca do pleno emprego; i) do tratamento favorecido para as empresas de pequeno porte[3].

A ordem econômica, no século XIX, era entendida como o espaço do âmbito da sociedade civil, no sentido clássico. As questões que envolviam o interesse público eram apenas disciplinar o direito através de codificações, como o Código Civil Francês, em 1804, chamado de Código de Napoleão, e o Código Comercial Francês, em 1807, de direito privado, matérias de direito civil e de direito comercial. A formação econômica de então era o sistema liberal, em que devia imperar um Estado Mínimo, voltado apenas para as questões tipicamente públicas, como a segurança, nos chamados serviços públicos. Depois, já no final daquele século, percebeu-se que a economia não vivia sem a política, como esta também do mesmo jeito. O Poder Público,

---

1 MARTINS, Ives Gandra da Silva. **Direito Constitucional Econômico.** *In*: **Revista Tributária e de Finanças Públicas**. São Paulo: Revista dos Tribunais, jan.-mar./1997, nº 18/229, e **Doutrinas Essenciais: Direito Constitucional (Edições Especiais Revista dos Tribunais: 100 Anos)**. 2ª tir. São Paulo: Revista dos Tribunais, 2013, vol. VI, p. 573.

2 Súmula Vinculante 49, de 17.06.2015: "Ofende o princípio da livre concorrência lei municipal que impede a instalação de estabelecimentos comerciais do mesmo ramo em determinada área".

3 COMPARATO, Fábio Konder. **Ordem Econômica na Constituição Brasileira de 1988.** *In*: **Revista de Direito Público**. São Paulo: Revista dos Tribunais, jan.-mar./1990, nº 93/263, e **Doutrinas Essenciais: Direito Constitucional (Edições Especiais Revista dos Tribunais: 100 Anos)**. 2ª tir. São Paulo: Revista dos Tribunais, 2013, vol. VI, p. 403.

tanto pelo que arrecadava, assim como pelo que pagava, tinha o condão de fazer com que a economia fosse profundamente influenciada pela circulação de sua receita. Por outro lado, na época, passou a Administração a atuar em áreas exploradas pelas classes econômicas, através dos serviços de utilidade pública, delegados para terceiros. Foi compreendido que, desde então, não podia mais um texto constitucional ignorar uma matéria tão relevante, ainda que originariamente não fosse matéria da Constituição.

Para Jeremy Bentham[4], representando o pensamento liberal da primeira metade do século XIX, as leis tinham quatro fins: a) a subsistência, b) a abundância, c) a igualdade; d) a segurança. Quanto à subsistência, a lei nada precisava fazer para garantir que fosse produzido o suficiente para a subsistência de todos, que ela pudesse criar motivos, ou seja, castigos ou recompensas, por força dos quais os homens pudessem ser levados a prover a subsistência para si mesmo. Numa sociedade em que as técnicas produtivas eram insuficientes, para produzir a subsistência sem o tipo de trabalho incessante por parte de todos, como na Grã-Bretanha de seu tempo, especialmente a Inglaterra, o medo da morte pela fome não consistia em si um incentivo suficiente. Em tal sociedade, o medo da morte pela fome só seria incentivo a um trabalho incessante, onde as instituições da propriedade privada criavam uma classe que não tinha propriedade absolutamente alguma em terra ou em capital financeiro. Não tinha sequer o direito de reivindicar amparo pela sociedade e, por conseguinte, devia vender seu trabalho ou morrer à míngua. Podia-se perceber que os ensinamentos da economia política liberal subvertiam o princípio da igualdade clássica.

A abundância dava a impressão de imaginar uma sociedade de produtores independentes, para se pensar em sua própria sociedade avançada, aplicando a última generalização sobre os incentivos aparentemente deduzidos daquela. Havia um forte e permanente incentivo a produzir mais. Jeremy Bentham não percebia de que esse incentivo, que podia adequadamente ser postulado pelo empresário capitalista, talvez do produtor autônomo independente, não se aplicava muito bem aos assalariados, que

4 **Jeremy Bentham** (Londres, 1748 – Londres, 1832) foi filósofo, jurista e um dos últimos iluministas a propor a construção de um sistema de filosofia moral, não apenas formal e especulativa, mas com a preocupação radical de alcançar uma solução a prática exercida pela sociedade de sua época. As propostas têm, portanto, caráter filosófico, reformador e sistemático. O jurista, juntamente com John Stuart Mill e com James Mill, foi tradicionalmente considerado como o difusor do utilitarismo, teoria ética normativa que se objetiva a responder todas as questões acerca do fazer, admirar e viver em termos da maximização da utilidade e da felicidade. Ou seja, para ele, as ações devem ser analisadas diretamente em função da tendência de aumentar ou reduzir o bem-estar das partes afetadas. E teria, ainda, buscado a extensão deste utilitarismo a todo o campo da moral, como o direito, a economia e a política.

estavam sempre próximos à indigência. Ele não percebia isso porque criara o seu modelo de homem à imagem do empresário ou do produtor independente e isso acontecia porque lhe faltava o senso histórico da sociedade.

Por outro lado, o terceiro fim da lei tratava da rubrica da igualdade, podendo-se perceber plenamente que a aceitação do capitalismo prejudicava o princípio ético igualitário. O argumento em favor da igualdade, ou seja, para que todos tivessem igual quantidade de riqueza ou renda, era exposto com clareza. A razão para a igualdade exigia a hipótese de capacidades iguais para o prazer. Admitia-se que alguns tinham maior capacidade para o prazer, maior sensibilidade ou maior discernimento. Podia-se argumentar que a felicidade do conjunto seria maximizada pelo fato dessas pessoas terem mais riquezas do que as outras. Jeremy Bentham, todavia, não foi muito coerente quanto a isso, falando apenas superficialmente sobre o problema social.

Por fim, a segurança da propriedade e a expectativa tratavam da vantagem do trabalho e da propriedade de cada um. As leis, portanto, deviam garantir a propriedade individual. Era dado que os homens diferiam entre si em capacidade e em energia, alguns obtendo mais propriedades do que os outros. Quanto à pretensão da lei para reduzir as desigualdades, esta destruiria o incentivo à produtividade. Daí, na alternativa entre a igualdade e a segurança, a lei não podia ter hesitação absolutamente alguma – a igualdade devia ceder. Sem perceber que isto mantinha uma grande desigualdade, tudo que Jeremy Bentham concluía disso era que entre duas pessoas de igual riqueza, uma maior distribuição significaria perda de maior felicidade. Na segunda metade do século XIX, os trabalhadores britânicos não concordavam com o pensamento liberal e começaram a se organizar e a discutir, passando a reivindicar mais direitos e maiores salários.

A Constituição do México de 1917 foi a primeira a tratar do direito social, no que foi seguida pela Constituição de Weimar de 1919. No século XX, com a Teoria de Keynes, foi compreendido o papel da intervenção estatal na ordem econômica. Quando também ocorreu a intervenção na ordem social, resultou daí o **Welfare State**, o Estado do Bem-Estar Social, altamente intervencionista. Os Estados Socialistas, do século passado, também faziam uma intervenção profunda na ordem econômica e social. No final do século XX, começou-se a apregoar a necessidade da Administração se afastar das atividades econômicas e, também um pouco, das atividades sociais, o que ficou conhecido como teoria neoliberal. A nova concepção voltava a reivindicar um Estado Mínimo e uma economia que tivesse menos entraves burocráticos. Apesar do sucesso inicial, nos Estados Unidos e na Grã-Bretanha, começou a haver sérios questionamentos quanto ao novo modelo, em razão de problema com o desenvolvimento dos países que o adotaram.

A Constituição de 1824, no Brasil, ignorou o assunto, pois no começo do século XIX seria impróprio dispor sobre matéria de natureza não constitucional. Tratou, apenas, no art. 179, nº 24, que dispunha sobre a vedação à proibição de trabalho, de cultura, de indústria ou de comércio, desde que não se opusesse aos costumes, à segurança e à saúde do público. A Constituição de 1891, muito influenciada pela Constituição dos Estados Unidos de 1786, foi omissa quanto à matéria.

A Constituição de 1934 foi receptiva às novas influências mundiais e tratou da ordem econômica em dois dispositivos. No primeiro, o art. 115, assegurava que a ordem econômica devia se basear nos princípios da justiça e das necessidades nacionais, para que possibilitasse a todos existência digna, sendo assegurada a liberdade econômica. No segundo, o art. 116, fixava a competência da União para estabelecer o monopólio de determinadas indústrias ou atividades econômicas, assegurada a indenização nas desapropriações, exceto nos serviços municipais e estaduais. A Constituição de 1937 também tratou da matéria, no seu art. 135, sobre a intervenção pública no domínio econômico.

A Constituição de 1946 voltou a abordar o assunto, no art. 145, sobre os princípios da ordem econômica, e no art. 146, sobre a intervenção no domínio econômico e a competência federal para monopolizar determinada atividade. A Constituição de 1967 concentrou o assunto apenas no art. 157, mas tratava sobre várias matérias. Dispunha sobre os princípios da ordem econômica, como: a) a liberdade de iniciativa; b) a valorização do trabalho; c) a função social da propriedade; d) a harmonia e a solidariedade; e) o desenvolvimento econômico; f) a repressão ao abuso do poder econômico. Nos parágrafos 1º a 6º, dispôs sobre a desapropriação para fins de reforma agrária, com a indenização por meio de títulos públicos. A intervenção no domínio econômico foi tratada, nos parágrafos 8º e 9º, facultando à União a intervenção e o monopólio de determinada indústria ou atividade, quando indispensável por motivos de segurança nacional ou para organizar o setor que não pudesse ser desenvolvido com eficiência no regime de competição e de liberdade de iniciativa.

A Emenda Constitucional nº 1, de 17.10.1969, tratou a matéria de forma mais técnica, dispondo o assunto em cinco artigos. No art. 160, dispôs sobre os princípios da ordem econômica e social, introduzindo esta matéria, que depois passaria a ter autonomia como ordem social. O art. 161 versou sobre a desapropriação de propriedade territorial rural, mediante o pagamento de indenização em títulos da dívida pública, resgatáveis no prazo de vinte anos, de competência exclusiva da União. A vedação de greve nos serviços públicos constava do art. 162, do texto constitucional. A intervenção no domínio econômico e o monopólio de determinada indústria ou atividade foi disposta, no art. 163, quando indispensável por motivo de segurança nacional ou para organizar setor que não pudesse ser desenvolvido com eficácia no regime de competição e de liberdade de iniciativa. O art. 164, então, tratou do estabelecimento de Regiões Metropolitanas, constituídas de Municípios.

Agora, a Constituição de 1988 deu novo relevo à matéria, dividindo-a em dois títulos – Da Ordem Econômica e Financeira, de um lado, e Da Ordem Social, de outro. A ordem econômica foi tratada em quatro Capítulos: a) dos princípios gerais da atividade econômica; b) da política urbana; c) da política agrícola e fundiária e da reforma agrária; d) do sistema financeiro nacional. No total, vinte e um artigos, atualmente do art. 170 ao art. 192, do texto constitucional.

Fabiano Del Masso, sobre a atividade econômica, disse que:

> "A atividade econômica tem por finalidade trabalhar aos recursos escassos da forma mais eficiente possível para satisfazer ao máximo as ilimitadas necessidades humanas. Assim, a vida em comunidade também é resultado de uma necessidade de melhor organização dos fatores de produção. A organização da economia depende tanto a postura que tomarão os indivíduos que empreendem quanto das pessoas que consomem os bens e serviços produzidos. Dessa maneira, qual seria a posição que deve assumir o Estado? De forma simples, o Estado pode assumir qualquer função no normal desenvolvimento da atividade econômica, podendo ser organizador, fiscalizador, estimulador, normatizador, regulador e, é claro, empreendedor. No caso do Estado brasileiro todas essas funções foram assumidas, basta observar que toda a estrutura para a produção econômica contém órgãos e empresas que possuem poderes para funcionar como agentes econômicos, em alguns casos, para fiscalizar e regular a atividade econômica sendo todas as atividades normatizadas por uma estrutura jurídica devidamente positivada que cria obrigações para todos os empreendedores de atividade econômica no Brasil, sejam agentes econômicos privados ou públicos, em outros desenvolvendo o próprio Estado diretamente as atividades econômicas, ou seja, atuando como agente econômico. O tópico principal do objeto do Direito Econômico é justamente o que se preocupa com a organização ou ordem inicialmente estruturada na Constituição da República para legitimar diante de todos os direitos e garantias previstos a exploração de qualquer atividade econômica. O Estado para atuar na economia, recebeu do legislador constituinte uma ordem a ser observada que por diretrizes principiológicas estabelece os limites de atuação dos agentes econômicos, inclusive, do próprio Estado, o que se faz por intermédio da previsão objetivos e imposição de direitos e garantias. Enquanto função do Estado, a organização da atividade econômica pode gerar dificuldades decorrentes de ideologias que privilegiam determinadas formas de atuação, que sugerem ser mais eficientes do que outras. A Constituição da República, dessa maneira, não deve representar ideologias ou teorias econômicas, sociais, filosóficas, entre outras, mas dispor ao Estado instrumentos eficientes que lhe garantam a condição de uma produção eficiente, com a satisfação do consumidor que tem a sua disposição o fornecimento de bens e serviços de qualidade, produzidos por agentes econômicos que respeitam

> os valores ambientais e sejam produzidos em um ambiente de livre iniciativa e livre competição"[5].

Dispôs o inciso I do art. 170, da Constituição de 1988, que a ordem econômica deve ter como princípio a soberania nacional[6]. A soberania pode ser entendida como o poder absoluto do Estado para se organizar e se dirigir de acordo com a vontade de seus órgãos políticos, os quais executa suas decisões através do uso da força. É detida com exclusividade pela União, que a exerce interna e externamente, limitada apenas pelos princípios constitucionais. A soberania, com força do **ius imperium**, é o que caracteriza a independência dos Estados Modernos, no plano internacional. O sentido do inciso acima é de assegurar que a ordem econômica do país esteja voltada para a defesa de seus próprios interesses, inclusive como matéria de segurança internacional.

Trata o inciso II do art. 170, do texto constitucional, que é o princípio da ordem econômica a propriedade privada, assim como, no inciso III, dispõe sobre a função social da propriedade. Repete o art. 5º, da Constituição de 1988, que em seu inciso XXII, garante o direito de propriedade, mas, no inciso XXIII, determina que a propriedade atenda a sua função social. Fica assegurado o direito de propriedade, mas sem o direito absoluto de usar, gozar e dispor, pois estes devem se submeter ao interesse da função social e do respeito ao meio ambiente.

A propriedade, entendida como um direito essencial, decorreu de reivindicação clássica, que se manifestou de maneira mais objetiva nas declarações de direitos dos séculos XVII e XVIII. Nasceu do fim do conceito de propriedade comunal da Idade Média, em que o servo da gleba pertencia à terra em que lavrava, de modo que isto gerava uma nova situação, em que o servo também tinha direito a cultivar aquela terra. Houve a formação dos cercamentos, em que se expulsou o servo e o pequeno proprietário do campo para as cidades, com o fim de se criar extensivamente ovelhas, para fornecer lã aos teares londrinos. Ocorreu, assim, a afirmação de uma propriedade ampla e absoluta sobre determinado bem, a ponto de se dar o direito de usar, gozar, fruir e dispor. Foi esta a maneira de se afirmar a ideia de uma propriedade absoluta.

---

5 MASSO, Fabiano Del. **Princípios Gerais da Atividade Econômica.** *In*: ALVIM, Eduardo Arruda, LEITE, George Salomão, e STRECK, Lênio (coords.). **Curso de Direito Constitucional**. Florianópolis: Tirant le Blanch, 2018, p. 971.

6 BANDEIRA DE MELLO, Celso Antônio. **O Estado e a Ordem Econômica.** *In*: **Revista de Direito Público**. São Paulo: Revista dos Tribunais, abr.-jun./1982, nº 62/34, e **Doutrinas Essenciais: Direito Constitucional (Edições Especiais Revista dos Tribunais: 100 Anos)**. 2ª tir. São Paulo: Revista dos Tribunais, 2013, vol. VI, p. 271.

A propriedade privada é disposta no art. 1.229, do Código Civil de 2002, nos termos clássicos, como a "faculdade de usar, gozar e dispor da coisa, e o direito de revê-la do poder de quem quer que seja injustamente a possua ou detenha". A propriedade de solo abrange a do espaço aéreo e subsolo correspondentes, em altura e profundidade úteis ao seu exercício. Não pode o proprietário opor-se a atividades que sejam realizadas, por terceiros, a uma altura ou profundidade tais, que não tenham ele interesse legítimo em impedi-las. Por outro lado, a propriedade presume-se plena e exclusiva, até prova em contrário, no seu art. 1.231. No Código Civil de 2002, dispõe o § 1º do art. 1.228, que o direito de propriedade deve ser exercido em consonância com as suas finalidades econômicas e sociais. Devem ser preservados, de conformidade com o estabelecido em lei especial, a flora, a fauna, as belezas naturais, o equilíbrio ecológico e o patrimônio histórico e artístico, bem como evitada a poluição do ar e das águas.

A propriedade, instituto em que se teria um direito total sobre o bem, ao longo do tempo, foi sofrendo limitações. Inicialmente, o direito de vizinhança, depois as limitações administrativas. Por fim, a possibilidade de desapropriação por necessidade ou por utilidade pública, no Decreto-lei nº 3.365, de 21.06.1941, e por interesse público, na Lei Federal nº 4.132, de 10.09.1962. Estas devem ter a justa e prévia indenização em dinheiro e, ainda, para os fins de reforma agrária, de acordo com o art. 184, da Constituição de 1988. O século XX, por conseguinte, condicionou a propriedade para que esta se enquadrasse no interesse da maioria, que pode se manifestar quando determinada área ou bairro de uma cidade tenha vedações ao direito, por exemplo, de nela implantar indústrias. Aqui, a propriedade de usar encontra-se condicionada a uma norma urbanística municipal, em prol da tranquilidade dessa área ou bairro residencial. No século XXI, apesar da limitação à propriedade, o neoliberalismo defende o direito à propriedade sem restrições.

Dispõe o inciso IV do art. 170, da Constituição de 1988, sobre a livre concorrência[7], que antes era mencionado como liberdade de iniciativa[8], na Constituição de 1967 e na sua Emenda Constitucional nº 1, de 17.10.1969, nos arts. 157, I, e 160, I, respectivamente. Por este princípio, deve haver a

7 BASTOS, Celso Ribeiro. **O Princípio da Livre Concorrência na Constituição Federal.** *In*: **Revista Tributária e de Finanças Públicas**. São Paulo: Revista dos Tribunais, jan.-mar./1995, nº 10/190, e **Doutrinas Essenciais: Direito Constitucional (Edições Especiais Revista dos Tribunais: 100 Anos)**. 2ª tir. São Paulo: Revista dos Tribunais, 2013, vol. VI, p. 305.

8 MARTINS, Yves Gandra da Silva. **Princípio da Livre Iniciativa.** *In*: MARTINS, Yves Gandra da Silva, e BRITO, Edvaldo. **Doutrinas Essenciais: Direito Tributário (Edições Especiais Revista dos Tribunais)**. 2ª ed. São Paulo: Revista dos Tribunais, 2014, vol. I, p. 1019.

livre competição, que resulte em um mercado concorrencial, em que haja um grande número de vendas, distribuindo melhor e barateando mais o valor dos produtos. Hoje, o grande problema é a formação dos cartéis, que são entendidos como a associações de empresas da mesma área, que procuram nivelar o preço dos produtos e evitar uma concorrência livre. Por outro lado, existem os **trustes**, que são conglomerados que dominam amplos mercados e quase exercem monopólio sobre os mesmos, inclusive podendo estabelecer o preço que quiser. Por fim, passou a ser corrente, desde os fins do século XX, que as empresas concorrentes sejam absorvidas por outras nas chamadas fusões. Todos estes movimentos resultam em lesão ao mercado. Existe, no âmbito administrativo, através da Lei Federal nº 8.884, de 11.06.1994, a prevenção e a repressão às infrações da ordem econômica, aplicando-se sobre pessoas físicas ou jurídicas, de direito público e privado. As infrações contra a livre concorrência estão previstas nos art. 1º, art. 20, I, art. 21, VIII, art. 27, V, e art. 54, **caput**, dessa lei, e no art. 48, do Decreto Federal nº 1.204, de 29.07.1994.

O inciso V do art. 170, da Constituição de 1988, dispõe que é princípio da ordem econômica a defesa do consumidor[9]. Este dispositivo já consta no inciso XXXII do art. 5º também do texto constitucional, como um direito fundamental da pessoa humana. O Estado deve promover a defesa do consumidor. Foi introduzida, como matéria constitucional, pela Constituição de 1988, a questão do direito do consumidor, em que este, em razão de sua hipossuficiência, deve ter tratamento mais favorável do que o fornecedor. O consumidor, então, pode ser entendido como toda pessoa física ou jurídica que adquire ou utiliza produto ou serviço, como destinatário final, bem como a coletividade de pessoas, ainda que indetermináveis, que haja intervindo nas relações de consumo. Por outro lado, o fornecedor é toda pessoa física ou jurídica, pública ou privada, nacional ou estrangeira, assim como os entes despersonalizados. Estes desenvolvem as atividades de produção, de montagem, de criação, de construção, de transformação, de exportação, de distribuição ou de comercialização de produtos ou de prestações de serviços. Deve-se entender o produto como qualquer bem, móvel ou imóvel, material ou imaterial, ao passo que o serviço é qualquer atividade fornecida de consumo, mediante remuneração, inclusive as de natureza bancária, financeira, de crédito e securitária, exceto as decorrentes das relações de caráter trabalhista.

A Lei Federal nº 8.078, de 11.09.1990, o Código de Defesa do Consumidor, dispõe sobre a proteção do consumidor. Este inovou em várias

9 COSTA, Nelson Nery. Política de Consumo Sustentável: movimento de defesa do consumidor no Brasil. Belo Horizonte: Del Rey, 2016, pp. 192-3.

questões, como a inversão do ônus da prova, no art. 6º, VIII, e a responsabilidade objetiva de fornecedores, produtores, construtores, importadores, comerciantes, fornecedores de serviços e profissionais liberais, nos arts. 12 e 14. Por outro lado, os contratos que tratam das relações de consumo não obrigam os consumidores, se não lhes for dada a oportunidade de tomar o conhecimento prévio de seu conteúdo, ou se os respectivos instrumentos forem redigidos de modo a dificultar a compreensão de seu sentido e alcance, no art. 46. No mesmo sentido, as cláusulas contratuais devem ser interpretadas de maneira mais favorável ao consumidor, podendo até desistir do contrato, no prazo legal, com os valores pagos sendo devolvidos atualizados. No mesmo sentido, dispõe o inciso XXXII do art. 5º, da Constituição de 1988, que o Estado promove, na forma da lei, a defesa do consumidor, assim como a ordem econômica tem por princípio também esta defesa, conforme o art. 170, V, tudo do texto constitucional. A Lei Federal nº 8.078, de 11.09.1990, acima mencionado, estabelece a proteção do consumidor, e o Decreto Federal nº 2.181, de 20.03.1997, dispõe sobre a organização do Sistema Nacional de Defesa do Consumidor.

O Código Civil de 2002 tem inovações significativas, no âmbito das relações civis, aproximando-se do direito do consumidor, dentre elas a anulação do negócio jurídico celebrado em decorrência de lesão ou de estado de perigo. Configura-se o estado de perigo quando alguém, premido da necessidade de salvar-se, ou a pessoa de sua família, de grave dano conhecido pela outra parte, assume obrigação excessivamente onerosa. Cabe ao Juiz decidir, de acordo com as circunstâncias, tratando-se da pessoa não pertencente à família do declarante, conforme o **parágrafo único** do art. 156. Ocorre a lesão quando uma pessoa, sob premente necessidade, ou por inexperiência, obriga-se a prestação mensalmente desproporcional ao valor do seu rendimento, conforme o seu art. 157. Por outro lado, nos contratos bancários de execução continuada ou diferida, se a prestação de uma das partes se tornar excessivamente onerosa, com extrema vantagem para a outra, em virtude de acontecimentos extraordinários e imprevisíveis, pode o devedor pedir a resolução do contrato, conforme o art. 478, da codificação acima. Em tais casos, os efeitos da sentença que decretar a resolução de contrato retroagirá desta à citação.

A defesa do meio ambiente é um dos princípios constitucionais da ordem econômica, previsto no art. 170, VI, da Constituição de 1988. Devem a União, os Estados-membros, o Distrito Federal e os Municípios, em conjunto, cuidar da proteção ao meio ambiente e combater a poluição em qualquer de suas formas. O meio ambiente pode ser entendido como o conjunto de condições, leis, influências e interações de ordem física, química e biológica, que acolhe e dirige a vida em suas formas, abrangendo as comunidades, os ecossistemas e a biosfera. Por sua vez, a poluição é definida como uma modificação indesejável nas características físicas, químicas e biológicas no ar, solo e água, que acabam afetando contrariamente a vida humana e de outras espécies, as condições de vida e os recursos naturais. A Política Nacional do Meio Ambiente está prevista na Lei Federal nº 6.938, de 31.08.1981, ao passo que as sanções penais e administrativas encontram-se, na Lei Federal nº 9.605, de 12.02.1998.

A propriedade, no Código Civil de 2002, foi definida, da forma clássica, no art. 1.229, como a faculdade de usar, gozar e dispor da coisa e o direito de reavê-la do poder de quem quer que injustamente a possua ou detenha. Por outro lado, o direito de propriedade deve ser exercido em consonância com as suas finalidades econômicas e sociais. De modo que sejam preservadas, de conformidade com o estabelecido em lei especial, a flora, a fauna, as belezas naturais e o equilíbrio ecológico e o patrimônio histórico e artístico, bem como evitada a poluição do ar e das águas[10]. O inciso VI do art. 170 foi alterado, pela Emenda Constitucional de 19.12.2003; antes desta data, o texto falava apenas em "defesa do meio ambiente".

Trata o inciso VII do art. 170, da Constituição de 1988, da ordem econômica, tendo como princípio a redução das desigualdades regionais e sociais. Por diversos fatores o Brasil, não se desenvolve de forma harmônica, havendo centros dinâmicos, ao lado de locais periféricos. O modelo procura concentrar renda em um local, como forma de maximizar os investidores nacionais e produzir uma economia de escala. Todavia, a médio prazo o resultado não propicia o desenvolvimento geral, ao criar regiões de baixo nível econômico e comprometedor de metas de expansão econômica. É essencial que o desenvolvimento ocorra de forma ordenada e que possa se espalhar por outras regiões. Existe a política de subsídio, como forma de permitir que haja estímulo especial à implantação de atividades econômicas em determinado lugares mais carentes. Desde a Constituição de 1934, em seu art. 115, que vem se proclamando a necessidade de uma vida digna para todos, que só pode ser alcançada pondo fim às desigualdades sociais e econômicas.

O inciso VIII do art. 170, da Constituição de 1988, estipula que é princípio da ordem econômica a busca do pleno emprego. Ocorre, aqui, a síntese do desenvolvimento econômico, de um lado a expansão do capital e, do outro, a oferta de pleno emprego. A questão do desemprego é preocupante, inclusive para os capitalistas, na medida em que exclui do mercado consu-

10 Ver: WALD, Arnoldo. **O Direito do Desenvolvimento.** *In*: **Revista dos Tribunais**. São Paulo: Revista dos Tribunais, set./1967, nº 383/7, e **Doutrinas Essenciais: Direito Constitucional (Edições Especiais Revista dos Tribunais: 100 Anos)**. 2ª tir. São Paulo: Revista dos Tribunais, 2013, vol. VI, p. 221.

midor a população que foi afetada pelo fenômeno da falta de emprego. A orientação das agências de fomento econômico, desse modo, deve ser no sentido de estimular atividades que resultem na ampliação do mercado de trabalho, mas sem haver o controle de preços[11].

Foi fixado no inciso IX do art. 170, do texto constitucional, que é o princípio constitucional relativo ao tratamento favorecido para as empresas de pequeno porte constituídas sob as leis brasileiras e que tenham sua sede e administração no Brasil. Este inciso teve nova redação, dada pela Emenda Constitucional nº 6, de 15.08.1995, que antes tinha a seguinte redação: "IX – tratamento favorecido para as empresas brasileiras de capital nacional de pequeno porte". Procurou-se, com isto, proteger o pequeno empresário, garantir mais emprego e criar condições para o desenvolvimento do capitalismo nacional. A Lei Federal nº 8.864, de 28.03.1994, trata das empresas de pequeno porte, no Brasil. Prevê o **parágrafo único** do art. 170, do texto constitucional, que está assegurado a todos o livre exercício de qualquer atividade econômica, independentemente de autorização de órgãos públicos, salvo nos casos previstos em lei. Foi garantida a liberdade econômica, mas assegurando ao Poder Público as limitações ao direito da propriedade, como forma de estimular o desenvolvimento da economia[12].

De acordo com o art. 172, da Constituição de 1988, deve haver lei para disciplinar, com base no interesse nacional, os investimentos de capital estrangeiro, bem como incentivar os reinvestimentos e regular a remessa de lucros. A Constituição de 1988 foi elaborada com a preocupação de criar as condições para se ter um capitalismo nacional, reservando algumas atividades para seu domínio, inclusive com a conceituação do revogado art. 171, de empresa brasileira e empresa brasileira de capital nacional. Pensava-se, então, que se devia atrair o capital estrangeiro, mas procurar as condições para desenvolver o capital local. Não mais com o modelo expresso na Constituição de 1967 e na sua Emenda Constitucional nº 1, de 17.10.1969, baseada na intervenção no domínio econômico e no monopólio de indústrias e atividades. Não obstante, os Governos Federais que se seguiram à Constituição de 1988 quase sempre buscaram o investimento de capital estrangeiro e procuraram facilitar o seu ingresso.

11 Ver: COMPARATO, Fábio Konder. **Regime Constitucional do Controle de Preços no Mercado.** *In*: **Revista de Direito Público.** São Paulo: Revista dos Tribunais, jan.-mar./1991, nº 97/17, e **Doutrinas Essenciais: Direito Constitucional (Edições Especiais Revista dos Tribunais: 100 Anos)**. 2ª tir. São Paulo: Revista dos Tribunais, 2013, vol. VI, p. 429.

12 SANTOS, Gentil Domingues dos. **Iniciativa Econômica Estatal.** *In*: **Revista de Direito Público.** São Paulo: Revista dos Tribunais, jul.-set./1982, nº 63/246, e **Doutrinas Essenciais: Direito Constitucional (Edições Especiais Revista dos Tribunais: 100 Anos).** 2ª tir. São Paulo: Revista dos Tribunais, 2013, vol. VI, p. 483.

Os investimentos de capital estrangeiro representam o ingresso deste capital: a) para o fim de adquirir o controle acionário de empresas de capital nacional de participar do leilão de privatização de alguma sociedade de economia mista ou empresa pública; b) para atuar em serviços de utilidade pública; c) para aplicar em planta industrial ou tipo de investimento no Brasil. O custo do capital financeiro estrangeiro contraído para a sustentação do Plano Real, de 1994, com uma falsa paridade, inclusive com a sobrevalorização do real em relação ao dólar norte-americano, resultou no fim da inflação inercial e diminuição razoável dos índices inflacionários. Ficou a economia dependendo da chegada deste capital, resultando em um déficit na conta corrente do Governo Federal, principalmente em função dos encargos financeiros da dívida pública, interna e externa. Necessitava, daí, dos investimentos de capital estrangeiro para poder financiar o déficit público. O problema adicional resultava em que os investimentos de capital estrangeiro tinham como pressuposto a remessa de lucros, ou seja, os lucros obtidos da empresa local eram remetidos para a matriz, fosse para amortização do investimento, fosse como internalização de capital. Os investimentos de capital estrangeiro podem resultar, desse modo, em reinvestimentos, no que são considerados como situação preferencial, ou remetidos como lucro, que não interessa ao Brasil.

24.2. Serviço Público Brasileiro

De acordo com o **caput** do art. 173, do texto constitucional, ressalvados os casos previstos na Constituição de 1988, a exploração direta de atividade econômica pelo Estado apenas deve ser permitida quando necessária aos imperativos da segurança nacional ou a relevante interesse coletivo, conforme estabelecidas em lei. Foi definido, no sistema constitucional de 1988, que a participação estatal na exploração de atividades econômicas devia se restringir a determinados interesses[13]. Esta posição foi reafirmada pela Reforma da Ordem Econômica, em 1995, mas a disposição contida no art. 173 só sofreu alteração com a Reforma Administrativa de 1998.

O § 1º do art. 173, da Constituição de 1988, teve a redação dada pela Emenda Constitucional nº 19, de 04.06.1998. Prevê o mesmo que lei deve estabelecer o estatuto jurídico da empresa pública, da sociedade de economia mista e de suas subsidiárias que explorem atividade econômica de produção ou de comercialização de bens ou de prestação de serviços. A

13 RAMOS, Elival da Silva. **O Estado na Ordem Econômica.** *In*: **Revista de Direito Constitucional e Internacional.** São Paulo: Revista dos Tribunais, abr.-jun./2003, nº 43/49, e **Doutrinas Essenciais: Direito Constitucional (Edições Especiais Revista dos Tribunais: 100 Anos).** 2ª tir. São Paulo: Revista dos Tribunais, 2013, vol. VI, p. 345.

empresa pública é uma entidade constituída mediante a autorização legal, sob a forma de direito privado, com capital exclusivamente público. Tem por fim realizar as atividades de interesse público e conceito como entidade, com patrimônio próprio e o capital exclusivo da União. Deve ser criada por lei para a exploração de atividade econômica que o Governo seja levado a exercer por força de contingência ou de conveniência administrativa, podendo revestir-se de qualquer das formas admitidas em direito.

A sociedade de economia mista é uma sociedade constituída mediante autorização legal, sob a forma do direito privado, com o capital público e privado, com o fim de realizar os imperativos de interesse público. Está conceituada como a entidade dotada de personalidade jurídica de direito privado, criada por lei para a exploração de atividade econômica, sob a forma de sociedade anônima, cujas ações com direito a voto pertençam em sua maioria à União ou a pessoa jurídica de Administração Indireta. A empresa pública e a sociedade de economia mista devem se sujeitar ao regime jurídico próprio das empresas privadas, inclusive quanto às obrigações trabalhistas e tributárias. A criação ocorre por meio de lei autorizadora, de acordo com o disposto no inciso XIX do art. 37, do texto constitucional, com recursos privados e públicos. As contratações devem observar as regras da licitação, agora previstas na Lei Federal nº 13.303, de 30.06.2016 e suas modificações, inclusive a legislação sobre o pregão presencial e sobre o pregão eletrônico. As subsidiárias podem, também, ser sociedades de economia mista ou outras sociedades de natureza privada.

Os usuários do serviço público têm o direito e, na falta do Código do Usuário do Serviço Público, o Código de Defesa do Consumidor assegura a proteção a esses. O Supremo Tribunal Federal, na ADI 5745/RJ, tendo por Relator o Ministro Edson Fachin, proibiu que "as empresas concessionárias façam corte de fornecimento de água e de luz por falta de pagamento, em determinados dias"[14].

Está disposto nos incisos do § 1º do art. 173, da Constituição de 1988, que a lei que estabelece o estatuto jurídico da paraestatal deve fixar sua função social e as formas de fiscalização pelo Estado e pela sociedade de

14 "**CONSTITUCIONAL. Proíbe que as empresas concessionárias façam o corte do fornecimento de água e luz por falta de pagamento**, em determinados dias. STF. Plenário. ADI 5961/PR, Rel. Min. Alexandre de Moraes, red. p/ o ac. Min. Marco Aurélio, julgado em 19/12/2018 (Info 928).

- CONSTITUCIONAL. Obriga as empresas prestadoras de serviços no Estado (exs: empresas de telefonia, de TV por assinatura, de energia elétrica etc.) **a informarem previamente a seus clientes os dados do empregado que realizará o serviço na residência do consumidor**. STF. Plenário. ADI 5745/RJ, red. p/ o acórdão Min. Edson Fachin, julgado em 07/02/2019 (Info 929)" (ABNC).

forma a atender o interesse público[15]. A propriedade, entendida como um direito essencial, decorreu de reivindicação clássica, que se manifestou de maneira mais objetiva nas declarações de direitos dos séculos XVII e XVIII. A afirmativa de que a propriedade devia ter um conceito amplo e absoluto sobre determinado bem, a ponto de possuir o direito de usar, gozar, fruir e dispor, foi a maneira de afirmar a ideia da supremacia da propriedade privada. A propriedade trata-se de um instituto em que, se no início tinha o direito total sobre o bem, ao longo do tempo foi sofrendo limitações.

O século XX, então, passou a condicionar a propriedade para que essa se submetesse ao interesse da maioria, que se manifesta, por exemplo, quando em determinada área ou bairro de uma cidade decretam-se as vedações ao direito de nela implantar indústrias. No século XXI, existe muitas incertezas quanto a isto. No inciso II do § 1º do art. 173, está previsto que as instituições de Administração Indireta sujeitam-se ao regime jurídico próprio das empresas privadas, inclusive quanto aos direitos e obrigações civis, comerciais, trabalhistas e tributários. A empresa pública, a sociedade de economia mista e suas subsidiárias não têm qualquer privilégio, inclusive sujeitando-se à execução por título extrajudicial ou ao cumprimento de sentença, tratado no Código de Processo Civil de 2015.

Prevê o inciso III do § 1º do art. 173, da Constituição de 1988, que a empresa pública, a sociedade de economia mista e suas subsidiárias devem realizar a licitação e a contratação de obras, serviços, compras e alienações, observados os princípios da Administração Pública. A licitação é o processo pelo qual a Administração seleciona as melhores propostas para obras ou serviços de seu interesse. Na verdade, trata-se da institucionalização de uma conduta corrente entre os particulares, de se verificar a melhor proposta de um determinado processo, que muitas vezes implica pesquisa de preços e comparações entre os mesmos. A licitação é o meio pelo qual o Poder Público seleciona a proposta mais vantajosa, havendo a verificação do que foi apresentado, para que se possa atender ao que se pretende, mediante critérios estabelecidos previamente, agora pela Lei Federal nº 13.303, de 30.06.2016.

O objetivo do Poder Público é efetuar um determinado contrato, sendo a licitação o meio pela qual se examina a melhor proposta para os interesses da Administração. A licitação decorre de três requisitos fundamentais: a) uma restrição para a Administração na escolha de seus fornecedores; b) o

---

15 GRAU, Eros Roberto. **Intervenção Estatal na Economia**. *In*: **Revista de Direito Público**. São Paulo: Revista dos Tribunais, jul.-set./1985, nº 67/294, e **Doutrinas Essenciais: Direito Constitucional (Edições Especiais Revista dos Tribunais: 100 Anos)**. 2ª tir. São Paulo: Revista dos Tribunais, 2013, vol. VI, p. 369.

direito de todos ao fornecimento em igualdade de condições; c) a necessidade da escolha adequada que em melhores condições ofereça o serviço ou obra à entidade estatal. O inciso XXI do art. 37, do texto constitucional, dispõe que as obras, os serviços, as compras e as alienações devem ser contratadas mediante processo de licitação pública que assegure a igualdade de condições a todos os concorrentes. Deve haver, ainda, as cláusulas que estabeleçam obrigações de pagamento, mantidas as condições efetivas das propostas, a qual somente permite as exigências de qualificação técnica e econômica indispensáveis à garantia do cumprimento das obrigações, salvo os casos de dispensa e de inexigibilidade. São modalidades de licitação a concorrência, a tomada de preço, o convite, o concurso, o leilão e, agora, o pregão presencial e o pregão eletrônico.

Dispõe o inciso IV do art. 173, da Constituição de 1988, que a sociedade de economia mista e suas subsidiárias devem prever, na instalação e no funcionamento dos conselhos de administração e fiscal, a participação de acionistas minoritários. Trata-se de prática para melhorar a fiscalização da empresa e, também, otimizar suas atividades, com a experiência de investidores do setor privado. O inciso V do mesmo dispositivo determina que do estatuto jurídico da entidade deve constar os mandatos, a avaliação de desempenho e a responsabilidade dos administradores[16]. Trata o § 2º do art. 173, da Constituição Federal, de que a empresa pública, a sociedade de economia mista e as outras entidades que explorem atividade econômica sujeitam-se ao regime jurídico próprio das empresas privadas, inclusive quanto às obrigações trabalhistas e tributárias. A empresa pública é a entidade constituída mediante autorização legal, sob a forma de direito privado, com capital exclusivamente público, tendo por fim realizar atividades de interesse público.

A empresa pública deve se sujeitar ao regime jurídico próprio das empresas privadas, inclusive quanto às obrigações trabalhistas e tributárias, de acordo com o § 2º do art. 179, da Constituição de 1988. A criação deve se dar por lei em sentido formal, de acordo com o art. 37, XIX, do texto constitucional, com o patrimônio transferido pelo Poder Público, sem qualquer privilégio, inclusive quanto às execuções forçadas. As contratações, não obstante, deviam observar as regras da licitação, prevista na Lei Federal nº 8.666, de 21.06.1993. Agora, a matéria está na Lei Federal nº 13.303, de 30.06.2016, hoje Lei Federal nº 14.133, de 01.04.2021, para a Administração direta e au-

16 Ver: OLIVEIRA, Fernando A. Albino de. **Limites e Modalidades da Intervenção do Estado no Domínio Econômico.** *In*: **Revista de Direito Público.** São Paulo: Revista dos Tribunais, jan.-jun./1976, nº 37-38/52, e **Doutrinas Essenciais: Direito Constitucional (Edições Especiais Revista dos Tribunais: 100 Anos)**. 2ª tir. São Paulo: Revista dos Tribunais, 2013, vol. VI, p. 447.

tárquica. A sociedade de economia mista é a sociedade constituída mediante autorização legal, sob a forma do direito privado, com o capital público e privado, com o fim de realizar imperativos de interesse público.

O Estado do Piauí conseguiu o provimento em agravo interno do voto vencedor de Alexandre Moraes, por maioria, na ADPF 670, para que a Águas e Esgotos do Piauí S.A. (Agespisa), sociedade de economia mista estadual, começasse a pagar por meio de precatório previsto no art. 100, da Constituição Federal. A ação foi assinada pelo Governador do Estado Wellington Barroso Dias, e o agravo interno da Procuradora de Estado Márcia Franco, a partir de estudo do advogado André Brandão Nery Costa. A decisão acima foi reforçada pelas Reclamações propostas pela Agespisa, Rcl 46.365 e Rcl 46.469 Piauí.

A sociedade de economia mista deve se sujeitar ao regime jurídico próprio das empresas privadas, inclusive quanto às obrigações trabalhistas e tributárias. A criação deve se dar por lei autorizadora, de acordo com o disposto no inciso XIX do art. 37, do texto constitucional, com os recursos privados e públicos, como a sociedade de quotas ou as sociedades anônimas, sem qualquer privilégio. Por outro lado, os atos dos dirigentes da sociedade de economia mista podem ser atacados por meio de mandado de segurança, previsto na Lei Federal nº 12.016, de 07.08.2009, e por ação popular, prevista na Lei Federal nº 4.717, de 29.06.1965. Prevê o § 2º do mesmo artigo, ainda, que as empresas públicas e as sociedades de economia mista não podem gozar de privilégios fiscais não extensivos às do setor privado. Trata o parágrafo seguinte do art. 173, da Constituição Federal, que a lei deve regulamentar as relações da empresa pública com a Administração e a sociedade.

Encontra-se previsto no § 4º art. 173, da Constituição de 1988, que a lei deve reprimir o abuso do poder econômico que vise à dominação dos mercados, à eliminação da concorrência e ao aumento arbitrário dos lucros. A Lei de Defesa da Economia Popular, Lei Federal nº 1.521, de 26.12.1951, trata do abuso de poder econômico que vise à dominação dos mercados, sendo uma violação ao princípio da livre concorrência, previsto no art. 170, IV, da Constituição de 1988, impedindo que o consumidor tenha produtos melhores e mais baratos. O abuso de poder econômico, que vise a eliminação da concorrência, também reflete o mesmo problema e deve haver o controle de políticas econômicas predatórias. A Lei Federal nº 8.884, de 11.06.1994, dispõe sobre a prevenção e a repressão às infrações à ordem econômica, aplicando-se às pessoas físicas ou jurídicas de direito público e privado, bem como a quaisquer associações de entidades ou pessoas, constituídas de fato ou direito, ainda que temporariamente, com as suas personalidades jurídicas. O aumento arbitrário dos lucros está previsto naquela legislação, sendo nocivo à sociedade porque compromete a estabilidade econômica e sua eficiência, bem como impede a melhor distribuição da receita nacional.

O Ministério da Justiça e de Segurança Pública editou a Portaria MJ nº 456, de 15.03.2010, regulamentando diversos processos administrativos para apuração, prevenção e repressão de infrações contra a ordem econômica. Isto, no âmbito da Secretaria de Direito Econômico, previsto na Lei Federal nº 8.884, de 11.06.1994, modificada pela Lei Federal nº 9.021, de 30.03.1995, pela Lei Federal nº 9.470, de 10.07.1997, pela Lei Federal nº 10.149, de 21.12.2000, e pela Lei Federal nº 11.482, de 31.05.2007, em substituição à Portaria MJ nº 4, de 05.01.2006. Foram previstos procedimentos para: a) o processo administrativo para a aprovação de ato de concentração econômica; b) o procedimento administrativo para a apuração de ato de concentração; c) o procedimento administrativo preparatório; d) a averiguação preliminar para a apuração de indícios de infração contra a ordem econômica; e) o processo administrativo cuja investigação possa resultar em imposição de sanções administrativas por infração contra a ordem econômica; f) o processo administrativo para a imposição de sanções processuais incidentais.

Dispõe o § 5º do art. 173, da Constituição Federal, que a lei, sem prejuízo da responsabilidade individual dos dirigentes da pessoa jurídica, deve estabelecer a responsabilidade da empresa pública, da sociedade de economia mista e de suas subsidiárias. Estas sujeitam-na às punições compatíveis com sua natureza, nos atos praticados contra a ordem econômica e financeira, bem como contra a economia popular. A responsabilidade civil vem a ser a sanção imposta pelo direito ao autor de um ato que lesionou a ordem jurídica. A pessoa que cometeu a lesão deve ser chamada para responder pelo fato de forma civil, penal e administrativa. A responsabilidade civil implica na reparação econômica da vítima, por ter sido lesionada. O Poder Público, no exercício de suas funções, também pode praticar uma lesão contra um administrado e, por conseguinte, responder patrimonialmente pelo dano.

A teoria do risco é a da responsabilidade objetiva, ou seja, a Administração deve reparar o dano causado por agente seu, independente de ter havido culpa ou não. Assim, todo dano deve ser reparado por quem assume o risco de efetuar uma atividade, do qual pode resultar um dano. Deve haver a indenização porque o Poder Público praticou um ato ilícito, em primeiro lugar. Depois, o ato foi injusto, apesar de resultado de uma atuação legal. A Administração, com a teoria do risco, responde por qualquer ato que provocar um dano por agente seu. Esta posição foi reafirmada com a redação do § 6º do art. 37, do texto constitucional, extensiva tanto às pessoas jurídicas de direito público, como às de direito privado prestadoras de serviços públicos. Foi assegurado ao Poder Público, todavia, o direito de regresso contra o agente responsável pela lesão, nos casos de dolo ou culpa, como já abordado antes.

O art. 174, da Constituição de 1988, dispõe que o Poder Público deve ser agente normativo e regulador da atividade econômica. Exerce as funções de fiscalização, de incentivo e de planejamento, sendo este determinante para o setor público e indicativo para o setor privado. Está previsto que cabe à Administração a função de fiscalizar diversas atividades privadas, em função do interesse social existente. Deve haver, ainda, o incentivo para que as indústrias e as atividades privadas possam ter desenvolvimento de acordo com as expectativas do mercado. O planejamento também se trata de atividade importante, pois permite que haja um desenvolvimento harmônico para todas as regiões do Brasil.

O § 1º do art. 174, da Constituição Federal, dispõe que deve haver lei para estabelecer as diretrizes e as bases do planejamento do desenvolvimento nacional equilibrado. Este deve ser incorporado e compatibilizado com os planos nacionais e regionais de desenvolvimento. Procura-se por fim ao desequilíbrio regional por que passa o Brasil, criando-se condições para que haja um desenvolvimento que contemple todas as regiões. O plano plurianual deve estabelecer, de forma regionalizada, as diretrizes, os objetivos e as metas da Administração Federal, para as despesas de capital e outras delas decorrentes e para as relativas aos programas de duração continuada, estando previstas no art. 165, I, e § 1º, do texto constitucional.

Prevê o § 2º do art. 174, da Constituição de 1988, que a lei deve apoiar e estimular o cooperativismo e outras formas de associativismo. Está evidente que determinadas atividades econômicas tendem a ter uma melhor produtividade se ocorrer com base em cooperativas. Assim é na agricultura e na pecuária, como também em atividades de empresas de pequeno porte ou microempresas. No mesmo sentido, no § 3º do art. 174, do texto constitucional, está previsto que o Poder Público deve favorecer a organização da atividade garimpeira em cooperativas, levando em conta a proteção do meio ambiente e a promoção econômica e social dos garimpeiros. A garimpagem é a atividade pela qual se procura minerais nobres, através de atividade difícil e perigosa. Estas cooperativas devem ter prioridade na autorização ou na concessão para a pesquisa e a lavra dos recursos e das jazidas de minerais garimpáveis, nas áreas onde estejam atuando, e naquelas fixadas de acordo com o art. 21, XXV, da Constituição de 1988, na forma da lei.

Pode ocorrer, para melhor funcionar a economia, que haja a intervenção nas empresas de serviços públicos. Os serviços podem ser públicos, quando por sua essencialidade são executados pela própria Administração ou, ainda, os serviços de utilidade pública, em que há o predomínio do interesse público, ainda que não que lhe seja essencial, como o transporte público. Os serviços de utilidade pública podem ser permitidos ou concedidos, sempre através de licitação, com o regime das empresas concessionárias e permissionárias de serviço público, o caráter especial de seu contrato e de sua prorrogação. Deve-se ver, ainda, os direitos dos usuários, a política tarifária e a obrigação de manter o serviço adequado. Incumbe ao Poder Público, na forma da lei, diretamente ou sob regime de concessão ou permissão, sempre através de licitação, a prestação de serviços públicos. O regime de concessão e de permissão da prestação de serviços públicos encontra-se previsto na Lei Federal nº 8.987, de 13.02.1995. Por sua vez, a outorga e a prorrogação das concessões e das permissões de serviços públicos estão na Lei Federal nº 9.074, de 07.07.1995, com as respectivas alterações posteriores.

Encontra-se previsto que a concessão e a permissão devem ser precedidas de licitação. Esta é o processo pelo qual a Administração seleciona as melhores propostas para obras ou serviços de seu interesse. Na verdade, trata-se da institucionalização de uma conduta corrente entre os particulares de verificarem a melhor proposta de um determinado produto, que muitas vezes implica na pesquisa de preço e em comparações entre os mesmos. A licitação é o meio pelo qual o Poder Público seleciona a proposta mais vantajosa, havendo a verificação do que foi apresentado para que se possa atender ao que se pretende, mediante os critérios estabelecidos previamente. O objetivo do Poder Público é efetuar um determinado contrato, sendo a licitação o meio pela qual se examina a melhor proposta para os interesses da Administração. A licitação decorre de três requisitos fundamentais: a) a restrição para a Administração na escolha de seus fornecedores; b) o direito de todos ao fornecimento em igualdade de condições; c) a necessidade da escolha adequada que em melhores condições ofereça o serviço ou a obra à entidade estatal.

O inciso XXI do art. 37, do texto constitucional, dispõe que as obras, os serviços, as compras e as alienações devem ser contratadas mediante o processo de licitação pública que assegure igualdade de condições a todos os concorrentes. Deve haver as cláusulas que estabeleçam as obrigações de pagamento, mantidas as condições efetivas da proposta, a qual somente permite as exigências de qualificação técnica e econômica indispensáveis à garantia do cumprimento das obrigações, salvo os casos de dispensa e de inexigibilidade. A matéria está, agora, com a Lei Federal nº 13.303, de 30.06.2016. A prestação de serviço público, nos termos do art. 175, **caput**, deve ser feita diretamente ou sob o regime de concessão ou de permissão, sempre através de licitação. São as modalidades de licitação a concorrência, a tomada de preço, o convite, o concurso, o leilão e o pregão presencial e eletrônico. A concorrência é a modalidade de licitação relativa aos contratos de grande valor, tendo o processo administrativo mais elaborado, em que se admite a participação de interessados, estejam cadastrados ou não, desde que preencham as condições do edital. É obrigatória essa modalidade quando as obras, os serviços e as compras estejam dentro dos valores fixados. A peculiaridade da concorrência reside em seus requisitos, que são a universalidade, a ampla publicidade, a habilitação preliminar e o julgamento por comissão.

O Poder Público pode transferir a execução de certas atividades ou serviços para as pessoas jurídicas de direito público, como a autarquia, a empresa pública ou a sociedade de economia mista, ou, ainda, a pessoa jurídica de direito privado. A delegação de serviços de utilidade pública, por meio de concessão ou de permissão, representa o meio pelo qual a Administração transfere, sob as condições e o controle, a execução e a exploração de determinados serviços de sua competência, para os terceiros remunerados mediante a cobrança de tarifas de usuários. Cabe ao Poder Público o poder de inspeção e de fiscalização, de alteração unilateral das cláusulas regulamentares e, ainda, de extinguir a própria delegação antes de terminar o prazo estabelecido. Pode haver, ainda, a reversão dos bens da empresa para a Administração. O prazo da delegação não chega a constar de contrato ou de ato inicial, mas do próprio regulamento do serviço. Todavia, caso finde-se antes do prazo disposto, cabe a indenização ao delegado. Se existem disposições públicas, que podem ser modificadas pela Administração, tem a empresa que recebeu a delegação direito à manutenção do equilíbrio econômico-financeiro quanto à remuneração dos serviços.

Observe-se, ainda, que o usuário tem direito aos serviços, que devem ser prestados de forma adequada e satisfatória. Por fim, de acordo com o § 6º do art. 37, da Constituição de 1988, a empresa que recebeu a delegação tem a responsabilidade objetiva quanto a dano contra terceiro, com a Administração tendo a responsabilidade subsidiária. A concessão vem a ser a forma pela qual a o Poder Público atribui a terceiro o exercício de serviço de utilidade pública, através de contrato de concessão de serviço público, sob as condições e a fiscalização do poder concedente. Remunera o serviço de forma a assegurar o retorno do capital investido e permitir um lucro razoável, observando-se a modicidade necessária, para que não prejudique o concessionário. É importante, para que os serviços sejam contratados, que se observe o processo de licitação pública, de acordo com o inciso XXI do art. 37, e o **caput** do art. 175, tudo do texto constitucional.

A extinção judicial pode ser: a) por rescisão consensual; b) por encampação ou resgate; c) por caducidade ou decadência; d) por falência do concessionário. Por outro lado, a permissão, que também deve observar as regras quanto ao processo de licitação, vem a ser o ato unilateral e precário, mediante o qual o Poder Público transfere a terceiros o desempenho de serviço público de sua competência. Existe, hoje, depois da Constituição de 1988, inúmeras semelhanças entre a concessão e a permissão. A principal diferença é o fato de, na primeira, a formalização se dar através de contrato, enquanto na segunda é através de ato unilateral, lei ou decreto, tendo natureza mais precária do que a outra. Existe, ainda, a autorização, que é o ato administrativo discricionário, através do qual o Poder Público outorga a terceiro, que realize determinada atividade, podendo ser forma de delegação, assemelhada à permissão, formalizada mediante portaria ou decreto, tendo caráter mais precário ainda. De acordo com o **parágrafo único** do art. 175, da Constituição de 1988, a lei deve dispor sobre o regime das empresas concessionárias e permissionárias de serviços públicos, o caráter especial de seu contrato e de sua prorrogação, bem como as condições de caducidade, fiscalização e rescisão da concessão ou permissão. Trata, ainda, dos direitos dos usuários, da política tarifária e da obrigação de manter serviço adequado.

O regime das empresas concessionárias e permissionárias de serviços públicos, o caráter especial de seu contrato e de sua prorrogação, bem como as condições de caducidade, fiscalização e rescisão da concessão ou permissão, são matérias de interesse público, em que deve prevalecer a vontade da Administração. Fica tudo estabelecido unilateralmente. Cabe aos empresários, apenas, discutir o aspecto econômico do contrato ou decreto, se interessa e tem viabilidade. Devem constar, também, os direitos dos usuários, que já deveriam ter um Código de Defesa do Usuário, ainda que esteja em tramitação projeto para tanto no Congresso Nacional. A Administração estabelece, ainda, a política tarifária, fixando-a de acordo com as condições dos usuários, o valor previsto na planilha de preço e, ainda, o lucro para o empresário para que ele se interesse pelo negócio. Existe, hoje, o princípio da eficiência, transcrito atualmente no **caput** do art. 37, da Constituição de 1988, que se traduz também na obrigação das empresas concessionárias e permissionárias de manter serviço adequado.

O Supremo Tribunal Federal, no Pleno, por maioria, na ADPF 586, decidiu que se aplicava o regime de precatório a sociedade de economia mista atuando no saneamento básico, por medida cautelar:

> "**MEDIDA CAUTELAR EM ARGUIÇÃO DE DESCUMPRIMENTO DE PRECEITO FUNDAMENTAL. DECISÕES JUDICIAIS** DO TRIBUNAL DE JUSTIÇA DO ESTADO DO RIO DE JANEIRO E DO TRIBUNAL REGIONAL DO TRABALHO DA 13ª REGIÃO. **BLOQUEIO, ARRESTO, PENHORA, SEQUESTRO E LIBERAÇÃO DE VALORES EM CONTAS DO PODER EXECUTIVO DO ESTADO DO RIO DE JANEIRO**. PAGAMENTO DE SALÁRIOS E BENEFÍCIOS DE SERVIDORES ATIVOS E INATIVOS. SATISFAÇÃO DE CRÉDITOS DE PRESTADORES DE SERVIÇOS. DEFINIÇÃO DE PRIORIDADES POLÍTICAS NA APLICAÇÃO DE RECURSOS PÚBLICOS. ATO DO PODER PÚBLICO. ARGUIÇÃO DE DESCUMPRIMENTO DE PRECEITO FUNDAMENTAL CABÍVEL. ARTS. 1º, CAPUT, E 4º, § 1º, DA LEI Nº 9.882/1999. ALTERAÇÃO DA DESTINAÇÃO ORÇAMENTÁRIA DE RECURSOS PÚBLICOS. TRANSPOSIÇÃO DE RECURSOS ENTRE DIFERENTES ÓRGÃOS OU CATEGORIAS DE PROGRAMAÇÃO SEM

PRÉVIA AUTORIZAÇÃO LEGISLATIVA. VEDAÇÃO. ARTS. 2º, 84, II, e 167, VI e X, **DA CONSTITUIÇÃO DA REPÚBLICA. FUMUS BONI JURIS E PERICULUM IN MORA DEMONSTRADOS**. MEDIDA CAUTELAR DEFERIDA EM PARTE. SUSPENSÃO DOS EFEITOS DAS DECISÕES IMPUGNADAS EXCLUSIVAMENTE NOS CASOS EM QUE AS MEDIDAS CONSTRITIVAS TENHAM RECAÍDO SOBRE RECURSOS DE TERCEIROS, ESCRITURADOS CONTABILMENTE, INDIVIDUALIZADOS OU COM VINCULAÇÃO ORÇAMENTÁRIA ESPECÍFICA.

1. As reiteradas decisões do Tribunal de Justiça do Estado do Rio de Janeiro e do Tribunal Regional do Trabalho da 1ª Região **que resultaram em bloqueio, arresto, penhora, sequestro e liberação de valores administrados pelo Poder Executivo do Estado do Rio de Janeiro para atender demandas relativas a pagamento de salário de servidores ativos e inativos, satisfação imediata de créditos de prestadores de serviços e tutelas provisórias definidoras de prioridades na aplicação de recursos públicos traduzem, em seu conjunto, ato do Poder público passível de controle pela via da arguição de descumprimento de preceito fundamental**, cabível nos moldes dos arts. 1º, caput, e 4º, § 1º, da Lei 9.882/1999.

2. A efetividade do modelo de organização da Administração Pública preconizado pela **Constituição Federal supõe a observância dos princípios e regras do sistema orçamentário** (arts. 167, VI e X, da CF), **do regime de repartição de receitas tributárias** (arts. 34, V, 158, III e IV, e 159, §§ 3º e 4º, e 160, da CF) e da garantia de pagamentos relativas a determinados arranjos financeiros e orçamentários, caso dos invocados '*princípios e regras do sistema orçamentário*' **(arts. 167, VI e X, da CF)**, e '*regime de repartição de receitas tributárias*' **(arts. 34, V, 158, III e IV, e 159, §§ 3º e 4º, e 160, da CF)** e da alusão à garantia de parâmetros devidos pela Fazenda Pública em ordem cronológica de apresentação de precatórios (art. 100, da CF). Nada obstante, tais aspectos têm relação com a efetividade do modelo de organização da Administração Pública preconizado pela Lei Maior e, em alguma dimensão, com a interação entre os Poderes e a dinâmica do modelo federativo. Sobre o ponto, não é demais recordar que tamanha a importância atribuída pela Constituição ao equilíbrio financeiro-orçamentário do Estado que nela previstas as excepcionais hipóteses de intervenção da União do art. 34, V. (...) Entendo, pois, devidamente enquadrada a controvérsia, tal como se apresenta, em hipótese de lesão a preceitos fundamentais, devidamente indicados na exordial" (ADPF 586).

Assim, foi julgado procedente o pedido de Medida Cautelar para o fim de reconhecer , com eficácia **erga omnes** e o efeito vinculante, a impossibilidade da utilização de valores mantidos em conta bancária da sociedade de economia mista atuando no saneamento básico, para bloqueio ou penhoras em processos trabalhistas, cíveis e tributários, a impenhorabilidade de seus bens, rendas e serviços da prestadora de serviços públicos, uma vez que tais práticas violam o preceito constitucional fundamental do regime de precatórios estabelecido pelo art. 100, da Constituição de 1988.

24.3. Sociedade e Empresa Pública

A Lei Federal nº 13.303, de 30.06.2016, dispôs sobre o estatuto jurídico da empresa pública, da sociedade de economia mista e de suas subsidiárias, abrangendo toda e qualquer empresa pública e sociedade de economia mista da União, dos Estados-membros, do Distrito Federal e dos Municípios. Estas devem explorar as atividades econômicas de produção ou de comercialização de bens ou de prestação de serviços, ainda que a atividade econômica esteja sujeita ao regime de monopólio da União, ou seja de prestação de serviços públicos. Os Poderes Executivos podem editar atos que estabeleçam regras de governança destinadas às suas respectivas empresas públicas e sociedades de economia mista que se enquadrem na hipótese do § 1º, do art. 1º, da lei acima, observadas suas diretrizes gerais. A não edição dos atos acima no prazo de cento e oitenta dias a partir da publicação dessa legislação submete as respectivas empresas públicas e sociedades de economia mista às regras de governança previstas na mesma.

Submetem-se ao regime previsto, na lei mencionada, a empresa pública e a sociedade de economia mista que participem de consórcio, conforme disposto no art. 279, de 15.12.1976, na condição de operadora. No mesmo sentido, submete-se ao regime previsto na legislação a sociedade, inclusive a de propósito específico, que seja controlada por empresa pública ou sociedade de economia mista abrangidas nesta.

Na participação em sociedade empresarial em que a empresa pública, a sociedade de economia mista e suas subsidiárias não detenham o controle acionário, essas devem adotar, no dever de fiscalizar, práticas de governança e controle proporcionais à relevância, à materialidade e aos riscos do negócio do qual são partícipes, considerando, para esse fim: a) os documentos e as informações estratégicos do negócio e demais relatórios e as informações produzidos por força de acordo de acionistas e de lei considerados essenciais para a defesa de seus interesses na sociedade empresarial investida; b) o relatório de execução do orçamento e de realização de investimentos programados pela sociedade, inclusive quanto ao alinhamento dos custos orçados e dos realizados com os custos de mercado; c) o informe sobre execução da política de transações com partes relacionadas; d) a análise das condições de alavancagem financeira da sociedade; e) a avaliação de inversões financeiras e de processos relevantes de alienação de bens móveis e imóveis da sociedade; e) o relatório de risco das contratações para execução de obras, fornecimento de bens e prestação de serviços relevantes para os interesses da investidora; f) o informe sobre execução de projetos relevantes para os interesses da investidora; g) o relatório de cumprimento, nos negócios da sociedade, de condicionantes socioambientais estabelecidas pelos órgãos ambientais; h) a avaliação das necessidades de novos aportes na sociedade e dos possíveis riscos de redução da rentabilidade esperada do negócio; i) a qualquer outro relatório, documento ou informação produzido pela sociedade empresarial investida considerado relevante para o cumprimento do comando constante do **caput** do art. 1º.

Pelo art. 2º, da Lei Federal nº 13.303, de 30.06.2016, a exploração de atividade econômica pelo Estado deve ser exercida por meio de empresa pública, de sociedade de economia mista e de suas subsidiárias. A constituição de empresa pública ou de sociedade de economia mista depende de prévia autorização legal que indique, de forma clara, relevante interesse coletivo ou imperativo de segurança nacional, nos termos do **caput** do art. 173, da Constituição de 1988. Por outro lado, depende de autorização legislativa a criação de subsidiárias de empresa pública e de sociedade de economia mista, assim como a participação de qualquer delas em empresa privada, cujo objeto social deve estar relacionado ao da investidora, nos termos do inciso XX, do art. 37, do texto constitucional. A autorização para participação em empresa privada prevista acima não se aplica às operações de tesouraria, à adjudicação de ações em garantia e às participações autorizadas pelo conselho de administração em linha com o plano de negócios da empresa pública, da sociedade de economia mista e de suas respectivas subsidiárias.

A empresa pública, pelo art. 3º, da Lei Federal nº 13.303, de 30.06.2016, é a entidade dotada de personalidade jurídica de direito privado, com a criação autorizada por lei e com patrimônio próprio, cujo capital social é integralmente detido pela União, pelos Estados-membros, pelo Distrito Federal ou pelos Municípios. Desde que a maioria do capital votante permaneça em propriedade da União, do Estado-membro, do Distrito Federal ou do Município. Admite-se, no capital da empresa pública, a participação de outras pessoas jurídicas de direito público interno, bem como de entidades da administração indireta da União, dos Estados-membros, do Distrito Federal e dos Municípios.

Por sua vez, a sociedade de economia mista, pelo art. 4º, da lei acima, é a entidade dotada de personalidade jurídica de direito privado, com criação autorizada por lei, sob a forma de sociedade anônima, cujas ações com direito a voto pertençam em sua maioria à União, aos Estados-membros, ao Distrito Federal, aos Municípios ou a entidade da administração indireta. A pessoa jurídica que controla a sociedade de economia mista tem os deveres e as responsabilidades do acionista controlador, estabelecidos na Lei Federal nº 6.404, de 15.12.1976. Deve exercer o poder de controle no interesse da companhia, respeitado o interesse público que justificou sua criação. Além das normas previstas nessa lei, a sociedade de economia mista com registro na Comissão de Valores Mobiliários sujeita-se às disposições, da Lei Federal nº 6.385, de 07.12.1976.

Pelo art. 5º, a sociedade de economia mista precisa ser constituída sob a forma de sociedade anônima e, ressalvado o disposto acima, está sujeita ao regime previsto na Lei Federal nº 6.404, de 15.12.1976. O estatuto da empresa pública, da sociedade de economia mista e de suas subsidiárias observa as regras de governança corporativa, de transparência e de estruturas, as práticas de gestão de riscos e de controle interno, a composição da administração e, havendo acionistas, os mecanismos para sua proteção, todos constantes da Lei Federal nº 13.303, de 30.06.2016. Aplicam-se a todas as empresas públicas, as sociedades de economia mista de capital fechado e as suas subsidiárias as disposições da Lei Federal nº 6.404, de 15.12.1976, e as normas da Comissão de Valores Mobiliários (CVM) sobre a escrituração e a elaboração de demonstrações financeiras, inclusive a obrigatoriedade de auditoria independente por auditor registrado nesse órgão.

A Lei Federal nº 13.303, de 30.06.2016, no art. 8º, as empresas públicas e as sociedades de economia mista devem observar, no mínimo, os seguintes requisitos de transparência: a) a elaboração de carta anual, subscrita pelos membros do conselho de administração, com a explicitação dos compromissos de consecução de objetivos de políticas públicas pela empresa pública, pela sociedade de economia mista e por suas subsidiárias, em atendimento ao interesse coletivo ou ao imperativo de segurança nacional que justificou a autorização para suas respectivas criações, com definição clara dos recursos a serem empregados para esse fim, bem como dos impactos econômico-financeiros da consecução desses objetivos, mensuráveis por meio de indicadores objetivos; b) a adequação de seu estatuto social à autorização legislativa de sua criação; c) a divulgação tempestiva e a atualizada de informações relevantes, em especial as relativas às atividades desenvolvidas, à estrutura de controle, nos fatores de risco, aos dados econômico-financeiros, aos comentários dos administradores sobre o desempenho, as políticas e as práticas de governança corporativa e a descrição da composição e da remuneração da administração; d) a elaboração e a divulgação de política de divulgação de informações, em conformidade com a legislação em vigor e com as melhores práticas; e) a elaboração de política de distribuição de dividendos, à luz do interesse público que justificou a criação da empresa pública ou da sociedade de economia mista; f) a divulgação, em nota explicativa às demonstrações financeiras, dos dados operacionais e financeiros das atividades relacionadas à consecução dos fins de interesse coletivo ou de segurança nacional; g) a elaboração e a divulgação da política de transações com partes relacionadas, em conformidade com os requisitos de competitividade, de conformidade, de transparência, de equidade e de comutatividade, que deve ser revista, no mínimo, anualmente e aprovada pelo conselho de administração; h) a ampla divulgação, ao público em geral, de carta anual de governança corporativa, que consolide em um único documento escrito, em linguagem clara e direta, as informações acima; i) a divulgação anual de relatório integrado ou de sustentabilidade.

O interesse público da empresa pública e da sociedade de economia mista, respeitadas as razões que motivaram a autorização legislativa, manifesta-se por meio do alinhamento entre seus objetivos e aqueles de políticas públicas, na forma explicitada na carta anual. Quaisquer obrigações e responsabilidades que a empresa pública e a sociedade de economia mista que explorem a atividade econômica assumam em condições distintas às de qualquer outra empresa do setor privado em que atuam devem o seguinte: a) estar claramente definidas em lei ou regulamento, bem como previstas em contrato, convênio ou ajuste celebrado com o ente público competente para estabelecê-las, observada a ampla publicidade desses instrumentos; b) ter seu custo e suas receitas discriminados e divulgados de forma transparente, inclusive no plano contábil.

Além das obrigações acima, as sociedades de economia mista com registro na Comissão de Valores Mobiliários (CVM) sujeitam-se ao regime informacional estabelecido por essa autarquia e devem divulgar as informações previstas neste artigo na forma fixada em suas normas. Os documentos resultantes do cumprimento dos requisitos de transparência constantes devem ser publicamente divulgados na internet de forma permanente e cumulativa.

Foi previsto, no art. 9º, da Lei Federal nº 13.303, de 30.06.2016, o seguinte:

> "Art. 9º A empresa pública e a sociedade de economia mista adotarão regras de estruturas e práticas de gestão de riscos e controle interno que abranjam: I - ação dos administradores e empregados, por meio da implementação cotidiana de práticas de controle interno; II - área responsável pela verificação de cumprimento de obrigações e de gestão de riscos; III - auditoria interna e Comitê de Auditoria Estatutário".

Deve ser elaborado e divulgado código de conduta e integridade, que disponha sobre: a) os princípios, os valores e a missão da empresa pública e da sociedade de economia mista, bem como as orientações sobre a prevenção de conflito de interesses e as vedações de atos de corrupção e fraude; b) as instâncias internas responsáveis pela atualização e pela aplicação do Código de Conduta e Integridade; c) o canal de denúncias que possibilite o recebimento de denúncias internas e externas relativas ao descumprimento do Código de Conduta e Integridade e das demais normas internas de ética e obrigacionais; d) os mecanismos de proteção que impeçam qualquer espécie de retaliação a pessoa que utilize o canal de denúncias; e) as sanções aplicáveis em caso de violação às regras do Código de Conduta e Integridade; f) a previsão de treinamento periódico, no mínimo anual, sobre Código de Conduta e Integridade, a empregados e a administradores, e sobre a política de gestão de riscos, a administradores.

A área responsável pela verificação de cumprimento de obrigações e de gestão de riscos vincula-se ao diretor-presidente e liderada por diretor estatutário, devendo o estatuto social prever as atribuições da área, bem como estabelecer mecanismos que assegurem atuação independente. A auditoria interna deve ser: a) vinculada ao Conselho de Administração, diretamente ou por meio do Comitê de Auditoria Estatutário; b) responsável por aferir a adequação do controle interno, a efetividade do gerenciamento dos riscos e dos processos de governança e a confiabilidade do processo de coleta, de mensuração, de classificação, de acumulação, de registro e de divulgação de eventos e de transações, visando ao preparo de demonstrações financeiras. O estatuto social prevê, ainda, a possibilidade de que a área de **compliance** reporte-se diretamente ao conselho de administração em situações em que se suspeite do envolvimento do diretor-presidente em irregularidades ou quando este se furtar à obrigação de adotar medidas necessárias em relação à situação a ele relatada.

A empresa pública e a sociedade de economia mista, pelo art. 10, da Lei Federal nº 13.303, de 30.06.2016, dever criar comitê estatutário para verificar a conformidade do processo de indicação e de avaliação de membros para o conselho de administração e para o conselho fiscal, com a competência para auxiliar o acionista controlador na indicação desses membros. Devem ser divulgadas as atas das reuniões do comitê estatutário realizadas com o fim de verificar o cumprimento, pelos membros indicados, dos requisitos definidos na política de indicação, devendo ser registradas as eventuais manifestações divergentes de conselheiros.

A empresa pública não pode: a) lançar debêntures ou outros títulos ou valores mobiliários, conversíveis em ações; b) emitir partes beneficiárias. Por outro lado, a empresa pública e a sociedade de economia mista devem: a) divulgar toda e qualquer forma de remuneração dos administradores; b) adequar constantemente suas práticas ao código de conduta e integridade e a outras regras de boa prática de governança corporativa, na forma estabelecida na regulamentação da legislação acima. A sociedade de economia mista pode solucionar, mediante arbitragem, as divergências entre os acionistas e a sociedade, ou entre os acionistas controladores e os acionistas minoritários, nos termos previstos em seu estatuto social.

A Lei Federal nº 13.303, de 30.06.2016, no art. 13 e incisos, a diretrizes e restrições quando da elaboração do estatuto da companhia, assim:

> "Art. 13. A lei que autorizar a criação da empresa pública e da sociedade de economia mista deverá dispor sobre as diretrizes e restrições a serem consideradas na elaboração do estatuto da companhia, em especial sobre: I - constituição e funcionamento do Conselho de Administração, observados o número mínimo de 7 (sete) e o número máximo de 11 (onze) membros; II - requisitos específicos para o exercício do cargo de diretor, observado o número mínimo de 3 (três) diretores; III - avaliação de desempenho, individual e coletiva, de periodicidade anual, dos administradores e dos membros de comitês, observados os seguin-

> tes quesitos mínimos: a) exposição dos atos de gestão praticados, quanto à licitude e à eficácia da ação administrativa; b) contribuição para o resultado do exercício; c) consecução dos objetivos estabelecidos no plano de negócios e atendimento à estratégia de longo prazo; IV - constituição e funcionamento do Conselho Fiscal, que exercerá suas atribuições de modo permanente; V - constituição e funcionamento do Comitê de Auditoria Estatutário; VI - prazo de gestão dos membros do Conselho de Administração e dos indicados para o cargo de diretor, que será unificado e não superior a 2 (dois) anos, sendo permitidas, no máximo, 3 (três) reconduções consecutivas; VII – (VETADO); VIII - prazo de gestão dos membros do Conselho Fiscal não superior a 2 (dois) anos, permitidas 2 (duas) reconduções consecutivas".

Pelo art. 14, da legislação acima, o acionista controlador da empresa pública e da sociedade de economia mista deve: a) fazer constar do código de conduta e integridade, aplicável à alta administração, a vedação à divulgação, sem autorização do órgão competente da empresa pública ou da sociedade de economia mista, de informação que possa causar impacto na cotação dos títulos da empresa pública ou da sociedade de economia mista e em suas relações com o mercado ou com consumidores e fornecedores; b) preservar a independência do conselho de administração no exercício de suas funções; c) observar a política de indicação na escolha dos administradores e dos membros do conselho fiscal.

O acionista controlador da empresa pública e da sociedade de economia mista responde pelos atos praticados com abuso de poder, nos termos da Lei Federal nº 6.404, de 15.12.1976. Por sua vez, a ação de reparação pode ser proposta pela sociedade, nos termos do art. 246 da lei acima, pelo terceiro prejudicado ou pelos demais sócios, independentemente de autorização da Assembleia-Geral de acionistas. Prescreve em seis anos, contados da data da prática do ato abusivo, a ação a que se refere à referida discussão.

Pelo art. 16, da Lei Federal nº 13.303, de 30.06.2016, sem prejuízo das disposições legais, o administrador de empresa pública e de sociedade de economia mista é submetido às normas previstas na Lei Federal nº 6.404, de 15.12.1976. Consideram-se administradores da empresa pública e da sociedade de economia mista os membros do conselho de administração e da diretoria. Os membros do conselho de administração e os indicados para os cargos de diretor, inclusive presidente, diretor-geral e diretor-presidente, são escolhidos entre cidadãos de reputação ilibada e de notório conhecimento. Deve ser atendido, alternativamente, um dos requisitos a seguir, como ter experiência profissional de, no mínimo: a) dez anos, no setor público ou privado, na área de atuação da empresa pública ou da sociedade de economia mista ou em área conexa àquela para a qual forem indicados em função de direção superior; b) quatro anos ocupando pelo menos um dos seguintes cargos – 1. o cargo de direção ou de chefia superior em empresa de porte ou objeto social semelhante ao da empresa pública ou da sociedade de economia mista, entendendo-se como o cargo de chefia superior aquele situado nos dois níveis hierárquicos não estatutários mais altos da empresa; 2. o cargo em comissão ou a função de confiança equivalente a DAS-4 ou superior, no setor público; 3. o cargo de docente ou de pesquisador em áreas de atuação da empresa pública ou da sociedade de economia mista; c) quatro anos de experiência como profissional liberal em atividade direta ou indiretamente vinculada à área de atuação da empresa pública ou sociedade de economia mista. Exige-se, ainda, ter formação acadêmica compatível com o cargo para o qual foi indicado. Não se enquadrar nas hipóteses de inelegibilidade previstas nas alíneas do inciso I do art. 1º, da Lei Complementar Federal nº 64, de 18.05.1990, com as alterações introduzidas, pela Lei Complementar Federal nº 135, de 04.06.2010.

O estatuto da empresa pública, da sociedade de economia mista e de suas subsidiárias pode dispor sobre a contratação de seguro de responsabilidade civil pelos administradores. É vedada a indicação, para o conselho de administração e para a diretoria: a) de representante do órgão regulador ao qual a empresa pública ou a sociedade de economia mista está sujeita, de Ministro de Estado, de Secretário de Estado-membro, de Secretário Municipal, de titular de cargo, sem vínculo permanente com o serviço público, de natureza especial ou de direção e assessoramento superior na administração pública, de dirigente estatutário de partido político e de titular de mandato no Poder Legislativo de qualquer ente da federação, ainda que licenciados do cargo; b) de pessoa que atuou, nos últimos trinta e seis meses, como participante de estrutura decisória de partido político ou em trabalho vinculado a organização, estruturação e realização de campanha eleitoral; c) de pessoa que exerça cargo em organização sindical; d) de pessoa que tenha firmado contrato ou parceria, como fornecedor ou comprador, demandante ou ofertante, de bens ou serviços de qualquer natureza, com a pessoa político-administrativa controladora da empresa pública ou da sociedade de economia mista ou com a própria empresa ou sociedade em período inferior a três anos antes da data de nomeação; e) de pessoa que tenha ou possa ter qualquer forma de conflito de interesse com a pessoa político-administrativa controladora da empresa pública ou da sociedade de economia mista ou com a própria empresa ou sociedade.

Os administradores eleitos devem participar, na posse e anualmente, de treinamentos específicos sobre legislação societária e de mercado de capitais, divulgação de informações, controle interno, código de conduta, a Lei Federal nº 12.846, de 01.08.2013, Lei Anticorrupção, e demais temas relacionados às atividades da empresa pública ou da sociedade de economia mista. Os requisitos previstos acima podem ser dispensados no caso de indicação de empregado da empresa pública ou da sociedade de economia mista para o cargo de administrador ou como membro de comitê, desde que atendidos os seguintes quesitos mínimos: a) o empregado tenha ingressado na empresa pública ou na sociedade de economia mista por meio de concurso público de provas ou de provas e títulos; b) o empregado tenha mais de dez anos de trabalho efetivo na empresa pública ou na sociedade de economia mista; c) o empregado tenha ocupado cargo na gestão superior da empresa pública ou da sociedade de economia mista, comprovando sua capacidade para assumir as responsabilidades dos cargos tratados acima.

A Lei Federal nº 13.303, de 30.06.2016, dispõe sobre o Conselho de Administração assim:

> "Art. 18. Sem prejuízo das competências previstas no art. 142 da Lei nº 6.404, de 15 de dezembro de 1976, e das demais atribuições previstas nesta Lei, compete ao Conselho de Administração: I - discutir, aprovar e monitorar decisões envolvendo práticas de governança corporativa, relacionamento com partes interessadas, política de gestão de pessoas e código de conduta dos agentes; II - implementar e supervisionar os sistemas de gestão de riscos e de controle interno estabelecidos para a prevenção e mitigação dos principais riscos a que está exposta a empresa pública ou a sociedade de economia mista, inclusive os riscos relacionados à integridade das informações contábeis e financeiras e os relacionados à ocorrência de corrupção e fraude; III - estabelecer política de porta-vozes visando a eliminar risco de contradição entre informações de diversas áreas e as dos executivos da empresa pública ou da sociedade de economia mista; IV - avaliar os diretores da empresa pública ou da sociedade de economia mista, nos termos do inciso III do art. 13, podendo contar com apoio metodológico e procedimental do comitê estatutário referido no art. 10".

É garantida a participação, no conselho de administração, de representante dos empregados e dos acionistas minoritários. As normas previstas na Lei Federal nº 12.353, de 28.12.2010, aplicam-se à participação de empregados no conselho de administração da empresa pública, da sociedade de economia mista e de suas subsidiárias e controladas e das demais empresas em que a União, direta ou indiretamente, detenha a maioria do capital social com direito a voto. É assegurado aos acionistas minoritários o direito de eleger um Conselheiro, se maior número não lhes couber pelo processo de voto múltiplo previsto na Lei Federal nº 6.404, de 15.12.1976. Pelo art. 20, da Lei Federal nº 13.303, de 30.06.2016, é vedada a participação remunerada de membros da Administração Pública, Direta ou Indireta, em mais de dois conselhos, de administração ou fiscal, de empresa pública, de sociedade de economia mista ou de suas subsidiárias. Foi previsto, ainda, na lei acima, processo de licitação próprio, já explicado antes.

24.4. Jazidas, Monopólio e Transportes

O regime jurídico de mineração, no Brasil, passou do regime **regaliano**[17] da época da Colônia e do Império, para o regime fundiário das primeiras Constituições republicanas. Depois, mudou para o regime de domínio federal sobre os minérios a serem explorados pelo sistema de autorização, com direito de preferência do proprietário do solo, pela Constituição de 1946. Este voltou a sofrer mudança, com a substituição pelo regime de participação no resultado da lavra da Constituição de 1967. Tal regime foi mantido, pela Constituição de 1988, no seu art. 176. Deve-se observar, ainda, que a concessão de lavra não se confunde com a concessão de serviço público ou de obra pública, tendo em vista não ser um contrato propriamente dito, mas sim um ato unilateral, ao qual confere ao beneficiário o direito de lavra de determinada jazida ou mina. Todavia, o título de concessão de lavra trata-se de bem jurídico que tem valor econômico, gerando direito de indenização, caso a União suprima ou restrinja a concessão, fora das situações previstas em lei. A matéria também foi disciplinada no art. 43, do Ato das Disposições Constitucionais Transitórias.

A jazida é a acumulação natural, em dado lugar, de matéria mineral, ou fóssil, sólida, líquida ou gasosa, suscetível de exploração pelo homem, em razão do seu valor econômico, encontrada no solo ou no subsolo. Trata-se de um bem imóvel, distinto e não integrante ao solo. Por outro lado, a lavra é o conjunto de operações necessárias à extração industrial de substâncias minerais ou fósseis da jazida. As jazidas em lavra são as massas minerais, ou fósseis, submetidas às operações necessárias à extração do material nela

17 No Regime **regaliano**, vinculado ao sistema de governo monárquico, presente no Brasil desde o descobrimento, o domínio sobre as jazidas era atribuído ao Rei ou à Coroa. Assim, o relacionamento do monarca com as jazidas ocorreu como se o bem mineral fosse uma coisa como outra qualquer. Os direitos inerentes à propriedade eram exercidos de forma plena, vez que o aproveitamento das jazidas poderia ser concretizado diretamente pelo monarca, ou mediante a concessão, a doação, o arrendamento ou a compra e a venda. No começo da República, o regime da acessão, no qual o proprietário do solo também era dono do subsolo, podendo explorar livremente os recursos minerais contidos no terreno, servia adequadamente aos propósitos das sociedades apegadas ao individualismo exacerbado, que cultuam o direito de propriedade de forma plena, tal como no direito romano. Por sua vez, o regime conhecido como **res nullius**, em que as jazidas desconhecidas não pertenciam a ninguém, e o aproveitamento dos bens minerais é atribuído ao descobridor, ou a quem ele indicar, tinha a virtude de acolher a dicotomia entre o solo e subsolo. Porém, nunca foi aplicado no Brasil, tendo apenas importância teórica, ou talvez, seja o caminho para se conhecer e entender o regime dominial. A Constituição de 1934 instituiu o regime dominial, atribuindo a propriedade do subsolo ao Estado, como patrimônio de toda a sociedade. O aproveitamento dos minerais pressupõe duas etapas bem distintas, a pesquisa e a lavra, ambas atribuídas aos interessados, mediante a autorização da pesquisa ou a concessão da lavra.

existente. A matéria está disposta, no Código de Mineração, Decreto-lei nº 227, de 28.02.1967, em suas inúmeras modificações, e regulamentada, pelo Decreto Federal nº 6.567, de 02.07.1968. A legislação pertinente estabelece que a autorização de pesquisa deve ser outorgada por alvará do Ministro das Minas e Energia. A concessão de lavra tem por título decreto assinado pelo Presidente da República, o qual deve ser transcrito no livro próprio do Departamento Nacional de Produção Mineral (DNPM), autarquia federal que fiscaliza a matéria.

A autorização de pesquisa e a concessão da lavra são, por conseguinte, atos administrativos de competência exclusiva da União, depois da tramitação dos respectivos processos administrativos. A concessão de lavra vem a ser o ato administrativo negocial, vinculante para as partes, tanto quanto à concessão de serviço público, concorrência para a sua formalização contratual, diferente daquela que se faz apenas com decreto do Presidente da República de outorga, atendidos os requisitos legais. Esse ato gera direitos e obrigações recíprocas entre as partes, oponíveis a terceiros que pretendam desconhecê-los ou negá-los, pois contém uma declaração de vontade da Administração, apta a concretizar determinado negócio jurídico ou a outorgar certa faculdade ao administrado, nas condições impostas pela Administração.

A pesquisa e a lavra de recursos minerais e o aproveitamento dos potenciais, a que se refere o **caput** deste artigo, somente podem ser efetuados mediante a autorização ou a concessão da União, no interesse nacional, por brasileiros, ou empresa constituída sob as leis brasileiras. Esta deve ter sua sede e administração, no Brasil, na forma da lei, que estabelece as condições específicas quando essas atividades se desenvolverem em faixa de fronteira ou terras indígenas. A Emenda Constitucional nº 6, de 15.08.1995, modificou o § 1º do art. 176, que tinha a seguinte redação:

> "Art. 176. ....
> § 1º A pesquisa e a lavra de recursos minerais e o aproveitamento dos potenciais a que se refere o **caput** deste artigo somente poderão ser efetuados mediante autorização ou concessão da União, no interesse nacional, por brasileiros ou empresa brasileira de capital nacional, na forma da lei, que estabelecerá as condições específicas quando essas atividades se desenvolverem em faixa de fronteira ou terras indígenas".

Dispõe o art. 178, § 1º, da Constituição de 1988, que as jazidas, em lavra ou não, e os demais recursos minerais e os potenciais de energia hidráulica constituem propriedade distinta da do solo, para efeito de exploração ou aproveitamento, e pertencem à União, garantida ao concessionário a propriedade do produto da lavra. No § 2º do mesmo artigo, ficou assegurada a participação do proprietário do solo nos resultados da lavra, na forma e no valor que dispuser a Lei Federal nº 8.901, de 30.06.1994. O art. 176, §

3º, do texto constitucional, dispõe que a autorização de pesquisa deve ser sempre por prazo determinado, e as autorizações e as concessões previstas não podem ser cedidas ou transferidas, total ou parcialmente, sem prévia anuência do poder concedente. No parágrafo seguinte, foi disposto que não depende de autorização ou de concessão o aproveitamento do potencial de energia renovável de capacidade reduzida.

A palavra **monopólio** significa que apenas uma pessoa, física ou jurídica, pode deter a venda ou o comércio do que está monopolizado. Trata-se do afastamento do acesso às pessoas físicas e jurídicas, de ter determinada indústria ou exercer uma atividade. Passa ao controle público em razão do poder atribuído à União ou a órgão a ela ligada, para exercer determinada atividade. Resulta em um privilégio ou uma prerrogativa de indústria ou em prestação de um serviço pela própria União, entidades da Administração Indireta e suas subsidiárias ou pessoa física ou jurídica determinada, em razão do interesse público.

O monopólio passou a ser utilizado na Constituição de 1934, seguida pelas Constituições de 1937 e de 1946. A Petróleo Brasileiro S/A (Petrobras), foi criada em meados do século passado, através de intensa mobilização política, na campanha O Petróleo é Nosso! Pela Lei Federal nº 2.004, de 03.10.1953, foi constituída e autorizada a empresa, ainda que permitisse a manutenção das refinarias privadas já existentes no Brasil. A Constituição de 1967 fortaleceu ainda mais o instituto, permitindo o monopólio de determinada indústria ou atividade, por motivo de segurança nacional ou para organizar setor que não pudesse ser desenvolvido com eficiência no regime de competição e de liberdade de iniciativa.

A Constituição de 1988 limitou bastante a abordagem da matéria, instituindo o monopólio da União apenas a pesquisa e a lavra das jazidas de petróleo e gás natural e outros hidrocarbonetos fluidos, bem como a refinação do petróleo nacional ou estrangeiro. Inclui, ainda, a importação e a exportação dos produtos e os derivados básicos resultantes das atividades já mencionadas e o transporte marítimo do petróleo bruto de origem nacional ou de derivados básicos de petróleo produzidos do Brasil, assim como o transporte por meio de conduto, de petróleo bruto, seus derivados e gás natural de qualquer origem. Foi instituída, também, a pesquisa, a lavra, o enriquecimento, o reprocessamento, a industrialização e o comércio de minérios e minerais nucleares e seus derivados. Foi vedada a edição de medida provisória para a regulamentação da matéria prevista nos incisos I a IV e dos parágrafos 1º e 2º desse artigo, de acordo com a Emenda Constitucional nº 9, de 09.11.1995.

O petróleo é um líquido oleoso, podendo ser espesso e verde-azulado ou negro. Trata-se de um fóssil, em decorrência de substâncias de origem vegetal e outras de substância animal, como também do plâncton das águas salgadas. É o combustível mais importante e a fonte principal de energia do mundo, de modo que existe uma ampla indústria a ele ligada, bem como pesquisa e desenvolvimento tecnológico em sua extração. Apesar da dimensão continental do Brasil, bem como de suas bacias sedimentares, pouco se tem encontrado do petróleo no solo. Contudo, os campos marítimos de águas profundas, com a tecnologia brasileira, vêm produzindo quase o consumo do Brasil, ainda a décima economia mundial. Ao lado do petróleo, de origem análoga e, às vezes, de extração associada, está o gás natural, que tem importância crescente no mundo moderno.

Em razão da importância da área econômica, mas também do potencial de conhecimento estratégico e de desenvolvimento tecnológico, a pesquisa e a lavra das jazidas de petróleo e gás natural e outros hidrocarbonetos fluidos, constituem monopólio federal. Por outro lado, o Brasil produz em excesso determinado tipo de petróleo e necessita de outros, para fins diversificados, o que impõe um sistema de importação e de exportação de petróleo e derivados. Por conseguinte, o monopólio atinge, também, a refinação do petróleo nacional ou estrangeiro, bem como a importação e a exportação dos produtos e dos derivados básicos do petróleo e do gás natural. Dentro da ótica da importância destes produtos, também o transporte marítimo do petróleo bruto de origem nacional ou de derivados básicos de petróleo produzidos do país, assim como o transporte por meio de conduto, de petróleo bruto, seus derivados e gás natural de qualquer origem constituem-se em monopólio da União. No Brasil, o monopólio é exercido pela sociedade de economia mista federal Petróleo Brasileiro S/A (Petrobras), como já dito.

Existe, hoje, uma discussão sobre o destino do monopólio do petróleo, que vem sendo contornado, mas o ataque final a esse dogma do capitalismo brasileiro deve em breve ocorrer. Este dispositivo, então, deve ser suscetível de alguma nova proposta de Emenda Constitucional. A Petrobrás é uma sociedade de economia mista, devendo se sujeitar ao regime jurídico próprio das empresas privadas, inclusive quanto às obrigações trabalhistas e tributárias. As contratações devem observar as regras da licitação, previstas na Lei Federal nº 8.666, de 21.06.1993, e suas modificações. Por outro lado, os atos dos dirigentes da sociedade de economia mista podem ser atacados por meio de mandado de segurança, previsto na Lei Federal nº 12.016, de 07.08.2009, e por ação popular, prevista na Lei Federal nº 4.717, de 29.06.1965. Prevê o § 2º do mesmo artigo, ainda, que as empresas públicas e as sociedades de economia mista não podem gozar de privilégios fiscais não extensivos às do setor privado.

A Lei Federal nº 11.909, de 04.03.2009, dispôs sobre as atividades de tratamento, de processamento, de estocagem, de liquefação, de regascificação e de comercialização de gás natural, bem como sobre o transporte, conforme o art. 177, do texto constitucional, alterando a Lei Federal nº 9.478, de 06.08.1997. A disposição legal foi regulamentada pelo Decreto Federal nº 7.382, de 02.10.2010, quanto ao transporte de gás natural. A Lei Federal nº 12.304, de 02.08.2010, autorizou o Poder Executivo Federal a criar a empresa pública denominada Empresa Brasileira de Administração de Petróleo e Gás Natural S.A. – Pré-Sal Petróleo S.A (PPSA).

O monopólio também é exercido em se tratando de minerais nucleares. A palavra monopólio significa que apenas um pode deter a venda ou o comércio do que está monopolizado. Trata-se do afastamento do acesso às pessoas físicas e jurídicas de terem determinada indústria ou exercer uma atividade. Resulta em um privilégio ou em uma prerrogativa de indústria ou em uma prestação de um serviço pela própria União, entidades da Administração Indireta e suas subsidiárias ou pessoa física ou jurídica determinada, em razão do interesse público. Assim, o inciso V, do art. 177, determina que constitui o monopólio da União, a pesquisa, a lavra, o enriquecimento, o reprocessamento, a industrialização e o comércio de minérios e minerais nucleares e seus derivados. Existe apenas uma exceção, no art. 21, XXIII, "b", da Constituição Federal, que autoriza a utilização de radioisótopos para a pesquisa e uso medicinais, agrícolas, indústrias e atividades análogas.

Compete à União a exploração dos serviços e as instalações nucleares de qualquer natureza, bem como exercer o monopólio estatal sobre a pesquisa, a lavra, o enriquecimento e o reprocessamento, a industrialização e o comércio de minerais nucleares e seus derivados. A atividade nuclear do Brasil deve ser destinada exclusivamente para fins pacíficos, através da autorização do Congresso Nacional. Pelo regime de concessão ou de permissão, pode ser autorizada a utilização de radioisótopos para a pesquisa e usos medicinais, agrícolas, industriais e atividades análogas, por se tratarem de atividades de menor risco para a segurança nacional e o meio ambiente.

Dispõe o § I º do art. 177, da Constituição de 1988, que a União pode contratar com empresas estatais ou privadas a realização das atividades relacionadas com o petróleo e o gás natural, observadas as condições estabelecidas em lei. Foi o § 1º do art. 177, modificado pela Emenda Constitucional nº 9, de 09.11.1995, que antes tinha a redação seguinte:

> "Art. 177. ....
> § 1º O monopólio previsto neste artigo inclui os riscos e resultados decorrentes das atividades nele mencionadas, sendo vedado à União ceder ou conceder quaisquer tipos de participação, em espécie ou em valor, na exploração de jazida, de petróleo ou gás natural, ressalvado o disposto no art. 20, § 1º".

A mudança surgiu com a Reforma Econômica, em que foi flexionada a exploração de jazida de petróleo ou gás natural. Foi acrescentado, pela

Emenda Constitucional nº 9, de 09.11.1995, o § 2º, do art. 177, em que está disposto que a lei a que se refere o § 1º deve dispor sobre a garantia do fornecimento dos derivados de petróleo em todo o território nacional, as condições de contratação e a estrutura a atribuições do órgão regulador do monopólio da União. A Lei Federal nº 9.478, de 06.08.1997, fixa a política energética nacional. O § 3º do art. 177, do texto constitucional determina uma observância especial, na questão dos minérios nucleares. Dispõe, então, que lei deve dispor sobre o transporte e a utilização de materiais radioativos no território nacional. Este parágrafo foi renumerado, pela Emenda Constitucional nº 9, de 09.11.1995, passando de § 2º para § 3º.

A Emenda Constitucional nº 33, de 11.12.2001, instituiu o § 4º do art. 177, da Constituição Federal, criando a contribuição de intervenção no domínio econômico, relativa às atividades de importação ou comercialização de petróleo e seus derivados, gás natural e seus derivados e álcool combustível. Ocorreram as modificações, também, nos arts. 149 e 155 do texto constitucional. A Emenda Constitucional nº 49, de 08.02.2006, alterou o inciso V do **caput** do art. 177, do texto constitucional, quando a atividades econômicas de natureza nuclear, de monopólio da União, salvo quanto a radioisótopos, que podem ser autorizadas através de permissão. Houve mudança também no art. 21, XXIII, "b" e "c", também permitindo o exercício privado em tais atividades.

O inciso XII, "c", do art. 21, da Constituição de 1988, foi modificado pela Emenda Constitucional nº 8, de 15.08.1995, logo que se começou a alterar a política de participação do Poder Público na economia. Antes, no texto constitucional, estava previsto que a exploração dos serviços telefônicos, telegráficos, de transmissão de dados e outros serviços de telecomunicação deveria ser feito por "empresas sob controle acionário estatal". A Constituição de 1988 enumerou diversos serviços de utilidade pública como de competência da União, mas explorados diretamente ou mediante a autorização, a concessão ou a permissão. Desse modo encontram-se como serviços objeto de delegação pública: a) a navegação aérea, aeroespacial ou a infraestrutura aeroportuária, disciplinado pelo Código Brasileiro de Aeronáutica, Lei Federal nº 7.565, de 19.12.1986; b) os serviços de transporte ferroviário e aquaviários de interesse federal. Trata a Lei Federal nº 9.432, de 08.01.1997, dos serviços de transporte rodoviário interestadual e internacional de passageiros e os portos marítimos, fluviais e lacustres, com a Política Marítima Nacional sendo prevista, no Decreto Federal nº 1.265, de 11.10.1994, e as respectivas alterações posteriores.

O art. 178, da Constituição Federal, determinou que lei disponha sobre a ordenação dos transportes aéreo, aquático e terrestre, devendo, quanto à ordenação do transporte internacional, observar os acordos firmados pela União, atendido o princípio da reciprocidade. A Reforma Econômica, através da Emenda Constitucional nº 7, de 15.08.1995, deu nova redação ao dispositivo, que tinha como texto original:

> "Art. 178. A lei disporá sobre:
> I – a ordenação dos transportes aéreo, marítimo e terrestre;
> II – a predominância dos armadores nacionais e navios de bandeira e registros brasileiros e do país exportador ou importador;
> III – o transporte de granéis;
> IV – a utilização de embarcações de pesca e outras.
> § 1º A ordenação do transporte internacional cumprirá os acordos firmados pela União, atendido princípio de reciprocidade.
> § 2º Serão brasileiros os armadores, os proprietários, os comandantes e dois terços, pelo menos, dos tripulantes de embarcações nacionais.
> § 3º A navegação de cabotagem e a interior são privativas de embarcações nacionais, salvo caso de necessidade pública, segundo dispuser a lei".

O **parágrafo único** do art. 178, da Constituição Federal, também foi instituído pela Emenda Constitucional nº 8, de 15.08.1995. Dispôs que na ordenação do transporte aquático, a lei deve estabelecer as condições em que o transporte de mercadorias na cabotagem e a navegação interior podem ser feitos por embarcações estrangeiras. A navegação de cabotagem é a que ocorre marginando as costas nacionais, de um cabo ao outro, sendo esta a origem do nome. A navegação interior é a que se efetiva dentro do território nacional, em seus rios e lagos. Trata-se de uma modificação em todo o sistema constitucional anterior, que jamais admitiu tal atividade, em águas e portos nacionais, situação que remonta ao Alvará de 04.02.1811, de D. João VI, em seu art. 28, que prescrevia as regras do comércio entre Portugal e suas Colônias, sempre feito pelos seus próprios barcos.

24.5. Microempresa e Turismo

Dispõe o art. 179, da Constituição de 1988, que a União, os Estados-membros, o Distrito Federal e os Municípios devem dispensar às microempresas e às empresas de pequeno porte tratamento jurídico diferenciado. Objetiva-se, então, incentivar as empresas, pela simplificação de suas obrigações administrativas, tributárias, previdenciárias e creditícias, ou pela eliminação ou redução destas por meio de lei. A microempresa é pessoa jurídica ou firma individual que tem determinada receita bruta anual, inferior ao valor fixado em lei. A empresa de pequeno porte é aquela que tem renda superior à da microempresa, mas ainda não pode ser considerada uma empresa de médio porte. Estas desempenham um papel relevante da economia nacional, gerando emprego e renda, através da criatividade e esforço de vontade. As microempresas e as empresas de pequeno porte estão tratadas na Lei Complementar Federal nº 123, de 14.12.2006. Em relação ao regime tributário federal, dispõe a Lei Federal nº 9.317, de 05.12.1996, sobre essas empresas, e as respectivas alterações posteriores.

Fixa o art. 180, da Constituição de 1988, que a União, os Estados-membros, o Distrito Federal e os Municípios devem promover e incentivar o turismo como fator de desenvolvimento social e econômico. O turismo é uma atividade em que se dá um passeio, saindo de onde se mora, com retorno marcado. Por outro lado, o nome significa o conjunto de turistas, que envolvem vários interesses financeiros e sendo considerado hoje a indústria mais avançada do mundo, pois lida com mão de obra intensiva e não polui, sendo crescente a sua expansão. O turismo é organizado por operadoras, que fazem contato com as operadoras estrangeiras e podem oferecer hotéis e passeios em outro país, ou internamente. Por sua vez, a operadora nacional faz o papel de atacadista e distribui seus pacotes entre as agências de viagem, que fazem o contato direto com o turista. No entanto, existem hoje sites especializados e, cada vez mais, compras diretas pelo consumidor, no país e no exterior.

O turismo gera riqueza e permite a permanência do homem em seu local de origem, sem migrar para regiões já sem condições de recebê-los. Por outro lado, valoriza a auto-estima, por se saber que o Brasil ou a região visitada desperta a curiosidade de muita gente. O turismo pode ser interno ou externo, mas o país não atrai ainda muitos turistas estrangeiros, próximos de cinco milhões por ano, o que ainda é pouco frente aos Estados Unidos e aos países europeus. A Lei Federal nº 11.771, de 17.09.2008, dispôs sobre a Política Nacional de Turismo, definiu as atribuições do Governo Federal no planejamento, desenvolvimento e estímulo ao setor turístico e revogou a Lei Federal nº 6.505, de 13.12.1977, o Decreto-lei nº 2.294, de 21.11.1986, e dispositivos da Lei Federal nº 8.181, de 28.03.1991. A disposição legal acima foi regulamentada pelo Decreto Federal nº 7.381, de 02.12.2010, também com as modificações posteriores.

24.6. Política Urbana Brasileira

Cabe ao direito urbanístico, para alguns, apenas direito urbano ou imobiliário, o uso do solo nas cidades, sendo do produto das transformações sociais que vêm ocorrendo ao longo deste século. Em que pese alguns doutrinadores pretenderem limitar ao âmbito restrito das normas edilícias, deve-se afirmar como a finalidade precípua deste ramo do direito a adequação do uso da propriedade, pelo particular, ao cumprimento de sua função social. Para José Afonso da Silva existem dois aspectos a serem considerados:

> "a) O Direito Urbanístico objetivo, que consiste no conjunto de normas jurídicas reguladoras da atividade do poder público destinadas a ordenar os espaços habitáveis, o que equivale dizer: conjunto de normas jurídicas reguladoras da

atividade urbanística; e b) o Direito Urbanístico como ciência, que busca o conhecimento sistematizado daquelas normas e princípios reguladores da atividade urbanística"[18].

No Brasil, as preocupações com as legislações relativas à matéria começaram a ocorrer a partir de 1930, com o início do processo de urbanização pelo qual passou o Brasil. A nova preocupação provocou a produção de diversas normas editadas e as decisões proferidas. Pode-se apontar o Decreto-lei nº 25, de 30.11.1937, que cuida da proteção ao patrimônio histórico-cultural, o Decreto-lei nº 58, de 10.12.1937, que estabeleceu normas sobre parcelamento do solo urbano para venda de lotes a prestações, o Decreto-lei nº 3.365, de 21.06.1943, que cuidou da desapropriação para utilidade pública, e a Lei Federal nº 4.132, 10.06.1962, que tratou da desapropriação por interesse social.

O importante processo de legiferação decorreu da necessidade de romper com o conceito estreito de propriedade afirmada no Código Civil de 1916, produto da doutrina liberal. Este caracteriza a propriedade como bem absoluto em que a lei assegura ao proprietário o direito de usar, gozar e dispor de seus bens e de reavê-los do poder de quem quer que injustamente os possua. Encontravam-se previstas apenas as limitações externas, como o direito de vizinhança, tornando o direito à propriedade quase ilimitado. O Código Civil de 2002, Lei Federal nº 10.406, de 10.01.2002, em seu art. 1.228 e § 1º, modificou este entendimento, exigindo respeito às finalidades econômicas e sociais, bem como à flora, à fauna, às belezas naturais, ao equilíbrio ecológico e ao patrimônio histórico e artístico.

As cidades continuavam surgindo e aumentando, não só a população como os problemas, que as soluções jurídicas tradicionais eram incapazes de solucionar. O crescimento urbano se deu dentro de tais controvérsias, sem que o Poder Público tivesse uma posição clara e objetiva em relação à propriedade privada, como observou Edésio Fernandes, ditando-lhe restrições de cunho social e mesmo estabelecendo os limites de aproveitamento de seu conteúdo econômico[19].

---

18 SILVA, José Afonso da. **Direito Urbanístico Brasileiro**. 2ª ed. São Paulo: Malheiros, 1995, p. 31.

19 "A intervenção do Estado no domínio da propriedade, através da edição de lei urbanística que reprime o abuso de poder econômico, revela estratégia de política social, qual seja a de se promover alguma medida de justiça social, ainda que dentro dos limites do capitalismo. Não se trata, certamente, de doação ou benesse: premiado pelos conflitos sociais manifestos ou latentes e face às crises do próprio sistema das duas próprias contradições internas, o Estado se vale do Direito Urbano no sentido de garantir a continuidade da economia, nos seus aspectos fundamentais" (FERNANDES, Edésio. **Direito Urbano**. *In*: **Revista de Direito Público**. São Paulo: Revista dos Tribunais, nº 80, out./dez. 1986, p. 116).

A Constituição de 1988 concedeu bastante atenção à matéria urbanística, reservando-lhe diversos dispositivos sobre: a) as diretrizes do desenvolvimento urbano, nos arts. 21, XX, e 182, da Constituição Federal; b) a preservação ambiental, nos arts. 23, III, IV, VI e VII, 24, VII, VIII, e 225; c) os planos urbanísticos, nos arts. 21, IX, 30 e 182, da Constituição Federal; d) a função urbanística da propriedade urbana. A competência para "instituir diretrizes para o desenvolvimento urbano, inclusive, habitação, saneamento básico e transportes urbanos", no art. 21, XX, da Constituição de 1988, é da União. Ao passo que foi atribuída aos Municípios a política de desenvolvimento urbano, tendo "[...] por objetivo ordenar o pleno desenvolvimento das funções sociais da cidade e garantir o bem-estar de seus habitantes", no art. 182, da Constituição Federal.

Coube ao Município, então, promover o adequado ordenamento territorial, através do planejamento e do controle do uso, do parcelamento, do funcionamento e da ocupação do solo urbano. Ainda que a competência constitucional sobre o direito urbanístico seja da União, dos Estados-membros, do Distrito Federal e dos Municípios, nestes as normas urbanísticas são mais explícitas, porque neles se manifesta a atividade urbana na sua maneira mais dinâmica e objetiva. Com precisão, José Cretella Júnior afirmou que:

> "[...] impulsionada pelo progresso, a cidade não para. Evolui. Desenvolve-se. Movimenta-se o Poder Público. Planeja. Age. Cogita-se da respectiva política urbana, forma ou modo de atuação do Poder Público local, conforme diretrizes gerais fixadas em lei, objetivando levar a Administração à consecução do bem-estar dos habitantes, ordenando o desenvolvimento das funções sociais urbanas, proporcionando melhor padrão de vida à coletividade"[20].

Compete ao Município o exercício da atividade de restringir o domínio privado da propriedade para compatibilizá-la com suas funções sociais. De um modo geral, as limitações administrativas correspondem a uma obrigação de não fazer. Porém, muitas vezes a obrigação negativa de não colocar em risco a segurança, a salubridade e a tranquilidade pública resultem em prestações positivas pelo proprietário, como no caso de medidas sanitárias que impliquem obras e gastos. Na verdade, hoje começa a questionar-se até se o direito de construir integra o direito de propriedade[21].

20 CRETELLA JÚNIOR, José. **Comentários à Constituição de 1988**, *op. cit.*, v. VIII, p. 4165.

21 "Atualmente, a posição mais vanguardista é a de que o direito de edificar não é integrante do direito de propriedade. Em outras palavras, o direito de edificar não seria decorrência necessária do jus utendi atribuído ao proprietário" (PRATES, Renato Martins. **Limitações Administrativas ao Direito de Construir**. *In*: **Revista de Direito Público**. São Paulo: Revista dos Tribunais, n. 80, out./dez. 1986, p. 108).

As limitações administrativas representam uma maneira pela qual a Administração, no uso de sua competência, intervém na propriedade e nas atividades particulares[22]. Representam, enfim, a forma pela qual o Poder Público condiciona a propriedade privada e as atividades econômicas, atendendo aos interesses coletivos de bem-estar da população em geral. Trata-se de preceitos de ordem pública, derivados do poder de polícia inerente e indissociáveis da Administração[23]. Distinguem-se as limitações administrativas do direito de vizinhança, porque são estabelecidas nas leis civis para proteção da propriedade particular em si mesma e resguardo da segurança, do sossego e da saúde dos que a habitam. Aquelas são normas de direito público em benefício do bem-estar da comunidade. Por outro lado, também as limitações administrativas não podem ser confundidas com a servidão predial, pois enquanto esta é o ônus especial imposto a certas propriedades, mediante indenização do particular ou do Poder Público, conforme o caso, aquelas são restrições gerais e gratuitas impostas pela Administração no interesse social.

As limitações administrativas ao uso da propriedade particular devem ser expressas em lei ou regulamento das três entidades federadas, por serem matéria de direito público, da competência concorrente da União, dos Estados-membros, do Distrito Federal e dos Municípios. Constituem reservas da lei as limitações que só legalmente são disciplinadas, ainda que possam ser impostas por decretos regulamentares, quando se tratar de especificação de matéria constante em texto legal. O poder de polícia concede à Administração Pública a prerrogativa para traçar os limites do exercício normal do direito, com base em dispositivo legal, ao fiscalizar ou exigir determinado comportamento do particular. O conteúdo dos atos de polícia está voltado para que sejam atingidos os interesses públicos, condicionando os direitos individuais aos interesses da coletividade. As limitações administrativas, como foi visto, são formas de restringir o exercício

---

22 Maria Sylvia Zanella Di Pietro conceituou limitação administrativa como "[...] medidas de caráter geral, impostas com fundamentação no poder de polícia do Estado, gerando para os proprietários obrigações positivas ou negativas, com o fim de condicionar o exercício do direito de propriedade ao bem-estar social" (**Direito Administrativo**, *op. cit.*, p. 102).

23 "O que a doutrina põe em relevo, pela unanimidade dos autores, é a faculdade que tem toda Administração Pública de editar e executar medidas restritivas do direito individual, em benefício da coletividade. Esse poder se difunde por todas as entidades estatais, cabendo ao Município boa parte de sua utilização no policiamento das atividades locais, através de normas gerais e abstratas de conduta (atos legislativos) e providências executivas especiais e concretas (atos administrativos), de caráter preventivo ou repressivo" (MEIRELLES, Hely Lopes. **Direito de Construir**. 6ª ed. São Paulo: Malheiros, 1994, p. 83).

dos direitos dos administrados. Para a concretização de determinados atos jurídicos pelo particular, deve-se observar as condições impostas ou consentidas pela Administração. Dentre estes mecanismos de controle, estão a licença e a autorização.

A licença é entendida como o ato administrativo vinculado, pelo qual a Administração outorga ao administrado, que, para isso, fez solicitação, o direito de realizar determinadas atividades que, sem ela, seriam-lhes vedadas, desde que satisfaça as exigências legais. Estando cumpridos os requisitos da lei, deve o Poder Público, sob pena de ilegalidade, conceder a licença requerida. São exemplos de licença o alvará de construção, para o exercício do direito de construir, e o alvará de funcionamento, para o exercício de atividade profissional. Estando o pleito de acordo com a legislação em vigor, não pode a licença ser negada ou cassada, salvo por ilegalidade.

O procedimento para obtenção da licença para edificar dá-se em três fases, que são a introdutória, a de apreciação do pedido e a decisória. A fase introdutória compreende o início da relação jurídica entre o particular e a municipalidade, devendo o primeiro ser o titular do direito e a segunda competente para apreciar o pedido. Ingressa-se com o requerimento do interessado, objetivando o pedido, acompanhado de documentos, de projetos, de peças gráficas e de memoriais, de acordo com a previsão legal da matéria. O requerimento deve ser protocolizado na repartição pública competente, devendo receber número e capa, para que se inicie sua tramitação, hoje também eletrônico, nos sites dos órgãos públicos.

A fase de apreciação do pedido começa com o encaminhamento do requerimento, já autuado e com capa, para a autoridade competente apreciar a matéria e determinar os exames técnicos necessários, bem como a consulta à legislação em vigor, sobre a natureza do pedido. Pode a Administração solicitar certas informações complementares, laudos periciais, vistorias e demais diligências necessárias para a correta apreciação do pedido. Para ser assegurado o devido processo legal, bem como a ampla defesa e o contraditório, deve o requerente ser intimado dos atos e das decisões tomadas pelo Poder Público. De preferência, através de correspondências pessoais, para que o administrado tenha ciência dos atos processuais e possa requerer o que for necessário para seu pleito. Por fim, a fase decisória, depois de afastadas todas as incorreções sanáveis, conclui o procedimento da licença, outorgando ou recusando o pedido, através de deferimento ou indeferimento respectivamente. Deste ato deve-se também dar ciência ao particular, para que recorra da decisão administrativa ou mesmo peça o controle judicial da Administração, através de **writs**.

A característica essencial da licença é ser considerada definitiva, mesmo que se aluda a um prazo de vigência da mesma, devendo isso ser entendido como a situação em que o titular dispõe de certo período de tempo para sua utilização. Pode, assim, ter a licença determinado prazo de vigência, findo o qual pode ser renovado. No caso da licença de construção, sua utilização precisa ocorrer em um certo prazo estipulado, findo o qual há perempção, cujo transcurso sem utilizá-la provoca a sua caducidade. A licença pode ser revista, através de anulação, de revogação, de cassação e de declaração de caducidade. A anulação decorre do fato de a licença ser ato vinculado, devendo estar adstrita à lei, pois a sua infringência imputa-lhe o vício da ilegalidade, que a torna inválida, a qual a Administração tem de conhecer de ofício. Diferente da anterior, a revogação trata do controle do mérito do ato administrativo, ocorrendo quando sobrevier motivo de interesse público que desaconselhe a realização ou a manutenção da licença, seja por mudança das circunstâncias ou da adoção de nova legislação.

A autorização, por outro lado, é entendida como o ato administrativo discricionário, pelo qual a Administração outorga ao administrado que, para isso, fez solicitação, o direito de realizar determinada atividade que, sem ela, lhe seria vedada, desde que satisfaça as exigências legais. Os direitos conferidos são, por natureza, precários. Tem-se, como exemplo, a instalação de banca de revista em logradouro público. Pode o Poder Público, a qualquer momento, havendo interesse público e conveniência, negar o pedido ou mesmo cassar o ato autorizado. Distingue-se a licença da autorização porque o ato administrativo desta é discricionário, ao passo que o da outra é vinculado[24].

Por outro lado, deve-se observar que, de modo geral, a licença, especificamente a de construir, tem natureza meramente declaratória, pois a faculdade de edificar nasceria do próprio direito de propriedade, cabendo ao Município apenas a declaração de tal direito. Contudo, Carlos Ari Sundfeld discordou desse argumento, pois a jurisprudência tinha se manifestado no

24 Para Celso Ribeiro Bastos (**Curso de Direito Administrativo**, *op. cit.*, p. 100) os atos vinculados "são aqueles em que a Administração não dispõe de qualquer liberdade para sua expedição. Para essa espécie de ato a lei regula antecipada e exaustivamente o comportamento a ser seguido pelo agente público". Por outro lado, os atos discricionários "são aqueles que, embora regulados em lei, permitem ao agente público certa margem de liberdade ao serem editados. Importante é reter a ideia de que não se está falando de liberdade total, mas, sim, de certa liberdade deixada pela própria lei ao administrador no momento da prática do ato". Alerta, ainda, o autor que "não se deve confundir ato discricionário com ato arbitrário. Ato discricionário é aquele praticado pela Administração dentro dos limites da liberdade que a lei lhe concede. É válido e legítimo, ato arbitrário é aquele praticado em desacordo com a lei. É ilícito, e, portanto, inválido. O agente público utiliza-se dessa margem de liberdade para atingir fins desconformes com a lei. Atua de forma abusiva e ilegal".

sentido de que lei nova podia regular o direito de construir salvo os que já tivesse obtido licença, não se caracterizando aí o direito adquirido[25].

Deve-se fazer, ainda, a distinção entre a licença para construir da licença para funcionamento, pois enquanto esta é um ato **intuitu personae**, a outra é um ato expedido **intuitu rei**. Para João Luiz Teixeira Neto, em que pese ambas serem atos vinculados e definitivos:

> "A licença para construir é de caráter real, vincula-se ao imóvel, sua definitividade afigura-se de forma bem mais evidente, pois que independe da condição jurídica daquele que em qualquer momento detenha a titularidade do imóvel enquanto a licença para funcionamento é de caráter pessoal; é definitiva para o titular da atividade comercial, industrial ou de serviços"[26].

Não se transmitindo a terceiros critérios de apreciação ou erro de outorga. Por sua vez, a cassação diferencia-se da anulação, ainda que trate da legalidade, porque versa sobre o posterior cumprimento das exigências legais, que, se não estiver ocorrendo como manda a lei, deve ser cassado. A caducidade decorre do decurso do prazo de perempção, não sendo necessário que o Município emita uma declaração, consistindo seu efeito em suprimir a validade da licença quanto ao exercício do direito correspondente.

O alvará é o instrumento pelo qual o Poder Público expede licença para a prática de ato ou exercício de determinada atividade. O alvará, uma vez expedido, como observa Hely Lopes Meirelles, "traz em si a presunção de legitimidade e definitividade, integrando-se ao patrimônio do particular, de modo que só pode ser invalidado sem ônus para a Administração, quando obtido com fraude ou desobediência à lei"[27]. Caso se trate de alvará de construção, o Poder Público local reconhece ao proprietário o pleno exercício dos poderes de domínio, sendo uma mera liberalidade do administrador, pois nasce daí um direito subjetivo do administrado.

Antes da nova ordem constitucional, instaurada em 1988, alguns Municípios previam o planejamento urbano e a exigência de plano diretor. Não obstante, após a promulgação da atual Constituição Federal, passaram

---

25 "Daí a necessidade de reconhecer que mesmo a mais clássica das licenças não é meramente recognitiva, mas constitutiva do direito. Tanto o é que o direito nem pode ser exercido nem se tem por adquirido antes dela" (SUNDFELD, Carlos Ari. **Licença e Autorização no Direito Administrativo**. *In*: **Revista Trimestral de Direito Público**. São Paulo: Malheiros, 1993, nº 03, p. 67).

26 TEIXEIRA NETO, João Luiz. **Licença para Construir e de Funcionamento**. *In*: **Revista de Direito Público**. São Paulo: Revista dos Tribunais, nº 80, out./dez. 1986, p. 169.

27 MEIRELLES, Hely Lopes. **Alvará Expedição**. *In*: MEIRELLES, Hely Lopes. **Estudos e Pareceres de Direito Público**. São Paulo: Revista dos Tribunais, 1991, vol. 1, p. 263.

tais matérias a ser disciplinadas em suas Leis Orgânicas. Deve-se ressaltar que, quanto ao plano diretor, é obrigatório apenas para cidades com mais de vinte mil habitantes, mas nada obsta que as menores também possam dispor sobre o problema. Todavia, nem todos estes Municípios cumpriram a determinação constitucional. Agora, com o Estatuto da Cidade, em 2002, renovou-se a exigência dos planos diretores.

O plano diretor deve ser aprovado através de lei municipal, com a participação do Poder Executivo e do Poder Legislativo em seu processo de apresentação, de discussão, de aprovação, de sanção e de publicação. A iniciativa deve ser, preferencialmente, do Prefeito Municipal, por ter condições de apresentar as soluções técnicas para os diversos problemas de planejamento urbano e de elaboração do plano diretor das cidades. Os Vereadores, contudo, também podem ter iniciativa para apresentar projeto de lei, instituindo o plano diretor, desde que tenham a sanção do Prefeito Municipal ou, havendo veto, ser este derrubado por maioria absoluta dos membros da Casa Legislativa. Para José Nilo de Castro, o plano diretor deve ser aprovado através de lei complementar, por se impor "estabilidade maior a essa lei e, considerando-se a condição instrumental de desenvolvimento da cidade, as Leis Orgânicas devem inscrever, entre a matéria de lei complementar, a pertinente ao plano diretor"[28]. A afirmação precisa ser entendida com uma sugestão louvável, ainda que não obrigatória.

O plano diretor, para Celso Ribeiro Bastos, nisso consiste:

> "Vem a ser o instrumento pelo qual os municípios definirão os objetivos a serem atingidos, assim como as regras básicas, as diretrizes, as normas do desenvolvimento urbano, estabelecendo, portanto, o zoneamento, as exigências quanto às edificações e um sem-número de outras matérias fundamentalmente pertinentes ao uso do solo. Não é estranho ao plano diretor o próprio sistema viário, arruamento, estradas, localização de áreas verdes etc."[29].

28 "Os Municípios, a este intento, devem cercar-se de especialistas na área de engenharia, urbanismo, saneamento, sociologia, juristas, entre outros – ou contratar firmas especializadas de consultoria, a fim de que se faça o diagnóstico completo da cidade, coletando-se-lhes os objetivos. Obrigatoriamente participarão da elaboração do plano diretor as associações representativas da comunidade, além de se abrir a oportunidade de iniciativa de projeto de lei à população, a teor do artigo 29, X, e XI, CF. Não é tarefa fácil. Decorrerão do plano diretor legislações específicas (codificações) sobre uso e ocupação do solo urbano, sobre as construções e edificações, sobre as polícias administrativas e sanitárias locais, cujas implantações após a aprovação legislativa far-se-ão pelos órgãos e agentes executivos" (CASTRO, José Nilo de. **Direito Municipal Positivo**, *op. cit.*, p. 235).

29 BASTOS, Celso Ribeiro. **Comentários à Constituição do Brasil**, *op. cit.*, vol. VII, p. 212.

O plano diretor é dirigido para equacionar e estabelecer objetivos a serem executados, fixando regras gerais e diretrizes a serem satisfeitas. Trata-se do resultado final de uma cadeia normativa, estando prevista a "cooperação das associações representativas no planejamento municipal", de acordo com o inciso XII do art. 29, da Constituição de 1988. Cabe ao Executivo organizar os meios pelos quais as associações acima referidas possam efetivamente apresentar os problemas e as soluções para as questões urbanas específicas e afetas a cada comunidade. A execução deve ser voltada para, respeitando os direitos dos munícipes, fazer com que a propriedade cumpra sua função social, prevista no art. 182, § 2º, "quando atender às exigências fundamentais de ordenação da cidade expressa no plano diretor". Este procura envolver os diversos grupos sociais do espaço urbano, para melhor responder à demanda por desenvolvimento urbano socialmente justo e voltado para o bem-estar de seus habitantes. Trata-se da síntese entre as necessidades específicas das comunidades urbanas, compreendendo a zona urbana e a zona de expansão urbana, sem incluir as comunidades rurais, com as soluções técnicas e administrativas tomadas pelos órgãos de consultoria e de pesquisa.

Os Municípios, hoje, multiplicaram-se e houve o fenômeno de muitos deles, ainda que autônomos politicamente, continuarem a depender de Municípios maiores, especialmente das Capitais dos Estados-membros. Existem, então, interesses quanto às regiões metropolitanas, às aglomerações urbanas e às microrregiões, de modo que há uma demanda por projetos integrados intermunicipais, que obtenham um planejamento urbano comum, de acordo com a vocação econômica da área de características comuns e integradas pelo traçado urbano, que não respeita a geografia, nem física, nem política. Prevê-se no plano diretor as legislações determinadas para o uso e a ocupação do solo urbano, relativo às construções e às edificações, referente às políticas administrativas, sanitárias e de trânsito local, tarefas que cabem aos agentes administrativos e à sociedade como um todo.

Foi prevista, ainda, a desapropriação de imóveis urbanos, feita com a prévia e justa indenização em dinheiro, no art. 182, § 3º, da Constituição de 1988. Foi facultado à Administração Pública, com as disposições de lei específica para área incluída no plano diretor, exigir de acordo com lei federal, em relação ao proprietário do solo urbano não edificado, subutilizado ou não utilizado, que promova seu adequado aproveitamento, sob pena de sanções. Devem ser aplicados, sucessivamente: a) o parcelamento ou edificação compulsória; b) o imposto sobre a propriedade predial e territorial urbana progressivo no tempo; c) a desapropriação com pagamento mediante títulos da dívida pública de emissão previamente aprovado pelo Senado Federal, com prazo de resgate de até dez anos, em parcelas anuais, iguais e sucessivas, assegurados os valores reais da indenização e os juros legais, no art. 182, § 4º, I, II e III, da Constituição Federal.

A ordenação do solo é a matéria de interesse local[30] da Administração que, através do seu poder de polícia, exerce este controle com medidas prescritas, quando prevê determinadas situações, propondo medidas para orientá-los, evitando distorções que tragam prejuízo à coletividade. Pode, ainda, ter estas medidas, que tratam das providências quando houver irregularidades, através de proibições e de sanções. A ordenação se dá através de dispositivos jurídico-urbanísticos, como a lei de perímetro urbano, a lei de zoneamento urbano, a lei de parcelamento do solo urbano, o código de postura e o código de obras, dentre outras. A fixação do perímetro urbano é de exclusiva competência municipal e serve tanto a fins urbanísticos quanto tributários. Cabe a esta lei, então, estabelecer os requisitos que dão à área condições de urbana ou urbanizável, além de delimitar o perímetro urbano, as áreas de expansão urbana e os núcleos de urbanização.

As leis de zoneamento urbanístico são usadas para que as cidades se tornem mais eficientes, pondo cada edificação, cada atividade e cada grupo econômico e social em seu devido lugar, estabelecendo as zonas comerciais, residenciais, industriais, de lazer etc. Ao se fazer o zoneamento, também se faz o traçado urbano, que vem a ser o desenho geral da cidade, com o levantamento topográfico, indicando o sistema viário, marcando o arruamento, o alinhamento e o nivelamento[31]. O zoneamento, para Carlos Nelson E. dos Santos, "[...] teria por função, em princípio, compatibilizar usos, misturar atividades e estimular sua complementaridade em determinada fração do território"[32]. As leis de parcelamento tratam dos arranjos gerais dos espaços e das composições dos terrenos privados entre si e relacionados às áreas e logradouros públicos. Consistem, enfim, na divisão voluntária do solo em

30 "Interesse local não é interesse exclusivo do Município; não é interesse privativo da localidade; não é interesse único dos munícipes. Se exigisse essa exclusividade, essa privatividade, essa unicidade, bem reduzido ficaria o âmbito que faz praça a Constituição. Mesmo porque não há interesse municipal que não seja reflexamento da União e do Estado-membro, como também não há interesse regional ou nacional que não ressoe nos Municípios, como partes integrantes da Federação brasileira. O que define e caracteriza o 'interesse local', inscrito como dogma constitucional, é a predominância do interesse do Município sobre o do Estado ou da União" (MEIRELLES, Hely Lopes. **Direito Municipal Brasileiro**, *op. cit.*, p. 110).

31 O arruamento é o traçado que define as vias públicas e os espaços livres do meio urbano; o alinhamento é o limite entre a propriedade privada e o domínio público e, finalmente, o nivelamento é a fixação da cota relativa aos diversos pontos característicos da via urbana, que deve ser observada por aqueles que constroem.

32 SANTOS, Carlos Nelson F. dos. **O Uso do Solo e o Município**. Rio de Janeiro: Instituto Brasileiro de Administração Municipal (IBAM), 1990, p. 34.

lotes, que são unidades edificáveis, com abertura de vias e de logradouros públicos, nos termos da lei.

O código de obras do Município, por outro lado, contém as normas para as construções, submetendo-as a uma série de limitações relativas às formas de ocupação dos lotes, aos coeficientes de aproveitamento do terreno, à altura das edificações, às dimensões mínimas por compartimento e às condições de iluminação e ventilação, dentre outras. O código de obras costuma, ainda, efetuar a classificação das edificações segundo o uso que lhe é destinado, como comercial, residencial, industrial ou de lazer. O código de postura estabelece as normas de convívio e as formas de utilização de espaços públicos e privados nas cidades. Versa sobre as normas e as sanções, visando preservar o interesse coletivo em detrimento do interesse individual, determinando como devem ser utilizadas as calçadas, como controlar ruídos, como devem funcionar o comércio e a indústria.

O parcelamento do solo urbano é o processo administrativo de divisão e de redivisão de gleba, compreendendo o parcelamento, o loteamento e o desmembramento[33]. Está a matéria disciplinada, pela Lei Federal nº 6.766, de 09.12.1979, tendo em vista que cabe à União legislar sobre as normas gerais do direito urbanístico, nos termos do art. 24, I, § 1º, da Constituição Federal. O loteamento[34] é considerado como a subdivisão de gleba em lotes destinados à edificação, abertura de novas vias de circulação, de logradouros públicos ou prolongamento, modificação ou ampliação das vias existentes. O desmembramento compreende a subdivisão da gleba em lotes destinados à edificação, com aproveitamento do sistema viário existente, desde que não implique abertura de novas vias e de logradouros públicos, nem o prolongamento, a modificação ou a ampliação das já existentes. Por fim o parcelamento do solo para fins urbanos só pode ser admitido em zonas urbanas ou de expansão urbana, estando previstas outras vedações no **parágrafo único** do art. 30, da referida lei. A lei acima foi modificada, no art. 4º, III e § 3º, pela Lei Federal nº 10.932, de 03.08.2004.

---

33 "Parcelamento urbanístico do solo é o processo de urbanificação de uma gleba, mediante sua divisão ou redivivo em parcelas destinadas ao exercício das funções elementares urbanísticas. Importa na mudança das dimensões ou confrontações dos imóveis para fins de urbanificação. Gleba é área de terra que não foi ainda objeto de arruamento ou de loteamento. Falamos em parcelamento urbanístico do solo para distingui-lo do parcelamento da terra para fins rurais que é assunto de Direito Agrário, enquanto aquele é de Direito Urbanístico e de Direito Civil" (SILVA, José Afonso da. **Direito Urbanístico Brasileiro,** *op. cit.*, p. 294).

34 **Revista dos Tribunais** nºs 639/105, 651/81 e 666/97.

Os loteamentos devem atender, pelo menos, aos requisitos de ter, em primeiro lugar, as áreas destinadas a sistema de circulação, a implantação de equipamentos urbano e comunitário, bem como a espaços livres de usos públicos proporcionais à densidade de ocupação. Os lotes devem ter área mínima de cento e vinte e cinco metros quadrados e frente mínima de cinco metros, salvo quando as legislações municipal e estadual determinarem existências maiores ou quando se tratar da edificação de conjuntos habitacionais de interesse social. Precisa ser respeitada, ainda, a reserva de uma faixa **non aedificandi** de quinze metros de cada lado ao longo das águas correntes e dormentes e das faixas de domínio público das rodovias, ferrovias e dutos. Por fim, as vias de loteamento devem articular-se com as vias adjacentes oficiais, existentes ou projetadas, e harmonizar-se com a topografia local. Cada loteamento deve destinar como percentagem de áreas públicas não inferior a trinta e cinco por cento da gleba, salvo se se tratar de loteamento industrial.

Antes da elaboração do projeto de loteamento, o interessado deve solicitar à Prefeitura Municipal que defina as diretrizes para o uso do solo, traçado dos lotes, do sistema viário, dos espaços livres e das áreas reservadas para equipamento urbano e comunitário, apresentando requerimento e planta do imóvel, no art. 6º, da Lei Federal nº 6.766, de 19.12.1979. A Administração local indica, então, nas plantas apresentadas junto com o requerimento, o traçado das ruas ou estradas, o traçado do sistema viário principal, a localização dos terrenos destinados a equipamentos urbanos e comunitários, as faixas sanitárias e as faixas não edificáveis e a zona de uso predominante da área, com a indicação dos usos compatíveis.

Orientado pelo traçado e pelas diretrizes oficiais, se houver, o requerimento com o projeto, contendo os desenhos e o memorial descritivo, são apresentados à Prefeitura Municipal, acompanhadas do título de propriedade, da certidão de ônus reais e da certidão negativa de tributos municipais, relativas ao imóvel, no art. 9º, da Lei Federal nº 6.766, de 19.12.1979. Para a aprovação de projeto de desmembramento, o interessado apresenta requerimento à Prefeitura Municipal, acompanhado do título de propriedade e de planta do imóvel, contendo a indicação das vias existentes e dos loteamentos próximos, a indicação do tipo de uso predominante no local e a indicação da divisão de lotes pretendida na área, no art. 10, da Lei Federal nº 6.766, de 19.12.1979.

Compete à Prefeitura Municipal ou ao Distrito Federal, quando for o caso, a aprovação ou não do projeto de loteamento e de desmembramento. Cabe aos Estados-membros o exame à anuência prévia para aprovação pelos Municípios, de loteamento e de desmembramento quando localizados em áreas de interesse especial, como as áreas de proteção de mananciais ou ao patrimônio cultural, histórico, paisagístico e arqueológico, quando se localizar em área limítrofe municipal ou que pertença a mais de um Município, nas regiões metropolitanas e nas aglomerações urbanas, e, finalmente, quando abranger área superior a um milhão de metros quadrados, no art. 13, da Lei Federal nº 6.766, de 19.12.1979.

As conformidades e as não conformidades referem-se, respectivamente, à consonância ou dissonância do uso do lote ou da edificação ou da implantação da ação, ambos com o previsto em cada zona ou da implantação do lote, de acordo com a legislação relativa ao assentamento urbanístico. Para José Nilo de Castro:

> "Uso conforme é o permitido pela regulamentação edilícia para a zona respectiva. Zona residencial, industrial, comercial. É conforme, segundo as características dos modelos de assentamento urbano, para a zona, a edificação que atenda às exigências edilícias. O uso desconforme ou não conforme é o que não se ajusta nas categorias de uso previstas para a zona, segundo a regulamentação edilícia. Veda-se, pois, o estabelecimento de uso desconforme para a zona, salvo a pré-ocupação"[35].

Na concessão de licenças ou alvarás de funcionamento referentes a instalação, a mudança ou a substituição de usos e atividades em edificações existentes, precisam ser observados, em especial, a localização do uso, que deve estar de acordo com os critérios estabelecidos na lei, e os requisitos referentes à ocupação do solo urbano previstos na lei de preservação ambiental e na lei de ocupação do solo do Município. É fundamental que os centros urbanos sejam racionalizados, com os planos diretores voltados para a solução das questões atuais e para oferecer as opções para o futuro. Por outro lado, vem a ser decisivo consignar o lado humano das cidades, que possam favorecer o bem-estar social, bem como a preservação das áreas verdes e da memória histórico-cultural. Para que as cidades sejam administradas em benefício da sociedade, é essencial que haja a edição de leis que tratam do uso urbano e que estejam de acordo com os anseios das cidades[36].

Na execução da política urbana, de que tratam os arts. 182 e 183, da Constituição Federal, deve ser aplicado o previsto, na Lei Federal nº 10.257, de 10.07.2001. Para todos os efeitos, esta legislação, denominada Estatuto da Cidade, estabelece normas de ordem pública e interesse social que regu-

35 CASTRO, José Nilo de. **Direito Municipal Positivo**, *op. cit.*, p. 244.

36 COSTA, Nelson Nery. **Uso do Solo Urbano.** *In*: **Revista de Direito Civil, Imobiliário, Agrário e Empresarial.** São Paulo: Revista dos Tribunais, nº 78, out./dez., 1996, p. 119.

lam o uso da propriedade urbana em prol do bem coletivo, da segurança e do bem-estar dos cidadãos, bem como do equilíbrio ambiental[37].

A política urbana, de acordo com art. 2º, da Lei Federal nº 10.257, de 10.07.2001, bem como o pleno desenvolvimento das funções sociais da cidade e da propriedade urbana[38], mediante as seguintes diretrizes gerais, deve ser:

> "Art. 2º ....
> I – garantia do direito a cidades sustentáveis, entendido como o direito à terra urbana, à moradia, ao saneamento ambiental, à infraestrutura urbana, ao transporte e aos serviços públicos, ao trabalho e ao lazer, para as presentes e futuras gerações; II – gestão democrática por meio da participação da população e de associações representativas dos vários segmentos da comunidade na formulação, execução e acompanhamento de planos, programas e projetos de desenvolvimento urbano; III – cooperação entre os governos, a iniciativa privada e os demais setores da sociedade no processo de urbanização, em atendimento ao interesse social; IV – planejamento do desenvolvimento das cidades, da distribuição espacial da população e das atividades econômicas do Município e do território sob sua área de influência, de modo a evitar e corrigir as distorções do crescimento urbano e seus efeitos negativos sobre o meio ambiente; V – oferta de equipamentos urbanos e comunitários, transporte e serviços públicos adequados aos interesses e necessidades da população e às características locais; VI – ordenação e controle do uso do solo, de forma a evitar: a) a utilização inadequada dos imóveis urbanos; b) a proximidade de usos incompatíveis ou inconvenientes; c) o parcelamento do solo, a edificação ou o uso excessivos ou inadequados em relação à infraestrutura urbana; d) a instalação de empreendimentos ou atividades que possam funcionar como polos geradores de tráfego, sem a previsão da infraestrutura correspondente; e) a retenção especulativa de imóvel urbano, que resulte na sua subutilização ou não-utilização; f) a deterioração das áreas urbanizadas; g) a poluição e a degradação ambiental; VII – integração e complementaridade entre as atividades urbanas e rurais, tendo em vista o desenvolvimento socioeconômico do Município e do território sob sua área de influência; VIII – adoção de padrões de produção e consumo de bens e serviços e de expansão urbana compatíveis com os limites da sustentabilidade ambiental, social e econômica do Município e do território sob sua área de

37 "A nova lei transforma princípios em regras e faz saltar do papel os votos para uma sociedade mais justa. Por isso que dissemos ser um marco na evolução" (OLIVEIRA, Regis Fernandes. **Comentários ao Estatuto da Cidade**. São Paulo: Revista dos Tribunais, 2002, p. 9).

38 "O aspecto funcional do instituto da função social, portanto, é impor impostos pela ordem constitucional no sentido de instrumentalizar o direito subjetivo patrimonial por excelência, que é a propriedade, a valores e a interesse posto na sociedade há proprietário" (TEPEDINO, Gustavo José Mendes. **A Função Social na Propriedade e o Estatuto da Cidade.** *In*: SARMENTO, Eduardo Sócrates. **O Estatuto da Cidade e os Efeitos Jurídicos de Declaração de Inconstitucionalidade das Leis.** Rio de Janeiro: Procuradoria Geral do Município, 2002, p. 41).

> influência; IX – justa distribuição dos benefícios e ônus decorrentes do processo de urbanização; X – adequação dos instrumentos de política econômica, tributária e financeira e dos gastos públicos aos objetivos do desenvolvimento urbano, de modo a privilegiar os investimentos geradores de bem-estar geral e a fruição dos bens pelos diferentes segmentos sociais; XI – recuperação dos investimentos do Poder Público de que tenha resultado a valorização de imóveis urbanos; XII – proteção, preservação e recuperação do meio ambiente natural e construído, do patrimônio cultural, histórico, artístico, paisagístico e arqueológico; XIII – audiência do Poder Público municipal e da população interessada nos processos de implantação de empreendimentos ou atividades com efeitos potencialmente negativos sobre o meio ambiente natural ou construído, o conforto ou a segurança da população; XIV – regularização fundiária e urbanização de áreas ocupadas por população de baixa renda mediante o estabelecimento de normas especiais de urbanização, uso e ocupação do solo e edificação, consideradas a situação socioeconômica da população e as normas ambientais; XV – simplificação da legislação de parcelamento, uso e ocupação do solo e das normas edilícias, com vistas a permitir a redução dos custos e o aumento da oferta dos lotes e unidades habitacionais; XVI – isonomia de condições para os agentes públicos e privados na promoção de empreendimentos e atividades relativos ao processo de urbanização, atendido o interesse social".

Para Zélia Leocádia da Trindade Jardim:

> "A Regulamentação da Política Urbana no Brasil tem relevância histórica para os movimentos sociais urbanos combativos, que na condição de parcela expressiva da sociedade civil lutaram pela consolidação e aplicação de normas e políticas públicas urbanísticas, para o desenvolvimento sustentável das cidades, mesmo quando, ainda, em ideia era embrionário"[39].

Por outro lado, de acordo com o art. 3º, compete à União, entre outras atribuições de interesse da política urbana: a) legislar sobre normas gerais de direito urbanístico; b) legislar sobre normas para a cooperação entre a União, os Estados-membros, o Distrito Federal e os Municípios em relação à política urbana, tendo em vista o equilíbrio do desenvolvimento e do bem-estar em âmbito nacional; c) promover, por iniciativa própria e em conjunto com os Estados-membros, o Distrito Federal e os Municípios, programas de construção de moradias e a melhoria das condições habitacionais e de saneamento básico; d) instituir diretrizes para o desenvolvimento urbano, inclusive a habitação, o saneamento básico e os transportes urbanos; e) elaborar e executar os planos nacionais e regionais de ordenação do território e de desenvolvimento econômico e social.

39 JARDIM, Zélia Leocádia da Trindade. **Regulamentação da Política Urbana e Garantia do Direito à Cidade.** *In*: COUTINHO, Ronaldo e BONIZZATO, Luigi (coords.). **Direito da Cidade: novas concepções sobre as relações jurídicas no espaço social urbano.** Rio de Janeiro: Lumen Juris, 2007, p. 97).

Para os fins do Estatuto da Cidade, são utilizados, no art. 4º, entre outros instrumentos:

> "Art. 4º ....
> I – planos nacionais, regionais e estaduais de ordenação do território e de desenvolvimento econômico e social; II – planejamento das regiões metropolitanas, aglomerações urbanas e microrregiões; III – planejamento municipal, em especial: a) plano diretor; b) disciplina do parcelamento, do uso e da ocupação do solo; c) zoneamento ambiental; d) plano plurianual; e) diretrizes orçamentárias e orçamento anual; f) gestão orçamentária participativa; g) planos, programas e projetos setoriais; h) planos de desenvolvimento econômico e social; IV – institutos tributários e financeiros: a) Imposto sobre a Propriedade Predial e Territorial Urbana – IPTU; b) contribuição de melhoria; c) incentivos e benefícios fiscais e financeiros; V – institutos jurídicos e políticos: a) desapropriação; b) servidão administrativa; c) limitações administrativas; d) tombamento de imóveis ou de mobiliário urbano; e) instituição de unidades de conservação; f) instituição de zonas especiais de interesse social; g) concessão de direito real de uso; h) concessão de uso especial para fins de moradia; i) parcelamento, edificação ou utilização compulsórios; j) usucapião especial de imóvel urbano; l) direito de superfície; m) direito de preempção; n) outorga onerosa do direito de construir e de alteração de uso; o) transferência do direito de construir; p) operações urbanas consorciadas; q) regularização fundiária; r) assistência técnica e jurídica gratuita para as comunidades e grupos sociais menos favorecidos; s) referendo popular e plebiscito; VI – estudo prévio de impacto ambiental (EIA) e estudo prévio de impacto de vizinhança (EIV)".

O plano diretor fixa áreas nas quais o direito de construir pode ser exercido acima do coeficiente de aproveitamento básico adotado, mediante contrapartida a ser prestada pelo beneficiário, conforme o art. 28, do Estatuto da Cidade. O coeficiente de aproveitamento é a relação entre a área edificável e a área do terreno. O plano diretor estabelece o coeficiente de aproveitamento básico único para toda a zona urbana ou diferenciado para áreas específicas dentro da zona urbana. Esse define os limites máximos a serem atingidos pelos coeficientes de aproveitamento, considerando a proporcionalidade entre a infraestrutura existente e o aumento de densidade esperado em cada área. O plano diretor fixa as áreas nas quais permite-se a alteração de uso do solo, mediante contrapartida a ser prestada pelo beneficiário.

Por outro lado, para Eduardo Pereira Fabrício:

> "O Plano Diretor não tem duração prefixada, ele pode vigorar independente das mudanças de administração, cabendo à população organizada observar, acompanhar os resultados, e insistir para que sejam feitos os ajustes necessários. Ele faz parte da legislação básica urbana, que é o conjunto de diretrizes que regulam o uso e ocupação do solo deste perímetro urbano"[40].

40 FABRÍCIO, Eduardo Pereira. **Plano Diretor**. *In*: PAULA, Alexandre Sturion (org.). **Estatuto da Cidade e o Plano Diretor Municipal**. São Paulo: Lumen Juris, 2007, p. 28.

Para Luiz Henrique Antunes Alochio:

> "Com a inserção de um edifício de valor histórico em particular no plano, o proprietário do imóvel atingido é autorizado a transferir o potencial construtivo eventualmente excedente de sua propriedade, para que outros possam usufruí-lo nos distritos onde seja possível a aplicação de tais potenciais. Os proprietários ainda podem receber benefícios fiscais, pois, com a perda ou transferência do potencial construtivo, o valor da propriedade é reduzido, levando consigo o valor dos tributos sobre a propriedade"[41].

O jurista Joaquim Castro Aguiar, Desembargador aposentado do Tribunal Regional Federal da 2ª Região, professor aposentado da Faculdade Nacional de Direito da Universidade Federal do Rio de Janeiro (UFRJ), do qual foi professor do autor em direito municipal, e romancista piauiense, sobre o direito da cidade disse que:

> "O direito urbanístico nada mais é do que o conjunto de normas jurídicas de ordenação do solo urbano. Essas normas são de direito público, porque regulam a função pública de disciplinamento dos espaços habitáveis. Como já vimos anteriormente, o regime jurídico da propriedade não está circunscrito apenas ao direito civil, envolvido que igualmente está pelo direito público. Assim, quando o Município edita normas urbanísticas, não estará adentrando no campo do direito civil, privativo da União, mas regulando os aspectos urbanísticos da propriedade"[42].

Os recursos obtidos pelo Município são aplicados exclusivamente na própria operação urbana consorciada. A partir da aprovação da lei específica, são nulas as licenças e as autorizações a cargo do Poder Público municipal expedidas em desacordo com o plano de operação urbana consorciada. A lei específica que aprovar a operação urbana consorciada prevê a emissão pelo Município de quantidade determinada de certificados de potencial adicional de construção, que são alienados em leilão ou em utilizados

41 "Outra preocupação que pode ser compartilhada em nossa experiência é a necessidade de, na instituição de tão importantes formas de intervenção na propriedade, não se deixar de convocar para as etapas de discussão todas as partes interessadas, em especial os proprietários a serem atingidos. A partir dessas cautelas, o Plano de Chicago estabeleceu a noção de um municipal de potencial construtivo (*municipal development rights bank*), visando assegurar a preservação dos edifícios de valor histórico com um mínimo de custo. Assim, os órgãos locais (*city councils*) incumbidos da organização das regras do *space adrift* começaram estabelecendo um ou mais distritos de transferência de potencial construtivo, que deveriam coincidir com as áreas onde os *landmarks* estariam concentrados" (ALOCHIO, Luiz Henrique Antunes. **O Direito do Urbanismo e a Transferência do Direito de Construir: requisitos de limitação nas leis locais.** *In*: **Revista de Direito Administrativo**. Rio de Janeiro: FGV Direito Rio, 2008, p. 126).

42 CASTRO AGUIAR, Joaquim. **Direito da Cidade**. Rio de Janeiro: Renovar, 1996, p. 29.

diretamente no pagamento das obras necessárias à própria operação. Os certificados de potencial adicional de construção podem ser livremente negociados, mas conversíveis em direito de construir unicamente na área objeto da operação. Apresentado pedido de licença para construir, o certificado de potencial adicional utiliza-se no pagamento da área de construção que supere os padrões estabelecidos pela legislação de uso e ocupação do solo, até o limite fixado pela lei específica que aprovar a operação urbana consorciada.

A Lei Federal nº 13.465, de 11.07.2017, criou o direito real de laje, que dá ao sujeito propriedade restrita à construção. Anteriormente, quando se fazia a regularização fundiária de um lote no qual havia mais de uma unidade, era obrigatória a criação de um condomínio civil. O problema era que para alienar o imóvel, fazia-se necessária a autorização de todas as famílias dos condôminos para alienar. A grande vantagem da Lei da Laje é que cada família pode alienar o seu imóvel, independente do interesse das outras famílias. A nova legislação também não faz distinção quanto ao uso que deve ser dado ao imóvel, se comercial ou residencial ou limite de andares. Entretanto, esse tipo de construção deve ser avaliado em termos de segurança. Caso haja despesas ou reparações na estrutura, esses valores devem ser rateados entre os interessados.

24.7. Política Agrícola Brasileira

A política agrícola, prevista no art. 187, da Constituição de 1988, prevê que seja planejada e executada a mesma através de lei formal. Esta necessita de participação efetiva do setor de produção, envolvendo os produtores e os trabalhadores rurais, bem como dos setores de comercialização, de armazenamento e de transportes. A política agrícola deve contar, ainda, com os instrumentos creditícios e fiscais: a) os preços compatíveis com os custos de produção e a garantia de comercialização; b) o incentivo à pesquisa e à tecnologia; c) a assistência técnica e a extensão rural; d) o seguro agrícola; e) o cooperativismo; f) a eletrificação rural e a irrigação; g) a habitação para o trabalhador rural.

Em primeiro lugar, devem ser assegurados os instrumentos creditícios e fiscais. Na realidade, para estimular a atividade precisa haver uma política de preços mínimos e, ainda, de subsídios, como todos os países praticam, em especial do Primeiro Mundo. Pode, também, o imposto sobre a propriedade territorial rural servir como instrumento de estímulo à política agrícola, favorecendo as propriedades produtivas. As operações bancárias rurais devem ser feitas, também, com juros subsidiados, para que tenha retorno o empreendimento agrícola. Em segundo lugar, devem ser assegurados preços compatíveis com os custos de produção, bem como a garantia de comercialização da produção rural. Deve haver, então, uma política de preços mínimos justos, para que se assegure a lucratividade do setor, bem como haja estímulo a novos investimentos. Em terceiro lugar, necessária se faz a criação de incentivo à pesquisa e à tecnologia. A produção rural, seja agrária ou pecuária, deve se basear na realização da pesquisa e no uso da tecnologia.

No mesmo sentido, em quarto lugar, precisa ocorrer a assistência técnica e extensão rural, bem como a orientação para os mercados estrangeiros e a cotação dos bens produzidos, inclusive com as perspectivas futuras. Em quinto lugar, existe a necessidade do seguro agrícola, que pode assegurar tranquilidade para o produtor rural. Em sexto lugar, deve ser incentivado o cooperativismo, em que a cooperativa é uma pessoa jurídica formada pela sociedade de pessoas, visando proporcionar bens ou serviços a seus integrantes, associados para um determinado fim. Cada associado tem direito a seu voto, sem haver quotas de participação. Trata-se de um sistema democrático de decisão e que demonstra ser uma saída para os pequenos e os médios produtores rurais. Em sétimo lugar, a eletrificação rural e a irrigação para os produtores rurais são fundamentais para o desenvolvimento e a expansão da produção agrária. Em oitavo lugar, por fim, deve haver habitação para o trabalhador rural, para viver com dignidade e, não, em casas de taipa e palha.

Dispõe o § 1º do art. 187, da Constituição Federal, que precisam ser incluídas no planejamento agrícola as atividades agro-industriais, agropecuárias, pesqueiras e florestais. Por outro lado, no parágrafo seguinte prevê que deva haver a compatibilização das ações de política agrícola e de reforma agrária[43]. Não podem ser empreendimentos desconexos, mas integrados, porque a reforma agrária, além de um problema social, deve também resolver o problema econômico, da produtividade do produtor não proprietário.

Trata o art. 188, da Constituição de 1988, da destinação de terras públicas devolutas, que deve ser compatibilizada com a política agrícola e com o plano nacional de reforma agrária. As terras devolutas da União são as indispensáveis à defesa das fronteiras, das fortificações e das construções militares, das vias federais de comunicação e à preservação ambiental. As terras devolutas são as que pertencem ao domínio público de qualquer pessoa jurídica de direito público, não se achando utilizadas pela Administração Direta ou Indireta, nem destinadas a qualquer fim administrativo. Toda terra

43 BANDEIRA DE MELLO, Celso Antônio. **Reforma Agrária – Desapropriação.** *In*: **Revista de Direito Público.** São Paulo: Revista dos Tribunais, jul.-set./1986, nº 79/85, e **Doutrinas Essenciais: Direito Constitucional (Edições Especiais Revista dos Tribunais: 100 Anos)**. 2ª tir. São Paulo: Revista dos Tribunais, 2013, vol. VI, p. 911.

sem título de propriedade particular é terra pública. A Lei Federal nº 6.383, de 07.12.1976, regula a questão das terras públicas, através da chamada ação discriminatória, que se inicia com o chamamento dos interessados para exibir o título de propriedade e termina com o julgamento do domínio e a subsequente demarcação.

O § 1º do art. 188 dispõe que a alienação ou a concessão, a qualquer título, de terras públicas com área superior a dois mil e quinhentos hectares a pessoa física ou jurídica, ainda que por interposta pessoa, depende de prévia aprovação do Congresso Nacional. A matéria está prevista, ainda, no art. 49, XVII, da Constituição de 1988, como a competência privativa do legislativo federal. No parágrafo seguinte, encontra-se fixado que se excetuam desta disposição as alienações ou as concessões de terras públicas para fins de reforma agrária. A alienação de bens públicos é a forma pela qual a Administração transfere a propriedade de seus bens, podendo ser aplicada de diversas formas, desde que atenda às exigências administrativas e ao interesse público. De modo geral, precisa haver uma autorização legal, avaliação prévia e licitação do bem alienado ou concedido.

A Lei Federal nº 13.465, de 11.07.2017, dispôs sobre a regularização fundiária rural e urbana, sobre a liquidação de créditos concedidos aos assentados da reforma agrária e sobre a regularização fundiária no âmbito da Amazônia Legal e, ainda, instituiu mecanismos para aprimorar a eficiência dos procedimentos de alienação de imóveis da União.

24.8. Sistema Financeiro Nacional

O Sistema Financeiro Nacional é o modelo pelo qual estão organizados os bancos, os públicos e os privados, bem como os nacionais e os estrangeiros[44]. No Brasil, houve uma longa história, que se iniciou no princípio do século XIX e só se completou em meados do século seguinte. Os bancos existiam, desde então, mas não se podia falar de sistema orgânico e estru-

44 "Uma conceituação bastante abrangente de sistema financeiro poderia ser a de um conjunto de instituições que se dedicam, de alguma forma, ao trabalho de propiciar condições satisfatórias para a manutenção de um fluxo de recursos entre poupadores e investidores. O mercado financeiro – onde se processam essas transações – permite que um agente econômico qualquer (um indivíduo ou empresa), sem perspectivas de aplicação, em algum empreendimento próprio, da poupança que é capaz de gerar, seja colocado em contato com outro, cujas perspectivas de investimento superam as respectivas disponibilidades de poupança" (FORTUNA, Eduardo. **Mercado Financeiro: produtos e serviços.** 13ª ed. Rio de Janeiro: Qualitymark, 1999, p. 12).

turado. Não obstante, com a Lei Federal nº 4.595, de 31.12.1964, passou o Brasil a contar efetivamente com um sistema financeiro estruturado[45].

A primeira instituição financeira nacional, o Banco do Brasil, foi criada pelo Poder Público, no caso a Coroa Portuguesa, através do Alvará Régio de 22.10.1808, tendo o mesmo iniciado suas atividades no ano seguinte. Todavia, em razão dos gastos com o processo de negociação do reconhecimento da Independência, em 1824, com a Metrópole, o banco acabou falindo, em 1829. Não obteve êxito a nova tentativa de recriá-lo, com a Lei Imperial nº 59, de 08.10.1833, cessando então a intervenção pública para a criação de instituições financeiras, no Brasil, no século XIX.

A iniciativa privada tomou a dianteira do processo e, com a fundação do Banco Comercial do Rio de Janeiro, em 1842, e do Banco Comercial da Bahia, em 1848, foram vários outros bancos fundados nas Províncias do Maranhão e do Pará, dentre outras. Depois, o Conselho de Estado fixou a Resolução nº 172, de 03.01.1849, sujeitando à autorização governamental o funcionamento dos bancos. Em 1850, veio o Código Comercial, com algumas disposições sobre a matéria, bem como o Regulamento nº 737, de 25.11.1850, que incluiu as atividades de câmbio e de corretagem nas operações de banco[46]. O setor privado partiu, então, para a criação do novo Banco do Brasil, fundado pelo Visconde de Mauá, em 1852, depois ampliado, com a fusão com o Banco Comercial do Rio de Janeiro, em 1853.

A primeira crise bancária brasileira ocorreu, em 1858, provocando difícil situação financeira e afetando também o setor comercial. Foi decretada, por conseguinte, a Lei Imperial nº 1.083, de 22.08.1860, a primeira especificamente de direito bancário, submetendo os bancos de emissão ao Poder Público. O Decreto Imperial nº 2.711, de 19.12.1860, regulamentou esta lei, estabelecendo que a organização ou a incorporação de qualquer banco, no Brasil, dependia de uma autorização pública. Ampliando o poder estatal, o Decreto Imperial nº 3.308, de 17.09.1864, fixou a necessidade de uma legislação especial para dispor sobre a falência das empresas bancárias, no período da moratória instituído pelo dispositivo. Em seguida, veio

---

45 Ver: WALD, Arnoldo. **Poder Monetário: aspectos constitucionais.** *In*: **Revista de Direito Público**. São Paulo: Revista dos Tribunais, jul.-set./1990, nº 95/19, e **Doutrinas Essenciais: Direito Constitucional (Edições Especiais Revista dos Tribunais: 100 Anos)**. 2ª tir. São Paulo: Revista dos Tribunais, 2013, vol. VI, p. 239.

46 "O Código Comercial de 1850 foi bastante lacônico quanto aos estabelecimentos de crédito, dedicando-lhe apenas dois artigos. Depois desse diploma, no entanto, o Brasil teve farta legislação sobre a matéria bancária, a começar pelo Decreto nº 737, de 25 de novembro de 1850, que incluiu entre os atos de comércio as operações de Banco, câmbio e de corretagem" (COVELLO, Sérgio Carlos. **Contratos Bancários.** 2ª ed. São Paulo: Revista dos Tribunais, 2000, p. 28).

o Decreto Imperial nº 3.309, de 20.09.1864, que estabeleceu as normas especiais de liquidação forçada, decretada por decisão judicial quanto às empresas bancárias[47].

Apesar da especialização da falência bancária, obtida com o regime acima, o Decreto Federal nº 2.024, de 17.09.1908, fixou o processo de falência, como um todo, sem qualquer tratamento especial para as instituições financeiras. Depois, veio o Decreto Federal nº 14.728, de 16.03.1921, que estabeleceu o regime intervencionista, no Brasil, disciplinando a autorização do Poder Público, para as empresas bancárias nacionais e estrangeiras. Foi disposto, ainda, exigência sobre o capital para o funcionamento da instituição, a possibilidade de cassação da referida autorização e os procedimentos de fiscalização do mercado financeiro. Para as atribuições acima, foi criada a Inspetoria Geral de Bancos (IGB), para o controle do mercado monetário da época.

Veio, então, o Decreto Federal nº 19.479, de 12.12.1930, que estabeleceu o regime de liquidação extrajudicial, para as instituições financeiras. A matéria foi, então, disciplinada pelo Decreto Federal nº 19.634, de 28.01.1931. Por sua vez, o Decreto-lei nº 6.419, de 13.04.1944, determinou que o Poder Público poderia intervir na administração das empresas bancárias, desde que fosse inconveniente a liquidação judicial das garantias dos seus contratos. Foi estabelecida, em seguida, a Superintendência da Moeda e do Crédito (Sumoc), em substituição à Inspetoria Geral de Bancos (IGB), através do Decreto-lei nº 7.923, de 02.02.1945, e do Decreto-lei nº 9.140, de 05.04.1945. Tinha a função de conceder a autorização de funcionamento dos bancos, fiscalizá-los e decretar-lhes a liquidação extrajudicial. Depois, com o Decreto-lei nº 9.228, de 03.05.1946, e o Decreto-lei nº 9.346, de 10.06.1946, de uma vez por toda, foi separado o regime da falência, das empresas em geral, do regime da liquidação extrajudicial dos bancos.

Deve-se observar que a Lei da Reforma Bancária, Lei Federal nº 4.595, de 31.12.1964, ocorreu, em meio a diversas reformas empreendidas pelo Governo Militar, instaurado neste ano. Em razão dos problemas da inflação brasileira, que já superava os doze por cento previstos na Lei de Usura, Decreto Federal nº 22.626, de 07.04.1933, ocorreram os conflitos, inclusive deixando-se de recolher os tributos. Foi instituída, em decorrência, a Lei da Correção Monetária, Lei Federal nº 4.357, de 31.12.1964, criando os títulos

47 "Este regime especial para as empresas bancárias deveu-se às influências cruciais que a falência destas entidades poderia acarretar para a ordem econômica e pública da nação" (TZIRULNIK, Luiz. **Intervenção e Liquidação Extrajudicial das Instituições Financeiras.** São Paulo: Revista dos Tribunais, 2000, p. 21).

públicos federais, com a cláusula de correção monetária, o título público Obrigações Reajustáveis do Tesouro Nacional (ORTN).

Como a forma de estimular a massa de trabalhadores sem qualificação profissional, bem como a forma de assegurar o direito à moradia, foi criado o Plano Nacional de Habitação, através da Lei Federal nº 4.380, de 31.08.1964. Foi instituído o Banco Nacional da Habitação (BNH), órgão gestor do Sistema Brasileiro de Poupança e Empréstimo (SBPE). Este destinava-se à construção de casas populares e de obras de infraestrutura urbana, com uma moeda própria, a Unidade Padrão de Capital (UPC), atuando através de seus próprios instrumentos de captação de recursos – letras hipotecárias, letras imobiliárias e cadernetas de poupança. Depois, estes recursos foram aumentados pelo Fundo de Garantia por Tempo de Serviço (FGTS). Houve, ainda, em razão da necessidade de popularizar o investimento de ações, a Lei do Mercado de Capitais, Lei Federal nº 4.728, de 14.07.1965, fixando as normas e os regulamentos básicos para a estruturação do sistema de mercado de capitais.

Na década seguinte, surgiu a Lei Federal nº 6.385, de 07.12.1976, destinada a fiscalizar o mercado de capitais, sendo criada a Comissão de Valores Imobiliários (CVM), transferindo do Banco Central do Brasil a responsabilidade pela regulamentação e pela fiscalização das atividades relacionadas ao referido mercado. Por fim, deve-se registrar a Lei das Sociedades Anônimas, Lei Federal nº 6.404, de 15.12.1976, que veio em razão da necessidade de atualizar a legislação referente às sociedades anônimas, quanto à forma de constituição, à composição acionária, à estrutura de demonstração financeira, às obrigações societárias, aos direitos e às obrigações de acionistas, bem como aos órgãos estatutários e legais.

A Lei Federal nº 4.595, de 31.12.1964, reorganizou o Sistema Financeiro Nacional, dando-lhe uma nova organização, com o nome de Lei da Reforma Bancária. O sistema foi estruturado com diversas instituições financeiras, tanto públicas, como privadas. Instituiu-se como órgão máximo o Conselho Monetário Nacional e, como o executor da política financeira, o Banco Central do Brasil. Pelo art. 2º, da referida lei, foi extinto o Conselho da Superintendência da Moeda e do Crédito e criado, em substituição, o Conselho Monetário Nacional, com a finalidade de formular a política da moeda e do crédito como previsto na legislação, objetivando o progresso econômico e financeiro do Brasil.

Por outro lado, de acordo com o art. 8º, da lei acima, a Superintendência da Moeda e do Crédito (Sumoc) foi transformada em autarquia federal, tendo sede e foro na Capital da República, sob a denominação inicial de Banco Central da República do Brasil, com personalidade jurídica e patrimônio próprio este constituído dos bens, direitos e valores que lhe foram transferidos e ainda da apropriação dos juros e rendas específicas da legislação anterior.

Foi, ainda, expressamente revogado o Decreto-lei nº 8.495, de 28.12.1945. Depois, o nome passou a Banco Central do Brasil (Bacen).

A Lei Federal nº 4.595, de 31.12.1964, apesar de ter reorganizado o sistema bancário brasileiro, dando-lhe nova estrutura, não foi feliz no conceito sobre bancos, tendo sido considerado insuficiente. Dispunha a lei que:

> "Art. 17. Consideram-se instituições financeiras, para os efeitos da legislação em vigor, as pessoas jurídicas públicas ou privadas, que tenham como atividade principal ou acessória a coleta, intermediação ou aplicação de recursos financeiros próprios ou de terceiros, em moeda nacional ou estrangeira, e a custódia de valor de propriedade de terceiros. Parágrafo único. Para os efeitos desta lei e da legislação em vigor, equiparam-se às instituições financeiras as pessoas físicas que exerçam quaisquer das atividades referidas neste artigo, de forma permanente ou eventual".

Todavia, veio novo dispositivo disciplinando o conceito de instituição financeira. A Lei Federal nº 7.492, de 16.06.1986, em seu art. 1º, definiu as instituições financeiras como "as empresas que desempenham, no mercado, as funções de intermediários entre os que têm recursos ou economia disponíveis e os que necessitam de financiamento para seus gastos de consumo ou de investimento". Previu, ainda, no seu **parágrafo único**, que se equiparam às instituições financeiras,

> "Art. 1º ....
> I – a pessoa jurídica que capte ou administre seguros, câmbio, consórcio, capitalização ou qualquer tipo de poupança, ou recursos de terceiros; II – a pessoa natural que exerça quaisquer das atividades referidas neste artigo, ainda que de forma eventual".

De acordo com o art. 1º, da Lei Federal nº 4.595, de 31.12.1964, o Sistema Financeiro Nacional constitui-se do "I - do Conselho Monetário Nacional; II - do Banco Central do Brasil; III - do Banco do Brasil S/A; IV - do Banco Nacional do Desenvolvimento Econômico; V - das demais instituições financeiras públicas e privadas". Inicialmente, o Conselho Monetário Nacional tem a finalidade de formular a política financeira nacional, sendo sua instituição mais importante. Cabe ao Banco Central do Brasil a função de ser o órgão executivo, normativo e fiscal do Sistema Financeiro Nacional, encarregado de cumprir e fazer cumprir as resoluções do referido Conselho. Este teve várias das atribuições do Banco do Brasil S.A., que foi conservado como agente financeiro do Tesouro Nacional.

Por outro lado, o Banco Nacional de Desenvolvimento Econômico e Social (BNDES) destinou-se a atuar como o agente do Governo nas operações financeiras ligadas ao fomento da economia nacional. Inclusive, o Supremo Tribunal Federal, no MS 33340/DF, tendo por Relator o Ministro Luiz Fux, entendeu que o Banco Nacional do Desenvolvimento Econômico e Social (BNDES) deve fornecer ao Tribunal de Contas da União documentos sobre os financiamentos concedidos[48]. Estavam previstas, ainda, as instituições financeiras públicas, como os bancos federais, entre eles o Banco do Nordeste do Brasil S.A. (BNB), os bancos estaduais e, também, a Caixa Econômica Federal (CEF) e suas congêneres estaduais. Por fim, existiam as instituições financeiras privadas, como os bancos privados e as demais instituições do mercado financeiro.

A Constituição de 1988 trouxe diversas matérias sobre o sistema financeiro, sem que houvesse tal precedente anteriormente. Na competência legislativa do art. 48, foi atribuída ao Congresso Nacional a competência com a sanção do Presidente da República, para dispor sobre "XIV – matéria financeira, cambial e monetária, instituições financeiras e suas operações; XV – moeda, seus limites de emissão, e montante da dívida mobiliária federal". Trata-se de atribuição federal a matéria, dado o caráter nacional que a função financeira assume, exigindo uma uniformização no Brasil[49].

48 "**BNDES é obrigado a fornecer ao TCU documentos sobre financiamentos concedidos.** O BNDES celebrou um contrato de financiamento com um grande grupo empresarial de carnes bovinas. A Comissão de Controle Externo da Câmara dos Deputados solicitou ao TCU que realizasse auditoria neste contrato. O TCU instaurou o procedimento e determinou ao BNDES que enviasse os documentos relacionados com a operação. O BNDES impetrou mandado de segurança no STF contra o TCU pedindo para não ser obrigado a fornecer as informações solicitadas, sob o fundamento de que isso violaria o sigilo bancário e empresarial da empresa que recebeu o financiamento. O STF concordou com as razões invocadas no MS? NÃO. O STF denegou (indeferiu) o mandado de segurança impetrado e determinou que o BNDES enviasse as informações. **O envio de informações ao TCU relativas a operações de crédito originárias de recursos públicos não é coberto pelo sigilo bancário. O acesso a tais dados é imprescindível à atuação do TCU na fiscalização das atividades do BNDES. O STF possui precedentes no sentido de que o TCU não detém legitimidade para requisitar diretamente informações que importem quebra de sigilo bancário.** No entanto, a Corte reputou que a situação acima relatada seria diferente dos demais precedentes do Tribunal, já que se trata de informações do próprio BNDES em um procedimento de controle legislativo financeiro de entidades federais por iniciativa do Parlamento. STF. 1ª Turma. MS 33340/DF, Rel. Min. Luiz Fux, julgado em 26/5/2015 (Info 787)" (ABNC).

49 "Cabe ao Congresso Nacional, com a sanção presidencial, dispor sobre a moeda, bem como sobre os limites de sua emissão. A ampliação exagerada da moeda, com sua excessiva emissão, aumenta o meio circulante, deprecia o valor da moeda e é causa importante, embora não única, da inflação. A inflação é o aumento dos preços, provocado em parte pela ampliação do meio circulante e emissão exagerada da moeda. Cabe agora ao Congresso Nacional estabelecer os limites da emissão, para saber quantos cruzeiros já foram emitidos. Ao Congresso Nacional também compete fixar o montante da dívida mobiliária federal. Ele realmente pode saber a profundidade de sua extensão, concordando com ela, delimitando-a ou corrigindo-a" (PINTO FERREIRA. **Comentários à Constituição Brasileira: arts. 22 a 53**. São Paulo: Saraiva, 2º vol., 1990, p. 546).

Foi atribuída ao Senado Federal, ainda, no art. 52, do texto constitucional, competência privativa para: "V – autorizar operações externas de natureza financeira, de interesse da União, dos Estados, do Distrito Federal, dos Territórios e dos Municípios; VI – fixar, por proposta do Presidente da República, limites globais para o montante da dívida consolidada da União, dos Estados, do Distrito Federal e dos Municípios; VII – dispor sobre limites globais e condições para as operações de crédito externo e interno da União, dos Estados, do Distrito Federal e dos Municípios, de suas autarquias e demais entidades controlada pelo poder público federal; VIII – dispor sobre limites e condições para a concessão de garantia da União em operações de crédito externo e interno; IX – estabelecer limites globais e condições para o montante da dívida mobiliária dos Estados, do Distrito Federal e dos Municípios". O Senado Federal, como órgão que representa a Federação Brasileira, tem a responsabilidade para dispor sobre as questões relativas a crédito e a dívida da União, dos Estados-membros, do Distrito Federal e dos Municípios. Trata-se do órgão representativo das entidades federativas e tem responsabilidade sobre as matérias a elas afeitas, inclusive de controle do endividamento que afete suas receitas, pois tal situação pode afetar todo o Brasil.

A Constituição de 1988 tratou, ainda, do Banco Central do Brasil, em seu art. 52, III, "d", e no art. 84, XIV, que dispõe sobre o processo de nomeação do Presidente e dos Diretores deste banco. Em seguida, este banco e suas competências foram objetos do art. 164. Por outro lado, tratou-se das "instituições financeiras de caráter regional", a quem cabe três por cento do produto dos impostos de renda e proventos de qualquer natureza e sobre produtos industrializados, no art. 159, I, "c". Estes foram também tratados no art. 34, § 10 e seus incisos, do Ato das Disposições Constitucionais Transitórias (ADCT). Existe, ainda, referência a incidência de correção monetária desde o vencimento, até seu efetivo pagamento, dos créditos junto a entidades submetidas aos regimes de intervenção ou liquidação extrajudicial, no art. 46, do ADCT. Por fim, foi tratada a liquidação de débitos, inclusive suas renegociações e composições posteriores, ainda que ajuizadas, decorrentes de quaisquer empréstimos concedidos por bancos e por instituições financeiras, não devendo existir correção monetária, desde que o empréstimo tenha sido concedido, no § 3º, do art. 47, do ADCT, para contratos formulados antes da Constituição de 1988.

O Sistema Financeiro Nacional é a forma pela qual sistematizou-se as instituições financeiras, ou públicas e privadas, ou fiscalizantes e fiscalizadas. A Constituição de 1988, com seu art. 192, e o Capítulo IV, Do Sistema Financeiro Nacional, do Título VII, Da Ordem Econômica, deu nova dimensão ao mercado financeiro e, inclusive, entrou no difícil tema da taxa de juros, no § 3º deste artigo[50]. Talvez esta ousadia tenha sido seu mal, pois jamais foi respeitado este princípio claro de aplicabilidade, pois taxa de juros reais nada mais é do que o próprio nome diz, o que se cobra de juros, sem a inflação e outras incidências. O Legislativo e o Supremo Tribunal Federal foram contra o interesse da sociedade em prol dos interesses particulares dos banqueiros privados.

O Sistema Financeiro Nacional constitui-se, desse modo, do Conselho Monetário Nacional, do Banco Central do Brasil, do Banco do Brasil S.A., do Banco Nacional do Desenvolvimento Econômico e Social (BNDES) e das demais instituições financeiras públicas e privadas, inclusive empresas financeiras que não sejam bancos. O Conselho Monetário Nacional (CMN) surgiu, como já foi dito, do antigo Conselho da Superintendência da Moeda e do Crédito (Sumoc), através do art. 1º, da Lei Federal nº 4.595, de 31.12.1964. Cabe-lhe, pela Lei da Reforma Bancária, dentre suas várias funções, a formulação das políticas da moeda, do crédito, orçamentária e fiscal. Por outro lado, controla o volume dos meios de pagamento e coordena a dívida pública interna e externa. Tem como atividade, também, a regulação do valor interno e externo da moeda, bem como o equilíbrio no balanço de pagamento do País. Pode, ainda, direcionar a aplicação das disponibilidades das instituições financeiras públicas e privadas pelas diferentes regiões geo-econômicas. Deve, ainda, aperfeiçoar o sistema de pagamentos e de mobilização de recursos, zelando pela solvência e liquidez dos bancos.

A política do Conselho Monetário Nacional encontra-se previsto no art. 3º, da Lei Federal nº 4.595, de 31.12.1964, e objetiva o seguinte:

> "Art. 3º ....
>
> I - Adaptar o volume dos meios de pagamento às reais necessidades da economia nacional e seu processo de desenvolvimento; II - Regular o valor interno da moeda, para tanto prevenindo ou corrigindo os surtos inflacionários ou deflacionários de origem interna ou externa, as depressões econômicas e outros desequilíbrios oriundos de fenômenos conjunto; III - Regular o valor externo da moeda e o equilíbrio no balanço de pagamento do País, tendo em vista a melhor utilização dos recursos em moeda estrangeira; IV - Orientar a aplicação dos recursos das instituições financeiras, quer públicas, quer privadas, tendo em vista propiciar, nas diferentes regiões do País, condições favoráveis ao desenvolvimento harmônico da economia nacional; V - Propiciar o aperfeiçoamento das instituições e dos instrumentos financeiros, com vistas à maior eficiência do sistema de pagamentos e de mobilização de recursos; VI - Zelar pela liquidez

50 Súmula Vinculante 7, de 11.06.2008: "A norma do § 3º do artigo 192 da Constituição, revogada pela Emenda Constitucional nº 40/2003, que limitava a taxa de juros reais a 12% ao ano, tinha sua aplicação condicionada à edição de lei complementar".

> e solvência das instituições financeiras; VII - Coordenar as políticas monetária, creditícia, orçamentária, fiscal e da dívida pública, interna e externa".

Compete ao Conselho Monetário Nacional, também, a relevante função de autorizar a emissão de papel-moeda, ouvido o Congresso Nacional, dispositivo também previsto no art. 48, XIV, da Constituição de 1988, assim como aprovar o orçamento monetário e decidir pelas características do dinheiro. É sua atribuição instituir as diretrizes e as normas sobre o câmbio, o ouro e os direitos especiais de saque em moeda estrangeira, bem como regular a instituição, o funcionamento e a fiscalização das instituições do gênero. Tem competência, ainda, para limitar a remuneração dos serviços financeiros e bancários, estabelecendo taxas diferenciadas a setores, ramos ou regiões e segundo finalidades. Deve estipular os índices de encaixe, mobilizações e outras relações patrimoniais para segurança operacional, para manutenção da liquidez do sistema e sustentação da dívida pública e disciplinar as atividades das bolsas de valores e corretores de fundos públicos.

24.9. Banco Central do Brasil

O banco central é a instituição financeira governamental, que funciona como se fosse o banco dos bancos e, também, o banco do Governo. Ele destina-se a garantir a estabilidade da moeda nacional e o controle do crédito do país. Desde o fim do século XIX, passou a ter o monopólio da emissão de papel-moeda, além de exercer a fiscalização e controlar os outros bancos e também o câmbio e o fluxo de dinheiro estrangeiro e de metais preciosos. A origem dos bancos centrais, ou bancos emissores, nasceu da necessidade de se proporcionar ao Estado o dinheiro necessário, bem como controlar a capacidade de crédito dos bancos comerciais e industriais, em razão das medidas tomadas pelo Governo Britânico, para responder às crises financeiras do século XIX. Depois, a experiência foi repetida pelos demais países, passando a existir em todo lugar.

Os bancos centrais destinam-se, além de emissão de dinheiro, às funções de banqueiro estatal, de assessor financeiro do Governo, de guarda e custódia do ouro e das reservas internacionais e de executor da política monetária estatal. O funcionamento do sistema financeiro ocorre através das operações de redesconto, do controle da liquidez e das reservas do tesouro nacional e da fixação de teto para a concessão de crédito, dentre outras atribuições. No Brasil, desde 1964, estas atribuições são exercidas pelo Banco Central do Brasil, ao passo que são, nos Estados Unidos, pelo **Federal Reserve Bank** (FED), na Grã-Bretanha, pelo **Bank of England**, na França, pelo **Banque de France**, e, em Portugal, pelo Banco de Portugal, além de outros.

Os bancos centrais possuem cinco atividades principais: a) o controle de moedas estrangeiras; b) o controle das flutuações econômicas; c) a complementação do sistema bancário privado; d) os serviços para o governo; e) a técnica de controle de crédito. A balança comercial e a balança de pagamentos exigem o fluxo de moeda estrangeira, sendo que ambas as atividades se desenvolvem através do sistema bancário. Caso haja desequilíbrio entre o recebimento e o pagamento de divisas pode o país ingressar em forte crise econômica. Existem três formas do banco central tentar efetuar equilíbrio das referidas balanças: a) influir nos preços, ampliando o crédito para estimular as importações ou diminuindo-o para favorecer as exportações; b) interferir no câmbio, valorizando a moeda, para encarecê-la, ou desvalorizando-a, para favorecer a moeda estrangeira e estimular as vendas ao exterior; c) estabelecer o controle cambial e condicionar a dívida aos interesses nacionais.

Os bancos centrais podem, ainda, efetuar a expansão do crédito bancário para estimular os investimentos e expandir a economia. Para tanto, atuam no controle da liquidez dos bancos comerciais, inclusive através do percentual de compulsório que é o recurso retirado do mercado. Os bancos centrais trabalham, também, na complementação do sistema bancário privado, em especial diante da ausência de agências ou instituições. Estes bancos efetuam, por outro lado, serviços para o Governo, atuando como se fossem os banqueiros do Estado. Por fim, os bancos centrais regulam o crédito através das técnicas indiretas ou de mercado aberto, ou diretas, quando o mercado financeiro tem pouco desenvolvimento. No primeiro sistema, as operações de mercado aberto consistem na compra de valores pelo banco central, ou da venda de valores, aumentando ou diminuindo a liquidez dos bancos comerciais. Pelo segundo, o controle direto se dá através da obrigação dos bancos manterem em caixa uma proporção de dinheiro em relação ao montante de depósitos, deixando à disposição do banco central.

Os bancos centrais têm, ainda, o poder de regulamentar o mercado financeiro. É aceito tal poder em razão de vários aspectos: a) a responsabilidade governamental pela estabilidade e solidez do sistema financeiro; b) a responsabilidade governamental pela condução da política monetária; c) a segurança e confiança dos depositantes individuais e investidores; d) o interesse em limitar desnecessária concentração de recursos financeiros e poder econômico; e) a alocação de crédito aos vários setores econômicos; f) a autonomia nacional frente a empresas internacionais; g) o interesse histórico em preservar determinados tipos de instituições financeiras[51].

Apenas com o Decreto Federal nº 14.728, de 16.03.1921, foi estabelecido um sistema organizado de controle dos bancos, com a criação da

51 LASTRA, Rosa María. Banco Central e Regulamentação Bancária. Belo Horizonte: Del Rey, 2000, p. 66.

Inspetoria Geral dos Bancos (IGB). Por este dispositivo, somente através de autorização pública poderiam as empresas bancárias nacionais e as estrangeiras funcionarem. Foi previsto, ainda, o limite de capital dos bancos, a faculdade de ser cassada a autorização e o poder de fiscalização pública. O sistema implantado não funcionou corretamente, levando a nova mudança, com a criação da Superintendência da Moeda e do Crédito (SUMOC), através do Decreto-lei nº 7.293, de 02.02.1945, complementado pelo Decreto-lei nº 9.140, de 05.04.1945. No primeiro dispositivo estava expresso que a SUMOC veio "com o propósito de exercer o controle do mercado monetário e preparar a organização do Banco Central" e, de fato, esta instituição preparou a condição para que este banco nascesse mais na frente, tudo já mencionado.

Todavia, o sistema que foi implantado, em 1945, também não funcionou corretamente, em razão da superposição de competência entre as funções de memória, controle e fiscalização, exercidas pela SUMOC, e a função de execução das ordens do Conselho da SUMOC, que era de atribuição do Banco do Brasil S.A. Veio, então, a Lei Federal nº 4.595, de 31.12.1964, a Lei da Reforma Bancária, para disciplinar e melhor organizar a atividade financeira brasileira[52]. Foi instituído, então, o Banco Central da República do Brasil, através do art. 8º, desta lei, em que a Superintendência da Moeda e do Crédito foi transformada em autarquia federal, com sede e foro em Brasília. Depois, passou a ser chamado de Banco Central do Brasil, também já dito.

Dispôs a Lei da Reforma Bancária o seguinte:

> "Art. 8º. A atual Superintendência da Moeda e do Crédito é transformada em autarquia federal, tendo sede e foro na Capital da República, sob a denominação de Banco Central da República do Brasil, com personalidade jurídica e patrimônio próprio este constituído dos bens, direitos e valores que lhe são transferidos na forma desta Lei e ainda da apropriação dos juros e rendas resultantes, na data da vigência desta lei, do disposto no art. 9º do Decreto-Lei número 8495, de 28/12/1945, dispositivo que ora é expressamente revogado".

52 "A principal falha que se apontava no sistema da SUMOC era a da indeterminação dos limites de competência entre as funções de memória, controle e fiscalização, exercidas pela SUMOC, e a função de execução das ordens do conselho da SUMOC, que era exercia pelo Banco do Brasil. Se bem que do ponto de vista jurídico-formal a Lei da Reforma Bancária tenha definido as competências do Banco do Brasil e do Banco Central – onde o primeiro é um banco que serve à administração federal em sua função fiscal e de fomento, e o segundo em sua função de controle da moeda e do crédito – até hoje, na prática, as funções do Banco do Brasil e do Banco Central se acham superpostas" (**Banco.** *In*: SILVA, Benecdito (coord.). **Dicionário de Ciências Sociais**. 2ª ed. Rio de Janeiro: Fundação Getúlio Varga, 1987, p. 112).

Por outro lado, o Decreto-lei nº 2.376, de 25.11.1987, modificou o **parágrafo único**, do artigo acima, em que os resultados das receitas e das despesas de capital seriam apurados pelo regime de competência e transferidos para o Tesouro Nacional. A Lei Federal nº4.728, de 14.07.1965, que disciplinou o mercado de capitais, atribuiu ao Banco Central do Brasil o controle deste mercado, através dos arts. 1º e 3º. Todavia, a Lei Federal nº 6.385, de 07.12.1976, que disciplinou o mercado de valores mobiliário, instituiu a Comissão de Valores Mobiliários (CVM), dando-lhe a atribuição de fiscalizar o mercado, através dos arts. 3º e seguintes.

Compete ao Banco Central do Brasil, dentre outras atribuições, cumprir as determinações do Conselho Monetário Nacional, detalhando-lhe as diretrizes[3]. Cabe-lhe, ainda: a) emitir a moeda, quando autorizado pelo Congresso Nacional; b) prover e administrar o meio circulante; c) determinar o percentual e receber os depósitos compulsórios dos bancos; d) aplicar as penalidades às instituições financeiras; e) realizar as operações de redesconto e de empréstimo às instituições financeiras; f) autorizar o financiamento das instituições financeiras; g) representar o Governo Federal nas negociações, com os credores nacionais e estrangeiros; h) disciplinar o serviço de compensação de cheque e outros papéis; i) controlar a liquidez do Tesouro; j) promover a administração especial temporária e a liquidação extrajudicial.

Por outro lado, cabe ao Banco Central do Brasil cumprir as determinações do Conselho Monetário Nacional, formalizando e pondo em execução o detalhamento das diretrizes que lhe são impostas. Compete-lhe, exclusivamente: a) emitir a moeda, quando autorizado na forma da lei; b) prover e administrar o meio circulante; c) determinar o percentual e receber os depósitos compulsórios dos Bancos; d) realizar as operações de redesconto e empréstimo a instituições financeiras e aplicar-lhes as penalidades; e) autorizar os funcionamentos das instituições financeiras, instalação de sede e dependência, alterações físicas e jurídicas, tipo de operações, transferência de controle acionário; f) estabelecer as condições para posse e exercício de cargos da administração de instituições financeiras; g) comprar e vender os títulos públicos federais.

Tem competência, ainda, para: a) representar o Governo Federal em negociações com os credores nacionais e estrangeiros, promovendo a colocação de empréstimos e encarregando-se dos respectivos serviços da dívida; b) disciplinar os serviços de compensação de cheques e de outros papéis; c) emitir os títulos de responsabilidade própria para controlar a liquidez do Tesouro, do mercado ou dos bancos em particular; d) exercer a vigilância sobre os mercados financeiros e de capitais. Esta última competência determinou a formulação dos processos administrativos de controle do Sistema Financeiro Nacional, a administração especial temporária e a liquidação extrajudicial.

A competência da União, para emitir a moeda, de acordo com o art. 164, da Constituição de 1988, deve ser exercida exclusivamente pelo Banco Central do Brasil. Os limites de emissão da moeda e o montante da dívida mobiliária federal decorrem de que a moeda pode ser emitida com a autorização do Congresso Nacional. A Casa da Moeda é o órgão, sob o controle do Banco Central, de acordo com a Lei Federal nº 4.595, de 31.12.1964, que elabora a política de moeda e de crédito, bem como as normas gerais de direito bancário. De acordo com o § 1º do art. 164, do texto constitucional, foi vedado ao Banco Central conceder, direta ou indiretamente, empréstimos ao Tesouro Nacional e a qualquer órgão ou entidade que não seja instituição financeira. Foram delimitadas as atribuições desta instituição financeira para que, em vez de ser um banco de controle e fiscalização, tornar-se um banco de aplicação e fomento.

O Banco Central foi instituído pela Lei Federal nº 4.595, de 31.12.1964, pelo seu art. 1º, II, com a atribuição de autoridade monetária, com a competência expressa de emitir moeda. Trata-se de uma autarquia federal, que integra o Sistema Financeiro Nacional. Dispõe o § 2º do art. 164 da Constituição Federal que o Banco Central pode comprar e vender títulos de emissão do Tesouro Nacional, com o objetivo de regular a oferta de moeda ou a taxa de juros. Trata o § 3º do art. 164, do texto constitucional, de que as disponibilidades de caixa da União devem ser depositadas no Banco Central do Brasil. O Banco do Brasil S/A, também integrante do Sistema Financeiro Nacional, é a instituição com a função de receber os tributos federais, tratada na Lei Federal nº 4.595, de 31.12.1964, hoje já sem essa exclusividade. Por outro lado, as disponibilidades de caixa dos Estados-membros, do Distrito Federal, dos Municípios e dos órgãos ou entidades do Poder Público e das empresas por ele controladas devem ser depositadas em instituições financeiras oficiais[53].

24.10. Conceito e Tipos de Banco

A ideia inicial é associar instituição financeira com banco, sendo o conceito deste a questão mais relevante[54]. No direito brasileiro, a primei-

53 Ver: ATALIBA, Geraldo. **Direito Constitucional Financeiro.** *In*: **Revista de Direito Público.** São Paulo: Revista dos Tribunais, jan.-jun./1978, nº 45-46/37, e **Doutrinas Essenciais: Direito Constitucional (Edições Especiais Revista dos Tribunais: 100 Anos).** 2ª tir. São Paulo: Revista dos Tribunais, 2013, vol. VI, p. 91.

54 "Em resumo, aproveitando o denominador comum de todas essas definições, podemos conceituar o Banco como empresa que tem por escopo principal a intermediação do crédito mediante operações típicas que envolvem aqueles que dão o dinheiro e aqueles que o recebem" (COVELLO, Sérgio Carlos. **Contratos Bancários**, *op. cit.*, p. 15).

ra definição veio do Código Comercial, Lei Imperial nº 556, de 25.06.1850, no Título IV, Dos Banqueiros, na Parte Primeira, Do Comércio em Geral. Dispunha o art. 119, que eram considerados "banqueiros os comerciantes que tinha por profissão habitual do seu comércio as operações chamadas de banco". Foi estabelecido, ainda, que as regras do Código acima deveriam ser o instrumento das decisões e julgamentos das operações bancárias, quanto suas regras gerais.

Para José Xavier Carvalho de Mendonça:

> "Os bancos representam, na sociedade contemporânea, o mais poderoso elemento do crédito, formando 'o centro a que afluem as ofertas e as procuras de capital, em razão das relações e dos meios de que dispõem e da sua reconhecida capacidade e solvência'. Sob o ponto de vista econômico, são verdadeiros intermediários do crédito, recebendo, em seu nome e por conta própria e como devedores diretos, capitais de uns para, ainda em seu nome e por sua conta, e como credores diretos, darem a outros. Exercem as operações bancárias as empresas, denominadas institutos de crédito ou bancos; se exercitados por pessoas naturais, individualmente, estas se dizem banqueiros. [...] Dividem-se essas operações em ativas e passivas. Figuram entre as primeiras os empréstimos, os descontos, as antecipações, as aberturas de crédito, os créditos de firma, as operações de câmbio, etc., e entre as segundas, os depósitos pecuniários, a emissão de notas bancárias, os redescontos, etc., em todas elas se notam uma função intermediadora, realizada por meio de uma série de atos sucessivos conexos entre si, praticados por quem exerce a função de intermediário do crédito [...]. Não basta, pois, verificar se um ou outro negócio de crédito se inclui entre as operações bancárias. Se assim se apreciasse, chegaríamos à absurda conclusão de serem os empréstimos operações bancárias. O que caracteriza a verdadeira operação bancária é a organização da empresa criada especialmente para aqueles negócios"[55].

No Código Comercial de 1850, constavam ainda disposições sobre o mútuo comercial, previstos no art. 247 e seguintes, inclusive a matéria sobre os juros e o anatocismo. Foram dispostas, ainda, como as operações bancárias passivas o desconto e o contrato de abertura de crédito. Como a operação bancária passiva, o contrato de conta corrente e o depósito mercantil. Fazia parte da competência, dessa legislação, o direito comercial, conforme as disposições expressas. Em seguida, veio o Regulamento nº 737, de 25.11.1850, que passou a disciplinar o direito bancário e as atividades financeiras que existiam então, questão já abordada. Foi inovação importante, que contribuiu para o nascimento de diversos bancos regionais, que apareceram logo depois das duas legislações acima.

55 MENDONÇA, José Xavier Carvalho de. **Tratado de Direito Comercial Brasileiro.** 6ª ed. Rio de Janeiro: Freitas Bastos, 1957, vol. I, pp. 277-9.

A Lei da Reforma Bancária, Lei Federal nº 4.595, de 31.12.1964, disciplinou a matéria, no seu Capítulo IV, Das Instituições Financeiras. Dispõe o art. 17, que se consideram instituições financeiras, para os efeitos da legislação em vigor, as pessoas jurídicas públicas ou privadas, que tenham como atividade principal ou acessória a coleta, intermediação ou aplicação de recursos financeiros próprios ou de terceiros, em moeda nacional ou estrangeira, e a custódia de valor de propriedade de terceiros. A noção expressa associa a instituição financeira com banco[56]. Para os fins dessa legislação, equiparam-se às instituições financeiras as pessoas físicas que exerce qualquer das atividades referidas no artigo acima, de forma permanente ou eventual.

No § 1º, do art. 18, da lei mencionada, encontra-se nominadas inúmeras instituições financeiras. No primeiro plano, estão os estabelecimentos bancários oficiais e os privados, as sociedades de crédito, financiamento e investimento, as caixas econômicas e as cooperativas de crédito ou a seção de crédito das cooperativas que a tenham. Disciplinam-se pela matéria as bolsas de valores, as companhias de seguro e de capitalização e as sociedades que efetuam distribuição de prêmios em imóveis, em mercadorias ou em dinheiro, mediante o sorteio de títulos de sua emissão. São consideradas instituições financeiras, para os efeitos da lei, quaisquer que sejam as formas, as pessoas físicas ou jurídicas que exerçam, por contra própria ou de terceiros, as atividades relacionadas com a compra e venda de ações e de outros títulos, realizando, nos mercados financeiros e de capitais, as operações ou os serviços de natureza dos executados pelas instituições financeiras.

Foi fixado, ainda, no art. 18, que as instituições financeiras somente podem funcionar no Brasil, através de prévia autorização do Banco Central do Brasil ou decreto do Presidente da República, quando forem estrangeiras. Pelo § 2º, este banco, no exercício da fiscalização que lhe compete, regula as condições de concorrência entre as instituições financeiras, coibindo-lhe os abusos com a aplicação da pena. Dependem de prévia autorização desta instituição, pelo § 3º, do art. 18, da Lei da Reforma Bancária, as companhias dirigidas por pessoas físicas ou jurídicas acima descritas, salvo para a subscrição pública de ações.

Depois veio a Lei Federal nº 7.492, de 16.06.1986, que definiu os crimes contra o sistema financeiro nacional. Foi previsto, no seu art. 1º, que

56 "Instituição financeira, na definição do art. 17 da Lei Bancária, é a que faz da negociação de crédito sua atividade principal ou acessória" (COMPARATO, Fábio Konder. *In*: **Revista de Direito Mercantil, Industrial, Econômico Financeiro.** São Paulo: Revista dos Tribunais, nº 12, p. 95).

consideram-se instituição financeira a pessoa jurídica de direito público ou privado, que tenha como atividade principal ou acessória, cumulativamente ou não, a captação, a intermediação ou a aplicação de recursos financeiros de terceiros, em moeda nacional ou estrangeira, ou a custódia, a emissão, a distribuição, a negociação, a intermediação ou a administração de valores mobiliários. Passou a definição a ser o conceito de instituição financeira, considerado bem mais preciso do que o art. 17, **caput**, da Lei Federal nº 4.595, de 31.12.1964.

Encontra-se previsto, em seu **parágrafo único**, que se equipara à instituição financeira a pessoa jurídica que capte ou administre os seguros, o câmbio, o consórcio, a capitalização ou qualquer tipo de poupança, ou recursos de terceiros. No mesmo conceito está a pessoa natural que exerçam quaisquer das atividades referidas no **caput**, do art. 1º, da Lei dos Crimes contra o Sistema Financeiro, ainda que de forma eventual.

Para Nelson Abrão:

> "Como se vê, o dispositivo legal brasileiro equipara o gênero à espécie, não prescrevendo qualquer diferença entre instituições financeira e banco. Entretanto, mister se faz distingui-los, analisando as imprecisões conceituais do supra-referido art. 17. Em primeiro lugar, não se pode caracterizar um tipo de empresário, e a instituição financeira o é, sem sombra de dúvida, por sua atividade acessória, mas pela essencial, a menos que se considere que a segunda atividade prevista pelo dispositivo, ou seja, a custódia de valor de propriedade de terceiros possa ser a principal, o que, evidentemente, não se compadece com a função precípua dos bancos. Aliás, o preceito é repetido, com modificações e acréscimos, pela Lei Federal nº 7.492, de 16 de junho de 1986, que define os crimes contra o Sistema Financeiro Nacional, onde, no art. 1º, se prescreve que, ao lado do exercício da atividade, principal ou acessória, cumulativamente ou não, de captação, intermediação ou aplicação de recursos financeiros de terceiros (não mais se fala em próprios), a instituição financeira pode ser caracterizada pela custódia, emissão, distribuição, negociação, intermediação ou administração de valores mobiliários"[57].

Na Lei da Lavagem de Dinheiro, Lei Federal nº 9.613, de 03.03.1998, ainda que não defina instituição financeira, quando trata dos crimes de lavagem ou ocultação de bens, de direitos e de valores, no seu art. 9º, estabelece as pessoas que se sujeitam ao dispositivo legal[58]. Encontram-se sujeitas

---

57 ABRÃO, Nelson. **Direito Bancário.** 7ª ed. São Paulo: Saraiva, 2001, p. 3.

58 "Nota-se que a grande massa dos encargos são dirigidos às pessoas jurídicas ou físicas que mantenham atividades ligadas aos sistemas financeiro e econômico do País, alvo da tutela desta lei. Segue o legislador a linha adotada por outros Estados, onde prevaleceu a concepção no sentido de que a exclusão da disciplina de qualquer relevante setor da economia inevitavelmente criaria um vazio, pelo qual poderiam ser canalizadas as atividades ilícitas de *lavagem* porventura afastadas dos setores controlados

às obrigações, do art. 9º, desta legislação, as pessoas jurídicas que tenham como caráter permanente ou eventual, como atividade principal ou acessória, cumulativamente ou não:

> "Art. 9º ....
> I – a captação, intermediação e aplicação de recursos financeiros de terceiros, em moeda nacional ou estrangeira; II – a compra e venda de moeda estrangeira ou ouro como ativo financeiro ou instrumento cambial; III – a custódia, emissão, distribuição, liquidação, negociação, intermediação ou administração de títulos ou valores mobiliários. Parágrafo único. Sujeitam-se às mesmas obrigações: I – as bolsas de valores e bolsas de mercadorias ou futuros; II – as seguradoras, as corretoras de seguro e as entidades de previdência complementar ou de capitalização; III – as administradoras de cartões de credenciamento ou cartões de crédito, bem como as administradoras de consórcios para aquisição de bens ou serviços; IV – as administradoras ou empresas que se utilizem de cartão ou qualquer outro meio eletrônico, magnético ou equivalente, que permita a transferência de fundos; V – as empresas de arrendamento mercantil (**leasing**) e as de fomento comercial (**factoring**); VI – as sociedades que efetuem distribuição de dinheiro ou quaisquer bens móveis, imóveis, mercadorias, serviços, ou, ainda, concedam descontos na sua aquisição, mediante sorteio ou método assemelhado; VII – as filiais de representações de entes estrangeiros que exerça no Brasil qualquer das atividades listadas neste artigo, ainda que de forma eventual; VIII – as demais entidades cujo funcionamento depende de autorização de órgão regulador dos mercados financeiros, de câmbio, de capitais e de seguros; IX – as pessoas físicas ou jurídicas, nacionais ou estrangeiras, que operem no Brasil como agentes, dirigentes, procuradoras, comissionárias ou por qualquer forma representem interesses de ente estrangeiro que exerça qualquer das atividades referidas neste artigo; X – as pessoas jurídicas que exerçam atividades de promoção imobiliária ou compra e venda de imóveis; XI – as pessoas físicas ou jurídicas que comercializem joias, pedras e metais preciosos, objetos de arte e antiguidades".

Por outro lado, a Lei do Sigilo Bancário, Lei Complementar Federal nº 105, de 10.01.2001, no **caput** do art. 1º, vincula as instituições financeiras às operações ativas e passivas e serviços prestados, englobando as operações bancárias ativas, as passivas e as acessórias[59]. No § 1º, deste artigo,

---

com maior rigor pela lei. Chama-nos a atenção, entretanto, a inclusão das pessoas que comercializam objetos de arte e antiguidade. E tal inclusão encontra justificativa. Na verdade, descobriu-se que os criminosos passaram a *lavar* dinheiro sujo utilizando-se do expediente de leilões" (BARROS, Marco Antonio. **Lavagem de Dinheiro: implicações penais, processuais e administrativas**. São Paulo: Oliveira Mendes, 1998, p. 128).

59 "[...], o sigilo bancário é o segredo de informações em função do crédito, por um lado, e, por outro, direito fundamental à privacidade. Nada tem a ver com o sucesso da profissão do banqueiro. Ao banco, no caso, só cabe saber as informações essenciais ao serviço que prestará ao seu cliente" (QUEZADO, Paulo, e LIMA, Rogério. **Sigilo Bancário**. São Paulo: Dialética, 2002, p. 12).

encontra-se disposto que são consideradas instituições financeiras, para os efeitos desta legislação:

> "Art. 1º ....
> § 1º. ....
> I – os bancos de qualquer espécie; II – distribuidoras de valores mobiliários; III – corretoras de câmbio e de valores mobiliários; IV – sociedades de crédito, financiamento e investimentos; V – sociedades de crédito imobiliário; VI – administradoras de cartões de crédito; VII – sociedades de arrendamento mercantil; VIII – administradoras de mercado de balcão organizado; IX – cooperativas de crédito; X – associações de poupança e empréstimo; XI – bolsas de valores e mercadoria e futuros; XII – entidades de liquidação e compensação; XIII – outras sociedades que, em razão da natureza de suas operações, assim venham a ser consideradas pelo Conselho Monetário Nacional".

O conceito de instituição financeira, então, é bem amplo, envolvendo todas as pessoas jurídicas e físicas que, de alguma maneira, trabalhem no mercado financeiro. A atividade principal, sem dúvida, é dos bancos, que recebem os depósitos e efetuam os empréstimos, sendo o binômio das operações passivas e operações. Incluem-se, ainda, as operações acessórias, inclusive a custódia e outras prestações de serviços. A principal instituição financeira, não obstante, continua sendo o banco, nas suas diversas modalidades, como o banco comercial, de crédito ou múltiplo, dentre outros. As caixas econômicas também são instituições financeiras importantes. Incluem-se, ainda, os bancos postais, novidade na popularização do serviço bancário, no século XXI. No Brasil, também as agências lotéricas vinculadas aos jogos realizados pela Caixa Econômica Federal também exercem essa atividade.

Por outro lado, existem inúmeras outras instituições que operam no mercado financeiro. Podem ser indicadas, ainda, como instituições financeiras: a) as corretoras de câmbio que praticam a compra e venda de moeda estrangeira; b) as empresas que praticam a compra e venda de ouro como ativo financeiro ou instrumento cambial; c) as empresas que tratam da custódia, emissão, distribuição, liquidação, negociação, intermediação ou administração de títulos ou valores mobiliários, corretoras de valores mobiliários; d) os corretores de fundos públicos, sociedades de crédito, sociedades de financiamento; e) as sociedades de investimentos; f) as administradoras de cartões de crédito e administradoras de cartões de credenciamento; g) as administradoras de consórcios para aquisição de bens ou serviços; h) as sociedades de arrendamento mercantil ou **leasing**; i) as administradoras de mercado de balcão organizado; j) as cooperativas de crédito e seções de crédito das cooperativas de qualquer tipo; k) as associações de poupança e associações de empréstimo; l) as bolsas de valores, bolsas de mercadoria e bolsas de futuros; m) as entidades de liquidação e compensação e seguradoras; n) as entidades de previdência complementar e de assistência à saúde; o) as entidades de capitalização; p) as administradoras ou as empresas que se utilizam de cartão ou qualquer outro meio eletrônico, magnético ou equivalente, que permita a transferência de fundos; q) as empresas de fomento comercial ou **factoring**; r) as sociedades que efetuem distribuição de dinheiro ou quaisquer bens móveis, imóveis, mercadorias, serviços, ou, ainda, concedam descontos na sua aquisição, mediante sorteio ou método assemelhado; s) as filiais de representações de entes estrangeiros que exerçam no Brasil qualquer das atividades listadas, ainda que de forma eventual; t) as entidades cujo funcionamento depende de autorização de órgão regulador dos mercados financeiros, de câmbio, de capitais e de seguros; u) as pessoas físicas ou jurídicas, nacionais ou estrangeiras, que operem no Brasil como agentes, dirigentes, procuradoras, comissionarias ou por qualquer forma representem interesse de ente estrangeiro que exerçam quaisquer das atividades financeiras; w) as sociedades de crédito imobiliário; v) as pessoas jurídicas que exerçam atividades de promoção imobiliária ou compra e venda de imóveis; x) as pessoas físicas ou jurídicas que comercializem joias, pedras, metais precisos, objetos de arte e antiguidades; z) outras sociedades que, em razão da natureza de suas operações, assim venham a ser consideradas pelo Conselho Monetário Nacional.

Na Lei Federal nº 4.595, de 31.12.1964, as instituições financeiras podem ser públicas ou privadas[60]. As instituições financeiras públicas podem ser inicialmente, federais ou estaduais. As primeiras constituem-se em instituições de fomento ou instrumento de política econômica, financeira e monetária, como o Banco do Brasil S.A., o Banco Nacional de Desenvolvimento Econômico e Social (BNDES), o Banco do Nordeste do Brasil S.A., e o Banco da Amazônia S.A. Enquadram-se, ainda, neste aspecto, as caixas econômicas, tanto a instituição federal, como as poucas estaduais restantes. Os bancos estaduais, hoje, já quase não existem mais.

As instituições financeiras públicas tratam-se de órgãos auxiliares da execução da política de crédito do Governo Federal, de acordo com o art. 22, da Lei da Reforma Bancária. O Conselho Monetário Nacional deve regular as atividades, capacidade e modalidade operacional das instituições financeiras públicas federais, que devem se submeter à aprovação daquele órgão, com a prioridade por ele prescrita, seus programas de recursos e aplicações, de forma que se ajustem à política de crédito público. A escolha dos diretores ou administradores das instituições financeiras públicas federais e a nomeação dos respectivos presidentes e a designação dos substitutos precisam observar o disposto no art. 21, parágrafos 1º e 2º, da lei

60 "O que é bom para o país é esse sistema financeiro misto, composto de Bancos privados e de Bancos públicos com um Banco Central independente do Poder Executivo, [...]" (LUZ, Aramy Dornelles da. **Negócios Jurídicos Bancários: o banco múltiplos e seus contratos**. 2ª ed. São Paulo: Joarez de Oliveira, 1999, p. 4).

acima. A atuação das instituições financeiras públicas deve ser coordenada pelo citado Conselho. As instituições financeiras públicas não federais ficam sujeitas às disposições relativas às instituições financeiras privadas. Como foi dito acima, ao longo do século XXI já não mais existirão tais entidades previstas, no art. 22.

Os bancos devem ter forma de sociedade anônima e, para obter a autorização legal, dirigir-se diretamente ao Banco Central do Brasil. A autorização para funcionamento depende da integralização do capital mínimo que for fixado pelo Conselho Monetário Nacional para cada espécie de instituição, estando sujeito a sua fiscalização conforme o art. 10, VIII, da Lei da Reforma Bancária. As instituições financeiras privadas têm a obrigação de publicar com regularidade os balancetes demonstrativos da sua situação econômico-financeira. Deve manter sempre em caixa numerário entre dez a quinze por cento, de total de depósitos à prazo ou à vista, respectivamente, considerando à vista os de livre movimentação e aqueles sujeitos a prévio aviso inferiras a noventa dias. Os diretores são considerados os responsáveis solidários pelas obrigações assumidas durante a sua gestão e até que elas se cumpram, estando sujeitos à administração temporária e à liquidação extrajudicial.

As instituições financeiras podem ser banco comercial ou de depósito. Estes são os que têm como função principal receber depósitos pecuniários e realizar operações de crédito em curto prazo, como o desconto, a abertura de crédito, os empréstimos pessoais, além do câmbio manual e a prestação de serviços bancários como a intermediação nos pagamentos, as cobranças de toda espécie e a locação de cofre de segurança. De acordo com o art. 25, da Lei Federal nº 4.595, de 31.12.1964, as instituições financeiras privadas, exceto as cooperativas de crédito, devem constituir-se unicamente sob a forma de sociedade anônima, devendo a totalidade de seu capital com direito a voto ser representada por ações nominativas[61].

O banco é a mais importante espécie de instituições financeiras[62], nascendo de suas atividades iniciais a expansão do mercado financeiro. O banco moderno começou sua formação, no final da Idade Média, mas só adquiriu o caráter da instituição que domina a economia atual, no século

61 O **caput**, do art. 25, da Lei Federal nº 4.595, de 31.12.1964, teve a redação dada pela Lei Federal nº 5.710, de 07.10.1971. O texto original tinha a seguinte forma: "Art. 25. As instituições privadas, exceto as cooperativas de crédito, constituir-se-ão unicamente sob a forma de sociedade anônima, com a totalidade de seu capital representado por ações nominativas".

62 "Os bancos constituem a mais importante espécie de instituições de crédito [...]" (ATHAYDE, Augusto, e outros. **Curso de Direito Bancário**. 2ª ed. Coimbra: Coimbra, vol. 1, p. 289).

XVIII, inclusive com a criação da câmara de compensação. No século XX, os bancos tiveram um grande impulso, sendo esta a era do capitalismo financeiro. Todas as operações financeiras, hoje, são feitas no sistema financeiro, fazendo parte do cotidiano da vida das pessoas, no século XXI, por meio do **bank home** e dos aplicativos de celular.

O banco tem como operações principais o recebimento de depósitos, para o fim de emprestá-los mediante o pagamento de juros. Durante todo o seu processo de consolidação foi esta a atividade essencial do negócio bancário. Depois, as operações ativas passaram a ser exercidas através de empréstimo, de desconto, de antecipação, de abertura de crédito e das operações de crédito com garantia dos próprios bens financiados. Do mesmo modo, o depósito à vista deu ensejo à conta corrente, ao passo que o depósito a prazo gerou também o pagamento de juros, pelo tempo que o dinheiro ficar no banco.

No século XX, começaram a surgir as diversas operações oferecidas pelos bancos aos seus clientes. Por um lado, operações ativas híbridas começaram a aparecer, como o arrendamento mercantil ou **leasing**, o fomento de crédito ou **factoring** e o cartão de crédito. Por outro lado, as operações acessórias foram oferecidas ao público, encantado com as facilidades que estas permitiam. Vieram, então, a locação de caixa forte, a cobrança simples de valores, o giro financeiro e a custódia de títulos e ações, dentre outras. Por fim, surgiram novas operações não possíveis de classificação semelhante às anteriores[63]. Os bancos passaram a oferecer, assim, operações diversas das demais, como a corretagem de seguro, a previdência privada e o plano de assistência à saúde, além de uma atividade inicial dos serviços bancários, o câmbio, o que é aprofundando, no século XXI.

A distinção formal entre as várias espécies de bancos se firmou, no século XX, existindo uma nítida divisão entre as espécies de bancos. Podem se classificados do seguinte modo: a) o banco central, de emissão ou de compensação; b) o banco de investimento ou de desenvolvimento; c) o banco de poupança; d) o banco comercial; e) os bancos de crédito real, como hipotecário, industrial, comercial, rural e à exportação; f) o banco múltiplo. Agora, no século XXI, o mercado se expandiu bastante, mas ocorreram três graves crises na economia mundial e no Brasil: a) em 2001, a queda da Bolsa de Nasdaq; b) em 2007 e em 2008, a crise do **subprime**; e) em 2020 e em 2021, a crise da pandemia do novo Coronavírus (Covid-19).

---

63 COSTA, Nelson Nery. **A Banca e o Juro no Direito Brasileiro: a efetividade das normas que limitam a cobrança de juro**. Lisboa: Universidade Lusíada, 2011, p. 57.

Capítulo XXV

ORDEM SOCIAL, DISPOSIÇÕES GERAIS E TRANSITÓRIAS

Sumário: 25.1. Ordem Social no Mundo; **25.2.** Seguridade Social no Brasil; **25.3.** Sistema Único de Saúde; **25.4.** Desenvolvimento da Previdência Social; **25.5.** Previdência Social Brasileira; **25.6.** Assistência Social Brasileira; **25.7.** Aspectos da Educação Brasileira; **25.8.** Aspectos da Cultura e do Desporto; **25.9.** Ciência, Tecnologia e Comunicação Social; **25.10.** Meio Ambiente no Brasil; **25.11.** Família, Criança e Adolescente; **25.12.** Idoso, Pessoa com Deficiência e Índios; **25.13.** Disposições Gerais; **25.14.** Ato das Disposições Constitucionais Transitórias.

25.1. Ordem Social no Mundo

Depois de duas Grandes Guerras, o século XX assistiu ao mundo ser dividido em dois blocos, as nações Ocidentais, lideradas pelos Estados Unidos, e o bloco socialista, em volta da União da República Socialista Soviética (URSS). Tudo estava reduzido a esse dilema, não só político, como cultural e teórico. De um lado, valores como a democracia, o parlamento, a liberdade de imprensa e os direitos civis; do outro, a ditadura do proletariado, o soviete, o materialismo histórico e os direitos sociais. Não obstante, a polarização exigia uma lógica que ligava os dois setores, que era a sociedade industrial, sobre a qual foi se debruçar a análise de Raymond Aron[1].

A cidadania social não implicava apenas em garantir direitos aos trabalhadores no âmbito das relações laborais, sendo necessários novos direitos sociais, como à educação, à saúde, à moradia, ao lazer e ao acesso a bens culturais. Estava se desenhando o que passou a ser chamado de

---

1 "Aron (Raymond), sociólogo, filósofo e jornalista francês (Paris, 1905 – id., 1983). A permanência de Aron como agregado de Filosofia na Alemanha de Weimar marcou sua formação intelectual. Com *A sociologia alemã contemporânea*, 1933, e *Ensaio sobre a teoria da história na Alemanha contemporânea*, 1938. *Introdução à filosofia da história* (1938) trouxe à luz as ligações entre o dever histórico e a existência na história. Em *O ópio dos intelectuais* (1955) Aron procurou demonstrar o mecanismo do protesto dos intelectuais e a sua atração pelo marxismo. Retomou essa análise com *Arrazoado em prol de uma Europa decadente* (1977). Empreendeu um estudo comparado dos regimes do tipo soviético e do tipo ocidental, sob um triplo aspecto: econômico (*Dezoito lições sobre a sociedade industrial*, 1963); social (*A luta de classes*, 1964), político (*Democracia e totalitarismo*, 1965). Com *As etapas do pensamento sociológico* (1967), definiu o modo de pensar sociológico e afirmou sua continuidade, de Montesquieu a Max Weber, passando por Marx e nacionais, com *Paz e Guerra, Clausewitz* (1976). Sempre se opôs à interpretação da história segundo os marxistas. Em 1983, publicou suas *Memórias*" (**Grande Enciclopédia Larousse Cultural**, *op. cit.*, vol. II, p. 429).

Estado de Bem-Estar Social, ou **Welfare State**. O direito à previdência social passou a ser um direito essencial, no século XX e no início do século XXI nas Constituições[2]. Depois de anos de trabalho, assegurou-se aos trabalhadores o direito de receberem remuneração sem trabalharem por meio de aposentadoria.

Raymund Aron, sociólogo e jornalista francês, professor da Sorbonne, era adepto da sociologia de Max Weber[3], como demonstrou em sua **Introdução à Filosofia da História**. Colaborou no jornal **Combat**, de Albert Camus[4], e na revista **Temps Moderns**, de Jean-Paul Sartre[5]. Em 1948, aderiu

2 BANDEIRA DE MELLO, Celso Antônio. **Eficácia das Normas Constitucionais sobre Justiça Social**. *In*: **Revista de Direito Público**. São Paulo: Revista dos Tribunais, jan.--jun./1981, nº 57-58/233, e **Doutrinas Essenciais: Direito Constitucional (Edições Especiais Revista dos Tribunais: 100 Anos)**. 2ª tir. São Paulo: Revista dos Tribunais, 2013, vol. VI, p. 881.

3 "Weber (Max), economista, sociólogo e filósofo alemão (Erfurt, 1864 – Munique, 1920). Foi conselheiro da delegação alemã às conferências que levaram ao Tratado de Versalhes (1919) e integrante da comissão de peritos que redigiu a Constituição da República de Weimar (1919). Nacionalista alemão convicto, foi, no entanto, contrário ao racismo e ao imperialismo. Segundo ele, o objeto da sociologia envolve uma reconstrução do sentido subjetivo original da ação e o reconhecimento da parcialidade da visão do observador. Daí vem o nome *sociologia compreensiva*, muitas vezes dado a seu método. Negou qualquer monocausalidade dos fenômenos sociais, ressaltando o que chamou de *adequação de sentido*, isto é, a congruência da ação no âmbito de duas ou mais esferas que compõem o social. Foi isso que postulou em *A ética protestante e o espírito do capitalismo* (1905), que parte da preocupação fundamental de suas análises: a tendência à racionalização progressiva da sociedade moderna. Seu método principal consiste na elaboração de 'tipos ideais', isto é, elaboração conceitual do objeto examinado, que permitam o conhecimento dos fenômenos estudados. Realizou extensos estudos de história comparativa e foi um dos autores mais influentes no estudo do surgimento e do funcionalismo do capitalismo e da burocracia, bem como da sociologia da religião. Outras obras: *Ciências como vocação* (1919), *Política como vocação* (1919), *Estudos reunidos sobre a sociologia da religião* (1912), *Economia e sociedade* (1922), *A metodologia das ciências sociais* (1922) e *História econômica geral* (1923)" (**Grande Enciclopédia Larousse Cultural**, *op. cit.*, vol. XXIV, pp. 6004-5).

4 "Camus (Albert), escritor francês (Mondovi, Argélia, 1913 – em acidente na estrada de Villebevien, Yonne, 1960), autor de ensaios (*O mito de Sísifo*, 1942), de romances (*O estrangeiro*, 1942; *A peste*, 1947) e de peças de teatro (*Calígula*, 1945; *Os justos*, 1949). Prêmio Nobel, 1957" (KOOGAN/HOUAISS. **Enciclopédia e Dicionário Ilustrado**, *op. cit.*, p. 308).

5 "Sartre (Jean-Paul), filósofo e escritor francês (Paris, 1905 – id., 1980). Teórico do existencialismo (*O Ser e o nada*, 1943), desenvolveu suas teses em romances (*A náusea*, 1938; *Os caminhos da liberdade*), em dramas (*Portas fechadas*, 1944; *As mãos sujas*, 1948; *O diabo e o bom Deus*, 1951), em novelas (*O muro*, 1939), em ensaios (*Situações*). É também autor de uma narrativa autobiográfica (*As palavras*). Prêmio Nobel, 1964 (recusou a láurea)" (KOOGAN/HOUAISS. **Enciclopédia e Dicionário Ilustrado**, *op. cit.*, pp. 1459-60).

ao movimento degaulista, mas depois combateu Charles De Gaulle[6], defendendo a aliança da Europa Ocidental com os Estados Unidos. Dirigiu, ainda, o prestigiado jornal conservador **Le Figaro**. Atacou o marxismo em seu livro o **Ópio dos Intelectuais** e defendeu o chamado neocapitalismo americano em várias obras, como **Guerra e Paz entre as Nações, Dezoito Preleções sobre a Sociedade Industrial** e **Estudos Políticos**. Escreveu, também, a célebre obra **As Etapas do Pensamento Sociológico**. Faleceu, em 1983, ano em que publicou suas **Memórias**. Foi o mais importante pensador liberal do século XX, que acreditava na força da democracia como instrumento de garantia do cidadão e da regulação do Capitalismo.

Por outro lado, desde a Década de Trinta, do século passado, certo número de filósofos alemães, que emigraram no momento da instauração do nazismo, agrupados na chamada Escola de Frankfurt[7]. Eram amplamente inspirados no pensamento de Friedrich Hegel[8] e do marxismo, questio-

---

6 "Gaulle (Charles De). General e estadista francês (Lille, 1890 – Colombey-les-Deux-Églises, 1970). Encabeçou em Londres, por ocasião do armistício de 1940, a resistência francesa contra a Alemanha. [...]" (KOOGAN/HOUAISS. **Enciclopédia e Dicionário Ilustrado**, *op. cit.*, p. 741).

7 "**Escola de Frankfurt.** A gênese da Escola de Frankfurt, na Alemanha das décadas de 1920 a 1930, é inseparável do debate sobre o que constitui o marxismo ou sobre o alcance e o significado de uma teoria concebida com uma intenção prática: a crítica e a subversão da dominação em todas as suas formas. Para compreender os eixos em torno dos quais se desenvolveu o pensamento da Escola de Frankfurt, é essencial apreciarmos os turbulentos acontecimentos que constituíram o seu contexto: a derrota dos movimentos proletários de esquerda na Europa Ocidental após a Primeira Guerra Mundial, o colapso dos partidos de massa de esquerda na Alemanha, que se transformaram em movimentos ou reformistas ou dominados por Moscou, a degeneração da Revolução Russa com o STALINISMO e a ascensão do FASCISMO e do nazismo. Esses acontecimentos suscitaram questões fundamentais para aqueles que se inspiraram no marxismo, mas estavam dispostos a reconhecer como eram enganosas e perigosas as concepções dos que sustentavam que o socialismo era uma tendência inevitável do desenvolvimento da história ou que a ação social 'correta' resultaria automaticamente da promulgação da linha partidária 'correta'. A Escola de Frankfurt pode ser associada diretamente a um radicalismo antibolchevique e a um marxismo aberto ou crítico. Hostis ao capitalismo como ao socialismo soviético, seus escritos procuraram manter viva a possibilidade de um caminho alternativo para a evolução da sociedade, e muitos dos que se engajaram na Nova Esquerda nas décadas de 1960 e 1970 viram no trabalho teórico desenvolvido pelos pensadores da Escola de Frankfurt uma intrigante e estimulante interpretação da teoria marxista, em que se destaca a valorização de questões e problemas (autoritarismo e burocracia, por exemplo) raramente tematizados por versões mais ortodoxas do marxismo" (HELD, David. **Escola de Frankfurt.** *In:* BOTTOMORE, Tom (ed.). **Dicionário do Pensamento Marxista**. Rio de Janeiro: Jorge Zahar Editor, 1988, pp. 127-8).

8 "Hegel (George Withelm Friedrich), filósofo alemão (Stuttgart, 1770 – Berlim, 1831). Ensinou em Tübingen e, depois de 1800, em Iena, onde reencontrou Schelling, com

nando com um vigor e uma profundidade jamais desmentidos da política tradicional. Os efeitos fazem-se sentir até hoje, a pretensão moderna de racionalizar a existência social no quadro do Estado e de suas instituições. A Escola de Frankfurt era mal denominada. Ela não formava um corpo doutrinário, pois a teoria crítica que ele desenvolvia movia-se em vários níveis, encontrando expressões diversas conforme os autores. Todavia, fiel a Karl Marx[9], recusava separar a investigação filosófica dos desafios políticos aos quais se aplicava.

---

quem privara na adolescência. O sistema que Hegel se propõe a estabelecer repousa no projeto de 'pensar a vida', o modo de colocar o ser e o pensamento, opondo-os num primeiro momento e depois superando esta oposição, na medida em que o mundo, o conhecimento que se exprime são concebidos como o desenvolvimento do Conceito. Este procedimento é o da obra máxima de Hegel, *A Fenomenologia do espírito* (1807). Propondo-se a expor este desenvolvimento do Conceito, o sistema hegeliano engloba a totalidade: exterioridade se juntam, do mesmo modo que sujeito e objeto, no Absoluto que é o nível do discurso. Este procedimento por oposição e englobamento das oposições, tanto no plano do entendimento como no da história, Hegel chamou de 'dialética'. A dialética não é um método que supõe exterioridade do entendimento em relação ao objeto, nem reciprocamente, mas é o próprio movimento do Conceito, a própria vida do sistema, porque o Absoluto, o sujeito. Hegel escreveu também *Ciência da lógica* (1812-1817); *Enciclopédia das ciências filosóficas* (1817); *Princípios da filosofia do direito* (1821)" (**Grande Enciclopédia Larousse Cultural**, *op. cit.*, vol. XII, p. 2926).

---

9 "Marx (Karl). Teórico do socialismo e revolucionário alemão (Trier, 1818 – Londres, 1883). Segundo filho de um advogado liberal de confissão judaica convertido ao protestantismo, Karl Marx estudou Direito nas Universidades de Bonn e Berlim, onde se interessou mais pela história e pela filosofia. Em 1814 preparou em Iena uma tese sobre *As diferenças da filosofia da* natureza em Demócrito e Epicuro, que o fez descobrir a crítica materialista da religião. Membro dos jovens hegelianos, ligou-se aos irmãos Bauer e recebeu também influência de L. Feuerbach. Em 1842 tornou-se redator-chefe da *Gazeta Renana*, jornal de oposição fundado por burgueses radicais. Foi então que tomou conhecimento dos problemas econômicos e conheceu melhor o socialismo francês, pela leitura de Saint-Simon, Fourier, Proudhon, etc. Casou-se com uma amiga de infância, Jenny von Westphalen, em 1843, e mudou-se para Paris, onde lançou, após a interdição da *Gazeta Renana*, os *Anais Franco-Alemães*, em cujo único número figura a *Questão Judaica* (1844). Hegel exerceu uma grande influência sobre os *Manuscritos* de 1843 e 1844, nos quais o jovem Marx desenvolveu uma filosofia onde a alienação é o tema central. Na mesma época Marx redigiu sua *Contribuição à crítica da filosofia do direito de Hegel*. Escreveu, contra os hegelianos, *A sagrada família*, com Engels (1845), a *Ideologia Alemã* (1845, só publicada em 1932) e, contra Proudhon, *Miséria da filosofia* (1847). O período vivido em Paris (1843-1845) e depois em Bruxelas (1845-1848) foi marcado por uma intensa atividade política. Marx multiplicou os contatos com os militantes operários e os emigrados alemães, uniu-se a Engels, fundou a Sociedade dos Operários Alemães de Bruxelas e, com Engels, estabeleceu uma verdadeira rede de correspondência comunista. Os dois escreveram, entre outros, o

A Escola de Frankfurt abrangia diversos pensadores de origem marxista, com reflexão hegelinas, como Ernst Bloch[10], Max Horkheimer[11], Walter

---

Manifesto do Partido Comunista. Esses foram seus anos de 'acerto de contas com sua consciência filosófica de outrora' e da elaboração do materialismo histórico: a ruptura com seu passado foi tanto política como teórica. Quando a Revolução de 1848 eclodiu, Marx foi expulso da Bélgica. Fixou-se em Colônia, onde lançou a *Nova Gazeta Renana* (junho 1848-maio 1849), para a qual escreveu numerosos artigos em favor dos operários (*Trabalho assalariado e capital*). Expulso da Alemanha e depois da França, refugiou-se em 1849, em Londres, onde viveu na miséria. Escreveu então *Lutas de Classes na França* (1850). Dispôs-se a estudar economia e concebeu sua obra-prima *O Capital*. Em 1864, foi convidado a assumir a direção da Associação Geral do Operários Alemães (I Internacional), para a qual redigiu o *Discurso inaugural* e os *Estatutos*. Estando em Paris por ocasião da Comuna, deu-lhe uma interpretação militante em *A guerra civil na França* (1871). Continuou a redação de *O Capital*, participando ativamente da definição dos programas dos partidos operários alemão (*Crítica do programa de Gotha*) e francês (*Considerações sobre o programa do Partido Operário Francês*, 1880). Auxiliou Engels na redação de *Anti-Dühring* (1878), mas, devido a sua doença, à morte de sua mulher (1881) e de sua filha Jenny (1883), não resistiu, vindo a falecer a 14 de março do mesmo ano" (**Grande Enciclopédia Larousse Cultural**, *op. cit.*, vol. XVI, p. 3848).

---

10 "Bloch, Ernst (Ludwigshafen, 08 de julho de 1885 – Stuttgart, 03 de agosto de 1977). Como seus amigos Lykács e Benjamin, Ernst Bloch foi levado ao marxismo pelos horrores da Primeira Guerra Mundial, vendo nele uma defesa contra o Armagedon que poderia engolfar a humanidade. Durante o período nazista, Bloch refugiou-se nos Estados Unidos; posteriormente, procurou estabelecer-se na República Popular da Alemanha, mas seu marxismo pouco ortodoxo ali não encontrou grande acolhida e, em 1961, ele deixou a Alemanha Oriental para passar o resto de sua vida em Tübingen. Desde então, a influência que exerceu ultrapassou os limites do marxismo" (REX, John. **Bloch, Ernst.** *In:* BOTTOMORE, Tom (ed.). **Dicionário do Pensamento Marxista**. Rio de Janeiro: Jorge Zahar Editor, 1988, p. 33).

11 "Horkheimer, Max (Stuttgart, 14 de fevereiro de 1895 – Nuremberg, 07 de julho de 1973). Estudou nas universidades de Munique, Freiburg e Frankfurt, primeiro psicologia e, mais tarde, filosofia. Concluiu o doutorado com um trabalho sobre Kant em 1923. Exerceu grande influência como diretor do Instituto de Pesquisa Social de Frankfurt a partir de 1930: foi Max Horkheimer quem ali reuniu os pensadores que vieram a constituir aquela que ficou conhecida como ESCOLA DE FRANKFURT. Embora tivesse uma formação de filosofia, seus amplos conhecimentos de ciências sociais foram decisivos para o desenvolvimento daquela Escola (Dubiel, 1978; Held, 1980). Fez críticas às versões do marxismo promulgadas pelas Segunda e pela Terceira Internacional, colocando-se especificamente contra todas as interpretações 'deterministas' e 'positivistas' do materialismo histórico. A renegação filosófica e política do marxismo constitui o núcleo essencial de sua obra" (HELD, David. **Horkheimer, Max.** *In:* BOTTOMORE, Tom (ed.). **Dicionário do Pensamento Marxista**. Rio de Janeiro: Jorge Zahar Editor, 1988, p. 181).

Benjamin[12], Herbert Marcuse[13], Erich Fromm[14], Theodor Adorno[15] e Jürgen

12 "Benjamin, Walter (Berlim, 15 de julho de 1892 – Port Bou, Espanha, 27 de setembro de 1940). Walter Benjamin é provavelmente o mais importante teórico da cultura da tradição marxista. Pouco conhecido em vida, sua influência tornou-se imensa depois da Segunda Guerra Mundial. As implicações exatas de sua obra permanecem, porém, como uma questão controversa entre aqueles que o encaram como uma figura de um outro mundo, particularmente trágica e abençoada com talentos quase místicos, e aqueles que o enaltecem pelo seu marxismo consistente e penetrante" (REX, John. **Benjamin, Walter**. *In:* BOTTOMORE, Tom (ed.). **Dicionário do Pensamento Marxista**. Rio de Janeiro: Jorge Zahar Editor, 1988, pp. 29-30).

13 "Marcuse, Herbert (Benjamin, 19 de julho de 1898 – Munique, 30 de julho de 1979). Completou o serviço militar durante a Primeira Guerra Mundial e, pouco depois, participava de atividades políticas num conselho de soldados, em Berlim. Deixou o Partido Social-Democrata em 1919, após um curto período de militância, em protesto contra o partido haver traído o movimento de conselhos [...]. Estudou filosofia em Berlim e Freiburg e foi, durante algum tempo, aluno de Heidegger e de Husserl. Interessado, desde o início, nas relações entre a filosofia e a política, Marcuse ingressou no Instituto de Pesquisa Social em 1933 (o ano em que a famosa instituição foi obrigada a deixar a Alemanha nazista) e mais tarde tornou-se figura destacada da ESCOLA DE FRANKFURT. Fixou-se nos Estados Unidos depois da Segunda Guerra Mundial. Embora muitas de suas ideias fossem semelhantes às desenvolvidas pelos dois outros importantes representantes do pensamento da Escola de Frankfurt – Horkheimer e Adorno –, engajou-se mais intensamente do que eles em um trabalho teórico sobre os temas e interesses do marxismo clássico. Seu inequívoco comprometimento com a política e a luta social levou-o a tornar-se um destacado porta-voz e um dos principais teóricos da Nova Esquerda na década de 1960 e nos primeiros anos da década de 1970. Foi através da obra de Marcuse que as críticas da Escola de Frankfurt à cultura, ao autoritarismo e ao burocratismo contemporâneos se tornaram tão conhecidas, sobretudo na América do Norte" (HELD, David. **Marcuse, Herbert.** *In:* BOTTOMORE, Tom (ed.). **Dicionário do Pensamento Marxista**. Rio de Janeiro: Jorge Zahar Editor, 1988, p. 234).

14 "Fromm (Erich), psicanalista norte-americano de origem alemã (Frankfurt am Maim, 1900 – Muralto, Suíça, 1980). Deu interpretação própria às finalidades da terapêutica, impondo notações sociológicas ao estudo do ajustamento do indivíduo ao meio social e cultural. Descendente de família rabínica, emigrou para os EUA em 1932, ante a ascensão do nazismo. Obras principais: *Psicanálise e religião*, em 1950; *A sociedade sã*, 1955; *A arte de amar*, 1956; *Sejam como deuses*, 1967" (KOOGAN/HOUAISS. **Enciclopédia e Dicionário Ilustrado**, *op. cit.*, p. 718).

15 "Adorno, Theodor (Frankfurt, 11 de setembro de 1903 – Visp, Suíça, 06 de agosto de 1969). Theodor Wiesengrund Adorno desenvolveu, desde a escola secundária, interesse pela filosofia e pela música. Depois de doutorar-se em 1924 com um trabalho sobre Husserl, estudou composição e piano com Alban Berg e Educard Steuermann em Viena. Em 1931, começou a lecionar filosofia na Universidade de Frankfurt, mas, com o advento do nacional-socialismo, deixou a Alemanha e foi para a Inglaterra. Quatro anos mais tarde transferiu-se para os Estados Unidos, onde ingressou no Instituto de Pesquisa Social [...]. Em 1953, voltou, com o Instituto, para Frankfurt, sua obra foi, sob muitos aspectos, singular. À primeira vista, algumas de suas concepções sobre a sociedade contemporânea parecem estranhas. Segundo Adorno, vivemos em um

Habermas[16]. Era a tríplice vontade de: a) não separar a teoria da prática e da história e, por conseguinte, de tomar como o tema essencial de reflexão o totalitarismo das sociedades atuais, sob qualquer forma que se exercesse; b) investigar constantemente as relações existentes, entre o domínio cada vez maior da razão, a dos filósofos e das ciências sociais, sobre o pensamento, a ideologia e as técnicas governamentais, por um lado, e, por outro, as restrições cada vez maiores, impostas às liberdades individuais e coletivas e ao recuo sofrido pela esperança em uma emancipação geral da humanidade, esperança que alimentara o racionalismo clássico; c) recusar firmemente as tentações sempre recorrentes do irracionalismo, mantendo a exigência de verdade como algo indissociável da exigência de liberdade e de reativar a negatividade dialética com o objetivo de emprestar novamente à razão sua força libertadora.

mundo totalmente envolvido por uma teia urdida pela BUROCRACIA, pela administração e pela tecnocracia. O indivíduo é, no seu entender, coisa do passado: a era do capital concentrado, do planejamento e da cultura de massa destruiu a liberdade pessoal. A capacidade de pensamento crítico está morta e desaparecida. A sociedade e a consciência estão 'totalmente reitificadas': parecem ter as qualidades de objetos naturais, a condição de formas dadas e imutáveis" (HELD, David. **Adorno, Theodor.** *In:* BOTTOMORE, Tom (ed.). **Dicionário do Pensamento Marxista**. Rio de Janeiro: Jorge Zahar Editor, 1988, p. 3).

16 "Habermans (Jürgen), filósofo e sociólogo alemão (Düsseldorf, 1929), fez parte da chamada Escola de Frankfurt. Defendeu seu doutoramento sobre Schelling em 1954. Em seguida, foi assistente de Th. W. Adorno (até 1959). Desde 1961 é professor nomeado de filosofia na Universidade de Heidelberg; de 1964 a 1971, foi professor em Frankfurt e depois, no Instituto Max-Planck de Starberg (Baviera). Habermans é autor de obra intelectual (livros e artigos) variada que não se restringe às questões da filosofia alemã, mas estende-se também ao pensamento anglo-saxão, ente outros. Podem ser citadas entre suas principais obras: *Teoria e práxis* (1963), *Técnica e ciência como ideologia* (1968), *Protestbewegung und Hochschulereform* (1969), *Perfis filosóficos e políticos* (1971), *Kultur und Kritik* (1973), etc. Em seu livro *Mudança estrutural da esfera pública* (1959-1962), ele efetua a reconstrução da opinião pública como categoria da sociedade burguesa e indica as mudanças que ela sofre no capitalismo tardio. Expõe em *Conhecimento e interesse* (1968) o conceito dos *interesses* que orientam o conhecimento; desenvolve um programa fundamentalmente marcado pela crítica do positivismo e da tecnocracia em *Lógica das Ciências sociais* (1967); reflete sobre os pressupostos do marxismo em *Para a reconstrução do materialismo histórico* (1976) e elabora uma teoria da comunicação como teoria crítica da sociedade em *teoria da ação comunicativa* (1981). É considerado o último expoente vivo da Escola de Frankfurt. Seus trabalhos dedicam-se a analisar as relações sociais a partir do advento da técnica e dos meios de comunicação de massa" (**Grande Enciclopédia Larousse Cultural**, *op. cit.*, vol. XII, p. 2891).

O Estado do Bem-Estar[17] era o pleno desenvolvimento das sociedades industriais, depois da II Guerra Mundial, que criavam as situações de dependência e tendiam a aumentar, totalmente o controle sobre o indivíduo. Em tais circunstâncias, atenuava-se na opinião pública o contraste entre as exigências baseadas no merecimento e na necessidade, bem como o universalismo da contribuição não sendo considerado como oposto ao princípio da justiça. Não colidiu assim com a necessidade de manter a propensão ao trabalho. Todas estas interpretações tinham de comum a forte importância dada aos fatores políticos culturais, com a consequente análise de **Welfare State** em termos de conquista da civilização. A razão clássica, todavia, teve seu eclipse no momento em que, no primado da ordem econômica, ocorria uma intervenção autoritária do Estado e a utilização da ciência como força produtiva. A dominação política se reforçava e substituía a pesquisa dos fins pela simples manipulação técnica e administrativa. As próprias democracias liberais organizavam-se segundo o modelo plebiscitário e os regimes ditos socialistas exerciam uma unificação integral da vida social, que procurava abolir toda diferença entre o público e o privado.

Jürgen Habermas nasceu, em Düsseldorf, na Alemanha, tendo sido criado durante o período do nazismo ou nacional-socialismo. Estava com dezesseis anos ao final da II Guerra Mundial, em 1945, com seu país devastado fisicamente e destruído moralmente. Em 1954, ele se licenciou com a tese **Schelling: o Absoluto e a História**. Apenas no final da década de cinquenta ele se aproximou do marxismo, quando colaborou com Adorno, de 1956 a 1959. Em 1962, foi publicada a tese de doutorado do autor, **Evolução Estrutural da Vida Pública**. Logo, no ano seguinte, publicou **Teoria e Práxis** e, em 1968, **Técnica e Ciência como "Ideologia"**, já um clássico. Nesse período, de 1961 a 1964, passou a ensinar filosofia em Heidelberg. Depois, assumiu uma cadeira de filosofia e sociologia na Universidade de Frankfurt. Mudou para o Instituto Max Planck, em Starnberg, em 1972, após ter ficado algum tempo em Nova Iorque. Passou a desenvolver uma orientação teórica para uma análise de padrões de crise nas sociedades capitalistas, em 1973, uma reconstrução da teoria da evolução social, em 1976, e o desen-

---

17 "**Estado do Bem-estar**. 1. DEFINIÇÕES E ASPECTOS HISTÓRICOS – O Estado do bem-estar (*Welfare State*), ou Estado assistencial, pode ser definido, à primeira análise, como Estado que garante 'tipos mínimos de renda, alimentação, saúde, habitação, educação, assegurados a todos os cidadãos, não com caridade mas como direito político' (H. L. Wilensky, 1975). [...] Na realidade, o que distingue o Estado assistencial de outros tipos de Estado não é tanto a intervenção direta das estruturas públicas na melhoria do nível de vida da população quanto o fato de que tal ação é reivindicada pelos cidadãos como um direito" (REGONINI, Gloria. **Estado do Bem-Estar**. *In:* BOBBIO, Noberto, MATTEUCCI, Nicola, e PASQUINO, Gianfranco. **Dicionário de Política**. 13ª ed. Brasília: Universidade de Brasília, 2007, vol. 1, p. 416).

volvimento de uma teoria da ação, em 1981. Continua ativo, através de artigos, de palestras e de livros, com a nova orientação voltada para discutir a questão da comunicação e do poder. Esteve, no final do século XX, no Brasil, dando palestras em universidades e entrevistas na imprensa. Foi um dos mais importantes estudiosos sobre o **Welfare State**, descrevendo a nova sociedade industrial, os direitos sociais e a ciência como meio ideológico de dominação.

O direito à previdência social constitui a última fase da terceira geração de direitos sociais, que foram consolidados com a Constituição Mexicana de 1917 e a Constituição de Weimar (Alemanha) de 1919, que teve entre seus formuladores Max Weber, dentre outros documentos constitucionais que organizaram o Estado do **Welfare State**. Se fossem observadas algumas condições, como o tempo, o falecimento ou a incapacidade de trabalho, o trabalhador poderia se aposentar e ser remunerado pelo ócio ou seus familiares serem assistidos. Trata-se não só de um benefício pelo longo tempo de dedicação e labor, mas também de usufruir da ociosidade. A previdência social pode ser pública, como ocorre na maioria dos países europeus, ou privado, como acontece nos Estados Unidos. Deve ser, porém, um instrumento de cidadania social. Se por um lado representa um benefício, por outro, cobra uma forma de tributo ou de preço privado para garantir seu custeio.

25.2. Seguridade Social no Brasil

A seguridade social[18], de acordo com o art. 194, da Constituição Federal, compreende o conjunto integrado de ações de iniciativa dos Poderes Públicos e da sociedade, destinadas a assegurar os direitos relativos à saúde, à previdência e à assistência social. Pode-se conceituá-la, ainda, como o conjunto de medidas tomadas pela Administração, bem como pelos administrados, em conjunto, ou de forma separada, para garantir a todos, como direito subjetivo, a previdência social, a saúde e a assistência social. A seguridade social foi tratada, inicialmente, na Constituição de 1934, em seu art. 121, § 1º. Depois, foi repetido nas Constituições de 1937, em seu art. 136; de 1946, em seu art. 157; e de 1967, em seu art. 158, § 1º, mas que na sua Emenda Constitucional nº 1, de 17.10.1969, apareceu como

18 "[...] delinearam os traços característicos do Estado do Bem-Estar, ou seja, seu papel interventor e promocional" (STRECK, Lenio Luiz, e MORAIS, José Luís Bolzan de. **Ciência Política e Teoria Geral do Estado.** 8ª ed./3ª tir. Porto Alegre: Livraria do Advogado, 2019, p. 78).

parágrafo único do art. 165. A Constituição de 1988, então, passou a lhe dedicar o Capítulo Da Seguridade Social[19].

José Antonio Savaris e Daniel Machado da Rocha, sobre a seguridade social, disseram que:

> "No universo do capitalismo de *welfare state*, um sistema de proteção social consentâneo com a noção de dignidade da pessoa humana deve apresentar como pedra angular o reconhecimento de universalização do direito fundamental à segurança econômica contra as circunstâncias inevitáveis que, determinada sociedade, afetam a subsistência e o bem-estar dos indivíduos e de suas famílias. O direito à segurança social deve ser compreendido em sua dupla dimensão: de um lado, o fenômeno universal que conduz à concepção genérica de proteção social; de outro lado, a aplicação que empresta estrutura a um sistema específico, segundo cada ordenamento jurídico pátrio. Contemporaneamente, os direitos de proteção social em nosso País encontram seu núcleo nos direitos de seguridade social. Eles constituem direitos fundamentais por excelência, encontram-se manifestamente conectados à noção de mínimo existencial e, portanto, radicam-se ao princípio constitucional fundamental da dignidade da pessoa humana. O sistema de proteção social no Brasil nasceu influenciado pelo modelo bismarckiano, comas limitações que lhe são inerentes. Progressivamente, a expansão da proteção social será fortemente inspirada pelo modelo inglês da década de 1940. Nosso sistema de seguridade social, além da proteção previdenciária que assegura, é marcado pela garantia de direitos à saúde e à assistência social"[20].

Dispõe que compete ao Poder Público, nos termos da lei, organizar a seguridade social. Deve observar, todavia, determinados objetivos. Estes são: a) a universalidade da cobertura e do atendimento; b) a uniformidade e a equivalência dos benefícios e serviços às populações urbanas e rurais; c) a seletividade e a distributividade na prestação dos benefícios; d) a irredutibilidade do valor dos benefícios; e) a equidade na forma de participação no custeio; f) a diversidade da base de financiamento; g) o caráter democrático e a descentralizado da sua administração.

A ordem social tem como base o primado do trabalho, de acordo com o art. 193, da Constituição Federal, e como objetivo o bem-estar social e, também, a justiça social. No sistema constitucional anterior, esses aspectos estavam reunidos em um único Título, Da Ordem Econômica e Social.

---

19 FERNANDES, Annibal. **A Nova Constituição, a Companheira e a Seguridade Social.** *In*: **Revista de Direito do Trabalho**. São Paulo: Revista dos Tribunais, set.-out./1988, nº 75/11, e **Doutrinas Essenciais: Direito Constitucional (Edições Especiais Revista dos Tribunais: 100 Anos)**. 2ª tir. São Paulo: Revista dos Tribunais, 2013, vol. VI, p. 821.

20 SAVARIS, José Antonio, e ROCHA, Daniel Machado da. **Seguridade Social.** *In*: ALVIM, Eduardo Arruda, LEITE, George Salomão, e STRECK, Lênio (coords.). **Curso de Direito Constitucional**. Florianópolis: Tirant le Blanch, 2018, p. 1021.

Porém, a Constituição de 1988 separou-as, ficando quase como uma oposição, de um lado a ordem econômica, do outro a ordem social. A afirmação de que esta tem por base o trabalho representa que aquela tem por sustentação o capital. Na verdade, não funciona bem assim, pois são relações interdependentes. O bem-estar e a justiça sociais constituem-se nos valores que a Administração moderna procura alcançar, em especial, nos países do Primeiro Mundo, como os que almejam essa condição.

No período colonial, no Brasil, Brás Cubas[21] fundou a Santa Casa da Misericórdia, em Santos, em 1543, na mesma época, criando um plano de pensão para os seus empregados, que depois foi estendido à Santa Casa de Salvador e à do Rio de Janeiro, bem como às Ordens Terceiras[22]. Esses planos, com hospitais, asilos e orfanatos, durante muito tempo, foi a base do seguro médico oriundo da iniciativa privada. No começo do século XIX, Dom João VI aprovou, para os oficiais da Marinha, um benefício que durou mais de um século – um plano de pensão de meio soldo às viúvas e às filhas de oficial falecido, mediante desconto de um dia de vencimento. Depois, o Decreto Imperial de 10.01.1835 dispôs sobre o Estatuto do Montepio da Economia dos Servidores dos Estados, conhecido como Mongeral. Em seguida, diversas Caixas Mútuas de Pensões e Pecúlios foram criadas, com a admissão de novos sócios, através do pagamento módico de inscrição e quotas.

As primeiras normas sobre a previdência social foram ainda no Império, com a Constituição de 1824, no art. 179, XXXI, que tratou de "garantia aos socorros públicos". No final desse período político, surgiram também as primeiras normas sobre a matéria, com o Decreto Imperial nº 9.212-A, de 26.03.1888, criando o Montepio para os empregados dos Correios, e com a Lei Imperial nº 3.397, de 24.11.1888, instituindo, para cada uma das Estradas de Ferro do Império, caixas de socorros. Finalmente, o art. 15, do Decreto Imperial nº 10.269, de 20.06.1889, criou a Caixa de Pensões dos Operários da Imprensa Nacional, cujos recursos vinham de um dia de vencimento dos operários que, depois de trinta anos, faziam jus a uma renda mensal de dois terços dos vencimentos médios que recebiam.

---

21 **Brás Cubas** (Porto, 1507 – Porto, 1592) foi um fidalgo e explorador português. Fundador da Vila de Santos, hoje cidade, governou por duas vezes a Capitania de São Vicente, 1545-1549 e 1555-1556. É considerado por alguns historiadores como fundador de Mogi das Cruzes, em 1560.

22 "[...] a previdência privada se iniciou no Brasil no século XVI, em 1543, quando Brás Cubas fundou a Santa Casa de Misericórdia, em Santos, e na mesma época criou um plano de pensão para os seus empregados, o qual foi estendido também às Santas Casas de Salvador e Rio de Janeiro e às Ordens Terceiras" (OLIVEIRA, Moacyr Velloso Cardoso de. **Previdência Social**. Rio de Janeiro: Forense Universitária, 1987, p. 143).

O modelo de previdência social que se desenhava a partir daí seria o sistema alemão, no final do século XIX. Na República, veio o Decreto Federal nº 9.242-A, de 31.10.1890, tratando do Montepio Obrigatório dos Empregados do Ministério da Fazenda. Por outro lado, o Decreto Federal nº 211, de 26.02.1890, definiu a aposentadoria dos trabalhadores da Estrada de Ferro Central do Brasil, ampliado depois para todos os ferroviários públicos, pelo Decreto Federal nº 565, de 12.07.1890.

O Estado, tanto pelo que arrecada, assim como pelo que paga, tem o condão de fazer com que a economia seja profundamente influenciada pela circulação de sua receita e despesa. No início do século XX, passou o Poder Público a atuar em áreas exploradas pelas classes econômicas, através dos serviços de utilidade pública delegados para terceiros. Foi compreendido que, desde então, não podia mais um texto constitucional ignorar matéria tão relevante, ainda que originariamente não seja matéria de Carta Magna. A Constituição do México de 1917, foi a primeira a tratar do assunto, no que foi seguida pela Constituição de Weimar de 1919, como já abordado.

A Constituição de 1891 afastou, em parte, o regime do mutualismo, com seu silêncio, tratando sobre o servidor público, no seu art. 75. Seguindo o novo caminho, veio o Decreto Legislativo nº 3.724, de 15.01.1919, que dispôs sobre os casos de acidentes de trabalho e suas consequências. No Brasil, as primeiras caixas de previdência social apareceram após da Lei Elói Chaves, Decreto Legislativo nº 4.682, de 24.01.1923, que dispunha sobre os empregados nas ferrovias particulares, depois ampliado para os empregados das ferrovias públicas e os trabalhadores portuários, a elite dos trabalhadores, em meados da Década de Vinte do século passado[23]. A data da promulgação da lei acima é o dia da previdência social, no dia 24 de janeiro. Previram-se os benefícios de: a) aposentadoria por invalidez; b) pensão por morte; c) assistência médica; d) aposentadoria ordinária. Depois, a aposentadoria por tempo de serviço, e hoje, a aposentadoria por tempo de contribuição.

Foi atribuído ao antigo Ministério do Trabalho, Indústria e Comércio, com a Revolução de Trinta, a regulamentação, o controle e a fiscalização do direito previdenciário, o que estimulou a criação de novas caixas de pecúlio. O Decreto Federal nº 20.465, de 01.10.1931, ampliou o regime para todos os empregados das empresas de serviços públicos, privadas ou estatais,

---

23 "Logo após a Lei Eloy Chaves, o governo viria a abandonar a criação de Caixas de Aposentadorias e Pensões, dado o aparecimento do Instituto de Aposentadoria e Pensões dos Marítimos – IAPM. Com tais institutos de aposentadoria e pensões, o governo englobou trabalhadores de uma mesma atividade ou atividades afins, para instalar entidades de âmbito nacional que tratassem do assunto" (PEREIRA, Cláudia Fernanda de Oliveira. **Reforma da Previdência**. Brasília: Brasília Jurídica, 1999, p. 42).

como de luz, de telefone, de gás, de carris e de outras. Em seguida, as empresas de mineração, em 1932, e depois as de transportes aéreos, em 1934.

A Constituição de 1934, resultado da Revolução de Trinta, no art. 121, § 1º, "h", dispunha sobre previdência, ainda sem o "social", estabelecendo que:

> "Art. 121. A Lei promoverá o amparo da produção e estabelecerá as condições do trabalho, na cidade e nos campos, tendo em vista a proteção social do trabalhador e os interesses econômicos do país. § 1º A legislação do trabalho observará os seguintes preceitos, além de outros que colimem melhorar as condições do trabalhador: [...] *h*) assistência médica e sanitária ao trabalhador e à gestantes, assegurado a esta descanso antes e depois do parto, sem prejuízo do salário e do emprego e instituição de previdência, mediante contribuição igual da União, do empregador e do empregado, a favor da velhice, da invalidez, da maternidade e nos casos de acidentes do trabalho ou morte".

Na Constituição de 1937, embora imposta pelo Estado Novo, já que foi simplesmente publicada no Diário Oficial, houve mais avanço para a previdência. Nela, tratou-se da matéria nas seguintes disposições:

> "Art. 137. A legislação do trabalho observará, além de outros, os seguintes preceitos: [...] *l*) assistência médica e higiênica ao trabalhador e à gestante, assegurado a esta, sem prejuízo do salário, um período de repouso antes e depois do parto; *m*) a instituição de seguros de velhice, de invalidez, de vida e para os casos de acidente do trabalho; *n*) as associações de trabalhadores têm o dever de prestar aos seus associados auxílio ou assistência, no referente às práticas administrativas ou judiciais relativas aos seguros de acidentes do trabalho e aos seguros sociais".

Dentre outros institutos que tratavam da previdência social, havia os seguintes órgãos: a) Instituto de Aposentadoria e Pensões dos Comerciantes (IAPC), Decreto Federal nº 24.272, de 21.05.1934; b) Instituto de Aposentadoria e Pensões dos Bancários (IAPB), Decreto Federal nº 24.615, de 09.07.1934; c) Instituto de Aposentadoria e Pensão dos Industriários (IAPI), Lei Federal nº 367, de 31.12.1936; d) Instituto de Aposentadoria e Pensões dos Empregados em Transportes e Cargas (IAPETC), Decreto-lei nº 627, de 18.08.1938; e) Instituto de Aposentadoria e Pensões da Estiva (IAPE), Decreto-lei nº 1.355, de 19.06.1939; f) Instituto de Aposentadoria e Pensões dos Ferroviários e Empregados em Serviços Públicos (IAPFESP), Lei Federal nº 3.807, de 26.08.1960. Dada a pluralidade de órgão, projetou-se uma unificação, com o Decreto-lei nº 7.526, de 07.05.1945, mas, com a deposição de Getúlio Vargas e o fim do Estado Novo, não houve a efetividade do dispositivo acima.

A redemocratização do Brasil resultou, na Constituição de 1946, que dispôs sobre previdência, no art. 157, **caput**, e incisos XIV ao XVII, nos seguintes termos: "art. 157. A legislação do trabalho e a da previdência social obedecerão aos seguintes preceitos, além de outros que visem à melhoria da condição dos trabalhadores: [..] XIV – assistência sanitária, inclusive hospitalar e médica preventiva ao trabalhador e à gestante; XV – assistência aos desempregados; XVI – previdência, mediante contribuição da União, do empregador e do empregado, em favor da maternidade e contra as consequências da doença, da velhice, da invalidez e da morte; XVII – obrigatoriedade da instituição do seguro pelo empregador contra os acidentes do trabalho". No **caput** do artigo, está registrado "previdência social", mas, no inciso XVI, há referência apenas a "previdência", sem o adjetivo, mostrando a própria insegurança em estabelecer a palavra conceito.

Depois, quando Getúlio Vargas voltou ao Governo, cento e oitenta e três Caixas de Pecúlio foram aglutinadas, pelo Decreto Federal nº 34.586, de 12.11.1953, em um único órgão, a Caixa de Aposentadoria e Pensões dos Ferroviários e Empregados em Serviços Públicos (CAPFESP), que passou em seguida a instituto de natureza autárquico. A Lei Orgânica da Previdência Social, Lei Federal nº 3.807, de 26.08.1960, foi promulgada, sendo a previdência organizada com cinco institutos e uma caixa de pecúlio, que logo passou também a instituto[24]. Em paralelo a tais ações, por conta da aprovação do Estatuto do Trabalhador Rural, em 1963, foi instituído o Fundo de Assistência e Previdência do Trabalhador Rural (Funrural) e o Programa de Assistência ao Trabalhador Rural (Prorural), em 1974, com a aposentadoria aos trabalhadores rurais sem pagamento de custeio.

Com o Golpe Militar de 1964 e com a reorganização do Estado, todas as instituições previdenciárias foram unidas no Instituto Nacional de Previdência Social (INPS), através do Decreto-lei nº 72, de 21.11.1966. No mesmo sentido, foi criado o Ministério da Previdência Social (MPS), desmembrado do Ministério do Trabalho, pela Lei Federal nº 6.036, de 01.05.1974, ao tempo em que passou a caber ao Instituto Nacional de Previdência Social (INPS), além dos benefícios, a readaptação profissional e o auxílio aos idosos.

A Constituição de 1967, depois da instauração do Regime Militar, tratou a matéria do seguinte modo:

24 "O diploma básico, por excelência, foi a Lei 3.807, de 26 de agosto de 1960, denominada Lei Orgânica da Previdência Social (LOPS). Ela estabeleceu as diretrizes gerais da previdência social *urbana*. Sofreu diversas alterações, notadamente através dos Decretos-Leis nºs 66/66 e 72/66. A Lei 5.890, de 08 de julho de 1973 (DOU de 11.03.1973), alterou a redação de diversos de seus artigos e revogou outros" (PAIXÃO, Floriceno. **A Previdência Social em Perguntas e Respostas.** 36ª ed. Porto Alegre: Síntese, 1999, p. 28).

> "Art. 158. A Constituição assegura aos trabalhadores os seguintes direitos, além de outros que, nos termos da lei, visem à melhoria de sua condição social: [...] XV – assistência sanitária, hospitalar e médica preventiva; XVI – previdência social, mediante contribuição da União, do empregador e do empregado, para seguro-desemprego, proteção da maternidade e nos casos de doença, velhice, invalidez e morte; XVII – seguro obrigatório pelo empregador contra acidente do trabalho; [...] XX – aposentadoria para a mulher, aos trinta anos de trabalho, com salário integral; [...] § 1º nenhuma prestação de serviço de caráter assistencial ou de benefício compreendido na previdência social será criada, majorada ou estendida, sem a correspondente fonte de custeio total. § 2º A parte da União no custeio dos encargos a que se refere o nº XVI deste artigo será atendida mediante dotação orçamentária, ou com o produto (produção) de contribuições de previdência arrecadada, com caráter geral, na forma da lei".

A Emenda Constitucional nº 1, de 17.10.1969, tratou a matéria de forma mais técnica, fixando o assunto em cinco artigos. No art. 160, dispôs sobre os princípios da ordem econômica e social, introduzindo essa matéria, que depois passaria a ter autonomia como ordem social. Os princípios eram o da valorização do trabalho, o da função social da propriedade, o da harmonia e solidariedade entre as categorias sociais de produção, o da repressão ao abuso do poder econômico e o da expansão das oportunidades de emprego produtivo. O art. 161 versou sobre a desapropriação de propriedade territorial rural, mediante pagamento de indenização em títulos da dívida pública, resgatáveis no prazo de vinte anos, de competência exclusiva da União. A vedação de greve nos serviços públicos constava do art. 162, do texto constitucional. No art. 163, foram dispostos a intervenção no domínio econômico e o monopólio de determinada indústria ou de atividade, quando indispensável por motivo de segurança nacional ou para organizar setor que não pudesse ser desenvolvido com eficácia no regime de competição e de liberdade de iniciativa. O art. 164, por fim, tratou do estabelecimento de regiões metropolitanas, constituídas de Municípios limítrofes à cidade de algum populoso Município.

As entidades de previdência privada foram regulamentadas, em 1977, com as instituições fechadas, tais como os fundos de pensões e os montepios, e passaram à alçada do Ministério da Previdência Social (MPS). As instituições abertas foram passadas à tutela da Superintendência de Seguros Privados (SUSEP). No mesmo ano, pela Lei Federal nº 6.439, de 01.09.1977, coube ao INPS apenas a concessão de benefícios, criando-se o Instituto Nacional de Assistência Médica e Previdência Social (INAMPS) e o Instituto de Administração Financeira da Previdência Social (Iapas). Foi criado, com isto, o Sistema Nacional da Previdência e Assistência Social (Sinpas), que, além dos institutos acima, ainda abrangia a Legião Brasileira de Assistência (LBA), a Fundação do Bem-Estar do Menor (Funabem), a Empresa de Processamento de Dados da Previdência Social (DATAPREV) e a Central de Medicamentos (CEME).

Com a promulgação da Constituição de 1988, deu-se novo relevo à matéria, dividida em dois títulos reparados no texto da Carta Magna, Da Ordem Econômica e Financeira e Da Ordem Social. A ordem social encontra-se organizada em oito capítulos e em trinta e nove artigos, do art. 193 ao art. 232. Neles, estabeleceram-se disposições relativas: a) à ordem social; b) à seguridade social, abrangendo à saúde, à previdência e à assistência social; c) à educação, à cultura e ao desporto; d) à ciência e à tecnologia; e) à comunicação social; f) ao meio ambiente; g) à família, à criança, ao adolescente e ao idoso; h) aos índios.

No entanto, por conta do modelo previsto na Constituição de 1988, as instituições acima foram fundidas, pela Lei Federal nº 8.029, de 12.04.1990, no Instituto Nacional de Seguridade Social (INSS), que se encontrava vinculado ao Ministério da Previdência Social (MPS) pela Lei Federal nº 9.649, de 27.05.1988. Por outro lado, o Instituto Nacional de Assistência Médica e Previdência Social (INAMPS) foi vinculado ao Ministério da Saúde, pelo Decreto Federal nº 99.060, de 07.03.1990, sendo extinto pela Lei Federal nº 8.689, de 27.07.1993, também a esse ministério passou a Central de Medicamentos (CEME), pelo art. 14 da Lei Federal nº 8.029, de 12.04.1990. A Funabem veio a ser denominada Fundação Centro Brasileiro para a Infância e a Adolescência, estando vinculada ao Ministério do Bem-Estar Social, pelo art. 13, da Lei Federal nº 8.029, de 12.04.1990, ambos extintos pela Lei Federal nº 9.649, de 27.05.1998. Por fim, o DATAPREV continua vinculado ao Ministério da Previdência Social (MPS), tratado no Decreto Federal nº 99.244, de 10.05.1990. No Governo conservador que assumiu, em 2019, logo extinguiu o Ministério acima, passando a ser mera Secretaria de Previdência Social do Ministério da Economia.

No Brasil, apesar de previsão constitucional de que a previdência social protege o trabalhador em situação de desemprego involuntário, na verdade, o benefício encontrava-se na competência do Ministério do Trabalho e Emprego, hoje também extinto, não sendo um benefício previdenciário. Trata-se também de clássico caso de previdência que se constitui no desemprego e a consequente falta de renda, que leva à necessidade pública. Decorre a situação de interesse administrativa e não de técnica de administração do sistema de seguridade social[25].

No início do século XXI, a previdência social no Brasil passou por grave crise, em razão de burocracia onerosa ou de fraude e sonegação desmedi-

25 "Ocorre que este benefício é tipicamente previdenciário e, de fato, deveria ser oferecido pela previdência social, entretanto, devido a razões políticas, sua administração passou para o Ministério do Trabalho" (KERTZMAN, Ivan. **Curso Prático de Direito Previdenciário.** 7ª ed. Salvador: Jus Podium, 2010, p. 29).

das, com a falência do aparelho formal. Fora isso, por conta de melhorias na saúde e na condição de vida, passou a existir o número crítico para o equilíbrio atuarial dos trabalhadores ativos para cada um inativo. Para resolver esse problema, formulou-se uma reforma para restringir o acesso aos benefícios, exigindo tempo de contribuição e idade mínima para o trabalhador. Além disso, a política de reajuste sempre diminuía o valor real, de forma a comprimir o valor dos proventos, além de se negar a fazer incorporação de incorporações devidas, prejudicando o segurado e desacreditando o sistema.

A Constituição de 1988 foi o texto constitucional que mais dispôs sobre a seguridade social, que foi um conceito novo então, e sobre a previdência social, em diversos e espalhados dispositivos. Nos objetivos fundamentais da República Federal do Brasil, no art. 3º, III, prevê-se "erradicar a pobreza e a marginalização e reduzir as desigualdades sociais e regionais". No art. 6º, dentre os direitos sociais discriminados, encontram-se a saúde, a alimentação, a moradia, ao transporte, ao lazer, a segurança, ao trabalho e "a previdência social, a proteção à maternidade e à infância, a assistência aos desamparados". Ademais, o texto ainda registra que são direitos dos trabalhadores urbanos e rurais, além de outros:

> "Art. 7º ....
> VIII – décimo terceiro salário com base na remuneração integral ou no valor da aposentadoria; [...] XII – salário-família pago em razão do dependente do trabalhador de baixa renda nos termos da lei; [...] licença à gestante, sem prejuízo do emprego e do salário, com a duração de cento e vinte dias; XIX – licença-paternidade, nos termos fixados em lei; [...] XXIV – aposentadoria. [...] Parágrafo único. São assegurados à categoria dos trabalhadores domésticos os direitos previstos nos incisos IV, VI, VIII, XV, XVII, XVIII, XIX, XXI e XXIV, bem como a sua integração à previdência social".

Em termos de competência, no art. 22, XXIII, do texto constitucional, encontra-se previsto que compete privativamente à União legislar sobre a seguridade social, bem como no art. 24, XII, cabe tal à União, aos Estados-membros e ao Distrito Federal legislar concorrentemente sobre a previdência social, a proteção e a defesa da saúde. Por fim, quanto aos Regimes Próprios de Previdência Social (RPPS), está previsto no art. 149, § 1º, antes **parágrafo único**, que "os Estados, o Distrito Federal e os Municípios instituirão contribuição, cobrada de seus servidores, para o custeio, em benefício destes, do regime previdenciário de que trata o artigo 40, cuja alíquota não será inferior à contribuição dos servidores titulares de cargos efetivos da União", com redação dada pela Emenda Constitucional nº 41, de 19.12.2003.

O Título VIII, Da Ordem Social, é aberto pelo Capítulo I, com um único artigo: "art. 193. A ordem social tem como base o primado do trabalho, e como objetivo o bem-estar e a justiça sociais". Para José Cretella Júnior:

> "A base da Ordem Econômica é, para o legislador constitucional, dupla: o trabalho humano valorado e a livre iniciativa, tendo como princípio informativo os ditames da justiça social. No art. 193, a base da ordem social é o primado do trabalho, a finalidade é o bem-estar social e a justiça social. A extensão da expressão Ordem Social é enorme, abrangendo as demais ordens, a econômica, a política, a jurídica, a moral, a linguística, a religiosa. Ordem contrapõe-se a desordem; o atributo social opõe-se a individual"[26].

No Capítulo II, dispõe-se sobre a seguridade social, com suas regras gerais, no art. 194, o qual prevê que a seguridade social compreende um conjunto integrado de ações de iniciativa dos Poderes Públicos e da sociedade, as quais são destinadas a assegurar os direitos relativos à saúde, à previdência e à assistência social[27]. Desse modo, compete à Administração Federal organizar a seguridade social, com base nos seguintes objetivos: "I - universalidade da cobertura e do atendimento; II - uniformidade e equivalência dos benefícios e serviços às populações urbanas e rurais; III - seletividade e distributividade na prestação dos benefícios e serviços; IV - irredutibilidade do valor dos benefícios; V - equidade na forma de participação no custeio; VI - diversidade da base de financiamento; VII - caráter democrático e descentralizado da administração, mediante gestão quadripartite, com participação dos trabalhadores, dos empregadores, dos aposentados e do Governo nos órgãos colegiados", com o último inciso modificado pela Emenda Constitucional nº 20, de 15.12.1998.

Para Manoel Gonçalves Ferreira Filho, a seguridade implica no reconhecimento de que:

> "Ordem social caracteriza-se o que seja seguridade social, expressão que não gozava até esta Constituição de um sentido consolidado. Toma ela, em face deste artigo, o caráter de designação das ações (e serviços que o texto não menciona), visando a satisfazer os direitos sociais à saúde, previdência e assistência social. Como direitos sociais (direitos da 2ª geração), isto é, direitos fundamentais a prestações positivas, cairiam eles no vazio se não se estruturasse o seu atendimento. Os três direitos aqui acolhidos visam à segurança dos seres

---

26 "Ao procedermos à análise do art. 170, *caput*, que principia com a expressão Ordem Econômica, [...] enunciamos a regra segundo a qual, conforme o legislador constituinte, a Ordem Econômica, fundada na valorização do trabalho humano e na livre iniciativa, tem por fim ou finalidade assegurar a todos existência digna, conforme os ditames da ordem social" (CRETELLA JÚNIOR, José. **Comentários à Constituição Brasileira de 1988**. Rio de Janeiro: Forense Universitária, 1993, vol. 8, p. 4295).

27 Ver: MAGANO, Octavio Bueno. **Previdência Social**. *In*: **Revista de Direito do Trabalho**. São Paulo: Revista dos Tribunais, jan.-mar./2000, nº 97/25, e **Doutrinas Essenciais: Direito Constitucional (Edições Especiais Revista dos Tribunais: 100 Anos)**. 2ª tir. São Paulo: Revista dos Tribunais, 2013, vol. VI, p. 1115.

humanos quanto às áleas da vida: a doença, a invalidez etc. De segurança, ou melhor, de seguro, vem seguridade, termo aqui empregado"[28].

A Constituição Federal transformou os direitos sociais à saúde, à previdência social e à assistência social em direitos subjetivos, ou seja, que podem ser exigidos do Estado. É certo que sobre eles responde o Poder Público, mas também tem responsabilidade a sociedade como um todo. Não pode a Administração afastar-se de suas tarefas quanto ao atendimento a tais direitos, pois no Estado do Bem-Estar a sociedade é chamada para colaborar com o atendimento dos direitos que visam a minorar ou a eliminar as necessidades sociais. Constitui a seguridade, também, a saúde, que, no art. 196, da Constituição de 1988, é entendida como direito de todos e dever do Estado. É garantido mediante políticas sociais e econômicas que visem à redução do risco de doença e de outros agravos e ao acesso universal e igualitário às ações e serviços para sua promoção, proteção e recuperação, enquanto regime de solidariedade social[29].

A redação original do art. 201, antes da Reforma da Previdência Social[30], em 1998, dispunha o seguinte:

"Art. 201. Os planos de previdência social, mediante contribuição, atenderão, nos termos da lei, a: I – cobertura dos eventos de doença, invalidez, morte, incluídos os resultantes de acidentes do trabalho, velhice e reclusão; II – ajuda à manutenção dos dependentes dos segurados de baixa renda; III – proteção à maternidade, especialmente à gestante; IV – proteção ao trabalhador em situação de desemprego involuntário; V – pensão por morte de segurado, homem ou mulher, ao cônjuge ou companheiro e dependentes, obedecido o disposto no § 5º e no art. 202. § 1º Qualquer pessoa poderá participar dos benefícios da previdência mediante contribuição na forma dos planos previdenciários. § 2º É assegurado o reajustamento dos benefícios para preservar-lhes, em caráter permanente, o valor real, conforme critérios definidos em lei. § 3º Todos os salários de contribuição considerados no cálculo serão corrigidos monetariamente. § 4º Os ganhos habituais do empregado, a qualquer título ao salário para efeito de contribuição previdenciária e consequentemente em benefícios,

28 FERREIRA FILHO, Manoel Gonçalves. **Comentários à Constituição Brasileira de 1988.** São Paulo: Saraiva, 1995, vol. 4, p. 49.

29 SCHWARZ, Rodrigo Garcia. **O Sistema de Seguridade Social e o Princípio da Solidariedade.** *In*: **Revista de Direito do Trabalho**. São Paulo: Revista dos Tribunais, abr.-jun./2008, nº 130/244, e **Doutrinas Essenciais: Direito Constitucional (Edições Especiais Revista dos Tribunais: 100 Anos)**. 2ª tir. São Paulo: Revista dos Tribunais, 2013, vol. VI, p. 1131.

30 WALD, Arnoldo. **A Reforma da Previdência Social.** *In*: **Revista dos Tribunais.** São Paulo: Revista dos Tribunais, set./2001, nº 791/11, e **Doutrinas Essenciais: Direito Constitucional (Edições Especiais Revista dos Tribunais: 100 Anos)**. 2ª tir. São Paulo: Revista dos Tribunais, 2013, vol. VI, p. 833.

> nos casos e na forma da lei. § 5º Nenhum benefício que substitua o salário de contribuir do trabalho do segurado terá valor mensal inferior ao salário mínimo. § 6º A gratificação natalina dos aposentados e pensionistas terá por base o valor dos proventos do mês de dezembro de cada ano. § 7º A previdência social manterá seguro coletivo, de caráter complementar facultativo, custeado por contribuições adicionais. § 8º É vedado subvenção ou auxilio do Poder Público às entidades da previdência privada com fins lucrativos".

Por sua vez, a redação original do art. 202 tratava do seguinte:

> "Art. 202. É assegurada aposentadoria, nos termos da lei, calculando-se o benefício sobre a média dos 36 últimos salários de contribuição, corrigidos monetariamente mês a mês, e comprovada a regularidade dos reajustes dos salários de contribuição de modo a preservar seus valores reais e obedecidas as seguintes condições: I – aos 65 anos de idade, para o homem, e aos 60, para a mulher, reduzido em cinco anos o limite de idade para os trabalhadores rurais de ambos os sexos e para os que exerçam suas atividades em regime de economia familiar, neste incluídos o produtor rural, o garimpeiro e o pescador artesanal; II – após 35 anos de trabalho, ao homem, e, após 30, a mulher, ou em tempo inferior, se sujeitos a trabalho sob condições especiais, que prejudiquem a saúde ou a integridade física, definidas em lei; III – após 30 anos, ao professor, e, após 25, à professora, por efetivo exercício de função de magistério. § 1º É facultada aposentadoria proporcional, após 30 anos de trabalho, ao homem, e, após 25, à mulher. § 2º Para efeito de aposentadoria, é assegurada a contagem recíproca do tempo de contribuição na administração pública e na atividade privada, rural e urbana, hipótese em que os diversos sistemas de previdência social se compensarão financeiramente, segundo critérios estabelecidos em lei".

Por fim, a Seção IV, do Capítulo II, do Título VIII, dispõe sobre a assistência social, prevista no art. 203, da Constituição Federal, a qual deve ser prestada a quem dela necessitar, independentemente de contribuição à seguridade social. Tem essa assistência por objetivos: a) a proteção à família, à maternidade, à infância, à adolescência e à velhice; b) o amparo às crianças e aos adolescentes carentes; c) a promoção da integração ao mercado de trabalho; d) a habilitação e a reabilitação das pessoas portadoras de deficiência e a promoção de sua integração à vida comunitária; e) a garantia de um salário mínimo de benefício mensal à pessoa portadora de deficiência e ao idoso que comprovem não possuir meios de prover a própria manutenção ou de tê-la provida por sua família, conforme dispuser a lei.

Comentando a matéria, Yves Gandra Martins afirmou que:

> "Para que a assistência social cumpra a sua finalidade é necessário que haja um carente ou necessitado, não importando por que azares da vida chegou ele a essa situação. O certo é que, por ser ele o necessitado, o carente, aquele que não dispõe do mínimo que lhe assegure uma vida integral, é ele quem faz jus aos benefícios da assistência social. O segundo ponto mais marcante deste

> artigo é que esses benefícios não podem ser condicionados a qualquer contribuição tributária"[31].

Nas Disposições Gerais, foi previsto no art. 239, § 4º, que o seguro-desemprego fosse pago com recursos do PIS/PASEP. O Programa de Integração Social (PIS) foi criado, pela Lei Complementar Federal nº 7, de 07.09.1970, e o Programa de Formação do Patrimônio do Servidor Público (PASEP) foi instituído pela Lei Complementar Federal nº 8, de 03.12.1970. A arrecadação das duas contribuições sociais acima, recepcionadas expressamente pela Constituição Federal de 1988, constitui um **bis in idem** com a Contribuição para Financiamento da Seguridade Social (COFINS), previsto na Lei Complementar Federal nº 70, de 30.12.1991, com base no art. 195, I, "c", do texto constitucional. Este prevê um abono aos empregados que ganham até dois salários mínimos de remuneração mensal, no valor de um salário-mínimo anual, cujos empregadores sejam contribuintes para tais programas sociais, conforme **caput** e § 3º. Por outro lado, no **caput** e no § 4º, do artigo citado acima, encontra-se tratado o seguro-desemprego seja pago com contribuição adicional da empresa cujo índice de rotatividade da força de trabalho supere o índice médio da rotatividade do setor, matéria regulamentada pela Lei Federal nº 7.998, de 11.01.1990. O fundo do PIS/PASEP, previsto foi incorporado ao Fundo de Garantia por Tempo de Serviço (FGTS), pela Emenda Constitucional nº 103, de 12.11.2019.

A seguridade social, de acordo com o art. 195, da Constituição de 1988, é financiada por toda a sociedade, de forma direta e indireta, nos termos da lei, mediante recursos provenientes dos orçamentos da União, dos Estados-membros, do Distrito Federal e dos Municípios. Este financiamento se deve dar através da equidade, na forma de participação no custeio, que implica na distribuição do custo social, de maneira que o ônus seja suportado por quem tem maiores condições de fazê-lo, salvo recorrer ao Poder Judiciário[32], o que tem sido cada dia mais frequente. Assim, os desiguais precisam ser tratados de forma desigual, sendo este o verdadeiro sentido da isonomia. Trata-se de garantia análoga ao princípio tributário da capacidade contributiva, previsto no art. 150, II, da Constituição Federal.

31 MARTINS, Ives Gandra. **Art. 195**. *In*: BASTOS, Celso Ribeiro, e MARTINS, Ives Gandra. Comentários à Constituição do Brasil, *op. cit.*, pp. 345-6.

32 COSTA, Kerton Nascimento e. e LEHFELD, Lucas de Souza. **A Intervenção do Poder Judiciário na Administração dos Recursos destinados à Garantia do Direito Coletivo à Saúde: ativismo ou concretismo judicial?** *In*: **Revista de Direito Constitucional e Internacional**. São Paulo: Revista dos Tribunais, out.-dez./2013, nº 85/31-53, e **Doutrinas Essenciais: Direito Constitucional (Edições Especiais Revista dos Tribunais: 100 Anos)**. 2ª tir. São Paulo: Revista dos Tribunais, 2013, vol. VI, p. 1271.

No mesmo sentido, precisa haver a diversidade da base de financiamento, para que o ônus seja suportado pelo Poder Público, pelos empresários e pelos trabalhadores, prevista nos incisos V e VI do art. 194. Encontram-se, desse modo, estabelecidas as seguintes contribuições sociais do empregador, da empresa ou da entidade a ela equiparada: a) as contribuições incidentes sobre a folha de salários e demais rendimentos do trabalho pagos ou creditados, a qualquer título, à pessoa física que lhe preste serviço, mesmo sem vínculo empregatício; b) a receita ou o faturamento (COFINS); c) a contribuição social sobre o lucro (CSSL). Está estabelecida, ainda, a contribuição do trabalhador e dos demais segurados da previdência social. Por fim, foi prevista a incidência sobre a receita de concursos de prognósticos. O Plano de Custeio encontra-se disposto na Lei Federal nº 8.212, de 24.07.1991, com suas modificações posteriores, regulamentada pelo Decreto Federal nº 3.048, de 06.05.1999, também já alterado.

Apesar das elevadas contribuições sociais cobradas, quando da Constituição de 1988, o problema de déficit constante da Seguridade Social implicou na ampliação da base de cálculo das contribuições, na Reforma da Previdência. Assim, foram alterados os incisos I e II do art. 195, da Constituição Federal, através da Emenda Constitucional nº 20, de 15.12.1998. A redação original dispunha que: "I – dos empregadores, incidente sobre a folha de salários, o faturamento e o lucro; II – dos trabalhadores". A solução encontrada resultou do problema clássico da matéria, em que cada vez que se aproxima o déficit, amplia-se a contribuição, inclusive quanto às alíquotas. No Brasil, então, esta solução tem sido facilmente seguida, sem qualquer respeito ao contribuinte. Não se resolvem os graves problemas estruturais que a previdência social apresenta apenas se arrecadando mais e mais, sem se questionarem os privilégios e as fraudes existentes.

Deve-se observar, ainda, que a contribuição social para a seguridade social não tem a mesma natureza da contribuição social prevista no art. 149, da Constituição de 1988, que tem natureza tributária. Existem, então, duas contribuições sociais, uma de natureza tributária, tratada nesse artigo, e a outra, para financiamento da seguridade social, tratado no art. 195, do texto constitucional, tendo regras constitucionais próprias e diferentes dos tributos, inclusive quanto a alguns de seus princípios e limitações ao poder de tributar.

Coube ao empregador, da empresa e de entidade a ela equiparada na forma da lei, o maior ônus para financiar a Previdência Social, incidindo diversas contribuições sociais para a seguridade social. Inicialmente, existe a contribuição social para a seguridade social sobre a folha de salários e demais rendimentos do trabalho pagos ou creditados, a qualquer título, à pessoa física que lhe preste serviço, mesmo sem vínculo empregatício. Na Constituição de 1988, em seu art. 195, I, primeira parte, constava apenas a contribuição social para a seguridade social incidente sobre a folha de salários. A Emenda Constitucional nº 20, de 15.12.1998, ampliou a base de cálculo, da incidência sobre a folha de salário, passando a abranger também os demais rendimentos do trabalho pagos ou creditados, a qualquer título, à pessoa física que lhe preste serviço, mesmo sem vínculo empregatício. Aqui foram incluídos, então, os valores pagos aos prestadores de serviços ou qualquer outra forma de pagamento de pessoa física.

Existe, ainda, a contribuição social para a seguridade social incidente sobre a receita ou o faturamento, prevista na Constituição de 1988. No sistema constitucional anterior incidia apenas sobre a folha de salário. Depois, foi instituído o Fundo de Investimento Social (FINSOCIAL), pelo Decreto-lei nº 1.940, de 25.05.1982, que criou então a nova contribuição social, modificado pelo Decreto-lei nº 2.049, de 1º.08.1983, pelo Decreto Federal nº 91.236, de 08.05.1985, e, finalmente, pela Lei Federal nº 7.811, de 08.07.1987. Com a mudança do sistema constitucional, a contribuição acima foi muito questionada. Então, o Supremo Tribunal Federal decidiu pela inconstitucionalidade do aumento da alíquota da exação, que tinha passado de meio por cento para dois por cento, tudo feito através de leis ordinárias, quando se exigia lei complementar.

Logo depois, veio a Lei Complementar nº 70, de 30.12.1991, que instituiu a contribuição para financiamento da Seguridade Social (COFINS), que resolveu a questão formal da exação. Existe, por outro lado, a cobrança de contribuição social para a seguridade social prevista no art. 239, resultante do Programa de Integração Social (PIS), instituído pela Lei Complementar Federal nº 7, de 07.09.1970, e do Programa de Formação do Patrimônio do Servidor Público (PASEP), instituído pela Lei Complementar Federal nº 8, de 03.12.1970, já dito. Estas contribuições têm a mesma natureza do COFINS, incidindo sobre o faturamento, sendo admitido pela Constituição o **bis in idem**, conforme o artigo acima mencionado. A Emenda Constitucional nº 20, de 15.12.1998, alterou a contribuição social para a seguridade social, que incidia apenas sobre o faturamento, passando também a incluir a receita. Ocorreu, então, uma ampliação na base de cálculo, pois a receita engloba outros ingressos, não necessariamente relacionados com a atividade econômica da empresa, como a venda de imóveis.

Está prevista, ainda, a contribuição social para a seguridade social incidente sobre o lucro. Este já é o objeto do imposto sobre a renda e proventos de qualquer natureza, cobrado de empresas, com base no lucro real. Não se trata de um **bis in idem**, pois aquela é uma contribuição social e este um imposto. Todavia, a fórmula de calcular a incidência de ambos é muito semelhante. Foi instituída a Contribuição Social Sobre o Lucro (CSSL), através da Lei Federal nº 7.689, de 15.12.1988.

Existe, ainda, a contribuição social para a seguridade social do trabalhador e demais segurados da previdência social. Não incide a contribuição sobre a aposentadoria e a pensão concedidas pelo Regime Geral de Previdência Social (RGPS), de que trata o art. 201, de modo que também os empregados devem contribuir. A Emenda Constitucional nº 20, de 15.12.1998, ampliou a incidência, que antes se limitava ao trabalhador e, agora, também abrange aos demais segurados da previdência social. Foi feita uma exceção, depois de muita luta no Congresso Nacional, envolvendo os aposentados e os pensionistas da previdência social. Contudo, anualmente o Governo Federal tenta mudar tal situação e, talvez, um dia consiga, como sempre faz para aumentar a sua arrecadação. Está tratada esta contribuição na Lei de Custeio da Previdência Social, Lei Federal nº 8.212, de 24.07.1991, e suas modificações posteriores, assim como no Decreto Federal nº 612, de 21.07.1992, também alterado.

Existe, por fim, a contribuição social para a seguridade social incidente sobre a receita de concursos de prognósticos. Este é a modalidade de jogo de azar, cujo resultado depende da sorte e, não, da habilidade do apostador. Existem vários jogos promovidos pela Caixa Econômica Federal, que recolhe a contribuição devida. Foi instituída nova contribuição social para a seguridade social, com incidência sobre o importador de bens ou serviços do exterior ou de quem a lei a ele equiparar, acrescido no art. 195, da Constituição Federal, pela Emenda Constitucional nº 42, de 19.12.2003. Diante do grave déficit da previdência social, incomensurável, continuamente o Governo Federal continuou a criar novas formas de arrecadação, como ocorreu no presente caso.

De acordo com § 1º do art. 195, do texto constitucional, as receitas dos Estados-membros, do Distrito Federal e dos Municípios, destinadas à seguridade social, devem constar dos respectivos orçamentos, não integrando o orçamento da União. Observe-se que, de acordo com o § 1º do art. 149, do texto constitucional, estas Entidades Federadas podem cobrar, de seus servidores, o custeio, em benefícios destes, de Regime Próprio de Previdência Social (RPPS). A proposta de orçamento da seguridade social deve ser elaborada, de acordo com o § 2º do artigo acima, de forma integrada pelos órgãos responsáveis pela saúde, previdência social e assistência social, tendo em vista as metas e as prioridades estabelecidas na lei de diretrizes orçamentárias, assegurada a cada área a gestão de seus recursos.

Para fortalecer a cobrança das contribuições sociais para a seguridade social, está disposto que a pessoa jurídica em débito com o sistema da seguridade social, como estabelecido em lei, não pode contratar com o Poder Público, nem dele receber benefícios ou incentivos fiscais ou creditícios. O § 4º do art. 195, da Constituição de 1988, dispõe que lei pode instituir outras fontes destinadas a garantir a manutenção ou a expansão da seguridade social, obedecido o disposto no art. 154, I, do texto constitucional. Na verdade, além das contribuições sociais existentes, pode-se instituir outras mais, de acordo com a necessidade da Seguridade Social. Para evitar o déficit, foi previsto, ainda, que nenhum benefício ou serviço da seguridade social deva ser criado, majorado ou estendido sem a correspondente fonte de custeio total.

Prevê o § 6º do art. 195, da Constituição de 1988, que as contribuições sociais de que trata este artigo só podem ser exigidas após decorridos noventa dias da data da publicação da lei que as houver instituído ou modificado. Não se lhes aplica o disposto no art. 150, III, "b", do texto constitucional, tratando-se este dispositivo do princípio da anterioridade, pelo qual um tributo não pode ser criado no mesmo exercício fiscal, devendo ser previsto para o seguinte. Quanto às contribuições sociais para a seguridade social exigiu-se, apenas, que deva decorrer o prazo de noventa dias, facilitando sua imposição. O § 7º do art. 195, da Constituição Federal, dispõe que são isentas de contribuição para a seguridade social as entidades beneficentes de assistência social que atendam às exigências estabelecidas em lei. Na verdade, a expressão correta deveria ser imunidade, pois isenção ocorre apenas quando prevista em lei ordinária. Na verdade, o dispositivo guarda semelhança com o art. 150, VI, "c", também do texto constitucional, que trata de imunidade em relação a determinadas pessoas jurídicas.

Trata o § 8º do art. 195, da Constituição de 1988, que o produtor, o parceiro, o meeiro, o arrendatário rurais e o pescador artesanal, bem como os respectivos cônjuges, que exerçam suas atividades em regime de economia familiar, sem empregados permanentes, devem contribuir para a seguridade social mediante a aplicação de uma alíquota sobre o resultado da comercialização da produção e fazem jus aos benefícios nos termos da lei. O inciso teve nova redação, dada pela Emenda Constitucional nº 20, de 15.12.1998. A redação anterior dispunha que:

> "Art. 195. ....
>
> ....
>
> § 8º O produtor, o parceiro, o meeiro e o arrendatário rurais, o garimpeiro e o pescador artesanal, bem como os respectivos cônjuges, que exerçam suas atividades em regime de economia familiar, sem empregados permanentes, contribuirão para a seguridade social mediante a aplicação de uma alíquota sobre o resultado comercialização da produção e farão jus aos benefícios nos termos da lei".

A Emenda Constitucional nº 20, de 15.12.1998, incluiu três novos parágrafos ao art. 195, da Constituição Federal. Pelo § 9º, com redação alterada pela Emenda Constitucional nº 47, de 05.07.2005, dispõe que as contribuições sociais para a seguridade social incidente sobre os empregadores podem ter alíquotas ou bases de cálculo diferenciadas, em razão da atividade econômica, da utilização intensiva de mão de obra, do porte da empresa ou da condição estrutural do mercado de trabalho, aplicando-se aqui o princípio da capacidade contributiva. No parágrafo seguinte foi disposto que lei deve definir os critérios de transferência de recursos para o sistema único de saúde e ações de assistência social da União para os Estados-membros, o Distrito Federal e os Municípios, e dos Estados-membros para os Municípios, observada a respectiva contrapartida de recursos. Por fim, o § 11, do mesmo artigo, dispõe que é vedada a concessão de remissão ou anistia das contribuições sociais de que tratam as contribuições sociais para a seguridade social incidente sobre a folha de salários e demais rendimentos do trabalho, bem como incidente sobre os trabalhadores, para débitos em montante superior ao fixado em lei complementar.

A Emenda Constitucional nº 42, de 19.12.2003, acresceu dos parágrafos 12 e 13 ao art. 195, do texto constitucional. Pelo § 12, está previsto que lei vai definir os setores de atividade econômica para os quais incidem as contribuições sociais para a seguridade social sobre a receita ou o faturamento, tratadas no inciso I, "b", o COFINS. E, ainda, sobre contribuição social para a seguridade social, com incidência sobre o importador de bens ou serviços do exterior ou de quem a lei a ele equiparar, no inciso III acrescido ao art. 195, da Constituição Federal, pela Emenda Constitucional nº 42, de 19.12.2003. Pelo § 13, aplica-se a disposição anterior, para a hipótese de substituição gradual, total ou parcial, da contribuição incidente sobre a folha de salários e demais rendimentos do trabalho pagos ou creditados, a qualquer título, à pessoa física que lhe preste serviços, mesmo sem vínculo empregatício, pelo incidente sobre a receita ou o faturamento. A Emenda Constitucional nº 47, de 05.07.2005, alterou a redação do § 8º do art. 195, do texto constitucional.

25.3. Sistema Único de Saúde

A saúde é o direito de todos e dever do Estado, de acordo com o art. 196, da Constituição Federal. Fica garantida mediante políticas sociais e econômicas que visem a redução do risco de doença e de outros agravos e ao acesso universal e igualitário às ações e aos serviços para sua promoção, proteção e recuperação. Trata-se de direito subjetivo, que permite sua cobrança do Poder Público em juízo[33]. A saúde é a situação em que os órgãos

33 OLIVEIRA, Kátia Cristine Santos de e COSTA, Jamille Coutinho. **Direito à Saúde: da (in) efetividade das políticas públicas à sua judicialização como forma de garantir o mínimo existencial.** *In*: **Revista de Direito Brasileira**. São Paulo: Revista dos Tribunais, jul./2011, nº 1/77, e **Doutrinas Essenciais: Direito Constitucional (Edições Especiais Revista dos Tribunais: 100 Anos)**. 2ª tir. São Paulo: Revista dos Tribunais, 2013, vol. VII, p. 1247.

e as funções estão em funcionamento com harmonia, ao passo que a lesão e a alteração das funções caracterizam-se como doenças. O cidadão doente tem o direito de pleitear os meios públicos para lhe assegurar o estado de saúde. Este direito aparece, ainda, no art. 6º do texto constitucional como um direito social. A matéria foi tratada nas Constituições desde 1934, em seu art. 121, "h", sendo repetida nas Constituições de 1937, em seu art. 137, "l", de 1946, em seu art. 157, XIV, e, ainda, de 1967, em seu art. 158, XV, mas que na sua Emenda Constitucional nº 1, de 17.10.1969, apareceu como art. 165, XV. A Constituição de 1988 atribuiu-lhe os arts. 196 a 200.

Foi fixado pelo art. 167, da Constituição Federal, que são de relevância pública as ações e os serviços de saúde. É competência do Poder Público, então, tratar da matéria, nos termos da lei, especialmente sobre sua regulamentação, fiscalização e controle. Observe-se, ainda, que deve sua execução ser feita diretamente ou através de terceiros e, também, por pessoa física ou jurídica de direito privado. A Administração tem, então, o poder de polícia sobre a área da saúde, em especial a polícia sanitária, de modo que pode instituir as limitações administrativas na área. A atuação pode ser preventiva, para evitar as enfermidades, ou repressiva, punindo quem favoreça a proliferação das doenças. O Código Nacional de Saúde foi previsto na Lei Federal nº 2.312, de 03.09.1954, que dispunha sobre a defesa e a proteção da saúde, com suas modificações posteriores, regulamentado pelo Decreto Federal nº 49.974-A, de 21.01.1961.

As ações e os serviços públicos de saúde integram uma rede regionalizada e hierarquizada e constituem um sistema único, de acordo com o art. 198, do texto constitucional. Estas ações e serviços estão organizados de acordo com as diretrizes seguintes: a) a descentralização, com direção única em cada esfera de governo; b) o atendimento integral, com prioridade para as atividades preventivas sem prejuízo dos serviços assistenciais; c) a participação da comunidade.

A descentralização deve ocorrer com direção única em cada esfera de governo, ou seja, da União, dos Estados-membros, do Distrito Federal e dos Municípios. A descentralização pode ser orgânica, política ou por colaboração, sendo esta a implantada pelo texto constitucional. O inciso II do art. 198, da Constituição de 1988, dispõe que deve haver atendimento integral, com a prioridade para as atividades preventivas, sem prejuízo dos serviços de assistência. Trata-se da visão moderna da saúde, que está mais preocupada em evitar as doenças, em razão de ter menor custo social e financeiro. Por fim, está prevista a participação da comunidade, que integra os conselhos do Sistema Único de Saúde (SUS), previsto no art. 200, da Constituição Federal. A matéria está disposta na Lei Federal nº 8.080, de 28.12.1990, e na Lei Federal nº 8.142, de 28.12.1990.

Os parágrafos do art. 198, da Constituição Federal, têm a redação dada pela Emenda Constitucional nº 29, de 13.09.2000. O § 1º é o **parágrafo único** original, renumerado, dispondo que o Sistema Único de Saúde deve ser financiado, nos termos das contribuições sociais para a previdência social, previstas no art. 195, da Constituição Federal, com os recursos do orçamento da seguridade social, da União, dos Estados-membros, do Distrito Federal e dos Municípios, além de outras fontes.

A Emenda Constitucional nº 29, de 13.09.2000, introduziu várias matérias no art. 198, da Constituição Federal, instituindo mais dois parágrafos. Foi fixado no § 2º do art. 198, da Constituição Federal, que, em ações e serviços públicos de saúde, a União, os Estados-membros, o Distrito Federal e os Municípios devem aplicar, anualmente, recursos mínimos derivados da aplicação de percentuais previamente fixados. No caso da União, deve ser definido em lei complementar. No caso dos Estados-membros e do Distrito Federal, precisam aplicar o produto dos seus impostos próprios e do que recebem de partilha da União, deduzidas as parcelas, que transferem aos Municípios. Por fim, no caso destes e também do Distrito Federal, o produto da arrecadação de seus impostos e das partilhas dos impostos federais e estaduais.

A Emenda Constitucional nº 29, de 13.09.2000, também instituiu o § 3º do art. 198, da Constituição Federal, dispondo que deve haver lei complementar sobre a matéria, reavaliada a cada cinco anos. Esta lei complementar deve prever os percentuais de recursos a serem aplicados pelas Entidades da Federação, bem como sobre os critérios de rateio dos recursos federais vinculados à saúde, destinados aos Estados-membros, ao Distrito Federal e aos Municípios e dos recursos estaduais a estes últimos. Devem ser fixadas, ainda, as normas de fiscalização, avaliação e controle das despesas com saúde das Entidades Federadas. Por fim, também, as normas sobre o cálculo do montante a ser aplicado pela União. A Emenda Constitucional nº 29, de 13.09.2000, instituiu o art. 77, no Ato das Disposições Constitucionais Transitórias, tratando dos recursos mínimos a serem aplicados na saúde, até o exercício de 2004.

A Emenda Constitucional nº 51, de 14.02.2006, acrescentou ao art. 198 os parágrafos 4º, 5º e 6º, relativos à contratação de agentes comunitários de saúde e agente de combate às endemias. Esta pode ser feita por meio simplificado de processo seletivo público, de acordo com a natureza e a complexidade de suas atribuições e os requisitos para sua atuação, conforme regime jurídico e regulamentação feita por lei federal. Trata-se de exceção à contratação por concurso público de provas ou de provas e títulos, previsto no art. 37, II e III, da Constituição Federal. Foi permitido que aqueles agentes que se encontrasse até a promulgação da emenda acima pudessem ser contratados diretamente pelos Estados-membros, Distrito

Federal e Municípios, através de processo seletivo público, conforme o art. 2º desta. Se os profissionais já tiverem realizado outro processo seletivo anterior, ficaram dispensados do novo processo. A Emenda Constitucional nº 63, de 4.2.2010, alterou o §5º do art. 198, da Constituição Federal, para dispor sobre o piso salarial profissional nacional e sobre as diretrizes para os planos de carreira de agentes comunitários de saúde e de agentes de combate às endemias. A Lei Federal nº 11.350, de 05.10.2006, dispõe sobre o regime jurídico, o piso salarial profissional nacional, as diretrizes para os planos de carreira e a regulamentação das atividades de agente comunitários de saúde e de agente de combate às endemias.

A assistência à saúde, de acordo com o art. 199, vem a ser livre para a iniciativa privada. Foi fixado, no art. 170, tudo do texto constitucional, que a ordem econômica está fundada na livre iniciativa. Assim, nada obsta que o direito à saúde seja efetuado, também, por entidades privadas. Está previsto, de acordo com o § 1º daquele artigo, que as instituições privadas podem participar de forma complementar do Sistema Único de Saúde (SUS), através de contrato de direito público ou convênio, tendo preferência as entidades filantrópicas sem fins lucrativos. O contrato e o convênio de direito público celebram o acordo entre a Administração e o particular, de acordo com a conveniência de ambos. As regras administrativas são fixadas unilateralmente, mas as regras relativas ao conteúdo econômico podem ser livremente pactuadas. Foi assegurada uma hierarquia, devendo primeiro ser dada preferência às entidades filantrópicas, que inclusive gozam de imunidade tributária.

O § 2º do art. 199, da Constituição de 1988, fixou que está vedada a destinação de recursos públicos para auxílios ou subvenções às instituições privadas com fins lucrativos. No parágrafo seguinte foi expresso que a vedação à participação direta ou indireta de empresas ou capitais estrangeiros na assistência à saúde no Brasil. Por fim, no § 4º desse artigo está disposto que a lei deve estabelecer as condições e os requisitos que facilitem a remoção de órgãos, tecidos e substâncias humanas para fins de transplante, pesquisa e tratamento. Dispõe, ainda, sobre a coleta, o processamento e a transfusão de sangue e seus derivados, sendo vedado todo tipo de comercialização.

Foram fixadas, no art. 200, da Constituição Federal, as condições para o funcionamento do Sistema Único de Saúde (SUS). Compete a este: a) controlar e fiscalizar os procedimentos, os produtos e as substâncias de interesse para a saúde, bem como participar da produção relativa à área; b) executar as ações de vigilância sanitária e epidemiológica; c) ordenar a formação de recursos humanos; d) participar das ações de saneamento básico; e) incrementar o desenvolvimento científico e tecnológico; f) fiscalizar e inspecionar os alimentos; g) participar do controle e fiscalização dos produtos psicoativos, tóxicos e radioativos; h) colaborar na proteção do meio ambiente, nele compreendido o trabalho. O Sistema Único de Saúde (SUS) está disposto na Lei Federal nº 8.080, de 19.09.1990, e na Lei Federal nº 8.142, de 28.12.1990, com suas alterações posteriores. Controlar e fiscalizar, na verdade, consiste na mesma atividade. Os procedimentos, os produtos e as substâncias de interesse para a saúde de controle, bem como a participação da produção de medicamentos, equipamentos, imunobiológicos, hemoderivados e outros insumos, estão previstos no art. 6º da Lei Federal nº 8.080, de 19.09.1990.

Prevê o inciso II do art. 200, do texto constitucional, que o Sistema Único de Saúde (SUS) deve prever e executar as ações de vigilância sanitária e epidemiológica. A vigilância sanitária está voltada para a polícia sanitária, de oferecer garantias de saúde e de saneamento. O controle epidemiológico é aquele dirigido para tratar de doenças epidêmicas, que são as que surgem de forma rápida e atingem grande número de pessoas. Por fim, deve haver preocupação como a saúde do trabalhador. De acordo com o inciso III do referido artigo, o Sistema Único de Saúde (SUS) deve ordenar a formação de recursos humanos na área de saúde. Precisa oferecer as condições técnicas para que os trabalhadores da área estejam preparados com informações atualizadas sobre os problemas de saúde. No inciso seguinte, está prevista a participação na formulação da política e na execução das ações de saneamento básico. O saneamento básico trata-se do meio de resolver a questão relativa ao controle da higiene e de garantia da salubridade pública, com grande repercussão social.

A epidemia do novo Coronavírus (Covid-19), no início de 2020, no Brasil, acabou levando à aprovação da Lei Complementar Federal nº 173, de 27.05.2020, com as seguintes disposições iniciais com o estabelecimento do Programa Federativo de Enfrentamento ao Coronavírus SARS-CoV-2 (Covid-19), com cerca de meio milhão de mortos até 2021, assim:

> "Art. 1º Fica instituído, nos termos do art. 65 da Lei Complementar nº 101, de 4 de maio de 2000, exclusivamente para o exercício financeiro de 2020, o Programa Federativo de Enfrentamento ao Coronavírus SARS-CoV-2 (Covid-19).
> § 1º O Programa de que trata o **caput** é composto pelas seguintes iniciativas:
> I - suspensão dos pagamentos das dívidas contratadas entre:
> a) de um lado, a União, e, de outro, os Estados e o Distrito Federal, com amparo na Lei nº 9.496, de 11 de setembro de 1997, e na Medida Provisória nº 2.192-70, de 24 de agosto de 2001;
> b) de um lado, a União, e, de outro, os Municípios, com base na Medida Provisória nº 2.185-35, de 24 de agosto de 2001, e na Lei nº 13.485, de 2 de outubro de 2017;
> II - reestruturação de operações de crédito interno e externo junto ao sistema financeiro e instituições multilaterais de crédito nos termos previstos no art. 4º desta Lei Complementar; e
> III - entrega de recursos da União, na forma de auxílio financeiro, aos Estados, ao Distrito Federal e aos Municípios, no exercício de 2020, e em ações de enfrentamento ao Coronavírus SARS-CoV-2 (Covid-19).

> § 2º As medidas previstas no inciso I do § 1º são de emprego imediato, ficando a União autorizada a aplicá-las aos respectivos contratos de refinanciamento, ainda que previamente à celebração de termos aditivos ou outros instrumentos semelhantes.
> Art. 2º De 1º de março a 31 de dezembro de 2020, a União ficará impedida de executar as garantias das dívidas decorrentes dos contratos de refinanciamento de dívidas celebrados com os Estados e com o Distrito Federal com base na Lei nº 9.496, de 11 de setembro de 1997, e dos contratos de abertura de crédito firmados com os Estados ao amparo da Medida Provisória nº 2.192-70, de 24 de agosto de 2001, as garantias das dívidas decorrentes dos contratos de refinanciamento celebrados com os Municípios com base na Medida Provisória nº 2.185-35, de 24 de agosto de 2001, e o parcelamento dos débitos previdenciários de que trata a Lei nº 13.485, de 2 de outubro de 2017.
> § 1º Caso, no período, o Estado, o Distrito Federal ou o Município suspenda o pagamento das dívidas de que trata o caput, os valores não pagos:
> I - serão apartados e incorporados aos respectivos saldos devedores em 1º de janeiro de 2022, devidamente atualizados pelos encargos financeiros contratuais de adimplência, para pagamento pelo prazo remanescente de amortização dos contratos; e
> II - deverão ser aplicados preferencialmente em ações de enfrentamento da calamidade pública decorrente da pandemia da Covid-19.
> § 2º Enquanto perdurar a suspensão de pagamento referida no § 1º deste artigo, fica afastado o registro do nome do Estado, do Distrito Federal e do Município em cadastros restritivos em decorrência, exclusivamente, dessa suspensão.
> § 3º Os efeitos financeiros do disposto no caput retroagem a 1º de março de 2020.
> § 4º Os valores eventualmente pagos entre 1º de março de 2020 e o término do período a que se refere o caput deste artigo serão apartados do saldo devedor e devidamente atualizados pelos encargos financeiros contratuais de adimplência, com destinação exclusiva para o pagamento das parcelas vincendas a partir de 1º de janeiro de 2021.
> § 5º Os Estados, o Distrito Federal e os Municípios deverão demonstrar e dar publicidade à aplicação dos recursos de que trata o inciso II do § 1º deste artigo, evidenciando a correlação entre as ações desenvolvidas e os recursos não pagos à União, sem prejuízo da supervisão dos órgãos de controle competentes.
> § 6º Os valores anteriores a 1º de março de 2020 não pagos em razão de liminar em ação judicial poderão, desde que o respectivo ente renuncie ao direito sobre o qual se funda a ação, receber o mesmo tratamento previsto no inciso I do § 1º deste artigo, devidamente atualizados pelos encargos financeiros contratuais de adimplência".

Deve haver, ainda, o incremento do desenvolvimento científico e tecnológico, na sua área de atuação, até por problema semelhante a pandemia, caso assim expresse. Trata-se da forma de preparar a saúde nacional para os novos problemas surgidos, não só do ponto de vista de novos equipamentos e medicamentos, mas também das novas doenças que vêm surgindo. Cabe ao Sistema Único de Saúde (SUS), ainda, fiscalizar e inspecionar os alimentos, compreendido o controle de seu teor nutricional, bem como as bebidas e as águas para consumo humano. O inciso VII do art. 200, da Constituição de 1988, prevê a participação do controle e da fiscalização da produção, do transporte, da guarda e da utilização de substâncias e produtos psicoativos, tóxicos e radioativos. Deve haver, então, o controle ainda na fase produtiva, bem como no acondicionamento, no depósito e na posterior aplicação dos mesmos. Por fim, no último inciso, dispõe sobre a colaboração na proteção do meio ambiente, nele compreendida a proteção do trabalho. O meio ambiente, ainda, encontra-se tratado no art. 225 do texto constitucional.

25.4. Desenvolvimento da Previdência Social

Ao longo da Idade Média, a preocupação com a assistência e a previdência social estava relacionada com as corporações de ofício, como as guildas de artesões, e as associações de natureza religiosa. Enquanto as corporações cuidavam dos seus vinculados, cabia às outras instituições cuidar dos enfermos, dos órfãos, das viúvas e dos idosos que fossem despossuídos. Na Grã-Bretanha, essa experiência vai acabar resultando na **Old Poor Law**, em 1601, na Inglaterra, que dispunha sobre a instituição de auxílios e apoios públicos aos necessitados[34]. Estava voltada aos considerados indigentes, como inválidos e criança, prevendo também uma assistência local nos condados, para aqueles que não encontrassem apoio em seus grupos sociais. No século XVII, na Itália, um banqueiro napolitano criou as **tontinas**, que se tratava de uma espécie de mutualidade, na qual cada membro contribuía com uma soma para formar uma renda vitalícia a ser repartida entre os que necessitassem em determinada época. Logo esta experiência passou para a França, onde os mútuos foram submetidos à autoridade pública, com maior controle e fiscalização.

A Revolução Francesa de 1789 desorganizou as corporações de ofício, com a **Loi Le Chapelier**, de 17.06.1791, que proibiu tais grupos, a título de impedir os intermediários entre o Estado e o cidadão, bem como realizou o afastamento da Igreja do auxílio aos mais pobres. Por outro lado, na Declaração de Direitos do Homem e do Cidadão, em 1789, no art. XXV, 1, constou que "todo homem tem direito a um padrão de vida capaz de assegurar a si e a sua família saúde e bem-estar, inclusive alimentação, vestuário, habitação, cuidados médicos e os serviços sociais indispensáveis, e direito à segurança em caso de desemprego, doença, invalidez, viuvez, velhice, ou

34 "Trata-se de medida editada mais exatamente em 19 de dezembro de 1601, no reinado da primeira rainha, Isabel I, da Inglaterra, filha de Henrique VIII. Referido ordenamento, ao instituir assistencial paroquial aos pobres, criou, para o seu custeio, contribuições compulsórias, denominadas **poor tax**, que vigeriam por, aproximadamente, um século e meio" (CORREIA, Marcus Orione Gonçalves, e CORREIRA, Érica Paula Barcha. **Curso de Direito da Seguridade Social**. São Paulo: Saraiva, 2007, pp. 2-3).

outros casos de perda dos meios de subsistência em circunstâncias fora de seu controle". Com isso, o direito à assistência passou a ser entendido como o reconhecimento de que existe uma dívida da sociedade para com os mais pobres, assim como se reconheceu que esse direito relaciona-se ao direito ao trabalho.

O desenvolvimento industrial e os princípios do Estado Liberal permitiram que o trabalho do homem fosse afirmado como se fosse uma mercadoria que pudesse ser objeto de locação. No entanto, dado à legislação que defendia a liberdade do trabalho, havia um excesso de trabalhadores – entre eles, inclusive, crianças e mulheres – de modo que se podia exigir até quatorze horas de trabalho com o pagamento de valores irrisórios. Para mediar as contínuas reivindicações trabalhistas, instituiu-se a **New Poor Law**, em 1832, com a assistência social se dando nas **works houses**, que se tratavam de abrigos para crianças, idosos e desempregados, sem distinções[35]. O problema da miséria em larga escala fez com que o problema da assistência social passasse a ser medida do interesse público, principalmente com a necessidade de ser criarem centros de atendimento aos que não trabalhavam por motivo de doença, de idade ou de desemprego involuntário.

A situação acima permitiu o desenvolvimento do conceito de previdência social ao dispor sobre o atendimento a riscos futuros num plano presente de alcance geral. Formam-se as instituições de natureza mutualistas por iniciativa pública ou por associação de trabalhadores, mas de natureza facultativa. Não obstante, tal enfoque começou a ser modificado, na Alemanha, quando foi criado o seguro obrigatório contra acidente, doença e velhice, que se voltava para o trabalhador da indústria. Por iniciativa do Chanceler Otto von Bismarck[36], criou-se o seguro doença, em 1883, o

35 "A concentração populacional da miséria nos principais centros urbanos industrializados muda o fundamento da assistência, da solidariedade prestada às populações carentes, passando-se a encará-la como forma de solução de um problema de segurança pública da burguesia com a internação dos socialmente indesejáveis" (TAVARES, Marcelo Leonardo. **Direito Previdenciário: regime geral de previdência social e regras constitucionais dos regimes próprios de previdência social.** Niterói: Impetus, 2010, p. 49).

36 "**BISMARCK** (Otto, *príncipe* VON), estadista prussiano (Schönhausen, Magdeburgo, 1815 – Friedrichsruh, 1898). Ministro do rei da Prússia, Guilherme I, em 1862, foi um dos fundadores da unidade alemã. Conquistou à Dinamarca o Slesvig e o Holstein, e deu à Prússia, pela vitória de Sadowa (1866), o lugar preponderante até então ocupado pela Áustria. A guerra de 1870-1871 contra a França foi para ele um novo sucesso. Proclamado chanceler do Império, em Versalhes, em janeiro de 1871, procurou em seguida aumentar o poder imperial. Sustentou contra o partido católico a guerra religiosa do *Kulturkampf*, e, para conquistar a simpatia das classes operárias, não hesitou em seguir o caminho do socialismo de Estado. Para isolar a França da Europa, constituiu com a Áustria e a Itália uma *Tríplice Aliança*. Conseguiu igualmente fazer da Alemanha

seguro contra acidente do trabalho, em 1884, e seguro de invalidez e de velhice, em 1889. O Estado passou a ser promotor do direito social e coordenador geral da sociedade, ao criar um seguro obrigatório gerenciado pelo Poder Público. As inovações acima foram consolidadas no Código Federal de Seguros Sociais, incluindo o seguro por morte e aperfeiçoando os demais seguros já criados. Na Alemanha, o sistema previa a proteção aos trabalhadores por categoria profissional, cobrando de forma obrigatória um valor fixo, com o qual se pretendia substituir no futuro o salário do trabalhador, com a repartição do encargo para o empregado, a empresa e o Estado. Logo depois, a Encíclica **Rerum Novarum**, do Papa Leão XIII[37], em 1891, dispôs sobre a condição dos trabalhadores e dos princípios que deviam se reger as relações entre patrão e empregado.

Seguindo a experiência alemã, a França, em 1898, criou uma legislação dispondo sobre a responsabilidade civil sem culpa e a proteção padronizada como parte do contrato de trabalho. A proteção, prevista inicialmente para os trabalhadores das indústrias, começou a se alargar para todos os trabalhadores. As empresas passam a contratar seguros para se proteger a responsabilidade sobre o acidente de trabalho, consolidada em 1905, com as seguradoras sendo responsáveis diretas para com os beneficiados. Por sua vez, na Grã-Bretanha, em 1897, a **Workmen's Compesation Act** instituiu o seguro obrigatório contra o acidente do trabalho, com a empresa sendo considerada responsável pelo dano ou morte, mesmo que não tivesse culpa. No mesmo local, em 1908, a **Old Age Pensions** concedeu pensão aos maiores de setenta anos independentemente de contribuição. Em 1911, a **Natural Insurance Act**, previu o sistema de proteção de caráter contributivo obrigatório com a tríplice custeio. Depois disto, o direito à previdência social passou a constar na Constituição Mexicana de 1917 e na Constituição de Weimar de 1919.

Com o fim da I Guerra Mundial, o Tratado de Versalhes e a criação da Organização Internacional do Trabalho (OIT), passou a haver a universalização da previdência social. Nas Décadas de Vinte e Trinta, no século XX, formularam-se as convenções e as recomendações internacionais para a

uma potência colonial. Deixou o poder pouco depois da subida de Guilherme II ao trono (1890)" (KOOGAN/HOUAISS. **Dicionário Enciclopédico e Ilustrado**, *op. cit.*, p. 228).

37 "**LEÃO XIII** (Vincenzo Gioacchino *Pecci*) (Carpineto Romano, 1810 – Roma, 1903), papa (1878-1903). Grande humanista, preconizou na França uma política de conciliação e, numa série de encíclicas de grande repercussão na sociedade moderna, encorajou o catolicismo social e a penetração religiosa no mundo operário (*Rerum novarum*, 1891). Deve-se-lhe também a renovação dos estudos exegéticos e históricos" (KOOGAN/HOUAISS. **Dicionário Enciclopédico e Ilustrado**, *op. cit.*, p. 956).

proteção da maternidade, de doenças profissionais, de seguro-desemprego e de outros benefícios sociais. Tratava-se de uma época de transição, iniciada com o sistema da então União da República Socialista Soviética (URSS), primeiro Estado Socialista, com a criação da expressão "proteção social", como a medida em favor dos trabalhadores. A Previdência Social era custeada pelos impostos, englobando saúde pública gratuita e segurança social, prevista na Declaração do Povo Oprimido e Trabalhador de 1918, na Rússia e, depois, na Constituição de 1924. Avançou, ainda, em 1938, para a Nova Zelândia.

A Declaração Universal dos Direitos do Homem da Organização das Nações Unidas (ONU), em 1948, previu que todos tivessem o direito à seguridade social, nos art. 22, art. 25, parágrafos 1º e 2º, e o art. 28. Contudo, passou a existir o **Welfare State**, baseado em um sistema unificado da seguridade social, gerido pelo Poder Público, ainda que tolerada a previdência privada. Essa ideia decorreu do projeto de William Beveridge[38], que foi aplicado na Grã-Bretanha, em 1942, em plena II Guerra Mundial o plano sustentava-se na noção da dignidade da pessoa humana e não mais na proteção dos trabalhadores e dos miseráveis como existia no modelo alemão[39]. Houve a institucionalização de seguro público obrigatório de modelo geral, protegendo toda a população em sistema universal e único, custeado por prestações padronizadas.

A concepção tem natureza universalista, protegendo todos os cidadãos com cobertura pessoal e abrangência geral, com o financiamento público através de contribuições sociais. Trata-se do modelo mais usado dos dias de hoje, com base em três noções – primeiro, existe um sistema público de vinculação obrigatória, com garantia de renda básica para todas as pessoas; segundo, há planos por empresas baseadas no mutualismo, e a terceira, prevê-se proteção suplementar de natureza pessoal, como se fosse uma poupança individual. Para William Beveridge, advertindo contra cinco gigantes do mal, assim:

38 "**BEVERIDGE** (*Lord* William Henry), economista e sociológico inglês (Rangpur, Bengala, 1879 – Oxford, 1963), autor de um plano de seguro social (1942) e de um plano sobre o 'pleno emprego' da mão de obra (1944)" (KOOGAN/HOUAISS. **Dicionário Enciclopédico e Ilustrado**, *op. cit.*, p. 220).

39 "Em meio às agruras da ocupação de Londres, pelos nazistas, o *Lord* Beveridge idealizou um sistema universal de proteção social, tendo como fundamento a proteção do berço ao túmulo. Uma proteção básica, suficiente para que o trabalhador e sua família pudessem sobreviver sem maiores desconfortos, o período de desemprego, doença, morte etc." (TSUTIYA, Augusto Massayuki. **Curso de Direito da Seguridade Social**. São Paulo: Saraiva, 2007, p. 7).

> "A miséria física, que o interessa diretamente; a doença, que é, muitas vezes, causadora da miséria e que produz ainda muitos males; a ignorância, que nenhuma democracia pode tolerar nos seus cidadãos; a imundície, que decorre principalmente da distribuição irracional das indústrias e da população; e contra o desemprego involuntário (ociosidade), que destroi a riqueza e corrompe os homens, estejam eles bem ou mal nutridos"[40].

Ao passo que houve o desenvolvimento do regime geral de previdência social, começou a existir um sistema de previdência para os servidores públicos, iniciando tal sistema nos Estados Unidos. O primeiro sistema de previdência municipal americano foi instituído, em 1857, para o benefício dos policiais de Nova Iorque que tivessem sido feridos em serviço. Depois, em 1878, o plano foi ampliado para conceder aposentadoria, recebendo metade do salário final, depois de vinte e um anos de serviço. Na primeira metade do século XX, foi estabelecido a maioria dos regimes de previdência para os servidores públicos municipais e estaduais, baseados no custeio dividido entre os segurados e os entes públicos.

Nos Estados Unidos, a **Social Security**, em 1935, criou o termo "seguro social", para designar várias medidas de seguro e de assistência social. Havia uma proteção mais ampla do que a prevista inicialmente na Alemanha do Chanceler von Bismarck, incluindo mães de família e cegos, por exemplo. Foi inovador ao tratar das várias medidas e benefícios em um direito geral, com medidas coordenadas de proteção à saúde e ao desemprego. A medida visava liberar as pessoas de necessidades básicas, entendida como "**freedom from want**", de modo a se relacionar a proteção social com o mundo econômico.

Quando houve a criação do **Social Security**, em 1935, não se previu a cobertura para tais servidores, mas depois isso foi permitido, em 1950, com o **Social Security Act**, permitindo que os Estados-membros voluntariamente oferecessem a cobertura mediante acordo com o órgão federal. Houve a expansão dos regimes de previdência do setor público norte-americano, na segunda metade do século passado[41]. No plano da União, nos Estados Unidos,

---

40 BEVERIDGE, William Henry. **Plano Beveridge**. ANDRADE, Almir (trad.). Rio de Janeiro: José Olympio, 1942, p. 282.

41 "Nos anos 80, observou-se que muitos dos Estados e localidades americanas procuravam expandir as opções de investimento disponíveis para os seus regimes de previdência. Isto permitiu que estes sistemas se beneficiassem dos significativos retornos observados no mercado de ações na década seguinte. Esta tendência de apresentar altos níveis de retorno do capital investido mantém-se ate hoje, e com isso a maioria dos regimes de previdência dos servidores públicos locais e estaduais americanos continua a manter seus planos de benéficos definido como sua modalidade básica de benefícios. Cabe ressaltar, entretanto, que alguns poucos sistemas têm feito a transi-

o **Federal Employees Retirement System (FERS)**, instituído, em 1983, estruturou o sistema para beneficiar os servidores públicos federais de modo semelhante aos dos empregados de grandes empresas privadas, apesar de prever cobertura universal destes profissionais. Para tanto, as seguintes exigências – em primeiro lugar, cobertura dos benefícios pelo sistema público; em segundo lugar, plano de benefícios definido previamente; em terceiro lugar, plano de contribuição definida, no **Thrift Saving Plan (TSP)**[42].

25.5. Previdência Social Brasileira

A previdência social é a instituição destinada a auxiliar aos trabalhadores, cônjuges e descendentes, quando ocorrem diversos eventos, desde situações pesarosas, como a morte ou a doença, como positivos, como a gravidez. As situações decorrem em razão de um lapso de tempo, como acontece com a aposentadoria compulsória ou voluntária. Afirmou-se, no século XX, que o Poder Público deveria mediar o conflito entre o capital e o trabalho, que ocorria ferozmente no final do século XIX. Foi para a Administração, ao longo daquele século, a assumir a responsabilidade pelas ações de previdência social, assim como de garantia do direito à saúde, da assistência social e da educação.

Passaram para a esfera pública diversas atribuições, que agora os países têm dificuldade de resolver, em especial o sistema de aposentadorias e de pensões, quase sempre deficitário, depois de algumas décadas da implantação. Ocorre, em parte, por má administração, como a desvinculação com os cálculos atuariais devidos; em outra parte, pelas próprias mudanças no mundo atual. Houve tanto o aumento da longevidade dos aposentados, como a cura para certas doenças, inclusive alguns tipos de câncer, ou o controle das mesmas, como a Aids, fazendo com que o tempo de benefício seja, em média, superior às expectativas iniciais, além de outras situações especiais. No entanto, na pandemia da Covid-19, inúmeras vidas de idosos foram levadas pela gripe mortal. A indiferença do Governo Federal com a doença leva a crer que essa era a nova reforma da previdência, para liquidar as aposentadorias e as pensões do Regime Geral de Previdência Social (RGPS).

ção para os planos de contribuição definida, ou tem adicionado aos seus programas de previdência de benefício definido um plano suplementar de contribuição definida" (SILVA, Delúbio Gomes Pereira. **Regime de Previdência Social dos Servidores Público no Brasil: perspectiva**. São Paulo: Ltr, 2003, p. 36).

42 COSTA, Nelson Nery. **Previdência do Servidor Público: regime próprio e Comprev**. 5ª ed. Rio de Janeiro: GZ, 2018, p. 46.

A previdência social foi tratada, inicialmente, na Constituição de 1934, no art. 121, § 1º, "h", que dispunha sobre assistência médica e sanitária ao trabalhador e gestante, esta com proteção ao trabalho antes e depois do parto. No mesmo dispositivo, na segunda parte, estabelece que a legislação do trabalho deveria prever a "instituição de previdência, mediante contribuição igual da União, do empregado e do empregado, a favor da velhice, da invalidez, da maternidade e nos casos de acidentes do trabalho e de morte". Na Década de Vinte, do século XX, foram sancionadas diversas leis tratando das aposentadorias de algumas categorias de trabalhadores. A Constituição de 1937 dispôs da mesma forma do texto constitucional anterior.

A Constituição de 1946 já previa a matéria, no art. 157: "XVI – previdência, mediante contribuição da União, do empregador e do empregado; XVII – obrigatoriedade da instituição do seguro pelo empregador contra os acidentes do trabalho". Por sua vez, a Constituição de 1967, em seu art. 158, § 1º, dispunha que nenhuma prestação de serviço de caráter assistencial ou de benefício, compreendido na previdência social devia ser criada, majorada ou estendida, sem a correspondente fonte de custeio total. Todavia, na sua Emenda Constitucional nº 1, de 17.10.1969, apareceu como art. 165, **parágrafo único**. O Plano de Benefícios da Previdência Social encontra-se previsto na Lei Federal nº 8.213, de 24.07.1991, e no Decreto Federal nº 613, de 21.07.1992, e o custeio pela Lei Federal nº 8.212, de 24.07.1991[43]. O art. 201, do texto constitucional, foi todo modificado, pela Emenda Constitucional nº 20, de 15.12.1998.

A redação original do art. 201, da Constituição de 1988, antes da Reforma da Previdência Social de 1998, dispunha que:

> "Art. 201. Os planos de previdência social, mediante contribuição, atenderão, nos termos da lei, a: I – cobertura dos eventos de doença, invalidez, morte, incluídos os resultantes de acidentes do trabalho, velhice e reclusão; II – ajuda à manutenção dos dependentes dos segurados de baixa renda; III – proteção à maternidade, especialmente à gestante; IV – proteção ao trabalhador em situação de desemprego involuntário; V – pensão por morte de segurado, homem ou mulher, ao cônjuge ou companheiro e dependentes, obedecido o disposto no § 5º e no art. 202. § 1º Qualquer pessoa poderá participar dos benefícios da previdência mediante contribuição na forma dos planos previdenciários. § 2º É assegurado o reajustamento dos benefícios para preservar-lhes, em caráter permanente, o valor real, conforme critérios definidos em lei. § 3º Todos os salários de contribuição considerados no cálculo serão corrigidos monetariamente. § 4º Os ganhos habituais do empregado, a qualquer título ao salário para efeito de contribuição previdenciária e conseqüentemente em benefícios,

43 Súmula Vinculante 8, de 12.06.2008: "São inconstitucionais o parágrafo único do artigo 5º do Decreto-Lei nº 1.569/1977 e os artigos 45 e 46 da Lei nº 8.212/1991, que tratam de prescrição e decadência de crédito tributário".

> nos casos e na forma da lei. § 5º Nenhum benefício que substitua o salário de contribuir do trabalho do segurado terá valor mensal inferior ao salário mínimo. § 6º A gratificação natalina dos aposentados e pensionistas terá por base o valor dos proventos do mês de dezembro de cada ano. § 7º A previdência social manterá seguro coletivo, de caráter complementar facultativo, custeado por contribuições adicionais. § 8º É vedada subvenção ou auxilio do Poder Público às entidades da previdência privada com fins lucrativos".

A previdência social, de acordo com o art. 201, da Constituição de 1988, deve ser organizada sob a forma de Regime Geral de Previdência Social (RGPS), de caráter contributivo e de filiação obrigatória. A instituição deve ser universal, abrangendo todos os cidadãos, e ter caráter contributivo, no sentido que deve haver uma contraprestação pecuniária, tanto do trabalhador, como do empregador. Precisa ter, ainda, a filiação obrigatória, equivalendo à força do tributo, com as contribuições sociais para a seguridade social tendo caráter compulsório, de arrecadar para financiar a previdência social. Esta recebe, através do custeio das contribuições sociais para a seguridade social, e paga, mediante os benefícios previstos. Para que o sistema funcione devem ser observados os critérios que preservem o equilíbrio financeiro e atuarial.

Prevê-se a cobertura dos eventos de doença, de invalidez, de morte e de idade avançada, sendo esta a responsabilidade principal pela crise da previdência social. Ocorre, desde 1934, a proteção à maternidade, especialmente à gestante. Precisa ser prevista, também, a proteção ao trabalhador em situação de desemprego involuntário, que é feita através do seguro-desemprego, disposto na Lei Federal nº 7.889, de 11.01.1990, e suas modificações posteriores. Encontra-se tratado também o salário-família e o auxílio-reclusão para os dependentes dos segurados de baixa renda. Por fim, encontra-se previsto o pagamento de pensão por morte do segurado, homem ou mulher, ao cônjuge ou companheiro e dependentes, no valor não inferior ao salário mínimo.

A Emenda Constitucional nº 20, de 15.12.1998, modificou totalmente o art. 201, assim como todos os parágrafos, salvo o antigo § 5º, que passou a ser o § 2º, como a mesma redação. Em primeiro lugar, está vedada a adoção de requisitos e critérios para a concessão de aposentadoria aos beneficiários do Regime Geral de Previdência Social (RGPS), que favoreça determinada categoria profissional. Ressalve-se, porém, os casos de atividades exercidas sob condições especiais que prejudiquem a saúde ou a integridade física, e quando se tratar de segurados portadores de deficiência, nos termos que precisam ser definidos em lei complementar, no § 1º, com redação da Emenda Constitucional nº 47, de 05.07.2005.

O atual § 2º do art. 201, da Constituição de 1988, era o antigo § 5º do mesmo dispositivo, antes da Reforma da Previdência, efetuado pela

Emenda Constitucional nº 20, de 15.12.1998. Foi mantido o texto original, que fixava que nenhum benefício que substituía o salário de contribuição ou o rendimento do trabalho do segurado possa ter valor mensal inferior ao salário mínimo. O atual § 3º, do mesmo artigo, dispõe que todos os salários de contribuição considerados para o cálculo de benefício devem ser devidamente atualizados, de acordo com lei ordinária. Fixou o § 4º, do texto constitucional, que se encontra assegurado o reajustamento dos benefícios para lhes preservar, em caráter permanente, o valor real, conforme os critérios definidos em lei. Este dispositivo era o antigo § 2º, do art. 201.

De acordo com o § 5º, do art. 201, encontra-se vedada a filiação ao Regime Geral de Previdência Social (RGPS), na qualidade de segurado facultativo, de pessoa participante de Regime Próprio de Previdência (RPPS). Trata-se de solução para evitar que haja pessoas que possam se beneficiar de duas aposentadorias. Observe-se que o regime facultativo afasta o Regime Geral de Previdência Social (RGPS), para o benefício, mas não está claro que o afasta do pagamento, em razão da universalidade e da obrigatoriedade da contribuição.

O § 6º do art. 201, da Constituição Federal, trata da gratificação natalina dos aposentados e pensionistas, que deve ter por base o valor dos proventos do mês de dezembro de cada ano. Este parágrafo estava previsto, com o mesmo número, na Constituição de 1988, não sendo alterado pela Emenda Constitucional nº 20, de 15.12.1998. A gratificação natalina encontra-se prevista, para os trabalhadores, na Lei Federal nº 4.090, de 13.07.1962, com as modificações da Lei Federal nº 4.749, de 12.08.1965, bem como no Decreto Federal nº 57.155, de 03.11.1965 e no Decreto Federal nº 61.912, de 26.12.1968. A Emenda Constitucional nº 47, de 05.07.2005, modificou o § 1º do art. 201, do texto constitucional.

A grande modificação foi efetuada pelo § 7º do art. 201, da Constituição de 1988, que alterou bastante o sistema anterior, tratado no art. 202 e, não, nesse outro. Foi assegurada a aposentadoria no Regime Geral de Previdência Social (RGPS), nos termos da Lei de Benefícios, Lei Federal nº 8.213, de 24.07.1991, e suas modificações posteriores. Deve-se obedecer as seguintes condições – em primeiro lugar, trinta e cinco anos de contribuição, se homem; e trinta anos de contribuição, se mulher. No sistema de previdência social anterior, estava previsto que poderia ocorrer a aposentadoria, após trinta e cinco anos de trabalho, ao homem, e, após trinta, à mulher, ou em tempo inferior, se sujeitos a trabalho sob condições especiais, que prejudicassem a saúde ou a integridade física. Mudou quase tudo, o critério, o tempo de trabalho e o de contribuição.

A Emenda Constitucional nº 20, de 15.12.1998, efetuou diversas mudanças no regime de previdência social, tanto públicas como privadas, criando daí um sistema de disposições transitórias. Em relação ao estabelecido no art. 201, § 7º, do que antes era tratado no art. 202, foi assegurada a concessão de aposentadoria e de pensão, a qualquer tempo, aos servidores públicos e aos segurados do Regime Geral de Previdência Social (RGPS). O servidor, que completar as exigências para aposentadoria integral e que optar por permanecer em atividade, faz jus à isenção da contribuição previdenciária até completar as exigências para aposentadoria contidas no dispositivo.

Foram mantidos todos os direitos e as garantias assegurados nas disposições constitucionais, vigentes em 18.12.1998, aos servidores e militares, inativos e pensionistas, aos anistiados e aos ex-combatentes, assim como àqueles que já cumpriram, até aquela data, os requisitos para usufruírem tais direitos, conforme o disposto no art. 37, XI, da Constituição Federal. Observado o comentário ao § 10, do art. 40, e ressalvado o direito de opção à aposentadoria pelas normas estabelecidas nesta Constituição para o Regime Geral de Previdência Social (RGPS), foi assegurado o direito à aposentadoria voluntária ao segurado que se tivesse filiado ao Regime Geral de Previdência Social (RGPS), até 18.12.1998, quando, cumulativamente atender aos seguintes requisitos:

> "Art. 40. ....
>
> I – contar com 53 anos de idade, se homem, e 48 anos de idade, se mulher; e II – contar tempo de contribuição igual, no mínimo, à soma de: *a)* 35 anos, se homem, e 30 anos, se mulher; e *b)* um período adicional de contribuição equivalente a 20% do tempo que, em 18.12.98, faltaria para atingir o limite de tempo constante da alínea anterior".

Trata o § 10, do artigo anterior, que a lei deve disciplinar a cobertura do risco de acidente do trabalho, a ser atendida concorrentemente pelo regime geral de previdência social e pelo setor privado. O dispositivo foi instituído para que se possa estabelecer nova forma de contribuição social para a previdência social, relativa ao acidente do trabalho, além do seguro já cobrado. Por fim, conforme o § 11 do art. 201, da Constituição de 1988, os ganhos habituais do empregado, a qualquer título, devem ser incorporados ao salário para efeito de contribuição previdenciária e consequente repercussão em benefícios. Trata-se, na verdade, da forma de ampliar a contribuição social para a previdência social incidente sobre o trabalhador e dos demais segurados, prevista no art. 193, II, da Constituição Federal.

A Emenda Constitucional nº 41, de 19.12.2003, incluiu o § 12 ao art. 201, do texto constitucional. Por sua vez, este teve a redação alterada pela Emenda Constitucional nº 47, de 05.07.2005, tratando da inclusão previdenciária de trabalhadores de baixa renda e daqueles sem renda própria que se dediquem exclusivamente ao trabalho doméstico no âmbito de sua residência. O sistema especial deve ter alíquotas e carências inferiores aos demais segurados do regime geral de previdência, conforme o § 13 do artigo acima, com a redação desta emenda.

Tratou o art. 202, da Constituição de 1988, sobre o regime de previdência privada, que deve ter caráter complementar e ser organizado de forma autônoma em relação ao regime geral de previdência social. Este regime, ao contrário do outro, geral e obrigatório, é facultativo, baseado na constituição de reservas que garantam o benefício contratado, e regulado por lei complementar. A Emenda Constitucional nº 20, de 15.12.1998, modificou este dispositivo, que tratava de outras matérias. Previu, ainda, que as entidades fechadas de previdência privada patrocinadas por entidades públicas, inclusive as empresas públicas e as sociedades de economia mista. Estes deveriam rever seus planos de benefícios e serviços, de modo a ajustá-los atuarialmente a seus ativos, sob pena de intervenção, sendo seus dirigentes e os de suas respectivas patrocinadoras responsáveis civil e criminalmente pelo descumprimento do disposto neste comentário.

Prevê o § 1º do art. 202, da Constituição Federal, que lei complementar que trata do regime de previdência social complementar deve assegurar ao participante de planos de benefícios de entidades de previdência privada o pleno acesso às informações relativas ao trabalho, a ser atendida concorrentemente pelo regime geral de previdência social e pelo setor privado. No parágrafo seguinte, está disposto que as contribuições sociais do empregador, os benefícios e as condições contratuais previstas nos estatutos, regulamentos e planos de benefícios das entidades de previdência privada não integram o contrato de trabalho dos participantes, assim como não integram a remuneração dos participantes, de acordo com lei a ser editada.

De acordo com o § 3º do art. 202, da Constituição de 1988, está vedado o aporte de recursos a entidade de previdência privada pela União, Estados-membros, Distrito Federal e Municípios, suas autarquias, fundações, empresas públicas, sociedades de economia mista e outras entidades públicas. Pode, apenas, agir na qualidade de patrocinador, situação na qual, em nenhuma hipótese, sua contribuição normal pode exceder a do segurado. A exigência deste parágrafo, quanto à paridade entre a contribuição da patrocinadora e a contribuição do segurado, deve ter vigência no prazo de dois anos, ou, caso ocorra antes, na data de publicação da lei complementar a que se refere o parágrafo abaixo.

Prevê o § 4º do art. 202, do texto constitucional, que lei complementar disciplina a relação entre a União, os Estados-membros, o Distrito Federal ou os Municípios, inclusive suas autarquias, fundações, sociedades de economia mista e empresas controladas direta ou indiretamente, enquanto patrocinadoras de entidades fechadas de previdência privada. Esta lei complementar deve se aplicar, no que couber, às empresas privadas permissionárias ou concessionárias de prestação de serviços públicos, quando as patrocinadoras de entidades fechadas de previdência privada. A lei complementar, tratado no § 6º deste artigo, estabelece os requisitos para a designação dos membros das diretorias das entidades fechadas de previdência privada e disciplina a inserção dos participantes nos colegiados e instâncias de decisão em que seus interesses sejam objeto de discussão e deliberação. A Lei Complementar Federal nº 109, de 29.05.2001, regulamentou o art. 220, da Constituição de 1988.

A redação original do art. 202 dispunha que:

> "Art. 202. É assegurada aposentadoria, nos termos da lei, calculando-se o benefício sobre a média dos 36 últimos salários de contribuição, corrigidos monetariamente mês a mês, e comprovada a regularidade dos reajustes dos salários de contribuição de modo a preservar seus valores reais e obedecidas as seguintes condições: I – aos 65 anos de idade, para o homem, e aos 60, para a mulher, reduzido em cinco anos o limite de idade para os trabalhadores rurais de ambos os sexos e para os que exerçam suas atividades em regime de economia familiar, neste incluídos o produtor rural, o garimpeiro e o pescador artesanal; II – após 35 anos de trabalho, ao homem, e, após 30, a mulher, ou em tempo inferior, se sujeitos a trabalho sob condições especiais, que prejudiquem a saúde ou a integridade física, definidas em lei; III – após 30 anos, ao professor, e, após 25, à professora, por efetivo exercício de função de magistério. § 1º É facultada aposentadoria proporcional, após 30 anos de trabalho, ao homem, e, após 25, à mulher. § 2º Para efeito de aposentadoria, é assegurada a contagem recíproca do tempo de contribuição na administração pública e na atividade privada, rural e urbana, hipótese em que os diversos sistemas de previdência social se compensarão financeiramente, segundo critérios estabelecidos em lei".

As emendas constitucionais são o meio pelo qual se pode modificar o texto constitucional original, no que se chama de poder constituinte derivado. Este não é ilimitado, pois: a) estão vedadas as modificações das matérias das cláusulas pétreas, previstas no art. 60, § 4º, da Constituição Federal; b) não pode ocorrer a tramitação na vigência de intervenção federal, de estado de necessidade ou de estado de sítio; c) devem ser consideradas as exigências de quórum para a proposta e para a sua aprovação, com discussão e votação, em dois turnos, em cada Casa do Congresso Nacional, com aprovação de três quintos dos votos dos respectivos membros. No entanto, a matéria aprovada não pode entrar em choque com o texto constitucional original, sob pena de ser reconhecida a inconstitucionalidade, no todo ou em parte, da emenda constitucional, como já adota o entendimento o Supremo Tribunal Federal, como na ADI 815.

As primeiras reformas constitucionais começaram a ser promulgadas logo em 1992, quatro anos depois da sanção da Constituição de 1988, por emendas constitucionais e, em seguida, por emendas revisionais. A Emenda Constitucional nº 3, de 17.03.1993, dentre outras matérias, modificou o § 6º, do art. 40, que dispunha sobre aposentadorias e pensões dos servidores públicos federais quanto ao custeio. Esse artigo acabou sendo alterado integralmente pela Emenda Constitucional nº 20, de 15.12.1998.

A Emenda Constitucional nº 18, de 05.02.1998, alterou o nome de duas seções – uma, nomeada anteriormente "servidores públicos civis", passou a "servidores públicos"; outra, intitulada "servidores públicos militares", passou a "militares dos Estados-membros, do Distrito Federal e dos Territórios". Essa segunda alteração ocorria, porque, para os servidores públicos militares, existe cobertura pelo plano de previdência inserido nos Estatutos Militares, com um conjunto de regras específicas. Considerava o tempo máximo de permanência em cada posto da carreira, até passar à reserva, quando o servidor podia receber remuneração a título de aposentadoria, equivalente à remuneração do posto seguinte da hierarquia, então no § 9º do art. 40. Há referência, ainda, ao § 7º, desse mesmo artigo, o qual determinava que a lei deve estabelecer a concessão do benefício da pensão por morte, que deve ser igual ao valor dos proventos do servidor falecido ou ao valor dos proventos que teria direito o servidor em atividade. Por fim, no § 6º do art. 40, estava disposto que as aposentadorias e as pensões dos servidores públicos federais deviam ser custeadas pela União Federal, sem mencionar os casos da Polícia Civil, da Polícia Militar e do Corpo de Bombeiros, que são de responsabilidade federal, conforme o art. 21, XIV, com a redação da Emenda Constitucional nº 19, de 05.02.1998, hoje alterado pela Emenda Constitucional nº 103, de 12.11.2009.

A Emenda Constitucional nº 20, de 15.12.1998, tratou das seguintes mudanças: a) os direitos dos trabalhadores; b) a aposentadoria do servidor público; c) a aposentadoria especial, a excepcional, e a aposentadoria do professor; d) a aposentadoria dos magistrados, dos membros do Ministério Público, dos Tribunais de Contas e dos parlamentares; e) a aposentadoria dos militares; f) as regras de transição; g) a acumulação de aposentadorias e a acumulação de proventos com vencimentos; h) a contribuição social e revogação do art. 153, § 2º, II, da Constituição de 1988.

A emenda acima ficou conhecida como Reforma da Previdência Social e era "irmã siamesa" da Emenda Constitucional nº 19, de 04.06.1998, a Reforma da Administração Pública. Pretendia-se, na época, uma restrição à atuação estatal e uma diminuição do déficit público, como recomendava o Fundo Monetário Internacional (FMI), sendo a questão da previdência social um dos mais graves problemas[44]. Essa emenda nasceu da Mensagem

44 "O objetivo é adaptar os mecanismos previdenciários às novas condições socioeconômicas e demográficas do país, como, por exemplo, a elevação da vida média do brasileiro e o fato de a população ser hoje majoritariamente urbana. De ponto de vista orçamentário, o objetivo é reduzir as despesas e equilibrar o orçamento previdenciário" (SANDRONI, Paulo. **Dicionário de Economia do Século XXI**. Rio de Janeiro: Record, 2005, p. 683).

Presidencial nº 306 de 1995, remetida pelo Poder Executivo à Câmara dos Deputados, passando a ter o nº 33. Logo, em 27 de abril de 1995, foi admitida na Comissão de Constituição e Justiça, com várias emendas, depois enviada para Comissão Especial, criada **ad hoc**[45].

Em relação aos direitos dos trabalhadores, a Emenda Constitucional nº 20, de 15.12.1998, alterou apenas dois incisos do art. 7º, do texto constitucional – o primeiro tratava do salário-família e o segundo, do trabalho do menor. Com isso, o salário-família passou a ser pago apenas em caso de haver dependente do trabalhador de baixa renda, com um valor fixo previsto no art. 13, da emenda acima. Surpreendeu a medida porque modificou o direito social, que se supunha protegido como cláusula pétrea também. Quanto ao trabalho do menor, a idade limite para o trabalho foi alterada para depois de dezesseis anos, salvo na condição de aprendiz, desde que tenha quatorze anos ou mais.

Desde a Constituição de 1891, o servidor público federal tinha o direito à aposentadoria por invalidez, o que foi ampliado pela Constituição de 1934, para o direito à aposentadoria por idade, aos sessenta e oito anos, por anos de serviços, invalidez por acidente de serviço e doença incurável ou contagiosa. Depois, a Constituição de 1937 começou a possibilitar a aposentadoria precoce, com menos tempo do que a regra geral, devido à natureza da atividade. Na Constituição de 1948, a aposentadoria compulsória passou a ser com trinta anos de serviço e, em caso de tempo inferior, aposentadoria proporcional ou por moléstia profissional. A Constituição de 1967, juntamente com sua Emenda Constitucional nº 1, de 17.10.1969, estabeleceu a aposentadoria voluntária por tempo de serviço, aposentadoria compulsória por idade, aposentadoria especial e aposentadoria precoce.

A redação original da Constituição de 1988, antes da Reforma da Previdência, previu: a) a aposentadoria voluntária com os proventos integrais, com trinta e cinco anos de serviço, se homem, e trinta, se mulher; b) a aposentadoria para professores com trinta anos e, se mulher, com vinte e cinco anos, ou então com sessenta e cinco anos, se homem, ou sessenta, se mulher; c) a aposentadoria compulsória, com os proventos proporcionais, aos setenta anos; d) a aposentadoria por invalidez permanente, com os proventos integrais, quando decorrentes de acidente em serviço, moléstia profissional ou doença grave, contagiosa ou incurável, especificada em lei, com os proventos proporcionais ao tempo de serviço, nos demais casos.

45 PEREIRA, Cláudia Fernanda de Oliveira. **Reforma da Previdência.** Brasília: Brasília Jurídica, 1999, p. 93.

Para Cláudia Fernanda de Oliveira Pereira:

> "As alterações, que se encontram atualmente válidas, conforme vistas [...], garantem aos servidores titulares de cargos efetivos da União, dos Estados, do Distrito Federal e dos Municípios, incluídas suas autarquias e fundações, regime de previdência de caráter contributivo, observados critérios que preservem o equilíbrio financeiro e atuarial, portanto, regime de previdência do respectivo ente público. Cada um desses entes [...] poderá criar um regime previdenciário próprio, desde que compatível com o disposto na Constituição e, agora, com a Lei Federal nº 9.717, de 27.11.1998, que estabelece normas gerais, mas não tanto assim"[46].

Apesar do empenho do Governo em mudar a regra que beneficiava algumas categorias de servidores públicos, ela não logrou sucesso com os magistrados, que mantiveram o direito à aposentadoria integral, mas submetida às regras do art. 40, do mesmo modo que o membro do Ministério Público, com base no art. 129, § 4º, da Constituição de 1988, depois da Reforma da Previdência. Por fim, em concordância com eles, ainda estão os Ministros do Tribunal de Contas da União (TCU) e os Conselheiros dos Tribunais ou Cortes de Contas, bem como os auditores e os membros do Ministério Público de Contas, com base no art. 73, § 4º, art. 129, § 4º, e art. 130, do texto constitucional. Por outro lado, os Parlamentares Federais eram segurados, obrigatoriamente, pelo Instituto de Previdência dos Congressistas (IPC), bem como seus servidores, que podiam se filiar como segurados facultativos, de acordo com a Lei Federal nº 7.087, de 29.12.1982; posteriormente esse instituto foi extinto, pela Lei Federal nº 9.506, de 30.10.1997[47].

Os servidores que tiverem preenchidos os requisitos para a aposentadoria podem fazer a opção de permanecer em atividade, para se aposentar com proventos integrais. Estes ficam isentos, ainda, da contribuição social para a seguridade, se homem, depois de sessenta anos e, se mulher, depois de cinquenta e cinco, como incentivo de permanência. As regras de transição abrangem todos os servidores públicos regularmente investidos em cargo efetivo, de modo que se excluem os ocupantes de cargo em comissão ou os que sejam empregados públicos, exigindo-se que tenham um período trabalhado, seja qual for. Os servidores públicos que, na data da publicação da Emenda Constitucional nº 20, de 15.12.1998, se não preenchessem os

46 "Os benefícios, textualmente diz a Constituição, dependerão da contribuição dos que dele participarem, garantindo o equilíbrio financeiro e atuarial, [...]" (PEREIRA, Cláudia Fernanda de Oliveira. **Reforma da Previdência**, *op. cit.*, p. 152).

47 ADIn nº 455-7, tendo como relator o Ministro Sepúlveda Pertence, "os dados do direito comparado aludidos, reclamam, pelo menos, que as singularidades do exercício prolongado do mandato parlamentar sejam ponderados, antes que se conclua sobre a razoabilidade ou não do tratamento diferenciado que se questiona".

requisitos para a aposentadoria integral ou proporcional, poderiam optar pela regra geral ou pela regra transitória. Depois, para os servidores públicos civis da União, novas modificações com a Emenda Constitucional nº 103, de 12.11.2019.

Foi expressamente vetado o recebimento de mais de uma aposentadoria proveniente do setor público, com a exceção dos cargos acumuláveis, como dois cargos de professor, um de professor e outro de técnico ou científico e dois cargos privativos de médico. Estes se encontram submetidos também ao teto de remuneração, correspondendo ao subsídio de Ministro do Supremo Tribunal Federal, nos termos do art. 37, XVI, do texto constitucional, com a redação da Emenda Constitucional nº 19, de 04.06.1998, e do art. 40, § 11, com redação da Emenda Constitucional nº 20, de 15.12.1998. Está vedado, também, o recebimento simultâneo de proventos, como se chama a remuneração do aposentado ou do pensionista vinculados ao setor público, como no art. 40, no art. 42 e no art. 142. Assim, aqueles que entraram no servido público, depois de 1998, não podem mais acumular proventos de aposentadoria e remuneração de servidor público se eles não forem acumuláveis.

O custeio é para a seguridade social como um todo e não apenas para a previdência social, incluindo, aí, a saúde e a assistência social. A mudança no inciso I do art. 195, da Constituição Federal, foi significativa, pois permitiu a Receita Federal arrecadar um manancial de recursos financeiros, que deixaram de ser incidentes apenas sobre "folha de salário", passando a ser sobre "os demais rendimentos do trabalho, pagos ou creditados a qualquer título". Cabe à fonte pagadora, ainda, a responsabilidade pelo recolhimento da contribuição social da seguridade, mesmo que seja de uma pessoa física sem vínculo empregatício[48].

Os Regimes Próprios de Previdência Social (RPPS) dos servidores públicos passaram a ser organizados levando em conta o "equilíbrio financeiro e atuarial". O equilíbrio financeiro decorre da necessidade de que a arrecadação de contribuições social da seguridade seja suficiente para manter os benéficos presentes e futuros. Por outro lado, o equilíbrio atuarial considera diversas variáveis que determinam o nível de contribuição para a viabilidade do sistema em uma perspectiva a longo prazo. São variáveis: a) a expectativa de vida da população local ou nacional; b) o número de contribuintes ativos e sua relação com os contribuintes inativos; c) o crescimento econô-

48 "Ditas contribuições poderão ter alíquotas ou bases de cálculos diferenciadas, em razão da atividade econômica ou da utilização intensiva de mão de obra, o que quer dizer diferenciação garantida pelo próprio texto constitucional, de molde a assegurar pagamentos a maior ou a menor à seguridade social" (PEREIRA, Cláudia Fernanda de Oliveira. **Reforma da Previdência**. Brasília: Brasília Jurídica, 1999, p. 207).

mico; d) as medidas de natureza administrativa. Para Eduardo Rocha Dias e José Leandro Monteiro de Macêdo, a técnica de seguro social, subjacente à previdência, aconselha a realização de estudos atuariais para definir a viabilidade do sistema[49].

A Emenda Constitucional nº 41, de 19.12.2003, veio para concluir a Reforma Previdenciária, efetuada pela Emenda Constitucional nº 20, de 15.12.1998, quanto à previdência social do servidor público. Foi mantido, de início, o caráter contributivo da previdência social desses servidores. Foi modificado o art. 40 da Constituição Federal, especialmente, para: a) quebrar a integralidade como critério de cálculo de proventos de aposentadoria, como a remuneração integral do cargo efetivo deixar de ser a base de cálculo do valor da aposentadoria; b) quebrar a paridade como parâmetro de reajuste de aposentadoria e pensões, com o repasse automático dos aumentos dos servidores ativos para os aposentados e pensionistas; c) alterar o critério de cálculo do valor da pensão por morte; d) detalhar as regras para a criação da previdência complementar e consequente aplicação do teto do Regime Geral de Previdência Social (RGPS); e) prever a contribuição social da seguridade sobre proventos de aposentadorias e pensões.

A Emenda Constitucional nº 47, de 05.07.2005, inseriu o § 21 ao art. 40, da Constituição de 1988, para dizer que a contribuição sobre os proventos de aposentadorias e de pensões incide apenas sobre as parcelas que superem o dobro do limite máximo estabelecido para os benefícios do Regime Geral de Previdência Social (RGPS), quando o beneficiário for portador de doença incapacitante. Por outro lado, em relação ao empregado que não é servidor público, a seguridade social, de acordo com o art. 194, da Constituição Federal, compreende um conjunto integrado de ações de iniciativa dos Poderes Públicos e da sociedade, destinadas a assegurar os direitos relativos à saúde, à previdência e à assistência social. Pode-se conceituá-la, ainda, como o conjunto de medidas tomadas pela Administração, bem como pelos administrados, em conjunto ou de forma separada, para garantir a todos, como direito subjetivo, a previdência social, a saúde e a assistência social.

Dispõe o **parágrafo único**, do art. 194, da Constituição Federal, que compete ao Poder Público, nos termos da lei, organizar a seguridade social. Devem-se observar, não obstante, determinados objetivos. Estes são: a) a universalidade da cobertura e do atendimento; b) a uniformidade e equiva-

49 "Lamentavelmente, nenhum estudo deste tipo parece ter sido conduzido pelos diferentes sistemas previdenciários de servidores públicos, o que viola a regra constitucional" (DIAS, Eduardo Rocha, e MACÊDO, José Leandro Monteiro de. **Curso de Direito Previdenciário.** 2ª ed. São Paulo: Método, 2010, p. 611).

lência dos benefícios e serviços às populações urbanas e rurais; c) a seletividade e distributividade na prestação dos benefícios; d) a irredutibilidade do valor dos benefícios; e) a equidade na forma de participação no custeio; f) a diversidade da base de financiamento; g) o caráter democrático e descentralizado da sua gestão.

A universalidade da cobertura e do atendimento implica afirmar que todos aqueles que necessitem da seguridade devem ser atendidos, tratando-se de um direito subjetivo, que permite exigir em juízo o cumprimento da obrigação pública. No sentido de assegurar a isonomia entre os trabalhadores urbanos e os rurícolas, evita-se a discriminação legislativa brasileira, garantindo-se a uniformidade e a equivalência dos benefícios e dos serviços. Na prestação dos benefícios, a seletividade compreende a seleção dos beneficiados, de forma a atender quem tem maior necessidade, ao passo que a distributividade consiste na identificação dos programas, de forma a distribuir os recursos de acordo com as exigências sociais. Por outro lado, a irredutibilidade do valor dos benefícios consiste em manter o seu valor real inalterado, ao longo do tempo, sem perder seu poder aquisitivo inicial. Implica tal garantia o reajuste anual do benefício, para evitar que se desvalorize ao longo do tempo.

A equidade na forma de participação no custeio implica a distribuição do custo social, de maneira que o ônus seja suportado por quem tenha maiores condições de fazê-lo. Os desiguais devem ser tratados de forma desigual, sendo esse o verdadeiro sentido da isonomia. Trata-se de garantia análoga ao princípio tributário da capacidade contributiva, prevista no art. 150, II, da Constituição de 1988. No mesmo sentido, deve haver a diversidade da base de financiamento, para que o ônus seja suportado pelo Poder Público, pelos empresários e pelos trabalhadores. Por fim, o caráter democrático e descentralizado da gestão da seguridade social deve ser feito através de gestão quadripartite, com participação dos trabalhadores, dos empregadores, dos aposentados e do Governo, nos seus órgãos colegiados.

A maioria dos incisos e parágrafos, do art. 195, teve a redação dada, pela Emenda Constitucional nº 20, de 15.12.1998, mas foi mantida a redação original do **caput**. Este dispõe que a seguridade social deve ser financiada por toda a sociedade, de forma direta e indireta, nos termos da lei, mediante recursos provenientes dos orçamentos da União, dos Estados-membros, do Distrito Federal e dos Municípios, além de contribuições sociais. Esses recursos originam-se do empregador, da empresa e da entidade a ela equiparada na forma da lei, incidentes sobre: a) a folha de salários e demais rendimentos do trabalho pagos ou creditados, a qualquer título, à pessoa física que lhe preste serviço, mesmo sem vínculo empregatício; b) a receita ou o faturamento; c) o lucro. As contribuições sociais previstas acima podem ter alíquotas ou bases de cálculo diferenciadas, em razão da atividade econômica, da utilização intensiva de mão de obra, do porte da empresa ou da condição estrutural do mercado de trabalho.

Por outro lado, cabe o encargo também para o trabalhador e para os demais segurados da previdência social, não incidindo a contribuição sobre a aposentadoria e a pensão concedidas pelo Regime Geral de Previdência Social (RGPS) de que trata o art. 201, bem como sobre a receita de concursos de prognósticos. Ampliando a incidência, a Emenda Constitucional nº 42, de 19.12.2003, criou a contribuição social para seguridade "do importador de bens ou serviços do exterior, ou de quem a lei a ele equiparar". Dispõe-se ainda que a lei pode instituir outras fontes destinadas a garantir a manutenção ou expansão da seguridade social, obedecido o disposto no art. 154, I, do texto constitucional.

As receitas dos Estados-membros, do Distrito Federal e dos Municípios destinadas à seguridade social devem constar dos respectivos orçamentos, não integrando o orçamento da União. A proposta de orçamento da seguridade social precisa ser elaborada de forma integrada pelos órgãos responsáveis pela saúde, pela previdência social e pela assistência social, tendo em vista as metas e prioridades estabelecidas na lei de diretrizes orçamentárias, assegurada a cada área a gestão de seus recursos. Por outro lado, a pessoa jurídica em débito com o sistema da seguridade social, não podem contratar com o Poder Público nem dele receber benefícios ou incentivos fiscais ou creditícios. Nenhum benefício ou serviço da seguridade social é criado, majorado ou estendido sem a correspondente fonte de custeio total. As contribuições sociais acima só são exigidas depois de decorridos noventa dias da data da publicação da lei que as houver instituído ou modificado, não se lhes aplicando o disposto no art. 150, III, "b", da Constituição Federal São isentas de contribuição para a seguridade social as entidades beneficentes de assistência social que atendam às exigências estabelecidas em lei, como já mencionado.

O produtor, o parceiro, o meeiro, o arrendatário rural e o pescador artesanal, bem como os respectivos cônjuges, que exerçam suas atividades em regime de economia familiar, sem empregados permanentes, contribuem para a seguridade social mediante a aplicação de uma alíquota sobre o resultado da comercialização da produção e fazem jus aos benefícios nos termos da lei. Esta deve definir os critérios de transferência de recursos para o sistema único de saúde e para as ações de assistência social da União para os Estados-membros, o Distrito Federal e os Municípios, e dos Estados-membros para os Municípios, observada a respectiva contrapartida de recursos. Observe-se que é vedada a concessão de remissão ou anistia das contribuições sociais para débitos em montante superior ao fixado em lei complementar. A legislação define os setores de atividade econômica para os quais as contribuições incidentes podem ser não cumulativas. Aplica-se o disposto acima, inclusive na hipótese de substituição gradual, total ou parcial, da contribuição, pelo incidente sobre a receita ou o faturamento.

Para Ives Gandra Martins:

> "A previdência social se caracteriza pela universalidade, que se reflete tanto na possibilidade de todo e qualquer cidadão poder inscrever-se como segurado, desde que contribua, ou seja, não é mais restrita apenas ao trabalhador, como pela universalidade de atendimento e de cobertura. Os princípios que norteiam a previdência social são quase os mesmos que informam a seguridade social. A previdência, deve-se dizer, é regida por diversos princípios, dentre eles, o da igualdade, o da legalidade, o do direito adquirido, o da pluralidade de receitas, o da irredutibilidade do valor dos benefícios, o da distributividade, o da uniformidade, o da solidariedade, o da equivalência e o da equidade na forma de participação e custeio e da seletividade. A previdência social, frisamos, está calcada no princípio da solidariedade entre as gerações, que vem disposto no art. 194, V, da Constituição Federal. É dizer, a população ativa deve sustentar a inativa, que seriam os aposentados"[50].

É vedada a adoção de requisitos e critérios diferenciados para a concessão de aposentadoria aos beneficiários do Regime Geral de Previdência Social (RGPS), ressalvados os casos de atividades exercidas sob condições especiais, cujo exercício prejudique a saúde ou a integridade física, e quando se tratar de segurados portadores de deficiência. Nenhum benefício que substitua o salário de contribuição ou o rendimento do trabalho do segurado pode ter valor mensal inferior ao salário mínimo, este definido no art. 7º, IV, do texto constitucional. Todos os salários de contribuição considerados para o cálculo de benefício são devidamente atualizados. É assegurado o reajustamento dos benefícios para lhes preservar, em caráter permanente, o valor real, conforme critérios definidos em lei. É vedada a filiação ao Regime Geral de Previdência Social (RGPS), na qualidade de segurado facultativo, de pessoa participante de Regime Próprio de Previdência Social (RPPS). A gratificação natalina dos aposentados e pensionistas tem por base o valor dos proventos do mês de dezembro de cada ano.

Para efeito de aposentadoria, é assegurada a contagem recíproca do tempo de contribuição na administração pública e na atividade privada, rural e urbana, hipótese em que os diversos regimes de previdência social se compensam financeiramente, segundo critérios estabelecidos na Lei

50 "No que diz respeito à relação jurídica previdenciária, esta se caracteriza por ter uma pluralidade de sujeitos: o segurado, o empregador, a entidade previdenciária, a União e os dependentes do segurado. Muitos doutrinadores se debruçaram sobre o assunto da relação jurídica previdenciária, conceituando-se ora sobre unicidade ora sobre sua pluralidade" (MARTINS, Ives Gandra. **Art. 195.** *In*: BASTOS, Celso Ribeiro, e MARTINS, Ives Gandra. **Comentários à Constituição do Brasil**. São Paulo: Saraiva, 1998, vol. 8º, p. 201).

Federal nº 9.796, de 05.05.1999. Deve haver lei disciplinadora da cobertura do risco de acidente do trabalho, a ser atendida concorrentemente pelo regime geral de previdência social e pelo setor privado, hoje pela arrecadação do PIS/PASEP, agora alterado pela Emenda Constitucional nº 103, de 12.11.2019. Os ganhos habituais do empregado, a qualquer título, são incorporados ao salário para efeito de contribuição previdenciária e consequente repercussão em benefícios. Previu-se lei que disponha sobre sistema especial de inclusão previdenciária para atender aos trabalhadores de baixa renda e àqueles sem renda própria que se dediquem exclusivamente ao trabalho doméstico no âmbito de sua residência, desde que pertencentes a famílias de baixa renda, garantindo-lhes acesso a benefícios de valor igual a um salário-mínimo. O sistema especial de inclusão previdenciária deve ter alíquotas e carências inferiores às vigentes para os demais segurados do regime geral de previdência social.

Foi objeto de amplas modificações, também, o art. 202 e seus parágrafos, pela Emenda Constitucional nº 20, de 15.12.1998. Esse artigo dispunha sobre as exigências para a aposentadoria e as regras sobre benefícios, hoje no § 7º, do art. 201, acima, instituindo o chamado salário de contribuição. O regime de previdência privada, de caráter complementar e organizado de forma autônoma em relação ao regime geral de previdência social, é facultativo, baseado na constituição de reservas que garantam o benefício contratado, e regulado por lei complementar. Esta assegura ao participante de planos de benefícios de entidades de previdência privada o pleno acesso às informações relativas à gestão de seus respectivos planos. As contribuições do empregador, os benefícios e as condições contratuais previstas nos estatutos, nos regulamentos e nos planos de benefícios das entidades de previdência privada não integram o contrato de trabalho dos participantes, assim como, à exceção dos benefícios concedidos, não integram a remuneração dos participantes. Quando se tratar de previdência privada fechada, a matéria está submetida à Secretaria de Previdência Social (SPS) do Ministério da Economia, atualmente. Se for de previdência privada aberta, a competência é da autarquia federal Superintendência de Seguros Privados (SUSEP), vinculada ao mesmo Ministério.

É vedado o aporte de recursos a entidade de previdência privada pela União, Estados-membros, Distrito Federal e Municípios, suas autarquias, fundações, empresas públicas, sociedades de economia mista e outras entidades públicas, salvo na qualidade de patrocinador, situação na qual, em hipótese alguma, sua contribuição normal pode exceder a do segurado. A Lei Complementar Federal nº 108, de 29.05.2001, disciplinou a relação entre a União, os Estados-membros, o Distrito Federal ou os Municípios, inclusive suas autarquias, fundações, sociedades de economia mista e empresas controladas direta ou indiretamente, enquanto as patrocinadoras de entidades fechadas de previdência privada, e suas respectivas entidades fechadas de previdência privada. A lei complementar aplica-se, no que couber, às empresas privadas permissionárias ou concessionárias de prestação de serviços públicos, quando patrocinadoras de entidades fechadas de previdência privada. A legislação acima estabelece os requisitos para a designação dos membros das diretorias das entidades fechadas de previdência privada e disciplina a inserção dos participantes nos colegiados e instâncias de decisão em que seus interesses sejam objetos de discussão e deliberação.

Pelo art. 19, da Emenda Constitucional nº 103, de 12.11.2019, até que a lei federal disponha sobre o tempo de contribuição a que se refere o inciso I do § 7º do art. 201, da Constituição Federal, o segurado filiado ao Regime Geral de Previdência Social (RGPS) após a data de entrada em vigor desta Emenda Constitucional, deve ser aposentado aos sessenta e dois anos de idade, se mulher, sessenta e cinco anos de idade, se homem, com quinze anos de tempo de contribuição, se mulher, e vinte anos de tempo de contribuição, se homem, assim:

> "Art. 19. ....
> § 1º Até que lei complementar disponha sobre a redução de idade mínima ou tempo de contribuição prevista nos §§ 1º e 8º do art. 201 da Constituição Federal, será concedida aposentadoria: I - aos segurados que comprovem o exercício de atividades com efetiva exposição a agentes químicos, físicos e biológicos prejudiciais à saúde, ou associação desses agentes, vedada a caracterização por categoria profissional ou ocupação, durante, no mínimo, 15 (quinze), 20 (vinte) ou 25 (vinte e cinco) anos, nos termos do disposto nos arts. 57 e 58 da Lei nº 8.213, de 24 de julho de 1991, quando cumpridos: a) 55 (cinquenta e cinco) anos de idade, quando se tratar de atividade especial de 15 (quinze) anos de contribuição; b) 58 (cinquenta e oito) anos de idade, quando se tratar de atividade especial de 20 (vinte) anos de contribuição; ou c) 60 (sessenta) anos de idade, quando se tratar de atividade especial de 25 (vinte e cinco) anos de contribuição; II - ao professor que comprove 25 (vinte e cinco) anos de contribuição exclusivamente em efetivo exercício das funções de magistério na educação infantil e no ensino fundamental e médio e tenha 57 (cinquenta e sete) anos de idade, se mulher, e 60 (sessenta) anos de idade, se homem. § 2º O valor das aposentadorias de que trata este artigo será apurado na forma da lei".

Pelo § 3º, do art. 19, da Emenda Constitucional nº 103, de 12.11.2019, o valor das aposentadorias concedidas nos termos do disposto neste artigo não deve ser inferior ao valor a que se refere o § 2º do art. 201, da Constituição Federal, e deve ser reajustado: a) de acordo com o disposto no art. 7º da Emenda Constitucional nº 41, de 19 de dezembro de 2003, se cumpridos os requisitos previstos no inciso I do § 2º; b) nos termos estabelecidos para o Regime Geral de Previdência Social (RGPS), na hipótese prevista no inciso II do § 2º. Aplicam-se às aposentadorias dos servidores dos Estados-membros, do Distrito Federal e dos Municípios as normas constitucionais e infraconstitucionais anteriores à data de entrada em vigor desta Emenda Constitucional, enquanto não promovidas as alterações na legislação interna relacionada ao respectivo regime próprio de previdência social.

Por outro lado, a Emenda Constitucional nº 103, de 12.11.2019, fixou, quanto ao Regime Geral de Previdência Social (RGPS), sobre o tempo fictício, que:

> "Art. 25. Será assegurada a contagem de tempo de contribuição fictício no Regime Geral de Previdência Social decorrente de hipóteses descritas na legislação vigente até a data de entrada em vigor desta Emenda Constitucional para fins de concessão de aposentadoria, observando-se, a partir da sua entrada em vigor, o disposto no § 14 do art. 201 da Constituição Federal.
> § 1º Para fins de comprovação de atividade rural exercida até a data de entrada em vigor desta Emenda Constitucional, o prazo de que tratam os §§ 1º e 2º do art. 38-B da Lei nº 8.213, de 24 de julho de 1991, será prorrogado até a data em que o Cadastro Nacional de Informações Sociais (CNIS) atingir a cobertura mínima de 50% (cinquenta por cento) dos trabalhadores de que trata o § 8º do art. 195 da Constituição Federal, apurada conforme quantitativo da Pesquisa Nacional por Amostra de Domicílios Contínua (Pnad).
> § 2º Será reconhecida a conversão de tempo especial em comum, na forma prevista na Lei nº 8.213, de 24 de julho de 1991, ao segurado do Regime Geral de Previdência Social que comprovar tempo de efetivo exercício de atividade sujeita a condições especiais que efetivamente prejudiquem a saúde, cumprido até a data de entrada em vigor desta Emenda Constitucional, vedada a conversão para o tempo cumprido após esta data.
> § 3º Considera-se nula a aposentadoria que tenha sido concedida ou que venha a ser concedida por regime próprio de previdência social com contagem recíproca do Regime Geral de Previdência Social mediante o cômputo de tempo de serviço sem o recolhimento da respectiva contribuição ou da correspondente indenização pelo segurado obrigatório responsável, à época do exercício da atividade, pelo recolhimento de suas próprias contribuições previdenciárias".

Pela Emenda Constitucional nº 103, de 12.11.2019, o Regime Geral de Previdência Social (RGPS), gerido pelo Instituto Nacional do Seguro Social (INSS), teve alterado disposição do art. 195, II, da Constituição Federal, assim: "do trabalhador e dos demais segurados da previdência social, podendo ser adotadas alíquotas progressivas de acordo com o valor do salário de contribuição, não incidindo contribuição sobre aposentadoria e pensão concedidas" pelo Regime Geral de Previdência Social (RGPS). As contribuições sociais previstas no inciso I do **caput** deste artigo podem ter alíquotas diferenciadas em razão da atividade econômica, da utilização intensiva de mão de obra, do porte da empresa ou da condição estrutural do mercado de trabalho, sendo também autorizada a adoção de bases de cálculo diferenciadas apenas no caso das alíneas "b" e "c" do inciso I do **caput**. Pelo § 11, são vedados a moratória e o parcelamento em prazo superior a sessenta meses e, na forma de lei complementar, a remissão e a anistia das contribuições sociais de que tratam a alínea "a" do inciso I e o inciso II do **caput**. O segurado somente tem reconhecida como tempo de contribuição ao Regime Geral de Previdência Social (RGPS) a competência cuja contribuição seja igual ou superior à contribuição mínima mensal exigida para sua categoria, assegurado o agrupamento de contribuições.

Quanto ao Regime Geral de Previdência Social (RGPS), a Emenda Constitucional nº 103, de 12.11.2019, fez assim:

> "Art. 201. A previdência social será organizada sob a forma do Regime Geral de Previdência Social, de caráter contributivo e de filiação obrigatória, observados critérios que preservem o equilíbrio financeiro e atuarial, e atenderá, na forma da lei, a:
> I - cobertura dos eventos de incapacidade temporária ou permanente para o trabalho e idade avançada;
> ....
> § 1º É vedada a adoção de requisitos ou critérios diferenciados para concessão de benefícios, ressalvada, nos termos de lei complementar, a possibilidade de previsão de idade e tempo de contribuição distintos da regra geral para concessão de aposentadoria exclusivamente em favor dos segurados:
> I - com deficiência, previamente submetidos a avaliação biopsicossocial realizada por equipe multiprofissional e interdisciplinar;
> II - cujas atividades sejam exercidas com efetiva exposição a agentes químicos, físicos e biológicos prejudiciais à saúde, ou associação desses agentes, vedada a caracterização por categoria profissional ou ocupação.
> ....
> § 7º ....
> I - 65 (sessenta e cinco) anos de idade, se homem, e 62 (sessenta e dois) anos de idade, se mulher, observado tempo mínimo de contribuição;
> II - 60 (sessenta) anos de idade, se homem, e 55 (cinquenta e cinco) anos de idade, se mulher, para os trabalhadores rurais e para os que exerçam suas atividades em regime de economia familiar, nestes incluídos o produtor rural, o garimpeiro e o pescador artesanal.
> § 8º O requisito de idade a que se refere o inciso I do § 7º será reduzido em 5 (cinco) anos, para o professor que comprove tempo de efetivo exercício das funções de magistério na educação infantil e no ensino fundamental e médio fixado em lei complementar.
> § 9º Para fins de aposentadoria, será assegurada a contagem recíproca do tempo de contribuição entre o Regime Geral de Previdência Social e os regimes próprios de previdência social, e destes entre si, observada a compensação financeira, de acordo com os critérios estabelecidos em lei.
> § 9º-A. O tempo de serviço militar exercido nas atividades de que tratam os arts. 42, 142 e 143 e o tempo de contribuição ao Regime Geral de Previdência Social ou a regime próprio de previdência social terão contagem recíproca para fins de inativação militar ou aposentadoria, e a compensação financeira será devida entre as receitas de contribuição referentes aos militares e as receitas de contribuição aos demais regimes.
> § 10. Lei complementar poderá disciplinar a cobertura de benefícios não programados, inclusive os decorrentes de acidente do trabalho, a ser atendida concorrentemente pelo Regime Geral de Previdência Social e pelo setor privado.

> ....
>
> § 12. Lei instituirá sistema especial de inclusão previdenciária, com alíquotas diferenciadas, para atender aos trabalhadores de baixa renda, inclusive os que se encontram em situação de informalidade, e àqueles sem renda própria que se dediquem exclusivamente ao trabalho doméstico no âmbito de sua residência, desde que pertencentes a famílias de baixa renda.
>
> § 13. A aposentadoria concedida ao segurado de que trata o § 12 terá valor de 1 (um) salário-mínimo.
>
> § 14. É vedada a contagem de tempo de contribuição fictício para efeito de concessão dos benefícios previdenciários e de contagem recíproca.
>
> § 15. Lei complementar estabelecerá vedações, regras e condições para a acumulação de benefícios previdenciários.
>
> § 16. Os empregados dos consórcios públicos, das empresas públicas, das sociedades de economia mista e das suas subsidiárias serão aposentados compulsoriamente, observado o cumprimento do tempo mínimo de contribuição, ao atingir a idade máxima de que trata o inciso II do § 1º do art. 40, na forma estabelecida em lei".

Em relação ao regime de previdência complementar fechada, tratada no art. 202, da Constituição Federal nº 103, de 12.11.2019, alterou parágrafo deste artigo. Pelo § 4º, lei complementar disciplina a relação entre a União, Estados-membros, Distrito Federal ou Municípios, inclusive suas autarquias, fundações, sociedades de economia mista e empresas controladas direta ou indiretamente, enquanto os patrocinadores de planos de benefícios previdenciários, e as entidades de previdência complementar. A lei complementar de que trata o parágrafo acima aplica-se, no que couber, às empresas privadas permissionárias ou concessionárias de prestação de serviços públicos, quando patrocinadoras de planos de benefícios em entidades de previdência complementar. A referida lei complementar deve estabelecer os requisitos para a designação dos membros das diretorias das entidades fechadas de previdência complementar instituídas pelos patrocinadores de que trata o § 4º e disciplina a inserção dos participantes nos colegiados e instâncias de decisão em que seus interesses sejam objeto de discussão e deliberação.

O art. 149, da Constituição de 1988, dispõe sobre contribuição social e pelo § 1º, a União, os Estados-membros, o Distrito Federal e os Municípios devem instituir, por meio de lei, contribuições para custeio de Regime Próprio de Previdência Social (RPPS), cobradas dos servidores ativos, dos aposentados e dos pensionistas, que podem ter alíquotas progressivas de acordo com o valor da base de contribuição ou dos proventos de aposentadoria e de pensões. Quando houver **déficit** atuarial, a contribuição ordinária dos aposentados e dos pensionistas pode incidir sobre o valor dos proventos de aposentadoria e de pensões que supere o salário-mínimo. Demonstrada a insuficiência da medida prevista no § 1º-A, do referido art. 40, para equacionar o déficit atuarial, é facultada a instituição de contribuição extraordinária, no âmbito da União, dos servidores públicos ativos, dos aposentados e dos pensionistas. A contribuição extraordinária de que trata o § 1º-B deve ser instituída simultaneamente com outras medidas para equacionamento do **déficit** e vigora por período determinado, contado da data de sua instituição. As disposições acima também foram alteradas pela Emenda Constitucional nº 103, de 12.11.2019.

25.6. Assistência Social Brasileira

De acordo com o art. 203, da Constituição de 1988, a assistência social deve ser prestada a quem dela necessitar, independentemente de contribuição à seguridade social. Precisa ter, por objetivos: a) a proteção à família, à maternidade, à infância, à adolescência e à velhice; b) o amparo às crianças e adolescentes carentes; c) a promoção da integração ao mercado de trabalho; d) a habilitação e a reabilitação das pessoas portadoras de deficiência e a promoção de sua integração à vida comunitária; e) a garantia de um salário mínimo de beneficio mensal à pessoa portadora de deficiência e ao idoso que comprovem não possuir meios para tanto. O **Welfare State**, no século XX, passou a ser a forma pela qual o Poder Público tratava seus cidadãos, oferecendo-lhes garantia e assistência social, como no caso acima.

Na Constituição de 1937, estava a primeira disposição sobre a matéria, com o art. 141, dispondo que era obrigatório o amparo à maternidade e à infância, para que a União, os Estados-membros e os Municípios destinassem um por cento das respectivas rendas tributárias. A Constituição de 1937 foi omissa sobre a matéria, mas a Constituição de 1946, no seu art. 164, fixou que era obrigatória a assistência à maternidade, à infância e à adolescência, inclusive o amparo das famílias de prole numerosa. A Constituição de 1967, no art. 167, § 4º, dispôs que a lei devia instituir assistência à maternidade, à infância e à adolescência, no que foi seguido pelo art. 175, § 4º, que incluiu a educação dos excepcionais. Todavia, o assunto foi realmente tratado na Constituição de 1988, nos arts. 203 e 204. A Lei Federal nº 8.742, de 07.12.1994, tratou da organização da assistência social.

A proteção à família, à maternidade, à infância, à adolescência e à velhice vem a ser a prática maior da assistência social, nos textos constitucionais, prevista desde 1934. Foi, agora, especializada a questão dos menores de idade, prevendo-se o amparo às crianças e aos adolescentes carentes, de acordo com o inciso II do art. 203, do texto constitucional. O Brasil não pode fechar suas portas, nem deixar de oferecer condições de dignidade para seus menores de idade carentes, que tendem para a marginalização.

Deve haver, ainda, a promoção da integração ao mercado de trabalho. A integração dos desempregados no mercado do trabalho é tarefa difícil, porque cada vez mais se exige a qualificação profissional, o que os trabalhadores de maior idade em geral não possuem. Por outro lado, precisa-se preparar novos contingentes de jovens que desejam ingressar no mercado do trabalho e precisam de auxílio e de informações técnicas, com base nas novas tecnologias. Prevê o inciso IV do art. 203, da Constituição Federal, que deve haver meios para a habilitação e a reabilitação das pessoas portadoras de deficiência e a promoção de sua integração à vida comunitária. Trata-se de situação trágica, que a sociedade ainda vê com reservas e preconceitos. Contudo, ao se afirmarem no mercado de trabalho, os deficientes contribuem para o desenvolvimento do Brasil. No inciso seguinte está prevista a garantia de um salário mínimo de beneficio mensal à pessoa portadora de deficiência e ao idoso que comprovem não possuir meios de prover a própria manutenção ou de tê-la provida por sua família.

Dispõe o art. 204, que as ações governamentais na área da assistência social são realizadas com recursos do orçamento da seguridade social, através das contribuições sociais para a seguridade social, previstas no art. 195, tudo do texto constitucional, além de outras fontes. Formam a receita acima um único orçamento da seguridade social, tratado no art. 165, § 5º, III, abrangendo todas as entidades e órgãos vinculados à saúde e à previdência social. As ações na área da assistência social devem ser organizadas com base, inicialmente, na descentralização político-administrativa. Cabe a coordenação e as normas gerais à esfera federal e a coordenação e a execução dos respectivos programas às esferas estadual e municipal, bem como às entidades beneficentes e de assistência social. Depois prevê, ainda, a participação da população, por meio de organizações representativas, na formulação das políticas e no controle das ações em todos os níveis.

Foram acrescidos ao art. 204, da Constituição de 1988, **parágrafo único** e dois incisos pela Emenda Constitucional nº 42, de 19.12.2003. Facultou-se aos Estados-membros e ao Distrito Federal vincular a programa de apoio à inclusão e promoção social até cinco décimos por cento de sua receita tributária líquida. Porém, não pode tal percentual ser utilizado no pagamento de despesa com pessoal, encargos sociais e serviço da dívida.

25.7. Aspectos da Educação Brasileira

A educação é direito de todos e dever do Estado e da família, como determina o art. 205, além do já previsto no art. 6º, tudo da Constituição de 1988. Trata-se, portanto, de um direito subjetivo, que implica seu reconhecimento na esfera judicial. Apesar do seu caráter público deve ser promovida e incentivada com a colaboração da sociedade, visando ao pleno desenvolvimento da pessoa, seu preparo para o exercício da cidadania e sua qualificação para o trabalho. O grande desafio do Brasil é justamente reverter totalmente seu índice de analfabetismo, ao mesmo tempo em que deve assegurar a presença de todas as crianças na escola[51].

O direito à educação, por Edith Maria Barbosa Ramos, consiste em:

> "O direito à educação obteve reconhecimento expresso no art. 6º da Constituição Federal de 1988, pertencendo, desta feita, ao catálogo de direitos fundamentais, integrado ao regime jurídico constitucional estabelecido nos arts. 5º, § 1º e 60, § 4º, IV da Carta Magna brasileira. O artigo 6º da Constituição Federal de 1988 enunciou a educação como direito fundamental social, sem, no entanto, apresentar elementos para determinação de seu conteúdo e alcance, demandando ao interprete uma análise sistemática do texto constitucional, em especial, uma análise conjunta desse dispositivo com os artigos 205 a 208 da CF/88, *locus* delineador dos contornos essenciais do direito fundamental à educação. A previsão constitucional do direito à educação data da primeira Constituição brasileira, de 1824, Constituição do Império, que em seu artigo 179, XXXII, determinava o direito à instrução primária e gratuita para todos os cidadãos. No entanto, a primeira Constituição republicana, de 1891, suprimiu do texto referência ao direito à educação, que logo retornou aos textos constitucionais, a partir da Constituição de 1934. A Constituição Federal de 1988, trouxe um capítulo específico (Capítulo III, do Título IX, do art. 205 ao 214) sobre o conteúdo do direito à educação"[52].

A Constituição de 1824, em seu art. 179, nº 32, tratava da educação, ao prever que "a instrução primária é gratuita a todos os cidadãos". A Constituição de 1891 fixou, timidamente, a matéria nos artigos 35 e 72, § 6º. A Constituição de 1934 tratou, longamente, sobre a questão, no seu art. 149, que então utilizava a fórmula "a educação é direito de todos". Depois, a Constituição de 1937, em seu art. 130, limitou-se a dispor sobre o ensino primário, que devia ser obrigatório e gratuito. A Constituição de 1946, em seus arts. 166 a 170, tratou da educação. Depois, a Constituição de 1967, nos artigos 168 a 171, bem como na Emenda Constitucional nº 1, de 17.10.1969, voltou-se a versar sobre a educação, sempre como um direito subjetivo.

A Constituição de 1988 deu destaque à matéria, nos arts. 205 a 214. Sofreu modificações nas diversas alterações constitucionais: a) os parágrafos do art. 207, pela Emenda Constitucional nº 11, de 30.04.1996; b) os

---

51 CAMBI, Eduardo e ZANINELLI, Giovana. **Direito Fundamental à Educação, Exclusão Social e Cidadania.** *In*: **Revista de Direito Privado.** São Paulo: Revista dos Tribunais, jul.-set./2014, nº 59/29-54, e **Doutrinas Essenciais: Direito Constitucional (Edições Especiais Revista dos Tribunais: 100 Anos)**. São Paulo: Revista dos Tribunais, 2015, vol. IX, p. 721.

52 RAMOS, Edith Maria Barbosa. **Direito à Educação.** *In*: ALVIM, Eduardo Arruda, LEITE, George Salomão, e STRECK, Lênio (coords.). **Curso de Direito Constitucional**. Florianópolis: Tirant le Blanch, 2018, p. 1045.

parágrafos, do art. 211, pela Emenda Constitucional nº 13, de 15.08.1996; c) os parágrafos, do art. 211; d) o § 5º, do art. 212, pela Emenda Constitucional nº 14, de 12.09.1996; e) o inciso V do art. 209, pela Emenda Constitucional nº 19, de 04.06.1998. A Lei de Diretrizes e Bases da Educação Nacional, atualmente, vem a ser a Lei Federal nº 9.394, de 20.12.1996. A lei que trata do fundo de manutenção e desenvolvimento e de valorização do magistério é a Lei Federal nº 9.424, de 24.12.1996. Este fundo foi instituído pelo art. 60, § 7º, do Ato das Disposições Constitucionais Transitórias, por força da Emenda Constitucional nº 14, de 12.09.1996.

O ensino deve ser ministrado, de acordo com o art. 206, da Constituição de 1988, com base em diversos princípios. Deve-se obedecer: a) aos princípios da igualdade de condições para o acesso e a permanência na escola; b) à liberdade de aprender, de ensinar, de pesquisar e de divulgar o pensamento, a arte e o saber; c) ao pluralismo de ideias e de concepções pedagógicas, bem como a coexistência de instituições públicas e privadas de ensino; d) à gratuidade do ensino público em estabelecimentos oficiais; e) à valorização dos profissionais do ensino, garantidos, na forma da lei, planos de carreira para o magistério público, com piso salarial profissional e ingresso exclusivamente por concurso público de provas e títulos; f) à gestão democrática do ensino público; g) à garantia de padrão de qualidade.

A igualdade de condições para o acesso e permanência na escola vem a ser uma especialização do princípio da isonomia, previsto no art. 5º, I, da Constituição Federal, para o problema da educação. A matéria se encontra disposta na Lei Federal nº 9.424, de 24.12.1996, bem como no Decreto Federal nº 2.147, de 14.02.1997. Deve obedecer à garantia da liberdade de aprender, de ensinar, de pesquisar e de divulgar o pensamento, a arte e o saber. No mesmo sentido anterior, precisa haver pluralismo de ideias e de concepções pedagógicas. Esta matéria ficou assegurada pela Lei Federal nº 9.394, de 20.12.1996. É necessária, também, a coexistência de instituições públicas e privadas de ensino. Encontra-se prevista a gratuidade do ensino público em estabelecimentos oficiais.

O inciso V do art. 206, da Constituição de 1988, prevê a valorização dos profissionais do ensino, garantidos, na forma da lei, planos de carreira para o magistério público, com piso salarial profissional e ingresso exclusivamente por concurso público de provas e títulos. A nova redação foi dada pela Emenda Constitucional nº 19, de 04.06.1998, modificando a redação anterior, que dizia que: "V – valorização dos profissionais do ensino, garantido, na forma da lei, planos de carreira para o magistério público, com piso salarial profissional e ingresso exclusivamente por concurso público de provas e títulos, assegurado regime jurídico único para todas as instituições mantidas pela União". Depois, a Emenda Constitucional nº 53, de 19.12.2006, modificou o inciso V do art. 206. A redação tratada pela Emenda Constitucional nº 19, de 04.06.1998, era a seguinte: "V – valorização dos profissionais do ensino, garantidos, na forma da lei, planos de carreira para o magistério público, com piso salarial profissional e ingresso exclusivamente por concurso público de provas e títulos". A Emenda Constitucional nº 53, de 19.12.2006, além de alterar o inciso V, acresceu ao art. 206, do texto constitucional, o inciso VIII e o **parágrafo único**, tratando do piso salarial profissional e sobre os trabalhadores considerados profissionais da educação básica.

Encontra-se prevista, ainda, a gestão democrática do ensino público, como uma forma de assegurar o pluralismo de ideias e de concepções pedagógicas, bem como a liberdade de pensamento. O inciso VII do art. 206, do texto constitucional, estabelece a garantia de padrão de qualidade, como uma forma de fomentar o desenvolvimento nacional e a melhoria do padrão de vida dos brasileiros. Não é possível, porém, o homeschooling, no Brasil[53]. O mundo moderno vem se aperfeiçoando através da melhoria educacional de sua população. No Brasil, além do desafio de acabar com o analfabetismo adulto, precisa colocar todos os jovens em escola, para garantir seu desenvolvimento econômico e social.

As universidades gozam de autonomia[54] didático-científica, administrativa e de gestão financeira e patrimonial, nos termos do art. 207, da Constituição de 1988, que foi a primeira a garantir tal direito. Esta autonomia tem sido palco de muita polêmica, por ainda não haver uma distinção objetiva sobre a matéria. Mas de pronto deve ser assegurado o direito de manifestação e de expressão[55]. Precisa ser entendida, assim, como a auto-

53 "**Não é possível, atualmente, o homeschooling no Brasil**. Não é possível, atualmente, o ensino domiciliar (homeschooling) como meio lícito de cumprimento, pela família, do dever de prover educação. **Não há, na CF/88, uma vedação absoluta ao ensino domiciliar**. A CF/88, apesar de não o prever expressamente, não proíbe o ensino domiciliar. No entanto, o **ensino domiciliar não pode ser atualmente exercido porque não há legislação que regulamente os preceitos e as regras aplicáveis a essa modalidade de ensino**. Assim, o **ensino domiciliar somente pode ser implementado no Brasil após uma regulamentação por meio de lei na qual sejam previstos mecanismos de avaliação e fiscalização, devendo essa lei respeitar os mandamentos constitucionais que tratam sobre educação**. STF. Plenário. RE 888815/RS, rel. orig. Min. Roberto Barroso, red. p/ o acórdão Min. Alexandre de Moraes, julgado em 12/9/2018 (repercussão geral) (Info 915)" (ABNC).

54 Em 2020, o Presidente do Senado Federal David Alcolumbre devolveu ao Presidente da República a Medida Provisória nº 979, de 09.06.2020, que permitia ao Ministro da Educação nomear Reitores Pro Tempore, sem precisar realizar as tradicionais eleições para o cargo de Reitor pela comunidade acadêmica, tratando-a como sumariamente inconstitucional por ferir a autonomia universitária.

55 "**Violam** a CF/88 **os atos de busca e apreensão de materiais de cunho eleitoral e a suspensão de atividades de divulgação de ideias em universidades públicas e privadas.** São inconstitucionais os **atos judiciais ou administrativos que determinem ou**

nomia administrativa das Entidades Federadas, que pode dispor de recursos orçamentários, para os próprios fins que a instituição de ensino superior entender mais adequados, através dos seus órgãos democráticos de gestão com a gratuidade do serviço[56]. Foram acrescentados ao art. 207 dois parágrafos, pela Emenda Constitucional nº 11, de 30.04.1996. Foi fixado no § 1º que é facultado às universidades admitir professores, técnicos e cientistas estrangeiros, na forma da lei, corrigindo a proibição de especialistas estrangeiras lecionarem no Brasil, o que era um absurdo. No mesmo sentido, o parágrafo seguinte dispõe que se aplica a permissão às instituições de pesquisa científica e tecnológica.

Devem, ainda, obedecer ao princípio de indissociabilidade entre o ensino, a pesquisa e a extensão. O ensino vem a ser a atuação por meio do processo de ensino e de aprendizagem, feito nas salas de aula ou em outros locais adequados. Já na pesquisa tem de haver o envolvimento dos docentes com os estudos avançados, que devem ser comprovados através de avaliações. O processo deve envolver não só os docentes, mas também o corpo discente. Cada vez mais se passa a exigir, para a colação de grau do estudante, a preparação da monografia final, para receber a graduação. Por fim, a extensão vem a ser a atividade universitária, que a abre para a comunidade, oferecendo os cursos e as interações institucionais, para uma comunidade que se viu privada do ensino superior ou que necessite, apenas, de cursos de reciclagem e de atualização.

A legislação sobre o ensino universitário foi tratada no Decreto Federal nº 8.659, de 05.04.1911, no Decreto Federal nº 19.851, de 11.04.1931, na Lei Federal nº 4.024, de 20.12.1961, e na Lei Federal nº 5.540, de 28.11.1968. Agora, a mesma matéria, no Decreto Federal nº 99.244, de 28.11.1990, na Lei Federal nº 9.192, de 21.12.1995, no Decreto Federal nº 1.916, de 23.05.1996, a Lei Federal nº 9.394, de 20.12.1996, e, ainda, no Decreto Federal nº 2.306, de 09.08.1997, com as modificações posteriores.

---

promovam: • o ingresso de agentes públicos em universidades públicas e privadas; • o recolhimento de documentos (ex: panfletos); • a interrupção de aulas, debates ou manifestações de docentes e discentes universitários; • a realização de atividade disciplinar docente e discente e a coleta irregular de depoimentos desses **cidadãos pela prática de manifestação livre de ideias e divulgação do pensamento nos ambientes universitários ou em equipamentos sob a administração de universidades públicas e privadas.** STF. Plenário. ADPF 548 MC-Ref/DF, Rel. Min. Cármen Lúcia, julgado em 31/10/2018 (Info 922)" (ABNC).

---

56 Súmula Vinculante 12, de 13.08.2008: "A cobrança de taxa de matrícula nas universidades públicas viola o disposto no art. 206, IV, da Constituição Federal".

De acordo com o art. 208, da Constituição de 1988, o direito subjetivo do cidadão se configura como dever que o Estado precisa ter com a educação. Esta deve ser efetivada através da garantia, inicial, de ensino fundamental obrigatório e gratuito, assegurada, inclusive, sua oferta gratuita para todos os que a ele não tiveram acesso na idade própria. Trata-se da nova redação, que foi dada pela Emenda Constitucional nº 14, de 12.09.1996, que antes dispunha que: "I – ensino fundamental obrigatório e gratuito, inclusive para os que a ele não tiveram acesso na idade própria". No mesmo sentido, a Emenda anterior também modificou o inciso seguinte, passando a dispor que devia haver a progressiva universalização do ensino médio gratuito. Por outro lado, prevendo a gratuidade, a redação foi dada pela Emenda Constitucional nº 14, de 12.09.1996, que antes dispunha que era progressiva – a extensão da obrigatoriedade e a gratuidade ao ensino médio.

A Lei Federal nº 12.061, de 27.10.2009, alterou o art. 4º, II, e o art. 10, VI, da Lei Federal nº 9.394, de 20.12.1996, para assegurar a todos os interessados o acesso ao ensino médio público. Dispôs o inciso III do art. 208, da Constituição Federal, que precisa haver o atendimento educacional especializado aos portadores de deficiência, preferencialmente na rede regular de ensino. Trata-se de uma forma de possibilitar a inserção dos portadores de deficiência no mercado de trabalho e na vida social. Exige, ainda, o atendimento em creche e pré-escola às crianças de zero a seis anos de idade, na chamada primeira infância.

Prevê, ainda, no inciso V do art. 208, do texto constitucional, que se ofereça acesso aos níveis mais elevados do ensino, da pesquisa e da criação artística, segundo a capacidade de cada um. O ensino é a atuação por meio do processo de ensino e aprendizagem, feito nas salas de aula ou outros locais adequados. A pesquisa tem a ver com o envolvimento dos docentes com estudos avançados, que devem ser comprovados através de estudos e experimentações. A criação artística, por outro lado, trata da estética e dos meios técnicos de expressão cultural. Dispõe o inciso VI, do artigo acima, que deve haver oferta de ensino noturno regular, adequado às condições do educando. Por outro lado, no inciso VII do art. 208, do texto constitucional, precisa haver, também, o atendimento ao educando, no ensino fundamental, através de programas suplementares de material didático-escolar, de transporte, de alimentação e de assistência à saúde.

De acordo com o § 1º do art. 208, da Constituição de 1988, fica garantido o acesso ao ensino obrigatório e gratuito, sendo este um direito público subjetivo. Nas Constituições de 1934 a 1946, havia a previsão do ensino primário gratuito. Agora, até porque se permite as escolas da iniciativa privada, apenas assegura-se aos que necessitem do ensino fundamental. Encontra-se previsto, ainda, que se não for oferecido o ensino obrigatório pelo Poder Público, ou sua oferta irregular, tal situação importa na responsabilidade da autoridade competente. Para assegurar o direito acima, está disposto que os recursos públicos destinam-se às escolas públicas, podendo ser dirigidos a escolas comunitárias, confessionais ou filantrópicas, de acordo com o art. 213, **caput**, da Constituição de 1988.

Prevê o § 3º do art. 208, do texto constitucional, que compete ao Poder Público recensear os educandos no ensino fundamental, fazer-lhes a chamada e zelar, junto ao Brasil ou responsáveis, pela frequência à escola. Trata-se da afirmação do **caput**, do art. 205, de que a educação, além de um direito, é um dever do Estado e da família. A Emenda Constitucional nº 53, de 19.12.2006, modificou o inciso V do art. 208, do texto constitucional, apenas para reduzir o atendimento da educação infantil para as crianças até cinco anos, quando antes era até seis anos. A Emenda Constitucional nº 59, de 11.11.2009, deu nova redação aos incisos I e VII, do art. 208, de forma a prever a obrigatoriedade do ensino de quatro a dezessete anos e ampliar a abrangência dos programas suplementares para todas as etapas da educação básica.

Está previsto no art. 209, da Constituição de 1988, que o ensino vem a ser livre à iniciativa privada. Para que haja o devido pluralismo de idéias e de concepções pedagógicas, deve-se permitir que a livre iniciativa possa também prestar este serviço. Na Constituição de 1934, estava previsto o ensino livre à iniciativa privada, no que foi seguida pelas Constituições posteriores. Existe, no Brasil, uma tradição do ensino efetuado por escolas religiosas, destacando-se os jesuítas, logo no começo da formação do país. A iniciativa privada, para ter condições de oferecer o ensino correto, deve seguir duas condições – em primeiro lugar, necessita cumprir as normas gerais da educação nacional; e, sem segundo lugar, ter a autorização e a avaliação de qualidade pela Administração.

Dispõe o art. 210, da Constituição Federal, sobre o ensino fundamental, que é vital para o desenvolvimento do Brasil. Devem ser fixados conteúdos mínimos para este, de maneira a assegurar formação básica comum e respeito aos valores culturais e artísticos, nacionais e regionais. O ensino precisa ter currículos, ainda, que visem o pleno desenvolvimento da pessoa, bem como seu preparo para o exercício da cidadania e sua qualificação para o trabalho. Prevê o § 1º do art. 210, do texto constitucional, que o ensino religioso, de matrícula facultativa, constitui disciplina dos horários normais das escolas públicas de ensino fundamental. Por outro lado, no parágrafo seguinte, encontra-se previsto que o ensino fundamental regular deve ser oferecido em língua portuguesa. Não obstante, foi assegurada às comunidades indígenas também a utilização de suas línguas maternas e processos próprios de aprendizagem.

A União, os Estados-membros, o Distrito Federal e os Municípios devem organizar seus sistemas de ensino, conforme o art. 211, da Constituição de

1988, em regime de colaboração. A competência para a educação é comum a todas as Entidades da Federação, de acordo com o art. 24, V. Contudo, está sugerida uma especialização, ainda que não obrigatória. Cabe à União o ensino superior, e aos Estados-membros e ao Distrito Federal o ensino fundamental e médio. Aos Municípios foi atribuído o ensino fundamental e a educação infantil, estes de acordo com os arts. 30, VI, e 211, § 2º, tudo do texto constitucional.

Prevê o § 1º do art. 211, da Constituição de 1988, que a União deve organizar o sistema federal do ensino e o dos Territórios. Precisa, ainda, financiar as instituições públicas federais de ensino e exercer, em matéria educacional, a função redistributiva e supletiva, de forma a garantir a equalização de oportunidades educacionais e o padrão mínimo de qualidade do ensino mediante a assistência técnica e financeira aos Estados-membros, ao Distrito Federal e aos Municípios. Este parágrafo teve a redação dada, pela Emenda Constitucional nº 14, de 12.09.1996, que antes dispunha que:

> "Art. 211. ....
> § 1º A União organizará e financiará o sistema federal de ensino e o dos Territórios, e prestará assistência técnica e financeira aos Estados-membros, ao Distrito Federal e aos Municípios para o desenvolvimento de seus sistemas de ensino e o atendimento prioritário à escolaridade obrigatória".

De acordo com o § 2º do artigo acima cabem aos Municípios atuar, prioritariamente, no ensino fundamental e na educação infantil. A nova redação foi dada pela Emenda Constitucional nº 14, de 12.09.1996, que antes dispunha que: "§ 2º Os Municípios atuarão prioritariamente no ensino fundamental e pré-escolar". Houve uma mudança conceitual e foi alterada a expressão ensino pré-escolar, como ainda consta no art. 30, VI, para ensino infantil, o que seguiu a técnica da Lei de Diretrizes e Bases da Educação Nacional, Lei Federal nº 9.394, de 20.12.1996, como já dito. O ensino fundamental público deve ter como fonte adicional de financiamento a contribuição social do salário-educação, recolhida pelas empresas.

O § 3º foi acrescentado, pela Emenda Constitucional nº 14, de 12.09.1996, que atribuiu aos Estados-membros e ao Distrito Federal a atuação prioritária no ensino fundamental e médio. Foi acrescentado, ainda, o § 4º, que dispôs que, na organização de seus sistemas de ensino, os Estados-membros e os Municípios definem as formas de colaboração, de modo a assegurar a universalização do ensino obrigatório. A Emenda Constitucional nº 53, de 19.12.2006, acrescentou o § 5º ao art. 211, do texto constitucional, para tratar da educação básica pública. A Emenda Constitucional nº 59, de 11.11.2009, deu nova redação ao § 4º do art. 211, incluindo a União na colaboração para garantir o ensino obrigatório.

Está disposto, no art. 212, da Constituição de 1988, que a União deve aplicar, anualmente, nunca menos de dezoito por cento, da receita resultante de impostos, compreendida a proveniente de transferências, na manutenção e desenvolvimento do ensino. No mesmo sentido, devem aplicar os Estados-membros, o Distrito Federal e os Municípios vinte e cinco por cento, no mínimo, da receita resultante de impostos, inclusive a proveniente de transferências, tudo para a manutenção e o desenvolvimento do ensino. A vedação à vinculação de receita de impostos à despesa faz ressalva ao destinado para este fim, de acordo com o inciso IV do art. 167, do texto constitucional.

Deve-se observar, porém, de acordo com § 1º, do mesmo artigo, que a parcela da arrecadação de impostos transferida pela União aos Estados-membros, ao Distrito Federal e aos Municípios, ou pelos Estados-membros aos respectivos Municípios, não vem a ser considerada, para efeito do cálculo acima, receita do Governo que a transferir. No mesmo sentido, o parágrafo seguinte prevê, para efeito do cumprimento das disposições acima, que necessitam ser considerados os sistemas de ensino federal, estadual e municipal, bem como os recursos, aplicados de acordo com o art. 213, da Constituição Federal.

Está previsto, ainda, que a distribuição dos recursos públicos precisa assegurar a prioridade ao atendimento das necessidades do ensino obrigatório, nos termos do plano nacional de educação. No § 4º do art. 212, da Constituição de 1988, encontra-se disposto que os programas suplementares de alimentação e de assistência à saúde são financiados com os recursos provenientes de contribuições sociais e de outros recursos orçamentários.

Cabe o ensino fundamental aos Estados-membros e ao Distrito Federal, nos termos do art. 211, § 3º, bem como aos Municípios, de acordo com o disposto nos arts. 30, VI, e 211, § 2º, tudo do texto constitucional. A contribuição sobre o salário-educação está prevista no Decreto Federal nº 994, de 25.11.1993. A Emenda Constitucional nº 53, de 19.12.2006, modificou o § 5º, do art. 212, apenas para mudar de ensino fundamental público para educação básica pública. Acresceu ao artigo acima, ainda, o § 6º, para tratar das cotas estaduais e municipais da contribuição social do salário-educação. A Emenda Constitucional nº 59, de 11.11.2009, deu nova redação ao § 3º, do art. 212.

Dispôs o art. 213, da Constituição de 1988, que os recursos públicos devem ser destinados às escolas públicas. Trata-se de dispositivo que consolida o direito subjetivo à educação, que é previsto o seu acesso como obrigatório e gratuito, no § 1º, do art. 208, tudo do texto constitucional. Todavia, os recursos públicos podem ser dirigidos a escolas comunitárias, confessionais ou filantrópicas, definidas em lei. As escolas comunitárias são particulares, mantidas por contribuições privadas locais. As escolas confessionais têm a natureza religiosa, em geral cristã, de seus diversos ritos. Por fim, as escolas filantrópicas são aquelas mantidas por fundações ou por corporações, apenas para dar assistência aos carentes. Depende, no entanto, que estas escolas comprovem finalidade não-lucrativa e apliquem seus excedentes financeiros em educação. Precisam, ainda, assegurar a destinação de seu patrimônio a outra escola comunitária, filantrópica ou confessional, ou, ainda, ao Poder Público, no caso de encerramento de suas atividades. O ensino religioso pode ser ensinado em escola pública, se confessional[57].

O § 1º do art. 213, da Constituição de 1988, prevê que os recursos públicos para a educação podem ser destinados a bolsas de estudo para o ensino fundamental e médio, na forma da lei, para os que demonstrarem insuficiência de recursos. Precisa haver, no entanto, falta de vagas e de cursos regulares da rede pública na localidade da residência do educando, ficando o Poder Público obrigado a investir prioritariamente na expansão de sua rede na localidade. Em primeiro lugar, o ensino público, e apenas quando este se mostrar insuficiente para atender a todos os que dele necessitem, destina-se às escolas comunitárias, confessionais ou filantrópicas.

De acordo com o § 2º do artigo acima, as atividades universitárias de pesquisa e extensão podem receber apoio financeiro do Poder Público. A pesquisa tem a ver com o envolvimento dos docentes com os estudos avançados, que devem ser comprovados através de investigação empírica e de outros meios. A extensão vem a ser a atividade universitária, oferecendo cursos e interações institucionais, para uma comunidade que se viu privada do ensino superior ou que necessite, apenas, de cursos de reciclagem e de atualização.

Prevê o art. 214, da Constituição de 1988, que a lei deve estabelecer o plano nacional de educação, de duração decenal. O plano deve estabelecer, de forma regionalizada, as diretrizes, os objetivos e as metas da

---

57 "**O ensino religioso nas escolas públicas brasileiras pode ter natureza confessional.** O **Estado**, observado o **binômio Laicidade do Estado (art. 19, I) / Consagração da Liberdade religiosa (art. 5º, VI) e o princípio da igualdade** (art. 5º, caput), **deverá atuar na regulamentação do cumprimento do preceito constitucional previsto no art. 210, §1º, autorizando na rede pública, em igualdade de condições, o oferecimento de ensino confessional das diversas crenças, mediante requisitos formais e objetivos previamente fixados pelo Ministério da Educação.** Dessa maneira, **será permitido aos alunos que voluntariamente se matricularem o pleno exercício de seu direito subjetivo ao ensino religioso como disciplina dos horários normais das escolas públicas de ensino fundamental, ministrada de acordo com os princípios de sua confissão religiosa, por integrantes da mesma, devidamente credenciados e, preferencialmente, sem qualquer ônus para o Poder Público.** STF. Plenário. ADI 4439/DF, rel. orig. Min. Roberto Barroso, red. p/ o ac. Min. Alexandre de Moraes, julgado em 27/9/2017 (Info 879)" (ABNC).

Administração, para a educação e seus fins. Deve o mesmo visar à articulação e ao desenvolvimento do ensino em seus diversos níveis e à integração das ações do Poder Público. O objetivo do plano nacional de educação é para que alcance: a) a erradicação do analfabetismo; b) a universalização do atendimento escolar; c) a melhoria da qualidade do ensino; d) a formação para o trabalho; e) a promoção humanística, científica e tecnológica do Brasil.

O plano nacional de educação tem, como meta prioritária, a erradicação do analfabetismo. Não só consiste em violação da cidadania o analfabetismo, como compromete o desenvolvimento do país, com a manutenção de trabalhadores com baixa qualificação profissional. O Brasil vem avançando para diminuir seus índices de analfabetismo, mas este continua elevado e preocupante. Deve haver, ainda, um esforço para que todas as crianças em idade escolar estejam tendo educação, para evitar que estas venham a engrossar o número de analfabetos. Foi assegurada a estes a cidadania política, no art. 14, § 1º, II, "a", ainda que de caráter facultativo, mas lhes foi negada a elegibilidade, no art. 14, § 4º, tudo do texto constitucional.

A universalização do atendimento escolar deve se voltar para evitar que haja qualquer criança fora da escola. Na verdade, trata-se de uma dívida de todo o Brasil, para que seja oferecida, pelo menos, a igualdade de oportunidade, como o princípio da isonomia no sentido material. Prevê o inciso III do art. 214, da Constituição de 1988, que o plano nacional de educação estabeleça a melhoria da qualidade do ensino. Deve voltá-lo, ainda, para a formação para o trabalho, como a forma de aprimorar os trabalhadores brasileiros. Por fim, no inciso V, do mencionado artigo, precisa haver a promoção humanística, científica e tecnológica do país, através deste plano de educação. A Emenda Constitucional nº 59, de 11.11.2009, deu nova redação ao **caput** do art. 214, com a inserção de dispositivo no inciso VI.

25.8. Aspectos da Cultura e do Desporto

A cultura tem dois aspectos, com o primeiro sendo o material, que compreende a totalidade dos bens materiais que um povo possui para sua alimentação, vestuário, abrigo, higiene, diversão, desenvolvimento artístico, ciência, tecnologia e comércio, dentre outras. O outro, é o espiritual, que vem a ser todas as maneiras de sentir, pensar e agir, de forma padronizada na sociedade, como o idioma, a religião, a organização social, a ciência, a arte, o direito e a economia, dentre outros. Trata-se, enfim, do conhecimento incorporado na sociedade e reproduzido pelas gerações, ainda que com modificações.

A Administração, de acordo com o art. 215, da Constituição de 1988, deve garantir a todos o pleno exercício dos direitos culturais e acesso às fontes da cultura nacional. A cultura não é estanque, interagindo com novas tecnologias e formas de pensar, sendo importante preservar suas fontes autênticas, bem como permitir a devida divulgação, para que sua existência possa influenciar o conjunto da sociedade. Deve, ainda, apoiar e incentivar a valorização e a difusão das manifestações culturais, através do auxílio aos grupos, amadores e profissionais, que visem levar ao conhecimento geral o que se produz culturalmente em seu meio.

A cultura esteve prevista nas Constituições desde 1824, em seu art. 179, nº 33. Voltou a aparecer na Constituição de 1891, em seu art. 35, § 2º; bem como nas Constituições de 1934, em seu art. 10, III, e art. 148, na de 1937, em seus arts. 128 e 134, e na de 1946, em seus arts. 174 e 175. A Constituição de 1967, no art. 172, bem como a sua Emenda Constitucional nº 1, de 17.10.1969, em que apareceu como o art. 180, trataram da cultura. A Constituição de 1988 atribuiu ao tema uma seção, Da Ordem Social, bem como os arts. 215 e 216[58].

Foi estabelecido, expressamente, no § 1º do art. 215, da Constituição de 1988, que o Poder Público deve proteger as manifestações das culturas populares, indígenas e afro-brasileiras, e as de outros grupos participantes do processo civilizatório nacional. O Brasil é um país diferente, porque conseguiu que houvesse uma ampla miscigenação dos povos que para aqui acorreram. O brasileiro foi forjado como uma raça diferente, mesclando as populações de origem europeia, com indígenas, africanos e, agora, asiáticos. Contudo, estas populações não tiveram acesso à riqueza nacional e, muitas vezes, ficaram marginalizadas, quando deveriam receber maior apoio público. Por outro lado, no parágrafo seguinte, encontra-se previsto que a lei deve dispor sobre a fixação de datas comemorativas de alta significação para os diferentes segmentos étnicos nacionais, como forma de valorizá-los. Trata-se de uma tentativa de reabilitar culturalmente os descendentes de indígenas e afro-brasileiros, que em geral estão afastadas das posições de liderança econômica, política e social, dominadas pelos que se julgam brancos.

A Emenda Constitucional nº 48, de 10.08.2005, acrescentou o § 3º e seus incisos ao art. 215, do texto constitucional. Foi instituído o Plano Nacional de Cultura, de duração plurianual, visando ao desenvolvimento cultural do país e à integração das ações do poder público no que toca à gestão, patrimônio e acesso e diversidade dos bens culturais. A Lei Federal nº

58 Ver: NASCIMENTO, Valéria Ribas do. **Direito Constitucional como Cultura, Pluralismo e Cooperativismo Cosmopolita – Desafios Possibilistas.** *In*: **Revista de Direito Constitucional e Internacional.** São Paulo: Revista dos Tribunais, abr.-jun./2013, nº 83/65-93, e **Doutrinas Essenciais: Direito Constitucional (Edições Especiais Revista dos Tribunais: 100 Anos).** São Paulo: Revista dos Tribunais, 2015, vol. IX, p. 691.

12.343, de 02.12.2010, instituiu o Plano Nacional de Cultura (PNC) e criou o Sistema Nacional de Informações e Indicadores Culturais (SNIIC).

Dispõe o art. 216, da Constituição de 1988, sobre o patrimônio cultural brasileiro. Este é entendido como os bens de natureza material e imaterial, tomados individualmente ou em conjunto, portadores de referência à identidade, à ação, à memória dos diferentes grupos formadores da sociedade brasileira. A Constituição de 1934, em seu art. 148, tratava do patrimônio cultural do Brasil. O disposto no art. 216 está voltado para a proteção de nosso patrimônio cultural. Este consiste em conjuntos urbanos, edificações, obras, objetos, documentos, literatura, sítios de valor histórico, paisagístico, artístico, arqueológico, científico e ecológico. Inclui, ainda, as manifestações artístico-culturais. Inclui-se, ainda, a pintura, a escultura, a arquitetura, o teatro, o canto, a dança, o cinema, a televisão, o rádio, a internet, as redes sociais, as revistas em quadrinhos, as lives e outros meios.

O patrimônio cultural brasileiro compreende: a) os bens materiais e imateriais, nos quais constam as formas de expressão; b) os modos de criar, de fazer e de viver; c) as criações científicas, artísticas e tecnológicas; d) as obras, os objetos, os documentos, as edificações e os demais espaços destinados às manifestações artístico-culturais; e) os conjuntos urbanos e os sítios de valor histórico, paisagístico, artístico, arqueológico, paleontológico, ecológico e científico. A Lei Federal nº 3.924, de 26.07.1961, dispõe sobre os monumentos arqueológicos e pré-históricos.

De acordo com o § 1º do art. 216, da Constituição de 1988, a Administração, com a colaboração da comunidade, deve promover e proteger o patrimônio cultural brasileiro, por meio de inventários, de registros, de vigilância, de tombamento e de desapropriação, bem como outras formas de acautelamento e preservação. O tombamento é a declaração do valor histórico, artístico, paisagístico, turístico, cultural ou científico, de coisas ou locais que, pela própria natureza, devem ser preservados. Entende-se como a submissão de determinado bem, público ou particular, que passa a ser submetido a um regime especial de uso, de gozo e de disposição, que preserve suas qualidades essenciais. Encontra-se disposto no Decreto-lei nº 25, de 30.11.1937, com as modificações efetuadas pelo Decreto-lei nº 3.866, de 29.11.1941. Por outro lado, a desapropriação é a intervenção na propriedade privada, com a transferência compulsória do domínio desta em favor da Administração Pública. Trata-se de processo administrativo em que há a transferência compulsória da propriedade, sendo forma originária de aquisição desta.

Dispõe o § 2º do art. 216, do texto constitucional, que cabem à Administração, de acordo com a lei, a gestão da documentação governamental e as providências para franquear sua consulta a quantos dela necessitem. Foi fixado, ainda, no parágrafo seguinte, que a lei deve estabelecer os incentivos para a produção e o conhecimento de bens e valores culturais. A Lei Sarney, Lei Federal nº 7.505, de 02.07.1986, bem como a Lei Rouanet, a Lei Federal nº 8.313, de 23.12.1991, e suas modificações posteriores, tratam sobre os benefícios fiscais a operações de caráter cultural. Foi fixado no § 4º, do artigo acima, que os danos e as ameaças ao patrimônio cultural precisam ser punidos, na forma da lei.

Por outro lado, devem ser tombados todos os documentos e os sítios detentores de reminiscências históricas dos antigos quilombos, que eram povoados por escravos fugitivos, que se organizavam independentemente da Colônia. Representam, também, a resistência dos afro-brasileiros contra a opressão do regime escravagista. O tombamento representa, desse modo, a submissão de determinado bem, público ou particular, que passa a ter um regime especial de uso, gozo e disposição, que preserve suas qualidades históricas, como os quilombos, previsto no § 5º do art. 216, da Constituição Federal. A Emenda Constitucional nº 42, de 19.12.2003, acresceu ao art. 216, § 6°, três incisos. Foi dada a opção aos Estados-membros e ao Distrito Federal para vincular ao fundo estadual de fomento à cultura até cinco décimos por dento de sua receita tributária líquida, para o financiamento de programas e projetos culturais. Não obstante, tais recursos estão vedados para o pagamento de despesa com pessoal, com encargos sociais, com serviço da dívida ou com qualquer outra despesa corrente não vinculada ao investimento cultural. A Emenda Constitucional nº 48, de 10.08.2005.

A Emenda Constitucional nº 71, de 29.11.2012, instituiu o Sistema Nacional de Cultura[59], assim:

> "Art. 1º A Constituição Federal passa a vigorar acrescida do seguinte art. 216-A:
> 'Art. 216-A. O Sistema Nacional de Cultura, organizado em regime de colaboração, de forma descentralizada e participativa, institui um processo de gestão e promoção conjunta de políticas públicas de cultura, democráticas e permanentes, pactuadas entre os entes da Federação e a sociedade, tendo por objetivo promover o desenvolvimento humano, social e econômico com pleno exercício dos direitos culturais.
> § 1º O Sistema Nacional de Cultura fundamenta-se na política nacional de cultura e nas suas diretrizes, estabelecidas no Plano Nacional de Cultura, e rege-se pelos seguintes princípios:
> I - diversidade das expressões culturais;
> II - universalização do acesso aos bens e serviços culturais;

59 QUERINO, Ana Célia e SOUZA, Lucas de. **Os Direitos Culturais na Ordem Constitucional: uma análise das Emendas Constitucionais 42/2003, 48/2005 e 71/2012**. *In*: **Revista de Direito Constitucional e Internacional**. São Paulo: Revista dos Tribunais, jan.-mar./2015, nº 90/201-213, e **Doutrinas Essenciais: Direito Constitucional (Edições Especiais Revista dos Tribunais: 100 Anos)**. São Paulo: Revista dos Tribunais, 2015, vol. IX, p. 893.

> III - fomento à produção, difusão e circulação de conhecimento e bens culturais;
> IV - cooperação entre os entes federados, os agentes públicos e privados atuantes na área cultural;
> V - integração e interação na execução das políticas, programas, projetos e ações desenvolvidas;
> VI - complementaridade nos papéis dos agentes culturais;
> VII - transversalidade das políticas culturais;
> VIII - autonomia dos entes federados e das instituições da sociedade civil;
> IX - transparência e compartilhamento das informações;
> X - democratização dos processos decisórios com participação e controle social;
> XI - descentralização articulada e pactuada da gestão, dos recursos e das ações;
> XII - ampliação progressiva dos recursos contidos nos orçamentos públicos para a cultura.
> § 2º Constitui a estrutura do Sistema Nacional de Cultura, nas respectivas esferas da Federação:
> I - órgãos gestores da cultura;
> II - conselhos de política cultural;
> III - conferências de cultura;
> IV - comissões intergestores;
> V - planos de cultura;
> VI - sistemas de financiamento à cultura;
> VII - sistemas de informações e indicadores culturais;
> VIII - programas de formação na área da cultura; e
> IX - sistemas setoriais de cultura.
> § 3º Lei federal disporá sobre a regulamentação do Sistema Nacional de Cultura, bem como de sua articulação com os demais sistemas nacionais ou políticas setoriais de governo.
> § 4º Os Estados, o Distrito Federal e os Municípios organizarão seus respectivos sistemas de cultura em leis próprias'".

Por outro lado, o desporto refere-se a jogo ou a recreação na base de exercícios físicos e com finalidades sociais. Deve ser considerado educação física, recreação ou competições amadoras ou profissionais, com base na higiene, na civilidade e no valor ético. O desporto tem caráter cultural, mas serve eficazmente para a educação social e o aprimoramento da saúde. Cabe a Administração fomentar as práticas desportivas formais e não-formais, como o direito de cada um. Deve, todavia, observar a autonomia das entidades desportivas dirigentes e associações, quanto à sua organização e funcionamento e a destinação de recursos públicos para a promoção prioritária do desporto educacional. Em casos específicos, para a do desporto de alto rendimento, o tratamento diferenciado para o desporto profissional e o não-profissional e a proteção e o incentivo às manifestações desportivas de criação nacional.

Os desportos foram tratados, apenas, na Constituição de 1937, em seu art. 131. A Constituição de 1967, com sua Emenda Constitucional nº 1, de 17.10.1969, também abordou o tema, em seu art. 8º, XVII, "q". A Constituição de 1988 atribuiu-lhe uma seção e o art. 217. Os desportos encontram-se tratados na Lei Federal nº 9.615, de 24.03.1998, a chamada Lei Pelé, que foi regulamentada pelo Decreto Federal nº 2.257, de 29.04.1998. A Lei Federal nº 12.395, de 16.03.2011, alterou a Lei Federal nº 9.615, de 24.03.1998, que instituiu normas gerais para os esportes, e a Lei Federal nº 10.891, de 09.07.2004, que criou o Bolsa-Atleta e instituiu o Programa Atleta Pódio e o Programa Cidade Esportiva, bem como revogou a Lei Federal nº 6.354, de 02.09.1976. O Estatuto do torcedor, Lei Federal nº 10.671, de 15.05.2003, disciplina a questão do público desportivo[60].

Deve haver a autonomia das entidades desportivas, dirigentes e associações, quanto à sua organização e sem funcionamento. Trata-se da faculdade que possuem determinadas associações de se auto-organizarem juridicamente e de constituir um direito próprio. A destinação de recursos públicos, nos termos do inciso II, do art. 217, deve ser para a promoção prioritária do desporto educacional. Para os desportos de alto rendimento, apenas em alguns casos específicos. Foi previsto, ainda, o tratamento diferenciado para o desporto profissional e o não profissional. O primeiro tem condições de se manter, ao passo que o desporto amador não pode se manifestar se não receber o apoio governamental. Para ressaltar o aspecto cultural do desporto, deve haver a proteção e o incentivo para as manifestações desportivas de criação nacional.

Por outro lado, a Emenda Constitucional nº 96, de 06.06.2017, estabeleceu que as práticas desportivas, que usem animais – vaquejada, corrida, rodeio, hipismo e outros – não são consideradas cruéis, abaixo:

> "Art. 1º O art. 225 da Constituição Federal passa a vigorar acrescido do seguinte § 7º:
>
> 'Art. 225. ....
>
> ....

60 "É **constitucional** lei **estadual que autoriza a comercialização de bebidas alcoólicas nas arenas desportivas e nos estádios**. Trata-se de legislação sobre **consumo**, matéria de competência concorrente (art. 24, V, da CF/88). O art. 13-A, II, da Lei nº 10.671/2003 (Estatuto do Torcedor) indica como ?condições de acesso e permanência do torcedor no recinto esportivo?, entre outras, ?não portar objetos, bebidas ou substâncias proibidas ou suscetíveis de gerar ou possibilitar a prática de atos de violência?. **Não há, contudo, uma vedação geral e absoluta por parte do Estatuto do Torcedor, de modo que o legislador estadual, no exercício de sua competência concorrente complementar, observadas as especificidades locais, pode regulamentar a matéria, autorizando, por exemplo, a venda de cerveja e chope (bebidas de baixo teor alcoólico) nos estádios**. Vale lembrar que isso já é autorizado nos grandes eventos mundiais de futebol e outros esportes, inclusive na Copa do mundo organizada pela FIFA e nas Olimpíadas. STF. Plenário. ADI 6195, Rel. Min. Alexandre de Moraes, julgado em 27/03/2020" (ABNC).

> § 7º Para fins do disposto na parte final do inciso VII do § 1º deste artigo, não se consideram cruéis as práticas desportivas que utilizem animais, desde que sejam manifestações culturais, conforme o § 1º do art. 215 desta Constituição Federal, registradas como bem de natureza imaterial integrante do patrimônio cultural brasileiro, devendo ser regulamentadas por lei específica que assegure o bem-estar dos animais envolvidos'".

Foi fixado no § 1º do art. 217, da Constituição de 1988, que o Poder Judiciário só deve admitir as ações relativas à disciplina e às competições desportivas após esgotarem-se as instâncias da Justiça Desportiva regulada em lei. Trata-se, então, de uma ressalva ao princípio do acesso judiciário, previsto no art. 5º, XXXIV, tudo do texto constitucional. Assim, a Justiça Desportiva deve ter o prazo máximo de sessenta dias, contados da instauração do processo, para proferir uma decisão final. No § 3º do art. 217 determinou-se que o Poder Público incentive o lazer, como forma de promoção social. O lazer é a recreação, com o fim de permitir às pessoas diversão, descanso ou cultura, o que é muito importante para a vida humana e a convivência social.

25.9. Ciência, Tecnologia e Comunicação Social

A ciência vem a ser o conjunto organizado e sistemático de proposições evidentes, certas, necessárias e universais, com condições de dar sobre seu objeto o conhecimento de suas causas. Trata-se de conhecimento apurado através dos métodos científicos, indutivos, dedutivos ou dialéticos. Por outro lado, a tecnologia trata-se do conjunto, com base científica, que se aplica a determinados fins industriais ou de prestação de serviços. Estão relacionados porque a ciência produz o conhecimento para o desenvolvimento tecnológico, ao passo que a tecnologia consegue financiamento para o conhecimento científico.

A ciência foi tratada, inicialmente, na Constituição de 1937, ao dispor que "a arte, a ciência e seu ensino são livres à iniciativa individual e à de associações ou pessoas coletivas, públicas e particulares". Voltou a aparecer com a Constituição de 1946, em seu art. 174, bem como na Constituição de 1967, em seu art. 171, que passou para art. 179, na sua Emenda Constitucional nº 1, de 17.10.1969. A Constituição de 1988, em seu art. 218, dispôs que o Poder Público deve promover e incentivar o desenvolvimento científico, a pesquisa e a capacitação tecnológicas. O Conselho Nacional de Ciência e Tecnologia encontra-se estabelecido pela Lei Federal nº 9.257, de 09.01.1996.

De acordo com o § 1º do art. 218, da Constituição de 1988, a pesquisa científica básica deve receber tratamento prioritário da Administração, tendo em vista o bem público e o progresso das ciências. No mesmo sentido, o parágrafo seguinte dispôs que a pesquisa tecnológica precisa se voltar, em especial, para oferecer a solução aos problemas brasileiros e para o desenvolvimento do sistema produtivo nacional e regional. Jürgen Habermas, na obra **Técnica e Ciência como "Ideologia"**, discute o uso da ciência como forma de ideologia de mobilização social em favor do Estado e do capitalismo.

Prevê o § 3º do artigo acima que o Poder Público deve apoiar a formação de recursos humanos nas áreas de ciência, pesquisa e tecnologia. Concede aos que delas se ocupem condições especiais de trabalho. Foi fixado, também, que haverá lei, que apóie e estimule as empresas que invistam em pesquisa, na criação de tecnologia adequada ao Brasil, na formação e no aperfeiçoamento de seus recursos humanos. Precisam ser valorizadas, ainda, as empresas que pratiquem sistemas de remuneração que assegurem ao empregado, desvinculada do salário, participação nos ganhos econômicos resultantes da produtividade de seu trabalho. Dispõe o § 5º, do art. 218, que deve ser facultado aos Estados-membros e ao Distrito Federal vincular parcela de sua receita orçamentária a entidades públicas de fomento ao ensino e à pesquisa científica e tecnológica. Trata-se de exceção, ainda, ao disposto no inciso IV do art. 167, da Constituição Federal, que veda a vinculação de receita de impostos a órgão, fundo ou despesa.

Está previsto no art. 219, do texto constitucional, que o mercado interno brasileiro integra o patrimônio nacional. Por conseguinte, deve ser incentivado, de modo a viabilizar o desenvolvimento cultural e sócio-econômico, o bem-estar da população e a autonomia tecnológica do Brasil, de acordo com lei federal. Existe, hoje, uma dificuldade de se conceituar mercado, em especial mercado nacional. Pode ser, no entanto, o mercado consumidor interno. Este, caso seja possível desenvolver tecnologia própria, cada vez mais difícil, deve ser uma referência para a expansão econômica da atividade.

As comunicações são o conjunto de meios de que dispõe um país, ou uma região, para o transporte e a distribuição de ideias, de notícias e de informações. As comunicações se manifestam, atualmente, pelas mais diferentes formas e meios. Começou com as informações orais e passou, com o tempo, para a imprensa escrita, através dos jornais. Depois, no século XIX, veio o telégrafo e o telefone. No século XX, apareceu o rádio e a televisão e, agora, no século XXI, a internet e as redes sociais.

A Emenda Constitucional nº 85, de 26.02.2015, atualizou o tratamento das atividades de ciências, tecnologia e inovação, do seguinte modo:

> "Art. 1º A Constituição Federal passa a vigorar com as seguintes alterações:
> 'Art. 23. ....
> ....
> V - proporcionar os meios de acesso à cultura, à educação, à ciência, à tecnologia, à pesquisa e à inovação;

....
Art. 24. ....
....
IX - educação, cultura, ensino, desporto, ciência, tecnologia, pesquisa, desenvolvimento e inovação;
....
Art. 167. ....
....
§ 5º A transposição, o remanejamento ou a transferência de recursos de uma categoria de programação para outra poderão ser admitidos, no âmbito das atividades de ciência, tecnologia e inovação, com o objetivo de viabilizar os resultados de projetos restritos a essas funções, mediante ato do Poder Executivo, sem necessidade da prévia autorização legislativa prevista no inciso VI deste artigo.
Art. 200. ....
....
V - incrementar, em sua área de atuação, o desenvolvimento científico e tecnológico e a inovação;
....
Art. 213. ....
....
§ 2º As atividades de pesquisa, de extensão e de estímulo e fomento à inovação realizadas por universidades e/ou por instituições de educação profissional e tecnológica poderão receber apoio financeiro do Poder Público.

CAPÍTULO IV
DA CIÊNCIA, TECNOLOGIA E INOVAÇÃO

Art. 218. O Estado promoverá e incentivará o desenvolvimento científico, a pesquisa, a capacitação científica e tecnológica e a inovação.
§ 1º A pesquisa científica básica e tecnológica receberá tratamento prioritário do Estado, tendo em vista o bem público e o progresso da ciência, tecnologia e inovação.
....
§ 3º O Estado apoiará a formação de recursos humanos nas áreas de ciência, pesquisa, tecnologia e inovação, inclusive por meio do apoio às atividades de extensão tecnológica, e concederá aos que delas se ocupem meios e condições especiais de trabalho.
....
§ 6º O Estado, na execução das atividades previstas no caput , estimulará a articulação entre entes, tanto públicos quanto privados, nas diversas esferas de governo.
§ 7º O Estado promoverá e incentivará a atuação no exterior das instituições públicas de ciência, tecnologia e inovação, com vistas à execução das atividades previstas no caput.
Art. 219. ....
Parágrafo único. O Estado estimulará a formação e o fortalecimento da inovação nas empresas, bem como nos demais entes, públicos ou privados, a constituição e a manutenção de parques e polos tecnológicos e de demais ambientes promotores da inovação, a atuação dos inventores independentes e a criação, absorção, difusão e transferência de tecnologia.
Art. 2º O Capítulo IV do Título VIII da Constituição Federal passa a vigorar acrescido dos seguintes arts. 219-A e 219-B:

> Art. 219-A. A União, os Estados, o Distrito Federal e os Municípios poderão firmar instrumentos de cooperação com órgãos e entidades públicos e com entidades privadas, inclusive para o compartilhamento de recursos humanos especializados e capacidade instalada, para a execução de projetos de pesquisa, de desenvolvimento científico e tecnológico e de inovação, mediante contrapartida financeira ou não financeira assumida pelo ente beneficiário, na forma da lei.
>
> Art. 219-B. O Sistema Nacional de Ciência, Tecnologia e Inovação (SNCTI) será organizado em regime de colaboração entre entes, tanto públicos quanto privados, com vistas a promover o desenvolvimento científico e tecnológico e a inovação.
>
> § 1º Lei federal disporá sobre as normas gerais do SNCTI.
>
> § 2º Os Estados, o Distrito Federal e os Municípios legislarão concorrentemente sobre suas peculiaridades'".

De acordo com o art. 220, da Constituição de 1988, a manifestação do pensamento, a criação, a expressão e a informação, sob qualquer forma, processo ou veículo não podem sofrer qualquer restrição, observado o disposto na Constituição Federal. Dispõe este texto, ainda, no inciso XIV do art. 5º, o direito de acesso à informação, bem como deve ser resguardado o sigilo da fonte, quando necessário para o exercício profissional. As comunicações sociais foram tratadas na Constituição de 1946, em seu art. 141, § 5º, assim como na Constituição de 1967, em seu art. 150, § 8º, mas que na sua Emenda Constitucional nº 1, de 17.10.1969, apareceu como art. 153, § 8º. A Lei Federal nº 5.250, de 09.02.1967, tratou da Lei de Imprensa, mas o Supremo Tribunal Federal considerou-a não recepcionada pela Constituição de 1988, na ADPF 130.

Dispõe o § 1º do art. 220, da Constituição de 1988, que nenhuma disposição legal deve conter normas que possam constituir embaraço à plena liberdade de informação jornalística em qualquer veículo de comunicação social. No mesmo sentido, está vedada toda e qualquer censura de natureza política, ideológica e artística. O § 3º do art. 220, da Constituição Federal, dispõe que cabe à lei federal regular as diversões e espetáculos públicos, atribuído ao Poder Público informar sobre a natureza deles, as faixas etárias a que não se recomendem, locais e horários em que sua apresentação se mostre inadequada. Compete-lhe, ainda, estabelecer os meios legais que garantam à pessoa e à família a possibilidade de se defenderem de programas ou programações de rádio e televisão, bem como da propaganda de produtos, práticas e serviços que possam ser nocivos a saúde e ao meio ambiente.

Fica sujeita a restrições legais a propaganda comercial de tabaco, bebidas alcoólicas, agrotóxicos, medicamentos e terapias, devendo conter, sempre que necessário, advertência sobre os malefícios decorrentes de seu uso. A Lei Federal nº 9.294, de 15.07.1996, que foi regulamentada pelo Decreto Federal nº 2.018, de 19.10.1996, tratou da restrição ao uso de propaganda de produtos fumígeos, bebidas alcoólicas, medicamentos, terapias e defensivos agrícolas. Dispõe o § 5º, do art. 220, que os meios de comunicação social não podem, direta ou indiretamente, ser objeto de monopólio ou oligopólio. A publicação de veículo impresso de comunicação independe de licença de autoridade, sendo elaborada sem qualquer controle público, ao contrário dos veículos sonoros e visuais.

De acordo com o art. 221, do texto constitucional, a produção e a programação das emissoras de rádio e televisão devem atender aos seguintes princípios: a) a preferência a finalidades educativas, artísticas, culturais e informativas; b) a promoção da cultura nacional e regional e estímulo à produção independente que objetive sua divulgação; c) a regionalização da produção cultural, artística e jornalística, conforme percentuais estabelecidos em lei; d) o respeito aos valores éticos e sociais da pessoa e da família. Procura, com isto, assegurar que os meios de comunicação tenham função educativa, principalmente como a manifestação cultural de um Brasil.

A Emenda Constitucional nº 36, de 28.05.2002, deu nova redação ao art. 222, do texto constitucional, além de lhe acrescer com os parágrafos 3º e 5º, permitindo que até trinta por cento do capital total e do capital votante das empresas jornalística sejam comprados por estrangeiros ou brasileiros naturalizados há menos de dez anos. Pode-se dizer que foi facilitado o processo de desnacionalização das empresas jornalísticas e de radiodifusão sonora e de sons e imagens, antes exclusivamente privativa de brasileiro nato ou naturalizado há mais de dez anos. Na redação anterior constava o seguinte:

> "Art. 222. A propriedade de empresa jornalística e de radiodifusão sonora e de sons e imagens é privativa de brasileiros natos ou naturalizados há mais de 10 anos, aos quais caberá a responsabilidade por sua administração e orientação intelectual. § 1º É vedada a participação de pessoa jurídica no capital social de empresa jornalística e de radiodifusão, exceto a de partido político e de sociedade cujo capital pertença exclusiva e nominalmente a brasileiros. § 2º A participação referida no parágrafo anterior só se efetuará através de capital sem direito a voto e não poderá exceder a 30% do capital votante".

Cabe ao Poder Executivo outorgar e renovar a permissão e a autorização para o serviço de radiodifusão sonora e de imagens, observado o princípio da complementaridade dos sistemas público e estatal, nos termos do art. 223, da Constituição Federal. As rádios comunitárias estão tratadas na Lei Federal nº 9.612, de 19.02.1998, e no Decreto Federal nº 2.615, de 03.06.1998. Compete ao Congresso Nacional apreciar o ato, no prazo de quarenta e cinco dias, a contar do recebimento da mensagem. De acordo com o § 2º do art. 223, a não-renovação da concessão ou da permissão depende de aprovação de, no mínimo, dois quintos do Congresso Nacional, em votação nominal. O ato de outorga ou renovação somente produz efeito depois de deliberação do Legislativo Federal. Dispõe o § 4º, do art. 223, que o cancelamento da concessão ou permissão, antes de vencido o prazo, depende de decisão judicial. O prazo da concessão ou permissão deve ser de dez anos para as emissoras de rádio e de quinze para as de televisão. O Congresso Nacional deve instituir, como órgão auxiliar, o Conselho de Comunicação Social, de acordo com o art. 224, do texto constitucional. A Lei Federal nº 8.389, de 30.12.1991, dispõe sobre a matéria objeto do dispositivo constitucional.

25.10. Meio Ambiente no Brasil

O meio ambiente é o conjunto de condições, de leis, de influências e de interações de ordem física, química e biológica, que acolhe e dirige a vida em suas formas, abrangendo as comunidades, os ecossistemas e a biosfera. Dispõe o art. 23, VI, do texto constitucional, que a União, os Estados-membros, o Distrito Federal e os Municípios têm competência comum sobre a matéria. De acordo com o art. 225, da Constituição de 1988, todos têm direito ao meio ambiente ecologicamente equilibrado, bem de uso comum do povo e essencial à sadia qualidade de vida, impondo-se ao Poder Público e à coletividade o dever de defendê-lo e preservá-lo para às presentes e futuras gerações com sustentabilidade e equilíbrio[61]. A Lei Federal nº 7.802, de 11.07.1989, e o regulamento previsto no Decreto Federal nº 98.816, de 11.01.1990, tratam dos danos ao meio ambiente. A Lei Federal nº 9.605, de 12.02.1998, versa sobre os crimes ambientais[62].

Talden Farias afirmou que:

> "As Constituições simplesmente refletem a compreensão da sociedade a respeito de um determinado assunto e dentro de um certo contexto histórico, uma vez que são produtos culturais de um povo. O fato de as Lei Fundamentais anteriores não fazerem referência ao meio ambiente (ou o fazerem de forma mediata e sob um enfoque meramente economicista) implica dizer apenas que esse assunto não possuía a necessária relevância social. Nesse período a dis-

---

61 ROSSIT, Liliana Allodi e CANEPA, Carla. **O Direito ao Meio Ambiente Ecologicamente Equilibrado como Direito Fundamental**. *In*: **Revista de Direito Constitucional e Internacional**. São Paulo: Revista dos Tribunais, jan.-mar./2003, nº 42/244-251, e **Doutrinas Essenciais: Direito Constitucional (Edições Especiais Revista dos Tribunais: 100 Anos)**. São Paulo: Revista dos Tribunais, 2015, vol. IX, p. 1053.

62 Ver: TRINDADE, André Karam e FREGAPANE, Antonio Trevisan. **Levando a Sério o Estado Ambiental de Direito – O papel da jurisdição no constitucionalismo ecológico--dirigente**. *In*: **Revista de Direito Ambiental**. São Paulo: Revista dos Tribunais, jan.--mar./2015, nº 77/17-54, e **Doutrinas Essenciais: Direito Constitucional (Edições Especiais Revista dos Tribunais: 100 Anos)**. São Paulo: Revista dos Tribunais, 2015, vol. VII, p. 1077.

> cussão ecológica não existia no país ou fora dele, de maneira que as Cartas Magnas anteriores oscilavam entre o *laissez-faire* ecológico e a ênfase nos recursos naturais como forma de proteção ao direito de propriedade, com alguns dispositivos esparsos e pontuais sobre a proteção à saúde, como será discutido no tópico seguinte. Isso certamente diz respeito às etapas de evolução da legislação ambiental brasileira, que segundo Antônio Herman Benjamim podem ser organizadas da seguinte forma: i) fase de exploração desregrada, ii) fase fragmentária e III) fase holística. A primeira fase, que é descrita como o interregno do descobrimento até a década de trinta, caracteriza-se pela não existência de uma preocupação com o meio ambiente, a não ser por alguns dispositivos esparsos protetores de determinados recursos ambientais. Já a segunda é caracterizada pelo começo da imposição de controle legal às atividades exploratórias dos recursos naturais com caráter econômico, o que começa na década de trinta e termina na década de oitenta, embora só se tutelasse o recurso ambiental que tivesse valoração econômica. E a terceira é marcada pela promulgação da Constituição de 1988 e tem por escopo a compreensão do meio ambiente como um todo integrado, em que cada uma de suas partes é interdependente das outras, sendo a partir daí que começou a existir realmente o desiderato constitucional de defender o meio ambiente. A primeira Constituição brasileira a fazer uso da expressão "meio ambiente" e a tratar efetivamente do tema foi a Constituição de 1988, que inclusive dedicou um capítulo inteiro ao tema. Trata-se do art. 225, o qual está inserido no título dos direitos sociais e possui sete parágrafos e sete incisos, sendo, portanto, caracterizado pelo grau de detalhamento e pelo acentuado caráter protetivo"[63].

Dispõe o § 1º do art. 225, da Constituição de 1988, que, para assegurar a efetividade desse direito, incumbe ao Poder Público preservar e restaurar os processos ecológicos essenciais e prover o manejo ecológico das espécies e ecossistemas. Deve, ainda, preservar a diversidade e a integridade do patrimônio genético do Brasil e fiscalizar as entidades delicadas à pesquisa e manipulação de material genético. A Lei Federal nº 8.974, de 05.01.1995, trata da questão. Precisa, também, definir, em todas as Entidades da Federação, os espaços territoriais e seus componentes a ser especialmente protegidos, vedada qualquer utilização que comprometa a integridade dos atributos que justifiquem sua proteção. Deve exigir, na forma da lei, para a instalação de obra ou de atividade potencialmente causadora de significativa degradação do meio ambiente, estudo prévio de impacto ambiental, a que se dá publicidade. Precisa-se controlar a produção, a comercialização e o emprego de técnicas, métodos e de substâncias que comportem risco para a vida, a qualidade de vida e o meio ambiente. Deve-se, por outro lado, promover a educação ambiental em todos os níveis de ensino e a conscientização pública para a preservação do meio ambiente.

---

63 FARIAS, Talden. **Do Meio Ambiente.** *In*: ALVIM, Eduardo Arruda, LEITE, George Salomão, e STRECK, Lênio (coords.). **Curso de Direito Constitucional**. Florianópolis: Tirant le Blanch, 2018, p. 1.051.

Joaquim Castro Aguiar, sobre o meio ambiente, disse:

> Credite-se à Constituição de 1988 o mérito da inserção, em texto constitucional brasileiro, de preceitos sobre matéria ambiental. Posto as nossas Constituições anteriores fizessem alguma referência isolada a determinados aspectos envolvidos pelo tema, como proteção a paisagens de notável beleza natural, alusões, aliás, muito tênues a assunto de tamanha importância, foi a Carta de 1988 a primeira, no Brasil, a trazer referência direta e expressa a meio ambiente e urbanismo, inclusive com capítulos voltados para o assunto (arts. 182, 183 e 225)[64].

Por fim, cabe proteger a fauna e a flora, vedadas as práticas que coloquem em risco sua função ecológica, provoquem a extinção de espécies ou submetam os animais a crueldade. O Código de Caça está previsto na Lei Federal nº 5.197, de 03.01.1967, e o Código de Pesca no Decreto-lei nº 221, de 28.02.1967. Há, ainda, o Código Florestal de 2012, previsto na Lei Federal nº 12.651, de 22.05.2012. As disposições contidas nos incisos II e V do § 1º do art. 215, estão regulamentadas na Lei Federal nº 8.974, de 05.01.1995. Observe-se que o Supremo Tribunal Federal entendeu, na ADI 4717/DF, que teve como Relatora a Ministra Carmén Lúcia, que medida cautelar não pode ser editada se contrária ao meio ambiente[65].

O § 2º do art. 225, da Constituição de 1988, estabelece que aquele que explorar recursos minerais fica obrigado a recuperar o meio ambiente degradado, de acordo com solução técnica exigida pelo órgão público competente, na forma da lei. O Código de Mineração encontra-se disposto no Decreto-lei nº 227, de 28.02.1967. As condutas e atividades consideradas lesivas ao meio ambiente sujeitam os infratores, pessoas físicas ou jurídicas, às sanções penais e administrativas, independentemente da obrigação de reparar os danos causados.

---

64 CASTRO AGUIAR, Joaquim. **Direito da Cidade**, *op. cit.*, p. 203.

65 "É possível a edição de medidas provisórias **tratando sobre matéria ambiental, mas sempre veiculando normas favoráveis ao meio ambiente.** Normas que importem **diminuição da proteção ao meio ambiente equilibrado só podem ser editadas por meio de lei formal**, com amplo debate parlamentar e participação da sociedade civil e dos órgão e instituições de proteção ambiental, como forma de assegurar o direito de todos ao meio ambiente ecologicamente equilibrado. **Dessa forma, é inconstitucional a edição de MP que importe em diminuição da proteção ao meio ambiente equilibrado,** especialmente em se tratando de diminuição ou supressão de unidades de conservação, com consequências potencialmente danosas e graves ao ecossistema protegido. **A proteção ao meio ambiente é um limite material implícito à edição de medida provisória, ainda que não conste expressamente do elenco das limitações previstas no art. 62, § 1º, da CF/88.** STF. Plenário. ADI 4717/DF, Rel. Min. Cármen Lúcia, julgado em 5/4/2018 (Info 896)" (ABNC).

De acordo com o § 4º do art. 225 da Constituição Federal, a Floresta Amazônica Brasileira, a Mata Atlântica, a Serra do Mar, o Pantanal Mato-Grossense e a Zona Costeira são patrimônio nacional. A utilização destas precisa se fazer dentro de condições que assegurem a preservação do meio ambiente, inclusive quanto ao uso dos recursos naturais. São indisponíveis as terras devolutas ou arrecadadas pelos Estados-membros, por ações discriminatórias, necessárias à proteção dos ecossistemas naturais, de acordo com o Decreto-lei nº 9.760, de 05.09.1946, arts. 1º, 5º, 164 e seguintes e art. 175 e seguintes. Tratam, ainda, das terras devolutas a Lei Federal nº 6.383, de 07.12.1976, a Lei Federal nº 6.925, de 29.06.1981, o Decreto-lei nº 1.414, de 18.08.1975, e o Decreto Federal nº 87.620, de 21.09.1982. Dispõe o § 6º do art. 225, da Constituição Federal, que as usinas que operem com reator nuclear devem ter sua localização definida em lei federal, sem o que não podem ser instaladas.

Esta lei estabelece normas para o uso das técnicas de engenharia genética e liberação no meio ambiente, de organismos geneticamente modificados, bem como autorizar o Poder Executivo a criar, no âmbito da Presidência da República, a Comissão Nacional de Biossegurança. Por outro lado, os incisos I, II, III e VII do § 1º do art. 225, da Constituição de 1988, estão regulamentados pela Lei Federal nº 9.985, de 18.07.2000, instituindo o Sistema Nacional de Unidade de Conservação da Natureza[66].

25.11. Família, Criança e Adolescente

A família vem a ser uma série de pessoas, ou gerações, que descendem de um tronco comum e se unem entre si pelo mesmo vínculo de sangue[67]. Pode ser entendida, ainda, como um grupo de indivíduos que, pelos laços consanguíneos, ou por adoção, se acham ligados e vivendo, em geral, sob o mesmo teto, constituído pelos pais e seus filhos[68]. A família, base da sociedade, tem especial proteção do Estado. O casamento é tratado na Lei

66 Ver: ZANETI JR., Hermes. **Constitucionalismo Garantista e Precedentes Vinculantes em Matéria Ambiental: limites e vínculos ao ativismo judicial contrário ao meio ambiente.** *In*: **Revista de Direito Ambiental.** São Paulo: Revista dos Tribunais, abr.--jun./2015, nº 78/179-213, e **Doutrinas Essenciais: Direito Constitucional (Edições Especiais Revista dos Tribunais: 100 Anos).** São Paulo: Revista dos Tribunais, 2015, vol. VII, p. 1367.

67 MARTINS, Ives Gandra da Silva. **Alguns Aspectos Constitucionais sobre a Família.** São Paulo: Revista de Direito de Família e das Sucessões, out.-dez./2014, nº 2/71-80, e **Doutrinas Essenciais: Direito Constitucional (Edições Especiais Revista dos Tribunais: 100 Anos).** São Paulo: Revista dos Tribunais, 2015, vol. IX, p. 187.

68 COSTA, Nelson Nery. **Direito Civil Constitucional Brasileiro.** Rio de Janeiro: Forense, 2008, p. 240.

Federal nº 6.015, de 31.12.1973, e no Código Civil de 1916, nos arts. 180 e seguintes. As disposições do Código Civil de 1916, artigos acima mencionados, passaram para o Código Civil de 2002 como os arts. 1.525 e seguintes.

São parentes em linha reta as pessoas que estão umas com as outras na relação de ascendentes e descendentes, conforme o art. 1.591, do Código Civil de 2002. No artigo seguinte, que trata dos limites do parentesco, consideram-se "parentes em linha colateral ou transversal, até o quarto grau, as pessoas provenientes de um só tronco, sem descenderem uma da outra". Por outro lado, o parentesco é natural ou civil, conforme resulte de consanguinidade ou adoção. A matéria foi tratada nas Constituições de 1934, no art. 144, de 1937, no art. 124, de 1946, no art. 163, e de 1967, no art. 167, mas que na sua Emenda Constitucional nº 1, de 17.10.1969, apareceu como art. 175.

Por outro lado, o casamento é civil e gratuita a celebração, de acordo com o § 1º do art. 226, a Lei Federal nº 1.110, de 23.05.1950 e a Lei Federal nº 6.015, de 31.12.1973, nos arts. 71 a 75. O art. 1.512, do Código Civil de 2002, reproduz este parágrafo constitucional. Por outro lado, a habilitação para o casamento, o registro e a primeira certidão são isentos de valor, emolumentos e custas, para as pessoas cuja pobreza for declarada, sob as penas da lei.

Tratando do § 2º do art. 226, do texto constitucional, o art. 1.515, do Código Civil de 2002, dispõe sobre o casamento religioso, que atenda às exigências da lei para a validade do civil, equiparando-se a este, desde que inscrito no registro próprio, produzindo efeitos a partir da data de sua celebração. Prevê o § 3º do art. 226, do texto constitucional, que, para efeito da proteção do Estado, é reconhecida a união estável entre o homem e a mulher como entidade familiar, devendo a lei facilitar sua conversão em casamento. A matéria, atualmente, está tratada na Lei Federal nº 9.278, de 10.05.1996, que reconheceu uma situação cada vez mais comum, no Brasil e no Mundo. A união estável recebeu o Título III do Livro IV que trata do direito pessoal, no Código Civil de 2002, nos arts. 1.723 e seguintes.

A violência doméstica encontra-se tratada na Lei Federal nº 11.340, de 07.08.2006, a chamada Lei Maria da Penha, que visa coibi-la, criando juizado especial da mulher vítima de violência e disciplinando penalmente a matéria. Dispõe o § 4º do art. 226, do texto constitucional, que se entende, também, como entidade familiar a comunidade formada por qualquer dos pais e seus descendentes. Na verdade, houve ampliação das famílias formadas sem casal, mudando o panorama tradicional. O Conselho Nacional de Justiça (CNJ), por meio da Resolução nº 175, de 14.05.2013, tratou da obrigação dos Cartórios de fazer os registros, depois o Supremo Tribunal Federal entendeu que era direito o casamento civil ou a união entre casais homoafetivos, sem qualquer restrição.

Por outro lado, os direitos e aos deveres referentes à sociedade conjugal são exercidos igualmente pelo homem e pela mulher. De acordo com o § 7º do art. 227, da Constituição de 1988, devendo ser fundado nos princípios da dignidade da pessoa humana e da paternidade responsável, o planejamento familiar é livre decisão do casal. Compete à Administração propiciar os recursos educacionais e científicos para o exercício desse direito, vedada qualquer forma coercitiva por parte de instituições oficiais ou privadas. A Lei Federal nº 9.263, de 12.01.1996, dispõe sobre a matéria. Prevê o § 8º do art. 226, da Constituição Federal, que a Administração assegura a assistência à família na pessoa de cada um dos que a integram, criando mecanismos para coibir a violência no âmbito de suas relações. Hoje é reconhecido como fato de violência o ambiente doméstico, inclusive com o crime de estupro, o que o torna mais difícil de ser descoberto e punido. Os homens têm sido, em parcelas razoáveis da população, misóginos e opressores das mulheres, o que deve ser repudiado e mudado com uma educação que trate da igualdade de gênero.

A Emenda Constitucional nº 66, de 23.07.2010, deu nova redação ao § 6º do art. 226, da Constituição Federal, que dispõe sobre a dissolubilidade do casamento civil pelo divórcio, suprimindo o requisito de prévia separação judicial por mais de um ano ou de comprovada separação de fato por mais de dois anos. Assim, facilitou o divórcio e contribuiu para diminuir as formalidades judiciais da separação.

Dispõe o art. 227, da Constituição de 1988, que é dever da família, da sociedade e do Estado assegurar à criança, ao adolescente e ao jovem, com absoluta prioridade, o direito à vida, à saúde, à alimentação, à educação, ao lazer, à profissionalização, à cultura, à dignidade, ao respeito, à liberdade e à convivência familiar e comunitária. Deve-se também colocá-los a salvo de toda forma de negligência, de discriminação, de exploração, de violência, de crueldade e de opressão. A violência na família também está nas relações entre pais e filhos, às vezes mútua[69].

O Estado precisa promover os programas de assistência integral à saúde da criança, do adolescente e do jovem, admitida a participação de entidades não governamentais, de acordo com o § 1º do art. 227, da Constituição de 1988. Deve obedecer, ainda, os seguintes preceitos: a) a aplicação de percentual dos recursos públicos destinados à saúde na assistência mater-

69 COUTINHO, Carlos Marden Cabral e SOUZA, Léa Émile Maciel Jorge de. **Direitos da Criança e do Adolescente no Novo Paradigma de Desenvolvimento Humano: uma análise à luz do Estado Democrático de Direito.** *In*: **Revista de Direito Educacional.** São Paulo: Revista dos Tribunais, jul./2011, nº 4/129, e **Doutrinas Essenciais: Direito Constitucional (Edições Especiais Revista dos Tribunais: 100 Anos)**. São Paulo: Revista dos Tribunais, 2015, vol. IX, p. 749.

no-infantil; b) a criação de programas de prevenção e atendimento especializado para os portadores de deficiência física, sensorial ou mental. No mesmo sentido, a integração social do adolescente portador de deficiência, mediante o treinamento para o trabalho e a convivência, e a facilitação do acesso aos bens e serviços coletivos, com a eliminação de preconceitos e obstáculos arquitetônicos. A Lei Federal nº 7.853, de 24.10.1989, trata da questão das pessoas portadoras de deficiência física. Prevê o § 2º do art. 227, do texto constitucional, que a lei deve dispor sobre normas de construção dos logradouros e dos edifícios de uso público e de fabricação de veículos de transporte coletivo, a fim de garantir acesso adequado às pessoas portadoras de deficiência.

Dispõe o § 3º do art. 227, da Constituição de 1988, que o direito à proteção especial abrange: a) a idade mínima de quatorze anos para admissão ao trabalho; b) a garantia de direitos previdenciários e trabalhistas; c) a garantia de acesso do trabalhador adolescente e jovem à escola; d) a garantia de pleno e formal conhecimento da atribuição de ato infracional, igualdade na relação processual e defesa técnica por profissional habilitado, segundo dispuser a legislação tutelar específica; e) a obediência aos princípios de brevidade, excepcionalidade e respeito à condição peculiar de pessoa em desenvolvimento, quando da aplicação de qualquer medida privativa da liberdade; f) o estímulo do Poder Público, através de assistência jurídica, incentivos fiscais e subsídios, nos termos da lei, ao acolhimento, sob a forma de guarda, de criança ou adolescente órfão ou abandonado; g) os programas de prevenção e atendimento especializado à criança, ao adolescente e ao jovem dependente de entorpecentes e drogas afins. Disposto na Lei Federal nº 8.069, de 13.07.1990, encontra-se o Estatuto da Criança e do Adolescente, que trata da guarda nos seus arts. 33 a 35.

A lei deve punir severamente o abuso, a violência e a exploração sexual da criança e do adolescente. De acordo com o § 5º do art. 227, da Constituição de 1988, a adoção é assistida pelo Poder Público, que deve ter lei que estabeleça os casos e as condições de sua efetivação por parte de estrangeiros, de acordo com a Lei Federal nº 8.069, de 13.07.1990, nos arts. 39 a 52-D, e com o Código Civil de 2002, nos arts. 1.618 e 1.619.

O pátrio poder foi substituído pela figura do poder familiar, no Código Civil de 2002, Capítulo V, do Subtítulo II, Das Relações de Parentesco, do Título I, Do Direito Pessoal, do Livro IV, Do Direito de Família nos arts. 1.630 e seguintes. A Lei Federal nº 12.010, de 03.08.2009, dispôs sobre adoção, alterando o Estatuto da Criança e do Adolescente e revogando as disposições sobre a matéria previstas no Código Civil de 2002, nos arts. 1.618 e seguintes. Os filhos, havidos ou não da relação do casamento, ou por adoção, devem ter os mesmos direitos e qualificações, proibidas quaisquer designações discriminatórias relativas à filiação. A Emenda Constitucional nº 65, de 13.7.2010, modificou o art. 227 para cuidar dos interesses da juventude[70].

Dispõe o art. 228, do texto constitucional, que são penalmente inimputáveis os menores de dezoito anos, sujeitos às normas da legislação especial. O Código Penal, em seu art. 227, trata da questão da imputabilidade penal, em relação à idade. Existem hoje várias opiniões defendendo a redução da menoridade penal para dezesseis anos, ou até menos, mas ocorre forte a resistência dos setores ligados aos direitos humanos, por não verem na medida qualquer política de prevenção à marginalidade de menores, apenas o aumento da repressão às populações mais pobres.

Prevê o art. 229, da Constituição de 1988, que os pais têm o dever de assistir, de criar e de educar os filhos menores. Por outro lado, os filhos maiores têm o dever de ajudar e amparar os pais na velhice, na carência ou na enfermidade. Existe, hoje, consciência de que a família necessita ser preservada e estimulada nos seus laços efetivos, mas em especial deve existir auxílio econômico entre os parentes.

A questão do menor não foi disposta, na Constituição de 1824, e, também, na Constituição de 1891, a primeira do Império e a segunda da República. O Código Penal de 1830, Lei Imperial de 16.12.1830, e o Código Penal de 1890, Decreto Federal nº 847, de 11.10.1890, tinham medidas especiais prescritas para os menores, que praticavam atos considerados criminosos. No Código Penal de 1890, no início da República, estava disposto que não eram considerados criminosos os maiores de nove e menores de quatorze que agiram sem o completo discernimento, conforme o art. 27, parágrafos 1º e 2º. Este Código, ainda, no art. 42, § 11, considerava a menoridade como alternativa e, por outro lado, na nova categoria, os "vadios de capoeira" de quatorze anos, com recolhimento a instituição disciplinadora.

Depois, em 1924, foi criado o primeiro Juizado de Menor no Rio de Janeiro, pelo Decreto Estadual nº 16.272, de 20.12.1923. Por sua vez, Mello Mattos[71], que introduziu a tutela bivalente, de modo que o poder do pai

70 DA COSTA, Jamilly Steffane Liberato, DE CASTRO, Izamara Dayse Cavalcante, MELO, Felipe Victor Carvalho César e. **Adoção Homoparental Conjunta: famílias socioafetivas e a concretização do melhor interesse da criança e do adolescente.** *In*: **Revista dos Tribunais.** São Paulo: Revista dos Tribunais, e **Doutrinas Essenciais: Direito Constitucional (Edições Especiais Revista dos Tribunais: 100 Anos)**. São Paulo: Revista dos Tribunais, 2015, vol. VIII, p. 697.

71 **José Cândido de Albuquerque Mello Mattos** (1864-1934) foi jurista que alcançou grande notoriedade no meio político e intelectual de sua época, sobre a questão da infância abandonada e delinquente, durante o período em que atuou como Juiz de Menores do antigo Distrito Federal, entre 1924 e 1933. Em um contexto de intenso debate intelectual sobre as perspectivas de progresso do Brasil nos primeiros anos da

sobre o filho passou a ser regulado e o Estado poderia intervir sobre esta relação, através do Decreto Federal nº 5.083, de 01.12.1926. Em seguida, a matéria foi tratada através do Decreto Federal nº 17.943-A, de 12.10.1927, que foi o primeiro Código de Menores na América Latina. No art. 1º, estabelecia que "o menor, de um ou outro sexo, abandonado ou delinquente, que tiver menos de 18 anos de idade, será submetido à autoridade competente à necessidade de assistência e proteção contida deste Código", ao passo que o menor abandonado foi tratado no art. 26, desta legislação.

Com o Código de Menor de 1927, foi estipulado que o dever do Estado era assistir aos menores que se tornavam dependentes de ajuda ou da proteção pública, para poderem viver. Dentre outras medidas, instituiu-se o juízo privativo de menores, aumentou a inimputabilidade para quatorze anos e criou o processo especial para infratores de quatorze a dezoito anos. Houve, no entanto, limite da atuação do Código por falta de condições materiais e boa vontade política, que visava a mudança de tratamento, passando os menores de criminosos para "doentes sociais".

Depois, veio a criação da Fundação Nacional do Bem-Estar do Menor (FANABEM), pela Lei Federal nº 4.513, de 01.12.1964. Foi firmada a existência de uma policia do bem-estar do menor, de atribuição da FUNABEM. Veio, então, o Código de Menores de 1979, aprovado pela Lei Federal nº 6.697, de 10.10.1979, no Ano Internacional das Crianças. Foi-lhe atribuída competência para menores de dezoitos anos, em situação irregular e de necessidade de medida preventiva a menor de vinte e um e maiores de dezoito, nos casos expressos em lei. A FUNABEM foi extinta pela Lei Federal nº 8.029, de 12.04.1990, criando-se a Fundação Centro Brasileiro para Infância e Adolescência (FCBIA), esta com potencia e atuação bem mais reduzida, por meio do Decreto Federal nº 1.302, de 04.11.1994.

A Constituição de 1824 e a Constituição de 1891 nada falaram sobre o menor, sendo tratado na Constituição de 1934, art. 121, § 1º, "d". A Constituição de 1937 deu maiores atribuições ao Poder Público, assim como a Constituição de 1946 e a Constituição de 1967. A Constituição de 1988 dispôs sobre o menor no art. 6º, no art. 7º, XXXIII, no art. 14, II, "c", e,

República, a trajetória de Mello Mattos expressa em que medida o tema da infância, recorrente desde o período imperial, ganharia novos contornos nas primeiras décadas do século XX. Por inspiração do jurista acima houve a afirmação e o fortalecimento do papel do Estado enquanto o principal responsável por assistir, proteger, normatizar e regenerar estes menores, a partir de uma legislação especificamente a eles destinada, processo este que teve como marco fundamental a implementação do Código de Menores, de autoria de Mello Mattos, em 1927.

sobretudo, no art. 227, com o Capítulo XII, dedicado à família, à criança, ao adolescente e ao idoso[72].

É dever da família, da sociedade e do Estado assegurar à criança e ao adolescente, com absoluta prioridade, o direito à vida, à saúde, à alimentação, à educação, ao lazer, à profissionalização, à cultura, à dignidade, ao respeito, à liberdade e à convivência familiar e comunitária. Além disto, colocá-los a salvo de toda forma de negligência, de discriminação, de exploração, de violência, de crueldade e de opressão, de acordo com o art. 227, da Constituição Federal. É obrigatório garantir tais direitos, como norma constitucional subjetiva. Deve-se também colocá-los a salvo de toda forma de negligência, discriminação, exploração, violência, crueldade e opressão[73]. A violência na família também se encontra nas relações entre pais e filhos, às vezes mútua, outras com agressor e vítimas determinadas.

O Estado precisa promover programas de assistência integral à saúde da criança e do adolescente, admitida a participação de entidades não governamentais, de acordo com o § 1º, do art. 227, da Constituição Federal. Obedece-se, ainda, os seguintes preceitos: a) a aplicação de percentual dos recursos públicos destinados à saúde na assistência materno-infantil; b) a criação de programas de prevenção; c) o atendimento especializado para os portadores de deficiência física, sensorial ou mental. No mesmo sentido, a integração social do adolescente portador de deficiência, mediante o treinamento para o trabalho e a convivência, e a facilitação do acesso aos bens e aos serviços coletivos, com a eliminação de preconceitos e de obstáculos arquitetônicos. Ao apreciar o problema, para Yvens Gandra Martins:

> "O certo, todavia, é que boa intenção do constituinte e do legislador foi insuficiente até agora para ofertar as garantias expressas nos artigos, pouca verba para as atividades sociais do governo, em face de notáveis desperdícios. Muitas

---

72 "Em certos momentos fazendo referencia ao seu sentido técnico, enquanto menor de idade, em outros, dando-se uma conotação restrita, ou estigmatizante, isso porque até o advento do Estatuto da Criança e do Adolescente o termo era sinônimo de criança abandonada, carente, com desvio decadente, vitima de maus tratos ou mesmo infrator de algum tipo penal" (VERONESE, Josiane Rose Petry. **Os Direitos da Criança e do Adolescente.** São Paulo: LTr, 1999, p. 48).

73 "**Judiciário pode determinar que Estado implemente plantão em Delegacia de Atendimento ao adolescente infrator** A decisão judicial que impõe à Administração Pública o **restabelecimento do plantão de 24 horas em Delegacia Especializada de Atendimento à Infância e à Juventude não constitui abuso de poder**, tampouco extrapola o controle do mérito administrativo pelo Poder Judiciário. STJ. 1ª Turma. REsp 1.612.931-MS, Rel. Min. Napoleão Nunes Maia Filho, julgado em 20/6/2017 (Info 609)" (ABNC).

> vezes se tem notícia de que a corrupção desvia recursos orçamentários, direcionando-os para projetos de mais interesses exclusivos dos políticos"[74].

O Estatuto da Criança e do Adolescente, no entender de Jason Albergaria,

> "previu os direitos fundamentais da criança e do adolescente, os direitos processuais e os direitos derivados de sentença. Os direitos fundamentais do menor estão previstos nos arts. 7º ao 69 do Estatuto. Menciona-se o direito à vida como primeiro dos direitos fundamentais por constituir a existência da criança o superior interesse da família e da sociedade. O direito à vida é condição básica por se realizar plenamente a pessoa humana. [...] A vida biológica é direito do homem, porque tem dignidade pessoal, isto é, o homem tem uma missão ética"[75].

A Lei Federal nº 8.069, de 13.07.1990, dispõe sobre a proteção integral à criança e ao adolescente. Considera-se criança, para os efeitos desta lei, a pessoa até doze anos de idade incompletos, e adolescente aquela entre doze e dezoito anos de idade. Nos casos expressos em lei, aplica-se excepcionalmente o Estatuto da Criança e do Adolescente às pessoas entre dezoito e vinte e um anos de idade. A criança e o adolescente gozam de todos os direitos fundamentais inerentes à pessoa humana, sem prejuízo da proteção integral, assegurando, por lei ou por outros meios, todas as oportunidades e facilidades. Assim, faculta-lhe o desenvolvimento físico, mental, moral, espiritual e social, em condições de liberdade e de dignidade.

25.12. Idoso, Pessoa com Deficiência e Índios

A família, a sociedade e o Estado têm o dever, conforme o art. 230 da Constituição de 1988, de amparar as pessoas idosas, assegurando sua participação na comunidade, defendendo sua dignidade e bem-estar e garantindo-lhes o direito à vida[76]. A Lei Federal nº 8.842, de 04.01.1994,

---

74 "Família, sociedade e Estado assegurariam – a Constituição fala em deveres e não em faculdade – à criança e ao adolescente – o constituinte acentua com prioridade – direitos naturais fundamentais" (MARTINS, Yves Gandra. **Art. 227.** *In*: BASTOS, Celso Ribeiro, e MARTINS, Yves Gandra. **Comentários à Constituição**, *op. cit.*, vol. 8º, pp. 972-4).

75 "Uma das dimensões do direito à vida é o direito de todo ser humano de que o Estado respeite na sua vida e sua integridade pessoal" (ALBERGARIA, Jason. **Direito Penitenciário e Direito do Menor**. Belo Horizonte: Mandamentos, 1999, pp. 177-8).

76 Ver: WAQUIM, Bruna Barbieri e CARVALHO, Márcia Haydeé Porto de. **A Terceira Idade e a Restrição Legal à Livre Escolha do Regime de Bens: uma questão de direitos fundamentais.** *In*: **Revista de Direito Constitucional e Internacional**. São Paulo: Revista dos Tribunais, jan.-mar./2015, nº 90/161-187, e **Doutrinas Essenciais: Direito Constitucional (Edições Especiais Revista dos Tribunais: 100 Anos)**. São Paulo: Revista dos Tribunais, 2015, vol. IX, p. 161.

regulamentada pelo Decreto Federal nº 1.948, de 03.07.1996, dispõe sobre a política nacional do idoso e cria o Conselho Nacional do Idoso. Os programas de amparo aos idosos devem ser executados preferencialmente em seus lares. Por outro lado, aos maiores de sessenta e cinco anos é garantida a gratuidade dos transportes coletivos urbanos. No século XXI existem dez por cento de idosos na população brasileira, sendo importante assegurar direitos de proteção a estas pessoas, inclusive pelo que já fizeram na vida. Os idosos foram tratados na Lei Federal nº 10.741, de 01.02.2003, o Estatuto do Idoso, com suas alterações.

A Lei Federal nº 8.842, de 04.01.1994, regulamentada pelo Decreto Federal nº 1.948, de 03.07.1996, dispõe sobre a política nacional do idoso e criou o Conselho Nacional do Idoso. No século XXI, houve o aumento do número de idosos na população brasileira, sendo importante assegurar os direitos de proteção a estas pessoas, inclusive pelo que fizeram na vida. Por outro lado, aumenta a longevidade e a expectativa de vida do idoso, por isto, precisa ter uma vida social e familiar.

Dispõe o art. 230, da Constituição de 1988, que "a família, a sociedade e o Estado têm o dever de amparar as pessoas idosas, assegurando sua participação na comunidade, defendendo sua dignidade e bem-estar e garantindo-lhes o direito à vida". Fixa o § 1º, que "os programas de amparo aos idosos serão executados preferencialmente em seus lares", e o § 2º, que "aos maiores de 65 anos é garantida a gratuidade dos transportes coletivos urbanos".

Prevê o art. 40, § 1º, II, do texto constitucional, a aposentadoria compulsória de servidores públicos, com setenta anos de idade ou aos setenta e cinco, de acordo com a Emenda Constitucional nº 88, de 07.05.2015, e conforme a Lei Complementar Federal nº 152, de 03.12.2015. Por outro lado, no art. 201, § 7º, III, da Constituição Federal, é possível a aposentadoria voluntária aos sessenta e cinco anos, aos homens, e sessenta e dois anos, às mulheres. Dentre as qualificações para ser Presidente, no art. 77, § 5º, está a idade, devendo ser mais de trinta e cinco anos. Por fim, para os maiores de setenta anos o voto é facultativo, conforme o art. 14, § 1º, II, "b". O idoso deve ser entendido, nas palavras de Plácido da Silva, como:

> "O adjetivo para distinguir uma pessoa de avançada idade ou que já tenha entrado na fase da velhice. Mas não deve ser entendido no sentido de **decrepto**. Nem sempre a velhice provoca na pessoa a involução senil que o leva à demência, mostrando-se o velho em pleno discernimento ou plena atividade mental, em muitos casos"[77].

77 "Idoso. A pessoa na terceira idade" (DE PLÁCIDO E SILVA. **Vocabulário Jurídico**. 24ª ed. Rio de Janeiro: Forense, 2004, p. 695).

Foi instituído o Estatuto do Idoso, pela Lei Federal nº 10.741, de 01.10.2003, destinado a regular os direitos assegurados às pessoas com idade igual ou superior a sessenta anos, de modo análogo ao Estatuto da Criança e do Adolescente, Lei Federal nº 8.069, de 13.07.1990. O idoso goza de todos os direitos fundamentais inerentes à pessoa humana, garantindo-se, por lei ou por outros meios, todas as oportunidades e facilidades, para preservação de sua saúde física e mental e seu aperfeiçoamento moral, intelectual, espiritual e social, em condições de liberdade e dignidade.

A sociedade capitalista, se não prever as proteções, acaba levando o idoso a ser vítima de várias formas de violência de responsabilidade da família e da sociedade, inclusive com surras e cárceres privados. Além destas formas de sujeição, existe anda a violência psicológica ou moral, com contínuas humilhações e padecimentos. Para tanto, foi necessário o Estatuto do Idoso exatamente para proteger aqueles que criaram seus filhos e precisam ser ajudados na terceira idade. A velhice não é um ônus, mas um privilégio que poucos podem ter.

O art. 244, da Constituição de 1988, dispõe sobre a adaptação dos logradouros, dos edifícios de uso público e dos veículos de transporte coletivo atualmente existentes, a fim de garantir acesso adequado às pessoas portadoras de deficiência. A Lei Federal nº 8.899, de 29.06.1994, trata do passe livre aos portadores de deficiência, no sistema de transporte coletivo interestadual. No sistema urbano, os Municípios têm competência para dispor sobre a matéria, conforme o art. 30, V, da Constituição Federal.

Dispõe o art. 227, da Constituição de 1988, que é dever da família, da sociedade e do Estado assegurar à criança, ao adolescente e ao jovem, com absoluta prioridade, o direito à vida, à saúde, à alimentação, à educação, ao lazer, à profissionalização, à cultura, à dignidade, ao respeito, à liberdade e à convivência familiar e comunitária. Deve-se também colocá-los a salvo de toda forma de negligência, discriminação, exploração, violência, crueldade e opressão. A violência na família também está nas relações entre pais e filhos, às vezes mútuas.

O Estado precisa promover os programas de assistência integral à saúde da criança, do adolescente e do jovem, admitida a participação de entidades não governamentais, de acordo com o § 1º do art. 227, da Constituição Federal. Deve obedecer, ainda, os seguintes preceitos: a) a aplicação de percentual dos recursos públicos destinados à saúde na assistência materno-infantil; b) a criação de programas de prevenção e atendimento especializado para os portadores de deficiência física, sensorial ou mental. No mesmo sentido, a integração social do adolescente portador de deficiência, mediante o treinamento para o trabalho e a convivência, e a facilitação do acesso aos bens e serviços coletivos, com a eliminação de preconceitos e de obstáculos arquitetônicos. A Lei Federal nº 7.853, de 24.10.1989, trata da questão das pessoas portadoras de deficiência física. Prevê o § 2º do art. 227, do texto constitucional, que a lei deve dispor sobre normas de construção dos logradouros e dos edifícios de uso público e de fabricação de veículos de transporte coletivo, a fim de garantir o acesso adequado às pessoas portadoras de deficiência.

A Constituição Federal, no § 2º, do art. 227, diz que "a lei disporá sobre normas de construção dos logradouros e dos edifícios de uso público e de fabricação de veículos de transporte coletivo, a fim de garantir acesso adequado às pessoas portadoras de deficiência". Por outro lado, o art. 23, II, afirma a competência da União, dos Estados-membros, do Distrito Federal e dos Municípios de cuidar da saúde e assistência pública, da proteção e garantia das pessoas portadoras de deficiência. No art. 24, XIV, compete à União, aos Estados-membros e Distrito Federal legislar concorrentemente sobre proteção e integração de pessoas portadoras de deficiência.

No art. 203, IV, da Constituição Federal, a assistência social tem por objeto "a habilitação e a reabilitação das pessoas portadoras de deficiência e a promoção de sua integração à vida comunitária". No art. 208, III, o Estado deve assegurar na educação a garantia de "atendimento educacional especializado aos portadores de deficiência, preferencialmente na rede regular de ensino". Por fim, no art. 227, § 1º, II, cabe ao Poder Público "a criação de programas de prevenção e atendimento especializado para os portadores de deficiência física, sensorial ou mental, bem como de integração social do adolescente portador de deficiência, mediante o treinamento para o trabalho e a convivência, e a facilitação do acesso aos bens e serviços coletivos, com a eliminação de preconceitos e obstáculos arquitetônicos". Está tratado, a matéria, ainda, no art. 37, III, art. 203, V, art. 227, § 2º, e art. 244, do texto constitucional.

Ficaram estabelecidas as normas gerais que asseguram o pleno exercício dos direitos individuais e sociais das pessoas portadoras de deficiências, e sua efetiva integração social, nos termos da Lei Federal nº 7.853, de 24.10.1989. Na aplicação e interpretação desta, são considerados os valores básicos da igualdade de tratamento e oportunidade, da justiça social, do respeito à dignidade da pessoa humana, do bem-estar e de outros, indicados na Constituição ou justificados pelos princípios gerais de direito. As normas visam garantir às pessoas portadoras de deficiência as ações governamentais necessárias ao seu cumprimento e das demais disposições constitucionais e legais que lhes concernem, afastadas as discriminações e os preconceitos de qualquer espécie, e entendida a matéria como obrigação nacional a cargo do Poder Público e da sociedade.

De acordo com o art. 3º, do Decreto Federal nº 914, de 06.09.1993, considera-se a pessoa portadora de deficiência aquela que apresenta, em caráter permanente, perda ou anormalidade de sua estrutura de junção psicológica, fisiológica ou anatômica, que gera incapacidade para o desempenho de atividades, dentro do padrão considerado normal para o ser humano. O portador de deficiência refere-se a qualquer pessoa incapaz de assegurar por si total ou parcialmente, as necessidades de uma vida individual ou social humana, em razão de uma deficiência, congênita ou não, em suas capacidades físicas ou mentais.

O deficiente físico, para Jônatas Milhomens e Geraldo Magela Alves, hoje pessoa portadora de deficiência, encontra-se sujeito à:

> "Competência da União, dos Estados, do Distrito Federal e dos Municípios cuidar da saúde e assistência pública, de proteção e garantia das pessoas portadoras de deficiência, devendo a lei reservar parte do seu percentual de cargos públicos para os deficientes. O deficiente terá direito à assistência social, para sua inteira habilitação, reabilitação e integração à vida comunitária, bem como garantindo um salário mínimo de benefício mensal, desde que comprove não possuir meio de prover a própria manutenção nem de ser promovido pela família"[78].

O Ministério Público pode instaurar, sob sua presidência, inquérito civil, ou requisitar, de qualquer pessoa física ou jurídica, pública ou particular, as certidões, as informações, os exames ou as perícias, no prazo que assinalar, não inferior a dez dias úteis. Esgotadas as diligências, caso se convença o órgão do **Parquet** da inexistência de elementos para a propositura de ação civil, promove fundamentadamente o arquivamento do inquérito civil, ou das peças informativas. Neste caso, remete a reexame os autos ou as respectivas peças, em três dias, ao Conselho Superior do Ministério Público, que os examina, deliberando a respeito, conforme dispuser seu Regimento. Se a promoção do arquivamento for reformada, o Conselho Superior designa desde logo outro órgão do Ministério Público para o ajuizamento da ação. Aplicam-se à ação civil pública prevista na Lei dos Portadores de Deficiência, no que couber, os dispositivos da Lei Federal nº 7.347, de 24.07.1985. Dispõe o art. 8º, da Lei Federal nº 8.753, de 24.10.1989, que constitui o crime punível com a reclusão de um a quatro anos, e multa, diversas situações descritas na legislação.

A Administração Federal confere aos assuntos relativos às pessoas portadoras de deficiência tratamento prioritário e apropriado, pelo art. 9º, para que lhes seja efetivamente ensejado o pleno exercício de seus direitos individuais e sociais, bem como sua completa integração social. Os assun-

78 "A Lei nº 7.853, de 24.10.89, dispôs sobre o apoio às pessoas portadoras de deficiência, sua integração e coordenação, instituiu a tutela jurisdicional de seus interesses coletivos ou difusos, disciplinou a atuação do MP e definiu os crimes contra eles" (MILHOMENS, Jônatas, e ALVES, Geraldo Magela. **Vocabulário Prático de Direito: doutrina, legislação, jurisprudência, formulário**, *op. cit.*, p. 335).

tos a que alude são objeto de ação, coordenada e integrada, dos órgãos da Administração Federal, e se inclui em Política Nacional para Integração da Pessoa Portadora de Deficiência, na qual estejam compreendidos os planos, os programas e os projetos sujeitos a prazos e a objetivos determinados. Têm-se como integrantes do Poder Público Federal, além dos órgãos públicos, das autarquias, das empresas públicas, das sociedades de economia mista, das respectivas subsidiárias e das fundações públicas.

A coordenação superior dos assuntos, ações governamentais e medidas, referentes a pessoas portadoras de deficiência, incumbe à Coordenadoria Nacional para a Pessoa Portadora de Deficiência (CORDE), órgão autônomo do Ministério, ao qual são destinados os recursos orçamentários específicos, pela redação dada pela Lei Federal nº 8.028, de 12.04.1990. Ao órgão cabe formular a Política Nacional para a Integração da Pessoa Portadora de Deficiência, seus planos, programas e projetos e cumprir as instruções superiores que lhes digam respeito, com a cooperação dos demais órgãos públicos. Para atendimento e fiel cumprimento do que dispõe a legislação, é reestruturada a Secretaria de Educação Especial do Ministério da Educação, e são instituídos no Ministério da Saúde, órgão encarregados da coordenação setorial dos assuntos concernentes às pessoas portadoras de deficiência.

Por outro lado, os índios são os primeiros habitantes do Brasil, agrupados em quatros grupos linguísticos principais – Macro-Tupi, Macro-Jê, Karib e Arawak, além de outros grupos menores, como Tucanos e Yanomanis e tribos isoladas. Existem, hoje, cento e cinquenta línguas indígenas e por volta de trezentos e cinquenta mil índios vivos, no Brasil. Afirma-se que, na época do descobrimento, haveria dez vezes mais. No entanto, cresce o número de alto declarados índios no país. São reconhecidos aos índios, conforme o art. 231, da Constituição Federal, sua organização social, costumes, línguas, crenças e tradições, bem como os direitos originários sobre as terras que tradicionalmente ocupam, competindo à União demarcá-las, proteger e fazer respeitar todos os seus bens. O Estatuto do Índio está previsto na Lei Federal nº 6.001, de 19.12.1973. O processo administrativo de demarcação das terras indígenas encontra-se disposto no Decreto Federal nº 1.775, de 08.01.1996. Devem caber-lhes quase dez por cento do território nacional, ainda que o domínio das terras seja da União, de acordo com o art. 20, XI, da Constituição Federal. A matéria foi tratada, apenas, na Constituição de 1967, no art. 4º, IV, e reproduzida na Emenda Constitucional nº 1, de 17.10.1969.

Prevê o § 1º do art. 231, da Constituição de 1988, que são terras tradicionalmente ocupadas pelos índios as por eles habitadas em caráter permanente, as utilizadas para suas atividades produtivas, as imprescindíveis à preservação dos recursos ambientais necessários a seu bem-estar, e as necessárias à sua reprodução física e cultural, de acordo com seus usos, costumes e tradições. Estas terras destinam-se à sua posse permanente, cabendo-lhes o usufruto exclusivo das riquezas do solo, dos rios e dos lagos nelas existentes, pois o domínio é federal. Dispõe o art. 231, § 3º, que o aproveitamento dos recursos hídricos, incluídos os potenciais energéticos, a pesquisa e a lavra das riquezas minerais em terras indígenas só podem ser efetivados com a autorização do Congresso Nacional, ouvidas as comunidades afetadas. Foi-lhes assegurado a participação nos resultados da lavra, na forma da lei.

Prevê o § 4º do art. 231, da Constituição de 1988, que as terras tradicionalmente ocupadas pelos índios são inalienáveis e indisponíveis e os direitos sobre elas são imprescritíveis. Fica vedada a remoção dos grupos indígenas de suas terras, salvo, **ad referendum** do Congresso Nacional, em caso de catástrofe ou de epidemia que ponha em risco sua população, ou no interesse da soberania do Brasil. Pode ocorrer, apenas, após a deliberação do Congresso Nacional, garantido, em qualquer hipótese, o retorno imediato logo que cesse o risco.

Dispõe o § 6º do art. 231 da Constituição Federal que são nulos e extintos, não produzindo efeitos jurídicos, os atos que tenham por objeto a ocupação, o domínio e a posse das terras tradicionalmente ocupadas pelos índios, ou a exploração das riquezas naturais do solo, dos rios dos lagos nelas existentes. Pode ser ressalvado este direito de relevante interesse público da União, não gerando a nulidade e a extinção direito a indenização ou a ações contra a União, salvo, na forma da lei, quanto às benfeitorias derivadas da ocupação de boa-fé. Não se aplicam a essas terras a possibilidade de garimpagem, mesmo através de cooperativas. O Presidente Jair Bolsonaro tem desprezado os direitos dos índios e omitidas as ações da União, o que tem permitido a invasão das terras ocupadas pelos indígenas por garimpeiros e por madeireiros, em meio à catástrofe com o meio ambiente em geral.

25.13. Disposições Gerais

Foi revogado o art. 233, pela Emenda Constitucional nº 28, de 25.05.2000. A matéria passou a ser tratada no inciso XXIX do art. 7º, com a redação dada por esta Emenda Constitucional. Foi abolida a discriminação existente, como os dois sistemas de prescrição para trabalhadores urbanos (art. 7º, XXIX) e rurais (art. 233). A redação original dispunha que:

> "Art. 233. Para efeito do art. 7º, XXIX, o empregador rural comprovará, de cinco em cinco anos, perante a Justiça do Trabalho, o cumprimento das suas obrigações trabalhistas para com o empregado rural, na presença deste e de seu representante sindical. § 1º Uma vez comprovado o cumprimento das obrigações mencionadas neste artigo, fica o empregador isento de qualquer ônus decorrente daquelas obrigações no período respectivo. Caso o empregado e seu representante não concordem com a comprovação do empregador, caberá à

> Justiça do Trabalho a solução da controvérsia. § 2º Fica ressalvado ao empregado, em qualquer hipótese, o direito de postular, judicialmente, os créditos que entender existir, relativamente aos últimos cinco anos. § 3º A comprovação mencionada neste artigo poderá ser feita em prazo inferior a cinco anos, a critério do empregador".

De acordo com o art. 236, do texto constitucional, os serviços notariais e de registro são exercidos em caráter privado, por delegação do Poder Público. A Lei Federal nº 8.935, de 18.11.1994, dispõe sobre a matéria. A fiscalização e o controle sobre o comércio exterior devem ser exercidos pelo Ministério da Fazenda. O Decreto Federal nº 2.781, de 14.06.1998, instituiu o Programa Nacional de Combate ao Contrabando e ao Descaminho.

Dispõe o art. 195, I, "b", da Constituição de 1988, sobre a contribuição social para a seguridade social sobre a receita ou o faturamento. Não obstante, o art. 239, da Constituição Federal, previu a bitributação constitucional, ao dispor que a arrecadação decorrente das contribuições para o Programa de Integração Social (PIS), criado pela Lei Complementar Federal nº 7, de 07.09.1970, e para o Programa de Formação do Patrimônio do Servidor Público, o PASEP, criado pela Lei Complementar Federal nº 8, de 03.12.1970. A empresa passou, a partir da promulgação da Constituição de 1988, a financiar, nos termos que a lei dispuser, o programa do seguro-desemprego. Agora, a partir de 05.05.2020, o Fundo PIS/PASEP foi incorporado ao Fundo do Fundo de Garantia por Tempo de Serviço (FGTS), pela Emenda Constitucional nº 103, de 12.11.2019.

Foram asseguradas as contribuições compulsórias dos empregadores sobre a folha de salários, destinadas às entidades privadas de serviço social e de formação profissional vinculadas ao sistema sindical. De acordo com o art. 241, da Constituição de 1988, a União, os Estados-membros, o Distrito Federal e os Municípios devem disciplinar os consórcios públicos e os convênios de cooperação entre as entidades federadas, autorizando a gestão associada de serviços públicos, bem como a transferência total ou parcial de encargos, serviços, pessoal e bens essenciais à continuidade dos serviços transferidos. A nova redação foi dada pela Emenda Constitucional nº 19, de 04.06.1998, com a redação anterior dispondo sobre a matéria, hoje no § 9º do art. 144, da Constituição Federal.

Apesar da proibição de confisco, tratada no art. 150, IV, da Constituição de 1988, as glebas de qualquer região do Brasil onde forem localizadas as culturas ilegais de plantas psicotrópicas devem ser imediatamente expropriadas e especificamente destinadas ao assentamento de colonos. Devem ser destinadas para o cultivo de produtos alimentícios e medicamentosos, sem qualquer indenização ao proprietário e sem prejuízo de outras sanções, previstas na Lei Federal nº 8.257, de 26.11.1991, antes, agora Lei Federal nº 10.409, de 11.01.2002.

A Emenda Constitucional nº 81, de 05.06.2014, deu nova redação ao art. 243, da Constituição Federal, assim:

> "Art. 1º O art. 243 da Constituição Federal passa a vigorar com a seguinte redação:
>
> 'Art. 243. As propriedades rurais e urbanas de qualquer região do País onde forem localizadas culturas ilegais de plantas psicotrópicas ou a exploração de trabalho escravo na forma da lei serão expropriadas e destinadas à reforma agrária e a programas de habitação popular, sem qualquer indenização ao proprietário e sem prejuízo de outras sanções previstas em lei, observado, no que couber, o disposto no art. 5º.
>
> Parágrafo único. Todo e qualquer bem de valor econômico apreendido em decorrência do tráfico ilícito de entorpecentes e drogas afins e da exploração de trabalho escravo será confiscado e reverterá a fundo especial com destinação específica, na forma da lei'".

O art. 244, da Constituição de 1988, dispõe sobre a adaptação dos logradouros, dos edifícios de uso público e dos veículos de transporte coletivo atualmente existentes, a fim de garantir acesso adequado às pessoas portadoras de deficiência. A Lei Federal nº 8.899, de 29.06.1994, trata do passe livre aos portadores de deficiência, no sistema de transporte coletivo interestadual. No sistema urbano, os Municípios têm competência para dispor sobre a matéria, conforme o art. 30, V, da Constituição Federal.

O art. 245, do texto constitucional, dispõe sobre a assistência aos herdeiros e dependentes carentes de pessoas vitimadas por crime doloso, sem prejuízo da responsabilidade civil do autor do ilícito. Foi acrescentado pela Emenda Constitucional nº 6, de 15.08.1995, e pela Emenda Constitucional nº 7, de 15.08.1995, que vedou a adoção de medida provisória na regulamentação de artigo da Constituição, cuja redação tenha sido alterada por meio de emenda promulgada, a partir de 1995. Foi modificado pela Emenda Constitucional nº 32, de 11.09.2001.

Foi acrescentado, pela Emenda Constitucional nº 19, de 04.06.1998, que devem estabelecer critérios e garantias especiais para a perda do cargo pelo servidor público estável que, em decorrência das atribuições de seu cargo efetivo, desenvolva atividades exclusivas de Estado. Os arts. 248, 249 e 250, do texto constitucional, foram acrescentados pela Emenda Constitucional nº 20, de 15.12.1998, e tratam da previdência social e de sua reforma de 1998. Estão relacionados com o art. 40 e seus dispositivos, da Constituição Federal. Previa que o Presidente da República, o Presidente do Supremo Tribunal Federal e os membros do Congresso Nacional deveriam prestar o compromisso de manter, defender e cumprir a Constituição, no ato e na data de sua promulgação, em 4 de outubro de 1988.

25.14. Ato das Disposições Constitucionais Transitórias[79]

Foi fixado, no texto constitucional, o Ato das Disposições Constitucionais Transitórias (ADCT), assim definido por Raul Machado Horta:

> "A incidência da Constituição é imediata, salvo nos casos mais raros de vigência constitucional diferida no tempo, como se verificou com a Constituição da Itália de 1947 e a Constituição do Brasil de 1967. A Constituição da Itália, promulgada em 27 de dezembro de 1947, entrou em vigor no dia 1º de janeiro de 1948, conforme a regra XVIII das Disposições Transitórias e Finais. A Constituição Federal de 1967, promulgada pelas Casas do Congresso Nacional, em 24 de janeiro, teve sua entrada em vigor no dia 15 de março de 1967, na forma do art. 189 daquele texto. A incidência imediata da Constituição acarreta a substituição da ordem constitucional anterior pela impossibilidade da coexistência no tempo e no espaço, na condição de fonte e matriz do mesmo ordenamento jurídico estatal, de duas Constituições, a antiga, que desapareceu, e a nova Constituição, que se torna o fundamento monístico da validez e da eficácia do ordenamento jurídico do Estado. A Constituição nova, salvo no caso limite de ruptura revolucionária radical, não acarreta a supressão total do ordenamento jurídico anterior. A técnica constitucional elaborou soluções de acomodação normativa, que afastam o colapso que adviria do vazio jurídico: a recepção do direito anterior pela Constituição, a vigência da legislação anterior que não contrariar as disposições da nova Constituição e as normas de transição para regular situações discrepantes das normas constitucionais permanentes"[80].

Foi estabelecida a realização de plebiscito, em 7 de setembro de 1993, para que o eleitorado definisse, a forma, se república ou monarquia constitucional, bem como o sistema de governo, se parlamentarismo ou presidencialismo, que deveriam vigorar no Brasil. O plebiscito de que tratou este artigo foi realizado, no dia 21 de abril de 1993, em razão da Emenda Constitucional nº 2, de 25.08.1992, mantendo-se o sistema presidencialista.

Dispõe o art. 3º, do Ato das Disposições Constitucionais Transitórias, que a revisão constitucional deveria ser realizada após cinco anos, contados da promulgação da Constituição, pelo voto da maioria absoluta dos membros do Congresso Nacional, em sessão unicameral[81]. Existem, como já foi dito, limitações ao poder de reformar, como limitações temporárias, li-

---

79 Ver: BARROSO, Luís Roberto. **Disposições Constitucionais Transitórias (natureza, eficácia e espécies)**. *In*: **Revista de Direito Público.** São Paulo: Revista dos Tribunais, out.-dez./1990, nº 96/69, e **Doutrinas Essenciais: Direito Constitucional (Edições Especiais Revista dos Tribunais: 100 Anos)**. 2ª tir. São Paulo: Revista dos Tribunais, 2013, vol. I, p. 489.

80 HORTA, Raul Machado. **Direito Constitucional**, *op. cit.*, p. 289.

81 Ver: FERRAZ, Anna Candida da Cunha. **A Transição Constitucional e o Ato das Disposições Constitucionais Transitória da Constituição de 05.10.1988.** *In*: **Revista de Direito Constitucional e Internacional**. São Paulo: Revista dos Tribunais, jan.-mar./1999, nº 26/54, e **Doutrinas Essenciais: Direito Constitucional (Edições Especiais Revista dos Tribunais: 100 Anos)**. 2ª tir. São Paulo: Revista dos Tribunais, 2013, vol. I, p. 361.

mitações circunstanciais e limitações materiais. Na Constituição de 1988, não existe limitação temporária ao poder de reformar. A primeira mudança nela ocorreu, por sinal, com a Emenda Constitucional nº 1, de 31.03.1992, três anos e meio depois de sua promulgação. Por outro lado, quanto à revisão, foi previsto que a mesma ocorresse após cinco anos, a contar de 5 de outubro de 1988, prevista no art. 3º do Ato das Disposições Constitucionais Transitórias. A revisão resultou em seis Emendas Constitucionais de Revisão, de 1º de março de 1994, data da Emenda nº 1, a 07.06.1994, data das demais Emendas.

Foi fixado o término do mandato do Presidente da República em exercício, na data da promulgação da Constituição de 1988, previsto para terminar em 15 de março de 1990. Por outro lado, determinou-se que a primeira eleição para Presidente da República, após a promulgação dessa Constituição, fosse realizada, no dia 15 de novembro de 1989, não se lhe aplicando o disposto no art. 16 do texto constitucional. Foi estabelecido que não se aplicava, às eleições previstas para 15 de novembro de 1988, o disposto no art. 16, bem como as regras do art. 77, da Constituição Federal. Foi fixado um prazo de seis meses, posteriores à promulgação da Constituição, para que Parlamentares Federais, reunidos em número não inferior a trinta, pudessem requerer ao Tribunal Superior Eleitoral o registro de novo partido político.

Encontra-se previsto que o Brasil deve propugnar pela formação de um Tribunal Internacional dos Direitos Humanos. O país tem feito esforços neste sentido, mas existe oposição forte, como a dos Estados Unidos. Foi ampliada a anistia brasileira, no final do Regime Militar, concedida aos que, no período de 18 de setembro de 1946 até a data da promulgação da Constituição, foram atingidos, em decorrência de motivação exclusivamente política, por atos de exceção, institucionais ou complementares. Foram asseguradas as promoções, na inatividade, ao cargo, emprego, posto ou graduação a que tenham direito se estivessem em serviço ativo, obedecidos os prazos de permanência em atividade previstos nas leis e regulamentos vigentes, respeitadas as características e peculiaridades das carreiras dos servidores públicos civis e militares, de acordo com os respectivos regimes jurídicos.

A anistia abrangeu, ainda, os que, foram cassados ou tiveram seus direitos políticos suspensos, no período de 15 de julho a 31 de dezembro de 1969, por motivos exclusivamente políticos, por ato exclusivo do Presidente da República, podendo requerer ao Supremo Tribunal Federal o reconhecimento dos direitos e vantagens interrompidos pelos atos punitivos, desde que comprovem terem sido estes eivados de vício grave. A matéria trata da proteção à relação de emprego, que deve ser prevista em lei complementar, de acordo com o art. 7º, I, do texto constitucional. Versa, também, sobre a licença-paternidade, disposta no art. 7º, XIX, da Constituição Federal. Foi prevista a elaboração de Constituições Estaduais, com as Assembleias Legislativas tendo poderes constituintes, no prazo de um ano, contado da promulgação da Constituição Federal, que findou ainda em 04.10.1989, no art. 11, **caput**, do Ato das Disposições Constitucionais Transitórias.

Foi fixada, no Ato das Disposições Constitucionais Transitórias, uma Comissão de Estudos Territoriais, com dez membros indicados pelo Congresso Nacional e cinco pelo Poder Executivo, com a finalidade de apresentar estudos sobre o território nacional e anteprojetos relativos a novas unidades territoriais, em especial na Amazônia Legal e em áreas pendentes de solução. Nada foi feito até agora, não tendo criado nenhum novo Estado ou Território, salvo o Estado do Tocantins, tratado no art. 13, do ADCT. Por outro lado, foi permitido que os Estados-membros e os Municípios promovessem, mediante acordo ou arbitramento, a demarcação de suas linhas divisórias atualmente litigiosas. Pode para isso fazer alterações e compensações de área que atendam aos acidentes naturais, critérios históricos, conveniências administrativas e comodidade das populações limítrofes. Existe problema, em especial, na fronteira do Piauí com o Ceará, não resolvido até hoje, e agora daquele com o Tocantins.

Foi criado o Estado do Tocantins, pelo desmembramento da área do Estado do Goiás, integrando o mesmo a Região Norte. O art. 13 do Ato das Disposições Constitucionais Transitórias, dispõe sobre inúmeras matérias relativas à implantação do novo Estado. Os Territórios Federais de Roraima e do Amapá foram transformados em Estados-membros, mantidos seus atuais limites geográficos. Os servidores públicos federais da Administração Direta e Indireta, os servidores municipais e os integrantes da carreira policial militar dos ex-Territórios Federais do Amapá e de Roraima, que: a) comprovadamente encontravam-se no exercício regular de suas funções, prestando serviços àqueles ex-Territórios, na data em que foram transformados em Estados-membros; b) os policiais militares que tenham sido admitidos por força de lei federal, custeados pela União; c) os servidores civis nesses Estados-membros com vínculo funcional já reconhecido pela União, passaram a constituir quadro em extinção da Administração Federal. São assegurados os direitos e vantagens inerentes aos seus servidores, vedado o pagamento, a qualquer título, de diferenças remuneratórias, de acordo com a Emenda Constitucional nº 19, de 15.12.1998.

Foi extinto o Território Federal de Fernando de Noronha, sendo sua área reincorporada ao Estado de Pernambuco. Não obstante, quase todo o território deste novo Município trata-se de um parque nacional, sob jurisdição federal. Por outro lado, foi fixado um prazo, no qual cabia ao Presidente da República, com a aprovação do Senado Federal, indicar o Governador e o Vice-Governador do Distrito Federal. Por outro lado, até que fosse instalada, a competência da Câmara Legislativa do Distrito Federal, foi exercida pelo Senado Federal, hoje já esgotada a matéria.

Estabeleceu-se que os vencimentos, a remuneração, as vantagens e os adicionais, bem como os proventos de aposentadoria que estejam sendo percebidos em desacordo com a Constituição de 1988 deveriam ser, imediatamente, reduzidos aos limites dela decorrentes, não se admitindo, neste caso, invocação de direito adquirido ou percepção de excesso a qualquer título. Foi assegurado, porém, que o exercício cumulativo de dois cargos ou empregos privativos de médico que estejam sendo exercidos por médico militar na Administração direta ou indireta; bem como o exercício cumulativo de dois cargos ou empregos privativos de profissionais de saúde que estejam sendo exercidos também na Administração.

Foram extintos, para que não fossem frustradas as novas disposições constitucionais sobre os servidores públicos, os efeitos jurídicos de qualquer ato legislativo ou administrativo, lavrado a partir da instalação da Assembleia Nacional Constituinte, que tivessem por objeto a concessão de estabilidade a servidor admitido sem concurso público, da Administração Direta ou Indireta, inclusive das fundações instituídas e mantidas pela Administração.

Os servidores públicos civis da União, dos Estados-membros, do Distrito federal e dos Municípios, da Administração direta, autárquica e das fundações públicas, em exercício na data da promulgação da Constituição, há pelo menos cinco anos continuados, e que não tivessem sido admitidos na forma reguladas no art. 37, da Constituição Federal, devem ser considerados estáveis no serviço público. Assim, os servidores públicos que ingressaram até 04.10.1983, sem concurso, foram considerados estáveis. Foram excluídos, não obstante, os ocupantes de cargos, funções e empregos de confiança ou em comissão, bem como os professores de nível superior. A decisão teve o efeito modular, por conta de decisão no Supremo Tribunal Federal, que teve como Relator o Ministro Carlos Velloso, na ADI 2020/MS, em 2004, considerando a estabilidade de servidores públicos sem concurso público até 23.04.1993.

Foi estabelecido um prazo para a revisão dos direitos dos servidores públicos inativos e pensionistas e a atualização dos proventos e pensões a eles devidos, a fim de ajustá-los ao disposto na Constituição, prazo que já findou. Os Juízes togados de investidura limitada no tempo, admitidos mediante concurso público de provas e títulos e que estejam em exercício na data da promulgação da Constituição, adquirem estabilidade, observado o estágio probatório, e passam a compor quadro em extinção.

Foi assegurado, no art. 22, aos Defensores Públicos investidos na função até a data de instalação da Assembleia Nacional Constituinte o direito de opção pela carreira, com a observância das garantias e vedações previstas no art. 134, **parágrafo único**, da Constituição. O Conselho Federal da Ordem dos Advogados do Brasil (OAB) entendeu que a proibição de advogar só começou depois da Lei Complementar Federal nº 80, de 12.01.1994, que fixou as regras gerais para a Defensoria Pública. O art. 23, do Ato das Disposições Constitucionais Transitórias dispunha sobre o cargo de censor federal, que passou a ser aproveitado na Administração Federal.

Foi fixado que a União, os Estados-membros, o Distrito Federal e os Municípios deveriam editar leis que estabelecessem critérios para a compatibilização de seus quadros de pessoal, com a reforma administrativa promovido pela Constituição de 1988. A Emenda Constitucional nº 19, de 15.12.1998, promoveu nova Reforma Administrativa, mudando diversas disposições do texto constitucional original.

Foram revogados todos os dispositivos legais que atribuam ou deleguem a órgão do Poder Executivo competência assinalada pela Constituição de 1988 ao Congresso Nacional. Os Decretos-leis em tramitação, no legislativo federal e por este não apreciados, até a promulgação da Constituição, tiveram seus efeitos regulados pelo art. 25 do Ato das Disposições Constitucionais Transitórias. Foi fixado que o Congresso Nacional deveria promover, através de Comissão Mista, exame analítico pericial dos atos e fatos geradores do endividamento externo brasileiro. Não foi levado a efeito o dispositivo constitucional.

Foi instituído o Superior Tribunal de Justiça, pelos arts. 104 e 105 do texto constitucional, dispondo-se sobre sua instalação, composição inicial e organização. Foram criados, ainda, cinco Tribunais Regionais Federais, tratados nos arts. 106, I, 107 e 108, da Constituição Federal, a serem instalados no prazo de seis meses a contar da promulgação da Constituição, com a jurisdição e sede que lhes fixar o Tribunal Federal de Recursos, tendo em conta o número de processos e sua localização geográfica. Apesar da necessidade de novos Tribunais Federais, dificilmente serão implantados os mesmos, por falta de interesse do Governo Federal com o custeio de tais despesas. No entanto, avançou a criação do Tribunal Regional Federal (TRF) da 7ª Região, com sede em Belo Horizonte, em 2020, por conta da atuação do então Presidente do Superior Tribunal de Justiça (STJ), que é mineiro.

Dispôs-se que os Juízes Federais, em situação especial, ficaram investidos na titularidade de varas na Seção Judiciária para a qual tivessem sido nomeados ou designados ou, na inexistência de vagas, procedendo-se às varas existentes. Em razão das novas atribuições dadas ao Ministério Público Federal e à Advocacia-Geral da União (AGU), fixou o art. 29 do Ato das Disposições Constitucionais Transitórias a situação provisória para as duas instituições. Todavia, já foi editada a Lei Complementar nº 75, de 20.05.1993, que trata do **Parquet**, e a Lei Complementar Federal nº 73, de 10.02.1993, que dispôs sobre a Advocacia da União.

Dispôs o art. 30, do Ato das Disposições Constitucionais Transitórias, que a legislação que criasse a justiça de paz deveria manter os atuais juízes de paz até a posse dos novos titulares. Previu a estatização das serventias do foro judicial, respeitados os direitos dos atuais titulares. Fixou-se que o disposto, no art. 236, não se aplicava aos serviços notarias e de registro, que já tenham sido oficializados pelo Poder Público, respeitando-se o direito de seus servidores. Foi fixada a questão dos precatórios judiciais pendentes de pagamento na data da promulgação da Constituição, incluído o remanescente de juros e a correção monetária. A questão, atualmente, está submetida à Emenda Constitucional nº 30, de 13.09.2000.

Estabeleceu a eficácia do novo Sistema Tributário Nacional, resultante da Constituição de 1988. Este entrou em vigor a partir do primeiro dia do quinto mês seguinte ao da promulgação da Constituição, em 01.03.1989, mantido, até então, o da Constituição de 1967, com a redação dada pela Emenda. Foi fixado, ainda, que as leis editadas produziram efeitos a partir da entrada em vigor do novo Sistema Tributário Nacional, previsto na Constituição de 1988. Por outro lado, vigente o novo Sistema Tributário Nacional, ficou assegurada a aplicação da legislação anterior, no que não fosse incompatível com ele e com a legislação referida nos parágrafos 3º e 4º do art. 34, do Ato das Disposições Constitucionais Transitórias. Foi criado, ainda, o Banco de Desenvolvimento do Centro-Oeste, para dar cumprimento, na referida região, ao que determinam os arts. 159, I, "c", e 192, § 2º, do texto constitucional, mas ainda não instalado passados mais de trinta anos, com suas funções exercidas pelo Banco do Brasil S.A.

Foi fixado que seria de forma progressiva, no prazo de até dez anos, a distribuição de recursos entre as regiões macroeconômicas, em razão proporcional à população. Extinguiram-se os fundos existentes na data da promulgação da Constituição de 1988, excetuados os resultantes de isenções fiscais que passem a integrar o patrimônio privado e os que interessem à defesa nacional. Foi fixado o prazo de cinco anos para adaptação ao que estabelece o art. 167, III, do texto constitucional. Fixou-se que, até a promulgação da lei complementar referida no art. 169, Constituição Federal, a União, os Estados-membros, o Distrito Federal e os Municípios não poderiam despender com pessoal mais do que sessenta e cinco por cento do valor das respectivas receitas correntes. A Lei Complementar nº 82, de 27.031995, passou a tratar da matéria, criando novas restrições.

O Poder Executivo deveria elaborar e o Poder Legislativo apreciar projeto de revisão da lei orçamentária, referente ao exercício financeiro de 1989. A Emenda Constitucional nº 42, de 19.12.2003, acrescentou mais dez anos à Zona Franca de Manaus e suas características de área livre de comércio, limitando seus incentivos fiscais até 2013. Deveriam os Poderes Executivos da União, dos Estados-membros, do Distrito Federal e dos Municípios reavaliarem todos os incentivos fiscais de natureza setorial, ora em vigor, propondo aos Poderes Legislativos respectivos as medidas cabíveis. Foram considerados revogados após dois anos, a partir da data da promulgação a Constituição, os incentivos que não foram confirmados por lei. Passado tanto tempo, continua funcionado a Zona Franca de Manaus.

Determinou-se que, pelo durante quinze anos, a União deveria aplicar, dos recursos destinados à irrigação, vinte por cento na Região Centro-Oeste e cinquenta por cento na Região Nordeste, preferencialmente no semi-árido. A Emenda Constitucional nº 43, de 15.04.2004, alterou o **caput** do art. 42, elevando o período previsto na Constituição Federal, de quinze, para vinte e cinco anos. Por outro lado, foram tornadas sem efeito, na data da promulgação da lei que disciplinar a pesquisa e a lavra de recursos e jazidas minerais, ou no prazo de um ano, a contar da promulgação da Constituição de 1988, as autorizações, as concessões e os demais títulos atributivos de direitos minerários, caso os trabalhos de pesquisa ou de lavra não hajam sido comprovadamente iniciados nos prazos legais ou estejam inativos. A matéria está prevista no art. 176, do texto constitucional.

Foi fixado que as atuais empresas brasileiras titulares de autorização de pesquisa, concessão de lavra de recursos minerais e de aproveitamento dos potenciais de energia hidráulica em vigor tiveram quatro anos, a partir da promulgação da Constituição, para cumprir os requisitos do art. 176, § 1º, do texto constitucional. Ficaram excluídas do monopólio, estabelecido pelo art. 177, II, da Constituição de 1988, as refinarias em funcionamento no país amparadas pelo art. 43 e nas condições do art. 45 da Lei Federal nº 2.004, de 03.10.1953. Ficam ressalvados, também, da vedação do art. 177, II, os contratos de risco feitos com a Petróleo Brasileiro S.A. (Petrobrás), para pesquisa de petróleo, que estavam em vigor, na data da promulgação da Constituição, em 4 de outubro de 1988.

Os créditos junto a entidades submetidas aos regimes de intervenção ou liquidação extrajudicial, mesmo quando esses regimes sejam convertidos em falência, ficaram sujeitos à correção monetária desde o vencimento, até seu efetivo pagamento, sem interrupção ou suspensão. Trata o art. 47, do Ato das Disposições Constitucionais Transitórias, da liquidação dos débitos, inclusive suas renegociações e composições posteriores, ainda que ajuizados, decorrentes de quaisquer empréstimos concedidos por bancos e por instituições financeiras, não devendo existir correção monetária. O Congresso Nacional previa, dentro de cento e vinte dias da promulgação da Constituição, a elaboração do Código de Defesa do Consumidor, que só foi feito com a Lei Federal nº 8.078, de 11.09.1990, quase dois anos depois.

Trata o art. 49, do Ato das Disposições Constitucionais Transitórias, do instituto da enfiteuse em imóveis urbanos. A enfiteuse estava prevista nos arts, 678 e 649, do Código Civil de 1916. Agora, foi extinta para imóveis novos, mantidos os que já existiam, conforme o art. 2.038, do Código Civil de 2002. Os aforamentos nos Municípios, como em Teresina, é a enfiteuse da natureza pública, que vão se manter os já existentes. Dispõe sobre lei agrícola o art. 50, do Ato das Disposições Constitucionais Transitórias. Trata da política agrícola o art. 187 da Constituição Federal. Previu que seria revisto pelo Congresso Nacional, todas as doações, vendas e concessões de terras públicas com área superior a três mil hectares, realizadas no período de 1º de janeiro de 1962 a 31 de dezembro de 1987.

O art. 52, do Ato das Disposições Constitucionais Transitórias, criou restrições para a instalação de instituições financeiras estrangeiras, o que não existe mais, depois de diversas mudanças constitucionais e legais, no final do século XX. A Emenda Constitucional nº 40, de 29.05.2003, alterou o **caput** do art. 52, de forma a suprimir a referência ao inciso III do art. 192 da Constituição Federal, vez que o mesmo fora revogado pela referida Emenda. Dispõe sobre os ex-combatentes que tenha efetivamente participado de operações bélicas durante a II Guerra Mundial, nos termos da Lei Federal nº 5.315, de 12 de setembro de 1967, sendo-lhes assegurados alguns direitos. Trata o art. 54, do Ato das Disposições Constitucionais Transitórias, sobre os seringueiros recrutados nos termos do Decreto-lei nº 5.813, de 14.09.1943, e amparados pelo Decreto-lei nº 9.882, de 16.09.1946.

Trata o art. 55, do Ato das Disposições Constitucionais Transitórias, sobre destinação de verba ao setor de saúde. Dispunha o art. 56, do Ato das Disposições Constitucionais Transitórias que a receita do FINSOCIAL, tratada no Decreto-lei nº 1.940, de 15.05.1982 e modificações posteriores, passaria a integrar a receita da seguridade social. O tributo já foi substituído pela COFINS, disposta na Lei Complementar Federal nº 70, de 30.12.1991. Trata o art. 57, do Ato das Disposições Constitucionais Transitórias, sobre os débitos dos Estados-membros e dos Municípios relativos às contribuições previdenciárias, até 30 de junho de 1988. Previa o art. 58, do Ato das Disposições Constitucionais Transitórias, sobre a revisão dos benefícios de prestação continuada, mantidos pela previdência social na data da promulgação da Constituição.

Trata o art. 59, do Ato das Disposições Constitucionais Transitórias, dos projetos de lei relativos à organização da seguridade social, e aos planos de custeio e de benefício. Dispõe o art. 60, do Ato das Disposições Constitucionais Transitórias, sobre os recursos para a educação, que foi alterado pela Emenda Constitucional nº 14, de 12.09.1996. Depois, foi o mesmo modificado pela Emenda Constitucional nº 53, de 19.12.2006. Dispõe o art. 61, do Ato das Disposições Constitucionais Transitórias, sobre as entidades educacionais e seu regime. A matéria está prevista no art. 213 do texto constitucional. Prevê o art. 62, do Ato das Disposições Constitucionais Transitórias, a criação do Serviço Nacional de Aprendizagem Rural (SENAR), novo instituto, financiado nos termos do art. 149, **caput**, do texto constitucional. Este foi instituído pela Lei Federal nº 8.315, de 23.12.1991.

Foi instituída comissão para as comemorações do centenário da Proclamação da República, em 1988, e da promulgação da Constituição de 1891. Dispõe o art. 64, do Ato das Disposições Constitucionais Transitórias, sobre a edição da Constituição de 1988 e sua distribuição. Previu o dispositivo que seria regulamentada a propaganda de tabaco, bebida alcoólica, agrotóxicos, medicamento e terapia, que foi tratada na Lei Federal nº 9.294, de 15.07.1996. Dispõe o art. 66, do Ato das Disposições Constitucionais Transitórias, sobre as concessões de serviços públicos de telecomunicações.

O art. 67 previa a conclusão da demarcação das terras indígenas no prazo de cinco anos, a partir da promulgação da Constituição, que não foi efetuada, já tendo passado 04.10.1993 há muito tempo. Trata o art. 68, do Ato das Disposições Constitucionais Transitórias, das comunidades dos quilombos que estejam ocupando suas terras. Previu a separação, nos Estados-membros, das Procuradorias Gerais e das Advocacias Gerais. Dispõe o art. 70, do Ato das Disposições Constitucionais Transitórias, sobre a competência dos Tribunais de Justiça Estaduais.

Foi criado pelos arts. 71 a 73, do Ato das Disposições Constitucionais Transitórias, o Fundo Social de Emergência, em razão da Emenda Constitucional de Revisão nº 1, de 01.03.1994. Depois, houve alteração pela Emenda Constitucional nº 10, de 04.03.1996. Ocorreu nova alteração, através da Emenda Constitucional nº 17, de 22.11.1997.

O art. 74, do Ato das Disposições Constitucionais Transitórias, instituiu a contribuição social sobre movimentação ou a transmissão de valores e de créditos e direitos de natureza financeira (CPMF), com alíquota de vinte e cinco décimos de por cento. O dispositivo foi instituído pela Emenda Constitucional nº 12, de 15.08.1996. Por outro lado, o art. 75 do Ato das Disposições Constitucionais Transitórias prorrogou a cobrança da CPMF, previsto antes no art. 74, passando a alíquota de 0,38% e, depois, para 0,3%, prevista esta pela Emenda Constitucional nº 21, de 18.03.1999. Foi a contribuição instituída pela Emenda Constitucional nº 12, de 15.08.1996, originalmente com alíquota de 0,25%. Não obstante, não conseguiu mais o Governo Federal nova prorrogação da Contribuição Provisória sobre Movimentação Financeira, sendo extinta em 31.12.2007, por conta de pressão dos órgãos empresariais e dos meios de comunicação. Depois, por consenso no Congresso Nacional, deixou-se expirar seu prazo de validade e o tributo foi extinto. O Ministro da Economia, em 2019 e 2020, defendia a criação de novo tributo, com o nome de imposto sobre transações digitais.

O art. 76, do Ato das Disposições Constitucionais Transitórias, dispôs sobre a desvinculação de vinte por cento da arrecadação de impostos e contribuições federais, concentrando renda em favor da União. Foi instituído pela Emenda Constitucional nº 27, de 21.03.2000, e prorrogado pela Emenda Constitucional nº 42, de 19.12.2003, que modificou o **caput** e o § 1º. Por fim, houve nova prorrogação através da Emenda Constitucional nº 56, de 20.12.2007, apenas quanto ao prazo previsto no **caput** do artigo acima. A Emenda Constitucional nº 59, acrescentou o § 3º ao art. 76, do Ato das Disposições Constitucionais Transitórias, para reduzir, anualmente, a partir do exercício de 2009, o percentual da Desvinculação das Receitas da

União incidente sobre os recursos destinados à manutenção ao desenvolvimento do ensino de que trata o art. 212, da Constituição Federal.

Trata o art. 77, do Ato das Disposições Constitucionais Transitórias, sobre a vinculação de receita, da União, Estados-membros, Distrito Federal e Municípios, para a saúde. Foi instituído pela Emenda Constitucional nº 29, de 13.09.2000. Ocorreu, mais uma vez, concentração de renda em favor da União. Dispõe o art. 78, do Ato das Disposições Constitucionais Transitórias, sobre o pagamento de precatórios, tratado no art. 100 da Constituição Federal. Foi instituído pela Emenda Constitucional nº 30, de 13.09.2000. A Emenda Constitucional nº 67, de 22.12.2010 prorrogou, por tempo indeterminado, o prazo de vigência do Fundo de Combate e Erradicação da Pobreza, a que se refere o **caput** do art. 79, do Ato das Disposições Constitucionais Transitórias.

Os arts. 79, 80 e 81, do Ato das Disposições Constitucionais Transitórias, estão regulamentados pela Lei Complementar Federal nº 111, de 06.07.2001, dispondo sobre o fundo de combate e erradicação de pobreza. A Emenda Constitucional nº 42, de 19.12.2003, alterou o § 1º do art. 82, do Ato das Disposições Constitucionais Transitórias. Os arts. 79 a 83, do Ato das Disposições Constitucionais Transitórias, versam sobre o Fundo de Combate e Erradicação da Pobreza. Dentre outras receitas, incluiu 0,08% ao CPMF, previsto nos arts. 74 e 75, do ADCT, voltando este a ser de 0,38 %. Foram instituídos pela Emenda Constitucional nº 31, de 14.12.2000. A Emenda Constitucional nº 42, de 19.12.2003, alterou o § 1° do art. 82, bem como o art. 83, tudo do Ato das Disposições Constitucionais Transitórias da Constituição Federal.

A Emenda Constitucional nº 37, de 12.06.2002, acresceu ao Ato das Disposições Constitucionais Transitórias, do texto constitucional, os arts. 84 a 88. No art. 84, está disposta a contribuição social sobre movimentação ou transmissão de valores e de créditos e direitos de natureza financeira (CPMF), que seria cobrada até 31 de dezembro de 2004, que foi modificado pelo art. 90, instituído pela Emenda Constitucional nº 42, de 19.12.2004, até 31 de dezembro de 2007. Trata-se, pela longevidade de emendas constitucionais, da contribuição provisória mais definitiva do mundo. Foram fixados os casos de não-incidência, no art. 85 da Constituição Federal. Hoje, foi extinta essa contribuição social, por consenso social e político, mas constantemente se quer reimplantá-la com outro nome, como comentado antes.

Os arts. 86 e 87, do Ato das Disposições Constitucionais Transitórias, também foram acrescidos pela Emenda Constitucional nº 37, de 12.06.2002, tratando da forma de pagamento transitória dos precatórios, previstos estes no art. 100, do texto constitucional. O art. 88 e incisos I e II, do Ato das Disposições Constitucionais Transitórias, também foram acrescidos pela Emenda Constitucional nº 37, de 12.06.2002, definindo alíquota mínima para o imposto sobre serviços de qualquer natureza e sobre concessão de isenções, incentivos e benefícios fiscais.

O art. 89, do Ato das Disposições Constitucionais Transitórias, foi acrescido pela Emenda Constitucional nº 38, de 12.06.2002, relativa a situação de integrantes da carreira policial militar do ex-Território Federal de Rondônia. A Emenda Constitucional nº 60, de 11.11.2009, alterou o art. 89, do Ato das Disposições Constitucionais Transitórias, para dispor sobre o quadro de servidores civis e militares do ex-Território Federal de Rondônia.

A Emenda Constitucional nº 42, de 19.12.2003, alterou o Sistema Tributário Nacional. No seu art. 3º, foi acrescentado o art. 90 do Ato das Disposições Constitucionais Transitórias. A Emenda Constitucional nº 42, de 19.12.2003, alterou o Sistema Tributário Nacional. No seu art. 3º, foi acrescentado o art. 91, do Ato das Disposições Constitucionais Transitórias.

A Emenda constitucional nº 42, de 19.12.2003, alterou o Sistema Tributário Nacional. No seu art. 3º, foi acrescentado o art. 93 do Ato das Disposições Constitucionais Transitórias. A Emenda Constitucional nº 42, de 19.12.2003, alterou o Sistema Tributário Nacional. No seu art. 3º, foi acrescentado o art. 94 do Ato das Disposições Constitucionais Transitórias. A Emenda Constitucional nº 54, de 20.09.2007, acrescentou o art. 95 ao Ato das Disposições Constitucionais Transitória para tratar dos filhos de pai brasileiro ou mãe brasileira, nascidos no estrangeiro. Esta emenda também alterou o art. 12, I, "c", do texto constitucional.

O art. 96, do Ato das Disposições Constitucionais Transitórias, foi acrescido pela Emenda Constitucional nº 57, de 18.12.2008, relativa à regularização dos Municípios criados pelos Estados-Membros, sem que tivesse sido aprovada a lei complementar federal, previsto no § 4º do art. 18 do texto constitucional, por conta de modificação anterior feita pela Emenda Constitucional nº 15, de 12.09.1996. A Emenda Constitucional nº 62, de 09.12.2009, acrescentou o art. 97 ao Ato das Disposições Constitucionais Transitórias, instituindo o regime especial de pagamento de precatórios pelos Estados-membros, pelo Distrito Federal e pelos Municípios, combinado com as mudanças efetuadas no art. 100, da Constituição Federal, também alterado pela mesma emenda.

Foram acrescentados, ainda, ao Ato das Disposições Constitucionais Transitórias, os arts. 98 ao 114, sobre os mais diferentes assuntos e regras, desde o número de Defensores Públicos, pela Emenda Constitucional nº 80, de 04.06.2014, à Emenda Constitucional nº 95, de 15.12.2016, que tratou do teto dos gastos públicos e da chamada "regra de ouro", para impedir o excessivo endividamento das Entidades da Federação, especialmente do Governo Federal. A regulamentação da nova Reforma da Previdência, pela Emenda Constitucional nº 103, de 12.11.2019, de 04.12.2019, a Emenda Constitucional nº 105, de 12.12.2019, e Emenda Constitucional nº 107, de 02.07.2020, nada acrescentaram ao referido Ato das Disposições Constitucionais Transitórias.

BIBLIOGRAFIA

ABRÃO, Nelson. **Direito bancário.** 7ª ed. São Paulo: Saraiva, 2001.

ABBOUD, George e OLIVEIRA, Rafael Tomaz de. **O Supremo Tribunal Federal e a Nova Separação de Poderes: entre a interpretação da Constituição e as modificações na engenharia constitucional**. *In*: **Revista de Processo**. São Paulo: Revista dos Tribunais, jul./2014, nº 233/13-38, e **Doutrinas Essenciais: Direito Constitucional (Edições Especiais Revista dos Tribunais: 100 Anos)**. São Paulo: Revista dos Tribunais, 2015, vol. VII.

ABIKAIR NETO, Jorge. **A Suspensão dos Direitos Políticos por Condenação Criminal Transitada em Julgado**. *In*: **Revista de Ciências Penais**. São Paulo: Revista dos Tribunais, jul./2012, nº 17/65, e **Doutrinas Essenciais: Direito Constitucional (Edições Especiais Revista dos Tribunais: 100 Anos)**. São Paulo: Revista dos Tribunais, 2015, vol. IX.

AGUIAR JÚNIOR, Ruy Rosado de. **O Ministério Público**. *In*: **Revista dos Tribunais**. São Paulo: Revista dos Tribunais, fev./1972, nº 436/294, e **Doutrinas Essenciais: Direito Constitucional (Edições Especiais Revista dos Tribunais: 100 Anos)**. 2ª tir. São Paulo: Revista dos Tribunais, 2013, vol. IV.

ALBERGARIA, Jason. **Direito Penitenciário e Direito do Menor**. Belo Horizonte: Mandamentos, 1999.

ALEXY, Robert. **Constitucionalismo Discursivo**. HECK, Luís Afonso Carvalho (trad.). 3ª ed. Porto Alegre: Livraria do Advogado Editora, 2011.

ALMEIDA, Fernanda Dias M. de. **Poder Legislativo no Brasil Contemporâneo**. *In*: **Revista de Direito Constitucional e Internacional**. São Paulo: Revista dos Tribunais, jan.-mar./1997, nº 18/26, e **Doutrinas Essenciais: Direito Constitucional (Edições Especiais Revista dos Tribunais: 100 Anos)**. 2ª tir. São Paulo: Revista dos Tribunais, 2013, vol. IV.

ALMEIDA FILHO, Agassiz. **Princípios Fundamentais**. *In*: ALVIM, Eduardo Arruda, LEITE, George Salomão, e STRECK, Lênio (coords.). **Curso de Direito Constitucional**. Florianópolis: Tirant le Blanch, 2018.

ALOCHIO, Luiz Henrique Antunes. **O Direito do Urbanismo e a Transferência do Direito de Construir: requisitos de limitação nas leis locais**. *In*: **Revista de Direito Administrativo**. Rio de Janeiro: FGV Direito Rio, 2008.

ALVES, Alaôr Caffe. **A Competência Municipal e o Planejamento Metropolitano**. *In*: **Revista de Direito Público**. São Paulo: Revista dos Tribunais, out.-dez./1970, nº 14/292, e **Doutrinas Essenciais: Direito Constitucional (Edições Especiais Revista dos Tribunais: 100 Anos)**. 2ª tir. São Paulo: Revista dos Tribunais, 2013, vol. III.

__________. **A Função Ideológica do Direito na Sociedade Moderna**. *In*: **Revista Brasileira de Filosofia**. São Paulo: Revista dos Tribunais, jan.-jun./2009, nº 232/169, e *In*: **Doutrinas Essenciais: Direito Constitucional (Edições Especiais**

Revista dos Tribunais: 100 Anos). 2ª tir. São Paulo: Revista dos Tribunais, 2013, vol. II.

AMARAL, Antônio Carlos Cintra do. **A Constituição no Sistema Jurídico Brasileiro**. *In*: **Revista de Direito Público**. São Paulo: Revista dos Tribunais, jul.-dez./1975, nº 35-36/41, e **Doutrinas Essenciais: Direito Constitucional (Edições Especiais Revista dos Tribunais: 100 Anos)**. 2ª tir. São Paulo: Revista dos Tribunais, 2013, vol. I.

AMARAL, Cyro Galvão do. **O ICMS por Dentro**. *In:* MARTINS, Yves Gandra da Silva, e BRITO, Edvaldo. **Doutrinas Essenciais: Direito Tributário (Edições Especiais Revistas dos Tribunais)**. 2ª ed. São Paulo: Revista dos Tribunais, 2014, vol. IV.

AMARAL, José Ribeiro. **Fundação do Maranhão: Memória**. São Luís: Typogravura Teixeira, 1912.

ANDRADE, Marcelo Santiago de Pádua. **Ação Popular e Lesividade**. *In*: **Doutrinas Essenciais: Direito Constitucional (Edições Especiais Revista dos Tribunais: 100 Anos)**. 2ª tir. São Paulo: Revista dos Tribunais, 2013, vol. X.

ASSOUN, Paul-Laurent. **Locke: Dois Tratados do Governo Civil**. *In*: CHÂTELLET, François, DUHAMEL, Olivier, e PISIER, Evelyne. **Dicionário de Obras Políticas**. Rio de Janeiro: Civilização Brasileira, 1993.

ASSUMPÇÃO, Antônio. **O Estado Contemporâneo: aspectos formais**. *In*: **Revista de Direito Público**. São Paulo: Revista dos Tribunais, out.-dez./1970, nº 14/155, e **Doutrinas Essenciais: Direito Constitucional (Edições Especiais Revista dos Tribunais: 100 Anos)**. 2ª tir. São Paulo: Revista dos Tribunais, 2013, vol. II.

ATALIBA, Geraldo. **Autonomia dos Municípios: Competência do Legislativo e Tributos Municipais**. *In*: **Revista de Direito Público**. São Paulo: Revista dos Tribunais, nº 64, 1982.

__________. **Competência Legislativa Supletiva Estadual**. *In*: **Revista de Direito Público**. São Paulo: Revista dos Tribunais, abr.-jun./1982, nº 62/21, e **Doutrinas Essenciais: Direito Constitucional (Edições Especiais Revista dos Tribunais: 100 Anos)**. 2ª tir. São Paulo: Revista dos Tribunais, 2013, vol. III.

__________. **Direito Constitucional Financeiro**. *In*: **Revista de Direito Público**. São Paulo: Revista dos Tribunais, jan.-jun./1978, nº 45-46/37, e **Doutrinas Essenciais: Direito Constitucional (Edições Especiais Revista dos Tribunais: 100 Anos)**. 2ª tir. São Paulo: Revista dos Tribunais, 2013, vol. VI.

__________. **Direito Processual Constitucional: ação declaratória de constitucionalidades**. *In*: **Doutrinas Essenciais: Direito Constitucional (Edições Especiais Revista dos Tribunais: 100 Anos)**. 2ª tir. São Paulo: Revista dos Tribunais, 2013, vol. V.

__________. **Imposto sobre Produtos Industrializados e sua Hipótese de Incidência**. *In:* MARTINS, Yves Gandra da Silva, e BRITO, Edvaldo. **Doutrinas Essenciais: Direito Tributário (Edições Especiais Revistas dos Tribunais)**. 2ª ed. São Paulo: Revista dos Tribunais, 2014, vol. III.

_________. **Processo Legislativo**. *In*: **Revista de Direito Público**. São Paulo: Revista dos Tribunais, jul.-dez./1975, nº 35-36/78, e **Doutrinas Essenciais: Direito Constitucional (Edições Especiais Revista dos Tribunais: 100 Anos)**. 2ª tir. São Paulo: Revista dos Tribunais, 2013, vol. IV.

ATHAYDE, Augusto, e outros. **Curso de Direito Bancário**. 2ª ed. Coimbra: Coimbra, vol. 1.

AYRES BRITTO, Carlos. **A Supremacia do Poder Executivo da União, na Partilha Constitucional de Competências**. *In*: **Revista de Direito Público**. São Paulo: Revista dos Tribunais, jul.-dez./1980, nº 55-56/61, e **Doutrinas Essenciais: Direito Constitucional (Edições Especiais Revista dos Tribunais: 100 Anos)**. 2ª tir. São Paulo: Revista dos Tribunais, 2013, vol. IV.

Banco. *In*: SILVA, Benedito (coord.) **Dicionário de Ciências Sociais**. 2ª ed. Rio de Janeiro: Fundação Getúlio Vargas, 1987.

BANDEIRA DE MELLO, Celso Antônio. **Curso de Direito Administrativo**. 25ª ed. São Paulo: Malheiros, 2008.

_________. **Eficácia das Normas Constitucionais sobre Justiça Social**. *In*: **Revista de Direito Público**. São Paulo: Revista dos Tribunais, jan.-jun./1981, nº 57-58/233, e **Doutrinas Essenciais: Direito Constitucional (Edições Especiais Revista dos Tribunais: 100 Anos)**. 2ª tir. São Paulo: Revista dos Tribunais, 2013, vol. VI.

_________. **O Estado e a Ordem Econômica**. *In*: **Revista de Direito Público**. São Paulo: Revista dos Tribunais, abr.-jun./1982, nº 62/34, e **Doutrinas Essenciais: Direito Constitucional (Edições Especiais Revista dos Tribunais: 100 Anos)**. 2ª tir. São Paulo: Revista dos Tribunais, 2013, vol. VI.

_________. **Reforma Agrária – Desapropriação**. *In*: **Revista de Direito Público**. São Paulo: Revista dos Tribunais, jul.-set./1986, nº 79/85, e **Doutrinas Essenciais: Direito Constitucional (Edições Especiais Revista dos Tribunais: 100 Anos)**. 2ª tir. São Paulo: Revista dos Tribunais, 2013, vol. VI.

BANDEIRA DE MELLO, Oswaldo Aranha. **A Personalidade do Estado**. *In*: **Revista de Direito Público**. São Paulo: Revista dos Tribunais, jan.-mar./1969, nº 7/21, e **Doutrinas Essenciais: Direito Constitucional (Edições Especiais Revista dos Tribunais: 100 Anos)**. 2ª tir. São Paulo: Revista dos Tribunais, 2013, vol. II.

_________. **Princípios Gerais de Direito Administrativo**. 2ª ed. Rio de Janeiro: Forense, 1975, vol. I.

BARBI, Celso Agrícola. **Mandado de injunção**. *In*: **Doutrinas Essenciais: Direito Constitucional (Edições Especiais Revista dos Tribunais: 100 Anos)**. 2ª tir. São Paulo: Revista dos Tribunais, 2013, vol. V.

BARETTA, Gilciane Allen. **O Asilo Político como Expressão dos Direitos Fundamentais**. *In*: **Revista de Ciências Penais**. São Paulo: Revista dos Tribunais, jan./2012, nº 16/75, e **Doutrinas Essenciais: Direito Constitucional (Edições Especiais Revista dos Tribunais: 100 Anos)**. 2ª tir. São Paulo: Revista dos Tribunais, 2015, vol. IX.

BARRACHO JÚNIOR, José Alfredo Oliveira. **Estados Federados**. *In*: ALVIM, Eduardo Arruda, LEITE, George Salomão, e STRECK, Lênio (coords.). **Curso de Direito Constitucional**. Florianópolis: Tirant le Blanch, 2018.

BARROS, Marco Antonio. **Lavagem de Dinheiro: implicações penais, processuais e administrativas**. São Paulo: Oliveira Mendes, 1998.

BARROSO, Lucas Alves. **Da Política Agrícola e Fundiária e da Reforma**. *In*: ALVIM, Eduardo Arruda, LEITE, George Salomão, e STRECK, Lênio (coords.). **Curso de Direito Constitucional**. Florianópolis: Tirant le Blanch, 2018.

BARROSO, Luís Roberto. **Curso de Direito Constitucional Contemporâneo**. 5ª ed. São Paulo: Saraiva, 2016.

__________. **Disposições Constitucionais Transitórias (natureza, eficácia e espécies)**. *In*: **Revista de Direito Público**. São Paulo: Revista dos Tribunais, out.-dez./1990, nº 96/69, e **Doutrinas Essenciais: Direito Constitucional (Edições Especiais Revista dos Tribunais: 100 Anos)**. 2ª tir. São Paulo: Revista dos Tribunais, 2013, vol. I.

__________. **O Direito Constitucional e a Efetividade de suas Normas**. 8ª ed. Rio de Janeiro: Renovar, 2006.

BASTOS, Celso Ribeiro. **Art. 134**. *In*: BASTOS, Celso Ribeiro, e MARTINS, Yves Gandra. **Comentários à Constituição da Brasil: promulgada em 5 de outubro de 1988: arts. 127 a 135**. São Paulo: Saraiva, 1997, 4º vol., Tomo IV.

__________. **A Liberdade de Expressão e a Comunicação Social**. *In*: **Revista de Direito Constitucional e Internacional**. São Paulo: Revista dos Tribunais, jul.-set./1997, nº 20/48, e **Doutrinas Essenciais: Direito Constitucional (Edições Especiais Revista dos Tribunais: 100 Anos)**. São Paulo: Revista dos Tribunais, 2015, vol. VIII.

__________. **Curso de Direito Constitucional**. 11ª ed. São Paulo: Saraiva, 1989.

__________. **Dicionário de Direito Constitucional**. São Paulo: Saraiva, 1994.

__________. **O Princípio da Livre Concorrência na Constituição Federal**. *In*: **Revista Tributária e de Finanças Públicas**. São Paulo: Revista dos Tribunais, jan.-mar./1995, nº 10/190, e **Doutrinas Essenciais: Direito Constitucional (Edições Especiais Revista dos Tribunais: 100 Anos)**. 2ª tir. São Paulo: Revista dos Tribunais, 2013, vol. VI.

BASTOS, Celso Ribeiro, e VARGAS, Alexis Gallas de Souza. **Arguição de descumprimento de preceito constitucional**. *In*: **Doutrinas Essenciais: Direito Constitucional (Edições Especiais Revista dos Tribunais: 100 Anos)**. 2ª tir. São Paulo: Revista dos Tribunais, 2013, vol. V.

BASTOS, Cláudio. **Dicionário Histórico e Geográfico do Estado do Piauí**. Teresina: Fundação Cultural Monsenhor Chaves, 1994.

BENJAMIN, Antonio Herman V. **O Código Brasileiro de Proteção do Consumidor**. *In*: MARQUES, Cláudia Lima, e MIRAGEM, Bruno. **Doutrinas Essenciais: Direito do Consumidor**. São Paulo: Revista dos Tribunais, 2011, vol. I.

BERMUDES, Sérgio. **A Reforma do Judiciário pela Emenda Constitucional nº 45**. Rio de Janeiro: Forense, 2005.

BEVERIDGE, William Henry. **Plano Beveridge**. ANDRADE, Almir (trad.). Rio de Janeiro: José Olympio, 1942.

BOBBIO, Norberto. **A Teoria dos Poderes de Governo**. 8ª ed. Brasília: Universidade de Brasília, 1995.

__________. **A Teoria das Formas de Governo**. 10ª ed. Brasília: Universidade de Brasília, 1998.

__________. **Teoria do Ordenamento Jurídico**. Brasília: Universidade de Brasília/ Polis, 1991.

BONAVIDES, Paulo. **Ciência Política**. 10ª ed. São Paulo: Malheiros, 2000.

__________, e ANDRADE, Paes de. **História Constitucional do Brasil**. Brasília: Centro Gráfico do Senado Federal, 1988.

BORGES, José Souto Maior. **Hermenêutica Histórica do Direito Tributário**. *In*: MARTINS, Yves Gandra da Silva, e BRITO, Edvaldo. **Doutrinas Essenciais: Direito Tributário (Edições Especiais Revista dos Tribunais)**. 2ª ed. São Paulo: Revista dos Tribunais, 2014, vol. I.

BORGES NETTO, André L. **Imposto de Importação – Abusividade da Elevação de sua Alíquota (Inconstitucionalidade do Decreto nº 1.427/1995)**. *In*: MARTINS, Yves Gandra da Silva, e BRITO, Edvaldo. **Doutrinas Essenciais: Direito Tributário (Edições Especiais Revista dos Tribunais)**. 2ª ed. São Paulo: Revista dos Tribunais, 2014, vol. III.

BORJA, Célio. **Federalismo Brasileiro**. *In*: **Revista de Direito Público**. São Paulo: Revista dos Tribunais, jan.-mar./1985, nº 73/138, e **Doutrinas Essenciais: Direito Constitucional (Edições Especiais Revista dos Tribunais: 100 Anos)**. 2ª tir. São Paulo: Revista dos Tribunais, 2013, vol. III.

BOSON, Gerson de Britto Mello. **Conceituação Jurídica da Soberania do Estado**. *In*: **Revista de Direito Público**. São Paulo: Revista dos Tribunais, jul.-set./1972, nº 21/43, e **Doutrinas Essenciais: Direito Constitucional (Edições Especiais Revista dos Tribunais: 100 Anos)**. 2ª tir. São Paulo: Revista dos Tribunais, 2013, vol. II.

BRANDÃO, Antonio Augusto Pires. **O Incidente de Resolução de Demandas Repetitivas (IRDR): do contexto à otimização**. Curitiba: CRV, 2019.

BRÉHIER, E. **John Locke e a Filosofia Inglesa**. *In*: **História da Filosofia**. São Paulo: Mestre Jou, 1979.

BRONOWSKI, J., e MAZLISH, Bruce. **A Tradição Intelectual do Ocidente**. Lisboa: Edições 70, s/d.

BRITO, Edvaldo. **Imposto de Renda**. *In:* MARTINS, Yves Gandra da Silva, e BRITO, Edvaldo. **Doutrinas Essenciais: Direito Tributário (Edições Especiais Revistas dos Tribunais)**. 2ª ed. São Paulo: Revista dos Tribunais, 2014, vol. III.

__________. **ISS: Local da Prestação de Serviço e Isenção**. *In:* MARTINS, Yves Gandra da Silva, e BRITO, Edvaldo. **Doutrinas Essenciais: Direito Tributário (Edições Especiais Revistas dos Tribunais)**. 2ª ed. São Paulo: Revista dos Tribunais, 2014, vol. V.

BUGARIN, Paulo Soares. **O Princípio Constitucional da Economicidade**. Belo Horizonte: Fórum, 2011.

BURNS, Edward Mchall, LERNER, Robert E., e MEACHAM, Standish. **História da Civilização Ocidental: do homem das cavernas a naves espaciais**. 30ª ed. Rio de Janeiro: Globo, 1989, vol. II.

BURR, Aaron. **Carta a Alexander Hamilton**. *In*: SCHUSTER, M. Lincoln. **As Grandes Cartas da História: desde a antiguidade até os nossos dias**. São Paulo: Nacional, 1942.

CABRAL, Bernardo. **Poder Constituinte – Fonte Legítima – Soberania – Liberdade**. *In*: **Revista de Direito Público**. São Paulo: Revista dos Tribunais, abr.-jun./1988, nº 86/14, e **Doutrinas Essenciais: Direito Constitucional (Edições Especiais Revista dos Tribunais: 100 Anos)**. 2ª tir. São Paulo: Revista dos Tribunais, 2013, vol. I.

CAETANO, Marcelo. **Manual de Direito Administrativo**. 10ª ed. Coimbra: Almedina, 1991, vol. 1.

CAGGIANO, Monica Herman Salem. **Partidos Políticos na Constituição de 1988**. *In*: **Revista de Direito Público**. São Paulo: Revista dos Tribunais, abr.-jun./1990, nº 94/141, e **Doutrinas Essenciais: Direito Constitucional (Edições Especiais Revista dos Tribunais: 100 Anos)**. 2ª tir. São Paulo: Revista dos Tribunais, 2013, vol. II.

CALAMANDREI, Piero. **Direito Processual Civil**. Campinas: Bookseller, 1999, vol. I.

CÂMARA, Alexandre Freitas. **Legitimidade da Defensoria Pública para ajuizar Ação Civil Pública: um possível primeiro pequeno passo em direção a uma grande reforma**. *In*: SOUSA, José Augusto Garcia de (coord.). **A Defensoria Pública e os Processos Coletivos: comemorando a Lei Federal nº 11.448, de 15 de janeiro de 2007**. 2ª tir. Rio de Janeiro: Lúmen Júris, 2008.

CAMBI, Eduardo, e NASSIF, Diego. **Expansão da Jurisdição Constitucional e Separação de Poderes: uma análise sistêmica à luz da cidadania**. *In*: **Doutrinas Essenciais: Direito Constitucional (Edições Especiais Revista dos Tribunais: 100 Anos)**. 2ª tir. São Paulo: Revista dos Tribunais, 2013, vol. VII.

CAMBI, Eduardo e ZANINELLI, Giovana. **Direito Fundamental à Educação, Exclusão Social e Cidadania**. *In*: **Revista de Direito Privado**. São Paulo: Revista dos Tribunais, jul.-set./2014, nº 59/29-54, e **Doutrinas Essenciais: Direito Constitucional (Edições Especiais Revista dos Tribunais: 100 Anos)**. São Paulo: Revista dos Tribunais, 2015, vol. IX.

CANOTILHO, J.J. Gomes. **Direito Constitucional**. Coimbra: Almedina, 1991.

CANTIZANO, Dagoberto Liberato. **O Processo Legislativo nas Constituições Brasileiras e no Direito Comparado**. Rio de Janeiro: Forense, 1985.

CARAZZA, Roque Antonio. **Do Recurso Extraordinário e do Recurso Especial**. *In*: **Revista de Constitucional de Internacional**. São Paulo: Revista dos Tribunais, jan.-mar./1993, nº 2/103, e **Doutrinas Essenciais: Direito Constitucional (Edições Especiais Revista dos Tribunais: 100 Anos)**. 2ª tir. São Paulo: Revista dos Tribunais, 2013, vol. V.

CARNELUTTI, Francesco. **Arte do Direito**. Campinas: Bookseller, 2001.

CARPENTIERI, José Rafael. **Direitos Humanos e Direito Penal: pensamento como forma de resistência ao poder**. *In*: **Revista Brasileira de Ciências Criminais**. São Paulo: Revista dos Tribunais, maio-jun./2014, nº 108/191-222, e **Doutrinas Essenciais: Direito Constitucional (Edições Especiais Revista dos Tribunais: 100 Anos)**. São Paulo: Revista dos Tribunais, 2015, vol. VIII.

CARVALHO, Márcia Haydée Porto. **Eficácia e Aplicabilidade das Normas Constitucionais**. *In*: ALVIM, Eduardo Arruda, LEITE, George Salomão, e STRECK, Lênio (coords.). **Curso de Direito Constitucional**. Florianópolis: Tirant le Blanch, 2018.

CARVALHO, Paulo de Barros. **Curso de Direito Tributário**. 5ª ed. São Paulo: Saraiva, 1991.

CARVALHO SANTOS, J. M. **Código Civil Brasileiro Interpretado**. Rio de Janeiro: 1934, vol. I.

Cases Argued and Decide in the Supreme Court of Unide State. New York: The Lawyers Co-Operative Publishing Company, 1901, book 2, p. 73, **apud**. HORTA, Raul Machado. **Direito Constitucional**. 3ª ed. Belo Horizonte: Del Rey, 2002.

CASTRO AGUIAR, Joaquim. **Direito da Cidade**. Rio de Janeiro: Renovar, 1996.

CASTRO, Carlos Roberto de Siqueira. **O Devido Processo Legal e a Razoabilidade das Leis na Nova Constituição do Brasil**. 2ª ed. Rio de Janeiro: Forense, 1989.

__________. **O Princípio da Isonomia e a Igualdade da Mulher no Direito Constitucional**. Rio de Janeiro: Forense, 1983.

CASTRO, José Nilo de. **Direito Municipal Positivo**. 2ª ed. Belo Horizonte: Del Rey, 1995.

__________. **Julgamento das Contas Municipais**. Belo Horizonte: Del Rey, 1995.

__________. **Responsabilidade Fiscal nos Municípios**. Belo Horizonte: Editora Del Rey, 2001.

CAVALCANTI, Themístocles Brandão. **Do Controle da Constitucionalidade**. Rio de Janeiro: Forense, 1966.

__________. **Teoria dos Atos Administrativos**. São Paulo: Revista dos Tribunais, 1973.

__________. **Tratado de Direito Administrativo**. Rio de Janeiro: Livraria Freitas Bastos, 1948, vol. I.

CHÂTELET, François. Aristóteles, 384-322 a.C., **Política**. *In*: CHÂTELET, François, DUHAMEL, Olivier, e PISIER, Evelyne. **Dicionário de Obras Políticas**. Rio de Janeiro: Civilização Brasileira, 1993.

CHÂTELET, François, DUHAMEL, Olivier, e PISIER-KOUCHNER, Evelyne. **História das Ideias Políticas**. Rio de Janeiro: Zahar, 1992.

CHAVES, Antônio. **Contribuição de Melhoria**. *In*: MARTINS, Yves Gandra da Silva, e BRITO, Edvaldo. **Doutrinas Essenciais: Direito Tributário (Edições Especiais Revista dos Tribunais)**. 2ª ed. São Paulo: Revista dos Tribunais, 2014, vol. VI.

CHECCHIA, Carlos Alfredo Ramos. **O Direito e as Normas Sociais**. *In*: MARCELLINO, Nelson C. (org.). **Introdução às Ciências Sociais**. 2ª ed. Campinas: Papirus, 1988.

CHEVALIER, Jean-Jacques. **História do Pensamento Político**. Rio de Janeiro: Guanabara, 1982, tomo 1.

COELHO, Fábio Ulhoa. **Curso de Direito Comercial**. 3ª ed. São Paulo: Saraiva, 2002, vol. 3.

COELHO, Inocêncio Mártires. **Konrad Hesse: uma nova crença na Constituição**. *In*: **Revista de Direito Público**. São Paulo: Revista dos Tribunais, out.-dez./1990, nº 96/167, e **Doutrinas Essenciais: Direito Constitucional (Edições Especiais Revista dos Tribunais: 100 Anos)**. 2ª tir. São Paulo: Revista dos Tribunais, 2013, vol. I.

__________. **Os Limites da Revisão Constitucional**. *In*: **Revista de de Direito Público**. São Paulo: Revista dos Tribunais, out.-dez./1991, nº 100/62, e **Doutrinas Essenciais: Direito Constitucional (Edições Especiais Revista dos Tribunais: 100 Anos)**. 2ª tir. São Paulo: Revista dos Tribunais, 2013, vol. I.

COELHO, Sacha Calmon Navarro. **Imunidades Tributárias**. *In*: ALVIM, Eduardo Arruda, LEITE, George Salomão, e STRECK, Lênio (coords.). **Curso de Direito Constitucional**. Florianópolis: Tirant le Blanch, 2018.

COELHO, Werner Nabiça. **Classificação dos Tipos Tributários**. *In:* MARTINS, Yves Gandra da Silva, e BRITO, Edvaldo. **Doutrinas Essenciais: Direito Tributário (Edições Especiais Revistas dos Tribunais)**. 2ª ed. São Paulo: Revista dos Tribunais, 2014, vol. I.

COLLAÇO, Flávio Roberto. **O Município na Federação Brasileira**. Florianópolis: UFSC, 1983.

COMPARATO, Fábio Konder. **Novas Funções Judiciais no Estado Moderno**. *In*: **Revista dos Tribunais**. São Paulo: Revista dos Tribunais, dez./1986, nº 614/14, e **Doutrinas Essenciais: Direito Constitucional (Edições Especiais Revista dos Tribunais: 100 Anos)**. 2ª tir. São Paulo: Revista dos Tribunais, 2013, vol. IV.

__________. **Ordem Econômica na Constituição Brasileira de 1988**. *In*: **Revista de Direito Público**. São Paulo: Revista dos Tribunais, jan.-mar./1990, nº 93/263, e **Doutrinas Essenciais: Direito Constitucional (Edições Especiais Revista dos Tribunais: 100 Anos)**. 2ª tir. São Paulo: Revista dos Tribunais, 2013, vol. VI.

__________. *In*: **Revista de Direito Mercantil, Industrial, Econômico Financeiro**. São Paulo: Revista dos Tribunais, 1971, nº 12.

__________. **Regime Constitucional do Controle de Preços no Mercado**. *In*: **Revista de Direito Público**. São Paulo: Revista dos Tribunais, jan.-mar./1991, nº 97/17, e **Doutrinas Essenciais: Direito Constitucional (Edições Especiais Revista dos Tribunais: 100 Anos)**. 2ª tir. São Paulo: Revista dos Tribunais, 2013, vol. VI.

CORNELL, Tim e MATTHEWS, John. **Roma: legado de um império**. Madrid: Edições del Prado, 1996. vol. I.

CORREIA, Marcus Orione Gonçalves, e CORREIRA, Érica Paula Barcha. **Curso de Direito da Seguridade Social**. São Paulo: Saraiva, 2007.

COSTA, Alcides Jorge. **Decadência, Prescrição e Prescrição Intercorrente em Matéria Tributária**. *In*: MARTINS, Yves Gandra da Silva, e BRITO, Edvaldo. **Doutrinas Essenciais: Direito Tributário (Edições Especiais Revista dos Tribunais)**. 2ª ed. São Paulo: Revista dos Tribunais, 2014, vol. I.

__________. **O Conceito de Tributo, Imposto e Taxa**. *In*: MARTINS, Yves Gandra da Silva, e BRITO, Edvaldo. **Doutrinas Essenciais: Direito Tributário (Edições Especiais Revista dos Tribunais)**. 2ª ed. São Paulo: Revista dos Tribunais, 2014, vol. VI.

COSTA, Kerton Nascimento e. e LEHFELD, Lucas de Souza. **A Intervenção do Poder Judiciário na Administração dos Recursos destinados à Garantia do Direito Coletivo à Saúde: ativismo ou concretismo judicial?** *In*: **Revista de Direito Constitucional e Internacional**. São Paulo: Revista dos Tribunais, out.-dez./2013, nº 85/31-53, e **Doutrinas Essenciais: Direito Constitucional (Edições Especiais Revista dos Tribunais: 100 Anos)**. 2ª tir. São Paulo: Revista dos Tribunais, 2013, vol. VI.

COSTA, Philomeno J. da. **Presidencialismo e Parlamentarismo**. *In*: **Revista dos Tribunais**. São Paulo: Revista dos Tribunais, jan./1950, nº 183/36, e **Doutrinas Essenciais: Direito Constitucional (Edições Especiais Revista dos Tribunais: 100 Anos)**. 2ª tir. São Paulo: Revista dos Tribunais, 2013, vol. II.

COSTA, Nelson Nery. **A Banca e o Juro no Direito Brasileiro: a efetividade das normas que limitam a cobrança de juro**. Lisboa: Universidade Lusíada, 2011.

__________. **Ciência Política**. 3ª ed. Rio de Janeiro: Forense, 2012.

__________. **Constituição Federal Anotada e Explicada**. 5ª ed. Rio de Janeiro: Forense, 2012.

__________. **Defensoria Pública no Piauí: justiça, desenvolvimento e perspectiva**. *In*: **Revista de Direito da Defensoria Pública**. Rio de Janeiro: Defensoria Pública do Estado do Rio de Janeiro, 1995, ano 6, nº 7.

__________. **Direito Civil Constitucional Brasileiro**. Rio de Janeiro: Forense, 2008.

__________. **Direito Municipal Brasileiro**. 7ª ed. Rio de Janeiro: GZ, 2018.

__________. **Do Direito de Resposta**. *In*: CRETELLA NETO, José (org.). **Comentários à Lei de Imprensa**. 2ª ed. Rio de Janeiro: Forense, 2008.

__________. **História Piauiense: aventura, sonho e cultura**. Teresina: Academia Piauiense de Letras, 2018.

__________. **Manual do Defensor Público**. Rio de Janeiro: GZ, 2010.

__________. **Monografia Jurídica Brasileira**. 1ª ed./2ª tir. Rio de Janeiro: Forense, 2006.

__________. **Política de Consumo Sustentável: movimento de defesa do consumidor no Brasil**. Belo Horizonte: Del Rey, 2016.

__________. **Previdência do Servidor Público: regime próprio e Comprev**. 5ª ed. Rio de Janeiro: GZ, 2018.

__________. **Processo Administrativo e Suas Espécies**. 4ª ed./3ª tir. Rio de Janeiro: Forense, 2007.

__________. **Teoria e Realidade da Desobediência Civil**. 2ª ed. Rio de Janeiro: Forense, 2000.

COUTINHO, Carlos Marden Cabral e SOUZA, Léa Émile Maciel Jorge de. **Direitos da Criança e do Adolescente no Novo Paradigma de Desenvolvimento Humano: uma análise à luz do Estado Democrático de Direito**. *In*: **Revista de Direito Educacional**. São Paulo: Revista dos Tribunais, jul./2011, nº 4/129, e **Doutrinas Essenciais: Direito Constitucional (Edições Especiais Revista dos Tribunais: 100 Anos)**. São Paulo: Revista dos Tribunais, 2015, vol. IX.

COUTINHO, Jacinto Nelson de Miranda, e MURATA, Ana Maria Lumi Kamimura. **Habeas corpus**. *In*: ALVIM, Eduardo Arruda, LEITE, George Salomão, e STRECK, Lênio (coords.). **Curso de Direito Constitucional**. Florianópolis: Tirant le Blanch, 2018.

COUTINHO, Milson. **A Revolta de Bequimão**. 2ª ed. São Luís: Geia, 2004.

COTRIM NETO, A. B. **Constituição, Poder Constituinte e os Participantes de sua Realização**. A. B. COTRIM NETO. **Doutrinas Essenciais: Direito Constitucional (Edições Especiais Revista dos Tribunais: 100 Anos)**. 2ª tir. São Paulo: Revista dos Tribunais, 2013.

COVELLO, Sérgio Carlos. **Contratos Bancários**. 4ª ed. São Paulo: LEUD, 2001.

CRETELLA JÚNIOR, José. **Comentários à Constituição de 1988: artigos 92 a 144**. Rio de Janeiro: Forense Universitária, 1992, vol. VI.

__________. **Comentários à Constituição de 1988**. Rio de Janeiro: Forense Universitária, 1991, vol. IV.

__________. **Comentários à Constituição Brasileira de 1988**. Rio de Janeiro: Forense Universitária, 1993, vol. 8.

__________. **Direito Administrativo Municipal**. 2ª ed. Rio de Janeiro: Forense, 1981.

CROSSMAN, R. H. S. **Biografia do Estado Moderno**. São Paulo: Ciências Humanas, 1980.

CUSTÓDIO, A. J. Ferreira. **Eficácia das Decisões dos Tribunais de Contas**. *In*: **Revista de Direito Administrativo**. Rio de Janeiro: Renovar/Fundação Getúlio Vargas, jul/set. de 1991, nº 185.

DAHL, Robert A. **Um Prefácio à Teoria Democrática**. Rio de Janeiro: Jorge Zahar, 1989.

DALLARI, Adilson de Abreu. **Autonomia Municipal na Constituição de 1988**. *In:* **Revista de Direito Público**. São Paulo: Revista dos Tribunais, 1999, nº 97.

__________. **Constituição e Orçamento**. *In*: **Revista de Direito Constitucional e Internacional**. São Paulo: Revista dos Tribunais, abr.-jun./1996, nº 15/18, e **Doutrinas Essenciais: Direito Constitucional (Edições Especiais Revista dos Tribunais: 100 Anos)**. 2ª tir. São Paulo: Revista dos Tribunais, 2013, vol. VI.

Déclaration des Droits de l'Homme et du Citoyen, 1789. *In*: DUVERGER, Maurice (org.). **Constitutions et Documents Politiques**. Paris: Press Universitaires de France, 1960.

DE PLÁCIDO E SILVA. **Vocabulário Jurídico**. 24ª ed. Rio de Janeiro: Forense, 2004.

DEUTSCH, Karl. **Política e Governo**. Brasília: Universidade de Brasília, 1979.

DIAS, Eduardo Rocha, e MACÊDO, José Leandro Monteiro de. **Curso de Direito Previdenciário**. 2 ed. São Paulo: Método, 2010.

DIAS, Floriano Aguiar. **Constituições do Brasil**. Rio de Janeiro: Líber Júris, 1975, 1º vol.

Dicionário Enciclopédico Ilustrado Brasileiro. Porto Alegre: Edição 1267, 1958, vol. 2.

DI PIETRO, Maria Sylvia Zanella. **Direito Administrativo**. 3ª ed. São Paulo: Editora Atlas S.A., 1992.

DÓRIA, A. de Sampaio. **Direito Constitucional: Comentários à Constituição de 1946, arts. 141, § 11 a 218**. São Paulo: Max Limonad, 1960, 4º vol.

DUARTE, Clenício da Silva. **Responsabilidade de Prefeitos e Vereadores**. *In*: **Revista dos Tribunais**. São Paulo: Revista dos Tribunais, dez./1972, nº 446/315, e **Doutrinas Essenciais: Direito Constitucional (Edições Especiais Revista dos Tribunais: 100 Anos)**. 2ª tir. São Paulo: Revista dos Tribunais, 2013, vol. III.

DURANT, Will. **A Idade da Fé: a história da civilização**. Rio de Janeiro: Record, s/d., vol. IV.

__________. **César e Cristo**. *In*: **A História da Civilização**. 3ª ed. Rio de Janeiro: Record, s/d., vol. III.

DURKHEIM, Emile. **O Contrato Social e a Constituição do Corpo Político**. *In*: QUIRINO, Célia Galvão, e SOUZA, Maria Tereza Sadek R. de (org.). **O Pensamento Político Clássico**. São Paulo: T. A. Queiroz, 1980.

FABRÍCIO, Eduardo Pereira. **Plano Diretor**. *In*: PAULA, Alexandre Sturion (org.). **Estatuto da Cidade e o Plano Diretor Municipal**. São Paulo: Lumen Juris, 2007.

FAGUNDES, Eduardo Seabra. **Estado de Direito**. *In*: **Revista de Direito Público**. São Paulo: Revista dos Tribunais, jan.-jun./1978, nº 45-46/83, e **Doutrinas Essenciais: Direito Constitucional (Edições Especiais Revista dos Tribunais: 100 Anos)**. 2ª tir. São Paulo: Revista dos Tribunais, 2013, vol. II.

FAGUNDES, Miguel Seabra. **Novas Perspectivas do Federalismo Brasileiro**. *In*: **Revista de Direito Público**. São Paulo: Revista dos Tribunais, out.-dez./1969, nº 10/7, e **Doutrinas Essenciais: Direito Constitucional (Edições Especiais Revista dos Tribunais: 100 Anos)**. 2ª tir. São Paulo: Revista dos Tribunais, 2013, vol. III.

__________. **O Controle dos Atos Administrativos pelo Poder Judiciário**. 6ª ed. São Paulo: Saraiva, 1984.

FANUCCHI, Fábio. **Curso de Direito Tributário Brasileiro**. 4ª ed. São Paulo: Resenha Tributária/IBET, 1979.

FARIA, Eliana Goulart Leão de. **Poderes Implícitos na Constituição**. *In*: **Revista de Direito Público**. São Paulo: Revista dos Tribunais, jan.-mar./1983, nº 65/115, e **Doutrinas Essenciais: Direito Constitucional (Edições Especiais Revista dos Tribunais: 100 Anos)**. 2ª tir. São Paulo: Revista dos Tribunais, 2013, vol. III.

FARIAS, Rachel Nunes de Carvalho. **O Ativismo Judicial e a Ingerência do Poder Judiciário na Escolha de Políticas Públicas**. *In*: **Revista dos Tribunais Nordeste**. São Paulo: Revista dos Tribunais, set.-out./2014, nº 7/127-150, e **Doutrinas Essenciais: Direito Constitucional (Edições Especiais Revista dos Tribunais: 100 Anos)**. 2ª tir. São Paulo: Revista dos Tribunais, 2015, vol. VII.

FARIAS, Talden. **Do Meio Ambiente**. *In*: ALVIM, Eduardo Arruda, LEITE, George Salomão, e STRECK, Lênio (coords.). **Curso de Direito Constitucional**. Florianópolis: Tirant le Blanch, 2018.

FAVETTI, Rafael Thomas. **Controle de Constitucionalidade e Política Fiscal**. Porto Alegre: Sérgio Antonio Fabris, 2003.

FERNANDES, Annibal. **A Nova Constituição, a Companheira e a Seguridade Social**. *In*: **Revista de Direito do Trabalho**. São Paulo: Revista dos Tribunais, set.-out./1988, nº 75/11, e **Doutrinas Essenciais: Direito Constitucional (Edições Especiais Revista dos Tribunais: 100 Anos)**. 2ª tir. São Paulo: Revista dos Tribunais, 2013, vol. VI.

FERNANDES, Edésio. Direito Urbano. *In*: Revista de Direito Público. São Paulo: Revista dos Tribunais, nº 80, out./dez. 1986.

FERRARI, Regina Maria Macêdo Nery. **Elementos de Direito Municipal**. São Paulo: Revista dos Tribunais, 1993.

FERRAZ, Anna Candida da Cunha. **A Transição Constitucional e o Ato das Disposições Constitucionais Transitória da Constituição de 05.10.1988**. *In*: **Revista de Direito Constitucional e Internacional**. São Paulo: Revista dos Tribunais, jan.-mar./1999, nº 26/54, e **Doutrinas Essenciais: Direito Constitucional (Edições Especiais Revista dos Tribunais: 100 Anos)**. 2ª tir. São Paulo: Revista dos Tribunais, 2013, vol. I.

__________. **Necessidade da Regulamentação Constitucional**. *In*: **Revista de Direito Constitucional e Internacional**. São Paulo: Revista dos Tribunais, jan.-mar./1997, nº 18/46, e **Doutrinas Essenciais: Direito Constitucional (Edições**

Especiais Revista dos Tribunais: 100 Anos). 2ª tir. São Paulo: Revista dos Tribunais, 2013, vol. I.

FERRAZ JUNIOR, Tercio Sampaio. **Constituição Brasileira e Modelo de Estado: hibridismo ideológico e condicionantes históricas.** *In*: **Revista de Direito Constitucional e Internacional.** São Paulo: Revista dos Tribunais, out.-dez./1996, nº 17/38, e **Doutrinas Essenciais: Direito Constitucional (Edições Especiais Revista dos Tribunais: 100 Anos)**. 2ª tir. São Paulo: Revista dos Tribunais, 2013, vol. II.

FERRAZ, Sérgio. **Prefácio.** *In:* COSTA, Nelson Nery. **Processo Administrativo e suas Espécies.** 4ª ed./3ª tir. Rio de Janeiro: Forense, 2007.

FERREIRA, Aurélio Buarque de Holanda. **Novo Aurélio Século XXI: o dicionário da língua portuguesa.** 3ª ed. Rio de Janeiro: Nova Fronteira, 1999.

FERREIRA FILHO, Manoel Gonçalves. **Comentários à Constituição Brasileira de 1988**. São Paulo: Saraiva, 1995, vol. 4.

__________. **Curso de Direito Constitucional.** 32ª ed. São Paulo: Saraiva, 2005.

FERREIRA, Olavo Augusto Vianna Alves, e BERNARDES, Juliano Taveira. **Ação Direta de Inconstitucionalidade Genérica.** *In*: ALVIM, Eduardo Arruda, LEITE, George Salomão, e STRECK, Lênio (coords.). **Curso de Direito Constitucional**. Florianópolis: Tirant le Blanch, 2018.

FERREIRA, Olavo Augusto Vianna Alves. **Ação Direta Interventiva.** *In*: ALVIM, Eduardo Arruda, LEITE, George Salomão, e STRECK, Lênio (coords.). **Curso de Direito Constitucional**. Florianópolis: Tirant le Blanch, 2018.

__________. **Estado de Defesa**. *In*: ALVIM, Eduardo Arruda, LEITE, George Salomão, e STRECK, Lênio (coords.). **Curso de Direito Constitucional**. Florianópolis: Tirant le Blanch, 2018.

__________. **Estado de Sítio**. *In*: ALVIM, Eduardo Arruda, LEITE, George Salomão, e STRECK, Lênio (coords.). **Curso de Direito Constitucional**. Florianópolis: Tirant le Blanch, 2018.

FERREIRA, Wolgran Junqueira. **Licitações e Contratos na Administração Pública**. Bauru: EDIPRO, 1994.

FIGUEIREDO, Lúcia Valle e FERRAZ, Sérgio. **Dispensa e Inexigibilidade de Licitação**. São Paulo: Revista dos Tribunais, 1992.

__________. **Os Princípios Constitucionais do Processo**. *In*: **Revista Trimestral de Direito Público**. São Paulo: Malheiros, 1993, nº 2.

__________. **Tribunais de Contas Municipais**. *In*: **Revista de Direito Público**. São Paulo: Revista dos Tribunais, abr.-jun./1982, nº 62/101, e **Doutrinas Essenciais: Direito Constitucional (Edições Especiais Revista dos Tribunais: 100 Anos)**. 2ª tir. São Paulo: Revista dos Tribunais, 2013, vol. III.

FILOMENO, José Geraldo Brito. **Disposições Gerais.** *In*: GRINOVER, Ada Pellegrini, e outros. **Código Brasileiro de Defesa do Consumidor: comentado pelos autores do anteprojeto.** 6ª ed. Rio de Janeiro: Forense Universitária, 2000.

FORTUNA, Eduardo. **Mercado Financeiro: produtos e serviços**. 13ª ed. Rio de Janeiro: Qualitymark, 1999.

FLORES, Moacyr. **Dicionário de História do Brasil**. 2ª ed. Porto Alegre: Edipucrs, 2001.

FRANÇA, Rubens Limongi. **Direito Privado**. *In*: **Revista de Direito Civil: imobiliário, agrário e empresarial**. São Paulo: Revista dos Tribunais, 1980, nº 11.

__________. **Hermenêutica Jurídica**. 3ª ed. São Paulo: Saraiva, 1994.

FRANKBERG, Günther. **A Gramática da Constituição e do Direito**. Belo Horizonte: Del Rey, 2007.

FREITAS, Clodoaldo. **O Bequimão: esquisso de um romance**. São Paulo: Siciliana, 2001.

FREITAS, Herculano de. **Dos Municípios**. *In*: **Revista de Direito Público**. São Paulo: Revista dos Tribunais, out.-dez./1969, nº 10/257, e **Doutrinas Essenciais: Direito Constitucional (Edições Especiais Revista dos Tribunais: 100 Anos)**. 2ª tir. São Paulo: Revista dos Tribunais, 2013, vol. III.

FREY, Klaus. **Políticas Públicas: um debate conceitual e reflexões referentes à prática da análise de políticas públicas no Brasil**. *In:* **Planejamento e Políticas Públicas**. Brasília: Instituto de Pesquisa Econômica Aplicada (IPEA), nº 1, 1989, vol. 1.

FUX, Luiz. **Processo e Constituição**. *In*: FUX, Luiz (coord.). **Processo Constitucional**. Rio de Janeiro: Forense/GEN, 2013.

GARCIA, Maria. **Habeas Data: o direito à informação – o direito fundamental à intimidade, à vida privada, à honra e à imagem das pessoas. Um perfil constitucional**. *In*: **Revista de Direito Constitucional e Internacional**. São Paulo: Revista dos Tribunais, jul.-set./2001, nº 36/115, e **Doutrinas Essenciais: Direito Constitucional (Edições Especiais Revista dos Tribunais: 100 Anos)**. São Paulo: Revista dos Tribunais, 2015, vol. X, tomo II.

__________. **Os 20 Anos da Constituição e Após**. *In*: **Revista de Direito Constitucional e Internacional**. São Paulo: Revista dos Tribunais, abr.-jun./2000, nº 68/204, e **Doutrinas Essenciais: Direito Constitucional (Edições Especiais Revista dos Tribunais: 100 Anos)**. 2ª tir. São Paulo: Revista dos Tribunais, 2013, vol. I.

GASPARINI, Diógenes. **A Dimensão da Revisão Constitucional**. *In*: **Revista de Direito Constitucional e Internacional**. São Paulo: Revista dos Tribunais, abr.-jun./1993, nº 3/19, e **Doutrinas Essenciais: Direito Constitucional (Edições Especiais Revista dos Tribunais: 100 Anos)**. 2ª tir. São Paulo: Revista dos Tribunais, 2013, vol. I.

__________. **Direito Administrativo**. 4ª ed. São Paulo: Saraiva, 1995.

Grande Enciclopédia Larousse Cultural. s/l. São Paulo: Nova Cultural, 1998, vols. XII e XV.

GODOY, Mayr. **A Câmara Municipal: manual do vereador**. 2ª ed. São Paulo: Livraria e Editora Universitária de Direito (LEUD), 1989.

GONÇALVES, Francysco Pablo Feitosa. **Aspectos da Tributação Fundiária Brasileira: história, conceito, competência e capacidade no Imposto Territorial Rural.** *In:* MARTINS, Yves Gandra da Silva, e BRITO, Edvaldo. **Doutrinas Essenciais: Direito Tributário (Edições Especiais Revistas dos Tribunais)**. 2ª ed. São Paulo: Revista dos Tribunais, 2014, vol. III.

________. **Os Princípios Gerais da Administração Pública e o Neoconstitucionalismo: até onde a adesão à doutrina alienígena é válida?** *In*: **Revista dos Tribunais**. São Paulo: Revista dos Tribunais, ago./2011, nº 910/21-42, e **Doutrinas Essenciais: Direito Constitucional (Edições Especiais Revista dos Tribunais: 100 Anos)**. São Paulo: Revista dos Tribunais, 2015, vol. VII.

GONÇALVES, Marcos Flávio R. **Licitações, Contratos e os Municípios**. Rio de Janeiro: IBAM-Instituto Brasileiro de Administração Municipal, 1991.

GONÇALVES, Wilson. **Dicionário Enciclopédico Ilustrado (1549-2003)**. Teresina: Halley, 2003.

GOMES, Dinaura Godinho Pimentel. **A Constitucionalização do Direito do Trabalho: interpretação e aplicação das normas trabalhistas para a efetiva inter-relação dos interesses econômicos com o respeito à dignidade da pessoa humana.** *In*: **Revista de Direito Constitucional e Internacional**. São Paulo: Revista dos Tribunais, jan./2007, nº 58/18, e **Doutrinas Essenciais: Direito Constitucional (Edições Especiais Revista dos Tribunais: 100 Anos)**. 2ª tir. São Paulo: Revista dos Tribunais, 2013, vol. VII.

GOTTI, Alessandra. **Teoria Geral dos Direitos Sociais: conceito, fundamento e regime jurídico**. *In*: ALVIM, Eduardo Arruda, LEITE, George Salomão, e STRECK, Lênio (coords.). **Curso de Direito Constitucional**. Florianópolis: Tirant le Blanch, 2018.

GRAU, Eros Roberto. **Intervenção Estadual em Município**. *In*: **Revista de Direito Público**. São Paulo: Revista dos Tribunais, abr.-jun./1988, nº 86/189, e **Doutrinas Essenciais: Direito Constitucional (Edições Especiais Revista dos Tribunais: 100 Anos)**. 2ª tir. São Paulo: Revista dos Tribunais, 2013, vol. III.

GRECO, Marco Aurélio. **ICMS – Base de Cálculo**. *In:* MARTINS, Yves Gandra da Silva, e BRITO, Edvaldo. **Doutrinas Essenciais: Direito Tributário (Edições Especiais Revistas dos Tribunais)**. 2ª ed. São Paulo: Revista dos Tribunais, 2014, vol. IV.

GRINOVER, Ada Pelegrini. **A Ação Civil Pública Refém do Autoritarismo**. *In*: **Doutrinas Essenciais: Direito Constitucional (Edições Especiais Revista dos Tribunais: 100 Anos)**. 2ª tir. São Paulo: Revista dos Tribunais, 2013, vol. X.

________. **O Prefeito Perante a Constituição Federal: uma análise da natureza jurídica de suas funções na democracia representativa.** *In*: **Revista de Direito Público**. São Paulo: Revista dos Tribunais, jan.-jun./1976, nº 37-38/309, e **Doutrinas Essenciais: Direito Constitucional (Edições Especiais Revista dos Tribunais: 100 Anos)**. 2ª tir. São Paulo: Revista dos Tribunais, 2013, vol. III.

GUALAZZI, Eduardo Lobo Botelho**. Regime Jurídico dos Tribunais de Contas**. São Paulo: Revista dos Tribunais, 1992.

GUERRA, Sidney Cesar Silva. **A Liberdade de Imprensa e o Direito à Imagem**. Rio de Janeiro: Renovar, 1999.

HARADA, Kyoshi. **A Progressividade do IPTU**. *In:* MARTINS, Yves Gandra da Silva, e BRITO, Edvaldo. **Doutrinas Essenciais: Direito Tributário (Edições Especiais Revistas dos Tribunais)**. 2ª ed. São Paulo: Revista dos Tribunais, 2014, vol. V.

__________. **Comentários à Lei de Responsabilidade Fiscal**. *In*: MARTINS, Yves Gandra da Silva, e BRITO, Edvaldo. **Doutrinas Essenciais: Direito Tributário (Edições Especiais Revista dos Tribunais)**. 2ª ed. São Paulo: Revista dos Tribunais, 2014, vol. I.

__________. **Desapropriação: doutrina e prática**. 4ª ed. São Paulo: Atlas, 2002.

__________. **Imposto sobre Transmissão de Bens Imóveis**. *In:* MARTINS, Yves Gandra da Silva, e BRITO, Edvaldo. **Doutrinas Essenciais: Direito Tributário (Edições Especiais Revistas dos Tribunais)**. 2ª ed. São Paulo: Revista dos Tribunais, 2014, vol. V.

__________. **Intervenção Federal nos Estados para pôr Termo a Grave Comprometimento da Ordem Pública**. *In*: **Revista do Instituto dos Advogados de São Paulo**. São Paulo: Revista dos Tribunais, jul.-dez./2002, nº 10/94, e **Doutrinas Essenciais: Direito Constitucional (Edições Especiais Revista dos Tribunais: 100 Anos)**. 2ª tir. São Paulo: Revista dos Tribunais, 2013, vol. III.

HARRISON, Wilfrind. Política (Administração) (*Policy*). *In:* SILVA, Benedicto (coord.) **Dicionário de Ciências Sociais**. S/trad. 2ª ed. Rio de Janeiro: Fundação Getúlio Vargas, 1987.

HAURIOU, Maurice. **Príncipes de Droit Public**. Paris: Librairie de la Société du Récueil. J.-B. Sirey & du Jornal de Palais, 1910.

HELD, David. Escola de Frankfurt. *In:* BOTTOMORE, Tom (ed.). **Dicionário do Pensamento Marxista**. Rio de Janeiro: Jorge Zahar Editor, 1988.

HOBBES, Thomas. **Introdução**. *In*: HOBBES, Thomas. **Leviatã: ou matéria, forma e poder de um estado eclesiástico e civil**. São Paulo: Martin Claret, 2009.

__________. **Leviatã: ou matéria, forma e poder de um estado eclesiástico e civil**. *In*: **Os Pensadores: Hobbes**. São Paulo: Nova Cultural, 1999.

HILDEBRAND, Antonio Roberto. **Código de Defesa do Cliente Bancário: doutrina, legislação e jurisprudência**. Leme: Mundo Jurídico, 2001.

HORTA, Raul Machado. **Direito Constitucional**. 3ª ed. Belo Horizonte: Del Rey, 2002.

HORVATH, Estevão. **Atividade Financeira do Estado**. *In*: ALVIM, Eduardo Arruda, LEITE, George Salomão, e STRECK, Lênio (coords.). **Curso de Direito Constitucional**. Florianópolis: Tirant le Blanch, 2018.

HUGHES, Charles Evans. **The Supremes Court of the United States**. Washington: 1928, p. 87, **apud**, CAVALCANTI, Themístocles Brandão. **Do Controle da Constitucionalidade**. Rio de Janeiro: Forense, 1966.

INCISA, Ludovico. **Populismo**. *In:* BOBBIO, Norberto, MATTEUCCI, Nicolas, e PASQUINO, Gianfranco. **Dicionário de Política**. João Ferreira (coord. trad.). 13ª ed. Brasília: Universidade de Brasília, 2007, vol. II.

JARDIM, Torquato. **Organização do Estado Brasileiro**. *In*: **Revista de Direito Público**. São Paulo: Revista dos Tribunais, out.-dez./1991, nº 100/45, e **Doutrinas Essenciais: Direito Constitucional (Edições Especiais Revista dos Tribunais: 100 Anos)**. 2ª tir. São Paulo: Revista dos Tribunais, 2013, vol. II.

JARDIM, Zélia Leocádia da Trindade. **Regulamentação da Política Urbana e Garantia do Direito à Cidade**. *In*: COUTINHO, Ronaldo e BONIZZATO, Luigi (coords.). **Direito da Cidade: novas concepções sobre as relações jurídicas no espaço social urbano**. Rio de Janeiro: Lumen Juris, 2007.

JEFFERSON, Thomas. **Carta a Francis W. Gilmes, Monticello, 7.6.1816**. *In*: JEFFERSON, Thomas, L. G. Carvalho (trad.). **Escritos Políticos**. São Paulo: IBRASA, 1964.

__________. **Declaração de Independência dos Estados Unidos da América**. *In*: JEFFERSON, Thomas, L. G. Carvalho (trad.). **Escritos Políticos**. São Paulo: IBRASA, 1964.

__________. **Letter to Willian S. Smith, Paris, 13.11.1787**. *In*: COHEN, C. **Communism, Fascims and Democracy: the theoreticals foundation**. New York: Random House, 1972.

__________. **Notas sobre a Virgínia**. *In*: JEFFERSON, Thomas, L. G. Carvalho (trad.). **Escritos Políticos**. São Paulo: IBRASA, 1964.

__________. **Opinião do Gabinete, 15.7.1970**. *In*: JEFFERSON, Thomas, L. G. Carvalho (trad.). **Escritos Políticos**. São Paulo: IBRASA, 1964.

JESUS, Carlos Frederico Ramos de. **Ocupações de Terras Rurais e o Conceito de Propriedade no Direito Brasileiro**. *In*: **Revista de Direito Constitucional e Internacional**. São Paulo: Revista dos Tribunais, out.-dez./2005, nº 53/181, e **Doutrinas Essenciais: Direito Constitucional (Edições Especiais Revista dos Tribunais: 100 Anos)**. São Paulo: Revista dos Tribunais, 2015, vol. VIII.

JUSTEN FILHO, Marçal. **Curso de Direito Administrativo**. São Paulo: Saraiva, 2005.

KELSEN, Hans. **Manuscrito Direito e Lógica (9.6.1965)**. *In*: KELSEN, Hans, e KLUG, Ulrich. **Normas Jurídicas e Análise Lógica**. Rio de Janeiro: Forense, 1984.

__________. **Teoria Pura do Direito**. 7ª ed. São Paulo: Martins Fontes, 2006.

__________. **Teoria Geral do Direito e do Estado**. São Paulo: Martins Fontes, 1992.

KERN, Christoph, traduzido por FEIJÓ, Maria Angélica e KOCHEM, Ronaldo. **O Papel das Cortes Supremas**. *In*: **Revista dos Tribunais**. São Paulo: Revista dos Tribunais, out./2014, nº 948/47, e **Doutrinas Essenciais: Direito Constitucional (Edições Especiais Revista dos Tribunais: 100 Anos)**. São Paulo: Revista dos Tribunais, 2015, vol. X.

KERTZMAN, Ivan. **Curso Prático de Direito Previdenciário**. 7ª ed. Salvador: Jus Podium, 2010.

KOOGAN/HOUAISS. **Enciclopédia e Dicionário Ilustrado**. Rio de Janeiro: Delta, 1998.

LA BOÉTIE, Étienne de. **O Discurso da Servidão Voluntária**. São Paulo: Brasiliense, 1982.

LA PALOMBARA, Joseph. **A Política no Interior das Nações**. Brasília: Universidade de Brasília, 1982.

LASTRA, Rosa María. **Banco Central e Regulamentação Bancária**. Belo Horizonte: Del Rey, 2000.

LEAL, Roger Stiefelmann. **A Judicialização da Política**. *In*: **Revista de Direito Constitucional e Internacional**. São Paulo: Revista dos Tribunais, out.-dez./1999, nº 29/230-237, e **Doutrinas Essenciais: Direito Constitucional (Edições Especiais Revista dos Tribunais: 100 Anos)**. 2ª tir. São Paulo: Revista dos Tribunais, 2015, vol. VII.

Lei Fundamental da República Federal da Alemanha. Wies Baden: Departamento de Imprensa e Informação do Governo Federal, 1983.

LEITE, George Salomão. **Direito Constitucional**. *In*: ALVIM, Eduardo Arruda, LEITE, George Salomão, e STRECK, Lênio (coords.). **Curso de Direito Constitucional**. Florianópolis: Tirant le Blanch, 2018.

LEITE, Glauco Salomão. **A "Politização" da Jurisdição Constitucional – uma análise sob a perspectiva da teoria dos sistemas de Niklas Luhmann**. *In*: **Revista de Direito Constitucional e Internacional**. São Paulo: Revista dos Tribunais, jul.-set./2008, nº 64/151-185, e **Doutrinas Essenciais: Direito Constitucional (Edições Especiais Revista dos Tribunais: 100 Anos)**. São Paulo: Revista dos Tribunais, 2015, vol. VII.

LEVI, Lucio. **Soberania**. *In:* BOBBIO, Norberto, MATTEUCCI, Nicolas, e PASQUINO, Gianfranco. **Dicionário de Política**. João Ferreira (coord. trad.). 13ª ed. Brasília: Universidade de Brasília, 2007, vol. 1.

LIMA, Carlos. **História do Maranhão**. São Luís: s/ed., 1981.

LIMA, Dirceu de Oliveira. **Competência Municipal para Regulamentação do Trânsito**. *In*: **Revista de Direito Público**. São Paulo: Revista dos Tribunais, 1972, nº 22.

LIMA, Hermes. **Introdução à Ciência do Direito**. 25ª ed. Rio de Janeiro: Livraria Freitas Bastos, 1977.

LOBO, Eulália Maria Lahmeyer. **Administração Colonial Luso-Espanhola nas Américas**. Rio de Janeiro: Cia. Brasileira de Artegrafia, 1952.

LÔBO, Paulo Luiz Netto (Org.). **Estatuto da Advocacia e da OAB**. 4ª ed. Brasília: Conselho Federal da OAB, 1998.

LOCKE, John. **Segundo Tratado sobre o Governo**. *In*: **Os Pensadores: Locke**. São Paulo: Abril, 1983.

LOUREIRO, Raul R. **A Inconstitucionalidade da Lei Tributária**. *In*: MARTINS, Yves Gandra da Silva, e BRITO, Edvaldo. **Doutrinas Essenciais: Direito Tributário**

(Edições Especiais Revista dos Tribunais). 2ª ed. São Paulo: Revista dos Tribunais, 2014, vol. I.

LUMIA, Giuseppe. **Elementos de Teoria e Ideologia do Direito**. São Paulo: Martins Fontes, 2003.

LUZ, Aramy Dornelle da. **Negócios Jurídicos Bancários: o banco múltiplo e seus contratos**. 2ª ed. São Paulo: Juarez de Oliveira, 1999.

MACADAM, James. **Rousseau e Hobbes.** *In*: FITZGERALD, Ross (org.). **Pensadores Políticos Comparados**. Brasília: Universidade de Brasília, 1980.

MACEDO, Dimas. **O Discurso Constituinte: uma abordagem crítica**. 3ª ed. Belo Horizonte: Fórum, 2009.

MACHADO, Hugo de Brito. **Direito Adquirido e Coisa Julgada como Garantias Constitucionais.** *In*: **Revista dos Tribunais**. São Paulo: Revista dos Tribunais, abr./1995, nº 714/19, e **Doutrinas Essenciais: Direito Constitucional (Edições Especiais Revista dos Tribunais: 100 Anos)**. 2ª tir. São Paulo: Revista dos Tribunais, 2013, vol. I.

MACHADO SEGUNDO, Hugo de Brito. **Sistema Tributário Nacional**. *In*: ALVIM, Eduardo Arruda, LEITE, George Salomão, e STRECK, Lênio (coords.). **Curso de Direito Constitucional**. Florianópolis: Tirant le Blanch, 2018.

MACIEL, Sérgio Luiz. **Controle de constitucionalidade e interpretação conforme a Constituição**. *In*: **Doutrinas Essenciais: Direito Constitucional (Edições Especiais Revista dos Tribunais: 100 Anos)**. 2ª tir. São Paulo: Revista dos Tribunais, 2013, vol. X.

MADISON, James. **A Necessidade de um Senado**. *In*: HAMILTON, Alexander, MADISON, James, e JAY, John. **O Federalista**. Brasília: Universidade de Brasília, 1984, **artigo 63**.

__________. **A Natureza e a Influência Estabilizada do Senado**. *In*: HAMILTON, Alexander, MADISON, James, e JAY, John. **O Federalista.** Brasília: Universidade de Brasília, 1984, **artigo 62.**

__________. **A Separação dos Poderes I**. *In*: HAMILTON, Alexander, MADISON, James, e JAY, John. **O Federalista**. Brasília: Universidade de Brasília, 1984, **artigo 47**.

__________. **Freios e Contrapesos**. *In*: HAMILTON, Alexander, MADISON, James, e JAY, John. **O Federalista**. Brasília: Universidade de Brasília, 1984, **artigo 51**.

__________. **O Tamanho e as Diversidades da União como Obstáculo às Facções**. *In*: HAMILTON, Alexander, MADISON, James, e JAY, John. **O Federalista**. Brasília: Universidade de Brasília, 1984, **artigo 10**.

MADUREIRA, Cláudio. **Advocacia, Advocacia Pública e Defensoria Pública**. *In*: ALVIM, Eduardo Arruda, LEITE, George Salomão, e STRECK, Lênio (coords.). **Curso de Direito Constitucional**. Florianópolis: Tirant le Blanch, 2018.

MAGALHÃES, João Paulo de Almeida. **Economia**. Rio de Janeiro: Paz e Terra, 1974, vol. II.

MAGANO, Octavio Bueno. **Previdência Social**. *In*: **Revista de Direito do Trabalho**. São Paulo: Revista dos Tribunais, jan.-mar./2000, nº 97/25, e **Doutrinas Essenciais: Direito Constitucional (Edições Especiais Revista dos Tribunais: 100 Anos)**. 2ª tir. São Paulo: Revista dos Tribunais, 2013, vol. VI.

MARQUES, Cláudia Lima. **Diálogo entre o Código de Defesa do Consumidor e o Novo Código Civil: do 'diálogo das fontes' no combate às cláusulas abusivas**. *In:* **Revista de Direito do Consumidor**. São Paulo: Revistas dos Tribunais, jan.-mar. de 2003, nº 45.

MARQUES, José Frederico. **O Parlamentarismo**. *In*: **Revista dos Tribunais**. São Paulo: Revista dos Tribunais, dez./1961, nº 314/647, e **Doutrinas Essenciais: Direito Constitucional (Edições Especiais Revista dos Tribunais: 100 Anos)**. 2ª tir. São Paulo: Revista dos Tribunais, 2013, vol. II.

MARTINS, Rodrigo Baptista. **A Propriedade e a Ética do Capitalismo**. Rio de Janeiro: Forense, 1999.

MARTINS, Yves Gandra da Silva. **Alguns Aspectos Constitucionais sobre a Família**. São Paulo: Revista de Direito de Família e das Sucessões, out.-dez./2014, nº 2/71-80, e **Doutrinas Essenciais: Direito Constitucional (Edições Especiais Revista dos Tribunais: 100 Anos)**. São Paulo: Revista dos Tribunais, 2015, vol. IX.

__________. **Comentário à Constituição do Brasil**. São Paulo: Saraiva, 1992, 3º vol., tomo II.

__________. **Direito Constitucional Econômico**. *In*: **Revista Tributária e de Finanças Públicas**. São Paulo: Revista dos Tribunais, jan.-mar./1997, nº 18/229, e **Doutrinas Essenciais: Direito Constitucional (Edições Especiais Revista dos Tribunais: 100 Anos)**. 2ª tir. São Paulo: Revista dos Tribunais, 2013, vol. VI.

__________. **Princípio da Livre Iniciativa**. *In*: MARTINS, Yves Gandra da Silva, e BRITO, Edvaldo. **Doutrinas Essenciais: Direito Tributário (Edições Especiais Revista dos Tribunais)**. 2ª ed. São Paulo: Revista dos Tribunais, 2014, vol. I.

__________. **O Princípio da Isonomia em Matéria Tributária**. *In*: MARTINS, Yves Gandra da Silva, e BRITO, Edvaldo. **Doutrinas Essenciais: Direito Tributário (Edições Especiais Revista dos Tribunais)**. 2ª ed. São Paulo: Revista dos Tribunais, 2014, vol. II.

MARTORANO, Dante. **Direito Municipal**. Rio de Janeiro: Forense, 1985.

MASSO, Fabiano Del. **Princípios Gerais da Atividade Econômica**. *In*: ALVIM, Eduardo Arruda, LEITE, George Salomão, e STRECK, Lênio (coords.). **Curso de Direito Constitucional**. Florianópolis: Tirant le Blanch, 2018.

MATTEUCCI, Nicola. **Soberania**. *In:* BOBBIO, Norberto, MATTEUCCI, Nicolas, e PASQUINO, Gianfranco. **Dicionário de Política**. João Ferreira (coord. trad.). 13ª ed. Brasília: Universidade de Brasília, 2007, vol. 2.

MATSMOTO, Katsutoshi. **O Estado Democrático de Direito**. *In*: **Revista de Direito Constitucional e Internacional**. São Paulo: Revista dos Tribunais, out.-dez./2000, nº 33/262, e **Doutrinas Essenciais: Direito Constitucional**

(Edições Especiais Revista dos Tribunais: 100 Anos). 2ª tir. São Paulo: Revista dos Tribunais, 2013, vol. II.

MAXIMILIANO, Carlos. **Hermenêutica e Aplicação do Direito**. 4ª ed. Rio de Janeiro: Freitas Bastos, 1947.

MAZZILLI, Hugo Nigro. **Inovações do Ministério Público**. *In*: **Revista dos Tribunais**. São Paulo: Revista dos Tribunais, maio/1982, nº 559/267, e **Doutrinas Essenciais: Direito Constitucional (Edições Especiais Revista dos Tribunais: 100 Anos)**. 2ª tir. São Paulo: Revista dos Tribunais, 2013, vol. IV.

MAZZUOLI, Valério de Oliveira. **Da Nacionalidade**. *In*: ALVIM, Eduardo Arruda, LEITE, George Salomão, e STRECK, Lênio (coords.). **Curso de Direito Constitucional.** Florianópolis: Tirant le Blanch, 2018.

MEDAUAR, Odete. **A Processualidade no Direito Administrativo**. São Paulo: Revista dos Tribunais, 1993.

__________. **Controle de Administração Pública**. São Paulo: Revista dos Tribunais, 1993.

MEIRELLES, Hely Lopes. **Alvará Expedição**. *In*: MEIRELLES, Hely Lopes. **Estudos e Pareceres de Direito Público**. São Paulo: Revista dos Tribunais, 1991, vol. 11.

__________. **Direito Municipal Brasileiro**. São Paulo: Revista dos Tribunais, 1977.

__________. **Direito Municipal Brasileiro**. 15ª ed. São Paulo: Malheiros Editores, 2006.

__________. **O Regime Municipal Brasileiro**. *In*: **Revista de Direito Público**. São Paulo: Revista dos Tribunais, jan.-mar./1970, nº 11/283, e **Doutrinas Essenciais: Direito Constitucional (Edições Especiais Revista dos Tribunais: 100 Anos)**. 2ª tir. São Paulo: Revista dos Tribunais, 2013, vol. III.

MEIRELLES, Mário. **Melo e Povoas: Governador e Capitão General do Maranhão**. São Luís: SIOGE, 1974.

MELLO, Diogo Lodello de. **Município**. *In*: SILVA, Benedicto e Outros (editoração). **Dicionário de Ciências Sociais**. 2ª ed. Rio de Janeiro: Fundação Getúlio Vargas e MEC-Fundação de Assistência ao Estudante, 1987.

MELLO, José Luiz de Anhaia. **O Estado Federal e as Novas Perspectivas**. São Paulo: Max Limonad, 1960.

MELO, Augusto Carlos Cavalcante. **A Base de Cálculo do ICMS na Substituição Tributária.** *In:* MARTINS, Yves Gandra da Silva, e BRITO, Edvaldo. **Doutrinas Essenciais: Direito Tributário (Edições Especiais Revistas dos Tribunais)**. 2ª ed. São Paulo: Revista dos Tribunais, 2014, vol. IV.

MENDES, Gilmar Ferreira. **Colisão de Direitos Fundamentais: liberdade de expressão e comunicação e direito à honra e à imagem**. *In*: **Revista Tributária e de Finanças Públicas**. São Paulo: Revista dos Tribunais, out.-dez/1993, nº 5/16-20, e **Doutrinas Essenciais: Direito Constitucional (Edições Especiais Revista dos Tribunais: 100 Anos)**. São Paulo: Revista dos Tribunais, 2015, vol. VIII.

MENDONÇA, José Xavier Carvalho de. **Tratado de Direito Comercial Brasileiro: das obrigações, dos contratos e da prescrição em matéria comercial**. Rio de Janeiro: Freitas Bastos, 1934, vol. VI, liv. IV, parte II.

MENDONÇA JÚNIOR, Delosmar. **Ação Civil Pública**. *In*: ALVIM, Eduardo Arruda, LEITE, George Salomão, e STRECK, Lênio (coords.). **Curso de Direito Constitucional**. Florianópolis: Tirant le Blanch, 2018.

__________. **Princípios da Ampla Defesa e da Efetividade no Processo Civil Brasileiro**. São Paulo: Malheiros, 2001.

MERQUIOR, José Guilherme. **O Liberalismo Antigo e Moderno.** Rio de Janeiro: Nova Fronteira, 1991.

MILHOMENS, Jônatas, e ALVES, Geraldo Magela. **Vocabulário Prático de Direito: doutrina, legislação, jurisprudência, formulário**. Rio de Janeiro: Forense, 2000.

MIRAGEM, Bruno. **Diretrizes Interpretativas da Função Social do Contrato**. *In*: MARQUES, Cláudia Lima, e MIRAGEM, Bruno. **Doutrinas Essenciais: Direito do Consumidor**. São Paulo: Revista dos Tribunais, 2011, vol. I.

__________. **O Direito do Consumidor Como Direito Fundamental**. *In*: MARQUES, Cláudia Lima, e MIRAGEM, Bruno. **Doutrinas Essenciais: Direito do Consumidor**. São Paulo: Revista dos Tribunais, 2011, vol. II.

MIRANDA, Darcy Arruda. **Comentários à Lei de Imprensa**. 2ª ed. São Paulo: Revista dos Tribunais, 1994, tomo 1.

MIRANDA FILHO, Mário. **Politeia e Virtude: as origens do pensamento republicano clássico**. *In:* QUIRINO, Célia Galvão, VOUGA, Cláudio, e BRANDÃO, Gildo Marçal. **Clássicos do Pensamento Político**. São Paulo: Universidade de São Paulo (Edusp), 2004.

MIRANDA, João Damasceno Borges. **A Regra Matriz do IPTU e sua Constitucionalidade**. *In:* MARTINS, Yves Gandra da Silva, e BRITO, Edvaldo. **Doutrinas Essenciais: Direito Tributário (Edições Especiais Revistas dos Tribunais)**. 2ª ed. São Paulo: Revista dos Tribunais, 2014, vol. V.

MIRANDA, Jorge. **Manual de Direito Constitucional: constituição e inconstitucionalidade**. 3ª ed. Coimbra: Coimbra, 1996, tomo II.

__________. **Poder Constituinte**. *In*: **Doutrinas Essenciais: Direito Constitucional (Edições Especiais Revista dos Tribunais: 100 Anos)**. 2ª tir. São Paulo: Revista dos Tribunais, 2013, vol. I.

__________. **Teoria do Estado e da Constituição**. Rio de Janeiro: Forense, 2002.

MONTEIRO, João Paulo. **A Ideologia do Leviatã Hobbesiano**. *In:* QUIRINO, Célia Galvão, VOUGA, Cláudio, e BRANDÃO, Gildo Marçal. **Clássicos do Pensamento Político**. São Paulo: Universidade de São Paulo (Edusp), 2004.

MORAES, Alexandre de. (Org.). **Competência, Trânsito e Transporte Intermunicipal Perante a Constituição Federal.** *In*: **Revista de Direito Constitucional e Internacional**. São Paulo: Revista dos Tribunais, jul.-set./1995, nº 12/232, e

Doutrinas Essenciais: Direito Constitucional (Edições Especiais Revista dos Tribunais: 100 Anos). 2ª tir. São Paulo: Revista dos Tribunais, 2013, vol. III.

________. **Constituição da República Federativa do Brasil**. 29ª ed. São Paulo: Atlas, 2008.

________. **Presidencialismo: a evolução do relacionamento entre os poderes Executivo e Legislativo**. *In*: **Revista dos Tribunais**. São Paulo: Revista dos Tribunais, nov./2003, nº 817/731, e **Doutrinas Essenciais: Direito Constitucional (Edições Especiais Revista dos Tribunais: 100 Anos)**. 2ª tir. São Paulo: Revista dos Tribunais, 2013, vol. II.

MORAES, Bernardo Ribeiro de. **Autonomia Financeira dos Municípios, palestra proferida no Simpósio sobre o Município diante da Emenda Constitucional nº 1, de 1969**. *In:* **Revista de Direito Público**. São Paulo: Revista dos Tribunais, 1970, nº 11.

MORAES, Humberto Peña de, e SILVA, José Fontenelle T. da. **Assistência Judiciária: sua gênese, sua história e a função protetiva do Estado**. 2ª ed. Rio de Janeiro: Liber Juris, 1984.

MORAES, Oswaldo de. **Formação do Estado Federal Brasileiro**. *In*: **Revista dos Tribunais**. São Paulo: Revista dos Tribunais, jun./1966, nº 368/12, e **Doutrinas Essenciais: Direito Constitucional (Edições Especiais Revista dos Tribunais: 100 Anos)**. 2ª tir. São Paulo: Revista dos Tribunais, 2013, vol. II.

MORAES, Voltaire de Lima. **Da Tutela do Consumidor**. *In*: MARQUES, Cláudia Lima, e MIRAGEM, Bruno. **Doutrinas Essenciais: Direito do Consumidor**. São Paulo: Revista dos Tribunais, 2011, vol. I.

MOREIRA NETO, Diogo de Figueiredo. **Moralidade Administrativa: do Conceito à Efetivação**. *In*: **Revista de Direito Administrativa**. Rio de Janeiro: Renovar/ Fundação Getúlio Vargas, 1992, nº 190.

MOTTA, Carlos Pintos Coelho e outros (orgs.). **Responsabilidade Fiscal: Lei Complementar 101 de 04.05.2008**. Belo Horizonte: Del Rey, 2000.

NASCIMENTO, Valéria Ribas do. **Da Arguição de Descumprimento de Prefeito Fundamental**. *In*: ALVIM, Eduardo Arruda, LEITE, George Salomão, e STRECK, Lênio (coords.). **Curso de Direito Constitucional**. Florianópolis: Tirant le Blanch, 2018.

__________. **Direito Constitucional como Cultura, Pluralismo e Cooperativismo Cosmopolita – Desafios Possibilistas**. *In*: **Revista de Direito Constitucional e Internacional**. São Paulo: Revista dos Tribunais, abr.-jun./2013, nº 83/65-93, e **Doutrinas Essenciais: Direito Constitucional (Edições Especiais Revista dos Tribunais: 100 Anos)**. São Paulo: Revista dos Tribunais, 2015, vol. IX.

NAVARRO, Pablo Eugenio. **La Eficacia del Derecho: uma investigación sobre la existência y funcionamiento de los sistemas jurídicos**. Madrid: Centro de Estudios Constitucionales, 1990.

NERI DA SILVEIRA, José. **A Defensoria Pública na Administração da Justiça**. Brochura, 1990.

NEVES, Rodrigo Santos. **O Direito à Imagem como Direito da Personalidade**. *In*: **Revista dos Tribunais**. São Paulo: Revista dos Tribunais, out./2013, nº 936/21-39, e **Doutrinas Essenciais: Direito Constitucional (Edições Especiais Revista dos Tribunais: 100 Anos)**. São Paulo: Revista dos Tribunais, 2015, vol. VIII.

NEVES, Tancredo de Almeida. **Defesa do Consumidor**. *In*: MARQUES, Cláudia Lima, e MIRAGEM, Bruno. **Doutrinas Essenciais: Direito do Consumidor**. São Paulo: Revista dos Tribunais, 2011, vol. I.

NOBRE, Freitas. **Comentários a Lei de Imprensa**. São Paulo: Saraiva, 1989.

NOGUEIRA, Ataliba. **Teoria do Município**. *In*: **Revista de Direito Público**. São Paulo: Revista dos Tribunais, out.-dez./1968, nº 6/7, e **Doutrinas Essenciais: Direito Constitucional (Edições Especiais Revista dos Tribunais: 100 Anos)**. 2ª tir. São Paulo: Revista dos Tribunais, 2013, vol. III.

NOGUEIRA, Ruy Barbosa. **Imposto de Renda**. *In*: MARTINS, Yves Gandra da Silva, e BRITO, Edvaldo. **Doutrinas Essenciais: Direito Tributário (Edições Especiais Revista dos Tribunais)**. 2ª ed. São Paulo: Revista dos Tribunais, 2014, vol. III.

OLIVEIRA, Emerson Ademir Borges. **União Federal**. *In*: ALVIM, Eduardo Arruda, LEITE, George Salomão, e STRECK, Lênio (coords.). **Curso de Direito Constitucional**. Florianópolis: Tirant le Blanch, 2018.

OLIVEIRA, Fernando A. Albino de. **Limites e Modalidades da Intervenção do Estado no Domínio Econômico**. *In*: **Revista de Direito Público**. São Paulo: Revista dos Tribunais, jan.-jun./1976, nº 37-38/52, e **Doutrinas Essenciais: Direito Constitucional (Edições Especiais Revista dos Tribunais: 100 Anos)**. 2ª tir. São Paulo: Revista dos Tribunais, 2013, vol. VI.

OLIVEIRA, Kátia Cristine Santos de e COSTA, Jamille Coutinho. **Direito à Saúde: da (in) efetividade das políticas públicas à sua judicialização como forma de garantir o mínimo existencial**. *In*: **Revista de Direito Brasileira**. São Paulo: Revista dos Tribunais, jul./2011, nº 1/77, e **Doutrinas Essenciais: Direito Constitucional (Edições Especiais Revista dos Tribunais: 100 Anos)**. 2ª tir. São Paulo: Revista dos Tribunais, 2013, vol. VII.

OLIVEIRA, Moacyr Velloso Cardoso de. **Previdência Social**. Rio de Janeiro: Forense Universitária, 1987.

OLIVEIRA, Regis Fernandes. **Comentários ao Estatuto da Cidade**. São Paulo: Revista dos Tribunais, 2002.

__________. **Receitas Públicas Tributárias**. *In*: MARTINS, Yves Gandra da Silva, e BRITO, Edvaldo. **Doutrinas Essenciais: Direito Tributário (Edições Especiais Revista dos Tribunais)**. 2ª ed. São Paulo: Revista dos Tribunais, 2014, vol. I.

PACHECO, Cláudio. **Comentários à Constituição Brasileira**. Rio de Janeiro: Livraria Freitas Bastos, 1965, vol. III.

__________. **Tratado das Constituições Brasileiras**. Rio de Janeiro: Freitas Bastos, 1952, vol. 1.

PAES, P. B. Tavares. **O Imposto sobre Produtos Industrializados.** *In:* MARTINS, Yves Gandra da Silva, e BRITO, Edvaldo. **Doutrinas Essenciais: Direito Tributário (Edições Especiais Revistas dos Tribunais).** 2ª ed. São Paulo: Revista dos Tribunais, 2014, vol. III.

PAIXÃO, Floriceno. **A Previdência Social em Perguntas e Respostas.** 36ª ed. Porto Alegre: Síntese, 1999.

PASQUALOTTO, Adalberto. **Defesa do Consumidor.** *In*: MARQUES, Cláudia Lima, e MIRAGEM, Bruno. **Doutrinas Essenciais: Direito do Consumidor**. São Paulo: Revista dos Tribunais, 2011, vol. I.

PASQUINO, Gianfranco. **Formas de Governo**. *In*: BOBBIO, Norberto, MATIEUCCI, Nicola, e PASQUINO, Gianfranco. **Dicionário de Política**. 13ª ed. Brasília: Universidade de Brasília, 2007, vols. 1 e 2.

PAUPÉRIO, A. M. **O Direito de Resistência**. Rio de Janeiro: Forense, 1980.

PEIXINHO, Manoel Messias. **Poder Executivo**. *In*: ALVIM, Eduardo Arruda, LEITE, George Salomão, e STRECK, Lênio (coords.). **Curso de Direito Constitucional**. Florianópolis: Tirant le Blanch, 2018.

PENTEADO, Luciano de Camargo. **O Direito à Vida, o Direito ao Corpo e às Partes do Corpo, o Direito ao Nome, à Imagem e Outros Relativos à Identidade e à Figura Social, Inclusive Intimidade**. *In*: **Revista de Direito Privado**. São Paulo: Revista dos Tribunais, jan.-mar./2012, nº 49/73-109, e **Doutrinas Essenciais: Direito Constitucional (Edições Especiais Revista dos Tribunais: 100 Anos)**. 2ª tir. São Paulo: Revista dos Tribunais, 2015, vol. VIII.

PEREIRA, Cláudia Fernanda de Oliveira. **Reforma da Previdência**. Brasília: Brasília Jurídica, 1999.

PEREIRA JÚNIOR, Jessé Torres. **Comentários à Lei de Licitações e Contratações da Administração Pública**. Rio de Janeiro: Renovar, 1994.

PEREIRA, Maria Marconiete Fernandes. **Do Tribunal de Contas**. *In*: ALVIM, Eduardo Arruda, LEITE, George Salomão, e STRECK, Lênio (coords.). **Curso de Direito Constitucional**. Florianópolis: Tirant le Blanch, 2018.

PERLINGEIRO, Ricardo. **O Devido Processo Legal Administrativo e a Tutela Judicial Efetiva – Um novo olhar?** *In*: **Revista de Processo**. São Paulo: Revista dos Tribunais, jan./2015, nº 239/293-331, e **Doutrinas Essenciais: Direito Constitucional (Edições Especiais Revista dos Tribunais: 100 Anos)**. São Paulo: Revista dos Tribunais, 2015, vol. IX.

PESSOA, Robertônio Santos. **Curso de Direito Administrativo Moderno**. 2ª ed. Rio de Janeiro: Forense, 2003.

PINTO FERREIRA. **Comentários à Constituição Brasileira: art. 1º a 21**. São Paulo: Saraiva, 1985, vol. I.

___________. **Comentário à Constituição Brasileira**. São Paulo: Saraiva, 1989, vol. 4º.

___________. **Comentários à Constituição Brasileira: arts. 22 a 53**. São Paulo: Saraiva, 1990, vol. 2º.

PINTO FILHO, Francisco Bilac Moreira. **Da Intervenção Federal**. *In*: ALVIM, Eduardo Arruda, LEITE, George Salomão, e STRECK, Lênio (coords.). **Curso de Direito Constitucional**. Florianópolis: Tirant le Blanch, 2018.

PIOVESAN, Flávia e LEITE GONÇALVES, Guilherme Figueiredo. **A Imunidade Parlamentar no Estado Democrático de Direito**. *In*: **Revista de Direito Constitucional e Internacional**. São Paulo: Revista dos Tribunais, jan.-mar./2003, nº 42/190, e **Doutrinas Essenciais: Direito Constitucional (Edições Especiais Revista dos Tribunais: 100 Anos)**. 2ª tir. São Paulo: Revista dos Tribunais, 2013, vol. IV.

PIRAÍNO, Adriana. **O Imposto sobre Transmissão de Bens *Causa Mortis***. *In*: MARTINS, Yves Gandra da Silva, e BRITO, Edvaldo. **Doutrinas Essenciais: Direito Tributário (Edições Especiais Revistas dos Tribunais)**. 2ª ed. São Paulo: Revista dos Tribunais, 2014, vol. IV.

POGGI, Gianfranco. **A Evolução do Estado Moderno**. Rio de Janeiro: Zahar, 1981.

POLÍBIO. **História** (Livro VI, § 9). 2ª ed. Brasília: Universidade de Brasília, 1996.

POLIN, Raymond. **Indivíduo e Estado**. *In*: QUIRINO, Célia Galvão, e SOUZA, Maria Tereza Sadek R. de (org.). **O Pensamento Político Clássico**. São Paulo: T. A. Queiroz, 1980.

___________. **O Mecanismo Social no Estado Civil**. *In*: QUIRINO, Célia Galvão, e SOUZA, Maria Tereza Sadek R. de (org.). **O Pensamento Político Clássico**. São Paulo: T. A. Queiroz, 1980.

PONTES DE MIRANDA. **Comentários à Constituição da República dos E. U. do Brasil: artigos 104-187: disposições transitórias, emendas nº 1, nº 2 e nº 3**. Rio de Janeiro: Guanabara, 1937, tomo II.

___________. **Comentários à Constituição de 1967 com Emenda nº 1, de 1969**. 3ª ed. Rio de Janeiro: Forense, 1987, vols. II, IV e V.

___________. **Sistema de Ciência Positiva do Direito: introdução à ciência do direito**. Campinas: Bookseller, 2000, tomo II.

PHILONENKO, Aléxis. **Rousseau: O Contrato Social**. *In*: CHÂTELLET, François, DUHAMEL, Olivier, e PISIER, Evelyne. **Dicionário de Obras Políticas**. Rio de Janeiro: Civilização Brasileira, 1993.

PRATES, Renato Martins. **Limitações Administrativas ao Direito de Construir**. *In*: **Revista de Direito Público**. São Paulo: Revista dos Tribunais, nº 80, out./dez. 1986.

QUERINO, Ana Célia e SOUZA, Lucas de. **Os Direitos Culturais na Ordem Constitucional: uma análise das Emendas Constitucionais 42/2003, 48/2005 e 71/2012**. *In*: **Revista de Direito Constitucional e Internacional**. São Paulo: Revista dos Tribunais, jan.-mar./2015, nº 90/201-213, e **Doutrinas Essenciais:**

Direito Constitucional (Edições Especiais Revista dos Tribunais: 100 Anos). São Paulo: Revista dos Tribunais, 2015, vol. IX.

QUEZADO, Paulo, e LIMA, Rogério. **Sigilo Bancário**. São Paulo: Dialética, 2002.

RAMOS, Edith Maria Barbosa. **Direito à Educação**. *In*: ALVIM, Eduardo Arruda, LEITE, George Salomão, e STRECK, Lênio (coords.). **Curso de Direito Constitucional**. Florianópolis: Tirant le Blanch, 2018.

RAMOS, Elival da Silva. **O Estado na Ordem Econômica**. *In*: **Revista de Direito Constitucional e Internacional**. São Paulo: Revista dos Tribunais, abr.-jun./2003, nº 43/49, e **Doutrinas Essenciais: Direito Constitucional (Edições Especiais Revista dos Tribunais: 100 Anos)**. 2ª tir. São Paulo: Revista dos Tribunais, 2013, vol. VI.

RAMOS FILHO, Carlos Alberto de Moraes. **A Natureza Jurídica das Imunidades Tributárias**. *In*: MARTINS, Yves Gandra da Silva, e BRITO, Edvaldo. **Doutrinas Essenciais: Direito Tributário (Edições Especiais Revista dos Tribunais)**. 2ª ed. São Paulo: Revista dos Tribunais, 2014, vol. II.

RAMOS, Gisela Gondin. **Estatuto da Advocacia: comentários e jurisprudência selecionada**. Florianópolis: OAB/SC, 1999.

RANIERE, Nina Beatriz Stocco. **Estado e Nação: novas relações?** *In*: **Revista do Instituto dos Advogados de São Paulo**. São Paulo: Revista dos Tribunais, jan.-jun./2004, nº 13/261, e **Doutrinas Essenciais: Direito Constitucional (Edições Especiais Revista dos Tribunais: 100 Anos)**. 2ª tir. São Paulo: Revista dos Tribunais, 2013, vol. II.

REALE, Giovanni, e ANTISERI, Dario. **História da Filosofia**. São Paulo: Paulus, 1990, vol. II.

REALE, Miguel. **Competências Constitucionais – Legislação sobre Urbanismo**. *In*: **Revista de Direito Público**. São Paulo: Revista dos Tribunais, jul.-set./1985, nº 75/42, e **Doutrinas Essenciais: Direito Constitucional (Edições Especiais Revista dos Tribunais: 100 Anos)**. 2ª tir. São Paulo: Revista dos Tribunais, 2013, vol. III.

___________. **Da Democracia Liberal à Democracia Social**. *In*: **Revista de Direito Público**. São Paulo: Revista dos Tribunais, jul.-set./1984, nº 71/23, e **Doutrinas Essenciais: Direito Constitucional (Edições Especiais Revista dos Tribunais: 100 Anos)**. 2ª tir. São Paulo: Revista dos Tribunais, 2013, vol. II.

REGONINI, Gloria. **Estado do Bem-Estar**. *In:* BOBBIO, Noberto, MATTEUCCI, Nicola, e PASQUINO, Gianfranco. **Dicionário de Política**. 13ª ed. Brasília: Universidade de Brasília, 2007, vol. 1.

REIS, Daniel Aarão. **O Supremo Tribunal do Brasil**. *In*: **Revista dos Tribunais**. São Paulo: Revista dos Tribunais, fev./1965, nº 352/518, e **Doutrinas Essenciais: Direito Constitucional (Edições Especiais Revista dos Tribunais: 100 Anos)**. 2ª tir. São Paulo: Revista dos Tribunais, 2013, vol. IV.

REIS, Maria Elisa Perrone dos. **Ação Popular: aspectos gerais e algumas questões processuais**. *In*: **Doutrinas Essenciais: Direito Constitucional (Edições**

Especiais Revista dos Tribunais: 100 Anos). 2ª tir. São Paulo: Revista dos Tribunais, 2013, vol. X.

REQUIÃO, Rubens. **Curso de Direito Comercial**. 22ª ed. São Paulo: Saraiva, 2000, vol. II.

Revista dos Tribunais. São Paulo: Revista dos Tribunais, 1990, vol. 657.

__________. São Paulo: Revista dos Tribunais, 1995, vol. 772.

REX, John. Bloch, Ernst. *In:* BOTTOMORE, Tom (ed.). **Dicionário do Pensamento Marxista**. Rio de Janeiro: Jorge Zahar, 1988.

RIBEIRO, Flávia Pereira. **A Repercussão Geral no Recurso Extraordinário**. *In*: **Doutrinas Essenciais: Direito Constitucional (Edições Especiais Revista dos Tribunais: 100 Anos)**. 2ª tir. São Paulo: Revista dos Tribunais, 2013, vol. X.

RIBEIRO, Renato Janine. **Hobbes: o medo e a esperança**. *In*: WEFFORT, Francisco C. (org.). **Os Clássicos da Política**. São Paulo: Ática, 1989, vol. I.

RIVERO, Jean. **Direito Administrativo**. Coimbra: Almedina, 1981.

ROCHA, Carmem Lúcia Antunes. **Princípios Constitucionais da Administração Pública**. Belo Horizonte: Del Rey, 1994.

ROSSI, Carlos Alberto Del Papa. **ISS – Base de Cálculo**. *In:* MARTINS, Yves Gandra da Silva, e BRITO, Edvaldo. **Doutrinas Essenciais: Direito Tributário (Edições Especiais Revistas dos Tribunais)**. 2ª ed. São Paulo: Revista dos Tribunais, 2014, vol. V.

ROSSIT, Liliana Allodi e CANEPA, Carla. **O Direito ao Meio Ambiente Ecologicamente Equilibrado como Direito Fundamental**. *In*: **Revista de Direito Constitucional e Internacional**. São Paulo: Revista dos Tribunais, jan.-mar./2003, nº 42/244-251, e **Doutrinas Essenciais: Direito Constitucional (Edições Especiais Revista dos Tribunais: 100 Anos)**. São Paulo: Revista dos Tribunais, 2015, vol. IX.

ROTHENBURG, Walter Claudius. **Funções essenciais à Justiça**. *In*: ALVIM, Eduardo Arruda, LEITE, George Salomão, e STRECK, Lênio (coords.). **Curso de Direito Constitucional**. Florianópolis: Tirant le Blanch, 2018.

ROUSSEAU, Jean-Jacques. **Do Contrato Social**. *In*: ROUSSEAU, Jean Jacques. **Os Pensadores**: Rousseau. São Paulo: Nova Cultural, 1999.

RÚA, Maria das Graças. **Análise das Políticas Públicas: conceitos básicos**, *mimeo*, s/d.

RUFFIA, Paolo Biscaretti di. **Direito Constitucional: instituições de Direito Público**. São Paulo: Revista dos Tribunais, 1984.

RUSSOMANO, Rosah. **Curso de Direito Constitucional**. 3ª ed. Rio de Janeiro: Freitas Bastos, 1978.

__________. **Função Social da Propriedade**. *In*: **Revista de Direito Público**. São Paulo: Revista dos Tribunais, jul.-set./1985, nº 75/263, e **Doutrinas Essenciais: Direito Constitucional (Edições Especiais Revista dos Tribunais: 100 Anos)**. 2ª tir. São Paulo: Revista dos Tribunais, 2013, vol. VI.

RUSCHEL, Ruy Rubem. **O Poder Constituinte e revolução. Doutrinas Essenciais: Direito Constitucional (Edições Especiais Revista dos Tribunais: 100 Anos)**. 2ª tir. São Paulo: Revista dos Tribunais, 2013, vol. II.

SÁ, A. Nogueira de. **Do Poder de Iniciativa das Leis que Competem ao Chefe do Executivo**. *In*: **Revista dos Tribunais**. São Paulo: Revista dos Tribunais, dez./1952, nº 206/28, e **Doutrinas Essenciais: Direito Constitucional (Edições Especiais Revista dos Tribunais: 100 Anos)**. 2ª tir. São Paulo: Revista dos Tribunais, 2013, vol. IV.

SANDRONI, Paulo. **Dicionário de Economia do Século XXI**. Rio de Janeiro: Record, 2005.

SANTOS, Carlos Nelson F. dos. **O Uso do Solo e o Município**. Rio de Janeiro: Instituto Brasileiro de Administração Municipal (IBAM), 1990.

SANTOS, Gentil Domingues dos. **Iniciativa Econômica Estatal**. *In*: **Revista de Direito Público**. São Paulo: Revista dos Tribunais, jul.-set./1982, nº 63/246, e **Doutrinas Essenciais: Direito Constitucional (Edições Especiais Revista dos Tribunais: 100 Anos)**. 2ª tir. São Paulo: Revista dos Tribunais, 2013, vol. VI.

SANTOS, Moacyr Amaral. **Primeiras Linhas de Direito Processual Civil**. 7ª ed. São Paulo: Saraiva, 1980, 1º vol.

SANTOS SAES, Wandimara Pereira. **Colisão de Direitos Fundamentais – Princípio da Dignidade Humana como Critério Material de Ponderação**. *In*: **Revista de Direito Constitucional e Internacional.** São Paulo: Revista dos Tribunais, jul./2011, nº 76/115, e **Doutrinas Essenciais: Direito Constitucional (Edições Especiais Revista dos Tribunais: 100 Anos)**. São Paulo: Revista dos Tribunais, 2015, vol. VII.

SARASATE, Paulo. **A Constituição do Brasil ao Alcance de Todos: história, doutrina, direito comparado e prática da Constituição Federal de 1967**. São Paulo: Freitas Bastos, 1967.

SARLET, Ingo Wolfgang. **Direitos Fundamentais Sociais, Mínimo Existencial e Direito Privado.** *In*: **Revista de Direito do Consumidor**. São Paulo: Revista dos Tribunais, jan./2007, nº 61/90, e **Doutrinas Essenciais: Direito Constitucional (Edições Especiais Revista dos Tribunais: 100 Anos)**. São Paulo: Revista dos Tribunais, 2015, vol. VII.

SAVARIS, José Antonio, e ROCHA, Daniel Machado da. **Seguridade Social**. *In*: ALVIM, Eduardo Arruda, LEITE, George Salomão, e STRECK, Lênio (coords.). **Curso de Direito Constitucional**. Florianópolis: Tirant le Blanch, 2018.

SAVIGNY, Friendrich Karl Von. **Metodologia Jurídica**. São Paulo: Rideel, 2005.

SCHWARZ, Rodrigo Garcia. **O Sistema de Seguridade Social e o Princípio da Solidariedade**. *In*: **Revista de Direito do Trabalho**. São Paulo: Revista dos Tribunais, abr.-jun./2008, nº 130/244, e **Doutrinas Essenciais: Direito Constitucional (Edições Especiais Revista dos Tribunais: 100 Anos)**. 2ª tir. São Paulo: Revista dos Tribunais, 2013, vol. VI.

SILVA, Agathe E. Schmidt da. **Cláusula Geral de Boa-fé nos Contratos de Consumo**. *In*: MARQUES, Cláudia Lima, e MIRAGEM, Bruno. **Doutrinas Essenciais: Direito do Consumidor**. São Paulo: Revista dos Tribunais, 2011, vol. I.

SILVA, Delúbio Gomes Pereira. **Regime de Previdência Social dos Servidores Público no Brasil: perspectiva**. São Paulo: Ltr, 2003.

SILVA, Edson Jacinto da. **O Município na Lei de Responsabilidade Fiscal**. Leme: Editora de Direito, 2000.

SILVA, Ivan Luís Marques da. **Direito Penal Neo-Constitucionalista: equilíbrio necessário entre os anseios da sociedade e a legitimidade do ordenamento**. *In*: **Revista Brasileira de Ciências Criminais**. São Paulo: Revista dos Tribunais, jul./2008, nº 73/83, e **Doutrinas Essenciais: Direito Constitucional (Edições Especiais Revista dos Tribunais: 100 Anos)**. São Paulo: Revista dos Tribunais, 2015, vol. VII.

SILVA, José Afonso da. **Curso de Direito Constitucional Positivo**. 29ª ed. São Paulo: Malheiros, 2007.

__________. **O Estado Democrático de Direito**. *In*: **Revista dos Tribunais**. São Paulo: Revista dos Tribunais, set./1988, nº 635, e **Doutrinas Essenciais: Direito Constitucional (Edições Especiais Revista dos Tribunais: 100 Anos)**. 2ª tir. São Paulo: Revista dos Tribunais, 2013, vol. II.

__________. **Do Recurso Extraordinário no Direito Processual Brasileiro**. São Paulo: 1963.

SILVA, Paulo Roberto Coimbra. **IPVA – Critério Subjetivo de seu Comando Normativo.** *In:* MARTINS, Yves Gandra da Silva, e BRITO, Edvaldo. **Doutrinas Essenciais: Direito Tributário (Edições Especiais Revistas dos Tribunais)**. 2ª ed. São Paulo: Revista dos Tribunais, 2014, vol. IV.

SILVEIRA JÚNIOR, Evaristo. **Partidos Políticos**. *In*: **Revista dos Tribunais**. São Paulo: Revista dos Tribunais, jun./1962, nº 320/34, e **Doutrinas Essenciais: Direito Constitucional (Edições Especiais Revista dos Tribunais: 100 Anos)**. 2ª tir. São Paulo: Revista dos Tribunais, 2013, vol. II.

SILVEIRA, Reynaldo Andrade. **Proteção ao Consumidor e Direito Bancário**. *In:* **Revista de Direito do Consumidor**. São Paulo: Revista dos Tribunais / Instituto Brasileiro de Política e Defesa do Consumidor, abr.-jun. de 2004, nº 50.

SIÉYÈS, Emmanuel Joseph. **A Constituição Burquesa: qu'est-ce que le tiers** *état*? 2ª ed. Rio de Janeiro: Liber Juris, 1988.

SLAIBI FILHO, Nagib. **Direito Constitucional**. 2ª ed. Rio de Janeiro: Forense, 2006.

SIQUEIRA JR., Paulo Henrique. **Neoconstitucionalismo**. *In*: CLÈVE, Clemerson Merlin (org.). **Doutrinas Essenciais: Direito Constitucional (Edições Especiais Revista dos Tribunais: 100 Anos)**. 2ª tir. São Paulo: Revista dos Tribunais, 2013, vol. VII.

SIQUEIRA JR., Paulo Hamilton. **Ação Direta de Inconstitucionalidade por Omissão**. *In*: ALVIM, Eduardo Arruda, LEITE, George Salomão, e STRECK, Lênio (coords.). **Curso de Direito Constitucional**. Florianópolis: Tirant le Blanch, 2018.

__________. **Justiça Constitucional**. *In*: **Revista do Instituto dos Advogados de São Paulo**. São Paulo: Revista dos Tribunais, 2014, nº 33/311, e **Doutrinas Essenciais: Direito Constitucional (Edições Especiais Revista dos Tribunais: 100 Anos)**. São Paulo: Revista dos Tribunais, 2015, vol. VII.

SOARES, Orlando. **Comentários à Constituição da República Federativa do Brasil**. 11ª ed. Rio de Janeiro: Forense, 2002.

SOUTO MAIOR, A. **História do Brasil**. São Paulo: Companhia Editora Nacional, 1977.

SOUZA, Celina. **Políticas Públicas: uma revisão de literatura**. *In:* **Sociologias**. Porto Alegre, jul./dez. 2006, ano 8, nº 16.

SOUZA, Marcelo. **Das Súmulas Vinculantes do STF**. *In*: ALVIM, Eduardo Arruda, LEITE, George Salomão, e STRECK, Lênio (coords.). **Curso de Direito Constitucional**. Florianópolis: Tirant le Blanch, 2018.

SOUZA, Mário. **O Advogados**. Recife: s/ed., 1935.

SUNDFELD, Carlos Ari. **Licença e Autorização no Direito Administrativo**. *In*: **Revista Trimestral de Direito Público**. São Paulo: Malheiros, 1993, nº 03.

__________. **Princípio da Publicidade Administrativa (Direito de Certidão, Vista e Intimação)**. *In*: **Revista de Direito Administrativo**. São Paulo: Renovar/ Fundação Getúlio Vargas, 1995, nº 199.

STAROBINSKI, Jean. **Jean-Jacques Rousseau: a transparência e o obstáculo**. São Paulo: Companhia das Letras, 1991.

STEINMETZ, Wilson. **Direito à Liberdade de Locomoção: um escorço de interpretação constitucional**. *In*: **Revista de Direito Constitucional e Internacional**. São Paulo: Revista dos Tribunais, abr.-jun./2013, nº 83/163, e **Doutrinas Essenciais: Direito Constitucional (Edições Especiais Revista dos Tribunais: 100 Anos)**. 2ª tir. São Paulo: Revista dos Tribunais, 2015, vol. VIII.

STRAUSS, Leo. **O Estado e a Religião**. *In*: QUIRINO, Célia Galvão, e SOUZA, Maria Tereza Sadek R. de (org.). **O Pensamento Político Clássico**. São Paulo: T. A. Queiroz, 1980.

STRECK, Lenio Luiz, e MORAIS, José Luís Bolzan de. **Ciência Política e Teoria Geral do Estado**. 8ª ed./3ª tir. Porto Alegre: Livraria do Advogado, 2019.

STRECK, Lenio Luiz e MELO LIMA, Vinicius de. **Lei Maria da Penha: uma concretização de direitos**. *In*: **Revista Brasileira de Ciências Criminais**. São Paulo: Revista dos Tribunais, nov.-dez./2014, nº 111/333, e **Doutrinas Essenciais: Direito Constitucional (Edições Especiais Revista dos Tribunais: 100 Anos)**. 2ª tir. São Paulo: Revista dos Tribunais, 2015, vol. VIII.

SYRETT, Harold C. **Documentos Históricos dos Estados Unidos**. São Paulo: Cultrix, 1980.

TALAMINI, Eduardo. **O Processo do Habeas Data: breve exame**. *In*: **Revista de Processo**. São Paulo: Revista dos Tribunais, jan.-mar./2001, nº 101/88, e **Doutrinas Essenciais: Direito Constitucional (Edições Especiais Revista dos Tribunais: 100 Anos)**. São Paulo: Revista dos Tribunais, 2015, vol. X, tomo II.

TANURE, Rafael Jayme. **Direito Fundamental à Nacionalidade**. *In*: **Revista de Direito Constitucional e Internacional**. São Paulo: Revista dos Tribunais, abr.-jun./2008, nº 63/212-235, e **Doutrinas Essenciais: Direito Constitucional (Edições Especiais Revista dos Tribunais: 100 Anos)**. São Paulo: Revista dos Tribunais, 2015, vol. IX.

TARGINO, Harrison. **Direitos Políticos**. *In*: ALVIM, Eduardo Arruda, LEITE, George Salomão, e STRECK, Lênio (coords.). **Curso de Direito Constitucional**. Florianópolis: Tirant le Blanch, 2018.

TAVARES, André Ramos. **A Categoria dos Preceitos Fundamentais na Constituição Brasileira**. *In*: **Revista de Direito Constitucional e Internacional**. São Paulo: Revista dos Tribunais, jan.-mar./2001, nº 34/105, e **Doutrinas Essenciais: Direito Constitucional (Edições Especiais Revista dos Tribunais: 100 Anos)**. 2ª tir. São Paulo: Revista dos Tribunais, 2013, vol. I.

__________. **O Modelo Brasileiro de Controle Difuso-Concreto de Constitucionalidade das Leis e a Função do Senado Federal**. *In*: **Doutrinas Essenciais: Direito Constitucional (Edições Especiais Revista dos Tribunais: 100 Anos)**. 2ª tir. São Paulo: Revista dos Tribunais, 2013, vol. V.

TAVARES BASTOS, Arreliando Cândido de. **A Província**. Rio de Janeiro: L. Garnier, livreiro-editor, 1870, edição fac-similar. Brasília: Senado Federal, 1997.

TAVARES, Marcelo Leonardo. **Direito Previdenciário: regime geral de previdência social e regras constitucionais dos regimes próprios de previdência social**. Niterói: Impetus, 2010.

TEIXEIRA NETO, João Luiz. **Licença para Construir e de Funcionamento**. *In*: **Revista de Direito Público**. São Paulo: Revista dos Tribunais, out./dez. 1986, nº 80.

TELLES JÚNIOR, Goffredo. **Povo e Estado**. *In*: **Revista do Instituto dos Advogados de São Paulo**. São Paulo: Revista dos Tribunais, jul.-dez./2005, nº 16/240, e **Doutrinas Essenciais: Direito Constitucional (Edições Especiais Revista dos Tribunais: 100 Anos)**. 2ª tir. São Paulo: Revista dos Tribunais, 2013, vol. II.

TEPEDINO, Gustavo José Mendes. **A Função Social na Propriedade e o Estatuto da Cidade**. *In*: SARMENTO, Eduardo Sócrates. **O Estatuto da Cidade e os Efeitos Jurídicos de Declaração de Inconstitucionalidade das Leis**. Rio de Janeiro: Procuradoria Geral do Município, 2002.

TRINDADE, André Karam e FREGAPANE, Antonio Trevisan. **Levando a Sério o Estado Ambiental de Direito – O papel da jurisdição no constitucionalismo ecológico-dirigente**. *In*: **Revista de Direito Ambiental**. São Paulo: Revista dos Tribunais, jan.-mar./2015, nº 77/17-54, e **Doutrinas Essenciais: Direito Constitucional (Edições Especiais Revista dos Tribunais: 100 Anos)**. São Paulo: Revista dos Tribunais, 2015, vol. VII.

THEODORO JÚNIOR, Humberto. **Curso de Direito Processual Civil**. 10ª ed. Rio de Janeiro: Forense, 1993, vol. I.

__________. **O Contrato e seus Princípios**. Rio de Janeiro: Aide, 1993.

TOCQUEVILLE, Aléxis. **A Democracia na América**. 4ª ed. Belo Horizonte: Itatiaia, 1998.

TSUTIYA, Augusto Massayuki. **Curso de Direito da Seguridade Social**. São Paulo: Saraiva, 2007.

TZIRULNIK, Luiz. **Intervenção e Liquidação Extrajudicial das Instituições Financeiras**. 2ª ed. São Paulo: Revista dos Tribunais, 2000.

VAINFAS, Ronaldo. **Capitanias Hereditárias**. *In:* VAINFAS, Ronaldo. **Dicionário do Brasil Colonial (1500-1808)**. Rio de Janeiro: Objetiva, 2000.

VALE, André Rufino. **Mandado de Injunção**. *In*: ALVIM, Eduardo Arruda, LEITE, George Salomão, e STRECK, Lênio (coords.). **Curso de Direito Constitucional**. Florianópolis: Tirant le Blanch, 2018.

VAL, Olga Maria do. **Política Nacional das Relações de Consumo**. *In*: MARQUES, Cláudia Lima, e MIRAGEM, Bruno. **Doutrinas Essenciais: Direito do Consumidor**. São Paulo: Revista dos Tribunais, 2011, vol. I.

VELLOSO, Carlos Mário da Silva. **O Superior Tribunal de Justiça na Constituição de 1988**. *In*: **Revista dos Tribunais**. São Paulo: Revista dos Tribunais, dez./1988, nº 638/15, e **Doutrinas Essenciais: Direito Constitucional (Edições Especiais Revista dos Tribunais: 100 Anos)**. 2ª tir. São Paulo: Revista dos Tribunais, 2013, vol. IV.

VERDÚ, Pablo Lucas. **O Sentimento Constitucional: aproximação ao estudo do sentir constitucional como modo de integração política**. Rio de Janeiro: Forense, 2006.

VERONESE, Josiane Rose Petry. **Os Direitos da Criança e do Adolescente.** São Paulo: LTr, 1999.

VIANNA, Ataliba. **O Recurso Extraordinário**. *In*: **Doutrinas Essenciais: Direito Constitucional (Edições Especiais Revista dos Tribunais: 100 Anos)**. 2ª tir. São Paulo: Revista dos Tribunais, 2013, vol. V.

VIANNA, Hélio. **História do Brasil: período colonial**. 10ª ed. São Paulo: Melhoramentos, 1972.

VIANA, Juvêncio Vasconcelos. **Efetividade do Processo em Face da Fazenda Pública**. São Paulo: Dialética, 2003.

VIEIRA, Alberto de Lima. **Partidos Políticos e Sistemas Eleitorais**. *In*: **Revista dos Tribunais**. São Paulo: Revista dos Tribunais, dez./1964, nº 350/21, e **Doutrinas Essenciais: Direito Constitucional (Edições Especiais Revista dos Tribunais: 100 Anos)**. 2ª tir. São Paulo: Revista dos Tribunais, 2013, vol. II.

VISCONDE DO URUGUAI. **Ensaios de Direito Administrativo**. Rio de Janeiro: s/ed., 1862.

WALD, Arnold. **A Nova Lei do Mandando de Segurança (Lei nº 12.016, de 07.08.2009)**. *In*: **Doutrinas Essenciais: Direito Constitucional (Edições Especiais Revista dos Tribunais: 100 Anos)**. 2ª tir. São Paulo: Revista dos Tribunais, 2013, vol. X.

__________. **A Reforma da Previdência Social**. *In*: **Revista dos Tribunais**. São Paulo: Revista dos Tribunais, set./2001, nº 791/11, e **Doutrinas Essenciais: Direito Constitucional (Edições Especiais Revista dos Tribunais: 100 Anos)**. 2ª tir. São Paulo: Revista dos Tribunais, 2013, vol. VI.

__________. **O Direito do Desenvolvimento**. *In*: **Revista dos Tribunais**. São Paulo: Revista dos Tribunais, set./1967, nº 383/7, e **Doutrinas Essenciais: Direito Constitucional (Edições Especiais Revista dos Tribunais: 100 Anos)**. 2ª tir. São Paulo: Revista dos Tribunais, 2013, vol. VI.

__________. **O Novo Direito Monetário: os planos econômicos, os contratos, o FGTS e a justiça**. 2ª ed. São Paulo: Malheiros, 2002.

__________ (coord). **Revista de Direito Bancário, do Mercado de Capitais e da Arbitragem**. São Paulo: Revista dos Tribunais, jan.-mar. de 2003, ano 6, nº 19.

WAQUIM, Bruna Barbieri e CARVALHO, Márcia Haydeé Porto de. **A Terceira Idade e a Restrição Legal à Livre Escolha do Regime de Bens: uma questão de direitos fundamentais**. *In*: **Revista de Direito Constitucional e Internacional**. São Paulo: Revista dos Tribunais, jan.-mar./2015, nº 90/161-187, e **Doutrinas Essenciais: Direito Constitucional (Edições Especiais Revista dos Tribunais: 100 Anos)**. São Paulo: Revista dos Tribunais, 2015, vol. IX.

WEBER, Max. **Economia e Sociedade**. 3ª ed. Brasília: Universidade de Brasília, 1994, vol. 1.

WOLKMER, Antônio Carlos. **História do Direito no Brasil**. 3ª ed. Rio de Janeiro: Forense, 2003.

WRIGHT, Benjamin Fletcher. **O Primeiro Referendum Nacional**. *In*: HAMILTON, Alexander, MADISON, James, e JAY, John. **O Federalista**. Brasília: Universidade de Brasília, 1984.

ZANETI JR., Hermes. **Constitucionalismo Garantista e Precedentes Vinculantes em Matéria Ambiental: limites e vínculos ao ativismo judicial contrário ao meio ambiente**. *In*: **Revista de Direito Ambiental**. São Paulo: Revista dos Tribunais, abr.-jun./2015, nº 78/179-213, e **Doutrinas Essenciais: Direito Constitucional (Edições Especiais Revista dos Tribunais: 100 Anos)**. São Paulo: Revista dos Tribunais, 2015, vol. VII.